プロ格闘技 年表事典

小泉悦次 編

プロレス
ボクシング
大相撲
総合格闘技

日外アソシエーツ

A Cyclopedic Chronological Table of Professional Martial Arts

Professional Wrestling, Professional Boxing, Grand Sumo and Mixed Martial Arts

Compiled by

©Etsuji KOIZUMI

2018 by Nichigai Associates, Inc.

Printed in Japan

●編集担当● 青木 竜馬

装丁：赤田 麻衣子

イラスト：澁谷瑠璃

はじめに

　本書『プロ格闘技年表事典—プロレス・ボクシング・大相撲・総合格闘技』は、主にプロレスリング、プロボクシング、大相撲の、20世紀の出来事を年表の形で述べたものである。また、古代エジプトから近代に至る期間の歴史的な流れと21世紀以降のプロ格闘技界の状況について解説している。ここでいう「プロ」とは「職業として行う」という意味だ。

　本文中、煩雑さを避けるため、プロの相撲である大相撲は「相撲」、プロボクシングは「ボクシング」と、プロレスリングは「プロレス」と表記している。また、プロ格闘技の歴史をわかりやすくするため、他のプロ格闘技（キックボクシング、K-1、総合格闘技など）についても特に重要なものは記述した。

　ここで、本書における相撲、ボクシング、プロレスの定義を述べておく。

　格闘技には、裸体で闘うものと、着衣で闘うのものがある。また、組技系、打撃系、双方が許される複合系、という分類も生じ得る。

　相撲の場合、ルール上、寝技がありえず、また、打撃に関しては握りこぶしによるパンチやキックは許されないが、張り手やけたぐりは重要な戦術であり、裸体複合系としてカウントしている。

　プロボクシングは裸体打撃系である。グローブは武器ではなく、拳（こぶし）の保護等の理由で19世紀末期になってから着用されたものなので、相撲やプロレスと同様「素手」のグループに入れる。

　プロレスは裸体組技系である。本書でいう「プロレス」はプロのレスリングであり、近年よく用いられる「あれはプロレスだから」に込められた「八百長」のニュアンスは定義に含まない。プロレスには、19世紀後半に存在したカラー＆エルボー・スタイルのように、柔道着のようなジャケットを着用した「着衣組技系」を内部に含む時代も

あった。

　さらに、着衣系と裸体系との発生における違いに触れておきたい。

　着衣系は、戦場の闘いで、お互いが武器を落としてしまった場合のシミュレーションである。

　それに対して、裸体系は、戦場は想定していない。裸体はどこにも武器はないぞということを形で示している。誰に対して示しているかといえば神である。ということは、お祭りにおける奉納にルーツを持つと推察している。

　最後にプロ格闘技との輪郭をはっきりさせるために「格闘」「格闘技」「プロ格闘技」の違いを定義しておきたい。

　「格闘」は単なる取っ組み合いの喧嘩である。「格闘技」にはルールが生ずる。そしてそれはひとつの技術体系、ひいては文化を生み出す。したがって、「格闘」と「格闘技」とは全く異質である。

　さらに「プロ格闘技」となると「興行収入」という制約条件が生ずる。ここまで来ると、「格闘」からは随分と離れたところまで来てしまったことに気づく。

　では、人類の起源から、本書の主要部である 20 世紀を経て現在のプロ格闘技にいたる大相撲、プロボクシング、プロレスリング、その他（キックボクシング、K-1、総合格闘技）の流れを本文年表で見ていこう。

　2018 年 4 月

編　者

　本書編集にあたり、数々の助言、貴重な資料を提供いただいた小島豊美さん（作家、小島貞二氏ご子息）、流智美さん（ルー・テーズ氏晩年のマネージャー）、清水勉さん（元『週刊ゴング』編集長）に感謝申し上げます。

目　　次

はじめに

凡例……………………………………………　(6)

古代～中世……………………………………　　1

近世………………………………………………　　7

近代………………………………………………　15

1901 － 1910 年………………………………　23

1911 － 1920 年………………………………　47

1921 － 1930 年………………………………　69

1931 － 1940 年………………………………　93

1941 － 1950 年………………………………　129

1951 － 1960 年………………………………　161

1961 － 1970 年………………………………　211

1971 － 1980 年………………………………　287

1981 － 1990 年………………………………　389

1991 － 2000 年………………………………　487

2001 年 － ……………………………………　575

人名索引…………………………………………　579

凡　　例

1. 本書の内容

　　本書は、プロ格闘技（プロレス、ボクシング、大相撲、その他）の 20
世紀の出来事を年月日順に掲載した記録事典である。

　　併せて「古代〜中世」「近世」「近代」及び「2001 年以降」に関して各
競技に分け解説を行っている。

2. 収録対象

　(1) プロレスリング、プロボクシング、大相撲、その他（キックボクシング、
　　 K-1、総合格闘技など）に関する重要なトピックとなる出来事を幅広く
　　 収録した。

　(2) 収録項目は 6,133 件である。

3. 配 列

　(1) 各項目を年月日順に配列した。

　(2) 日が不明な場合は各月の最後に、月日が不明な場合は各年の最後に配
　　 列した。

4. 記載事項

　(1) 各項目は、対戦が行われた場所、タイトルマッチ名などを見出しとし
　　 本文記事で構成した。

　(2) 特記すべき人物に関しては、生年、没年、出生地、主要王座・最高位、
　　 デビュー・初土俵年、人物評を掲載した。

　(3) 特記すべき用語に関しては解説を行った。

　(4) 試合会場

　　 試合会場に関しては、日本国内、ニューヨーク市、メキシコシティ、メ
　　 キシコ州のものに関してはすべて掲載した。他は原則として都市名にと
　　 どめてある。

(5) 用語

①「MVP」「ベストバウト」に当たる用語にはジャンルによって差異があるが、本書では「MVP」「ベストバウト」に統一した。

②プロボクシング、プロレスリングでは、NBA、NWAなど認定団体による世界王座以外に、NYSAC（ニューヨーク州アスレティックコミッション）など州のアスレティックコミッションが独自に世界王座を設定することがあった。NBAなど団体名や州名がなく単に「世界ヘビー」とある場合は統一王座を意味している。

(6) プロレスリング

①統一、NYSAC、新旧NWA、ボストン版AWA、ミネアポリス版AWA、WWWF、WWF、ロサンゼルス版WWA、オマハ版、ケベック版（1963年まで）の世界ヘビー級選手権が移動した試合はすべて掲載した。

②日本4団体（日本プロレス、国際プロレス、新日本プロレス、全日本プロレス）のメインシングルタイトル戦、ジャイアント馬場＆アントニオ猪木組のインターナショナルタッグ選手権試合、タイガーマスク（初代）がらみの国内タイトルマッチはすべて掲載した。

③特に記載がない場合、1981年8月以前のIWAは、日本の国際プロレスのものである。

(7) プロボクシング

①統一、NBA、WBA、WBC、IBF、WBOの世界王座が移動した試合、日本人、日本ジム所属のボクサーがからむ試合はすべて掲載した。

②ボクシングの階級名で呼称が改められたものは、過去に遡って現代使われているものを用いた。

例）1961年当時「ジュニアミドル」→現代の呼称にならい「スーパーウエルター」と表記

(8) 大相撲

①原則、本場所の開催場所、日付、優勝者、三賞受賞者すべてを掲載している。

②東京の両国国技館、大阪の新世界国技館会館以前は、初日をもって年表中の掲載日とした。これは、雨天の場合、場所が順延されるため、千秋楽日を確定できなかったからである。以後も、屋外の場所においては、同様の扱いとした。

③大相撲史において「優勝」の始まりは1909年夏場所以降であるが、本書においてはそれ以前も「優勝相当成績」をもって優勝としている。

(7)

また、優勝同点の場合には、番付が上のものを「優勝」とした。

(9) 以下の国は略称で表示した。ただし、日本と米国は国名を省略した。

アイルランド：(愛)、アルゼンチン：(爾)、イギリス：(英)、イタリア：(伊)、インド：(印)、インドネシア：(稲)、オランダ：(蘭)、オーストラリア：(豪)、オーストリア：(墺)、カナダ：(加)、ギリシャ：(希)、コロンビア：(哥)、スウェーデン：(典)、スペイン：(西)、デンマーク：(丁)、ドイツ：(独)、パキスタン：(基)、ハンガリー：(洪)、フィリピン：(比)、フィンランド：(芬)、プエルトリコ：(PR)、ブラジル：(伯)、フランス：(仏)、ブルガリア：(勃)、ベネズエラ：(委)、ベルギー：(白)、ポーランド：(波)、メキシコ：(墨)、ヨーロッパ：(欧)、レバノン：(礼)、ロシア：(露)、韓国：(韓)、北朝鮮：(朝)、南アフリカ：(南ア)

(10) 以下の州名（米国）は略称で表示した。

アラスカ：AK、アラバマ：AL、アーカンソー：AR、アリゾナ：AZ、カリフォルニア：CA、コロラド：CO、コネチカット：CT、デラウェア：DE、フロリダ：FL、ジョージア：GA、ハワイ：HI、アイオワ：IA、アイダホ：ID、イリノイ：IL、インディアナ：IN、カンザス：KS、ケンタッキー：KY、ルイジアナ：LA、マサチューセッツ：MA、メリーランド：MD、メイン：ME、ミシガン：MI、ミネソタ：MN、ミズーリ：MO、ミシシッピ：MS、モンタナ：MT、ノースカロライナ：NC、ノースダコタ：ND、ネブラスカ：NE、ニューハンプシャー：NH、ニュージャージー：NJ、ニューメキシコ：NM、ネバダ：NV、ニューヨーク：NY、オハイオ：OH、オクラホマ：OK、オレゴン：OR、ペンシルベニア：PA、ロードアイランド：RI、サウスカロライナ：SC、サウスダコタ：SD、テネシー：TN、テキサス：TX、ユタ：UT、バージニア：VA、バーモント：VT、ワシントン：WA、ウィスコンシン：WI、ウエストバージニア：WV、ワイオミング：WY

5. 人名索引

(1) 本文記事に現れる人名を読みの五十音順に配列した。

(2) 相撲取りの四股名は最終のものを見出しとした。相撲界からプロレス界に転向した者に関してはリングで用いられた名前を見出しとした。

例）輪島大士

（3）リングネームなど異名・別名がある場合は、代表的な名前を見出しに
立てた。異名・別名から見出し人名への指示は「→」で示した。

　　例）アンドレ・ロシモフ

　　　　→アンドレ・ザ・ジャイアント

（4）本文記事の所在は年月日で示した。

6. 参考文献

（1）プロレスリング

Nat Fleischer（1936）『From Milo to Londos』The Ring athletic library

小島貞二（1983）『力道山以前の力道山たち―日本プロレス秘話』

ルー・テーズ（1995）『鉄人ルー・テーズ自伝』（流智美訳）ベースボー
ル・マガジン社

イゴール・カタンウィ、セルゲイ・プビノビッチ（1997）『ボルツェウィ』

週刊ゴング5月10日号増刊（2000）『日本プロレス50年史』日本スポー
ツ出版社

Mark S. Hewitt（2005）『Catch Wrestling: A Wild and Wooly Look at the
Early Days of Pro Wrestling in America』Paladim Press

Tim Hornbaker（2007）『National Wrestling Alliance: The Untold Story of
the Monopoly That Strangled Pro Wrestling 』ECW Press

Gスピリッツ各巻（2007創刊）　辰巳出版

井田真木子（2012）『プロレス少女伝説』文春文庫

（2）プロボクシング

ワールドボクシング1月号増刊（1996）『ボクシング最強の1冊』日本
スポーツ出版社

ジョー小泉（2002）『80年代のリングは輝いていた―世界のトップボク
サー技術分析』リング・ジャパン

ジョー小泉（2004）『ボクシング珍談奇談』リング・ジャパン

ボクシング・マガジン編集部編（2004）『日本プロボクシング　チャン
ピオン大鑑』ベースボール・マガジン社

（3）大相撲

小島貞二（1992）『相撲史うらおもて一』ベースボール・マガジン社

小島貞二（1992）『相撲史うらおもて二』ベースボール・マガジン社

小島貞二（1992）『相撲史うらおもて三』ベースボール・マガジン社

「相撲」編集部（2001）『大相撲人物大事典』ベースボール・マガジン社
金指基著、日本相撲協会監修（2002）『相撲大事典』現代書館
宮本徳蔵（2009）『力士漂泊 相撲のアルケオロジー』講談社文芸文庫
新田一郎（2010）『相撲の歴史』講談社学術文庫

(4) その他

岡田英弘（1999）『世界史の誕生—モンゴルの発展と伝統』ちくま文庫
松井良明（2000）『近代スポーツの誕生』講談社現代新書

古代～中世

エジプト・ベニハッサンの岩窟墓の壁画には、当時の格闘技の「型」が描かれている。

◆アフリカ

　人類の起源がアフリカにあるのであれば、格闘技の起源もアフリカであろう。

　私は1996年に両国国技館で「世界相撲選手権大会」（1992年発足）を観戦した。アフリカのセネガル代表力士は、土俵際で吊りをこらえた時、鋼（はがね）のような背中の筋肉が光った。その美しさがいまだ強烈な光景として脳裏に残っている。セネガルには「ブレ」という民俗格闘技がある。おそらく彼は、「ブレ」の選手だったのであろう。

　エジプトの首都カイロからナイル川を遡ることおよそ250km、ベニハッサン村には39基の岩窟墓がある。そこには古代エジプト中王国時代のものと思われる壁画があり、そこには当時の格闘技の「型」が描かれている。平成が始まった頃に日本相撲協会を定年退職した直後の初代若乃花（花田勝治）はここを訪ねた際に「相撲のおおもとがあった」と感動していた。日本の大相撲だけでなく、プロレスのおおもとのようにも私には見える。

◆古代オリンピック

　古代オリンピックは紀元前776年に始まり、紀元後393年まで約1000年間続いた。当初の参加資格は「ギリシアの血を引くもの」だったが、その後、イタリアの諸都市国家、ペルシャ、アラビア、トルコ、小アジア、アフリカへと広げられた。

　紀元前600年頃の第40回大会あたりから賞金を出すようになった。

　紀元前688年からはボクシング、紀元前668年からはレスリング、紀元前648年からはパンクラチオンが加えられた。パンクラチオンは手、足、肘、膝のどこでも使える。要は、ボクシングとレスリングの総合である。

　スパルタ人のルールには歯、指や腕を折る、相手の目玉をえぐり出すというものもある。倒れた相手を無慈悲に殴り踏みつけるのもOKだ。現在の「総合格闘技」なんてものではない。

◆古事記と日本書紀から

　古事記、日本書紀はともに8世紀の日本の歴史書である。これらは政治的事情で作られた物語であるから、そのまま信用はできない。しかし、全く信用できないかというとそうではない。歴史物語はいくら意図的に物語ろうとも、史実の別訳と受けるからである。

　古事記、日本書紀には「格闘」を思わせる部分がある。これらは、かつての政治上の出来事を「格闘」になぞらえたもので、言い換えれば我が国の「格闘技」好きを表している。

　古事記には、相撲による「国譲り」すなわち政権交代の物語が記載されている。大和が出雲に国の実権をよこせと言った。大国主神の子である建御名方神（たけみなかたのかみ）は拒否し、では建御雷神（たけみかずちのかみ）と力比べで決めようということになった。闘いは出雲の国伊耶佐浜で行われた。建御名方が建御雷の手をとる。その手は氷になる。そして剣となる。今度は　建御雷が建御名方の手をつかむ。そして放り投げた。敗れた建御名方神は信濃の国諏訪に逃げた。

　日本書紀にあるのは野見宿禰（のみのすくね）と當麻蹶速（たいまのけはや）の戦いである。

　大和の国の當麻に「當麻蹶速」という人物がいた。常々、

　「自分と力比べができるものはこの世にいない。もしいたら対戦したい」と豪語していた。それを聞いた垂仁天皇が家臣に、

　「當麻蹶速と互角に戦えるものはいないのか？」と尋ねたところ、出雲の国に野見宿禰なる人物がいるということになった。

　二人は向かい合って立ち、それぞれ足をあげて蹴りあった。たちまち宿禰が蹶速のあばら骨を蹴り折り、さらに腰骨を踏み折って殺してしまった。宿禰と蹶速との闘いは「相撲の始まり」として戦前は学校教科書にも載っていたという。

　大和の暴れ者、蹶速を出雲の宿禰に破らせることで、かつて政権を担っていた出雲の「善玉化」すなわち、かつての国譲りの正当性を述べたように思う。

◆モンゴルの踏み潰し屋、恐怖のトルコ人

　楕円とは二点からの距離の輪が一定である点の集まりである。有史以来、ユーラシア大陸では、モンゴルとトルコの二点を中心とする楕円内が、この二国の勢いの影響を受けてきた。楕円の西の渕は、オーストリアの辺りにあり、東の縁（ふち）は、日本である。

　いわゆるモンゴル相撲は正しくはブフという。第69代横綱の白鵬の父親は、1968年のメキシコ五輪フリースタイル87kg級銀メダリストである。さらにはブフの大横綱でもあった。

　ブフはルール的に、相撲と似ている。違うのは、土俵があるかないかだけで、倒せば勝ちである。地理的に、モンゴルと日本との間には中国東北部、朝鮮半島が存在する。現在の中国東北部、北朝鮮にまたがる地域はかつて高句麗といった。高句麗に残る壁画には、日本の相撲のルーツを思わせるものがある。

　相撲には、神道との親和性に見るように縄文時代以来引き継いだものもあろうが、朝鮮半島からの渡来人のエッセンスもあると思う。そして朝鮮半島の向こう側には、広大なモンゴルの草原があるのだ。

　紀元370年頃、黒海の北の草原に、はるか東方から遊牧民フン族がやってきて、東ゴート人を制圧した。これがゲルマン人の民族大移動を引き起こし、一世紀後の西ローマ帝国崩壊の元となる。この頃（393年）、第293回大会をもって、古代五輪は終了する。歴史区分上は「古代」の終わり、「中世」の始まりである。

　ハンガリーはその名が表す通り、フン族の国である。フン族の親玉はアッティラという。アッティラの姿は、巨大な黒ずんだ顔、小さくて落ちくぼんだ眼、低い鼻、薄い髯、背が低く胸が広いという。モンゴロイドの特徴である。この時代、中国は「五胡十六国の乱」の時代である。フン族は中国の言う匈奴であるとの説が濃厚で、いわばモンゴル系である。

　時代は下って13世紀、鎌倉幕府が元（モンゴル）の襲来で大騒ぎだった頃、モンゴル帝国軍は東の朝鮮半島、日本だけではなく西はハンガリー帝国、オーストリア、さらには南下して中東、インドのあたりまで達した。かつてチンギス・ハーンの時代の13世紀、モンゴル帝国軍はユーラシア大陸を東へ西へ

と駆け巡った。戦争の原初の形態が腕力であれば、かつてトルコがヨーロッパで覇権を握っていたことが説明できるような気がする。

　トルコの格闘技、ヤールギレシには650年の歴史があるという。650年前といえばモンゴル帝国軍が攻め入った時代である。モンゴル人は遊牧民族である。トルコ人も遊牧民族である。ブフとヤールギレシにも共通点は多い。草原で行われること、勝者が舞うこと、要は倒せば勝ちというルールの類似性に、格闘技文化の伝搬を感じる。有史以来、モンゴルとトルコは入り交じってきた。実質的に同じ国と見られている時代もあった。

　この時代にヨーロッパにヤールギレシという乗り物に乗ってブフが輸出されていたとしても不思議ではない。

　プロレスの「鉄人」ルー・テーズは、次のようなことを述べている。

　「力道山は相撲出身だからか、上半身の力が強い。グレコローマン出身のレスラーと共通するものを感じたよ」

　この言葉がテーズの口から出ていることは注目に値する。テーズはハンガリー人の父と、ドイツ人の母の間に生まれた。両親は結婚してからアメリカに移民し、テーズ自身はアメリカ生まれである。父親は、グレコローマンのレスラーだった。幼い頃から父親マーティンにグレコローマンの手ほどきを受けてきた。テーズは、力道山の上半身の強さにフン族の末裔、ハンガリーからの移民である父親を見たのだ。

　ハンガリー人は、4世紀のモンゴルの血を引きながら、13世紀にモンゴルに蹂躙された。ドイツ人は、フン族によって民族大移動を余儀なくされたゲルマン人である。そして力道山は、モンゴルから日本に相撲が伝わった道、高句麗（北朝鮮）出身である。テーズは意識していなかったであろうが、その言葉は格闘技の世界史的トレースが見事に行われている。

◆英雄ルステムからインドの狂虎まで

　1010年に完成した古代ペルシア（イラン）の神話、伝説、歴史の集大成である『シャー・ナーメ』には、7世紀のレスラー、ルステム（ロスタム）の英雄伝がある。

今日のイラン・レスリングはルステムが源流であるとされる。それだけで
はない。ヒマラヤのすそ野あたりからインド、パキスタン、アフガニスタン
に至るまでイスラム系、非イスラム系を問わず、世襲民俗レスリングの系譜
はすべてルステムがルーツであるという主張がされている。

　なぜルステムの権威がこれほど広大な地域に広がったのか。実を言えば、
モンゴル帝国軍がペルシアに攻め入った際に、多くのペルシア人がインド、
パキスタン、アフガニスタン方向に逃げて行ったからである。さらに、イン
ド亜大陸はモンゴルに蹂躙され「ムガール（モンゴル）帝国」を名乗らされ
たこともある。

　19世紀末、インド、パキスタン国境地帯には世襲のレスリング一族である
グレート・ガマやアクラム・ペールワンの「ボロ一族」（イスラム系）が出現
する。力道山時代の1955年、インドからは非イスラム系のダラ・シンが来日
した。さらに73年にはその孫弟子たるタイガー・ジェット・シンが我が国の
土を踏んでいる。サーベルを振り回す「狂虎」タイガー・ジェット・シンが
時折見せた正統インドレスリングのルーツにはブフやヤールギュレシがあっ
たのかもしれない。

近世

相撲錦絵に描かれた、明石志賀之助、谷風梶之助、小野川喜三郎、阿武松緑之助、稲妻雷五郎、不知火諾衛門、秀ノ山雷五郎の、歴代横綱。（歌川豊国）

◆相撲

　有史以来、日本の相撲はいろいろな形で存在してきた。時の統治者との関係から見れば、9世紀あたりから定着した平安朝廷の年中行事としての相撲節（すまいのせち）、12世紀に武士の世となってからの上覧相撲という流れになる。また、寺社との関係で見ていくと、相撲神事、奉納相撲がキーワードとなる。

　現在の大相撲につながる流れとして、重要な用語は「勧進」である。「勧進」とは神社仏閣の建築修復の資金調達のための興行を指し、これが盛んになるのは江戸時代に入ってからである。大相撲興行は「勧進」という形で始まったといっても過言ではない。さらに、モグリの興行として、鎌倉時代以降、しばしば禁令が繰り返された「辻相撲」があった。

　江戸時代の前半、江戸では勧進相撲がしばしば禁止されたため、その定着は江戸よりも京都、大坂が先で元禄年間（1688 - 1704）のことである。そして江戸で解禁後の宝暦7年（1757）からは江戸相撲の番付が残されている。星取勘定に関しても宝暦10年（1760）10月、芝神明社境内で行われた場所から判明しており、優勝相当成績を上げたのは前頭2枚目の戸田川（7勝1敗）であった。

　歌舞伎も相撲同様、「勧進」の名のもとに興行が打たれた。

　歌舞伎十八番の一つ『助六』の初演は正徳3年（1713）である。これは、2代目市川團十郎が弾左衛門（だんざえもん）の支配から脱した喜びから制作したものだ。

　弾左衛門は江戸時代の被差別民であった穢多・非人の頭領、穢多頭（えたがしら）で芸能民、一部の職人、遊女屋なども支配していた。相撲においても、宝暦8年（1758）、相撲集団（現在で言う「年寄」）と「えた」との間に、無料の切符を何枚渡す、渡さないで訴訟沙汰が起こった。同様の事件は大坂にも見られた。18世紀は、勧進興行（相撲・芝居）の勧進権、興行権は賤民の手から離れていった世紀であり、そして次に興行における経理や雑務を仕切る存在として登場してきた集団がテキ屋となっていったのではないか、と私は考える。

8　　プロ格闘技年表事典

大相撲が加速度をつけて発展し始め、勧進興行に大きな変革が見られたのは 18 世紀の終わりである。寛政 3 年（1791）に徳川家斉の上覧相撲が行われた。この上覧相撲で、谷風梶之助、小野川喜三郎が純白の綱をつけて土俵入りを行い、史実に足る横綱が誕生することになった（谷風、小野川の前に数えられる明石志賀之助、綾川五郎次、丸山権太左衛門は史実上「横綱」とカウントすべきではないという主張が圧倒的に多い）。谷風、小野川の時代が始まると、大相撲史上未曾有の最強力士、雷電爲右エ門の登場を見るのである。

　【雷電爲右エ門】（生）1767（没）1825（出生地）信濃国（最高位）大関（初土俵）1789（人物評）現役生活 21 年、江戸本場所在籍 36 場所中（大関在位 27 場所）通算黒星が僅か 10、勝率 .962 で、優勝相当成績は 28 回、44 連勝、43 連勝、38 連勝、36 連勝を達成した、大相撲史上未曾有の最強力士である。「なぜ横綱になれなかったか」、諸説あるが、まだ横綱が制度化されていなかったからだと私は見る。1789 年甲斐国鰍沢村での巡業が最初の土俵で、最初の本場所は 1790 年 11 月場所、1811 年 2 月場所に西大関で全休して引退となった。

　斎藤月岑（げっしん）の『東都歳事記』（天保 9 年＝ 1838 年）に、江戸では春秋 2 度、晴天 10 日間の勧進相撲があること、夏には京都で、秋には大坂（江戸の秋場所の前）で興行が打たれていることが記されている。京都、大坂には江戸とは別の相撲集団がおり、上位の相撲取りは大名に抱えられていた。江戸、京都、大坂の相撲集団は場所ごとに力士を借り受けることを大名に願い出た。つまり、同じ力士達が都市ごとに異なるプロモーターのもとをサーキットしていくという、昭和期のアメリカのプロレスの興行と似たシステムであった。

◆ボクシング

　古代五輪の終了以来、ボクシングの歴史は空白である。これが顕在化して

プロ格闘技年表事典　　9

くるのは、剣携帯の習慣が廃れた 16 世紀前半ごろのイギリスだ。護身の意味が大きかったのであろう。ボクシングはイギリスで賞金をかけたベアナックル（素手）の形で浮上してくる。

　現在につながるボクシングの始祖は、1720 年代に活躍したイギリスのジェームス・フィグ (1695 − 1734) である。この時代のボクシングは、殴るだけではなく、蹴りや投げ、締め、噛み付き、目つぶし、さらにフェンシングや棍棒術も含まれたものだったという。フィグはさらに、レスリングも得意としていて、その賞金も生活の糧にしていたであろうから、プロレスラーの始祖ともいえる。

　ここで、フィグ登場の歴史的必然性について考えてみる。プライズ・ファイト興行（ボクシング興行の原型）の前提は、一般大衆に賞金を出すだけの、もしくは木戸銭を支払えるだけの可処分所得があることである。ロンドンに「ジェントルマン」を客層とするコーヒーハウスが誕生するのが 1652 年のことで、それからおよそ数十年経ちいわゆる「囲い込み」によって故郷を捨てた元農民が、都市において金銭を使える日常ができつつあった、と私は考える。18 世紀後半の第一次産業革命前夜のイギリスで「大衆社会」の準備が進んでいた時期である。

　さて、当時のボクシングのルールはいかなるものだったのだろうか。1743 年にボクサーのジャック・ブロートンにより制定されたプライズ・ファイトのルールの概要を見てみよう。ラウンドの回数は無制限で、一方が倒れるか膝をついた時点でラウンドが終了し、セコンドが敗北を認めることで決着がつく。ダウンした者への攻撃、腰から下を打つこと、髪の毛を引っ張ることは反則である。また、勝者は賭け金の 2/3 を得ることも成文化されている。

　1752 年、イギリス政府は祭り、博覧会（フェア）、競馬、プライズ・ファイト興行（ボクシング興行の原型）の許可制度を発足させた。これは、大人数が一度に集まることに支配者側が恐れをなしたことと、プライズ・ファイトを「下層民に課せられるべき規則的な習慣と徳目に有害」と、犯罪と同一視したことによる。

　イギリスは 1588 年、海軍がスペインの無敵艦隊を破って制海権を握って以

来、世界をリードした。そして、その地位を維持するために大衆のレベルアップを図りたかった。しかし、そんな政府の思惑とはうらはらに「プライズ・ファイト」の普及は止まらず、マスメディアの発達もあって、18世紀後半にそれは「地方区」から、「全国区」の催しものへと進化を遂げていく。

　19世紀の100年間、ボクシングは少しずつ現在の形に近づいてくる。ボクシングというのは現代風の名称で、この頃はピュジリズム、ボクサーはピュジリストといわれた。近代化の進行とともに、頭を殴るのが危険だ、野蛮だ、ということで、ボクシングへの風当りが強くなる。愛好者にとっては禁止論との戦いの日々である（現在においても、である）。またそれは、相手を死に至らしめた際に殺人罪が適用されぬよう、刑法改正に向けた合法化運動の日々でもあった。

　1802年から、ボクサーによる「スパーリング・エキシビジョン」が始まった。「スパーリング」というのは、今では練習といった意味だが、当時はプロボクサーがグローブを付けて打ち合うことを意味した。このスパーリング・エキシビジョンで初めて「前売りチケット」の制度ができた。それまでボクサーに与えられるのは賞金のみであったが、「前売りチケット」によりファイトマネーが保証されるため、多くの喧嘩野郎がプロ入りする動機づけとなった。

　1814年に元チャンピオンのジョン・ジャクソンが英国ピュジリスト保護協会を設立する。同協会は1838年、ベアナックルが原則の「ロンドン・プライズリング・ルールズ」を発表した。ダウンごとに1ラウンドとし、ダウン者には30秒休憩させた後所定の位置に戻るまでに8秒間の猶予を与える。禁止行為は蹴り技、頭突き、目玉えぐりであった。

◆プロレス

　ジェームス・フィグの後、最初に発見できるプロレス興行は、1740年、イングランド南部のウィルトシャー、ハイワースのパブ「白鳥館」での賭けレスリングの興行である。掛け金をごっそりと巻き上げるため、オッズと逆の結果を出すフェイク（インチキ）が仕組まれることもあっただろう。しかし、マッチメークの基本は「競技」であったと私は考える。その最大の根拠は、

プロ格闘技年表事典　11

対戦者自身もが賭けに参加していたという事実だ。

1798年、北イングランド地方に18歳のウィリアム・リチャードソン（William Richardson）が出現した。リチャードソンは1801年から1809年まで無敗だった。この頃、興行の場として、パブ以外に機能していたのは、博覧会（フェア）の片隅である。

ところで、イングランド北部といえば、ザ・ビートルズの出身地、リバプールを思い出す。

「リバプールを基地とする奴隷船がアフリカから黒人奴隷をアメリカ大陸へ送り込んだ。そこで混血音楽が作り出され、ジャズやロックとなった。それが船員たちによってリバプールに持ち帰られ、その種子がビートルズという花を咲かせた」（中村とうよう著『大衆音楽の真実』、ミュージックマガジン社、1986）

港町リバプールは近世英国史の主役である。その人口は1700年に5000人だったものが73年後には7倍になった。この急激な人口増は1715年に英国初の係船ドックが建設されたことが大きい。貿易港として発展したのである。その発展を助けたのがリバプールからアフリカへは日用品や火器、アフリカから米新大陸へは黒人奴隷、米新大陸からへリバプールは砂糖、という、悪名高き三角貿易である。

三角貿易は英国を、北イングランド地方を富ませた。リバプールから50km東に入ったマンチェスターでは1785年に紡績機に蒸気機関が採用される。これが以後、イギリスが世界の経済的覇権を握るに至る「産業革命」のスタートである。

さて、蒸気機関のエネルギーは石炭である。マンチェスターで産業革命あいなった背景には、その北西30km、リバプール、マンチェスターを結ぶ直線を底辺とすればぺしゃんこな二等辺三角形の頂点にあたるウィガンに炭鉱があったことが大きい。ウィガンには第二次世界大戦後創設され、カール・ゴッチやビル・ロビンソンを輩出したビリー・ライレー・ジムがあった。

大西洋から地中海へ、南アフリカを回って中東、インドへ。元々レスリングが盛んであった北イングランド地方の船員は行った先々で現地住民と即興

の異種格闘技戦を行ったという。彼らの水揚げ品は砂糖、音楽に加え、世界各地の民俗レスリングのテクニックもあった。それらはリバプール港にとどまらず、内陸ウィガンに到達する。

　当地のローカルレスリングはキャッチ・アズ・キャッチ・キャンといわれた。しかし、それには世界中の民俗レスリングのフレーバーがかかっているのである。その後、キャッチ・アズ・キャッチ・キャンはアメリカを始め世界に広まる。いつしかそれはプロレスのルールの主流となった。その浸透力にはもちろん、英国が世界の覇権を握っていたことが大きい。しかし、それだけではなく、キャッチ・アズ・キャッチ・キャンが、その民俗レスリングのフレーバーゆえ、国際性をもっていたということではないか。キャッチ・アズ・キャッチ・キャンの世界的広がりと、ビートルズの世界的広がりは同じ構造を持っているのだ。

近代

マーティン・ファーマー・バーンズ（1861〜1937、米）の「バーンズ流ヘッドロック」。
バーンズはフランク・ゴッチの師匠にあたる。

◆相撲

　大相撲にとって明治維新（1868 年）とは何であったか。それは江戸相撲と京都相撲、大坂相撲の分裂である。

　明治維新とは佐幕派と倒幕派との内戦の結果である。親藩や譜代大名との関係が強かった江戸相撲は佐幕派、公家や外様大名との関係が強かった京都相撲、大坂相撲は倒幕派につく。1864 年、京都で起きた禁門の変で、孝明天皇を警護したのは京都相撲の力士であった。大政奉還の頃、横綱陣幕は江戸から大坂に転じ、頭取に収まった。

　元号が明治に変わり、文明開化の時代がやってくる。大相撲は悪しき旧習として白い目で見られる。京都相撲、大坂相撲はしばしば合同興行を打つが、江戸改め東京相撲は低迷の日々が続く。東京、京都、大坂改め大阪の三都合同興行が行われたのは、明治も 10 年になっていた。それは西南戦争での官軍の戦没者合祀祭奉納場所で、東京の招魂社、後の靖國神社で行われた。

　相撲人気復活のきっかけは、1884 年 3 月、東京の芝の浜離宮で行われた明治天皇による天覧相撲である。横綱梅ヶ谷が土俵入りを披露した後、明治天皇のリクエストで大達羽左エ門との対戦が組まれ、大熱戦となった。東京相撲が社会的な公認を受け、明治維新で低迷していた相撲人気も回復し、明治維新以来の危機を乗り越える。この頃すでに東京相撲と京都相撲、大阪相撲の差は顕著なものになっていた。

　東京相撲の 1890 年の 5 月場所前、横綱免許を受けた西ノ海が、前場所の成績では張出大関となってしまうことに不満を表明した。その懐柔のため、番付表の西ノ海の部分に相撲史上初めて「横綱」が明記された。これ以降、「横綱」は名誉ではなく地位として見なされていくようになる。

　しかし、この時代の横綱システムは現在に比べて複雑かつ曖昧なものであった。また、力士の地位も経済力も低く、しばしば騒擾事件や別派旗揚げも生じていた。

◆ボクシング

　1867 年、ロンドン・アマチュア・アスレチック・クラブのジョン・グラハ

ム・チャンバースはボクシングが野蛮な殺し合いでなく、フェアなスポーツであることを強調した「クインズベリー・ルール」を発表した。投げ技が禁止されたほか、3分1ラウンドとしラウンド間に1分間の休憩をとり、グローブを着用し、ダウンした者が10秒以内に立ち上がれない場合はKO負けとすることなどが定められた。しかし、プロのリングでこれが採用されるまでには時間がかかった。

1880年代、アメリカではボクシングの人気が劇的に増大する。その一因は、「チャンピオンが一番強い」とボクシング界がチャンピオンシップに向けて組織的に統合され始めたことがある。当初、ヘビー級とウエルター級だけだった階級も徐々に増えていった。

1887年5月、日本にボクシングがプロレスとともに上陸した。その3年前に、米国に渡っていた浜田庄吉がボクサー、レスラーを連れて帰ってきたのだ。この興行「欧米大角力」の出し物は「スパララスラ」であった。「スパラ」とはスパーリングからingを取ったもので、この時代には今でいうボクシング、すなわちグローブ着用のものをいう。ラスラはレッスルすなわち、レスリングを意味する。

「欧米大角力」が行われた1887年、欧米ではベアナックルの「ロンドン・プライズリング・ルールズ」の時代が終わり、グローブ着用の「クインズベリー・ルール」の時代にならんとする時だった。「欧米大角力」のポスターにある「スパラ」という言葉は、グローブ着用の試合でありベアナックルではない事を意味している。「スパラ」とはボクシング史において、グローブ着用が常識となる直前の歴史的な用語なのである。

クインズベリー・ルールにより行われた最初の世界ヘビー級選手権は、1892年9月7日のジョン・ローレンス・サリバン対ジェームス・J・コーベット戦である。

クインズベリー・ルールの定着により、ボクシングは凄惨な興行から近代的なスポーツに脱皮したという評価がある。ルール改正に伴なって腕力を高度な技術と結びつけることが可能になったという解釈だ。

来るべき20世紀に向け、ボクシングはジャンル維持のためにこうして近代

プロ格闘技年表事典　　17

化された。一方のプロレスに対しては、「近代化」の圧力がかかった形跡は見
られない。これは、欧米においてプロレスがボクシングに比べて人気が低く、
圧力の対象になりえなかったからであろう。

◆プロレス

　イギリスで18世紀にプロレスが見られたことはすでに書いた。19世紀後半、
プロレス市場が飛躍的に拡大したのはフランスとアメリカである。

　1931年、スターリンの時代のソ連で発刊された『サーカス』（エヴゲニイ・
クズネツォフ）では16世紀から18世紀にかけてヨーロッパ大陸の定期市の
雑踏の中で行われていたサーカスに、綱渡り芸人や跳躍芸人、ジャグラー、
紐飲み男、人形遣い、蝋人形小屋や中国影絵、猿の綱渡りダンスや、カード
当て鸚鵡と並んでレスラーが出ていたとある。

　1860年、パリにおいてグレコ・ローマン・スタイルのルールが制定された。
フリー・スタイルの前身であるキャッチ・アズ・キャッチ・キャン・スタイ
ルにおいては全身を攻防に用いることが出来ることに対して、グレコ・ロー
マン・スタイルでは腰から下を攻防に用いることが出来ない。

　要は、欧大陸において、この時期にレスリングのルールの統一が必要となっ
た、すなわち、ローカル・レスリングの猛者達が、都市を越えて闘うレベル
にまで交通が発達したということである。また、グレコ・ローマンというネー
ミング自体19世紀産のもので、文字通りギリシャやローマのヨーロッパ黄金
時代から継続してきたスタイルではない。

　この7年後の1867年、パリでは万博の喧騒の中、史上初の覆面レスラー（正
体はチボーン・バウワー）が出現した。また同じ頃、スウェーデンでは女子
レスラーが出現し、大人気を得たという。

　19世紀末のヨーロッパ大陸で、プロレスはしばしばサーカスの常設会場で
行われた。会場を借りて興行を打つのではなく、プログラムの演し物であっ
た。1880年代には「スポーツとしての性格をある程度とりもどしていた」（エ
ヴゲニイ・クズネツォフ著『サーカス』）。そして1898年、パリで初めて「世
界」を冠したトーナメント（勝ち抜き戦ではなく「大会」といったニュアン

18　プロ格闘技年表事典

スである）が行われることになる。

　南北戦争（1861 - 5）が終わった頃、アメリカでは、農機具のフェアやカーニバル（移動遊園地）などの場で行われた賭けレスリング興行「ＡＴ（アスレティック）ショー」が主流であった。ルー・テーズはその著書の中で次の様に語っている。

　「南北戦争直後のアメリカにはまだＡＴショーと呼ばれる小さな旅するカーニバルがあった。ＡＴショーは、旅団のメンバーであるレスラーとボクサーによる結果が約束されたエキシビジョン・マッチと、観客内から挑戦者を募る時間制限つきの『競技』で特徴づけられていた。」『Hooker』（ルー・テーズ、拙訳）。

　ＡＴショーは会場の一画をテントで囲み、入場料を取り、一座のレスラーやボクサーによる賭け試合を見せた。さらに、例えばレスラーに対し 15 分間、ボクサーに対し 3 ラウンド耐えれば賞金を与えることを明示し、素人の挑戦者を募った。これは喧嘩マッチ興行ともいえ、挑戦者からは入場料に加え、参加料も徴収した。また、客寄せのため、レスラー、ボクサーではない単なる怪力野郎を使うこともあった。「ＡＴ・ショー」はアメリカでできた言葉だが、イギリスでも同種の興行が存在した。これが廃れるのは 1950 年代半ばからで、テレビの家庭への進出や、農業の大規模化により、農村での農機具フェアの意味合いが違ってきたからである。

　都市部ではジャケット着用のカラー＆エルボー・スタイルが、人気を得ていた。これがアメリカに入ってきたのは 1830 年頃で、東部ニューイングランド地方から広まっていった。そして 19 世紀の残りの期間、主流スタイルはカラー・アンド・エルボーから、グレコ・ローマン、そしてキャッチ・アズ・キャッチ・キャン・スタイルへと過渡する。また、異なるスタイルのレスラー同士の試合で「賭け」を機能させるため、三本勝負や五本勝負で一本ごとにスタイルを変える「ミックスト・マッチ」も存在した。カラー・アンド・エルボーは着衣格闘技だが、他のスタイルとの交流もあったので、ここでは「プロレス」

の範疇に入れる。

　1866 年 5 月、ニュージャージー州ニューアークでジェームズ・ハイラム・マグローリンがルイ・アインワースを破り、アメリカンカラー＆エルボー王座を獲得した。これが史上最古のプロレスのタイトルである。1877 年 7 月にバーモント州セントオーバンズに出現し、カラー＆エルボーの試合に多く出たブラック・サム（本名ヴァイロ・スモール）は史上初の黒人プロレスラーであった。

　ニューヨークの格闘技のメッカ、マディソン・スクエア・ガーデン（MSG）の初代の建物が完成したのもこの頃で、最初のスターはウイリアム・マルドゥーンである。1880 年 1 月、ニューヨークの MSG でフランスから来たシーバウンド・バウアーを破り、史上初めて世界王者を名乗っていた。このときのルールは、グレコローマン。3 月にはウイリアム・ミラーと、九時間半の世界最長試合を行っている。

　マルドゥーンのようなグレコ・ローマンのレスラーがニューヨークで人気が出たのは、アメリカ建国 100 周年にあたってフランスから自由の女神がプレゼントされるという社会的な雰囲気と無縁ではあるまい。グレコ・ローマンがフランス発祥であることは先に書いた通りだ。

　ところが、1880 年代に入ると、キャッチ・アズ・キャッチ・キャン・スタイルがのしてくる。また、異国情緒たっぷりの大相撲出身で、浜田庄吉とともに渡米していたソラキチ・マツダもジョン・バーナムのサーカス団を経てプロレス入りし、ニューヨークを拠点とした。

　キャッチ・アズ・キャッチ・キャン・スタイルがアメリカの主流となった象徴的な試合は、1893 年 3 月、ジャズが発祥しつつあった南部ルイジアナ州ニューオリンズで行われたキャッチ・アズ・キャッチ・キャン王者のエバン・ストラングラー・ルイスとグレコ・ローマン王者アーネスト・ローバーのミックストルールマッチである。この試合により両選手権は統合され、アメリカ・ミックスト選手権、さらにはアメリカン選手権と名を変えていく。

　ルイスは 1895 年 4 月シカゴでファーマー・バーンズにアメリカン選手権を譲り、更に、1898 年、ブルガリア出身の豪傑「テリブル・ターク」コジャ・ユー

ソフ・ペールワンにも敗れた。このあたりでエヴァンの歴史的な役目は終る
ことになる。

◆アマチュアリズムと近代オリンピック

　「プロフェッショナル」という概念はその対極にある「アマチュア」とい
う概念が登場してから顕在化する。

　アマチュアリズムという概念が登場したのは、1839年のイギリスである。
もちろんこれ以前にプロフェッショナル（職業とするもの）は存在していた。

　この年、ヘンリー・レガッタなるボート競技の組織委員会が試合参加資格
を大学、パブリックスクール、陸海軍士官、アマチュアクラブに限定し、彼
らは自らを「アマチュア」（語源はフランス語であり、愛好者という意味）と
呼んだ。これは当時スポーツ界の中心にいた中産階級による労働者階級の排
除が目的だった。前世紀にプライズファイトを「下層民に課せられるべき規
則的な習慣と徳目に有害」と断じた際と同じ発想である。このアマチュアリ
ズムという概念から生まれてきたのが、フェアプレーという考えで、それは
資本主義が発達途上にあった、19世紀のイデオロギーである。

　19世紀後半に向け、先に述べた「アマチュアリズムという概念」に現れ
ていた職業差別的な内容は他のスポーツ団体を含め多くの規定から削除され
た。が、スポーツでお金を得るのは、フェアではないという考えは残った。
ここで登場するのがフランスの教育者ピエール・ド・クーベルタン（1863 -
1937）である。クーベルタンは近代オリンピックの設立を提言し、1896年に
はアテネにて第一回大会が開催された。彼は古代オリンピックが始まった時、
勝者は月桂の冠以外の栄誉を受けなかった故事に従い、オリンピックの参加
者はスポーツによる金銭的な報酬を受けるべきではないとした。ここに「ア
マチュア」が確立した。

プロ格闘技年表事典　　21

1901−1910年

第19代横綱、常陸山谷右エ門、1907年ニューヨーク。この時、ホワイトハウスで土俵入りした。

◆相撲

明治34年（1901）1月場所の番付は以下の通りである。

東		西	
小　錦	横綱		
朝　汐	大関	梅ノ谷	
	張大	大　砲	
常陸山	関脇	荒　岩	
源氏山	小結	鳳　凰	

明治36年（1903）、常陸山、梅ヶ谷（梅ノ谷改）は横綱に同時に昇進した。相撲界は「梅常陸時代」と謳われた。常陸山は明治40年（1907）、欧米を訪問し、セオドア・ルーズベルト米大統領と会見したのちにホワイトハウスで横綱土俵入りを披露した。常陸山人気に出羽ノ海部屋には一人一人に食事を出す暇もなくなるほど新弟子が殺到し、大人数で鍋を囲むようになった。これがチャンコ鍋の始まりである。

東京相撲が回向院境内に国技館を作ったのは明治42年（1909）のことである。

このような東京相撲の盛況ぶりとは対照的に興行的に苦戦を強いられていたのが大阪相撲、京都相撲である。特に京都相撲は明治43年にロンドンで行われた日英博覧会の演し物として渡英するが、第一人者の横綱大碇が帰国費用を持ち逃げされたこともあって帰ってこれなかった。その結果、京都相撲は崩壊していく。

◆ボクシング

1901年1月1日の段階での世界王者は以下の通りである。

ヘビー級	ジェームス・J・ジェフリーズ（米）
ミドル級	トミー・ライアン（米）
ウエルター級	マティ・マシューズ（米）
ライト級	フランク・アーン（スイス）
フェザー級、バンタム級	テリー・マクガバン（米）

世界ライトヘビー級王座の新設は1903年4月22日のことで、初代王者はジャック・ルート（米）であった。

この10年間、大きな活躍を見せたのは、ボブ・フィッシモンズとジャック・ジョンソンである。

20世紀が始まった段階ですでに世界ミドル級、世界ヘビー級王者の経験があったフィッシモンズは03年秋、新設されたばかりの世界ライトヘビー級王座を奪取し、史上初の3階級制覇を成し遂げた。黒人初の世界ヘビー級王者であるジョンソンはカラーラインが横行した20世紀初頭に白人を蹴散らした。

史的に認められる範囲において日本にはボクシングはまだ定着していないものの、港町をうろつく不良外人と柔道家くずれの異種格闘技戦、柔拳興行はしばしば行われていた。講道館創始者嘉納治五郎の甥である嘉納健治も09年からそれを主催した。

◆プロレス

20世紀が始まった段階で、パリの第一人者はポール・ポンからジョージ・ハッケンシュミットに変わった。ハッケンシュミットは1901年にパリだけではなく、モスクワ、ベルリン、ウィーンなどのトーナメントにも優勝した。

エヴゲニイ・クズネツォフ著『サーカス』(1931)には、20世紀初頭ロシアのサーカスでプロレスは欠かせない演し物であり、グレコローマン型レスリング選手権が絶頂期を迎えたのは第一次大戦前の数年間であったとある。しかし、八百長試合の蔓延、「悪名高き女子プロレス選手権」という「ひどく淫らな見世物」によりサーカスにおけるプロレスは、「大切なのは力でなく名声、それともちろん金」が目的となってしまった、という。

アメリカの第一人者はダン・マックレオドだった。1901年11月、これを破ってアメリカミックスト王者となったのがトム・ジェンキンズである。

ハッケンシュミットとジェンキンズは1904年、05年とイギリス、アメリカで闘い、ハッケンシュミットが連勝した。これをもってハッケンシュミットを初代世界ヘビー級王者とする史家も多い。

その後、ジェンキンズを破って台頭してきたのがフランク・ゴッチである。ゴッチは1908年にハッケンシュミットをガチンコで破って世界王座をアメリ

プロ格闘技年表事典　25

カにもってきた。

◆その他

　幕末以来、多くの柔術家が海外に渡航していた。そんな中、イギリスで人気が爆発した谷幸雄は1904年プロレスのリングに上がった。ハンデ戦ながらジョージ・ハッケンシュミットと闘うためにイギリスに来ていたトム・ジェンキンスを破った。

　これをもって谷をプロレスラーと定義するわけではない。柔術家がプロレスのリングに上がっただけのことである。プロレスは相撲やボクシングのようにエスタブリッシュなジャンルではないため、間口を広く、強靭な胃袋、言い換えれば節操の無さを持つ。

　同じ年、講道館の柔道使節として渡米した前田光世は'07年12月にはイギリスに渡った。翌08年1月、ロンドンでプロレスのトーナメントに出た。直後、ハッケンシュミットに「柔道なんて大騒ぎしたけど大したことない」とバカにしたような発言をされ挑戦状を叩きつけた。実は「柔道なんて大騒ぎした」とは05年あたりまでの谷幸雄の活躍を指している。

1901年

相撲
1月10日
【東京・本所回向院】優勝：常陸山（東関脇）8勝0敗1分。場所後、大砲万右エ門に横綱免許が授与される。

【大砲万右エ門】（生）1869（没）1918（出生地）宮城（人物評）第18代横綱。身長が194cmで、当時としては史上最長身。巨体のため不器用で、自分で動くと失敗が多いので相手の立合いを待つ取り口。よって、相撲が非常に遅く、引き分けが多かった。1907年5月場所には9戦全分という珍記録を樹立した。ある意味「横綱は負けてはいけない」を身をもって示した存在である。

プロレス
2月6日
【ニューヨーク NY・MSG】パリのグレコローマン王者ポール・ポンがアメリカのグレコローマン王者アーネスト・ローバーと引き分ける。

プロレス
2月6日
【ハノーファー（独）】「トーナメント」優勝：ミハイル・ヒツラー

【トーナメント】我が国で「トーナメント」といえば春夏の甲子園の高校野球のような勝ち抜き戦を意味する。しかし、欧米では「大会」といった程度の意味で、ヨーロッパのプロレスの場合は大相撲の本場所のようなものをイメージしていただければよい。ドイツでは19世紀のグレコローマントーナメント時代から20世紀ほぼいっぱいまで、一箇所に長期間とどまるトーナメント形式で興行を打っていた。

【グレコローマンヘビー級トーナメント】大戦間、戦後の世界グレコローマンヘビー級トーナメントはドイツ・オーストリアで散見される。優勝者で注目されるのは、1930年までのハンス・シヴァルツ、1次大戦前からのジャーン・ジャーゴ（エストニア）、34年からはシュワルツの息子のハンス・シヴァルツ・ジュニア。→ 1951年11月7日。

ボクシング
3月18日
【ロンドン（英）・ナショナルアスレティッククラブ】〈世界バンタム〉ハリー・ハリスがペドラン・パルマーを破り、獲得。

プロレス
5月14日
【ハノーファー（独）】「トーナメント」優勝：ミハイル・ヒツラー

相撲
5月15日
【東京・本所回向院】優勝：荒岩（東小結）8勝1敗

ボクシング
5月24日
【トロント（加）】〈世界ウェルター〉ルーベ・ファーンズがマティ・マシューズを破り、獲得。

相撲
5月
【大阪・南地五階南手空地】優勝：若嶋（西大関）7勝1預1休（大阪相撲）

プロ格闘技年表事典　27

プロレス 7月1日

【ドーソンシティ（加）】フランク・ゴッチのカナダ極北ツアーが始まる。ドーソンはカナダ・クロンダイク地方のゴールドラッシュに沸いていた街である。ゴッチはこの日（7月2日説もあり）から10月1日まで、フランク・ケネディを名乗り、ジェームズ・ハイラム・マグローリン、オレー・マーシュらと、賞金マッチの日々を送った。3人はグルになって、勝敗を作り、オッズを偏らせて、番狂わせを演出し、最終的に掛け金を巻き上げた。

【フランク・ゴッチ】（生）1878（没）1917（出生地）米（主要王座）世界ヘビー（初）1899（人物評）得意技はトー・ホールド。そのバリエーションは多く、アキレス腱固めのような技も。金鉱賞金マッチで稼いだ喧嘩屋。1908年シカゴでジョージ・ハッケンシュミットを破り、世界王座を奪取。10年6月、スタニスラウス・ズビスコをトリックで降す。以後、第一次世界大戦まで業界を仕切るが早世。これによりプロレスの中心地は中西部から、辣腕プロモーター、ジャック・カーリーが仕切るニューヨークへと移った。

【ジェームズ・ハイラム・マグローリン】（生）1841（没）1912（出生地）（初）1860年代前半（人物評）プロレス史上初めてのチャンピオン。主にカラー＆エルボールールで戦う。が、1901年、フランク・ゴッチらとともにカナダ・クロンダイク地方に遠征した折には他のスタイルでも闘った。

【カラー＆エルボー・スタイル】アメリカ東部で誕生した着衣格闘技。ルーツはイギリスの民俗レスリングであろう。一般に「レスリング」とは裸体格闘技である。着衣格闘技は、相手の試合着を掴むことができるという点で、試合上の戦略が裸体格闘技とは異なる。が、カラー＆エルボーにはグレコ・ローマン・スタイルなど他のスタイルとの選手交流もあったのでプロレスの範疇に入れるのが一般的だ。1866年5月14日、アメリカ東部ニュージャージー州ニューアークで、ジェイムス・ハイラム・マグローリンがルイス・エインスワースを破り、アメリカ・カラー＆エルボー選手権を獲得した。これが史上最古のプロレスのタイトルである。また、1877年、バーモント州セントオーバンズに登場した史上初の黒人レスラー、ヴァイロ・スモールもこのスタイルのレスラーだった。

プロレス 7月5日

【セントルイス MO】世界キャッチアズキャッチキャン王者トム・ジェンキンズが世界グレコローマン王者アーネスト・ローバーを破る。

プロレス 11月7日	【クリーブランド OH】〈アメリカ・ミックスト〉トム・ジェンキンズがダン・マックレオドを破り、獲得。

【アメリカ・ミックスト】1893 年、グレコローマンとキャッチ・アズ・キャッチ・キャンの王座を統合したという経緯があるため「アメリカン・ミックスト王座」と呼んだ。

ボクシング 11月11日	【セントルイス MO】〈世界バンタム王座決定戦〉ハリー・フォーブスがダグ・ダガーティを破り、獲得。
ボクシング 11月28日	【ハートフォード CT】〈世界フェザー〉ヤング・コーベット 2 世がテリー・マクガバンを破り、獲得。
ボクシング 12月18日	【ロサンゼルス CA】〈世界ウェルター〉バルバドス・ジョー・ウォルコットがルーベ・ファーンズを破り、獲得。
プロレス 12月19日	【パリ（仏）】「トーナメント」優勝：ジョージ・ハッケンシュミット。ハッケンシュミットはこの年、リーガ、モスクワ、ベルリン、ウィーンなどのトーナメントにも優勝した。

【ジョージ・ハッケンシュミット】(生) 1878 (没) 1967 (出生地) エストニア（主要王座）世界キャッチ・アズ・キャッチ・キャンヘビー級 (初) 1896 以前 (人物評) 1896 年デビュー。ボディビルでも大家。欧大陸のグレコ・トーナメントを総なめした後、1903 年英国へ。05 年 MSG でアメリカン王者トム・ジェンキンズを破る。これをもって初代世界王者とされる。11 年 9 月のフランク・ゴッチとの再戦以来、リングを離れ、14 年のパリ・トーナメント参戦も流れたので、結果的に 11 年 9 月が最後の試合となった。

プロレス	【ハノーファー（独)】「トーナメント」優勝：ハインリッヒ・ヴェーバー

1902年

相撲 1月10日	【東京・本所回向院】優勝：梅ケ谷（東大関）8勝0敗1分
相撲 3月1日	【京都・花見小路祇園館跡空地】優勝者不明（京都相撲）
ボクシング 5月12日	【フォートエリー（加）】〈世界ライト〉ジョー・ガンスがフランク・アーンを破り、獲得。
相撲 5月21日	【東京・本所回向院】優勝：大砲（東横綱）8勝0敗1分
相撲 6月	【大阪・南地五階南手空地】優勝：若嶋（東大関）8勝1預（大阪相撲）
プロレス 9月4日	【リバプール（英）】〈欧州グレコローマン王座決定戦〉ジョージ・ハッケンシュミットがトム・キャノンを破り、獲得。
プロレス 11月26日	【ウスターMA】〈アメリカ・ミックスト〉ダン・マックレオドがトム・ジェンキンズを破り、獲得。12月25日説もある。
プロレス	【ロンドン（英）】ロンドンに留学中の夏目漱石がプロレスを観戦する。お目当ては柔術家、谷幸雄対イギリス人の賞金マッチであったが、他の試合が長引いて興行が終了したため、谷の試合は見られなかった。仕方なく見たイギリス人とスイス人の試合の感想は「西洋の相撲なんて頗（すこぶ）る間の抜けたものだよ」（『漱石・子規往復書簡集』）であった。
相撲	【大阪】大阪・谷町七丁目で開業していた医師、萩谷義則（1847–1902年）が死去した。萩谷は大の相撲好きで、診察に訪れた力士から治療費を受け取らなかった。ここから、相撲界以外に野球界、プロレス界などの他のスポーツ、また歌舞伎界や演歌界を中心に芸能界でも幅広く使われる無償スポンサーを意味する隠語「タニマチ」が始まった。

1903年

相撲 1月11日	【東京・本所回向院】優勝：常陸山（西大関）8勝0敗1分
相撲 1月	【大阪・南地五階南入空地】優勝：一の浜（西前1）8勝1休（大阪相撲）
プロレス 4月2日	【ニューヨークNY】この頃、世界ライト級王者として、ジョージ・ボスナーが認定されていた。プロレスの階級はヘビー級とジュニア・ヘビー級だけではない。
プロレス 4月3日	【バファローNY】〈アメリカ・ミックスト〉トム・ジェンキンズがダン・マックレオドを破り、獲得。
ボクシング 4月22日	【デトロイトMI】〈世界ライトヘビー王座決定戦〉ジャック・ルートがキッド・マッコイを破り、獲得。
プロレス 5月2日	【メルボルン（豪）】〈オーストラリア王座決定戦〉ブッタン・シンとグンガ・ブラームを破り、獲得。シン、ブラームともアフガン人。
相撲 5月10日	【東京・本所回向院】優勝：常陸山（西大関）9勝0敗。場所後、常陸山谷右エ門、梅ケ谷藤太郎（2代）に横綱免許が授与される。

【常陸山谷右エ門】（生）1874（没）1922（出生地）茨城（初）1892（人物評）第19代横綱。梅ケ谷と競い合って精進し、揃って横綱に昇進したことから「梅常陸時代」と呼ばれ、明治時代後期の相撲黄金時代を築いた。水戸中学校を1889年に中退し、剣豪・内藤高治を頼って上京。しかしその怪力ぶりに相撲入りを勧められ出羽ノ海に入門。出羽ノ海の姪と交際したものの破談となり脱走し、名古屋相撲から96年大坂相撲・廣角組へ。さらに広島相撲へ加入の後、97年に東京相撲へ帰参した。順調に出世し横綱を得た。

【梅ケ谷藤太郎（2代）】（生）1878（没）1927（出生地）富山（初）1890（人物評）第20代横綱。常陸山と同時昇進。1903年5月場所9日目常陸山谷右エ門と全勝対決を行い敗れはしたものの、常陸山の「梅ケ谷関と一緒にお願いします」という申し出により吉田司家から横綱免許を授与。24歳6ケ月での昇進は当時の最年少記録。横綱土俵入りは雲龍型を選択し「雲龍型の土俵入りの開祖」とされている。

相撲 5月	【大阪・南地五階北手空地】優勝：扇海（東前1）8勝1敗（大阪相撲）
プロレス 6月6日	【パリ（仏）】「トーナメント」優勝：イエス・ペデルセン、準優勝：ラウル・レ・ブシェ、3位：スタニスラウス・ズビスコ

プロ格闘技年表事典　31

相撲 6月17日	【大阪・南地南海駅前五階北手空地】第五回内国官業博覧会余興相撲開催。場所後、若嶌權四郎に五条家より横綱免許が授与される。

【若嶌權四郎】（生）1876（没）1943（出生地）千葉（人物評）第21代横綱。1890年東京相撲で初土俵。91年、濃尾地震で兄弟子の楯甲久四郎に助け出されるも、楯甲は圧死。96年1月の入幕に際しては楯甲へ改名。その後人気に溺れて成績不振、東京から脱走して98年京都の草風部屋に、そして大阪の中村部屋へと動く。大阪ではまず五条家から、2年遅れて吉田家から横綱免許を受けた。大阪横綱として、東京との合併相撲では太刀山、梅ケ谷、常陸山らに健闘した。

【吉田司家】相撲の司家、家元。現在まで800年以上の歴史があるとされている。元々は京都二条家に奉公し、相撲節会を司っていた。江戸時代の初期に細川綱利（1643～1714）に招聘されて以来、熊本藩に仕えた。吉田司家当主13世吉田追風は相撲興行を主催し、4代木村庄之助を力士から行司へと転向させた。吉田司家はこうして相撲に対して力を持ち始めた。現在横綱は横綱審議委員会の諮問を経て日本相撲協会が認定する。が、かつて（江戸時代から昭和時代）は吉田司家が免許授与してきた。

【五条家】相撲の司家、家元。菅原高長（1210～1285）を祖とする京都の公家。高長は相撲の始祖と言われている野見宿禰の子孫ということもあり、五條家は相撲の司家として鎌倉時代以来君臨してきた。吉田司家と同様、江戸時代から明治時代にかけて「相撲の本家」を自認し、独自に横綱の免許を授与してきた。五條家が免許を授与する横綱は京都相撲の力士であることが多かった。が、江戸相撲の強豪を横綱に推挙することもあった。免許を授与される方としてはありがた迷惑で吉田家の免許授与を待って横綱を名乗る者もいた。1910年にグレコローマンのパリ・トーナメントに参戦した大碇が72人の歴代横綱に含まれない理由は、五條家の免許で、吉田司家の免許ではなかったからである。

ボクシング 7月4日	【フォートエリー（加）】〈世界ライトヘビー〉ジョージ・ガードナーがジャック・ルートを破り、獲得。
ボクシング 8月13日	【サンフランシスコCA】〈世界バンタム〉フランキー・ニールがハリー・フォーブスを破り、獲得。

32　プロ格闘技年表事典

ボクシング
11月25日

【サンフランシスコ CA】〈世界ライトヘビー〉ボブ・フィッシモンズがジョージ・ガードナーを破り、獲得。

【ボブ・フィッシモンズ】（生）1863（没）1917（出生地）英（主要王座）世界ミドル、ヘビー、ライトヘビー（初）1881（人物評）史上初の3階級制覇王者で、ボディブローの発案者でもある。まずオーストラリアで活躍し、1891年1月14日、ニューオリンズでジャック・デンプシー（初代）にTKO勝ちして世界ミドル級王座を奪取した。97年にはネバダ州カーソンシティでジェームス・J・コーベットを破って世界ヘビー級王座を奪取、この王座は99年にジェームズ・J・ジェフリーズに明け渡した。世界ライトヘビー級王座を獲得したのは20世紀に入ってからである。

1901
|
1910

プロ格闘技年表事典　　33

1904年

相撲 1月13日	【東京・本所回向院】優勝：梅ケ谷（東横綱大関）7勝1敗1預
プロレス 1月27日	【ベリンガム WA】〈アメリカ・ミックスト〉フランク・ゴッチがトム・ジェンキンズをストレート（2本目は反則）で破り、選手権を獲得。
プロレス 1月30日	【ロンドン（英）】〈英国版世界ヘビー王座決定戦〉ジョージ・ハッケンシュミットがアーメド・マドラリを破り、獲得。
相撲 1月	【大阪・南地南海駅前】優勝：大木戸（西小結）8勝1分（大阪相撲）
プロレス 1月	【不明（豪）】（上旬）ジョージ・ハッケンシュミットがブッタン・シンを破る。
社会 2月8日	【日本】日露戦争
プロレス 2月14日	【ハノーファー（独）】「トーナメント」優勝：エルネスト・ジークフリード
ボクシング 4月30日	【サンフランシスコ CA】〈世界ウェルター〉デキシー・キッドがバルバドス・ジョー・ウォルコットを20ラウンド目に、ウォルコットのキドニーパンチによる反則勝ちで破り、獲得。試合直後、ウォルコットはマネージャーとともにレフェリーをリング上で袋叩きにし、また、ウォルコットに金を賭けていた観客が怒ってリングに乱入した。5月12日の再戦（引き分け）後、キッドが王座を返上したため、ウォルコットが王座に返り咲いた。
相撲 5月23日	【東京・本所回向院】優勝：太刀山（東前1）8勝1敗1休
相撲 5月	【大阪・南地南海駅前】優勝：大木戸（西関脇）8勝1預（大阪相撲）
その他 7月1日	【セントルイス MO】夏季オリンピックが開幕。万国博覧会と同時に開催。（11月23日まで）
プロレス 7月2日	【ロンドン（英）】ジョージ・ハッケンシュミットがグレコローマンルールでトム・ジェンキンズを破る。
プロレス 9月5日	【ベリンガム WA】フランク・ゴッチが、柔術家キング・ロー（青柳）を一方的に降す。
ボクシング 10月13日	【セントルイス MO】〈世界フェザー〉ブルックリン・トミー・サリバンがエイブ・アッテルを破り、獲得。アッテルは、前年（日付対戦相手不明）、王者になっていた。
ボクシング 10月17日	【ロンドン（英）・ナショナルアスレティッククラブ】〈世界バンタム〉ジョー・ポーカーがフランキー・ニールを破り、獲得。

プロレス 10月31日	【ハノーファー（独)】「トーナメント」優勝：ハインリッヒ・エベルデ
相撲 11月	【大阪・南地南海駅前】「大阪東京合併相撲」
ボクシング 12月20日	【サンフランシスコ CA】〈世界ライト王座決定戦〉ジミー・ブリッドがバトリング・ネルソンを破り、獲得。
プロレス	【サンクトペテルブルグ（露)】「トーナメント」優勝：イワン・プドウブニイ、準優勝：ポール・ポン

1901
1910

1905年

相撲
1月15日

【東京相撲】二十山親方（元横綱小錦＝初代）が辞表を提出し、春場所開催が遅れる。

【小錦八十吉（初代）】（生）1866（没）1914（出生地）上総国（初）1883（人物評）第17代横綱。1888年5月場所新入幕から足かけ4年で39連勝。96年5月場所後に吉田司家から横綱免許を、史上初となる20代での授与。1901年1月場所を最後に現役を引退して年寄・二十山を襲名。引退後も7年間は髷を付けたまま勝負検査役・取締役に就任。14年7月に高砂が死去したことで後継者に内定。しかし、正式襲名する直前の10月22日に死去、47歳没。

相撲
1月21日

【東京・本所回向院】優勝：國見山（東関脇）9勝0敗

相撲
1月

【大阪・南地南海駅前】優勝：大木戸（西大関）9勝（大阪相撲）

プロレス
3月15日

【ニューヨークNY・MSG】〈アメリカ・ミックスト〉トム・ジェンキンズがフランク・ゴッチをストレートで破り、獲得。

ボクシング
3月28日

【サンフランシスコCA】〈世界カラードヘビー〉マービン・ハートがジャック・ジョンソンを破り、獲得。世界カラードヘビー級王座設立の背景には「カラーライン」がある。

【ジャック・ジョンソン】（生）1878（没）1946（出生地）米（主要王座）世界ヘビー（初）1897（人物評）黒人初の世界ヘビー級チャンピオン。相手のミスを待つ技巧派の面もあった。カラーラインが横行した20世紀初頭に白人を蹴散らしてヘビー級王者となるだけでなく、白人女性を妻に娶り高級自動車を乗り回し金歯をひけらかしながら人種差別へのしっぺ返しを繰り返し、白人たちの憎悪を浴びた。

【カラーライン】かつてボクシングに存在した、チャンピオン（主として白人）が黒人との対戦を拒否できる制度である。これは明らかな、人種差別制度の一つと言える。誕生の背景には白人が黒人を嫌悪していたということよりも、黒人の実力を恐れ黒人王者が誕生して白人の権威が脅かされるのを恐れたことが大きい。これを最初に用いたのは、19世紀のボクシング初代世界ヘビー級王者のジョン・L・サリバンである。サリバンは、ピーター・ジャクソン（西インド諸島）との対戦を拒否するためカラーラインを使用した。

36　プロ格闘技年表事典

プロレス 5月4日	【ニューヨーク NY・MSG】〈世界キャッチ・アズ・キャッチ・キャンヘビー王座決定戦〉欧・米のトップ対決、ジョージ・ハッケンシュミットがアメリカン王者トム・ジェンキンズを破る。
相撲 5月23日	【東京・本所回向院】優勝：荒岩（西大関）9勝0敗
プロレス 5月30日	【ハノーファー（独）】「トーナメント」優勝：エルネスト・ジークフリード
相撲 5月	【大阪相撲】若嶌権四郎に吉田司家より横綱免許が授与される。
相撲 6月	【大阪・難波新川土橋西詰】優勝：若嶌（東横綱）8勝1分（大阪相撲）
ボクシング 7月3日	【リノ NV】〈世界ヘビー王座決定戦〉マービン・ハートがジャック・ルートを破り、獲得。レフリーはジェームス・J・ジェフリーズ。
相撲 8月10日	【京都・四条河原】「大阪東京合併相撲」
ボクシング 9月9日	【サンフランシスコ CA】〈世界ライト〉バトリング・ネルソンがジミー・ブリットを破り、獲得。
相撲 9月	【大阪・難波新川土橋西詰】「大阪東京合併相撲」
ボクシング 10月21日	【ボストン MA】〈世界バンタム王座決定戦〉ジミー・ウォルシュがディガー・スタンレーを破り、獲得。
プロレス 10月31日	【ハノーファー（独）】「トーナメント」優勝：ヤコブ・コッホ
プロレス 12月1日	【パリ（仏）】谷幸雄が東勝熊に完勝した。2人の日本人柔術家がプロレスのリングで対戦した。指で眼を突くこと、指を捻ること、蹴り、当て身が禁止のルールだった。
プロレス 12月12日	【パリ（仏）】「トーナメント」優勝：イワン・プドウブニー
ボクシング 12月20日	【サンフランシスコ CA】〈世界ライトヘビー〉ジャック・オブライエンがボブ・フィッシモンズを破り、獲得。
プロレス	【ハノーファー（独）】「トーナメント」優勝：ハインリッヒ・エベルデ

1901
|
1910

プロ格闘技年表事典　37

1906年

相撲 1月13日	【東京・本所回向院】優勝：常陸山（西横綱）9勝0敗
ボクシング 2月22日	【サンフランシスコCA】〈世界フェザー王座決定戦〉エイブ・アッテルがジミー・ウォルシュを破り、獲得。
ボクシング 2月23日	【ボストンMA】〈世界ヘビー〉トミー・バーンズがマービン・ハートを破り、獲得。
相撲 2月	【大阪・難波新川土橋西詰】優勝：大木戸（西大関）9勝（大阪相撲）
ボクシング 4月26日	【ボストンMA・チェルシー】ジャック・ジョンソンがサム・ラングフォードを破る。
相撲 5月19日	【東京・本所回向院】優勝：常陸山（西横綱）8勝0敗1休
プロレス 5月23日	【カンザスシティMO】〈アメリカ・ミックスト〉フランク・ゴッチがトム・ジェンキンズを破り、獲得。
プロレス 5月31日	【ハノーファー（独）】「トーナメント」優勝：エルネスト・ジークフリード
相撲 5月	【大阪・難波新川土橋西詰】優勝：大木戸（西大関）8勝1敗（大阪相撲）
相撲 9月1日	【大阪・難波新川土橋西詰】「大阪東京合併相撲」
ボクシング 9月3日	【ゴールドフィールドNV】〈世界ライト〉ジョー・ガンスがバトリング・ネルソンを失格勝ちで破り、獲得。また、この試合はのちの大物プロモーター、テックス・リカードの初のプロモート試合である。
ボクシング 10月16日	【ボストンMA】〈世界ウェルター〉ハニー・メロディがバルバドス・ジョー・ウォルコットを破り、獲得。
プロレス 10月31日	【ハノーファー（独）】「トーナメント」優勝：ジョン・ポール
プロレス 11月23日	【パリ（仏）】「トーナメント」優勝：スタニスラウス・ズビスコ。ズビスコはこの後の追撃戦で25日にグスタフ・フリステンスキーを破るが、26日にゲオルグ・ルーリッチに敗れた。
プロレス 12月1日	【ニューオリンズLA】〈アメリカ・ミックスト〉フレッド・ビールがフランク・ゴッチを破り、獲得。
プロレス 12月17日	【カンザスシティMO】〈アメリカ・ミックスト〉フランク・ゴッチがフレッド・ビールを破り、獲得。

1907年

相撲
1月18日

【東京・本所回向院】優勝：國見山（東大関）6勝1敗2休

相撲
1月

【大阪・難波新川土橋西詰】優勝：放駒（西大関）9勝（大阪相撲）

【放駒長吉】（生）1882（没）1922（出生地）和歌山（主要王座）大関（初）（人物評）そもそもは寛延2年（1749）大坂竹本座初演浄瑠璃「双蝶々曲輪（ふたつちょうちょうくるわ）日記」に登場する侠客の名。大阪相撲で大関まで登った後、東京に出て相生（あいおい）松五郎と名のり1911年関脇、2年後に大阪相撲に戻る。19年佐賀の小さな港町で行なわれた京都相撲残党を含む三都合同の巡業で、放駒の一番に掛けられた懸賞は、赤ん坊。実は赤ん坊、それは放駒の落し胤だった。22年、台湾巡業中に客死した。

ボクシング
4月22日

【ロンドン（英）・ナショナルスポーティングクラブ】〈世界バンタム王座決定戦〉オーエン・モランがアル・デルモントを破り、獲得。〈英連邦ミドル〉サム・ラングフォードがジェームズ・スミスをKOで破り、獲得。

【ナショナル・スポーティング・クラブ】「いったい誰が一番強いんだ？」の議論を背景に300年前からプライズファイトを手がけてきたイギリスに存在したクラブ。入会資格男子のみ。さらに会費も高額。このクラブは、19世紀末、ヘビー、ライト.ヘビー、ミドル、ウェルター・・・といったボクシングの体重別階級を決め、ボクシングの黒人王者ジャック・ジョンソンをオーストラリアに連れて行って賞金マッチをさせ、1910年9月10日、ロンドンで行われたプロレスの試合、グレート・ガマ対スタニスラウス・ズビスコ戦も主催した。

【英連邦】英連邦（Commonwealth of Nation）とは、かつてのイギリス帝国を構成していた50余りの独立諸国が加盟する連合体。英連邦加盟国とイギリス本国との関係は強く、イギリスと加盟国とでボクサー、レスラー間の交流は盛んだった。英連邦諸国のプロ格闘史は英国のプロ格闘史と無関係に存在しない。

【サム・ラングフォード】（生）1883（没）1956（出生地）加（主要王座）世界カラードヘビー（初）1902（人物評）様々な土地で、様々な階級（元来はライト級）で闘った。ジャック・ジョンソンに、体格で遥かに下回りながらスピードと強打で苦しめ僅差の判定負け。ジョンソンが世界王座になった後、2

プロ格闘技年表事典　39

度目の対戦を拒否された。「カラーライン」の被害者が「カラーライン」を用いる歴史の皮肉である。

相撲 5月10日	【東京・本所回向院】優勝：太刀山（東関脇）8勝1敗
相撲 6月	【大阪・難波新川土橋西詰】優勝：岩友（西張小）8勝1預（大阪相撲）
相撲 8月	【大阪・南地南海駅前五階北手空地】「大阪東京合併相撲」
プロレス 9月30日	【ハノーファー（独）】「トーナメント」優勝：イエス・ペデルセン
ボクシング 10月29日	【ロサンゼルスCA】〈世界フェザー〉エイブ・アッテルがフレディ・ウィークスに4RKO勝ち。自分自身の4RKOに金を賭けていたアッテルはTKOでは金が得られないため、一方的な試合にタオルを投げようとしたウィークスのマネージャーにもパンチを浴びせ、タオルを投げられないようにした。
ボクシング 11月1日	【デイトンOH】〈世界ウェルター〉フランク・マンテルがハニー・メロディを破り、獲得。
ボクシング 11月12日	【ロサンゼルスCA】〈世界カラードミドル〉サム・ラングフォードがヤング・ピータージャクソンを破り、獲得。
相撲 11月	【京都・四条磧】優勝：不明（京都相撲）
プロレス 12月9日	【パリ（仏）】「トーナメント」優勝：ポール・ポン
プロレス 12月16日	【パリ（仏）】「トーナメント」優勝：ジョバンニ・ライセビッチ
プロレス	【パリ（仏）】「トーナメント」優勝：イエス・ペデルセン

1908年

相撲 1月18日	【東京・本所回向院】優勝：梅ケ谷（東横綱）8勝0敗1分
ボクシング 1月23日	【ニューヘブンCT】〈世界ウェルター〉ハリー・ルイスがフランク・マンテルを破り、獲得。
プロレス 1月28日	【ロンドン（英）】〈キャッチ・アズ・キャッチ・キャントーナメント〉ミドル：コンデ・コマ（前田光世）がヘンリー・アースリンガー（スウェーデン）にフォール負け。ヘビー：コンデ・コマがジミー・エッソン（スコットランド）にフォール負け。
相撲 1月	【大阪・難波土橋西詰】優勝：陣幕（東関脇）8勝1敗（大阪相撲）
プロレス 4月3日	【シカゴIL】〈世界ヘビー〉フランク・ゴッチがジョージ・ハッケンシュミットを破り、獲得。観客動員、興行収入とも当時の世界記録を作り、しばらく破られなかった。
プロレス 4月27日	【ロンドン（英）】夏季オリンピックが開幕。（10月31日まで）
ボクシング 5月9日	【サンフランシスコCA】〈世界ミドル王座決定戦〉スタンリー・ケッチェルがジャック・ツイン・サリバンを破り、獲得。
相撲 5月20日	【東京・本所回向院】優勝：紫雲竜（西前9）7勝0敗2預
プロレス 5月30日	【ハノーファー（独）】「トーナメント」優勝：ゲオルグ・シトレンゲ
相撲 6月	【大阪・難波土橋西詰】優勝：大木戸（東大関）9勝（大阪相撲）
相撲 6月	【京都・新京極錦天神】優勝：不明（京都相撲）
ボクシング 7月4日	【サンフランシスコCA】〈世界ライト〉バトリング・ネルソンがジョー・ガンスを破り、獲得。
ボクシング 8月8日	【ボストンMA】この頃、世界ジュニアライト級王者として、ボブ・サマーヴィルが認定されていた。
ボクシング 9月7日	【ロサンゼルスCA】〈世界ミドル〉ビリー・パプケがスタンリー・ケッチェルを破り、獲得。
ボクシング 11月26日	【サンフランシスコCA】〈世界ミドル〉スタンリー・ケッチェルがビリー・パプケを破り、獲得。
プロレス 11月	【パリ（仏）】「トーナメント」優勝：イワン・ブドウブニー
プロレス 11月	【パリ（仏）】「トーナメント」優勝：ジョバンニ・ライセビッチ

1901
1
1910

プロ格闘技年表事典　41

ボクシング
12月26日

【シドニー（豪）】〈世界ヘビー〉ジャック・ジョンソンがトミー・バーンズを破り、獲得。ジョンソンは初の黒人世界ヘビー級王者。長年「カラーライン」にため、王座挑戦を阻まれていた。レフェリーはバーンズのマネージャーだった。14ラウンド、ジョンソンの猛ラッシュにもかかわらず、レフェリーが試合を止めなかったため、警官隊が突入し、試合は終わった。

1909年

相撲 1月7日	【東京・本所回向院】優勝：梅ケ谷（西横綱）7勝0敗1分1休
相撲 1月	【大阪・難波土橋西詰】優勝：大木戸（東大関）9勝（大阪相撲）
相撲 5月	【大阪・難波土橋西詰】優勝：大木戸（東大関）9勝（大阪相撲）
相撲 6月2日	【東京・両国国技館】開館式が行なわれる。設計は、辰野金吾。
相撲 6月14日	【東京・両国国技館】優勝：高見山（東前7）7勝3分。初の優勝額。一般的に、これが個人優勝制度の始まりとされる。東西対抗優勝制度も導入され、優勝旗授与最初の旗手も高見山だった。
ボクシング 6月19日	【サンフランシスコCA】〈世界バンタム王座決定戦〉モンテ・アッテルがフランキー・ニールを破り、獲得。
相撲 6月	【京都・四条磧】三都合併相撲開催。（京都相撲）
ボクシング 10月16日	【サンフランシスコCA】〈世界ヘビー〉ジャック・ジョンソンがスタンリー・ケッチャエル（世界ミドル級王者）を破り、防衛。この試合には談合があったが、ケッチャエル突如の裏切りに怒ったジョンソンが右のアッパー、歯を5本折り、ウチ何本かはジョンソンのグローブにめり込み、KOした。
プロレス 10月22日	【シカゴIL】スタニスラウス・ズビスコがチャーリー・カトラーを破る。ズビスコは7日にアメリカ上陸を果たしたばかりであった。 【スタニスラウス・ズビスコ】(生)1879(没)1967(出生地)ポーランド(主要王座)世界ヘビー(初)1901(人物評)デビュー以来ヨーロッパグレコローマンのトーナメント荒らし。1909年アメリカに進出し、世界王者フランク・ゴッチに挑戦するも、トリックで敗れ、再戦要請にも逃げられ続ける。第一次世界大戦期はロシアに軟禁される。再渡米の後20年代、エド・ストラングラー・ルイス、ジョー・ステッカーと世界王座を争奪しあう。30年代からプロモーター。戦後アルゼンチンでジョニー・バレンタインをデビューさせた。最後の弟子はハーリー・レイスである。
相撲	【東京相撲】横綱常陸山が自身の著書、「相撲大鑑」を著す。当時は力士が本を出すことはなく異例だった。
ボクシング	【パリ（仏）】IBU（International Boxing Union）が設立される。設立当初は多くの世界タイトル戦を認定した。

1901
｜
1910

プロ格闘技年表事典　43

【神戸】嘉納健治が神戸の自宅に日本初のボクシングジムとなる国際柔拳倶楽部を設立。

【柔拳】柔道とボクシングとの異種格闘技興行のこと。柔拳といえば、戦後、萬年東一、中村守恵、木島幸一、松永高司ら、女子プロレスにつながる人脈や、ユセフ・トルコ、ロイ・ジェームスなど日本に亡命してきたトルコ系日本人が行っていたことが知られる。彼らの柔拳と、嘉納の柔拳には直接のつながりはない。

1910年

1901 ― 1910

| 相撲 1月7日 | 【東京・両国国技館】優勝：常陸山（東横綱）7勝2分1休 |

相撲 1月13日　【東京・大阪】大木戸の横綱推挙を巡り、大阪相撲と吉田司家が対立、東京相撲と大阪相撲が絶縁。

相撲 1月　【大阪・難波土橋西詰】優勝：放駒（西大関）7勝2分（大阪相撲）

プロレス 1月　【パリ（仏）】「トーナメント」優勝：イエス・ペデルセン

ボクシング 2月22日　【ロサンゼルス CA】〈世界バンタム〉フランキー・コンリーがモンテ・アッテルを破り、獲得。

ボクシング 2月22日　【サンフランシスコ CA】〈世界ライト〉アド・ウォルガストがバトリング・ネルソンを破り、獲得。

プロレス 2月28日　【ハノーファー（独）】「トーナメント」優勝：ハインリッヒ・エベルデ

ボクシング 3月6日　【マクドノービル LA】〈別派世界バンタム王座決定戦〉ジョニー・クーロンがジム・ケンリックを破り、獲得。

ボクシング 3月19日　【ロサンゼルス CA】〈世界ミドル王座決定戦〉ビリー・パプケがファイヤーマン・ジム・フリンを破り、獲得。

相撲 5月　【大阪・難波土橋西詰】優勝：大木戸（東横綱）8勝1敗（大阪相撲）

プロレス 6月1日　【シカゴ IL】〈世界ヘビー〉フランク・ゴッチがスタニスラウス・ズビスコを破って、防衛。1本目、握手とみせかけて油断させ、フィニッシュタイムは6.25秒であった。結局2－0のストレートフォール勝ち。

相撲 6月3日　【東京・両国国技館】優勝：太刀山（西大関）9勝1分

ボクシング 7月4日　【リノ NV】〈世界ヘビー〉ジャック・ジョンソンがジェームズ・ジェフリーズを破り、防衛。ジェフリーズは無敗のまま引退した元王者。大金を積まれカムバックした。試合後、喜びのあまりに騒ぎ出した黒人ファンを白人がリンチし、11名が死去した。その晩、暴動は全米に広がった。

ボクシング 9月6日　【ボストン MA】〈世界カラードヘビー〉サム・ラングフォードがジョー・ジャネットを破り、獲得。

プロレス 9月10日　【ロンドン（英）】〈イギリス版世界キャッチ・アズ・キャッチ・キャン〉スタニスラウス・ズビスコがグレート・ガマと引き分ける。

【グレート・ガマ】（生）1878（没）1960（出生地）英領インド（初）不明（人物評）20世紀前半に活躍。旧英領インド西部で、世襲のレスリング一家「ボロ一族」の総帥。アスラム、

プロ格闘技年表事典　45

アクラム・ペールワンの伯父。28年ラホールではスタニスラウス・ズビスコに勝利。ボロ一族で継承されていたレスリングは「ガスティ」と呼ばれている。「ガスティ」は長い歴史を持ち、多くの技を進化させてきた。草の上で試合をするのが原則だった。

プロレス
11月28日

【モントリオール（加）】フランク・ゴッチとの再戦のために北米入りしていたジョージ・ハッケンシュミットがドクター・ベンジャミン・フランクリン・ローラーを破る。ローラーはゴッチのスパイだったという説が濃厚。

プロレス
12月4日

【パリ（仏）・カジノデパリ】「トーナメント」イエス・ペデルセン（デンマーク）が現役の横綱（京都相撲）大碇を破り、優勝。準優勝はポール・ポン。

【大碇紋太郎】（生）1869（出生地）愛知（最高位）横綱（初）1884（人物評）東京相撲で大関。その後、京都相撲に自らを投じ、大関につけ出された。1899年4月、五条家から横綱免許を授与された。1910年2月、ロンドンへ日英博覧会の出し物として飛ぶが、一行の出演料、帰国の費用を持ち逃げされたこともあり、自主的に巡業を続ける。そして暮にパリでプロレスのリングに上った。以後、南米に流れ、帰国できたかどうかも定かではない。京都相撲の存在も立ち消えとなった。

プロレス
12月

【アラハバド（印）】〈インド無差別〉グレート・ガマがラヒム・サルタニ・ワラを破り、獲得。

相撲
12月

【東京】太刀山峯右エ門に横綱免許が授与される。

【太刀山峯右エ門】（生）1877（没）1941（出生地）富山（初）1900（人物評）第22代横綱。その双手突きの威力は誰も二突きとは耐えられないという意味から「四十五日の鉄砲」（ひと月半＝一突き半）と恐れられた。休み、引き分けを挟んで、大関時代の1909年夏場所8日目駒ケ嶽を破ってから、12年春場所8日目西ノ海に敗れるまで43連勝、翌日駒ケ嶽を破ってから、16年5月場所8日目で栃木山守也に敗れるまで56連勝を記録した。西ノ海へのこの黒星は「人情相撲」であったと本人の弁。18年1月場所で引退し、翌19年に廃業した。

プロレス

【メキシコシティ】ヒャルマル・ルンディンが前田光世を破る。この試合のルールが柔道着着用であったかどうかは不明である。但し、出典は、ルンディン自身の自伝。

1911−1920年

1910年代末から20年台にかけ「大統領よりも有名」といわれたボクサー、ジャック・デンプシー。

◆相撲

1910年代の東京相撲は待遇改善要求で幕内・十両力士が籠城した「新橋倶楽部事件」で始まった。以後もこの種の事件はしばしば生ずる。

1910年、大阪の大木戸の横綱推挙問題で生じた東京・大阪の断交は12年に和解、翌年、合併相撲が東京で開催された。

1910年代前半は第21代横綱太刀山の時代であった。ある生物図鑑に、1902年に発見されたばかりのゴリラの説明に「太刀山のように強力な動物」とあるように、超人的な怪力は周知であった。14年5月、パリのプロモーターの代理人が太刀山を訪ね、グレコローマントーナメントでジョージ・ハッケンシュミットとの対戦を要請、「もし戦わば」の大騒ぎとなるが第一次世界対戦の勃発で立ち消えとなった。

東京相撲に差を広げられる日々の大阪相撲は、東京への対抗心で1919年、浪速に国技館を建設する。しかし、無理があったのか、20年代半ばの東西合併で手放すことになる。

◆ボクシング

黒人でありながら白人を圧倒的な強さで破って世界ヘビー級王者となり、白人美人女性を妻として公衆の門前を連れ歩くジャック・ジョンソンが米白人の憎悪を浴び続けた。

15年4月、そんなジョンソンをKOし、白人に王座を取り戻したジェス・ウィラードは一躍ヒーローとなった。そのウィラードを19年7月に完膚なきまでに打ち破ったのがジャック・デンプシーである。デンプシーは「宗教上の理由」で第一次世界大戦の兵役を拒否し、米国民感情を逆撫でしており、また、ジョンソンを破ったことで善玉となっていたウィラードを破ったことで、ジョンソンに続く憎まれ役となった。

ライト級史上最強と目される「ゲットーの魔術師」ベニー・レナードの台頭もこの時期である。

階級の新設はフライ級で、1913年4月、シド・スミス（英）が初代王者となった。尚、この時代、ヨーロッパでは世界王座認定団体ができていたが、アメ

リカではまだできていなかった。

◆プロレス

　1911年9月にシカゴで行われたフランク・ゴッチ対ジョージ・ハッケンシュミット戦の八百長疑惑が新聞を騒がせた。新聞が試合結果を報道しなくなったため、アメリカでのプロレス人気は下落した。10年代半ば、リング外も支配していたゴッチは引退宣言や病気で神通力を失い、代わりにニューヨークのプロモーター、ジャック・カーリーが業界を支配し始めた。そして、ジョー・ステッカーやエド・ストラングラー・ルイスの台頭で人気は復活した。

　18年10月、米シーダーラピッズで熊本出身のマティ・マツダがウイリアム・ジョハンセンを破り、世界ウェルター級王座を獲得し、日本人初の世界王者となった。

　ヨーロッパでは第一次世界大戦の勃発で興行が打てず、壊滅的な打撃を受けた。18年の停戦後、興行を復活させたのは意外にも敗戦国ドイツであった。ヨーロッパでは食えないと、スタニスラウス・ズビスコら有力選手は続々とアメリカに移住した。

◆その他

　1910年代、前田光世がブラジルでエリオ・グレイシーらに柔術を仕込み、それがグレイシー柔術となって今に残る。

　柔道着を着たおよそ2000試合に前田は負けなかったと言われるが、あまり知られていない謎の部分がある。前田は1908年暮、イギリスからキューバ、メキシコに移動した。10年にメキシコでプロレスラー、ヒャルマル・ルンディンに敗れたという記録がある。だた、その出典はルンディンの自伝であり、またこの試合が柔道着をつけるルールであったかどうかは定かでない。

　10年代後半、渡米していた柔術家をカモにし続けたのが時の世界ライトヘビー級王者、プロレスラー、アド・サンテルである。サンテルは、15年12月野口潜龍軒、17年9月坂井大輔、10月三宅多留次を破った。また、16年には伊藤徳五郎と3連戦、1勝1敗1分だった。そしてサンテルは、講道館に殴り込むための来日に動いていった。

1911年

**プロレス
1月16日**
【シカゴ IL・コミスキーパーク】ジョージ・ハッケンシュミットがアド・サンテルを、フランク・ゴッチがフレッド・アーラーを破る。

【アド・サンテル】(生) 1887 (没) 1966 (出生地) 独 (主要王座) 世界ライトヘビー級 (初) 1907 (人物評) ルー・テーズの師匠の一人。日本人と数多く対戦し、破り続けた「大正時代のヒクソン」。21年「講道館柔道に挑戦状をたたきつけ」来日。大きな話題を呼んだ。29年、クラレンス・イークランドとの闘いでオーストラリアを盛り上げ、33年、沖識名との闘いを最後に現役を退いた。

**プロレス
1月26日**
【ミネアポリス MN】ウェルター級のローカル王者、ウォルター・ミラーがマティ・マツダに反則勝ち。「反則の瞬間、ジャップはフェアでは無かったが、評価を与えてしかるべきだ」(Waterloo Evening Courier)

**プロレス
1月28日**
【ハノーファー (独)】「トーナメント」優勝:ハインリッヒ・ヴェーバー

**相撲
1月**
【東京】「新橋倶楽部事件」が起こる。

【新橋倶楽部事件】東京相撲の労働争議である。本場所を前に関脇以下の関取らが回向院に集結、歩方金増額など待遇改善を要求する決議を行った。力士側から脱落者が出たり、双方の仲介に立つ者が出たりと、歩み寄りの姿勢が見られ、本場所の収入の一部を慰労金として各関取に支給すること、養老金を積み立てることで決着した。本場所は翌2月4日に1ケ月遅れで開幕した。

**相撲
2月4日**
【東京・両国国技館】優勝:太刀山 (西大関) 8勝1分1預

**プロレス
2月9日**
【ニューヨーク NY・MSG】ジョージ・ハッケンシュミットがスタニスラウス・ズビスコと引き分け。60分以内に2フォール取って勝ちというルールであった。

**ボクシング
2月11日**
【シドニー (豪)】〈世界ミドル〉ジョニー・トンプソンがビリー・パプケを破り、獲得。

**相撲
2月**
【大阪・難波土橋西詰】優勝:大木戸 (東横綱) 7勝1敗1分 (大阪相撲)

**ボクシング
3月24日**
【ミネアポリス MN】〈世界バンタム〉この頃、ここでは王者としてアル・ボッサード (Al Bossard) が認定されていた。

**プロレス
5月14日**
【ハノーファー (独)】「トーナメント」優勝:アルフォンセ・シトゥルム

ボクシング 6月8日	【ロンドン（英）】〈世界ミドル王座決定戦〉ビリー・パプケがジム・サリバンを破り、獲得。
相撲 6月10日	【東京・両国国技館】優勝：太刀山（西横綱）10勝
プロレス 9月4日	【シカゴIL】〈世界ヘビー〉フランク・ゴッチ対ジョージ・ハッケンシュミットの3年越しのリターンマッチが行なわれる。今回もゴッチの勝利。勝敗に関して、3年前は正真正銘の競技であったが、この2度目の対決は、結果が打ち合わせ済みであったという。
相撲 10月	【大阪・難波土橋西詰】優勝：大錦（西大関）8勝1敗（大阪相撲）
ボクシング 12月26日	【シドニー（豪）】〈世界カラードヘビー〉サム・マクヴェイがサム・ラングフォードを破り、獲得。

1911
－
1920

プロ格闘技年表事典　51

1912年

相撲 1月10日	【東京・両国国技館】優勝：太刀山（東横綱）8勝1敗1分
ボクシング 2月22日	【ロサンゼルス CA】〈世界フェザー〉ジョニー・キルベーンがエイブ・アッテルを破り、獲得。
ボクシング 2月22日	【サクラメント CA】〈世界ミドル〉フランク・マンテルがビリー・パプケを破り、獲得。
ボクシング 2月26日	【ニューオリンズ LA】〈世界バンタム〉ジョニー・クーロン（加）がフランキー・コンリーを判定で降し、王座を統一。この少し前まで、クーロン、コンリーの他、ディッガー・スタンリー、モンテ・アッテル、シャルル・ルドウが世界王者を自称していた。
プロレス 2月29日	【ハノーファー（独）】「トーナメント」優勝：ハインリッヒ・ヴェーバー。ここでハノーファーでのトーナメントが続くのは、異なる団体が存在したからである。
プロレス 3月1日	【ハノーファー（独）】「トーナメント」優勝：アルフォンセ・シトゥルム
プロレス 3月19日	【ハノーファー（独）】「トーナメント」優勝：ハインリッヒ・エベルデ
ボクシング 4月8日	【ボストン MA】〈世界カラードヘビー〉サム・ラングフォードがジョー・ジャネットを破り、獲得。豪州ヘビー級王座も移動。
その他 5月5日	【ストックホルム（典）】夏季オリンピックが開幕。（7月27日まで）
相撲 5月17日	【東京・両国国技館】優勝：太刀山（西横綱）10勝全勝
相撲 5月	【大阪・難波土橋西詰】優勝：朝日松（西関脇）8勝1敗（大阪相撲）
ボクシング 7月4日	【ロサンゼルス CA】〈世界ライト〉アル・ウォルガストがジョー・リバースとダブル KO、しかしレフェリーのジャック・ウェルチはウォルガストを助けおこしながらカウントを続け、ウォルガストが KO で防衛となった。
ボクシング 11月28日	【サンフランシスコ CA】〈世界ライト〉ウィリー・リッチーがアド・ウォルガストを破り、獲得。
ボクシング 11月	【不明（米）】ジャック・ジョンソンがマン法により裁判にかけられ、禁固1年と1日、罰金1000ドルの有罪判決を受ける。マン法とは妻でない女性と宗教を超えては一緒にいてはいけないという法律で、黒人男性に白人女性を取られることを防止するためのもの。ジョンソンは国外に逃亡した。

1913年

相撲 1月10日	【東京・両国国技館】優勝：鳳（西大関）7勝1分1預1休
プロレス 1月14日	【ウッドウォードOK】〈世界ライトヘビー〉アド・サンテルがウイリアム・ディメトラルを破り、獲得。
相撲 1月	【大阪・難波土橋西詰】優勝：二タ瀬川（西前7）8勝1休（大阪相撲）
ボクシング 2月12日	【パリ（仏）・シルクドパリ】〈IBU世界＆EBU欧州ライトヘビー〉ジョルジュ・カルパンティエがハンズマン・デリック・ライスを破り、獲得、防衛。（IBUは王座決定戦）

【ジョルジュ・カルパンティエ】(生)1894(没)1975(出生地)仏(主要王座)世界ライトヘビー(初)1908(人物評)「オーキッドマン（蘭の男）」の異名通りの美男で肉体美の持ち主である。17歳でフランス・ウェルター級王者となり、1913年パリでIBU世界ライトヘビー級王者、20年にはアメリカで世界ライトヘビー級王者のバトリング・レビンスキーを破った。21年の対ジャック・デンプシー戦は史上初の100万ドル興行となった。プロレスラー、エドワード・カーペンティアは56年、フランスから北米大陸上陸の際「甥」となり改名したもの。

ボクシング 2月17日	【ミルウォーキーWI】〈世界ライトヘビー王座決定戦〉ボブ・モーハがサイクロン・ジョニー・トンプソンを破り、獲得。
相撲 2月21日	【東京・両国国技館】「大阪東京合併相撲」
ボクシング 3月5日	【パリ（仏）】〈世界ミドル王座決定戦〉フランク・クラウスがビリー・パプケを破り、獲得。
相撲 3月7日	【大阪・新世界】「大阪東京合併相撲」
相撲 3月18日	【名古屋・南堀町】「大阪東京合併相撲」
プロレス 4月9日	【カンザスシティMO】〈世界ヘビー〉フランク・ゴッチがゲオルグ・ルーリッチを破り、防衛。ゴッチは試合後、引退を表明。
ボクシング 4月11日	【パリ（仏）】〈世界フライ〉シド・スミスがユージン・クリキを破り、獲得。バンタム級よりも軽い階級としてフライ級が新設された。
相撲 5月16日	【東京・両国国技館】優勝：太刀山（東横綱）10勝全勝
相撲 5月	【大阪・新世界】優勝：大錦（西大関）7勝2敗1分（大阪相撲）

1911
|
1920

ボクシング 6月2日	【サウスワーク】〈世界フライ〉ビリー・ラドバリーがシド・スミスを破り、獲得。
相撲 10月11日	【熊本】吉田追風三百年祭に際して「肥後相撲館」が開館、東西合同大相撲も行なわれた。
ボクシング 10月11日	【ピッツバーグPA】〈世界ミドル〉ジョージ・チップがフランク・クラウスを破り、獲得。
ボクシング 12月19日	【パリ（仏）】〈世界ヘビー〉ジャック・ジョンソンがバトリング・ジム・ジョンソンと引き分け、防衛。

1914年

ボクシング 1月1日	【メルボルン（豪）】〈世界ウェルター王座決定戦〉ワルデマール・ホルベルグがレイ・ブロンソンを破り、獲得。
相撲 1月10日	【東京・両国国技館】優勝：太刀山（東横綱）10勝
プロレス 1月14日	【パリ（仏）】「トーナメント」フリースタイル部門優勝：ウラディック・ズビスコ
ボクシング 1月24日	【メルボルン（豪）】〈世界ウェルター〉トム・マコーミックがワルデマール・ホルベルグを破り、獲得。
ボクシング 1月26日	【ロンドン（英）】〈世界フライ〉パーシー・ジョーンズがビリー・ラドバリーを破り、獲得。
相撲 1月	【大阪・難波土橋西詰】松ノ音（東関脇）8勝1敗1預（大阪相撲）
プロレス 2月9日	【カンザスシティ MO】〈世界ヘビー王座決定戦〉アメリカス（ガス・ショーンライン）がフレッド・ビールを破り、獲得。
プロレス 2月17日	【レキシントン KY】マリン・プレスティーナが壮絶な首絞め合戦の後、エド・ストラングラー・ルイスを破る。

【エド・ストラングラー・ルイス】（生）1891（没）1966（出生地）米（主要王座）世界ヘビー（初）1910（人物評）ルー・テーズの師匠の一人。ボクシングの世界ヘビー級王者ジャック・デンプシーとの対戦をメディアが煽るほどのスポーツ界第一人者であった。強靭な身体能力とスタミナ、背骨がとても柔軟、「延々と続くヘッドロック」といった技術面、「ゴールド・ダスト・トリオ」として業界を引っ張ったこと、自分のグループから離れていこうとするレスラーには怪我という容赦のない仕打ちを与えるといった政治面の強さをもつ。

ボクシング 3月21日	【シドニー（豪）】〈世界ウェルター〉マット・ウェルズがトム・マコーミックを破り、獲得。BBB to C も認定。
プロレス 3月25日	【リンカーン NB】ジョー・ステッカーが後に「トラストバスター」となるマリン・プレスティーナを破る。→ 1922年5月16日

【ジョー・ステッカー】（生）1893（没）1974（出生地）米（主要王座）世界ヘビー（初）1912（人物評）1915年から28年まで、途中ブランクがあるものの世界王者在位期間が長かった。20年代のエド・ストラングラー・ルイスとの確執は馬場＆猪木のそれに匹敵するほど歴史的なものであり、ルイスの歴史は、ステッカーから逃げ続ける歴史だとする史家もいる。得意技は胴締めで、嵌ったら最後、呼吸をする度にステッカーの膝が自分の腹に食い込む拷問技だ。

プロ格闘技年表事典　55

ボクシング 4月7日	【ニューヨーク NY】〈世界ミドル〉アル・マッコイがジョージ・チップを破り、獲得。
ボクシング 4月14日	【ビュート MT】〈世界ライトヘビー王座決定戦〉ジャック・ディロンがバトリング・レビンスキーを破り、獲得。
プロレス 5月7日	【カンザスシティ MO】〈世界ヘビー〉スタニスラウス・ズビスコがアメリカス（ガス・ショーンライン）を破り、獲得。ズビスコがアメリカを離れたため王座は消滅。
ボクシング 5月15日	【プリマス（英）】〈世界フライ〉ジョー・シモンズがパーシー・ジョーンズを破り、獲得。
相撲 5月30日	【東京・両国国技館】優勝：両國（東前14）9勝1休
相撲 5月	【大阪・難波土橋西詰】優勝：大錦（西大関）8勝1分1休（大阪相撲）
ボクシング 6月9日	【ロサンゼルス CA】〈世界バンタム〉キッド・ウィリアムス（デンマーク）がジョニー・クーロンを破り、獲得。
ボクシング 7月7日	【ロンドン（英）】〈世界ライト〉フレディ・ウェルシュがウィリー・リッチーを破り、獲得。
社会 7月28日	【ヨーロッパ】第一次世界大戦に突入。
プロレス 7月	【ミネアポリス MN】チャーリー・カトラーがヘンリー・オーデマンを破る。この試合は後になって、フランク・ゴッチにより、世界ヘビー級選手権試合だったことにされた。
相撲 12月25日	【大阪相撲】大木戸森右エ門に横綱免許が授与される。11月13日、大阪相撲が吉田司家に謝罪し、吉田司家が正式な免許を出した。 【大木戸森右エ門】（生）1876（没）1930（出生地）兵庫（初）1896（人物評）第23代横綱。大阪相撲で横綱・若島権四郎に唯一、太刀打ちできる力士だった。大関時代の1908年6月場所から1909年5月場所まで3場所連続の9戦全勝優勝も記録する。大坂相撲は、1909年に吉田司家へ横綱免許の授与を申請したが、色よい返事はなく、大木戸は住吉神社で奉納横綱土俵入りを行った。これで大坂相撲は吉田司家と対立し、東京相撲と絶縁することになる。約3年後、和解し、横綱免許が出た。
プロレス	【ハノーファー（独）】「トーナメント」優勝：ポール・ウェスターガード・シュミット日付不明

1915年

相撲
1月15日

【東京・両国国技館】優勝：鳳（西大関）10勝。場所後、鳳谷五郎に横綱免許が授与される。

【鳳谷五郎】（生）1887（没）1956（出生地）千葉（初）1903（人物評）第24代横綱。美男で人気があった。体が柔らかく腰が重くスピード豊かで、掛け投げが得意であることから「鳳のケンケン」と呼ばれた。常陸山が引退し、梅ケ谷も衰えが見られる中、吉田司家からは「時期尚早、1場所保留」の声も出たが、協会が強引に押し切って横綱免許を受けた。しかし、昇進後は足の負傷や糖尿病などで活躍できず1919年5月場所には3勝6敗と皆勤で、史上初の「横綱本場所皆勤負け越し」という記録を作った。

1911
‑
1920

相撲
1月

【大阪・難波土橋西詰】優勝：小染川（東小結）10勝。5月場所は北海道巡業のため、中止。（大阪相撲）

ボクシング
4月5日

【ハバナ】〈世界ヘビー〉ジェス・ウィラードがジャック・ジョンソンを破り、獲得。

ボクシング
4月13日

【ボストンMA・アトラスアリーナ】〈世界カラードヘビー〉ジョー・ジャネットがサム・ラングフォードを破り、獲得。前記世界カラードヘビー級王座とは別派。

プロレス
5月19日

【ニューヨークNY】〈世界グレコローマン王座決定トーナメント決勝〉アレキサンダー・エイバーグがウラディック・ズビスコと引き分ける。このトーナメントは両者が合意すれば、キャッチ・アズ・キャッチ・キャンスタイルで闘ってもよかった。

ボクシング
6月1日

【ボストンMA】〈世界ウェルター〉マイク・グローバーがマット・ウェルズを破り、獲得。

相撲
6月4日

【東京・両国国技館】優勝：太刀山（西横綱）10勝

ボクシング
6月22日

【ボストンMA】〈世界ウェルター〉ジャック・ブリットンがマイク・グローバーを破り、獲得。

プロレス
7月5日

【オマハNB】〈世界ヘビー〉ジョー・ステッカーがチャーリー・カトラーを破り、獲得。この試合、リングサイドにはフランク・ゴッチがいた。

ボクシング
8月31日

【ボストンMA】〈世界ウェルター〉テッド・キッド・ルイスがジャック・ブリットンを破り、獲得。

プロレス
10月20日

【エバンスビルIN】〈世界ヘビー〉ジョー・ステッカーがエド・ストラングラー・ルイスを破り、防衛。このカードの初顔合わせ。2時間を超える戦いはステッカーがリングアウト勝ちするが、その殆どを睨み合いに費やす。観戦した市長は怒りの余りリングに上がり、「インチキだ」と叫び、物議をかもす。

プロ格闘技年表事典　57

プロレス **12月9日**	【ニューヨーク NY・マンハッタンオペラハウス】「インターナショナル・チャンピオンシップ・トーナメント」〈公式戦〉この日より登場のアメリカ初の覆面レスラー、マスクト・マーベルがウィルヘルム・バーナーを破る。
プロレス **12月20日**	【ニューヨーク NY・マンハッタンオペラハウス】「インターナショナル・チャンピオンシップ・トーナメント」〈公式戦〉エド・ストラングラー・ルイスがマスクト・マーベルを破る。
プロレス	【アデレード（豪）】〈オーストラリア〉クラレンス・ウエバーがデイブ・スミスを2本あわせて31秒という秒殺。
プロレス	【アムステルダム（蘭）】「世界グレコローマンヘビー級トーナメント」優勝：エルネスト・エルレンカンプ
プロレス	【モスクワ（露）】「トーナメント」優勝：スタニスラウス・ズビスコ。ジャーン・ジャーゴ（エストニア）が優勝したとの説もあり。準優勝：ジョー・モーラ

1916年

ボクシング
1月3日

【ニューオリンズ LA】〈世界カラードヘビー〉ハリー・ウィルスがサム・ラングフォードを破り、獲得。

相撲
1月14日

【東京・両国国技館】優勝：西ノ海（東大関）8勝1分1休。場所後、西ノ海嘉治郎（2代）に横綱免許が授与される。

【西ノ海嘉治郎（2代）】（生）1880（没）1931（出生地）鹿児島（初）1900（人物評）第25代横綱。組んでも放れても巧い相撲を取ったが、性格が温厚だったため、勝ちみはやや遅かった。関脇時代の1912年1月場所8日目、当時43連勝中だった太刀山を叩き込みで破る。16年1月場所は8勝1分1休。史上最高齢で初優勝した。そして翌月、吉田司家から横綱免許を授与さる。が、このときすでに36歳で、横綱在位5場所のうち、皆勤は新横綱の16年5月場所のみだった。

プロレス
1月17日

【ニューヨーク NY・マンハッタンオペラハウス】「インターナショナル・チャンピオンシップ・トーナメント」〈決勝〉エド・ストラングラー・ルイスがウラディック・ズビスコを破り、優勝。

プロレス
1月27日

【ニューヨーク NY・MSG】〈世界ヘビー〉ジョー・ステッカーがマスクト・マーベルを2対0のストレートで破り、防衛。その数日前、新聞はマーベルの正体がモート・ヘンダーソンであることをすっぱ抜いていた。中西部に地盤があったステッカーのニューヨーク登場は、当地のプロモーター、ジャック・カーリー、そして「トラスト」の勢力向上の表れである。

【トラスト】ニューヨークのプロモーター、ジャック・カーリーを中心とした全米大都市のプロモーターの集まりのこと。「トラスト」の勢力増強は、引退したものの依然権力を持ち続けていたフランク・ゴッチの病気、そして死による影響力の低下、消滅が背景にあった。戦後のNWAは「トラスト」の制度化であったとも言える。「トラスト」の中心にいたのがニューヨークのプロモーター、ジャック・カーリーである。
カーリーは1907年にプロモーターの仲間入り。プロレスと並行してボクシングの興行も手がけ、ボクシングの世界においても大プロモーターであった。そして第一次世界大戦中にプロレスへの比重を高めていった。と同時に、勝敗にも関与するようになった。
あらかじめ勝敗を決めることは、19世紀にも存在していた。が、全てではない。
第一次世界大戦後、プロ野球の世界でワールドシリーズの勝敗が買収されるという「ブラックソックス事件」。ボクシングの世界でも、1930年代になって、片八百長で世界王者プリモ・

1911
|
1920

プロ格闘技年表事典　59

カルネラが誕生。白い目で見られるのはプロレスだけではなかった。→ 1917 年 5 月 2 日

相撲 1月	【大阪・難波土橋西詰】優勝：大錦（東大関）8 勝 2 休（大阪相撲）
ボクシング 2月11日	【ニューオリンズ LA】〈世界カラードヘビー〉サム・ラングフォードがハリー・ウィルスを KO で破り、獲得。
相撲 3月12日	【大阪・千日前】「大阪東京合併相撲」
ボクシング 4月24日	【ニューオリンズ LA】〈世界ウェルター〉ジャック・ブリットンがテッド・キッド・ルイスを破り、獲得。
ボクシング 5月12日	【シュラキュース NY】〈世界カラードヘビー〉サム・ラングフォードがジョー・ジャネットを KO で破り、獲得。別派を統合し王座を統一。
相撲 5月18日	【東京・両国国技館】優勝：太刀山（西横綱）9 勝 1 敗
相撲 5月27日	【東京・水交社】摂政皇太子裕仁親王が海軍記念日余興相撲を台覧。
相撲 6月1日	【大阪・南区河原町一丁目千日前東】優勝：朝日松（西関脇）8 勝 2 休（大阪相撲）
プロレス 7月4日	【オマハ NB】〈世界ヘビー〉ジョー・ステッカーがエド・ストラングラー・ルイスと引き分けて、防衛。屋外で行われたこの対決は、日没で照明がなく自動車を搬入してヘッドライトの灯に照らされて続行した。数時間の膠着した闘いに客は怒る。
ボクシング 10月24日	【ボストン MA】〈世界ライトヘビー〉バトリング・レビンスキーがジャック・ディロンを破り、獲得。
相撲 10月31日	【大阪・新世界】「大阪東京合併相撲」
プロレス 12月11日	【スプリングフィールド MA】ジョン・オウリンがジョー・ステッカーを負傷試合放棄で破る。ステッカーは依然チャンピオン。
ボクシング 12月18日	【ホルボーン（英）】〈世界フライ王座決定戦〉ジミー・ワイルドがヤング・ズールー・キッドを破り、獲得。

【ジミー・ワイルド】（生）1892（没）1969（出生地）英（主要王座）世界フライ（初）1911（人物評）「マイティ・アトム」（これは後にミゼットレスラーのリングネームとなった）、「ハンマーを持った幽霊」の異名を持つ。ウェールズの炭鉱労働者の息子で自身も炭鉱労働者で、草試合で自分より大きいものを倒しまくった。

1917年

ボクシング 1月9日	【ニューオリンズ LA】〈世界バンタム〉ピート・ハーマンがキッド・ウィリアムスを破り、獲得。
相撲 1月12日	【東京・両国国技館】優勝：大錦（西大関）10勝。場所後、大錦卯一郎に横綱免許が授与される。

【大錦卯一郎】(生) 1891 (没) 1941 (出生地) 大阪 (初) 1910 (人物評) 第26代横綱。鋭い立ち合いからの出足での寄り身、相手を腹の上に乗せる吊りを得意とする。1915年1月場所、新入幕で8勝1敗、5月場所9勝1敗、大関で迎えた16年1月場所8勝2敗、5月場所7勝3敗、そして17年1月場所千秋楽に横綱太刀山を降して10戦全勝、横綱になった。新入幕から6場所目での横綱は史上最短の記録である。23年の三河島事件では調停に当たりながら解決できなかったことに責任を感じ、和解の宴の最中に隣室で自ら髷を落として廃業した。

ボクシング 1月25日	【カンザスシティ MO】〈世界カラードヘビー〉ビル・テイトがサム・ラングフォードを破り、獲得。
相撲 1月	【大阪・南区河原町一丁目千日前東】優勝：朝日山（東大関）8勝2預（大阪相撲）
プロレス 4月9日	【オマハ NB】〈世界ヘビー〉アール・キャドックがジョー・ステッカーを破り、獲得。
ボクシング 5月1日	【セントルイス MO】〈世界カラードヘビー〉サム・ラングフォードがビル・テイトを KO で破り、獲得。
プロレス 5月2日	【シカゴ IL】〈オウリンライン王座〉エド・ストラングラー・ルイスがジョン・オウリンを破り、獲得。レフェリー、フランク・ゴッチ。

【オウリンライン王座】1916年12月11日、マサチューセツ州スプリングフィールドで、世界王者ジョー・ステッカーがジョン・オウリンに負傷試合放棄で敗れる。が、ジョー・ステッカーは依然チャンピオンを名乗った。翌17年5月、エド・ストラングラー・ルイスがジョン・オウリンを破ると、オウリンが前年ステッカーを破ってチャンピオンとなっていたことにして、ルイスが世界王者であるとした。背景には、ニューヨークやシカゴで試合をプロモートしていたジャック・カーリー、そして彼を中心とする「トラスト」が、正統な世界王者アール・キャドックの他に世界王者を必要とした事である。以下、この系統の世界王座を、「オウリンライン王座」と称す。

相撲 5月11日	【東京・両国国技館】優勝：栃木山（西大関）9勝1預

プロ格闘技年表事典　61

ボクシング 5月18日	【フィラデルフィア PA】〈世界ライト〉ベニー・レナードがフレディ・ウェルシュを KO で破り、獲得。この試合はノンタイトル戦であったが、レナードは「ノンタイトルでも両者がリミット内で戦い、チャンピオンが KO された時にはタイトルが移動する」というルールを利用した。

【ベニー・レナード】(生) 1896 (没) 1947 (出生地) 米 (主要王座) 世界ライト (初) 1911 (人物評) フットワークから巧みなコンビネーションブロー、カウンターでライト級史上最強と目される。貧しいユダヤ系移民の子として生まれ「ゲットーの魔術師」の異名を取った。1921 年 1 月 13 日には新設なった NBA から初代の世界ライト級王者に認定された。

プロレス 6月5日	【サンフランシスコ CA】〈オウリンライン王座〉ウラディック・ズビスコがエド・ストラングラー・ルイスを 3 本勝負、1 － 0 で破る。
ボクシング 6月25日	【デイトン OH】〈世界ウェルター〉テッド・キッド・ルイスがジャック・ブリットンを破り、獲得。
相撲 6月	【大阪・新世界国技館建設地】優勝：優勝：二タ瀬川（東前 1）8 勝 1 預 1 休（大阪相撲）
プロレス 7月4日	【ボストン MA】〈オウリンライン王座〉エド・ストラングラー・ルイスがウラディック・ズビスコを 3 本目、試合続行不可能で破る。
ボクシング 11月14日	【ニューヨーク NY】〈世界ミドル〉マイク・オドウドがアル・マッコイを破り、獲得。
相撲 11月29日	【東京相撲】両国国技館が焼失。しばらくここで興行が打てず。
プロレス 12月16日	【ハンボルト IA】〈死去〉フランク・ゴッチ。享年 39。
プロレス 12月18日	【ニューヨーク NY・レキシントンシアター】「トーナメント」〈公式戦〉エド・ストラングラー・ルイスがドクター・ベンジャミン・フランクリン・ローラーを破る。
プロレス 12月22日	【ニューヨーク NY・レキシントンシアター】「トーナメント」〈決勝兼オウリンライン王座〉ウラディック・ズビスコがエド・ストラングラー・ルイスを破り、獲得。この試合、ルイスのヘッドロックは禁止されていた。
プロレス 12月25日	【サバンナ GA】エド・ストラングラー・ルイスがコンスタン・レマリンを 85 分かけて破る。

1918年

相撲
1月11日

【東京・靖国神社】優勝：栃木山（東大関）10勝。場所後、栃木山守也に横綱免許が授与される。

【栃木山守也】（生）1892（没）1959（出生地）栃木（初）1911（人物評）第27代横綱。身長172cmの小兵である。新小結の1916年5月場所8日目、当時56連勝中だった太刀山を寄り切り東京中が大騒ぎとなる。24年1月場所から25年1月場所まで3場所連続優勝の後、次の5月場所直前に突然の引退を表明した。25年11月の明治神宮例祭奉祝全日本力士選士権大会、31年の大日本相撲選士権に年寄・春日野として出場して優勝して実力が衰えていないことを実証し、「引退は頭髪が薄くなり髷を結えないから」に説得力をもたせた。

相撲
1月

【大阪・新世界国技館建設地】優勝：大錦（西大関）8勝1敗1預（大阪相撲）

ボクシング
4月14日

【パナマシティ・ビスタアレグレ闘牛場】〈世界カラードヘビー〉ハリー・ウィルスがサム・ラングフォードをKOで破り、獲得。

相撲
4月

【大阪相撲】大錦大五郎に横綱免許が授与される。

【大錦大五郎】（生）1883（没）1943（出生地）愛知（初）1898（人物評）第28代横綱。京都相撲伊呂波部屋に入門し、大阪相撲へ。常陸山からは東京への加入を勧められたが、師匠の朝日山に義理を立てた。一年間、四股名を「朝日山」としたこともある。左四つを得意の型に持つが攻め手が遅く、東京との合併相撲では東京の横綱・大関に歯が立たなかった。1918年、吉田司家から横綱免許を授与され、大坂相撲では3人目の横綱となった。吉田追風は「方屋に上がって立った瞬間の品位は満点」と称しており、人格、品格の面を認められての横綱免許と考えられる。

相撲
5月12日

【東京・靖国神社】優勝：栃木山（東張横）9勝1敗

相撲
5月

【大阪・新世界】優勝：朝日嶽（東前10）9勝1敗（大阪相撲）

プロレス
6月21日

【オマハNB】〈世界ヘビー〉アール・キャドックがエド・ストラングラー・ルイスを、レフェリーの判定で破る。ルイスは依然オウリンライン王座王者。

プロレス
10月7日

【シーダーラピッズIA】〈世界ウェルター〉マティ・マツダがウイリアム・ジョハンセンを破り、獲得。

| プロレス 12月8日 | 【ニューヨークNY】ジョー・ステッカーがウラディック・ズビスコを破る。この年、ステッカーはウラディック・ズビスコ、エド・ストラングラー・ルイスなどを相手に無敗だった。 |

1919年

相撲 1月12日	【東京・東京九段靖国神社】優勝：栃木山（東横綱）9勝1休
相撲 1月	【大阪・南区河原町一丁目千日前東】優勝：瀬戸山（東前13）8勝2預（大阪相撲）
ボクシング 3月17日	【カントン OH】〈世界ウェルター〉ジャック・ブリットンがテッド・キッド・ルイスを破り、獲得。
プロレス 3月21日	【ニューヨーク NY】〈オウリンライン王座〉ウラディック・ズビスコがエド・ストラングラー・ルイスを破り、獲得。
プロレス 3月30日	【パリ（仏）】「トーナメント」フリースタイル部門優勝：コンスタン・レマリン
プロレス 3月31日	【ハノーファー（独）】「トーナメント」優勝：ハンス・シュヴァルツ・シニア
ボクシング 4月28日	【カントン OH】ハリー・グレブがバトリング・レビンスキー（世界ライトヘビー級王者）を破るが、王者に認定されず。
プロレス 5月9日	【ルイビル KY】〈オウリンライン王座〉ジョー・ステッカーがウラディック・ズビスコを破り、獲得。
相撲 5月10日	【東京・靖国神社】優勝：栃木山（東横綱）10勝
相撲 5月	【大阪・南区河原町一丁目千日前東】優勝：瀬戸山（東前1）7勝1敗2分（大阪相撲）
ボクシング 7月4日	【トレド OH】〈世界ヘビー〉ジャック・デンプシーがジェス・ウィラードを破り、獲得。

【ジャック・デンプシー】（生）1895（没）1983（出生地）米（主要王座）世界ヘビー（初）1914（人物評）前傾姿勢の構えで戦い体重の乗ったパンチを打ち、常識外れのパワーを誇った。上体を振って防御すると同時に振った反動を利用して左右の連打を叩き込む「デンプシー・ロール」を戦法とした。第一次大戦時、モルモン教徒ゆえの兵役拒否で「非国民」扱いされ、ジェス・ウィラード戦の残虐さ（「トレドの惨劇」）で稀代の悪役となった。

【トレドの惨劇】1919年7月4日オハイオ州トレドにおけるジャック・デンプシー対ジェス・ウィラード戦の試合内容を指す。当時は、ダウンした相手が起き上がるとすぐに攻撃ができた。デンプシーは辛うじて起き上がろうとするウィラードを殴り続け、初ラウンドで7回ダウンを奪う。そして3ラウンド終了後ウィラードが試合放棄するまで痛めつける。ウィラードは顎が骨折、右目がつぶれ、歯2本と肋骨1本を折られた。

1911
－
1920

プロ格闘技年表事典　65

プロレス
7月4日

【シェリダン WY】クラレンス・イークランドがピート・ソイヤー（レイ・スティール）を破る。

【クラレンス・イークランド】（生）1887（没）1981（出生地）米（主要王座）世界ライトヘビー（初）1908（人物評）アド・サンテルと同時期のライトヘビー級のトップである。レスリングの猛者であると同時に、野武士のような風貌が想像力をかきたてる。戦後はプロレス不毛の地で「ララミー牧場」で有名なワイオミング州を地盤とした。サンテルがリミット185ポンド版世界ライトヘビー級王者であったのに対し、イークランドは175ポンド版世界ライトヘビー級王者であった。2人の対戦は1928年にオーストラリアで実現することになる。

【レイ・スティール】（生）1900（没）1949（出生地）米（主要王座）NWA 世界ヘビー（初）1919（人物評）ルー・テーズの師匠の一人。デビュー当時は本名のピート・ソイヤー、20年代は覆面をかぶってマスクト・マーベル（2代目）として闘った。花が開いたのはレイ・スティールへの改名後で、NWA（旧）世界ヘビー級王座を獲得した時、すでに40を迎えていた。最期はドレッシングルームでの心臓発作。弟子のテーズも居合わせた。

プロレス
12月30日

【シーダーラピッズ IA】〈世界ウェルター〉ジャック・レイノルズがマティ・マツダを破り、獲得。

1920年

相撲 1月16日	【東京・両国国技館】優勝：大錦（東張横）8勝1敗1分
プロレス 1月30日	【ニューヨーク NY・MSG】〈世界ヘビー〉ジョー・ステッカーがアール・キャドックを破り、獲得。ステッカーの持っていた「オウリンライン王座」は消滅する。この試合は動画サイトでも視聴できる試合。
相撲 1月	【大阪・新世界国技館】優勝：宮城山（東大関）8勝1敗1分（大阪相撲）
プロレス 4月19日	【シェリダン WY】〈175ポンド版世界ライトヘビー〉クラレンス・イークランドが、ヘンリー・アースリンガーを破って、防衛。
その他 4月20日	【アントワープ（白）】夏季オリンピックが開幕。〈ボクシング〉フライ級金：フランキー・ジェナロ（9月12日まで）
ボクシング 5月6日	【ボストン MA】〈世界ミドル〉ジョニー・ウィルソンがマイク・オドウドを破り、獲得。
相撲 5月14日	【東京・両国国技館】優勝：大錦（西横綱）9勝1敗
相撲 5月20日	【大阪・新世界国技館】優勝：朝日嶽（東小結）9勝1敗（大阪相撲）
その他 6月3日	【ロサンゼルス CA】〈異種格闘技〉柔道半分、プロレス半分の試合をやりつつ世界放浪中の三宅多留次がエド・ストラングラー・ルイスと柔術マッチを行うがボコボコにされる。
ボクシング 7月20日	【不明（米）】ジャック・ジョンソンがアメリカに帰国。マン法違反の嫌疑に対し、連邦捜査官に自首し、収監された。
相撲 8月2日	【岩手盛岡・八幡宮境内】「巌手日報社優勝旗争奪トーナメント（4日まで、大錦、栃木山は除外）」優勝：両國梶之助。東京大相撲出羽ノ海組合の大錦、栃木山一行の巡業。南部藩以来の伝統である四角い土俵で行われた。（観衆、初日は3,000人札止め）
プロレス 8月14日	【ハノーファー（独）】「トーナメント」優勝：エルネスト・ジークフリード
プロレス 8月17日	【サンフランシスコ CA】〈185ポンド版世界ライトヘビー〉アド・サンテルがジム・ロンドスを破って、防衛。
	【ジム・ロンドス】（生）1897（没）1975（出生地）希（主要王座）NWA世界ヘビー（初）1914（人物評）身長170センチ弱、体重100キロ弱。15年頃プロレス入り。前歴はATショーのどさ回りだった。「ローリング20」といわれる世相もあいまって多数のギリシア系観客が会場を訪れたため、観客動員力がすさまじく、全盛期は年収でベーブ・ルースをしのいだという。30年ディック・シカットを破り世界王者に。35年6月ダノ・

オマホニー戦で最後の敗戦。以降、59年の引退まで負けなしだった「戦前のマスカラス」である。

【AT ショー】飛び入り歓迎の喧嘩マッチ興行。「誰でもきやがれ」と素人の挑戦を受けるので All Comers とも呼ばれる。いわゆるこの名称はアメリカ独自のものであるが、ビル・ロビンソンはイギリスでも同様の形態の興行が存在したと証言している。

ステート・フェア（州の博覧会）や移動遊園地（米語でカーニバル）の一出し物として、テント内に作ったリング、もしくはそれに準ずる所で行なわれる。アメリカで「カーニバル・レスリング」とも呼ばれるのは、移動遊園地と一緒に回ってくるからである。入場無料のものもあった。興行の直前に、テントの前にレスラー、ボクサー、プロモーターが呼び込みをする。そして観客の中から彼らへの挑戦者を募る。「目をえぐらない」というルールでレスリングでは 15 分制限、ボクシングでは 3 ラウンドが標準で、それを耐え抜くとプロモーターから賞金を与えられる。レスラーが女子の場合、挑戦者にはたとえば「そのレスラーのウエイトプラス 15 ポンド以内」といった体重制限が設けられた。レスラー、ボクサーの収入は、勝利者賞としての賞金であり、プロモーターにとっての一番の収入源は、賭けのテラ銭である。南北戦争（1861 年〜 65 年）が終わる頃のアメリカでは、数多くの AT ショーのどさ回り集団があって、それは庶民の娯楽だった。というわけで、アメリカでは AT ショーがプロレス興行のルーツであるといわれている。AT は「エイ・ティー」と発音し、Athletic の略である。

ボクシング 9月6日	【ベントンハーバー MI】〈世界ヘビー〉ジャック・デンプシーがビリー・ミスキーを KO、防衛。
プロレス 9月30日	【ハノーファー（独）】「トーナメント」優勝：ハンス・シヴァルツ・シニア
ボクシング 10月12日	【ジャージーシティ NJ】〈世界ライトヘビー〉ジョルジュ・カルパンティエがバトリング・レビンスキーを破り、獲得。
プロレス 12月13日	【ニューヨーク NY・第 71 番街兵器廠】〈世界ヘビー〉エド・ストラングラー・ルイスがジョー・ステッカーを破り、獲得。
ボクシング 12月22日	【ニューヨーク NY】〈世界バンタム〉ジョー・リンチがピート・ハーマンを破り、獲得。
プロレス	【不明（欧）】「欧州ライトヘビートーナメント」優勝：ハンス・シュタインク

1921−1930年

日本柔道界に挑戦するために来日したアド・サンテルは、日本に来た、初めての一流レスラーである。

◆相撲

　この10年間は優勝回数で言えば常ノ花であろう。しかし、引退後の1925年11月、明治神宮例祭奉祝全日本力士選士権大会、31年、大日本相撲選士権に年寄・春日野として出場し、優勝した栃木山が引退していなければ、常ノ花があそこまで優勝できていただろうか？

　26年の東西合併は実質的には大阪相撲の崩壊である。大阪相撲壊滅の決定打は23年の龍神事件だ。これはその年の初めに東京で起こった三河島事件の「まね」で、取締たちに待遇改善を要求したものであった。この事件をきっかけに上位力士の多くが大阪相撲から去り、興行開催の支障となった。

　東西合併後いくつかの改革が行われた。28年1月、ラジオでの実況中継が始まり、そのために仕切りに制限時間が設けられる。3月、「不戦勝」という制度ができる。そして30年の4月29日、皇居で行われた天覧相撲を機に今まで土俵上の柱の前に座っていた検査役（勝負審判）が土俵の下に降りた。

◆ボクシング

　1921年、ボクシングファンでなくても知っている「WBA」の前身たる「NBA」が設立され、アメリカ帰りの渡辺勇次郎が東京目黒に「日本拳闘倶楽部（日倶）」を創設し、22年2月、ボクシングの聖書といわれる『リング・マガジン』が創刊される。また、この10年間にはスーパーフェザー級、スーパーウエルター級王座も新設された。

　21年7月、米ジャージーシティで行われたジャック・デンプシーとジョルジュ・カルパンティエの世界ヘビー級選手権は史上初めて興行収入が100万ドルを超え、ボクシングのビッグビジネス化が進む。ライトヘビー級、ヘビー級のジーン・タニー、ミドル級の反則魔、ハリー・グレブも業界を引っ張った。

　日本初の本格的ボクシング興行は22年5月靖国神社境内で渡辺により行われ、また、渡辺は26年創設の全日本アマチュア連盟の初代理事長にもなり、28年のアムステルダム五輪に代表を送り込んだ。

◆プロレス

ジャック・カーリーらの「トラスト」が業界を支配し、これに対し、汚染された試合結果に異議を唱える「トラストバスター」が独自に興行を打つがすぐにフェードアウトした。

世界ヘビー級王者だったエド・ストラングラー・ルイスはボクシングのプロモーター、テックス・リカードと組み、「トラスト」の別派「ゴールドダスト・トリオ」を立ち上げ、レスラーをクルー化して各都市を回らせるなど、興行システムを改善した。

そのルイスは25年1月、ウェイン・マンに敗れて世界ヘビー級王座を失うが、ミエミエな試合結果は顰蹙を買った。このあたりまでにプロレスは「賭け」の世界から除外されていく。王座はステッカーを経て28年2月ルイスに戻る。それは数年に及ぶルイスとステッカーとのプロレス史に残る冷戦の終結であった。

第一次世界大戦後、パリのトーナメントも復活したがすぐにフェードアウトし、グレコ・ローマン興行はドイツ、オーストリアのみで残った。

◆その他

1920年代の格闘技史として特筆すべき出来事は、タイで近代ムエタイが誕生したこと、そして21年3月、柔道家と闘うためアド・サンテルが来日したことであろう。サンテルに関しては資料も多い。ご興味の向きはそちらに。ここでは一言「日本に来た最初の一流レスラー」とだけ述べておく。

28年秋、柔術家兼プロレスラー三宅多留次の凱旋プロレス興行は、帰途ハワイにて沖識名を発掘したことで有名である。しかし、これを相撲界の立場から眺めると全く違った物になる。

この興行を企画したのは千賀ノ浦親方であり、ツアー当初は引退したばかりの元力士が興行に出た。しかし、途中から現役の相撲取りも参戦させられた。つまり、現役の相撲取りがプロレスラーとの異種格闘技戦に出たのである。

当時、相撲界は東西合併の直後であり親方衆も増えた。結果、地盤沈下した千賀ノ浦親方の様な変人で山っ気旺盛の人物がプロレス興行に手を出したということである。

1921年

相撲
1月11日
【東京・両国国技館】優勝：大錦（西横綱）10勝全勝

ボクシング
1月13日
【NBA】NBA（National Boxing Association、全米ボクシング協会）が設立される。各州のボクシングコミッションの連合組織である。ニューヨーク州、マサチューセッツ州は加盟しなかった。

相撲
1月20日
【大阪・新世界国技館】優勝：桂川（西前12）8勝2敗（大阪相撲）

その他
2月7日
【神戸・日本劇場】嘉納健治主催の柔拳興行に何人かのロシア人レスラーが登場。彼らは十貫（約38キログラム）の鉄球を手玉に取る、鉄板を縄のように扱う、七寸釘を折り曲げるなど力技を披露したり、彼ら同士で「仏国式レスリング」も披露した。また、彼らの一人、ルイケル・カロロフは大阪相撲の虎林との異種格闘技戦も行う。「仏国式レスリング」とはグレコ・ローマン・スタイルの事であろう。（15日まで）

相撲
3月4日
【大阪・新世界国技館】「大阪東京合併相撲」

その他
3月6日
【東京・靖国神社】アド・サンテルとヘンリー・ウェーバーが講道館柔道に挑むために来日。サンテルは庄司彦雄と分けた。レフェリーは渡辺勇次郎。サンテルらはその後、名古屋、大阪を巡業。

【渡辺勇次郎】（生）1889（没）1956（出生地）栃木（主要王座）カリフォルニア州ライト（初）1909頃（人物評）アメリカでボクシングと出会う。1921年、帰国し、東京目黒に日本初の本格的ボクシングジム「日本拳闘倶楽部（日倶）」を創設。これが日本ボクシングの幕開けといわれる。また同年、アド・サンテルの来日に際してはレフェリーを務めた。22年5月7日、靖国神社境内の野外相撲場でボクシングの興行「日米拳闘大試合」を主催した。そしてトレーナーとしてピストン堀口、笹崎僙、荻野貞行、岡本不二など名選手を育てた。

プロレス
5月6日
【ニューヨークNY・第71番街兵器廠】〈世界ヘビー〉スタニスラウス・ズビスコがエド・ストラングラー・ルイスを破り、獲得。

相撲
5月13日
【東京・両国国技館】優勝：常ノ花（東大関）10勝全勝

相撲
6月13日
【大阪・新世界国技館】優勝：宮城山（西大関）8勝2敗（大阪相撲）

ボクシング 7月2日	【ジャージーシティ NJ】〈世界ヘビー〉ジャック・デンプシーがジョルジュ・カルパンティエを KO、防衛。興行収入 1,789,238 ドル、史上初の 100 万ドル興行。
ボクシング 7月25日	【ニューヨーク NY】〈世界バンタム〉ピート・ハーマンがジョー・リンチを破り、獲得。
プロレス 7月25日	【シェリダン WY】〈世界ライトヘビー〉クラレンス・イークランドがマイク・ヨーケルを破り、統一。
プロレス 8月30日	【サンフランシスコ CA】〈世界ライトヘビー〉ゴバン・グハがアド・サンテルを破り、獲得。
ボクシング 9月23日	【ニューヨーク NY】〈世界バンタム〉ジョニー・バフがピート・ハーマンを破り、獲得。
プロレス 10月4日	【サンフランシスコ CA】ジョー・ステッカーがエド・ストラングラー・ルイスに判定勝ち。以後 6 年間、2 人に対戦はなし。
プロレス 10月8日	【ハノーファー（独）】「トーナメント」優勝：エルネスト・ジークフリード
ボクシング 11月18日	【ニューヨーク NY】〈世界スーパーフェザー王座決定戦〉ジョニー・ダンディーがジョージ・KO・チャニーを破り、獲得。
プロレス 11月20日	【ボストン MA】エド・ストラングラー・ルイスがトゥーツ・モントと初対決、破る。
	【ゴールド・ダスト・トリオ】エド・ストラングラー・ルイス、トゥーツ・モントにルイスのマネージャーであるビリー・サンドウを加えたトリオを言う。ニューヨークのプロモーター、ジャック・カーリーによる「トラスト」の分派にして対抗勢力である。このトリオは 1920 年代前半の業界を仕切った。トリオはクルー団による巡業、ストーリーの開発と因縁の設置、またスクリプトに従わない連中をやっつける能力があったので、王座のコントロールも可能であった。
プロレス	【パリ（仏）】「トーナメント」優勝：コンスタン・レマリン
プロレス	【ニューヨーク NY】有名なボクシングプロモーター、テックス・リカードがプロレスにも進出。しかし、翌年 2 月撤退。
その他	【タイ】国王ラーマ 6 世がムエタイのトーナメントを、ボクシングのリング上で開催。これが近代ムエタイの始まりと言われる。

1921
|
1930

プロ格闘技年表事典　73

1922年

相撲
1月13日
【東京・両国国技館】優勝：鶴ヶ濱（東前4）9勝1敗。

相撲
1月20日
【大阪・新世界国技館】優勝：宮城山（東大関）10勝（大阪相撲）。場所後、宮城山福松に横綱免許が授与される。

【宮城山福松】（生）1895（没）1943（出生地）岩手（初）1909（人物評）第29代横綱。右四つからの速攻の吊り、寄りが型である。東京相撲出羽ノ海部屋から1912年大坂相撲高田川部屋へ。22年に大坂相撲の力士としては4人目となる横綱免許が、吉田司家から授与された。時に東京・大坂の合併話が持ち上がる。「大阪東京合併相撲」で大阪陣の実力の無さが顕になるが、宮城山は横綱に留め置かれた。27年1月の合併後初の本場所では優勝し、面目を保った。

プロレス
1月26日
【セントルイスMO】スタニスラウス・ズビスコがポール・マーティソンを破る。このころから週に1度の定期興行が始まる。

その他
2月15日
【ニューヨークNY】「ボクシングの聖書」と呼ばれた『リングマガジン』をナット・フライシャーが創刊。当時の有力プロモーターで、MSGのオーナーでもあったテックス・リカードが支援した。事務所はMSG2階、創刊号の販売価格は20セントだった。

プロレス
3月3日
【ウィチタKS】〈世界ヘビー〉エド・ストラングラー・ルイスがスタニスラウス・ズビスコを破り、獲得。

相撲
3月17日
【大阪・新世界国技館】「国分大相撲」。東京相撲と大阪相撲の力士の出身地を逢坂山で分け、東西対抗戦を行なった。

相撲
4月29日
【東京・霞ヶ関離宮】摂政皇太子裕仁親王が誕辰祝賀余興相撲を台覧。

ボクシング
5月7日
【東京・靖国神社】東京目黒に日本拳闘倶楽部（日倶）を創設した渡辺勇次郎が「日米拳闘大試合」を主催。これが日本初の本格的なボクシング興行と位置づけられている。

相撲
5月12日
【東京・両国国技館】優勝：大錦（西張横）8勝1敗1分

プロレス
5月16日
【シカゴIL】トラストバスターズのみによる興行で、ジョン・ペゼックがマリン・プレスティーナと3時間15分7秒闘ってノーコンテスト。プレスティナはジョー・キャロル（オレー・マーシュ→1901年7月1日）のマネージメントを受けていた。

【トラストバスター】「トラスト」の勝敗支配に対し、言うことを聞かないレスラーもいた。「トラストバスター」という。代表的な存在としてマリン・プレスティーナ、ジョン・ペゼック、ハンス・シュタインクを挙げることができる。ならば、

74　プロ格闘技年表事典

最初から「トラストバスター」をリングに上げなければ良い。
でも「いい子」のフリをしてリングに上がり、豹変すること
もあるのだ。「トラストバスター」の策謀を阻止し、秩序ある
運営を行う為にプロモーターは「できる」レスラーも雇う。
彼らを「ポリスマン」という。「トラストバスター」はメイン
の興行から弾かれた。ニューヨークやセントルイスの熱戦譜
を見ると、1922年あたりまで「トラストバスター」だけで興
行を打っているものが多々見受けられる。しかし、観客の目
が肥えているわけではない。「寝技は家に帰ってカアチャンと
やれ」と野次が飛び観客動員に失敗。「トラストバスター」は
生きるために「トラスト」に帰順していく。これが20年代プ
ロレスの一つの風景である。

**1921
|
1930**

| **相撲**
5月22日 | 【大阪・新世界国技館】優勝：上州山（東大関）9勝1敗（大阪相撲） |

| **ボクシング**
5月23日 | 【ニューヨーク NY・MSG】〈アメリカライトヘビー〉ハリー・グレブがジーン・タニーを破り、獲得。（年間ベストバウト） |

【ハリー・グレブ】（生）1894（没）1926（出生地）米（主要
王座）世界ミドル（初）1913（人物評）「ピッツバーグの風車」
の異名通り、高速のパンチを猛吹雪のように連打する。1919
年9月3日の対バトリング・レビンスキー（世界ライトヘビー
級王者）戦のように、現王者に勝利しながらタイトル移動を
承認されないこともあった。22年5月23日、ジーン・タニー
に判定勝ちし、生涯唯一の黒星をつけると同時に米国ライト
ヘビー級王座を獲得した。このときは王座承認された。正式
に世界王者になったのは翌23年のことである。

| **ボクシング**
7月10日 | 【ニューヨーク NY】〈世界バンタム〉ジョー・リンチがジョニー・バフを破り、獲得。 |

| **ボクシング**
8月15日 | 【ニューヨーク NY】〈NYSAC 世界フェザー王座決定戦〉ジョニー・ダンディーがダニー・トラッシュを破り、獲得。 |

【NYSAC】ニューヨーク州アスレティック・コミッションの略。
この時代から70年代まで、州のコミッションが独自にボクシ
ング、プロレスの世界王座を認定することがあった。

| **ボクシング**
9月24日 | 【モンルージュ（仏）】〈世界ライトヘビー〉バトリング・シキがジョルジュ・カルパンティエを破り、獲得。 |

| **ボクシング**
11月1日 | 【ニューヨーク NY】〈世界ウェルター〉ミッキー・ウォーカーがジャック・ブリットンを破り、獲得。 |

【ミッキー・ウォーカー】（生）1901（没）1981（出生地）米
（主要王座）世界ウェルター、世界ミドル（初）1919（人物評）
古今東西のミドル級ボクサー、また、パウンド・フォー・パ

プロ格闘技年表事典　75

ウンドでも上位にランクされるばかりでなく「最も偉大」という評価も有る。1931年、ヘビー級転向のため、世界ミドル級王座は返上した。が、丸腰状態のジャック・シャーキー、マックス・シュメリングに敗れヘビー級戴冠はならなかった。

プロレス
11月10日
【ボストンMA】エド・ストラングラー・ルイスがトゥーツ・モントと初対決。→用語「ゴールド・ダスト・トリオ」

ボクシング
【NBA（米）】〈世界スーパーライト〉ピンキー・ミッチェルが王者に認定される。

プロレス
【不明（米）】〈世界ミドル〉ビリー・ライレーがピンキー・ガードナーを破り、獲得。しかしライレーは師匠の1人ウェイノ・ケトネンに王座を奪われる。

【ビリー・ライレー】（生）1889（没）1927（出生地）英（主要王座）世界ミドル（初）1913（人物評）第二次世界大戦終了直後、マンチェスターの北西ウィガンで「ビリー・ライレー・ジム」を設立。ビリー・ジョイス、カール・ゴッチ、ビル・ロビンソンを排出した。選手としては、1920年代アメリカでピンキー・ガードナーを破って世界ミドル級王座に輝いた。30年12月「オール・イン」旗揚げ戦でブルドッグ・ビリー・ガノンを破った。

1923年

相撲
1月13日
【東京・両国国技館】優勝：栃木山（東張横）8勝1敗1分。場所後、西ノ海嘉治郎（3代）に横綱免許が授与される。

【西ノ海嘉治郎（3代）】（生）1890（没）1933（出生地）鹿児島（初）1910（人物評）第30代横綱。そっぷ型ながら怪力で、出し投げ、すくい投げ、喉輪攻め、もろ差しが得意だった。三河島事件の引責で大錦卯一郎が土俵を去って横綱が栃木山守也だけとなり、東西に横綱一人ずつを並び立てたいという事情の中で横綱に昇進した。25年5月場所、栃木山突如引退の中、東の出羽海方の総崩れが起き、9勝2敗で初優勝を果たして横綱の面目を保った。

相撲
1月21日
【大阪・新世界国技館】大木戸（西大関）9勝1敗（大阪相撲）

プロレス
2月20日
【セントルイス MO】〈世界ヘビー〉エド・ストラングラー・ルイスがロンドスを破り、防衛。

ボクシング
3月17日
【ダブリン（愛）】〈世界ライトヘビー〉マイク・マクタイグがバトリング・シキを破り、獲得。

ボクシング
3月31日
【メキシコシティ・チャプルペテク闘牛場】〈メキシコヘビー〉サム・ラングフォードがジャック・サベージをKOで破り、獲得。

相撲
5月20日
【大阪相撲】「龍神事件」が起こり、大量の力士がボイコット。（大阪相撲）

【龍神事件】待遇改善要求をきっかけに、年寄・力士が二手に分かれ、大量の引退者を出した。これが大阪相撲衰退のきっかけとなった。造反派の拠点が龍神遊郭内にあったことが名称のいわれである。

プロレス
5月22日
【ミネアポリス MN】〈世界ヘビー〉エド・ストラングラー・ルイスがスタニスラウス・ズビスコを破り、防衛。

相撲
5月26日
【東京・両国国技館】優勝：常ノ花（西大関）9勝1分1預

ボクシング
5月30日
【ニューヨーク NY】〈世界スーパーフェザー〉ジャック・バーンスタインがジョニー・ダンディーを破り、獲得。

ボクシング
6月2日
【ニューヨーク NY】〈世界フェザー〉ユージン・クリキがジョニー・キルベーンを破り、獲得。

ボクシング
6月18日
【ニューヨーク NY・ポロクラウンズ】〈世界フライ〉パンチョ・ビラがジミー・ワイルドを破り、獲得。

【パンチョ・ビラ】（生）1901（没）1925（出生地）比（主要王座）世界フライ（初）1919（人物評）アジア人として初めての世

1921
-
1930

プロ格闘技年表事典　77

界チャンピオン。メキシコの革命家からリングネームを取った。23年3月1日、MSGでのフランキー・ヘナロへの判定負けは「疑惑の判定」とされ論議を呼んだ。4月のリング誌ナット・フレイシャーのコラムには「試合のジャッジは全員解雇されるべきだ。フランシスコ・グイレド（パンチョ・ビラ）という名前を覚えておいて欲しい。彼は次元の違うファイターだ」とある。そしてその6月、王座に上り詰めた。

相撲
6月23日
【大阪・新世界国技館】「龍神事件」で大量の廃業力士が出たため、「5月場所」は幕下以下のみで行われた。そして、この日を初日に片番付であらためて開催された。優勝：若木戸（小結）7勝3敗。（大阪相撲）

ボクシング
6月25日
【フィラデルフィア PA】〈世界ライトヘビー〉トミー・ローランがマイク・マクタイグを破り、獲得。

ボクシング
7月27日
【シーダーファレス（墨）】〈メキシコヘビー〉クレム・ジョンソンがサム・ラングフォードを TKO で破り、獲得。シーダーファレスは米墨国境。禁酒法時代、アメリカ人は酒を飲むために国境を越えた。

ボクシング
8月2日
【ウエストニューヨーク NJ】〈世界ライトヘビー〉マイク・マクタイグがトミー・ローランを破り、獲得。

ボクシング
8月31日
【ニューヨーク NY・ポロクラウンズ】〈世界ミドル〉ハリー・グレブがジョニー・ウィルソンを破り、獲得。

相撲
9月1日
【東京相撲】関東大震災により、両国国技館が焼失する。

プロレス
9月1日
【不明（豪）】〈オーストラリアヘビー〉クラレンス・ウエバーがビリー・ミークスを破って、王座を獲得。15年に引退していた元王者のウエバーは、5月にカムバックしていた。

ボクシング
9月14日
【ニューヨーク NY・ポロクラウンズ】〈世界ヘビー〉ジャック・デンプシーがルイス・エンジェル・フィルポを破り、防衛。（年間ベストバウト）

プロレス
12月13日
【セントルイス MO】ジョー・ステッカーが兄トニーと共に、会場に現れ、エド・ストラングラー・ルイスへの挑戦を申し入れる。ルイスのマネージャー、ビリー・サンドウは、ステッカーがリングに足を踏み入れた瞬間、試合拒否を表明、阻止。

ボクシング
12月17日
【ニューヨーク NY】〈世界スーパーフェザー〉ジョニー・ダンディーがジャック・バーンスタインを破り、獲得。

1924年

相撲 1月20日	【名古屋】（東京相撲本場所）優勝：栃木山（西横綱）9勝1分。場所後、常ノ花寛市に横綱免許が授与される。 【常ノ花寛市】(生) 1896 (没) 1960 (出生地) 岡山 (初) 1910 (人物評) 第31代横綱。右四つからの出足の速い寄り、櫓投げと、はつらつとした取り口で人気を呼んだ。1921年1月大関で9勝1敗、5月10戦全勝でありながら、東西対抗制度を敷いていた当時、横綱、張り出し横綱に同陣営の大錦、栃木山がいたため留め置かれ、後から大関になった源氏山（3代目西ノ海）に先を越された。戦後、出羽海親方時代に理事長、日本プロレス協会理事となるが、57年茶屋制度が国会で問題になり、蔵前国技館内で割腹自殺を図った。
相撲 1月20日	【大阪・新世界国技館】優勝：盛山（西前6）8勝2敗（大阪相撲）
プロレス 2月29日	【ハノーファー（独）】「トーナメント」優勝：ハンス・シヴァルツ・シニア
ボクシング 3月21日	【ニューヨーク NY】〈世界バンタム〉エイブ・ゴールドスタインがジョー・リンチを破り、獲得。
その他 5月4日	【パリ(仏)】夏季オリンピックが開幕。〈ボクシング〉フライ級金：フィデル・ラバルバ、フェザー級金：ジャッキー・フィールズ〈グレコ〉98kg：ヘンリー・デグレーン（7月27日まで）
相撲 5月16日	【東京・両国国技館】優勝：栃木山（東張横）10勝1敗
相撲 5月20日	【大阪・新世界国技館】優勝：真竜（東関脇）9勝1敗（大阪相撲）
プロレス 6月3日	【ハノーファー（独）】「トーナメント」優勝：ジャーン・ジャーゴ
相撲 6月12日	【大阪・新世界国技館】「大阪東京合併相撲」
ボクシング 6月20日	【ニューヨーク NY】〈世界スーパーフェザー〉スチーブ・キッド・サリバンがジョニー・ダンディーを破り、獲得。
ボクシング 7月24日	【ニューヨーク NY・ポロクラウンズ】ジーン・タニーがジョルジュ・カルパンティエを破る。（年間ベストバウト）
プロレス 8月15日	【ミュンヘン（独）】「トーナメント」優勝：ジャーン・ジャーゴ
プロレス 8月19日	【ハノーファー（独）】「トーナメント」優勝：エルネスト・ジークフリード
ボクシング 12月19日	【ニューヨーク NY】〈NYSAC 世界バンタム〉エディ・マーティンがエイブ・ゴールドスタインを破り、獲得。

1921
|
1930

プロ格闘技年表事典　79

【メルボルン(豪)】ディック・リーンが旗揚げ。アメリカのオレゴンから世界ミドル級チャンピオンのウォルター・ミラー、元世界ライトヘビー級チャンピオンのテッド・サイを呼んだ。かようにリーンのプロモーター就任はアメリカで人気を失いつつあった中軽量級レスラーの受け皿となった。

1925年

ボクシング 1月2日	【ニューヨーク NY】〈NYSAC 世界フェザー王座決定戦〉ルイス・キッド・カプランがダニー・クラマーを破り、獲得。
プロレス 1月8日	【カンザスシティ MO】〈世界ヘビー〉ウェイン・マンがエド・ストラングラー・ルイスを破り、獲得。
相撲 1月11日	【大阪・新世界国技館】優勝：千年川（東前2）7勝1敗1分1休（大阪相撲）
相撲 1月19日	【東京・両国国技館】優勝：栃木山（東張横）10勝1敗
プロレス 3月18日	【コロンバス OH】〈世界ウェルター〉ジャック・レイノルズがトミー・レコードを破り、獲得。
ボクシング 3月20日	【ニューヨーク NY】〈NYSAC 世界バンタム剥奪〉チャーリー・ローゼンバーグがエディ・マーティンを破り、獲得。
プロレス 3月21日	【メルボルン(豪)】〈世界ライトヘビー挑戦者決定戦〉ウォルター・ミラー対アル・カラシックが行われる。この試合はザイへの王座決定戦として行われ、オーストラリアではじめてラジオ実況放送された試合でもある。
ボクシング 4月1日	【フィラデルフィア PA】〈世界スーパーフェザー〉マイク・バレリノがスチーブ・キッド・サリバンを破り、獲得。
プロレス 4月15日	【フィラデルフィア PA】〈世界ヘビー〉スタニスラウス・ズビスコがウェイン・マンを破り、獲得。
プロレス 4月29日	【コロンバス OH】〈ミックスト・スタイル〉マティ・マツダがヒュー・ニコルズを破る。この日マツダはジャック・レイノルズに挑戦予定だったが、カード変更となった。
相撲 5月24日	【東京・両国国技館】優勝：西ノ海（東横綱）9勝2敗
ボクシング 5月30日	【ニューヨーク NY・ヤンキースタジアム】〈世界ライトヘビー〉ポール・バーレンバッハがマイク・マクタイグを破り、獲得。 【ポール・バーレンバッハ】(生)1901(没)1985(出生地)米(主要王座)NYSAC 世界ライトヘビー(初)1923(人物評)ボクサー→プロレスラー→ボクサー→プロレスラーという変わった経歴の持ち主である。プロボクサーとしては世界王者経験者と一流だった。プロレスラーとしての試合記録はニューヨークで、1929年、33年、34年に発見できるがまったくの前座レスラーで、決して一流とはいえない。
プロレス 5月30日	【セントルイス MO】〈世界ヘビー〉ジョー・ステッカーがスタニスラウス・ズビスコを破り、獲得。

1921
|
1930

プロ格闘技年表事典　81

プロレス 5月30日	【ミシガンシティ MI】エド・ストラングラー・ルイスがウェイン・マンを破り、獲得。この試合は4月15日の結果を無視する勢力により、世界選手権として行われた。
相撲 6月16日	【大阪・新世界国技館】優勝：八代山（東前10）8勝2敗（大阪相撲）
プロレス 6月30日	【ミュンヘン（独）】「トーナメント」優勝：ジャーン・ジャーゴ。ヘンリー・デグレーン（前年のオリンピック金メダリスト）も参戦
ボクシング 7月2日	【ニューヨーク NY・ポロクラウンズ】〈世界ミドル〉ハリー・グレブがミッキー・ウォーカー（世界ウェルター級王者）を判定で破り、防衛。試合後、もぐりの酒場で2人は出くわし、ストリートファイトを行なった。（年間ベストバウト）
ボクシング 7月13日	【ニューヨーク NY】〈世界ライト王座決定戦〉ジミー・グッドリッチがスタニスラウス・ロイザを破り、獲得。
プロレス 8月10日	【ロサンゼルス CA・オリンピックオーデトリアム】〈世界ヘビー〉ジョー・ステッカーがレナート・ガーディニを破り、防衛。28年に3代目のMSGが完成するまで、オリンピックオーデトリアムは全米最大のキャパを誇った。こけら落しはこの5日のボクシングだった。
ボクシング 8月22日	【ロサンゼルス CA】〈世界フライ王座決定戦〉フィデル・ラバルバがフランキー・ジェナロを破り、獲得。
相撲 11月14日	【京都・八坂新道】第一回東西連名大相撲（前半戦）開幕。この日より10日間。
ボクシング 12月2日	【ロサンゼルス CA】〈世界スーパーフェザー〉トッド・モーガンがマイク・バレリノを破り、獲得。
ボクシング 12月7日	【バファロー NY】〈世界ライト〉ロッキー・カンザスがジミー・グッドリッチを破り、獲得。
相撲 12月28日	【日本相撲協会】この年に行われた台覧相撲の際の下賜金で天皇杯を作成し、幕内最高優勝力士に授与されることとなった。これを機に、東京・大阪の両相撲協会の合同の計画が進展し、7月に両協会間で合併の調印が行われ、日本大相撲協会が成立し、この日、財団法人化の認可が下りた。
プロレス	【不明（米）】この頃、世界ジュニアウエルター級王者として、ジョン・カラスが認定されていた。

1926年

相撲 1月13日	【台湾：台北】優勝：宮城山（東横綱）9勝1敗、大阪相撲最後の場所である。
相撲 1月23日	【東京・両国国技館】優勝：常ノ花（西横綱）10勝1敗
ボクシング 2月26日	【ニューヨークNY・MSG】〈世界ミドル〉タイガー・フラワーズがハリー・グレブを微妙な判定で破り、獲得。反則が多いグレブは嫌われており、それが判定に影響した可能性もある。コミッショナーのウイリアム・マルドゥーンはグレブの勝ちだと思ったが「黒人差別だ」の批判を恐れ、判定を覆さなかった。
プロレス 3月11日	【ボストンMA】〈世界ヘビー〉ジョー・マルセウィッツがジョー・ステッカーに不戦勝。王座は移動せず。ゴング直前、ステッカーは対戦相手が予定されていたネッド・マグワイアではないことと、レフェリーが自分が連れて来た者でないため、リングから下りた。
相撲 3月12日	【大阪・扇町公園】第一回東西連名大相撲（後半戦）開催。
プロレス 4月30日	【ハノーファー（独）】「トーナメント」優勝：ハンス・シヴァルツ・シニア
相撲 5月13日	【東京・両国国技館】優勝：大蛇山（西前8）10勝1敗。4日目大関太刀光が出羽ケ嶽の鯖折りで右脚を負傷。 【出羽ケ嶽文治郎】（生）1902（没）1950（出生地）山形（最高位）関脇（初）1917（人物評）全盛期の身長は204cm、体重は198kg。1925年の1月に入幕し、翌年1月には関脇にいて「文ちゃん」の愛称で親しまれた。が、28年5月場所前に膝を痛め3場所全休。平幕が定位置となった。32年の春秋園事件の際には「我々と違い相撲なしではやっていけない」の計らいでただ一人番を切らなかった。35年秋ごろには腰椎を痛め休場が続き、三段目まで落ちた。そして39年5月を最後に土俵を去った。西幕下10枚目だった。
ボクシング 5月20日	【スクラントンPA】〈世界ウェルター〉ピート・ラッツォがミッキー・ウォーカーを破り、獲得。
プロレス 6月10日	【フィラデルフィアPA】〈世界ヘビー〉ジョー・ステッカーがジム・ロンドスを破り、防衛。この試合はロンドスの出世試合といわれている。
ボクシング 7月3日	【シカゴIL】〈世界ライト〉サミー・マンデルがロッキー・カンザスを破り、獲得。
ボクシング 7月16日	【ニューヨークNY・イーベッツフィールド】〈世界ライトヘビー〉ジャック・デラニーがポール・バーレンバッハを破り、獲得。

1921
|
1930

プロ格闘技年表事典　83

ボクシング 8月19日	【ニューヨーク NY・MSG】〈世界ミドル〉タイガー・フラワーズがハリー・グレブを破り、獲得。グレブは 10 月 19 日に死去。
プロレス 9月2日	【フランクフルト（独）】「トーナメント」優勝：ポール・ウェスターガード・シュミット
ボクシング 9月21日	【ロサンゼルス CA】〈世界スーパーライト〉マッシー・キャラハンがピンキー・ミッチェルを破り、獲得。
ボクシング 9月23日	【フィラデルフィア PA】〈世界ヘビー〉ジーン・タニーがジャック・デンプシーを破り、獲得。（年間ベストバウト）
相撲 10月8日	【大阪・天王寺区大軌電鉄停留所前空地】第二回東西連名大相撲、優勝、常ノ花。
プロレス 10月26日	【ロサンゼルス CA】〈世界ヘビー〉ジョン・ペゼックが 3 本目シュートを仕掛け、ヘッドシザーズとダブルリストロックの複合技でジョー・ステッカーを破る。しかし、翌日裁定が覆る。フィニッシュが、「不法な首絞め」として反則となったため。ステッカーが防衛。
相撲 11月2日	【東京・明治神宮】明治神宮選士権、3 日まで。優勝、常ノ花。
ボクシング 12月3日	【シカゴ IL】〈世界ミドル〉ミッキー・ウォーカーがタイガー・フラワーズを破り、獲得。
プロレス 12月19日	【ミュンヘン（独）】「トーナメント」優勝：グスタフ・フリステンスキー
ボクシング	【カサブランカ（モロッコ）】〈デビュー〉エミール・プラドネル*がレネ・ホリエロを判定で破り、獲得。
ボクシング	【ロンドン（英）・ロイヤルアルバートホール】エミール・プラドネルがキッド・ソックスと、地元優位の判定で引き分けに持ち込まれる。プラトネルデビュー以来の連勝は 13 でストップした。
プロレス	【不明（豪）】「世界レスリング選手権保持者」としてスタニスラウス・ズビスコが登場。サム・クラッファン、ピーター・リミュートキン、マイク・ヨーケルに勝つ。

1927年

相撲 1月24日	【東京・両国国技館】優勝：宮城山（東張横）10勝1敗。東京、大阪合併後、初めての場所である。
ボクシング 2月24日	【シカゴ IL】〈世界バンタム王座決定戦〉バド・テイラーがトニー・コンゼノリを破り、獲得。
相撲 3月24日	【大阪・上本町】優勝：常ノ花（西横綱）10勝1敗
相撲 5月22日	【東京・両国国技館】優勝：常ノ花（西横綱）10勝1敗
ボクシング 6月3日	【ニューヨーク NY】〈世界ウェルター剥奪〉ジョー・ダンディーがピート・ラッツォを破り、獲得。
プロレス 6月8日	【ミュンヘン（独)】「トーナメント」優勝：ハンス・シュヴァルツ・シニア
プロレス 7月13日	【コロンバス OH】〈世界ウェルター〉ジャック・レイノルズがヤキ・ジョーを破り、防衛。
ボクシング 9月12日	【フィラデルフィア PA】〈世界フェザー王座決定戦〉ベニー・バスがレッド・チャップマンを破り、獲得。
ボクシング 9月27日	【シカゴ IL・ソルジャーフィールド】〈世界ヘビー〉ジーン・タニーがジャック・デンプシーを破り、防衛。この試合をもってデンプシーは引退。
ボクシング 10月7日	【ニューヨーク NY】〈世界ライトヘビー〉トミー・ローランがマイク・マクタイグを破り、獲得。
相撲 10月11日	【京都・八坂神社】優勝：常ノ花（東横綱）10勝1敗
ボクシング 10月22日	【ミルフォード CN】〈世界フライ王座決定戦〉ピンキー・シルバーバーグがルビー・ブラッドレーを破り、獲得。
ボクシング 12月16日	【ニューヨーク NY】〈NYSAC 世界フライ〉イジー・シュワルツがニュースボーイ・ブラウンを破り、獲得。
ボクシング 12月19日	【トロント（加)】〈NBA 世界フライ王座決定戦〉アルバート・ベレンジャーがアーニー・ジェイビスを破り、獲得。

1921 - 1930

1928年

ボクシング 1月6日	【ニューヨーク NY・MSG】〈世界ライトヘビー〉トミー・ローランがレオ・ロムスキーを破り、防衛。（年間ベストバウト）
相撲 1月22日	【東京・両国国技館】優勝：常陸岩（東大関）10勝1敗。初日の1月12日からラジオの中継放送が始まり、それをきっかけに立合いの制限時間が定められた。不戦勝制度が出来たばかりだったため混乱が生じ、三杉磯にも優勝額が贈呈された。
プロレス 1月29日	【ラホール（英印、現パキスタン）】グレート・ガマがスタニスラウス・ズビスコを現地ガスティ・ルールで破る。
ボクシング 2月6日	【トロント（加）】〈NBA 世界フライ〉フランキー・ジェナロがアルバート・ベレンジャーを破り、獲得。
ボクシング 2月10日	【ニューヨーク NY】〈世界フェザー〉トニー・カンゾネリがベニー・バスを破り、獲得。
プロレス 2月20日	【セントルイス MO】〈世界ヘビー〉エド・ストラングラー・ルイスがジョー・ステッカーを破り、獲得。この試合をもってエド・ストラングラー・ルイスとジョー・ステッカーの確執は終わる。2人の確執の物語のドロドロさは馬場と猪木、大木と張永哲のそれに匹敵する。
相撲 3月24日	【名古屋・大池町】優勝：能代潟（東大関）10勝1分
相撲 5月20日	【東京・両国国技館】優勝：常ノ花（西横綱）11勝
ボクシング 5月23日	【ニューヨーク NY】〈世界バンタム王座決定戦〉バッシー・グラハムがイジー・シュワルツを破り、獲得。
その他 7月28日	【アムステルダム（蘭）】夏季オリンピックが開幕。（8月12日まで）
プロレス 8月7日	【シカゴ IL】〈世界ミドル王座決定戦〉ガス・カリオがチャーリー・フィッシャーを破り、獲得。
ボクシング 9月26日	【ニューヨーク NY】〈世界ヘビー〉ジャック・シャーキーがトミー・ローランを破り、獲得。
プロレス 9月28日	【ニューヨーク NY・MSG】〈世界フェザー〉アンドレ・ルーチスがトニー・カンゾネリを破る。
プロレス 9月29日	【メルボルン（豪）】〈世界ライトヘビー挑戦者決定戦〉クラレンス・イークランドがアド・サンテルを破り、挑戦権獲得。

【ライトヘビー級】ジュニア・ヘビー級に準ずる体重階級である。リミットは認定団体、時代によって違う。ジュニア・ヘビー級設定以前はヘビー級に準ずる階級だった。戦前のリミットは175ポンド（約80キロ）で、この試合、サンテルのウエイト維持がきつく、それも敗因の一つとされたことが34年の

ジュニア・ヘビー級新設の遠因となった。戦後の NWA ルールでは 190 ポンド（約 86 キログラム）である。

プロレス
10月6日

【メルボルン（豪）】〈世界ライトヘビー〉クラレンス・イークランドがテッド・サイを破って、獲得。

相撲
10月14日

【広島・西練兵場】優勝：宮城山（東横綱）9勝2敗

プロレス
11月3日

【神戸劇場】「大日本レッスリング普及会」が「日米英によるレスリング大会」を行なう。不遷流柔術出身の三宅多留次が三人の無名レスラーを引き連れ帰国。大相撲幕下の関の川、若響を日本側として三対三の対抗戦で売ろうとした。10 月より行われた全国ツアーは、大赤字を出し、「普及会」（中心人物は千賀ノ浦親方）は解散。

【綾川五郎次（大正）】（生）1883（没）1933（出生地）青森（最高位）関脇（初）1905（人物評）1921 年 1 月場所を最後に引退し、年寄・千賀ノ浦を襲名、千賀ノ浦部屋を創設。自彊術の普及に力を入れる、1928 年大日本レスリング協会の役員を務めた後は、りんごサイダーの製造を始めたために部屋の経営を止めた。弁舌・文筆に優れ、洋服を着て場所入りしたり、幕内力士しか許可されていなかった二人引きの人力車を幕下時代から乗り回わすなど、現役時代から変わり者だった。

その他

【MVP】〈ボクシング・アメリカ・リング誌〉ジーン・タニー

1921
|
1930

1929年

プロレス 1月4日	【ボストン MA】〈世界ヘビー〉ガス・ソネンバーグがエド・ストラングラー・ルイスを破り、獲得。
プロレス 1月9日	【コロンバス OH】〈世界ジュニア・ヘビー〉ジョン・ペゼックがジャック・シェリーを破る。双方とも自分が王者であると主張していた。
相撲 1月20日	【東京・両国国技館】優勝：玉錦（東関脇）10勝1敗
ボクシング 2月1日	【ニューヨーク NY・MSG】マックス・シュメリングがジョニー・リスコを破る。（年間ベストバウト）
ボクシング 3月2日	【パリ（仏）】〈NBA 世界フライ〉エミール・プラドネルがフランキー・ジェナロを破り、獲得。その後、IBU からも世界王者と認められた。
プロレス 3月8日	【シンシナティ OH】〈世界ミドル〉ヒュー・ニコルズがガス・カリオを破って、防衛。マティ・マツダはヤキ・ジョーと引き分け。
相撲 3月24日	【大阪・中之島】優勝：豊國（西大関）9勝2敗
ボクシング 4月18日	【パリ（仏）】〈NBA & IBU 世界フライ〉フランキー・ジェナロがエミール・プラドネルを失格で破り、獲得。しかし、IBU はプラトネルを依然世界王者としたが、結局はジェナロを王者に認めた。
相撲 5月26日	【東京・両国国技館】優勝：常ノ花（東横綱）10勝1敗
ボクシング 6月18日	【ニューヨーク NY】〈世界バンタム王座決定戦〉パナマ・アル・ブラウンがグレゴリオ・ヴィダルを破り、獲得。
ボクシング 7月25日	【デトロイト MI】〈世界ウェルター王座決定戦〉ジャッキー・フィールズがジョー・ダンディーを破り、獲得。
プロレス 8月23日	【フィラデルフィア PA】〈NYSAC 世界ヘビー〉ディック・シカットがジム・ロンドスを破り、獲得。ソネンバーグがボストン MA 派の傀儡であるため、新たに王座をでっち上げた。
ボクシング 9月23日	【イーストハートフォード CT】〈世界フェザー〉バタリング・バタリノがアンドレ・ルーチスを破り、獲得。
相撲 9月30日	【名古屋・大池町仮設国技館】優勝：常ノ花（東横綱）8勝3敗
ボクシング 12月19日	【ニューヨーク NY】〈世界スーパーフェザー〉ベニー・バスがトッド・モーガンを破り、獲得。
ボクシング	【カーディフ（英）】BBB of C（the British Boxing Bound of Control= 英国ボクシング管理委員会）が設立される。

88　プロ格闘技年表事典

| プロレス | 【メルボルン（豪）】ジョン・ペゼック対グレート・ガマ戦が企画される。が、直前になってガマがキャンセル。そこでペゼックの相手にジム・ブローニンが起用された。 |
| その他 | 【MVP】〈ボクシング・アメリカ・リング誌〉トミー・ローラン |

1921
|
1930

1930年

相撲 1月19日	【東京・両国国技館】優勝：豊國（西大関）9勝2敗
プロレス 1月24日	【ニューヨークNY・MSG】プリモ・カルネラがビッグボーイ・ピーターソンに6RKO勝ち、MSGデビューを飾る。
ボクシング 2月10日	【バファローNY】〈世界ライトヘビー王座決定戦〉ジミー・スラットリーがルー・スコウザを破り、獲得。
ボクシング 2月18日	【ロンドン（英）】〈世界スーパーライト〉ジャック・キッド・バーグがマッシー・キャラハンを破り、獲得。
相撲 3月24日	【大阪・中之島】優勝：常ノ花（東横綱）10勝1敗
相撲 4月29日	【東京・皇居】天覧相撲が行なわれ、これを機に今まで土俵上の柱の前に座っていた検査役（勝負審判）が土俵の下に降りた。
ボクシング 5月9日	【デトロイトMI】〈世界ウェルター〉ヤング・ジャック・トンプソンがジャッキー・フィールズを破り、獲得。
相撲 5月25日	【東京・両国国技館】優勝：山錦（東前5）11勝
プロレス 6月6日	【フィラデルフィアPA】〈NYSAC世界 & NBA世界ヘビー〉ジム・ロンドスがディック・シカットを破り、獲得。
ボクシング 6月12日	【ニューヨークNY・ヤンキースタジアム】〈世界ヘビー〉マックス・シュメリングがジャック・シャーキーを破り、獲得。4R シャーキーのローブローにより反則失格。シュメリングはリングに倒れたまま王者になった。
ボクシング 6月25日	【バファローNY】〈世界ライトヘビー剥奪〉マキシー・ローゼンブルームがジミー・スラットリーを破り、獲得。
ボクシング 7月17日	【ニューヨークNY】〈世界ライト〉アル・シンガーがサミー・マンデルを破り、獲得。
ボクシング 8月7日	【ニューヨークNY・ポログラウンズ】ジャック・キッド・バーグがキッド・チョコレートを破る。（年間ベストバウト）
ボクシング 9月5日	【クリーブランドOH】〈世界ウェルター〉トミー・フリーマンがヤング・ジャック・トンプソンを破り、獲得。
相撲 10月20日	【福岡・須崎裏】優勝：玉錦（西張大）9勝2敗
プロレス 10月	【不明（米）】「NWA総会」NBAレスリング部門がNWA（National Wrestling Association）に改組。 【NWA】NWAを略称とする組織は2つ存在した。 1. National Wrestling Association（全米レスリング協会）。いわゆる旧NWA。そもそもNWAのNとはnationalである。

つまり「国家の」ということで、アメリカで national といえば「アメリカの」ということになる。1930年、ディック・シカットを破って「トラスト」王座を獲得したジム・ロンドスを、コミッショナーの連絡組織である NBA（全米ボクシング協会）のレスリング部門が世界ヘビー級王者として認定した。NBA レスリング部門は10月の総会で、NWA に改組した。

2. National Wrestling Alliance（全米レスリング連盟）。いわゆる新 NWA。そもそもは1941年、カンザス州ウィチタのプロモーターだったビリー・サンドウがタイトル認定団体として設立した。少しして、アイオワ州デモインを中心にこの王座は「世界王座」として機能し始めた。48年7月、アイオワ州ウォータールーでのミーティングで、NWA 王座は六人の共有物であることが決められた。ここにおいて、NWA はプロモーターの連絡会となった。74年には日本人で初めて、ジャイアント馬場がその世界ヘビー級王者となった。49年11月、National Wrestling Association は National Wrestling Alliance が認定する王者を自動的に認定することとなった。これは実質的には National Wrestling Alliance が National Wrestling Association を吸収したということである。

プロレス 10月	【ブダペスト（洪）】「トーナメント」優勝：ハンス・シヴァルツ・シニア
ボクシング 11月14日	【ニューヨーク NY】〈世界ライト〉トニー・カンゾネリがアル・シンガーを破り、獲得。
プロレス 12月10日	【ロサンゼルス CA】〈AWA 世界ヘビー〉エド・ダン・ジョージがガス・ソネンバーグを破り、獲得。

【AWA】AWA の略称を持つ組織は3つ存在した。

1. ボストン版 American Wrestling Association（アメリカレスリング協会）。ニューヨーク州のコミッショナーがソネンバーグの世界ヘビー級王座を剥奪したため、ソネンバーグを王者として認定し続けるために作られた。1957年まで存続した。

2. オハイオ版 American Wrestling Alliance（アメリカレスリング連盟）。デトロイトやオハイオ州のプロモーター、ジョニー・ドイル＆ジム・バーネットのリング、及び提携するアトランタ、サンフランシスコの王座認定団体。世界ヘビー級王座はオハイオ、アトランタで、US 王座はデトロイト、サンフランシスコで、世界タッグ王座はサンフランシスコで稼働した。

3. ミネアポリス版 American Wrestling Association（アメリカレスリング協会）。1960年5月、ミネアポリスに AWA が設立された。AWA はオコーナーを勝手に世界王者とし、バー

プロ格闘技年表事典　91

ン・ガニアとの防衛戦を命じた。オコーナーがノコノコとミネアポリスに来るわけはなく、AWAはガニアを王者とした。84年にはジャンボ鶴田が、90年にはマサ斎藤が世界ヘビー級王座に就いた。

プロレス
12月15日
【ロンドン（英）・オリンピア】「オールイン・プロモーション」旗揚げ。ヘンリー・アースリンガーがビル・モドリッチと対戦。

プロレス
12月15日
【マンチェスター（英）・ベルビュー】「オールイン・プロモーション」旗揚げ。バート・アシラティがエイソル・オークリーを、ビリー・ライレーはブルドッグ・ビリー・ガノンを破る。

【オールイン・プロモーション】1930年にイギリスで旗揚げされた、イギリスで初めて興行をシステム的に行う団体。旗揚げ興行よりイギリスプロレス界はギブアップ決着というアメリカ式の新ルールを取り入れた。旗揚げの中心人物はヘンリー・アースリンガーで、リング上の中心人物としてあげられるのは、ジャック・シェリー、ベン・シャーマン、バート・アシラティ、ビリー・ライレーである。旗揚げに際し、ギブアップ決着のあるアメリカン・スタイルを導入したといわれる。ということは、それまでピンフォールかノックアウトしか決着のためのルールがなかったということになる。

【バート・アシラティ】（生）1908（没）1990（出生地）英（主要王座）オール・イン版世界ヘビー（初）1928（人物評）1930年12月のイギリス初のプロレス団体オール・イン旗揚げ時からのエースで、32年、唯一の米国遠征を行った。非常に身体能力に優れたレスラーでずんぐりした体型ながら片手で倒立する。戦後は欧州一の実力者と評価され、パキスタンに遠征しボロ一族とも手合わせした。晩年、英国内でプロモーターとの折り合いが悪く、インディーのリングで闘った。

ボクシング
12月26日
【ニューヨークNY・MSG】〈NBA世界* & NYSAC世界フライ〉フランキー・ジェナロ*がミジェット・ウォルガストとの統一戦に引き分け、共に防衛。

プロレス
【メルボルン（豪）】ハーブ・マキューとパット・マキューがディック・リーンの「スタジアム・リミテッド・イン・オーストラリア」から独立。レイチャード・スタジアムを拠点にその後30年間、スタジアム・リミテッドとは違ったメンバーで、地元レスラーを中心に試合を組んだ。

プロレス
【マドリッド（西）】「トーナメント」優勝：ジャーン・ジャーゴ（エストニア）

その他
【MVP】〈ボクシング・アメリカ・リング誌〉マックス・シュメリング

1931-1940年

第35代横綱、双葉山定次が70連勝ならなかった際「いまだ木鶏たりえず」と
陽明学者、安岡正篤に打電したというエピソードは有名である。

◆相撲

1930 年代が明けた頃、ホープと目されていたのは後に綱を張る武蔵山であった。その筋肉質な体型はボクサー転向を勧められるが、相撲ファンからは裏切り者扱いされた。

32 年待遇改善を求めた「天龍事件」が勃発、多くの離脱者を出し、別派が旗揚げされる。残留メンバーには二所ノ関部屋中興の祖と言われる玉錦や、天龍一派の離脱でいきなり十両から西前頭 4 枚目に繰り上げられた双葉山がいた。

36 年春場所、東前頭 3 枚目の双葉山は 6 日目に玉錦に敗れるが、翌日から連勝が始まる。同年夏場所には西関脇で全勝の初優勝。千秋楽を観戦していたプロレスのプロモーター、ルー・ダーロゥは「チャンピオンを連れて帰り元世界王者ハンス・シタインクと対戦させたい」と語った。39 年春場所 4 日目、安藝ノ海に敗れ連勝が 69 でストップした事件はあまりにも有名である。日中戦争から太平洋戦争へ。多くの国民は双葉山の進撃を日本の進撃に重ね合わせた。

◆ボクシング

ピストン堀口がアグレッシブな闘いで国民的英雄となった。特に 1933 年、在学していた早稲田大学・戸塚球場で行われた元世界フライ級王者エミール・プラドネルと引き分けた試合では、観衆 30,000 人が一体となった。

その 33 年、イタリアからアメリカに来た「動くアルプス」プリモ・カルネラがジャック・シャーキーを破って世界ヘビー級王者となるが、片八百長であった。

ボクシングは第二次世界大戦前の世相も反映した。36 年、マックス・シュメリング（ドイツ）がジョー・ルイスに KO 勝ちし、このニュース映像はドイツの映画館で繰り返し流された。38 年、ルイスは世界ヘビー級王座初防衛戦ではシュメリングに KO 勝ちし、こうなると白人も黒人も関係ないとナチス憎しのアメリカ中が溜飲を下げた。

ヘンリー・アームストロングは階級が 8 つしかなかった時代にフェザー、

ウエルター、ライトの3階級を制覇した。

◆プロレス

1920年代に始まったアメリカの業界規模の爆発的な拡大は、30年代に入りメキシコや一度は興行が廃れたフランス、さらに日本（37年の「日本職業レスリング協会」）、ブルガリア、ブラジルなど世界に波及した。

米都市では軒並み定期的に興行が打たれるようになり、33年2月、エド・ストラングラー・ルイスを破って世界王者となったジム・ブローニンは全米各都市を回った。「州ごとに存在するプロモーション、世界王者がそのエースの挑戦を受ける」という「テリトリー・システム」の始まりである。

37年暮に世界王者になった「レスリング・ルネッサンス」の旗手、ルー・テーズのような存在もあったが、業界の中心にいたのはジム・ロンドス（ギリシャ系）やダノ・オマホニー（アイルランド系）らエスニック・アイドルであった。さらにブロンコ・ナグルスキーのようなフットボール兼任のスターも誕生した。

◆その他

1990年代、ヒクソン・グレイシーが高田延彦に連勝し、多くのプロレスファンを失望させた。30年代にもこれと似たような対決があった。

ブラジルにグレコ・ローマン・スタイルに腕と足の関節技と絞め技を取り入れた「ルタ・リーブリ」がある。34年4月、ブラジルに三宅多留次が現れ、ロベルト・ルーマンに敗れた。6月、そのルーマンがプロレスラー、カロル・ノウィナをルタ・リーブリルールで迎え撃った。この試合で八百長があったのではとの疑いが広がり、ルーマンのファイトマネーは凍結され、喧々囂々の論争が起こった。ノウィナは当時ここをツアー中だったスタニスラウス・ズビスコ（20年代のプロレスの世界ヘビー級王者）の配下の選手だった。

ズビスコ派とルタ・リーブリとの対抗戦は、7月にも行われ、スタニスラウスの弟ウラディックがエリオ・グレイシーと引き分けた。

前田光世がブラジルに移民した20年後のことである。

1931年

相撲
1月20日
【東京・両国国技館】優勝：玉錦（東大関）9勝2敗

プロレス
3月13日
【アルバカーキ NM】〈世界ジュニアミドル〉ヤキ・ジョーがダッチ・マンテルに反則勝ち、防衛。

相撲
3月23日
【京都・東山三条】優勝：玉錦（東大関）10勝1敗

プロレス
3月26日
【コロンバス OH】〈オハイオ版 MWA 世界ヘビー王座決定戦〉ジョン・ペゼックがマリン・プレスティーナを破って、獲得。

プロレス
4月13日
【ロサンゼルス CA】〈AWA 世界ヘビー〉エド・ストラングラー・ルイスがエド・ダン・ジョージを破り、獲得。

ボクシング
4月14日
【クリーブランド OH】〈世界ウェルター〉ヤング・ジャック・トンプソンがトミー・フリーマンを破り、獲得。

ボクシング
4月24日
【シカゴ IL・スタジアム】〈世界スーパーライト & 世界ライト*〉トニー・カンゾネリ*がジャック・キッド・バーグを破り、獲得。

相撲
4月29日
【東京・皇居】天覧相撲が行なわれ、これを機に土俵の内径が13尺から15尺に広げられた。

プロレス
5月4日
【モントリオール（加）】〈AWA 世界ヘビー〉ヘンリー・デグレーンがエド・ストラングラー・ルイスを破り、獲得。「モントリオール・スクリュージョブ」、「バトル・オブ・ザ・バイト」として知られる試合である。

【スクリュージョブ】興行上の仕掛けに失敗し、かえって観客の不評を買うこと。最悪の場合、暴動をともなう。

【バトル・オブ・ザ・バイト】史上初めて「反則勝ち」で王座が移動した。当時、1本目と2本目、2本目と3本目の間に控室に戻っていた。デグレーンは自分で自分の腕にかみつき、レフェリーに、「ルイスにやられた！」と反則があった事を訴え出て、勝利を得たのである。上記エピソードで有名なこの試合の背景にはボストンのプロモーター、ポール・ボウザーの裏切りがあったとされる。が、観客は怒り、会場は騒然となった。マサチューセッツ州（ボストン）、およびカナダ・ケベック州（モントリオール）コミッショナーはデグレーンの王座を認めたが、イリノイ州コミッショナーは引き続きルイスを王者とした。

プロレス
5月18日
【ニューヨーク NY・第71番街兵器廠】英国のエイソル・オークリーが米国上陸。テキサス王者を名乗るケーシー・バーガーを破る。

96　プロ格闘技年表事典

相撲 5月24日	【東京・両国国技館】優勝：武蔵山（東小結）10勝1敗。この場所から土俵の屋根が従来の入母屋造りから神明造りに改められた。
ボクシング 7月3日	【クリーブランドOH】〈世界ヘビー〉マックス・シュメリングがヤング・ストリブリングを破り、防衛。（年間ベストバウト）
ボクシング 7月15日	【フィラデルフィアPA】〈世界スーパーフェザー王座決定戦〉キッド・チョコレートがバーニー・ロスを破り、獲得。
ボクシング 8月25日	【モントリオール（加）】〈NBA & NYSAC世界バンタム〉ピート・サンストルがパナマ・アル・ブラウンを破り、獲得。
プロレス 10月1日	【セントルイスMO】「NWA総会」以下の王者を確認。ヘビー級：ジム・ロンドス、ライトヘビー級：ヒュー・ニコルズ、ミドル級：ガス・カリオ、ウェルター級：ジャック・レイノルズ。
相撲 10月19日	【大阪・中之島】優勝：綾櫻（東前4）10勝1敗
ボクシング 10月23日	【ボストンMA】〈世界ウェルター〉ルー・ブロイラードがヤング・ジャック・トンプソンを破り、獲得。
ボクシング 10月27日	【パリ（仏）】〈世界フライ〉ビクトル・ヤング・ペレスがフランキー・ジェナロを破り、獲得。
プロレス	【アウグスブルク（独）】ドイツで最初のフリースタイルのトーナメントが開催される。が、興行的には成功しなかった。
その他	【MVP】〈ボクシング・アメリカ・リング誌〉トミー・ローラン

1931 ↓ 1940

1932年

プロレス
1月1日
【コロンバス OH】〈MWA 世界ヘビー王座決定戦〉ジョン・ペゼックがジョー・ステッカーを破り、獲得。

相撲
1月6日
【東京】「春秋園事件」勃発。1月場所の開催は延期。

【春秋園事件】1月場所番付発表の翌日、出羽一門の西方幕内、十両の力士全員が東京・大井の春秋園に立てこもり、協会に対して改革案をつきつけた事件である。要求は入れられず、また、関東国粋会による仲裁も不調だった。力士たちは「新興力士団」を組織し、協会から脱退した。これに呼応して東方鏡岩、朝潮（男女ノ川）も協会不信任を唱えて脱退、「革新力士団」として「新興力士団」と提携した。そして2月4日、天龍一派は旗揚した。にところが暮までに22人が協会に復帰し、「新興力士団」の天竜、大ノ里は大阪で「関西角力協会」を旗揚げすることになる。協会側は双葉山の台頭で隆盛したのに対し、「関西角力協会」は斜陽となり、37年暮に解散した。

【天竜三郎】（生）1903（没）1989（出生地）静岡（最高位）関脇（初）1920（人物評）右を差しての寄り、上手投げに冴えを見せた。入幕は1928年5月で、30年5月に関脇。31年10月、東関脇で8勝3敗の成績を最後に春秋園事件で協会を去る。新団体「関西角力協会」では大関を務めた。

ボクシング
1月18日
【フィラデルフィア PA】〈世界スーパーライト〉ジョニー・ジャディックがトニー・カンゾネリを破り、獲得。

ボクシング
1月25日
【ミルウォーキー WI】〈世界ミドル王座決定戦〉ゴリラ・ジョーンズがオドーネ・ピアッツァを破り、獲得。

ボクシング
1月28日
【シカゴ IL・スタジアム】〈世界ウェルター〉ジャッキー・フィールズがルー・ブロイラードを破り、獲得。

プロレス
2月15日
【ニューヨーク NY・MSG（3代目）】〈NYSAC 世界 & NWA 世界ヘビー〉ジム・ロンドスがジム・マクミレンを破り、防衛。以後、ロンドスはニューヨーク NY のリングからしばらく消える。

相撲
2月29日
【東京・両国国技館】優勝：清水川（西関脇）8勝全勝

ボクシング
3月18日
【シカゴ IL・スタジアム】〈世界ライトヘビー王座決定戦〉ジョージ・ニコルスがデーブ・マイアーを破り、獲得。

相撲
3月27日
【名古屋・外堀町】優勝：沖ツ海（西小結）9勝1敗。場所前の大阪巡業で「寶川事件」事件が起こる。

【寶川事件】山口組の田岡登が友綱部屋前頭寶川を日本刀で斬り殺そうとし、寶川の指が2本飛んだ事件。きっかけは玉錦

98　プロ格闘技年表事典

が大阪巡業で春秋園事件以来協会側から離脱していた寶川の後援者からのご祝儀を断ったという些細な出来事だった。寶川と玉錦が口論となり、「山口でも何でも呼んでこい。寶川は逃げも隠れもせん。山口に寶川がそういってるといえ」の啖呵に、田岡がかけつけ、両手でドスを頭上に振りかぶる。「殺さんでもええやないか」と上ずった声を上げた玉錦は咄嗟に田岡の手首につかみかかり、手元が狂う。そして寶川の右手の小指と薬指の半分を斬り落とし、寶川の額を割った。

相撲 5月3日	【東京・九段靖國神社】天龍一派が興行。このあと、出羽ケ嶽が脱走し、高知巡業では観客から不満の声があがった。
プロレス 5月16日	【カンザスシティ MO】〈オハイオ版 MWA 世界ヘビー〉ジョン・ペゼックがエベレット・マーシャルを破り、防衛。
プロレス 5月16日	【セントジョン（加）】スタニスラウス・ズビスコがリー・ワイッコフを破る。
相撲 5月23日	【東京・両国国技館】優勝：玉錦（東大関）10 勝 1 敗
ボクシング 5月26日	【デトロイト MI】〈世界フェザー王座決定戦〉トミー・ポールがジョニー・ペナを破り、獲得。
プロレス 6月9日	【ロングアイランド NY・MSG ボウル】〈NYSAC 世界ヘビー挑戦者決定戦〉エド・ストラングラー・ルイスがディック・シカットを破り、挑戦権獲得。しかし、王者ジム・ロンドスは挑戦を拒否。
ボクシング 6月11日	【パリ（仏）】〈世界ミドル〉マルセル・チルがゴリラ・ジョーンズを破り、獲得。
ボクシング 6月14日	【ニューヨーク NY・ヤンキースタジアム】〈世界ヘビー〉ジャック・シャーキーがマックス・シュメリングを破り、獲得。
プロレス 6月16日	【ウィーン（墺）】「トーナメント」優勝：セオドア・ズテッカー
プロレス 6月20日	【ニューヨーク NY】スタニスラウス・ズビスコがジャック・レイノルズを破る。
プロレス 6月30日	【ハノーファー（独）】「トーナメント」優勝：ハンス・シヴァルツ・ジュニア
プロレス 7月12日	【ボルティモア MD】英国のバート・アシラティが武者修行のため米国上陸。約 4 ケ月の滞在。ジャック・レイノルズには勝つものの、レイ・スティール、ルディ・デュセックらには及ばず。
プロレス 7月26日	【コロンバス OH】〈世界ミドル〉ガス・カリオがサミー・コーエンを破る。
その他 7月30日	【ロサンゼルス CA】夏季オリンピックが開幕。〈グレコ〉60kg 銀：ウルフガン・アール（8 月 14 日まで）

1931 ｜ 1940

プロレス 9月21日	【ボルティモア MD】「NWA 総会」以下の王者を確認。ヘビー級：ジム・ロンドス、ライトヘビー級：ヒュー・ニコルズ、ミドル級：ガス・カリオ、ウェルター級：ジャック・レイノルズ。
プロレス 9月30日	【ニューヨーク NY】〈NYSAC 世界ヘビー〉NY コミッショナーがロンドスの NYSAC 世界ヘビー級王座を剥奪。NWA は依然ロンドスを王者として認定し続ける。
プロレス 10月10日	【ニューヨーク NY・MSG】〈NYSAC 世界ヘビー王座決定戦〉エド・ストラングラー・ルイスがジャック・シェリーを破り、獲得。
ボクシング 10月13日	【ニューヨーク NY・MSG】〈NYSAC 世界フェザー〉キッド・チョコレートがルー・フェルドマンを破り、獲得。
相撲 10月23日	【京都・東山三条】優勝：清水川（東張大）9 勝 2 敗。7 勝 4 敗ながら場所後、玉錦が横綱に推挙される。天竜三郎は熊本の吉田家で「人格に置いて横綱の資格無し」と訴え出る。明治神宮前神官は天龍一派の「大日本力士戦士権大会」出場を拒否。地方本場所興行はこれをもって終了。場所後、玉錦三右エ門に横綱免許が授与される。 【玉錦三右エ門】（生）1903（没）1938（出生地）高知（初）1919（人物評）第 32 代横綱。31 年 3 月場所で宮城山が引退して以来横綱不在が続く。この場所まで 3 場所連続優勝していたものの、横綱に昇進できなかったのは「品格」面の問題だった。32 年 3 月の「寶川事件」も玉錦が原因を作った。ところがこの年の 1 月に起きた春秋園事件で協会を離脱せず支えたため、10 月場所後 7 勝 4 敗という成績ながら横綱に昇進した。38 年 12 月、虫垂炎をこじらせて現役のまま死去した。
ボクシング 10月31日	【マンチェスター（英）】〈世界フライ〉ジャッキー・ブラウンがビクトル・ヤング・ペレスを破り、獲得。
ボクシング 11月4日	【ニューヨーク NY・ポログラウンズ】トニー・カンゾネリがビリー・ペトロールを破る。（年間ベストバウト）
ボクシング 11月11日	【ニューヨーク NY・セントニコラスアリーナ】〈世界ミドル王座決定戦〉ベン・ジェビーがチェック・デヴリンを破り、獲得。
その他	【MVP】〈ボクシング・アメリカ・リング誌〉ジャック・シャーキー

1933年

ボクシング
1月13日
【シカゴ IL・スタジアム】〈NBA 世界フェザー〉フレディ・ミラーがトミー・ポールを破り、獲得。

相撲
1月23日
【東京・両国国技館】優勝：朝潮（男女ノ川）（別席）11 勝。この年から関西相撲協会の存在を意識して、関西での本場所開催を取りやめることになった。

プロレス
2月9日
【ボストン MA】〈AWA 世界ヘビー〉エド・ダン・ジョージがヘンリー・デグレーンを破り、獲得。

相撲
2月11日
大日本関西角力協会】天龍一派が関西で運営した大相撲団体。1937 年まで存続した。トーナメント優勝力士と地位は以下の通り。33 年 7 月、天竜三郎（大関）。34 年 7 月。肥州山栄、35 年 1 月、天竜三郎（大関）。35 年 7 月、天竜三郎（大関）。36 年 1 月、錦洋与三郎（関脇）。36 年 8 月、天竜三郎（大関）。37 年 1 月、天竜三郎（大関）。37 年 8 月、大和錦幸男（東小結）。

1931 - 1940

プロレス
2月16日
【サンフランシスコ CA】ロサンゼルスのプロモーター、ルー・ダーロゥがサンフランシスコのジャック・ガンソン派に攻め込んだ興行戦争が勃発。ダーロゥの駒はジム・ロンドス、沖識名だった。〈NWA 世界ヘビー〉ロンドスがヴィック・クリスティを破り、防衛。 沖はジョージ・コトソラノスと 30 分時間切れ引き分け。

ボクシング
2月20日
【ニューオリンズ LA】〈世界スーパーライト〉バトリング・ショウがジョニー・ジャディックを破り、獲得。

プロレス
2月20日
【ニューヨーク NY・MSG】〈NYSAC 世界ヘビー〉ジム・ブローニンがエド・ストラングラー・ルイスを破り、獲得。この時点で同王座は 23 州で認定されていた。

【ジム・ブローニン】（生）1903（没）1936（出生地）米（主要王座）NYSAC 世界ヘビー（初）1924（人物評）「世界ヘビー級王者は全米各地を廻り、ローカルなチャンピオンの挑戦を受ける」。戦後 NWA 世界ヘビー級王者によって実現されたこのビジネスモデルの最初の世界王者がこのブローニンである。なぜブローニンなのか。前王者エド・ストラングラー・ルイスには闘う都市に偏りがありすぎ、次の王者ジム・ロンドスは大都市優先型だったからだ。正真正銘のレスラーだったが早世した。

ボクシング
2月22日
【サンフランシスコ CA】〈世界ウェルター〉ヤング・コーベット 3 世がジャッキー・フィールズを破り、獲得。

プロレス
2月22日
【ロサンゼルス CA】〈キャッチ・アズ・キャッチ・キャン vs 柔術*〉ジム・ロンドスが沖識名* を破る。

ボクシング
3月1日
【ウエストパームビーチ FL】〈世界ライトヘビー〉ボブ・グッドウィンが王者として認定されていたジョー・ナイトを破り、獲得。

プロ格闘技年表事典　101

ボクシング 3月10日	【ニューヨーク NY・MSG】〈世界ライトヘビー〉マキシー・ローゼンブルームがアドルフ・ホイザーを破り、獲得。
プロレス 2月24日	【ハノーファー（独）】「トーナメント」優勝：アルベルト・シトゥルム
プロレス 4月7日	【シカゴ IL】〈NWA 世界ヘビー〉ジョー・サボルディがジム・ロンドスをフォール。レフェリー、ボブ・マナゴフの裏切りもあった。ところが、イリノイ州がエリア外ということで、NWA はタイトル移動を認めず。
プロレス 5月9日	【サンディエゴ CA】〈初対決〉エド・ストラングラー・ルイスが沖識名を破る。
ボクシング 5月21日	【ニューオリンズ LA】〈世界スーパーライト〉トニー・カンゾネリがバトリング・ショウを破り、獲得。
相撲 5月22日	【東京・両国国技館】優勝：玉錦（東横綱）10 勝 1 敗
プロレス 5月23日	【サンフランシスコ CA】〈NYSAC 世界ヘビー〉ジム・ブローニンがアド・サンテルを破り、防衛。
ボクシング 5月29日	【ロサンゼルス CA・リグレーフィールド】〈世界ウェルター〉ジミー・マクラーニンがヤング・コーベット 3 世を破り、獲得。
ボクシング 6月8日	【ニューヨーク NY・ヤンキースタジアム】マックス・ベアがマックス・シュメリングを破る。（年間ベストバウト）
プロレス 6月12日	【ニューヨーク NY・ヤンキースタジアム】〈NYSAC 世界ヘビー〉ジム・ブローニンがジョー・サボルディを破り、防衛。
プロレス 6月16日	【バファロー NY】〈NYSAC 世界ヘビー〉ジム・ブローニンがアール・マクレディを破り、防衛。
ボクシング 6月23日	【シカゴ IL・スタジアム】〈世界ライト＆スーパーライト〉バーニー・ロスがトニー・カンゾネリを破り、獲得。
ボクシング 6月29日	【ニューヨーク NY・MSG】〈世界ヘビー〉プリモ・カルネラがジャック・シャーキーを 6RKO 勝ち、奪取。片八百長であった。 【プリモ・カルネラ】（生）1906（没）1967（出生地）伊（主要王座）世界ヘビー（初）1928（人物評）身長 205cm、体重 120kg。ニコライ・ワルーエフの出現まで「史上最も体重の重いヘビー級チャンピオン」だった。イタリアでデビューの後、アメリカに移住し、33 年ジャック・シャーキーに 6RKO 勝ちして世界ヘビー級王座を獲得した。が、その試合は片八百長であったと言われている。翌年、マックス・ベアに敗れメッキが剥がされた。46 年プロレスに転向し大人気を誇った。そして 55 年には来日して力道山と闘った。
ボクシング 7月3日	【東京・戸塚球場】〈日仏対抗戦フェザー〉ピストン堀口がエミール・プラドネルと 8R 判定、引き分ける。客席にいた堀口の同郷の友人、加藤増吉は 4 年後、美空ひばりの父となる。

102　プロ格闘技年表事典

【ピストン堀口】(生) 1914 (没) 1950 (出生地) 栃木 (主要王座) 日本ミドル、日本フェザー(初) 1933 (人物評) 正式なリングネームは本名の堀口恒男である。昭和初期における日本ボクシング界の象徴的存在で「拳聖」と呼ばれた。相手をロープに詰めての連打で「ピストン」と呼ばれるようになった。1932年に上京し、早稲田大学に通いながら、日本拳闘倶楽部へ入門し、元世界王者のエミール・プラドネルと引き分け、B・D・グスマンを破り東洋フェザー級チャンピオンを獲得した。しかし、世界王座に挑戦する機会は得られなかった。

プロレス
8月1日
【スポーケン WA】〈NYSAC 世界ヘビー〉ジム・ブローニンがテッド・サイを破り、防衛。

ボクシング
8月9日
【ニューヨーク NY・ポログラウンズ】〈世界ミドル〉ルー・ブロイラードがベン・ジェビーを破り、獲得。

プロレス
9月11日
【モントリオール (加)】〈AWA 世界ヘビー〉エド・ダン・ジョージがサンダー・ザボーを破り、防衛。

1931
–
1940

プロレス
9月20日
【ミネアポリス MN】以下の王者を確認。ヘビー級：ジム・ロンドス、ライトヘビー級：ヒュー・ニコルズ、ミドル級：ガス・カリオ、ウェルター級：ジャック・レイノルズ。

プロレス
9月21日
【メキシコシティ・アレナメヒコ (初代)】「EMLL」旗揚げ。メインのカードはアメリカで修行してきた原住民インディオのスター、ヤキ・ジョー対ボビー・サンプソン。初代のアレナメヒコは 1930 年竣工。アレナメヒコ (初代) は直前にアレナモデロから改名された。

【EMLL】旗揚時社長：サルバトーレ・ルッターロス。現在は CMLL と名を変えている世界最古の団体である。当初は多くのアメリカンレスラーの遠征の受け皿であった。40 年代より地元レスラーが独自性を見せ始めた。また、ミドル級、ウェルター級の「旧 NWA」世界王座、ライトヘビー級の NWA 世界王座も EMLL へ移管された。初期のスターはエル・サントである。マティ・マツダが持っていた世界ウェルター級王座は、その後ジャック・レイノルズ戴冠中に設立された NWA が認定した。レイノルズ引退後、王座の管理権は EMLL に移った。そして王座変遷史の中心に来たのが 42 年に出現したサントということになる。サントの出現で、この国のマスクマンの数は急激に増えた。サントはマスカラ・コントラ・マスカラ (マスク対マスク、敗者が覆面を脱ぐ) やマスカラ・コントラ・カベジェラ (マスク対髪の毛、敗者が覆面レスラーなら覆面を取り、そうでなければ髪の毛を切る) で勝ち続けた。戦後はゴリー・ゲレロとのコンビで「ラ・パレハ・アトミコ (原爆タッグ)」なるティームを結成して大暴れした。この頃になると、レレボス (タッグマッチ) が盛ん

プロ格闘技年表事典　103

になり始めていた。

【メキシコ】 日本とメキシコとの交流は70年1月、日本プロレスが星野勘太郎、駒厚秀をEMLLに送り込むことによって始まった。きっかけは日プロが68年にNWAに加盟し、EMLLと「NWA会員仲間」になったことであった。これにより、体の小さいレスラーの海外武者修行先ができた。その後EMLLではパク・チュー（木村健悟）、サトル佐山（初代タイガーマスク）ら、多くの日本人スターを生んだ。さらに、柴田勝久は初期の新日本プロレスとEMLLとの橋渡しになり、ウラカン・ラミレス、ドリー・ディクソン、ハム・リーを新日本に呼ぶことになった。75年、新団体UWAができた。そこに移ったハム・リーがグラン浜田をメキシコに引っ張ることとなる。メキシコは覆面の故郷である。日本で覆面レスラーが多くなったのは、平成期に入ってからで、そのきっかけは1990年3月1日に後楽園ホールで旗揚げされた「ユニバーサル・レスリング連盟」である。ウルティモ・ドラゴンやザ・グレート・サスケは「ユニバーサル・レスリング連盟」からの流れで出現する。

プロレス 9月25日	【パリ（仏）・パライデスポルト】新団体が旗揚げ。ヘンリー・デグレーンがレン・ホールを破る。ダン・コロフ、カール・パジェロ、ハーディ・クルスカンプ、ベン・シャーマンも参戦。
プロレス 10月22日	【アテネ（希）】8月から欧州ツアー中のジム・ロンドスがコラ・クワリアニと対戦。レフェリー、ジョージ・トラゴス。
プロレス 10月23日	【モントリオール（加）】〈NYSAC世界* & AWA世界ヘビー〉ジム・ブローニン*がエド・ダン・ジョージと引き分け、共に防衛。
ボクシング 10月30日	【ボストンMA】〈世界ミドル〉ビンス・ダンディーがルー・ブロイラードを破り、獲得。
プロレス 12月13日	【シカゴIL】〈NWA世界ヘビー〉ジム・ロンドスがレイ・スティールを破り、防衛。
プロレス 12月18日	【ニューヨークNY・MSG】〈NYSAC世界 & AWA世界ヘビー〉ジム・ブローニン*がエド・ダン・ジョージと引き分け、共に防衛。（観衆8,000人）
ボクシング 12月25日	【フィラデルフィアPA】〈世界スーパーフェザー〉フランキー・クリックがキッド・チョコレートを破り、獲得。
その他	【MVP】〈ボクシング・アメリカ・リング誌〉該当者なし〈プロレス・メキシコ・ルチャリブレ誌 & エルアルコン誌〉ヤキ・ジョー
社会	ドイツでアドルフ・ヒトラー（ナチス）内閣が発足。（1月30日）

1934年

相撲 1月22日	【東京・両国国技館】優勝：男女ノ川（西関脇）9勝2敗
プロレス 3月	【ウィーン（墺）】「トーナメント」優勝：オットー・ハターネン（フィンランド）
プロレス 4月5日	【コリンズビル IL】〈デビュー（最古の記録）〉ルー・テーズ*（17歳）がエディ・シャーバートに敗れる。

【ルー・テーズ】（生）1916（没）2002（出生地）米（主要王座）NWA 世界ヘビー（初）1934（人物評）天性の運動神経、身体能力、眼の良さを持ち、スタンドそしてグランドのテクニックに穴はない。エド・ストラングラー・ルイス、レイ・スティール、アド・サンテルを師匠とし、37年、21歳にして世界初戴冠。48年から55年までのいわゆる「936連勝」は、実際には1000試合以上のシングル無敗記録である。57年の初来日で、日本人に「上には上がいる」と知らしめたプロレスの横綱で、100年ぶりに訪れた黒船であった。

プロレス 4月11日	【セントルイス MO】〈NWA 世界ヘビー〉ジム・ロンドスがディック・シカットを破り、防衛。
プロレス 4月15日	【メキシコシティ】〈NYSAC 世界ヘビー〉ジム・ブローニンがエド・ストラングラー・ルイスを破り、防衛。
プロレス 4月27日	【フィラデルフィア PA】〈NWA 世界ヘビー〉ジム・ロンドスがガス・ソネンバーグを反則勝ち（ペンシルベニア州ルールでタックル禁止）で破り、防衛。
相撲 5月21日	【東京・両国国技館】優勝：清水川（西大関）11勝全勝
ボクシング 5月28日	【ロングアイランド NY・MSG ボウル】〈世界ウェルター〉バーニー・ロスがジミー・マクラーニンを破り、防衛。（年間ベストバウト）
ボクシング 6月14日	【ロングアイランド NY・MSG ボウル】〈世界ヘビー〉マックス・ベアがプリモ・カルネラを破り、獲得。
プロレス 6月17日	【メキシコシティ】〈ナショナルウェルター王座決定戦〉マリオ・スニェスがトニー・カナレスを破り、獲得。
その他 6月20日	【リオデジャネイロ（伯）】〈異種格闘技戦（キャッチ・アズ・キャッチ・キャン*対ルタ・リーブリ）〉ルタ・リーブリルールで行われたカロル・ノウィナ*対ロベルト・ルーマン戦に八百長があったのではとの疑いが広がりルーマンのファイトマネーは凍結され、喧々囂々の論争が起こった。ノウィナはスタニスラウス・ズビスコ門下で、ズビスコと共に現地で興行のために滞在中で戦後、アントニオ・ロッカをコーチした人物として知られる。この論争で悪評を被ったズビスコ一派が興行的に受けたダメージは大きかった。

1931
|
1940

プロ格闘技年表事典　105

プロレス 6月21日	【メキシコシティ】〈ナショナルヘビー王座決定戦〉チャロ・アグアヨがマヌエル・トロ・エルナンデスを破り、獲得。
その他 6月24日	【リオデジャネイロ（伯）】〈異種格闘技戦〉ウラディック・ズビスコ（キャッチ・アズ・キャッチ・キャン）がエリオ・グレイシー（柔術）と引き分ける。

【エリオ・グレイシー】（生）1913（没）2006（出生地）伯（主要王座）（初）不明（人物評）祖先は1820年代にアイルランドからブラジルへと渡ってきた。父ガスタオンから依頼された前田光世により、柔道（柔術）の技術と精神を教わる。それを基盤にグレイシー柔術の技術体系を築き、1930年代からバーリトゥードで戦い始め、約20年間無敗を誇りブラジルスポーツ界の英雄となった。51年10月、リオデジャネイロのマラカナン・スタジアムで木村政彦に敗れた。ヒクソンは三男、ホイスは六男である。

プロレス 6月25日	【ロングアイランドNY・MSGボウル】〈NYSAC世界 & NWA世界*ヘビー〉ジム・ロンドス*がジム・ブローニンを破り、王座を統合。レフェリー、ジョージ・ボスナー。（観衆25,000人）
プロレス 6月28日	【メキシコシティ】〈ナショナルライト王座決定戦〉ジャック・オブライエンがディエンテ・エルナンデスを破り、獲得。
プロレス 7月18日	【ボストンMA】〈NYSAC世界 & NWA世界 vs AWA世界*ヘビー〉ジム・ロンドスがエド・ダン・ジョージ*と分ける。（観衆30,000人）
ボクシング 8月30日	【ニューヨークNY・ディックマンホーバル】〈NYSAC世界フェザー王座決定戦〉ベビー・アリスメンディがマイク・ベロイズを破り、獲得。
ボクシング 9月11日	【ピッツバーグPA】〈世界ミドル〉テディ・ヤローズがビンス・ダンディーを破り、獲得。
ボクシング 9月17日	【ロングアイランドNY・MSGボウル】〈世界ウェルター〉ジミー・マクラーニンがバーニー・ロスを破り、獲得。
プロレス 9月17日	【トロント（加）】「NWA総会」以下の王者を確認。ヘビー級：ジム・ロンドス、ライトヘビー級：リロイ・マクガーク、ミドル級：ガス・カリオ、ジュニアミドル級：ビリー・ソム、ウェルター級：ジャック・レイノルズ。

【リロイ・マクガーク】（生）1910（没）1988（出生地）米（主要王座）NWA世界ジュニア・ヘビー、ライトヘビー（初）1933（人物評）大学アマレス界のエリートから1933年プロ入り。34年には世界ライトヘビー王者に。38年から50年まで世界ジュニアヘビー（34年に誕生した階級）の不動の世界王者。ルー・テーズらとも渡り合う。引退後は50年代から80年代

のオクラホマ・ルイジアナ地区のプロモーター。ダニー・ホッジをスカウトし、コーチした。上田馬之助を可愛がり、スタン・ハンセン＆ブルーザー・ブロディのティームを最初に結成させた。

プロレス
9月20日
【シカゴ IL】〈NYSAC 世界 & NWA 世界ヘビー〉ジム・ロンドスがエド・ストラングラー・ルイスを破り、防衛。（観衆 23,765 人）

プロレス
9月21日
【メキシコシティ・アレナメヒコ（初代）】「アニベルサリオ」ラ・マラビージャ・エンマスカラーダ（シクロン・マッケイ）がフランク・ゴウクを、ラウル・ロメロがゴリラ・ポギを破る。

プロレス
10月10日
【ロサンゼルス CA】〈NYSAC 世界 & NWA 世界ヘビー〉ジム・ロンドスがマンマウンティン・ディーンを破り、防衛。

ボクシング
11月16日
【ニューヨーク NY・MSG】〈世界ライトヘビー〉ボブ・オーリンがマキシー・ローゼンブルームを破り、獲得。

プロレス
12月3日
【パリ（仏）・パライデスポルト】ヘンリー・デグレーンがエド・ストラングラー・ルイスを破る。11 月 19 日の雪辱。15,000 人を超える観衆が集まった。

プロレス
12月5日
【ロンドン（英）】〈デビュー〉ダノ・オマホニー *がエド・ストラングラー・ルイスと引き分け。翌日、ルイスはバート・アシラティと非公開のスパーリングを行った。

ボクシング
12月26日
【日本】〈全日本フェザー〉ピストン堀口が小池宏勝を 10R 判定で破り、獲得。

プロレス
【シドニー（豪）】ガス・ソネンバーグがトム・ルーリッチと対戦。（観衆 10,000 人）

プロレス
【ブカレスト（洪）】「トーナメント」優勝：オットー・ハターネン（フィンランド）

プロレス
【ポーランド（波）】「トーナメント」優勝：アレキサンダー・グラウィエンコ

その他
【MVP】〈ボクシング・アメリカ・リング誌〉トニー・カンゾネリ＆バーニー・ロス（2 人受賞）〈プロレス・メキシコ・エルアルコン誌〉リロイ・マクガーク

その他
【MVP】〈プロレス・メキシコ・ルチャリブレ誌〉ベン・アリ・アル・アラー

1931 ー 1940

プロ格闘技年表事典　107

1935年

プロレス 1月15日	【ホノルル HI】ガス・ソネンバーグが志熊俊一を破る。
プロレス 1月18日	【ボストン MA】ダノ・オマホニーがアメリカデビュー。いきなりメインでルディ・デュセックを破る。（観衆 14,000 人）
相撲 1月21日	【東京・両国国技館】優勝：玉錦（東横綱）10 勝 1 敗
プロレス 1月29日	【ホノルル HI】ガス・ソネンバーグが沖識名を破る。
ボクシング 5月10日	【ニューヨーク NY・MSG】〈世界ライト王座決定戦〉トニー・カンゾネリがルー・アンバースを破り、獲得。
プロレス 5月12日	【メキシコシティ】〈NYSAC 世界 & NWA 世界ヘビー〉ジム・ロンドスがエル・エンマスカラード・ラヨと対戦。前座は地元勢。ミドルカードにはアメリカ勢。
相撲 5月20日	【東京・両国国技館】優勝：玉錦（東横綱）10 勝 1 敗。場所後、武蔵山武に横綱免許が授与される。

【武蔵山武】(生) 1909 (没) 1869 (出生地) 神奈川 (初) 1926 (人物評) 第 33 代横綱。大関昇進までは快進撃だったが、昇進直前の 1931 年 10 月場所での対沖ツ海戦で肘を痛める。32 年の春秋園事件では当初は脱退組に賛同するがすぐに協会に帰参し 2 月の改定番付に載った。それでも 35 年 5 月、横綱に昇進した。昇進以降古傷の肘は更に悪化し、休場が続き皆勤は一度だけだった。千秋楽、共に 6 勝 6 敗同士の横綱決戦、かつて松内則三による実況中継が SP レコード化された黄金カードで男女ノ川登三に敗れて負け越した。

ボクシング 5月28日	【ニューヨーク NY・ポログラウンズ】〈世界ウェルター〉バーニー・ロスがジミー・マクラーニンを破り、獲得。
ボクシング 6月1日	【モントリオール（加）】〈世界バンタム王座決定戦〉シクスト・エスコバルがピート・サンストルを破り、獲得。
ボクシング 6月13日	【ロングアイランド NY・MSG ボウル】〈世界ヘビー〉ジェームス・J・ブラドックがマックス・ベアを破り、獲得。
ボクシング 6月25日	【ニューヨーク NY・ヤンキースタジアム】ジョー・ルイスがプリモ・カルネラに TKO 勝ち。

【ジョー・ルイス】(生) 1914 (没) 1981 (出生地) 米 (主要王座) 世界ヘビー (初) 1934 (人物評) ジャック・ジョンソン以来 2 人目の黒人世界ヘビー級王者。第二次世界大戦前、ドイツ・ナチスの先兵（といわれたが実際な反ナチス）のマックス・シュメリングに対するアメリカの兵器として全米の思い入れ

108　プロ格闘技年表事典

を請け負った。世界ヘビー級王座を25回防衛し、引退直後の1951年、エキシビションマッチのため来日した。「人柄の良さ」で「世界」を引き寄せたと言われるが、それはジャズのルイ・アームストロングと同様、アフリカ系米人の「生きる術」であった。

プロレス 6月27日	【ボストン MA】〈NYSAC 世界 & NWA 世界ヘビー〉ダノ・オマホニーがジム・ロンドスを破り、獲得。ファイトマネーの取り分はロンドスが圧倒していた。これがロンドスの最後の敗戦。
プロレス 7月3日	【コロンバス OH】MWA がエベレット・マーシャルを王者に認定。
プロレス 7月15日	【ハリウッド CA】ジャック・レイノルズがシーク・ベン・アリ・マー・アラーを破る。
プロレス 7月24日	【ロサンゼルス CA】〈オールネーショントーナメント〉優勝：ヴィンセント・ロペス。準優勝：マンマウンティン・ディーン。ロペスは世界王者を名乗る。
プロレス 7月30日	【ボストン MA】〈NYSAC 世界 & NWAvsAWA* 世界ヘビー〉ダノ・オマホニーがエド・ダン・ジョージ*を破り、三冠統一。ロペスを認定するカリフォルニア州以外の全米統一王者となる。レフェリー、ジェームス・J・ブラドック（現役のボクシング世界ヘビー級王者）。
ボクシング 8月7日	【シカゴ IL・コミスキーパーク】ジョー・ルイスがキングフィッシュ・レヴィンスキーに TKO 勝ち。
プロレス 8月25日	【ソフィア（勃）・ユナクスタジアム】地元英雄ダン・コロフがレジナルド・シキを破る。観衆は 20000。
ボクシング 8月26日	【ニューヨーク NY・MSG】〈世界バンタム〉ルー・サリカがシクスト・エスコバルを破り、獲得。
ボクシング 9月9日	【グラスゴー（英）】〈世界フライ〉ベニー・リンチがジャッキー・ブラウンを破り、獲得。
プロレス 9月11日	【ボストン MA・フェンウェイパーク】〈三冠世界ヘビー〉ダノ・オマホニーがエド・ダン・ジョージを破り、防衛。
プロレス 9月16日	【ルイビル KY】「NWA 総会」以下の王者を確認。ヘビー級：ダノ・オマホニー、ライトヘビー級：リロイ・マクガーク、ミドル級：ガス・カリオ、ジュニアミドル級：ビリー・ソム、ウェルター級：ジャック・レイノルズ。
プロレス 9月17日	【ミネアポリス MN】〈三冠世界ヘビー〉ダノ・オマホニーがレイ・スティールを破り、防衛。
ボクシング 9月19日	【ピッツバーグ PA】〈世界ミドル〉エディ・リスコがテディ・ヤローズを破り、獲得。
プロレス 9月19日	【メキシコシティ・アレナメヒコ（初代）】「アニベルサリオ」ルイス・マヨがフィル・グルーバーを破る。

1931
-
1940

プロレス 9月23日	【ニューヨーク NY・MSG】〈三冠世界ヘビー〉ダノ・オマホニーがジム・ブローニンを破り、防衛。
ボクシング 9月24日	【ニューヨーク NY・ヤンキースタジアム】ジョー・ルイスがマックス・ベアを破る。（年間ベストバウト）
ボクシング 10月31日	【セントルイス MO】〈世界ライトヘビー〉ジョン・ヘンリー・ルイスがボブ・オーリンを破り、獲得。
ボクシング 11月15日	【ニューヨーク NY・MSG】〈世界バンタム〉シクスト・エスコバルがルー・サリカを破り、獲得。
その他 11月19日	【セントルイス MO】〈異種格闘技戦〉レイ・スティール（プロレス）がキングフィッシュ・レンヴィンスキー（ボクシング）を破る。 【キングフィッシュ・レヴィンスキー】(生) 1910 (没) 1991 (出生地) 米 (主要王座) (初) 1928 (人物評) ウエイトはヘビー級。王座にはつけなかったが、ニュースペーパーディシジョン（無判定試合で記者が即座にジャッジする）では何度も世界王者を破っている強豪である。レフェリーの肩越しに相手を殴るなんてへっちゃらなラフファイターだった。
ボクシング 12月13日	【ニューヨーク NY・MSG】ジョー・ルイスがポーリノ・ウズキュダン TKO勝ち。
その他	【MVP】〈ボクシング・アメリカ・リング誌〉バーニー・ロス〈プロレス・メキシコ・エルアルコン誌〉マツダ・マツラ（ドン菅井）〈プロレス・メキシコ・ルチャリブレ誌〉チャロ・アグアヨ

110　プロ格闘技年表事典

1936年

ボクシング
1月17日
【シカゴ IL・スタジアム】ジョー・ルイスがチャーリー・レツァラフに KO 勝ち。

相撲
1月20日
【東京・両国国技館】優勝：玉錦（東横綱）11 勝。場所後、男女ノ川登三に横綱免許が授与される。

【男女ノ川登三】(生) 1903 (没) 1971 (出生地) 茨城 (初) 1923 (人物評) 第 34 代横綱。191cm、146kg の体格は明治の大砲以来だった。左四つからの寄り、右から抱えての割り出し、小手投げと巨体を存分に使った時の強さはまさに「動く仁王」だったが、脆さもあった。朝潮を名乗っていた時代、武蔵山との対戦が人気で、1930 年 1 月場所千秋楽は両国国技館が 18 年ぶりに満員札止めになり、松内則三による実況中継は SP レコード化された。32 年の春秋園事件後脱退中に更に強くなり、協会復帰後の 36 年 1 月に横綱となった。

1931 | 1940

プロレス
2月8日
【ガルヴストン TX】〈三冠世界ヘビー〉ダノ・オマホニーが予定されていた対ホワン・ウンベルトの防衛戦に現れず、NWA は王座を剥奪、空位に。オマホニー逃亡の理由はウンベルトがシュートで来るという情報を得たため。

プロレス
2月13日
【ベザニー MO】女子プロレスラー、ミルドレッド・バーク*がクリフ・ジョンソン（男?）を破る。バークは 35 年より AT ショーに出ていた。

【ミルドレッド・バーク】(生) 1915 (没) 1989 (出生地) 米 (主要王座) WWWA 世界シングル (初) 1935 (人物評)「女子プロレスの母」と言われる。デビューは AT ショーで性別を問わず相手にしていた。1937 年世界女子王座戴冠。第二次世界大戦の直前から、戦中、戦後にかけ女王であり続けた。女子プロレスの地位向上に貢献。体は小さいが筋肉隆々。筋の良さは男子レスラーからも一目置かれる。キャリア晩期の 54 年に来日し試合を行った。全日本女子プロレスにあった「赤いベルト」の始祖である。

プロレス
2月29日
【国民新聞】2・26 事件直後の戒厳令の中、フロリダ州レイクワースで行われた全員が目隠し状態になる覆面を着用したバトル・ロイヤルを報道。

【バトル・ロイヤル】プロレスの試合形式の一つ。ルーツは闘鶏である。17 世紀あたりのイギリスで闘鶏には「ロイヤル・スポーツ」という高貴な異名があった。何人かの国王が闘鶏を庇護していた歴史があるからだ。闘鶏では数十羽を同時に闘わせたものを「バトル・ロイヤル」といった。ということは、

プロ格闘技年表事典　111

プロレスの「バトル・ロイヤル」の語源は闘鶏にあることになる。発見できたバトル・ロイヤルの最古の記録は、25年2月11日である。カナダ・マニトバ州ウィニペグで10人参加で行われ、優勝はW・L・マッキンタイアーだった。バトル・ロイヤルは、75年以来全日本プロレス後楽園ホールで行われる新春恒例のバトル・ロイヤル、WWEが流行らせた時差式バトル・ロイヤル、いわゆるロイヤルランブル形式、三ウェイマッチと、多くの「子孫」を残している。

1936年2月29日付、国民新聞

プロレス 3月2日	【ニューヨークNY・MSG】〈NYSAC世界＆AWA世界ヘビー〉ディック・シカットがダノ・オマホニーにシュートを仕掛け、オマホニーは激痛でのたうち回る。AWAは移動を認めず。シカットはNYSAC世界ヘビー級王座を獲得。
プロレス 4月6日	【パリ（仏）・パライデスポルト】〈欧州ヘビー〉ダン・コロフがヘンリー・デグレーンを破り、獲得。その後、アル・ペレイラ、ジョー・サボルディが同王座についている。
プロレス 4月20日	【ハリウッドCA】〈NWA世界ジュニア・ヘビー王座（新設）決定トーナメント決勝〉アルビオン・ブリットがテッド・クリスティーを破り、獲得。

【ジュニア・ヘビー級】体重階級の一つ。ヘビー級に準ずる。リミットは認定団体、時代によって異なる。戦後、NWAルールでは220ポンド（約100キログラム）だった。この階級ができたのは36年4月20日の事である。それまでヘビー級に

準ずる階級はリミット 175 ポンド（約 80 キロ）のライトヘビー級であった。日本プロレスリングコミッションは 56 年 10 月「全日本ウエイト別日本選手権」を開催することにした。体重別階級はリミットも含め NWA のルールブックに習い、ヘビー級、ジュニア・ヘビー級、ライトヘビー級の 3 つとした。日本でジュニア・ヘビー級のビジネス化に成功したのは、1978 年 1 月藤波辰巳が MSG でカルロス・ホセ・エストラーダを破り、WWWF ジュニア・ヘビー級王座を獲得して以来である。

プロレス 4月25日	【デトロイト MI】〈NYSAC 世界ヘビー〉アリ・ババがディック・シカットを破り、獲得。
ボクシング 5月8日	【ホノルル HI】〈東洋フェザー〉ピストン堀口がブエナ・デ・グスマンを 10R 判定で破り、獲得。
ボクシング 5月11日	【コーラルゲイブルズ FL】〈NBA 世界フェザー〉ペティ・サロンがフレディ・ミラーを破り、獲得。
相撲 5月24日	【東京・両国国技館】優勝：双葉山（西関脇）11 勝。ロサンゼルスのプロレスプロモーター、ルー・ダーロウが千秋楽観戦。自身の元世界チャンピオン、シュタインクと「相撲のチャンピオン」との対決構想を表明した。
プロレス 6月12日	【ニューアーク NJ】〈NYSAC 世界ヘビー〉デイブ・レヴィンがアリ・ババの下腹部ローキックに反則勝ちを拾い、獲得。
プロレス 6月14日	【ハノーファー（独）】「トーナメント」優勝：ルードウィッヒ・ドウズ。グストル・カイザーは 4 位。

【グストル・カイザー】（生）1907（没）1989（出生地）独（主要王座）（初）1931（人物評）レスラーとしてよりもプロモーターとしての方が有名。戦後、ドイツ国内で数多くのトーナメントを主催した。ホースト・ホフマンはカイザーの秘蔵っ子である。リングアナも兼ね、試合がしょっぱいとマイクで観客に侘びた。1976 年にプロモーター引退。最後のトーナメントにはホフマンの他、クリス・テーラー、藤原喜明や小沢正志（キラー・カーン）がいた。→ 1949 年 MVP

ボクシング 6月19日	【ニューヨーク NY・ヤンキースタジアム】マックス・シュメリングがジョー・ルイスに KO 勝ち。
プロレス 6月29日	【コロンバス OH】〈世界ヘビー〉エベレット・マーシャル（MWA王者）がアリ・ババを破り、世界王者を名乗る。しかし、アリ・ババは 17 日前にデイブ・レヴィンに敗れていた。
プロレス 6月30日	【サンフランシスコ CA】ルー・テーズがブラザー・ジョナサンを破る。
ボクシング 7月11日	【シアトル WA】〈世界ミドル〉フレディ・スティールがエディ・リスコを破り、獲得。

1931
-
1940

プロレス 7月16日	【モントリオール（加）】〈AWA世界ヘビー〉ユーボン・ロバートがダノ・オマホニーを破り、獲得。
その他 8月1日	【ベルリン（独）】夏季オリンピックが開幕。〈フリー〉65kg銀：ウルフガン・アール（8月16日まで）
ボクシング 8月18日	【ニューヨークNY・ヤンキースタジアム】ジョー・ルイスがジャック・シャーキーにKO勝ち。
プロレス 8月18日	【ロサンゼルスCA・リグレーフィールド】〈NYSAC世界* vs カリフォルニア版世界ヘビー〉デイブ・レヴィン*がヴィンセント・ロペスを破り、統一。
ボクシング 9月3日	【ニューヨークNY・MSG】〈世界ライト〉ルー・アンバースがトニー・カンゾネリを破り、獲得。〈NYSAC世界フェザー王座決定戦〉マイク・ベロイズがデイブ・クロウリーを破り、獲得。
ボクシング 9月19日	【ニューヨークNY・ヤンキースタジアム】マックス・シュメリングがジョー・ルイスを破り、獲得。（年間ベストバウト）
プロレス 9月22日	【ヒューストンTX】「NWA総会」世界ヘビー級王座が空位であることが確認され、トーナメントにより新しい世界ヘビー級選手権者を決めることを決定。
プロレス 9月27日	【メキシコシティ・アレナメヒコ（初代）】「アニベルサリオ」チョング・イップがボビー・ボナレスを、パンチョ・アギーレがベン・アリ・マー・アラーを破る。
プロレス 9月28日	【フィラデルフィアPA】〈NYSAC世界ヘビー〉ディーン・デットンがデイブ・レヴィンを破り、獲得。
プロレス 9月30日	【ロサンゼルスCA】〈カリフォルニア版世界ヘビー〉ヴィンセント・ロペスがデイブ・レヴィンを破り、統一。
プロレス 10月2日	【ヒューストンTX】〈記録に残る最初のティームマッチ〉タイガー・ドウラ＆ファズル・モハメドがダニエル・ブーン・サベージ＆ミロ・スタインボーンを2対0で降す。プロモーターはモーリス・P・シゲール。

【ティームバウト】プロレスの試合形式の一つ。タッグマッチのルーツだが「タッチ」という概念がない、同ティームの選手が全員リングに入って同時に闘うもので「テキサス・トルネード・マッチ」の名で現在に残る。39年4月10日にマサチューセッツ州ローウェルで行われた、4対4のティームバウトを伝える記事は、この試合を「バトル・ロイヤル」としながらも、試合経過はティームバウトそのもので、ブルーノとジャーメインが勝ち残ったという。プロレスが見た目上、競技からパフォーマンスへと変化したのは二〇年代である。「通」でない観客がどちらのレスラーを応援すればいいかを分かりやすくするために、ヒール（悪者）とベビーフェイス（正義派）の、コーナーによる区分けが始まったのは三〇年前後のことと思

われる。ティームバウトはバトル・ロイヤルにおける、ベビーフェイス・ヒールの色分けから発生したのであろう。

プロレス 11月9日
【サンタロサCA】〈初対決〉ルー・テーズがビル・ロンソンと引き分け。16日にサクラメントCAで行われた第2戦ではロンソンが勝った。

その他
【MVP】〈ボクシング・アメリカ・リング誌〉ジョー・ルイス〈プロレス・メキシコ・エルアルコン誌〉ベン・アリ・アル・アラー

1931 ― 1940

1937年

相撲 1月25日	【東京・両国国技館】優勝：双葉山（東大関）11 勝全勝
ボクシング 1月27日	【不明】〈東洋フェザー〉ジョー・イーグルがピストン堀口を破り、獲得。堀口の連勝は 47 でストップした。
プロレス 2月28日	【チャタヌーガ TN】〈世界女子〉ミルドレッド・バークがウィルマ・ゴードンを破り、獲得。
相撲 5月19日	【東京・両国国技館】優勝：双葉山（東大関）13 勝。場所後、双葉山定次に横綱免許が授与される。

【双葉山定次】（生）1912（没）1968（出生地）大分（初）1927（人物評）第 35 代横綱。寛政の谷風、明治の常陸山と並び、大横綱と称される。春秋園事件時に脱退せず、十両から翌場所いきなり西前頭 4 枚目に抜擢された。36 年 5 月の初の全勝の頃から右四つ、左上手を引いての寄り、上手投げが冴え渡り、39 年 1 月までの 69 連勝を遂げた。その存在は神がかり的なものとなったが、中国、米英への戦争に進んでいく中で、「神国日本」の象徴として支配者層の意を忖度したマスコミによるプロデュースがあったという見方もある。

プロレス 6月3日	【エルパソ TX】〈世界ジュニア・ライトヘビー〉この頃、世界ジュニア・ライトヘビー級王者としてウォルター・エイチューが認定されていた。
プロレス 6月16日	【ミネアポリス MN】〈NYSAC 世界ヘビー〉ブロンコ・ナグルスキーがディーン・デットンを破り、獲得。

【ブロンコ・ナグルスキー】（生）1908（没）1990（出生地）加（主要王座）NWA 世界ヘビー（初）1933（人物評）1930年、アメリカンフットボールのシカゴ・ベアーズとプロ契約、1932 年と 1933 年の NFL 優勝に貢献した。33 年ミネアポリスでの最初の定期興行でメインを飾り、プロレスも兼業する。得意技は当然フライング・タックルである。レスラーとしての最盛期は 1930 年代末からで、戦前から戦中にかけて三度世界王座についた。その知名度で、プロモーターにとってはドル箱だった。

プロレス 6月18日	【カンザスシティ MO】〈ミズーリ州ヘビー王座決定戦〉ルー・テーズがウォーレン・ボックウィンクルを破り、獲得。
ボクシング 6月22日	【シカゴ IL・コミスキーパーク】〈世界ヘビー〉ジョー・ルイス＊がジェームス・J・ブラドックを KO で破り、獲得。

ボクシング 8月30日	【ニューヨーク NY・ヤンキースタジアム】〈世界ヘビー〉ジョー・ルイスがトミー・ファーを破り、防衛。(年間ベストバウト)
プロレス 9月16日	【ホワイトサルファースプリングス WV】「NWA総会」総会にて世界ヘビー級王者にジョン・ペゼックを認定。理由は、ペゼックのみが1000ドルのボンド金の提供を認めたため。NWAはペゼックに、半年以内にマーシャルまたはナグルスキーと闘うことを義務づけた。
ボクシング 9月23日	【ニューヨーク NY・ポログラウンズ】〈世界バンタム〉ハリー・ジェフラがシクスト・エスコバルを破り、獲得。
プロレス 9月23日	【メキシコシティ・アレナメヒコ(初代)】「アニベルサリオ」ジャック・オブライエンがジョー・メインズを破る。ラリー・カサボウスキーも参戦。
プロレス 9月29日	【洲崎大東京球場】加瀬清らが「日本職業レスリング協会」旗揚げ。この後、後楽園、浅草花やしきでも興行するが、失敗した。
ボクシング 10月29日	【ニューヨーク NY・MSG】〈世界フェザー〉ヘンリー・アームストロングがペティ・サロンを破り、獲得。

【ヘンリー・アームストロング】(生)1912(没)1988(出生地)米(主要王座)世界フェザー、世界ウェルター、世界ライト(初)1931(人物評)認定団体が1つ、階級が8つしかなかった時代に3階級を制覇した猛ファイターである。左手を下げたクラウチングスタイル、絶えず身体をゆすりつつ鋭い追い出足で敵を追い詰め、「永久機関」(左右フックの連打)、「スポーツマン心臓」(1分間の鼓動が29という特異体質からくる驚異的なスタミナ)の異名をとった。

プロレス 10月	【ドレスデン(独)】優勝:ハンス・シュワルツ・ジュニア
プロレス 11月26日	【デトロイト MI】〈インターナショナルヘビー〉ジム・ロンドスがアリ・ババにリングアウト勝ち、防衛。「ロンドスの海外遠征を評価して授与」とされているもの。ロンドスはヨーロッパ遠征から帰国直後であった。
プロレス 12月15日	【セントルイス MO】ジム・ロンドスがヨハネス・バン・デル・ベルトを破る。
プロレス 12月29日	【セントルイス MO】〈MWA & AWA世界ヘビー〉ルー・テーズ(21歳)がエベレット・マーシャルを破る。AWAはユーボン・ロバートから王座を剥奪し、この試合を王座決定戦とした。しかし、モントリオール(加)地区は依然ロバートを依然王者として認定し続けた。

プロレス 【シドニー（豪）】〈英国ヘビー〉アール・マクレディがロフティ・ブルームフィールド（ニュージーランド）を破り、防衛。（10分8ラウンド）

プロレス 【不明（豪）】ロサンゼルスやニューヨークでメインを取ったことがあるチーフ・リトル・ウルフが来襲し、その後しばらく定住。

その他 【MVP】〈ボクシング・アメリカ・リング誌〉ヘンリー・アームストロング〈プロレス・メキシコ・エルアルコン誌〉ラリー・ベビー・カサボウスキー〈プロレス・メキシコ・ルチャリブレ誌〉ロボ・ネグロ

1938年

相撲 1月25日	【東京・両国国技館】優勝：双葉山（西横綱）13勝
プロレス 2月6日	【メキシコシティ】〈ナショナルミドル王座決定戦〉オクタビオ・ガオナがブラック・グスマンを破り、獲得。
プロレス 2月11日	【ボストン MA】〈AWA 世界ヘビー〉スティーブ・ケーシーがルー・テーズを破り、獲得。
プロレス 2月17日	【アルバカーキ NM】＜ NWA 世界ジュニア・ライトヘビー王座決定戦＞ゴリラ・ラモスが前日から行われたトーナメント決勝でベイブ・カサボウスキーを破り、獲得。
ボクシング 2月20日	【サンファン（PR）】〈世界バンタム〉シクスト・エスコバルがハリー・ジェフラを破り、獲得。
プロレス 2月21日	【パリ（仏）・パライデスポルト】ヘンリー・デグレーンがジョー・サボルディを破る。
プロレス 2月21日	【パリ（仏）・エリーゼモンマルトル】ディック・シカットがジョー・ナウロスキーを破る。
ボクシング 2月23日	【ニューヨーク NY・MSG】〈世界ヘビー〉ジョー・ルイスがネイザン・マンを破り、防衛。
プロレス 2月	【カナダ・ケベック州】アスレチックコミッションが新たにユーボン・ロバートを世界王座に認定。以下、ケベック版世界と表記。
プロレス 3月30日	【ニューヨーク NY・MSG】〈AWA 世界ヘビー〉スティーブ・ケーシーがダノ・オマホニーを破り、防衛。この試合は第2次大戦前の MSG 最後の興行。MSG での興行は、復活までには 11 年を要した。
ボクシング 4月1日	【シカゴ IL・スタジアム】〈世界ヘビー〉ジョー・ルイスがハリー・トーマスを破り、防衛。
ボクシング 4月1日	【ニューヨーク NY・MSG】〈世界ミドル〉フレッド・アポストリがグレン・リーを破り、獲得。
プロレス 4月9日	【ヨハネスブルグ（南ア）】〈英国〉ヨハネス・バン・デル・ベルトがジョージ・ペンシェフを破り、獲得。
プロレス 4月28日	【メキシコシティ】〈ナショナルフェザー王座決定戦〉ルイス・ロブレスが獲得。
プロレス 5月10日	【ホノルル HI】〈NYSAC 世界ヘビー〉ブロンコ・ナグルスキーが沖識名を破り、防衛。
相撲 5月23日	【東京・両国国技館】優勝：双葉山（東横綱）13勝
ボクシング 5月31日	【ロングアイランド NY・MSG ボウル】〈世界ウェルター〉ヘンリー・アームストロングがバーニー・ロスを破り、獲得。

1931
-
1940

プロ格闘技年表事典　119

ボクシング 6月22日	【ニューヨーク NY・ヤンキースタジアム】〈世界ヘビー〉ジョー・ルイスがマックス・シュメリングを破り、防衛。KO で破り、防衛。
プロレス 7月2日	【ハノーファー（独）】「トーナメント」優勝：ペテル・フェレスタノフ
ボクシング 7月26日	【シアトル WA】〈世界ミドル〉アル・ホスタックがフレディ・スティールを破り、獲得。
ボクシング 8月17日	【ニューヨーク NY・MSG】〈世界ライト〉ヘンリー・アームストロングがルー・アンバースを破り、獲得。
ボクシング 8月22日	【ニューヨーク NY・ヤンキースタジアム】〈世界ライト〉ヘンリー・アームストロングがルー・アンバースに敗れる。（年間ベストバウト）
プロレス 9月15日	【モントリオール（加）】「NWA 総会」ジョン・ペゼックから剥奪したヘビー級の新王者を討議。候補となったスティーブ・ケーシーは国外に出てばかりであること、防衛戦が少ないことなどの理由で失格。結局、エベレット・マーシャルを認定した。ニューヨーク州のコミッショナー、ウイリアム・マルドゥーン（1880年代の大レスラー）、プロモーター、ジャック・カーリーの死によりニューヨーク勢のパワーが低下し、NWA が各州のコミッショナーを仕切り始める。他に以下の王者を確認。ジュニア・ヘビー級：ボブ・ケネイストン、ライトヘビー級：リロイ・マクガーク、ジュニア・ライトヘビー級：ゴリラ・ラモス、ミドル級：ガス・カリオ、ジュニアミドル級：ビリー・ソム、ウェルター級：ジャック・レイノルズ。
プロレス 9月16日	【メキシコシティ・アレナメヒコ（初代）】「アニベルサリオ」ペテ・パンコフがジャック・オブライエンを、タルサン・ロペスがホアキン・ムリエタを破る。
ボクシング 9月22日	【リバプール（英）】〈世界フライ王座決定戦〉ピーター・ケーンがジャッキー・ジューリッチを破り、獲得。
ボクシング 11月11日	【シアトル WA】〈世界ミドル〉ソリー・クレガーがアル・ホスタックを破り、獲得。
プロレス 11月17日	【フィラデルフィア PA】〈NYSAC 世界ヘビー〉ジム・ロンドスがブロンコ・ナグルスキーを破り、獲得。この晩、全米各地で6つの「世界」タイトル戦が挙行され、物議を醸す。
プロレス 11月24日	【メキシコシティ】〈世界ライト王座決定戦〉サミー・ステインが獲得。
相撲 12月4日	【大阪】巡業中、盲腸炎の悪化により横綱玉錦が死去。
ボクシング 12月29日	【シカゴ IL・コロシアム】〈世界フェザー王座決定戦〉レオ・ロダックがレオーネ・エフラティを破り、獲得。

プロレス	【ニュージーランド】ニュージーランドの第1人者ロフティ・ブルームフィールドがブラザー・ジョナサンと対戦。(観衆18,000人)
プロレス	【アントワープ(白)】「トーナメント」優勝:ハーバート・アウデルシュ
プロレス	【不明(豪)】ジョージ・ガーディナーがプロモーターに就任。
その他	【MVP】〈ボクシング・アメリカ・リング誌〉ジョー・ルイス〈プロレス・メキシコ・エルアルコン誌〉メルセド・ゴメス〈プロレス・メキシコ・ルチャリブレ誌〉ムルシエラゴ・ベラスケス

1931
|
1940

プロ格闘技年表事典　121

1939年

プロレス 1月9日	【ハリウッド CA】〈世界タッグ王座決定トーナメント決勝〉ポール・オース&タイガー・ツァコフがアラスアン・スキャッフラーズ（ドゥピー&スリーピー）を破り、獲得。
相撲 1月15日	【東京・両国国技館】双葉山が安芸ノ海に敗れ、連勝が 69 で止まる。
相撲 1月24日	【東京・両国国技館】優勝：出羽湊（西前 17）13 勝
ボクシング 1月25日	【ニューヨーク NY・MSG】〈世界ヘビー〉ジョー・ルイスがジョン・ヘンリー・ルイスを破り、防衛。
ボクシング 2月3日	【ニューヨーク NY・MSG】〈NYSAC 世界ライトヘビー王座決定戦〉メリオ・ベッチーナがタイガー・ジャック・フォックスを破り、獲得。
プロレス 2月19日	【メキシコシティ】〈世界ミドル〉オクタビオ・ガオナがガス・カリオを破り、獲得。
プロレス 2月23日	【セントルイス MO】〈NWA 世界ヘビー〉ルー・テーズがエベレット・マーシャルを破り、獲得。
プロレス 2月27日	【パリ（仏）・パライデスポルト】〈世界ヘビー〉ヘンリー・デグレーンがユーボン・ロバートを破り、防衛。（観衆 18000）
プロレス 3月9日	【セントルイス MO】〈NWA 世界ヘビー〉ルー・テーズがスティーブ・ケーシーを破り、防衛。
プロレス 3月27日	【ウィチタ KS】〈NWA 世界ヘビー〉ルー・テーズがロイ・ダンを破り、防衛。
プロレス 4月3日	【ハリウッド CA】〈デビュー〉タロー伊藤（グレート東郷）＊がチャーリー・カーを破る。 【グレート東郷】(生) 1911 (没) 1973 (出生地) フートリバー OR(主要王座) ロサンゼルス版 NWA 世界タッグ（初）1939（人物評）プロレスラーとしての全盛は、全米でトップランクの活躍をした 1951 年である。翌年、大山倍達、遠藤幸吉にそれぞれマス東郷、コウ東郷を名乗らせ自らを含めた東郷兄弟で全米ツアーを仕切ったことで知られる。これが「レスラーの呼び屋」としての初仕事である。59 年からは力道山のビジネスパートナーとして一流外国人レスラーを紹介した。
ボクシング 4月17日	【ロサンゼルス CA・リグレーフィールド】〈世界ヘビー〉ジョー・ルイスがジャック・ローパーを破り、防衛。
ボクシング 4月18日	【プロビデンス RI】〈世界フェザー〉ジョーイ・アーチボルトがレオ・ロダックを破り、獲得。

プロレス 5月1日	【ウィチタ KS】〈NWA 世界ヘビー〉ルー・テーズがリー・ワイッコフを破り、防衛。
相撲 5月25日	【東京・両国国技館】優勝：双葉山（東横綱）15勝。この場所より15日制。
ボクシング 5月29日	【不明】玄海男がピストン堀口を12R、2－1で判定勝ち。
プロレス 6月23日	【ヒューストン TX】〈NWA 世界ヘビー〉ブロンコ・ナグルスキーがルー・テーズを破り、獲得。
ボクシング 6月27日	【シアトル WA】〈世界ミドル〉アル・ホスタックがソリー・クレガーを破り、獲得。
ボクシング 6月28日	【ニューヨーク NY・ヤンキースタジアム】〈世界ヘビー〉ジョー・ルイスがトニー・ガレントを破り、防衛。
プロレス 7月1日	【ハノーファー（独）】「トーナメント」優勝：ブルーノ・モゥズィーク
ボクシング 7月13日	【ニューヨーク NY・MSG】〈世界ライトヘビー〉ビリー・コンがメリオ・ベッチーナを破り、獲得。
ボクシング 8月22日	【ニューヨーク NY・ヤンキースタジアム】〈世界ライト〉ルー・アンバースがヘンリー・アームストロングを破り、獲得。
プロレス 9月12日	【ホノルル HI】〈NYSAC 世界ヘビー〉ジム・ロンドスが沖識名を破り、防衛。
プロレス 9月14日	【メキシコシティ・アレナメヒコ（初代）】「アニベルサリオ」〈ナショナルウェルター〉ボビー・アレオラがシクロン・ペロスを破り、獲得。
ボクシング 9月20日	【デトロイト MI】〈世界ヘビー〉ジョー・ルイスがボブ・パスターを破り、防衛。（年間ベストバウト）
ボクシング 10月2日	【ニューヨーク NY・MSG】〈世界ミドル〉セフェリノ・ガルシアがフレッド・アポストリを破り、獲得。
ボクシング 10月29日	【NBA 等】〈世界バンタム〉ジョージ・ペースが授与される。
プロレス 12月9日	【不明（豪）】〈レイチャード版オーストラリアヘビー〉ジョージ・ペンシェフがトム・ルーリッチを破り、獲得。
その他	【MVP】〈ボクシング・アメリカ・リング誌〉ジョー・ルイス〈プロレス・メキシコ・ルチャリブレ誌＆エルアルコン誌〉オクタビオ・ガオナ

1931
－
1940

プロ格闘技年表事典　123

1940年

プロレス 1月16日	【ウィルミントンCA】ダニー・マクシェーンがタロー伊藤（グレート東郷）を破る。2人の初対決。

【ダニー・マクシェーン】（生）1912（没）1992（出生地）米（主要王座）NWA世界ジュニア・ヘビー（初）1930（人物評）戦中から戦後にかけてのスターで、試合中、自らの額を傷つけ、流血戦を自己演出する「カット」のパイオニア。ブル伊藤、グレート東條時代を含め、判明しているだけで約20回対戦していることから流血王東郷の師匠と位置づけることができる。さらにテキサスではブル・カリーとの対戦相手としてカリーを売り出した。晩年はテキサスでレフェリーを務めた。

相撲 1月25日	【東京・両国国技館】優勝：双葉山（東横綱）14勝1敗。幕内で東西対抗優勝制度が復活。
ボクシング 2月9日	【ニューヨークNY・MSG】〈世界ヘビー〉ジョー・ルイスがオーチュロ・ゴドイに判定勝ちし防衛。
プロレス 2月24日	【ニューヨークNY】どぎついシャレを好むプロレス界の用語センスには感心させられることが多い。その最たるものが「angel」である。その実態はフリークであった。「天使」が徘徊し始める。24日、ブルックリンのブロードウェイアリーナにフレンチ・エンジェル（モーリス・ティレ）が現れ、ジョー・コックスを破る。26日、ブロンクスコロシアムにトーア・ジョンソン（スーパー・スウェーディッシュ・エンジェル）が現れ、ジノ・ガリバルディと引き分け。27日、セントニコラスパレスにポパイ（スウェーディッシュ・エンジェル）が現れ、ジョン・ミーラスを一蹴。2月末のニューヨークは「世界三大天使」に蹂躙された。

【フレンチ・エンジェル】（生）1903（没）1954（出生地）仏（主要王座）AWA世界ヘビー（初）1937（人物評）四頭身かとも思える重度の末端肥大症。しかしながら身長は170センチ弱。これは下垂体腺腫による成長ホルモン分泌が成長が終わってから起こったことを示している。シンガポールでマネージャーとなるカール・パジェロと出会ったのが「フレンチ・エンジェル」誕生のきっかけで、1940年、欧州から上陸し、戦中のボストンやニューヨーク州バファローでは一万の観客を集め続けた。

【スーパー・スウェーディッシュ・エンジェル】（生）1903（没）1971（出生地）スウェーデン（主要王座）（初）1932（人物評）180kgという岩山のような体躯の持ち主である。トーア・ジョンソンの名でリングに上がることも多かった。1933年、ロサ

124　プロ格闘技年表事典

ンゼルスに出現。35年あたりから映画俳優も兼ね、数多くの
B級映画に出演。しかし、リング上での勝率は一貫して悪かっ
た。没後の94年に公開された映画「エド・ウッド」では、スー
パー・スウェーディッシュ・エンジェル役を、70年代のMSG
のヒール、ジョージ・スティールが務めた。

【スウェーディッシュ・エンジェル】（生）1908（没）1974
（出生地）スウェーデン（主要王座）MWA世界ヘビー（初）
1930年代半ば（人物評）身長213センチのフリーク。30年代
の半ば、米北西部でフィル・オルソンの名で働いていた。40
年ニューヨークで「ポパイ」として闘った後、「スウェーディッ
シュ・エンジェル」に改名しブレイク。第二次大戦中、「元祖・
悪の正太郎君」ジャック・フェファーに操られる。43年、カ
ンザス版のMWA世界ヘビー王座をオービル・ブラウンから
奪ったこともある。その特異な風貌で、コマーシャルや映画
に引っ張り凧だった。

1931 – 1940

| ボクシング 3月1日 | 【ロサンゼルスCA・ギルモアフィールド】セフェリノ・ガルシアがヘンリー・アームストロングと引き分ける。（年間ベストバウト） |

| プロレス 3月7日 | 【セントルイスMO】〈NWA世界ヘビー〉レイ・スティールがブロンコ・ナグルスキーを破り、獲得。 |

| ボクシング 3月29日 | 【ニューヨークNY・MSG】〈世界ヘビー〉ジョー・ルイスがジョニー・ペイチェックにTKO勝ち。 |

| プロレス 4月2日 | 【ミネアポリスMN】「ワンナイト・トーナメント」〈決勝〉エド・ヴァイラグがルー・テーズを破り、優勝。 |

| ボクシング 5月1日 | 【ワシントンDC・グリフィススタジアム】〈世界フェザー〉ペティ・スカルツォがフランキー・コヴェリを破り、獲得。 |

| ボクシング 5月10日 | 【ニューヨークNY・MSG】〈世界ライト〉ルー・ジェンキンスがルー・アンバースを破り、獲得。 |

| プロレス 5月13日 | 【ボストンMA】〈AWA世界ヘビー〉フレンチ・エンジェル（モーリス・ティレ）がスティーブ・ケーシーを反則勝ちで破り、獲得。 |

| ボクシング 5月20日 | 【ボルティモアMD】〈世界フェザー〉ハリー・ジェフラがジョーイ・アーチボルトを破り、獲得。 |

| 相撲 5月23日 | 【東京・両国国技館】優勝：安藝の海（西関脇）14勝1敗。力道山が初土俵。翌年春場所（一月場所）の序の口番付に朝鮮出身として力道山昇之助の名が載る。四股名の由来は二所ノ関部屋に掲額してあった、時の首相近衛文麿の筆による「力心一道」から。 夏場所後の満洲巡業が始まる。 |

【力道山】（生）1922（没）1963（出生地）朝鮮（主要王座）
インターナショナルヘビー（初）（人物評）大相撲の関脇だっ

プロ格闘技年表事典　125

た1950年、親方とのあつれきから自ら髷を切る。51年にプロレスデビューし、翌年からのアメリカ西海岸武者修行でプロレスを学ぶ。54年に日本プロレス旗揚げから63年の死去まで日本のトップレスラーであり、トッププロモーターでもある。ショーだ？八百長だ？んなこと、関係ない。リング上の怒りの表現と、自己プロデュース能力に並ぶものはいない。が、ヤクザとの関係が命を縮めた。

ボクシング
5月23日
【ニューヨーク NY・MSG】〈世界ミドル〉ケン・オーヴァーリンがセフェリノ・ガルシアを破り、獲得。

プロレス
5月26日
【ハノーファー（独）】「トーナメント」優勝：〈ヘビー〉エルベルト・アウディッシュ〈ミドル〉フランツ・ゲシトウインスキー

プロレス
6月1日
【セントルイス MO】フレデリック・フォン・シャハトがナチの電撃戦闘員であるという情報が出て入り、シャハトは当日の試合に出られなかった。この情報はデマであった。

プロレス
6月12日
【モントリオール（加）】〈ケベック版世界ヘビー〉ルー・テーズがレオ・ヌーマを破り、獲得。

ボクシング
6月20日
【ニューヨーク NY・ヤンキースタジアム】〈世界ヘビー〉ジョー・ルイスがオーチュロ・ゴドイを破り、防衛。

プロレス
6月21日
【バファロー NY】〈AWA 世界ヘビー〉フレンチ・エンジェル（モーリス・ティレ）がエド・ダン・ジョージを反則勝ちで破り、防衛。6年前のジム・ロンドス対エド・ダン・ジョージが持っていたこの都市の動員記録を破った。（観衆 12,040 人）

その他
7月1日
【アトランタ GA】〈ボクシングマッチ〉ジャック・デンプシーがカウボーイ・ルットレルを破る。デンプシーは15日のブル・カリー、19日にアリス・バシャラと、対プロレスラーにエキシビションで3連勝した。

ボクシング
7月19日
【シアトル WA】〈世界ミドル〉トニー・ゼールがアル・ホスタックを破り、獲得。

プロレス
7月26日
【マイアミ FL】参加者全員にグローブを着用させるバトル・ロイヤルが行われる。

プロレス
8月14日
【モントリオール（加）】〈ケベック版 *vsAWA 世界ヘビー〉ルー・テーズ* がフレンチ・エンジェル（モーリス・ティレ）とノーコンテスト。共に防衛。

プロレス
9月10日
【ミルウォーキー WI】「NWA 総会」以下の王者を確認。ヘビー級：レイ・スティール、ジュニア・ヘビー級：リロイ・マクガーク、ライトヘビー級：ラルフ（レッド）・ベリー、ジュニア・ライトヘビー級：マイク・ロンドン、ミドル級：カルロス（ターザン）・ロペス、ジュニアミドル級：ビリー・ソム、ウェルター級：空位。尚、ここまでの「NWA 総会」は National Wrestling Association の年次総会を指す。

126　プロ格闘技年表事典

プロレス 9月12日	【メキシコシティ・アレナメヒコ(初代)】「アニベルサリオ」〈NWA世界ミドル〉タルサン・ロペスがジョン・ネメニックを相手に防衛。
ボクシング 9月24日	【ニューヨークNY・コロセウム】〈世界バンタム〉ルー・サリカがジョージ・ペースを破り、獲得。
ボクシング 10月4日	【ニューヨークNY・MSG】〈世界ウェルター〉フリジー・ジビックがヘンリー・アームストロングを破り、獲得。
プロレス 10月23日	【モントリオール(加)】〈ケベック版世界ヘビー〉ユーボン・ロバートがルー・テーズを破り、獲得。
ボクシング 12月16日	【ボストンMA・ガーデン】〈NBA世界ヘビー〉ジョー・ルイスがアル・マッコイを破り、防衛。
プロレス	【ブロウクンヒル(豪)】〈レイチャード版オーストラリアヘビー〉ジョージ・ペンシェフがフレッド・アトキンスを破り、防衛。
	【フレッド・アトキンス】(生)1910(没)1988(出生地)ニュージーランド (主要王座)オーストラリアヘビー (初)1930年代半ば (人物評)1930年代後半にデビューし、42年には2派のオーストラリア王者が参戦した『シルバーベルト・トーナメント』に優勝。46年、来豪してきたサンダー・ザボーに連れられて、北米へ移住。53年にはサンフランシスコ地区で武者修行中の力道山を破り、61年からはジャイアント馬場のコーチ兼マネージャーとなった。馬場の帰国後はタイガー・ジェット・シンを鍛え、最後の弟子はアドリアン・アドニスだった。
その他	【MVP】〈ボクシング・アメリカ・リング誌〉ビリー・コン〈プロレス・メキシコ・ルチャリブレ誌&エルアルコン誌〉タルサン・ロペス

1931 ― 1940

プロ格闘技年表事典　127

1941−1950年

「鉄人」ルー・テーズ、20歳の時。初来日は1957年で「力道山以上の大横綱」ぶりを見せた、第二の黒船であった。
（写真提供：流智美）

◆相撲

　連勝は途切れたものの双葉山の円熟期は続く。どこへ行っても「連勝をストップさせた」と持て囃される安藝ノ海は「双葉関に勝った自分が、恥ずかしい相撲は取れない」と精進、1942年に横綱に昇進した。

　日本は前年から第二次世界大戦に参戦しており、相撲も力士の徴兵、国技館被災と否応なしに巻き込まれていく。そして敗戦。

　国技館はGHQに接収され、47年6月場所、本場所は明治神宮外苑、屋外で開催された。この場所から各段とも優勝決定戦を行うことになった。東前頭8枚目の力道山は同点で並んだ4人の一人だったが、横綱羽黒山に優勝をさらわれた。またこの場所は最後の東西対抗優勝方式で、優勝した東軍代表として旗手を務めたのも力道山であった。三賞制定は羽黒山が連覇した翌11月場所、殊勲、敢闘、技能はそれぞれ出羽錦、輝昇、増位山だった。羽黒山の他、この時代の相撲界を支えたのは東冨士、千代の山といったところである。

◆ボクシング

　41年5月に行われたピストン堀口対笹崎僴は「世紀の一戦」と位置づけされ勝利した堀口は「拳聖」と呼ばれるようになった。ルイスは第二次世界大戦兵役をはさみ世界ヘビー級王座を25連続防衛した。

　戦中から戦後へ。「史上最高の技巧派」ウィリー・ペップと「ラフな反則野郎」サンディ・サドラーとの世界フェザー級王座をめぐる4連戦もこの時代を盛り上げた。46年12月、オールタイム・パウンド・フォー・パウンドと称されるシュガー・レイ・ロビンソンはトニー・ベルを破り世界ウェルター級王座を獲得、一時代を築き始める。

　戦後、堀口に衰えが見られる中、台頭してきたのは白井義男である。49年12月、日本フライ王者だった白井は堀口宏（ピストンの弟）を破り、日本バンタム級王座をも奪取した。白井にはGHQにいた生物学者カーン博士がコーチ兼マネージャーにつき、博士はピストンとは対照的な科学的ボクシングを身につけさせた。

◆プロレス

　第二次世界大戦によりアメリカの興行は振るわず、セントルイスのエース、ワイルド・ビル・ロンソンが一人で気を吐いていた状況だった。カナダのモントリオールは多くのスターレスラーが流れてきたこともあり、盛況だった。

　戦中のメキシコではエル・サントが覆面で再デビューし、カリスマ化の道を歩み始めた。

　大戦で沈降したヨーロッパでは戦後のイギリスにプロモーターの連合組織、ジョイント・プロモーションやビリー・ライレージムができ、人気復活の礎となる。

　アメリカの復興は、48年頃から家庭に急速に普及しはじめたテレビ、そしてそのスター、ゴージャス・ジョージと、ルー・テーズで始まった。1948年6月に始まるいわゆる936連勝、新旧NWA王座の獲得と、テーズはまぎれもなく業界の中心にいた。また、40年代後半にはタッグマッチの流行も始まり、その最初のスターはシャープ兄弟であった。

◆その他

　1950年に存在したプロ柔道の「国際柔道協会」のトップが木村政彦だったことはよく知られている。柔道で全日本選手権13年連続保持者の木村はなぜ柔道界の主流とならず、プロの道を選んだのか。師匠の牛島辰熊は肥後柔術の流れを組んでいて講道館出身者ではなく、また、戦後柔道が封建時代の遺物として道場経営などが困難な時代だったからであろう。

　「国際柔道協会」からは木村の他、山口利夫、高木清晴、遠藤幸吉、出口雄一、坂部保幸と、後にプロレスのリングに上がるものを多く輩出した。力道山のもとで負け役になることで収入維持に走った遠藤、ミスター珍として前座でコミカルファイトに走った出口を除き、プロレスラーとしてのキャリアは長くなかった。結論を言えば彼らは柔道家のままで、発想を含めプロレスラーになりきれなかったのである。

　そこが、同じ50年に力士の命である髷を自ら切った力道山との違いである。

1941年

ボクシング 1月13日	【クリーブランド OH】〈NBA 世界ライトヘビー〉アントン・クリストホリデス（ギリシア）がメリオ・ベッチーナを破り、獲得。
相撲 1月24日	【東京・両国国技館】優勝：双葉山（西横綱）14 勝 1 敗
ボクシング 1月31日	【ニューヨーク NY・MSG】〈世界ヘビー〉ジョー・ルイスがレッド・バーマンを破り、防衛。
プロレス 2月9日	【ウィチタ KS】プロモーターのビリー・サンドウにより、新 NWA（National Wrestling Alliance）世界ヘビー級王者に勝手に認定された旧 NWA（National Wrestling Association）王者レイ・スティールが対ロイ・ダン戦に現れなかったとして、ダンが新王者に認定される。サンドウが新 NWA をスタートしたきっかけは、カンザスシティのオービル・ブラウンが興行戦争を仕掛けてきたため。
ボクシング 2月17日	【フィラデルフィア PA・コンベンションホール】〈世界ヘビー〉ジョー・ルイスがガス・ドザリオを破り、防衛。
プロレス 3月11日	【ミネアポリス MN】〈NWA 世界ヘビー〉ブロンコ・ナグルスキーがレイ・スティールを破り、獲得。
プロレス 3月11日	【リマ OH】〈記録上最初のタッグマッチ〉パット・ライレー＆ジャッキー・ニコルズ対マイク・キロニス＆ニック・ビリン戦が行われる。

> 【タッグマッチ】プロレスの試合形式の一つ。タッグマッチはティームバウト（→ 1936 年 10 月 2 日）に「タッチ」という制約を加えたものである。ルー・テーズによると、その考案者は、トゥーツ・モントであるという。このライレー＆ニコルズ対キロニス＆ビリン戦の翌日の新聞では「四人のレスラーの内、二人だけしかリング内に入れない」とあり、「ティームバウト」とのルールの違いを強調している。「タッグマッチ」の名称が初めて新聞で確認できるのは、同年 5 月 2 日、ニューメキシコ州アルバカーキである。

ボクシング 3月21日	【デトロイト MI】〈世界ヘビー〉ジョー・ルイスがエイブ・サイモンを破り、防衛。
ボクシング 4月8日	【セントルイス MO・アリーナ】〈世界ヘビー〉ジョー・ルイスがトニー・マストを破り、防衛。
ボクシング 5月9日	【ニューヨーク NY・MSG】〈NYSAC 世界ミドル〉ビリー・スーズがケン・オーヴァーリンを破り、獲得。
ボクシング 5月12日	【ワシントン DC・グリフィススタジアム】〈NYSAC 世界フェザー〉ジョーイ・アーチボルトがハリー・ジェフラを破り、獲得。

| ボクシング
5月22日 | 【ニューヨーク NY・MSG】〈世界ライトヘビー〉ガス・レスネヴィッチがアントン・クリストホリデスを破り、獲得。 |

| 相撲
5月23日 | 【東京・両国国技館】優勝：羽黒山（西大関）14勝1敗。場所後、羽黒山政司に横綱免許が授与される。 |

【羽黒山政司】(生) 1914 (没) 1969 (出生地) 新潟 (初) 1934 (人物評) 第36代横綱。1934年1月場所で初土俵をふみ、その後「各段飛び飛び」で37年5月場所入幕した（当時は年2場所）。40年1月場所に大関になる頃は右四つから一気に出る攻撃型の力士だった。そして41年5月場所後に横綱に推挙され、39歳だった53年11月場所の直前に引退を発表するまで13年間30場所、綱を張った。これは梅ケ谷の24場所を上回る新記録だった。

| ボクシング
5月23日 | 【ワシントン DC・グリフィススタジアム】〈世界ヘビー〉ジョー・ルイスがバディ・ベアーに、マネージャーがリングから降りず失格勝ち、防衛。 |

| ボクシング
5月28日 | 【東京・両国国技館】ピストン堀口が笹崎僙を6RKOで破る。この試合は日本ボクシング史上「世紀の一戦」と位置づけされる。勝利した堀口は「剣聖」宮本武蔵になぞらえて「拳聖」と呼ばれるようになった。 |

1941
‖
1950

| プロレス
6月5日 | 【セントルイス MO】〈NWA 世界ヘビー〉サンダー・ザボーがブロンコ・ナグルスキーを破り、獲得。 |

| ボクシング
6月18日 | 【ニューヨーク NY・ポログラウンズ】〈NBA 世界ヘビー〉ジョー・ルイスがビリー・コンを破り、防衛。（年間ベストバウト） |

| プロレス
6月19日 | 【ジャクソンビル FL】〈世界女子〉ミルドレッド・バークがメイ・ヤングを破り、防衛。ヤングは20世紀末にWWFのアティテュード路線で復活した、あの婆さんである。 |

| プロレス
6月26日 | 【ユージーン OR】〈世界ヘビー〉ジム・ロンドスがウォルター・エイチューを破り、防衛。ゴージャス・ジョージがタロー伊藤をストレートで破る。ジョージがブレイクしたのはこの頃で、タロー伊藤、すなわちグレート東郷はその場に居合わせたことになる。 |

【ゴージャス・ジョージ】(生) 1915 (没) 1963 (出生地) 米 (初) 1934 (主要王座) ロサンゼルス版世界ヘビー (人物評) 急速に普及したテレビに乗って、会場ではブーイングを浴びながら、米業界一の有名人になった。グレート東郷（キンキラ）やモハメド・アリ（しゃべり）に影響を与えた。が、単なるショーマンではなく、グランドレスリングや投技にも長けている。

ボクシング 7月1日	【ロサンゼルス CA】〈NBA 世界フェザー〉リッチー・レモスがペティ・スカルツォを破り、獲得。
プロレス 7月16日	【モントリオール（加）】〈ケベック版世界ヘビー〉ルー・テーズがユーボン・ロバートを破り、獲得。
ボクシング 7月29日	【ニューアーク NJ】〈世界ウェルター〉フレディ・コクランがフリジー・ジビックを破り、獲得。
ボクシング 9月11日	【ワシントン DC・グリフィススタジアム】〈NYSAC 世界フェザー〉チャーキー・ライトがジョーイ・アーチボルトを破り、獲得。
プロレス 9月17日	【モントリオール（加）】〈ケベック版世界ヘビー〉ユーボン・ロバートがルー・テーズを破り、獲得。
プロレス 9月19日	【メキシコシティ・アレナメヒコ（初代）】「アニベルサリオ」〈ナショナルミドル〉ブラック・グスマンがフィルポ・セグラを相手に、防衛。
ボクシング 9月29日	【ニューヨーク NY・ポログラウンズ】〈NBA 世界ヘビー〉ジョー・ルイスがルー・ノヴァを破り、防衛。
ボクシング 11月18日	【ロサンゼルス CA】〈NBA 世界フェザー〉ジャッキー・ウィルソンがリッチー・レモスを破り、獲得。
プロレス 12月4日	【ニューオリンズ LA】ロッド・フェントンが沖識名を破る。4日後、日本が第二次世界大戦に参入し、アメリカの敵になったため、沖を始めとする日系人は収容所に入れられた。
ボクシング 12月19日	【ニューヨーク NY・MSG】〈世界ライト〉サミー・アンゴットがルー・ジェンキンスを破り、獲得。
その他	【MVP】〈ボクシング・アメリカ・リング誌〉ジョー・ルイス〈プロレス・メキシコ・ルチャリブレ誌＆エルアルコン誌〉ミグエル・ブラック・グスマン

1942年

ボクシング
1月9日
【ニューヨーク NY・MSG】〈世界ヘビー〉ジョー・ルイスがバディ・ベアーを破り、防衛。

プロレス
1月23日
【バファロー NY】〈AWA 世界ヘビー〉フレンチ・エンジェル（モーリス・ティレ）がジョー・コックスを破り、防衛。ティレは、2年前に自らが対エド・ダン・ジョージ戦で樹立したこの都市の動員記録も破った。（13046 人）

相撲
1月25日
【東京・両国国技館】優勝：双葉山（東横綱）14 勝 1 敗

プロレス
2月19日
【セントルイス MO】〈NWA 世界ヘビー〉ビル・ロンソンがサンダー・ザボーを破り、獲得。

ボクシング
3月27日
【ニューヨーク NY・MSG】〈世界ヘビー〉ジョー・ルイスがエイブ・サイモンを破り、防衛。

プロレス
4月28日
【ウィチタ KS】〈新 NWA 世界ヘビー〉エド・ヴァイラグがロイ・ダンを破り、獲得。

相撲
5月21日
【東京・両国国技館】夏場所 12 日目、清美川が双葉山を破る殊勲。

相撲
5月24日
【東京・両国国技館】優勝：双葉山（東横綱）13 勝 2 敗。この場所十両優勝は駿河海。この場所、力道山が初めて幕下に上がった。 場所後、安藝ノ海節男、照國萬藏に横綱免許が授与される。

【安藝ノ海節男】（生）1914（没）1979（出生地）広島（初）1932（人物評）第 37 代横綱。柔らかい足腰と旺盛な闘志とスピードを持ち、左四つからの投げ、切れの良い外掛けと得意とした。その外掛けで、西前頭 3 枚目だった 39 年春場所 4 日目、横綱双葉山を左外掛けで降し、連勝を 69 で止めた。その後「双葉山に勝った自分がみっともない相撲は取れない」と精進し、横綱にまで上り詰めた。力士時代の、作家小島貞二は安藝ノ海の付き人であった。

【照國萬藏】（生）1919（没）1977（出生地）秋田（初）1935（人物評）第 38 代横綱。あんこ型で、大きな腹を土俵にするようにして立ち合う。しかしながら、足腰に粘りがあり落ちることはない。色白で、気合が入ってくると肌が桜色に変わる美しさを見せ「桜色の音楽」といわれるリズミカルな攻撃を右からでも左からでも見せた。横綱昇進時 23 歳 4 ケ月で、最年少横綱の記録を更新した。横綱昇進に大きかったのは、1942年夏場所、双葉山に勝ったことだった。

1941
I
1950

プロ格闘技年表事典　135

プロレス 7月22日	【デモイン IA】〈NWA 世界* vs MWA ヘビー〉ビル・ロンソンがオービル・ブラウンを破り、防衛、獲得。
ボクシング 8月7日	【オークランド CA】〈世界バンタム〉マヌエル・オルティスがルー・サリカを破り、獲得。
プロレス 8月19日	【ロサンゼルス CA】〈ロサンゼルス版世界ヘビー王座決定戦〉ルーブ・ライトがスウェーディッシュ・エンジェルを破り、獲得。このトーナメントはジム・ロンドスの王座を挿げ替えるために行われた。しかし、州コミッショナーは認定を拒否。ライトの王座はカリフォルニア州ヘビー級王座ということになった。
プロレス 9月23日	【メキシコシティ・アレナメヒコ（初代）】「アニベルサリオ」〈ナショナルライトヘビー王座決定戦〉ヘスス・アナヤがブラック・グスマンを破り、獲得。
プロレス 9月25日	【メキシコシティ・アレナメヒコ（初代）】「アニベルサリオ」チャロ・アグアヨ＆ロボ・ネグロがエル・サント＆タルサン・ロペスを破る。

【エル・サント】（生）1917（没）1984（出生地）墨（主要王座）NWA 世界ウェルター（初）1934（人物評）1942 年 7 月、覆面レスラーとして再デビュー。7 カ月後にはナショナルウェルター級王者となる。46 年 3 月 15 日にはトーナメント決勝でブルガリアのペテ・パンコフを破り、NWA 世界ウェルター級王者となる。またこの頃、ゴリー・ゲレロとのコンビでも大暴れした。53 年にはブルー・ディモンと抗争、そしてテクニコ（ベビーフェイス）としてカリスマ的な地位を獲得した。来日は実現せず、84 年に死去。柩の中でも覆面をかぶり続けた。

プロレス 10月7日	【モントリオール（加）】〈NWA 世界ヘビー〉ユーボン・ロバートがビル・ロンソンを破り、獲得。
ボクシング 11月20日	【ニューヨーク NY・MSG】〈NYSAC 世界フェザー〉ウィリー・ペップがチャーキー・ライトを破り、獲得。（年間ベストバウト）

【ウィリー・ペップ】（生）1922（没）2006（出生地）ミドルタウン CT（主要王座）世界フェザー（初）1940（人物評）史上最高の技巧派の誉れが高い。42 年 11 月 20 日、NYSAC 世界フェザー級王者チャーキー・ライトを破り、王座を獲得。46 年 6 月 7 日、NBA 世界フェザー級王者となったサル・バートロと王座統一戦に勝利し、王座統一。王座統一後は 2 度の防衛に成功。48 年 10 月 29 日、防衛戦でサンディ・サドラーと対戦し、4 回 KO 負けで王座から陥落した。以後、サンディ・サドラーと 4 戦にわたって抗争した。

プロレス 11月27日	【ヒューストン TX】〈NWA 世界ヘビー〉ボビー・マナゴフがユーボン・ロバートを破り、獲得。

ボクシング **12月18日**	【ニューヨークNY・MSG】〈NYSAC世界ライト王座決定戦〉ボー・ジャックがティッピー・ラーキンを破り、獲得。
プロレス	【不明（豪）】〈シルバーベルト・トーナメント〉優勝：フレッド・アトキンス。参加者：ジョージ・ペンシェフ、トム・ルーリッチら。
その他	【MVP】〈ボクシング・アメリカ・リング誌〉シュガー・レイ・ロビンソン〈プロレス・メキシコ・ルチャリブレ誌＆エルアルコン誌〉ミゲエル・ブラック・グスマン

【シュガー・レイ・ロビンソン】（生）1921（没）1989（出生地）米（主要王座）世界ミドル、世界ウェルター（初）1940（人物評）「拳聖」「オールタイム・パウンド・フォー・パウンド」と称され、芸術的ボクサーであり、かつ現在と比べても遜色のない技術レベルの持ち主である。ミドル級王座を5度獲得。42年1月16日にフリッツィー・ジビック、5月28日にマーティ・サーボといった後の世界王者、7月31日に現世界ライト級王者サミー・アンゴット、10月2日にジェイク・ラモッタを破り、MVPを獲得した。私生活ではフリーメイソンのメンバーでもあった。

1941
|
1950

プロ格闘技年表事典　137

1943年

プロレス 1月13日	【デモイン IA】〈新 NWA 世界ヘビー〉王者として登場したレイ・スティールがイワン・グランドビッチを破り、防衛。 スティールが王者として登場したのは、プロモーターのピンキー・ジョージが、「王者エド・ヴァイラグがビル・ロンソンにセントルイスでベルトを明け渡した」ことにしたからである。「新」NWA については 30 年 10 月を参照。
ボクシング 1月18日	【プロビデンス RI】〈NBA 世界フェザー〉ジャッキー・カルーラがジャッキー・ウィルソンを破り、獲得。
相撲 1月24日	【東京・両国国技館】優勝：双葉山（西横綱）15 勝
プロレス 2月19日	【セントルイス MO】〈NWA 世界ヘビー〉ビル・ロンソンがボビー・マナゴフを破り、獲得。以後、セントルイスでコンスタントに 9 千人台の動員を果たす。ミネアポリス MN では依然マナゴフが王者。
プロレス 2月19日	【ヒューストン TX】〈初対決〉ルー・テーズがエド・ストラングラー・ルイスを破る。
プロレス 2月21日	【メキシコシティ】〈ナショナルウェルター〉エル・サントがシクロン・ベロスを破り、獲得。
プロレス 3月19日	【メキシコシティ】〈ナショナルミドル〉エル・サントがブラック・グスマンを破り、獲得。改名から 8 ヶ月で 2 階級を制覇。
プロレス 4月2日	【メキシコシティ・アレナコリセオ】〈NWA 世界ミドル〉タルサン・ロペスがエル・サントを相手に防衛。
プロレス 4月26日	【ハリウッド CA】〈NWA 世界ライトヘビー〉ゴリラ・ラモスがビリー・バルガを破り、獲得。
プロレス 4月30日	【セントルイス MO】〈NWA 世界ヘビー〉ビル・ロンソンがリロイ・マクガークを破り、防衛。
相撲 5月9日	【東京・両国国技館】優勝：双葉山（東横綱）15 勝。警戒警報で興行が中止となる日が出たため、千秋楽日、確定出来ず。初日を記す。
ボクシング 5月21日	【ニューヨーク NY・MSG】〈NYSAC 世界ライト〉ボブ・モンゴメリーがボー・ジャックを破り、獲得。（年間ベストバウト）
ボクシング 6月19日	【グラスゴー（英）】〈NBA 世界フライ〉ジャッキー・パターソンがピーター・ケーンを破り、獲得。
ボクシング 8月16日	【ニューオリンズ LA】〈NBA 世界フェザー〉フィル・テラノバがジャッキー・カルーラを破り、獲得。
プロレス 9月24日	【メキシコシティ・アレナメヒコ（初代）】「アニベルサリオ」〈マスカラ・コントラ・カベジェラ〉エル・サントがボビー・ボナレスを破る。

プロレス **10月25日**	【シカゴ IL】スウェーディシュ・エンジェルがエミール・バドウィを破る。
ボクシング **10月27日**	【ロサンゼルス CA】〈NBA 世界ライト〉サミー・アンゴットがスラッガー・ワイトを破り、獲得。
プロレス **11月12日**	【セントルイス MO】〈NWA 世界ヘビー〉ビル・ロンソンがスウェーディッシュ・エンジェルを破り、防衛。
ボクシング **11月19日**	【ニューヨーク NY・MSG】〈NYSAC 世界ライト〉ボー・ジャックがボブ・モンゴメリーを破り、獲得。(年間ベストバウト)
相撲 **11月**	【東京・後楽園球場】優勝:前田山(西大関)9勝1敗

【前田山英五郎】(生)1914(没)1971(出生地)愛媛(初)1929(人物評)第39代横綱。1934年十両の時「佐田岬」から「前田山」に改名した。これは、肋膜を患い休場一年余り、前田博士の治療による完治に感動したもので侠客大前田英五郎に因まないというが、どうだか。筋肉質の体格に満々の闘志の持ち主で、顔面への張り手が恐れられた。横綱昇進は48年5月。49年10月、場所を途中休場しての野球見物で顰蹙を買い、引退、高砂親方となった。51年夏から秋にかけては角力普及の名のもとにアメリカ、カナダでプロレスのリングに上がった。

プロレス	【不明(米)】テレビの試験放送に、ハーマン・ダッチ・ロード(バディ・ロジャーズ)の試合が用いられた。

【バディ・ロジャーズ】(生)1921(没)1992(出生地)米(主要王座)NWA 世界ヘビー(初)1942(人物評)61年6月から63年1月にかけてのNWA王者。「金髪のダーティーチャンプ」のステレオタイプを作り、ジョニー・バレンタイン、ニック・ボックウインクルなど追随者を生んだ。更にはロープワークのスピード。技をかける速さ。そしてオーラ。兎に角、華があって格好いいレスラー。ジャイアント馬場「闘っていてファンになってしまった。フレッド・ブラッシーとザ・デストロイヤーを合わせたようなレスラーであった」

その他	【MVP】〈ボクシング・アメリカ・リング誌〉フレッド・アポストリ〈プロレス・メキシコ・ルチャリブレ誌&エルアルコン誌〉エル・サント

1941
|
1950

プロ格闘技年表事典　139

1944年

相撲 1月23日	【東京・両国国技館】優勝：佐賀ノ花（西小結）13勝2敗。
プロレス 2月4日	【ハンティトン CA】ダニー・マクシェーンがゴージャス・ジョージを破る。このカードはこの年の南カリフォルニアでの黄金カード。
相撲 2月	【東京・両国国技館】陸軍に接収され、風船爆弾の工場となる。
ボクシング 3月3日	【ニューヨーク NY・MSG】〈NYSAC 世界ライト〉ボブ・モンゴメリーがボー・ジャックを破り、獲得。（年間ベストバウト）
ボクシング 3月8日	【ロサンゼルス CA】〈NBA 世界ライト〉ファン・スリタがサミー・アンゴットを破り、獲得。
ボクシング 3月10日	【ボストン MA】〈NBA 世界フェザー〉サル・バートロがフィル・テラノバを破り、獲得。
プロレス 3月18日	【不明（豪）】〈オーストラリアヘビー〉フレッド・アトキンスがジョージ・ペンシェフを破り、防衛。
相撲 5月7日	【東京・後楽園球場】優勝：羽黒山（東横綱）10勝。警戒警報で興行が中止となる日が出たため、千秋楽日、確定出来ず。初日を記す。
プロレス 5月10日	【ロチェスター NY】〈NWA 世界ヘビー〉ビル・ロンソンがフランク・セクストンと引き分け、防衛。
プロレス 5月10日	【デモイン IA】〈新 NWA 世界ヘビー〉デイブ・レヴィンがレイ・スティールを破り、獲得。
プロレス 6月30日	【セントルイス MO】〈NWA 世界ヘビー〉ビル・ロンソンがデイブ・レヴィンを破り、防衛。
プロレス 7月19日	【モントリオール（加）】〈ケベック版世界ヘビー〉フランク・セクストンがユーボン・ロバートを破り、獲得。
プロレス 8月1日	【サンフランシスコ CA】〈AWA 世界ヘビー〉フレンチ・エンジェル（モーリス・ティレ）がスティーブ・ケーシーを破り、獲得。
ボクシング 8月4日	【ニューヨーク NY・MSG】〈NYSAC 世界ライト〉ボー・ジャックがボブ・モンゴメリーを破り、獲得。（年間ベストバウト）
プロレス 8月11日	【セントルイス MO】〈NWA 世界ヘビー〉ビル・ロンソンがアール・マクレディを破り、防衛。
プロレス 8月15日	【サンフランシスコ CA】〈AWA 世界ヘビー〉スティーブ・ケーシーがフレンチ・エンジェル（モーリス・ティレ）を破り、獲得。
プロレス 8月23日	【モントリオール（加）】〈ケベック版世界ヘビー〉ユーボン・ロバートがフランク・セクストンを破り、獲得。
プロレス 9月22日	【メキシコシティ・アレナコリセオ】「アニベルサリオ」〈ナショナルライトヘビー〉ゴリラ・ラモスがブラック・グスマンを破り、獲得。

プロレス 11月7日	【サンディエゴCA】レッド・ベリーがゴージャス・ジョージを破る。このカードはこの年下半期の南カリフォルニアでの黄金カード。
プロレス 11月8日	【デモインIA】〈新NWA世界ヘビー〉オービル・ブラウンがデイブ・レヴィンを破り、獲得。この時点でブラウンはカンザスシティではMWA王者だった。
相撲 11月10日	【東京・後楽園球場】優勝：前田山（西大関）9勝1敗。警戒警報で興行が中止となる日が出たため、千秋楽日、確定出来ず。初日を記す。
ボクシング 11月14日	【バファローNY】〈世界ヘビー〉ジョー・ルイスがジョニー・デービスを破り、防衛。
その他	【MVP】〈ボクシング・アメリカ・リング誌〉ボー・ジャック〈プロレス・メキシコ・エルアルコン誌〉タルサン・ロペス〈プロレス・メキシコ・ルチャリブレ誌〉ボビー・ボナレス

1941
―
1950

プロ格闘技年表事典　141

1945年

プロレス 1月19日	【バファロー NY】〈NWA 世界ヘビー〉ビル・ロンソンがドクター・レン・ホールを相手に王座を防衛。
相撲 3月11日	【東京】空襲により両国国技館が焼ける。
ボクシング 4月18日	【メキシコ州・エルトレオ】〈世界ライト王座決定戦〉アイク・ウィリアムスがファン・スリタを破り、獲得。
プロレス 4月25日	【ボストン MA】〈AWA 世界ヘビー〉サンダー・ザボーがスティーブ・ケーシーを破り、獲得。
プロレス 5月2日	【ボストン MA】〈AWA 世界ヘビー〉フランク・セクストンがサンダー・ザボーを破り、獲得。
プロレス 6月6日	【ボストン MA】〈AWA 世界ヘビー〉スティーブ・ケーシーがフランク・セクストンを破り、獲得。
相撲 6月13日	【東京・両国国技館】優勝：備州山（東前 1）7 勝 0 敗
プロレス 6月27日	【ボストン MA】〈AWA 世界ヘビー〉フランク・セクストンがスティーブ・ケーシーを破り、獲得。
ボクシング 6月29日	【ニューヨーク NY・MSG】ロッキー・グラジアノがフレディ・コクランを破る。（年間ベストバウト）
プロレス 7月4日	【モントリオール（加）】〈ケベック版世界ヘビー〉ジョー・サボルディがユーボン・ロバートを破り、獲得。
プロレス 8月10日	【セントルイス MO】〈NWA 世界ヘビー〉ビル・ロンソンがジノ・バグノンを破り、防衛。
社会 8月14日	日本がポツダム宣言を受け入れることで、第二次世界大戦が終了。（8 月 15 日）
プロレス 9月2日	【パサディナ CA】〈メリーランド版世界ヘビー〉デイブ・レヴィンがベイブ・シャーキーを破り、獲得。しかしシャーキーは他地区で依然王者。シャーキーは前年、エド・ストラングラー・ルイスを王座決定戦で破り王者になっていた。（ジャック・フェファー派）
プロレス 9月12日	【モントリオール（加）】〈ケベック版世界ヘビー〉ボビー・マナゴフがジョー・サボルディを破り、獲得。
プロレス 9月21日	【メキシコシティ・アレナメヒコ（初代）】「アニベルサリオ」〈ナショナルウェルター〉ゴリー・ゲレロがボビー・ボナレスを破り、獲得。
相撲 11月17日	【東京・メモリアルホール（両国国技館改め）】優勝：羽黒山（西横綱）10 勝 0 敗。このとき、国技館は進駐軍により接収されており、この場所に限り、土俵の大きさが直径 15 尺から 16 尺に拡大。場所前、連合軍の要求により、進駐軍慰安大相撲を開催。

142 プロ格闘技年表事典

プロレス **12月5日**	【セントルイス MO】エド・ヴァイラグがロイ・ダンを破る。第2次大戦から復員してきたサム・マソニックがプロモート業を再開。3年ぶり2度目の興行を打つ。これで同地は2団体による日常的な興行戦争状態となる。前座にもエド・ストラングラー・ルイス、クリフ・ガスタフトン、リー・ワイッコフといった怖いメンツを揃えるが3,711人と、動員には失敗した。(マソニック派)
プロレス	【ラホール(基)】キング・コング・シザヤがハミダ・ペールワンと対戦。
その他	【MVP】〈ボクシング・アメリカ・リング誌〉ウィリー・ペップ〈プロレス・メキシコ・ルチャリブレ誌&エルアルコン誌〉ゴリー・ゲレロ

1941
|
1950

1946年

プロレス 1月10日	【トロント（加）】〈NWA 世界* vs AWA 世界ヘビー〉ビル・ロンソン*とフランク・セクストンとの対決は 58 分、カーフューの引き分けに終わる。

【カーフュー】ある時刻（普通は 23 時）時間になると興行を打ち切らなければならないという州や市の条例を指す。語源はパリの街で、夜、ある時間になると、明かりに覆い（カーフ）をかけたこと。

プロレス 1月29日	【ボルティモア MD】〈AWA 世界* vs メリーランド版世界ヘビー〉フランク・セクストン*がベイブ・シャーキーを破り、統一。ボルティモア MD 版王座は、44 年 3 月までロンドスが持っていたもの。
ボクシング 2月1日	【ニューヨーク NY・MSG】〈世界ウェルター〉マーティ・サーボがフレディ・コクランを破り、獲得。
プロレス 2月19日	【ミルウォーキー WI】ジム・ロンドスが生涯唯一のタッグマッチ。ドリー・ファンク・シニアと組んでルディ・ケイ＆ピート・バーチューを破る。

【ドリー・ファンク・シニア】（生）1919（没）1973（出生地）米（主要王座）NWA 世界ヘビー（初）1940（人物評）ドリー、テリーの父親にして、テキサス州アマリロのプロモーター。NWA 世界ジュニアヘビー級王者にもなった。髪型はドリーが、スタイルはテリーが継承した。ジュニアデビュー前の呼称は「ドリー・ファンク」とすべきだが、便宜上「シニア」をつけている。1973 年 6 月、自分の牧場でのパーティー（新人時代の鶴田も出席）で、余興のスパーリング中、心臓麻痺で死んだ。

プロレス 2月21日	【コロンバス OH】〈MWA ジュニア・ヘビー〉ジョニー・デムチャックがゴージャス・ジョージを破り、防衛。
プロレス 3月15日	【メキシコシティ】〈世界ウェルター〉エル・サントがピート・パンコフを破り、獲得。
プロレス 4月21日	【セントルイス MO】〈NWA 世界ヘビー〉ビル・ロンソンがバディ・ロジャーズを破り、防衛。（観衆 17,621 人）（パックス派）
ボクシング 4月29日	【ボストン MA】〈世界スーパーライト王座決定戦〉ディッピー・ラーキンがウイリー・ジョイスを破り、獲得。
プロレス 5月3日	【ヒューストン TX】〈テキサスヘビー〉ルー・テーズがバディ・ロジャーズを破り、獲得。
プロレス 5月10日	【ヒューストン TX】〈テキサスヘビー〉バディ・ロジャーズがルー・テーズを破り、獲得。

ボクシング 5月12日	【ニューヨーク NY・MSG】〈世界ウェルター〉マーティ・サーボがフレディ・コクランを破り、獲得。
ボクシング 6月7日	【ニューヨーク NY・MSG】〈世界フェザー〉ウィリー・ペップがサル・バートロを破り、獲得。
ボクシング 6月19日	【ニューヨーク NY・ヤンキースタジアム】〈世界ヘビー〉ジョー・ルイスがビリー・コンを破り、防衛。
プロレス 7月21日	【ヒューストン TX】バディ・ロジャーズがゴージャス・ジョージを破る。
プロレス 8月22日	【ウィルミントン CA】〈デビュー〉プリモ・カルネラ*がジュリアス・ストロンボーを破る。
プロレス 9月8日	【メキシコシティ・アレナメヒコ(初代)】「アニベルサリオ」〈NWA世界ミドル〉スティーブ・モルガンがタルサン・ロペスを破り、獲得。
プロレス 7月11日	【モントリオール(加)】〈ケベック版世界ヘビー〉ルー・テーズがボビー・マナゴフを破り、獲得。
ボクシング 9月18日	【ニューヨーク NY・ヤンキースタジアム】〈世界ヘビー〉ジョー・ルイスがタミ・モーリエロを破り、防衛。
ボクシング 9月27日	【ニューヨーク NY・ヤンキースタジアム】〈世界ミドル〉トニー・ゼールがロッキー・グラジアノを破り、防衛。（年間ベストバウト）
プロレス 11月25日	【シドニー(豪)スタジアム】ジム・ロンドスがフレッド・アトキンスを破る。プロモーターのディック・リーンがロンドスをオーストラリアに呼んだが、自陣にふさわしい対戦相手がいないため、マキュー派からフレッド・アトキンスを借りた。
相撲 11月28日	【東京・メモリアルホール】優勝：羽黒山（西横綱）13勝0敗
プロレス 12月10日	【ミネアポリス MN】〈ミネアポリス版 NWA 世界ヘビー〉レン・ホールがサンダー・ザボーを破り、獲得。
プロレス 12月17日	【ミネアポリス MN】〈ミネアポリス版 NWA 世界ヘビー〉サンダー・ザボーがレン・ホールを破り、獲得。〈デビュー〉ジョージ・ゴーディエンコ*がチャーリー・ハーベンを破る。

1941 - 1950

【ジョージ・ゴーディエンコ】（生）1928（没）2002（出生地）加（主要王座）カルガリー版カナダヘビー（初）1946（人物評）共産主義者であった恋人のビラ配りを手伝ったため「赤狩り」により、アメリカで仕事を失う。52年、カルガリーのプロモーター、スチュ・ハートの尽力でカムバックする。その後、ヨーロッパでも活躍した。アメリカで闘えない状況の中、日本はビジネスビザを発給し、68年国際プロレスに初来日した。オフの間ラッシャー木村に稽古をつけ、木村は師匠と仰ぐ。11月、札幌ではロビンソンと名勝負と演じた。

プロ格闘技年表事典　145

ボクシング **12月20日**	【ニューヨーク NY・MSG】〈世界ウェルター王座決定戦〉シュガー・レイ・ロビンソンがトニー・ベルを破り、獲得。
ボクシング	【パリ（仏）】IBU（International Boxing Union）が EBU に改称される。
プロレス	【イギリス】英国国内各地の有力プロモーターが結集し、ジョイント・プロモーションが結成される。

【ジョイント・プロモーション】かつて存在した英国内のプロモーター連合組織。これは文字通り、「プロモーション」を「ジョイント」した。いってみれば、英国版 NWA である。48 年、ジョン・デール、レス・マーチン、ジョージ・デ・レリスコウ、ジャック・デール、ノーマン・モレル等有力プロモーターが結成した。この段階で「オール・イン」もまだ存続していたが、主流の座は「ジョイント・プロモーション」に取ってかわられた。当時、イギリスには一晩で 5 を超える興行があった。ジョイント・プロモーションのオール・インに対する勝因の一つに、レスラーの差配の事務システムの確立が挙げられる。

その他	【MVP】〈ボクシング・アメリカ・リング誌〉トニー・ゼール〈プロレス・メキシコ・エルアルコン誌〉エル・サント〈プロレス・メキシコ・ルチャリブレ誌〉ゴリー・ゲレロ

1947年

ボクシング 1月6日	【サンフランシスコ CA】〈世界バンタム〉ハロルド・デードがマヌエル・オルティスを破り、獲得。
相撲 1月	【石川・金沢】宗教組織璽光尊に警察が踏み込み、年寄時津風（元横綱・双葉山）が保護される。
プロレス 2月18日	【ハリンゲイ (英)】「英国ヘビー王座決定トーナメント」優勝：バート・アシラティ、準優勝：イバール・マーティソン（エイソル・オークリー派）
プロレス 2月20日	【オタワ (加)】〈ケベック版世界ヘビー〉ボビー・マナゴフがルー・テーズを破り、獲得。
プロレス 2月21日	【セントルイス MO】〈NWA 世界ヘビー〉ホイッパー・ビリー・ワトソンがビル・ロンソンを反則勝ちで破り、獲得。（パックス派）
ボクシング 3月11日	【ロサンゼルス CA】〈世界バンタム〉マヌエル・オルティスがハロルド・デードを破り、獲得。
プロレス 4月16日	【モントリオール (加)】〈ケベック版世界ヘビー〉ルー・テーズがボビー・マナゴフを破り、獲得。
プロレス 4月22日	【ミネアポリス MN】〈ミネアポリス版 NWA 世界ヘビー〉クリフ・ガスタフソンがサンダー・ザボーを破り、獲得。
プロレス 4月25日	【セントルイス MO】〈NWA 世界ヘビー〉ルー・テーズがホイッパー・ビリー・ワトソンを破り、獲得。（パックス派）
相撲 6月10日	【東京・明治神宮外苑】優勝：羽黒山（東横綱）9 勝 1 敗。この場所を最後に東西対抗優勝制度が終わる。最後の優勝旗手は力道山であった。この場所から同成績の時は優勝決定戦を各段とも行う。場所後、前田山英五郎に横綱免許が授与される。晴天興行のため初日を記す。
プロレス 6月17日	【ミネアポリス MN】〈ミネアポリス版 NWA 世界ヘビー〉サンダー・ザボーがクリフ・ガスタフソンを破り、獲得。
ボクシング 7月16日	【シカゴ IL・スタジアム】〈世界ミドル〉ロッキー・グラジアノがトニー・ゼールを破り、獲得。（年間ベストバウト）
プロレス 9月24日	【メキシコシティ・アレナメヒコ（初代）】「アニベルサリオ」〈世界ミドル〉ゴリー・ゲレロがリト・ロメロを破り、防衛。
プロレス 10月10日	【セントルイス MO】アーニー・デュセック＆ジョー・デュセックがベン・シャープ＆マイク・シャープを破る。（パックス派）
プロレス 10月13日	【パリ (仏)】〈英国版世界ヘビー〉イバール・マーティソンがバート・アシラティを破り、獲得。
プロレス 11月3日	【デモイン IA】〈新 NWA 世界ヘビー〉サニー・マイヤースがオービル・ブラウンを破り、獲得。

1941
|
1950

プロ格闘技年表事典　147

相撲 11月13日	【東京・明治神宮外苑】優勝：羽黒山（東横綱）10勝1敗、技能賞：増位山（西前2）、殊勲賞：出羽錦（西前11）、敢闘賞：輝昇（東小結）。この場所より三賞が設定され、また、対戦方法が系統別総当りとなる。晴天興行のため初日を記す。
プロレス 11月18日	【ダラス TX】〈NWA 世界ヘビー〉ルー・テーズがエンリキ・トーレスを破り、防衛。
プロレス 11月21日	【セントルイス MO】〈NWA 世界ヘビー〉ビル・ロンソンがルー・テーズを破り、獲得。（バックス派）
プロレス 11月26日	【モントリオール（加）】〈ケベック版世界ヘビー〉ユーボン・ロバートがルー・テーズを破り、獲得。
ボクシング 12月5日	【ニューヨーク NY・MSG】〈世界ヘビー〉ジョー・ルイスがジャーシー・ジョー・ウォルコットを破り、防衛。判定勝ち。 【ジャーシー・ジョー・ウォルコット】（生）1914（没）1994（出生地）米（主要王座）世界ヘビー（初）1930（人物評）1947年、ジョー・ルイスに敗れるが、51年、イザード・チャールズを破って世界戴冠、この時 37 歳 6 ケ月だった。翌 52 年、ロッキー・マルシアに敗れると、翌 53 年引退。以後はプロレスのリングでフリッツ・フォン・エリック、マッドドッグ・バション、ルー・テーズらと数多くの異種格闘技戦を行った。
プロレス 12月17日	【ロサンゼルス CA】〈AWA 世界* vs カリフォルニア版世界ヘビー〉フランク・セクストン*がエンリキ・トーレスと 60 分引き分け、共に防衛。（ドイル派）
プロレス	【ウィガン（英）】この頃ビリー・ライレー・ジムがオープン。 【ビリー・ライレー・ジム】ランカシャー・レスリング＝キャッチ・アズ・キャッチ・キャン・スタイル」のジム。別名「蛇の穴」（Snake Pit）。47 年頃ビリー・ライレーがイングランド北部ランカシャー地方のウィガンで開いた。そもそもウィガンは炭坑の町。坑夫達の娯楽と言えば「力くらべ」、すなわちランカシャー・レスリングであった。ビリー・ライレー・ジムから選手が供給されていた 40 年代から 60 年代まで、イギリスマットは大きな盛り上がりを見せた。「蛇の穴」あってこその英国マットだった。ジムでどの様な練習をしていたのか？「シークレット」だったためその実体は知られていない。ライレージムの存在はアメリカで伝説と化し別名「Snake Pit」（蛇の穴）と呼ばれる様になった。ダニー・ホッジは、「マットに相手の顔を押し付ければ勝ち」というジムのルールを聞いてワクワクし、名前を隠して道場破りを考えたというが、大西洋はあまりに広く、イギリスは遠かった。
その他	【MVP】〈ボクシング・アメリカ・リング誌〉ガス・レスネヴィッチ〈プロレス・メキシコ・ルチャリブレ誌＆エルアルコン誌〉リト・ロメロ

148　プロ格闘技年表事典

1948年

プロレス
1月5日
【デモイン IA】〈新 NWA 世界ヘビー〉オービル・ブラウンがサニー・マイヤースを破り、獲得。

プロレス
1月21日
【マンカト MN】ジョージ・ゴーディエンコがフレッド・ブラッシーと引き分け。

【フレッド・ブラッシー】(生) 1918 (没) 2003 (出生地) 米 (主要王座) WWA 世界ヘビー (初) 1942 (人物評) 噛み付き魔として余りにも有名。引退後はヒール側のマネージャーとしても活躍。62 年の初来日以来日本のお茶の間を戦慄に陥れてきた。ハルク・ホーガンのマネージャーだった 80 年秋、後楽園ホールでの試合後、地階駐車場で道を遮っていた数メートル先にいた私に「ゲラウェイ!」噛み付き魔は叫んだ。私はそれだけで、後ずさりしてしまった。その凄みは、何十年もの年月をかけて醸成してきたものに違いない。

プロレス
2月20日
【セントルイス MO】〈AWA 世界ヘビー〉フランク・セクストンがスティーブ・ケーシーを破り、防衛。(マソニック派)

ボクシング
3月23日
【ベルファスト】〈世界フライ〉リンティ・モナハンがジャッキー・パターソンを破り、獲得。

プロレス
3月24日
【ミネアポリス MN】〈ミネアポリス版 NWA 世界ヘビー〉ブロンコ・ナグルスキーがサンダー・ザボーを破り、獲得。

ボクシング
3月28日
【西宮】〈日本ミドル〉ピストン堀口が新井正吉を 7RKO で破り、獲得。

プロレス
4月14日
【ロサンゼルス CA】〈カリフォルニア版世界ヘビー〉エンリキ・トーレスがゴージャス・ジョージを破り、獲得。(ドイル派)

ボクシング
5月22日
【日本】〈日本ミドル〉文元春樹がピストン堀口を 12R 判定で破り、獲得。

相撲
5月23日
【東京・明治神宮外苑】優勝：東冨士 (西大関) 10 勝 1 敗、技能賞：若瀬川 (西前 7)、殊勲賞：力道山 (東前 2)、敢闘賞：大蛇潟 (西前 17)。晴天興行のため初日を記す。

プロレス
6月1日
【ミネアポリス MN】〈ミネアポリス版 NWA 世界ヘビー〉サンダー・ザボーがブロンコ・ナグルスキーを破り、獲得。

ボクシング
6月10日
【ニューアーク NJ】〈世界ミドル〉トニー・ゼールがロッキー・グラジアノを破り、獲得。

プロレス
6月22日
【ミネアポリス MN】〈ミネアポリス版 NWA 世界ヘビー〉クリフ・ガスタフソンがサンダー・ザボーを破り、獲得。

プロレス
6月24日
【オタワ (加)】ボビー・マナゴフがルー・テーズを破る。以後 7 年間でテーズの最後のシングル敗戦。6 月 29 日にダラス TX でミゲル・グスマンを破ってから、55 年 3 月までのいわゆる「936 連勝」、1000 を超えるシングル無敗記録の始まりである。

1941 | 1950

プロ格闘技年表事典　149

ボクシング 6月25日	【ニューヨーク NY・ヤンキースタジアム】〈世界ヘビー〉ジョー・ルイスがジャージー・ジョー・ウォルコットを破り、防衛。
プロレス 7月18日	【ウォータールー IA】「NWA 総会」新 NWA（National Wrestling Alliance）をプロモーターのトラストと改組するためのミーティングが行われた。会長にはピンキー・ジョージを選出。新 NWA および MWA（カンザス版）ヘビー級選手権者のオービル・ブラウンを、改めて新 NWA 選手権者と認定。尚、以下、「NWA 総会」といった場合、National Wrestling Alliance の年次総会を指す。
プロレス 7月20日	【インディアナポリス IN】ルー・テーズがビル・ロンソンを破り、獲得。（観衆 6,500 人）
ボクシング 7月26日	【ホワイトシティ（英）】〈EBU 世界ライトヘビー〉フレディ・ミルズがガス・レスネヴィッチを破り、獲得。
その他 7月29日	【ロンドン（英）】夏季オリンピックが開幕。〈ボクシング〉フライ級金：パスカル・ペレス（8 月 14 日まで）

【パスカル・ペレス】（生）1926（没）1977（出生地）アルゼンチン（主要王座）世界フライ（初）1952（人物評）1948 年ロンドン五輪金メダリスト。デビューの後は 18 連続 KO。54年 7 月、ブエノスアイレスで白井義男とノンタイトル戦。これに引き分けて連勝がストップするが、11 月の後楽園球場での再戦で白井を降し、世界王者となった。以後も来日し、米倉健司、矢尾板貞雄を破り、防衛を続けた。王座を明け渡したのはポーン・キングピッチで、60 年のことである。

プロレス 8月6日	【ヒューストン TX】〈テキサスヘビー〉アントニオ・ロッカがダニー・マクシェーンを破り、獲得。

【アントニオ・ロッカ】（生）1921（没）1977（出生地）アルゼンチン（主要王座）ボストン系オハイオ版 AWA 世界ヘビー（初）1942（人物評）カロル・ノウィナにスカウトされ、ブエノスアイレスにあったズビスコ兄弟の団体でデビューした。48 年 2 月 21 日には、パムカブ（ブラジル）で、ヤノタケオとバリ・トゥードマッチを行っている。アメリカのニック・エリッチに見い出され、7 月 29 日にテキサスに上陸した。ニューヨークに進出後、ミグエル・ペレスとのタッグを軸にMSG のメインを連続 47 回張った大スターとなる。アルゼンチンバックブリーカーのオリジナルで、リングを立体的に使った先駆者。若手だったブルーノ・サンマルチノやジャイアント馬場とも闘っている。75 年、アントニオ猪木対ルー・テーズ戦のレフェリーとして唯一の来日を果たした。

150　プロ格闘技年表事典

プロレス 8月28日	【バルセロナ（西）】ホセ・タレスがジャック・デールを破り、防衛。タレスの人気は凄く、直後、フランスのフレイモンとの防衛戦では観衆 22,000 人を動員した。
ボクシング 9月21日	【ジャージーシティ NJ・ルーズベルトスタジアム】〈世界ミドル〉マルセル・セルダンがトニー・ゼールを破り、獲得。（年間ベストバウト）
プロレス 9月22日	【メキシコシティ・アレナコリセオ】「アニベルサリオ1」タルサン・ロペスがマイク・ケリーを破る。
プロレス 9月24日	【メキシコシティ・アレナメヒコ（初代）】「アニベルサリオ2」〈NWA世界ミドル〉タルサン・ロペスがハリー・フィールズを破る。
プロレス 9月25日	【ミネアポリス MN】「NWA総会」シカゴのプロモーター、フレッド・コーラーが加盟。ジュニア・ヘビー部門のタイトル委員長に就任。
プロレス 10月10日	【ロサンゼルス CA】〈NWA* vs AWA 世界ヘビー〉ルー・テーズ*とフランク・セクストンは引き分け、共に防衛。（ドイル派）
プロレス 10月13日	【ハノーファー（独）】「トーナメント」優勝：ギウリオ・トラバグリーニ
相撲 10月25日	【大阪・福島仮設国技館】優勝：増位山（西関脇）10勝1敗、技能賞：神風（東前1）、殊勲賞：増位山（西関脇）、敢闘賞：千代の山（西前1）。場所後、東冨士欽壹に横綱免許が授与される。

【東冨士欽壹】(生) 1921 (没) 1973 (出生地) 東京 (初) 1936 (人物評) 第40代横綱。左四つからの「怒濤の寄り」と右からの上手出し投げで横綱に駆け上がった。1936年に初土俵を踏むが出世が遅れ、序の口に名が載るまで2年かかり、「協会一弱い相撲取り」と言われる。が、その後はじりじりと番付を上げ、幕下時代に双葉山に稽古をつけられてから更に伸びた。部屋の先輩横綱前田山とは手が合わず、引退後も前田山の高砂親方の下ではいいことないと、同じ後援者、新田新作を抱く力道山のプロレス界へと去った。

ボクシング 10月29日	【ニューヨーク NY・MSG】〈世界フェザー〉サンディ・サドラーがウィリー・ペップを破り、獲得。

【サンディ・サドラー】(生) 1926 (没) 2001 (出生地) 米 (主要王座) 世界フェザー (初) 1944 (人物評) 海外遠征を繰り返し通算 103 という KO の山を築く。ウィリー・ペップとの4戦にわたる抗争が有名。サミング、バッティング等の反則も辞さないラフなスタイル。ノンタイトル戦での取りこぼしが多し。55年7月8日には金子繁治との対戦のため来日、6回 TKO で勝利した。2度目の防衛戦ではフィリピンの英雄フラッシュ・エロルデのスピードと技巧に苦しむも13回 KO で退けた。交通事故で眼を痛め、57年にチャンピオンのままでの引退。

1941
|
1950

プロレス 11月1日	【ロサンゼルス CA】〈新 NWA 世界ヘビー〉オービル・ブラウンがバディ・ロジャーズを破り、防衛。（フェファー派）
プロレス 11月5日	【ロンドン（英)】〈英国版世界ヘビー〉バート・アシラティがフレンチ・エンジェル（モーリス・ティレ）を破り、獲得。
プロレス 11月30日	【ミネアポリス MN】〈AWA* vs ミネアポリス版 NWA 世界ヘビー〉フランク・セクストン*がクリス・ガスタフソンと 60 分フルタイムを闘う。共に防衛。そして判定となって、セクストンに凱歌が上がった。
その他	【MVP】〈ボクシング・アメリカ・リング誌〉アイク・ウィリアムス〈プロレス・メキシコ・エルアルコン誌〉タルサン・ロペス〈プロレス・メキシコ・ルチャリブレ誌〉マイク・ケリー

152 プロ格闘技年表事典

1949年

相撲 1月24日	【東京・浜町仮設国技館】優勝：東冨士（西張横）10勝2敗1分、技能賞：栃錦（西前3）、殊勲賞：三根山（東前2）、敢闘賞：國登（東前15）
プロレス 2月4日	【セントルイス MO】バディ・ロジャーズがドン・イーグルにリングアウト勝ち。ベイブ・カサボウスキー＆ラッキー・シモノビッチ＆フランキー・タラバーがエイブ・ケーシー＆レオン・キリレンコ＆ウォルター・スィロイスを破る。この試合は、史上初の6人タッグだった可能性が高い。サム・マソニック派の最初のソールドアウト。（観衆 10,651 人）
ボクシング 2月11日	【ニューヨーク NY・MSG】〈世界フェザー〉ウィリー・ペップがサンディ・サドラーを破り、獲得。（年間ベストバウト）
プロレス 2月22日	【ニューヨーク NY・MSG】38年3月30日以来の11年ぶりのMSGでの興行。観客動員には失敗。メインはゴージャス・ジョージ対エミール・デュセック。（観衆 4,197 人）
プロレス 3月15日	【クリーブランド OH】〈新 NWA 世界* vs AWA 世界ヘビー〉オービル・ブラウン*とフランク・セクストンは1時間45分の闘いの末引き分けて、共に防衛。
プロレス 4月1日	【シカゴ IL】〈世界ヘビー〉ウォルター・パーマーがハンス・シュナーベルを破り、獲得。
プロレス 4月17日	【カラチ（基）】〈パキスタン無差別級〉ボロ・ペールワンがユーナス・グランワリアを破り、獲得。
プロレス 5月13日	【ハノーファー（独）】「トーナメント」優勝：マックス・ヴィロシケ
プロレス 5月21日	【ミネアポリス MN】クリフ・ガスタフソンが引退。と同時に彼が所持していた NWA ミネアポリス版選手権が消滅。
相撲 5月29日	【東京・浜町仮設国技館】優勝：増位山（西大関）13勝2敗、技能賞：五ッ海（東前6）、殊勲賞：千代の山（東関脇）、敢闘賞：羽嶋山（西前17）。幕内優勝、三賞受賞者がすべて出羽海部屋。
ボクシング 6月16日	【デトロイト MI】〈世界ミドル〉ジェイク・ラモッタがマルセル・セルダンを破り、獲得。
ボクシング 6月22日	【シカゴ IL・コミスキーパーク】〈NBA 世界ヘビー〉イザード・チャールズがジャーシー・ジョー・ウォルコットを破り、獲得。
プロレス 7月31日	【シカゴ IL】〈シカゴ版世界ヘビー〉サイクロン・アナヤがウォルター・パーマーを破り、獲得。
プロレス 8月10日	【ベイカーズフィールド CA】グレート東條（グレート東郷）がダニー・マクシェーンを破る。東條対マクシェーンは暮までに少なくとも13回実現。
プロレス 9月30日	【メキシコシティ・アレナコリセオ】「アニベルサリオ」タルサン・ロペス＆ボビー・ボナレスがエル・サント＆ゴリー・ゲレロを破る。

1941
｜
1950

プロ格闘技年表事典　153

プロレス 10月17日	【ハリウッド CA】ダニー・マクシェーンがグレート東郷を破る。東郷はグレート東條から改名したばかり。
相撲 10月23日	【大阪・大阪仮設国技館】優勝：千代の山（西大関）13 勝 2 敗、技能賞：栃錦（西前 7）、殊勲賞：鏡里（東前 1）、敢闘賞：鏡里（東前 1）
プロレス 11月8日	【パリ（仏）】〈BWA 欧州〉フェリックス・ミケがイバール・マーティソンを破り、獲得。
プロレス 11月8日	【シカゴ IL】〈シカゴ版世界ヘビー〉ドン・イーグルがサイクロン・アナヤを破り、獲得。
プロレス 11月25日	【セントルイス MO】「NWA 総会」新旧 NWA 王座が統合されることになる。（27 日まで）

【新旧 NWA 王座が統合】ヘビー級は 25 日にセントルイスで行われるはずだった、選手権統一戦ルー・テーズ（旧 NWA）対オービル・ブラウン（新 NWA）戦が 11 月 1 日のブラウンの交通事故により中止となったため、テーズが統一と認定された。ジュニア・ヘビー級は 11 月 28 日参照。旧 NWA は 70 年頃まで組織としては存続するが、その王者は新 NWA のものを自動的に認定していた。

プロレス 11月28日	【デモイン IA】〈NWA* vs 新 NWA 世界ジュニア・ヘビー〉リロイ・マクガーク*がビリー・ゴェールズを破り、王座を統一。11 月 25 日参照。翌年 2 月 7 日、マクガークが交通事故により視力を失う。そのまま引退し、王座を返上。
ボクシング 12月6日	【クリーブランド OH】〈世界スーパーフェザー王座決定戦〉サンディ・サドラーがオーランド・ズルエータを破り、獲得。
プロレス 12月12日	【ニューヨーク NY・MSG】アントニオ・ロッカがジン・スタンレーを破る。戦後 2 度目の MSG でのプロレス興行。こんどは動員に成功した。（観衆 17,854 人）
ボクシング 12月15日	【東京・後楽園球場】〈日本バンタム〉白井義男（日本フライ王者）が堀口宏を破り、獲得。（年間ベストバウト）

【白井義男】（生）1923（没）2003（出生地）東京（主要王座）世界フライ（初）1943（人物評）日本人初の世界王者。「敗戦に打ちひしがれた日本人」の枕詞は白井と力道山にかかる。コミッショナー制度も、白井の世界戦をきっかけに発足した。戦中にデビューし、復員後、海軍時代の労災での腰痛で引退寸前となる。しかし GHQ 職員の生物学者アルビン・R・カーン博士と出会う。カーンの指導は栄養豊かな食事と健康管理の徹底、防御主体のよりテクニカルなスタイルに矯正することだった。これで白井は生き還り、世界王者に就いた。

プロレス
12月16日

【ヒューストンTX】〈テキサスヘビー〉バーン・ガニアがサニー・マイヤースを破り、獲得。

【バーン・ガニア】(生) 1926 (没) 2015 (出生地) 米 (主要王座) NWA世界ジュニア・ヘビー、シカゴ版USヘビー、AWA世界ヘビー (初) 1949 (人物評) 1948年ロンドン五輪レスリングアメリカ代表。スリーパーホールドなど、ワザのキレは名人芸だった一方でかいな力も強かったという (マイティ井上談)。プロモーターとしても超一流で、60年設立のAWAをメジャー団体に導いている。オリンピック出場歴があるレスラーの重用は、自身が補欠繰り上がりで五輪に出たというコンプレックスの裏返しであったと思われる。日本でのベストバウトは79年の対阿修羅・原戦であろう。

プロレス
12月30日

【ヒューストンTX】〈NWA世界ヘビー〉ルー・テーズがウラディック・コワルスキーを破り、防衛。

【キラー・コワルスキー】(生) 1926 (没) 2008 (出生地) 加 (主要王座) モントリオール版世界ヘビー (初) 1948 (人物評) 若手時代、全米をルー・テーズの対戦相手としてついて回った。1952年10月、モントリオールでユーコン・エリックの耳を得意技のニードロップで削いでしまい (耳そぎ事件)、残酷な顔つきもあってリングネームを「キラー」に改名した。菜食を徹底し、50歳過ぎまでコンディションの良さをキープした。コメントの端々に出てくる、カール・ゴッチ、アントニオ猪木、アントン・ヘーシンクらに対する対抗心が、この男の本質といえよう。

1941
|
1950

プロレス

【プレトリア (南ア)】〈英国ヘビー〉アル・コステロがウィリー・リーベンベルクを破り、獲得。

その他

【MVP】〈ボクシング・日本・コミッション〉白井義男〈ボクシング・アメリカ・リング誌〉イザード・チャールズ〈プロレス・メキシコ・ルチャリブレ誌&エルアルコン誌〉カベルナリオ・ガリンド〈プロレス・ドイツ・カイザー派〉フランティズィーク・ギダ (次点) マックス・ヴァロシケ

【カイザー派】ここではグストル・カイザー主宰のトーナメントを総称した用語とする。カイザーは元プロレスラー (→ 1936年6月14日) で、第二次世界大戦後のドイツのプロモーターの第一人者である。ライバルのプロモーターとしてはエドモント・ショーバー、ポール・バーガーがいたが、カイザー主催のものは回数が多く、また、他に比べて強豪揃いであった。ホースト・ホフマンはカイザーの秘蔵っ子で、ホフマンの成長につれて60年代には、ギディオン・ギダ、ジョセフ・コバチ、

プロ格闘技年表事典　155

ビル・ロビンソン、ミシェル・ナドール、ジルベール・ボワニー、デイブ・モーガン、ジーン・ルイス・プレストン、ティボー・ザカシュといった当時欧州最強のメンバー達が集まってきた。以下、76年のカイザーの引退まで、カイザーが主催したトーナメントの結果を1位3点、2位2点、3位1点と数値化し、その合計点をもって「カイザー派MVP」とする。

1950年

ボクシング
1月24日
【ロンドン（英）】〈世界ライトヘビー〉ジョーイ・マキシムがフレディ・ミルズを破り、獲得。

相撲
1月28日
【東京・浜町仮設国技館】優勝：千代の山（東大関）12勝3敗、技能賞：栃錦（西張小）、殊勲賞：吉葉山（西前3）、敢闘賞：若ノ花（西前18）

プロレス
2月3日
【シカゴ IL・スタジアム】ジム・ロンドスがプリモ・カルネラと60分フルタイムの引き分け。レフェリー、マックス・ベア。この興行はこの年のプロレス界最大の興行収入を記録した。プロモーターはフィラデルフィアから侵攻したレイ・ファビアニ。

プロレス
2月11日
【アントワープ（白）】〈AWA* vs 欧州版世界ヘビー〉フランク・セクストン*はバート・アシラティと引き分け、共に防衛。

ボクシング
4月5日
【ハリンゲイ（英）】〈世界フライ王座決定戦〉テリー・アレンがハロル・プラテスィを破り、獲得。

プロレス
4月14日
【セントルイス MO】当時ここでは珍しかったタッグマッチが行われた。ビル・ロンソン＆ウラディック・コワルスキーがエンリキ・トーレス＆ボビー・ブランズを破る。

その他
4月16日
【東京・芝スポーツセンター】〈全日本プロ柔道国際柔道協会王座決定戦〉木村政彦が山口利夫を崩上四方固で抑え込み、獲得。遠藤幸吉も参戦した。しかし、秋になって崩壊。数年後、主力はプロレスに流れた。

> 【木村政彦】（生）1917（没）1993（出生地）熊本（主要王座）柔道日本選士権（初）1950（人物評）肥後三柔術道場の扱心流江口道場から出たのが牛島辰熊、その牛島塾出身。1937年から49年まで、連続柔道日本一であった。1950年設立のプロ柔道を経て、51年4月ホノルルでベン・シャーマンを破りプロレスデビューし、10月にはリオデジャネイロで、エリオ・グレイシーを破る（当て身なしのルール）。54年2月、力道山とのコンビでシャープ兄弟と対戦し、12月、力道山に敗れたことがあまりにも有名である。

ボクシング
4月22日
【尼崎】小山五郎がピストン堀口を10R判定で破り、獲得。堀口の生涯最後の試合。

相撲
4月
【日本相撲協会】諮問機関として横綱審議委員会設置。委員長に酒井忠正。

ボクシング
5月1日
【東京・スポーツセンター】〈日本フェザー〉後藤秀夫がベビー・ゴステロを破り、獲得。（年間ベストバウト）

プロレス
5月9日
【不明（北カリフォルニア）】〈サンフランシスコ版世界タッグ〉シャープ兄弟（ベン＆マイク）がレイ・エッカート＆ハードボイルド・ハガティを破り、獲得。

**1941
–
1950**

プロ格闘技年表事典　157

【シャープ兄弟】（出生地）加（主要王座）サンフランシスコ版世界タッグ（初）1946（人物評）兄がベン（1921～2001）、弟がマイク（1923～88）。デビュー前、ボートで体を鍛えた。デビュー当時はセントルイスで闘うが、タッグよりもシングルのほうが圧倒的に多かった。タッグマッチが誕生してからまだ日が浅かったからだ。サンフランシスコ地区に移ってヒール側のエースとなるとともに、史上初めて世界タッグ王者を名乗った。54年、日本プロレス旗揚げのロケットスタートに手を貸した。来日直前までシカゴ地区でも世界タッグ王者だった。兄弟揃って二メートル近い身長、怖い顔、小刻みなタッチ、ラフファイト。「プロレスとは何か」を日本人に伝えた。レスラーとしての実績は、1962年、バディ・オースチンとのコンビでアジアタッグを獲得したこともあり、マイクの方が凌ぐ。全日本、新日本に来たアイアン・マイク・シャープはマイクの息子にあたる。

プロレス 5月23日	【クリーブランド OH】〈AWA 世界ヘビー〉ドン・イーグルがフランク・セクストンを破り、獲得。
プロレス 5月26日	【シカゴ IL・アンフィシアター】〈ノンタイトル〉ゴージャス・ジョージがドン・イーグルを破る。
ボクシング 5月31日	【ヨハネスブルグ（南ア）】〈世界バンタム〉ビック・タウィールがマヌエル・オルティスを破り、獲得。
プロレス 6月21日	【シカゴ IL・リグレーフィールド】〈NWA 世界ヘビー〉ルー・テーズがバディ・ロジャーズにリングアウト勝ち、防衛。
プロレス 6月27日	【ミネアポリス MN】10 キロと離れていないセントポールとの「ツインシティ興行戦争」が始まる。トニー・ステッカー（ミネアポリス）はレオ・ノメリーニ、バーン・ガニア、ジョー・パザンダックで 6,598 人を集め、エディ・ウイリアムス（セントポール）はプリモ・カルネラ、ジム・ロンドス、フレンチ・エンジェルで 5,443 人を集めた。戦争は 7 月をもって終結し、ウイリアムスは 9 月 21 日からステッカー配下の選手を使うようになった。
相撲 6月28日	【東京・蔵前仮設国技館】優勝：東冨士（西横綱）14 勝 1 敗、技能賞：常ノ山（東前 14）、殊勲賞：吉葉山（東前 1）、敢闘賞：名寄岩（西前 14）。
プロレス 7月2日	【ハノーファー（独）】「トーナメント」優勝：（グレコローマン）クルト・ホーンフィッシャー、（フリースタイル）マックス・ヴォロシケ
プロレス 7月2日	【ヒューストン TX】〈NWA 世界ヘビー〉ルー・テーズがバーン・ガニアと引き分け、防衛。
プロレス 7月27日	【シカゴ IL・リグレーフィールド】〈NWA 世界ヘビー〉ルー・テーズがゴージャス・ジョージにリングアウト勝ち、防衛。

ボクシング 8月1日	【ホノルル HI】〈世界フライ〉ダド・マリノがテリー・アレンを破り、獲得。
プロレス 8月31日	【コロンバス OH】〈AWA 世界ヘビー〉ドン・イーグルがゴージャス・ジョージを破る。試合後、ポール・ボウザーにより、AWA ベルトが贈呈される。
ボクシング 9月8日	【ニューヨーク NY・ヤンキースタジアム】〈世界フェザー〉サンディ・サドラーがウィリー・ペップを破り、獲得。
プロレス 9月8日	【ダラス TX】「NWA 総会」サム・マソニックを新会長に選出。(10日まで)
ボクシング 9月13日	【デトロイト MI】ジェイク・ラモッタがロレンド・ドートヒルを破り、獲得。(年間ベストバウト)
プロレス 9月20日	【モントリオール (加)】〈NWA* vs ケベック版世界ヘビー〉ルー・テーズ* とユーコン・エリックがノーコンテスト、共に防衛。
プロレス 9月21日	【メキシコシティ・アレナメヒコ (初代)】〈NWA 世界ミドル〉スギ・シトがタルサン・ロペスを破り、獲得。
ボクシング 9月27日	【ニューヨーク NY・ヤンキースタジアム】〈世界ヘビー〉エザード・チャールズがジョー・ルイスを判定で破り、獲得。
相撲 10月1日	【大阪・阿倍野仮設国技館】優勝：照國(東張横)13 勝 2 敗、技能賞：栃錦(東前 3)、殊勲賞：吉葉山(東張関)、敢闘賞：時津山(西前 21)。場所前、西関脇の力道山が自ら髷を切り、廃業。
プロレス 10月27日	【ヒューストン TX】〈テキサスヘビー〉リト・ロメロがバーン・ガニアを破り、3 度目の獲得。
プロレス 11月1日	【ハノーファー (独)】「トーナメント」優勝：(グレコローマン)ブルーノ・モウズィーク、(フリースタイル)イバール・マーティソン
プロレス 11月10日	【ヒューストン TX】〈NWA 世界ヘビー〉ルー・テーズがリト・ロメロを破り、防衛。
プロレス 11月12日	【ロサンゼルス CA】〈カリフォルニア版世界ヘビー〉バロン・ミシェル・レオーネがエンリキ・トーレスを破り、獲得。
プロレス 11月13日	【タルサ OK】〈NWA 世界ジュニア・ヘビー王座決定戦(トーナメント決勝)〉バーン・ガニアがサニー・マイヤースを破り、獲得。
その他	【MVP】〈ボクシング・日本・コミッション〉白井義男〈ボクシング・アメリカ・リング誌〉イザード・チャールズ〈プロレス・メキシコ・ルチャリブレ誌&エルアルコン誌〉スギ・シト〈プロレス・ドイツ・カイザー派〉ヴィリー・ミュラー(次点)グストル・カイザー

1941
|
1950

1951－1960年

白井義男と並んで戦後復興の象徴であった力道山は、キキョウを見ると朝鮮民謡「トラジ」を思い出したという。

◆相撲

1951年9月の東冨士、照國、千代の山、羽黒山から58年1月の栃錦、吉葉山、鏡里、千代の山まで、54年1月を除いて横綱4人体制は続いた。しかし、吉葉山、鏡里は引退、彼らに変わって58年3月場所に横綱となったのは若乃花（初代）である。ここから本格的な「栃若時代」が始まる。

すでに53年、テレビによる相撲放送は始まっており、急速にお茶の間に入っていったブラウン管を通じて「マムシ」対「土俵の鬼」は世間の話題を独占した。

栃若が台頭していく過程で、本場所数は53年から4、57年、11月の福岡が加わって5、58年、7月名古屋が加わって現行の年6場所体制となった。

期待の若手も現れてくる。60年1月、初日から11連勝、新入幕の大鵬（19歳）の連賞をストップさせたのが小結柏戸（21歳）、3月場所、準優勝だった栃錦は大鵬を問題にしなかったが、翌場所、初日から2連敗すると引退した。

◆ボクシング

1952年4月、JBC（日本ボクシングコミッション）が、後楽園スタジアム社長、田辺宗英をコミッショナーに設立された。これは、白井義男の世界王座挑戦試合開催のため公的組織が必要だったからである。5月19日、白井は期待に応え、ダド・マリノを破って世界フライ級王座を奪取し、敗戦で打ちひしがれていた国民に勇気を与えた。しかし白井は54年11月パスカル・ペレスに敗れ王座から陥落。以後しばらく日本人世界王者は現れなかった。

海外に目を向けると、ロッキー・マルシアノ、シュガー・レイ・ロビンソンの活躍が目立つ。53年9月世界ヘビー級王座を奪取したマルシアノは55年9月、アーチー・ムーアを倒して防衛。その後、引き分けなし、無敗のまま引退した。世界ウェルター級王者だったロビンソンはミドル級に転向し、51年から60年までの長きに亘って世界ミドル級王座を現在と比べても遜色のない技術レベルで維持した。

◆プロレス

　1955年前後に起こったいくつかの出来事は地殻変動であった。

　まずは、51年のハノーファー（ドイツ）トーナメントをもってグレコ・ローマン興行がなくなったこと。リング上はキャッチ・アズ・キャッチ・キャンを源流とし現在につながるスタイルだけとなる。

　そして、ATショーが廃れ始めた。テレビがフェアの片隅のテントに代わって「身近なプロレス」を提供するようになったためである。

　さらに、55年3月のルー・テーズの連勝ストップが業界に「テーズ以外の盟主」を選ぶ契機となり、NWAだけだった世界王座分裂の遠因となった。

　極めつけは、前年の54年2月の力道山・日本プロレスのロケットスタートである。これは米業界にとっては「敗戦国の白人コンプレックスのガス抜き」ではなく「海外市場開拓」であった。テレビの力もあって日本市場は大化けし、60年代以降世界プロレス市場を構成することになる。

◆その他

　1950年代に入っても日本はまだ「戦後」の混沌の中にあった。格闘技界もまだ混沌としていた。

　51年の夏から大相撲の高砂親方はアメリカでプロレスのリングに上がっていた。随行した現役の力士と「スモーマッチ」を行っていた。彼らはプロレスラーと異種格闘技戦を行っていた。高砂親方は2年前の49年10月、休場中に野球見物をしていたことがバレ、無理やり引退させられていて、体力が有り余っていたのだ。

　その年の10月、山口利夫らとブラジルに飛んだ木村政彦がエリオ・グレイシーを当身なしのルールで破ったのは有名な話である。プロ柔道で木村や山口の下にいた遠藤幸吉はこのブラジル遠征に連れて行ってもらえなかった。その遠藤と64年に極真会館を設立することになる大山倍達に声をかけたのは、日系レスラーのグレート東郷だった。3人は東郷兄弟として全米をツアーした。大山も空手演武でだけはなく、レスラーと闘った。

プロ格闘技年表事典　　163

1951年

相撲 1月28日	【東京・蔵前仮設国技館】優勝：照國（東横綱）15勝、技能賞：櫻錦（西前14）、殊勲賞：三根山（東張関）、敢闘賞：若ノ花（東前7）。前頭2枚目の栃錦が7連敗8連勝。
プロレス 2月12日	【ハノーファー（独）】「トーナメント」優勝：（グレコローマン）ハンス・シュヴァルツ・ジュニア、（フリースタイル）クルト・ツェーエ
ボクシング 2月14日	【シカゴIL・スタジアム】〈世界ミドル〉シュガー・レイ・ロビンソンがジェイク・ラモッタを破り、獲得。
ボクシング 3月7日	【デトロイトMI】ジャーシー・ジョー・ウォルコットがイザード・チャールズを判定で破り、獲得。判定で勝ち。7月18日の再戦はKOで勝ち。（年間ベストバウト）
ボクシング 3月14日	【シカゴIL・スタジアム】〈世界ウェルター王座決定戦〉ジョニー・ブラットンがチャーリー・フサリを破り、獲得。
プロレス 3月17日	【マンチェスター（英）】〈英国デビュー〉カール・イスタス（カール・ゴッチ）*がアルフ・ロビンソンを破る。 【カール・ゴッチ】（生）1924（没）2007（出生地）ベルギー（主要王座）オハイオ版AWA世界ヘビー（人物評）ハンガリー、オランダ混血。1948年ロンドン五輪のベルギー代表である。イギリスに来る直前にベルギーでデビュー。当初はイギリスやドイツで闘うが、59年にカナダから北米に進出した。不器用な性格でアメリカの時流には乗れなかった。61年初来日初戦は吉村道明。試合進行とともに観客の背筋が、闘う2人を見ようと伸びていく。試合終了とともに、惜しみない拍手。彼を活用した「日本という方法」を誇るべきである。80年代にはUWFの理論的な支柱となった。
プロレス 4月22日	【ホノルルHI】〈柔道マッチ〉木村政彦がプロレスデビュー、ベン・シャーマンを破る。
ボクシング 5月18日	【ニューヨークNY・MSG】〈世界ウェルター〉キッド・ギャビランがジョニー・ブラットンを破り、獲得。
ボクシング 5月21日	【東京・後楽園球場】ダド・マリノが白井義男を破る。（年間ベストバウト）
ボクシング 5月25日	【ニューヨークNY・MSG】〈世界ライト〉ジミー・カーターがアイク・ウィリアムスを破り、獲得。
相撲 5月27日	【東京・蔵前仮設国技館】優勝：千代の山（東大関）14勝1敗、技能賞：栃錦（東小結）、殊勲賞：若葉山（西前2）、敢闘賞：大昇（東前14）。この場所の打出しは7時半。場所後、千代の山雅信に横綱免許が授与される。

164　プロ格闘技年表事典

【千代の山雅信】（生）1926（没）1977（出生地）北海道（初）1942（人物評）第41代横綱。連続優勝しながら横綱に上がれなかったこと、横綱昇進時、横綱免許の権限が吉田司家から相撲協会に移行した直後だったため、協会が独自に推挙した最初の横綱となったこと、不甲斐なさから自ら大関に落としてほしいと申し出たことと、「横綱」にまつわるエピソードが多い。引退後は年寄九重として出羽海部屋付きでいたが、部屋継承の可能性なしと判断するや、タブーであった出羽海部屋から独立し、一門から破門された。

プロレス 5月30日	【サンアントニオTX】〈NWA世界ヘビー〉ルー・テーズがレイ・ガンケルを破り、防衛。
プロレス 6月10日	【ハノーファー（独）】「トーナメント」優勝：（グレコローマン）ブルーノ・モウズィーク、（フリースタイル）イバール・マーティソン、フリーの3位にエド・ヴァイラグ
プロレス 6月13日	【モントリオール（加）】〈NWA世界ヘビー〉ルー・テーズがグレート東郷を破り、防衛。
ボクシング 7月10日	【ロンドン（英）】〈世界ミドル〉ランディ・タービンがシュガー・レイ・ロビンソンを破り、獲得。
プロレス 7月12日	【ニューヨークNY】〈ヤンキースタジアム〉アントニオ・ロッカがドン・イーグルと28分24秒カーフューで引き分け。（観衆11,328人）
ボクシング 7月18日	【ピッツバーグPA】〈世界ヘビー〉ジャーシー・ジョー・ウォルコットがイザード・チャールズを破り、獲得。
相撲 8月	【ブラジル】ブラジル相撲連盟が相撲指導のため武蔵川親方、秀の山親方らを招く。
ボクシング 9月12日	【ニューヨークNY・ポログラウンズ】〈世界ミドル〉シュガー・レイ・ロビンソンがランディ・タービンを破り、獲得。
プロレス 9月21日	【メキシコシティ・アレナメヒコ（初代）】「アニベルサリオ」〈NWA世界ミドル〉エンリケ・ジャネスがスギ・シトを破り、獲得。
ボクシング 9月26日	【ニューヨークNY・ポログラウンズ】〈世界フェザー〉サンディ・サドラーがウィリー・ペップを破り、防衛。（4戦目）反則技の応酬の後、ペップの眼の負傷による棄権。
相撲 9月30日	【大阪・大阪特設国技館】優勝：東冨士（東横綱）13勝1敗1預、技能賞：栃錦（西関脇）、殊勲賞：三根山（東張関）、敢闘賞：時津山（西前8）。その晩の東冨士優勝祝賀会には力道山の姿があった。
プロレス 9月30日	【東京・メモリアルホール】レン・ホールがアンドレ・アドレーを破る。ボビー・ブランズを団長としたツアーが始まる。会場のメモリアルホールは戦前の両国国技館であり、後に国際スタジアム、日大講堂と名を変えていく。ボクシング元世界ヘビー級王者のジョー・ルイスとレスラーのジノ・バグノンは遅れて

1951
|
1960

プロ格闘技年表事典　165

参加した。（トリイ・オアシス・シュライナーズ・クラブ）

【トリイ・オアシス・シュライナーズ・クラブ】建前としては「鳥居をオアシスとする」神社主義者の慈善団体。実体は、日本におけるフリーメイソンの拠点。会長はGHQ経済科学局局長ウイリアム・フレデリック・マッカート。1950年に、敗戦前まで東京・芝にあった海軍の親睦団体、水交社の建物・敷地（GHQに接収されていた）を安く買い叩き、一部で問題となった。マッカートは総司令官ダグラス・マッカーサーの側近として、47年の2・1ゼネスト前に政府側石橋湛山大蔵大臣と労働側全官公庁労組拡大闘争委員会双方に対するGHQ側窓口となり、49年、アメリカのプロ野球3Aサンフランシスコ・シールズを来日させた張本人である。

| その他 10月23日 | 【リオデジャネイロ（伯）・マラカナン・スタジアム】木村政彦が、当て身なしのルールで、エリオ・グレイシーを破る。 |

| ボクシング 10月26日 | 【ニューヨークNY・MSG】ロッキー・マルシアノがジョー・ルイスをTKOで破る。マルシアノの出世試合。 |

【ロッキー・マルシアノ】（生）1923（没）1969（出生地）伊（主要王座）世界ヘビー（初）1947（人物評）「ブロックトンの高性能爆弾」と言われるイタリア系アメリカ人。体重は83kgと現代ではクルーザー級になる。しかし、タフネスさと強打で相手と打ち合い、勝ち続けた。51年10月に世界王座から陥落直後のジョー・ルイスに勝ったのが出世試合である。55年9月、アーチー・ムーアを倒して防衛後「もう戦う相手はいない」と、引き分けなし、無敗で世界王者のまま引退した。

| プロレス 10月28日 | 【東京・メモリアルホール】〈デビュー〉力道山*がボビー・ブランズと10分引き分け。（トリイ・オアシス・シュライナーズ・クラブ） |

| プロレス 10月28日 | 【メンフィスTN】〈NWA世界ジュニア・ヘビー〉ダニー・マクシェーンがバーン・ガニアを破り、獲得。 |

| プロレス 11月7日 | 【ハノーファー（独）】「トーナメント」優勝：（グレコローマン）フリッツ・ミューラー、（フリースタイル）フェリックス・ケルズィック（フェリックス・ケルシッツ）。これが、プロレス界で現在のところ最後のグレコローマンルールのトーナメントである。翌年からルールはフリースタイル一本となった。 |

| プロレス 11月14日 | 【横浜・フライヤージム】〈デビュー〉遠藤幸吉*がボビー・ブランズと10分引き分け。（トリイ・オアシス・シュライナーズ・クラブ） |

プロレス **11月16日**	【バファロー NY】グレート東郷がジョニー・バレンドを破る。観衆は 12020 人。東郷はこの年バファロー NY で 4 回の 1 万人以上動員を達成。これはフレンチ・エンジェル、ゴージャス・ジョージの 3 回を破る新記録であった。東郷はこの 51 年、バファローで、4 月 6 日対エミール・バドウィ（シーク・ベン・アリ・ローレンス＝ベン・アリ・アル・アラー）戦の 10468 人、6 月 29 日対ゴージャス・ジョージ戦の 10402 人、7 月 13 日対ナンジョー・シン戦の 11661 人、11 月 16 日対ジョニー・バレンド戦の 12020 人と、年間 4 回の 1 万人以上動員をメインエベンターとして達成。これはフレンチ・エンジェル、ゴージャス・ジョージの 3 回を破る新記録であった。
その他 **11月18日**	【東京・後楽園球場】ジョー・ルイスが 6 人を相手にエキシビション。前座に力道山、金子繁治。（トリイ・オアシス・シュライナーズ・クラブ）
	【金子繁治】（生）1931（没）2016（出生地）新潟（主要王座）OBF 東洋フェザー（初）1950（人物評）「魅惑のパンチャー」の異名を持つ。ベストバウト、MVP を複数回受賞し、1950 年代後半、白井引退後の日本ボクシング界を支えた。とくに、後に世界王者となるフラッシュ・エロルデを 4 度破った実績は、日本はもとよりフィリピンで高く評価され、2003 年には「第 3 回フラッシュ・エルロデ賞」を受賞した。58 年 11 月、網膜剥離が判明し、引退。
プロレス **11月22日**	【トロント（加）・メイプルリーフ・ガーデン】北米ツアー中の日本相撲協会使節団の藤田山＆大ノ海がスティーブ・スタンレー＆メイズ・マクレインに反則勝ち。〈相撲マッチ〉前田山は八方山を破る。ボボ・ブラジルはルー・ジョバーグを破り、メインのホイッパー・ビリー・ワトソン対ゼブラ・キッドはカーフューで引き分けとなった。
プロレス **12月4日**	【ミネアポリス MN】大学出の花形スターのバーン・ガニアが老フリーク、フレンチ・エンジェル（モーリス・ティレ）を破る。
プロレス	【ラホール（基）】〈パキスタン無差別〉アスラム・ペールワンがユーナス・グランワリアを破り、獲得。
その他	【MVP】〈ボクシング・日本・コミッション〉白井義男〈ボクシング・アメリカ・リング誌〉シュガー・レイ・ロビンソン〈プロレス・メキシコ・ルチャリブレ誌＆エルアルコン誌〉エンリケ・ジャネス〈プロレス・ドイツ・カイザー派〉ヴィリー・ミュラー（次点）コンラッド・フェイグストル・カイザー

1951
|
1960

プロ格闘技年表事典　167

1952年

プロレス 1月18日	【ヒューストン TX】〈テキサスヘビー〉デューク・ケオムカがバーン・ガニアを破り、防衛。この試合を最後にガニアはテキサスを離れ北部に定着。ミグエル・グスマン＆ロドルフォ・グスマン（素顔のエル・サント）がイワン・カルミコフ＆アブドラ・アリ・ベイを破る。
プロレス 1月25日	【シカゴ IL】〈NWA 世界ヘビー〉ルー・テーズがバーン・ガニアと時間切れ引き分け、防衛。
相撲 1月26日	【東京・蔵前仮設国技館】優勝：羽黒山（東張横）15 勝、技能賞：栃錦（東張関）、殊勲賞：栃錦（東張関）、敢闘賞：輝昇（西前 8）。力士幟が復活。場所直前、増位山、力道山の復帰が否決された。
相撲 1月	【東京・巣鴨拘置所】A 級戦犯の慰問大相撲。
プロレス 1月	【ニューキャッスル（英）】〈ジョイント・プロモーション版英国ヘビー王座決定戦〉アーネスト・ボードウィンがデーブ・アームストロングを破り、優勝。
プロレス 2月17日	【ホノルル HI】〈米国デビュー〉力道山*がチーフ・リトル・ウルフを破る。
プロレス 2月	【イギリス】バート・アシラティがインド、シンガポール遠征を理由に欧州版世界王座を返上、同王座は空位となる。
プロレス 3月16日	【ホノルル HI】力道山がディック・レインズを破る。レインズはこの年の 5 月頃デモインで大山倍達と対戦した「ディック・リール」と同一人物である可能性が強い。
相撲 4月1日	【東京】両国国技館接収解除。しかし、日本相撲協会はこれを「国際スタジアム」に売却した。
プロレス 4月22日	【ミネアポリス MN】バーン・ガニアがグレート東郷を破る。当日のパンフレットには大山倍達の出現が予告されており、大山が空手のデモンストレーションを行ったと思われる。
プロレス 5月6日	【シーダーラピッズ IA】グレート東郷、遠藤幸吉と共にツアー中の大山倍達がジェリー・ミーカーを破る。

【大山倍達】（生）1922（没）1994（出生地）韓国・金堤市（人物評）韓国系日本人で民族名は崔永宜。日本ボディビル界の祖と言われた若木竹丸の著書「怪力法」に影響を受け、1943年より松濤館流と剛柔流の空手道を学ぶ。52 年、プロレスラーグレート東郷の招きで元プロ柔道の遠藤幸吉四段と渡米し、マス東郷の名で空手のデモンストレーションを行いながら、プロレスのリングにも上った。そして 64 年、国際空手道連盟極真会館を設立し、フルコンタクト系各流派を生み出す元となる。

168　プロ格闘技年表事典

ボクシング 5月14日	【ロサンゼルス CA】〈世界ライト〉ラウロ・サラスがジミー・カーターを破り、獲得。
プロレス 5月18日	【ハノーファー（独）】「トーナメント」優勝：ハリー・ピネツキ
ボクシング 5月19日	【東京・後楽園球場】〈世界フライ〉白井義男がダド・マリノを破り、獲得。
プロレス 5月21日	【ハリウッド CA・ギルモアフィールド】〈NWA 世界* vs カリフォルニア版世界ヘビー〉ルー・テーズ* がバロン・レオーネを破り、統合。〈サンフランシスコ版 NWA 世界タッグ〉シャープ兄弟（ベン＆マイク）がサンダー・ザボー＆ヴィック・クリスティを破り、防衛。〈NWA 世界ジュニア・ヘビー〉ダニー・マックシェーンがリト・ロメロを破り、防衛。スカイ・ローローがカウボーイ・キャシディを破る。プロレス興行で史上はじめて 10 万ドルを超える興行収入を達成した。（25,256 人、103,256 ドル）

> 【スカイ・ローロー】（生）1928（没）1998（出生地）加（主要王座）世界ミゼット（初）1950 年頃（人物評）ミゼットのヒールである。51 年 3 月の段階では世界ミゼット王者として認定されていた。自分の仕事に対する誇りが強く、馬鹿にした態度を取るレスラーには控室で鉄拳制裁した。アメリカでは馬場とタッグで当たったこともある。60 年から 3 年連続で来日した他、ヨーロッパでも闘った。親日家で、試合がなくても来日し、東京・下町浅草での休日を好んだ。

1951 - 1960

相撲 5月25日	【東京・蔵前仮設国技館】優勝：東冨士（西張横）13 勝 2 敗、技能賞：栃錦（東関脇）、殊勲賞：三根山（西関脇）、敢闘賞：清水川（東前 10）。この場所から、それまでは千秋楽のみであった弓取式が毎日行われるようになった。
プロレス 5月27日	【オリンピア WA】木村政彦＆キンジ渋谷対ベン・シャーマン＆ジャック・テリーの試合は木村、シャーマンが観客無視のまま 30 分以上膠着した一戦となる。
プロレス 6月27日	【シカゴ IL】〈NWA 世界ヘビー〉ルー・テーズがパット・オコーナーを破る。
その他 7月19日	【ヘルシンキ（芬）】夏季オリンピックが開幕。〈ボクシング〉ヘビー級銀：インゲマル・ヨハンソン（8 月 3 日まで）
ボクシング 7月29日	【東京・芝スポーツセンター】「日米比ボクシング大会」辰巳八郎がフィル・リゾを破る。
ボクシング 9月9日	【東京・後楽園アイスパレス】〈日本ミドル〉辰巳八郎がフィル・リゾを破り防衛。リソは駐留米軍人。7 月 29 日の試合もあわせ、この試合は年間ベストバウトを獲得した。

プロ格闘技年表事典　169

ボクシング 9月23日	【フィラデルフィア PA】〈世界ヘビー〉ロッキー・マルシアノが ジャーシー・ジョー・ウォルコットを破り、獲得。（年間ベスト バウト）
プロレス 9月26日	【メキシコシティ・アレナコリセオ】「アニベルサリオ」〈NWA 世界ウェルター〉エル・サントがボビー・ボナレスを破り、防衛。
プロレス 9月30日	【サンフランシスコ CA・ウィンターランド】〈太平洋岸タッグ〉 力道山＆デニス・クレーリーがジノ・ガリバルディ＆エンリキ・ トーレスを破り、獲得。
相撲 10月5日	【東京・蔵前仮設国技館】優勝：栃錦（西関脇）14勝1敗、技能賞： 栃錦（西関脇）、殊勲賞：朝潮（西前2）、敢闘賞：名寄岩（西前3）。 土俵の四本柱を撤廃し、吊り屋根に4色の房を下げる。
相撲 10月5日	【東京・明治神宮】「全日本力士選手権大会」優勝：千代ノ山
ボクシング 10月15日	【シカゴ IL】〈世界ライト〉ジミー・カーターがラウロ・サラス を破り、獲得。
プロレス 10月15日	【モントリオール（加）】ウラディック・コワルスキーのニードロッ プでユーコン・エリックの耳たぶが取れてしまうアクシデント が発生。原因は、ユーコンの受け損ね。以来、コワルスキーは「キ ラー」を名乗る。
プロレス 11月7日	【メキシコシティ・アレナコリセオ】〈マスカラコントラマスカラ〉 エル・サントがブラック・シャドウを破る。
プロレス 11月10日	【ハノーファー（独）】「トーナメント」優勝：レイ・ハンター
ボクシング 11月15日	【東京・後楽園球場】〈世界フライ〉白井義男がダド・マリノを破り、 防衛。
ボクシング 11月15日	【ヨハネスブルグ（南ア）】〈世界バンタム〉ジミー・カラザース がビック・タウィールを破り、獲得。
プロレス 12月2日	【ボストン MA】〈AWA 東部〉バディ・ロジャーズがキラー・ コワルスキーを反則勝ちで破り、獲得。同王座は背中の痛み により王者ドン・イーグルの欠場が続き、有名無実となった AWA 選手権が名を変えたもの。
ボクシング 12月17日	【セントルイス MO・アリーナ】〈世界ライトヘビー〉アーチー・ ムーアがジョーイ・マキシムを破り、獲得。

【アーチー・ムーア】（生）1916（没）1988（出生地）米（主
要王座）世界ライトヘビー（初）1935（人物評）27年の現役
生活最後の対戦相手は、デビュー間もないモハメド・アリだっ
た。63年、アメリカ武者修行中のジャイアント馬場と異種格
闘技戦を戦っているとされる根拠は、82年夏、「東京スポーツ」
における馬場のインタビューである。が、その試合があった
とされる時期の記録で発見できるのは、ムーアが馬場の試合

のレフェリーを務めたということのみである。実際は試合後、
馬場がムーアと小競り合いを行った程度と思われる。

| 相撲 12月 |
【イギリス】バート・アシラティがインド、シンガポール遠征を
理由に欧州版世界王座を返上、同王座は空位となる。

| その他 |
【MVP】〈ボクシング・日本・コミッション〉白井義男〈ボクシング・
アメリカ・リング誌〉ロッキー・マルシアノ〈プロレス・メキシコ・
ルチャリブレ誌＆エルアルコン誌〉エル・メディコ・アセシノ〈プ
ロレス・ドイツ・カイザー派〉ハンス・ヴァルトヘル（次点）ボブ・
ニルソン

1953年

プロレス 1月16日	【シカゴ IL】〈NWA 世界ヘビー〉ルー・テーズがハンス・シュミットと引き分けて、防衛。レフェリー、ジャック・デンプシー。この後、NWA 本部の命令により、テーズはコーラーのリングをしばらく離れ、対抗勢力シュワルツのリングに上がる。
相撲 1月24日	【東京・蔵前仮設国技館】優勝：鏡里（東大関）14 勝 1 敗、技能賞：常ノ山（西前 13）、殊勲賞：朝潮（東関脇）、敢闘賞：玉ノ海（東前 9）。前満（前溝隆男）が初土俵。場所後、鏡里喜代治に横綱免許が授与される。

【鏡里喜代治】（生）1923（没）2004（出生地）青森（初）1941（人物評）第 42 代横綱。太鼓腹を武器に四つ相撲で横綱まで駆け上がった。1942 年、双葉山相撲道場が発足した際、師匠の粂川（元大関鏡岩）が鏡里を含む弟子全員を双葉山に譲ったために移籍する。応召中、双葉山対東冨士戦の実況放送で双葉山が敗れ涙とともに「打倒東冨士」を誓う。53 年 1 月場所を 14 勝 1 敗で初優勝、横綱に推挙され、羽黒山、東冨士、千代の山とともに 4 横綱の一角を占めた。

【前溝隆男】（生）1937（出生地）トンガ王国（主要王座）日本ミドル（初）1958（人物評）日本とトンガとの混血。1953 年初場所に大相撲初土俵。増錦の四股名で幕下 43 枚目まで上がる。廃業後プロ野球高橋ユニオンズの入団テストを受けるものの、球団の買収騒ぎで入団に至らず。62 年 6 月 3 日には辰巳八郎を破り日本ミドル級王者となった。66 年、プロボクシングの世界を去り、ボーリングのインストラクターを経て 70 年 3 月に国際プロレス入り、レフェリーを務めた。現在は娘とオーストラリアに住む。

プロレス 2月3日	【サンフランシスコ CA・ウィンターランド】レオ・ノメリーニが武者修行中の力道山を破る。力道山は翌日、ヴァレホ CA でフレッド・アトキンスにも敗れる。
プロレス 2月9日	【タンパ FL】「ガスパリーラ・スペクタキュラー」（第 1 回）〈NWA 世界ヘビー〉ルー・テーズがグレート東郷を破り、防衛。
ボクシング 2月9日	【パリ】〈世界フェザー暫定王座決定戦〉パーシー・バセットがレイ・ファメンションを破り、獲得。これが世界初の暫定王座である。
プロレス 2月24日	【サンフランシスコ CA・ウィンターランド】〈NWA 世界ヘビー〉ルー・テーズがレオ・ノメリーニを破り、防衛。ただし 2 本目は反則勝ち、3 本目はリングアウト勝ちと、フォールできず。
プロレス 2月25日	【モントリオール（加）】〈ケベック版世界ヘビー〉バーン・ガニアがキラー・コワルスキーを破り、獲得。

172　プロ格闘技年表事典

プロレス 3月6日	【ヒューストン TX】〈テキサスブラスナックル〉ブル・カリーがダニー・マクシェーンを破り、獲得。
相撲 3月22日	【大阪府立体育館】優勝：栃錦（東大関）14勝1敗、技能賞：鳴門海（西前5）、殊勲賞：清水川（東前2）、敢闘賞：三根山（東張関）
プロレス 3月24日	【ニューヨーク NY・MSG】〈ノンタイトル〉ルー・テーズがアントニオ・ロッカと30分50秒カーフューで分け。バディ・ロジャーズがジョニー・バレンタインを破る。地下鉄ストもあり、観客動員は10000に及ばなかった。

　　【ジョニー・バレンタイン】（生）1928（没）2001（出生地）米（主要王座）USヘビー、NWF世界ヘビー、ミズーリ州ヘビー（初）（人物評）あえて世界王者とならず、大都市を選んでリングに上っていた時代が長い。ルー・テーズも感心した無尽蔵なスタミナ。幾多の死闘を潜り抜けてきた風格。冷酷な敵意を滲ませた「眼」。脳天へ鋭角なエルボーを落とすときの殺意をむき出しにした「眼」。闘うことで、バディ・ロジャーズに育てられ、闘うことで、猪木に伝えたといえる。アメリカ武者修行時代の馬場の壁となった。

プロレス 4月9日	【クリーブランド OH】〈オハイオ版 AWA 世界ヘビー〉バディ・ロジャーズがアントニオ・ロッカを破り、獲得。
プロレス 4月24日	【ハノーファー（独）】「トーナメント」〈公式戦〉ビリー・ジョイスがカレル・イスタス（カール・ゴッチ）を破る。イスタスは27日をもって途中棄権し、ミュンヘンへ移動。

　　【ビリー・ジョイス】（生）1916（没）2000（出生地）英（主要王座）英国ヘビー（初）1942（人物評）英国ウィガンにあった「ビリー・ライレー・ジム」師範代といえる存在で、ビル・ロビンソンの兄弟子にして最大の壁であった。1958年から64年まで英国ヘビー級王座をほぼ独占しており、ロビンソン曰く「いつの間にか足を取られていた」「前に出るスピードと、退くスピードが変わらない」というレスリングの達人である。68年、国際プロレスに唯一の来日を果たすが、晩年で体力が衰えており、魅力を発揮できなかった。

プロレス 5月4日	【ミュンヘン（独）】「トーナメント」〈公式戦〉カレル・イスタツ（カール・ゴッチ）がウルフガン・アールを破る。
プロレス 5月4日	【ハノーファー（独）】「トーナメント」優勝：コニー・ルーフ。
プロレス 5月5日	【ミュンヘン（独）】「トーナメント」優勝：ウルフガン・アール＆ジミー・デュラ（ダラ）。

1951
｜
1960

プロレス 5月6日	【モントリオール（加）】〈ケベック版世界ヘビー〉キラー・コワルスキーがバーン・ガニアを破り、獲得。
プロレス 5月8日	【シカゴIL】ハンス・シュミットがキラー・コワルスキーを3本目反則決着ながら2－1で破る。動画を見ると、内容的にはシュミットが押しており、なぜ彼が「地獄の料理人」と呼ばれたかがわかる試合である。
ボクシング 5月18日	【東京・後楽園球場】〈世界フライ〉白井義男がタニー・カンポに判定勝ち、防衛。
プロレス 5月26日	【エドモントン（加）】〈NWA世界ヘビー〉ルー・テーズがジョージ・ゴーディエンコを破り、防衛。
プロレス 5月29日	【オークランドCA】〈サンフランシスコ版世界タッグ〉シャープ兄弟（ベン＆マイク）がレオ・ノメリーニ＆エンリキ・トーレスを破り、獲得。
相撲 5月30日	【東京・蔵前仮設国技館】優勝：時津山（東前6）15勝、技能賞：北ノ洋（西前9）、殊勲賞：三根山（東関脇）、敢闘賞：時津山（東前6）。初日である5月16日からNHKにより、初めてテレビ中継された。
プロレス 6月3日	【ムンバイ（印）】アスラム・ペールワンがバート・アシラティを破る。
プロレス 6月16日	【サンフランシスコCA・カウパレス】〈NWA世界ヘビー〉ルー・テーズがレオ・ノメリーニを相手に、防衛。レフェリーのジャック・デンプシーが、3本目テーズがノメリーニのヘッドロックにギブアップしたとミスジャッジ、引き分け判定。〈サンフランシスコ版世界タッグ〉シャープ兄弟（ベン＆マイク）がエンリキ・トーレス＆ボビー・ブランズを破り、防衛。（観衆16,487人、興行収入52,000ドル）
プロレス 7月18日	【大阪府立体育館】〈柔道対相撲〉山口利夫が清美川にフォール勝ち。
プロレス 7月25日	【札幌・中島球場】木村政彦がキング・サッファーを破る。木村は力道山にこの興行への参戦を、ビジネスとしてさそいかけていた。
プロレス 7月25日	【モンテレイ（墨）】〈NWA世界ウェルター〉ブルー・ディモンがエル・サントを破り、獲得。
プロレス 7月30日	【東京・プロレスセンター】日本プロレス協会が発足。〈エキシビション〉力道山が遠藤幸吉と引き分け。 【日本プロレス協会】53年7月30日に設立された、団体や選手、タイトルを管理する非営利団体。初代協会長は横綱審議委員会委員長でもあった酒井忠正。理事には政財界、興行界、相撲関係の大物が目立つ。

プロレス 8月10日	【デモイン IA】〈NWA 世界ライトヘビー〉フランク・ストージャックがジプシー・ジョー（初代）を破り、獲得。以後 1958 年の引退までこの王座はストージャックが独占。引退後、王座管理権はメキシコ EMLL に。
プロレス 8月16日	【ホノルル HI】〈NWA 世界ヘビー〉ルー・テーズ対レイ・エッカートが 60 分時間切れ。10 分の延長を 2 回行うも時間切れ。3 ラウンド目、テーズが反則勝ち、防衛。
プロレス 8月17日	【メンフィス TN】〈NWA 世界ジュニア・ヘビー〉バロン・レオーネがダニー・マクシェーンを破り、獲得。
プロレス 8月	【ハノーファー（独）】「トーナメント」優勝：フリッツ・ミューラー
プロレス 9月12日	【シカゴ IL・マリゴールドアリーナ】〈US ヘビー〉バーン・ガニアに授与。
ボクシング 9月19日	【大阪・大阪球場】〈ノンタイトル〉白井義男がレオ・エスピノサに 7R 棄権負け。NHK により初めてテレビ中継されたボクシングの試合である。
ボクシング 9月24日	【ニューヨーク NY・ポログラウンズ】〈世界ヘビー〉ロッキー・マルシアノがローランド・ラスタルサ OK を TKO で破り、防衛。（年間ベストバウト）
プロレス 9月25日	【メキシコシティ・アレナコリセオ】「アニベルサリオ」〈NWA 世界ウェルター〉ブルー・ディモンがエル・サントを破り、防衛。
相撲 10月3日	【東京・蔵前仮設国技館】優勝：東冨士（西横綱）14 勝 1 敗、技能賞：成山（東前 17）、殊勲賞：國登（東前 3）、敢闘賞：琴錦（東前 6）。東冨士の優勝パレードは、力道山の自動車で力道山の運転により行われた。しかし、誰もが力道山に注目しなかった。これが当時の世間の力道山への認識であった。そんな状況は半年後に一変する。
プロレス 10月17日	【ハノーファー（独）】「トーナメント」優勝：フェリックス・ケルズィック（フェリックス・ケルシッツ）
プロレス 10月17日	【シカゴ IL・マリゴールドアリーナ】〈シカゴ版世界タッグ〉シャープ兄弟（ベン＆マイク）がビル・メルビー＆ビリー・ダーネルを破り、獲得。翌年 2 月、シャープ兄弟は日本遠征を前に、この王座を返上した。
ボクシング 10月21日	【ニューヨーク NY・MSG】〈世界ミドル王座決定戦〉カール・ボボ・オルソンがランディ・タービンを破り、獲得。
プロレス 10月23日	【セントルイス MO】〈NWA 世界ヘビー〉ルー・テーズがレイ・エッカートを破り、防衛。しかし、48 年 7 月 20 日以降で、初めて 1 本目を取られた。
ボクシング 10月27日	【東京・後楽園球場】〈世界フライ〉白井義男がテリー・アレンを破り、防衛。

1951
┃
1960

プロ格闘技年表事典　175

プロレス 11月24日	【オタワ（加）】〈ケベック版世界ヘビー〉ドン・レオ・ジョナサンがキラー・コワルスキーを破り、獲得。

【ドン・レオ・ジョナサン】（生）1931（出生地）米（主要王座）オハイオ版世界ヘビー（初）1950（人物評）You Tube で確認できるアントニオ・ロッカとの試合は名勝負である。1958年の初来日では力道山を相手にスケールの大きい闘いを見せた。74年、一週間のアマリロ地区でジョナサンと連日対戦させられたアンドレは、プロモーターに「カードを変えてくれ」とクレームをつけた。2メートル近い身長。スケールの大きさと身軽さという矛盾が解決されている、驚異的な身体能力。「マジで強いよな」と思わせつつ「大味さ」を感じさせない。

プロレス 12月2日	【モントリオール（加）】〈ケベック版世界ヘビー〉キラー・コワルスキーがドン・レオ・ジョナサンを破り、獲得。
ボクシング 12月6日	【大阪】〈OBF 東洋フェザー〉金子繁治がラリー・バターンを破り、獲得。（年間ベストバウト）
プロレス 12月6日	【ホノルル HI】〈NWA 世界ヘビー〉ルー・テーズが力道山を投げっぱなしパワー・ボムのような技で完勝し、防衛。後年、テーズはこの技をテリー・ゴディに伝授した。
プロレス 12月14日	【ニューヨーク NY・MSG】アントニオ・ロッカとバーン・ガニアとの初対決はロッカの勝ち。
プロレス	【パルヤップ WA】恒例の秋祭りで行われる AT ショー2派の場所取りのトラブルを、双方がレスラーを代表として出して闘わせることで決着をつけることになった。勝ったのは、オーガスト・セップ派のディック・カーディナル（1927 ～）。この頃から AT ショーは急激に廃れる。→ 1920 年 8 月 17 日
その他	【MVP】〈ボクシング・日本・コミッション〉白井義男〈ボクシング・アメリカ・リング誌〉カール・ボボ・オルソン〈プロレス・メキシコ・ルチャリブレ誌＆エルアルコン誌〉ブルー・ディモン〈プロレス・ドイツ・カイザー派〉エルベルト・アウディッシュ（次点）ハンス・シュヴァルツ・ジュニア

1954年

プロレス 1月1日	【メキシコシティ】〈NWAミドル〉エル・サントがスギ・シトを破り、獲得。
相撲 1月24日	【東京・蔵前仮設国技館】優勝：吉葉山（東大関）15勝、技能賞：信夫山（東前6）、殊勲賞：若ノ花（西関脇）、敢闘賞：松登（西前2）。場所後、吉葉山潤之輔に横綱免許が授与される。 【吉葉山潤之輔】（生）1920（没）1977（出生地）北海道（初）1938（人物評）第43代横綱。1938年に「北糖山」から「吉葉山」に改名した。これは、盲腸炎が名医・吉葉庄作による手術で全快し、恩に報いるべくである。最終的には横綱となったが、現役時代は成長途上に兵役へとられ、兵役中に受けた銃弾が尾を引いて大事な場面でケガに泣き、所属部屋の規模が小さく強豪と当たることが多く、照國との優勝決定戦で敗れて大関昇進が即決されず、14勝を挙げながら平幕下位の時津山に全勝で優勝をさらわれると不運続きだった。
プロレス 1月28日	【ストックトンCA】アル・コステロが力道山に唯一の勝利。通算では力道山の4勝1敗3分。
プロレス 2月6日	【大阪府立体育館】山口利夫がブルドッグ・ブッチャーを破る。この試合の様子は、NHK大阪の試験放送の電波にのって大阪から静岡にかけテレビ放映された。
プロレス 2月8日	【タンパFL】「ガスパリーラ・スペクタキュラー」〈NWA世界ヘビー〉ルー・テーズがバロン・レオーネと引き分け、防衛。
プロレス 2月19日	【東京・蔵前国技館】力道山が「日本プロレス」旗揚げ。主要参加外国人レスラーは、ベン・シャープ、マイク・シャープ、ボビー・ブランズ。初日の蔵前国技館では、シャープ兄弟が力道山＆木村政彦とノンタイトルで引き分けた。シャープ兄弟（ベン＆マイク）はサンフランシスコ版世界タッグ王者であり、シリーズ中に防衛戦を行った。NHK、日本テレビによりテレビ中継された。史上初の民放によるプロレス中継である。 【日本プロレス興行】力道山が設立した団体だが、旗揚時社長は新田新作。63年12月の力道山の死去以降、エースは豊登、ジャイアント馬場、大木金太郎。68年NWA加盟。71年12月、猪木追放の頃からおかしくなり始め、72年8月の馬場離脱以降、客足が急速に衰えた。73年4月20日崩壊。
ボクシング 3月5日	【ニューヨークNY・MSG】〈世界ライト〉バディ・デマルコがジミー・カーターを破り、獲得。

1951 | 1960

プロ格闘技年表事典　177

相撲 3月20日	【大阪府立体育館】優勝：三根山（東大関）13勝2敗、技能賞：若瀬川（東前6）、殊勲賞：國登（西前1）、敢闘賞：大天龍（東張前21）
プロレス 4月3日	【ヨハネスブルグ（南ア）】〈南アフリカヘビー〉ミスターX（パーシー・ホール＝ウイリアム・ホール）がウィリー・リーベンベルクを破り、獲得。
プロレス 4月14日	【大阪府立体育館】「全日本プロレス協会」旗揚げ。山口利夫主宰。木村政彦がブルドッグ・ブッチャーを、山口利夫がフランク・グレンを破る。
プロレス 5月12日	【モントリオール（加）】〈ケベック版世界ヘビー〉アントニオ・ロッカがキラー・コワルスキーを破り、獲得。
プロレス 5月19日	【モントリオール（加）】〈ケベック版世界ヘビー〉キラー・コワルスキーがアントニオ・ロッカを破り、獲得。
プロレス 5月21日	【メキシコシティ・アレナコリセオ】〈NWA世界ヘビー〉ルー・テーズがゴリー・ゲレロを破り、防衛。
相撲 5月22日	【東京・蔵前仮設国技館】優勝：栃錦（西大関）14勝1敗、技能賞：北ノ洋（東前10）、殊勲賞：松登（東張関）、敢闘賞：北ノ洋（東前10）
ボクシング 5月24日	【東京・後楽園球場】〈世界フライ〉白井義男がレオ・エスピノサを破り、防衛。
プロレス 6月13日	【ムンバイ（印）】バート・アシラティがボロ一族のアスラム・ペールワンに敗れる。この実績が米国で知られるにつれ、アスラムはレスリング・レビュー誌の世界ランキング上位の常連となった。
ボクシング 6月29日	【東京都体育館】〈OBF東洋フェザー〉金子繁治がフラッシュ・エロルデを破る。（年間ベストバウト）
プロレス 7月21日	【モントリオール（加）】〈ケベック版世界ヘビー〉パット・オコーナーがキラー・コワルスキーを破り、獲得。
ボクシング 7月24日	【ブエノスアイレス（爾）】〈ノンタイトル〉白井義男がパスカル・ペレスに10判定引き分け。
プロレス 8月4日	【モントリオール（加）】〈NWA* vsケベック版世界ヘビー〉ルー・テーズ*とパット・オコーナーが引き分け、共に防衛。
プロレス 8月6日	【シカゴIL・アンフィシアター】〈世界ヘビー〉バーン・ガニアがロイ・マクラーティを破り、防衛。ベルトはUSのものを使用。
プロレス 8月20日	【アトランタGA】〈世界女子〉ジュン・バイヤーズがミルドレッド・バークを破って、獲得。背景には女子プロレス界を仕切るビリー・ウォルフとバークのいざこざ。ウォルフはバークの元夫。
ボクシング 8月17日	【ニューヨークNY・ヤンキースタジアム】〈世界ヘビー〉ロッキー・マルシアノがイザード・チャールズをKOで破り、防衛。（年間ベストバウト）

| ボクシング 9月19日 | 【バンコク（タイ）】〈世界バンタム王座決定戦〉ロベルト・コーエンがチャムロン・ソングクトラットを破り、獲得。 |

| プロレス 9月24日 | 【メキシコシティ・アレナコリセオ】「アニベルサリオ」ゴリー・ゲレロがカベルナリオ・ガレントを破る。 |

| 相撲 10月3日 | 【東京・蔵前国技館】優勝：栃錦（東大関）14勝1敗、技能賞：信夫山（東前4）、殊勲賞：若ノ花（西関脇）、敢闘賞：宮錦（東前5）。この場所をもって豊登が廃業、プロレスへ。場所後、栃錦清隆に横綱免許が授与される。 |

【栃錦清隆】（生）1925（没）1990（出生地）東京（初）1939（人物評）第44代横綱。新弟子検査には飯と水を腹一杯に詰め込んでパスした。そのくらいに細かった。しかし足腰がしぶとく、食い下がったら離れない取り口と、エラの張った顔から「マムシ」と呼ばれた。若い頃好んで初切りを取った。これが技を磨くプラスとなった。若乃花とは1951年5月場所の初対決から熱戦・好勝負を演じ続け、日本に登場したばかりのテレビを通じて全国のファンを熱狂させ「栃若時代」を作った。

| ボクシング 10月20日 | 【フィラデルフィアPA】〈世界ウェルター〉ジョニー・サクストンがキッド・ギャビランを破り、獲得。 |

| プロレス 10月21日 | 【コロンバスOH】〈NWA世界ヘビー〉ルー・テーズがビル・ミラーを破り、防衛。ディック・ハットンが6日前にもデビューしたディック・ベイヤーを破る。 |

1951 – 1960

【ビル・ミラー】（生）1927（没）1997（出生地）米（主要王座）オマハ版世界ヘビー（初）1951（人物評）61年に覆面を被り、ミスターXとして友人のカール・ゴッチと共に初来日し、力道山やグレート・アントニオとの試合で圧倒的な強さをみせた。帰国後、AWAで世界王者。初来日を知る人に「衰えた」と言われていた71年3月の再来日、盛岡での田中忠治戦では、強さに唖然とさせられた。ならば全盛期はいかほどのものだったのか？

| プロレス 10月22日 | 【ヒューストンTX】〈テキサスヘビー〉ザ・シークがジョニー・バレンタインを破り、獲得。 |

【ザ・シーク】（生）1926（没）2003（出生地）米（主要王座）USヘビー（初）1949（人物評）シーク・オブ・アラビーとしてデビュー。入退場にかける時間の長さと正味試合時間の短さ、アラビア風セレモニー、場外乱闘が特徴。このスタイルに開眼したのは「雪のシカゴ事件」である。64年秋、自身がデトロイトのプロモーターに。そして東部、ロス、トロントでもブレイク。抗争してきたボボ・ブラジル死去の際、葬儀に行かなかった理由が「行ったら『俺達の時代』が嘘だったことになる」というのが泣かせる。→55年11月18日

プロ格闘技年表事典　179

プロレス 10月28日	【不明（豪）】「タッグトーナメント」この日から6週間にわたり、「優勝ティームは東京に招待」のタッグトーナメントが行われる。優勝はジョン・モロー＆スノウィ・ドウトン。「東京に招待」はオーストラリアのブッカーのテッド・サイはジム・ロンドスとともに、日本進出を企んでいた中ででた企画であった。
プロレス 11月3日	【岐阜】木村政彦が「国際プロレス団」旗揚げ。
プロレス 11月10日	【モントリオール（加）】〈ケベック版世界ヘビー〉キラー・コワルスキーがパット・オコーナーを破り、獲得。
プロレス 11月10日	【シカゴIL】US王者として日の出の勢いのバーン・ガニアが「ニューヨークNYの帝王」アントニオ・ロッカを迎え撃って一騎打ち、打ち破る。
プロレス 11月15日	【ニューヨークNY・MSG】ドン・レオ・ジョナサンの魅力が存分に発揮された対アントニオ・ロッカ戦が行なわれた。ハイライトは、ロッカのドロップキック5連発に対し、果敢に挑むジョナサンの身体能力である。バーン・ガニアはパット・オコーナーと引き分け。
ボクシング 11月17日	【サンフランシスコCA・カウパレス】〈世界ライト〉ジミー・カーターがバディ・デマルコを破り、獲得。
プロレス 11月19日	【東京・蔵前国技館】ミルドレッド・バーク、メイ・ヤングら6人のアメリカ女子レスラーが来日。サンケイ新聞主催、日本テレビが放送。シャープ兄弟（ベン＆マイク）来日時を凌ぐ報道陣が集まるという注目度であった。10月28日のオーストラリアの動きとの対応に注目されたい。
ボクシング 11月26日	【東京・後楽園球場】〈世界フライ〉パスカル・ペレスが白井義男を破り、獲得。
プロレス 12月22日	【東京・蔵前国技館】〈日本ヘビー〉力道山が木村政彦を破り、獲得。「昭和巌流島の決闘」といわれ、凄惨な結末や背景が色々と語られるが、木村が力道山の裏切りに対応できなかったという事実に変わりは無い。（日本プロレスリングコミッション）

【日本プロレスリングコミッション】日本のタイトル管理組織。54年の12月、力道山対木村政彦の前日に設立され、コミッショナーには日本プロレス協会酒井忠正が就いた。コミッション事務局には日本プロレスから永田貞雄が、国際プロレス団から工藤雷介が入った。 |
| その他 | 【MVP】〈ボクシング・日本・コミッション〉（該当者なし）〈ボクシング・アメリカ・リング誌〉ロッキー・マルシアノ〈プロレス・メキシコ・ルチャリブレ誌＆エルアルコン誌〉エル・サント〈プロレス・ドイツ・カイザー派〉ギディオン・ギダ（次点）レネ・ラサルテス |

1955年

相撲 1月23日	【東京・蔵前国技館】優勝：千代の山（東横綱）13勝2敗、技能賞：信夫山（東小結）、殊勲賞：朝潮（東前1）、敢闘賞：時津山（西前9）
プロレス 1月28日	【大阪府立体育館】〈日本ヘビー〉力道山が山口利夫をリングアウト含みながらストレートで破って、防衛。（日本プロレスリングコミッション）
プロレス 2月14日	【タンパFL】「ガスパリーラ・スペクタキュラー」〈NWA世界ヘビー〉ルー・テーズがアントニオ・ロッカを破り、防衛。
ボクシング 3月9日	【サンフランシスコCA・カウパレス】〈世界バンタム王座決定戦〉ラウル・マシアスがチャムロン・ソングクトラットを破り、獲得。
プロレス 3月9日	【モントリオール（加）】〈ケベック版世界ヘビー〉パット・オコーナーがキラー・コワルスキーを破り、獲得。
相撲 3月20日	【大阪府立体育館】優勝：千代の山（東横綱）14勝1敗、技能賞：琴ケ濱（西前5）、殊勲賞：大内山（東関脇）、敢闘賞：若ノ海（西前17）
プロレス 3月22日	【サンフランシスコCA・カウパレス】〈NWA世界ヘビー〉ルー・テーズがレオ・ノメリーニに反則負けを喫す。レフェリー、マイク・マズルキ。王座の帰趨はしばらくうやむやにされていた。48年以来のいわゆる936戦シングル負けなし記録がストップする。
相撲 3月	【三重・伊勢神宮】「第1回伊勢神宮奉納大相撲」優勝：鏡里。
ボクシング 4月1日	【ボストンMA】〈世界ウェルター〉トニー・デマルコがジョニー・サクストンを破り、獲得。
プロレス 4月11日	【タルサOK】〈NWA世界ジュニア・ヘビー〉エド・フランシスがバロン・レオーネを破り、獲得。この頃からNWA世界ジュニア・ヘビー級王座はNWA本部ではなくオクラホマのリロイ・マクガークが受け持つ。
プロレス 4月27日	【モーラインIL】〈NWA世界ヘビー〉レオ・ノメリーニがプリモ・カルネラを破る。
プロレス 5月4日	【ハノーファー（独）】「トーナメント」優勝：デニス・ミッチェル
相撲 5月29日	【東京・蔵前国技館】優勝：栃錦（西横綱）14勝1敗、技能賞：信夫山（西小結）、殊勲賞：時津山（西前1）、敢闘賞：若ノ海（東前11）
ボクシング 5月30日	【東京・後楽園球場】〈世界フライ〉パスカル・ペレスが白井義男にKO勝ち、防衛。最高瞬間視聴率96.1％（電通調べ、日本最高記録）。この試合をもって白井は引退。

1951
|
1960

プロ格闘技年表事典　181

プロレス 6月8日	【モントリオール（加）】〈ケベック版世界ヘビー〉ドン・レオ・ジョナサンがパット・オコーナーを破り、獲得。
ボクシング 6月10日	【シュラキュース NY】〈世界ウェルター〉カーメン・バシリオがトニー・デマルコを破り、獲得。
ボクシング 6月10日	【日本 TBS】「東洋チャンピオンスカウト」が始まる。1970年3月26日まで木曜日の夜にレギュラー放映。極東ボクシングクラブとのタイアップ。番組内で「ボクシング教室」を企画し、沼田義明らを輩出した。
プロレス 6月12日	【オークランド CA】〈サンフランシスコ版世界タッグ〉ジン・キニスキー＆ロード・ブレアースが力道山＆ロッキー・ブラウンと60分引き分け、防衛。

【ジン・キニスキー】（生）1928（没）2010（出生地）加（主要王座）AWA 世界ヘビー、NWA 世界ヘビー、ミズーリ州ヘビー（初）1952（人物評）1966年、ルー・テーズを破ってNWA 王者になる。しかし、その十年前から、ヒールとして北米マットに客を呼んでいた。いくら闘ってもスピードが落ちない驚異のスタミナを誇った。出身はフットボール。だが、プロ入り後レスリングを習い直した真面目人間である。日本における67年大阪球場での対馬場戦、68年室蘭での猪木戦は名勝負であった。

ボクシング 6月29日	【ボストン MA】〈世界ライト〉ウォーレス・バッド・スミスがジミー・カーターを破り、獲得。
プロレス 7月5日	【セントルイス MO】〈NWA 世界ヘビー〉ルー・テーズがレオ・ノメリーニを破る。この試合は3月22日のリマッチで、王座の帰趨はテーズということになった。
ボクシング 7月8日	【東京・後楽園球場】〈ノンタイトル〉サンディ・サドラーが金子繁治に TKO 勝ち。
プロレス 7月17日	【東京・蔵前国技館】〈ノンタイトル〉力道山がプリモ・カルネラを破る。（日本プロ）
プロレス 7月29日	【シカゴ IL・レインボーアリーナ】〈世界女子〉ジュン・バイヤーズがメイ・ウェットソンを破り、防衛。レナード・シュワルツ派の最後の興行。
プロレス 8月17日	【モントリオール（加）】〈ケベック版世界ヘビー〉ユーボン・ロバートがドン・レオ・ジョナサンを破り、獲得。
プロレス 8月24日	【モントリオール（加）】〈ケベック版世界ヘビー〉ドン・レオ・ジョナサンがユーボン・ロバートを破り、獲得。
ボクシング 8月25日	【東京都体育館】〈OBF 東洋ライト〉沢田二郎が秋山政司を破り、獲得。（年間ベストバウト）
プロレス 9月7日	【東京都体育館】力道山がジェス・オルテガを破る。（日本プロ）

プロレス 9月10日	【東京・国際スタジアム】「第1回全日本選手権者大会」が翌日にかけて開催される。〈日本女子ライト級タッグ王座決定戦〉猪狩定子＆田山勝美（全日ク）が小畑千代＆伊藤静江（東京）を2対1で破り、獲得。決まり手は3本とも反則。（2日目） 【猪狩定子】（生）1932（出生地）東京（主要王座）日本女子ライト級タッグ（人物評）東京コミックショーの猪狩兄弟の末妹。敗戦後、兄とともにキャンプをまわり、コミックボクシング＆レスリングショーを見せる。日本の女子プロレスのパイオニア。兄に鍛えられた技術はミルドレッド・バーからもスカウトされた。27歳で引退し、コメディアンに転身。
プロレス 9月16日	【メキシコシティ・アレナコリセオ】「アニベルサリオ」〈マスカラ・コントラ・カベジェラ〉アルコン・ネグロがカベルナリオ・ガレントを破る。エル・サントがブラック・シャドウを破る。
相撲 10月2日	【東京・蔵前国技館】優勝：鏡里（西横綱）14勝1敗、技能賞：若ノ花（西関脇）、殊勲賞：松登（東関脇）、敢闘賞：出羽錦（東前8）。この場所のみ打出しが午後8時。
プロレス 10月9日	【ロンドン（英）】〈英国ヘビー〉バート・アシラティがアーニー・ボールドウィンを破り、防衛。アシラティがジョイント・プロモーション傘下に入ったことで、この試合は実現した。しかしアシラティは56年3月、ジョイント・プロモーションを離脱、独立団体で勝手に防衛戦を行う。
プロレス 11月9日	【名古屋・金山体育館】〈東洋選手権リーグ公式戦〉チョタ・ダラ・シンがキング・コングと引き分ける。 【チョタ・ダラ・シン】（生）1928（出生地）インド（人物評）1953年、インドのムンバイでバート・アシラティを破る。55年の「東洋選手権大会」で唯一の来日。力道山やキング・コングとのねちっこい正統レスリングが評価された。このとき日本プロレス界に「ヒンズースクワット」をもたらす。57年12月、欧州遠征に出たルー・テーズをロンドンで迎え打つ。61年にはインドに来たビル・ロビンソンに勝利した。
プロレス 11月15日	【東京・蔵前国技館】〈東洋選手権王座決定リーグタッグ部門決勝〉キング・コング＆タイガー・ジョキンダー（・シン）が力道山＆ハロルド坂田を破り、優勝。アジアタッグ王座のルーツである。（日本プロ）
プロレス 11月18日	【シカゴIL】「雪のシカゴ事件」〈NWA世界ヘビー〉ルー・テーズがザ・シークを破り、防衛。〈USヘビー〉バーン・ガニアがハンス・シュミットを破り、防衛。レジー・リソワスキー（クラッシャー）がディック・アフィリス（ブルーザー）にリングアウト勝ち。

1951
-
1960

プロ格闘技年表事典　183

【雪のシカゴ事件】 1955年11月18日、ルー・テーズ対ザ・シーク戦で試合中、場外乱闘がエスカレートし、シークは会場外に逃げた。テーズはシークを追い、会場外へ。二人は雪の中で闘い続け、物議を醸した。この事件の意義は、シークがリング外でほとんど闘うというスタイルを開眼したことにある。そしてそのスタイルはシークのフォロワーたるタイガー・ジェット・シン（→ 1973年11月5日伊勢丹事件）、アブドラ・ザ・ブッチャー（→ 1976年5月7日京葉道路事件）へと引き継がれた。

プロレス 11月22日	**【東京・蔵前国技館】**〈東洋選手権王座決定リーグシングル部門決勝〉力道山がキング・コングを破り、優勝。アジアヘビー級王座のルーツである。（日本プロ）
ボクシング 11月30日	**【ボストンMA】**〈世界ウェルター〉カーメン・バシリオがトニー・デマルコを破り、防衛。（年間ベストバウト）
ボクシング 12月9日	**【シカゴIL・スタジアム】**〈世界ミドル〉シュガー・レイ・ロビンソンがカール・ボボ・オルソンを破り、獲得。
プロレス 12月14日	**【モントリオール（加）】**〈ケベック版世界ヘビー〉キラー・コワルスキーがユーボン・ロバートを破り、獲得。
その他	**【MVP】**〈ボクシング・日本・コミッション〉金子繁治〈ボクシング・アメリカ・リング誌〉ロッキー・マルシアノ〈プロレス・メキシコ・エルアルコン誌〉エル・サント〈プロレス・ドイツ・カイザー派〉ギディオン・ギダ（次点）ゲオルグ・ブレーメンシュッツ〈プロレス・メキシコ・ルチャリブレ誌〉ブラック・シャドウ

1956年

ボクシング 1月18日	【サンフランシスコ CA・カウパレス】〈世界フェザー〉サンディ・サドラーがフラッシュ・エロルデを破り、防衛。
相撲 1月22日	【東京・蔵前国技館】優勝：鏡里（東横綱）14 勝 1 敗、技能賞：鶴ケ嶺（東前 10）、殊勲賞：成山（東前 1）、敢闘賞：清水川（東前 20）
プロレス 1月28日	【シンガポール】力道山が 4 月 19 日まで世界遠征に出る。2 月 4 日から 12 日までは東南アジアでキング・コングなどと闘う。パリでは試合をせず、観戦のみ。エドワード・カーペンティアの試合を見るが、評価せず。その後アメリカへ。
プロレス 2月6日	【タンパ FL】「ガスパリーラ・スペクタキュラー」アントニオ・ロッカがハンス・シュミットを破る。
プロレス 3月11日	【メキシコモンテレイ】〈NWA ミドル〉ローランド・ベラがエル・サントを破り、獲得。
ボクシング 3月14日	【シカゴ IL・スタジアム】〈世界ウェルター〉ジョニー・サクストンがカーメン・バシリオを破り、獲得。
プロレス 3月15日	【トロント（加）】〈NWA 世界ヘビー〉ビリー・ワトソンがルー・テーズを破り、獲得。
相撲 3月25日	【大阪府立体育館】優勝：朝汐（東関脇）12 勝 3 敗、技能賞：鶴ケ嶺（東張小）、殊勲賞：朝汐（東関脇）、敢闘賞：若羽黒（東前 15）
プロレス 4月7日	【シカゴ IL】〈US ヘビー〉ウイルバー・スナイダーがバーン・ガニアを破り、獲得。
プロレス 4月15日	【ホノルル HI】〈ハワイタッグ〉ロード・ブレアース＆ジン・キニスキーが力道山＆遠藤幸吉を破る。
プロレス 4月27日	【メキシコシティ・アレナメヒコ】エル・サント＆エル・メディコ・アセシノがローランド・ベラ＆ブルー・ディモンと対戦。（柿落とし）
プロレス 4月28日	【鹿児島・鴨池球場】〈メキシコジュニアヘビー〉木村政彦がラウル・ロメロを破り、獲得。（国際プロレス団）
プロレス 5月4日	【大阪府立体育館】〈サンフランシスコ版世界タッグ〉力道山＆遠藤幸吉がシャープ兄弟（ベン＆マイク）を破り、獲得。（日本プロ）
プロレス 5月19日	【札幌】〈サンフランシスコ版世界タッグ〉シャープ兄弟（ベン＆マイク）が力道山＆遠藤幸吉を破り、獲得。（日本プロ）
プロレス 5月30日	【モントリオール（加）】〈ケベック版世界ヘビー〉キラー・コワルスキーがユーボン・ロバートを破り、獲得。ロバートは 4 月以前、場所、日付は不明だが、コワルスキーから王座を奪っていた。

1951
－
1960

プロ格闘技年表事典　185

相撲 6月3日	【東京・蔵前国技館】優勝：若ノ花（東大関）12勝3敗、技能賞：琴ケ濱（東小結）、殊勲賞：鳴門海（東前4）、敢闘賞：大晃（西前9）
プロレス 6月6日	【モントリオール（加）】エドワード・カーペンティアが北米上陸。ドン・レオ・ジョナサンに反則勝ち。 【エドワード・カーペンティア】（生）1926（没）2010（出生地）仏（主要王座）ＷＷＡ世界ヘビー（初）1950（人物評）フランスを中心に活躍の後、1956年に北米に上陸し、破竹の連勝、全北米で人気を得た。「ジョルジュ・カルパンティエの甥」ということにしたため、特別レフェリーを務めたジャック・デンプシーと口論しながら試合したこともある。日本マスコミは写真から「ロープから返ってくる相手を、ジャンプし、空中で回転し、その勢いで相手を蹴る」と、解釈した。70年の初来日で現実を知る。が、幻想を与えてくれただけで十分である。
プロレス 6月14日	【ABCテレビ（米）】ジョー・クリスティ対ジーン・ドゥブーク戦を最後に、プロレス番組の全米ネットが終わる。
ボクシング 6月29日	【ローマ（伊）】〈EBU世界バンタム王座決定戦〉マリオ・ダガタがロベルト・コーエンを破り、獲得。
プロレス 7月10日	【カルガリー（加）】「スタンピード・ウィーク」〈NWA世界ヘビー〉ビリー・ワトソンがジョン・ポール・ヘニングを破り、防衛。
プロレス 8月4日	【ミルウォーキーWI】〈USヘビー〉ウイルバー・スナイダーがバーン・ガニアに反則負け、防衛。レフェリー、ジャック・デンプシー。16068人の動員に成功し、「US王座」をビジネスモデルとして確立する。
ボクシング 8月24日	【ニューオリンズLA】〈世界ライト〉ジョー・ブラウンがウォーレス・バッド・スミスを破り、獲得。
ボクシング 9月12日	【シラキュースNY】〈世界ウェルター〉カーメン・バシリオがジョニー・サクストンを破り、獲得。（年間ベストバウト）
プロレス 9月15日	【シカゴIL】〈USヘビー〉ハンス・シュミットがウイルバー・スナイダーを破り、獲得。
プロレス 9月18日	【ボルティモアMD】〈NWA女子王座決定ワンナイト・トーナメント決勝〉ファビュラス・ムーラがジュディ・グレイブルを破り、獲得。このトーナメントは、ジュン・バイヤーズの引退（後にカムバック）によるもの。 【ファビュラス・ムーラ】（生）1923（没）2007（出生地）米（主要王座）NWA世界女子（初）1948（人物評）ビリー・ウォルフ＝ミルドレッド・バーク夫妻の一座でデビューし、ジャック・フェファー配下の時代は「スレイブ・ガール」を名乗る。

186　プロ格闘技年表事典

ジュン・バイヤーズ引退後の 64 年あたりから業界の女王となり、68 年に 2 度来日した。11 月、蔵前での小畑千代戦で 1 万を超える観客の前で見せた凄みは「アメリカの怖いおばさん」を少年達の心に植えつけた。WWF アティテュード路線で復活の後、99 年に最後の試合、観衆は 18 人だった。

プロレス 9月21日	【メキシコシティ・アレナメヒコ】「アニベルサリオ」〈マスカラコントラマスカラ〉「アニベルサリオ」エル・サントがエル・グラディアドールを破る。
相撲 9月	【大日本相撲協会】文部省が相撲協会の財団法人のあり方について出羽海理事長に説明を求めた。
相撲 10月2日	【東京・蔵前国技館】優勝：鏡里（西横綱）14 勝 1 敗、技能賞：若羽黒（東前 1）、殊勲賞：玉乃海（東小結）、敢闘賞：三根山（西前 10）
プロレス 10月3日	【モントリオール（加）】〈ケベック版世界ヘビー〉ハードボイルド・ハガティがキラー・コワルスキーを破り、獲得。
プロレス 10月15日	【NWA】NWA はアメリカ合衆国政府による、アンチトラスト法（いわゆる独禁法）嫌疑を受け入れ、約 3 年に亘る騒動に、一応の終止符を見た。
プロレス 10月23日	【東京・プロレスセンター＆国際スタジアム】ウエイト別日本選手権が始まる。各階級の優勝者はリミット 220 ポンドのジュニア・ヘビー級は駿河海、リミット 190 ポンドのライトヘビー級は芳の里が優勝し、王座が与えられた。リミットなしのヘビー級は東冨士と山口利夫が引き分けで、決着は預かりとなった。（日本プロレスリングコミッション）
プロレス 10月	【モントリオール（加）】〈ケベック版世界ヘビー〉キラー・コワルスキーがハードボイルド・ハガティを破り、獲得。
プロレス 11月9日	【セントルイス MO】〈NWA 世界ヘビー〉ルー・テーズがホイッパー・ビリー・ワトソンを破り、獲得。
その他 11月22日	【メルボルン（豪）】夏季オリンピックが開幕。〈ボクシング〉ライトミドル級銀：ホセ・トーレス〈グレコ〉98kg 銀：ヴィルフリート・デートリッヒ〈フリー〉79kg 銀：ダニー・ホッジ。「決勝戦はミスジャッジ」（ホッジ）。
ボクシング 11月30日	【シカゴ IL・スタジアム】〈世界ヘビー王座決定戦〉フロイド・パターソンがアーチー・ムーアを破り、獲得。
プロレス 11月30日	【大阪府立体育館】〈日本ヘビー挑戦者決定戦〉東冨士が山口利夫を破る。レフェリーは力道山。体重別選手権のヘビー級決勝は、優勝者が王者となるのではなく、王者力道山への挑戦権が与えられるというものだった。この試合は関西初の民間放送大阪テレビの開局前夜祭として行なわれ、大阪地区で生中継された。（日本プロレスリングコミッション）

1951
—
1960

プロ格闘技年表事典　187

ボクシング **12月10日**	【東京・国際スタジアム】金子繁治が中西清明を破る。東洋フェザー級王者対日本フェザー級王者の対決はダウンの応酬で観客を大いに沸かせた。(年間ベストバウト)
プロレス	【シドニー(豪)】ワディ・アヨウブ対ターロック・シン戦がオーストラリア観客動員記録の22000人を動員。(ジョージ・ガーディナー派)
プロレス	【ロンドン(英)・ロイヤルアルバートホール】〈RAH杯〉デニス・ミッチェルがジム・オリベラを破り、獲得。
その他	【MVP】〈ボクシング・日本・コミッション〉金子繁治〈ボクシング・アメリカ・リング誌〉フロイド・パターソン〈プロレス・メキシコ・ルチャリブレ誌&エルアルコン誌〉ローランド・ベラ〈プロレス・ドイツ・カイザー派〉ギディオン・ギダ(次点)ウィルソン・コールブレッヒャー

1957年

ボクシング 1月2日	【ニューヨーク NY・MSG】〈世界ミドル〉ジーン・フルマーがシュガー・レイ・ロビンソンを破り、獲得。
相撲 1月27日	【東京・蔵前国技館】優勝：千代の山（西張横）15勝、技能賞：成山（東前8）、殊勲賞：信夫山（西前1）、敢闘賞：玉乃海（西関脇）
プロレス 1月30日	【セントピーターズバーグ FL】バディ・ロジャーズがディック・ザ・ブルーザーを破る。60年代初頭、アメリカを2分した2人のリング上の接触はタッグ（対戦・コンビ）も含めこれだけ。 【ディック・ザ・ブルーザー】(生) 1929 (没) 1991 (出生地) 米 (主要王座) WWA世界ヘビー (初) 1954 (人物評) シカゴのギャングがそのままリングにやってきたような風貌、そして全身、筋肉の塊。「見ればわかるさ」と、説明の必要がない凄さ。そこに居るだけで、もう十分という存在感。闘いの基本は、殴る、蹴るの喧嘩。65年に初来日し、ふてぶてしくもジャイアント馬場を「小僧」と呼びいたぶるが、すでにアメリカではベビーフェイスに転向し、クラッシャー・リソワスキーとのコンビで若き日のハーリー・レイスと抗争していた。
プロレス 2月1日	【横浜・フライヤージム】力道山がアデリアン・バイラージョンを破る。横浜でのこの試合は本来1月中に行われるはずであったが、客が少なく延期されたもの。（日本プロ）
プロレス 2月1日	【バファロー NY】ジン・キニスキーのヒール人気が爆発。この月の週1回の定期戦、すべてメインを張ったキニスキーは平均10250人を動員。戦績はビリー・ワトソンに1勝1敗1分、ユーコン・エリックに1勝。これが4月12日の対ルー・テーズ戦（NWA選手権）での11457人につながる。ちなみに、5月19日のテーズ対ワトソン戦は5143人であった。
プロレス 2月4日	【タンパ FL】「ガスパリーラ・スペクタキュラー」〈NWA世界ヘビー〉ルー・テーズがバディ・ロジャーズを破り、防衛。
プロレス 2月19日	【シカゴ IL】〈USヘビー〉ウイルバー・スナイダーがハンス・シュミットを破り、獲得。
プロレス 2月24日	【ニューヨーク NY・MSG】アントニオ・ロッカ＆ミグエル・ペレス*がクリスとジョンのロス兄弟を破り、コンビとして MSG デビューを飾る。
プロレス 2月28日	【ハリンゲイ（英）】ブロックバスターの名手ジョージ・ゴーディエンコがその技を編み出したギディオン・ギダを破る。
相撲 2月	【日本相撲協会】衆議院で辻原弘市（社会党）代議士が相撲協会を追及する。 「相撲協会は公益法人なのに茶屋制度の存在など、利益に走りすぎ、興行的だ」。武蔵川理事が議員会館で辻原議員らに協会改革

1951
－
1960

プロ格闘技年表事典　189

の8項目を説明する。3月2日には天竜三郎が、4月には阿久津川高一郎（元佐渡ケ嶽親方）が参考人として証言する。文部省は保健体育審議会内に相撲協会問題特別委員会設置。武蔵川理事が出席し説明。5月4日、出羽海理事長（元常ノ花）が割腹自殺（未遂）。茶屋は自らの利権でもあった。

プロレス 3月13日
【ロンドン（英）・ロイヤルアルバートホール】〈RAH杯〉デニス・ミッチェルがゲオルグ・ブレーメンシュッツを破り、獲得。

プロレス 3月13日
【モントリオール（加）】バーン・ガニア＆エドワード・カーペンティア＆パット・オコーナーがディック・ハットン＆ディック・ザ・ブルーザー＆キラー・コワルスキーとの豪華な6人タッグマッチでノーコンテスト。

相撲 3月24日
【大阪府立体育館】優勝：朝汐（西関脇）13勝2敗、技能賞：北ノ洋（東前11）、殊勲賞：玉乃海（東関脇）、敢闘賞：琴ケ濱（東前8）。増錦（西幕下49枚目、前溝隆男）がこの場所をもって廃業。

プロレス 4月16日
【ツインフォールズID】ザ・バスク＆レッドシューズ・ドゥーガンが力道山＆マイク・マズルキ破る。ドゥーガンは後にレフェリーに転向。

プロレス 4月19日
【ヒューストンTX】〈テキサスヘビー〉ドン・レオ・ジョナサンがペッパー・ゴメスを破り、獲得。

ボクシング 5月1日
【シカゴIL・スタジアム】〈世界ミドル〉シュガー・レイ・ロビンソンがジーン・フルマーを破り、獲得。

プロレス 5月8日
【モントリオール（加）】〈ケベック版世界ヘビー〉エドワード・カーペンティアがキラー・コワルスキーを破り、獲得。

相撲 6月2日
【東京・蔵前国技館】優勝：安念山（西小結）13勝2敗、技能賞：琴ケ濱（西張小）、殊勲賞：安念山（西小結）、敢闘賞：房錦（西前20）

プロレス 6月12日
【モントリオール（加）】〈ケベック版世界ヘビー〉ジン・キニスキーがエドワード・カーペンティアを破り、獲得。

プロレス 6月14日
【シカゴIL】〈NWA世界ヘビー〉エドワード・カーペンティアがルー・テーズを反則勝ちで破り、獲得。→8月23日

【テーズ対カーペンティア事件】1957年6月14日、エドワード・カーペンティアがルー・テーズを反則勝ちでNWA世界ヘビー級タイトルを獲得したことと、その後のゴタゴタを指す。カーペンティアの勝利にも拘らず、8月セントルイスでのNWA総会で「反則では王座が移動しない」と、6月の王座移動が無効になる。その間、カーペンティアもテーズも防衛戦を行っていた。NWA総会での無効決議後もカーペンティアは世界王者として防衛戦を続けた。これはテーズがオーストラリアや日本など8週間の海外遠征を企画していて、その間、世界戦を行うためである。そして、ボストン、

オマハ、ロサンゼルスで王者として現れたカーペンティアを倒してそれぞれ別の新世界王者が誕生するという「ドミノ」現象が起こる。

ボクシング 6月24日	【パリ（仏）】〈世界フェザー王座決定戦〉ホーガン・バッセイ（ナイジェリア）がシェリフ・アミアを破り、獲得。
社会 6月	【東京・国際スタジアム】日本大学に売却され「日大講堂」となった。
プロレス 7月9日	【カルガリー（加）】「スタンピード・ウィーク」〈NWA 世界ヘビー〉ルー・テーズがビリー・ワトソンと引き分け、防衛。
プロレス 7月17日	【モントリオール（加）】〈ケベック版世界ヘビー〉キラー・コワルスキーがジン・キニスキーをリングアウトで破り、獲得。プロモーターのエディ・クインはコワルスキーと NWA 王者カーペンティアとの統一戦を企画。（21,000 人超）
プロレス 7月24日	【モントリオール（加）】〈NWA 世界ヘビー〉エドワード・カーペンティアがルー・テーズに反則負け、防衛。
プロレス 8月9日	【ヒューストン TX】〈NWA 世界ヘビー〉ルー・テーズがエル・メディコに反則勝ち、防衛。エル・メディコはメキシコのエル・メディコ・アセシノと同一人物である。（11,000 人、5,000 人が入れないというヒューストン TX の屋内動員記録）
プロレス 8月14日	【東京都体育館】流血した力道山を見て、ボボ・ブラジルがトボトボと控え室に帰ってしまうという不可解な試合放棄により力道山がブラジルを破る。（日本プロ） 【ボボ・ブラジル】（生）1924（没）1998（出生地）米（主要王座）WWA 世界ヘビー（初）1949（人物評）真っ黒な体に目の部分だけが白く光る。そして鋭い視線。ナチュラルにビルドアップされた、まさしく全身鋼（はがね）ともいうべき肉体と、説明を必要としない強さ、頭の堅さが特徴である。戦後すぐにジョー・サボルディに入門し、リング設営からプロレスを覚えた。大会場デビューは 51 年 11 月トロントのメイプルリーフ・ガーデンでこの日は前田山らも登場している。その後、ロサンゼルスで売り出し、57 年に初来日した。
プロレス 8月23日	【セントルイス MO】〈NWA 世界ヘビー〉ルー・テーズはパット・オコーナーとノーコンテストで防衛。エドワード・カーペンティアはフリッツ・フォン・エリックを破る。NWA 総会に出席したプロモーターがリングサイドに並んだ。 【フリッツ・フォン・エリック】（生）1929（没）1997（出生地）米（主要王座）AWA 世界ヘビー（初）1952（人物評）大きな掌をガッと広げる。場内が凍りつく。コメカミを掴まれた馬場がもがき、キャンバスに倒れる。それでも手は離さない。指と

1951 - 1960

プロ格闘技年表事典　191

指の間から血が流れ始める。居住するダラスといえば 63 年に
ケネディ大統領がパレード中にスナイパーに狙撃され、暗殺さ
れたという、いわくつきの場所。日本人のダラスに対する「怖
い所」。「怖いダラス」のイメージは 63 年のケネディ暗殺だけ
でなく、エリックによるところ少なくないと思うが、如何？

プロレス
8月29日
【シドニー（豪）】この日よりルー・テーズがオーストラリアを
ツアー。滞在中、ロード・ブレアース、スカイ・ハイ・リー、リッ
キー・ワルドーを相手に防衛。

プロレス
9月16日
【モントリオール（加）】〈ケベック版世界ヘビー〉バディ・ロジャー
ズがキラー・コワルスキーを破り、獲得。

プロレス
9月20日
【メキシコシティ・アレナメヒコ】「アニベルサリオ」「タッグトー
ナメント」優勝：ブラック・シャドウ＆アレックス・ロメロ

ボクシング
9月23日
【ニューヨーク NY・ヤンキースタジアム】〈世界ミドル〉カーメン・
バシリオがシュガー・レイ・ロビンソンを判定で破り、防衛。（年
間ベストバウト）

プロレス
9月28日
【シンガポール】ルー・テーズがキング・コングとノンタイトル
で闘い、引き分ける。

相撲
9月29日
【東京・蔵前国技館】優勝：栃錦（東横綱）13 勝 2 敗、技能賞：
琴ケ濱（西張関）、殊勲賞：北ノ洋（東小結）、敢闘賞：若瀬川（西
前 10）

プロレス
10月7日
【東京・後楽園球場】〈NWA 世界ヘビー〉ルー・テーズが力道
山と 60 分時間切れ引き分けて、防衛。（日本プロ）

プロレス
10月13日
【大阪・扇町プール】〈NWA 世界ヘビー〉ルー・テーズが力道
山と両者リングアウト引き分け、防衛。（日本プロ）

プロレス
10月25日
【沖縄・那覇】〈NWA 世界ヘビー〉ルー・テーズが力道山と両
者リングアウト引き分け、防衛。（日本プロ）

ボクシング
11月6日
【ロサンゼルス CA・リグレーフィールド】〈世界バンタム〉ア
ルフォンソ・アリミがラウル・マシアスを破り、獲得。

プロレス
11月14日
【トロント（加）】〈NWA 世界ヘビー〉ディック・ハットンがルー・
テーズを破り、獲得。決まり手はコブラツイスト。

【ディック・ハットン】（生）1923（没）2003（出生地）米（主
要王座）NWA 世界ヘビー（初）1952（人物評）1948 年のロ
ンドン五輪アメリカ代表。「対戦相手をマット上で自由自在に
扱える」とルー・テーズが評価するほどのグランドレスリン
グの猛者。テーズの推薦もあり NWA 王者となるが、観客の
足を会場に持ってこれぬ、プロモーターにとってはありがた
くない王者だった。王座陥落後に初来日する。力道山は大阪
でのシングルマッチでカナディアンバックブリーカーに担ぎ
上げられた際、顔が青ざめていたという。

プロレス 11月19日	【ニューヨーク NY・MSG】アントニオ・ロッカ＆エドワード・カーペンティアがディック・ザ・ブルーザー＆ジェリー・グラハムを破る。興奮した観客が暴徒と化す。
ボクシング 11月20日	【東京・蔵前国技館】〈OBF 東洋ウェルター〉福地健治がソムデス・ヨントラキットを破り、獲得。（年間ベストバウト）
相撲 11月24日	【福岡スポーツセンター】優勝：玉乃海（東前 14）15 勝、技能賞：該当者なし、殊勲賞：若羽黒（東小結）、敢闘賞：玉乃海（東前14）。初めての九州場所。
プロレス 12月2日	【モントリオール（加）】〈ケベック版世界ヘビー〉キラー・コワルスキーがバディ・ロジャーズを破り、獲得。
プロレス 12月11日	【ロンドン（英）・ロイヤルアルバートホール】〈世界ヘビー〉ルー・テーズがチョタ・ダラ・シンと引き分けて、防衛。テーズは「世界王者」として登場。他団体で闘っていたバート・アシラティは客席から乱入しようとして関係者につまみ出された。
プロレス 12月15日	【シカゴ IL】〈US ヘビー〉ディック・ザ・ブルーザーがウイルバー・スナイダーを破り、獲得。
プロレス	【ライムグローブバス（英）】「英国ヘビー級王座決定トーナメント」優勝：ビリー・ジョイス。ロード・マウント・エバンス・ベルトを授与される。（ジョイント・プロモーション）
その他	【MVP】〈相撲・年間最多勝〉栃錦清隆、59 勝 16 負 0 休。年間 5 場所行われるようになり、11 月場所が開催される福岡県の西日本新聞社によって賞が設立された。〈ボクシング・日本・コミッション〉（該当者なし）〈ボクシング・アメリカ・リング誌〉カーメン・バシリオ〈プロレス・メキシコ・エルアルコン誌〉エル・サント〈プロレス・ドイツ・カイザー派〉ギディオン・ギダ（次点）ヘルマン・イフラント〈プロレス・メキシコ・ルチャリブレ誌〉エル・グラディアドール

**1951
│
1960**

1958年

プロレス 1月17日	【セントルイス MO】〈NWA 世界ヘビー〉ディック・ハットンがジン・キニスキーに反則勝ち、防衛。
相撲 1月26日	【東京・蔵前国技館】優勝：若乃花（東大関）13勝2敗、技能賞：北ノ洋（西前1）、殊勲賞：琴ケ濱（東関脇）、敢闘賞：若前田（西張小）。場所後、若乃花幹士（初代）に横綱免許が授与される。

【若乃花幹士（初代）】（生）1928（没）2010（出生地）青森（初）1946（人物評）第45代横綱。1950年代後半に栃錦とともに「栃若時代」と言われる隆盛時代を作った力士である。「二所一門の荒稽古」（力道山にしごかれた話は有名である）で力をつけ、「オオカミ」、そして「土俵の鬼」と言われた。小兵ながら大型力士相手にも、下半身の強さ、膝のバネでがっぷり四つで対抗した。必殺技の「呼び戻し」。「腕力でなく、下半身からの力で投げ捨てられる感じ」（鳴門海）。「かかとに目がある」。若乃花は横綱に推挙された際「エライことになった」と思ったという。もし勝てなかったら地位の陥落はなくあるのは引退のみ。どうやって部屋の若い者、大家族を食わせていくのか。所属していた花籠部屋は布団まで質に入れる「日本一の貧乏部屋」であった。当時は個別に行われていた巡業も引き受け先が見つからず、辺鄙な土地に出かけて部屋の若い衆相手に胸を貸す稽古を延々と続けた。そんな巡業の様子を知る人物に作家、藤原新也（1944 -）がいる。藤原は福岡門司の生家が旅館を営んでいて、巡業中の若乃花一行がそこに宿泊したことがあった。稽古中に若乃花は「ペッ」と吐いた。藤原が見たものは抜けた歯も交じった血の塊であった。勝つには激しい稽古あるのみだったのだ。

プロレス 2月10日	【タンパ FL】「ガスパリーラ・スペクタキュラー」エドワード・カーペンティアがディック・ザ・ブルーザーを破る。
相撲 3月23日	【大阪府立体育館】優勝：朝汐（東大関）13勝2敗、技能賞：琴ケ濱（東関脇）、殊勲賞：琴ケ濱（東関脇）、敢闘賞：若前田（東小結）
ボクシング 3月25日	【シカゴ IL・スタジアム】〈世界ミドル〉シュガー・レイ・ロビンソンがカーメン・バシリオを破り、獲得。（年間ベストバウト）
プロレス 4月11日	【シカゴ IL】〈USヘビー〉バーン・ガニアがウイルバー・スナイダーを破り、獲得。
プロレス 4月15日	【ロンドン（英）】「トーナメント」〈決勝〉ビリー・ジョイスがゴードン・ネルソンを破り、優勝。
プロレス 4月21日	【フォートワース TX】〈インターナショナル〉ルー・テーズがフリッツ・フォン・エリックを破り、防衛。

プロレス 4月23日	【ロンドン（英）】〈英国ウェルター〉ジャック・デンプシーがミック・マクマナスを破り、獲得。その後カールトン・スミスに一時的に王座を明け渡すがすぐに復活。66年の引退まで王座を保持。（ジョイント・プロモーション）
プロレス 5月3日	【ボストン MA】〈ボストン版世界ヘビー〉キラー・コワルスキーがエドワード・カーペンティアを破り、獲得。
相撲 5月18日	【東京・蔵前国技館】優勝：栃錦（東張横）14勝1敗、技能賞：信夫山（西小結）、殊勲賞：鶴ケ嶺（西前5）、敢闘賞：若前田（東関脇）
プロレス 5月24日	【ニューヨーク NY・MSG】アントニオ・ロッカ＆ミグエル・ペレスがラリー・ハミルトン＆ジョエル・ハミルトンを破る。ジョエルは当時19歳9ケ月。これはMSGメイン出場最年少記録である。→ 72年10月31日
プロレス 5月30日	【ヒューストン TX】〈NWA世界ヘビー〉ディック・ハットンがルー・テーズに反則勝ち、防衛。
プロレス 5月31日	【大阪・扇町プール】この日と翌日、山口利夫の引退興行が行われた。日本プロレスは、芳の里、吉村道明、長沢、ユセフ・トルコ、それに、九州山（レフェリー）を派遣し、木村政彦はPY・チャン（東條山本）との柔道ジャケットマッチで協力した。これが山口だけでなく、木村にとっても最後のプロレスのリングであった。（山口道場）
ボクシング 6月6日	【セントルイス MO・アリーナ】〈世界ウェルター王座決定戦〉バージル・エーキンスがヴィンス・マルティネスを破り、獲得。
プロレス 7月7日	【カルガリー（加）】「スタンピード・ウィーク」〈NWA世界ヘビー〉ディック・ハットンがビル・ミラーを反則勝ちで破り、防衛。
相撲 7月20日	【名古屋・金山体育館】優勝：若乃花（東張横）13勝2敗、技能賞：成山（西前5）、殊勲賞：安念山（西前4）、敢闘賞：信夫山（西関脇）。戦後初めての名古屋場所。これで年6場所体制が確立する。
プロレス 8月9日	【オマハ NB】〈オマハ版世界ヘビー〉バーン・ガニアがエドワード・カーペンティアを破り、獲得。
プロレス 8月27日	【ロサンゼルス CA】〈インターナショナル〉力道山がルー・テーズを破り、獲得。ノンタイトル説もある
プロレス 9月5日	【東京・蔵前国技館】力道山＆ジョニー・バレンドがドン・レオ・ジョナサン＆スカイ・ハイ・リーと時間切れ引き分け。記念すべき金曜夜8時テレビ放映第1回目。（日本プロ）
プロレス 9月6日	【東京・蔵前国技館】ドン・レオ・ジョナサンがジョニー・バレンドを1－0のまま45分タイムアップで破る。名勝負。
相撲 9月14日	【東京・蔵前国技館】秋場所初日、栃錦対北の洋戦の勝負判定について、行司である髭の伊之助が軍配どおりを涙とともに主張。2日目から出場停止処分となる。

1951
|
1960

プロ格闘技年表事典　195

プロレス 9月26日	【メキシコシティ・アレナメヒコ】「アニベルサリオ」〈NWA世界ミドル〉ローランド・ベラがブラック・シャドウを破り、防衛。
相撲 9月28日	【東京・蔵前国技館】優勝：若乃花（東横綱）14勝1敗、技能賞：信夫山（東関脇）、殊勲賞：時津山（東前4）、敢闘賞：若秩父（西前18）
プロレス 10月2日	【東京・蔵前国技館】〈インターナショナル〉力道山がドン・レオ・ジョナサンを破り、防衛。（日本プロ）
プロレス 10月16日	【アマリロTX】女子タッグの試合ロレイン・ジョンソン＆ペニー・バナー対ケイ・ノーブル＆リタ・マルチネスの2本目。4人入り乱れての場外乱闘はそのまま客席になだれこみ、観客が手を出し、暴動に。警官が彼女らを押さえつけ逮捕、そして護送車で警察署に。そして4人は一晩ブタ箱に留置され、監獄につながれた4人の様子がご丁寧に写真入りで報道された。メインではドリー・ファンク・シニアが先代マイク・デビアスを意識不明に追い込んで勝ち、デビアスは救急車でノースウェスト・テキサス病院へ運ばれた。
プロレス 10月17日	【アトランタGA】〈アトランタ版世界ヘビー〉ポール・アンダーソンがドン・リーを破って防衛。アンダーソンは王者として現れた。
プロレス 10月31日	【東京都体育館】〈インターナショナル〉力道山がドン・レオ・ジョナサンを破り、防衛。（日本プロ）
プロレス 11月9日	【ヴィースバーデン（独）】「トーナメント」優勝：ホースト・ホフマン。ホフマンはカイザー派のトーナメントで初優勝。 【ホースト・ホフマン】（生）1935（出生地）独（主要王座）ドイツでのトーナメントの帝王。（初）1957（人物評）1957年4月デビュー。58年11月以来70年代半ばまでカイザー派のトーナメントでの優勝回数が莫大である。得意技はサイドスープレックスである。72年国際プロレスに初来日し、75年からは日本でのリングを全日本プロレスとする。暮のオープン選手権での対ドリー・ファンク・ジュニア戦、対ザ・デストロイヤー戦は渋い名勝負であった。77年暮、ビル・ロビンソンと組んだオープンタッグ選手権をもって引退した。
ボクシング 11月11日	【東京・後楽園ジム】〈日本フライ〉矢尾板貞雄が米倉健司を破り、防衛。（年間ベストバウト） 【矢尾板貞雄】（生）1935（出生地）東京（主要王座）OBF東洋フライ（初）1955（人物評）白井の後、原田の前に日本ボクシング界を支えた人物である。速いフットワークの、ヒット・アンド・アウェー戦法が型であった。1959年1月、世界フライ級王者パスカル・ペレスと10ラウンドノンタイトルマッチ

196　プロ格闘技年表事典

戦で判定勝ちするが「矢尾板はマラソンランナーになればいい」と皮肉られた。62年、時の王者ポーン・キングピッチへの挑戦が決まるが突如引退した。本当の理由は、所属ジムの会長だった中村信一との確執だった。

プロレス 11月13日	【サンパウロ（伯）】力道山がブラジル遠征の初戦でスペイン王者を名乗るロボーデ・アラゴンを破る。日本から移民した猪木完至少年は12月11日まで滞在した力道山を観戦しているが、面識を持つに至らなかった。「スポーツ歴史の検証」（笹川スポーツ財団、2014）より
プロレス 11月15日	【オマハ NB】〈オマハ版世界＆シカゴ版 US ヘビー〉ウイルバー・スナイダーがバーン・ガニアを破り、獲得。ガニアのもつシカゴ版 US 王座もこのときに移動したとして、スナイダーはシンシナティで US 王座の防衛戦を行うようになる。スナイダーが世界王者を名乗ったのはこのときだけである。
相撲 11月23日	【福岡スポーツセンター】優勝：朝汐（西大関）14勝1敗、技能賞：若瀬川（東前6）、殊勲賞：北ノ洋（東前1）、敢闘賞：安念山（東前2）
ボクシング 12月5日	【ロサンゼルス CA】〈世界ウェルター〉ドン・ジョーダンがバージル・エーキンスを破り、獲得。
プロレス 12月26日	【シンシナティ OH・WCPO－TV スタジオ】〈US ヘビー〉アンジェロ・ポッフォがウイルバー・スナイダーを破り、獲得。この収録が、ジム・バーネット＆ジョニー・ドイルとしてのプロモート初仕事である。また、テレビスタジオでタイトルが移動した最初の試合である。
プロレス 12月26日	【セントルイス MO】〈NWA 世界ヘビー〉ディック・ハットンがエドワード・カーペンティアを破り、防衛。
プロレス	【ロンドン（英）・ロイヤルアルバートホール】〈RAH 杯〉ティボー・ザカッシュがビル・ベーナを破り、獲得。
その他	【MVP】〈ボクシング・日本・コミッション〉矢尾板貞雄〈相撲・報知新聞年間最優秀力士〉若乃花幹士〈相撲・年間最多勝〉若乃花幹士、75勝14負0休1分〈ボクシング・アメリカ・リング誌〉インゲマル・ヨハンソン〈プロレス・メキシコ・ルチャリブレ誌＆エルアルコン誌〉カルロフ・ラガルデ〈プロレス・ドイツ・カイザー派〉ヘルマン・イフラント（次点）ギディオン・ギダ

1959年

プロレス
1月9日
【セントルイス MO】〈NWA 世界ヘビー〉パット・オコーナーがディック・ハットンを破り、獲得。背景には、ハットンの動員力が弱かったことがあった。しかし、59 年に訪れたプロレス不況には、王者の首の挿げ替え程度では対応できなかった。

プロレス
1月17日
【メルボルン（豪）】10 年近く試合から離れていた黄金のギリシャ人、ジム・ロンドスが突如カムバックする。相手を務めたのは、フレッド・ライト。これでロンドスは完全に引退。

相撲
1月25日
【東京・蔵前国技館】優勝：若乃花（東横綱）14 勝 1 敗、技能賞：若前田（東張小）、殊勲賞：時津山（東関脇）、敢闘賞：若秩父（西前 4）

プロレス
1月30日
【カルガリー（加）】〈カナダタッグ〉マッドドッグ・バション＆ブッチャー・バションがジョージ・スコット＆サンディ・スコットを破り、獲得。

プロレス
2月13日
【メキシコシティ】〈NWA 世界ライトヘビー〉ドリー・ディクソンがアル・ケーシーを破り、獲得。以後、同王座はメキシコの EMLL 管理下に置かれる。ディクソンは西インド諸島出身の筋骨隆々。ケーシーは 50 年代前半にミネアポリス MN でヒールのトップだったエイブ・ケーシーの息子。

プロレス
3月12日
【トロント（加）】ゴージャス・ジョージがビリー・ワトソンに敗れ、自慢のブロンドヘアをバッサリと切り落とす。→ 62 年 11 月 7 日

ボクシング
3月18日
【ロサンゼルス CA】〈世界フェザー〉デビー・ムーアがホーガン・バッセイを破り、獲得。

相撲
3月22日
【大阪府立体育館】優勝：栃錦（西横綱）14 勝 1 敗、技能賞：柏戸（西前 13）、殊勲賞：北ノ洋（西前 1）、敢闘賞：柏戸（西前 13）

プロレス
4月11日
【デトロイト MI】ジム・バーネット＆ジョニー・ドイルが旗揚げ。〈US ヘビー〉アンジェロ・ポッフォがウイルバー・スナイダーを破り、防衛。とともに、シカゴにあった同王座をデトロイトに定着させる。そのため、シカゴでは US 王座を新設する事になる。

プロレス
5月2日
【デトロイト MI】〈US ヘビー〉ウイルバー・スナイダーがアンジェロ・ポッフォを破り、獲得。

相撲
5月17日
【東京・蔵前国技館】優勝：若乃花（東張横）14 勝 1 敗、技能賞：房錦（西前 1）、殊勲賞：潮錦（西前 4）、敢闘賞：栃光（西関脇）。場所後、朝潮太郎（3 代）に横綱免許が授与される。

【朝潮太郎（3 代）】（生）1929（没）1988（出生地）鹿児島（初）1948（人物評）第 46 代横綱。長身、太い眉、胴長で胸毛のたくましい体格で、他の力士にはないスケールの持ち主だった。3 月の大阪場所に滅法強く、1956 年から 58 年にかけ 3 連覇、そして翌年の大阪も準優勝だった。大関、横綱を決めたのも

198　プロ格闘技年表事典

大阪で「大阪太郎」と言われた。大関に上がる頃は太く長い腕を利して、左右から脇を固め挟み付けつつ相手を土俵外に持っていく戦法を用いていた。横綱になってからは腰椎分離症が悪化し活躍できなかった。

プロレス
5月21日
【東京都体育館】「ワールドリーグ戦」開幕。翌日、同所で行われた公式戦エンリキ・トーレス対ロード・ブレアース（時間切れ引き分け）は名勝負。

プロレス
5月23日
【デトロイトMI】〈USヘビー〉ディック・ザ・ブルーザーがウイルバー・スナイダーを破り、獲得。

プロレス
5月29日
【ロンドン（英）・ロイヤルアルバートホール】〈RAH杯〉ティボー・ザカッシュが獲得。

ボクシング
6月12日
【ニューヨークNY・MSG】〈世界スーパーライト王座決定戦〉カルロス・オルチスがケニー・レーンを破り、獲得。

プロレス
6月15日
【東京都体育館】「ワールドリーグ戦」〈決勝〉力道山がジェス・オルテガを破り、優勝。決勝トーナメント1回戦で、ミスター・アトミックが力道山に反則勝ち。しかし、「負傷棄権」で力道山が決勝に進出した。（日本プロ）

ボクシング
6月26日
【ニューヨークNY・ヤンキースタジアム】〈世界ヘビー〉インゲマル・ヨハンソンがフロイド・パターソンを破り、獲得。

ボクシング
7月8日
【ロサンゼルスCA】〈世界バンタム〉ホセ・ベセラがアルフォンソ・アリミを破り、獲得。

プロレス
7月11日
【カルガリー（加）】「スタンピード・ウィーク」〈NWA世界ヘビー〉パット・オコーナーがルー・テーズとノーコンテスト、防衛。

プロレス
7月17日
【シカゴIL・アンフィシアター】バーン・ガニア＆ウイルバー・スナイダーがディック・ザ・ブルーザー＆カール・カールソンを破る。8ケ月間ぶりのアンフィシアター。

相撲
7月19日
【名古屋・金山体育館】優勝：栃錦（東横綱）15勝、技能賞：鶴ケ嶺（西前3）、殊勲賞：岩風（西前4）、敢闘賞：冨士錦（西前14）

ボクシング
7月20日
【プロビデンスRI】〈世界スーパーフェザー王座決定戦〉ハロルド・ゴメスがポール・ジョハンセンを破り、獲得。

プロレス
7月21日
【大阪中央体育館】〈インターナショナルヘビー〉力道山がエンリキ・トーレスと引き分けて、防衛。

プロレス
7月25日
【オマハNB】〈オマハ版世界ヘビー〉ウイルバー・スナイダーがディック・ザ・ブルーザーを破り、獲得。ブルーザーは1月27日以降のどこかで王者になっていた。

プロレス
8月1日
【シカゴIL】エドワード・カーペンティアがジン・キニスキーを破る。バディ・ロジャーズ、ルー・テーズ、カール・クラウザーも参戦。（クイン派侵攻第1弾）

1951
|
1960

プロ格闘技年表事典　199

プロレス 8月7日	【東京・田園コロシアム】〈インターナショナル〉力道山がミスター・アトミックを破り、防衛。覆面を剥ぎ正体はクライド・スティーフ。
ボクシング 8月10日	【東京都体育館】〈世界フライ〉パスカル・ペレスが米倉健司を破り、防衛。視聴率 88%。
ボクシング 8月28日	【サンフランシスコ CA・カウパレス】〈世界ミドル王座決定戦〉ジーン・フルマーがカーメン・バシリオを破り、獲得。（年間ベストバウト）
プロレス 9月11日	【グアダラハラ（墨）】〈NWA 世界ライトヘビー〉レイ・メンドーサがドリー・ディクソンを破り、獲得。

【レイ・メンドーサ】（生）1929（没）2003（出生地）墨（主要王座）NWA ライトヘビー（初）1954（人物評）50 年代末期から 1974 年の EMLL 離脱までライトヘビー（メキシコの最重量級）の、翌年より UWA の中心人物であり、ビジャノ III ら、ロス・ビジャノスの父親でもある。71 年にロサンゼルスで UN 王者になった後の 4 月、日本プロレスのワールドリーグ戦で初来日したが、好成績は上げられなかった。これは、そのようなマッチメークだったからで、メキシコでの試合動画で見られるような真価は発揮できなかった。

プロレス 9月16日	【モントリオール（加）】〈ケベック版世界ヘビー〉バディ・ロジャーズがキラー・コワルスキーを破り、獲得。
プロレス 9月25日	【メキシコシティ・アレナメヒコ】「アニベルサリオ」〈カベジェラコントラカベジェラ〉カベルナリオ・ガレントがトルベジーノ・ブランコを破り、防衛。
相撲 9月27日	【東京・蔵前国技館】優勝：若乃花（西横綱）14 勝 1 敗、技能賞：若羽黒（西張関）、殊勲賞：鶴ケ嶺（東前 1）、敢闘賞：柏戸（東前 3）
プロレス 10月3日	【オマハ NB】〈オマハ版世界ヘビー〉ドクター X（ビル・ミラー）がウイルバー・スナイダーを破り、獲得。
プロレス 10月17日	【セントポール MN】〈NWA 世界ヘビー〉パット・オコーナーがジョー・パザンダックを破り、防衛。
プロレス 10月22日	【ミネアポリス MN】バーン・ガニアがグレート・アントニオを破る。
プロレス 10月23日	【シカゴ IL・アンフィシアター】リッキー・スターがゴージャス・ジョージに反則勝ち。この年のコーラー派最高の動員。（観衆 5,020 人）
プロレス 10月29日	【ミネアポリス MN】273 キロのヘイスタック・カルホーンと 363 キロのハッピー・ハンフリーのシングル戦が行われ、カルホーンが勝利。

ボクシング 11月5日	【大阪・扇町プール】〈世界フライ〉パスカル・ペレスが矢尾板貞雄を破り、防衛。(年間ベストバウト)
相撲 11月22日	【福岡スポーツセンター】優勝:若羽黒(東大関)13勝2敗、技能賞:若ノ海(西前2)、殊勲賞:安念山(西張関)、敢闘賞:冨士錦(東前11)。かつてまだ子供だった若羽黒を立浪部屋に入れた髭の伊之助も乾杯に加わった。
プロレス 11月25日	【シカゴ IL】キラー・コワルスキーがルー・テーズに反則勝ち。この年のクイン派シカゴでの最高の動員。(観衆7,014人)
プロレス 11月	【グラスゴー(英)】〈英国ヘビー〉アーニー・ボールドウィンがビリー・ジョイスを破り、獲得。
プロレス 12月2日	【モントリオール(加)】〈ケベック版世界ヘビー〉キラー・コワルスキーがバディ・ロジャーズを破り、獲得。
相撲 12月	【日本相撲協会】行司に停年制ができる。これにより庄之助、髭の伊之助らが引退。
その他	【MVP】〈相撲・報知新聞年間最優秀力士〉栃錦清隆〈相撲・年間最多勝〉栃錦清隆、77勝13負0休〈ボクシング・日本・コミッション〉(該当者なし)〈ボクシング・アメリカ・リング誌〉インゲマル・ヨハンソン〈プロレス・メキシコ・エルアルコン誌〉カルロフ・ラガルデ〈プロレス・ドイツ・カイザー派〉ヘルマン・イフラント(次点)ジョージ・ゴーディエンコ〈プロレス・メキシコ・ルチャリブレ誌〉ドレル・ディクソン

1951 – 1960

1960年

プロレス
1月2日
【ニューヨーク NY・MSG】人間発電所ブルーノ・サンマルチノがデビュー2か月でMSGデビュー。相手はテキサス・ブラスナックル王座に17回返り咲いた類人猿、ワイルド・ブル・カリー。

【ブルーノ・サンマルチノ】(生) 1935 (没) 2018 (出生地) 伊 (主要王座) WWWF世界ヘビー (初) 1959 (人物評) 1963年から77年まで、ニューヨークのMSGを支えた伝説のレスラーである。ニューヨークの究極のベビーフェイスのイタリア移民。胸は厚いが背は低い。大型のヒールに痛めつけられ、イタリア系観客のフラストレーションが溜まったところで猛ラッシュ。ボディスラム、ベアハッグ、そしてカナディアン・バックブリーカーが炸裂する。ジャイアント馬場の親友であり、MSGや大阪球場で名勝負を繰り広げてきた。

プロレス
1月4日
【バロー (英)】〈世界ミドルヘビー〉マイク・マリノがビル・ロビンソンを破り、防衛。クリフ・ベルショーはジャック・デンプシーを破る。

【ビル・ロビンソン】(生) 1938 (没) 2014 (出生地) 英 (主要王座) IWA世界ヘビー (初) 1958または59 (人物評)「人間風車」以外にもスタンドからグランドに、そして関節を決めにいく技術を持つ。それに並ぶ者は少ない。1966年「蛇の穴」で培った技術を用いて兄弟子のジョイス越えを果たした。68年2月に吉原功が欧州路線に変更した際に、声がかかったものの、すぐに来なかったのは、スウェーデンの団体の立ち上げに関わっていたからだという。尚、ロビンソンは初来日前にイギリスの家を引き払っていた。イギリスから出る決心をしていたのだ。

プロレス
1月15日
【大阪府立体育館】〈インターナショナル〉力道山がジム・ライトに反則負け、防衛。

ボクシング
1月22日
【ボストン MA】〈世界ミドル王座決定戦〉ポール・ペンダーがシュガー・レイ・ロビンソンを破り、獲得。

相撲
1月24日
【東京・蔵前国技館】優勝：栃錦 (東横綱) 14勝1敗、技能賞：柏戸 (東小結)、殊勲賞：北ノ洋 (東前3)、敢闘賞：大鵬 (西前13)

プロレス
1月30日
【東京都体育館】〈インターナショナル〉力道山がジム・ライトを破り、防衛。

プロレス
1月
【モントリオール (加)】〈ケベック版世界ヘビー〉バディ・ロジャーズがキラー・コワルスキーを破り、獲得。

プロレス
2月6日
【デトロイト MI】〈USヘビー〉ウイルバー・スナイダーがディック・ザ・ブルーザーを破り、獲得。

202　プロ格闘技年表事典

プロレス 2月9日	【タンパ FL】「ガスパリーラ・スペクタキュラー」アントニオ・ロッカがディック・ザ・ブルーザーを2本目反則勝ちで破る。
プロレス 2月20日	【デトロイト MI】〈US ヘビー〉ディック・ザ・ブルーザーがウイルバー・スナイダーを破り、獲得。
プロレス 3月8日	【ボストン MA・アリーナ】〈ボストン版世界ヘビー〉キラー・コワルスキーはアントニオ・ロッカと引き分け、防衛。モントリオール（加）のエディ・クインが興行戦争を仕掛ける。（エディ・クイン派）
プロレス 3月11日	【ボストン MA・ガーデン】〈NWA 世界ヘビー〉パット・オコーナー対ディック・ザ・ブルーザーは午後11時カーフューにより引き分け、防衛。レフェリーは戦前の世界王者スティーブ・ケーシー（ポール・ボウザー派）。
ボクシング 3月16日	【ケソンシティ（比）】〈世界スーパーフェザー〉フラッシュ・エロルデがハロルド・ゴメスを破り、獲得。

【フラッシュ・エロルデ】（生）1935（没）1985（出生地）比（主要王座）世界スーパーフェザー（初）1951（人物評）1953年から54年にかけては主に日本のリングで活躍し、堀口宏、金子繁治、秋山政司とグローブを交える。55年7月サンディ・サドラーを相手にマニラでのノンタイトル戦で勝利した。しかし、翌56年のサドラーとの世界戦では、強打とダーティーなファイトの前に13ラウンド負傷 TKO で敗れる。が、60年、パンチョ・ビラに次いでフィリピン人で世界王者となったことで同国のスポーツ・文化の象徴となった。

1951 － 1960

相撲 3月20日	【大阪府立体育館】優勝：若乃花（東張横）15勝、技能賞：北ノ洋（東前1）、殊勲賞：柏戸（西張関）、敢闘賞：北葉山（東関脇）
プロレス 3月22日	【タンパ FL】〈ボストン版世界ヘビー〉キラー・コワルスキーがドン・イーグルを相手に防衛。
プロレス 4月15日	【東京都体育館】「ワールドリーグ戦」〈公式戦〉レオ・ノメリーニがサニー・マイヤースと引き分け。
ボクシング 4月16日	【バンコク（タイ）】〈世界フライ〉ポーン・キングピッチがパスカル・ペレスを破り、獲得。
プロレス 5月13日	【東京都体育館】「ワールドリーグ戦」〈決勝〉力道山がレオ・ノメリーニを破り、優勝。
プロレス 5月16日	【東京都体育館】〈インターナショナル〉力道山がサニー・マイヤースと時間切れ引き分け、防衛。
プロレス 5月18日	【ロンドン（英）・ロイヤルアルバートホール】〈RAH 杯〉ティボー・ザカッシュがレイ・ハンターを破って、獲得。
相撲 5月22日	【東京・蔵前国技館】優勝：若三杉（西前4）14勝1敗、技能賞：柏戸（西関脇）、殊勲賞：若三杉（西前4）、敢闘賞：大鵬（東前6）

プロ格闘技年表事典　203

ボクシング 5月23日	【東京・後楽園球場】〈世界バンタム〉ホセ・ベセラが米倉健司を破り、防衛。
ボクシング 5月27日	【ラスベガス NV】〈世界ウェルター〉ベニー・パレットがドン・ジョーダンを破り、獲得。
プロレス 6月2日	【ウィンザー（加）】〈US ヘビー〉ボブ・エリスがディック・ザ・ブルーザーを破り、獲得。
プロレス 6月2日	【大阪府立体育館】〈アジアタッグ〉フランク・バロア＆ダン・ミラーが力道山＆吉村道明を破り、獲得。
プロレス 6月7日	【名古屋・金山体育館】〈アジアタッグ〉力道山＆豊登がダン・ミラー＆フランク・バロアを破り、獲得。

【豊登】（生）1931（没）1999（出生地）福岡（主要王座）WWA 世界ヘビー（初）1954（人物評）アバウトな性格で、ギャンブル好き。乾いたタオルを雑巾絞りの要領で捻ってタオルを破る怪力の持ち主である。大相撲では立浪部屋に所属し、1954 年 3 月場所に入幕もしている。その年の秋、プロレスに転向した。力道山死後 2 年間は日本プロレスのエースを務めた。その後、東京、国際、新日本と渡り歩く。ベストシーンは 68 年 4 月、対ロビンソン戦での渾身の逆片エビ固め。定番の腕を交差させる「パコーン、パコーン」が親しまれた。

プロレス 6月8日	【モントリオール（加）】〈ケベック版世界ヘビー〉キラー・コワルスキーがバディ・ロジャーズを破り、獲得。
プロレス 6月11日	【デトロイト MI】〈US ヘビー〉ディック・ザ・ブルーザーがボブ・エリスを破り、獲得。
社会 6月15日	【東京・国会議事堂衆議院前】全学連主流派が南通用門から国会に突入して警官隊と衝突した際に樺美智子が死亡した。22 歳没、馬場正平と同い年。
ボクシング 6月20日	【ニューヨーク NY・ポログラウンズ】〈世界ヘビー〉フロイド・パターソンがインゲマル・ヨハンソンを破り、獲得。（年間ベストバウト）
プロレス 7月9日	【東京・田園コロシアム】〈インターナショナル〉力道山がサニー・マイヤースを破り、防衛。
相撲 7月10日	【名古屋・金山体育館】優勝：若乃花（東横綱）13 勝 2 敗、技能賞：柏戸（東関脇）、殊勲賞：柏戸（東関脇）、敢闘賞：岩風（西前 7）
プロレス 7月12日	【カルガリー（加）】「スタンピード・ウィーク」ビリー・ワトソンがジン・キニスキーと、両者反則の引き分け。
プロレス 7月15日	【ブラッドフォード（英）】〈英国ヘビー〉ビリー・ジョイスがデニス・ミッチェルを破り、獲得。

プロレス 7月18日	【ワシントン DC・グリフィススタジアム】ベアキャット・ライトがバディ・ロジャーズに反則勝ち。レフェリー、ジャーシー・ジョー・ウォルコット＆トニー・ガレント。この夏に行われた、グリフィススタジアム 3 連戦の営業的な成功で、ビンス・マクマホン・シニアはプロモーターとして一流の仲間入りをした。
プロレス 7月22日	【モントリオール（加）・デロミエルスタジアム】〈ケベック版世界ヘビー〉キラー・コワルスキーがルー・テーズを破り、防衛。エドワード・カーペンティアがバディ・ロジャーズを破る。
プロレス 7月22日	【オクラホマシティ OK】〈NWA 世界ジュニアヘビー〉ダニー・ホッジがアンジェロ・サボルディを破り、獲得。

　　　【ダニー・ホッジ】（生）1932（出生地）米（主要王座）NWA 世界ジュニアヘビー（初）1959（人物評）1952 年メルボルン五輪のレスリングミドル級銀メダリスト。ところがボクシングに転向し、58 年 6 月デビューするが金払いの悪さに嫌気が差し、59 年 10 月、プロレスデビューした。60 年代から 70 年代半ばまでのジュニアヘビー級の中心人物で、パウンド・フォー・パウンドではリアルにトップと言っても過言ではない。驚異的な握力により、他のレスラーでは真似できないグランドテクニックの持ち主である。

プロレス 7月29日	【シカゴ IL・コミスキーパーク】〈NWA 世界ヘビー〉パット・オコーナーがユーコン・エリックを破り、防衛。バディ・ロジャーズがベアキャット・ライトを破る。プロモーターのフレッド・コーラーは数年の不況から脱却。（観衆 30,275 人）
プロレス 7月30日	【メキシコシティ】〈NWA 世界ライトヘビー〉ゴリー・ゲレロがレイ・メンドーサを破り、獲得。
プロレス 8月6日	【シカゴ IL】ルー・テーズ＆エドワード・カーペンティア対キラー・コワルスキー＆クラッシャー・リソワスキー戦をもってクイン派は退却。
プロレス 8月16日	【ミネアポリス MN】AWA（American Wrestling Association）が誕生。初代世界王ヘビー級者はバーン・ガニア。タッグ王者はタイニー・ミルズ＆スタン・コワルスキー。

　　　【AWA】→ 1930 年 12 月 10 日

プロレス 8月16日	【サンフランシスコ CA】〈NAWA 世界ヘビー〉エドワード・カーペンティアがルー・テーズを破り、防衛。

　　　【NAWA】この時期のロサンゼルス版の世界王座認定団体。

プロレス 8月19日	【東京・日大講堂】〈日本ジュニアヘビー〉吉村道明が芳の里と引き分けて、防衛。ウェートの関係で、吉村道明は王座を返上。芳の里が王座につく。（ミゼットマッチ）パンサー＆ロペスがスカイ・ローロー＆ファジー・キューピットを破る。

1951
－
1960

その他 8月25日	【ローマ（伊）】夏期オリンピックが開幕。力道山が視察。〈ボクシング〉フライ銅：田辺清、ライト銀：サンドロ・ロポポロ、ウェルター金：ニノ・ベンベヌチ、ライトミドル銀：カルメロ・ボッシ、ヘビー金：カシアス・クレイ（モハメド・アリ）〈フリー〉〈グレコ〉98kg銀：ヴィルフリート・デートリッヒ（9月11日まで）。力道山が某スポーツ新聞の依頼により、現地レポートに赴いた。

【モハメド・アリ】（生）1942（没）2016（出生地）米（主要王座）世界ヘビー（初）1960（人物評）1964年、ネーション・オブ・イスラムへの加入時にリングネームをカシアス・クレイからモハメド・アリに変えた。「蝶のように舞い、蜂のように刺す」スタイルで、ヘビー級史上最速の一人といわれる。自己宣伝が派手かつ巧みだった。ベトナム戦争徴兵も拒否により米国政府と長期にわたって争ったり、「キンシャサの奇跡」、「スリラー・イン・マニラ」とリング内外のモノガタリが満載だった。76年には猪木と異種格闘技戦を行った。

ボクシング 8月29日	【東京・後楽園球場】〈世界フェザー〉デビー・ムーアが高山一夫を破り、防衛。（年間ベストバウト）
ボクシング 9月1日	【ミラノ（伊）】〈世界スーパーライト〉ドゥイリオ・ロイがカルロス・オルチスを破り、獲得。
プロレス 9月19日	【ケノウシャWI】〈USヘビー〉バディ・ロジャーズがカロル・クラウザー（カール・ゴッチ）とノーコンテスト、防衛。
プロレス 9月21日	【モントリオール（加）】〈ケベック版世界ヘビー〉エドワード・カーペンティアがキラー・コワルスキーを破り、獲得。
プロレス 9月23日	【メキシコシティ・アレナメヒコ】「アニベルサリオ」〈ナショナルライトヘビー〉ルーベン・ファレスがレイ・メンドーサを破り、獲得。
相撲 9月25日	【東京・蔵前国技館】優勝：若乃花（東横綱）13勝2敗、技能賞：大鵬（西関脇）、殊勲賞：小城ノ花（東前2）、敢闘賞：北葉山（東関脇）
プロレス 9月30日	【東京・台東体育館】〈アジア〉力道山がリッキー・ワルドーと引き分け、防衛。〈デビュー〉馬場正平*は田中米太郎を破るが、猪木完至*は大木金太郎に敗れる。

【ジャイアント馬場】（生）1938（没）1999（出生地）新潟（主要王座）インターナショナルヘビー、NWA世界ヘビー（初）1960（人物評）1960年代に北米のトップの殆どと闘う。66年、日プロのエースとなって以降、その存在は、毎週、新たな怪獣を迎える、ウルトラマンであった。金曜8時半、掃除機「風神」に続いて登場し、スケールの大きい闘いを見せた。「日本のビンス・マクマホン」と言われるほどの世界的なプロモーターでもある。NWA世界ヘビー級王座を奪取した74年には

すでに頂点を超えていて、全盛期は 60 年代一杯か。

【アントニオ猪木】（生）1943（出生地）神奈川（主要王座）NWF 世界ヘビー（初）1960（人物評）プロレス史、いや格闘興行史上最大の功労者の一人であろう。「眼」と「プロセス」で観客の無意識を掴み取る。物語作りの名手。「放っておけない」と思わず手をさしのべさせる「ファンたらし」である。力道山に学び、その死後、日プロ時代の 1969 年頃からジャイアント馬場に肉薄していった。71 年暮、日プロを追放され、72 年新日プロ旗揚げする。名勝負は数え切れない。一番の功績は、モハメド・アリと闘ったことである。

【大木金太郎】（生）1929（没）2006（出生地）韓国（主要王座）WWA 世界ヘビー（初）1959（人物評）母国韓国では英雄的な存在。1964 年ヒューストンでのルー・テーズ戦でセメントを仕掛け返り討ちにあった試合はあまりにも有名である。日本やアメリカのリングに積極的に上がる反面、母国を留守にすることも多かったが、留守部隊は大木以上の物語を作り出せなかった。得意技は頭突き。私的ベストバウトは 74 年 10 月の対アントニオ猪木戦だ。

社会 10月12日	【東京・日比谷公会堂】演説中の浅沼稲次郎を右翼少年、山口二矢が刺殺。山口は翌 11 月 2 日、東京少年鑑別所に収監中に自殺。17 歳、猪木完至と同い年。
プロレス 10月13日	【モンテレイ（墨）】〈NWA ミドル〉レネ・グァハルドがローランド・ベラを破り、獲得。
プロレス 10月19日	【東京・台東体育館】〈日本ライトヘビー王座決定戦〉吉原功が大坪清隆を破り、獲得。以後、73 年 7 月の小林対木村戦まで、日本人同士のタイトル戦が行われることはなかった。
プロレス 10月24日	【ニューヨーク NY・MSG】アントニオ・ロッカがブルーノ・サンマルチノに反則勝ち。
ボクシング 10月25日	【ロンドン（英）・ウェンブリーアリーナ】〈世界バンタム王座決定戦〉アルフォンソ・アリミがフレディー・ジルロイを破り、獲得。EBU 認定か？
ボクシング 10月29日	【ルイビル KY】〈デビュー〉カシアス・クレイ（モハメド・アリ）*がタニー・ハンスカーを破る。
プロレス 11月16日	【東京都体育館】〈インターナショナル〉力道山がプリンス・イヤウケアを破り、防衛。
ボクシング 11月18日	【ロサンゼルス CA】〈世界バンタム王座決定戦〉エデル・ジョフレがイーロイ・サンチェスを破り、獲得。

1951
|
1960

【エデル・ジョフレ】（生）1936（出生地）ブラジル（主要王座）

プロ格闘技年表事典　207

世界バンタム、WBC 世界フェザー（初）1957（人物評）「ガロ・デ・オーロ（黄金のバンタム）」の異名をもつ。巧みな防御と強打で、軽量級としては極めて高い KO 率を記録し、バンタム級史上最強と評価する者も多い。1965 年 5 月 17 日、元フライ級世界王者ファイティング原田との 9 度目の防衛戦では、4 ラウンド KO 寸前まで追い込まれるものの、5 ラウンドに強打で原田をグロッギーに陥れ、日本ボクシング史に残る死闘となった。結果は僅差の判定で原田が勝った。

相撲
11月27日
【福岡スポーツセンター】優勝：大鵬（東関脇）13 勝 2 敗、技能賞：栃ノ海（東前 8）、殊勲賞：房錦（西前 2）、敢闘賞：羽黒花（東前 10）

プロレス
12月9日
【バファロー NY】「レッスルソントーナメント」サト・ケオムカ（キンジ渋谷）がビリー・レッド・ライオンを破り、賞金と NWA 王者パット・オコーナーへの挑戦権を獲得。

ボクシング
12月24日
【東京】〈全日本新人王王座決定戦フライ〉原田政彦（ファイティング原田）が海老原博幸を破り、獲得。

【ファイティング原田】（生）1943（出生地）東京（主要王座）世界フライ、世界バンタム（初）1960（人物評）「狂った人間風車」とよばれたワンツー攻撃が武器。62 年 10 月世界フライ、65 年 5 月バンタム級の 2 階級制覇を日本人で初めて達成した。69 年 7 月 WBC 世界フェザー級王者ジョニー・ファメションに敵地オーストラリアで挑戦、ウィリー・ペップの依怙贔屓で判定負けした。翌 70 年、東京での再戦に敗れた後、西城の WBA 挑戦も囁かれたがテレビ放映局の問題で立ち消えとなった。体重が増えやすく常に減量苦が付きまとったキャリアだった。

【海老原博幸】（生）1940（没）1991（出生地）東京（主要王座）世界フライ、WBA 世界フライ（初）1959（人物評）元ボクサー金平正紀との二人三脚は「あしたのジョー」の丹下段平と矢吹丈のモデルとの声もある。「カミソリ・パンチ」と称された左ストレートで国内歴代 2 位となる 33KO を記録した。「海老原は天才だった」（ファイティング原田）、「一番ガッツがあったのは海老原だった。海老原は本当の男だ」（エディ・タウンゼント）、「最もパンチがあったのは海老原だ」（金平）、「あの悲壮感がいい」（吉本隆明＝思想家）。

プロレス
【レイスター（英）〈BWF 欧州ヘビー〉シャーリー・クラブトリー（ビッグ・ダディ）がイバール・マーティソンを破り、獲得。

| その他 | 【MVP】〈相撲・報知新聞年間最優秀力士〉若乃花幹士〈相撲・年間最多勝〉大鵬幸喜、66勝24負0休〈ボクシング・日本・コミッション〉高山一夫〈ボクシング・アメリカ・リング誌〉フロイド・パターソン〈プロレス・メキシコ・エルアルコン誌〉ゴリー・ゲレロ〈プロレス・ドイツ・カイザー派〉ギディオン・ギダ（次点）ホースト・ホフマン〈プロレス・メキシコ・ルチャリブレ誌〉レネ・グァハルド |

1961－1970年

プロ野球の巨人軍、卵焼きと並んで、60年代のこどもが好きだった第48代横綱、大鵬幸喜。

◆相撲

　1961年9月場所後、大鵬、柏戸が揃って横綱に昇進する。新時代到来を見届けた若乃花（初代）は62年3月をもって土俵から去った。いわゆる「柏鵬時代」は実質的には「大鵬時代」であった。この時代を支えた「曲者」海乃山、豪快な吊りの若浪、小兵藤の川、前さばきの栃東（初代）と、渋い脇役の存在も忘れられない。大鵬の大関時代の61年7月場所から62年1月場所までの4連覇、62年7月場所から63年5月場所までの6連覇、66年3月場所から67年1月場所までの6連覇は相撲史に燦然と輝いている。

　69年1月場所、若乃花（初代）の弟貴ノ花（初代）とハワイ出身の高見山の人気者同士が初めて顔が合い、幕内後半戦黄金カードの始まりとなった。同年3月場所2日目、東前頭筆頭の戸田が大鵬の連勝を45でストップさせた一番は「世紀の誤審」といわれ、判定にビデオ映像を使うきっかけとなった。

　そして7月場所、柏戸が引退。大相撲は少しずつ様相を変えていく。

◆ボクシング

　1954年11月の白井義男の敗戦以降、世界王者空白の時代は1962年10月、ファイティング原田がポーン・キングピッチを破って世界フライ級王座を奪取するまで続いた。65年5月、原田はエデル・ジョフレを破り世界バンタム王座も獲得し、王座認定団体もウェート階級も少なかった時代に2階級を制覇し、テレビ視聴率にも貢献した。60年代、原田の存在は、

高度経済成長の歯車となって闘い続けた日本の男たちの支えであった。

　アメリカでは、62年、NBAがWBAに改称され、スーパー・ウエルター級が新設された。63年には新しい王座認定団体、WBCも誕生した。

　64年にはヘビー級にモハメド・アリという新スターが登場した。しかし67年、ベトナム戦争への従軍を拒否し、王座を剥奪される。

露出過多の傾向にあったボクシング番組は徐々に姿を消し、70年暮にはフジテレビの三菱ダイヤモンドグローブ1本だけとなっていた。

◆プロレス

1950年代後半から分裂しはじめた世界王座認定団体は63年にはNWA、AWA（米北部）、WWWF（米東部）、WWA（ロサンゼルス地区）に収斂した。いずれも盛況であり、バディ・ロジャース、バーン・ガニア、ディック・ザ・ブルーザー、ブルーノ・サンマルチノ、ボボ・ブラジルら、多くのスターレスラーを誕生させた。

新団体の誕生で、老舗NWAは63年以降、シカゴ、ニューヨーク、ロサンゼルス、サンフランシスコといった大都市を失い中西部、南部のプロモーター連合となったが、63年王座に復活したルー・テーズの後、ジン・キニスキー、ドリー・ファンク・ジュニアと強い王者を輩出し続けた。

63年暮、力道山は不慮の死を遂げるが、以後を豊登、ジャイアント馬場が継承した。この3人のライバルとして太平洋をまたにかけて活躍したのは、62年、WWAで覆面レスラーとして史上めて世界王者となったザ・デストロイヤーであった。

◆その他

近代ムエタイとは素手素足を主とする戦闘技法に、ボクシングの要素を取り入れグローブを着用したものである。素手素足を主とするものといえば、中国発祥のカンフーや少林寺拳法、唐手（＝空手）があり、地理的に中国をはさむタイのムエタイと日本の空手は遠い親戚といってもいいのかもしれない。

そんなムエタイが最初に日本にやってきたのは1959年12月のことだった。

戦前のボクサー、ライオン野口の息子、野口修は、大山倍達配下の黒崎健時、中村忠、藤平昭雄（大沢昇）とタイに遠征、ムエタイとの対抗戦が好評だったことで、66年、キックボクシングを立ち上げる。ところが、大山が「申し訳ないが選手を出せなくなった」と辞退。急遽連れてきたのが剛柔流空手出身の沢村忠である。68年9月末よりキックボクシングは電波に乗り、沢村は国民的な英雄になっていく。

そして黒崎も翌年、目白ジムを立ち上げ、これが野口のプロモーションに対する別派設立となった。

1961年

プロレス 1月7日	【オマハ NB】〈オマハ版世界ヘビー〉ドン・レオ・ジョナサンがドクター X（ビル・ミラー）を破り、獲得。
相撲 1月22日	【東京・蔵前国技館】優勝：柏戸（西大関）13勝2敗、技能賞：鶴ケ嶺（東前3）、殊勲賞：房錦（東小結）、敢闘賞：冨士錦（西前4）
プロレス 1月28日	【デトロイト MI】〈US ヘビー〉ボボ・ブラジルがディック・ザ・ブルーザーを破り、獲得。
プロレス 2月3日	【アトランタ GA】〈アトランタ版 AWA 世界ヘビー〉ディック・ザ・ブルーザーがユーコン・エリックと引き分けて、防衛。ブルーザーは王者して現れた。
プロレス 2月4日	【オマハ NB】〈オマハ版世界ヘビー〉ドクター X（ビル・ミラー）がドン・レオ・ジョナサンを破り、獲得。
プロレス 2月7日	【マイアミビーチ FL】〈世界ライトヘビー王座決定戦〉ハロルド・ジョンソンがジェシー・ボウドライを破り、獲得。
プロレス 2月27日	【ニューヨーク NY・MSG】〈NWA 世界ヘビー〉パット・オコーナーがカール・フォン・ヘスを破り、防衛。バディ・ロジャーズはプリモ・カルネラを破り、ブルーノ・サンマルチノはヘイスタック・カルホーンを持ち上げた後にリングアウト勝ち。
プロレス 2月27日	【デトロイト MI】〈US ヘビー〉ディック・ザ・ブルーザーがボボ・ブラジルを破り、獲得。
プロレス 3月4日	【サンフランシスコ CA・カウパレス】ロイ・シャイアーが旗揚げ。アントニオ・ロッカがドン・レオ・ジョナサンを、レイ・スティーブンスがボブ・エリスを破る。他にもバーン・ガニア、ブルーノ・サンマルチノなど豪華な前座。 【レイ・スティーブンス】（生）1935（没）96（出生地）米（主要王座）US ヘビー（初）1952（人物評）年上の奥さんは女子レスラーテレサ・テーズ。そのコーチを受けてデビュー。曲者タイプで試合作りが巧く、やられっぷりが良い。1960 年代はサンフランシスコの帝王として全米からベビーフェイスを迎え撃ち、70 年代ニック・ボックウィンクルとのコンビでAWA 世界タッグ王者として活躍した。日本に 68 年、74 年、76 年と 3 度来ている。真価を発揮したのは 74 年の対マイティ井上戦であろう。
相撲 3月26日	【大阪府立体育館】優勝：朝潮（西横綱）13勝2敗、技能賞：房錦（東小結）、殊勲賞：栃光（西前3）、敢闘賞：前田川（西前8）
ボクシング 4月1日	【マイアミビーチ FL】〈世界ウェルター〉エミール・グリフィスがベニー・パレットを破り、獲得。
プロレス 4月3日	【オマハ NB】〈オマハ版世界ヘビー〉ドン・レオ・ジョナサンがドクター X（ビル・ミラー）を破り、獲得。

1961
|
1970

プロ格闘技年表事典　215

プロレス 4月4日	【ボストンMA】〈ボストン版世界ヘビー〉ベアキャット・ライトがキラー・コワルスキーを破り、獲得。
ボクシング 4月18日	【ロンドン（英）】〈世界ライト〉ジョー・ブラウンがデーブ・チャーンレイを破り、防衛。（年間ベストバウト）
プロレス 4月21日	【サンフランシスコCA・カウパレス】〈サンフランシスコ版USヘビー〉レイ・スティーブンスがレイ・スターンをメインイベントで破り、獲得。ベルトはシカゴ版USヘビーのものを流用した。〈NWA世界ヘビー〉パット・オコーナーがカロル・クラウザー（カール・ゴッチ）を破り、防衛。（ロイ・シャイアー派）
プロレス 4月23日	【東京・靖国神社】例大祭奉納プロレスが行われ、日本プロレス勢とともに米国のミゼットレスラーもリングに上がる。
プロレス 5月1日	【東京都体育館】「ワールドリーグ戦」開幕。カール・クライザー（ゴッチ）と吉村道明は1－1から45分時間切れ引き分け。クライザーはジャーマンスープレックスホールドを初公開。
相撲 5月21日	【東京・蔵前国技館】優勝：佐田の山（西前13）12勝3敗、技能賞：栃ノ海（東前5）、殊勲賞：北葉山（東関脇）、敢闘賞：佐田の山（西前13）
プロレス 5月23日	【大阪府立体育館】〈ノンタイトル〉力道山がミスターX（ビル・ミラー）と両者リングアウト引き分け。事前はインターナショナル選手権試合とされたが、当日、ノンタイトルとなった。
プロレス 5月25日	【富山市体育館】〈初対決〉馬場正平が猪木完至をフルネルソンで破る。
プロレス 5月26日	【福井市体育館】〈ノンタイトル、初対決〉力道山とカール・クライザー（カール・ゴッチ）は1－1から両者リングアウトの引き分け。
プロレス 6月2日	【東京・蔵前国技館】〈インターナショナル〉力道山がグレート・アントニオを破り、防衛。
プロレス 6月9日	【香川・高松市体育館】「ワールドリーグ戦」〈公式戦〉ミスターX（ビル・ミラー）がグレート・アントニオを2本目リングアウト勝ちの2－0で破る。見るものの背筋を寒くさせる、凄惨なリンチマッチだった。
プロレス 6月12日	【ロサンゼルスCA】〈NAWA世界ヘビー〉フレッド・ブラッシーがエドワード・カーペンティアを破り、獲得。
ボクシング 6月27日	【東京・蔵前国技館】〈世界フライ〉ポーン・キングピッチが関光徳を破り、防衛。視聴率64.9％。
プロレス 6月29日	【大阪府立体育館】「ワールドリーグ戦」〈決勝〉力道山がミスターX（ビル・ミラー）に反則勝ち、優勝。
プロレス 6月30日	【シカゴIL・コミスキーパーク】〈NWA世界ヘビー〉バディ・ロジャースがパット・オコーナーを破り、獲得。

相撲 7月9日	【名古屋・金山体育館】優勝：大鵬（東大関）13勝2敗、技能賞：栃ノ海（東小結）、殊勲賞：佐田の山（東前2）、敢闘賞：栃光（東張小）
プロレス 7月10日	【カルガリー（加）】「スタンピード・ウィーク」パット・オコーナーはジン・キニスキーを破る。
ボクシング 7月11日	【ロンドン（英）・ウェンブリーアリーナ】〈世界ミドル王座決定戦〉テリー・ダウンズがポール・ペンダーを破り、獲得。
プロレス 7月11日	【ミネアポリス MN】〈AWA世界ヘビー〉ジン・キニスキーがバーン・ガニアを破り、獲得。
プロレス 7月20日	【モントリオール（加）】〈ケベック版世界ヘビー〉ハンス・シュミットがエドワード・カーペンティアを破り、獲得。
プロレス 7月21日	【デトロイト MI】〈USヘビー〉バーン・ガニアがディック・ザ・ブルーザーを破り、獲得。
プロレス 7月21日	【ロサンゼルス CA】〈NAWA世界ヘビー〉フレッド・ブラッシーがルー・テーズを破り、防衛。レフェリー、ジャーシー・ジョー・ウォルコット。ブラッシー生涯唯一のテーズへの勝利。
プロレス 7月21日	【東京・田園コロシアム】〈インターナショナル〉力道山がミスターX（ビル・ミラー）を破り、防衛。マスクを剥ぎ素顔を公開。
プロレス 7月28日	【ニューヨーク NY・MSG】〈NWA世界ヘビー〉バディ・ロジャースがジョニー・バレンタインを破り、防衛。
プロレス 7月29日	【シカゴ IL・コミスキーパーク】〈NWA世界ヘビー〉バディ・ロジャーズがアート・トーマスを破り、防衛。
その他 7月30日	【東京・渋谷区大和田町】「リキ・スポーツ・パレス」完成。これにより、隔週だったテレビプロレスが毎週放映（1週ごとに金曜日夜8時、10時半）。地下1階にリキ・ジム（力道山道場）が置かれ、基本的に午前中から午後3時頃までがプロレス、夕方からはボクシングの時間とされ、それぞれトレーニングと選手育成にあたった。「リキ・ボクシング・ジム」。会長、伊集院弘。エディ・タウンゼントを専任コーチ、元世界フェザー級王者サンディ・サドラーをトレーナー。世界スーパーライト級王者・藤猛、東洋スーパーウエルター級王者・溝口宗男らを輩出した。

1961
｜
1970

【エディ・タウンゼント】（生）1914（没）1988（出生地）ホノルル HI（人物評）「日本からヘビー級のボクサーをつくる」ため、力道山が創設したリキジムでトレーナーとして、1962年来日した。63年力道山死去後は様々なジムから招聘を受け、育てた世界王者は海老原博幸、藤猛、柴田国明、ガッツ石松、井岡弘樹、友利正の6人である。来日当初、竹刀をジム内で見つけた時「アレ捨ててよ。アレあったら僕教えないよ。牛や馬みたいに叩かなくてもいいの。言いたいこと言えば分かるんだよ」と竹刀を捨てさせた。

プロ格闘技年表事典　217

プロレス 8月8日	【ブルミントン MN】〈AWA 世界ヘビー〉バーン・ガニアがジン・キニスキーを破り、獲得。
プロレス 8月18日	【サンディエゴ CA】〈NAWA 世界ヘビー〉フレッド・ブラッシーが馬場正平を破り、防衛。
プロレス 8月24日	【トロント（加）】「NWA 総会」フレッド・コーラー（シカゴ）を会長に選出。マソニックはセクレタリーに留任。パット・オコーナーが US 王者に認定される。（27 日まで）
プロレス 9月1日	【シカゴ IL・コミスキーパーク】〈NWA 世界ヘビー〉バディ・ロジャーズがパット・オコーナーにリングアウト勝ち、防衛。（観衆 20,015 人）
プロレス 9月8日	【ピッツバーグ PA】〈NWA 世界ヘビー〉バディ・ロジャーズはクラッシャー・リソワスキーを相手に防衛。〈相撲マッチ〉馬場正平が鈴木幸雄を破る。
プロレス 9月16日	【オマハ NB】〈オマハ版世界ヘビー〉バーン・ガニアがドン・レオ・ジョナサンを破り、獲得。
プロレス 9月19日	【ブリッジポート CT・TV】力道山＆芳の里がビリー・ズビスコ（ビル・ドロモ）＆カルロ・ミラノを破る。力道山が生涯唯一の東部マットに上がった日であり、プロレス史上唯一の、力道山とバディ・ロジャーズ（アーノルド・スコーランを破る）が同じカードに出た日でもある。
プロレス 9月22日	【メキシコシティ・アレナメヒコ】「アニベルサリオ」〈マスカラコントラカベジェラ〉エル・サントがレネ・グアハルドを破り、防衛。〈NWA 世界ライトヘビー〉ゴリー・ゲレロがレイ・メンドーサを破り、防衛。
プロレス 9月23日	【デトロイト MI】〈US ヘビー〉ディック・ザ・ブルーザーがバーン・ガニアを破り、獲得。
相撲 9月24日	【東京・蔵前国技館】優勝：大鵬（東大関）12 勝 3 敗、技能賞：該当者なし、殊勲賞：出羽錦（東前 3）、敢闘賞：明武谷（西前 4）。小結前田川が柏戸、大鵬を破りながら 2 勝 13 敗に終わるという珍記録を達成。場所後、柏戸、大鵬に横綱免許が授与される。 【柏戸剛】（生）1938（没）1996（出生地）山形（初）1954（人物評）第 47 代横綱。立ち合い左を浅く引き、土俵を一文字に突っ切る直線の、攻めの相撲で横綱に駆け上った。1960 年 1 月、新入幕で 11 連勝の大鵬と初顔合わせ、このときは三役の意地を見せた。これが大鵬との「時代」の幕開けであった。61 年 9 月場所後、大鵬と同時に横綱に昇進した。昇進後は怪我や病気に苦しむ。横綱柏戸の頂点は、4 場所休場した後の 63 年 9 月場所、千秋楽で大鵬を破っての「涙の全勝優勝」であろう。 【大鵬幸喜】（生）1940（没）2013（出生地）樺太（初）1956（人

物評）第48代横綱。左を固めて万全の布陣を敷き、おもむろに勝負に出る円形の、負けない相撲で昭和の大横綱となった。1959年5月の十両入りに際し、師匠の二所ノ関が「羽ばたくこと三千里、つむじ風にのること六千里」から、有望力士にと、予め用意しておいた大鵬の四股名をつけた。その端正な容貌に、場所中の夕方はテレビ放送を見るため、女湯は空になり、子どもたちの好きなものとして「巨人・大鵬・卵焼き」と謳われた。

ボクシング 9月30日	【ニューヨークNY・MSG】〈世界ウェルター〉ベニー・パレットがエミール・グリフィスを破り、獲得。
プロレス 10月6日	【セントルイスMO】〈NWA世界ヘビー〉バディ・ロジャーズがボブ・エリスを3本目、試合放棄で破り、防衛。
プロレス 10月6日	【ロサンゼルスCA】〈NAWA世界ヘビー〉フレッド・ブラッシーがリッキー・スターを破り、防衛。〈相撲マッチ〉馬場正平が鈴木幸雄を破る。（ストロンボー派）
プロレス 10月7日	【ロサンゼルスCA】ディック・ザ・ブルーザーがボブ・エリスとリングアウト引き分け。（シャイアー派）
プロレス 10月7日	【デトロイトMI】フレッド・コーラーがかつての部下ジム・バーネットに興行戦争を仕掛ける。アントニオ・ロッカがニコライ・ボルコフを破る。
プロレス 10月14日	【デトロイトMI】キラー・コワルスキー＆ディック・ザ・ブルーザーがバーン・ガニア＆ウイルバー・スナイダーと引き分け。（バーネット派）
プロレス 10月5日	【パリ（仏）】ホースト・ホフマン＆ミカ・ナドールがヘルマン・イフラント＆レネ・ラサルテスを破る。
プロレス 11月7日	【大阪府立体育館】〈インターナショナル〉力道山がゼブラ・キッドを破り、防衛。覆面を剥ぎ、正体ジョージ・ボラスを公開。
プロレス 11月7日	【モントリオール（加）】〈ケベック版世界ヘビー〉ジョニー・ルージョーがハンス・シュミットを破り、獲得。
ボクシング 11月13日	【東京・蔵前国技館】〈世界フェザー〉デビー・ムーアが高山一夫を破り、防衛。（年間ベストバウト）
プロレス 11月13日	【ニューヨークNY・MSG】〈NWA世界ヘビー〉バディ・ロジャーズがアントニオ・ロッカを反則勝ちで破り、防衛。〈初対決〉ジャイアント馬場がブルーノ・サンマルチノをリングアウトで破る。
相撲 11月26日	【福岡スポーツセンター】優勝：大鵬（西横綱）13勝2敗、技能賞：栃ノ海（東関脇）、殊勲賞：開隆山（東前1）、敢闘賞：若三杉（東前5）
プロレス 12月3日	【デトロイトMI】〈USヘビー〉フリッツ・フォン・エリックがディック・ザ・ブルーザーを破り、獲得。

1961
－
1970

プロ格闘技年表事典　219

プロレス 12月5日	【東京・リキスポーツパレス】ルター・レンジが吉村道明にバックドロップと試合放棄のストレート勝ち。
プロレス	【ロンドン（英）・ロイヤルアルバートホール】〈RAH杯〉ビル・ロビンソンがジョー・コネリウスを破り、獲得。
その他	【MVP】〈相撲・報知新聞年間最優秀力士〉大鵬幸喜〈相撲・年間最多勝〉大鵬幸喜、71勝19負0休〈ボクシング・日本・コミッション〉（該当者なし）〈ボクシング・アメリカ・リング誌〉ジョー・ブラウン〈プロレス・メキシコ・エルアルコン誌〉レネ・グアハルド〈プロレス・ドイツ・カイザー派〉ヘルマン・イフラント（次点）ギディオン・ギダ〈プロレス・メキシコ・ルチャリブレ誌〉エル・サント

1962年

プロレス 1月9日	【ミネアポリス MN】〈AWA 世界ヘビー〉ミスター M（ビル・ミラー）がバーン・ガニアを破り、獲得。
プロレス 1月15日	【セントポール MN】〈AWA 世界タッグ王座決定トーナメント決勝〉ラリー・ヘニング＆デューク・ホフマンがカロル＆イワン・カルミコフを破り、獲得。
相撲 1月28日	【東京・蔵前国技館】優勝：大鵬（東横綱）13 勝 2 敗、技能賞：栃ノ海（東関脇）、殊勲賞：青ノ里（西前 1）、敢闘賞：豊山（東前 9）
ボクシング 1月30日	【フィラデルフィア PA】ジョーイ・ジャーデロがヘンリー・ハンクを判定で破る。（年間ベストバウト）
プロレス 2月3日	【東京・日大講堂】〈アジアタッグ〉ルター・レンジ＆リッキー・ワルドーが力道山＆豊登を破り、獲得。
プロレス 2月6日	【サンフランシスコ CA・キーザーパビリオン】ルー・テーズがフレッド・ブラッシーと引き分け。長年当地を仕切ってきたプロモーターのジョー・マルセウィッツが老齢もありこの日の興行をもって店じまい。
プロレス 2月16日	【東京・日大講堂】〈アジアタッグ〉力道山＆豊登がルター・レンジ＆リッキー・ワルドーを破り、獲得。
プロレス 3月7日	【モントリオール（加）】〈ケベック版世界ヘビー〉ジョニー・ルージョーがジャイアント馬場に反則勝ち、防衛。
プロレス 3月9日	【シカゴ IL】〈NWA 世界ヘビー〉バディ・ロジャーズがジャイアント馬場を破り、防衛。
プロレス 3月10日	【デトロイト MI】〈デトロイト版 US ヘビー〉ウイルバー・スナイダーがフリッツ・フォン・エリックに反則勝ち、獲得。
プロレス 3月12日	【ワシントン DC】〈NWA 世界ヘビー〉バディ・ロジャーズがジャイアント馬場を破り、防衛。
ボクシング 3月24日	【ニューヨーク NY・MSG】〈世界ウェルター〉エミール・グリフィスがベニー・パレットを 12RKO で破り、獲得。敗者パレットは 4 月 3 日に死去。当時のリングは 3 本ロープだった。パレットの致命傷はロープから半身を外へ出した格好でコーナーポストとグリフィスのパンチに挟まれ衝撃を受けたことにあった。そのため、コーナーポストにはビニールカバーを施し、ロープが 3 本から 4 本に増やされるきっかけとなった。
相撲 3月25日	【大阪府立体育館】優勝：佐田の山（東張関）13 勝 2 敗、技能賞：佐田の山（東張関）、殊勲賞：栃光（西小結）、敢闘賞：豊國（西前 2）
プロレス 3月28日	【ロサンゼルス CA】〈NAWA 世界ヘビー〉力道山がフレッド・ブラッシーを TV カーフューで破り、獲得。

1961 | 1970

【TV カーフュー】生放送のテレビ放映時間終了が近づくと自動的に試合が終了となる仕組み。カーフューについては、→ 1946 年 1 月 10 日

ボクシング
4月7日
【ボストン MA】〈世界ミドル〉ポール・ペンダーがテリー・ダウンズを破り、獲得。

ボクシング
4月21日
【ラスベガス NV】〈世界ライト〉カルロス・オルチスがジョー・ブラウンを破り、獲得。

【カルロス・オルチス】(生) 1936 (出生地) プエルトリコ (主要王座) 世界スーパーライト、世界ライト (初) 1955 (人物評) 恵まれた体を生かした強打で KO の山を築いた。世界ライト級 1 位だった 1959 年、王者ジョー・ブラウンはなかなかオルティスの挑戦を受けなかった。MSG のマッチメイカー、テディ・ブレンナーは妥協案としてオルティスに世界スーパーライト級王座の復活を提案、6 月にケニー・レーンとの王座決定戦に勝って王者となる。61 年、王座陥落後、62 年 4 月、念願のライト級で世界王座挑戦が実現し、ジョー・ブラウンに判定勝ちし 2 階級制覇を達成した。

プロレス
4月23日
【東京都体育館】〈WWA 世界ヘビー〉力道山がフレッド・ブラッシーを破り、防衛。3 月 28 日に力道山が奪取した王座は WWA の名称に変更されていた。WWA とは、この時期のロサンゼルス版の世界王座認定団体である。

プロレス
4月27日
【神戸市王子体育館】ルー・テーズ&フレッド・ブラッシー&マイク・シャープが力道山&グレート東郷&豊登を破る。テレビを見ていた数人の老人がショック死。ブラッシーが東郷に噛み付き、血だるまになったグレート東郷のアップがブラウン管に映し出された場面があまりにも残酷だったからといわれている。社会的事件となった。

プロレス
5月11日
【大阪府立体育館】〈ノンタイトル〉力道山がディック・ハットンを試合放棄で破る。しかし、1 本目はカナディアンバックブリーカーでギブアップ。

プロレス
5月12日
【東京・台東体育館】リトル・ビーバー&スカイ・ローローがリトル・ブルーク&ファンジー・キューピットを破る。ミゼットレスラー中心、前座に女子レスラーの興行。プロモーターは玉井芳雄。観衆 7,000 人

プロレス
5月18日
【カラチ (基)】アスラム・ペールワンがキング・コングを破る。

相撲
5月20日
【東京・蔵前国技館】優勝:栃ノ海 (西関脇) 14 勝 1 敗、技能賞:栃ノ海 (西関脇)、殊勲賞:栃光 (西張関)、敢闘賞:栃ノ海 (西関脇)。場所前、二所ノ関部屋で片男波親方の独立騒動が起こる。

222　プロ格闘技年表事典

プロレス 5月25日	【東京都体育館】「ワールドリーグ戦」〈決勝〉力道山がルー・テーズを破り、優勝。
ボクシング 5月30日	【東京・蔵前国技館】〈世界フライ〉ポーン・キングピッチが野口恭を破り、防衛。
プロレス 6月2日	【デトロイト MI】〈デトロイト版 US ヘビー〉ディック・ザ・ブルーザーがウイルバー・スナイダーを破り、獲得。
ボクシング 6月3日	【東京・後楽園ジム】〈日本ミドル〉前溝隆男が辰巳八郎を破り、獲得。
プロレス 6月4日	【大阪府立体育館】〈アジアタッグ〉バディ・オースティン&マイク・シャープが力道山&豊登を破り、獲得。
	【バディ・オースティン】(生) 1929 (没) 1981 (出生地) 米 (主要王座) WWA 世界ヘビー (初) 1957 (人物評) 1962 年の初来日から 10 年間、毎年のように来日してはリング上を賑わせていた。しかし、70 年以降は日本以外での試合数が極端に少ない。これはアルコール関連のトラブルの多さが原因で、プロモーターにとって使いにくいレスラーになってしまったため。結果、自らの過小評価を招いてしまった。73 年以降、日本からも呼ばれず、77 年に引退。グァム島でプロモーターとして再起を期すが、成らず。
プロレス 6月8日	【シカゴ IL】ボボ・ブラジルがジャイアント馬場を破る。鈴木幸雄の無断帰国でタッグパートナーを失った馬場はこの日から 16 日まで対ブラジル、バディ・ロジャーズ、アントニオ・ロッカ、ジョニー・バレンタインのみと怒涛のシングル 8 連戦。馬場をトップにした絶対的な経験はコレであろう。
プロレス 6月16日	【フィラデルフィア PA】〈NWA 世界ヘビー〉バディ・ロジャーズがジャイアント馬場を破り、防衛。
プロレス 6月23日	【コロンバス OH】〈NWA 世界ヘビー〉バディ・ロジャーズがジャイアント馬場を破り、防衛。
プロレス 6月27日	【プーキープシー NY】〈NWA 世界ヘビー〉バディ・ロジャーズがジャイアント馬場を破り、防衛。
プロレス 6月29日	【アトランタ GA】〈アトランタ版世界ヘビー〉フレッド・ブラッシーがディック・ザ・ブルーザーを破り、防衛。ブラッシーは王者として登場。
プロレス 7月1日	【大阪・豊中市大門公園】〈アジアタッグ〉力道山&豊登がバディ・オースティン&マイク・シャープを破り、獲得。
プロレス 7月5日	【グリーンズボロ NC】〈NWAUS ヘビー〉ハンス・シュミットがパット・オコーナーを破り、獲得。
プロレス 7月6日	【カルガリー (加)】「スタンピード・ウィーク」〈カルガリー版 NAWA 世界ヘビー〉ジン・キニスキーはロニー・エチソンを破り、獲得。

1961 ― 1970

プロ格闘技年表事典　223

プロレス 7月7日	【コロンバス OH】〈NWA 世界ヘビー〉バディ・ロジャーズがジャイアント馬場を破り、防衛。
相撲 7月8日	【名古屋・金山体育館】優勝：大鵬（東横綱）14 勝 1 敗、技能賞：鶴ケ嶺（西前 7）、殊勲賞：出羽錦（東前 1）、敢闘賞：廣川（西前 13）
プロレス 7月23日	【モントリオール（加）】〈ケベック版世界ヘビー〉キラー・コワルスキーがエドワード・カーペンティアを破り、獲得。
プロレス 7月25日	【ロサンゼルス CA】〈NAWA* vs WWA 世界ヘビー〉フレッド・ブラッシー*が力道山を破り、統合。2 本目流血ドクターストップの 2 － 0。このダブルタイトルは、ブラッシーが 3 月に力道山に取られたのは WWA であるという建前のもとに行われた。レフェリー、レッドシューズ・ドゥーガン。
プロレス 7月27日	【シカゴ IL・コミスキーパーク】〈NWA 世界ヘビー〉バディ・ロジャーズがエドワード・カーペンティアを破り、防衛。以後 8 年間、シカゴで球場興行は行われなかった。（観衆 18,010 人）
プロレス 7月27日	【サンディアゴ CA】〈WWA 世界ヘビー〉ザ・デストロイヤーがフレッド・ブラッシーを破り、獲得。
	【ザ・デストロイヤー】（生）1930（出生地）米（主要王座）WWA 世界ヘビー（初）1954（人物評）足 4 の字固めを、誰でも知る技までに高めた。デビューから 1962 年までは本名のディック・ベイヤーで、60 年代後半から 70 年代にかけ AWA ではドクター X を名乗った。63 年の初来日での対力道山戦は力道山のベストバウトの呼び声が高い。その後も日本で馬場、猪木と名勝負を演じた。68 年には、ドクター X として AWA 世界ヘビー級王座にもついている。身長の小ささを感じさせなかった技術の持ち主である。
プロレス 7月30日	【バンクーバー（加）】〈NWA 世界ヘビー〉バディ・ロジャーズがジン・キニスキーを破り、防衛。観衆 16,000 人を動員。
プロレス 7月31日	【オマハ NB】〈オマハ版世界ヘビー〉フリッツ・フォン・エリックがバーン・ガニアを破り、獲得。
プロレス 8月4日	【デトロイト MI】〈デトロイト版 US ヘビー〉ロード・レイトンがディック・ザ・ブルーザーを破り、獲得。
プロレス 8月16日	【グリーンズボロ NC】〈NWA US ヘビー〉パット・オコーナーがハンス・シュミットを破り、獲得。
ボクシング 8月20日	【タコマ】NBA 総会が行なわれる。WBA 世界（世界ボクシング協会）と改称。EBU、BBB to C は加盟を拒否。
プロレス 8月21日	【ミネアポリス MN】〈AWA 世界ヘビー〉バーン・ガニアがミスター M（ビル・ミラー）を破り、獲得。マスクを剥ぎ素顔を公開。

224 プロ格闘技年表事典

プロレス 8月25日	【オマハ NB】〈オマハ版世界ヘビー〉バーン・ガニアがフリッツ・フォン・エリックを破り、獲得。
プロレス 8月31日	【コロンバス OH】「ロジャーズ殴打事件」カール・ゴッチ、ビル・ミラーが控室でバディ・ロジャーズに暴行。(アル・ハフト)
プロレス 9月11日	【コロンバス OH】〈オハイオ版 AWA 世界ヘビー〉カール・ゴッチがドン・レオ・ジョナサンを破り、獲得。(ボーク・エステス)
プロレス 9月12日	【ロサンゼルス CA】〈WWA 世界ヘビー〉ザ・デストロイヤーがルー・テーズと引き分け、防衛。
ボクシング 9月14日	【ミラノ(伊)】〈世界スーパーライト〉エディ・パーキンスがデュリオ・ロイを破り、獲得。
プロレス 9月14日	【東京都体育館】〈アジアタッグ〉力道山&豊登対スカル・マーフィ&ゴリラ・マコーニの試合にムース・ショーラック、アート・マハリックが乱入し、力道山は肩を負傷、4試合を欠場。19日の大阪からアメリカン・フットボールのショルダーパットをつけて復帰。
プロレス 9月21日	【メキシコシティ・アレナメヒコ】「アニベルサリオ」〈NWA 世界ミドル〉「アニベルサリオ」アントニオ・ポサがカルロフ・ラガルデを破り、防衛。
プロレス 9月21日	【滋賀・大津市皇子山体育館】力道山&豊登&マンモス鈴木対スカル・マーフィ&ムース・ショーラック&アート・マハリック戦で鈴木が醜態を見せる。生中継中にも拘らず、力道山は鈴木に平手打ちの鉄拳制裁。鈴木は6月に米武者修行から無断帰国していた。
相撲 9月23日	【東京・蔵前国技館】優勝:大鵬(東横綱)13勝2敗、技能賞:該当者なし、殊勲賞:豊山(西前2)、敢闘賞:豊山(西前2)
ボクシング 9月25日	【シカゴ IL・コミスキーパーク】〈世界ヘビー〉ソニー・リストンがフロイド・パターソンを破り、獲得。
	【ソニー・リストン】(生)1932(没)1971(出生地)米(主要王座)世界ヘビー(初)1953(人物評)184cm というヘビー級としては平凡な身長ながら213cm という長いリーチ、38cm という驚異的な拳周りが武器だった。デビュー前に19回の逮捕歴があり、刑務所でボクシングを覚えた。デビュー後もセントルイスで警官をぶっ飛ばし、追放されてフィラデルフィアに。そこでもマフィア系プロモーターと関わった。
プロレス 9月28日	【コロンバス OH】〈オハイオ版 AWA 世界ヘビー〉カール・ゴッチがドン・レオ・ジョナサンを破り、防衛。以後、アル・ハフトがエステスのレスラーを使うようになる。→3月2日
ボクシング 10月10日	【東京・蔵前国技館】〈世界フライ〉ファイティング原田がポーン・キングピッチを破り、獲得。(年間ベストバウト)

1961
―
1970

プロ格闘技年表事典　225

ボクシング 10月20日	【ポートランド OR】〈世界スーパーウェルター王座決定戦〉デニー・モイヤーがジョーイ・ギンブラを破り、初代王座を獲得。
ボクシング 10月23日	【サンフランシスコ CA】〈世界ミドル王座決定戦〉ディック・タイガーがジーン・フルマーを破り、獲得。
プロレス 10月27日	【コロンバス OH】〈オハイオ版 AWA 世界ヘビー〉カール・ゴッチがディック・ザ・ブルーザーを破り、防衛。前週の反則決着を受けた再戦であった。
プロレス 11月5日	【日本】テレビドラマ「チャンピオン太」の中で、力道山が死神酉長を破る。死神酉長役を務めていたのは猪木完至。ドラマ内のフィクションとはいえ、力道山対猪木が実現していたことになる。
プロレス 11月7日	【ロサンゼルス CA】ゴージャス・ジョージがザ・デストロイヤーに敗れ、自慢のブロンドヘアをバッサリと切り落とす。→ 59 年 3 月 12 日
プロレス 11月9日	【那覇・旭橋広場】〈インターナショナル〉力道山がムース・ショーラックを破り、防衛。
プロレス 11月10日	【オマハ NB】カール・ゴッチがフリッツ・フォン・エリックを破る。この日を最後にゴッチはオマハから去った。普通、勝って去ることはない。
プロレス 11月10日	【サンフランシスコ CA・カウパレス】〈世界タッグ〉ウイルバー・スナイダー＆ニック・ボックウィンクルがキンジ渋谷＆ミツ荒川を破り、獲得。
	【ニック・ボックウィンクル】（生）1934（没）2015（出生地）米（主要王座）AWA 世界ヘビー（初）1954（人物評）1970年アトランタでドリー・ファンク・ジュニアを苦しめた後、秋の日本プロレス NWA タッグリーグ戦で 2 度目の来日をし、決勝戦でのアントニオ猪木＆星野勘太郎戦（パートナーはジョニー・クイン）戦は未だ語り草である。75 年 11 月、バーン・ガニアの AWA 世界ヘビー級王座を奪う。84 年 2 月、ジャンボ鶴田に王座を奪われた直後の大阪でのリターンマッチでは鶴田の息が上がっており「ニック恐るべし」を思わせた。
ボクシング 11月15日	【ロサンゼルス CA】モハメド・アリがアーチー・ムーアを破る。試合前、アリは 4RKO を予告し、そして実現した。
プロレス 11月19日	【ボルティモア MD】〈NWA 世界ヘビー〉バディ・ロジャーズがジャイアント馬場を破り、防衛。
相撲 11月25日	【福岡スポーツセンター】優勝：大鵬（東横綱）13 勝 2 敗、技能賞：小城の花（西関脇）、殊勲賞：豊山（東関脇）、敢闘賞：豊山（東関脇）

ボクシング 12月2日	【埼玉・川口市体育館】〈日本ミドル〉斎藤登が前溝隆男を破り、獲得。
ボクシング 12月3日	【東京・蔵前国技館】〈世界ライト〉カルロス・オルチスが小坂照男を破り、防衛。
プロレス 12月14日	【ヒューストンTX】〈NWA世界ヘビー〉キラー・コワルスキーがルー・テーズと90分時間切れ引き分け、防衛。プロモーター、モーリス・P・シゲールは、当初、バディ・ロジャーズ対テーズの世界戦を予定していたが、ロジャーズが11月21日モントリオール（加）での対コワルスキー戦で負傷、欠場したため、コワルスキーを王者とした。
ボクシング 12月15日	【ミラノ（伊）】〈世界スーパーライト〉デュリオ・ロイがエディ・パーキンスを破り、獲得。
プロレス 12月27日	【ニューブリテンCT】アントニオ・ロッカがジャイアント馬場を破る。直後、ロッカはビンス・マクマホン・シニアの下を去る。
ボクシング 12月28日	【東京・後楽園ジム】〈日本フライ〉斎藤清作が野口恭を破り、獲得。
	【たこ八郎】（生）1940（没）1985（出生地）宮城（主要王座）日本フライ（初）1960（人物評）1970年代後半から80年代前半にコメディアンとして人気を得たたこ八郎は日本フライ級王座も獲得したボクサー斎藤清作である。現役時代は髪型を河童のように刈り込み「河童の清作」の異名を取った。ノーガードで相手に打たせて相手が疲れたところでラッシュをかけることを戦術としたが、その結果、特に引退後にパンチドランカーの症状に悩まされた。64年4月、王座から陥落すると同時に引退し、由利徹に弟子入りした。
プロレス	【ニューキャッスル(豪)】〈オーストラリアヘビー級〉カンガルー・ケネディがバロン・フォン・ヘズィーを破る。（ガーディナー派）
プロレス	【ロンドン（英）・ロイヤルアルバートホール】〈RAH杯〉ティボー・ザカッシュがブルーノ・アーリントンを破り、獲得。
その他	【MVP】〈相撲・報知新聞年間最優秀力士〉大鵬幸喜〈相撲・年間最多勝〉大鵬幸喜、77勝13負0休〈ボクシング・日本・コミッション〉ファイティング原田〈ボクシング・アメリカ・リング誌〉ディック・タイガー〈プロレス・メキシコ・エルアルコン誌〉レネ・グアハルド〈プロレス・ドイツ・カイザー派〉ホースト・ホフマン次点、ギディオン・ギダ〈プロレス・メキシコ・ルチャリブレ誌〉アントニオ・ポサ

1961 ― 1970

プロ格闘技年表事典　227

1963年

ボクシング 1月12日	【バンコク（タイ）】〈世界フライ〉ポーン・キングピッチがファイティング原田を破り、獲得。
プロレス 1月24日	【トロント（加）】〈NWA世界ヘビー〉ルー・テーズがバディ・ロジャーズを1本勝負で破り、獲得。この移動に関して東部のプロモーターは怒り、2フォール取っていないとして移動無効を主張、NWAを脱退。こうしてできたのがWWWF（現WWE）である。ブルーノ・サンマルチノがバディ・オースティンを破る。

【WWWF】プロレスの王座認定組織名。1963年1月、NWA世界王者バディ・ロジャースがルー・テーズに敗れ王座を失った直後、ロジャースの後ろ盾だったビンス・マクマホン・シニア、トゥーツ・モントが設立した。その世界ヘビー級王者は5月にブルーノ・サンマルチノに交代し、イワン・コロフ、ペドロ・モラレス、スタン・スタージャック、サンマルチノ（2度目）、ビリー・グラハムを経由して、78年2月にボブ・バックランドへと過渡した。日本人としては、藤波辰巳が78年2月にカルロス・ホセ・エストラーダを破ってジュニアヘビー級王座についた。79年3月いっぱいでWWFに改称した。

相撲 1月27日	【東京・蔵前国技館】優勝：大鵬（東横綱）14勝1敗、技能賞：海乃山（東前8）、殊勲賞：豊山（東関脇）、敢闘賞：豊山（東関脇）
プロレス 1月30日	【モントリオール（加）】〈ケベック版世界ヘビー〉エドワード・カーペンティアがキラー・コワルスキーを破り、獲得。しかし、王座を主宰していたエディ・クインは翌年引退。
プロレス 2月4日	【ロサンゼルスCA】〈WWA世界ヘビー〉ザ・デストロイヤーが馬場正平に反則負けの後時間切れ、防衛。
プロレス 2月5日	【タンパFL】「ガスパリーラ・スペクタキュラー」〈南部ヘビー〉エディ・グラハムがヒロ・マツダを反則勝ちで破り、防衛。

【ヒロ・マツダ】（生）1937（没）1999（出生地）神奈川（主要王座）NWA世界ジュニアヘビー（初）1957（人物評）1964年フロリダでダニー・ホッジを破りNWAジュニアヘビー級王座初戴冠。本拠地はフロリダ。66年、日本プロレスに凱旋し人気を得た。翌67年、国際プロレスの旗揚げメンバー。その後フリー。76年、全日本のリング上での対ビル・ロビンソン戦は隠れた名勝負である。重要なのは、彼が参加したシリーズには、「締まり」があったこと。ハルク・ホーガン、ポール・オーンドーフをコーチした。

プロレス 2月9日	【東京都体育館】〈インターナショナル〉力道山がジェス・オルテガを破り、防衛。

228　プロ格闘技年表事典

ボクシング 2月14日	【メキシコシティ】WBC が設立される。
ボクシング 2月14日	【WBC】世界ボクシング協会（WBA 世界）、ヨーロッパボクシング連合（EBU）、英国ボクシング管理委員会（BBB of C）、ラテンアメリカ B シング連合（LAPBU）、東洋ボクシング連盟（OBF）が対等の立場で討議する機関として WBC が設立される。
プロレス 2月15日	【セントポール MN】〈ノンタイトル・デスマッチ〉クラッシャー・リソワスキーがバーン・ガニアを破る。この結果に対しオマハではオマハ版世界王座が移動したと認定。
ボクシング 2月17日	【東京・新宿区体育館】〈日本ミドル〉前溝隆男が斎藤登を破り、獲得。
プロレス 2月22日	【ロサンゼルス CA】〈WWA 世界ヘビー〉ザ・デストロイヤーが馬場正平を破り、防衛。
プロレス 3月8日	【ウィニペグ（加）】〈AWA 世界ヘビー〉クラッシャー・リソワスキーがディック・スタインボーンを破り、防衛。ジン・キニスキーがブルーノ・サンマルチノを破る。
プロレス 3月11日	【アルバカーキ NM】〈ニューメキシコ版 WWA 世界ヘビー〉ムース・ショーラックが馬場正平を破り、防衛。レフェリー、アーチー・ムーア。
ボクシング 3月13日	【ニューヨーク NY・MSG】モハメド・アリがダグ・ジョーンズを破る。（年間ベストバウト）
プロレス 3月14日	【トロント（加）】〈NWA 世界ヘビー〉ルー・テーズがブルーノ・サンマルチノを破り、防衛。
その他 3月15日	【フェニックス AZ】〈異種格闘技戦〉アーチー・ムーアがマイク・デビアスを破る。
ボクシング 3月21日	【ロサンゼルス CA・ドジャースタジアム】〈世界ウェルター〉ルイス・マヌエル・ロドリゲスがエミール・グリフィスを破り、獲得。
ボクシング 3月21日	【ロサンゼルス CA・ドジャースタジアム】〈世界フェザー〉シュガー・ラモスがデビー・ムーアを破り、獲得。ムーアはこの試合でのダメージが原因で 2 日に死亡。ボブ・ディランに「Who Killed Davey Moore?」という曲もある。
相撲 3月24日	【大阪府立体育館】優勝：大鵬（東横綱）14 勝 1 敗、技能賞：鶴ケ嶺（西前 6）、殊勲賞：冨士錦（東前 1）、敢闘賞：海乃山（西前 1）
プロレス 3月24日	【東京・蔵前国技館】「ワールドリーグ戦」。凱旋帰国のジャイアント馬場がキラー・コワルスキーと 45 分フルタイムの名勝負。力道山もほめちぎったこの試合でジャイアント馬場は「ブレイク」した。
ボクシング 3月31日	【ロサンゼルス CA・ドジャースタジアム】〈世界スーパーライト王座決定戦〉ロベルト・クルスがバトリング・トーレスを破り、獲得。

1961
|
1970

プロ格闘技年表事典　229

プロレス 4月2日	【高知県民ホール】「ワールドリーグ戦」〈公式戦〉フレッド・アトキンスがサンダー・ザボーを破る。名勝負。
ボクシング 4月4日	【東京・蔵前国技館】〈世界バンタム〉エデル・ジョフレが青木勝利を破り、防衛。
プロレス 4月17日	【那覇・旭橋広場】〈インターナショナルヘビー〉力道山がヘイスタック・カルホーンを破り、防衛。この直前の宮古島大会にカルホーンは「重量オーバーで飛行機に乗れず」欠場した。
プロレス 4月24日	【大阪府立体育館】〈インターナショナルヘビー〉力道山がパット・オコーナーを破り、防衛。
ボクシング 4月29日	【ニューオリンズ LA】〈世界スーパーウェルター〉ラルフ・デュパスがデニー・モイヤーを破り、獲得。
その他 4月	【東京・後楽園ジムナジアム】こけら落とし。現在の後楽園ホールである。
プロレス 5月10日	【バッファロー NY】〈NWA 世界ヘビー〉ルー・テーズがアントニオ・ロッカを破り、防衛。そのフィルムは5年後日本で始まった番組「W・アワー」の第1回放送を飾った。
プロレス 5月10日	【ロサンゼルス CA】〈WWA 世界ヘビー〉フレッド・ブラッシーがザ・デストロイヤーを破り、獲得。
プロレス 5月10日	【セントルイス MO】ジョニー・バレンタイン&ジョン・ポール・ヘニングがディック・ザ・ブルーザー&フリッツ・フォン・エリックの究極の極道タッグを破る。試合後、エリック、ブルーザーは仲間割れ。
プロレス 5月17日	【東京都体育館】「ワールドリーグ戦」〈決勝〉力道山がキラー・コワルスキーを破り、優勝。試合前、羽田空港から直行したザ・デストロイヤーが挨拶、と思いきやコワルスキーの頬に平手打ち。
プロレス 5月17日	【ニューヨーク NY・MSG】〈WWWF 世界ヘビー〉ブルーノ・サンマルチノがバディ・ロジャースを破り、獲得。以後8年、ニューヨーク NY を自分一色に染める。
プロレス 5月24日	【東京都体育館】〈WWA 世界ヘビー〉ザ・デストロイヤーが力道山と引き分け、防衛。4の字固めがかかったまま、力道山ギブアップせず、レフェリーのフレッド・アトキンスが試合を止めた。力道山生涯のベストバウトといわれる。この来日でデストロイヤーはベルトを持参しなかった。視聴率64%ビデオリサーチ社調査開始後では史上4位。→5月10日
相撲 5月26日	【東京・蔵前国技館】優勝：大鵬（東横綱）15勝、技能賞：鶴ケ嶺（西前1）、殊勲賞：岩風（西前5）、敢闘賞：逆鉾（西前14）
ボクシング 6月1日	【ラスベガス NV】〈世界ライトヘビー〉ウィリー・パストラーノがハロルド・ジョンソンを破り、獲得。

プロレス 6月7日	【アトランタ GA】〈NWA* vs アトランタ GA 版世界ヘビー〉ルー・テーズ*がターザン・タイラーを破り、統合。
ボクシング 6月8日	【ニューヨーク NY・MSG】〈世界ウェルター〉エミール・グリフィスがルイス・マヌエル・ロドリゲスを破り、獲得。
プロレス 6月8日	【デトロイト MI】〈デトロイト版 US ヘビー〉フリッツ・フォン・エリックがロード・レイトンを破り、獲得。
ボクシング 6月15日	【ミラノ（伊）】〈世界スーパーライト〉エディ・パーキンスがロベルト・クルスを破り、獲得。
プロレス 6月15日	【コロンバス OH】〈オハイオ版 AWA 世界ヘビー〉カール・ゴッチがザ・シークを破り、防衛。この試合は 5 月 25 日同所での引き分けを受けた再戦。
プロレス 6月25日	【タンパ FL】〈NWA 世界ヘビー〉ルー・テーズがヒロ・マツダを破り、防衛。
プロレス 6月28日	【不明（メキシコ）】〈ナショナルミドル〉エル・サントがカルロフ・ラガルデを破り、獲得。
相撲 7月7日	【名古屋・金山体育館】優勝：北葉山（東張大）13 勝 2 敗、技能賞：該当者なし、殊勲賞：冨士錦（西前 3）、敢闘賞：若浪（東前 9）
プロレス 7月9日	【ミネアポリス MN】〈AWA 世界ヘビー〉クラッシャー・リソワスキーがバーン・ガニアを破り、獲得。
プロレス 7月19日	【東京・リキスポーツパレス】ジャイアント馬場がアントニオ猪木を破った試合が金曜日夜 8 時から生中継された。
プロレス 7月20日	【デトロイト MI】〈US ヘビー〉ロード・レイトンがフリッツ・フォン・エリックを破り、獲得。
プロレス 7月20日	【ミネアポリス MN】〈AWA 世界ヘビー〉バーン・ガニアがクラッシャー・リソワスキーを破り、獲得。この結果オマハ地区もオマハ版世界選手権移動と認定。
プロレス 7月27日	【オマハ NB】〈オマハ版世界ヘビー〉フリッツ・フォン・エリックがバーン・ガニアを破り、獲得。
プロレス 8月8日	【アマリロ TX】〈AWA 世界ヘビー〉バーン・ガニアがフリッツ・フォン・エリックを破り、獲得。
ボクシング 8月12日	【東京・王子デパート】〈日本ミドル〉金田森男が前溝隆男を破り、獲得。
ボクシング 8月19日	【東京・後楽園ジム】〈日本フェザー級王座決定戦〉菊地万蔵が小林弘を破り、獲得。（年間ベストバウト）
プロレス 8月20日	【ミネアポリス MN】〈AWA 世界タッグ〉ディック・ザ・ブルーザー＆クラッシャー・リソワスキーがカロル＆イワン・カルミコフを破り、獲得。これが「ブルクラ」の結成である。
プロレス 8月23日	【ロサンゼルス CA】〈WWA 世界ヘビー〉ベアキャット・ライトがフレッド・ブラッシーを破り、獲得。

1961
|
1970

プロ格闘技年表事典　231

プロレス 8月29日	【アマリロ TX】〈AWA 世界ヘビー〉バーン・ガニアがドリー・ファンク・ジュニアと 60 分時間切れ引き分け、防衛。
プロレス 9月6日	【メキシコシティ・アレナメヒコ】「アニベルサリオ1」〈カベジェラコントラマスカラ〉ルーベン・ファレスがエスパント 2 を破る。
ボクシング 9月7日	【ミラノ（伊）】〈世界スーパーウェルター〉サンドロ・マジンギがラルフ・デュパスを破り、獲得。
プロレス 9月7日	【オマハ NB】〈AWA* VS オマハ版世界ヘビー〉バーン・ガニア*がフリッツ・フォン・エリックにリングアウト勝ちし、統合。乱立する世界王座は NWA、AWA、WWWF、WWA の 4 つに収斂にし始める。
ボクシング 9月18日	【東京都体育館】〈世界フライ〉海老原博幸がポーン・キングピッチを破り、獲得。
プロレス 9月20日	【メキシコシティ・アレナメヒコ】「アニベルサリオ2」タッグトーナメントが行われた。
相撲 9月22日	【東京・蔵前国技館】優勝：柏戸（西横綱）15 勝、技能賞：該当者なし、殊勲賞：岩風（東前 3）、敢闘賞：琴櫻（西前 9）。翌日の日刊スポーツに、作家石原慎太郎が柏鵬戦を八百長と断ず。翌月日本相撲協会は名誉棄損で告訴。
プロレス 9月27日	【メキシコシティ・アレナメヒコ】「アニベルサリオ3」〈マスカラコントラカベジェラ〉エスパント 1 がルーベン・ファレスを破る。
プロレス 9月30日	【ニューヨーク NY・サニーサイドガーデン】ジム・クロケット派がニューヨーク進出旗揚げ。メインではアントニオ・ロッカがホセ・ロマノを破った。ジプシー・ジョーはペペ・フィゲロアの名でこの日デビュー、ホセ・ロペスを破る。
プロレス 10月4日	【ジャージーシティ NJ・ルーズベルトスタジアム】〈WWWF 世界ヘビー〉ブルーノ・サンマルチノがゴリラ・モンスーンに反則負け、防衛。モンスーンの出世試合。
プロレス 10月12日	【サンフランシスコ CA・カウパレス】〈US ヘビー〉レイ・スティーブンスがカール・ゴッチを破り、防衛。
プロレス 10月19日	【デトロイト MI】〈US ヘビー〉フリッツ・フォン・エリックがロード・レイトンを破り、獲得。
プロレス 11月5日	【大阪府立体育館】〈インターナショナルヘビー〉力道山がバディ・オースティンを破り、防衛。
相撲 11月24日	【福岡スポーツセンター】優勝：栃ノ海（西大関）14 勝 1 敗、技能賞：海乃山（西前 6）、殊勲賞：琴櫻（東前 1）、敢闘賞：沢光（東前 12）
プロレス 11月28日	【セントポール MN】〈AWA 世界ヘビー〉クラッシャー・リソワスキーがバーン・ガニアを破り、獲得。

プロレス 12月2日	【東京都体育館】〈インターナショナル〉力道山がザ・デストロイヤーをリングアウトで破り、防衛。
プロレス 12月4日	【大阪府立体育館】〈インターナショナル〉力道山がザ・デストロイヤーをリングアウト引き分け、防衛。
ボクシング 12月7日	【アトランティックシティNJ】〈世界ミドル〉ジョーイ・ジャーデロがディック・タイガーを破り、獲得。
プロレス 12月10日	【ロングビーチ】〈WWAインターナショナルTVタッグ〉ミスター・モト&大木金太郎がベアキャット・ライト&レッド・バスチェンを破り、獲得。
プロレス 12月13日	【ロサンゼルスCA】〈WWA世界ヘビー〉ベアキャット・ライトがフレッド・ブラッシーを破り、防衛。この試合は、ライトによるダブルクロス。ギクシャクした試合がテレビで放映されたため客が白け、以後、ロサンゼルスCAの動員数は著しく低下した。3日後、ライトは王座を剥奪され、カーペンティアがWWA王座を獲得。
プロレス 12月14日	【ミネアポリスMN】〈AWA世界ヘビー〉バーン・ガニアがクラッシャー・リソワスキーを破り、獲得。
プロレス 12月15日	【東京・山王病院】力道山が死去。
プロレス 12月27日	【セントルイスMO】〈NWA世界ヘビー〉ルー・テーズがカール・ゴッチを破り、防衛。
プロレス 12月28日	【デトロイトMI】〈NWA世界ヘビー〉ルー・テーズがウイルバー・スナイダーと引き分けて、防衛。「生涯見た試合のベストバウト」（馬場）。ジャイアント馬場がアントニオ・プグリシーを破る。
プロレス	【ロンドン（英）・ロイヤルアルバートホール】〈RAH杯〉ジョン・ダ・シルバがジョセフ・ザリノフを破り、獲得。
その他	【MVP】〈相撲・報知新聞年間最優秀力士〉大鵬幸喜〈相撲・年間最多勝〉大鵬幸喜、81勝9負0休〈ボクシング・日本・コミッション〉海老原博幸〈ボクシング・アメリカ・リング誌〉モハメド・アリ〈プロレス・メキシコ・ルチャリブレ誌〉ベニー・ギャラン〈プロレス・ドイツ・カイザー派〉ホースト・ホフマン（次点）ギディオン・ギダ〈プロレス・メキシコ・エルアルコン誌〉ラヨ・デ・ハリスコ

1961 | 1970

1964年

ボクシング 1月4日	【東京・蔵前国技館】〈世界スーパーライト〉エディ・パーキンスが高橋美徳を破り、防衛。
プロレス 1月15日	【ロサンゼルス CA】ジャイアント馬場がフリッツ・フォン・ゲーリングを破る。
プロレス 1月16日	【ワシントン DC】ジャイアント馬場がゴリラ・モンスーンとノーコンテスト。
プロレス 1月17日	【セントルイス MO】〈BI 代理対決〉カール・ゴッチがフレッド・アトキンスを破る。ジャイアント馬場がアンジェロ・ポッフォを破る。
プロレス 1月18日	【コロンバス OH】〈NWA* vs オハイオ版 AWA 世界〉ルー・テーズ* がカール・ゴッチと引き分け、共に防衛。
プロレス 1月18日	【デトロイト MI】〈US ヘビー〉フリッツ・フォン・エリックがジム・ヘイディを破り、防衛。ジャイアント馬場がロード・レイトンを破る。
プロレス 1月22日	【ジャクソンビル FL】〈フロリダ版 NWA 世界タッグ〉ドン・カーティス＆マーク・ルーインがスカル・マーフィ＆ブルート・バーナードを破り、防衛。5 年間にわたるタッグから卒業し、ルーインがフロリダを離れたため、王座は空位に。
ボクシング 1月23日	【バンコク（タイ）】〈世界フライ〉ポーン・キングピッチが海老原博幸を破り、獲得。
相撲 1月26日	【東京・蔵前国技館】優勝：大鵬（東横綱）15 勝、技能賞：清國（東前 13）、殊勲賞：大豪（東関脇）、敢闘賞：北の富士（東前 10）。場所後、栃ノ海晃嘉に横綱免許が授与される。 【栃ノ海晃嘉】（生）1938（出生地）青森（初）1955（人物評）第 49 代横綱。小兵ながら兄弟子栃錦ゆずりで大型力士をこなし、幕下時代の大鵬をカモにした。春日野部屋伝統の多彩な技とスピーディな取り口で人気を上げ 1963 年 11 月の優勝、64 年 1 月の準優勝で横綱に昇進した。この頃には寄り、押しと前に出る相撲に変わっており、これは栃錦と同じ過程を踏んだことになる。横綱昇進後は優勝が 1 回のみで、椎間板ヘルニアでの休場や一桁勝利の場所も多く、66 年 11 月を最後に 28 歳の若さで引退した。
プロレス 1月31日	【ロサンゼルス CA】〈WWA 世界ヘビー〉フレッド・ブラッシーがエドワード・カーペンティアを破り、獲得。
プロレス 2月4日	【タンパ FL】「ガスパリーラ・スペクタキュラー」ヒロ・マツダ＆デューク・ケオムカがスカル・マーフィ＆ブルート・バーナードに反則勝ち。

234　プロ格闘技年表事典

プロレス 2月8日	【デトロイト MI】〈NWA 世界ヘビー〉ルー・テーズがジャイアント馬場を破り、防衛。
プロレス 2月9日	【ミネアポリス MN】〈AWA 世界タッグ〉バーン・ガニア＆ムース・エバンスがディック・ザ・ブルーザー＆クラッシャー・リソワスキーを破り、獲得。
相撲 2月14日	【ロサンゼルス CA・オリンピックオーデトリアム】米本土巡業。2 日連続興行も不入り。角界拳銃密輸事件が起こる
プロレス 2月15日	【シンシナティ OH】〈NWA 世界ヘビー〉ルー・テーズがジャイアント馬場を破り、防衛。
プロレス 2月17日	【ニューヨーク NY・MSG】〈WWWF 世界ヘビー〉ブルーノ・サンマルチノがジャイアント馬場を破り、防衛。サンマルチノはこの年 MSG で 15,000 人をキープした。
プロレス 2月20日	【名古屋・金山体育館】〈アジアタッグ王座決定戦〉豊登＆吉村道明がプリンス・イヤウケア＆ドン・マヌキャンを破り、獲得。
プロレス 2月23日	【セントポール MN】〈AWA 世界タッグ〉ディック・ザ・ブルーザー＆クラッシャー・リソワスキーがバーン・ガニア＆ムース・エバンスを破り、獲得。
ボクシング 2月25日	【マイアミビーチ FL】〈世界ヘビー〉モハメド・アリがソニー・リストンを破り、獲得。（年間ベストバウト）
プロレス 2月28日	【ロサンゼルス CA】〈WWA 世界ヘビー〉フレッド・ブラッシーがジャイアント馬場と引き分けて、防衛。馬場はこの月だけで、NWA、WWWF、WWA に挑戦するという歴史に残る快挙。
相撲 2月	【ホノルル HI】ハワイ巡業。高砂親方により、ジェシー・クワウウラ（後の高見山）がスカウトされる。
ボクシング 3月1日	【東京・蔵前国技館】〈世界フェザー〉シュガー・ラモスが関光徳を破り、防衛。〈ノンタイトル〉ホセ・ナポレスが吉本武輝（世界スーパーライト 10 位）に初回 KO 勝ち。「第 1 ラウンドが始まった。リングを降り、振り返ってリングを見上げた。吉本は倒れていた」（エディ・タウンゼント）。
プロレス 3月9日	【ブラッドフォード（英）】〈英国ヘビー〉ジェフ・ポーツがビリー・ジョイスを破り、獲得。
プロレス 3月11日	【ホノルル HI】アントニオ猪木の記念すべき海外第 1 戦は対プリンス・イヤウケア。セコンドの豊登が手を出して反則負けを取られる。
相撲 3月22日	【大阪府立体育館】優勝：大鵬（東横綱）15 勝、技能賞：鶴ケ嶺（西前 9）、殊勲賞：開隆山（西前 2）、敢闘賞：若見山（東前 2）
ボクシング 4月2日	【東京・後楽園ジム】〈日本フライ〉飯田健一が斎藤清作を破り、獲得。斎藤はこの試合をもって引退し、コメディアン由利徹に弟子入り。たこ八郎に改名。

1961
I
1970

プロレス 4月3日	【東京・蔵前国技館】「ワールドリーグ戦」開幕。凱旋帰国のジャイアント馬場が対カリプス・ハリケーン戦で名勝負。45分時間切れ引き分け。実際には70分位闘った。
プロレス 4月22日	【ロサンゼルス CA】〈WWA世界ヘビー〉ディック・ザ・ブルーザーがフレッド・ブラッシーを破り、獲得。
プロレス 4月25日	【インディアナポリス IN】〈WWA世界タッグ〉ディック・ザ・ブルーザー＆ウイルバー・スナイダーがビル＆ダン・ミラーと60分時間切れ引き分け。ブルーザー＆スナイダーが新勢力WWAを旗揚げ。旧勢力ジム・バーネット派もがんばるが、半年しかもたなかった。
プロレス 4月30日	【カンザスシティ KS】トーキョー・トム（アントニオ猪木）がハーリー・レイスと引き分け。

【ハーリー・レイス】（生）1943（出生地）米（主要王座）AWA で世界タッグ、NWA 世界ヘビー、ミズーリ州ヘビー（初）1960（人物評）1964 年、お互い若手時代にカンザスシティでアントニオ猪木と闘っている。翌年 AWA で世界タッグ王者（パートナーはラリー・ヘニング）となったのが出世の始まりで、68 年に初来日した。その頃から、受身の巧さと存在感を感じさせた。73 年 2 月の来日で「強くなったな」と思ったら、3 ヶ月後、本当に NWA 王者になった。ノラリクラリの裏側に、天性のハートの強さを持つ。以後、84 年まで、何度も NWA 王座に返り咲いた。

プロレス 5月2日	【オマハ NB】〈AWA世界ヘビー〉マッドドッグ・バションがバーン・ガニアを破り、獲得。
プロレス 5月2日	【デトロイト MI】〈NWA世界ヘビー〉ルー・テーズがカール・ゴッチを破り防衛するが、流血。
プロレス 5月10日	【富山市立体育館】「ワールドリーグ戦」〈公式戦〉ジン・キニスキーがカリプス・ハリケーンを破る。名勝負。
プロレス 5月12日	【東京都体育館】「ワールドリーグ戦」〈決勝〉豊登がキニスキーを破り、優勝。
プロレス 5月14日	【横浜文化体育館】〈アジアタッグ〉ジン・キニスキー＆カリプス・ハリケーンが豊登＆吉村道明を破り、獲得
プロレス 5月16日	【オマハ NB】〈AWA世界ヘビー〉バーン・ガニアがマッドドッグ・バションを破り、獲得。
相撲 5月24日	【東京・蔵前国技館】優勝：栃ノ海（東張横）13勝2敗、技能賞：北の富士（東前5）、殊勲賞：沢光（東前4）、敢闘賞：若浪（西前8）
プロレス 5月29日	【札幌・中島スポーツセンター】〈アジアタッグ〉豊登＆ジャイアント馬場がキニスキー＆ハリケーンを破り、獲得。
プロレス 6月13日	【デトロイト MI】〈USヘビー〉ジョニー・バレンタインがフリッツ・フォン・エリックを破り、獲得。

プロレス 6月17日	【ロンドン（英）・ロイヤルアルバートホール】〈RAH杯〉ゴードン・ネルソンがスティーブ・ベイダーを破り、獲得。
ボクシング 6月19日	【不明（米）】モハメド・アリがWBA世界ヘビー級王座を剥奪される。
プロレス 6月23日	【タンパFL】〈フロリダ版NWA世界タッグ〉エディ・グラハム&サム・スティンボートがクリス&ジョン・トロスを破り、獲得。名タッグチーム、グラハム&スティムボート最初の戴冠。

【エディ・グラハム】（生）1930（没）1985（出生地）米（主要王座）フロリダ版NWA世界タッグ選手権（初）1947（人物評）サム・スティムボートとのコンビがあまりにも有名。1964年6月タンパでコンビ結成初の試合でトロス兄弟を破り世界タッグ王者となった。以後このコンビは、フロリダだけでなく、シャーロット、アトランタ、ダラス、アマリロ、テネシー地区で王者として活躍する。テネシー地区では66年1月から2月にかけヒロ・マツダ&猪木組と抗争し、その年の夏、コンビで来日した。70年からはフロリダ地区のプロモーターも務めた。

相撲 7月5日	【名古屋・金山体育館】優勝：冨士錦（西前9）14勝1敗、技能賞：冨士錦（西前9）、殊勲賞：明武谷（西前1）、敢闘賞：冨士錦（西前9）
プロレス 7月10日	【カルガリー（加）】「スタンピード・ウィーク」〈カルガリー版NAWA世界ヘビー〉キラー・コワルスキーはワルドー・フォン・エリックを破り、防衛。
プロレス 7月11日	【タンパFL】〈NWA世界ジュニアヘビー〉ヒロ・マツダがダニー・ホッジを破り、獲得。
プロレス 7月22日	【ロサンゼルスCA】〈WWA世界ヘビー〉ザ・デストロイヤーがディック・ザ・ブルーザーをリングアウトで破り、獲得。以後もブルーザーはインディアナ州でWWA王者を名乗る。
ボクシング 7月27日	【東京・蔵前国技館】〈世界スーパーフェザー〉フラッシュ・エロルデが小坂照男をTKOで破り、防衛。試合後「ストップのタイミングが早すぎる」と、リング上は混乱した。
プロレス 8月5日	【ロサンゼルスCA】〈WWA世界ヘビー〉ボブ・エリスが王者ザ・デストロイヤーを破る。デストロイヤーが覆面を取られて逃亡という結末だったため、タイトルは移動せず。
プロレス 8月5日	【アトランタGA】〈ジョージア州ヘビー王座決定戦〉スプートニク・モンローがディック・ザ・ブルーザーを破り、獲得。
プロレス 8月20日	【ベーカーズフィールドCA】武者修行中のリトル・トーキョー（アントニオ猪木）がディック・ザ・ブルーザーと引き分けの殊勲。
プロレス 8月26日	【ロサンゼルスCA】ボブ・エリスが凄惨な流血戦の末、ディック・ザ・ブルーザーを破る。ブルーザーはエリスの額にボールペンを突き立てた。セミファイナルではザ・デストロイヤーがリトル・トーキョー（アントニオ猪木）を破った。

1961
｜
1970

プロ格闘技年表事典　237

プロレス 9月7日	【コロンバス OH】〈NWA 世界ヘビー〉ルー・テーズがカール・ゴッチを破り、防衛。オハイオ版 AWA 王座は、アル・ハフトのプロモーター休業のため、消滅。
プロレス 9月10日	【ロサンゼルス CA】〈WWA 世界ヘビー〉ボブ・エリスがザ・デストロイヤーを破り、獲得。
プロレス 9月12日	【シカゴ IL】〈US ヘビー〉ディック・ザ・ブルーザーがパット・オコーナーを破り、獲得。
相撲 9月20日	【東京・蔵前国技館】優勝：大鵬（西横綱）14 勝 1 敗、技能賞：前田川（東前 6）、殊勲賞：開隆山（東前 5）、敢闘賞：明武谷（東前 1）
プロレス 9月22日	【ブリストル（英）】「ワンデー KO トーナメント」優勝：ピーター・メイビア、準優勝：ポール・バション。
プロレス 9月23日	【ソウル（韓）】「韓米日三ケ国プロレス大会」。23 日まで。参加レスラーは韓国から張永哲（チャンヨンチュル）、千圭徳（チョンギドク）、朴松男（パクソンナン）、日本から琴登成一郎、嘉地久晴、高橋輝男、亀井孝夫、アメリカからロング・スワード（在韓米軍人と思われる）。日本側メンバーは興味深い。元相撲取りを思わせる名前の琴登成一郎を調べてみると、たしかにこの四股名の相撲取りは存在し、元関脇高鐵山の 11 代鳴戸親方と同日、同病院で亡くなった橋本成一郎氏と同一人物である可能性を感じる。嘉地久晴はかつて山口利夫の全日本プロレス協会に在籍した後大相撲に脱走し、天山の四股名で十両まで出世した。プロレス出身の相撲取りは珍しいが、更に言えば嘉地はプロレスと相撲との間を一往復したことになる。高橋輝男は後の新日本プロレスのレフェリーミスター高橋で、レフェリー引退後の 2001 年 12 月、暴露本『流血の魔術 最強の演技 すべてのプロレスはショーである』を著し物議を醸した。 【大韓プロレスリング協会】プロレス団体。1960 年に設立された翌 60 年、韓国初のプロレス団体。朴正煕の庇護のもと、日本でいう財団法人格を得た。85 年頃有名無実化した。当時の韓国では法的に、大韓プロレスリング協会以外の団体は許されなかった。一方で、キム・イル（大木金太郎）派、張永哲派との間には深い溝があり、協会内別派として別々に興行が打たれることが殆どであった。
プロレス 9月24日	【メキシコシティ・アレナメヒコ】「アニベルサリオ」〈NWA 世界ミドル〉レネ・グアハルドがラヨ・デ・ハリスコと対戦。
プロレス 9月25日	【メキシコシティ・アレナメヒコ】「アニベルサリオ」〈NWA 世界ミドル〉ラヨ・デ・ハリスコがベニー・グラントを破り、獲得。〈NWA 世界ウェルター〉カルロフ・ラガルデがウラカン・ラミレスを破り、防衛。

ボクシング 9月26日	【メキシコ州・エルトレオ】〈世界フェザー〉ビセンテ・サルディバルがシュガー・ラモスを破り、獲得。
プロレス 9月26日	【ミドルズボロ（英）】〈英国ヘビー〉ビリー・ジョイスがジェフ・ポーツを破り、獲得。
その他 10月10日	【東京】夏季オリンピックが開幕。〈ボクシング〉バンタム金：桜井孝雄、ヘビー金：ジョー・フレージャー〈グレコ〉98kg銀：ヴィルフリート・デートリッヒ〈柔道〉無差別金：アントン・ヘーシンク（10月24日まで）
プロレス 10月16日	【ヒューストンTX】〈NWA世界ヘビー〉ルー・テーズがセメントに来た大木金太郎をセメント返しで破り、防衛。〈世界女子〉ファビュラス・ムーラがベティ・ブッチャーを相手に防衛。
プロレス 10月20日	【ミネアポリスMN】〈AWA世界ヘビー〉マッドドッグ・バションがバーン・ガニアを破り、獲得。
プロレス 10月23日	【シドニー（豪）】ジム・バーネット＆ジョニー・ドイルが旗揚げ。デトロイトからオーストラリアにお国替え。メインはキラー・コワルスキー対ドン・デヌッツィ。
プロレス 10月26日	【ジャージーシティNJ・ルーズベルトスタジアム】〈WWWF* vs WWA世界ヘビー〉フレッド・ブラッシーがブルーノ・サンマルチノ*にリングアウト勝ち、共に防衛。しかし、ブラッシーは実際にはWWA王者ではなかった。
ボクシング 10月29日	【東京・蔵前国技館】〈ノンタイトル、世界ランキング1位* vs 東洋王者〉ファイティング原田*が青木勝利を破る。（年間ベストバウト）
プロレス 11月13日	【サンディエゴCA】〈WWA世界ヘビー〉ザ・デストロイヤーがボブ・エリスを破り、獲得。
プロレス 11月14日	【ハノーファー（独）】「トーナメント」優勝：ハンス・リチャード・ベーレンズ
プロレス 11月16日	【ニューヨークNY・MSG】〈WWWF世界ヘビー〉ブルーノ・サンマルチノがジン・キニスキーをリングアウトで破り、防衛。
相撲 11月22日	【福岡スポーツセンター】優勝：大鵬（東横綱）14勝1敗、技能賞：北の富士（東前1）、殊勲賞：明武谷（東関脇）、敢闘賞：青ノ里（東前3）
プロレス 11月24日	【ポートランドOR】ミスター・カジモト（アントニオ猪木）がチーフ・アール・ライトフットの目玉をくり抜いた末、破る。
プロレス 12月1日	【ポートランドOR】パット・パターソンが初対決でミスター・カジモト（アントニオ猪木）を破る。
プロレス 12月4日	【東京都体育館】〈WWA世界ヘビー〉豊登がザ・デストロイヤーを破り、獲得した。が、デストロイヤーは帰国後もチャンピオンのままであった。

1961｜1970

プロ格闘技年表事典　239

プロレス 12月12日	【デトロイト MI】ザ・シークがフリッツ・フォン・エリックを破る。この頃からバーネット＆ドイルから興行権を買収したザ・シークが当地を仕切るようになった。
プロレス	【スペイン】この頃、ヘラクレス・コーテッツが欧州ヘビー級選手権者（スペイン版）を名乗る。
その他	【MVP】〈相撲・報知新聞年間最優秀力士〉大鵬幸喜〈相撲・年間最多勝〉大鵬幸喜、69勝11負10休〈ボクシング・日本・コミッション〉ファイティング原田〈ボクシング・アメリカ・リング誌〉エミール・グリフィス〈プロレス・メキシコ・エルアルコン誌〉カルロフ・ラガルデ〈プロレス・ドイツ・カイザー派〉ホースト・ホフマン（次点）ビル・ロビンソン〈プロレス・メキシコ・ルチャリブレ誌〉エスパント1

1965年

プロレス
1月11日
【バンクーバー（加）】〈カナダタッグ〉ドン・レオ・ジョナサン＆ジン・キニスキーがロイ・ヘフナン＆アル・コステロ（ファビュラス・カンガルーズ）を破り、獲得。

ボクシング
1月18日
【カラカス（委）】〈世界スーパーライト〉カルロス・エルナンデスがエディ・パーキンスを破り、獲得。

相撲
1月24日
【東京・蔵前国技館】優勝：佐田の山（東大関）13勝2敗、技能賞：清國（西前1）、殊勲賞：明武谷（東関脇）、敢闘賞：若杉山（西前13）。場所後、佐田の山晋松に横綱免許が授与される。

【佐田の山晋松】(生) 1938 (没) 2017 (出生地) 長崎 (初) 1956 (人物評) 第50代横綱。1956年1月場所で初土俵以来幕下まで優勝が無い佐田の山は地道な努力で少しずつ番付を上げた。相撲取りの基礎トレーニングは四股と鉄砲と言われる。「この（部屋の前の）電信柱が私の基礎を作ったと思っています」と振り返っている。部屋の大先輩である出羽錦は佐田の山を厳しく指導し「晋松が綱を取ったら、ワシが太刀を持つからそれまでは引退しない」と頑張った。が現役時代は間に合わず、土俵入りが行われたのは出羽錦の引退相撲だった。

プロレス
1月28日
【ジャクソンビル FL】〈NWA 世界タッグ〉フレッド・ブラッシー＆ターザン・タイラーがエディ・グラハム＆サム・スティムボートを破り、獲得。

プロレス
1月31日
【ミネアポリス MN】〈AWA 世界タッグ〉ハーリー・レイス＆ラリー・ヘニングがディック・ザ・ブルーザー＆クラッシャー・リソワスキーを破り、獲得。

ボクシング
2月1日
【ニューヨーク NY・MSG】フロイド・パターソンがジョージ・チュバロを判定で破り、獲得。（年間ベストバウト）

プロレス
2月6日
【デトロイト MI】〈US ヘビー〉ザ・シークがジョニー・バレンタインを破り、獲得。

プロレス
2月12日
【セントポール MN】バーン・ガニア＆クラッシャー・リソワスキー＆タイニー・ミルズがハーリー・レイス＆ラリー・ヘニング＆マッドドッグ・バションを破る。レイスは、試合後レストランにて民間人とトラブル。刺される。

プロレス
2月26日
【東京都体育館】〈WWA 世界ヘビー〉豊登がザ・デストロイヤーと引き分け、防衛したことになっているが、ロサンゼルスでは相変わらずデストロイヤーが王者を名乗っていた。警察による「頂上作戦」により、役員浄化策に出た日本プロレスが東声会町井久之をはずしたため、150人の構成員が押しかけ緊張に包まれた興行であった。視聴率 51.2%（ビデオリサーチ社調べ）。

1961
|
1970

プロ格闘技年表事典　241

プロレス 2月26日	【デトロイト MI】ディック・ザ・ブルーザーはパット・オコーナーを、ジン・キニスキーはウイルバー・スナイダーを、ハーリー・レイス＆ラリー・ヘニングはバーン・ガニア＆ジョー・ブランチャードを破った。（WWA）
ボクシング 3月5日	【シカゴ IL・アンフィシアター】〈WBA 世界ヘビー〉アーニー・テレルがエディ・メイチェンを破り、獲得。
プロレス 3月12日	【ロサンゼルス CA】〈WWA 世界ヘビー〉ペドロ・モラレスがザ・デストロイヤーを破り、獲得。→ 64 年 12 月 4 日、65 年 2 月 26 日
相撲 3月21日	【大阪府立体育館】優勝：大鵬（東横綱）14 勝 1 敗、技能賞：清國（東小結）、殊勲賞：玉乃島（東前 3）、敢闘賞：大豪（東前 1）
ボクシング 3月30日	【ニューヨーク NY・MSG】〈世界ライトヘビー〉ホセ・トーレスがウィリー・パストラーノを破り、獲得。
ボクシング 4月10日	【パナマシティ】〈世界ライト〉イスマエル・ラグナがカルロス・オルチスを破り、獲得。
プロレス 4月17日	【サンフランシスコ CA・カウパレス】〈世界タッグ〉レイ・スティーブンス＆パット・パターソンがザ・デストロイヤー＆ビリー・レッド・ライオンを破り、獲得。
ボクシング 4月23日	【ローマ（伊）】〈世界フライ〉サルバトーレ・ブルニがポーン・キングピッチを破り、獲得。
プロレス 4月23日	【セントルイス MO】〈テキサストルネードマッチ〉フリッツ・フォン・エリック＆ジョニー・バレンタインがジン・キニスキー＆ディック・ザ・ブルーザーを破る。パット・オコーナーとウイルバー・スナイダーは 30 分時間切れ引き分け。 【テキサストルネードマッチ】選手を 2 ティームに分け、全種全員がリングインして闘う方法。タッグマッチの原初的な形態である。ティームバウト（→ 1936 年 10 月 2 日）と同義。
相撲 5月6日	【日本相撲協会】元大関若羽黒が暴力団関係者にピストルを売却した容疑で逮捕される。これは前年の米国巡業の際に入手し、国内に持ち込まれたもの。調査の結果、横綱大鵬、横綱柏戸、北の富士らも所持していることが判明し、警察は「隅田川に捨てた」との両横綱の証言で捜索したが、ピストルは発見できなかった。
プロレス 5月15日	【オマハ NB】〈AWA 世界ヘビー〉イゴール・ボディックがマッドドッグ・バションを破り、獲得。
ボクシング 5月18日	【名古屋・愛知県体育館】〈世界バンタム〉ファイティング原田がエデル・ジョフレを破り、獲得。（年間ベストバウト）
プロレス 5月21日	【東京都体育館】「ワールドリーグ戦」〈決勝〉豊登がフレッド・ブラッシーを破り、優勝。

プロレス 5月22日	【オマハ NB】〈AWA 世界ヘビー〉マッドドッグ・バションがイゴール・ボディックを破り、獲得。
相撲 5月23日	【東京・蔵前国技館】優勝：佐田の山（西横綱）14 勝 1 敗、技能賞：該当者なし、殊勲賞：玉乃島（西小結）、敢闘賞：前田川（西前 9）
プロレス 5月25日	【大阪府立体育館】〈WWA 世界ヘビー〉豊登がザ・デストロイヤーに反則負け、防衛。
プロレス 5月31日	【メンフィス TN】〈NWA 世界ヘビー〉ルー・テーズがパット・オコーナーを破り、防衛。〈NWA 世界ジュニアヘビー〉ダニー・ホッジがミツ・ヒライを破り、防衛。
プロレス 6月3日	【札幌・中島スポーツセンター】〈アジアタッグ〉ザ・デストロイヤー＆ビリー・レッド・ライオンが豊登＆ジャイアント馬場を破り、獲得。
プロレス 6月4日	【札幌・中島スポーツセンター】〈インターナショナル争覇戦〉ジャイアント馬場がザ・デストロイヤーと引き分け。
ボクシング 6月5日	【ケソンシティ（比）】〈世界スーパーフェザー〉フラッシュ・エロルデが小坂照男を破り、防衛。
ボクシング 6月18日	【ミラノ（伊）】〈世界スーパーウェルター〉ニノ・ベンベヌチがサンドロ・マジンギを破り、獲得。
プロレス 7月5日	【カルガリー（加）】「スタンピード・ウィーク」〈WWWF 世界ヘビー〉ブルーノ・サンマルチノがワルドー・フォン・エリックを相手に防衛。
相撲 7月11日	【名古屋・愛知県体育館】優勝：大鵬（西横綱）13 勝 2 敗、技能賞：該当者なし、殊勲賞：清國（西小結）、敢闘賞：栃王山（東前 12）
プロレス 7月15日	【静岡・駿府会館】〈アジアタッグ〉豊登＆ジャイアント馬場がジン・キニスキー＆カリプス・ハリケーンを破り、獲得。
プロレス 7月16日	【東京・台東体育館】〈インターナショナル争覇戦〉ジャイアント馬場がザ・デストロイヤーを破る。
プロレス 7月16日	【メキシコシティ・アレナメヒコ】〈ワンナイトタッグトーナメント決勝〉ミル・マスカラス＆ブラック・シャドウがカルロフ・ラガルデ＆レネ・グアハルドを破って優勝。マスカラスの中央デビューでもあった。

【ミル・マスカラス】（生）1939（出生地）墨（主要王座）米墨版 IWA 世界ヘビー（初）1964（人物評）日本プロレス史において空中殺法とメキシカンレスラーに市民権を与えた。1964 年のデビューから 74 年あたりまで、毎日覆面を変えていたため「千の顔をもつ男」のニックネームを得た。68 年、米ロサンゼルス地区進出と共に人気が爆発し、1 ケ月あまりでアメリカス・ヘビー級王座をバディ・オースティンから奪取した。71 年の初来日時、大フィーバーを起こす。以来、日本マット界のなくてはならない人物となった。

1961
-
1970

プロ格闘技年表事典　243

プロレス 7月17日	【インディアナポリス IN】〈NWA 世界ヘビー* vs インディアナ版 WWA 世界ヘビー〉ルー・テーズ*とディック・ザ・ブルーザーは両者リングアウト引き分け、共に防衛。
プロレス 7月23日	【ロサンゼルス CA】〈WWA 世界ヘビー〉ルーク・グラハムがペドロ・モラレスを破り、獲得。
プロレス 7月24日	【ミネアポリス MN】〈AWA 世界タッグ〉バーン・ガニア＆クラッシャー・リソワスキーがハーリー・レイス＆ラリー・ヘニングを破り、獲得。
プロレス 7月29日	【アマリロ TX】〈テキサスデスマッチ〉ドリー・ファンク・シニアがマイク・デビアスと 3 時間 10 分闘い引き分け。5 フォールずつ取り合い、11 本目の途中でコミッショナーが「カーフュー」を宣言した。
プロレス 8月7日	【ミネアポリス MN】〈AWA 世界タッグ〉ハーリー・レイス＆ラリー・ヘニングがバーン・ガニア＆クラッシャー・リソワスキーを破り、獲得。
プロレス 8月11日	【ソウル（韓）】〈ファーイーストヘビー王座決定戦〉大木金太郎が芳の里を破り、獲得。同王座は日韓コミッショナー共同認定。（大韓プロ）
プロレス 8月13日	【ヒューストン TX】フリッツ・フォン・エリックがアントニオ猪木を破る。
プロレス 8月23日	【ニューヨーク NY・MSG】〈WWWF 世界ヘビー〉ブルーノ・サンマルチノがビル・ミラーを秒殺、防衛。数ケ月のここでの抗争に終止符を打つ。
プロレス 9月8日	【ロサンゼルス CA】〈WWA 世界ヘビー〉ルーク・グラハムが豊登に反則負け、防衛。豊登を王者としている日本ではこの試合は日本バージョン、ロスバージョン統合戦で、王座が統合されたと発表。実際は反則含みのためグラハムが防衛。
相撲 9月19日	【東京・蔵前国技館】優勝：柏戸（東張横）12 勝 3 敗、技能賞：長谷川（東前 2）、殊勲賞：琴櫻（東前 1）、敢闘賞：明武谷（東前 5）
プロレス 9月20日	【ロサンゼルス CA】〈WWA 世界ヘビー〉ルーク・グラハムが豊登を破る。日本向け発表は王座預かり。豊登帰国後グラハムは防衛を続け、豊登もチャンピオンを名乗り続ける。
プロレス 9月21日	【ダラス TX】〈バトルロイヤル〉優勝：アントニオ猪木とジン・キニスキー。このあと 2 人は当日の特別ルールによりメインでシングルマッチを行い、キニスキーが勝利した。
プロレス 9月24日	【メキシコシティ・アレナメヒコ】「アニベルサリオ」〈NWA 世界ウェルター〉カルロフ・ラガルデがウラカン・ラミレスを破り、獲得。〈ナショナルライトヘビー〉エスパント 1 がミル・マスカラスを破り、防衛。
プロレス 9月29日	【札幌・中島スポーツセンター】〈アジアタッグ〉豊登＆ジャイアント馬場がアサシンズ A ＆アサシンズ B を破り、防衛。

プロレス 9月30日	【メキシコシティ・アレナメヒコ】「タッグトーナメント」エル・サント＆ラヨ・デ・ハリスコがミル・マスカラス＆ブラック・シャドウと対戦。
プロレス 10月13日	【ロサンゼルス CA】〈WWA 世界ヘビー〉ペドロ・モラレスがルーク・グラハムを破り、獲得。
プロレス 10月16日	【サンフランシスコ CA・カウパレス】〈US ヘビー〉ボボ・ブラジルがキンジ渋谷を破り、獲得。
ボクシング 10月19日	【メキシコ】WBC 会長国メキシコが WBA を脱退。
ボクシング 10月21日	【ニューヨーク NY・MSG】〈世界ミドル〉ディック・タイガーがジョーイ・ジャーデロを破り、獲得。
プロレス 11月3日	【大阪府立体育館】〈インターナショナル争覇戦〉ジャイアント馬場がアサシンズ A を破る。争覇戦を 4 勝 2 分で終えた馬場は王座決定戦に進出。
プロレス 11月12日	【デンバー CO】〈AWA 世界ヘビー〉マッドドッグ・バションがクラッシャー・リソワスキーを破り、獲得。
ボクシング 11月13日	【サンファン（PR）】〈世界ライト〉カルロス・オルチスがイスマエル・ラグナを破り、獲得。
プロレス 11月13日	【サンフランシスコ CA・カウパレス】〈US ヘビー〉キンジ渋谷がボボ・ブラジルを破り、獲得。
プロレス 11月20日	【ハノーファー（独）】「トーナメント」優勝：ジミー・デュラ（ダラ）
相撲 11月21日	【福岡スポーツセンター】優勝：大鵬（東張横）13 勝 2 敗、技能賞：鶴ケ嶺（西前 7）、殊勲賞：明武谷（西張小）、敢闘賞：大豪（西前 6）
プロレス 11月24日	【大阪府立体育館】〈インターナショナル王座決定戦〉ジャイアント馬場がディック・ザ・ブルーザーを 2 本とも反則ストレートで破り、獲得。
プロレス 11月27日	【東京・蔵前国技館】〈インターナショナル〉ジャイアント馬場がディック・ザ・ブルーザーと両者リングアウト引き分けで、防衛。以後 10 年間行なわれたジャイアント馬場対ブルーザーの一番の名勝負はこの日の試合。
プロレス 11月28日	【ソウル（韓）】「5 か国対抗プロレス選手権」トーナメント予選で張永哲一派による大熊元司リンチ事件がおきる。試合後には新聞紙上で内幕暴露が行なわれ、後味の悪いものとなった。（大韓プロ）
プロレス 11月29日	【メンフィス TN】ウイルバー・スナイダーがアントニオ猪木を破る。
ボクシング 11月30日	【東京・日本武道館】〈世界バンタム〉ファイティング原田がアラン・ラドキンを破り、防衛。視聴率 60.4％（ビデオリサーチ社調べ）。

1961 − 1970

プロ格闘技年表事典　245

プロレス **12月6日**	【マンチェスター（英)】〈ヨーロッパヘビー〉ビル・ロビンソンがビリー・ジョイスを破り、獲得。
プロレス **12月24日**	【日本プロレス】この日より、豊登が「尿道結石」により欠場。実際には賭博が原因の金銭トラブルによる解雇。保持していたとされる WWA 選手権を返上。
プロレス	【ロンドン（英)・ロイヤルアルバートホール】〈RAH 杯〉スティーブ・ベイダーがブルーノ・アーリントンを破り、獲得。
その他	【MVP】〈相撲・報知新聞年間最優秀力士〉佐田の山晋松〈相撲・年間最多勝〉佐田の山晋松、74 勝 16 負 0 休〈ボクシング・日本・コミッション〉ファイティング原田〈ボクシング・アメリカ・リング誌〉ディック・タイガー〈プロレス・メキシコ・ルチャリブレ誌〉ラヨ・デ・ハリスコ〈プロレス・ドイツ・カイザー派〉ホースト・ホフマン（次点）ヨセフ・コバチ

1966年

プロレス 1月7日	【セントルイス MO】〈NWA 世界ヘビー〉ジン・キニスキーがルー・テーズを反則勝ちで破り、獲得。
プロレス 1月8日	【シカゴ IL】ジン・キニスキーがディック・ザ・ブルーザーを、バーン・ガニアがクリス・マルコフを破る。ジョニー・バレンタインがウイルバー・スナイダーと無判定。
プロレス 1月10日	【メンフィス TN】アントニオ猪木&ヒロ・マツダが、グレッグ・ピーターソン&ビリー・ウィックスを破る。
プロレス 1月20日	【ノッティンガム（英）】〈英国ヘビー〉アルバート・ウォールがビリー・ジョイスを破り、獲得。
プロレス 1月27日	【チャタヌーガ TN】〈テネシー版世界タッグ〉アントニオ猪木&ヒロ・マツダがエディ・グラハム&サム・スティムボートを破り、獲得。
相撲 1月30日	【東京・蔵前国技館】優勝：柏戸（西張横）14 勝 1 敗、技能賞：海乃山（西前 11）、殊勲賞：北の富士（東関脇）、敢闘賞：玉乃島（西前 8）
プロレス 2月8日	【タンパ FL】「ガスパリーラ・スペクタキュラー」〈NWA 世界ヘビー〉ジン・キニスキーがロッキー・ハミルトンを破り、防衛。
プロレス 2月17日	【ノッティンガム（英）】〈英国ヘビー〉グウィン・デービスがアルバート・ウォールを膝の負傷による棄権で破り、獲得。
プロレス 2月19日	【サンフランシスコ CA・カウパレス】〈US ヘビー〉ビル・ワットがキンジ渋谷を破り、獲得。〈世界タッグ〉パット・パターソン&レイ・スティーブンスがボボ・ブラジル&ベアキャット・ライトを破り、防衛。
プロレス 2月22日	【メキシコシティ・アレナメヒコ】〈ナショナルライトヘビー王座決定戦〉ミル・マスカラスがレイ・メンドーサを破り、獲得。
プロレス 2月26日	【シカゴ IL】〈AWA* vs インディアナ版 WWA 世界ヘビー〉ディック・ザ・ブルーザーがマッドドッグ・バション* に反則勝ち、共に防衛。数年の低迷期を経てシカゴ市場は復活するが、NWA はここを AWA に譲り渡す結果となった。
プロレス 2月28日	【東京都体育館】〈インターナショナル〉ジャイアント馬場がルー・テーズを破り、防衛。（日本プロ）
ボクシング 3月1日	【東京・日本武道館】〈WBA 世界フライ王座決定戦〉オラシオ・アカバリョが高山勝義を破り、獲得。視聴率 50.7%（ビデオリサーチ社調べ）。
プロレス 3月16日	【ホノルル HI】ジャイアント馬場対ジョニー・バレンド戦が行われた会場に、アントニオ猪木が現れるが試合には出ず。猪木は数日後、豊登（前年暮日本プロレスを追放されていた）の誘いに応じて日本プロレスを離脱。

1961
|
1970

プロレス 3月17日	【ノッティンガム（英）】〈英国ヘビー〉ビリー・ジョイスがグゥイン・デービスを破り、獲得。
プロレス 3月26日	【シカゴIL】〈AWA* vs インディアナ版WWA世界ヘビー〉マッドドッグ・バションがディック・ザ・ブルーザーを破る。しかし、次回の興行でWWAベルトを巻いて登場したのはブルーザーであった。
相撲 3月27日	【大阪府立体育館】優勝：大鵬（東張横）13勝2敗、技能賞：浅瀬川（東前2）、殊勲賞：北の富士（東関脇）、敢闘賞：高鐵山（西前9）
その他 4月11日	【大阪府立体育館】「空手対ムエタイ」〈デビュー〉沢村忠。(野口修プロモーション)
プロレス 4月13日	【ロンドン（英）・ロイヤルアルバートホール】〈RAH杯〉スティーブ・ベイダーがイアン・キャンベルを破り、獲得。
プロレス 4月23日	【マンチェスター（英）】〈英国ヘビー〉ビル・ロビンソンがビリー・ジョイスを破り、獲得。
ボクシング 4月25日	【ニューヨークNY・MSG】〈世界ミドル〉エミール・グリフィスがディック・タイガーを破り、獲得。
ボクシング 4月29日	【ミラノ（伊）】〈世界スーパーライト〉サンドロ・ロポポロがカルロス・エルナンデスを破り、獲得。
プロレス 5月4日	【パース（英）】〈英国ヘビー〉イアン・キャンベルがビル・ロビンソンを破り、獲得。
プロレス 5月13日	【東京都体育館】「ワールドリーグ戦」〈決勝〉ジャイアント馬場がウイルバー・スナイダーを破り、初優勝。（日本プロ）
プロレス 5月23日	【仙台・宮城県スポーツセンター】〈アジアタッグ〉キラー・カール・コックス＆ジョー・カロロが豊登＆ジャイアント馬場を破り、獲得。（日本プロ） 【キラー・カール・コックス】(生)1931(没)2011(出生地)米(主要王座)豪版IWA世界ヘビー(初)1954(人物評)若手時代はハーブ・ガーウィッグを名乗る。いかにも「オールドスクール」という感じのレスラーだった。オマハ地区で闘っているときに芽を出し、テキサス入りと共に、改名し、更にランクも上がる。ブレーンバスターの本家。そのヘアースタイルもあってか、ジャイアント馬場に耳そぎチョップをやられる場面が、あまりにも似合っていた。リング外では、義眼を取り出して人を驚かす茶目っ気。強き者は素直に認める潔さも持つ。
プロレス 5月26日	【札幌中島体育センター】〈アジアタッグ〉ヒロ・マツダ＆吉村道明がキラー・カール・コックス＆ジョー・カロロを破り、獲得。（日本プロ）
プロレス 5月28日	【ミネアポリスMN】〈AWA世界タッグ〉ディック・ザ・ブルーザー＆クラッシャー・リソワスキーがハーリー・レイス＆ラリー・ヘニングを破り、獲得。

相撲 5月29日	【東京・蔵前国技館】優勝：大鵬（東張横）14勝1敗、技能賞：北の富士（東関脇）、殊勲賞：麒麟児（東前5）、敢闘賞：玉乃島（西関脇）
ボクシング 5月31日	【東京・日本武道館】〈世界バンタム〉ファイティング原田がエデル・ジョフレを破り、防衛。視聴率63.7％（ビデオリサーチ社調べ）。（年間ベストバウト）
ボクシング 6月9日	【東京・日大講堂】〈東洋ライト〉沼田義明がフラッシュ・エロルデを破り、獲得。
プロレス 6月9日	【グリーンズボロNC】〈NWA世界ヘビー〉ジン・キニスキーがカール・ゴッチを破り、防衛。キニスキーは翌日もリッチモンドでゴッチと引き分け防衛。
ボクシング 6月14日	【ロンドン（英）・ウェンブリーアリーナ】〈別派世界フライ〉ウォルター・マクゴワンがサルバトーレ・ブルニを破り、獲得。
プロレス 6月18日	【川崎球場】〈アジアタッグ〉ヒロ・マツダ＆吉村道明がエディ・グラハム＆サム・スティムボートと引き分け、防衛。（日本プロ）
その他 6月21日	【東京・リキスポーツパレス】サマンディー・アディソンが沢村忠にKO勝ち。（野口修プロモーション）
ボクシング 6月25日	【ソウル（韓）】〈世界スーパーウェルター〉金基洙がニノ・ベンベヌチを破り、獲得。
プロレス 6月27日	【名古屋市・金山体育館】〈アジアタッグ〉キラー・カール・コックス＆エディ・グラハムがヒロ・マツダ＆吉村道明を破り、獲得。（日本プロ）
プロレス 6月28日	【エジンバラ（英）】〈英国ヘビー〉ビリー・ジョイスがイアン・キャンベルを破り、獲得。
プロレス 6月	【ベイルート（礼）】〈トーナメント決勝〉優勝：ヨセフ・コバチ、準優勝：ジャック・ロブ。他の参加選手は、ティボー・ザカッシュ、シーク＆エミール・エルマンソーなど。
プロレス 7月1日	【シドニー（豪）】〈豪版IWA世界タッグ〉マーク・ルーイン＆ドン・デヌッツィがラリー・ヘニング＆ハーリー・レイス（王者として登場）を破り、獲得。
プロレス 7月1日	【広島県営体育館】〈アジアタッグ〉ジャイアント馬場＆吉村道明がキラー・カール・コックス＆エディ・グラハムを破り、獲得。（日本プロ）
プロレス 7月5日	【東京都体育館】〈インターナショナル〉ジャイアント馬場がキラー・カール・コックスを破り、防衛。マツダ一派がコックスを使って自分を潰そうとしている企てをキャッチした馬場は、マツダより凄い試合をアンサーとし、初公開耳そぎチョップのド迫力を見せる。〈NWA世界タッグ〉ヒロ・マツダ＆デューク・ケオムカがエディ・グラハム＆サム・スティンボートを相手に防衛。この時点でマツダ＆ケオムカがアメリカで同王座に就いていた事実はない。（日本プロ）

1961
－
1970

プロ格闘技年表事典　249

ボクシング 7月15日	【ブエノスアイレス（爾）】〈WBA 世界フライ〉オラシオ・アカバリョが海老原博幸を破り、防衛。
相撲 7月17日	【名古屋・愛知県体育館】優勝：大鵬（東横綱）14 勝 1 敗、技能賞：鶴ケ嶺（東前 11）、殊勲賞：玉乃島（西関脇）、敢闘賞：鶴ケ嶺（東前 11）
プロレス 7月17日	【インディアナポリス IN】〈NWA*vs インディアナ版 WWA 世界ヘビー〉ジン・キニスキー*とディック・ザ・ブルーザーは両者リングアウト引き分け、共に防衛。
プロレス 8月5日	【愛知・一宮市体育館】カール・ゴッチ＆エル・モンゴルがジャイアント馬場＆吉村道明を破る。1 本目、ゴッチが馬場から逆さ押さえ込みでスリーカウントを取った。翌晩深夜よりゴッチは原因不明の発熱。そして、巡業先の静岡県掛川で入院。病名は蜂窩織炎。これで馬場とゴッチのシングル対決は流れた。
プロレス 8月5日	【ロサンゼルス CA】〈WWA 世界ヘビー〉バディ・オースティンがペドロ・モラレスを破り、獲得。
ボクシング 8月7日	【メキシコ州・エルトレオ】〈世界フェザー〉ビセンテ・サルディバルが関光徳を破り、防衛。
ボクシング 8月15日	【ラスベガス NV】〈世界ライトヘビー〉ホセ・トーレスがエディ・コットンを破り、防衛。（年間ベストバウト）
ボクシング 8月24日	【ニューオリンズ LA】〈世界ウェルター〉カーチス・コークスがマヌエル・ゴンザレスを破り、獲得。
プロレス 9月2日	【メキシコシティ・アレナメヒコ】「アニベルサリオ 1」〈カベジェラコントラカベジェラ〉レネ・グアハルドがフィリップ・ハン・リーを破る。〈カベジェラコントラカベジェラ〉ジェリー・ロンドンがカルロフ・ラガルデを破る。
プロレス 9月16日	【セントルイス MO】ドリー・ファンク・ジュニアが NWA 総本山で初の世界王座挑戦。〈NWA 世界ヘビー〉ジン・キニスキーがドリーを破り、防衛。ジョニー・バレンタイン＆ボブ・エリスはジョニー・パワーズ＆ムース・ショーラックを破った。この日、会場にはアントニオ猪木、ヒュー山城がバレンタインとのミーティングのため来ていた。
相撲 9月25日	【東京・蔵前国技館】優勝：大鵬（東横綱）13 勝 2 敗、技能賞：麒麟児（西前 4）、殊勲賞：玉乃島（東関脇）、敢闘賞：禊鳳（西前 12）
プロレス 9月29日	【ジャクソンビル FL】〈異種格闘技戦〉ルー・テーズがジャーシー・ジョー・ウォルコットを破る。
プロレス 9月30日	【メキシコシティ・アレナメヒコ】「アニベルサリオ 2」〈カベジェラコントラカベジェラ〉レネ・グアハルドがジェリー・ロンドンを破る。
プロレス 10月12日	【東京・蔵前国技館】「東京プロレス」旗揚げ。アントニオ猪木が 31 分 56 秒カウントアウトでジョニー・バレンタインを破る。

プロレス 10月13日	【インディアナポリス IN】〈WWA 世界タッグ〉ミツ荒川＆ドクター・モト（トーア・カマタ）がディック・ザ・ブルーザー＆クラッシャー・リソワスキーを破り、獲得。
プロレス 10月14日	【ロサンゼルス CA】〈WWA 世界ヘビー〉ルー・テーズがバディ・オースティンを破り、獲得。
プロレス 10月20日	【札幌・中島スポーツセンター】〈インターナショナル〉ジャイアント馬場がゴリラ・モンスーンをリングアウトで破り、防衛。（日本プロ）
プロレス 10月26日	【仙台・宮城県スポーツセンター】〈インターナショナル〉ジャイアント馬場がゴリラ・モンスーンを破り、防衛。（日本プロ）
プロレス 10月28日	【ロサンゼルス CA】〈WWA 世界ヘビー〉マーク・ルーインがルー・テーズを破り、獲得。
プロレス 11月3日	【シカゴ IL】〈AWA 世界タッグ〉ウイルバー・スナイダー＆パット・オコーナーがハーリー・レイス＆クリス・マルコフ（ラリー・ヘニングの代打）を破り、獲得。
プロレス 11月5日	【東京・蔵前国技館】〈インターナショナルタッグ〉ジャイアント馬場＆吉村道明がフリッツ・フォン・ゲーリング＆マイク・パドーシスを破り、獲得。（日本プロ）
プロレス 11月12日	【ハノーファー（独）】「トーナメント」優勝：清美川

【清美川梅之助】(生) 1917（没) 1980（出生地）秋田（主要王座）ハノーバートーナメント優勝（プロレスデビュー）1953（人物評）元大相撲力士。双葉山を破ったこともある。54 年 2 月日本史上初のプロレス中継のメインを飾った。56 年、木村政彦とメキシコに出て以来、南米、欧州、北米と、60 年代日本を見ず世界を放浪。海外放浪中、長男が変質者に殺され、ホルマリン漬けされた。70 年の万博開幕時に国際プロレスに帰国した「浦島太郎」。欧大陸と日本の架け橋に。74 年、アントニオ猪木対小林戦をレフェリングした後、全日本女子でビューティーペアらをコーチ。

プロレス 11月12日	【オマハ NB】〈AWA 世界ヘビー〉ディック・ザ・ブルーザーがマッドドッグ・バションを破り、獲得。
プロレス 11月19日	【大阪球場】〈東プロ版 US ヘビー〉アントニオ猪木がジョニー・バレンタインを破り、獲得。（東京プロ）
プロレス 11月19日	【オマハ NB】〈AWA 世界ヘビー〉マッドドッグ・バションがディック・ザ・ブルーザーを破り、獲得。
プロレス 11月21日	【東京・板橋板谷資材置き場】東京プロレスの売り興行で、客を入れた後、アントニオ猪木がプロモーターとの金銭トラブルから選手をリングに上げず、興行が行われなかった、いわゆる「板橋事件」が起こる。

1961
―
1970

相撲 11月27日	【福岡スポーツセンター】優勝：大鵬（東横綱）15勝、技能賞：高鐵山（西前4）、殊勲賞：琴櫻（西小結）、敢闘賞：鶴ケ嶺（西前10）。大文字が新入幕。 【大文字研二】（生）1940（出生地）京都（最高位）幕内（初）1956（人物評）大相撲からプロレスへの転身は珍しいことではない。しかし、その逆の数少ない例が大文字である。大文字が田村研二の本名でプロレスのリングに上ったのは、1956年1月2日、全日本プロレス協会（全日協）大阪府立体育会館での対出口一（ミスター珍）戦、15歳10ケ月半と、2003年9月嶋勝彦が15歳9か月でデビューするまでの最年少記録であった。田村は直後、全日協を脱走し、大相撲入りし、3月場所で初土俵を踏んだ。
プロレス 11月28日	【大阪府立体育館】〈インターナショナル〉ジャイアント馬場がフリッツ・フォン・エリックをリングアウトで破り、防衛。エリックが馬場のセコンド、ゴリラ・モンスーンに気を取られている所に馬場がドロップキックをかました。（日本プロ）
プロレス 12月2日	【シカゴIL】〈AWA & WWA*世界タッグ〉ミツ荒川＆ドクター・モト（トーア・カマタ）*がウイルバー・スナイダー＆パット・オコーナーを破り、獲得、防衛。
プロレス 12月3日	【東京・日本武道館】〈インターナショナル〉ジャイアント馬場がフリッツ・フォン・エリックに反則勝ちで、防衛。〈アジアタッグ王座決定戦〉大木金太郎＆吉村道明がターザン・ゾロ＆エディ・モレアを破り、獲得。それまでのチャンピオン・トロフィーではなく、新調なったベルトを巻く。（日本プロ）
ボクシング 12月16日	【ニューヨークNY・MSG】〈世界ライトヘビー〉ディック・タイガーがホセ・トーレスを破り、獲得。
プロレス 12月19日	【東京都体育館】〈USヘビー〉アントニオ猪木がスタン・スタージャックを破り、防衛。東京プロレス最後の単独興行。観衆2,500人という不入り。（東京プロ）
ボクシング 12月30日	【バンコク（タイ）】〈別派世界フライ〉チャチャイ・チオノイがウォルター・マクゴワンを破り、獲得。
その他	【MVP】〈相撲・報知新聞年間最優秀力士〉大鵬幸喜〈相撲・年間最多勝〉柏戸剛、71勝19負0休〈ボクシング・日本・コミッション〉ファイティング原田〈ボクシング・アメリカ・リング誌〉該当者なし〈プロレス・メキシコ・ルチャリブレ誌〉ウラカン・ラミレス〈プロレス・ドイツ・カイザー派〉ホースト・ホフマン（次点）ヨセフ・コバチ〈プロレス・メキシコ・エルアルコン誌〉レイ・メンドーサ

1967年

ボクシング
1月3日
【名古屋・愛知県体育館】〈世界バンタム〉ファイティング原田がジョー・メデルを破り、防衛。視聴率53.9％（ビデオリサーチ社調べ）。

プロレス
1月5日
【大阪府立体育館】「国際プロレス」旗揚げ。〈NWA世界ジュニアヘビー〉ダニー・ホッジがヒロ・マツダと時間切れ引き分けて、防衛。アントニオ猪木がエディ・グラハムを破る。

【国際プロレス】旗揚時社長：吉原功。
団体前半史はエースがヒロ・マツダ、グレート草津、ビル・ロビンソン、サンダー杉山となかなか定まらなかった。71年7月にストロング小林が凱旋帰国してやっと定まったエースも、74年2月が小林の離脱。ラッシャー木村が盤石のエースとなったのが75年の3月だった。木村は「金網の鬼」として全国津々浦々で血を流し続けたが、馬場や猪木に比べ知名度の低さは如何ともし難く、81年の夏、国プロは団体の命脈を絶った。

プロレス
1月6日
【シカゴIL・アンフィシアター】〈AWA世界タッグ〉ラリー・ヘニング＆ハーリー・レイスがディック・ザ・ブルーザー＆クラッシャー・リソワスキーを破り、防衛。

プロレス
1月6日
【東京プロレス】アントニオ猪木と豊登との間に内紛が勃発し、告訴合戦。猪木は4月に日本プロレスに帰参、豊登は7月に国際プロレス入り。

プロレス
1月6日
【セントルイスMO】〈NWA世界ヘビー〉ジン・キニスキーがルー・テーズを破り、防衛。

プロレス
1月13日
【アトランタGA】〈ジョージア版世界タッグ〉ブッチャー・バション＆マッドドッグ・バションがアルバート・トーレス＆エンリキ・トーレスを破り、獲得。

プロレス
1月13日
【ロサンゼルスCA】〈WWA世界ヘビー〉キラー・カール・コックスがマーク・ルーインを破るが、2フォールでないため移動なし。〈WWA世界タッグ〉ハードボイルド・ハガティ＆エル・シェリフが星野勘太郎＆山本小鉄とノーフォール引き分け、防衛。（観衆10,400人）

プロレス
1月18日
【マンチェスター（英）】〈英国ヘビー〉ビル・ロビンソンがビリー・ジョイスを破り、獲得。

プロレス
1月21日
【サンフランシスコCA・カウパレス】〈USヘビー〉ビル・ワットがフリッツ・フォン・エリックを破り、防衛。〈世界タッグ〉レイ・スティーブンス＆パット・パターソンがサイクロン・ニグロ＆モンゴリアン・ストンパーを破り、防衛。

1961
｜
1970

プロ格闘技年表事典　253

相撲 1月29日	【東京・蔵前国技館】優勝：大鵬（東横綱）15勝、技能賞：豊國（東前4）、殊勲賞：麒麟児（西小結）、敢闘賞：明武谷（西前4）。元横綱千代の山の九重親方が、原則禁止の不文律を破って1月場所後に出羽海部屋から出る。そして九重部屋を創設し、大関北の富士、十両松前山も移籍した。独立した九重部屋は一門から破門され、高砂一門に属することになる。連れていく、残せのイザコザで嫌気が差した東幕下31枚目の浪速海は廃業し、日本プロレスへ。後のミスター・ヒトである。
ボクシング 1月29日	【メキシコ州・エルトレオ】〈世界フェザー〉ビセンテ・サルディバルが関光徳を破り、防衛。衛星中継により太平洋をこえて生中継された。日本初の試みであった。
プロレス 1月29日	【前橋・群馬県スポーツセンター】アントニオ猪木＆ヒロ・マツダがジョニー・バレンタイン＆ダニー・ホッジを破る。（国際プロ）
プロレス 1月30日	【横浜文化体育館】〈NWA世界ジュニアヘビー〉ダニー・ホッジがヒロ・マツダと引き分けて、防衛。〈USヘビー〉アントニオ猪木がジョニー・バレンタインを破って、防衛。（国際プロ）
ボクシング 2月6日	【ヒューストンTX】〈WBA vs WBC* 世界ヘビー〉モハメド・アリ*がアーニー・テレルを破り、統一。
プロレス 2月7日	【札幌・中島スポーツセンター】〈インターナショナルヘビー〉ジャイアント馬場がバディ・オースティンを破り、防衛。（日本プロ）
プロレス 2月7日	【タンパFL】「ガスパリーラ・スペクタキュラー」〈NWA世界ヘビー〉ジン・キニスキーがレス・ウェルチを破り、防衛。ルー・テーズがタキ山口（グレート草津）を破る。
ボクシング 2月20日	【東京・後楽園ホール】〈ノンタイトル〉田辺清が、オラシオ・アカバリョ（世界フライ級王者）を破る。
	【田辺清】（生）1940（出生地）青森（主要王座）日本フライ（初）1963（人物評）中央大学在学中の1960年、ローマ五輪フライ級で銅メダルを獲得。62年岡山国体では青森代表としてバンタム級で出場、千葉代表の桜井孝雄にポイント勝ち。65年10月25日、日本フライ級王者滑川明石に挑戦し、判定勝ちで王座を獲得。エディ・タウンゼントをトレーナーに迎えた67年2月、当時の世界フライ級王者オラシオ・アカバリョに6回TKO勝ち。しかし右目に網膜剥離を発症し無敗のまま現役引退した。
プロレス 2月26日	【セントポールMN】〈AWA世界ヘビー〉バーン・ガニアがマッドドッグ・バションを破り、獲得。
プロレス 3月2日	【大阪府立体育館】〈インターナショナル〉ジャイアント馬場がブルーノ・サンマルチノと両者リングアウト引き分けて、防衛。（日本プロ）

プロレス 3月7日	【東京・蔵前国技館】〈インターナショナル〉ジャイアント馬場がブルーノ・サンマルチノと時間切れ引き分けて、防衛。（日本プロ）
ボクシング 3月22日	【ニューヨーク NY・MSG】〈世界ヘビー〉モハメド・アリがゾラ・フォーリーを破り、防衛。
相撲 3月26日	【大阪府立体育館】優勝：北の富士（東大関）14勝1敗、技能賞：藤ノ川（東前4）、殊勲賞：藤ノ川（東前4）、敢闘賞：陸奥嵐（東前14）。場所後、幕内3枚減、十両5枚減、関取の人員を16人削減する「番付削減」が行われる。その結果、東十両15枚目の地位で9勝6敗と勝ち越した前田川は幕下に陥落した。一方で東十両18枚目、10勝5敗だった高見山は陥落を免れた。
プロレス 4月16日	【大阪府立体育館】〈インターナショナル〉ジャイアント馬場がザ・デストロイヤーと両者リングアウト引き分けて、防衛。（日本プロ）
ボクシング 4月17日	【ニューヨーク NY・MSG】〈世界ミドル〉ニノ・ベンベヌチがエミール・グリフィスを破り、獲得。（年間ベストバウト）
プロレス 4月29日	【東京・台東体育館】「日本女子プロレス」旗揚げ。いくつかの小団体が集まってできた。「日本選手権シリーズ」を開始。
プロレス 4月29日	【ソウル（韓）】〈WWA 世界ヘビー〉キム・イル（大木金太郎）がマーク・ルーインを破り、獲得。リングサイドには日本プロレスリングコミッショナー、川島正次郎氏（前自民党副総裁）と力道山未亡人、百田敬子さんがいた。（大韓プロ）
ボクシング 4月30日	【東京・蔵前国技館】〈世界スーパーライト〉藤猛がサンドロ・ロポポロを破り、獲得。
	【藤猛】（生）1940（出生地）米（主要王座）世界スーパーライト（初）1964（人物評）日系ハワイアン。力道山がハワイから招聘したトレーナー、エディ・タウンゼントに育てられた。「ハンマーパンチ」でKOの山を築き、その勢いで世界スーパーライト級にまで届いた。試合後テレビカメラに向かい「ボクのオバアチャン、イマ、ミテル。キューシューの、オカヤマの」でお茶の間の心を鷲掴みにした。が、2度目の防衛戦ではテクニックの壁にハンマーパンチも空振り、無残なKO負けだった。
社会 5月3日	【ソウル（韓）】朴正熙が大統領選挙にて再選された。→67年4月29日
プロレス 5月17日	【横浜文化体育館】「ワールドリーグ戦」〈決勝〉ジャイアント馬場がザ・デストロイヤーを破り、優勝。（日本プロ）
プロレス 5月17日	【デンバー CO】ダニー・ホッジがジョニー・バレンタインに3本目、反則勝ちの勝利。

1961
‖
1970

プロ格闘技年表事典　255

プロレス 5月19日	【ロサンゼルス CA】〈WWA 世界ヘビー〉大木金太郎が突如狂ったマーク・ルーインを反則勝ちで破り、防衛。ルーインのヒールターンは後の「リング壊しパフォーマンス」につながる。
プロレス 5月26日	【札幌・中島体育センター】〈アジアタッグ王座決定戦〉アントニオ猪木＆吉村道明がワルド・フォン・エリック＆アイク・アーキンスを破り、獲得。（日本プロ）
プロレス 5月27日	【札幌・中島スポーツセンター】〈インターナショナル〉ジャイアント馬場がフリッツ・フォン・エリックを破り（2本目反則）、防衛。（日本プロ）
相撲 5月28日	【東京・蔵前国技館】優勝：大鵬（東横綱）14勝1敗、技能賞：麒麟児（西小結）、殊勲賞：麒麟児（西小結）、敢闘賞：長谷川（西前7）
プロレス 5月	【タンピコ（墨）】〈ナショナルライトヘビー〉エル・ナシがミル・マスカラスを破り、獲得。
プロレス 6月2日	【マンチェスター（英）】在英パキスタン人向け興行で、ジョージ・ゴーディエンコがアクラム・ペールワンに敗れる。ゴーディエンコが言うには、わけのわからないうちに反則負けにされたという。
プロレス 6月2日	【ロサンゼルス CA】〈WWA 世界ヘビー〉大木金太郎がジェリー・グラハムを破り、防衛。ルー・テーズがマイク・デビアスと引き分け。カール・ゴッチはロン・ロマノを破る。
プロレス 6月4日	【サンディエゴ CA】〈WWA 世界ヘビー〉大木金太郎がニック・ボックウィンクルと引き分け、防衛。
プロレス 6月10日	【ミネアポリス MN】〈AWA 世界ヘビー〉バーン・ガニアがダニー・ホッジを破り、防衛。
ボクシング 6月15日	【東京・蔵前国技館】〈世界スーパーフェザー〉沼田義明がフラッシュ・エロルデを破り、獲得。
	【沼田義明】（生）1945（出生地）北海道（主要王座）世界スーパーフェザー、WBC 世界スーパーフェザー（初）1962（人物評）その闘い方は「精密機械」と言われた。1961年、TBS「東洋チャンピオンスカウト」の「ボクシング教室」の門下生。62年デビュー。66年、フラッシュ・エロルデを破り東洋ライト級王座に、67年、エロルデを破り世界スーパーフェザー王座に、70年、レネ・バリエントスを破り WBC 世界スーパーフェザー王座についた。9月の初防衛戦の対ラウル・ロハス戦はあわや KO 負けからの大逆転 KO 勝ちだった。
プロレス 6月16日	【ロサンゼルス CA】〈WWA 世界ヘビー〉大木金太郎がキラー・カール・コックスを破り、防衛。
プロレス 6月18日	【ロサンゼルス CA】〈WWA 世界ヘビー〉大木金太郎がパンペロ・フィルポを破り、防衛。

プロレス 6月25日	【松山・愛媛県民館】〈アジアタッグ〉アントニオ猪木＆吉村道明がリップ・ホーク＆スウェード・ハンソンを破り、防衛。（日本プロ）
プロレス 6月30日	【ロサンゼルス CA】〈WWA 世界ヘビー〉大木金太郎がマイク・デビアスに反則負け、防衛。
プロレス 6月	【ベイルート（礼）】〈トーナメント決勝〉優勝：ササド・スカー、準優勝：イアン・キャンベル。他の参加選手は、ジャック・テンサミー、サイド・サイフシャー（パキスタン）など。
ボクシング 7月4日	【東京・日本武道館】〈世界バンタム〉ファイティング原田がベルナルド・カラバージョを破り、防衛。視聴率 57.0％（ビデオリサーチ社調べ）。
プロレス 7月8日	【アーリントン TX（ダラス近郊）・ターンパイクスタジアム】〈NWA 世界ヘビー〉ジン・キニスキーがフリッツ・フォン・エリックを破り、防衛。ブルート・バーナード＆カール・コックス＆バディ・オースティンはワルド・フォン・エリック＆ジョー・スカルパ＆ジョー・ブランチャードに敗れる。第1試合ではドリー・ファンク・ジュニアがジャック・ブリスコと引き分け。

【ドリー・ファンク・ジュニア】（生）1941（出生地）米（主要王座）NWA 世界ヘビー（初）（人物評）キニスキーとレイスの間の NWA 王者である。1969 年の初来日における、アントニオ猪木との防衛戦は未だ語り草。パワーファイターが幅をきかせていた時代「科学的」レスリングに転換させた存在である。コーチとしてジャンボ鶴田、スタン・ハンセン、ボブ・バックランド、テッド・デビアス、天龍源一郎らを鍛え上げた。弟、テリーとのコンビで、全日本の「世界最強タッグリーグ」を作った主人公でもある。

【ジャック・ブリスコ】（生）1941（没）2010（出生地）米（主要王座）NWA 世界ヘビー級（初）1965（人物評）メキシコ五輪を目指していたが、家庭の経済的事情でプロ入り。日本でのベストバウトは 1971 年 8 月に名古屋でアントニオ猪木の UN 王座に挑戦した試合。その後、NWA 王者となり、74 年 1 月に大阪でドリー・ファンク・ジュニアの挑戦を受けた試合。日本でのベストバウトには、この 2 つを挙げたい。マットから、自らも浮き上がる巻き投げがカッコ良かった。

プロレス 7月11日	【カルガリー（加）】「スタンピード・ウィーク」〈NWA 世界ヘビー〉ジン・キニスキーがスタン・スタージャックを破り、防衛。
プロレス 7月13日	【ベイカーズフィールド CA】〈WWA 世界ヘビー〉大木金太郎がマーク・ルーインに反則負け、防衛。

1961
|
1970

プロ格闘技年表事典　257

プロレス 7月14日	【ロサンゼルス CA】〈WWA 世界ヘビー〉マイク・デビアスが大木金太郎を破り、獲得。
プロレス 7月15日	【サンフランシスコ CA・カウパレス】〈WWWF 世界*対 US ヘビー〉レイ・スティーブンスがブルーノ・サンマルチノ*をリングアウトで破る。双方防衛。
相撲 7月16日	【名古屋・愛知県体育館】優勝：柏戸（西横綱）14 勝 1 敗、技能賞：若浪（東前 6）、殊勲賞：長谷川（東小結）、敢闘賞：琴櫻（西関脇）
プロレス 7月17日	【タルサ OK】〈US タッグ〉トーゴー・シクマ（清美川）＆シャチ横内がルー・テーズ＆ダニー・ホッジに反則負け、防衛。
プロレス 7月23日	【東京・蔵前国技館】〈インターナショナルタッグ〉ジャイアント馬場＆吉村道明がダラ・シン（2 代）＆サーダラ・シンを破り、防衛。（日本プロ）
プロレス 7月23日	【トロント（加）】〈NWA 世界ヘビー〉ジン・キニスキーがタイガー・ジェット・シンを反則勝ちで破り、防衛。
	【タイガー・ジェット・シン】(生) 1944（出生地）加（主要王座）NWF ヘビー（初）1965（人物評）通路へのドアを開けた瞬間から「狂人」に変貌。会場狭しと暴れまくり、誰彼かまわずサーベルで殴りかかる。感情をむき出しにした眼で相手に挑む。が、ヨガをベースにしたヒンドゥー・スタイルもマスターしている。控室のドアを閉めた瞬間、一人のインド人に戻る。デビュー後はシンガポールで、トロントでフレッド・アトキンスに鍛えられた。アブドラ・ザ・ブッチャーとはオーストラリアでもタッグを組んだ。
プロレス 8月4日	【メキシコシティ】〈NWA 世界ライトヘビー級決定トーナメント決勝〉レイ・メンドーサがドレル・ディクソンを破り、獲得。トーナメントは 4 週に亘って行われ、マスカラスもエントリーした。
プロレス 8月10日	【東京・田園コロシアム】〈インターナショナル〉ジャイアント馬場がジン・キニスキーと両者リングアウト引き分けて、防衛。（日本プロ）
ボクシング 8月12日	【ブエノスアイレス（爾）】〈WBA 世界フライ〉オラシオ・アカバリョが海老原博幸を破り、防衛。
プロレス 8月14日	【大阪球場】〈インターナショナル〉ジャイアント馬場がジン・キニスキーと 65 分時間切れ引き分けて、防衛。サム・マソニックが立ち会う。（日本プロ）
プロレス 8月14日	【大阪府立体育館】ヒロ・マツダ＆サム・スティムボートがビル・ドロモ＆ロジャー・カービーを破る。（国際プロ）
プロレス 8月25日	【ロサンゼルス CA】〈WWA 世界ヘビー〉バディ・オースティンがマイク・デビアスを破り、獲得。

相撲 9月24日	【東京・蔵前国技館】優勝：大鵬（東張横）15勝、技能賞：該当者なし、殊勲賞：琴櫻（東関脇）、敢闘賞：海乃山（東前6）
プロレス 9月24日	【トロント（加）】〈WWWF世界ヘビー〉ブルーノ・サンマルチノがタイガー・ジェット・シンを反則勝ちで破り、防衛。
ボクシング 9月29日	【ニューヨークNY・シェイスタジアム】〈世界ミドル〉エミール・グリフィスがニノ・ベンベヌチを破り、獲得。
プロレス 9月29日	【メキシコシティ・アレナメヒコ】「アニベルサリオ」〈マスカラコントラマスカラ〉アンヘル・ブランコがアンヘル・エクストリミナドールを破る。
プロレス 9月30日	【札幌・中島スポーツセンター】〈インターナショナル〉ジャイアント馬場がアート・ネルソンを破り、防衛。（日本プロ）
プロレス 10月6日	【福島県営体育館】〈インターナショナルタッグ〉ターザン・タイラー＆ビル・ワットがジャイアント馬場＆吉村道明を破り、獲得。（日本プロ）
プロレス 10月10日	【ハノーファー（独）】「トーナメント」優勝：ヘルマン・イフラント
プロレス 10月20日	【セントルイスMO】〈NWA世界ヘビー〉ジン・キニスキーがフリッツ・フォン・エリックを破り、防衛。レフェリー、パット・オコーナー。
プロレス 10月23日	【ニューヨークNY・MSG】〈WWWF世界ヘビー〉ブルーノ・サンマルチノがハンス・モーティアを破り、防衛。6612と、観客動員に失敗。原因はサンマルチノのオーストラリア、日本などへの遠征で、ファンが白けたため。
プロレス 10月31日	【大阪府立体育館】〈インターナショナルタッグ〉ジャイアント馬場＆アントニオ猪木がターザン・タイラー＆ビル・ワットを破り、獲得。（日本プロ）
プロレス 11月1日	【東京・蔵前国技館】〈インターナショナル〉ジャイアント馬場がターザン・タイラーを破り、防衛。（日本プロ）
ボクシング 11月16日	【東京・蔵前国技館】〈世界スーパーライト〉藤猛がウィリー・クワトローワを破り、防衛。
プロレス 11月17日	【ロサンゼルスCA】〈WWA世界タッグ〉バディ・オースティン＆フレッド・ブラッシーがジャイアント馬場＆ボボ・ブラジルに反則負け、防衛。→68年6月25日
プロレス 11月25日	【石川・小松市体育館】〈メインエベント〉大木金太郎がビクター・リベラを、アントニオ猪木＆吉村道明はスプートニク・モンロー＆ニック・コザックを、ジャック・ブリスコはミツ・ヒライを破る。海外遠征中の馬場は欠場。「馬場抜きシリーズ」は動員に苦労し、1度の試みでポシャった。（日本プロ）
相撲 11月26日	【福岡スポーツセンター】優勝：佐田の山（西横綱）12勝3敗、技能賞：該当者なし、殊勲賞：海乃山（西関脇）、敢闘賞：福の花（西前5）

**1961
|
1970**

プロ格闘技年表事典　259

プロレス 12月6日	【東京都体育館】〈インターナショナル〉ジャイアント馬場がクラッシャー・リソワスキーとノーコンテスト。王座預かり。(日本プロ)
ボクシング 12月14日	【東京・蔵前国技館】〈世界スーパーフェザー〉小林弘が沼田義明を破り、獲得。(年間ベストバウト)

【小林弘】(生)1944(出生地)群馬(主要王座)世界スーパーフェザー(初)1962(人物評)デビューから19連勝し、高度なテクニックを駆使した典型的な頭脳派ボクサーだった。右クロスカウンターと「打たせないで打つ」完全なディフェンスによって、対戦相手は自分のペースをつかめないまま敗北に追い込まれる。白井義男、ファイティング原田の4度の防衛記録を塗り替えて6度の防衛(当時日本最多)を果たした。世界王座陥落後、パナマに遠征しロベルト・デュランに敗れて引退した。

プロレス	【ロンドン(英)・ロイヤルアルバートホール】〈RAH杯〉ティボー・ザカッシュがブルーノ・アーリントンを破り、獲得。
その他	【MVP】〈相撲・報知新聞年間最優秀力士〉大鵬幸喜〈相撲・年間最多勝〉大鵬幸喜、70勝6負14休&柏戸剛、70勝20負0休〈ボクシング・日本・コミッション〉藤猛〈ボクシング・アメリカ・リング誌〉ジョー・フレージャー〈プロレス・メキシコ・エルアルコン誌〉レイ・メンドーサ、〈プロレス・ドイツ・カイザー派〉ホースト・ホフマン(次点)ヨセフ・コバチ独グストル・カイザー〈プロレス・メキシコ・ルチャリブレ誌〉ミル・マスカラス

1968年

プロレス
1月3日
【東京・蔵前国技館】〈インターナショナル〉ジャイアント馬場がクラッシャー・リソワスキーを破り、防衛。(日本プロ)

プロレス
1月3日
【東京・日大講堂】〈TWWA 世界ヘビー〉初代王者として現れたルー・テーズがグレート草津を破り、防衛。TBS が国際プロレスの放映開始。水曜日夜7時〜8時。(国際プロ)

プロレス
1月5日
【セントルイス MO】〈NWA 世界ヘビー〉ジン・キニスキーがエドワード・カーペンティアを破り、防衛。レフェリー、バディ・ロジャース。

プロレス
1月6日
【大阪府立体育館】〈アジアタッグ王座決定戦〉大木金太郎&吉村道明がビル・ミラー&リッキー・ハンターを破り、獲得。(日本プロ)

プロレス
1月7日
【大阪府立体育館】〈インターナショナル〉ジャイアント馬場がプリンス・イヤウケアを破り、防衛。(日本プロ)

プロレス
1月8日
【広島県立体育館】〈インターナショナルタッグ王座決定戦〉ジャイアント馬場&吉村道明がクラッシャー・リソワスキー&ビル・ミラーと引き分け、王座は預り。アントニオ猪木が雪の為会場入り出来ず、吉村道明が代打を務めた。(日本プロ)

プロレス
1月12日
【ロサンゼルス CA】〈WWA 世界ヘビー〉ボボ・ブラジルがバディ・オースティンを破り、獲得。

プロレス
1月18日
【東京・ホテルニューオータニ】日本プロレスのレフェリー、ユセフ・トルコが深夜、松岡巌鉄を引き連れ、宿泊先であるホテル・ニューオータニで国際プロレスのブッカー、グレート東郷をボコボコにした。これが警察、マスコミに知れてしまい事件となる。

ボクシング
1月23日
【ロンドン（英）・ロイヤルアルバートホール】〈WBC 世界フェザー王座決定戦〉ハワード・ウィンストンが関光徳を破り、獲得。試合はほぼ互角で進んだ。9回、関が右目の上に軽い傷を負う。レフェリーが試合を中断しリングドクターに見せようとしたところ、ストップと勘違いしたウィンストンのファンがリングに乱入。いつの間にか関の TKO 負け。試合後関は現役引退。

【関光徳】（生）1941（没）2008（出生地）東京（主要王座）OBF 東洋フェザー（初）1958（人物評）グローブを交えた世界チャンピオン、シュガー・ラモス、ビセンテ・サルディバル、ハワード・ウィンストンが歴史的強豪だったため、世界王座には届かず「悲運のボクサー」と呼ばれた。58年デビュー。62年9月12日、ベラニド・チャルムーンを破り東洋フェザー級王座を獲得。以後、12度防衛。知名度は現在の世界チャンピオン以上であった。

1961 – 1970

プロ格闘技年表事典　261

プロレス 1月24日	【東京・台東体育館】〈TWWA世界ヘビー〉ダニー・ホッジがルー・テーズを破り、獲得。(国際プロ)
相撲 1月28日	【東京・蔵前国技館】優勝:佐田の山(東横綱)13勝2敗、技能賞:該当者なし、殊勲賞:清國(西関脇)、敢闘賞:高見山(東前9)。ルー・テーズとダニー・ホッジが記者席で観戦。
プロレス 2月3日	【東京・大田区体育館】〈インターナショナルタッグ王座決定戦〉ジャイアント馬場&アントニオ猪木がクラッシャー・リソワスキー&ビル・ミラーを破り、獲得。(日本プロ)
プロレス 2月13日	【タンパFL】「ガスパリーラ・スペクタキュラー」〈NWA世界ヘビー〉ジン・キニスキーがジョー・スカルパを反則勝ちで破り、防衛。〈フロリダヘビー〉ジョニー・バレンタインがワフー・マクダニエルを破り、移動。
プロレス 2月14日	【大阪府立体育館】〈TWWA世界タッグ〉豊登&サンダー杉山が2代目ファビュラス・カンガルーズ(アル・コステロ&ドン・ケント)を破り、獲得。(国際プロ)
プロレス 2月15日	【滋賀・大津市皇子山体育館】〈TWWA世界ヘビー〉ダニー・ホッジがフレッド・カリーを破り、防衛。(国際プロ)
プロレス 2月19日	【ニューヨークNY・MSG】〈WWWF世界ヘビー〉ブルーノ・サンマルチノがブル・ラモスを破り、防衛。(4代目にあたる現在のMSGこけら落とし)
プロレス 2月19日	【浜松市体育館】外国人レスラー団団長、グレート東郷が国際プロレスと金銭のことでもめ、外人レスラーに試合をボイコットさせる。国際プロレスは日本人どうしの試合です興行を成立させた。国プロ社長の吉原功はアマレス界の首領八田一朗のツテでイギリス・ジョイントプロモーションのジョージ・デ・レスリコウと提携。これがビル・ロビンソン招聘につながる。 【八田一朗】(生)1906(没)1983(出生地)広島(人物評)早大時代に柔道からアマレスに転向。1932年ロス五輪アマレス日本代表。卒業後、嘉納治五郎の秘書を務める。戦後、日本レスリング協会第3代会長。戦前から築き上げてきた国際的な人脈を持つ。1964年東京オリンピック招致にも尽力し、アマレスを日本のお家芸にした。そしてイギリスの英雄ジョージ・デ・レリスコウ親子との交流が、国際プロレスの欧州路線をスタートさせた。
プロレス 2月26日	【大阪府立体育館】〈インターナショナルタッグ〉ジャイアント馬場&アントニオ猪木がディック・ザ・ブルーザー&ハーリー・レイスを破り、防衛。(日本プロ)
ボクシング 2月27日	【東京・日本武道館】〈世界バンタム〉ライオネル・ローズがファイティング原田を破り、獲得。

プロレス 2月28日	【東京都体育館】〈インターナショナル〉ジャイアント馬場がディック・ザ・ブルーザー（2本目リングアウト）を破り、防衛。（日本プロ）
ボクシング 3月4日	【ニューヨーク NY・MSG】〈NYSAC 世界ヘビー王座決定戦〉ジョー・フレージャーがバスター・マシスを破り、獲得。〈世界ミドル〉ニノ・ベンベヌチがエミール・グリフィスを破り、獲得。
	【ジョー・フレージャー】（生）1944（出生地）米（主要王座）世界ヘビー（初）1964（人物評）モハメド・アリをプロキャリアで初めて敗北させたボクサーである。「スモーキン・ジョー」と称される機関車のような突進力とスタミナの持ち主で、リズミカルに上体を揺すり、相手の攻撃を避けながらの左フックを得意とする。68 年 3 月、ニューヨーク州認定世界王者となり、70 年 2 月に WBA 王座を吸収するとともに WBC からも認定された。
プロレス 3月10日	【東大阪市体育館】〈NWA 世界女子〉巴幸子がファビュラス・ムーラを破り、獲得。
相撲 3月24日	【大阪府立体育館】優勝：若浪（東前 8）13 勝 2 敗、技能賞：若浪（東前 8）、殊勲賞：麒麟児（東小結）、敢闘賞：龍虎（西前 9）
ボクシング 3月28日	【ロサンゼルス CA】〈WBA 世界フェザー王座決定戦〉ラウル・ロハスがエンリケ・ヒギンズを破り、獲得。
ボクシング 3月30日	【東京・日本武道館】〈世界スーパーフェザー〉小林弘がレネ・バリエントスと引き分け、防衛。
プロレス 4月2日	【浜松】〈NWA 世界女子〉ファビュラス・ムーラが巴幸子を破り、獲得。
プロレス 4月3日	【横浜・スカイ体育館】日本デビューのビル・ロビンソンが木村を日本初公開のダブルアームスープレクスで破る。（国際プロ）
プロレス 4月6日	【バッファロー NY】「パレード・オブ・チャンピオンズ」〈NWA 世界ヘビー〉ジン・キニスキーがハンス・シュミットを相手に防衛。ジョニー・パワーズがクラッシャー・リソワスキーを破る。これが、プロモーター・パワーズの初仕事、NWF のルーツともいえる。
プロレス 4月13日	【ハノーファー（独）】「トーナメント」優勝：アクセル・デイター
プロレス 4月13日	【札幌・中島スポーツセンター】〈インターナショナル〉ジャイアント馬場がジェス・オルテガを破り、防衛。（日本プロ）
プロレス 4月17日	【ロンドン（英）・ロイヤルアルバートホール】〈RAH 杯〉ウォルフガン・スタークがジミー・ハッセイを破り、獲得。
ボクシング 4月27日	【オークランド CA】〈WBA 世界ヘビー〉ジミー・エリスがジェリー・クォーリーを破り、獲得。
プロレス 4月30日	【東京都体育館】〈ヨーロッパヘビー〉ビル・ロビンソンが豊登を 3 本目両者リングアウト、防衛。（国際プロ）

1961 - 1970

プロ格闘技年表事典　　263

プロレス 5月4日	【ハノーファー（独）】「トーナメント」優勝：エンジェル・グレイ
プロレス 5月12日	【メキシコシティ・アレナメヒコ】〈NWA世界ライトヘビー級〉アンヘル・ブランコがレイ・メンドーサを破り、獲得。
プロレス 5月16日	【大阪府立体育館】〈インターナショナルタッグ〉ジャイアント馬場＆アントニオ猪木がフレッド・ブラッシー＆ターザン・タイラーを破り、防衛。（日本プロ）
プロレス 5月17日	【大阪府立体育館】「ワールドリーグ戦」〈決勝〉ジャイアント馬場がキラー・コワルスキーを破り、優勝。（日本プロ）
ボクシング 5月24日	【ニューヨークNY・MSG】〈世界ライトヘビー〉ボブ・フォスターがディック・タイガーを破り、獲得。

【ボブ・フォスター】（生）1938（没）2015（出生地）米（主要王座）世界ライトヘビー（初）1961（人物評）190cmはライトヘビー級では長身である。1968年5月24日ディック・タイガーの統一世界ライトヘビー級王座に挑戦し、KO勝ち。ここから70年6月27日、マーク・テスマンとの4度目の防衛戦までノンタイトルを含め11戦に全てKO勝ちという無敵であった。しかし、ジョー・フレージャー、モハメド・アリとの対戦では「ヘビー級の壁」に跳ね返される。74年6月17日のホルヘ・ビクトル・アーマダとの防衛戦をもって王座を返上した。

プロレス 5月25日	【札幌・中島スポーツセンター】〈英国西部ヘビー〉グレート草津がアルバート・ウォールを破り、防衛。サンダー杉山がビリー・ジョイスを破る。（国際プロ）
相撲 5月26日	【東京・蔵前国技館】優勝：玉乃島（東大関）13勝2敗、技能賞：栃東（西前2）、殊勲賞：栃東（西前2）、敢闘賞：藤ノ川（東前5）
ボクシング 5月26日	【ミラノ（伊）】〈世界スーパーウェルター〉サンドロ・マジンギが金基洙を破り、獲得。
プロレス 5月29日	【ムンバイ（印）】チョタ・ダラ・シンがルー・テーズを破る。この時期、印パ国境エリアではダラ・シンとボロ一族による、興行戦争が行われていた。
プロレス 6月4日	【東京・品川公会堂】「全日本女子プロレス」旗揚げ。4月に日本女子プロレスから殆どの者が離脱し、松永兄弟を中心に結成された。
プロレス 6月7日	【ロサンゼルスCA】〈アメリカスヘビー〉ミル・マスカラスがバディ・オースティンを破り、獲得。
プロレス 6月17日	【仙台・宮城県スポーツセンター】〈インターナショナルタッグ〉ジャイアント馬場＆アントニオ猪木がカリプス・ハリケーン＆マリオ・ミラノを破り、防衛。（日本プロ）

プロレス 6月25日	【名古屋・愛知県体育館】〈インターナショナル〉ボボ・ブラジルがジャイアント馬場を破り、獲得。（日本プロ）
プロレス 6月27日	【東京・蔵前国技館】〈インターナショナル〉ジャイアント馬場がボボ・ブラジルを破り、獲得。（日本プロ）
ボクシング 6月29日	【サントドミンゴ（ドミニカ）】〈世界ライト〉カルロス・テオ・クルスがカルロス・オルチスを破り、獲得。
ボクシング 7月2日	【東京・日本武道館】〈世界バンタム〉ライオネル・ローズが桜井孝雄を破り、防衛。
プロレス 7月3日	【ブリスベン（豪）】〈豪版 IWA 世界タッグ〉ドン・デヌッツィ＆マリオ・ミラノがキラー・コワルスキー＆ビル・ミラーを破り、獲得。
プロレス 7月4日	【サンフランシスコ CA・カウパレス】〈US ヘビー〉カーチス・イヤウケアがベアキャット・ライトを破り、獲得。
プロレス 7月5日	【カルガリー（加）】「スタンピード・ウィーク」〈NWA 世界ヘビー〉ジン・キニスキーがアーチ・ゴーディ（モンゴリアン・ストンパー）をリングアウトで破り、防衛。（日付は推定）
プロレス 7月8日	【東京スタジアム】〈アジアタッグ〉スカル・マーフィー＆クロンダイク・ビルが大木金太郎＆吉村道明を破り、獲得。（日本プロ）
プロレス 7月15日	【バンクーバー（加）】〈NWA 世界ヘビー〉ジン・キニスキーがヘイスタック・カルホーンを破り、防衛。〈女子ミゼット戦〉ダーリン・ダグマーはダイアモンド・リルを破る。
相撲 7月21日	【名古屋・愛知県体育館】優勝：琴櫻（西張大）13 勝 2 敗、技能賞：陸奥嵐（西前 5）、殊勲賞：若二瀬（東前 4）、敢闘賞：陸奥嵐（西前 5）
ボクシング 7月24日	【ポーチコール（英）】〈WBC 世界フェザー〉ホセ・レグラがハワード・ウィンストンを破り、獲得。
プロレス 7月29日	【札幌・中島スポーツセンター】〈インターナショナルタッグ〉ジャイアント馬場＆アントニオ猪木がレイ・スティーブンス＆スカル・マーフィを破り、防衛。（日本プロ）
プロレス 7月30日	【札幌・中島スポーツセンター】〈アジアタッグ〉大木金太郎＆吉村道明がスカル・マーフィー＆クロンダイク・ビルを破り、獲得。（日本プロ）
プロレス 8月7日	【大阪球場】〈インターナショナル〉ジャイアント馬場がブルーノ・サンマルチノをリングアウトで破り、防衛。（日本プロ）
プロレス 8月9日	【東京・田園コロシアム】〈インターナショナルタッグ〉ジャイアント馬場＆アントニオ猪木がブルーノ・サンマルチノ＆レイ・スティーブンスを破り、防衛。（日本プロ）→ 67 年 7 月 15 日
プロレス 8月17日	【ブルミントン MN】〈AWA 世界ヘビー〉ドクター X（ディック・ベイヤー）がバーン・ガニアを破り、獲得。

1961
|
1970

プロ格闘技年表事典　265

ボクシング 8月28日	【フィリピン】フィリピンのボクシングコミッショナー、ハスティアノ・モンタノ・ジュニアがWBAを脱退。このあと、WBA、WBCが異なる王者を認定する動きが加速した。
プロレス 8月30日	【東京・後楽園ホール】〈日本テレビ開局15周年記念バトルロイヤル決勝〉吉村道明がパンペロ・フィルポを破り、優勝。商品は小型白黒テレビ。失格：ジャイアント馬場、アントニオ猪木、大木金太郎、松岡巌鉄、ヘイスタック・カルホーン、マンマウンテン・カノン、ルーク・グラハム、ボブ・アームストロング。ミツ・ヒライ＆高千穂明久が星野勘太郎＆山本小鉄を2－1で破る。（日本プロ） 【ザ・グレート・カブキ】（生）1948（出生地）宮崎（主要王座）UNヘビー（初）1964（人物評）高千穂明久時代の名勝負としては対永源遙（日本プロレス前座黄金カード）、1968年8月の対星野勘太郎＆山本小鉄戦（パートナーはミツ・ヒライ）、76年12月の対ディック・マードック戦であろう。カブキとしては、89年10月鶴田と組んで、天龍＆冬木を破った試合を挙げたい。見た目はペイントと毒霧のカブキでありながら、試合の中身は高千穂明久であった。90年代は新日本でグレート・ムタとの「親子対決」を行った。
プロレス 8月31日	【ミネアポリスMN】〈AWA世界ヘビー〉バーン・ガニアがドクターX（ディック・ベイヤー）を破り、獲得。
プロレス 8月	【不明】「NWA総会」マイク・ラーベル（ロサンゼルス）、ロイ・シャイアー（サンフランシスコ）、長谷川淳三（日本プロレス）が加盟。
プロレス 9月6日	【ロサンゼルスCA】〈WWA世界ヘビー〉ボボ・ブラジルがマッドドッグ・バションに反則負け、防衛。10月1日付で、プロモーターのマイク・ラーベルがNWAに加盟することで、WWAがNWAに吸収合併され、王座消滅。
プロレス 9月14日	【サンフランシスコCA・カウパレス】〈USヘビー〉レイ・スティーブンスがカーチス・イヤウケアを破り、獲得。
プロレス 9月20日	【メキシコシティ・アレナメヒコ】「アニベルサリオ」〈NWA世界ウエルター〉カルロフ・ラガルデがブルー・ディモンを破る。〈NWA世界ミドル〉レネ・グアハルドがトニー・オックスフォードを破る。
プロレス 9月21日	【大阪府立体育館】〈インターナショナルタッグ〉ジャイアント馬場＆アントニオ猪木がキラー・カール・コックス＆カール・カールソンを破り、防衛。（日本プロ）
ボクシング 9月21日	【ロサンゼルスCA・メモリアルコロシアム】〈WBA世界フェザー〉西城正三がラウル・ロハスを破り、獲得。

【西城正三】（生）1947（出生地）埼玉（主要王座）WBA 世界フェザー（初）1964（人物評）日本人として初めて海外（ロサンゼルス）での世界王座を奪取した。無名に近かったため「シンデレラ・ボーイ」と呼ばれた。端整な顔立ちで人気があり、オフェンス時の観客の声援は凄いものだった。引退後、キックボクシングで現役に復帰した。転向後、連勝街道を突っ走るが、1974 年 3 月対藤原敏男戦でセカンド（実兄）がタオルを投げ入れ TKO 負けする。タオルを投入のタイミングが早く見えたため場内は暴動寸前となった。

| プロレス 9月28日 | 【札幌・中島スポーツセンター】〈インターナショナル〉ジャイアント馬場がキラー・カール・コックスと 60 分時間切れ引き分け、防衛。コックスは馬場から「指折り」で 1 本取った。（日本プロ） |

【指折り】生中継の 27 日同じ札幌、セミファイナルでレッド・バスチェンがジャイアント馬場に見せた限度ない指折り攻撃は「2 本以上ならば、指を取っても反則とはならない」とあちこちの書籍、雑誌で注訳を加えられるほど、印象的な場面を作った「技」であった。この生中継は、ノーテレビである翌日の予告だったのだ。

| 相撲 9月29日 | 【東京・蔵前国技館】優勝：大鵬（西横綱）14 勝 1 敗、技能賞：栃東（西前 3）、殊勲賞：栃東（西前 3）、敢闘賞：高見山（東前 3） |
| その他 9月30日 | 【日本】TBS テレビが「YKK キックボクシング中継」を始める。この番組は沢村忠という大スターを生んだ。 |

【沢村忠】（生）1943（出生地）満州国新京（初）1966（主要王座）東洋ライト（人物評）66 年 4 月に野口修により旗揚げされた日本キックボクシング協会の主力選手。「空手 vs ムエタイ」と銘打たれた大阪府立体育館で行われた旗揚げ興行でラークレイ・シーハーマンを 2RKO デビュー。6 月にはリキパレスで、ムエタイのルンピニーフェザー級 8 位のサマンソー・アディソンと対戦したが、4RKO 負け。68 年 9 月の TBS テレビキックボクシング中継開始とともに人気が急上昇した。

プロレス 10月1日	【WWA】プロモーターのマイク・ラーベルが NWA に加盟したため、ロサンゼルスに本部があった WWA がこの日付で消滅。
プロレス 10月4日	【ロサンゼルス CA】〈アメリカスヘビー〉ボボ・ブラジルがエル・モンゴルを破り、獲得。
ボクシング 10月5日	【東京・日本武道館】〈WBA 世界スーパーフェザー〉小林弘がジェイム・バジャダレスを破り、防衛。
その他 10月12日	【メキシコシティ】夏季オリンピックが開幕。〈ボクシング〉ヘビー金：ジョージ・フォアマン、フェザー銅：ワルインゲ中山〈フリー〉97kg 銅：ヴィルフリート・デートリッヒ（10 月 27 日まで）

1961
｜
1970

プロレス 10月24日	【広島県立体育館】〈インターナショナルタッグ〉ジャイアント馬場＆アントニオ猪木がキラー・カール・コックス＆マッド・ドッグ・バションを破り、防衛。（日本プロ）
ボクシング 10月25日	【ニューヨーク NY・MSG】ディック・タイガーがフランク・デポラを破る。（年間ベストバウト）
ボクシング 10月25日	【ローマ（伊）】〈世界スーパーウェルター〉サンドロ・マジンギがフレディ・リトルの防衛戦で劣勢にあった8回、レフェリーが突如無効試合を宣言。この行為が"地元判定"と判断され、マジンギの王座を剥奪された。
プロレス 10月28日	【エルクハート IN】〈WWA 世界タッグ〉ミツ荒川＆ドクター・モト（トーア・カマタ）がウイルバー・スナイダー＆パット・オコーナーを破り、獲得。
プロレス 10月29日	【名古屋・愛知県体育館】〈インターナショナルタッグ〉ジャイアント馬場＆アントニオ猪木がキラー・カール・コックス＆マッド・ドッグ・バションを破り、防衛。（日本プロ）
プロレス 11月2日	【東京・蔵前国技館】〈インターナショナル〉ジャイアント馬場がキラー・カール・コックスを破り、防衛。（日本プロ）
プロレス 11月4日	【札幌・中島スポーツセンター】「IWA ワールドシリーズ」〈公式戦〉ビル・ロビンソンがジョージ・ゴーディエンコと30分時間切れ引き分け。名勝負。（国際プロ）
プロレス 11月6日	【東京・蔵前国技館】〈IWWA 世界女子〉ファビュラス・ムーラが小畑千代と両者リングアウト引き分け、防衛。22% の視聴率をもたらす。（日本女子、観衆 12,000 人）

【小畑千代】（生）1936（出生地）東京（主要王座）IWWA 世界（初）1955（人物評）1960 年代の日本女子プロレスの第一人者。デビューの翌年、国際プロレス団に来たラウル・ロメロを見て「ロメロスペシャル」をマスター。その後、約10年日の当たらない期間を耐え 68 年 11 月のファビュラス・ムーラ戦で大ブレイク、蔵前に観衆 12,000 人を集めたとか視聴率 22% なんてのは小さいこと。男女の枠を超えて名勝負だった。そしてレギュラー枠の中継で得意技はキーロックや飛行機投げを毎週披露した。

プロレス 11月9日	【ソウル（韓）】〈アジアヘビー王座決定戦〉大木金太郎がキラー・バディ・オースティンを破り、獲得。同王座アジアタッグに対応する、そのシングル版で、約5年ぶりに復活し、日韓で防衛戦が行われた。（大韓プロ）
ボクシング 11月10日	【バンコク（タイ）】〈WBC 世界フライ王座決定戦〉チャチャイ・チオノイがバーナベ・ビラカンポを破り、獲得。
プロレス 11月16日	【ハノーファー（独）】「トーナメント」優勝：ハンス・リチャード・ベーレンズ。この年あたりから、ハノーバー・トーナメントはドイツ他都市で開催のものに比べ国際色が豊かになっていく。

ボクシング 11月18日	【東京・後楽園ホール】〈ノンタイトル〉西城正三がフラッシュ・ベサンテを破る。（年間ベストバウト）
相撲 11月24日	【福岡スポーツセンター】優勝：大鵬（東横綱）15勝、技能賞：二子岳（西前7）、殊勲賞：該当者なし、敢闘賞：大竜川（西前11）
プロレス 11月29日	【北海道・室蘭市富士鉄健保体育館】〈ノンタイトル〉ジン・キニスキーがアントニオ猪木を破る。（日本プロ）
プロレス 11月30日	【札幌・中島スポーツセンター】〈インターナショナルタッグ〉ジャイアント馬場＆アントニオ猪木がジン・キニスキー＆ポール・デマルコを破り、防衛。（日本プロ）
プロレス 11月	【不明（豪）】ミル・マスカラスが登場し、キラー・コワルスキー、ビリー・チーフ・ホワイト・ウルフ（アドナン・カイセイ）などと対戦。
プロレス 12月1日	【仙台・宮城県スポーツセンター】〈インターナショナル〉ジャイアント馬場がジン・キニスキーと60分ノーフォール引き分け、防衛。（日本プロ）
プロレス 12月3日	【大阪府立体育館】〈インターナショナルタッグ〉ジャイアント馬場＆アントニオ猪木がジン・キニスキー＆ブルート・バーナードを破り、防衛。（日本プロ）
プロレス 12月6日	【東京・蔵前国技館】〈インターナショナル〉ジャイアント馬場がジン・キニスキーを反則勝ちで破り、防衛。（日本プロ）
ボクシング 12月12日	【東京・蔵前国技館】〈WBA世界スーパーライト〉ニコリノ・ローチェが藤猛を破り、獲得。防衛期限切れのためWBCからは11月に王座を剥奪されていた。
プロレス 12月13日	【メキシコシティ・アレナメヒコ】〈マスカラコントラカベジェラ〉エル・ソリタリオが、レイ・メンドーサを破る。

【エル・ソリタリオ】（生）1946（没）1986（出生地）墨（主要王座）NWA世界ライトヘビー（初）1960（人物評）ディアブロ・ベラスコのもとでトレーニングを積み、1966年2月にエル・ソリタリオとして再デビュー。レイ・メンドーサ、レネ・グァハルドをマスク対髪の毛で連覇する。71年8月にはロサンゼルスでラウル・マタを破りNWA世界ライトヘビー級王座を防衛し、初来日は翌年、ミル・マスカラスのパートナーとしてであった。81年9月「伝説の田園コロシアム」では藤波辰巳のWWFジュニアヘビー級王座に挑戦、敗れている。

ボクシング 12月14日	【ケソンシティ（比）】〈WBC世界スーパーライト〉ペドロ・アディグがアドルフ・プリットを破り、獲得。
プロレス 12月18日	【ロサンゼルスCA】〈NWA世界ヘビー〉ジン・キニスキーがボボ・ブラジルと引き分け、防衛。

1961 ― 1970

プロレス 12月19日	【岡山県体育館】「IWA ワールドシリーズ」〈優勝戦〉ビル・ロビンソンが豊登と引き分け、ポイント差で優勝。IWA 世界ヘビー級選手権を獲得。（国際プロ）
プロレス 12月25日	【メキシコシティ・アレナメヒコ】〈マスカラコントラカベジェラ〉エル・ソリタリオが、レネ・グァハルドを破る。
プロレス 12月28日	【シカゴ IL】〈AWA & WWA 世界タッグ〉ディック・ザ・ブルーザー＆クラッシャー・リソワスキーがミツ荒川＆ドクター・モト（トーア・カマタ）を破り、獲得、防衛。
その他	【MVP】〈相撲・報知新聞年間最優秀力士〉玉乃島正夫〈相撲・年間最多勝〉玉乃島正夫、69 勝 21 負 0 休〈ボクシング・日本・コミッション〉西城正三〈ボクシング・アメリカ・リング誌〉ニノ・ベンベヌチ〈プロレス・メキシコ・ルチャリブレ誌〉レイ・メンドーサ〈プロレス・ドイツ・カイザー派〉マイケル・ネイダー（次点）ジン（イワン）・ブレストン、ケサール・シン〈プロレス・メキシコ・エルアルコン誌〉アンヘル・ブランコ

1969年

プロレス 1月1日	【宮崎県営体育館】〈IWA 世界ヘビー〉ビル・ロビンソンがグレート草津を破り、防衛。（国際プロ）
プロレス 1月3日	【東京・蔵前国技館】〈インターナショナルタッグ〉ジャイアント馬場＆アントニオ猪木がウイルバー・スナイダー＆ダニー・ホッジと時間切れ引き分け、防衛。（日本プロ）
プロレス 1月9日	【広島県立体育館】〈インターナショナルタッグ〉ウイルバー・スナイダー＆ダニー・ホッジがジャイアント馬場＆アントニオ猪木を破り、獲得。〈ノンタイトル〉バスター・ロイド（ルーファス・ジョーンズ）が大木金太郎に完勝。（日本プロ）
プロレス 1月10日	【ロサンゼルス CA】〈バトルロイヤル〉優勝：ハーリー・レイス。以降、同地では新春のバトルロイヤルが恒例化。
プロレス 1月10日	【セントルイス MO】〈NWA 世界ヘビー〉ジン・キニスキーがブラック・ジャック・ランザを破り、防衛。
プロレス 1月11日	【大阪府立体育館】〈インターナショナル〉ジャイアント馬場がウイルバー・スナイダーを破り、防衛。（日本プロ）
ボクシング 1月21日	【ロンドン（英）・ロイヤルアルバートホール】〈WBC 世界フェザー〉ジョニー・ファメションがホセ・レグラを破り、獲得。
相撲 1月26日	【東京・蔵前国技館】優勝：大鵬（東横綱）15勝、技能賞：藤ノ川（西前2）、殊勲賞：清國（西小結）、敢闘賞：戸田（東前7）
プロレス 1月28日	【東京・足立区体育館】〈IWA 世界ヘビー〉ビル・ロビンソンがチーフ・ホワイト・ウルフを破り、防衛。（国際プロ）
プロレス 2月3日	【札幌・中島体育センター】〈アジアタッグ王座決定戦〉大木金太郎＆アントニオ猪木がバスター・ロイド＆トム・ジョーンズを破り、獲得。（日本プロ）
プロレス 2月4日	【札幌・中島スポーツセンター】〈インターナショナルタッグ〉ジャイアント馬場＆アントニオ猪木がウイルバー・スナイダー＆ダニー・ホッジを破り、獲得。（日本プロ）
プロレス 2月8日	【仙台・宮城県スポーツセンター】〈アジアヘビー〉大木金太郎がバスター・ロイド（ルーファス・ジョーンズ）を破り、防衛。
プロレス 2月8日	【東京・三鷹公会堂】〈ヨーロッパタッグ〉ラッシャー木村＆グレート草津がアンドレ・ボレー＆ロベルト・ガステルを破り、獲得。（国際プロ）
ボクシング 2月9日	【東京・日本武道館】〈WBA 世界フェザー〉西城正三がペドロ・ゴメスを破り、防衛。
プロレス 2月9日	【トロント（加）】ザ・シークがルー・パーマーを破る。この日以来、シークはここトロントで128試合負けなし。

1961
｜
1970

プロ格闘技年表事典　271

プロレス 2月11日	【秋田県立体育館】〈インターナショナルタッグ〉ジャイアント馬場＆アントニオ猪木がウイルバー・スナイダー＆ダニー・ホッジを破り、防衛。フィニッシュは猪木がスナイダーに決めた卍固め。（日本プロ）
プロレス 2月11日	【タンパ FL】「ガスパリーラ・スペクタキュラー」〈NWA 世界ヘビー〉ドリー・ファンク・ジュニアがジン・キニスキーを破り、獲得。
ボクシング 2月15日	【ケソンシティ（比）】〈WBC 世界スーパーフェザー王座決定戦〉レネ・バリエントスがルーベン・ナバロを破り、獲得。
ボクシング 2月18日	【ロサンゼルス CA・メモリアルコロシアム】〈世界ライト〉マンド・ラモスがカルロス・テオ・クルスを破り、獲得。
ボクシング 2月23日	【メキシコ州・エルトレオ】〈WBC 世界フライ〉アラクラン・トーレスがチャチャイ・チオノイを破り、獲得。
プロレス 2月24日	【ウィチタ KS】ボボ・ブラジル＆ダニー・ホッジがディック・マードック＆ダスティ・ローデスを破る。
プロレス 2月26日	【大阪府立体育館】〈インターナショナルタッグ〉ジャイアント馬場＆アントニオ猪木がザ・デストロイヤー＆ブル・ラモスを破り、防衛。（日本プロ）
プロレス 3月1日	【名古屋・愛知県体育館】〈アジアタッグ〉アントニオ猪木＆大木金太郎がネルソン・ロイヤル＆ポール・ジョーンズを破り、防衛。（日本プロ）
プロレス 3月5日	【東京都体育館】〈インターナショナル〉ジャイアント馬場がザ・デストロイヤーを 1 － 0 から 60 分時間切れで破り、防衛。このカード最後の名勝負である。（日本プロ）
相撲 3月10日	【大阪府立体育館】春場所 2 日目、大鵬が戸田に敗れ、連勝が45 でとまる。軍配は大鵬に上がるが物言いがつき行事指し違いとなった。しかし写真では戸田の足が先に出ていた。審判員が世間から叩かれた結果、翌 5 月場所から、物言いがついたときはビデオ映像を参考にすることになった。
ボクシング 3月11日	【WBC】モハメド・アリが WBC 世界ヘビー級王座を剥奪される。
ボクシング 3月17日	【ラスベガス NV】〈世界スーパーウェルター王座決定戦〉フレディ・リトルがスタンリー・ヘイウォードを破り、獲得。
相撲 3月23日	【大阪府立体育館】優勝：琴櫻（東張大）13 勝 2 敗、技能賞：藤ノ川（西小結）、殊勲賞：龍虎（西前 9）、敢闘賞：龍虎（西前 9）
ボクシング 3月30日	【札幌・中島スポーツセンター】〈WBA 世界フライ王座決定戦〉海老原博幸がホセ・サバリノを破り、獲得。
プロレス 4月2日	【ロンドン（英）・ロイヤルアルバートホール】〈RAH 杯〉ブルーノ・アーリントンがティボー・ザカッシュを破り、獲得。ジョイントプロモーション

ボクシング 4月6日	【東京・蔵前国技館】〈WBA 世界スーパーフェザー〉小林弘がアントニオ・アマヤを破り、防衛。
ボクシング 4月18日	【ロサンゼルス CA】〈世界ウェルター〉ホセ・ナポレスがカーチス・コークスを破り、獲得。

【ホセ・ナポレス】(生) 1940 (出生地) キューバ (主要王座) 世界ウエルター (初) 1958 (人物評) 相手のパンチを直前でかわす「見切り」の達人である。キューバ革命でメキシコに亡命の後、来日した (→ 64 年 3 月 21 日)。その強さゆえ、カルロス・オルチス、サンドロ・ロポポロも挑戦を逃げ、長年無冠の帝王と言われた。世界ウェルター級王座は 2 度獲得し、74 年 2 月にはパリでカルロス・モンソンの世界ミドル王座にもチャレンジしたが KO 負けだった。

プロレス 4月20日	【名古屋市・金山体育館】〈TWWA 世界タッグ王座決定戦〉ラッシャー木村&サンダー杉山がスタン・スタージャック&タンク・モーガンを破り、獲得。(国際プロ)
プロレス 4月22日	【東京・大田区体育館】〈IWA 世界ヘビー〉ビル・ロビンソンがスタン・スタージャックを破り、防衛。(国際プロ)
プロレス 4月23日	【東京・板橋区体育館】〈ヨーロッパヘビー〉ビル・ロビンソンがアルバート・ウォールを肩の負傷による棄権で破り、防衛。(国際プロ)
プロレス 5月1日	【ウィンストン・セーラム NC】〈大西洋岸タッグ〉ジョージ・ベッカー&ジョニー・ウィーバーがリップ・ホーク&スウェード・ハンソンを破り、獲得。
プロレス 5月5日	【新潟市体育館】〈IWA 世界ヘビー〉ビル・ロビンソンがラッシャー木村を破り、防衛。(国際プロ)

1961 | 1970

【ラッシャー木村】(生) 1941 (没) 2010 (出生地) 北海道 (主要王座) IWA 世界ヘビー (初) 1965 (人物評) 宮城野部屋の取的だったが本来はプロレスラー志望だった。「十両に上がったら永遠に転向できない」と 1964 年に日本プロレスへ。以後、東京、国際 (14 年間の存続期間の内後半のエースで、地道に、朴訥に「金網の鬼」であり続けた)、新日本 (「こんばんは」事件から猪木の敵役に)、UWF、全日本 (「マイクの鬼」)、NOAH と渡り歩く。

プロレス 5月7日	【ホノルル HI】ビル・ロビンソンがニック・ボックウィンクルと引き分け米国デビュー。
プロレス 5月16日	【東京都体育館】「ワールドリーグ戦」〈決勝〉ボボ・ブラジルがジャイアント馬場と 30 分引き分けて両者失格。アントニオ猪木がクリス・マルコフを破り、優勝。(日本プロ)

プロ格闘技年表事典　273

プロレス 5月18日	【パリ（仏）・エリーゼモンマルトル】〈IWA世界タッグ〉ストロング小林＆豊登がモンスター・ロシモフ（アンドレ・ザ・ジャイアント）＆イワン・ストゴロフを破り、防衛。日本では王座決定戦とされた。 【ストロング小林】（生）1940（出生地）東京（主要王座）IWA世界ヘビー（初）（人物評）1967年、日本人初の覆面レスラー「覆面太郎」として国際プロレスからデビュー。71年から国プロのエースとなった。その間、欧州やAWAで武者修行した。74年、新日本プロレスから引き抜かれ、フリーとして3月に猪木と闘う。これが小林の生涯ベストバウトであろう。翌年、正式に新日本のメンバーとなるが、以後の失速ぶりは目を覆うほどだった。引退セレモニーは84年だが、最後に試合を行ったのは81年である。 【アンドレ・ザ・ジャイアント】（生）1946（没）1993（出生地）仏（主要王座）WWF世界ヘビー（初）1966（人物評）1969年イギリスで脚光を浴び、70年1月「モンスター・ロシモフ」として初来日した。71年5月、国際プロレスのIWAワールドシリーズで優勝し、日本でトップの座を得た。その直後、カナダから北米大陸に上陸する。73年あたりから不敗を誇り、全米規模の大スターとなる。81年9月23日、東京・田園コロシアム、新日本プロレスのリング上での対スタン・ハンセン戦のド迫力ファイト！は、すでに伝説と化している。
プロレス 5月21日	【香港】アントニオ猪木がカール・ゴッチと20分時間切れで引き分けた。これは東南アジア遠征に向けた、関係者のみ公開のエキシビションで、猪木はもう1試合、ジャイアント馬場と組んでボビー・ダンカン＆ルイス・ヘルナンデスを破った。（日本プロ）
相撲 5月25日	【東京・蔵前国技館】優勝：大鵬（西横綱）13勝2敗、技能賞：清國（西関脇）、殊勲賞：龍虎（東前2）、敢闘賞：前の山（西前1）
プロレス 5月31日	【札幌・中島スポーツセンター】〈インターナショナルタッグ〉ジャイアント馬場＆アントニオ猪木がスカル・マーフィ＆ブルート・バーナードを破り（1本目反則）、防衛。（日本プロ）
プロレス 6月20日	【インディアナポリスIN】〈WWA世界タッグ〉デリンジャー兄弟（ジャック＆フランク）がディック・ザ・ブルーザー＆クラッシャー・リソワスキーを破り、獲得。
ボクシング 6月23日	【ニューヨークNY・MSG】〈NYSAC世界ヘビー〉ジョー・フレージャーがジェリー・クォーリーを破り、防衛。（年間ベストバウト）
プロレス 6月25日	【大阪府立体育館】〈インターナショナルタッグ〉ジャイアント馬場＆アントニオ猪木がスカル・マーフィ＆ブルート・バーナードをストレートで破り、防衛。（日本プロ）

プロレス 7月2日	【日本プロレス】「ワールド・プロレスリング」放映開始。水曜日夜9時から56分。日本テレビに続きNETテレビ（現テレビ朝日）の放映枠を獲得したことで、2局放映体制となった。
プロレス 7月3日	【東京・蔵前国技館】〈インターナショナル〉ジャイアント馬場がフレッド・ブラッシーを破り、防衛。（日本プロ）
プロレス 7月7日	【カルガリー（加）】「スタンピード・ウィーク」〈NWA世界ヘビー〉ドリー・ファンク・ジュニアがビル・ロビンソンと60分時間切れ引き分け、防衛。
相撲 7月20日	【名古屋・愛知県体育館】優勝：清國（東大関）12勝3敗、技能賞：藤ノ川（東前5）、殊勲賞：前乃山（西関脇）、敢闘賞：藤ノ川（東前5）
ボクシング 7月23日	【東京・後楽園ホール】〈日本スーパーバンタム〉清水精が中島健次郎を破り、獲得。3連戦（どれも先にダウンした方が勝つ）の2戦目だった。（年間ベストバウト）
ボクシング 7月28日	【シドニー（豪）】〈WBC世界フェザー〉ジョニー・ファメンションがファイティング原田を破り、獲得。レフェリーおよびジャッジは元世界王者ウィリー・ペップ。王者ファメション3度目のダウン時、レフェリーでありながらカウントを途中で放棄し、意識を失っているファメションを自らの手で無理矢理立たせ、試合を続行させ、試合はファメションが立った所で終了。試合終了直後には「ファメションのドロー防衛」を宣言し、関係者がリングを降りた所で「ファメションの判定勝ち」に改めた。
プロレス 8月6日	【東京・板橋区体育館】ストロング小林がルター・レンジを破る。（国際プロ）
プロレス 8月9日	【サンフランシスコ CA・カウパレス】〈USヘビー王座決定戦〉パット・パターソンがペドロ・モラレスを破り、獲得。
プロレス 8月9日	【名古屋・愛知県体育館】〈アジアタッグ王座決定戦〉アントニオ猪木＆吉村道明がクラッシャー・リソワスキー＆アート・マハリックを破り、獲得。（日本プロ）
プロレス 8月10日	【東京・田園コロシアム】〈インターナショナル〉ジャイアント馬場がザ・ブッチャー（ドン・ジャーディン）を破り、防衛。（日本プロ）
プロレス 8月11日	【札幌・中島スポーツセンター】〈インターナショナルタッグ〉ディック・ザ・ブルーザー＆クラッシャー・リソワスキーがジャイアント馬場＆アントニオ猪木を破り、獲得。（日本プロ）
プロレス 8月12日	【札幌・中島スポーツセンター】〈インターナショナル〉ジャイアント馬場がディック・ザ・ブルーザーを破り、防衛。（日本プロ）
プロレス 8月13日	【大阪府立体育館】〈インターナショナルタッグ〉ディック・ザ・ブルーザー＆クラッシャー・リソワスキーがジャイアント馬場＆アントニオ猪木を破り、獲得。（日本プロ）

1961 − 1970

プロ格闘技年表事典　275

プロレス 8月15日	【ロサンゼルス CA】〈アメリカスヘビー〉ミル・マスカラスがザ・デストロイヤーと時間切れ引分け、防衛。
ボクシング 8月22日	【ロサンゼルス CA】〈世界バンタム〉ルーベン・オリバレスがライオネル・ローズを破り、獲得。

【ルーベン・オリバレス】（生）1947（出生地）墨（主要王座）WBA・WBC 世界バンタム、WBA 世界フェザー、WBC 世界フェザー（初）1965（人物評）「ミスター・ノックアウト」の異名はその高い KO 率からである。69 年 8 月、ライオネル・ローズから世界バンタム級王座を奪取するが、それ以前に来日し、牛若丸原田や桜井孝雄も倒していた。71 年 10 月、名古屋での金沢和良との防衛戦は、日本ボクシング史上に残る「世紀の死闘」であり、日本ボクシング史上のベストバウトとの呼び声も高い。

プロレス 8月22日	【セントルイス MO】「NWA 総会」長谷川淳三（芳ノ里）を第 2 副会長に選出。（24 日まで）
プロレス 8月24日	【北海道・名寄市市営球場】〈TWWA 世界タッグ〉ラッシャー木村＆サンダー杉山がスタン・ザ・ムース＆ニキタ・マルコビッチを破り、防衛。この試合をもって、TWWA 王座は立ち消え。（国際プロ）
プロレス 8月30日	【シカゴ IL】〈AWA 世界タッグ〉ブッチャー＆マッドドッグ・バションがディック・ザ・ブルーザー＆クラッシャー・リスワスキーを破り、獲得。
プロレス 9月5日	【ロサンゼルス CA】〈NWA 世界ヘビー〉ドリー・ファンク・ジュニアがバディ・オースティンを破り、防衛。
プロレス 9月6日	【ロサンゼルス CA・フォーラム】AWA によるロサンゼルス殴り込み。〈AWA 世界ヘビー〉バーン・ガニアがディック・ザ・ブルーザーに反則勝ち、防衛。〈AWA 世界タッグ〉ブッチャー＆マッドドッグ・バションがウイルバー・スナイダー＆ビル・ワットを破り、防衛。
ボクシング 9月7日	【札幌・中島スポーツセンター】〈WBA 世界フェザー〉西城正三がホセ・ルイス・ピメンテルを破り、防衛。
ボクシング 9月9日	【大阪府立体育館】〈世界スーパーウェルター〉フレディ・リトルが南久雄を破り、防衛。
プロレス 9月12日	【ロサンゼルス CA】〈インターナショナル〉ジャイアント馬場がザ・シークに反則勝ち、防衛。〈NWA 世界ジュニアヘビー〉ダニー・ホッジがロッキー・モンテロを破り、防衛。
プロレス 9月25日	【メキシコシティ・アレナメヒコ】「アニベルサリオ」〈NWA 世界ミドル〉エル・サントがエル・ソリタリオを破り、獲得。
相撲 9月28日	【東京・蔵前国技館】優勝：玉乃島（西張大）13 勝 2 敗、技能賞：栃東（東前 2）、殊勲賞：栃東（東前 2）、敢闘賞：大竜川（西前 8）

276　プロ格闘技年表事典

プロレス 9月28日	【大阪府立体育館】〈インターナショナルタッグ〉ジャイアント馬場&アントニオ猪木がザ・デストロイヤー&ブラック・ゴールドマンを破り、防衛。（日本プロ）
ボクシング 10月4日	【ロサンゼルス CA】〈世界ライト〉マンド・ラモスが沼田義明を破り、防衛。
プロレス 10月6日	【ハノーファー（独）】「トーナメント」優勝：清美川とレネ・ラサルテスが分け合う。
ボクシング 10月19日	【大阪府立体育館】〈WBA 世界フライ〉バーナベ・ビラカンポが海老原博幸を破り、獲得。
ボクシング 10月23日	【東京・後楽園ホール】〈OBF 東洋バンタム〉桜井孝雄が李元錫を破り、獲得。

【桜井孝雄】（生）1941（没）2012（出生地）千葉（主要王座）OBF 東洋バンタム（初）1965（人物評）1964 年東京オリンピック・バンタム級金メダリスト。天性の勘と磨かれた技術、優れたフットワークを持つ。1968 年 7 月ライオネル・ローズの持つ世界バンタム級王座に挑戦。10R を終えた時点で 3 人のジャッジはいずれも 49 － 47 で桜井を支持したが、残り 5R、消極策をとり最終的に 0 － 2 で判定負けした。このようにボクシングに対してクール過ぎるところがあり、「安全運転」と揶揄された消極的ボクシングで人気が出なかった。

プロレス 10月27日	【熊本市体育館】〈インターナショナル〉ジャイアント馬場がザ・デストロイヤーと両者リングアウト引き分け、防衛。（日本プロ）
プロレス 11月1日	【東京・蔵前国技館】〈インターナショナルタッグ〉ジャイアント馬場&アントニオ猪木がザ・デストロイヤー&バディ・オースティンを破り、防衛。（日本プロ）
ボクシング 11月9日	【東京・蔵前国技館】〈WBA 世界スーパーフェザー〉小林弘がカルロス・ルーベン・カナテを破り、防衛。
プロレス 11月21日	【ロサンゼルス CA】〈NWA 世界ヘビー〉ドリー・ファンク・ジュニアがミル・マスカラスと時間切れ引分け、防衛。
プロレス 11月25日	【ロサンゼルス CA・フォーラム】〈AWA 世界ヘビー〉バーン・ガニアがルーク・グラハムに反則勝ち、防衛。AWA はこの興行でロサンゼルスから退却。
プロレス 11月27日	【インディアナポリス IN】〈WWA 世界タッグ王座決定戦〉デリンジャー兄弟（ジャック&ジム）がディック・ザ・ブルーザー&ムース・ショーラックを破り、獲得。
ボクシング 11月28日	【グアダラハラ（墨）】〈WBC 世界フライ〉アラクラン・トーレスが花形進を破り、防衛。
プロレス 11月28日	【東京・蔵前国技館】〈インターナショナルタッグ〉ジャイアント馬場&アントニオ猪木がドリー・ファンク・ジュニア&ダニー・ホッジと 60 分時間切れ引き分け、防衛。（日本プロ）

1961
ー
1970

プロ格闘技年表事典　277

相撲 11月29日	【福岡スポーツセンター】優勝：北の富士（西大関）13勝2敗、技能賞：栃東（東小結）、殊勲賞：麒麟児（東関脇）、敢闘賞：龍虎（西前6）
プロレス 12月2日	【大阪府立体育館】〈NWA世界ヘビー〉ドリー・ファンク・ジュニアがアントニオ猪木と時間切れ60分引き分け0−0、防衛。歴史的名勝負である。猪木は骨折した指を絆創膏で固定して試合に臨んだ。（日本プロ）
プロレス 12月3日	【東京都体育館】〈NWA世界ヘビー〉ドリー・ファンク・ジュニアがジャイアント馬場と60分時間切れ引き分け1−1、防衛。こちらも名勝負である。（日本プロ）
プロレス 12月4日	【札幌・中島スポーツセンター】〈インターナショナルタッグ〉ジャイアント馬場＆アントニオ猪木がドリー・ファンク・ジュニア＆バディ・オースティンを破り、防衛。→1969年9月5日（日本プロ）
プロレス 12月5日	【シドニー（豪）】〈豪版IWA世界ヘビー〉ビル・ロビンソンがジャック・ブリスコを破り、防衛。「ブリスベンではね、ブリスコが変に優位性を示そうとしたから、限度ないワンハンドバックブリーカーで病院にお送りしたよ」
プロレス 12月5日	【東京・蔵前国技館】〈IWA世界タッグ〉豊登＆小林がブルーノ・アーリントン＆イアン・キャンベルを破り、防衛。前シリーズより持ち越したグレート草津対シャチ横内の因縁の対決は不透明決着。サンダー杉山＆マイティ井上がシーク＆エミール・エルマンソーを破る。（国際プロ）
プロレス 12月19日	【シドニー（豪）】〈豪版IWA世界ヘビー〉カーチス・イヤウケアがビル・ロビンソンを破り、獲得。〈豪版IWA世界タッグ〉スパイロス・アリオン＆マリオ・ミラノがスカル・マーフィ＆ブルート・ブルート・ジム・バーナードを破り、獲得。
プロレス 12月19日	【ロサンゼルスCA】〈アメリカスヘビー〉グレート小鹿がミル・マスカラスを破り、獲得。〈インターナショナル〉ジャイアント馬場がフリッツ・フォン・エリックに反則勝ち、防衛。
その他	【MVP】〈相撲・報知新聞年間最優秀力士〉大鵬幸喜〈相撲・年間最多勝〉北の富士勝昭、63勝27負0休〈ボクシング・日本・コミッション〉小林弘〈ボクシング・アメリカ・リング誌〉ホセ・ナポレス〈プロレス・メキシコ・ルチャリブレ誌＆エルアルコン誌〉エル・ソリタリオ〈プロレス・ドイツ・カイザー派〉ジン・ブレストン（次点）ヘルマン・イフラント

1970年

プロレス
1月5日
【大阪府立体育館】〈インターナショナルタッグ〉ジャイアント馬場＆アントニオ猪木がボボ・ブラジル＆ハンク・ジェームスをストレートで破り、防衛。（日本プロ）

ボクシング
1月6日
【東京都体育館】〈WBC 世界フェザー〉ジョニー・ファメンションがファイティング原田を破り、獲得。この試合の開催のため、日本ボクシングコミッションは WBC 世界王座を初めて認めた。

プロレス
1月9日
【セントルイス MO】〈NWA 世界ヘビー〉ドリー・ファンク・ジュニアがディック・ザ・ブルーザーに反則勝ち、防衛。

プロレス
1月11日
【岡山市・県立津島体育館】〈アジアタッグ〉アントニオ猪木＆吉村道明がジン・アンダーソン＆オレー・アンダーソンを破り、防衛。（日本プロ）

プロレス
1月16日
【ロサンゼルス CA】〈バトルロイヤル〉優勝：ロッキー・ジョンソン

プロレス
1月18日
【福岡・九電記念体育館】〈IWA 世界タッグ王座決定戦〉モンスター・ロシモフ（アンドレ・ザ・ジャイアント）＆マイケル・ネイダーがサンダー杉山＆グレート草津を破り、獲得。ストロング小林がカシモドを破る。（国際プロ）

【カシモド】（生）不明（没）2003（出生地）西（初）不明（人物評）背中にコブのようなものがあることから「ノートルダムせむし男」といわれた怪奇レスラーである。主にヨーロッパのリングに上がったが、まれに米大陸にも飛び、1965 年にはミル・マスカラスのアレナメヒコデビュー戦の相手も務めた。身長は 160cm。70 年の初来日では、50cm 以上高いロシモフと組み、見る者を驚かせた。

相撲
1月25日
【東京・蔵前国技館】優勝：北の富士（東大関）13 勝 2 敗、技能賞：栃東（東小結）、殊勲賞：栃東（東小結）、敢闘賞：黒姫山（東前 5）。日大卒業直前の輪島博が花籠部屋に入門し、幕下付出（60 枚目格）で初土俵。輪島を皮切りに、学生相撲トップの大相撲入りが珍しいことではなくなる。場所後、北の富士勝昭、玉の海正洋に横綱免許が授与される。

【北の富士勝昭】（生）1942（出生地）北海道（初）1957（人物評）第 52 代横綱。1966 年 3 月、5 月、7 月に合計 28 勝 17 敗で大関に昇進した。現在より基準が甘かった当時でも意外と言われた。大の稽古嫌いだったが、余命幾許もなかった恩人村上精一郎氏の「オマエが綱を張ることを信じている」の言葉に 69 年夏巡業の頃から人が変わったように稽古に打ち込み、それが横綱昇進につながった。親友の同僚横綱玉の海の死で気を落とし、調子を崩す。これが 72 年、毎場所優勝者が変わる

1961
|
1970

プロ格闘技年表事典　279

状況を生みだした。

【玉の海正洋】(生) 1944 (没) 1971 (出生地) 愛知 (初) 1959 (人物評) 第51代横綱。1970年1月場所後、北の富士と同時に横綱に昇進した。同時に四股名を玉乃島から玉の海に改めた。横綱昇進後、ますます充実し、また、広い肩幅は相手に上手を取らせず、重い粘り腰は巨漢もらくらくと吊り、右四つ身の型のうまさは双葉山以来の芸術品だった。71年は1月から9月まで68勝7敗、場所平均では13.6勝の充実ぶりだったが、9月場所後の盲腸炎の手術後、退院を明日に控えるという日に容体が急変、帰らぬ人となった。

プロレス 1月27日
【東京都体育館】〈インターナショナルタッグ〉ジャイアント馬場＆アントニオ猪木がボボ・ブラジル＆デール・ルイスを破り、防衛。(日本プロ)

ボクシング 1月31日
【ローマ (伊)】〈WBC世界スーパーライト〉ブルーノ・アルカリがペドロ・アディグを破り、獲得。

プロレス 2月2日
【札幌・中島スポーツセンター】〈インターナショナル〉ジャイアント馬場がボボ・ブラジルを破り、防衛。(日本プロ)

プロレス 2月3日
【広島県立体育館】〈IWA世界タッグ王座決定戦〉サンダー杉山＆グレート草津がモンスター・ロシモフ (アンドレ・ザ・ジャイアント) ＆マイケル・ネイダーを破り、獲得。(国際プロ)

プロレス 2月5日
【大阪府立体育館】長らく来日が待たれたガニアの初来日。〈AWA世界ヘビー〉バーン・ガニアがストロング小林と両者リングアウト引き分け、防衛。(国際プロ)

プロレス 2月6日
【東京都体育館】〈AWA世界ヘビー〉バーン・ガニアがストロング小林を破り、防衛。(国際プロ)

ボクシング 2月8日
【東京・日本武道館】〈WBA世界フェザー〉西城正三がゴドフリー・スティーブンスを破り、防衛。

プロレス 2月9日
【岩手・盛岡市体育館】〈AWA世界ヘビー〉バーン・ガニアがグレート草津を破り、防衛。

プロレス 2月10日
【タンパ FL】「ガスパリーラ・スペクタキュラー」〈NWA世界ヘビー〉ドリー・ファンク・ジュニアがボブ・オートンを破り、防衛。

ボクシング 2月16日
【ニューヨーク NY・MSG】〈世界ヘビー〉ジョー・フレージャーがジミー・エリスを破り、獲得。

ボクシング 3月3日
【ロサンゼルス CA】〈世界ライト〉イスマエル・ラグナがマンド・ラモスを破り、獲得。

プロレス 3月3日
【名古屋・愛知県体育館】〈インターナショナル〉ジャイアント馬場がフリッツ・フォン・エリックと両者リングアウト引き分け、防衛。(日本プロ)

プロレス 3月7日	【東京・台東体育館】〈インターナショナルタッグ〉ジャイアント馬場＆アントニオ猪木がフリッツ・フォン・エリック＆プリンス・イヤウケアを破り、防衛。（日本プロ）
プロレス 3月16日	【群馬・桐生市体育館】前溝隆男がレフェリーとしてデビュー。（国際プロ）
ボクシング 3月20日	【バンコク（タイ）】〈WBC世界フライ〉チャチャイ・チオノイがアラクラン・トーレスを破り、獲得。
相撲 3月22日	【大阪府立体育館】優勝：大鵬（東張横）14勝1敗、技能賞：錦洋（東前4）、殊勲賞：前乃山（西張関）、敢闘賞：陸奥嵐（西前4）
ボクシング 4月5日	【東京都体育館】〈WBC世界スーパーフェザー〉沼田義明がレネ・バリエントスを破り、獲得。
ボクシング 4月6日	【バンコク（タイ）】〈WBA世界フライ〉ベルクレック・チャルバンチャイがバーナベ・ビラカンポを破り、獲得。
プロレス 4月10日	【アトランタGA】〈NWA世界ヘビー〉ドリー・ファンク・ジュニアがニック・ボックウィンクルと引き分け、防衛。ラッシャー木村が当地デビュー。レス・ウォルフを破る。
プロレス 4月13日	【ノッティンガム（英）】（英国ヘビー級王座決定戦）アルバート・ウォールがスティーブ・ベイダーを破り、獲得。
プロレス 4月22日	【ロンドン（英）・ロイヤルアルバートホール】〈RAH杯〉ジョージ・ゴーディエンコがブルーノ・アーリントンを破り、獲得。
ボクシング 5月9日	【ローマ（伊）】〈WBC世界フェザー〉ビセンテ・サルディバルがジョニー・ファメションを破り、獲得。
プロレス 5月14日	【東京・台東体育館】「IWAワールドシリーズ」〈決勝〉ビル・ロビンソンがストロング小林を破り、優勝。（国際プロ）
プロレス 5月18日	【千葉・館山市民センター】〈IWA世界ヘビー〉ビル・ロビンソンがグレート草津を破り、防衛。（国際プロ）
プロレス 5月19日	【仙台・レジャーセンター】〈IWA世界ヘビー〉サンダー杉山がビル・ロビンソンを破り、獲得。（国際プロ）
相撲 5月24日	【東京・蔵前国技館】優勝：北の富士（西横綱）14勝1敗、技能賞：大受（東前6）、殊勲賞：前乃山（東関脇）、敢闘賞：福の花（西前4）
プロレス 5月29日	【東京・日大講堂】「ワールドリーグ戦」〈決勝〉ジャイアント馬場がドン・レオ・ジョナサンを破り、優勝。（日本プロ）
ボクシング 6月6日	【パナマシティ】〈世界ライト〉イスマエル・ラグナが鈴木石松（ガッツ石松）を破り、防衛。
プロレス 6月15日	【ニューヨークNY・MSG】〈WWWF世界ヘビー〉ブルーノ・サンマルチノがクラッシャー・ブル・ベドウに敗れるものの、流血ストップのため、防衛。観衆20,819人の動員は当時の新記録だった。東京12チャンネル「プロレスアワー」カラー化、WWWF編第1回放映分として1ケ月後に関東地方のお茶の間に流れた試合である。

1961 ｜ 1970

プロレス 7月2日	【大阪府立体育館】〈インターナショナル〉ジャイアント馬場が キラー・カール・コックスに反則勝ち、防衛。(日本プロ)
プロレス 7月4日	【東京都体育館】〈インターナショナルタッグ〉ジャイアント馬 場&アントニオ猪木がキラー・カール・コックス&ドン・カー ソンを破り、防衛。(日本プロ)
ボクシング 7月5日	【仙台・宮城県スポーツセンター】〈WBA 世界フェザー〉西城 正三がフランキー・クロフォードを破り、防衛。
プロレス 7月8日	【横浜・スカイホール】〈日本デビュー〉エドワード・カーペンティ ア*とジャック・ラサルテス（レネ・ラサルテス）*はテレビ生 中継のためか、制限時間は 15 分で、タイムアップのドロー。(国 際プロ)
ボクシング 7月9日	【モンツァ（伊）】〈世界スーパーウェルター〉カルメロ・ボッシ がフレディ・リトルを破り、獲得。
プロレス 7月10日	【カルガリー(加)】「スタンピード・ウィーク」〈NWA 世界ヘビー〉 ドリー・ファンク・ジュニアがアブドラ・ザ・ブッチャーに反 則勝ち、防衛。
プロレス 7月11日	【バグダッド（イラク）】（バグダッド版世界）アドナン・カイセ イがアンドレ・ロシモフ（アンドレ・ザ・ジャイアント）を破り、 防衛。
プロレス 7月11日	【サンフランシスコ CA・カウパレス】〈US ヘビー〉レイ・スティー ブンスがパット・パターソンを破り、獲得。
プロレス 7月18日	【埼玉・深谷市体育館】〈IWA 世界ヘビー〉サンダー杉山がドク ター・デス（ムース・モロウスキー）に反則勝ち、防衛。(国際プロ)
相撲 7月19日	【名古屋・愛知県体育館】優勝：北の富士（東横綱）13 勝 2 敗、 技能賞：大麒麟（西関脇）、殊勲賞：三重ノ海（西小結）、敢闘賞： 前乃山（東関脇）
プロレス 7月30日	【大阪府立体育館】〈インターナショナル〉ジャイアント馬場が ドリー・ファンク・ジュニアと両者リングアウト引き分け、防衛。 (日本プロ)
プロレス 8月1日	【熊本市体育館】〈インターナショナルタッグ〉ジャイアント馬 場&アントニオ猪木がムース・ショーラック&ブルート・バー ナードを破り、防衛。(日本プロ)
プロレス 8月2日	【福岡スポーツセンター】〈NWA 世界ヘビー〉ドリー・ファンク・ ジュニアがアントニオ猪木と 1 - 1 から 60 分時間切れ引き分け、 防衛。(日本プロ)
プロレス 8月3日	【岩手・盛岡市体育館】〈IWA 世界ヘビー〉サンダー杉山がエド ワード・カーペンティアを破り、防衛。(国際プロ)
プロレス 8月4日	【東京都体育館】〈インターナショナルタッグ〉ジャイアント馬 場&アントニオ猪木がドリー・ファンク・ジュニア&テリー・ファ ンクにストレート勝ち（1 本目反則）、防衛。(日本プロ)

【テリー・ファンク】(生) 1944 (出生地) 米 (主要王座) インタータッグ、ミズーリ州ヘビー、NWA世界ヘビー (初) (人物評) 兄ドリー・ファンク・ジュニアの影武者的存在として売り出す。71年には兄とのコンビで馬場&猪木を破った。75年暮から77年2月にかけてはNWA世界ヘビー級王者として全米をサーキットし、その年の暮の全日本プロレスオープンタッグでは底抜けに明るい人柄もあり人気が爆発した。83年に一度引退する。84年のカムバック後ハードコアマッチを繰り広げ、デンジャラス親父と化した。

| プロレス 8月14日 | 【シカゴIL・コミスキーパーク】シカゴで8年ぶりの球場興行。〈AWA世界タッグ〉ブッチャー&マッドドッグ・バションがディック・ザ・ブルーザー、クラッシャー・リソワスキーを破り、防衛。〈AWA世界ヘビー〉バーン・ガニアがバロン・フォン・ラシクを破り、防衛。 |

| プロレス 8月21日 | 【東京・後楽園ホール】ジャイアント馬場&アントニオ猪木が初来日のアブドラ・ザ・ブッチャー&カール・ハイジンガーを破る。破れたものの、フォールを取られたのはハイジンガーであり、ブッチャーは強烈なインパクトを残した。(日本プロ) |

【アブドラ・ザ・ブッチャー】(生) 1941 (出生地) 加 (主要王座) NWF世界ヘビー、PWFヘビー (初) 1965 (人物評) カナダ出身だが、キャリア中、最も実績を上げたのが日本である。1970年夏、無名に近い状態で初来日し、いきなり度肝を抜くファイトぶりを見せ外人側エースを勝ち取る。72年暮、旗揚げ2シリーズ目から全日本へ。地方興行のドル箱となる。77年暮の全日本オープンタッグでテリー・ファンクの腕をフォークで刺し、観客をパニックに陥れた。81年5月には新日本に引き抜かれ、これが「引き抜き合戦」の引き金となった。

1961
|
1970

| ボクシング 8月23日 | 【東京・蔵前国技館】〈WBA世界スーパーフェザー〉小林弘がアントニオ・アマヤを破り、防衛。 |

| プロレス 8月25日 | 【札幌・中島スポーツセンター】〈IWA世界ヘビー〉サンダー杉山がジャック・ラサルテスを破り、防衛。(国際プロ) |

| プロレス 8月28日 | 【メキシコシティ】〈NWA世界ミドル〉ミステル駒がエル・ソリタリオを破り、獲得。 |

| プロレス 9月15日 | 【福岡市・九電記念体育館】〈IWA世界ヘビー〉サンダー杉山がブルー・ディモン (バディ・ウォルフ) を破り、防衛。(国際プロ) |

| プロレス 9月17日 | 【東京・台東体育館】〈インターナショナル〉ジャイアント馬場がアブドラ・ザ・ブッチャーを破り、防衛。(日本プロ) |

| プロレス 9月19日 | 【メキシコシティ・アレナメヒコ】「アニベルサリオ」〈カベジェラコントラカベジェラ〉ラウル・マタが柴田勝久を破る。〈NWA世界ミドル〉駒秀雄がアニバルを破る。 |

プロ格闘技年表事典　283

プロレス 9月22日	【ローリーNC】〈大西洋岸タッグ〉ネルソン・ロイヤル＆ポール・ジョーンズがジン・アンダーソン＆オレー・アンダーソンを破り、獲得。
ボクシング 9月26日	【サンファン（PR）】〈WBA世界、NYSAC世界ライト〉ケン・ブキャナンがイスマエル・ラグナを破り、獲得。
相撲 9月27日	【東京・蔵前国技館】優勝：玉の海（西横綱）14勝1敗、技能賞：大麒麟（東関脇）、殊勲賞：貴ノ花（西小結）、敢闘賞：龍虎（東前11）
ボクシング 9月27日	【東京・日大講堂】〈WBC世界スーパーフェザー〉沼田義明がラウル・ロハスを破り、防衛。（年間ベストバウト）
プロレス 10月8日	【大阪府立体育館】〈金網デスマッチ〉ラッシャー木村がドクター・デス（ムース・モロウスキー）をKOで破る。日本初の金網デスマッチ。（国際プロ）。
プロレス 10月12日	【東京・台東体育館】〈IWA世界ヘビー〉サンダー杉山がメッサーシュミット（クラウス・カウロフ）を破り、防衛。（国際プロ）
プロレス 10月15日	【東京・足立区体育館】〈WWWA世界シングル（女子）〉京愛子がマリー・バグノンを破り、獲得。バグノン8月に、トーナメントに勝利したとして、ミルドレッド・バークよりベルト授与された。これより全女が管理。
ボクシング 10月16日	【ロサンゼルスCA】〈世界バンタム〉チューチョ・カスティーヨがルーベン・オリバレスを破り、獲得。
ボクシング 10月22日	【東京・日大講堂】〈WBA世界フライ〉大場政夫がベルクレック・チャルバンチャイを破り、獲得。 【大場政夫】（生）1949（没）1973（出生地）東京（主要王座）WBA世界フライ（初）1966（人物評）フライ級としては長身で、アウトボクシングを型とした。1969年あたりから現役の日本、東洋、世界チャンプにノンタイトルで勝利し、満を持した状態の70年10月、世界初挑戦でベルクレック・チャルバンチャイにKO勝ちし、WBA世界フライ級王座を獲得した。73年1月2日、チャチャイ・チオノイ（タイ）をノックアウトし5度目の防衛に成功した23日後、愛車シボレー・コルベットを運転中に事故死した。23歳だった。
プロレス 10月24日	【ハノーファー（独）】トーナメント優勝：レネ・ラサルテス。準優勝：アクセル・デイター。シャチ・ミッキー井上（マイティ、8位）も参加。ストロング小林は途中棄権し、ケニアへ。
プロレス 11月5日	【東京・台東体育館】（NWAタッグリーグ〈決勝〉アントニオ猪木＆星野勘太郎がニック・ボックウィンクル＆ジョニー・クインを破り、優勝。延長の末、猪木の卍がニックに決まる。（日本プロ）。

284　プロ格闘技年表事典

ボクシング 11月7日	【ローマ（伊）】〈世界ミドル〉カルロス・モンソンがニノ・ベンベヌチを破り、獲得。（年間ベストバウト）

【カルロス・モンソン】（生）1942（没）1995（出生地）アルゼンチン（主要王座）WBA 世界ミドル、WBC 世界ミドル（初）1963（人物評）無類のスタミナ、タフネス、精神力、リーチを武器とし、1970 年代のパウンド・フォー・パウンド最強の一人に数えられる。70 年の王座獲得以来、無類のスタミナ、タフネスを武器に連続 14 度のミドル級王座防衛を達成した。77 年 7 月ロドリゴ・バルデスを相手に 14 度目の防衛に成功すると「もうリングの中で証明するものは何も無い」と言い残し、統一王者のまま引退した。

プロレス 11月19日	【栃木・足利市月見丘体育館】〈IWA 世界タッグ〉ラリー・ヘニング＆ボブ・ウインダム（ブラックジャック・マリガン）がサンダー杉山＆グレート草津を破り、獲得。（国際プロ）
プロレス 11月27日	【メキシコシティ・アレナメヒコ】〈NWA 世界ライトヘビー〉ソリタリオがレイ・メンドーサを破り、獲得。
相撲 11月29日	【福岡スポーツセンター】優勝：玉の海（東横綱）14 勝 1 敗、技能賞：該当者なし、殊勲賞：長谷川（西前 2）、敢闘賞：福の花（西前 4）
プロレス 12月1日	【東京都体育館】〈インターナショナルタッグ〉ジャイアント馬場＆アントニオ猪木がジン・キニスキー＆ジョニー・バレンタインをリングアウトで破り、防衛。（日本プロ）
ボクシング 12月3日	【シュラキュース NY】〈世界ウェルター〉ビリー・バッカスがホセ・ナポレスを破り、獲得。
ボクシング 12月3日	【東京・日大講堂】〈ノンタイトル〉小林弘が西城正三を 10R 判定で破る。
プロレス 12月3日	【大阪府立体育館】〈インターナショナル〉ジン・キニスキーがジャイアント馬場を破り、獲得。（日本プロ）
ボクシング 12月7日	【バンコク（タイ）】〈WBC 世界フライ〉エルビト・サラバリアがチャチャイ・チオノイを破り、獲得。
プロレス 12月10日	【群馬・吉井町体育館】〈IWA 世界ヘビー〉サンダー杉山がラリー・ヘニングに反則勝ち、防衛。（国際プロ）
ボクシング 12月11日	【ティファナ（墨）】〈WBC 世界フェザー〉柴田国明がビセンテ・サルディバルを破り、獲得。

【柴田国明】（生）1947（出生地）茨城（主要王座）WBC 世界フェザー、WBA 世界スーパーフェザー、WBC 世界スーパーフェザー（初）1965（人物評）フェザー級、スーパーフェザー級の 2 階級の世界王座を、3 度王座奪取し、その内 2 度が 1970 年メキシコ、73 年ハワイと、内弁慶が多い日本のボクサーとしては珍しい存在だった。パンチを当てるのがうまく、スナッ

1961｜1970

プロ格闘技年表事典　285

プの効いたパンチを打って、ガードの空いたところに、マシンガンのように連打を打ち込んだ「天才パンチャー」である。青木勝利、海老原博幸らと並んで日本史上屈指のボクサーと評された。

【ビセンテ・サルディバル】(生) 1943 (没) 1985 (出生地) 墨 (主要王座) 世界フェザー (初) 1961 (人物評) メキシコの英雄。「メキシコの赤い鷹」の異名はファイティングスピリッツに溢れた試合の激しさから。無尽蔵のスタミナと猛烈な連打、強靭な精神力を武器に勇猛果敢に打ち合いに挑む。64 年 9 月、シュガー・ラモスを破り世界王座を獲得した。67 年 10 月、引退し王座を返上するが 69 年 7 月、現役復帰する。70 年 5 月、ジョニー・ファメションを破って WBC 世界フェザー級王座につくも、12 月 11 日、柴田国明に破れ、王座から陥落した。

プロレス 12月11日	【デンバー CO】〈AWA 世界ヘビー〉バーン・ガニアはエドワード・カーペンティアにオーバー・ザ・トップロープによる反則負け、防衛。ミル・マスカラスはジョー・ブランチャードを破る。ニック・ボックウィンクルはウイルバー・スナイダーと引き分け。
プロレス 12月11日	【ウィニペグ (加)】〈AWA 世界タッグ〉ブッチャー&マッドドッグ・バションはクラッシャー・リソワスキー&ブル・バリンスキーを、ストロング小林はボビー・ジョーンズを破る。
プロレス 12月12日	【東京・台東体育館】〈金網デスマッチ〉ラッシャー木村がオックス・ベーカーを KO。しかし、脚を骨折し、以後 3 ケ月近く欠場した。〈IWA 世界タッグ〉サンダー杉山&グレート草津がラリー・ヘニング&ボブ・ウインダム (ブラックジャック・マリガン) を破り、獲得。(国際プロ)
プロレス 12月16日	【ホノルル HI】〈北米ヘビー〉ビル・ロビンソンがザ・デストロイヤーを破り、獲得。
プロレス 12月18日	【メキシコシティ・アレナメヒコ】〈NWA 世界ミドル〉アニバルが駒秀雄を破り、獲得。アニバルはマスカラコントラカベジェラに続き駒に連勝。NWA 会長のサム・マソニックが立ち会っていた。
プロレス 12月19日	【ロサンゼルス CA】〈インターナショナル〉ジャイアント馬場がジン・キニスキーを破り、獲得。
その他	【MVP】〈相撲・報知新聞年間最優秀力士〉北の富士勝昭〈相撲・年間最多勝〉北の富士勝昭、75 勝 15 負 0 休〈相撲・年間最多勝〉玉の海正洋、75 勝 15 負 0 休〈ボクシング・日本・コミッション〉小林弘〈ボクシング・アメリカ・リング誌〉ジョー・フレージャー〈プロレス・メキシコ・ルチャリブレ誌&エルアルコン誌〉アニバル〈プロレス・ドイツ・カイザー派〉ジン・ブレストン、次点: ホースト・ホフマン

1971−1980年

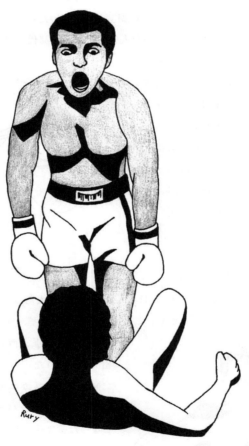

もし今後、モハメド・アリよりも強いボクサーが現れても、アリは史上最高のボクサーであり続けるであろう。

◆相撲

　1971年5月場所、大鵬が引退した。横綱玉の海が同年10月に急死、もう一人の横綱北の富士の落胆もあって72年は平幕優勝2人、連覇なしと土俵上は荒れ続けた。そんな中、時代は学生相撲出身の輪島（初優勝72年5月優勝回数14）、怪童北の湖（初優勝74年1月優勝回数24、優勝同点5）の時代へと急速に過渡していく。特に70年代後半の北の湖の強さは圧倒的で、勝った時の態度がふてぶてしいと「巨人・大鵬・卵焼き」（60年代の子供が好むもの）ならぬ、「江川、ピーマン、北の湖」と悪役扱いだった。

　大関昇進後低迷を続けていた人気の貴ノ花（初代）が初優勝を遂げたのは75年3月場所のことであった。決定戦で北の湖を降した瞬間に乱れ飛んだ座布団はテレビカメラを遮り、数秒間画面を暗くした。しかし、結局は横綱に届かず。

　76年秋あたりから人気が沸騰し始めた、若三杉は78年5月場所後横綱に昇進、若乃花（2代）となった。

◆ボクシング

　1971年が始まった段階で、日本人世界王者は5人だった。これをもって「黄金時代」とするか。しかし、この年の3月にはレギュラー放映のテレビ番組を失い、小林弘、西城正三、沼田義明が相次いで敗れた。

　同年10月、「カエル跳び」の変速ボクシングで世界スーパーウェルター級王者となった輪島功一の明るさが救いとなる。

　73年の正月、劇的なKO勝ちでファンを喜ばせた大場政夫が、1ヶ月も経たな

いうちに自動車事故で天国に去るという悲しい出来事もあった。

75年、新階級ライトフライ級が誕生し、これが産んだスーパースターが76年10月WBA同級王座を奪取した具志堅用高である。連続13回の防衛記録を作った具志堅は70年代後半の日本ボクシング界を支えることになる。

海外の話題といえば何と言ってもモハメド・アリであろう。74年10月、アフリカのキンシャサでジョージ・フォアマンを破って世界ヘビー級王座に復活した「キンシャサの奇跡」はいまだ語り草である。

◆プロレス

1970年代の米プロレス界は、NWA、AWA、WWWF3団体（WWAは68年に消滅）の安定期だった。70年代後半、NWA、AWAはそれぞれハーリー・レイス、ニック・ボックウィンクルと、悪役世界王者を据えた。

71年2月に初来日したミル・マスカラスは子供達のアイドルとなり、日本マットを支える一人となっていく。

その年の暮に始まった老舗日本プロレスの分裂は、アントニオ猪木の新日本プロレス、ジャイアント馬場の全日本プロレスの誕生を見た。が、73年日本プロレスは崩壊した。この2団体の興行戦争は熾烈を極めたが、結果として2団体は世界的な団体となった。

世界に目を向ければ、70年代半ばから後半にかけ、メキシコでは世界最古の団体EMLLからUWAが独立、イギリスはビル・ロビンソンら有力選手の北米流失で沈降、そしてビッグ・ダディの出現で盛り返し、ドイツではグレコ・ローマンの時代からのプロモーター、グスト

ル・カイザーが引退、テレビ局から見放されたオーストラリアが一挙にマイナー化と激しい地殻変動が起こっていた。

◆その他

　全日本キックボクシングは西城正三ら引退したボクサーをリングに上げ、嬲りものにすることで存在価値を上げようとした。同じことを20世紀末から21世紀初頭にかけ、いわゆる総合格闘技がプロレスに対して行った。しかしこの時のボクシング界はプロレス界ほど脇が甘くなかった。

　冷静に考えれば、格闘技はそれぞれの格闘技のルールに長けた者、身体能力があるものが勝つ。しかし「プロレス、ボクシング、柔道、空手、いったいどれが強いんだ？」。その解答だと支持されていたのが76年2月の猪木対ウイレム・ルスカ戦に始まる新日本プロレスの異種格闘技戦である。6月の猪木対モハメド・アリの一戦は、対戦前は大きな期待に、対戦後は失望に包まれた。

　レスラー対ボクサーは戦前からアメリカで行われていた。が、あくまでもエキシビションであった。しかし、このアリ戦だけはガチンコだったというのが定説で、現在では再評価されている。

1971年

プロレス 1月1日	【セントルイス MO】〈NWA 世界ヘビー〉ドリー・ファンク・ジュニアがジャック・ブリスコと引き分け、防衛。
ボクシング 1月3日	【静岡・駿府会館】〈WBC 世界スーパーフェザー〉沼田義明がレネ・バリエントスを破り、防衛。
プロレス 1月7日	【大阪府立体育館】〈インターナショナルタッグ〉ジャイアント馬場＆アントニオ猪木がザ・ストンパー＆ザ・ケンタッキアンを２−０のストレートで破り、防衛。（日本プロ）
プロレス 1月10日	【鹿児島・鹿屋市体育館】〈IWA 世界ヘビー〉サンダー杉山がイワン・プレストンと両者リングアウト引き分け、防衛。（国際プロ）
プロレス 1月15日	【ロサンゼルス CA】〈バトルロイヤル〉優勝：ザ・プロフェッショナル（ダグ・ギルバート）〈アメリカスタッグ〉ミス・マスカラス＆レイ・メンドーサがブラック・ゴールドマン＆エル・ゴリアスを破り、獲得。
プロレス 1月15日	【山口・徳山市体育館】〈アジアヘビー〉ビル・ドロモが大木金太郎を破り、獲得。
プロレス 1月18日	【ニューヨーク NY・MSG】〈WWWF 世界ヘビー〉イワン・コロフがブルーノ・サンマルチノを破り、獲得。
プロレス 1月21日	【シドニー（豪）】〈豪版 IWA 世界タッグ〉ディック・マードック＆ダスティ・ローデスがマーク・ルーイン＆マリオ・ミラノを破り、獲得。
	【ダスティ・ローデス】（生）1945（出生地）米（主要王座）NWA 世界ヘビー（初）1967（人物評）デビューの翌年、セントラルステーツ地区でディック・マードックと「テキサスアウトローズ」を結成する。このコンビはデトロイト、フロリダ、オーストラリア、AWA、国際プロを悪ガキ喧嘩ファイトで荒らし回った（全日本、新日本でのコンビ結成はリバイバルである）。1974 年５月、ベビーフェイスに転向し「アメリカンドリーム」をキャッチフレーズとする。そして 79 年には NWA 王者にもなった。
相撲 1月24日	【東京・蔵前国技館】優勝：大鵬（西横綱）14 勝１敗、技能賞：大受（西前 5）、殊勲賞：該当者なし、敢闘賞：陸奥嵐（東前 4）
プロレス 1月24日	【千葉・市原市体育館】〈IWA 世界ヘビー〉サンダー杉山がイワン・プレストンを破り、防衛。（国際プロ）
プロレス 2月2日	【広島県立体育館】〈インターナショナル〉ジャイアント馬場がザ・ストンパーを破り、防衛。〈アジアヘビー〉大木金太郎がビル・ドロモを破り、獲得。（日本プロ）
プロレス 2月8日	【ニューヨーク NY・MSG】〈WWWF 世界ヘビー〉ペドロ・モラレスがイワン・コロフを破り、獲得。

**1971
|
1980**

プロ格闘技年表事典　291

プロレス 2月9日	【タンパ FL】「ガスパリーラ・スペクタキュラー」〈NWA 世界ヘビー〉ドリー・ファンク・ジュニアがジャック・ブリスコと引き分け、防衛。
ボクシング 2月12日	【ロサンゼルス CA】〈世界ライト〉ケン・ブキャナンがルーベン・ナバロを破り、獲得。
プロレス 2月19日	【東京・後楽園ホール】記念すべきミル・マスカラスの来日第一戦。星野勘太郎を破る。(日本プロ)。
プロレス 2月23日	【ポートランド OR】〈AWA 世界タッグ〉クルト・フォン・スタイガー＆カール・フォン・スタイガーがブッチャー＆マッドドッグ・バションを破り、獲得。→3月2日
ボクシング 2月27日	【カラカス(委)】〈WBA 世界ライトヘビー王座決定戦〉ビセンテ・ロンドンがジミー・デュプリを破り、獲得。
プロレス 2月27日	【メルボルン(豪)】〈豪版 IWA 世界タッグ〉マーク・ルーイン＆マリオ・ミラノがディック・マードック＆ダスティ・ローデスを破り、獲得。
プロレス 2月27日	【川崎市体育館】〈IWA 世界ヘビー〉サンダー杉山がマッドドッグ・バションを破り、防衛。(国際プロ)
ボクシング 2月28日	【宇都宮・栃木県スポーツセンター】〈WBA 世界フェザー〉西城正三がフランキー・クロフォードを破り、防衛。
プロレス 3月2日	【東京・蔵前国技館】〈インターナショナルタッグ〉ジャイアント馬場＆アントニオ猪木がミル・マスカラス＆スパイロス・アリオンを破り、防衛。(日本プロ)。
プロレス 3月2日	【東京都体育館】〈AWA 世界タッグ〉ブッチャー＆マッドドッグ・バションがサンダー杉山＆グレート草津を反則勝ちで破り、防衛。ビル・ミラーがマイティ井上を破る。→2月23日(国際プロ)
ボクシング 3月4日	【東京・日大講堂】〈WBA 世界スーパーフェザー〉小林弘がリカルド・アルレドンドを破り、防衛。
プロレス 3月4日	【名古屋・愛知県体育館】〈インターナショナルヘビー〉ジャイアント馬場がスパイロス・アリオンを破り、防衛。(日本プロ)
プロレス 3月4日	【北九州市・小倉区三萩野体育館】〈IWA 世界ヘビー〉ビル・ミラーがサンダー杉山を破り、獲得。(国際プロ)
プロレス 3月6日	【前橋・群馬県スポーツセンター】アントニオ猪木がミル・マスカラスにリングアウト勝ち。(日本プロ)。
ボクシング 3月8日	【ニューヨーク NY・MSG】〈世界ヘビー〉ジョー・フレージャーがモハメド・アリを判定で破り、防衛。(年間ベストバウト)
プロレス 3月18日	【セーラム OR】〈AWA 世界タッグ〉ブッチャー＆マッドドッグ・バションがクルト＆カール・フォン・スタイガーを破り、獲得。
プロレス 3月26日	【ロサンゼルス CA】〈UN ヘビー〉アントニオ猪木がジョン・トロスを破り、獲得。

相撲 3月28日	【大阪府立体育館】優勝：玉の海（東横綱）14勝1敗、技能賞：貴ノ花（東前5）、殊勲賞：大受（西関脇）、敢闘賞：福の花（西前6）
プロレス 3月30日	【タンパFL】〈フロリダ版世界タッグ〉ドリー・ファンク・ジュニア&テリー・ファンクがジャック・ブリスコ&ジェリー・ブリスコを破り、獲得。
ボクシング 4月1日	【東京・日大講堂】〈WBA 世界フライ〉大場政夫がベツリオ・ゴンザレスを破り、防衛。
ボクシング 4月2日	【ロサンゼルスCA】〈世界バンタム〉ルーベン・オリバレスがチューチョ・カスティーヨを破り、獲得。
プロレス 4月2日	【横浜文化体育館】「IWA ワールドシリーズ」〈公式戦〉ビル・ロビンソンがカール・ゴッチと時間切れ引き分け。（国際プロ）。
プロレス 4月10日	【シカゴIL】〈AWA 世界ヘビー〉バーン・ガニアがストロング小林に反則勝ち、防衛。
プロレス 4月28日	【ロンドン（英）・ロイヤルアルバートホール】〈RAH 杯〉スティーブ・ベイダーがマル・カークを破り、獲得。
ボクシング 4月30日	【ケソンシティ（比）】〈WBC 世界フライ〉エルビト・サラバリアが花形進を破り、防衛。
プロレス 5月7日	【ロサンゼルスCA】ジョン・トロスがフレッド・ブラッシーめがけて石灰の粉をたたきつけ、ブラッシーは病院送り、ということになっていたが、実際は日本に遠征した。セミではミル・マスカラス対エル・ソリタリオのリンピオ決戦が異郷の地で行われ、マスカラスの勝利。→5月31日
相撲 5月14日	【東京・蔵前国技館】横綱大鵬が5月場所5日目に貴ノ花に敗れ引退。
プロレス 5月15日	【ミルウォーキーWI】〈AWA 世界タッグ〉レッド・バスチェン&ヘラクレス・コーテッツがブッチャー&マッドドッグ・バションを破り、獲得。7月23日、コーテッツが交通事故死し、バスチェンのパートナーはクラッシャー・リソワスキーに代わる。
プロレス 5月18日	【東京・大田区体育館】「IWA ワールドシリーズ」〈優勝戦〉ビル・ロビンソンがカール・ゴッチと時間切れ引き分け。その結果、ポイント差でモンスター・ロシモフ（アンドレ・ザ・ジャイアント）が優勝。（国際プロ）。
プロレス 5月19日	【大阪府立体育館】「ワールドリーグ戦」〈決勝〉アントニオ猪木はザ・デストロイヤーと両者リングアウト引き分けで、失格。ジャイアント馬場がアブドラ・ザ・ブッチャーを破り、優勝。アントニオ猪木は控え室で馬場に挑戦を表明。（日本プロ）
相撲 5月23日	【東京・蔵前国技館】優勝：北の富士（東張横）15勝、技能賞：大受（東関脇）、殊勲賞：貴ノ花（西小結）、敢闘賞：輪島（東前12）。場所中、横綱大鵬が引退。

1971
|
1980

プロ格闘技年表事典　293

プロレス 5月29日	【デトロイト MI】〈US ヘビー〉ボボ・ブラジルがザ・シークを破り、獲得。以後、同王座は、主にシークとボボとの間を行き来する。
ボクシング 5月30日	【広島県立体育館】〈WBC 世界スーパーフェザー〉沼田義明がライオネル・ローズを破り、防衛。
プロレス 5月31日	【札幌・中島スポーツセンター】〈UN ヘビー〉アントニオ猪木がフレッド・ブラッシーを破り、防衛。（日本プロ）。
ボクシング 6月3日	【東京都体育館】〈WBC 世界フェザー〉柴田国明がラウル・クルスを破り、防衛。
ボクシング 6月4日	【ロサンゼルス CA】〈世界ウェルター〉ホセ・ナポレスがビリー・バッカスを破り、獲得。
プロレス 6月5日	【サンフランシスコ CA・カウパレス】〈US ヘビー〉ポール・デマルコがレイ・スティーブンスを破り、獲得。スティーブンスはホームリングを AWA に移す。
プロレス 6月17日	【仙台・宮城県スポーツセンター】〈アジアタッグ〉アントニオ猪木＆吉村道明がブラック・ゴールドマン＆エル・ゴリアスを破り、防衛。（日本プロ）
プロレス 6月19日	【ミネアポリス MN】昼間のテレビマッチでビル・ロビンソンが AWA デビュー。ストロング小林を破る。好試合だったため、AWA は予定を変更し、夜の市民体育館での試合でも同じカードを組んだ。
プロレス 6月29日	【東京都体育館】〈インターナショナル〉ジャイアント馬場がイワン・コロフを破り、防衛。（日本プロ）
プロレス 7月1日	【大阪府立体育館】〈インターナショナルタッグ〉ジャイアント馬場＆アントニオ猪木がイワン・コロフ＆ダッチ・サベージを破り、防衛。（日本プロ）
プロレス 7月6日	【東京都体育館】〈IWA 世界ヘビー〉ストロング小林がチャック・カルボをバックドロップで破り、防衛。小林はビル・ミラーを破ったことにして王者として凱旋。（国際プロ）
プロレス 7月9日	【カルガリー（加）】「スタンピード・ウィーク」〈NWA 世界ヘビー〉ドリー・ファンク・ジュニアがレス・ソントンと引き分けて、防衛。
プロレス 7月11日	【メキシコシティ・アレナメヒコ】〈NWA 世界ウェルター〉アルベルト・ムニョスがカルロフ・ラガルデを破り、獲得。ラガルデは同王座を 5 度獲得、通算 13 年以上保持した、「ウェルター級史上最強の男」といわれていた。
相撲 7月18日	【名古屋・愛知県体育館】優勝：玉の海（西横綱）15 勝、技能賞：黒姫山（西前 5）、殊勲賞：貴ノ花（東小結）、敢闘賞：義ノ花（西前 7）
ボクシング 7月29日	【青森総合体育館】〈WBA 世界スーパーフェザー〉アルフレッド・マルカノが小林弘を破り、獲得。

プロレス 8月1日	【福岡スポーツセンター】〈インターナショナルヘビー〉ジャイアント馬場がクリス・マルコフを破り、防衛。(日本プロ)
プロレス 8月2日	【東京・足立区体育館】〈IWA世界ヘビー〉ストロング小林がブラックジャック・ランザを破り、防衛。(国際プロ)
プロレス 8月5日	【名古屋・愛知県体育館】〈UNヘビー〉アントニオ猪木がジャック・ブリスコを破り、防衛。2本目のジャーマン、3本目のコブラツイストは見事であった。(日本プロ)
プロレス 8月6日	【メキシコシティ】「NWA総会」。ビンス・マクマホン・シニア(ニューヨーク)が加盟。(8日まで)
プロレス 8月25日	【ミュンステル独】「トーナメント」ホースト・ホフマンがザ・デストロイヤーを破って、優勝。
プロレス 8月27日	【ロサンゼルスCA・メモリアルコロシアム】プロレス史上初めてクローズドサーキット。〈アメリカスヘビー〉フレッド・ブラッシーがジョン・トロスを破り、獲得。〈NWA世界ライトヘビー〉エル・ソリタリオがラウル・マタを破り、防衛。〈アメリカスタッグ〉ブラック・ゴールドマン&エル・ゴリアスがキンジ渋谷&ミスター斎藤を破り、獲得。〈世界女子〉ファビュラス・ムーラがベティ・ニコライを破り、防衛。(観衆25,847人)
ボクシング 9月2日	【東京都体育館】〈WBA世界フェザー〉アントニオ・ゴメスが西城正三を破り、獲得。
プロレス 9月4日	【東京・田園コロシアム】〈インターナショナル〉ジャイアント馬場がフリッツ・フォン・エリックに反則勝ち、防衛。(日本プロ)
プロレス 9月6日	【札幌・中島スポーツセンター】〈UNヘビー〉アントニオ猪木がフリッツ・フォン・エリックと両者リングアウト、防衛。(日本プロ)
プロレス 9月7日	【東京・大田区体育館】〈IWA世界タッグ王座決定戦〉レッド・バスチェン&ビル・ハワードがサンダー杉山&ラッシャー木村を破り、獲得。(国際プロ)
プロレス 9月13日	【大阪府立体育館】〈IWA世界ヘビー〉ストロング小林がレッド・バスチェンと時間切れ引き分け、防衛。(国際プロ)
プロレス 9月17日	【メキシコシティ・アレナメヒコ】「アニベルサリオ」〈カベジェラコントラカベジェラ〉レナート・トーレスがシクロンベロス・ジュニアを破る。
プロレス 9月20日	【福岡市・九電記念体育館】〈IWA世界ヘビー〉ストロング小林がレッド・バスチェンを破り、防衛。(国際プロ)
プロレス 9月20日	【セントルイスMO】〈NWA世界ヘビー〉ドリー・ファンク・ジュニアがバロン・フォン・ラシクを破り、防衛。
プロレス 9月23日	【長崎・諫早市体育館】〈IWA世界タッグ〉レッド・バスチェン&ビル・ハワードがサンダー杉山&ラッシャー木村を破り、獲得。(国際プロ)

1971
|
1980

プロ格闘技年表事典　295

相撲 9月26日	【東京・蔵前国技館】優勝：北の富士（西横綱）15勝、技能賞：貴ノ花（西関脇）、殊勲賞：長谷川（東関脇）、敢闘賞：三重ノ海（東前4）。
相撲 10月2日	【東京・蔵前国技館】大鵬の引退相撲が行なわれる。太刀持ちに玉の海、露払いに北の富士と、両横綱を従えて最後の横綱土俵入りを行う。
ボクシング 10月10日	【仙台・宮城県スポーツセンター】〈WBC世界スーパーフェザー〉リカルド・アルレドンドが沼田義明を破り、獲得。
相撲 10月11日	【東京】入院中の横綱玉の海が現役のまま死去。
ボクシング 10月18日	【パナマ・ヒムナシオヌエボパナマ】ロベルト・デュランが小林弘を7RKOで破る。この試合をもって小林は引退。

【ロベルト・デュラン】（生）1951（出生地）パナマ（主要王座）WBA世界ライト、WBC世界ライト、WBC世界ウェルター、WBA世界スーパーウェルター、WBC世界ミドル（初）1968（人物評）「石の拳（こぶし）」と形容された野性的な強打の持ち主。デビュー以来連勝を続け、1972年6月、無敗のままWBA世界ライト級王者ケン・ブキャナンを破って世界王座についた。80年にはWBC世界ウェルター級王者シュガー・レイ・レナードに挑戦し、僅差の判定勝ち。しかし、リターンマッチでは「ノー・マス（もうたくさんだ）」の言葉とともに試合放棄同然のTKO負けした。92年には東京で船木誠勝との異種格闘技戦で敗れた。

ボクシング 10月23日	【東京・日大講堂】〈WBA世界フライ〉大場政夫がフェルナンド・カバネラを破り、防衛。
プロレス 10月23日	【デトロイトMI】〈WWA世界ヘビー〉ディック・ザ・ブルーザーがバロン・フォン・ラシクを破り、防衛。（ブルーザー派）
プロレス 10月23日	【デトロイトMI】〈NWA世界ヘビー〉ドリー・ファンク・ジュニアがアーニー・ラッドを破り、防衛。（シーク派）
ボクシング 10月25日	【名古屋・愛知県体育館】〈世界バンタム〉ルーベン・オリバレスが金沢和良を破り、防衛。金沢がメキシコの英雄を追い詰めた伝説の死闘。金平正紀「私がプロモートした試合で最高のファイト」。（年間ベストバウト）

【金平正紀】（生）1934（没）1999（出生地）広島（人物評）元ボクサーで、指導者、プロモーターでもある。59年、馬小屋を改造したジム「金平ジム」（のちの協栄ジム）を設立、練習生は海老原博幸だけであった。63年、海老原が世界フライ級王者になると、以後も世界王者を生む。プロモーターとしても顔役で、キックボクシングや猪木対アリ戦にも関与した。82年、毒入りオレンジ事件が発覚し、業界から追放される。89年、追放が解け、90年代にはK-1にも関わった。

ボクシング 10月31日	【東京・日大講堂】〈世界スーパーウェルター〉輪島公一（輪島功一）がカルメロ・ボッシを破り、獲得。

【輪島功一】（生）1943（出生地）北海道（主要王座）世界スーパーウェルター、WBA 世界スーパーウェルター（初）1968（人物評）1971 年、小林弘、西城、沼田と日本人世界王者が相次いで敗れていく中でカルメロ・ボッシを破って世界スーパーウェルター級王座についた。「カエル飛び」といわれたトリッキーな戦法があるとはいえ、25 歳とデビューが遅くどこまでやれるかの疑問符がついた。しかし、予想に反して長期に亘って頑張り続けた。インタビューに現れる明るい性格がお茶の間のファンをどれだけ勇気づけたかわからない。

プロレス 11月1日	【東京体育館】「NWA タッグリーグ戦」〈決勝〉アントニオ猪木＆坂口征二がキラー・コワルスキー＆バディ・オースチンを破り、優勝。（日本プロ）
ボクシング 11月5日	【マドリッド（西）】〈WBC 世界ライト王座決定戦〉ペドロ・カラスコがマンド・ラモスを破り、獲得。
その他 11月5日	【東京・日本武道館】「全日本選手権」全日本キックボクシング・コミッション（石原慎太郎コミッショナー）認定の 8 階級初代王者決定戦が行われる。各階級王者は以下の通り。〈フライ〉千葉元、〈バンタム〉大沢昇、〈フェザー〉島三雄、〈ジュニアライト〉フライング・ジャガー、〈ライト〉藤原敏男、〈ジュニアウェルター〉横山剛、〈ウェルター〉増沢潔、〈ミドル〉レイモンド・エドラー（13,000 人、全日本キックボクシング協会）

【藤原敏男】（生）1948（出生地）岩手（主要王座）ラジャダムナン・スタジアムライト（初）1969（人物評）キックボクサー。「キックの荒鷲」と呼ばれる激しい攻撃力で一時代を築いた強豪である。78 年、外国人として初めてムエタイの頂点であるラジャダムナン王者となった。タイ人以外のムエタイ王者としての実績はトップといえる。1974 年 3 月、プロボクシング世界フェザー級王者西城正三と対戦に勝利し、全国区の知名度を持つに至った。

【大沢昇】（生）1942（出生地）東京（主要王座）全日本キック初代バンタム（1971）（初）1964（人物評）本名藤平昭雄。空手、ボクシング、キックボクシング三つの異なる格闘技で活躍。キックボクシング時代、タイで激闘を展開。「小さな巨人」。64 年に黒崎健時・中村忠と供に大山道場の代表としてタイ王へ遠征。71 年タイでラジャダムナン 1 位のチャンデットとの対戦は、判定負けしたものの、キック史上最も感動的な試合と評する向きもある。

1971
|
1980

プロ格闘技年表事典　297

ボクシング 11月6日	【カラカス（委）】〈WBA 世界スーパーフェザー〉アルフレッド・マルカノが岩田健二を破り、獲得。
プロレス 11月6日	【デトロイト MI】〈WWA 世界タッグ〉ブラックジャック・ランザ＆ブラックジャック・マリガンがウイルバー・スナイダー＆ポール・クリスティ破り、獲得。12 月 18 日にインディアナポリスでこの試合結果は繰り返された。
プロレス用語 11月6日	【繰り返されるタイトルが移動】ある都市で P が Q を破り、タイトルが移動し、ところが何日かして別の都市で P が Q を破り同じタイトルが移動するというマッチメーク。もちろんその間、P は Q に敗れていない。これを最も多く行ったのはテネシー地区であった。
プロレス 11月7日	【ハノーファー（独）】トーナメント優勝：アクセル・デイター
ボクシング 11月11日	【松山・愛媛ラグビー場】〈WBC 世界フェザー〉柴田国明がエルネスト・マルセルと引き分け、防衛。
プロレス 11月12日	【千葉・銚子市体育館】〈IWA 世界ヘビー〉ストロング小林がバロン・フォン・ラシクと両者リングアウト引き分け、防衛。（国際プロ）
プロレス 11月25日	【広島県立体育館】〈インターナショナル〉ジャイアント馬場がブルーノ・サンマルチノと両者リングアウト引き分け、防衛。（日本プロ）
相撲 11月28日	【福岡スポーツセンター】優勝：北の富士（東横綱）13 勝 2 敗、技能賞：三重ノ海（西小結）、殊勲賞：黒姫山（西前 2）、敢闘賞：輪島（東前 1）、冨士櫻（西前 6）
プロレス 12月2日	【千葉県体育館】〈IWA 世界ヘビー〉ストロング小林がジェリー・ブラウンを破り、防衛。（国際プロ）
プロレス 12月4日	【仙台・宮城県スポーツセンター】〈UN ヘビー〉アントニオ猪木がディック・マードックを破り、防衛。（日本プロ）
プロレス 12月6日	【ニューヨーク NY・MSG】〈WWWF タッグ〉カール・ゴッチ＆レネ・グレーがルーク・グラハム＆ターザン・タイラーを破り、獲得。
プロレス 12月7日	【札幌・中島スポーツセンター】〈インターナショナルタッグ〉ドリー・ファンク・ジュニア＆テリー・ファンクがジャイアント馬場＆アントニオ猪木を破り、獲得。（日本プロ）
プロレス 12月9日	【大阪府立体育館】〈NWA 世界ヘビー〉ドリー・ファンク・ジュニアが坂口征二を破り、防衛。（日本プロ）
プロレス 12月12日	【東京都体育館】空前絶後の同一会場二局放映。〈インターナショナル〉ジャイアント馬場がテリー・ファンクを破り、防衛。・・・NTV（アジアタッグ王座決定戦）坂口征二＆吉村道明がドリー・ファンク・ジュニア＆ディック・マードックを破り、獲得。・・・NET（日本プロ）

プロレス **12月12日**	【埼玉・飯能市体育館】〈IWA世界ヘビー〉ストロング小林がダスティ・ローデスを破り、防衛。(国際プロ)
プロレス **12月13日**	【日本プロレス】「会社乗っ取り」容疑によりアントニオ猪木の除名を発表。
相撲	【日本相撲協会】「財団法人」構成員である中学生力士の学校への欠席が問題となり、中学生の入門が禁止となる。すでに入門している中学生力士については、卒業まで東京場所の日曜日のみの出場が可能となった。
その他	【MVP】〈相撲・報知新聞年間最優秀力士〉玉の海正洋〈相撲・年間最多勝〉北の富士勝昭、73勝17負0休〈ボクシング・日本・コミッション〉大場政夫〈ボクシング・アメリカ・リング誌〉ジョー・フレージャー〈プロレス・メキシコ・ルチャリブレ誌〉ティニエブラス〈プロレス・ドイツ・カイザー派〉ホースト・ホフマン、次点：ザ・デストロイヤー〈プロレス・メキシコ・エルアルコン誌〉該当者なし

1971
|
1980

プロ格闘技年表事典　299

1972年

プロレス 1月1日	【セントルイス MO】〈NWA 世界ヘビー〉ドリー・ファンク・ジュニアがルーファス・ジョーンズを破り、防衛。
プロレス 1月6日	【大阪府立体育館】〈インターナショナル〉ジャイアント馬場がボボ・ブラジルにリングアウト勝ち、防衛。(日本プロ)
プロレス 1月6日	【長崎・島原市体育館】〈IWA 世界ヘビー〉ストロング小林がダン・ミラーを破り、防衛。(国際プロ)
プロレス 1月14日	【ロサンゼルス CA】(新春 22 人バトルロイヤル) 優勝:ブルーノ・サンマルチノ。
相撲 1月16日	【東京・蔵前国技館】初場所 8 日目、北の富士が貴ノ花を降す。「かばい手」「つき手」論争でもめ、行事差し違いという事になった 25 代木村庄之助は謹慎処分となり、場所後廃業した。
プロレス 1月17日	【三重・四日市市体育館】〈IWA 世界ヘビー〉ストロング小林がキング・イヤウケアと両者リングアウト引き分け、防衛。(国際プロ)
プロレス 1月20日	【デンバー CO】〈AWA 世界タッグ〉ニック・ボックウィンクル＆レイ・スティーブンスがレッド・バスチェン＆クラッシャー・リソワスキーを破り、獲得。
プロレス 1月22日	【サンフランシスコ CA・カウパレス】〈バトルロイヤル〉優勝:レイ・スティーブンス。以降、同地では新春のバトルロイヤルが恒例化。
相撲 1月23日	【東京・蔵前国技館】優勝:栃東(西前 5) 11 勝 4 敗、技能賞:栃東(西前 5)、殊勲賞:輪島(東小結)、敢闘賞:福の花(西前 3)
プロレス 1月27日	【横浜文化体育館】〈IWA 世界ヘビー、金網〉ストロング小林がカーチス・イヤウケアを破り、防衛。超満員、(国際プロ)
プロレス 2月1日	【大阪府立体育館】〈IWA 世界ヘビー〉ストロング小林がローム・マスク(ジルベール・ボワニー)を破り、防衛。(国際プロ)
プロレス 2月1日	【フィラデルフィア PA】〈WWWF タッグ〉バロン・シクルナ＆カーチス・イヤウケアがカール・ゴッチ＆レネ・グレーを破り、獲得。
ボクシング 2月2日	【東京都体育館】〈ノンタイトル〉輪島功一がカシアス内藤に KO 勝ち。
プロレス 2月8日	【セントピーターズバーグ FL】「ガスパリーラ・スペクタキュラー」〈NWA 世界ヘビー〉ドリー・ファンク・ジュニアがジャック・ブリスコと引き分け、防衛。ジャイアント馬場＆ヒロ・マツダがオレー・アンダーソン＆ボビー・ダンカンを破る。
ボクシング 2月18日	【ロサンゼルス CA】〈WBC 世界ライト〉マンド・ラモスがペドロ・カラスコを破り、獲得。

プロレス 2月19日	【デトロイト MI】ブルーノ・サンマルチノがザ・シークと引き分け。サンマルチノはプロモーターでもあったシークが提供した 800 ドルという少額ファイトマネーに怒り、デトロイトでのリングをブルーザー派に鞍替え。シークがプロモートにからむ 3 月のトロントでの試合をキャンセル。
プロレス 2月29日	【東京・大田区体育館】〈インターナショナル〉ジャイアント馬場がブルドッグ・ブラワーを破り、防衛。普段と異なり中規模の会場にインター戦をもってきたのは、6 日後同所で新日本プロレスが旗揚げすることになっていたからである。（日本プロ）
ボクシング 3月4日	【東京・日大講堂】〈WBA 世界フライ〉大場政夫が花形進を破り、防衛。
プロレス 3月6日	【東京・大田区体育館】「新日本プロレス」旗揚げ。〈世界ヘビー〉カール・ゴッチがアントニオ猪木を破り、防衛。
	【新日本プロレス】旗揚時社長：猪木寛至。アントニオ猪木が設立した団体。当初はテレビ局も外人レスラー供給ルートもなく、苦しい運営を余儀なくされた。73 年 4 月の坂口征二獲得と同時にテレビもつき、74 年からは WWWF との提携が始まり、75 年には NWA にも加盟した。81 年にはリング上のタイガーマスク（佐山聡）、リングサイドのテレビ朝日アナウンサー古舘伊知郎を両輪に「新日本プロレスブーム」を巻き起こした。その後幾多の消長を経て、現在も日本一の規模を持つ団体である。
プロレス 3月9日	【神奈川・小田原市体育館】〈WWWA 世界シングル（女子）〉ジーン・アントンが京愛子を破り、獲得。
ボクシング 3月10日	【パナマシティ】〈WBA 世界スーパーライト〉アルフォンソ・フレイザーがニコリノ・ローチェを破り、獲得。
相撲 3月15日	【大阪府立体育館】春場所 7 日目、貴ノ花が北の富士を「勇み足」で降す。行事差し違いという事になった 22 代式守伊之助は謹慎処分となった。
プロレス 3月15日	【名古屋・愛知県体育館】〈WWWA 世界シングル（女子）〉京愛子がジーン・アントンを破り、獲得。
相撲 3月19日	【大阪府立体育館】春場所 11 日目、琴櫻対前乃山戦を監察委員が「無気力相撲」として両力士に注意を与えた。実際は前乃山の張り手で琴櫻が気絶しただけであった。責任を取ったためか前の山は翌日から休場、負け越し。カド番だったため、大関から陥落することになる。
ボクシング 3月19日	【メキシコ州・エルトレオ】〈世界バンタム〉ラファエル・エレラがルーベン・オリバレスを破り、獲得。

1971 - 1980

プロ格闘技年表事典　301

相撲 3月26日	【大阪府立体育館】優勝：長谷川（東関脇）12勝3敗、技能賞：魁傑（西前7）、殊勲賞：魁傑（西前7）、敢闘賞：長谷川（東関脇）
	【長谷川勝敏】（生）1944（出生地）樺太（最高位）関脇（初）1960（人物評）左四つを得意の型とし、スケールの大きい相撲からの寄り、掬い投げをフィニッシュとした。上位に定着し、北の富士と仕切り中の長時間に渡るにらみ合いは、どこかに「味」を感じさせた。1972年3月場所、関脇の地位で12勝3敗で優勝し、直前3場所で30勝ながら大関昇進は見送られた。28勝で大関昇進の例もあるので不運としか言いようがないが、これは当時4人居た大関がだらしなく、大関を増やしたくないという協会の意向のためだった。
プロレス 3月27日	【札幌・中島スポーツセンター】「IWAワールドシリーズ」〈公式戦〉モンスター・ロシモフ（アンドレ・ザ・ジャイアント）はドン・レオ・ジョナサンと時間切れ引き分け。（国際プロ）
プロレス 3月30日	【メキシコシティ・アレナメヒコ】〈NWA世界ミドル〉レネ・グァハルドが、アニバルを破り獲得。"ミドル級最強の男"グァハルドは、同王座6度目の獲得という新記録をつくった。
ボクシング 4月1日	【東京・日本武道館】〈ノンタイトル〉来日したモハメド・アリがマック・フォスターを15R判定で破る。凡戦に新聞は「とんだエイプリルフール」と叩いた。
ボクシング 4月7日	【マイアミビーチFL】〈WBA世界ライトヘビー〉ボブ・フォスターがビセンテ・ロンドンを破り、獲得。
ボクシング 4月25日	【ホノルルHI】〈WBA世界スーパーフェザー〉ベン・ビラフロアがアルフレッド・マルカノを破り、獲得。
プロレス 4月26日	【大阪府立体育館】〈WWWA世界シングル（女子）〉サンデー・スターが京愛子を破り、獲得。
プロレス 4月26日	【ロンドン（英）・ロイヤルアルバートホール】〈RAH杯〉スティーブ・ベイダーがティボー・ザカッシュを破り、獲得。
プロレス 5月6日	【岩手・盛岡市体育館】「IWAワールドシリーズ」〈決勝〉ストロング小林がモンスター・ロシモフ（アンドレ・ザ・ジャイアント）を破り、優勝。日本人で初めて制す。（国際プロ）
ボクシング 5月7日	【福岡スポーツセンター】〈世界スーパーウェルター〉輪島功一がドミニコ・ティベリアを破り、防衛。
プロレス 5月7日	【北海道・旭川市体育館】〈IWA世界ヘビー〉ストロング小林がバロン・フォン・ラシクを破り、防衛。（国際プロ）
プロレス 5月12日	【東京都体育館】「ワールドリーグ戦」〈決勝〉ジャイアント馬場がゴリラ・モンスーンをリングアウトで破り、優勝。（日本プロ）
ボクシング 5月19日	【東京・日大講堂】〈WBC世界フェザー〉クレメンテ・サンチェスが柴田国明を破り、獲得。

プロレス 5月19日	【ロサンゼルス CA】〈インターナショナルタッグ〉ジャイアント馬場＆坂口征二がドリー・ファンク・ジュニア＆テリー・ファンクを破り、獲得。
プロレス 5月24日	【福岡・九電記念体育館】〈WWWA 世界シングル（女子）〉京愛子がサンデー・スターを破り、獲得。
相撲 5月28日	【東京・蔵前国技館】優勝：輪島（西関脇）12 勝 3 敗、技能賞：貴ノ花（東小結）、殊勲賞：輪島（西関脇）、敢闘賞：魁傑（東張小）
プロレス 6月1日	【大阪府立体育館】〈インターナショナル〉ジャイアント馬場がジョニー・バレンタインを破り、防衛。（日本プロ）
プロレス 6月2日	【セントルイス MO】〈NWA 世界ヘビー〉ドリー・ファンク・ジュニアがジョニー・バレンタインを試合放棄で破り、防衛。
ボクシング 6月3日	【カラカス（委）】〈WBC 世界フライ王座決定戦〉ベツリオ・ゴンザレスがソクラテス・バトトを破り、獲得。
ボクシング 6月20日	【東京・日大講堂】〈WBA 世界フライ〉大場政夫がオーランド・アモレスを破り、防衛。（年間ベストバウト）
プロレス 6月24日	【アービング TX（ダラス近郊）・テキサススタジアム】〈NWA 世界ヘビー〉ドリー・ファンク・ジュニアがフリッツ・フォン・エリックと 60 分時間切れ引き分け、防衛。（観衆 26,339 人）
ボクシング 6月26日	【ニューヨーク NY・MSG】〈WBA 世界ライト〉ロベルト・デュランがケン・ブキャナンを 13 回、ボディブローで KO 勝ちし、獲得。ブキャナン側からはローブローだという抗議の声が上がったが判定は覆らなかった。
プロレス 7月1日	【東京・大田区体育館】〈WWWA 世界シングル（女子）〉サラ・リーが京愛子を破り、獲得。
プロレス 7月1日	【ニューヨーク NY・MSG】ニューヨーク州で女子レスラーが解禁され、ファビュラス・ムーラが登場。解禁によりムーラは 8 日にはバファロー NY のリングにも上がった。
プロレス 7月7日	【千葉県体育館】〈IWA 世界タッグ王座決定戦〉ストロング小林＆グレート草津がビル・ミラー＆バロン・シクルナを破り、獲得。（国際プロ）
相撲 7月16日	【名古屋・愛知県体育館】優勝：高見山（東前 4）13 勝 2 敗、技能賞：貴ノ花（西関脇）、殊勲賞：高見山（東前 4）、敢闘賞：貴ノ花（西関脇）

【高見山大五郎】(生) 1944（出生地）米（最高位）関脇（初）196（人物評）1972 年 7 月、ハワイ（ポリネシア）系出身としては初めての優勝を遂げ、その後の外国出身力士へ道を開く。正面から当たられて組み止まられる力士は少なく、横綱輪島を得意とした。が、横から攻められると弱く、また、上半身に下半身がついていかず、前に落ちることが多かった。引退後は東関親方として、同じハワイ出身の曙を横綱にまで育て上げた。

プロレス 7月19日	【東京・板橋区体育館】〈IWA 世界ヘビー〉ストロング小林がビル・ミラーを破り、防衛。(国際プロ)
プロレス 7月26日	【埼玉・春日部市体育館】〈WWWA 世界シングル（女子）〉星野美代子がサラ・リーを破り、獲得。
ボクシング 7月29日	【パナマシティ】〈世界バンタム〉エンリケ・ビンターがラファエル・エレラを破り、獲得。
プロレス 8月12日	【クリーブランド OH・市民球場】〈NWF 北米ヘビー〉ジョニー・パワーズがジョニー・バレンタインを破り、防衛。NWF 史上最大のビッグマッチ。
	【NWF】この時期、五大湖周辺のオハイオ州クリーブランド、ニューヨーク州バファローで興行を打っていた、ジョニー・パワーズ＆ペドロ・マルティネスの興行会社の世界王座認定団体。パワーズ＆マルティネスの興行会社は 1974 年に店じまいをしており、それに先駆け、73 年 12 月に王座の権利とベルトを新日本プロレスに売り渡した。
プロレス 8月14日	【ミュンステル（独）】ホースト・ホフマンがビル・ロビンソンと引き分け。ロビンソンはミュンヘン五輪米国代表のクリス・テーラーのコーチとして訪独していた。この試合を見て、ロビンソン、テーラーに同行していたバーン・ガニアはホフマンに惚れ込み、AWA にスカウトした。
プロレス 8月18日	【宮城・石巻】この日の試合をもってジャイアント馬場が日プロから離脱。王座は全て返上し、全日本プロレスを設立することとなる。
ボクシング 8月19日	【マラカイ（委）】〈WBA 世界フェザー〉エルネスト・マルセルがアントニオ・ゴメスを破り、獲得。
その他 8月26日	【ミュンヘン（独）】夏季オリンピックが開幕。〈ボクシング〉フェザー銀：ワルインゲ中山、ライトミドル銅：アラン・ミンター〈フリー〉スーパーヘビー銅：クリス・テーラー〈柔道〉重量級、無差別級金：ウイレム・ルスカ（9 月 11 日まで）
プロレス 9月6日	【東京・田園コロシアム】〈UN ヘビー〉ザ・シークが坂口征二を破り、獲得。(日本プロ)
プロレス 9月7日	【大阪府立体育館】〈UN ヘビー〉坂口征二がザ・シークを破り、獲得。(日本プロ)
プロレス 9月9日	【群馬・藤岡市体育館】「ラッシャー木村渡欧壮行試合」〈金網〉ラッシャー木村がバディ・オースティンを破る。(国際プロ)
ボクシング 9月15日	【ロサンゼルス CA・メモリアルコロシアム】〈WBC 世界ライト〉チャンゴ・カルモナがマンド・ラモスを破り、獲得。
ボクシング 9月15日	【東京・日大講堂】〈WBC 世界ジュニアライト〉リカルド・アルレドンドが岡部進を破り、防衛。
プロレス 9月16日	【セントルイス MO】〈ミズーリ州ヘビー王座決定トーナメント決勝〉ハーリー・レイスが朴松男（パクソンナン）を破り、獲得。

プロレス 9月20日	【ホノルルHI】〈AWA世界タッグ〉ニック・ボックウィンクル＆レイ・スティーブンスがペドロ・モラレス＆ワフー・マクダニエルと両者反則引き分け、防衛。ジャイアント馬場がザ・シークと両者リングアウト引き分け。
相撲 9月24日	【東京・蔵前国技館】優勝：北の富士（東横綱）15勝、技能賞：旭國（西前3）、殊勲賞：輪島（東張関）、敢闘賞：貴ノ花（東関脇）
ボクシング 9月26日	【ロンドン（英）・ウェンブリーアリーナ】〈世界ライトヘビー〉ボブ・フォスターがクリス・フィネガンを破り、獲得。（年間ベストバウト）
プロレス 9月28日	【北九州市・小倉区三萩野体育館】〈IWA世界ヘビー〉ストロング小林がビル・ロビンソンと両者リングアウト引き分け、防衛。（国際プロ）
ボクシング 9月29日	【バンコク（タイ）】〈WBC世界フライ〉ベニス・ボーコーソーがベツリオ・ゴンザレスを破り、獲得。
プロレス 9月29日	【メキシコシティ・アレナメヒコ】「アニベルサリオ1」〈タッグトーナメント決勝〉エル・ソリタリオ＆レイ・メンドーサがレネ・グアハルド＆アルフォンソ・ダンテスを破り、優勝。
プロレス 9月30日	【ニューヨークNY・シェイスタジアム】〈WWWFヘビー〉ペドロ・モラレスがブルーノ・サンマルチノと75分カーフューで引き分け、防衛。WWWFで最後に行なわれたベビーフェイスマッチである。（観衆22,508人）
ボクシング 10月3日	【東京・日大講堂】〈世界スーパーウェルター〉輪島功一がマット・ドノバンを破り、防衛。
プロレス 10月4日	【東京・蔵前国技館】〈世界ヘビー〉アントニオ猪木がカール・ゴッチをリングアウトで破り、獲得。レフェリー、ルー・テーズ。（新日本）
プロレス 10月10日	【大阪府立体育会館】〈世界ヘビー〉カール・ゴッチがアントニオ猪木を破り、獲得。（新日本）
プロレス 10月20日	【メキシコシティ・アレナメヒコ】「アニベルサリオ」〈NWA世界ウェルター〉カルロフ・ラガルデがウラカン・ラミレス〈NWA世界ミドル〉アルフォンソ・ダンテスがエル・ソリタリオを破り、防衛。
プロレス 10月21日	【東京・町田市体育館】「全日本プロレス」旗揚げ戦前夜祭。ブルーノ・サンマルチノ＆テリー・ファンクがジャイアント馬場＆サンダー杉山を破る。

> 【全日本プロレス】旗揚時社長：馬場正平。ジャイアント馬場が設立した団体。設立当初からテレビ局も外人レスラー供給ルートもあり、順風満帆のスタートだった。73年2月にはNWAにも加盟した。しかしその一方で馬場の衰えもあり、新日本プロレスには遅れをとり続けた。70年代後半には、豪華な外人レスラーでなんとかファン数を維持し、80年代はジャンボ鶴田の台頭で徐々に新日本との差を縮めた。87年、長州

**1971
｜
1980**

プロ格闘技年表事典　305

力らが新日本に戻ると、発奮した天龍による「天龍革命」で日本マット界に確固たる存在感を持った。90年には三沢光晴ら「四天王」の活躍で黄金時代を迎えた。99年1月の馬場死去後、元子未亡人との確執で、翌年三沢が離脱した以降、マイナー化の道を辿り始め、現在に至る。

プロレス 10月22日	【東京・日大講堂】〈世界ヘビー王座争奪戦〉ジャイアント馬場がブルーノ・サンマルチノとダブルフォール引き分け。(全日本)
ボクシング 10月29日	【パナマシティ】〈WBA世界スーパーライト〉アントニオ・セルバンテスがアルフォンソ・フレイザーを破り、獲得。
プロレス 10月31日	【大阪府立体育館】「NWAタッグリーグ戦」〈決勝〉坂口征二＆高千穂明久がラリー・ハミルトン＆ジュエル・ハミルトンを破り、優勝。〈NWA世界ジュニアヘビー〉ダニー・ホッジがミスター松岡と両者リングアウト、防衛。(日本プロ)
プロレス 10月31日	【名古屋・愛知県体育館】〈世界ヘビー王座争奪戦〉ジャイアント馬場がテリー・ファンクを破る。(全日本)
プロレス 11月5日	【ハノーファー(独)】トーナメント優勝：ハンス・リチャード・ベーレンズ。
プロレス 11月7日	【仙台・宮城県スポーツセンター】〈金網〉グレート草津がバディ・オースティンに足4の字固めでギブアップ勝ち。オースチンにとっての日本でのラストマッチだった。〈IWA世界ヘビー〉ストロング小林がレッド・バスチェンを破り、防衛。(国際プロ)
ボクシング 11月10日	【ロサンゼルスCA】〈WBC世界ライト〉ロドルフォ・ゴンザレスがチャンゴ・カルモナを破り、獲得。
プロレス 11月15日	【ホノルルHI】〈AWA世界タッグ〉ビル・ロビンソン＆エド・フランシスがニック・ボックウィンクル＆レイ・スティーブンスを破り、獲得。しかしロビンソン組は防衛戦を行わず、王座は戻された。ジャイアント馬場がボブ・ブラウンに反則勝ち。
プロレス 11月22日	【コロンバスGA】ボブ・アームストロングはロック・ハンターを破る。試合はこれだけ。というのは、ジョージアのほとんどのレスラーがレイ・ガンケル未亡人アンのもとに参集し、ボイコットしたため。
相撲 11月26日	【福岡スポーツセンター】優勝：琴櫻(西張大)14勝1敗、技能賞：増位山(西前4)、殊勲賞：高見山(西前1)、敢闘賞：福の花(東前14)。年6場所制導入後初めて、6場所とも幕内優勝者が異なった。
プロレス 11月27日	【名古屋・愛知県体育館】〈WWA世界タッグ、金網〉ディック・ザ・ブルーザー＆クラッシャー・リソワスキーがストロング小林＆グレート草津とノーコンテスト、防衛。試合内容に観客が怒り、暴動。(国際プロ)
プロレス 11月28日	【静岡・駿府会館】〈IWA世界ヘビー、金網〉ストロング小林がクラッシャー・リソワスキーにKO勝ち、防衛。(国際プロ)

プロレス 11月29日	【東京都体育館】〈WWA世界タッグ〉ディック・ザ・ブルーザー＆クラッシャー・リソワスキーがストロング小林＆マイティ井上を破り、防衛。ジャイアント馬場＆グレート草津がレッド・バスチェン＆マリオ・ミラノを破る。（国際プロ）
プロレス 12月1日	【横浜文化体育館】〈インターナショナル王座決定戦〉ボボ・ブラジルが大木金太郎を破り、獲得。（日本プロ）
プロレス 12月2日	【不明（豪）】「オーストラ・エイジアン・タッグ王座決定ワンナイトトーナメント」〈決勝〉ジミー・ゴールデン＆デニス・マッコード（オースティン・アイドル）がブルート・ジム・バーナード＆ボビー・ハートを破り、獲得。失格：タイガー・ジェット・シン＆スティーブ・リッカード、マーク・ルーイン＆キング・イヤウケア、ロン・ミラー＆ラリー・オーディなど。
プロレス 12月2日	【東京・蔵前国技館】〈インターナショナルタッグ王座決定戦〉坂口征二＆大木金太郎がジン・キニスキー＆ボボ・ブラジルを破り、獲得。（日本プロ）
プロレス 12月2日	【デトロイトMI】〈WWA世界タッグ〉ブラックジャック・ランザ＆ブラックジャック・マリガンがディック・ザ・ブルーザー＆クラッシャー・リスワスキーを破り、獲得。12月9日にシカゴでこの試合結果は繰り返された。
プロレス 12月4日	【広島県立体育館】〈インターナショナル〉大木金太郎がボボ・ブラジルを破り、獲得。（日本プロ）
プロレス 12月6日	【山形・米沢市体育館】〈世界ヘビー王座争奪戦〉ジャイアント馬場がアブドラ・ザ・ブッチャーを破る。（全日本）
ボクシング 12月16日	【ヌエボレオン（墨）】〈WBC世界フェザー〉ホセ・レグラがクレメンテ・サンチェスを破り、獲得。
プロレス 12月18日	【ニューヨークNY・MSG】〈WWWFヘビー〉ペドロ・モラレスがレイ・スティーブンスを破り、防衛。覆面レスラーの出場が解禁。ミル・マスカラスが、素顔で闘っていたザ・スポイラー（ドン・ジャーディン）を破る。
プロレス 12月19日	【新潟市体育館】〈世界ヘビー王座争奪戦〉ジャイアント馬場がザ・デストロイヤーを破る。（全日本）
プロレス 12月30日	【ミネアポリスMN】〈AWA世界タッグ〉バーン・ガニア＆ビル・ロビンソンがニック・ボックウィンクル＆レイ・スティーブンスを破り、獲得。
その他	【MVP】〈相撲・報知新聞年間最優秀力士〉貴ノ花満〈相撲・年間最多勝〉輪島大士、63勝27負0休〈ボクシング・日本・コミッション〉大場政夫〈ボクシング・アメリカ・リング誌〉モハメド・アリ＆カルロス・モンソン（2人受賞）〈プロレス・メキシコ・ルチャリブレ誌＆エルアルコン誌〉アルフォンソ・ダンテス〈プロレス・ドイツ・カイザー派〉ホースト・ホフマン、次点：ビリー・サムソン

1971
|
1980

プロ格闘技年表事典　307

1973年

ボクシング 1月2日	【東京・日大講堂】〈WBA世界フライ〉大場政夫がチャチャイ・チオノイを破り、防衛。（年間ベストバウト）
プロレス 1月5日	【セントルイスMO】〈NWA世界ヘビー〉ドリー・ファンク・ジュニアがハーリー・レイスを破り、防衛。
プロレス 1月6日	【岐阜市民センター】〈世界ヘビー王座争奪戦〉ジャイアント馬場がウイルバー・スナイダーと両者リングアウト引き分け。（全日本）
プロレス 1月6日	【セントポールMN】〈AWA世界タッグ〉ニック・ボックウィンクル＆レイ・スティーブンスがバーン・ガニア＆ビル・ロビンソンが破り、獲得。
ボクシング 1月9日	【東京都体育館】〈世界スーパーウェルター〉輪島功一がミゲル・デ・オリベイラと引き分け、防衛。
プロレス 1月11日	【熊本県体育館】〈世界ヘビー王座争奪戦〉ジャイアント馬場がウイルバー・スナイダーを破る。（全日本）
プロレス 1月12日	【北海道・滝川市青年体育センター】〈インターナショナル〉大木金太郎がビリー・レッド・ライオンを破り、防衛。（日本プロ）
プロレス 1月12日	【ロサンゼルスCA】〈バトルロイヤル〉優勝：ビクター・リベラ
プロレス 1月16日	【福岡市・九電記念体育館】〈IWA世界ヘビー、金網〉ストロング小林がザ・プロフェッショナル（ダグ・ギルバート）にKO勝ち、防衛。（国際プロ）
プロレス 1月19日	【セントルイスMO】〈ミズーリ州ヘビー〉ジョニー・バレンタインがハーリー・レイスを破り、獲得。
ボクシング 1月20日	【パナマシティ】〈WBA世界バンタム〉ロメオ・アナヤがエンリケ・ピンターを破り、獲得。
相撲 1月21日	【東京・蔵前国技館】優勝：琴櫻（東大関）14勝1敗、技能賞：大受（東前1）、殊勲賞：三重ノ海（西前3）、敢闘賞：魁傑（西前1）。場所後、琴櫻傑將に横綱免許が授与される。

【琴櫻傑將】（生）1940（没）2007（出生地）鳥取（初）1959（人物評）第53代横綱。「まるでサイじゃないか。絶対に勝てない」とプロレスラー、アンドレ・ザ・ジャイアントを恐れさせた力士である。柔道出身だが、その癖を克服し、怒濤の突き押し・強烈なぶちかましとのど輪で一気に攻める押し相撲に改造してから出世した。4年余り大関にとどまった後、1972年11月と翌場所連続優勝し、32歳2ケ月で横綱に昇進した。櫻をしこ名にしていたゆえ「姥桜の狂い咲き」などと揶揄された。

ボクシング 1月22日	【キングストン（ジャマイカ）】〈世界ヘビー〉ジョージ・フォアマンがジョー・フレージャーを破り、獲得。「キングストンの惨劇」（年間ベストバウト）

【キングストンの惨劇】1973年1月22日、ジャマイカのキングストンで時の世界ヘビー級王者、ジョー・フレージャーがジョージ・フォアマンに叩き潰されて敗れた試合内容を指す。フォアマンは1Rに3度、2Rにも3度のダウンを奪い、2RTKOでフレージャーから王座を獲得した。

【ジョージ・フォアマン】（生）1949（出生地）米（主要王座）世界ヘビー（初）1969（人物評）メキシコ五輪金メダリスト。「象をも倒す」といわれた強打の持ち主だった。1973年1月、ジョー・フレージャーを降して統一ヘビー級王者に。「モハメド・アリの顎を砕いた男」ケン・ノートンをも2RTKOで破る。ところが、74年10月、アリに敗れ、77年に引退。87年にカムバックし、94年11月、WBA・IBF世界ヘビー級王者マイケル・モーラーをKOし、45歳9カ月で戴冠した。

プロレス 1月24日	【東京・日大講堂】〈世界ヘビー王座争奪戦〉ジャイアント馬場がドン・レオ・ジョナサンを破る。（全日本）
プロレス 1月26日	【東京・後楽園ホール】〈ノンタイトル、セミファイナル〉高千穂明久がグレート小鹿を破る。当時、セミファイナル以上での日本人対決はなかった。そういう意味ではこの試合が翌年のアントニオ猪木対ストロング小林の「見えないきっかけ」になったのかもしれない。（日本プロ）
プロレス 1月27日	【サンフランシスコCA・カウパレス】〈バトルロイヤル〉優勝：グレート・メフィスト
プロレス 2月10日	【東京・新宿区体育館】「国際プロレス提供試合」マイティ井上が寺西勇と時間切れ引き分け。控室にいた外国人レスラー達は歓声に驚き、通路の後側に出て来て観戦した。（全日本）
プロレス 2月10日	【セントルイスMO】〈ミズーリ州ヘビー〉テリー・ファンクがジョニー・バレンタインを破り、獲得。この試合はテレビスタジオで行われた。
プロレス 2月11日	【トロント（加）】〈NWA世界ヘビー〉ドリー・ファンク・ジュニアがジョニー・バレンタインを破り、防衛。
プロレス 2月13日	【タンパFL】「ガスパリーラ・スペクタキュラー」〈NWA世界ヘビー〉ドリー・ファンク・ジュニアがジャック・ブリスコを破り、防衛。
プロレス 2月15日	【札幌・中島スポーツセンター】〈世界ヘビー王座争奪戦〉ジャイアント馬場がブルーノ・サンマルチノを破る。（全日本）

1971 ― 1980

プロ格闘技年表事典　309

プロレス 2月16日	【東京・後楽園ホール】結果的に日本プロレスの最後から2つ目のシリーズとなる「ダイナミックシリーズ」が開幕する。
プロレス 2月20日	【仙台・宮城県スポーツセンター】〈世界ヘビー王座争奪戦〉ジャイアント馬場がパット・オコーナーを破る。(全日本)
プロレス 2月22日	【大阪府立体育館】〈インターナショナルタッグ〉ジョニー・バレンタイン＆キラー・カール・クラップが坂口征二＆大木金太郎を破り、獲得。(日本プロ)
プロレス 2月27日	【東京・日大講堂】〈世界ヘビー王座決定戦〉ジャイアント馬場がボボ・ブラジルを破り、獲得。タイトル名は世界ヘビーに改称。(全日本)

> 【PWF】全日本プロレスの世界王座認定団体。初代会長はハワイ在住の元レスラーでプロモーターだったロード・ブレアース。ハワイ旅行の記念にPWF本部を訪ねようとホノルルの街を探し歩いた日本人ファンを生んだが、実体はなかった。

ボクシング 3月1日	【東京・後楽園ホール】〈世界フェザー〉島三雄が金沢和良にKO勝ち。島の完勝だったが金沢は当日になってタイトル戦であることを知らされた。(全日本キック)
プロレス 3月3日	【東大阪・近大記念体育館】〈引退試合〉吉村道明*がルーベン・ファレスを破る。〈アジアタッグ王座決定戦〉グレート小鹿＆松岡巌鉄がキラー・カール・クラップ＆クルト・フォン・スタイガーを破り、獲得。(日本プロ)
ボクシング 3月6日	【福岡・九電記念体育館】〈WBC世界ジュニアライト〉リカルド・アルレドンドがアポロ嘉男を破り、防衛。
プロレス 3月6日	【名古屋・愛知県体育館】〈インターナショナルタッグ〉大木金太郎＆上田馬之助がジョニー・バレンタイン＆キラー・カール・クラップを破り、獲得。(日本プロ)
プロレス 3月7日	【三重・四日市市体育館】〈IWA世界ヘビー〉ストロング小林がホースト・ホフマンを破り、防衛。(国際プロ)
プロレス 3月8日	【カンザスシティKS】〈北米タッグ〉トーキョウ・ジョー(ミスター・ヒト)＆トーゴー・ザ・グレート(永源遙)がボブ・ガイゲル＆ルーファス・ジョーンズを破り、獲得。北米タッグは直後、世界タッグに改名。
プロレス 3月9日	【シカゴIL】ディック・マードック＆ダスティ・ローデスがディック・ザ・ブルーザー＆クラッシャー・リソワスキーを破る。
ボクシング 3月12日	【ホノルルHI】〈WBA世界スーパーフェザー〉柴田国明がベン・ビラフロアを破り、獲得。
プロレス 3月16日	【東京・町田市体育館】〈IWA世界ヘビー、金網〉ストロング小林がマッドドッグ・バションを破り、防衛。マイティ井上が寺西勇を62分を超える闘いで破る。名勝負。(国際プロ)

プロレス 3月16日	【セントルイス MO】〈ミズーリ州ヘビー〉ジン・キニスキーがテリー・ファンクを破り、獲得。
相撲 3月25日	【大阪府立体育館】優勝：北の富士（西横綱）14勝1敗、技能賞：三重ノ海（西小結）、殊勲賞：大受（東小結）、敢闘賞：北の湖（西前5）。学校への欠席の多さが問題となり、中学生の入門が禁止されて以降、初めての春場所。中卒入門力士はここで初土俵を踏むことから入門者が殺到するようになり「就職場所」との名がつく。
その他 3月29日	【東京・後楽園ホール】藤原敏男が西城正三に試合放棄勝ち。余りにも早いタオル投入に、場内は暴動寸前となった。レフェリーは遠山甲。（全日本キック）
プロレス 4月13日	【大阪府立体育館】〈インターナショナル〉大木金太郎がフリッツ・フォン・エリックと両者リングアウト、防衛。（日本プロ）
ボクシング 4月14日	【モントレー（墨）】〈WBC世界バンタム王座決定戦〉ラファエル・エレラがロドルフォ・マルティネスを破り、獲得。
プロレス 4月18日	【茨木・土浦市スポーツセンター】〈IWA世界タッグ〉イワン・コロフ＆マッドドッグ・バションがストロング小林＆グレート草津を破り、獲得。（国際プロ）
プロレス 4月18日	【静岡・焼津市民体育館】〈インターナショナルタッグ〉フリッツ・フォン・エリック＆キラー・カール・クラップが大木金太郎＆上田馬之助を破り、獲得。（日本プロ）
ボクシング 4月19日	【大阪府立体育館】〈世界スーパーウェルター〉輪島功一が竜反町を破り、防衛。
プロレス 4月20日	【群馬・吉井町体育館】日本プロレスが最後の興行、崩壊。（日本プロ）
プロレス 4月20日	【東京・蔵前国技館】アントニオ猪木と坂口征二のコンビが久々に復活。ジャン・ウィルキンス＆マヌエル・ソトを破る。（新日本）
プロレス 4月21日	【福井市体育館】「チャンピオンカーニバル」〈決勝〉ジャイアント馬場がマーク・ルーインを破り、優勝。（全日本）
プロレス 4月24日	【大阪府立体育館】〈PWFヘビー〉ジャイアント馬場がザ・シークをリングアウトで破り、防衛。（全日本）
プロレス 4月25日	【東京・日大講堂】〈PWF世界ヘビー〉ジャイアント馬場がザ・シークを破り、防衛。（全日本）
プロレス 4月27日	【仙台・宮城県スポーツセンター】〈IWA世界ヘビー〉ストロング小林がエドワード・カーペンティアを破り、防衛。（国際プロ）
プロレス 5月4日	【川崎市体育館】山本小鉄対スティーブ・リッカードの試合中にターバンを巻いたインド人が乱入。タイガー・ジェット・シン衝撃の初登場である。（新日本）
ボクシング 5月5日	【ブラジリア（伯）】〈WBC世界フェザー〉エデル・ジョフレがホセ・レグラを破り、獲得。

1971
｜
1980

プロ格闘技年表事典　311

プロレス 5月14日	【長崎・諫早市体育館】〈IWA世界タッグ〉ラッシャー木村&グレート草津がイワン・コロフ&マッドドッグ・バションを破り、獲得。（国際プロ）
プロレス 5月15日	【千葉・銚子市体育館】〈WWWA世界シングル（女子）〉サンディ・パーカーが星野美代子を破り、獲得。
プロレス 5月15日	【埼玉・大宮スケートセンター】〈IWA世界ヘビー〉ストロング小林がイワン・コロフを破り、防衛。（国際プロ）
ボクシング 5月17日	【バンコク（タイ）】〈WBA世界フライ王座決定戦〉チャチャイ・チオノイがフリッツ・チェバートを破り、獲得。
プロレス 5月20日	【アルバカーキNM】〈NWA世界ヘビー〉ドリー・ファンク・ジュニアがジャンボ鶴田を破り、防衛。

【ジャンボ鶴田】（生）1951（没）2000（出生地）山梨（主要王座）AWA世界ヘビー、三冠ヘビー（初）1973（人物評）デビューの後、「若大将」だった第1期。1975年12月仙台で馬場にかましたドロップキックの打点の高さはもっと語られるべきである。「善戦マン」といわれ、世界王者になかなか勝てなかった第2期、長州力（85年11月大阪）、天龍源一郎（特に89年6月日本武道館）を相手にし、四天王の壁となった第3期。92年の内臓疾患による長期欠場以後のスポット参戦の第4期。魅力を発揮したのは第3期だろう。

プロレス 5月24日	【カンザスシティKS】〈NWA世界ヘビー〉ハーリー・レイスがドリー・ファンク・ジュニアを破り、獲得。〈世界タッグ〉ボボ・ブラジル&ボブ・ガイゲルがトーキョウ・ジョー（ミスター・ヒト）&トーゴー・ザ・グレート（永源遙）を破り、防衛。東京スポーツにはヒト&永源の「ファンクスのインターナショナルタッグに挑戦したい」のコメントが有り、この段階ではドリー&テリー・ファンクがインターナショナルタッグ王者だったことになる。
プロレス 5月25日	【アトランタGA】〈WWWFヘビー〉ペドロ・モラレスがポール・ジョーンズを破り、防衛。
プロレス 5月25日	【岐阜市民センター】〈初対決、ノンタイトル61分3本勝負〉タイガー・ジェット・シンがアントニオ猪木に反則勝ち。
相撲 5月27日	【東京・蔵前国技館】優勝：輪島（東大関）15勝、技能賞：大受（東関脇）、殊勲賞：大受（東関脇）、敢闘賞：鷲羽山（西前13）。場所後、輪島大士に横綱免許が授与される。

【輪島大士】（生）1948（出生地）石川（初）1970（人物評）第54代横綱。学生相撲出身唯一の横綱である。右手の引きが強いこともあって左の下手投げを得意とし「黄金の左」といわれた。1973年5月場所、大関で全勝優勝し、横綱に推挙された。昇進後、後輩横綱北の湖が台頭してきて「輪湖時代」（り

んこじだい）となった。引退後、花籠部屋を継ぐが、82年4月妻（師匠・大ノ海の長女）の自殺未遂、85年11月親方株を担保にしたことの表面化で協会に居にくくなり廃業、そして38歳にして全日本プロレス入りした。

プロレス
6月14日
【川崎市体育館】〈PWF世界ヘビー〉ジャイアント馬場がアブドラ・ザ・ブッチャーに反則勝ち、防衛。（全日本）

プロレス
6月14日
【大阪府立体育会館】〈ノンタイトル時間無制限1本勝負〉アントニオ猪木がタイガー・ジェット・シンに反則勝ち。（新日本）

プロレス
6月15日
【セントルイスMO】〈NWA世界ヘビー〉ハーリー・レイスがブルーノ・サンマルチノと60分引き分け、防衛。〈ミズーリ州ヘビー〉ジン・キニスキーがジャック・ブリスコを破り、防衛。

ボクシング
6月19日
【東京・日大講堂】〈WBA世界スーパーフェザー〉柴田国明がビクター・フェデリコ・エチェガライを破り、防衛。

プロレス
6月19日
【茨城・笠間市体育館】〈IWA世界ヘビー〉ストロング小林がダスティ・ローデスを破り、防衛。（国際プロ）

プロレス
6月23日
【ミルウォーキーWI】クラッシャー・リソワスキー＆ビル・ロビンソン＆ワフー・マクダニエルがイワン・コロフ＆ビリー・グラハム＆ニック・ボックウィンクルを破る。バーン・ガニアのAWAが最も盛況だったのはこの頃である。1973年4月5日ウィニペグ（加）でもジン・キニスキー＆ビル・ロビンソン＆ワフー・マクダニエル対ディック・マードック＆イワン・コロフ＆ビリー・グラハム（キニスキー組の勝ち）と、日本では考えられない贅沢な6人タッグマッチが行われていた。これは盛況ゆえ多くのスター選手が集まってきていたということである。そして同時期撮影された劇映画「ザ・レスラー」（ビル・ロビンソン主演）には彼らを始めとする数多くのスター選手が出演している。

プロレス
6月26日
【秋田・大館市体育館】〈金網〉ラッシャー木村がリック・フレアーを破る。フレアーにとって初の金網マッチであった。（国際プロ）

1971
｜
1980

【リック・フレアー】（生）1949（出生地）米（主要王座）NWA世界ヘビー（初）1972（人物評）AWAでデビューし、1973年に国際プロレスに初来日。ミッド・アトランティック地区に移った後、76年にワフー・マクダニエルとの抗争で売り出す。80年以代はNWA圏で、90年代はWWFやWCWでトップ。対リッキー・スティムボートは名勝負数え歌。メリハリのあるクオリティの高い試合の連続であった。私的ベストバウトは84年5月田園コロシアムでの対ハーリー・レイス戦である。

プロレス
6月29日
【愛知・半田市民ホール】〈IWA世界ヘビー〉ストロング小林がディック・マードックを破り、防衛。（国際プロ）

プロ格闘技年表事典　313

プロレス 6月29日	【メキシコシティ・アレナメヒコ】〈NWA世界ライトヘビー〉キム・スンホーがアルフォンソ・ダンテスを破り、獲得。〈カベジェラコントラカベジェラ〉レネ・グアハルドがヤマト（星野勘太郎）を破る。この年のベストバウト。
プロレス 6月30日	【岐阜市民センター】〈IWA世界タッグ〉ラッシャー木村＆グレート草津がディック・マードック＆ダスティ・ローデスを破り、防衛。（国際プロ）
プロレス 7月9日	【大阪府立体育館】〈IWA世界ヘビー〉ストロング小林がラッシャー木村を破り、防衛。日本人大物同士の対決は、力道山対木村以来約20年ぶりのことであった。（国際プロ）
プロレス 7月10日	【茨城・笠間市体育館】〈WWWA世界シングル（女子）〉星野美代子がサンディ・パーカーを破り、獲得。
プロレス 7月14日	【モントリオール（加）】〈グランプリタッグ〉ブルーノ・サンマルチノ＆エドワード・カーペンティアがジェリー・ブラウン＆バディ・ロバーツを破り、獲得。
相撲 7月15日	【名古屋・愛知県体育館】優勝：琴櫻（東横綱）14勝1敗、技能賞：大受（東関脇）、殊勲賞：大受（東関脇）、敢闘賞：大受（東関脇）
プロレス 7月20日	【ヒューストンTX】〈NWA世界ヘビー〉ジャック・ブリスコがハーリー・レイスを破り、獲得。
プロレス 7月21日	【デトロイトMI】〈USヘビー〉ザ・シークがジョニー・バレンタインを破り、獲得。（シーク派）
プロレス 7月21日	【デトロイトMI】〈WWA世界タッグ〉ブルーノ・サンマルチノ＆ディック・ザ・ブルーザーがバロン・フォン・ラシク＆アーニー・ラッドを破り、獲得。
プロレス 7月26日	【東京都体育館】〈PWF世界ヘビー〉ジャイアント馬場がアブドラ・ザ・ブッチャーにリングアウト勝ち、防衛。（全日本）
ボクシング 8月4日	【マラカイ（委）】〈WBC世界フライ王座決定戦〉ベツリオ・ゴンザレスがミゲル・カントを破り、獲得。
プロレス 8月9日	【アマリロTX】〈インターナショナルタッグ〉ドリー・ファンク・ジュニア＆テリー・ファンクがジャンボ鶴田＆スタン・ハンセンを破り、防衛。 【スタン・ハンセン】（生）1949（出生地）米（主要王座）AWA世界ヘビー（初）1973（人物評）「ウィー‼」の雄叫びは80年代の小学生の定番。1976年MSGでサンマルチノの「首を折って」売り出した。77年からは新日本の常連となり、81年9月、田園コロシアムでの対アンドレ・ザ・ジャイアント戦は伝説のド迫力マッチだった。同年暮に全日本に引き抜かれ、82年2月には44歳のジャイアント馬場と名勝負を演じた。80年代後半は天龍源一郎との抗争、そしてタッグ結成、90年代は三沢光晴ら全日本四天王や秋山準の壁となった。

ボクシング 8月14日	【札幌・真駒内アリーナ】〈世界スーパーウェルター〉輪島功一がシルバーノ・ベルチニを破り、防衛。
プロレス 8月17日	【岩手・三陸地区】国際プロレスが合宿がてらマスコミに告知しない興行を打った、いわゆる「合宿所シリーズ」が始まる。陸中山田駅前の民宿を拠点にこの日から23日まで試合を行った。正体不明の覆面レスラーの中身は大位山であり、また、吉原功社長も素顔で試合に参加、連日ミスター珍と闘った。
プロレス 8月21日	【札幌・中島スポーツセンター】〈PWF世界ヘビー〉ジャイアント馬場がパット・オコーナーを破り、防衛。（全日本）
プロレス 8月24日	【ロサンゼルス CA】〈北米タッグ〉ジョニー・パワーズ＆パット・パターソンがアントニオ猪木＆坂口征二に反則負け、防衛。
ボクシング 9月1日	【東京・日本武道館】〈世界ヘビー〉ジョージ・フォアマンがジョー・ローマンを1RKOで破り、防衛。〈WBC世界ジュニアライト〉リカルド・アルレドンドが柏葉守人を破り、防衛。
ボクシング 9月8日	【パナマシティ】〈WBA世界ライト〉ロベルト・デュランがガッツ石松を10RTKOで破り、防衛。〈WBA世界フェザー〉エルネスト・マルセルが根本重光を破り、防衛。
プロレス 9月8日	【福岡スポーツセンター】〈PWF世界ヘビー〉ジャイアント馬場がドリー・ファンク・ジュニアにリングアウト勝ち、防衛。（全日本）
プロレス 9月13日	【東京・日大講堂】〈PWF世界ヘビー〉ジャイアント馬場がハーリー・レイスにリングアウト勝ち、防衛。（全日本）
プロレス 9月21日	【メキシコシティ・アレナメヒコ】「アニベルサリオ」〈NWA世界ミドル〉レネ・グアハルドがエル・アルコンと引き分け、防衛。
相撲 9月23日	【東京・蔵前国技館】優勝：輪島（東張横）15勝、技能賞：大錦（西前11）、殊勲賞：大錦（西前11）、敢闘賞：大錦（西前11）
プロレス 9月24日	【札幌・中島スポーツセンター】〈AWA世界ヘビー〉バーン・ガニアがストロング小林に反則負け、防衛。（国際プロ）
プロレス 9月27日	【名古屋・愛知県体育館】〈AWA世界ヘビー〉バーン・ガニアがストロング小林を破り、防衛。（国際プロ）
プロレス 9月29日	【シカゴ IL】ブルーノ・サンマルチノ＆ディック・ザ・ブルーザーがアーニー・ラッド＆ジミー・バリアントを破る。ブルーノは11年ぶりにシカゴに登場。
プロレス 10月9日	【東京・蔵前国技館】〈インターナショナルタッグ〉ドリー・ファンク・ジュニア＆テリー・ファンクがジャイアント馬場＆ジャンボ鶴田と60分時間切れ引き分け、防衛。〈USヘビー〉ザ・デストロイヤーはミル・マスカラスをリングアウトに破り、防衛。プロレス入りが発表されたアントン・ヘーシンクがリング上で挨拶し、沖識名の引退セレモニーも行われた。（全日本）
プロレス 10月10日	【長崎国際体育館】「IWAワールドシリーズ」〈決勝〉ラッシャー木村がブラックジャック・マリガンを破り、優勝。（国際プロ）

1971
|
1980

プロ格闘技年表事典　315

プロレス 10月13日	【セントルイス MO】〈ミズーリ州ヘビー〉ハーリー・レイスがジン・キニスキーを破り、獲得。この試合はテレビスタジオで行われた。
プロレス 10月14日	【東京・蔵前国技館】アントニオ猪木&坂口征二がルー・テーズ&カール・ゴッチを破る。（新日本）
ボクシング 10月17日	【ホノルル HI】〈WBA 世界スーパーフェザー〉ベン・ビラフロアが柴田国明を破り、獲得。
プロレス 10月21日	【ハノーファー（独）】トーナメント優勝：清美川
ボクシング 10月27日	【バンコク（タイ）】〈WBA 世界フライ〉チャチャイ・チオノイが花形進を破り、防衛。
プロレス 11月2日	【仙台・宮城県スポーツセンター】〈IWA 世界ヘビー〉ストロング小林がレッド・バスチェンを破り、防衛。（国際プロ）
ボクシング 11月3日	【ロサンゼルス CA】〈WBA 世界バンタム〉アーノルド・テイラーがロメオ・アナヤを破り、獲得。
プロレス 11月5日	【東京・新宿伊勢丹前】「伊勢丹事件」タイガー・ジェット・シン&ジャック・ルージョー&ビル・ホワイトが倍賞美津子（妻）らとともに買い物中のアントニオ猪木を襲撃した事件を指す。これを「偶然にも」東京スポーツが目撃し報道。「やらせ」であろうと何であろうと世間にプロレスを、会場に熱狂を持ち込んだ。（新日本）
プロレス 11月9日	【和歌山・勝浦町観光会館】〈IWA 世界ヘビー〉ワフー・マクダニエルがストロング小林を破り、獲得。（国際プロ）
プロレス 11月11日	【東京・足立区体育館】〈WWWA 世界シングル（女子）〉ジャンボ宮本が星野美代子を破り、獲得。
プロレス 11月14日	【長野市民体育館】〈IWA 世界ヘビー〉ワフー・マクダニエルがストロング小林と両者カウントアウト引き分け、防衛。（国際プロ）
プロレス 11月24日	【東京・蔵前国技館】〈デビュー〉アントン・ヘーシンク*&ジャイアント馬場がブルーノ・サンマルチノ&カリプス・ハリケーンを破る。（全日本） 【アントン・ヘーシンク】（生）1934（没）2010（主要王座）64 年東京五輪柔道無差別級金（初）1973（人物評）「たどたどしい」としか言い様がないファイトぶりで人気が上がらなかった。主に全日本プロレスのリングに上がる。が、ヨーロッパでオットー・ワンツあたりともやっていたことは知られていない。
相撲 11月25日	【福岡スポーツセンター】優勝：輪島（東横綱）12 勝 2 敗 1 休、技能賞：冨士櫻（西前 2）、殊勲賞：北の湖（東関脇）、敢闘賞：黒姫山（西前 5）。千秋楽休場の輪島は表彰式では土俵に上がった。

316　プロ格闘技年表事典

プロレス 11月30日	【東京・後楽園ホール】〈IWA 世界ヘビー〉ストロング小林がワフー・マクダニエルを破り、獲得。(国際プロ)
プロレス 12月1日	【フィラデルフィア PA】〈WWWF ヘビー〉スタン・スタージャックがペドロ・モラレスを破り、獲得。
ボクシング 12月5日	【パナマシティ】〈WBA 世界スーパーライト〉アントニオ・セルバンテスがライオン古山を破り、防衛。
プロレス 12月10日	【東京都体育館】〈NWF 世界ヘビー〉アントニオ猪木がジョニー・パワーズを破り、獲得。(新日本)
プロレス 12月10日	【ニューヨーク NY・MSG】〈WWWF ヘビー〉ブルーノ・サンマルチノがスタン・スタージャックを破り、獲得。
プロレス 12月13日	【大阪府立体育館】〈PWF 世界ヘビー〉ジャイアント馬場がフリッツ・フォン・エリックに反則勝ち、防衛。(全日本)
プロレス 12月14日	【東京・日大講堂】〈PWF 世界ヘビー〉ジャイアント馬場がフリッツ・フォン・エリックを破り、防衛。(全日本)
プロレス 12月20日	【ロサンゼルス CA】〈NWA 世界ライトヘビー〉レイ・メンドーサがキム・スンホーを破り、獲得。
その他	【MVP】〈相撲・報知新聞年間最優秀力士〉輪島大士〈相撲・年間最多勝〉輪島大士、77 勝 12 負 1 休〈ボクシング・日本・コミッション〉輪島功一〈ボクシング・アメリカ・リング誌〉ジョージ・フォアマン〈プロレス・メキシコ・エルアルコン誌〉レイ・メンドーサ〈プロレス・ドイツ・カイザー派〉ホースト・ホフマン、次点:ビリー・サムソン〈プロレス・メキシコ・ルチャリブレ誌〉マノ・ネグラ

1971 – 1980

1974年

プロレス 1月4日	【セントルイスMO】〈NWA世界ヘビー〉ジャック・ブリスコがハーリー・レイスに反則勝ち、防衛。
プロレス 1月11日	【不明（豪）】〈オーストラエイジアンタッグ〉ヒト東條（サムソン・クツワダ）＆ヒロ東條（高千穂明久）がトニー・パリシー（アントニオ・プグリシー）＆デニス・スタンプを破り、防衛。
プロレス 1月14日	【大阪・寝屋川市体育館】〈IWA世界ヘビー〉ストロング小林がビル・ワットに反則勝ち、防衛。（国際プロ）
プロレス 1月18日	【東京・後楽園ホール】〈ハンデ〉2人合わせて600kgの双子、マクガイア兄弟（ビリー＆ベニー）が荒川真＆藤波辰巳＆木村聖＆栗栖正信＆小沢正志＆山本小鉄を破る。（新日本）

> 【ハンデ】ハンディキャップマッチのこと。かつてのハンデは「AがBから15分逃げ切った場合はAの勝ち」というように、賭けを成立させるための措置だった。いつしか巨漢、もしくは強豪レスラーに複数の弱小レスラーが挑みかかる形態となった。

プロレス 1月18日	【ロサンゼルスCA】〈バトルロイヤル〉優勝：ブラック・ゴールドマン。失格：アンドレ・ザ・ジャイアント、パット・パターソン、ビクター・リベラら。
相撲 1月19日	【東京・蔵前国技館】優勝：北の湖（東関脇）14勝1敗、技能賞：冨士櫻（東小結）、殊勲賞：北の湖（東関脇）、敢闘賞：魁傑（西小結）
プロレス 1月19日	【川崎市体育館】〈IWA世界ヘビー〉ストロング小林がビル・ワットを破り、防衛。（国際プロ）
プロレス 1月23日	【長崎国際体育館】〈NWA世界 vs PWFヘビー＊〉ジャイアント馬場＊がジャック・ブリスコと両者リングアウト引き分け、共に防衛。タイトル名はPWFヘビーに改称。（全日本）
プロレス 1月24日	【広島県立体育館】〈NWA世界ヘビー〉ジャック・ブリスコがハーリー・レイスと時間切れ引き分け、防衛。（全日本）
プロレス 1月26日	【サンフランシスコCA・カウパレス】〈バトルロイヤル〉優勝：ピーター・メイビア。失格：アンドレ・ザ・ジャイアント、パット・パターソンら。
プロレス 1月27日	【大阪市東淀川体育館】〈NWA世界ヘビー〉ジャック・ブリスコがドリー・ファンク・ジュニアと60分時間切れ引き分け、防衛。〈PWFヘビー〉ジャイアント馬場がハーリー・レイスを破り、防衛。（全日本）
プロレス 1月28日	【名古屋・愛知県体育館】〈NWA世界ヘビー〉ジャック・ブリスコがザ・デストロイヤーと両者リングアウト引き分け、防衛。（全日本）

318　プロ格闘技年表事典

プロレス 1月29日	【福島・郡山市総合体育館】〈PWF ヘビー〉ジャイアント馬場*がプロフェッサー田中を破り、防衛。（全日本）
プロレス 1月30日	【東京・日大講堂】〈PWF ヘビー〉ジャイアント馬場がドリー・ファンク・ジュニアと両者リングアウトの後、5分延長も引き分け。〈NWA 世界ヘビー〉ジャック・ブリスコがジャンボ鶴田を破り、防衛。（全日本）
プロレス 1月31日	【クリーブランド OH】暴動発生。アーニー・ラッド対ジョニー・パワーズ戦にオックス・ベーカーが乱入。その暴れぶりが観客のハートに火をつけた。
ボクシング 2月5日	【東京都体育館】〈世界スーパーウェルター〉輪島功一がミゲル・デ・オリベイラを破り、防衛。
ボクシング 2月9日	【パリ（仏）】〈世界ミドル〉カルロス・モンソンがホセ・ナポレスを破り、防衛。
プロレス 2月12日	【タンパ FL】「ガスパリーラ・スペクタキュラー」〈NWA 世界ヘビー〉ジャック・ブリスコがスティ・ローデスを反則勝ちで破り、防衛。
プロレス 2月15日	【セントルイス MO】〈ミズーリ州ヘビー〉ハーリー・レイスがビル・ロビンソンと引き分けて、防衛。
ボクシング 2月28日	【東京・日大講堂】〈WBC 世界スーパーフェザー〉柴田国明がリカルド・アルレドンドを破り、獲得。
プロレス 3月2日	【東京・後楽園ホール】〈WWWA 世界シングル（女子）〉バンビ・ボールがジャンボ宮本を破り、獲得。ボール負傷のため直後に返上。
プロレス 3月6日	【前橋・群馬県スポーツセンター】〈WWWA 世界シングル（女子）〉ジャンボ宮本がジェーン・オブライエンを破り、獲得。
プロレス 3月11日	【モントリオール（加）】「オールスター* vs グランプリ対抗戦」ザ・シーク*がエドワード・カーペンティアと両者反則引き分け。
ボクシング 3月14日	【富山市体育館】〈WBA 世界ジュニアライト〉ベン・ビラフロアがアポロ嘉男と引き分け、防衛。
プロレス 3月15日	【仙台・宮城県スポーツセンター】〈PWF ヘビー〉ジャイアント馬場がジン・キニスキーを破り、防衛。（全日本）
プロレス 3月19日	【東京・蔵前国技館】〈NWF 世界ヘビー〉アントニオ猪木がストロング小林を破り、防衛。最後はジャーマン・スープレクスが決まる（年間ベストバウト）。レフェリー、清美川。（新日本）
プロレス 3月21日	【クリーブランド OH】〈NWF 世界ヘビー〉アントニオ猪木がアーニー・ラッドと引き分け、防衛。NWF を仕切っていたプロモーター、ジョニー・パワーズは翌月 NWF をたたむ。1本目、両者リングアウト。2本目ラッド。我々が知る3本勝負のルールであれば、ここで試合は終了。ラッドが2−1で勝ったことになる。しかし、この日はその後3本目が行われ、猪木が取って1−1。これでスコアは1−1となった。が、「3本」行っていることは確かなのである。この裁定は「現地ルール」とされた。

1971
|
1980

プロ格闘技年表事典　319

相撲 3月24日	【大阪府立体育館】優勝：輪島（東横綱）12勝3敗、技能賞：旭國（西前9）、殊勲賞：高見山（西前1）、敢闘賞：長谷川（東前2）
プロレス 3月30日	【国際プロレス】この日をもってTBSの国際プロレス中継が終了。
その他 3月	【東京・後楽園ホール】藤原敏男が西城正三に試合放棄勝ち。余りにも早いタオル投入に、場内は暴動寸前となった。レフェリーは遠山甲。（全日本キック）月末
プロレス 4月1日	【ニューヨークNY・MSG】ジャンボ鶴田がジョニー・ロッズを破る。
プロレス 4月1日	【神戸王子スケートセンター】〈WWWA世界シングル（女子）〉ジャッキー・ウエストがジャンボ宮本を破り、獲得。
プロレス 4月5日	【セントルイスMO】〈バトルロイヤル〉優勝：ドリー・ファンク・ジュニア。失格：カン・フー・リー（グレート小鹿）、ボボ・ブラジル、ビル・ミラー、ジャンボ鶴田、アンドレ・ザ・ジャイアントら。
ボクシング 4月11日	【東京・日大講堂】〈WBC世界ライト〉ガッツ石松がロドルフォ・ゴンザレスを破り、獲得。 【ガッツ石松】（生）1949（出生地）栃木（主要王座）WBC世界ライト（初）1966（人物評）アジア人で初のWBC世界ライト級チャンピオン。当時のライト級は非常に層の厚い階級であり、特に1975年2月ケン・ブキャナンを破って王座を防衛したことで、評価が上がった。しかし、翌年、「19kg減量」と減量苦が話題に上がるようになり、そして王座から陥落した。引退後、話題になる特異なキャラクターは、試合中のそぶりや、試合後のインタビュー「幻の右です！」でも散見された。
その他 4月12日	【東京・日本テレビスタジオ】「うわさのチャンネル」のお笑いコントコーナーに、前日WBC世界ライト級王者となったガッツ石松が縞のかっぱに三度笠で登場。「僕さあ、ボクサーなの」のダジャレをかます。コント終了時、アブドラ・ザ・ブッチャーが乱入し、レギュラー出演しているザ・デストロイヤーに掴みかかろうとして、スタジオ内は騒然。しかしデストロイヤーの「ブッチャーなんかもうブッチャウ」のダジャレはピリピリとした雰囲気を台無しにした。
プロレス 4月13日	【千葉・船橋ヘルスセンター】「チャンピオンカーニバル」〈公式戦〉アブドラ・ザ・ブッチャーがザ・デストロイヤーとノーコンテスト。前日の日本テレビスタジオから始まるこの抗争は、リング上ではノーコンテストの連続、さらには上野駅地平ホームでの乱闘などもあり、受けに受けた。（全日本）
プロレス 4月24日	【熊本市体育館】〈WWWA世界シングル（女子）〉ジャンボ宮本がジャッキー・ウエストを破り、獲得。

プロレス 5月8日	【東京都体育館】「ワールドリーグ戦」〈決勝〉アントニオ猪木がキラー・カール・クラップを破り、優勝。(新日本)
プロレス 5月11日	【前橋・群馬県スポーツセンター】「チャンピオンカーニバル」〈決勝〉ジャイアント馬場がミスター・レスリングを破り、優勝。レスリングは自ら覆面を脱ぎ、正体ティム・ウッドを明かす。(全日本)
プロレス 5月14日	【タンパ FL】エディ・グラハム＆マイク・グラハムがダスティ・ローデス＆朴松男(パクソンナン)にリングアウト勝ち。試合中、ローデスはベビーフェイスに転向。「アメリカンドリーム」誕生の瞬間である。
プロレス 5月16日	【大阪府立体育館】〈PWF ヘビー〉ジャイアント馬場がアブドラ・ザ・ブッチャーにリングアウト勝ち、防衛。(全日本)
プロレス 5月17日	【デンバー CO】〈AWA 世界タッグ〉クラッシャー・リソワスキー＆レッド・バスチェンがニック・ボックウィンクル＆レイ・スティーブンスを破り、獲得。
相撲 5月19日	【東京・蔵前国技館】優勝：北の湖(東大関)13勝2敗、技能賞：増位山(東前4)、殊勲賞：荒瀬(西前6)、敢闘賞：豊山(西前3)

【増位山太志郎(2代)】(生)1948(出生地)東京(最高位)大関(初)1967(人物評)初代は実父、やはり大関だった。投げや内掛け・外掛け・内無双と多彩な技を繰り出し、相手を引きずるように打つ上手投げ・上手出し投げは独特だった。1974年8月発売の「そんな夕子にほれました」は120万枚を超える売上を達成し、歌手としても一流である。79年9月小結で8勝ながら横綱大関を降すなど内容がよく、11月11勝、80年1月12勝、計31勝でワンチャンスをものにして大関獲りに成功した。

ボクシング 5月19日	【福島・郡山市総合体育館】〈ノンタイトル〉ベッツリオ・ゴンザレス(WBC 世界フライ級王者)が小熊正二に僅差の判定勝ち。小熊の挑戦が決まる。→ 1974年10月1日

【大熊正二】(生)1951(出生地)福島(主要王座)WBC 世界フライ(初)1970(人物評)デビューからしばらくは本名の小熊正二で闘った。サウスポーの利点を活かし地道にポイントを稼ぐ戦いぶりで、最初の世界挑戦から引退まで8年間、世界トップクラスに名を連ね続けた。74年10月、80年5月と、2度WBC 世界フライ級王座についた。78年4月ミゲル・カントに2度目の挑戦の際、大熊正二(おぐましょうじ)に改名した。伝説のカントと3度闘い、いずれも KO されなかったことでも評価が高い。

1971
－
1980

プロレス 5月22日	【ラボック TX】〈ウエスタンステーツヘビー〉ボブ・バックランドがスタン・ハンセンを破り、防衛。
	【ボブ・バックランド】（生）1949（出生地）米（主要王座）WWWF ヘビー（初）1973（人物評）1978 年から83 年までWWF 王者としてニューヨークの帝王に君臨し「レスリング・ルネッサンス」の旗手を務めた。ハーリー・レイスやリック・フレアーの NWA、ニック・ボックウィンクルの AWA とのダブルタイトル戦のテーマは「ルー・テーズ以来の世界王座を統一」であり、新日本のリングでもアントニオ猪木、藤波辰巳と名勝負を演じた。が、ビンス・マクマホンの全米侵攻要員からははずされ、83 年暮王座を明け渡すことになる。
プロレス 5月24日	【セントルイス MO】〈ミズーリ州ヘビー〉ドリー・ファンク・ジュニアがハーリー・レイスを破り、獲得。
ボクシング 5月25日	【フォントビール（モナコ）】〈WBC 世界ミドル王座決定戦〉ロドリゴ・バルデスがベニー・ブリスコを破り、獲得。WBC はカルロス・モンソンから王座を剥奪していた。
プロレス 5月26日	【愛知・豊田市体育館】〈IWA 世界ヘビー王座争奪日本代表王座決定戦〉ラッシャー木村がグレート草津を破る。（国際プロ）
プロレス 6月3日	【東京・後楽園ホール】〈IWA 世界ヘビー王座決定戦〉ビル・ロビンソンがラッシャー木村を破り、獲得。（国際プロ）
ボクシング 6月4日	【東京・日大講堂】〈世界スーパーウェルター〉オスカー・アルバラードが輪島功一を破り、獲得。
プロレス 6月13日	【東京都体育館】〈PWF ヘビー〉ジャイアント馬場がペドロ・モラレスを破り、防衛。〈柔道ジャケットマッチ〉アントン・ヘーシンクがゴリラ・モンスーンにリングアウト勝ち。（全日本）
プロレス 6月13日	【デンバー CO】〈AWA 世界タッグ〉ニック・ボックウィンクル＆レイ・スティーブンスがクラッシャー・リソワスキー＆レッド・バスチェンを破り、獲得。
プロレス 6月14日	【セントルイス MO】〈NWA 世界ヘビー〉ジャック・ブリスコがドリー・ファンク・ジュニアと 60 分時間切れ引き分け、防衛。レフェリー、ジョー樋口。ジャイアント馬場がディック・マードックを破る。
プロレス 6月20日	【東京・蔵前国技館】〈NWF 世界ヘビー〉アントニオ猪木がタイガー・ジェット・シンに反則勝ち、防衛。（新日本）
プロレス 6月25日	【タンパ FL】ジャイアント馬場とストロング小林がタッグを結成する。馬場がダスティ・ローデスと対戦中、悪徳マネージャー、ゲーリー・ハート、朴松男（パクソンナン）、コリアン・アサシン（小林）が乱入し、ノーコンテストとなった。そのまま 6 人タッグが行われることになり、馬場はアサシン（小林）＆ザ・サモアンとのトリオでローデス＆ジェリー・ブリスコ＆ドン・ムラコと対戦、敗れた。

プロレス 6月26日	【大阪府立体育館】〈NWF 世界ヘビー〉アントニオ猪木がタイガー・ジェット・シンを破り、防衛。試合中、アントニオ猪木はシンの「腕を折った」。(新日本)
ボクシング 6月27日	【東京・日大講堂】〈WBC 世界スーパーフェザー〉柴田国明がアントニオ・アマヤを破り、防衛。
ボクシング 7月3日	【ダーバン(南ア)】〈WBA 世界バンタム〉洪秀煥がアーノルド・テイラーを破り、獲得。
プロレス 7月5日	【東京・後楽園ホール】ジャンボ鶴田とダニー・ホッジは時間切れ引き分け。これは隠れた名勝負といわれている。(全日本)
プロレス 7月8日	【エルパソ TX】この日より 13 日までアマリロ地区をアンドレ・ザ・ジャイアントとドン・レオ・ジョナサンがサーキット。アンドレ対ジョナサンが連日組まれた。テリー・ファンクによると、アンドレはジョナサンとやるのがシンドイとプロモーターにクレームをつけた。
ボクシング 7月9日	【ロサンゼルス CA】〈WBA 世界フェザー王座決定戦〉ルーベン・オリバレスが歌川善介を破り、獲得。
プロレス 7月10日	【カルガリー(加)】「スタンピード・ウィーク」〈NWA 世界ヘビー〉ジャック・ブリスコがダニー・リトル・ベアを破り、防衛。
相撲 7月21日	【名古屋・愛知県体育館】優勝:輪島(東横綱)14 勝 1 敗、技能賞:長谷川(東前 5)、殊勲賞:高見山(西関脇)、敢闘賞:高見山(西関脇)。場所後、北の湖敏満に横綱免許が授与される。 【北の湖敏満】(生)1953(没)2015(出生地)北海道(初)1967(人物評)第 55 代横綱。固太りでありながら俊足という身体能力で双葉山、大鵬と並ぶ昭和の大横綱となった。1974年 1 月、関脇で 14 勝 1 敗で初優勝し、大関に昇進する。5 月は 13 勝 2 敗で優勝、7 月も 13 勝 2 で優勝同点で、21 歳 2 ケ月で横綱へ昇進した。この最年少記録は現在も破られていない。78 年、5 場所連続優勝を果たした頃になると「憎らしいほど強い横綱」と呼ばれ、子供が嫌いな物として「江川・ピーマン・北の湖」とも言われた。
プロレス 7月21日	【グリーンベイ WI】〈AWA 世界タッグ〉ビル・ロビンソン&クラッシャー・リソワスキーがニック・ボックウィンクル&レイ・スティーブンスを破り、獲得。
プロレス 7月25日	【東京・日大講堂】〈デストロイヤー覆面十番勝負(1)〉ミル・マスカラスに試合放棄勝ち。(全日本)
プロレス 7月30日	【名古屋・吹上ホール】〈NWF 世界ヘビー〉アントニオ猪木がジョニー・パワーズに反則勝ち、防衛。(新日本)
ボクシング 8月3日	【メキシコ州・パラシオ】〈世界ウェルター & NYSAC ウェルター統一戦〉ホセ・ナポレスがヘッジモン・ルイスを破り、統一。

1971 – 1980

プロ格闘技年表事典　323

プロレス 8月8日	【東京・日大講堂】カール・ゴッチがアントニオ猪木を破る。〈デビュー〉吉田光雄（長州力）がエル・グレコを破る。（新日本）

【長州力】（生）1951（出生地）山口（主要王座）IWGPヘビー（初）1974（人物評）1972年のミュンヘン五輪アマレス韓国代表。デビュー後しばらくは、実力を評価されながらも人気面でもたつく。82年メキシコ遠征後、10月の帰国と同時に「かませ犬」発言で藤波辰巳に喰いつく。これが、突如ブレイクし、「維新革命」の勃発。84年秋、新日本プロレスを離脱。ジャパンプロレスを設立し、全日本プロレスのリングに上がる。天龍源一郎と熱戦を繰り広げた。そして87年、新日本に帰還した。

プロレス 8月9日	【東京・蔵前国技館】〈PWFヘビー〉ジャイアント馬場がテリー・ファンクを破り、防衛。〈デストロイヤー覆面十番勝負（2）〉ザ・トルネード（ディック・マードック）に反則勝ち。（全日本）
プロレス 8月11日	【トロント（加）】ザ・シークがアンドレ・ザ・ジャイアントに反則負け。トロント（加）128戦負けなしの記録がストップ。
プロレス 8月18日	【ロサンゼルスCA】〈北米タッグ〉アントニオ猪木＆坂口征二がクルト・フォン・ヘス＆カール・フォン・ショッツを破り、獲得。
ボクシング 8月24日	【ホノルルHI】〈WBA世界スーパーフェザー〉ベン・ビラフロアが上原康恒を破り、防衛。
ボクシング 9月7日	【ロサンゼルスCA】〈WBC世界フェザー〉ボビー・チャコンがアルフレッド・マルカノを破り、獲得。
プロレス 9月7日	【シカゴIL・コミスキーパーク】〈AWA世界ヘビー〉バーン・ガニアがビル・ロビンソンにリングアウト勝ちで防衛。
ボクシング 9月12日	【名古屋・愛知県体育館】〈WBC世界ライト〉ガッツ石松がアーテュロ・ピネダと引き分け、防衛。
プロレス 9月20日	【メキシコシティ・アレナメヒコ】「アニベルサリオ1」〈マスカラ・イ・カベジェラコントラマスカラ・イ・カベジェラ〉ドクトル・ワグナー＆アンヘル・ブランコがエンリケ・ベラ＆スペル・スタールを破る。〈NWA世界ミドル〉アニバルがエル・コバルデを破る。
相撲 9月22日	【東京・蔵前国技館】優勝：輪島（東横綱）14勝1敗、技能賞：若三杉（東前3）、殊勲賞：金剛（東前1）、敢闘賞：荒瀬（西前3）
プロレス 9月22日	【メキシコシティ・アレナメヒコ】「アニベルサリオ2」〈NWA世界ライトヘビー王座決定トーナメント決勝〉ドクトル・ワグナーがエル・アルコンを破り、獲得。
ボクシング 9月21日	【ローマ（伊）】〈WBC世界スーパーライト王座決定戦〉ペリコ・フェルナンデスがライオン古山を破り、獲得。
プロレス 9月25日	【横浜文化体育館】〈PWFヘビー〉ジャイアント馬場がアブドラ・ザ・ブッチャーと両者反則引き分け、防衛。（全日本）

プロレス 9月28日	【ロレンジャー LA】スタン・ハンセンとブルーザー・ブロディ（当時はフランク・グーディッシュ）が生涯唯一のシングル戦。ハンセンが勝利した。
	【ブルーザー・ブロディ】（生）1946（没）1988（出生地）米（主要王座）インターナショナルヘビー（初）1974（人物評）本名フランク・ドナルド・グーディッシュ。76年9月MSGでサンマルチノをいたぶることで名を売る。79年1月、全日本プロレスに初来日。その怪物ぶりには驚愕の声が上がるが、ステロイドの副作用を恐れ翌年の来日では減量してきた。日本ではアントニオ猪木、ジャンボ鶴田との名勝負を残した。また、スタン・ハンセンとのタッグも人気を得た。プロモーターを目の敵にする傾向があり、それが元で88年プエルトリコで暗殺された。
プロレス 9月28日	【デトロイト MI】〈ストラップマッチ〉ザ・シークはディック・ザ・ブルーザーと両者反則引き分け。ブルーザーが2人のレフェリーを殴った。3年にわたる興行戦争が終結し、双方のボスが闘う。戦争が終結するとボス同士が闘うのがプロレス界である。（観衆7,234人）
ボクシング 10月1日	【東京・日大講堂】〈WBC世界フライ〉小熊正二（大熊正二）がベツリオ・ゴンザレスを破り、獲得。
ボクシング 10月1日	【ロンドン（英）・ウェンブリーアリーナ】〈WBC世界ライトヘビー王座決定戦〉ジョン・コンテがホルヘ・ビクトル・アーマダを破り、獲得。
プロレス 10月1日	【大分県体育館】〈IWA世界ヘビー〉ビリー・グラハムがマイティ井上を破り、防衛。（国際プロ）
ボクシング 10月3日	【東京・日大講堂】〈WBC世界スーパーフェザー〉柴田国明がラミロ・ボラニョスを破り、防衛。（年間ベストバウト）
プロレス 10月5日	【東京・日大講堂】〈PWFヘビー〉ジャイアント馬場がアブドラ・ザ・ブッチャーを試合放棄で破り、防衛。〈デストロイヤー覆面十番勝負(3)〉ジ・アベンジャー（ムース・モロウスキー）を破る。（全日本）
プロレス 10月7日	【埼玉・越谷市体育館】〈IWA世界ヘビー〉マイティ井上がビリー・グラハムを破り、獲得。（国際プロ）
ボクシング 10月8日	【東京・日大講堂】〈世界スーパーウェルター〉オスカー・アルバラードが竜反町を破り、防衛。
プロレス 10月10日	【東京・蔵前国技館】〈NWF世界ヘビー〉アントニオ猪木が大木金太郎を破り、防衛。レフェリー、豊登。（新日本）
プロレス 10月10日	【大阪吹田市・万博お祭り広場】〈USヘビー〉ザ・デストロイヤーがアブドラ・ザ・ブッチャーに反則勝ち、防衛。1万を越す観客がかけつけた。（全日本）

1971 ｜ 1980

プロレス 10月10日	【シュリーブポート LA】〈US タッグ〉スタン・ハンセン&フランク・グーディッシュ（ブルーザー・ブロディ）がジョニー・イーグルス&テリー・レイザムを破り、獲得。
ボクシング 10月18日	【横浜文化体育館】〈WBA 世界フライ〉花形進がチャチャイ・チオノイを破り、獲得。

【花形進】（生）1947（出生地）神奈川（主要王座）WBA 世界フライ（初）1963（人物評）「継続を力に変えた男」と言われる。年齢を1歳ごまかしてプロテストを受験したものの、10回戦出場までに31戦、4年間かかり、デビューから7年目に世界初挑戦する。しかしその後、日本王座からの陥落も経験した。そしてついに11年目、5度目の挑戦での世界王座獲得である。引退後はジムを経営し、2000年12月6日、教え子の星野敬太郎が世界王座を奪う。日本初の「師弟世界チャンピオン」の誕生であった。

プロレス 10月24日	【ウィニペグ（加）】〈AWA 世界タッグ〉ニック・ボックウィンクル&レイ・スティーブンスがビル・ロビンソン&クラッシャー・リソワスキーを破り、獲得。
プロレス 10月25日	【ミュンヘン（独）】「トーナメント」〈公式戦〉ローランド・ボックがミル・マスカラスを破る。

【ローランド・ボック】（生）1944（出生地）独（主要王座）WWU 世界ヘビー（初）（人物評）プロモーターとして同業者組合に属さず、縄張りを侵す者を、プロレス界では「アウトロー」という。そういう意味でボックはドイツの「アウトロー」であった。78年11月の欧州ツアーは、都市ごとの縄張りが常識であったドイツ主要都市をまわり、そんな中で地元シュトゥットゥガルトでの惨劇、対アントニオ猪木戦は生じた。場内の薄暗さが、ガス燈時代のプロレスを髣髴させ、プロレスの原初形態を見せられた思いだった。

ボクシング 10月26日	【東京・日大講堂】〈WBA 世界スーパーライト〉アントニオ・セルバンテスが門田恭明を破り、防衛。
ボクシング 10月30日	【キンシャサ（ザイール）】〈世界ヘビー〉モハメド・アリがジョージ・フォアマンを KO で破り、獲得。「キンシャサの奇跡」（年間ベストバウト）
プロレス 10月30日	【モントリオール（加）】ジプシー・ジョーがマッドドッグ・バションを破る。

【ジプシー・ジョー】（生）1932（没）2016（出生地）プエルトリコ（主要王座）NWA セントラルステーツタッグ（初）1963（人物評）「カツ丼」（本人は「カチドン」と発音）が大好物。長く芽が出なかったが、1974年バションとの抗争で知名度を

上げた。国際プロレス後期の外人エースである。金網デスマッチで金網最上段から、更に飛び上がってニードロップ。全日本では、いつのまにか、椅子で背中を何度も殴られる定番場面の主人公だった。2010年12月、77歳の東京新宿フェイスで日本最後のリング。翌月テネシー州タラホマで正式に引退した。

プロレス
11月1日
【札幌・中島スポーツセンター】〈NWF世界ヘビー〉アントニオ猪木がアーニー・ラッドを破り、防衛。（新日本）

プロレス
11月3日
【ハノーファー（独）】トーナメント優勝：アクセル・デイターとリッキー・スターが分け合う。

プロレス
11月4日
【東京・後楽園ホール】〈IWA世界ヘビー〉マイティ井上がレイ・スティーブンスを破り、防衛。（国際プロ）

プロレス
11月5日
【東京・大田区体育館】〈PWFヘビー〉ジャイアント馬場がディック・マードックを破り、防衛。〈柔道ジャケットマッチ〉アントン・ヘーシンクがドン・レオ・ジョナサンを破る。（全日本）

プロレス
11月7日
【静岡・沼津市体育館】〈PWFヘビー〉ジャイアント馬場がブラックジャック・マリガンを破り、防衛。（全日本）

プロレス
11月13日
【沖縄・那覇市奥武山体育館】アントニオ猪木がザ・シークにリングアウト勝ち。（新日本）

プロレス
11月20日
【東京・蔵前国技館】〈AWA世界ヘビー〉バーン・ガニアはビル・ロビンソンにダブルKO、防衛。内容的には名勝負。しかし、テレビ局との連携が取れず、宣伝効果が発揮できなかったため動員には失敗。（国際プロ）

プロレス
11月21日
【大阪府立体育館】〈AWA & IWA*世界ヘビー〉マイティ井上*がバーン・ガニアと両者カウントアウト引き分け、共に防衛。レフェリー、ビル・ロビンソン。〈AWA世界タッグ〉ニック・ボックウィンクル＆レイ・スティーブンスがラッシャー木村＆グレート草津に反則勝ち、防衛。（国際プロ）

ボクシング
11月23日
【ロサンゼルスCA】〈WBA世界フェザー〉アレクシス・アルゲリョがルーベン・オリバレスを破り、獲得。

1971 ー 1980

【アレクシス・アルゲリョ】（生）1952（出生地）ニカラグア（主要王座）WBA世界フェザー、WBC世界スーパーフェザー、WBC世界ライト（初）1968（人物評）ニカラグア初の世界王者で74年から82年にかけ、3階級制覇した。華麗なテクニックと端正な容姿から「リングの貴公子」、痩身に似合わぬ強打から「破壊的な痩せっぽち」と呼ばれた。75年10月には東京でロイヤル小林にKO勝ちで防衛した。82年11月、4階級制覇を目指してアーロン・プライヤーのWBA世界スーパーライト級王座に挑戦するが失敗した。サンディニスタ民族解放戦線政権に抵抗したり賛同したりの政治的な活動も行った。

相撲 11月24日	【福岡・九電記念体育館】優勝：魁傑（西張小）12勝3敗、技能賞：若三杉（西小結）、殊勲賞：魁傑（西張小）、敢闘賞：福の花（西前10）
	【魁傑將晃】（生）1948（没）2014（出生地）山口（最高位）大関（初）1966（人物評）「クリーン大関」の異名は休場と馴れ合いを好まない態度からついた。日大時代は柔道部に在籍し、将来が期待されたものの、中退して大相撲入りした。1974年11月、小結で初優勝し、翌年の3月から大関となった。しかし肘を故障して陥落してしまう。76年9月に平幕で優勝した後、三役に復帰、そして77年3月、再び大関になった。しかし、再び肘を故障して陥落、結局綱には届かず79年1月場所中に引退した。
ボクシング 11月28日	【大阪府立体育館】〈WBC世界ライト〉ガッツ石松がロドルフォ・ゴンザレスを破り、防衛。
プロレス 12月2日	【鹿児島県体育館】〈NWA世界ヘビー〉ジャイアント馬場がジャック・ブリスコを破り、獲得。（全日本）
プロレス 12月5日	【東京・日大講堂】〈NWA世界＆PWFヘビー〉ジャイアント馬場がジャック・ブリスコを破り、防衛。〈NWA世界ジュニアヘビー〉ケン・マンテルがジャンボ鶴田と両者リングアウト引き分け、防衛（全日本）
ボクシング 12月7日	【メリダ（墨）】〈WBC世界バンタム〉ロドルフォ・マルチネスがラファエル・エレラを破り、獲得。
ボクシング 12月7日	【ブエノスアイレス（爾）】〈WBA世界ライトヘビー王座決定戦〉ビクトル・ガリンデスがレン・ハッチンズを破り、獲得。
プロレス 12月9日	【愛知・豊橋市体育館】〈NWA世界ヘビー〉ジャック・ブリスコがジャイアント馬場を破り、獲得。（全日本）
プロレス 12月12日	【川崎市体育館】〈PWFヘビー〉ジャイアント馬場がクリス・マルコフを破り、防衛。〈NWA世界ヘビー〉ジャック・ブリスコがジャンボ鶴田を破り、防衛。（全日本）
プロレス 12月12日	【東京・蔵前国技館】〈NWF世界ヘビー〉アントニオ猪木がストロング小林を破り、防衛。（新日本）
プロレス 12月15日	【サンパウロ（伯）】〈NWF世界ヘビー〉アントニオ猪木がアンドレ・ザ・ジャイアントと両者リングアウト引き分け、防衛。
ボクシング 12月21日	【サンホセ（コスタリカ）】〈WBA世界ライト〉ロベルト・デュランが高山将孝を100秒KOで破り、防衛。
ボクシング	【パナマ】WBA世界総会で、エリアス・コルドパがWBA世界会長に選出される。以後、WBA世界は米国主導から中南米主導に変わる。

| その他 | 【MVP】〈相撲・報知新聞年間最優秀力士〉北の湖敏満〈相撲・年間最多勝〉北の湖敏満、73勝17負0休〈ボクシング・日本・コミッション〉柴田国明〈ボクシング・アメリカ・リング誌〉モハメド・アリ〈プロレス・日本・東京スポーツ〉アントニオ猪木〈プロレス・メキシコ・エルアルコン誌〉アニバル〈プロレス・ドイツ・カイザー派〉ローランド・ボック（ホースト・ホフマンがアメリカに遠征していたため）、次点：マイケル・ネイダー〈プロレス・メキシコ・ルチャリブレ誌〉ドクトル・ワグナー |

1975年

プロレス 1月3日	【東京・後楽園ホール】〈バトルロイヤル〉優勝：ザ・デストロイヤー（全日本）
プロレス 1月3日	【セントルイス MO】〈NWA 世界ヘビー〉ジャック・ブリスコがディック・ザ・ブルーザーに反則勝ち、防衛。
プロレス 1月4日	【東京・後楽園ホール】〈デストロイヤー覆面十番勝負（4）〉ザ・バラクーダ（マリオ・ミラノ）を破る。（全日本）
ボクシング 1月8日	【仙台・宮城県スポーツセンター】〈WBC 世界フライ〉ミゲル・カントが小熊正二（大熊正二）を破り、獲得。
	【ミゲル・カント】（生）1948（出生地）墨（主要王座）WBC世界フライ（初）1969（人物評）「Maestro（指揮者）」の異名は左ジャブを中心の堅い守り、勝負所と見るや連打で逃げ切るテクニックから。王座奪取の 75 年から陥落の前年 78 年まで日本で 4 度の世界戦を行った。カントのトレーナー、ヘスス・リベロは後にオスカー・デ・ラ・ホーヤのトレーナーも務めた。
プロレス 1月17日	【ロサンゼルス CA】〈バトルロイヤル〉優勝：アンドレ・ザ・ジャイアント
ボクシング 1月21日	【東京・日大講堂】〈世界スーパーウェルター〉輪島功一がオスカー・アルバラードを破り、獲得。
プロレス 1月22日	【沖縄・那覇市奥武山体育館】〈デストロイヤー覆面十番勝負（5）〉カリプス・ハリケーン（サイクロン・ニグロ）と引き分け。（全日本）
プロレス 1月25日	【横浜文化体育館】〈柔道ジャケットマッチ〉アントン・ヘーシンクがカリプス・ハリケーンを破る。（全日本）
相撲 1月26日	【東京・蔵前国技館】優勝：北の湖（東横綱）12勝3敗、技能賞：若三杉（西関脇）、殊勲賞：三重ノ海（西前6）、敢闘賞：麒麟児（東前1）
プロレス 1月29日	【東京都体育館】〈PWF ヘビー〉ジャイアント馬場がハーリー・レイスを破り、防衛。〈デストロイヤー覆面十番勝負（5、再戦）〉カリプス・ハリケーンを破る。（全日本）
プロレス 1月29日	【メキシコ州・パラシオ】「UWA」旗揚げ。〈世界ミドル〉アニバルがレネ・グァハルドを破り、防衛。ミル・マスカラス＆レイ・メンドーサ＆エル・ソリタリオがドリー・ディクソン＆カネック＆スニー・ワー・クラウドを破る。
プロレス 2月2日	【東京・後楽園ホール】〈IWA 世界ヘビー〉マイティ井上がダニー・リンチを破り、防衛。（国際プロ）
プロレス 2月5日	【サンアントニオ TX】〈インターナショナルタッグ〉ジャイアント馬場＆ジャンボ鶴田がドリー・ファンク・ジュニア＆テリー・ファンクを破り、獲得。サム・マソニックが立ち会う。

プロレス 2月6日	【東京・大田区体育館】〈ハンデ〉アントニオ猪木が2人合わせて600kgの双子、マクガイア兄弟（ビリー＆ベニー）を破る。（新日本）
プロレス 2月6日	【カンザスシティKS】〈PWFヘビー〉ジャイアント馬場がディック・ザ・ブルーザーに反則勝ち、防衛。
プロレス 2月11日	【タンパFL】「ガスパリーラ・スペクタキュラー」〈NWA世界ヘビー〉ジャック・ブリスコがディック・マードックを破り、防衛。
プロレス 2月15日	【サンフランシスコCA・カウパレス】〈バトルロイヤル〉優勝：パット・パターソン
プロレス 2月21日	【セントルイスMO】〈ミズーリ州ヘビー〉ハーリー・レイスがドリー・ファンク・ジュニアを破り、獲得。
ボクシング 2月27日	【東京都体育館】〈WBC世界ライト〉ガッツ石松がケン・ブキャナンを破り、防衛。
プロレス 3月9日	【北海道・函館市民体育館】〈NWA世界ヘビー〉ジャック・ブリスコがジャイアント馬場と両者リングアウト引き分け、防衛。（全日本）
プロレス 3月11日	【名古屋・愛知県体育館】〈PWFヘビー〉ジャイアント馬場がボボ・ブラジルにリングアウト勝ち、防衛。〈NWA世界ヘビー〉ジャック・ブリスコがジャンボ鶴田を破り、防衛。（全日本）
プロレス 3月12日	【静岡・富士宮市体育館】〈NWA世界ヘビー〉ジャック・ブリスコがザ・デストロイヤーを破り、防衛。（全日本）
プロレス 3月13日	【広島県立体育館】〈NWF世界ヘビー〉タイガー・ジェット・シンがアントニオ猪木を破り、獲得。（新日本）
プロレス 3月13日	【東京・日大講堂】〈NWA世界ヘビー〉ジャック・ブリスコがボボ・ブラジルに反則勝ち、防衛。（全日本）
ボクシング 3月14日	【ロサンゼルスCA】〈WBA世界バンタム〉アルフォンソ・サモラが洪秀煥を破り、獲得。
プロレス 3月19日	【東京・大田区体育館】〈WWWA世界シングル（女子）〉マッハ文朱がジャンボ宮本を破り、獲得。
プロレス 3月20日	【東京・蔵前国技館】〈NWF世界ヘビー〉タイガー・ジェット・シンがアントニオ猪木と両者リングアウト引き分け、防衛。（新日本）
相撲 3月23日	【大阪府立体育館】優勝：貴ノ花（東大関）13勝2敗、技能賞：麒麟児（東小結）、殊勲賞：三重ノ海（東前1）、敢闘賞：荒瀬（西前2）

【貴ノ花利彰】（生）1950（没）2005（出生地）青森（最高位）大関（初）1965（人物評）驚異的な足腰の強さは、1971年9月、大関・清国に足を取られながらの逆転勝ちや、72年1月の対北の富士戦で「つき手・かばい手論争」を引

1971
|
1980

プロ格闘技年表事典　331

き起こした。9月千秋楽では、輪島との水入りの熱戦、負けたものの2人揃って大関に昇進し「貴輪（きりん）時代」到来と言われた。しかし大関昇進後は2桁の星を上げられない場所が続いた。が、75年3月は決定戦で北の湖を破って初優勝、その瞬間舞った座布団の数でテレビ画面は暗くなった。

ボクシング 3月27日	【福岡・九電記念体育館】〈WBC世界スーパーフェザー〉柴田国明がアントニオ・アマヤを破り、防衛。
プロレス 3月27日	【ソウル（韓）】〈インターナショナル〉大木金太郎がアントニオ猪木と引き分け、防衛。22日から27日まで大韓プロレス協会の2派閥（大木派、張永哲派）が合同。（大韓プロ）
ボクシング 4月1日	【富山県体育館】〈WBA世界フライ〉エルビト・サラバリアが花形進を破り、獲得。微妙な判定で観客が騒ぎ警官隊が出動、解説席にいた白井義男がリングに上がり観客を説得した。
プロレス 4月2日	【大阪府立体育館】〈WWWA世界シングル（女子）〉ジャンボ宮本がマッハ文朱を破り、獲得。
ボクシング 4月4日	【ロンバーディア（伊）】〈WBC世界ライトフライ王座決定戦〉フランコ・ウデラがバレンティン・マルティネスを破り、獲得。
プロレス 4月4日	【東京・蔵前国技館】「ワールドリーグ」〈公式戦〉大木金太郎がアントニオ猪木をリングアウトで破る。（新日本）
プロレス 4月10日	【仙台・宮城県スポーツセンター】〈PWFヘビー〉ジャイアント馬場がディック・ザ・ブルーザーを破り、防衛。（全日本）
プロレス 4月10日	【東京・足立区体育館】〈IWA世界ヘビー〉マッドドッグ・バションがマイティ井上を破り、獲得。（国際プロ）
プロレス 4月19日	【札幌・中島スポーツセンター】〈IWA世界ヘビー〉ラッシャー木村がマッドドッグ・バションを破り、獲得。（国際プロ）
プロレス 4月19日	【デトロイトMI】〈USヘビー〉ボボ・ブラジルがアブドラ・ザ・ブッチャーを破り、獲得。
プロレス 5月1日	【岡山武道館】〈デストロイヤー覆面十番勝負（6）、チャンピオン・カーニバル決勝リーグ〉ミスター・レスリング（ティム・ウッド）を破る。公式発表されていないが、US王座もかけられた。（全日本）
プロレス 5月3日	【和歌山県立体育館】「チャンピオンカーニバル」〈決勝〉ジャイアント馬場がジン・キニスキーを破り、優勝。（全日本）
プロレス 5月9日	【東京・日大講堂】〈WWWFヘビー* vs PWFヘビー〉ジャイアント馬場とブルーノ・サンマルチノ*が両者リングアウト、共に防衛。（全日本）
ボクシング 5月10日	【フォントビール（モナコ）】〈WBC世界スーパーウェルター王座決定戦〉ミゲル・デ・オリベイラがホセ・デュランを破り、獲得。

プロレス 5月16日	【東京都体育館】「ワールドリーグ戦」〈決勝〉アントニオ猪木がキラー・カール・クラップを破り、優勝。決勝進出資格争奪戦では猪木がストロング小林を破り、坂口征二対大木金太郎は両者リングアウトで共に失格だった。イワン・ゴメスが藤原喜明を破ってデビュー戦を飾る。(新日本)

【藤原喜明】(生)1949(出生地)岩手(主要王座)IWGPタッグ(初)1972(人物評)1984年、雪祭りの札幌で、入場してくる長州力を襲撃し、試合をぶち壊す。この事件は、プロレスに「前座」というジャンルがあることを認識させた。藤原喜明はこれでブレイク。自身を「道場担当」から「観客担当」も兼務させることになった。そしてUWFムーブメントの要となった。「プロレスラーは、強くて当たり前なんです」(語録より)。

相撲 5月18日	【東京・蔵前国技館】中日8日目の天覧相撲、相撲協会はとっておきの割である「麒麟児対富士櫻」を組む。

【富士櫻栄守】(生)1948(出生地)山梨(最高位)関脇(初)1963(人物評)「もっと稽古せんか」と注意される力士が多い中で「稽古熱心もいい加減にしろ」と注意を受ける程の稽古熱心だった。突き押しを戦術とし、突貫小僧と呼ばれ愛された。同じ押し相撲の麒麟児との割は特に人気があり天覧相撲で組まれることも多かった。特に1975年5月場所の8日目は富士櫻の口の中が切れるほどの激戦であり、昭和天皇が身を乗り出す様子も動画サイトで確認できる。

プロレス 5月19日	【モントリオール(加)】〈NWF世界ヘビー〉タイガー・ジェット・シンがアントニオ猪木に反則負け、防衛。
プロレス 5月23日	【ソウル(韓)】〈インターナショナルヘビー〉大木金太郎がスーパー・デストロイヤー(ネイル・グアイ)を破り、防衛。韓国ツアー中、大木は釜山でストロング小林ともシングルで対戦した。(大韓プロ)
相撲 5月25日	【東京・蔵前国技館】優勝:北の湖(東横綱)13勝2敗、技能賞:旭國(東前4)、殊勲賞:金剛(西前9)、敢闘賞:麒麟児(東小結)
プロレス 5月26日	【東京・後楽園ホール】〈IWA世界ヘビー〉ラッシャー木村がキラー・トーア・カマタに反則勝ち、防衛。(国際プロ)
プロレス 5月27日	【広島県立体育館】〈US、デストロイヤー覆面十番勝負(7、無効)〉ザ・ブラックデビル(マヌエル・ソト)を破る。偽者だったので、無効となった。(全日本)
ボクシング 6月5日	【東大阪・近大記念体育館】〈WBC世界ライト〉ガッツ石松がアーテュロ・ピネダを破り、防衛。

1971
|
1980

プロレス 6月6日	【栃木・宇都宮市体育館】〈IWA世界ヘビー、金網〉ラッシャー木村がキラー・トーア・カマタにKO勝ち、防衛。(国際プロ)
ボクシング 6月7日	【北九州・総合体育館】〈WBA世界スーパーウェルター〉柳済斗が輪島功一を破り、獲得。
プロレス 6月8日	【岩手・盛岡市体育館】〈IWA世界タッグ王座決定戦〉グレート草津&マイティ井上がトーア・カマタ&デューク・サベージを破り、獲得。(国際プロ)
プロレス 6月9日	【毎日新聞】この日、大山倍達氏が寄せた手記の中で「力道山さえも勝てなかったアメリカNo.ワン、タム・ライスを含めてアメリカでは270回連勝しました」。これを目にした大木金太郎が「力道山先生を冒涜するような発言は絶対に許さない」と、大山に挑戦を表明することになる。結局、この「大木対大山」は立ち消えとなった。
ボクシング 6月20日	【ロサンゼルスCA】〈WBC世界フェザー〉ルーベン・オリバレスがボビー・チャコンを破り、獲得。
プロレス 6月26日	【東京・蔵前国技館】〈NWF世界ヘビー〉アントニオ猪木がタイガー・ジェット・シンを破り、獲得。観戦した大山倍達が猪木を絶賛。(新日本)
ボクシング 6月28日	【サンファン(PR)】〈WBA世界ウェルター王座決定戦〉アンヘル・エスパダがクライド・グレイを破り、獲得。
プロレス 6月29日	【東京・後楽園ホール】〈IWA世界ヘビー〉ラッシャー木村がマイティ井上を破り、防衛。(国際プロ)
プロレス 7月4日	【カルガリー(加)】「スタンピード・ウィーク」〈NWA世界ヘビー〉ジャック・ブリスコがドン・クロファットを破り、防衛。〈NWA世界ジュニアヘビー〉ヒロ・マツダがキース・ハートを破り、防衛。
ボクシング 7月5日	【茨城県ひたちなか市・笠松運動公園体育館】〈WBC世界スーパーフェザー〉アルフレッド・エスカレラが柴田国明を破り、獲得。
プロレス 7月9日	【大阪府立体育館】〈デストロイヤー覆面十番勝負(7、再戦)〉ザ・スピリット(カール・コックス)を破る。一度はスピリットの勝ちとなるが、裁定が覆る。(全日本)
プロレス 7月9日	【フォートスミスAL】〈USタッグ〉ダニー・ホッジ&ジェイ・クレイトンがスタン・ハンセン&フランク・グーディッシュ(ブルーザー・ブロディ)を破り、獲得。
プロレス 7月10日	【ジャージーシティNJ・ルーズベルトスタジアム】エディ・アインホーンなる大富豪が設立した米墨版IWAがMSGのお膝元ルーズベルト・スタジアムで行われた。〈米墨版IWA世界ヘビー〉ミル・マスカラスがイワン・コロフと両者リングアウト引き分け、防衛。
ボクシング 7月15日	【バンコク(タイ)】〈WBC世界スーパーライト〉センサク・ムアンスリンがペリコ・フェルナンデスを破り、獲得。
相撲 7月20日	【名古屋・愛知県体育館】優勝:金剛(西前1)13勝2敗、技能賞:旭國(東小結)、殊勲賞:金剛(西前1)、敢闘賞:青葉城(東前5)

プロレス 7月25日	【東京・日大講堂】〈デストロイヤー覆面十番勝負（7、再々戦）〉ザ・スピリット（カール・コックス）を破る。（全日本）
プロレス 7月26日	【プラサメヒコ】〈米墨版IWA世界ヘビー〉ミル・マスカラスがルー・テーズを破り、防衛。
プロレス 7月28日	【東京・大田区体育館】〈IWA世界ヘビー〉ラッシャー木村がビッグ・ジョン・クインを破り、防衛。（国際プロ）
プロレス 7月30日	【ベーカーズフィールドCA】「ジュリアス・ストロンボー杯ワンナイトトーナメント」〈決勝〉チャボ・ゲレロがバディ・ロバーツを破り、優勝。チャボはミッキー・ドイルの「代役」として出場。

【チャボ・ゲレロ】（生）1949（没）2017（出生地）墨（主要王座）NWA世界ライトヘビー、インターナショナルジュニアヘビー（初）1970（人物評）戦後メキシコのマットを支えたゴリーの長男として生まれた。エディの兄である。息子もプロレス入りしチャボ・クラシックと呼ばれるようになった。1970年代後半のロサンゼルスのエースとして、ハーリー・レイスやドリー・ファンク・ジュニアと渡り合う。派手さがないゆえ、語られにくいが、一つ一つの技が的確な職人である。ハイライトは78年秋、大阪寝屋川での対藤波辰巳戦だ。81年、新日本から全日本へ、その後も常にジュニアヘビーの中心にいた。

プロレス 8月1日	【ニューオリンズLA】「NWA総会」サム・マソニックに代わり、ジャック・アドキッソン（フリッツ・フォン・エリック）を会長に選出。新間寿（新日本）が加盟。（3日まで）
プロレス 8月7日	【ジャージーシティNJ・ルーズベルトスタジアム】〈米墨版IWA世界ヘビー〉ミル・マスカラスがアーニー・ラッドを破り、防衛。ルー・テーズ、ジェリー・ローラーも参戦。
プロレス 8月8日	【セントルイスMO】〈NWA世界ヘビー〉ジャック・ブリスコがジャイアント馬場を破り、防衛。
プロレス 8月9日	【ニューヨークNY・MSG】〈WWWFヘビー〉ブルーノ・サンマルチノがジョージ・スティールを破り、防衛。バーン・ガニア＆アンドレ・ザ・ジャイアントがジミー・バリアント＆ジョニー・バリアントを破る。ガニア＆アンドレのタッグ結成は、米墨版IWAへの対抗の目玉である。
プロレス 8月16日	【シカゴIL】〈AWA世界タッグ〉ディック・ザ・ブルーザー＆クラッシャー・リソワスキーがニック・ボックウィンクル＆レイ・スティーブンスを破り、獲得。（国際プロ）
プロレス 8月19日	【札幌・中島スポーツセンター】〈デストロイヤー覆面十番勝負（8）〉ザ・ブラックデビル（ブラックジャック・モース）を破る。（全日本）
ボクシング 8月23日	【パナマシティ】〈WBA世界ライトフライ王座決定戦〉ハイメ・リオスがリゴベルト・マルカノを破り、獲得。

1971
|
1980

プロ格闘技年表事典　335

ボクシング 8月23日	【メリダ（墨）】〈WBC 世界フライ〉ミゲル・カントが高田次郎を破り、防衛。
プロレス 9月7日	【東京・後楽園ホール】マイティ井上が初来日第１戦のジプシー・ジョーに反則勝ち。
ボクシング 9月13日	【カラカス（委）】〈WBC 世界ライトフライ王座決定戦〉ルイス・エスタバがラファエル・ラブラを破り、獲得。
プロレス 9月19日	【メキシコシティ・アレナメヒコ】「アニベルサリオ1」〈NWA世界ライトヘビー〉ドクトル・ワグナーがアンヘル・ブランコと引き分け、防衛。
ボクシング 9月20日	【ロサンゼルスCA】〈WBC 世界フェザー〉デビッド・コティがルーベン・オリバレスを破り、獲得。
プロレス 9月21日	【ソウル（韓）】〈WWA・US〉パクソンナンがボボ・ブラジルを破る。ジャイアント馬場がリング上からのあいさつ。（大韓プロ）
プロレス 9月26日	【メキシコシティ・アレナメヒコ】「アニベルサリオ2」〈NWA世界ミドル〉ペロ・アグアヨがエル・サントを破る。〈NWA 世界ウエルター〉ブルー・ディモンがカルロフ・ラガルデを破る。
相撲 9月28日	【東京・蔵前国技館】優勝：貴ノ花（西大関）12勝３敗、技能賞：旭國（西関脇）、殊勲賞：麒麟児（西張関）、敢闘賞：鷲羽山（東前7）
ボクシング 10月1日	【ケソンシティ（比）】〈世界ヘビー〉モハメド・アリがジョー・フレージャーを破り、防衛。「スリラー・イン・マニラ」（年間ベストバウト）

【スリラー・イン・マニラ】「マニラ」とはいうものの、実際にはその近郊のケソンシティ（当時はフィリピンの首都だった）で 1975 年 10 月 1 日に行われた世界ヘビー級選手権、王者モハメド・アリ対挑戦者ジョー・フレージャー戦の決着の様子を言う。14R 終了後、フレージャーは戦う意欲を持っていた。しかし、セコンド陣はこれ以上戦わせると生命の危険があると判断し、フレージャーの目の前に差し出した指の本数を数えさせ、それが不可能すなわち目が見えなくなっていることを確認し、試合を放棄させた。一方のアリも体力の消耗が著しく、グローブを外せ（これは試合放棄を意味する）とセコンドに告げていたと言う。

プロレス 10月3日	【メキシコシティ・アレナメヒコ】「アニベルサリオ3」〈マスカラコントラカベジェラ〉エル・サントがペロ・アグアヨを破る。
プロレス 10月4日	【ウィルミントンNC】ジョニー・バレンタイン、リック・フレアー、ティム・ウッドらが試合への途上、飛行機事故にあい重傷を負う。
プロレス 10月6日	【東京・後楽園ホール】〈IWA 世界ヘビー〉ラッシャー木村がジプシー・ジョーにリングアウト勝ち、防衛。（国際プロ）

ボクシング 10月7日	【横浜文化体育館】〈WBA 世界フライ〉エルビト・サラバリアが花形進を破り、防衛。
ボクシング 10月8日	【仙台・宮城県スポーツセンター】〈WBC 世界バンタム〉ロドルフォ・マルチネスが沼田久美を破り、防衛。
プロレス 10月8日	【茨城・古河市体育館】〈IWA 世界ヘビー、金網〉ラッシャー木村がジプシー・ジョーに KO 勝ち、防衛。(国際プロ)
プロレス 10月9日	【東京・蔵前国技館】〈NWF 世界ヘビー〉アントニオ猪木がルー・テーズを破り、防衛。レフェリー、アントニオ・ロッカ(新日本)
ボクシング 10月12日	【東京・蔵前国技館】〈WBA 世界フェザー〉アレクシス・アルゲリョがロイヤル小林を破り、防衛。
プロレス 10月14日	【松山・愛媛県民体育館】〈PWF ヘビー〉ジャイアント馬場がオックス・ベーカーを破り、防衛。(全日本)
プロレス 10月26日	【ハノーファー(独)】トーナメント優勝:アクセル・デイター。目撃した鶴見五郎によると、この日ディック・スタインボーンがロイ・セントクレアを破った試合は名勝負だったという。
プロレス 10月30日	【東京・蔵前国技館】ジャイアント馬場が大木金太郎を破る。(全日本)
プロレス 11月2日	【ハノーファー(独)】トーナメント優勝:アクセル・デイター
プロレス 11月3日	【東京・後楽園ホール】〈IWA 世界タッグ王座決定戦〉マイク・マーテル&ピエール・マーチンがグレート草津&マイティ井上を破り、獲得。(国際プロ)
プロレス 11月8日	【セントポール MN】〈AWA 世界ヘビー〉ニック・ボックウィンクルがバーン・ガニアを破り、獲得。
ボクシング 11月11日	【静岡・駿府会館】〈WBA 世界スーパーウェルター〉柳済斗が三迫将弘を破り、防衛。
ボクシング 11月13日	【パリ(仏)】〈WBC 世界スーパーウェルター〉エリシャ・オベドがミゲル・デ・オリベイラを破り、獲得。
相撲 11月23日	【福岡・九電記念体育館】優勝:三重ノ海(東関脇)13 勝 2 敗、技能賞:三重ノ海(東関脇)、殊勲賞:三重ノ海(東関脇)、敢闘賞:青葉山(東前 11)
プロレス 11月27日	【札幌・中島スポーツセンター】〈インターナショナルタッグ〉ジャイアント馬場&ジャンボ鶴田がディック・マードック&ダスティ・ローデスを破り、防衛。(全日本)
プロレス 12月2日	【横浜文化体育館】〈IWA 世界タッグ、金網〉グレート草津&マイティ井上がマイク・マーテル&ピエール・マーチンを破り、獲得。(国際プロ)
ボクシング 12月4日	【東京・日大講堂】〈WBC 世界ライト〉ガッツ石松がアルバロ・ロハスを破り、防衛。(年間ベストバウト)

1971 ― 1980

プロ格闘技年表事典　337

プロレス 12月4日	【東京・後楽園ホール】〈IWA 世界ヘビー〉ラッシャー木村がピエール・マーチンを破り、防衛。（国際プロ）
ボクシング 12月6日	【メキシコシティ・プラサデトロス】〈WBC 世界ウェルター〉ジョン・H・ストレーシーがホセ・ナポレスを破り、獲得。
プロレス 12月10日	【マイアミ FL】〈NWA 世界ヘビー〉テリー・ファンクがジャック・ブリスコを破り、獲得。
プロレス 12月11日	【東京・日本武道館】「力道山13回忌追善興行」ジャイアント馬場＆ザ・デストロイヤーがドリー・ファンク・ジュニア＆ジャンボ鶴田を破る。大木金太郎はアブドラ・ザ・ブッチャーと両者リングアウト。〈NWA 世界ジュニアヘビー〉ヒロ・マツダはマイティ井上を破り、防衛。ディック・マードック＆ダスティ・ローデスはパット・オコーナー＆ホースト・ホフマンと時間切れ引き分け。（全日本＆国プロ）
プロレス 12月11日	【東京・蔵前国技館】〈NWF 世界ヘビー〉アントニオ猪木はビル・ロビンソンと時間切れ引き分け、防衛（年間ベストバウト）。レフェリー、レッドシューズ・ドゥーガン。（新日本）
ボクシング 12月17日	【沖縄・那覇市奥武山体育館】〈WBC 世界ライトフライ〉ルイス・エスタバが島袋武信を破り、防衛。
プロレス 12月18日	【川崎市体育館】「オープン選手権」〈公式戦〉ジャイアント馬場がホースト・ホフマンを破る。優勝は最多ポイントのジャイアント馬場。準優勝はこの日ジャンボ鶴田に引き分けに持ち込まれ、得点差で涙をのんだドリー・ファンク・ジュニア。（全日本）
プロレス	【不明（南ア）】〈EWU スーパーヘビー〉ジャン・ウィルキンスがドン・レオ・ジョナサンを破り、獲得。
その他	【MVP】〈相撲・報知新聞年間最優秀力士〉三重ノ海五郎〈相撲・年間最多勝〉北の湖敏満、71勝19負0休〈ボクシング・日本・コミッション〉ガッツ石松〈ボクシング・アメリカ・リング誌〉モハメド・アリ〈プロレス・日本・東京スポーツ〉ジャイアント馬場〈プロレス・メキシコ・ルチャリブレ誌＆エルアルコン誌〉レネ・グアハルド〈プロレス・ドイツ・カイザー派〉ホースト・ホフマン、次点：オットー・ワンツ

1976年

プロレス **1月2日**	【セントルイス MO】〈NWA 世界ヘビー〉テリー・ファンクがパット・オコーナーを破り、防衛。〈ノンタイトル〉ニック・ボックウィンクルがジョー・ブランチャードを破る。
ボクシング **1月3日**	【鹿児島県立体育館】〈WBA 世界ライトフライ〉ハイメ・リオスが天龍数典を破り、防衛。
ボクシング **1月12日**	【東京・後楽園ホール】〈WBA 世界スーパーフェザー〉ベン・ビラフロアが柏葉守人を破り、防衛。
プロレス **1月16日**	【ロサンゼルス CA】〈バトルロイヤル〉優勝:ジャバ・ルーク(ジョニー・ロッズ)
ボクシング **1月24日**	【ラスベガス NV】ジョージ・フォアマンがロン・ライルを KO で破り、獲得。(年間ベストバウト)
プロレス **1月24日**	【サンフランシスコ CA・カウパレス】〈バトルロイヤル〉優勝:ミスター・フジ
相撲 **1月25日**	【東京・蔵前国技館】優勝:北の湖(東横綱)13 勝 2 敗、技能賞:鷲羽山(東前 6)、殊勲賞:高見山(東小結)、敢闘賞:旭國(東関脇)
ボクシング **1月25日**	【東京・日大講堂】〈WBC 世界スーパーライト〉センサク・ムアンスリンがライオン古山を破り、防衛。
プロレス **1月26日**	【名古屋・愛知県体育館】〈インターナショナルタッグ〉ジャイアント馬場&ジャンボ鶴田がディック・ザ・ブルーザー&クラッシャー・リソワスキーに反則勝ち、防衛。馬場&鶴田は 29 日東京都体育館でもブル&クラ相手に防衛。(全日本)
プロレス **2月1日**	【グアテマラ】(ALLL ヘビー級王座決定トーナメント〈決勝〉ミル・マスカラスがホセ・アサリを破り、獲得。グアテマラはメキシコの南側の隣国。このトーナメントには他にハム・リー、ラリー・ズビスコ、グラン浜田、ドリー・ディクソンらも参加。
プロレス **2月5日**	【札幌・中島スポーツセンター】〈北米タッグ王座決定戦〉坂口征二&ストロング小林がタイガー・ジェット・シン&ブルータス・ムルンバを破り、獲得。(新日本)
その他 **2月6日**	【東京・日本武道館】〈格闘技世界一王座決定戦〉アントニオ猪木がウイレム・ルスカを破る。(新日本)
プロレス **2月7日**	【サンフランシスコ CA・カウパレス】〈US ヘビー〉パット・パターソンがミスター・フジを破り、獲得。
その他の人 **2月9日**	【ウイレム・ルスカ】(生)1940(没)2015(出生地)蘭(主要王座)72 年のミュンヘン五輪柔道で重量級、無差別級金メダリスト(人物評)喧嘩の強さには定評がある。プロレスラーとしては不器用だった。

1971 – 1980

プロ格闘技年表事典　339

プロレス 2月10日	【タンパ FL】「ガスパリーラ・スペクタキュラー」〈NWA 世界ヘビー〉テリー・ファンクがダスティ・ローデスを反則勝ちで破り、防衛。
ボクシング 2月17日	【東京・日大講堂】〈WBA 世界スーパーウェルター〉輪島功一が柳済斗を破り、獲得。
プロレス 2月20日	【ヒューストン TX】〈テキサスヘビー〉スタン・ハンセンがピーター・メイビアを破り、獲得。
プロレス 2月21日	【東京・後楽園ホール】〈デストロイヤー覆面十番勝負(9)〉ブルー・シャーク（ダン・ミラー）を破る。（全日本）
ボクシング 2月27日	【マニラ（比）】〈WBA 世界フライ〉アルフォンソ・ロペスがエルビト・サラバリアを破り、獲得。
プロレス 3月3日	【ロサンゼルス CA】〈異種格闘技戦〉テリー・ファンクがハワード・スミス（ボクシング）を破る。
ボクシング 3月6日	【サンファン（PR）】〈WBA 世界スーパーライト〉ウィルフレド・ベニテスがアントニオ・セルバンテスを破り、獲得。
ボクシング 3月6日	【アッカ（ガーナ）】〈WBC 世界フェザー〉デビッド・コティがフリッパー上原を破り、防衛。
プロレス 3月7日	【神奈川・大和車体工業体育館】〈IWA 世界ヘビー〉ラッシャー木村がキラー・トーア・カマタにリングアウト勝ち、防衛。（国際プロ）
プロレス 3月8日	【名古屋・愛知県体育館】〈PWF ヘビー〉ジャイアント馬場がワフー・マクダニエルを破り、防衛。（全日本）
プロレス 3月10日	【東京・日大講堂】〈ジャンボ鶴田試練の十番勝負(1)〉バーン・ガニアとダブルフォール引き分け。（全日本）
プロレス 3月11日	【茨城・水戸市民体育館】〈IWA 世界ヘビー、金網〉ラッシャー木村がキラー・トーア・カマタに KO 勝ち、防衛。（国際プロ）
プロレス 3月15日	【東京・大田区体育館】〈WWWA 世界シングル（女子）〉赤城マリ子がジャンボ宮本を破り、獲得。
プロレス 3月18日	【東京・蔵前国技館】〈NWF 世界ヘビー〉アントニオ猪木がジョニー・パワーズを破り、防衛。（新日本）
相撲 3月21日	【大阪府立体育館】優勝：輪島（西横綱）13 勝 2 敗、技能賞：旭國（東関脇）、殊勲賞：北瀬海（西前 11）、敢闘賞：鷲羽山（東小結）
プロレス 3月25日	【ソウル（韓）】〈アジアヘビー〉大木金太郎がグレート小鹿を破り、防衛。（キムイル道場）

【キムイル道場】キム・イル（大木金太郎）を師範とするプロレス道場。韓国・ソウルの青瓦台（せいがだい、韓国大統領官邸）の裏にあった朴正熙の剣道場を譲り受けた。普段は日本で闘うキム・イルは日本のシリーズオフに韓国に戻ってシリーズを開催した。そのシリーズのリングに上がる韓国人レスラーの殆どは金一道場の道場生であり、大韓プロレスリン

グ協会の張永哲派のレスラーではなかった。キム・イルの興行を主催するのは「金一後援会」であった。が、実質は、キム・イルによる「キム・イル道場の興行」であった。

プロレス 3月26日	【ソウル（韓）】〈インターナショナル〉大木金太郎がザ・デストロイヤーと両者リングアウト引き分け、防衛。〈アジアタッグ王座決定戦〉グレート小鹿＆大熊元司が呉大均＆洪武雄を破り、獲得。（キムイル道場）
プロレス 3月28日	【東京・蔵前国技館】「全日本vs国際対抗戦」〈ジャンボ鶴田試練の十番勝負（2）〉ラッシャー木村がジャンボ鶴田と両者リングアウト引き分け（年間ベストバウト）。〈IWAタッグ * vsアジアタッグ〉グレート草津＆マイティ井上 * がグレート小鹿＆大熊元司と両者リングアウト引き分け、共に防衛。
ボクシング 4月1日	【奈良・県立橿原体育館】〈WBC世界スーパーフェザー〉アルフレッド・エスカレラがバズソー山辺を破り、防衛。
ボクシング 4月3日	【パナマシティ】〈WBC世界スーパーバンタム王座決定戦〉リゴベルト・リアスコがワルインゲ中山を破り、獲得。
プロレス 4月12日	【東京・後楽園ホール】小畑千代が佐倉輝美を破る。国際女子部廃止のお別れマッチ。（国際プロ）
プロレス 4月13日	【茨城・岩瀬町体育館】〈IWA世界ヘビー〉ラッシャー木村がジ・アンダーテイカー（ハンス・シュローダー）を破り、防衛。試合後、内容に不満の為、王座返上。（国際プロ）
プロレス 4月17日	【名古屋・愛知県体育館】〈WWWA世界シングル（女子）〉ジャンボ宮本が赤城マリ子を破り、獲得。
ボクシング 4月21日	【東京・日大講堂】〈WBA世界フライ〉アルフォンソ・ロペスが大熊正二を破り、防衛。
プロレス 4月22日	【仙台・宮城県スポーツセンター】〈IWA世界ヘビー王座決定戦、金網〉ラッシャー木村がジ・アンダーテイカー（ハンス・シュローダー）にKO勝ち、獲得。（国際プロ）
プロレス 4月23日	【セントルイスMO】〈NWA世界ヘビー〉テリー・ファンクがディック・ザ・ブルーザーを破り、防衛。〈ミズーリ州ヘビー〉ボブ・バックランドがハーリー・レイスを破り、獲得。
プロレス 4月23日	【メキシコシティ・アレナメヒコ】〈マスカラコントラマスカラ〉フィッシュマンがエル・ファラオンを破る。
プロレス 4月26日	【ニューヨークNY・MSG】〈WWWFヘビー〉ブルーノ・サンマルチノがスタン・ハンセンに流血ストップ負け、防衛。ハンセンのボディ・スラムがすべり、サンマルチノの首が折れる。
プロレス 5月1日	【東京・日大講堂】「京葉道路事件」大木金太郎と対戦中のアブドラ・ザ・ブッチャーと、乱入してきたハーリー・レイスとの乱闘がエスカレートし、会場外の国道14号線（京葉道路）に飛び出す。レイスはブッチャーの額を、驚いて止まったタクシーのフロントガラスに打ちつけ、全日本は警察で始末書を取られた。

1971 ｜ 1980

ボクシング 5月8日	【ロサンゼルス CA】〈WBC 世界バンタム〉カルロス・サラテがロドルフォ・マルチネスを破り、獲得。
	【カルロス・サラテ】（生）1951（出生地）墨（主要王座）WBC 世界バンタム（初）1970（人物評）1976 年 5 月、40 戦目にして世界初挑戦。WBC 世界バンタム級王者ロドルフォ・マルチネスに 9RKO で勝利。この王座は 9 度防衛し、全て KO 勝ちであった。77 年 4 月、WBA 世界バンタム級チャンピオンアルフォンソ・サモラとのノンタイトル戦を 4RKO 勝ちした。79 年 6 月、10 度目の防衛戦でルペ・ピントールに判定負けし、現役引退。86 年、カムバックするものの、88 年 2 月に再び引退した。
ボクシング 5月8日	【バヤモン（PR）】〈WBC 世界ライト〉エステバン・デ・ヘススがガッツ石松を破り、獲得。
プロレス 5月8日	【札幌・中島スポーツセンター】「チャンピオンカーニバル」〈決勝〉アブドラ・ザ・ブッチャーがジャイアント馬場に反則勝ち、優勝。（全日本）
プロレス 5月11日	【東京都体育館】「ワールドリーグ戦」〈決勝〉坂口征二がペドロ・モラレスをリングアウトで破り、優勝。（新日本）
ボクシング 5月15日	【メリダ（墨）】〈WBC 世界フライ〉ミゲル・カントが花形進を破り、防衛。
ボクシング 5月18日	【東京・日大講堂】〈WBA 世界スーパーウェルター〉ホセ・デュランが輪島功一を破り、獲得。
相撲 5月23日	【東京・蔵前国技館】優勝：北の湖（西横綱）13 勝 2 敗、技能賞：鷲羽山（東関脇）、殊勲賞：北瀬海（西小結）、敢闘賞：魁傑（西前 6）
プロレス 5月24日	【シャーロット NC】〈ミッドアトランティックヘビー〉リック・フレアーがワフー・マクダニエルを破り、獲得。この抗争はドル箱化。
プロレス 6月7日	【広島・福山市民体育館】〈IWA 世界タッグ〉リップ・タイラー＆エディ・サリバンがグレート草津＆マイティ井上を破り、獲得。（国際プロ）
プロレス 6月8日	【鳥取市民体育館】〈WWWA 世界シングル（女子）〉マキ上田がジャンボ宮本を破り、獲得。
プロレス 6月11日	【東京・蔵前国技館】〈NWA 世界ヘビー、ジャンボ鶴田試練の十番勝負（3）〉テリー・ファンクがジャンボ鶴田を破り、防衛。（全日本）
プロレス 6月11日	【茨城・古河市民体育館】〈IWA 世界ヘビー〉上田馬之助がラッシャー木村を破り、獲得。〈IWA 世界タッグ〉グレート草津＆マイティ井上がリップ・タイラー＆エディ・サリバンを破り、獲得。（国際プロ）

【上田馬之助】（生）1940（没）2011（出生地）愛知（主要王座）IWA 世界ヘビー（初）（人物評）セメントの強さには定評がある。1967 年以降、アメリカで闘うことが多く、リロイ・マクガークやドリー・ファンク・シニアに可愛がられた。76 年、かつてのしがない中堅は、髪をマダラに染め外人側から復活した。翌 77 年、竹刀を片手にタイガー・ジェット・シンのパートナーに。日本中津々浦々憎悪を浴びまくった。シン単体よりも、彼が加わることにより、会場の入りは明らかに違ったという。

ボクシング 6月18日	【ベルリン（独）】〈WBC 世界スーパーウェルター〉エックハルト・ダッゲがエリシャ・オベドを破り、獲得。
ボクシング 6月22日	【ロンドン（英）・ウェンブリーアリーナ】〈WBC 世界ウェルター〉カルロス・パロミノがジョン・H・ストレーシーを破り、獲得。
プロレス 6月25日	【ニューヨーク NY・シェイスタジアム】〈WWWF ヘビー〉ブルーノ・サンマルチノがスタン・ハンセンを破り、防衛。〈異種格闘技戦〉アンドレ・ザ・ジャイアントがチャック・ウェップナーを破る。東京より猪木対アリ戦を中継。
プロレス 6月25日	【アトランタ GA】〈US ヘビー〉ジャック・ブリスコがドリー・ファンク・ジュニアと引き分け。東京より猪木対アリ戦を、ニューヨークよりアンドレ対ウェップナーを中継。
プロレス 6月25日	【シカゴ IL】〈AWA 世界ヘビー〉ニック・ボックウィンクルがバーン・ガニアと、東京からの中継が始まるため打ち切りノーコンテスト、防衛。東京より猪木対アリ戦を、ニューヨークよりアンドレ対ウェップナーを中継。
プロレス 6月25日	【ヒューストン TX】〈NWA 世界ヘビー〉テリー・ファンクがロッキー・ジョンソンを破り、防衛。東京より猪木対アリ戦を、ニューヨークよりアンドレ対ウェップナーを中継。
プロレス 6月25日	【ロサンゼルス CA】〈異種格闘技戦〉ウイレム・ルスカがドン・ファーゴを破る。東京より猪木対アリ戦を、ニューヨークよりアンドレ対ウェップナーを中継。
プロレス 6月25日	【サンフランシスコ CA・カウパレス】〈US ヘビー〉パット・パターソンがミスター・フジを破り、防衛。東京より猪木対アリ戦を、ニューヨークよりアンドレ対ウェップナーを中継。
ボクシング 6月26日	【フォントビール（モナコ）】〈世界ミドル統一戦〉カルロス・モンソンがロドリゴ・バルデスを破る。WBC がモンソンからタイトル剥奪後、WBC 王者となっていたロドリゴ・バルデスと統一戦を行い勝利する。WBA 王座 13 度目の防衛に成功すると共に、世界ミドル級王座を統一した。
その他 6月26日	【東京・日本武道館】〈格闘技世界一王座決定戦〉アントニオ猪木がモハメド・アリと 3 分 15R 引き分け。レフェリー、ジン・ラーベル、ジャッジ、遠山甲&遠藤幸吉。ニューヨークよりアンド

1971
|
1980

レ対ウェップナーを中継。この試合のクローズドサーキットに合わせ、全米各地（現地時間6月25日）にビッグマッチや、中継のみのクローズドサーキットが行なわれた。（新日本）

ボクシング 6月30日
【マドリッド（西）】〈WBC 世界スーパーライト〉ミゲール・ベラスケスがセンサク・ムアンスリンを破り、獲得。

ボクシング 7月1日
【サントドミンゴ（ドミニカ）】〈WBA 世界ライトフライ〉ファン・ホセ・グスマンがハイメ・リオスを破り、獲得。

ボクシング 7月1日
【奈良・県立橿原体育館】〈WBC 世界スーパーフェザー〉アルフレッド・エスカレラがバズソー山辺を破り、防衛。

プロレス 7月9日
【カルガリー（加）】「スタンピード・ウィーク」〈NWA 世界ヘビー〉テリー・ファンクがアーチ・ゴーディ（モンゴリアン・ストンパー）を反則勝ちで破り、防衛。〈ハンデ〉アンドレ・ザ・ジャイアントはアニマル浜口＆ミスター・ヒトを破る。

ボクシング 7月16日
【東京・後楽園ホール】〈WBC 世界フェザー〉デビッド・コティがシゲ福山を破り、防衛。

ボクシング 7月17日
【メキシカリ（墨）】〈WBA 世界ウェルター〉ホセ・クエバスがアンヘル・エスパダを破り、獲得。

プロレス 7月17日
【北九州市・小倉区三萩野体育館】〈ジャンボ鶴田試練の十番勝負（4）〉ビル・ロビンソンと引き分け。（全日本）

プロレス 7月17日
【ニューオリンズ LA・スーパードーム】〈NWA 世界ヘビー〉テリー・ファンクがビル・ワットをTKOで破り、防衛。ディック・マードックがキラー・カール・コックスを破る。ディック・ザ・ブルーザーとアブドラ・ザ・ブッチャーは両者反則。

その他 7月17日
【モントリオール（加）】夏季オリンピックが開幕。〈フリー〉〈グレコ〉ボクシング〉ライトフライ級銅：パヤオ・プーンタラット、フライ級金：レオ・ランドルフ スーパーライト級金：シュガー・レイ・レナード、ミドル級金：マイケル・スピンクス、ライトヘビー級金：レオン・スピンクス、ヘビー級銅：ジョン・テート〈柔道〉重量級銅：（バッドニュース）アレン・コージ（8月1日まで）

相撲 7月18日
【名古屋・愛知県体育館】優勝：輪島（東横綱）14勝1敗、技能賞：麒麟児（西前4）、殊勲賞：麒麟児（西前4）、敢闘賞：若獅子（東前6）

プロレス 7月23日
【シカゴ IL】〈AWA 世界タッグ〉ブラックジャック・ランザ＆ボビー・ダンカンがディック・ザ・ブルーザー＆クラッシャー・リソワスキーを破り、獲得。

プロレス 7月24日
【東京・蔵前国技館】〈PWF ヘビー〉ジャイアント馬場が、ビル・ロビンソンを破り、防衛。（全日本）

プロレス 7月28日
【千葉・銚子市民体育館】〈IWA 世界ヘビー、金網〉上田馬之助がラッシャー木村と没収試合、王座は預り。（国際プロ）

プロレス 7月31日
【埼玉・越谷市体育館】〈IWA 世界ヘビー王座決定戦、金網〉ラッシャー木村がスーパー・アサシン（ロジャー・スミス）にKO勝ち、獲得。（国際プロ）

プロレス 8月5日	【東京・蔵前国技館】〈NWF世界ヘビー〉アントニオ猪木がタイガー・ジェット・シンと両者リングアウト引き分け、防衛。(新日本)
プロレス 8月7日	【リオデジャネイロ(伯)】ウイレム・ルスカ対イワン・ゴメスの試合は喧嘩に発展。レフェリーのミスター高橋は、不可解なルスカのリングアウト勝ちの判定で試合を止めた。(新日本)
プロレス 8月27日	【シカゴIL・コミスキーパーク】〈AWA世界タッグ、金網〉ブラックジャック・ランザ&ボビー・ダンカンがディック・ザ・ブルーザー&クラッシャー・リソワスキーを破り、防衛。〈AWA世界ヘビー〉ニック・ボックウィンクルがアンドレ・ザ・ジャイアントとノーコンテスト、防衛。
プロレス 8月28日	【東京・日大講堂】〈UNヘビー王座決定戦〉ジャンボ鶴田がジャック・ブリスコを破り、獲得。〈デストロイヤー覆面十番勝負(10)〉スーパー・デストロイヤー(ドン・ジャーディン)を破る。(全日本)
プロレス 9月4日	【ニューヨークNY・MSG】〈WWWFヘビー〉ブルーノ・サンマルチノがブルーザー・ブロディ反則勝ち、防衛。
プロレス 9月9日	【大阪府立体育館】〈ジャンボ鶴田試練の十番勝負(5)〉ボボ・ブラジルを破る。(全日本)
相撲 9月19日	【東京・蔵前国技館】優勝:魁傑(西前4)14勝1敗、技能賞:若三杉(西関脇)、殊勲賞:麒麟児(東関脇)、敢闘賞:魁傑(西前4)。この場所をもって天龍源一郎が廃業、プロレスへ。→ 11月13日
プロレス 9月24日	【メキシコシティ・アレナメヒコ】「アニベルサリオ」〈カベジェラコントラカベジェラ〉エル・ファラオンがペロ・アグアヨを破る。〈ナショナルヘビー〉エル・アルコンがグラン・マルコスを破る。
プロレス 9月28日	【シュリーブポートLA】〈NWA世界ジュニアヘビー王座決定戦〉パット・バレットがネルソン・ロイヤルを破り、獲得。ダニー・ホッジ交通事故引退により、王座は空位となっていた。
ボクシング 10月2日	【ロサンゼルスCA】〈WBA世界フライ〉グティ・エスパダスがアルフォンソ・ロペスを破り、獲得。
プロレス 10月2日	【埼玉・熊谷市民体育館】〈IWA世界ヘビー〉ラッシャー木村がワイルド・アンガスを破り、防衛。(国際プロ)
プロレス 10月2日	【東京・後楽園ホール】〈アジアタッグ〉ジェリー・オーツ&テッド・オーツがグレート小鹿&大熊元司を破り、獲得。(全日本)
プロレス 10月7日	【東京・蔵前国技館】〈格闘技世界一王座決定戦〉アントニオ猪木がアンドレ・ザ・ジャイアントをレフェリーストップで破る。猪木はプロレスを超えた全格闘技の存在として、アンドレが猪木に挑戦した。(新日本)
プロレス 10月8日	【セントルイスMO】〈NWA世界ヘビー〉テリー・ファンクがボブ・バックランドを1-0時間切れで破り、防衛。レフェリー、パット・オコーナー

1971
|
1980

プロ格闘技年表事典　345

プロレス 10月9日	【大邱（韓）】アントニオ猪木が朴松男（パクソンナン）を破る。試合中、猪木はパクの眼をくり抜いた。
ボクシング 10月9日	【東京・蔵前国技館】〈WBC世界スーパーバンタム〉ロイヤル小林がリゴベルト・リアスコを破り、獲得。

【ロイヤル小林】（生）1949（出生地）熊本（主要王座）WBC世界スーパーバンタム（初）1973（人物評）拓殖大学卒業後、自衛隊体育学校でボクシングを始め、1972年ミュンヘンオリンピック日本代表となった。大卒ボクサーとして日本人初の世界王者である。73年2月、A級ライセンスを交付され、8回戦でのデビュー。アマエリートとは思えぬパンチパーマに髭という外見で、ファイタータイプの「KO仕掛け人」だった。76年10月の世界王座奪取は、同年5月に輪島功一が敗れてタイトルを失って以来の世界王者無状態にピリオドを打った。

ボクシング 10月10日	【山梨県甲府市・山梨学院大学体育館】〈WBA世界ライトフライ〉具志堅用高がファン・ホセ・グスマンを破り、獲得。（年間ベストバウト）

【具志堅用高】（生）1955（出生地）沖縄（主要王座）WBA世界ライトフライ（初）1974（人物評）世界戦13度防衛の日本記録で、70年代後半の日本ボクシング界を一人で引っ張ったといってもいい「100年に一人の天才」。旧琉球王国の士族の家系である。ボクサータイプではなくファイタータイプ。プロ9戦目での世界王座奪取は当時の国内最短記録だった。81年3月8日、地元沖縄県での凱旋試合で14度目の防衛に失敗し、その後、再戦の話が出るが、網膜剥離寸前であることが発覚して引退を決めた。

プロレス 10月10日	【ソウル（韓）】〈NWFヘビー〉アントニオ猪木が朴松男（パクソンナン）にリングアウト勝ち、防衛。タイトル名はNWFヘビーに改称。（大韓プロ）
相撲 10月14日	【日本相撲協会】朝日山部屋のトンガ人力士が当時の師匠と先代師匠未亡人との確執に巻き込まれ、廃業。この時のトンガ人力士の中から、プロレスラー、キング・ハク、ザ・バーバリアンが誕生する。
ボクシング 10月16日	【サンファン（PR）】〈WBA世界スーパーフェザー〉サムエル・セラノがベン・ビラフロアを破り、獲得。
ボクシング 10月18日	【マドリッド（西）】〈WBA世界スーパーウェルター〉ミゲル・アンヘル・カステリーニがホセ・デュランを破り、獲得。
プロレス 10月21日	【福島県営体育館】〈アジアタッグ〉高千穂明久＆サムソン・クツワダがジェリー・オーツ＆テッド・オーツを破り、獲得。（全日本）

プロレス 10月22日	【メキシコシティ・アレナメヒコ】〈NWA 世界ミドル〉エル・ファラオンがペロ・アグアヨを破り、獲得。
プロレス 10月22日	【名古屋・愛知県体育館】〈ジャンボ鶴田試練の十番勝負（6）〉アブドーラ・ザ・ブッチャーに敗れる。（全日本）
プロレス 10月24日	【ハノーファー（独）】トーナメント優勝：パット・ローチェ。
プロレス 10月24日	【大阪・寝屋川市民体育館】〈PWF ヘビー〉ジャイアント馬場がアブドラ・ザ・ブッチャーを破り、防衛。（全日本）
プロレス 10月26日	【茨城・境町体育館】〈IWA 世界ヘビー〉ラッシャー木村がジプシー・ジョーと 2 本とも両者リングアウト引き分け、防衛。（国際プロ）
ボクシング 10月27日	【石川・金沢実践倫理会館】〈WBA 世界ウェルター〉ホセ・クエバスが辻本章次を破り、獲得。
その他 10月27日	【ルートヴィヒシャーフェン（独)】「トーナメント」〈決勝〉ホスト・ホフマンがクリス・テーラーを破り、優勝。このトーナメントには新日本プロレスの小沢正志、藤原喜明も参加。この日をもってプロモーターのグストル・カイザーは引退した。
プロレス 10月28日	【東京・蔵前国技館】〈インターナショナルタッグ〉大木金太郎＆キム・ドクがジャイアント馬場＆ジャンボ鶴田を破り、獲得。（全日本）
ボクシング 10月29日	【セゴビア（西）】〈WBC 世界スーパーライト〉センサク・ムアンスリンがミゲール・ベラスケスを破り、獲得。
プロレス 10月30日	【ヨハネスブルグ（南ア）】〈EWUスーパーヘビー〉坂口征二がジャン・ウィルキンスを破り、獲得。
プロレス 11月1日	【札幌・中島スポーツセンター】〈IWA 世界ヘビー〉ラッシャー木村がジプシー・ジョーと両者リングアウト引き分け、防衛。（国際プロ）
プロレス 11月11日	【秋田・大館市体育館】〈IWA 世界ヘビー〉ラッシャー木村がギル・ヘイズを破り、防衛。（国際プロ）
ボクシング 11月13日	【クリアカン（墨）】〈WBC 世界バンタム〉カルロス・サラテがワルインゲ中山を破り、防衛。
ボクシング 11月13日	【アッカ（ガーナ）】〈WBC 世界フェザー〉ダニー・ロペスがデビッド・コティを破り、獲得。
プロレス 11月13日	【ヘレフォード TX】〈デビュー〉天龍源一郎*がテッド・デビアスと引き分ける。天龍は髷を付けたままリングに上がった。→12 月 9 日
プロレス 11月13日	【ヨハネスブルグ（南ア）】〈EWUスーパーヘビー〉ジャン・ウィルキンスが坂口征二を破り、獲得。

1971
I
1980

相撲 11月21日	【福岡スポーツセンター】優勝：北の湖（西横綱）14勝1敗、技能賞：鷲羽山（西前4）、殊勲賞：若三杉（東関脇）、敢闘賞：魁傑（西関脇）
ボクシング 11月24日	【ソウル（韓）】〈WBC世界スーパーバンタム〉廉東均がロイヤル小林を破り、獲得。
プロレス 11月26日	【セントルイスMO】〈NWA世界ヘビー〉テリー・ファンクがハーリー・レイスを破り、防衛。〈ミズーリ州ヘビー〉ジャック・ブリスコがボブ・バックランドを破り、獲得。
プロレス 11月30日	【東京・後楽園ホール】〈WWWA世界シングル（女子）〉赤城マリ子がマキ上田を破り、獲得。
プロレス 12月2日	【ニューオリンズLA】〈NWA世界ジュニアヘビー〉ロン・スターがパット・バレットを破り、獲得。
プロレス 12月2日	【東京・川崎市体育館】〈ジャンボ鶴田試練の十番勝負(7)〉クリス・テイラーを破る。（全日本）
プロレス 12月2日	【大阪府立体育館】〈NWFヘビー〉アントニオ猪木がイワン・コロフを破り、防衛。（新日本）
プロレス 12月3日	【東京・後楽園ホール】〈IWA世界ヘビー、金網〉ラッシャー木村がジプシー・ジョーにKO勝ち、防衛。（国際プロ）
プロレス 12月6日	【タルサOK】〈NWA世界ジュニアヘビー〉ネルソン・ロイヤルがロン・スターを破り、獲得。パット・バレットの首をニューオリンズLAで取ったスターは4日天下。
プロレス 12月7日	【福岡市・九電記念体育館】〈PWFヘビー〉ジャイアント馬場がザ・スピリットを破り、防衛。正体、キラー・カール・コックスを明かす。（全日本）
プロレス 12月9日	【東京・蔵前国技館】〈格闘技世界一王座決定戦〉アントニオ猪木がウイレム・ルスカを破る。（新日本）
プロレス 12月9日	【東京・日大講堂】〈インターナショナルタッグ〉ジャイアント馬場＆ジャンボ鶴田が大木金太郎＆キム・ドクを破り、獲得。ビル・ロビンソンがアブドラ・ザ・ブッチャーと両者リングアウト引き分け、ディック・マードックがカール・コックスとノーコンテスト。天龍源一郎の断髪式も行われた。（全日本）

【天龍源一郎】（生）1950（出生地）福井（主要王座）三冠ヘビー（プロレスデビュー）1976（人物評）大相撲時代の最高位は前頭筆頭だった。プロレスデビュー以後はしばらく伸び悩む。1981年、3度目の米国武者修行直後より開花し、85年、長州力という好敵手を得てからは日本を代表するレスラーとなる。長州離脱後、全日本の「ぬるさ」に対する87年の天龍革命ではノーTVの地方興行でも20分を越える激闘。お客さんに「リアリティ」というお土産を持って帰らせた。2015年11月15日両国国技館でのオカダ・カズチカ戦で引退した。

プロレス **12月12日**	【カラチ（基）】〈格闘技世界一王座決定戦〉アントニオ猪木がアクラム・ペールワンの腕を骨折させて勝利。ゴング直後、アクラムは両手の掌で自分の太ももの内側をたたくが、パキスタンではこれは、「マジ（シュート）で来やがれ。」を意味する。
プロレス	【東京】木村政彦門下の岩釣兼生が全日本に道場破り。渕正信が相手をし、5分間痛み分け。
プロレス	【パナマ】在メキシコのグラン浜田らがパナマ遠征。これを1人で迎え撃ったのがパナマ在住のサンドーカン。
その他	【MVP】〈相撲・報知新聞年間最優秀力士〉輪島大士〈相撲・年間最多勝〉輪島大士、77勝13負0休〈ボクシング・日本・コミッション〉具志堅用高〈ボクシング・アメリカ・リング誌〉ジョージ・フォアマン〈プロレス・日本・東京スポーツ〉アントニオ猪木〈プロレス・メキシコ・ルチャリブレ誌＆エルアルコン誌〉ミル・マスカラス〈プロレス・ドイツ・カイザー派〉ホースト・ホフマン、次点：クリス・テーラー。この年をもってカイザーは引退。

1971
|
1980

プロ格闘技年表事典　349

1977年

ボクシング 1月1日	【東京・日大講堂】〈WBA世界フライ〉グティ・エスパダスが高田次郎を破り、防衛。
プロレス 1月1日	【セントルイスMO】〈NWA世界ヘビー〉テリー・ファンクがディック・ザ・ブルーザーを破り、防衛。
プロレス 1月2日	【東京・後楽園ホール】〈バトルロイヤル〉優勝：グレート小鹿（全日本）
プロレス 1月3日	【東京・後楽園ホール】〈バトルロイヤル〉優勝：グレート小鹿（全日本）
プロレス 1月14日	【ロサンゼルスCA】〈バトルロイヤル〉優勝：プロフェッサー・田中
ボクシング 1月15日	【パナマシティ】〈WBA世界フェザー〉ラファエル・オルテガがアレクシス・アルゲリョを破り、獲得。
プロレス 1月19日	【栃木・佐野市民体育館】〈IWA世界ヘビー〉ラッシャー木村がリップ・タイラーを破り、防衛。（国際プロ）
プロレス 1月22日	【サンフランシスコCA・カウパレス】〈バトルロイヤル〉優勝：アンドレ・ザ・ジャイアント
相撲 1月23日	【東京・蔵前国技館】優勝：輪島（西横綱）13勝2敗、技能賞：該当者なし、殊勲賞：若三杉（東関脇）、敢闘賞：魁傑（西関脇）
ボクシング 1月30日	【東京・日本武道館】〈WBA世界ライトフライ〉具志堅用高がハイメ・リオスを判定で破り、防衛。（防衛1）（年間ベストバウト）
プロレス 2月2日	【大阪府立体育館】〈北米タッグ〉タイガー・ジェット・シン＆上田馬之助が坂口征二＆ストロング小林を破り、獲得。（新日本）
プロレス 2月6日	【トロント（加）】〈NWA世界ヘビー〉ハーリー・レイスがテリー・ファンクを破り、獲得。決まり手は相手を仰向けにしてのインディアンデスロック。〈USヘビー〉ボボ・ブラジルはザ・シークを破り、獲得。
プロレス 2月8日	【タンパFL】「ガスパリーラ・スペクタキュラー」〈NWA世界ヘビー〉ハーリー・レイスがジャック・ブリスコを破り、防衛。
プロレス 2月10日	【東京・日本武道館】〈NWFヘビー〉アントニオ猪木がタイガー・ジェット・シンにリングアウト勝ち、防衛。（新日本）
プロレス 2月11日	【ロサンゼルスCA】〈NWA世界ライトヘビー〉チャボ・ゲレロがアルフォンソ・ダンテスを破り、獲得。
ボクシング 2月12日	【バヤモン（PR）】〈WBC世界ライト〉エルステバン・デ・ヘスがバズソー山辺を破り、防衛。
プロレス 3月5日	【秋田市体育館】〈UNヘビー〉ビル・ロビンソンがジャンボ鶴田を破り、獲得。（全日本）
ボクシング 3月6日	【マナグア（ニカラグア）】〈WBA世界スーパーウェルター〉エディ・ガソがミゲル・アンヘル・カステリーニを破り、獲得。

350　プロ格闘技年表事典

プロレス 3月11日	【東京・日大講堂】〈UN ヘビー〉ビル・ロビンソンがジャンボ鶴田と 60 分時間切れ引き分け、防衛。〈US ヘビー〉ザ・デストロイヤーはミル・マスカラスと両者リングアウト、防衛。このシリーズからマスカラス入場テーマ、"スカイ・ハイ"が用いられるようになった。(全日本)
ボクシング 3月17日	【サンファン（PR）】ジミー・ヤングがジョージ・フォアマンを破る。(年間ベストバウト)
プロレス 3月20日	【グリーンズボロ NC】〈PWF ヘビー〉ジャイアント馬場がバロン・フォン・ラシクを破り、防衛。
プロレス 3月23日	【マイアミビーチ FL】〈UN ヘビー〉ジャンボ鶴田がビル・ロビンソンをアブドラ・ザ・ブッチャー乱入混乱の中破り、獲得。
相撲 3月25日	【大阪府立体育館】優勝：北の湖（西横綱）15 勝、技能賞：北瀬海（東前 1)、殊勲賞：該当者なし、敢闘賞：金城（東前 7)
プロレス 3月25日	【横浜文化体育館】「IWA ワールドシリーズタッグトーナメント」〈決勝〉クルト・フォン・ヘス＆ジョン・クインがアニマル浜口＆寺西勇を破り、優勝するとともに IWA 世界タッグを獲得。(国際プロ)
プロレス 3月26日	【東京・蔵前国技館】「IWA ワールドシリーズ」〈決勝〉ラッシャー木村がマッドドッグ・バションを破り、優勝。〈公式戦〉マイティ井上がジプシー・ジョーと両者リングアウト引き分け。〈IWA 世界タッグ〉グレート草津＆アニマル浜口がクルト・フォン・ヘス＆ジョン・クインを破り、獲得。(国際プロ)
プロレス 3月28日	【ニューヨーク NY・MSG】〈WWF ヘビー〉ブルーノ・サンマルチノがバロン・フォン・ラシクに反則勝ち、防衛。
プロレス 3月31日	【東京・蔵前国技館】「ワールドリーグ戦」〈決勝〉坂口征二がマスクト・スーパースターを破り、優勝。〈NWF ヘビー〉アントニオ猪木がジョニー・パワーズを破り、防衛。(新日本)
プロレス 4月1日	【東京・蔵前国技館】〈北米タッグ〉タイガー・ジェット・シン＆上田馬之助がアントニオ猪木＆坂口征二に反則負け、防衛。レフェリー、ルー・テーズ。(新日本)
ボクシング 4月2日	【東京・蔵前国技館】〈WBC 世界スーパーライト〉センサク・ムアンスリンがガッツ石松を破り、防衛。
プロレス 4月16日	【サンフランシスコ CA・カウパレス】〈US ヘビー〉アレックス・スミルノフがパット・パターソンを破り、獲得。
プロレス 4月30日	【ボルティモア MD】〈WWWF ヘビー〉スーパースター・ビリー・グラハムがブルーノ・サンマルチノを破り、獲得。
プロレス 5月2日	【メンフィス TN・ミッドサウスコロシアム】グラス派のメンフィス TN での最後の興行。メインでザ・シークがジャッキー・ファーゴとノーコンテスト。以後、グラス派はナッシュビルを拠点とした。

1971
|
1980

プロ格闘技年表事典　351

| プロレス 5月9日 | 【シュルーズベリー（英）】〈初対決〉ダイナマイト・キッドとマーク・ロコ（初代ブラック・タイガー）がダブルKO。 |

【ダイナマイト・キッド】（生）1958（出生地）英（主要王座）WWFジュニアヘビー（初）1975（人物評）タイガーマスク（初代）との闘いでお互いの価値を高めた。プロ入り前、3回だけビリー・ライレージムに通い、他ジムに移ったので、「出身者」とはいえない。「リング内ではよく動き、リング内ではよく遊ぶ」をモットーに20代を全力で駆け抜けた。仇に出会ったようなスタンスで喧嘩腰の、人間対人間のギリギリの闘い。ヘビー級にも対応するためにステロイドで体を膨らましすぎて引退を早めた。太くて短いレスラー人生だった。

【ブラック・タイガー（マーク・ロコ）】（生）1951（出生地）英（主要王座）WWFジュニアヘビー（初）1970（人物評）このリングネームは日本とアメリカだけで、ホームリングのあるイギリスでは"ローラーボール"マーク・ロコの名でリングに上がる。父ジム・ハッシーもプロレスラーだった。英ジョイント・プロモーションのヒールとして1977年ダイナマイト・キッドと、80年から81年にかけてはサミー・リー（佐山聡）と抗争した。ねちっこい攻撃を身上とし、ツームストーン・パイルドライバーが得意技だった。

| プロレス 5月13日 | 【埼玉・大宮スケートセンター】〈IWA世界ヘビー〉ラッシャー木村がワイルド・アンガスを破り、防衛。（国際プロ） |

| プロレス 5月14日 | 【東京・日本武道館】「チャンピオンカーニバル」〈決勝〉ジャイアント馬場がジャンボ鶴田を破り、優勝。〈決勝進出王座決定戦〉ジャイアント馬場がアブドラ・ザ・ブッチャーを反則勝ちで破る。（全日本） |

| ボクシング 5月21日 | 【サンファン（PR）】〈WBC世界スーパーバンタム〉ウイルフレド・ゴメスが廉東均を破り、獲得。 |

| ボクシング 5月21日 | 【フォントビール（モナコ）】〈WBC世界ライトヘビー〉ミゲル・アンヘル・クエリョがジョン・コンテを破り、獲得。 |

| 相撲 5月22日 | 【東京・蔵前国技館】優勝：若三杉（西大関）13勝2敗、技能賞：鷲羽山（西前4）、殊勲賞：黒姫山（東関脇）、敢闘賞：栃赤城（西前12） |

| ボクシング 5月22日 | 【札幌・真駒内室内競技場】〈WBA世界ライトフライ〉具志堅用高がリゴベルト・マルカノを破り、防衛。（防衛2） |

| ボクシング 5月29日 | 【沖縄・那覇市奥武山体育館】〈WBA世界フェザー〉ラファエル・オルテガがフリッパー上原を破り、防衛。 |

| プロレス 5月29日 | 【メキシコ州・エルトレオ】〈UWA世界ウエルター〉ソラールがビジャノIIIを破り、獲得。ビジャノIIIは26回目の防衛に失敗。 |

ウィットネスのルー・テーズがリングに上がり、新王者を祝福した。(UWA ライト級) エル・シグノがロボ・ルビオを破り、防衛。年間最高試合。

プロレス 5月29日
【ヒューストン TX】「スーパーサンデー」〈AWA 世界ヘビー〉ニック・ボックウィンクルがテリー・ファンクと 60 分時間切れ引き分け、防衛。予定されていたのは、ハーリー・レイス対テリー・ファンクの NWA 戦。レイスは昼の興行だったものを夜の興行と勘違いし、試合終了後に到着。フリッツ・フォン・エリックはブルーザー・ブロディと引き分け。ニック・ボックウィンクルはホセ・ロザリオと 20 分引き分け。ブルーノ・サンマルチノはマイク・ヨークを破る。

プロレス 6月1日
【名古屋・愛知県体育館】〈NWF ヘビー〉アントニオ猪木がアンドレ・ザ・ジャイアントと両者リングアウト引き分け、防衛。(新日本)

ボクシング 6月7日
【東京・日本武道館】〈WBA 世界スーパーウェルター〉エディ・ガソが輪島功一を破り、防衛。

プロレス 6月11日
【東京・世田谷区体育館】〈NWA 世界ヘビー、ジャンボ鶴田試練の十番勝負 (8)〉ハーリー・レイスがジャンボ鶴田を破り、防衛。(全日本)

プロレス 6月14日
【千葉・松戸市スポーツセンター】〈NWA 世界ヘビー〉ハーリー・レイスがジャイアント馬場と時間切れ引き分け、防衛。(全日本)

ボクシング 6月15日
【東京・品川スポーツランド】〈WBC 世界フライ〉ミゲル・カントが触沢公男を破り、防衛。

プロレス 6月16日
【東京・後楽園ホール】〈アジアタッグ〉グレート小鹿＆大熊元司が高千穂明久＆サムソン・クツワダを破り、獲得。(全日本)

ボクシング 6月25日
【マカライボ (委)】〈WBA 世界スーパーライト〉アントニオ・セルバンテスがカルロス・マリア・ゴンザレスを破り、獲得。

プロレス 6月27日
【静岡・駿府会館】〈IWA 世界ヘビー〉ラッシャー木村がキラー・トーア・カマタと両者カウントアウト引き分け、防衛。(国際プロ)

プロレス 7月4日
【メンフィス TN】テネシー地区で団体が分裂。老舗のニック・グラス派から独立したジェリー・ジャレット派がミッドサウスコロシアムでの最初の興行を行った。ビル・ダンディがジェリー・ローラーを、ボブ・エリス＆ジム・ガービンがフィル・ヒッカーソン＆デニス・コンドリーを破る。

プロレス 7月7日
【ウィニペグ (加)】〈AWA 世界タッグ〉ジム・ブランゼル＆グレッグ・ガニアがブラックジャック・ランザ＆ボビー・ダンカンを破り、獲得。

プロレス 7月8日
【カルガリー (加)】「スタンピード・ウィーク」〈NWA 世界ヘビー〉ハーリー・レイスがジョン・クインを相手に防衛。バーン・ガニアがマイティ井上を破る。

1971
｜
1980

プロ格闘技年表事典　353

相撲 7月17日	【名古屋・愛知県体育館】優勝：輪島（西横綱）15勝、技能賞：鷲羽山（西前1）、殊勲賞：該当者なし、敢闘賞：該当者なし。場所後、幕内の大ノ海（石川孝志）が廃業、プロレスへ。
プロレス 7月23日	【メキシコシティ・アレナメヒコ】〈マスカラコントラマスカラ〉ミル・マスカラスがエル・アルコン（ダニー・オルチス）を破る。アレナメヒコのオープン以来の客入り。
プロレス 7月28日	【東京・品川スポーツセンター】〈ジャンボ鶴田試練の十番勝負(9)〉大木金太郎と引き分け。（全日本）
プロレス 7月28日	【福岡・九電記念体育館】〈北米タッグ〉坂口征二＆ストロング小林がタイガー・ジェット・シン＆上田馬之助を破り、獲得。（新日本）
プロレス 7月29日	【東京・田園コロシアム】〈WWWA世界シングル（女子）〉マキ上田が赤城マリ子を破り、獲得。
プロレス 7月30日	【札幌・中島スポーツセンター】「北海タイムス杯トーナメント」〈決勝〉ラッシャー木村がキラー・トーア・カマタを破り、優勝。（国際プロ）
プロレス 7月30日	【フォントビール（モナコ）】〈世界ミドル〉カルロス・モンソンがロドリゴ・バルデスを破り、14度目の防衛に成功。「もうリングの中で証明するものは何も無い」と、統一王者のまま引退。
その他 8月2日	【東京・日本武道館】〈格闘技世界一王座決定戦〉アントニオ猪木がザ・モンスターマン・エベレット・エディ（空手）を破る。（新日本）
ボクシング 8月6日	【ベルリン（独）】〈WBC世界スーパーウェルター〉ロッキー・マッチョーリがエックハルト・ダッゲを破り、獲得。
プロレス 8月7日	【東京・後楽園ホール】〈IWA世界ヘビー〉ラッシャー木村がジプシー・ジョーと没収試合。防衛回数にカウントせず。（国際プロ）
プロレス 8月12日	【セントルイスMO】〈NWA世界ヘビー〉ハーリー・レイスがドリー・ファンク・ジュニアと引き分け、防衛。〈ミズーリ州ヘビー〉ディック・スレーターがジャック・ブリスコを破り、獲得。〈WWWFヘビー〉ビリー・グラハムがジミー・バリアントを破り、防衛。
プロレス 8月15日	【UWA】UWA（本部はメキシコ）がルー・テーズの偉大な功績と貢献度を評価し、初代世界王者に認定した。
プロレス 8月25日	【東京・田園コロシアム】〈UNヘビー〉ジャンボ鶴田がミル・マスカラスをリングアウトで破り、防衛（年間ベストバウト）。（全日本）
ボクシング 8月27日	【サンファン（PR）】〈WBA世界スーパーフェザー〉サムエル・セラノがアポロ嘉男を破り、防衛。
プロレス 9月2日	【名古屋・愛知県体育館】〈NWFヘビー〉アントニオ猪木がスタン・ハンセンを破り、防衛。（新日本）

プロレス 9月7日	【大阪府立体育館】〈IWA 世界ヘビー〉ラッシャー木村がマイティ井上にリングアウト勝ち、防衛。(国際プロ)
プロレス 9月7日	【北海道・小樽市総合体育館】〈PWF ヘビー〉ジャイアント馬場がビル・ロビンソンと両者リングアウト引き分け、防衛。(全日本)
ボクシング 9月13日	【東京・日本武道館】〈WBA 世界スーパーウェルター〉エディ・ガソが柴田賢治を破り、防衛。
プロレス 9月23日	【メキシコシティ・アレナメヒコ】「アニベルサリオ1」〈NWA 世界ライトヘビー〉アルフォンソ・ダンテスがエル・ファラオンを破り、防衛。〈3つ巴マスカラコントラマスカラ〉エル・コバルデは2連勝して控え室へ。サングレ・チカナがフィッシュマンに敗れ、素顔となる。
相撲 9月25日	【東京・蔵前国技館】優勝:北の湖(西横綱)15勝、技能賞:荒勢(東関脇)、殊勲賞:高見山(東小結)、敢闘賞:豊山(西前6)
プロレス 9月29日	【川崎市体育館】〈IWA 世界ヘビー〉ラッシャー木村がボブ・エリスを破り、防衛。(国際プロ)
プロレス 9月30日	【メキシコシティ・アレナメヒコ】「アニベルサリオ2」〈マスカラコントラマスカラ〉フィッシュマンがコバルデを破りマスクを剥ぐ。
プロレス 10月5日	【大阪府立体育館】〈アジア vs PWF ヘビー*〉ジャイアント馬場*が大木金太郎と両者リングアウト引き分け、共に防衛。(全日本)
ボクシング 10月9日	【大分県別府市・温泉プール】〈WBA 世界ライトフライ〉具志堅用高がモンシャム・マハチャイを破り、防衛。(防衛3)
プロレス 10月23日	【ハノーファー(独)】トーナメント優勝:アクセル・デイター。
プロレス 10月24日	【盛岡・岩手県営体育館】〈PWF ヘビー〉ジャイアント馬場がケン・パテラを破り、防衛。(全日本)
その他 10月25日	【東京・日本武道館】〈格闘技世界一王座決定戦〉アントニオ猪木がチャック・ウエップナー(ボクシング)を破る。(新日本)
プロレス 10月29日	【栃木・黒磯市公会堂】〈アジア vs PWF ヘビー*〉ジャイアント馬場*が大木金太郎を破り、獲得、防衛。(全日本)
プロレス 11月1日	【東京・日本武道館】〈WWWA 世界シングル(女子)〉ジャッキー佐藤がマキ上田を破り、獲得。男子の人気が今ひとつ盛り上がらない中、ビューティーペア対決が行なわれる。思えば、バブル崩壊後は借金にまみれた松永兄弟の絶頂期であった。
ボクシング 11月5日	【ロンバディア(伊)】〈世界ミドル王座決定戦〉ロドリゴ・バルデスがベニー・ブリスコを破り、獲得。
プロレス 11月6日	【東京・後楽園ホール】〈アジアタッグ〉マイティ井上&アニマル浜口がグレート小鹿&大熊元司を破り、獲得。(全日本)
プロレス 11月7日	【ソウル(韓)】〈インターナショナルタッグ〉大木&キム・ドクがジャイアント馬場&ジャンボ鶴田を破り、獲得。(キムイル道場)

1971
|
1980

プロ格闘技年表事典　355

その他 **11月14日**	【東京・日本武道館】「格闘技大戦争」WKA の米国人選手と日本人キックボクサーとの対抗戦。藤原敏男はワンナロン・ピラミッドに3分5R判定勝ち、マーク・コステロは佐山サトル（新日本プロレス）に2分6R判定勝ち、ベニー・ユキーデは岡尾国光にKO勝ち。

【ベニー・ユキーデ】（生）1952（出生地）米（主要王座）WKA ライト（初）1974（人物評）当時は「マーシャルアーツ」と言われたアメリカンキックボクシングの選手。1977年8月2日、初来日は新日本プロレスのリングでの鈴木勝幸（相模ジム）を、11月、日本のキックボクサーとの対抗戦「格闘技大戦争」では岡尾国光（目白ジム）破った。雑誌少年マガジン連載の「四角いジャングル」にも取り上げられ、知名度を拡大した。

【タイガー・マスク（初代）】（生）1957（出生地）山口（主要王座）NWA 世界ミドル、WWF ジュニアヘビー、NWA 世界ジュニアヘビー（初）1976（人物評）本名で佐山聡。1978年よりメキシコでサトル・サヤマとして、英国でサミー・リーとして修行し、81年4月に凱旋、対ダイナマイト・キッド戦でタイガー・マスクとして再デビューした。以後、ブレット・ハート、ブラック・タイガー、小林邦昭と名勝負を繰り広げた。83年8月の対寺西勇戦にて新日本プロレスを脱退しタイガー・マスクとして存在することを止めた。その1年8ヶ月の充実振りはまさしく四次元であった。

ボクシング **11月19日**	【ロサンゼルス CA】〈WBA 世界バンタム〉ホルヘ・ルハンがアルフォンソ・サモラを破り、獲得。
プロレス **11月24日**	【埼玉・越谷市体育館】〈IWA 世界ヘビー〉ラッシャー木村がティム・ブルックスを破り、防衛。（国際プロ）
ボクシング **11月26日**	【パナマシティ】〈WBA 世界スーパーバンタム王座決定戦〉洪秀煥がエクトル・カラヌキラを破り、獲得。
ボクシング **11月26日**	【ボストン MA】〈マサチューセッツ州認定世界ミドル〉マービン・ハグラーがマイク・コルバートを12RKOで破り、獲得。

【マービン・ハグラー】（生）1954（出生地）米（主要王座）WBA 世界ミドル、WBC 世界ミドル、IBF 世界ミドル（初）1973（人物評）シュガー・レイ・レナード、トーマス・ハーンズ、ロベルト・デュランと共に1980年代の「中量級黄金の80年代」を築く。ニックネームは「マーベラス」（驚異的）。テクニック、試合運び、メンタルに優れ「ミスターパーフェクト」の異名も取った。スキンヘッドと彫像のような褐色の身体が特徴だった一方で派手な言動は好まなかった。パウンド・フォー・パウンドの議論でも話題に上がる。

相撲 11月27日	【福岡・九電記念体育館】優勝：輪島（西横綱）14勝1敗、技能賞：大潮（東前3）、殊勲賞：琴風（東前1）、敢闘賞：隆ノ里（西前11）
プロレス 12月1日	【大阪府立体育館】〈NWFヘビー〉アントニオ猪木がパット・パターソンを破り、防衛。（新日本）
プロレス 12月3日	【メルボルン（豪）】アンドレ・ザ・ジャイアント対ブルーザー・ブロディが実現し、ブロディがアンドレから幻のフォールを取ったとされている。「幻のフォール」はメルボルン（豪）ではなく79年9月セントルイスの誤報か。
プロレス 12月4日	【メキシコ州・エルトレオ】エル・テハノがブラソ・デ・オロとのマスカラ戦に敗れ、素顔となる。
ボクシング 12月7日	【カンブリア（西）】〈WBA世界フェザー〉セシリオ・ラストラがラファエル・オルテガを破り、獲得。
プロレス 12月8日	【東京・蔵前国技館】アントニオ猪木がグレート・アントニオを破る。壮絶な制裁マッチ。（新日本）
プロレス 12月15日	【東京・蔵前国技館】「オープンタッグリーグ」〈優勝戦〉ドリー・ファンク・ジュニア＆テリーファンクが、ブッチャー＆シークを反則勝ちで破り、ポイント差で優勝。また、ホースト・ホフマンがサムソン・クツワダを破った試合は、双方にとって現役最後の試合となった。（全日本）
その他	【MVP】〈相撲・報知新聞年間最優秀力士〉輪島大士〈相撲・年間最多勝〉北の湖敏満、80勝10負0休〈ボクシング・日本・コミッション〉具志堅用高〈ボクシング・アメリカ・リング誌〉カルロス・サラテ〈プロレス・日本・東京スポーツ〉アントニオ猪木〈プロレス・メキシコ・ルチャリブレ誌＆エルアルコン誌〉エル・ソリタリオ

1971
|
1980

プロ格闘技年表事典　357

1978年

ボクシング 1月2日	【東京・品川スポーツランド】〈WBA 世界フライ〉グティ・エスパダスが触沢公男を破り、防衛。テレビ放映枠があるもののなかなか試合が組めず、結果、無理やり組んだ試合。ボクシング村の事情の犠牲者、触沢に同情が集まった。
プロレス 1月2日	【東京・後楽園ホール】〈バトルロイヤル〉優勝：ロッキー羽田（全日本）
ボクシング 1月4日	【福島・郡山総合体育館】〈WBC 世界フライ〉ミゲル・カントが大熊正二を破り、防衛。
プロレス 1月5日	【大阪府立体育館】〈IWA 世界タッグ〉ザ・サモアンズ（アファ・アノアイ＆シカ・アノアイ）がグレート草津＆アニマル浜口を破り、獲得。（国際プロ）
プロレス 1月6日	【セントルイス MO】〈NWA 世界ヘビー〉ハーリー・レイスがディック・ザ・ブルーザーに反則勝ち、防衛。
ボクシング 1月7日	【ミラノ（伊）】〈WBC 世界ライトヘビー〉メート・パルロフがミゲル・アンヘル・クエリョを破り、獲得。
プロレス 1月13日	【ロサンゼルス CA】〈バトルロイヤル〉優勝：ヘクター・ゲレロ
プロレス 1月15日	【プレストン（英）】〈英国ウエルター〉ダイナマイト・キッドがジム・ブレイクスを破り、獲得。
プロレス 1月18日	【札幌・中島スポーツセンター】〈NWA 世界ヘビー〉ハーリー・レイスがジャイアント馬場に反則負け、防衛。（全日本）
ボクシング 1月19日	【北九州総合体育館】〈WBC 世界スーパーバンタム〉ウイルフレド・ゴメスがロイヤル小林を破り、防衛。
プロレス 1月19日	【茨城・水戸市民体育館】〈IWA 世界ヘビー、金網〉ラッシャー木村がセーラー・ホワイトに KO 勝ち、防衛。（国際プロ）
プロレス 1月20日	【北海道・帯広市総合体育館】〈NWA 世界ヘビー〉ハーリー・レイスがジャンボ鶴田と時間切れ引き分け、防衛（年間ベストバウト）。（全日本）
プロレス 1月20日	【東京・大田区体育館】〈IWA 世界タッグ〉グレート草津＆アニマル浜口がザ・サモアンズ（アファ・アノアイ＆シカ・アノアイ）を破り、獲得。（国際プロ）
ボクシング 1月21日	【ラスベガス NV】〈WBA* vs WBC 世界ライト〉ロベルト・デュラン*がエルステバン・デ・ヘススを破り、統一。
相撲 1月22日	【東京・蔵前国技館】優勝：北の湖（西横綱）15勝、技能賞：該当者なし、殊勲賞：豊山（東前 5）、敢闘賞：玉ノ富士（西小結）、蔵間（西前 3）

プロレス 1月23日	【ニューヨーク NY・MSG】〈WWWF ヘビー〉ビリー・グラハムがミル・マスカラスに反則勝ち、防衛。ボブ・バックランドの乱入。〈WWWF ジュニアヘビー〉藤波辰巳がカルロス・エストラーダを破り、獲得。
	【藤波辰巳】(生) 1953 (出生地) 大分 (主要王座) WWWF ジュニアヘビー (初) 1971 (人物評) 1978 年 1 月、MSG でカルロス・ホセ・エストラーダを破って WWWF ジュニアヘビー級王座を奪取しての凱旋帰国。新日本が作ったストーリーにビンス・マクマホン・シニアが協力したという背景があったにせよ、藤波以外にその任に耐えられるものは他団体を含めいなかったであろう。これで藤波は日本に「ジュニアヘビー級」というジャンルを定着させた功労者となる。以後「いい」試合と、「凄い」試合を数多く提供した。
プロレス 1月25日	【マイアミ FL・オレンジボウル】〈NWA 世界ヘビー* vs WWWF ヘビー〉ハーリー・レイス* がビリー・グラハムと両者リングアウト引き分け、共に防衛。NWA、WWWF 初のダブルタイトル戦。
プロレス 1月27日	【セントルイス MO】リック・フレアーがドリー・ファンク・ジュニアを破る。フレアーの出世試合。
ボクシング 1月28日	【バヤモン (PR)】〈WBC 世界スーパーフェザー〉アレクシス・アルゲリョがアルフレッド・エスカレラを破り、獲得。
プロレス 1月28日	【サンフランシスコ CA・カウパレス】〈NWA 世界ヘビー〉ハーリー・レイスがチャボ・ゲレロを破り、防衛。〈バトルロイヤル〉優勝:ドン・ムラコ
ボクシング 1月29日	【名古屋・愛知県体育館】〈WBA 世界ライトフライ〉具志堅用高がアナセト・バルガスを破り、防衛。(防衛 4)
ボクシング 2月1日	【東京・蔵前国技館】〈WBA 世界スーパーバンタム〉洪秀煥が笠原優を破り、防衛。
プロレス 2月3日	【札幌・中島スポーツセンター】〈NWF ヘビー〉アントニオ猪木がタイガー・ジェット・シンにリングアウト勝ち、防衛。(新日本)
プロレス 2月5日	【東京・後楽園ホール】〈UN ヘビー〉ジャンボ鶴田がアントン・ヘーシンクに反則勝ち、防衛。(全日本)
プロレス 2月8日	【東京・日本武道館】〈ネイルデスマッチ〉アントニオ猪木が上田馬之助を TKO で破る。〈WWWF ヘビー〉ビリー・グラハムが坂口征二をリングアウトで破り、防衛。電話予約の多さと当日券の売上が記録的であった。(新日本)
プロレス 2月10日	【ロサンゼルス CA】チャボ・ゲレロがビリー・グラハムに流血ストップ勝ち。
ボクシング 2月11日	【ラスベガス NV】〈WBC 世界ウェルター〉カルロス・パロミノが竜反町を破り、防衛。

1971 | 1980

プロレス 2月12日	【セントルイス MO・テレビスタジオ】〈ミズーリ州ヘビー〉テッド・デビアスがディック・スレーターを破り、獲得。
プロレス 2月14日	【タンパ FL】「ガスパリーラ・スペクタキュラー」アンドレ・ザ・ジャイアント＆イワン・プトスキーがキラー・カール・コックス＆ボビー・ダンカンを破る。
ボクシング 2月15日	【ラスベガス NV】〈世界ヘビー〉レオン・スピンクスがモハメド・アリを判定で破り、獲得。（年間ベストバウト）
プロレス 2月18日	【東京・蔵前国技館】「国際、全日、キムイル道場 3 軍対抗戦第 1 戦」〈ノンタイトル〉ジャイアント馬場がラッシャー木村にリングアウト勝ち。〈アジアタッグ〉グレート小鹿＆大熊元司がマイティ井上＆アニマル浜口を破り、獲得。ジャンボ鶴田が梁承輝を破る。
ボクシング 2月19日	【カラカス（委）】〈WBC 世界ライトフライ〉フレディー・カスティージョがルイス・エスタバを破り、獲得。
プロレス 2月20日	【ニューヨーク NY・MSG】〈WWWF ヘビー〉ボブ・バックランドがビリー・グラハムを破り、獲得。
プロレス 2月21日	【大阪府立体育館】「国際、全日、キムイル道場 3 軍対抗戦第 2 戦」〈ノンタイトル〉ジャンボ鶴田がラッシャー木村に反則勝ち。（国際プロ）
プロレス 2月22日	【岐阜市民センター】「国際、全日、キムイル道場 3 軍対抗戦第 3 戦」〈インターナショナルタッグ〉大木金太郎＆キム・ドクはラッシャー木村＆グレート草津と両者リングアウト引き分け、防衛。〈アジアタッグ〉グレート小鹿＆大熊元司がマイティ井上＆アニマル浜口を破り、獲得。ジャンボ鶴田が梁承輝を破る。
プロレス 2月26日	【セントルイス TV】〈ミズーリ州ヘビー〉ディック・マードックがテッド・デビアスを破り、獲得。
その他 3月8日	【東京・後楽園ホール】〈ラジャダムナンスタジアム・ライト〉藤原敏男がモンサワン・ルークチェンマイに KO 勝ちし、獲得。
プロレス 3月24日	【横浜文化体育館】〈IWA 世界ヘビー〉ラッシャー木村がティム・ブルックスを破り、防衛。（国際プロ）
相撲 3月26日	【大阪府立体育館】優勝：北の湖（東横綱）13 勝 2 敗、技能賞：蔵間（東小結）、殊勲賞：冨士櫻（東前 4）、敢闘賞：尾形（西前 11）
ボクシング 3月29日	【WBC】〈WBC 世界ヘビー〉ケン・ノートンが王者に認定される。
プロレス 3月30日	【東京・蔵前国技館】〈NWF ヘビー〉アントニオ猪木がマスクト・スーパースターを破り、防衛。藤波辰巳がイワン・コロフを破る。コロフは覆面剥ぎブックがいやで逃亡したカネックの変わり。この日 2 試合行った。試合後、上田馬之助が乱入。藤波辰巳、コロフを攻撃。（新日本）
その他 4月4日	【フィラデルフィア PA】〈格闘技世界一王座決定戦〉アントニオ猪木がザ・ランバージャック・ジョニー・リー(空手)を破る。（WWWF）

360　プロ格闘技年表事典

プロレス 4月7日	【仙台・宮城県スポーツセンター】「チャンピオンカーニバル」〈決勝〉ジャイアント馬場がアブドラ・ザ・ブッチャーを破り、優勝。（全日本）
ボクシング 4月15日	【パナマシティ】〈WBA 世界フェザー〉エウセビオ・ペドロサがセシリオ・ラストラを破り、獲得。
ボクシング 4月18日	【東京・蔵前国技館】〈WBC 世界フライ〉ミゲル・カントが大熊正二を破り、防衛。
プロレス 4月21日	【メキシコシティ・アレナメヒコ】〈NWA 世界ヘビー〉ハーリー・レイスがアルコン・オルティスを破り、防衛。〈カベジェラコントラカベジェラ〉エル・ファラオン＆リンゴ・メンドーサがアルフォンソ・ダンテス＆サングレ・チカナを破る。（EMLL）
ボクシング 4月22日	【リグディア（伊）】〈世界ミドル〉ウーゴ・コーロがロドリゴ・バルデスを破り、獲得。
プロレス 5月1日	【静岡・富士市民体育館】〈IWA 世界ヘビー〉ラッシャー木村がマイティ井上と無効試合、防衛。（国際プロ）
ボクシング 5月6日	【バンコク（タイ）】〈WBC 世界ライトフライ〉ネトルノイ・ソー・ボラシンがフレディー・カスティージョを破り、獲得。
ボクシング 5月7日	【広島県立体育館】〈WBA 世界ライトフライ〉具志堅用高がハイメ・リオスを KO で破り、防衛。視聴率 43.1％は 77 年以降のボクシング中継ではトップである。（防衛 5）（年間ベストバウト）
ボクシング 5月7日	【ソウル（韓）】〈WBA 世界スーパーバンタム〉リカルド・カルドナが洪秀煥を破り、獲得。
プロレス 5月11日	【大阪府立体育館】〈インターナショナルタッグ〉ジャイアント馬場＆ジャンボ鶴田が大木金太郎＆キム・ドクを破り、獲得。〈NWA 世界ジュニアヘビー〉ネルソン・ロイヤルがアル・マドリルを破り、防衛。（全日本）
相撲 5月21日	【東京・蔵前国技館】優勝：北の湖（東横綱）14 勝 1 敗、技能賞：該当者なし、殊勲賞：琴風（西前 6）、敢闘賞：千代の富士（東前 5）。場所後、若乃花幹士（2 代）に横綱免許が授与される。

【若乃花幹士（2 代）】（生）1953（出生地）青森（初）1968（人物評）第 56 代横綱。甘いマスクで人気が高かった。丼飯を 6 杯から 7 杯食べる大食漢で、これが出世の要因とも言われている。1978 年 5 月場所後に横綱に昇進する。11 月場所は全勝優勝した。その千秋楽北の湖戦は視聴率が実に 42.1％をかせいだ。80 年代に入ると負けが混む。負ける瞬間に苦笑いする癖があり、見苦しいとの声もあった。また、肝臓病、頸椎捻挫、直腸周囲膿瘍休場も重なり、83 年の 1 月場所中に 29 歳の若さで引退した。

1971 ー 1980

プロレス **5月28日**	【ヒューストン TX】「スーパーサンデー」〈NWA 世界ヘビー〉ハーリー・レイスがワフー・マクダニエルに反則勝ち。〈AWA 世界ヘビー〉ニック・ボックウィンクルがホセ・ロザリオとノーコンテスト。ビリー・グラハムはイワン・プトスキーと引き分けた。
プロレス **5月30日**	【大阪府立体育館】「MSG リーグ」〈決勝〉アントニオ猪木がアンドレ・ザ・ジャイアントをリングアウトで破り、優勝。(新日本)
プロレス **6月1日**	【東京・日本武道館】〈NWF ヘビー* vs WWWF ヘビー〉アントニオ猪木*がボブ・バックランドに 1 本目リングアウト勝ち、2 本目時間切れにより、防衛。しかし、WWWF ルールにより、バックランドも防衛。レフェリー、レッドシューズ・ドゥーガン。(新日本)
プロレス **6月1日**	【秋田市立体育館】〈PWF ヘビー〉トーア・カマタがジャイアント馬場に反則勝ち、獲得。
プロレス **6月6日**	【タンパ FL】2 月にアメリカに飛んだ高千穂明久(ザ・グレート・カブキ)はミスター・サトを名乗り、ミスター斎藤とのコンビで連日メインを張った。この日はポール・エラリング&ホセ・アサリを破った。
	【マサ斎藤】(生) 1942 (出生地) 東京 (主要王座) IWGP タッグ、AWA 世界ヘビー (初) 1965 (人物評) 1964 東京五輪フリースタイル代表。65 年に日本プロレス入りし、翌 66 年の東京プロレス設立メンバーとなる。東京プロ崩壊後に渡ったアメリカで大きな実績を出す。72 年、フリーとして日本プロレスに凱旋帰国し 74 年からはフリーながらも新日本の常連となった。85 年はジャパンプロレスのメンバーとして全日本に登場するが 87 年、新日本に帰還し所属選手となり、長州力や佐々木健介の後ろ盾となった。最強説が囁かれたこともある。
その他 **6月7日**	【福岡スポーツセンター】〈格闘技世界一決定戦〉アントニオ猪木が、ザ・モンスターマン・エベレット・エディを破る・
その他 **6月7日**	【タイ】〈ラジャダムナン・スタジアムライト〉シープレイー・ガイソンポップが藤原敏男に判定勝ちし、獲得。ホームタウンディシジョンの声、多し。
ボクシング **6月9日**	【ラスベガス NV】〈WBC 世界ヘビー〉ラリー・ホームズがケン・ノートンを破り、獲得。
	【ラリー・ホームズ】(生) 1949 (出生地) 米 (主要王座) WBC 世界ヘビー、IBF 世界ヘビー (初) 1973 (人物評) 下積み時代にはモハメド・アリのスパーリングパートナーを務めた。中間距離で相手の足を止めて強打、そして「詰め」の連打が持ち味である。1978 年 6 月、ケン・ノートンに判定勝ちし、WBC 世界ヘビー級王座を獲得し、80 年 10 月 2 日アリを TKO した試合も含め 17 度防衛した。83 年 6 月 1 日、USBA

国際部（後の IBF）から初代世界ヘビー級王者に認定、業界の鬼っ子から市民権獲得へ、長い IBF の歴史の始まりに位置する。

プロレス 6月12日	【愛知・一宮市産業体育館】〈PWF ヘビー〉ビル・ロビンソンがキラー・トーア・カマタを破り、獲得。ロビンソンは夏にイギリスで防衛戦を行なった。
プロレス 6月25日	【ヒューストン TX】〈NWA 世界ジュニアヘビー〉アル・マドリルがネルソン・ロイヤルを破り、獲得。しかし、マドリルは病気を理由に返上し、王座はロイヤルに戻る。
プロレス 7月7日	【カルガリー（加）】「スタンピード・ウィーク」〈NWA 世界ヘビー〉ハーリー・レイスがドリー・ファンク・ジュニアにリングアウト勝ち、防衛。レフェリー、ルー・テーズ。〈NWA 世界ジュニアヘビー〉ネルソン・ロイヤルはダイナマイト・キッドを破り、防衛。
プロレス 7月14日	【セントルイス MO】〈ミズーリ州ヘビー〉ディック・ザ・ブルーザーがディック・マードックを破り、獲得。
プロレス 7月15日	【グラーツ（墺）】〈CWA 世界ヘビー〉オットー・ワンツが、ドン・レオ・ジョナサンを破り、獲得。ジョナサンはいきなり王者として登場。
相撲 7月16日	【名古屋・愛知県体育館】優勝：北の湖（東横綱）15 勝、技能賞：該当者なし、殊勲賞：冨士櫻（西前 2）、敢闘賞：出羽の花（西前 9）
プロレス 7月19日	【秋田県営体育館】〈IWA 世界ヘビー、金網〉ラッシャー木村がザ・カサバブに KO 勝ち、防衛。（国際プロ）
プロレス 7月22日	【ニューオリンズ LA・スーパードーム】〈金網〉レイ・キャンディがアーニー・ラッドを破る。ポール・オーンドーフがブルーザー・ブロディを、ダスティ・ローデスがビリー・グラハムを破る。
プロレス 7月24日	【ニューヨーク NY・MSG】〈WWWF ヘビー〉ボブ・バックランドがジョージ・スティールを破り、防衛。
プロレス 7月24日	【広島県立体育館】〈NWF ヘビー〉アントニオ猪木がペドロ・モラレスを破り、防衛。（新日本）
プロレス 7月26日	【埼玉・越谷市体育館】〈IWA 世界ヘビー〉ラッシャー木村がアレックス・スミルノフに試合放棄勝ち、防衛。（国際プロ）
プロレス 7月27日	【東京・日本武道館】〈WWWF ヘビー〉ボブ・バックランドがアントニオ猪木と 60 分引き分け、防衛。〈WWWF ジュニアヘビー〉藤波辰巳が剛竜馬を原爆固めで破り、防衛。（新日本）
プロレス 7月28日	【ロサンゼルス CA】〈WWWF ヘビー〉ボブ・バックランドがロディ・パイパーを破り、防衛。
プロレス 7月29日	【バトンルージュ LA】〈北米〉ポール・オーンドーフがスタン・ハンセンを破り、獲得。ハンセンは王者として現れた。
プロレス 8月2日	【ソウル（韓）】〈インターナショナル〉大木金太郎は稲妻二郎を破り、防衛。〈IWA 世界ヘビー〉ラッシャー木村は梁承輝を破り、防衛。（キムイル道場）

1971
-
1980

プロ格闘技年表事典　363

プロレス 8月8日	【ウィーン】（トーナメント）優勝：ミカ・ナドール

ボクシング 8月9日	【秋田市体育館】〈WBA 世界スーパーウェルター〉工藤政志が エディ・ガソを破り、獲得。日本人世界挑戦を 16 連敗でとどめた。

【工藤政志】（生）1951（出生地）秋田（主要王座）WBA 世界スー
パーウェルター（初）1973（人物評）インターハイでレスリ
ング 65kg 級で 3 位に入賞し、アマレスでオリンピック出場を
目指す自衛隊体育学校に入る。72 年のミュンヘン五輪の代表
選考に漏れ、体育学校にいた（ロイヤル）小林に影響されボ
クシングに転向した。（ジャンボ）鶴田も同じ体育学校にいた。
1978 年 8 月エディ・ガソを破っての戴冠は、日本人の世界王
座挑戦 16 連敗のストップであった。

ボクシング 8月12日	【マラカイ（委）】〈WBA 世界フライ〉ベツリオ・ゴンザレスが グティ・エスパダスを破り、獲得。

プロレス 8月21日	【メンフィス TN・ミッドサウスコロシアム】ジェリー・ジャレッ ト派が AWA と提携。〈AWA 世界ヘビー〉ニック・ボックウィ ンクルがジェリー・ローラーに反則負け、防衛。

プロレス 8月27日	【メキシコ州・パラシオ】〈UWA 世界ヘビー〉カネックがルー・ テーズを破り、獲得。〈UWA 世界ウエルター〉ボビー・リーが エル・サント破り、防衛。

【ボビー・リー】（生）1950（出生地）墨（主要王座）UWA
世界ウエルター（初）1975（人物評）「千の技を持つ男」とし
てメキシコ時代の佐山聡のアイドルだった。78 年 8 月 27 日
からの対エル・サント伝説の 3 連戦は、まずはボビー・リー
がサント破り、UWA 世界ウエルター級王座を防衛し、翌週
はマスカラコントラマスカラでサントが、翌々週はマスカラ
コントラカベジェラでサントが勝利し、3 連戦で計 9 万人を
動員した。ラストマッチは 81 年蔵前でのタイガーマスク（佐
山聡）戦である。

プロレス 8月29日	【ミュンステル（独）】「IBV 欧州ヘビー級トーナメント」優勝：オッ トー・ワンツ

プロレス 9月13日	【名古屋・愛知県体育館】〈マスカラコントラマスカラ〉ミル・ マスカラスが、エル・アルコンを破る。〈UN ヘビー〉ジャンボ 鶴田がキム・ドクと 65 分時間切れ引き分け、防衛。（全日本）

ボクシング 9月15日	【ニューオリンズ LA】〈WBA 世界ヘビー〉モハメド・アリがレ オン・スピンクスを破り、獲得。（年間ベストバウト）〈WBA 世界ライトヘビー〉マイク・ロスマンがビクトル・ガリンデス を破り、獲得。

プロレス 9月16日	【サンフランシスコ CA・カウパレス】〈US ヘビー王座決定戦〉バディ・ローズがディーン・ホー（樋口）を破り、獲得。
プロレス 9月21日	【東京・品川プリンスホテルゴールドホール】〈NWF ヘビー〉アントニオ猪木がタイガー・ジェット・シンを破り、防衛。（新日本）
プロレス 9月22日	【メキシコシティ・アレナメヒコ】「アニベルサリオ」〈NWA 世界ミドル〉トニー・サラサルが佐山聡を破り、防衛。〈カベジェライカベジェラコントラカベジェライマスカラ〉サングレ・チカナ＆ルビ・ブバルカバがエル・コバルデ＆ドラゴン・ロホを破る。
プロレス 9月23日	【AWA】〈AWA 世界タッグ〉レイ・スティーブンス＆パット・パターソンに贈呈。「ジム・ブランゼルの怪我」(実は AWA 離脱)により。
相撲 9月24日	【東京・蔵前国技館】優勝：北の湖（東横綱）14 勝 1 敗、技能賞：麒麟児（西前 5）、殊勲賞：該当者なし、敢闘賞：播竜山（西前 3）
プロレス 9月24日	【メキシコ州・パラシオ】ミル・マスカラスがカネックに反則勝ち。
プロレス 9月25日	【富山・高岡市体育館】〈IWA 世界ヘビー、金網〉ラッシャー木村がオックス・ベーカーに KO 勝ち、防衛。（国際プロ）
ボクシング 9月30日	【ソウル（韓）】〈WBC 世界ライトフライ〉金聖俊がネトルノイ・ソー・ボラシンを破り、獲得。
プロレス 10月9日	【福岡・久留米市体育館】〈PWF ヘビー〉ビル・ロビンソンがキラー・トーア・カマタを破り、防衛。
プロレス 10月13日	【茨城・常陸太田市体育館】〈IWA 世界ヘビー、テキサスデスマッチ〉ラッシャー木村がオックス・ベーカーを破り、防衛。（国際プロ）
ボクシング 10月15日	【東京・蔵前国技館】〈WBA 世界ライトフライ〉具志堅用高が鄭相一を破り、防衛。（防衛 6）
プロレス 10月15日	【ダラス TX】〈アメリカンタッグ王座決定戦〉ケビン・フォン・エリック＆デビッド・フォン・エリックがドリー・ファンク・ジュニア＆テリー・ファンクを破り、獲得。
プロレス 10月18日	【宇都宮・栃木県体育館】〈PWF ヘビー〉アブドラ・ザ・ブッチャーがビル・ロビンソンにレフェリーストップ勝ち、獲得。
プロレス 10月20日	【大阪・寝屋川市民体育館】〈WWWF ジュニアヘビー〉藤波辰巳がチャボ・ゲレロを破り、防衛。藤波辰巳のコブラツイストがチャボに炸裂。トペ失敗で切れていた藤波辰巳の額からポタリ、ポタリ滴り落ちる血が、チャボの太ももに赤い水玉模様を作った。（新日本）
プロレス 10月22日	【ハノーファー(独)】「トーナメント」優勝：ムース・モロウスキー。

1971 - 1980

ボクシング **10月28日**	【サンファン（PR）】〈WBC 世界スーパーバンタム〉ウイルフレド・ゴメスがカルロス・サラテ（WBC 世界バンタム級王者）に 5RKO 勝ち、防衛。
プロレス **11月1日**	【名古屋・愛知県体育館】〈NWF ヘビー〉アントニオ猪木がクリス・マルコフを破り、防衛。（新日本）
プロレス **11月7日**	【東大阪市中央体育館】〈PWF ヘビー〉アブドラ・ザ・ブッチャーがジャイアント馬場と両者リングアウト引き分け、防衛。（全日本）
その他 **11月9日**	【フランクフルト（独）】〈格闘技世界一王座決定戦〉アントニオ猪木がカール・ミルデンバーガー（ボクシング）を破る。
プロレス **11月9日**	【ルートヴィヒシャーフェン（独）】アントニオ猪木がヴィルフリート・デートリッヒと引き分ける。内容的には猪木の大苦戦であった。
	【ヴィルフリート・デートリッヒ】（生）1933（没）1992（出生地）ドイツ（初）1978（人物評）1956 年のメルボルン五輪から 68 年のメキシコ五輪まで、4 回のオリンピックで 5 つ（フリー 2 個、グレコ 3 個）のメダルを獲得した。72 年のミュンヘン五輪ではメダルには手が届かなかったものの、180kg のクリス・テーラーをフロント・スープレクスで投げ、フォールした。プロに転向したのは 78 年のリングで猪木のヨーロッパ遠征時である。
社会 **11月21日**	【東京】江川事件が起きる。これは 1978 年のプロ野球ドラフト会議前日のこの日に野球協約の網目をくぐり抜け、東京読売巨人軍が法政大学を前年に卒業した江川卓投手と電撃的に入団契約を結んだ事件である。この事件は社会的なセンセーションを呼んだ。プロレス 1 面が当然だった東京スポーツも連日 1 面で報道し「東京スポーツの一面はプロレス記事」の常識が崩壊する。
プロレス **11月24日**	【シュトゥットゥガルト（独）】ローランド・ボックがアントニオ猪木に判定勝ち。猪木にいいところ全くなし。ドイツでは、「トーナメント」と銘打った、19 世紀からの一都市長期滞在方式が普通であった。これに反し、日本のように都市をサーキットする方法を試したのがローランド・ボックであった。そして、78 年に猪木を呼んでのツアーである。が、ドイツの風土に合わず動員に失敗し、猪木に約束したファイトマネーを出すことができなかった。
プロレス **11月25日**	【東京・蔵前国技館】「日本リーグ争覇戦」〈決勝トーナメント〉ラッシャー木村がキム・ドクをリングアウトで、ジャンボ鶴田がマイティ井上を破る。ストロング小林がミスター・ヒトを破る。史上初めて、国際、新日本、全日本 3 団体のレスラーが同じリングに上がる。（国際プロレス、蔵前空前の不入り観衆 1,000 人）

366　プロ格闘技年表事典

相撲 11月26日	【福岡・九電記念体育館】優勝：若乃花（西横綱）15勝、技能賞：青葉山（西前4）、殊勲賞：麒麟児（東小結）、敢闘賞：黒姫山（東前10）
ボクシング 11月29日	【名古屋・愛知県体育館】〈WBA世界スーパーフェザー〉サムエル・セラノが丸木孝雄を破り、防衛。
プロレス 11月30日	【千葉公園体育館】「日本リーグ争覇戦」〈決勝〉ラッシャー木村がプロフェッサー田中を破り、優勝。〈3位王座決定戦〉ジャンボ鶴田がディーン・ホーを破る。（国際プロ）
ボクシング 12月2日	【マルサラ（伊シチリア島）】〈WBC世界ライトヘビー〉マービン・ジョンソンがメート・パルロフを破り、獲得。
プロレス 12月10日	【メキシコシティ】〈NWA世界ライトヘビー〉パク・チュー（木村健吾）がエル・ファラオンを破り、獲得。
ボクシング 12月13日	【大阪府立体育館】〈WBA世界スーパーウェルター〉工藤政志が朱虎を破り、防衛。
プロレス 12月14日	【東京・蔵前国技館】〈WWWFヘビー〉ボブ・バックランドがアントニオ猪木にリングアウト負け、防衛。（新日本）
プロレス 12月15日	【札幌・中島スポーツセンター】「世界最強タッグ決定リーグ」〈優勝戦〉ジャイアント馬場＆ジャンボ鶴田がドリー・ファンク・ジュニア＆テリーファンクと時間切れ引き分け、ポイント差で優勝。（全日本）
プロレス 12月16日	【東京・蔵前国技館】「プレ日本選手権」〈決勝〉アントニオ猪木がマツダを破り、優勝。（新日本）
プロレス 12月18日	【ニューヨークNY・MSG】〈NWA世界ヘビー〉ハーリー・レイスがトニー・ガレアを破り、防衛。MSGでNWA世界戦が行なわれるのは16年ぶり。〈WWWFヘビー〉ボブ・バックランドがピーター・メイビアにリングアウト勝ち、防衛。〈WWWF世界格闘技ヘビー〉アントニオ猪木がテキサス・レッド（レッド・バスチェン）を破り、防衛。
ボクシング 12月30日	【ソウル（韓）】〈WBC世界スーパーライト〉金相賢がセンサク・ムアンスリンを破り、獲得。
その他	【MVP】〈相撲・報知新聞年間最優秀力士〉北の湖敏満〈相撲・年間最多勝〉北の湖敏満、82勝8負0休〈ボクシング・日本・コミッション〉具志堅用高〈ボクシング・アメリカ・リング誌〉モハメド・アリ〈プロレス・日本・東京スポーツ〉アントニオ猪木〈プロレス・メキシコ・ルチャリブレ誌＆エルアルコン誌〉カネック

1971
-
1980

1979年

プロレス 1月2日	【東京・後楽園ホール】〈バトルロイヤル〉優勝：ザ・デストロイヤー（全日本）
プロレス 1月3日	【東京・後楽園ホール】〈バトルロイヤル〉優勝：ブルーザー・ブロディ（全日本）
プロレス 1月5日	【川崎市体育館】〈ジャンボ鶴田試練の十番勝負（10）〉フリッツ・フォン・エリックを破る。ブルーザー・ブロディ＆キング・イヤウケアがジャイアント馬場＆ザ・デストロイヤーを破る。ブロディが馬場からフォールを取った。（全日本）
プロレス 1月5日	【セントルイス MO】〈NWA 世界ヘビー〉ハーリー・レイスがディック・ザ・ブルーザーを破り、防衛。
ボクシング 1月7日	【川崎市体育館】〈WBA 世界ライトフライ〉具志堅用高がリゴベルト・マルカノ（ベネズエラ）を KO で破り、防衛。（防衛7）（年間ベストバウト）
ボクシング 1月9日	【東京・後楽園ホール】〈WBA 世界フェザー〉エウセビオ・ペドロサがロイヤル小林を破り、防衛。
プロレス 1月12日	【川崎市体育館】〈NWF ヘビー〉アントニオ猪木がボブ・ループに反則勝ち、防衛。（新日本）
プロレス 1月12日	【ロサンゼルス CA】〈バトルロイヤル〉優勝：レロイ・ブラウン〈WWWF ヘビー〉ボブ・バックランドがツイン・デビル2号を破り、防衛。
ボクシング 1月14日	【サンファン（PR）】〈WBC 世界ウェルター〉ウィルフレド・ベニテスがカルロス・パロミノを破り、獲得。
相撲 1月21日	【東京・蔵前国技館】優勝：北の湖（東張横）14勝1敗、技能賞：富士櫻（西前4）、殊勲賞：黒姫山（西前3）、敢闘賞：金城（西前7）、長岡（東前6）
プロレス 1月21日	【東京・後楽園ホール】〈IWA 世界タッグ〉星野勘太郎＆山本小鉄がグレート草津＆アニマル浜口を破り、獲得。（国際プロ）
プロレス 1月24日	【神奈川・大和車体工業体育館】〈IWA 世界ヘビー〉ラッシャー木村がアレックス・スミルノフに反則負け、防衛。（国際プロ）
プロレス 1月27日	【サンフランシスコ CA・カウパレス】〈バトルロイヤル〉優勝：ロン・スター〈NWA 世界ヘビー〉ハーリー・レイスがロン・スターを破り、防衛。
ボクシング 1月29日	【浜松市体育館】〈WBA 世界フライ〉ベツリオ・ゴンザレスが大熊正二と引き分け、防衛。
プロレス 2月4日	【トロント（加）】〈AWA 世界ヘビー〉ニック・ボックウィンクルがタイガー・ジェット・シンに反則勝ち、防衛。
その他 2月6日	【大阪府立体育館】〈WWWF 格闘技世界ヘビー〉アントニオ猪木がミスター X（空手）を破る。（新日本）

368　プロ格闘技年表事典

プロレス 2月10日	【シカゴ IL】〈AWA 世界ヘビー〉ニック・ボックウィンクルがバーン・ガニアに反則負け、防衛。〈AWA 世界タッグ〉パット・パターソン&レイ・スティーブンスがディック・ザ・ブルーザー&ペッパー・ゴメスを破り、防衛。〈PWF ヘビー〉ジャイアント馬場がアブドラ・ザ・ブッチャーをリングアウトで破り、獲得。
プロレス 2月13日	【タンパ FL】「ガスパリーラ・スペクタキュラー」アンドレ・ザ・ジャイアントがジョー・ルダックと両者リングアウト引き分け。
プロレス 2月23日	【千葉公園体育館】〈IWA 世界タッグ〉マイティ井上&アニマル浜口が星野勘太郎&山本小鉄を破り、獲得。(新日プロ)
ボクシング 3月4日	【サンレモ(伊)】〈WBC 世界スーパーウェルター〉モーリス・ホープがロッキー・マッチョーリを破り、獲得。
ボクシング 3月14日	【東京・蔵前国技館】〈WBA 世界スーパーウェルター〉工藤政志がマヌエル・ゴンザレスを破り、防衛。
プロレス 3月17日	【セントルイス MO】〈ミズーリ州ヘビー〉ディック・マードックがディック・ザ・ブルーザーを破り、獲得。テレビマッチ。
ボクシング 3月18日	【釜山(韓)】〈WBC 世界フライ〉朴賛希がミゲル・カントを破り、獲得。
相撲 3月25日	【大阪府立体育館】優勝：北の湖(東横綱)15勝、技能賞：該当者なし、殊勲賞：黒姫山(西前1)、敢闘賞：栃赤城(東前4)
プロレス 3月25日	【トロント(加)】〈US ヘビー〉リッキー・スティムボートがリック・フレアーを破り、防衛。〈AWA 世界ヘビー* vs WWWF ヘビー〉ニック・ボックウィンクル*がボブ・バックランドと両者リングアウト、共に防衛。40分の超える試合。〈NWA 世界タッグ〉ジミー・スヌーカ&ポール・オーンドーフがジョン・スタッド&ケン・パテラを破る。
プロレス 3月26日	【福島・原ノ町市体育館】〈IWA 世界ヘビー〉ラッシャー木村がジョン・トロスに反則勝ち、防衛。(国際プロ)
プロレス 3月29日	【WWF】WWWF からの名称変更が行われた。

【WWF】プロレスの王座認定組織名。ニューヨークを中心とした東部地区の王座認定団体だった WWWF が 79 年 4 月から改称した。その際の王者はヘビー級がボブ・バックランド、ジュニアヘビー級が藤波辰巳。79 年 12 月、猪木がバックランドを破り一時的に王座に就いたが、公式には認定されていない。84 年 2 月より、ヘビー級王者ハルク・ホーガンを先頭に立て、それまでのプロモーター間の仁義を破ってテリトリーから外へ打って出た。この全米侵攻により NWA 加盟プロモーションは次々に崩壊に追いやられた。

【WWE】プロレス団体名。プロモーター、ビンス・マクマホ

ンが運営していた WWF の 2002 年 5 月 6 日以降の改称後の団体名。現在のところ、世界一の規模を持つ団体である。

プロレス 4月2日	【プエブラ（墨）】〈NWA 世界ライトヘビー〉パク・チュー（木村健吾）が佐山聡を破り、防衛。
その他 4月3日	【福岡スポーツセンター】〈WWF 格闘技世界ヘビー〉アントニオ猪木がレフトフック・デイトン（空手）を破る。（新日本）
プロレス 4月5日	【東京都体育館】〈NWF ヘビー〉アントニオ猪木がタイガー・ジェット・シンを破る。〈北米タッグ〉ヒロ・マツダ＆マサ斎藤が坂口征二＆ストロング小林を破り、獲得。〈WWF ジュニアヘビー〉藤波辰巳がペロ・アグアヨを破り、防衛。〈UWA ジュニアライトヘビー〉グラン浜田がベビー・フェイスを破り、防衛。（新日本）
プロレス 4月6日	【秋田県立体育館】「チャンピオンカーニバル」アブドラ・ザ・ブッチャーがジャンボ鶴田を破り、優勝。（全日本）
ボクシング 4月8日	【東京・蔵前国技館】〈WBA 世界ライトフライ〉具志堅用高がアルフォンソ・ロペスを破り、防衛。（防衛 8）
プロレス 4月8日	【トロント（加）】〈NWA 世界ヘビー〉ハーリー・レイスがリッキー・スティムボートとリングアウト引き分けで、防衛。
ボクシング 4月14日	【ニューオリンズ LA】〈WBA 世界ライトヘビー〉ビクトル・ガリンデスがマイク・ロスマンを破り、獲得。
ボクシング 4月17日	【グラスゴー（英）】〈WBC 世界ライト王座決定戦〉ジム・ワットがアルフレッド・ビタリアを破り、獲得。
プロレス 4月17日	【アレンタウン PA】〈NWF ヘビー〉アントニオ猪木がニコリ・ボルコフを破り、防衛。
プロレス 4月20日	【富山市体育館】〈IWA 世界ヘビー〉ラッシャー木村が上田馬之助に反則勝ち、防衛。（国際プロ）
プロレス 4月21日	【富山・高岡市体育館】〈IWA 世界ヘビー〉ラッシャー木村がビリー・グラハムを破り、防衛。（国際プロ）
プロレス 4月22日	【メキシコ州・エルトレオ】〈NWF ヘビー〉アントニオ猪木がカネックと引き分け、防衛。日本向け記録は猪木の勝ち。
プロレス 4月30日	【メキシコシティ】〈NWA 世界ライトヘビー〉アルフォンソ・ダンテスがパク・チュー（木村健吾）を破り、獲得。
プロレス 5月7日	【静岡・富士市民体育館】〈IWA 世界ヘビー、金網〉ラッシャー木村がジプシー・ジョーを破り、防衛。（国際プロ）
プロレス 5月7日	【大阪府立体育館】〈NWA 世界ヘビー〉ハーリー・レイスがジャンボ鶴田と両者リングアウト引き分け、防衛。（全日本）
プロレス 5月8日	【千葉公園体育館】〈NWA 世界ヘビー〉ハーリー・レイスがディック・マードックと時間切れ引き分け、防衛。（全日本）
プロレス 5月9日	【静岡・焼津スケートセンター】〈IWA 世界ヘビー、チェーンデスマッチ〉ラッシャー木村がティム・ブルックスと無効試合。防衛回数にカウントせず。（国際プロ）

プロレス 5月9日	【仙台・宮城県スポーツセンター】〈NWA世界ヘビー〉ハーリー・レイスがジャイアント馬場と時間切れ引き分け、防衛。(全日本)
プロレス 5月10日	【福岡スポーツセンター】〈NWFヘビー〉アントニオ猪木がジャック・ブリスコを破り、防衛。(新日本)
プロレス 5月18日	【セントルイスMO】〈ミズーリ州、金網〉ディック・ザ・ブルーザーがディック・マードックを破り、獲得。
相撲 5月20日	【東京・蔵前国技館】優勝:若乃花(西横綱)14勝1敗、技能賞:該当者なし、殊勲賞:該当者なし、敢闘賞:魁輝(東小結)、巨砲(東前9)
ボクシング 5月20日	【ソウル(韓)】〈WBC世界フライ〉朴賛希がリキ五十嵐を破り、防衛。
プロレス 5月31日	【秋田・能代市体育館】〈アジアタッグ〉グレート小鹿&大熊元司がマイティ井上&アニマル浜口を破り、獲得。(全日本)
ボクシング 6月3日	【ラスベガスNV】〈WBC世界バンタム〉ルペ・ピントールがカルロス・サラテを破り、獲得。
プロレス 6月6日	【ウィニペグ(加)】〈AWA世界タッグ〉バーン・ガニア&マッドドッグ・バションがレイ・スティーブンス&パット・パターソンを破り、獲得。
プロレス 6月7日	【東京・蔵前国技館】「MSGリーグ」〈決勝〉アントニオ猪木がスタン・ハンセンを破り優勝。(新日本)
プロレス 6月12日	【盛岡・岩手県営体育館】〈インターナショナルタッグ〉ジャイアント馬場&ジャンボ鶴田がザ・デストロイヤー&ビリー・レッド・ライオンを破り、防衛。デストロイヤーはこのシリーズをもって帰米。(全日本)
プロレス 6月15日	【メキシコシティ・アレナメヒコ】〈カベジェラコントラカベジェラ〉佐山聡がアルフォンソ・ダンテスを破る。
プロレス 6月15日	【ロサンゼルスCA】〈北米タッグ〉坂口征二&長州力がヒロ・マツダ&マサ斎藤を破り、獲得。
ボクシング 6月16日	【サンファン(PR)】〈WBA世界ライト王座決定戦〉エルネスト・エスパーニャがクロード・ノエルを破り、獲得。
ボクシング 6月17日	【サンアントニオTX】〈WBC世界フェザー〉ダニー・ロペスがマイク・アヤラを破り、防衛。(年間ベストバウト)
その他 6月17日	【ラホール(基)】〈格闘技世界一王座決定戦〉アントニオ猪木がジュベール・ペールワン(プロレス)と引き分け。
ボクシング 6月20日	【三重・四日市市体育館】〈WBA世界スーパーウェルター〉工藤政志がマヌエル・ゴンザレスを破り、防衛。
プロレス 6月24日	【モンテレイ(墨)】〈UWA世界ウエルター〉エル・シグノがボビー・リーを破り、獲得。UWAライト級王座を42回防衛して返上したシグノは、2階級制覇に成功。ボビー・リーはこれを機に、リンピオヘ転向。

1971
−
1980

プロ格闘技年表事典　371

ボクシング 6月30日	【フォントビール（モナコ）】〈世界ミドル〉ビト・アンツォフェルモがウーゴ・コーロを破り、獲得。
ボクシング 7月6日	【宇都宮・栃木県体育館】〈WBA世界フライ〉ベツリオ・ゴンザレスが大熊正二を破り、防衛。
プロレス 7月6日	【カルガリー（加）】〈NWA世界ジュニアヘビー〉ネルソン・ロイヤルがダイナマイト・キッドに反則勝ち、防衛。王者のまま約1年リングから消えていたロイヤルが復帰。これが、NWA世界ジュニアヘビー級王座の変遷史の混乱に拍車をかけた。
プロレス 7月13日	【カルガリー（加）】「スタンピード・ウィーク」〈NWA世界ヘビー〉ハーリー・レイスがジェイク・ロバーツを破り、防衛。〈英連邦ミッドヘビー〉ダイナマイト・キッドがブレット・ハートとノーコンテスト、防衛。 【ブレット・ハート】（生）1957（出生地）加（主要王座）WWF世界ヘビー（初）1976（人物評）「下にいくほど良くなる」といわれた数多いスチュ・ハートの息子達の中で、最も優秀なはずの末弟オーエンということになるが、ブレットの方が良かったと思う。1980年、新日本への初来日時から「これは！」というものを見せる。82年2月、札幌で初代タイガーと名勝負。90年代は、WWFで「ヒットマン」となり、94年にはエースとしてWWF「マニアツアー」のエースとして来日した。
プロレス 7月13日	【セントルイスMO】〈ミズーリ州ヘビー〉ディック・マードックがディック・ザ・ブルーザーを破り、獲得。
相撲 7月15日	【名古屋・愛知県体育館】優勝：輪島（東張横）14勝1敗、技能賞：該当者なし、殊勲賞：栃赤城（西関脇）、敢闘賞：出羽の花（西前11）。場所後、三重ノ海剛司に横綱免許が授与される。 【三重ノ海剛司】（生）1948（出生地）三重（初）1963（人物評）第57代横綱。大関から関脇への陥落も経験しながら、横綱へ昇進した唯一の力士である。身長が足りなかったが、新弟子検査担当親方の目溢しで合格した。序二段にいたのが13場所と出世は遅く、入幕後も三役定着までに3年かかった。前廻しを取って低い姿勢から寄っていく速攻相撲だったが、張り手を覚えてから勝率も上がる。1979年7月場所後、31歳5か月で横綱に昇進した。
プロレス 7月20日	【秋田・大館市民体育館】〈IWA世界ヘビー〉ラッシャー木村がアンドレ・ザ・ジャイアントと両者リングアウト引き分け、防衛。〈WWU世界ジュニアヘビー* vs英連邦ミッドヘビー〉阿修羅・原*がダイナマイト・キッドと両者リングアウト引き分け、共に防衛。（国際プロ）

プロレス 7月21日	【新潟・村上市体育館】〈IWA 世界ヘビー〉アレックス・スミルノフが木村を破り、獲得。(国際プロ)
プロレス 7月21日	【ニューオリンズ LA・スーパードーム】〈US タッグ〉ビル・ワット&バック・ロブレイはジ・アサシン&ジ・エンジェルを破り、獲得。(北米) ミスター・レスリングⅡはアーニー・ラッドを破り、防衛。
プロレス 7月25日	【静岡・三島市民体育館】〈IWA 世界ヘビー〉ラッシャー木村がアレックス・スミルノフを破り、獲得。(国際プロ)
ボクシング 7月29日	【北九州市】〈WBA 世界ライトフライ〉具志堅用高がラファエル・ペドロサを破り、防衛。(防衛 9)
プロレス 7月31日	【東京・田園コロシアム】〈WWWA 世界シングル(女子)〉モンスター・リッパーがジャッキー佐藤を破り、獲得。
プロレス 8月2日	【東京・品川プリンスホテルゴールドホール】〈NWF ヘビー〉アントニオ猪木がタイガー・ジェット・シンと無効試合、防衛。(新日本)
プロレス 8月10日	【ロサンゼルス CA】〈NWF ヘビー〉アントニオ猪木がタイガー・ジェット・シンと両者リングアウト引き分け、防衛。
プロレス 8月15日	【ウィニペグ(加)】〈AWA 世界タッグ〉スタン・ハンセン&ボビー・ダンカンがバーン・ガニア&マッドドッグ・バションを破り、獲得。ハンセンが 9 月に AWA を離脱したことにより、王座はガニア&バション&ダンカンに戻される。
プロレス 8月17日	【カルガリー(加)】〈NWF ヘビー〉アントニオ猪木がスタン・ハンセンを破り、防衛。〈WWF ジュニアヘビー* vs 英連邦ジュニアヘビー〉藤波辰巳* はダイナマイト・キッドと両者リングアウト引き分け、共に防衛。
ボクシング 8月18日	【インディアナポリス IN】〈WBC 世界ライトヘビー王座決定戦〉マシュー・サード・ムハマド(マシュー・フランクリン)がマービン・ジョンソンを破り、獲得。
プロレス 8月21日	【タンパ FL】〈NWA 世界ヘビー〉ダスティ・ローデスがハーリー・レイスを破り、獲得。
プロレス 8月24日	【デンバー CO】ドリー・ファンク・ジュニア&テリー・ファンクがレイ・スティーブンス&パット・パターソンを破る。ファンクスが AWA に参戦した。
プロレス 8月26日	【東京・日本武道館】「夢のオールスター戦」ジャイアント馬場&アントニオ猪木がアブドラ・ザ・ブッチャー&タイガー・ジェット・シンを破る(年間ベストバウト)。ラッシャー木村がストロング小林を、ミル・マスカラス&ジャンボ鶴田&藤波辰巳が高千穂明久&タイガー戸口&マサ斎藤を破る。(東京スポーツ新聞社)
プロレス 8月26日	【オーランド FL】〈NWA 世界ヘビー〉ハーリー・レイスがダスティ・ローデスを破り、獲得。
プロレス 8月31日	【大阪府立体育館】〈PWF ヘビー〉ジャイアント馬場がアブドラ・ザ・ブッチャーと両者リングアウト引き分け、防衛。(全日本)

1971
1980

ボクシング 9月6日	【青森・八戸市体育館】〈WBA 世界スーパーバンタム〉リカルド・カルドナが瀬川幸雄を破り、防衛。
プロレス 9月9日	【グアダラハラ（墨）】〈NWA 世界ミドル〉佐山聡がリンゴ・メンドーサを破り、獲得。レフェリー、ディアブロ・ベラスコ。
プロレス 9月13日	【東京・池袋スケートセンター】〈WWWA 世界シングル（女子）〉ジャッキー佐藤がモンスター・リッパーを破り、獲得。
プロレス 9月14日	【セントルイス MO】アンドレ・ザ・ジャイアントがブルーザー・ブロディに反則勝ち。ロープ最上段からのニードロップを反則に取られた。
プロレス 9月21日	【メキシコシティ・アレナコリセオ】「アニベルサリオ」〈NWA 世界ミドル〉佐山聡がリンゴ・メンドーサを破り、防衛。
相撲 9月23日	【東京・蔵前国技館】優勝：北の湖（西横綱）13勝2敗、技能賞：増位山（東小結）、殊勲賞：玉ノ富士（西前1）、敢闘賞：朝汐（東前14）
プロレス 9月29日	【横浜文化体育館】〈IWA 世界ヘビー〉ラッシャー木村が上田馬之助に反則勝ち、防衛。（国際プロ）
プロレス 9月30日	【ハーデンバーグ（独）】ローランド・ボックがヴィルフリート・デートリッヒを破る。ミュンヘン五輪予選の「雪辱」を果たした。
プロレス 10月3日	【青森・黒石市体育館】〈IWA 世界ヘビー〉ラッシャー木村がジョー・ルダックにレフェリーストップ勝ち、防衛。（国際プロ）
ボクシング 10月4日	【東京・後楽園ホール】〈WBC 世界スーパーライト〉金相賢が用皆政弘を破り、防衛。
プロレス 10月4日	【東京・蔵前国技館】〈NWF ヘビー、インディアンデスマッチ〉アントニオ猪木がタイガー・ジェット・シンと無効試合。防衛回数にカウントせず。（新日本）
プロレス 10月5日	【セントルイス MO】〈NWA 世界ヘビー〉ハーリー・レイスがブルーザー・ブロディを3本目スモールパッケージホールドで丸め込み、防衛。
プロレス 10月5日	【東京・後楽園ホール】〈AWA vs IWA* 世界ヘビー〉ニック・ボックウィンクルがラッシャー木村*に反則負け、共に防衛。〈IWA 世界タッグ〉マイティ井上＆アニマル浜口が大木金太郎＆上田馬之助の試合放棄で勝利、防衛。試合前の控室、大木と上田はお互いにティームを結成することをいやがり、吉原功社長が出馬して納得させた。〈NWA 世界ジュニアヘビー〉ネルソン・ロイヤルが阿修羅・原とダブルKO、防衛。（国際プロ）
プロレス 10月5日	【ソウル（韓）】〈WWF 格闘技世界ヘビー〉アントニオ猪木がウイレム・ルスカを破り、防衛。〈WWF ジュニアヘビー〉藤波辰巳が呂建夫（星野勘太郎）と両者リングアウト、防衛。韓国各階級の王座戦王座決定戦も行われた。（大韓プロ）

プロレス 10月12日	【北海道・旭川市体育館】〈インターナショナルタッグ〉アブドラ・ザ・ブッチャー&レイ・キャンディがジャイアント馬場&ジャンボ鶴田を破り、獲得。（全日本）
プロレス 10月18日	【福島・郡山市総合体育館】〈インターナショナルタッグ〉ジャイアント馬場&ジャンボ鶴田がアブドラ・ザ・ブッチャー&レイ・キャンディを破り、獲得。（全日本）
ボクシング 10月20日	【サンシティ（南ア）】〈WBA 世界ヘビー王座決定戦〉ジョン・テートがゲリー・コーツィーを破り、獲得。
プロレス 10月21日	【ハノーファー（独）】トーナメント優勝：パット・ローチェ。
ボクシング 10月24日	【秋田市体育館】〈WBA 世界スーパーウェルター〉アユブ・カルレが工藤政志を破り、獲得。
プロレス 10月26日	【長野・松本市総合体育館】〈NWA 世界ヘビー〉ハーリー・レイスがジャンボ鶴田と両者リングアウト引き分け、防衛。翌朝未明、韓国の朴正熙大統領の暗殺が伝えられると、ツアーに同行していた大木金太郎はパニックになった。（全日本）
プロレス 10月26日	【アトランタ GA】スタン・ハンセンがスターリング・ゴールデン（ハルク・ホーガン）とノーコンテスト。

【ハルク・ホーガン】（生）1953（出生地）米（主要王座）WWF 世界ヘビー（初）1977（人物評）1979 年暮、突如 MSG に出現しテッド・デビアスを秒殺した。そして 80 年、新日本に初来日して以来、数度の来日で日本で巧くなったレスラーである。映画「ロッキー3」で名を売った後、84 年 1 月 MSG でアイアン・シーク（前月ボブ・バックランドを破っていた）を破って WWF 世界王者となる。そして、プロモーターのテリトリー制をぶっ壊した、WWF の仁義なき全米侵攻のツールとなった。

ボクシング 10月28日	【東京・蔵前国技館】〈WBA 世界ライトフライ〉具志堅用高がチト・アペラを破り、防衛。（防衛 10）
プロレス 10月30日	【不明（日本）】〈「新格闘術」の世界ライト王座決定戦〉藤原敏男がシープレイ・ガイソンポップ（ルンピニー&ラジャダムナンライト級統一王者）に 7RKO 勝ちし、獲得。
プロレス 10月31日	【名古屋・愛知県体育館】〈NWA 世界ヘビー〉ジャイアント馬場がハーリー・レイスを破り、獲得。（全日本）
プロレス 11月1日	【札幌・中島スポーツセンター】〈NWF ヘビー〉アントニオ猪木がダスティ・ローデスに反則勝ち、防衛。（新日本）
プロレス 11月4日	【メキシコ州・エルトレオ】〈UWA 世界ライトヘビー王座決定戦〉グラン浜田が栗栖正信を破り、獲得。浜田は史上初の UWA3 階級制覇を達成。

1971｜1980

プロレス 11月5日	【宮﨑・串間市総合体育館】〈NWA 世界ヘビー〉ジャイアント馬場がハーリー・レイスを破り、防衛。（全日本）
プロレス 11月7日	【兵庫・尼崎市体育館】〈NWA 世界ヘビー〉ハーリー・レイスがジャイアント馬場を破り、獲得。（全日本）
プロレス 11月8日	【東京・後楽園ホール】〈NWA 世界ヘビー〉ハーリー・レイスがアブドラ・ザ・ブッチャーと両者リングアウト引き分け、防衛。
プロレス 11月13日	【新潟・三条市厚生福祉会館】〈IWA 世界ヘビー〉バーン・ガニアがラッシャー木村にリングアウト勝ち、獲得。（国際プロ）
プロレス 11月14日	【長野・諏訪湖スポーツセンター】〈IWA 世界タッグ、金網〉マイティ井上＆アニマル浜口が上田馬之助＆ヤス藤井を破り、防衛。バーン・ガニアが阿修羅・原を説得力のあるボディスラム一発で破る。（国際プロ）
プロレス 11月16日	【和歌山県立体育館】〈IWA 世界ヘビー〉ラッシャー木村がバーン・ガニアにリングアウト勝ち、獲得。上田馬之助＆鶴見五郎＆モンゴリアン・ストンパーはアレックス・スミルノフ＆ジプシー・ジョー＆キューバン・アサシンというメタクソな６人タッグは上田組の勝ち。（国際プロ）
ボクシング 11月17日	【マラカイ（委）】〈WBA 世界フライ〉ルイス・イバラがベツリオ・ゴンザレスを破り、獲得。
プロレス 11月23日	【セントルイス MO】〈ミズーリ州ヘビー〉ケビン・フォン・エリックがディック・マードックを破り、獲得。
相撲 11月25日	【福岡・九電記念体育館】優勝：三重ノ海（西横綱）14 勝 1 敗、技能賞：増位山（西関脇）、殊勲賞：栃赤城（西前 1）、敢闘賞：玉ノ富士（東小結）
プロレス 11月28日	【徳島市立体育館】〈WWF ヘビー〉アントニオ猪木がボブ・バックランドを破り、獲得。現在 WWE はこれを記録として公認していない。（新日本）
ボクシング 11月30日	【ラスベガス NV】〈WBC 世界ウェルター〉シュガー・レイ・レナードがウィルフレド・ベニテスを破り、獲得。

【シュガー・レイ・レナード】（生）1956（出生地）米（主要王座）WBC 世界ウェルター、WBA 世界スーパーウェルター、WBA 世界ウェルター、WBC 世界ミドル、WBC 世界ライトヘビー、WBC 世界スーパーミドル（初）1977（人物評）1970年代後半から 80 年代にかけてロベルト・デュラン、マービン・ハグラー、トーマス・ハーンズと共に 1980 年代の「中量級黄金の 80 年代」を盛り上げた。爆発的なスピード、芸術的なテクニック、優れたインテリジェンス、スター性を兼ね備えた。網膜剥離が発覚して 82 年 11 月、引退を発表するが、86 年にカムバックを決意し、87 年 4 月ハグラーに挑戦し僅差の判定で WBC 世界ミドル級タイトルを獲得した。

ボクシング 11月30日	【ニューオリンズ LA】〈WBA 世界ライトヘビー〉マービン・ジョンソンがビクトル・ガリンデスを破り、獲得。
プロレス 12月4日	【大阪府立体育館】〈NWF ヘビー〉アントニオ猪木がペドロ・モラレスを破り、防衛。(新日本)
プロレス 12月4日	【東京・後楽園ホール】〈IWA 世界ヘビー〉ラッシャー木村がモンゴリアン・ストンパーを破り、防衛。(国際プロ)
プロレス 12月6日	【東京・蔵前国技館】〈WWF ヘビー〉アントニオ猪木がボブ・バックランドと、タイガー・ジェット・シンの乱入もあり無効試合、防衛。が、猪木は「内容を不服として」返上。(新日本)
プロレス 12月6日	【トロント(加)】〈WWF ヘビー〉ボブ・バックランドがパット・パターソンにリングアウト負け、防衛。
プロレス 12月13日	【東京・蔵前国技館】「世界最強タッグリーグ」〈公式戦〉ドリー・ファンク・ジュニア&テリー・ファンクがアブドラ・ザ・ブッチャー&ザ・シークを破り、優勝。(全日本)
その他 12月13日	【京都府立体育館】〈WWF 格闘技世界ヘビー〉アントニオ猪木がキム・クロケード(空手)を破る。(新日本)
プロレス 12月16日	【シンデルフィンゲン(独)】ローランド・ボックがアンドレ・ザ・ジャイアントとの試合で、崩れながらもスープレックスで投げる。しかし、翌々日心臓発作で倒れる。
プロレス 12月17日	【ニューヨーク NY・MSG】〈NWA 世界ヘビー〉ハーリー・レイスがダスティ・ローデスと引き分け、防衛。〈WWF ヘビー王座決定戦〉ボブ・バックランドがボビー・ダンカン破り、獲得。アメリカではアントニオ猪木の WW 王座奪取は知らされていなかった。〈NWF ヘビー〉アントニオ猪木がハッサン・アラブ(アイアン・シーク)を破り、防衛。ハルク・ホーガンがテッド・デビアスに快勝し、MSG デビューを飾る。
プロレス 12月19日	【ロンドン(英)】〈世界ヘビー〉ウエイン・ブリッジが、スパイロス・アリオンを破り、獲得。(ジョイントプロモーション)
プロレス 12月22日	【ブレーメン(独)】「トーナメント」優勝:イワン・ストゴロフ。
社会	韓国・ソウルで朴正熙大統領が暗殺される。(10 月 26 日)
ボクシング	【不明(米)】USBA(全米ボクシング協会)が結成される。NABF(北米ボクシング連盟)のカナダを除くアメリカの各州の加盟州が母体。
その他	【MVP】〈相撲・報知新聞年間最優秀力士〉北の湖敏満〈相撲・年間最多勝〉北の湖敏満、77 勝 13 負 0 休〈ボクシング・日本・コミッション〉具志堅用高〈ボクシング・アメリカ・リング誌〉シュガー・レイ・レナード〈プロレス・日本・東京スポーツ〉ジャイアント馬場〈プロレス・メキシコ・ルチャリブレ誌&エルアルコン誌〉カネック

1971
|
1980

1980年

プロレス 1月2日
【東京・後楽園ホール】〈バトルロイヤル〉優勝：ビル・ロビンソン（全日本）

ボクシング 1月3日
【東京・後楽園ホール】〈WBC 世界ライトフライ〉中島成雄が金性俊を破り、獲得。

【中島成雄】（生）1954（出生地）茨城（主要王座）WBC 世界ライトフライ（初）1976（人物評）不利な予想の中、1980 年 1 月、金性俊判定で降し WBC 世界ライトフライ級王座を獲得した。この段階で、具志堅の WBA と合わせ、日本はこの王座を独占した。しかし 3 月のイラリオ・サパタと初防衛に 15 回判定で敗れ、王座から陥落し、9 月のリターンマッチも KO 負けした。シャープなファイターであったが、性格が暢気で、世界王者としての長期政権を築くことができなかった。

プロレス 1月4日
【セントルイス MO】〈NWA 世界ヘビー〉ハーリー・レイスがデビッド・フォン・エリックと引き分け、防衛。〈WWF ヘビー〉ボブ・バックランドがトム・アンドリュースを破り、防衛。

プロレス 1月7日
【大阪府立体育館】〈IWA 世界ヘビー〉ラッシャー木村がキラー・カール・クラップを破り、防衛。（国際プロ）

プロレス 1月11日
【ロサンゼルス CA】〈NWA 挑戦者決定バトルロイヤル〉優勝：アンドレ・ザ・ジャイアント。

プロレス 1月17日
【メキシコ州・エルトレオ】〈UWA 世界ヘビー〉タイガー・ジェット・シンがカネックを破り、獲得。

相撲 1月20日
【東京・蔵前国技館】優勝：三重ノ海（東横綱）15 勝、技能賞：増位山（東関脇）、殊勲賞：栃赤城（西関脇）、敢闘賞：琴風（西前 14）

ボクシング 1月22日
【東京・後楽園ホール】〈WBA 世界フェザー〉エウセビオ・ペドロサがスパイダー根本を破り、防衛。

プロレス 1月22日
【長野・諏訪湖スポーツセンター】〈PWF ヘビー〉ジャイアント馬場がブルーザー・ブロディを破り、防衛。（全日本）

プロレス 1月26日
【岡山武道館】〈WWF ジュニアヘビー級挑戦者決定戦〉ダイナマイト・キッドがスキップ・ヤングを破る。この試合、キッドによるヤングへの制裁マッチと化す。（新日本）

プロレス 1月26日
【サンフランシスコ CA・カウパレス】〈バトルロイヤル〉優勝：レイ・スティーブンス

ボクシング 1月27日
【大阪府立体育館】〈WBA 世界ライトフライ〉具志堅用高が金龍鉉を破り、防衛。（防衛 11）

プロレス 1月28日
【愛知・蒲郡市民体育館】〈IWA 世界ヘビー〉ラッシャー木村がキラー・カール・クラップを破り、防衛。（国際プロ）

プロレス 2月1日	【札幌・中島スポーツセンター】〈NWA世界ジュニアヘビーインターナショナル〉藤波辰巳がスティーブ・カーンを破り、獲得。最後についた「インターナショナル」が、この王座の来歴の苦しさを物語る。（新日本）
ボクシング 2月2日	【カラカス（委）】〈WBC世界スーパーフライ王座決定戦〉ラファエル・オロノが李承勲を破り、獲得。
ボクシング 2月2日	【フェニックスAZ】〈WBC世界フェザー〉サルバドル・サンチェスがダニー・ロペスを破り、獲得。
プロレス 2月8日	【東京都体育館】〈NWFヘビー〉スタン・ハンセンがアントニオ猪木を破り、獲得。（新日本）
プロレス 2月11日	【タルサOK】〈NWA世界ジュニアヘビー王座決定戦〉ロン・スターがレス・ソントンを破り、獲得。しかし翌3月10日、プロモーターのマクガークがいきなりスターから王座を剥奪し、ソントンに授与した。
プロレス 2月12日	【タンパFL】「ガスパリーラ・スペクタキュラー」〈NWA世界ジュニアヘビーインターナショナル〉藤波辰巳がスティーブ・カーンを破り、防衛。ダスティ・ローデス＆アンドレ・ザ・ジャイアントがハーリー・レイス＆バグジー・マグローを破る。
プロレス 2月14日	【沖縄市体育館】〈PWFヘビー〉ジャイアント馬場がキラー・トーア・カマタを破り、防衛。（全日本）
プロレス 2月15日	【ハリウッドFL】〈NWA世界ジュニアヘビーインターナショナル〉マイク・グラハムが藤波辰巳を破り、獲得。
ボクシング 2月17日	【ソウル（韓）】〈WBA世界フライ〉金泰式がルイス・イバラを破り、獲得。
ボクシング 2月23日	【ソウル（韓）】〈WBC世界スーパーライト〉ソウル・マンビーが金相賢を破り、獲得。
その他 2月27日	【東京・蔵前国技館】〈WWF格闘技世界ヘビー〉アントニオ猪木がウイリー・ウイリアムスと両者ドクターストップ、防衛。プロモートには黒崎健時、梶原一騎も加わった。（新日本） 【黒崎健時】（生）1930（出生地）栃木（人物評）元・極真会館最高師範（七段）で、キックボクシング・目白ジム、新格闘術・黒崎道場、黒崎総合格闘技スクールを主宰した。ウィリー・ウィリアムス対アントニオ猪木戦のプロモートにも梶原一騎と共に携わった。
プロレス 2月29日	【メキシコシティ・アレナメヒコ】〈NWA世界ミドル〉佐山聡がサングレ・チカナを破り、防衛。〈NWA世界ライトヘビー〉アルフォンソ・ダンテスが栗栖正信を破り、防衛。アンドレ・ザ・ジャイアント＆ミル・マスカラスがコロソ・コロセッティ＆TNTを破る。アンドレ唯一のEMLL参戦。

1971 - 1980

プロ格闘技年表事典　379

ボクシング 3月2日	【デトロイト MI】〈WBA 世界ライト〉ヒルマー・ケンティがエルネスト・エスパーニャを破り、獲得。
プロレス 3月8日	【鹿児島県立体育館】〈IWA 世界ヘビー〉ラッシャー木村がモンゴリアン・ストンパーを破り、防衛。(国際プロ)
プロレス 3月15日	【川崎市体育館】〈WWWA 世界シングル(女子)〉モンスター・リッパーがジャッキー佐藤を破り、獲得。1980 年 8 月 8 日剥奪
ボクシング 3月16日	【ラスベガス NV】〈世界ミドル〉アラン・ミンターがビト・アンツォフェルモを破り、獲得。
相撲 3月23日	【大阪府立体育館】優勝:北の湖(西横綱)13 勝 2 敗、技能賞:千代の富士(東前 3)、殊勲賞:朝汐(西前 2)、敢闘賞:琴風(東前 1)
ボクシング 3月24日	【東京・蔵前国技館】〈WBC 世界ライトフライ〉イラリオ・サパタが中島成雄を破り、獲得。
プロレス 3月28日	【メキシコシティ・アレナメヒコ】〈NWA 世界ミドル〉エル・サタニコが佐山聡を破り、獲得。
ボクシング 3月31日	【ノックスビル TN】〈WBA 世界ヘビー〉マイク・ウィーバーがジョン・テートを破り、獲得。〈WBA 世界ライトヘビー〉エディ・ムスタファ・ムハマド(エディ・グレゴリー)がマービン・ジョンソンを破り、獲得。
ボクシング 3月31日	【ラスベガス NV】〈WBC 世界クルーザー王座決定戦〉マービン・カメルがマイト・パーロフを破り、獲得。
プロレス 3月31日	【東京・後楽園ホール】〈IWA 世界ヘビー〉ラッシャー木村がジョニー・パワーズをリングアウトで破り、防衛。〈AWA 世界ヘビー〉ニック・ボックウィンクルは大木金太郎と両者リングアウト、防衛。以上、レフェリー、ルー・テーズ。〈WWU 世界ジュニアヘビー〉阿修羅・原は剛竜馬に反則勝ち、防衛。〈IWA 世界タッグ〉アニマル浜口&マイティ井上は木村健吾&永源遙に反則勝ち、防衛。(国際プロ)
ボクシング 4月2日	【ロサンゼルス CA】〈WBA 世界バンタム〉ホルヘ・ルハンが磯上秀一を破り、防衛。
ボクシング 4月3日	【奈良市中央体育館】〈WBA 世界スーパーフェザー〉サムエル・セラノがバトルホーク風間を破り、防衛。
プロレス 4月3日	【東京・蔵前国技館】〈NWF ヘビー〉アントニオ猪木がスタン・ハンセンを破り、獲得。(新日本)
プロレス 4月4日	【川崎市体育館】〈NWA 世界ジュニアヘビーインターナショナル〉藤波辰巳がマイク・グラハムを破り、獲得。(新日本)
プロレス 4月13日	【メキシコ州・エルトレオ】〈UWA 世界ヘビー〉アントニオ猪木がタイガー・ジェット・シンを破り、獲得。
プロレス 4月16日	【マイアミ FL】〈WWF ヘビー〉ボブ・バックランドがアントニオ猪木に反則勝ち、防衛。

プロレス 4月18日	【ロサンゼルス CA】〈アメリカスヘビー〉スポイラー２号（ロン・スター）がチャボ・ゲレロを破り、獲得。
プロレス 4月21日	【ロンドン（英）】〈世界ヘビー〉ジョン・クインが、ウエイン・ブリッジを破り、獲得。しかし、クインは10月、オールスタープロモーションにベルトをもったまま移ってしまう。オールスタープロモーションは同王座を認定。ジョイントプロモーションは同王座を新設。（ジョイントプロモーション）
プロレス 4月21日	【ニューヨーク NY・MSG】〈WWFインターコンチネンタル〉ケン・パテラがパット・パターソンを破り、獲得。
プロレス 4月25日	【セントルイス MO】〈NWA 世界ヘビー〉ハーリー・レイスがリック・フレアーを破り、防衛。〈ミズーリ州ヘビー〉ケン・パテラがケビン・フォン・エリックを破り、獲得。
プロレス 4月30日	【青森・弘前市民体育館】〈IWA 世界ヘビー〉ラッシャー木村がジョー・ルダックを破り、防衛。（国際プロ）
プロレス 5月1日	【福岡・九電記念体育館】「チャンピオンカーニバル」〈決勝〉ジャンボ鶴田がディック・スレーターを破り、優勝。（全日本）
ボクシング 5月4日	【シアトル WA】〈WBA 世界スーパーバンタム〉レオ・ランドルフがリカルド・カルドナを破り、獲得。
プロレス 5月9日	【福岡スポーツセンター】〈NWF ヘビー〉アントニオ猪木がスタン・ハンセンに反則勝ち、防衛。（新日本）
プロレス 5月10日	【青森・八戸市体育館】〈IWA 世界ヘビー〉ラッシャー木村がマイク・ジョージと両者リングアウト、防衛。（国際プロ）
プロレス 5月15日	【埼玉・大宮スケートセンター】〈インターナショナル〉大木金太郎がジョー・ルダックを破り、防衛。（国際プロ）
ボクシング 5月18日	【ソウル（韓）】〈WBC 世界フライ〉大熊正二が朴賛希を破り、獲得。この日韓国の歴史を揺るがした「光州事件」が勃発し、ソウルには戒厳令が敷かれていた。
相撲 5月25日	【東京・蔵前国技館】優勝：北の湖（東横綱）14勝１敗、技能賞：該当者なし、殊勲賞：琴風（西関脇）、朝汐（東小結）、敢闘賞：栃光（西前10）、舛田山（西前13）
プロレス 5月27日	【秋田県立体育館】〈NWA 世界ヘビー〉ハーリー・レイスがタイガー戸口を破り、防衛。（全日本）
プロレス 5月27日	【大阪府立体育館】〈WWF ヘビー〉ボブ・バックランドがダスティ・ローデスに反則勝ち、防衛。（新日本）
プロレス 5月28日	【札幌・中島スポーツセンター】〈NWA 世界ヘビー〉ハーリー・レイスがジャンボ鶴田と時間切れ引き分け、防衛。（全日本）
ボクシング 6月1日	【高知県民体育館】〈WBA 世界ライトフライ〉具志堅用高がマルチン・バルガスを破り、防衛。（防衛12）（年間ベストバウト）
プロレス 6月4日	【名古屋・愛知県体育館】〈WWF ヘビー〉ボブ・バックランドがスタン・ハンセンに反則勝ち、防衛。

**1971
|
1980**

プロ格闘技年表事典　381

プロレス 6月5日	【東京・蔵前国技館】「MSG リーグ」〈決勝〉アントニオ猪木がスタン・ハンセンを破り、優勝。(新日本)
ボクシング 6月11日	【東京・日本武道館】〈WBC 世界バンタム〉ルペ・ピントールが村田英次郎と引き分け、防衛。
ボクシング 6月20日	【モントリオール(加)】〈WBC 世界ウェルター〉ロベルト・デュランがシュガー・レイ・レナードを破り、獲得。
プロレス 6月22日	【ミネアポリス MN】〈AWA 世界ヘビー〉ニック・ボックウィンクルがジャンボ鶴田に反則負け、防衛。〈PWF ヘビー〉ジャイアント馬場がスーパー・デストロイヤー・マークⅡ(サージャント・スローター)を破り、防衛。
プロレス 6月27日	【メキシコシティ・アレナメヒコ】〈NWA 世界ジュニアヘビー〉レス・ソントンがアルフォンソ・ダンテスを破り、防衛。
プロレス 6月28日	【デトロイト MI】〈デトロイト版世界タッグ〉ジャイアント馬場&ジャンボ鶴田がランディ・スコット&ジョン・ボネロを破り、獲得。すぐに返上した。
プロレス 6月29日	【東京・後楽園ホール】〈IWA 世界タッグ王座決定戦〉ストロング小林&永源遙がマイティ井上&寺西勇にリングアウト勝ち、獲得。(国際プロ)
プロレス 6月29日	【トロント(加)】〈ミッドアトランティック版世界タッグ〉レイ・スティーブンス&ジミー・スヌーカがリッキー・スティムボート&ジェイ・ヤングブラッドとカーフューにより引き分け。〈インターナショナルタッグ〉ジャイアント馬場&ジャンボ鶴田がブルーザー・ブロディ&スコット・アーウィンを破り、防衛。
プロレス 7月1日	【大阪府立体育館】〈インターナショナル〉大木金太郎がジプシー・ジョーを破り、防衛。(国際プロ)
プロレス 7月4日	【カルガリー(加)】「スタンピード・ウィーク」〈NWA 世界ヘビー〉ハーリー・レイスがヘラクレス・アヤラを破り、防衛。
ボクシング 7月13日	【マカフィー NJ】〈WBC 世界ライトヘビー〉マシュー・サード・ムハマドがアルバロ・ヤキ・ロペスを破り、防衛。(年間ベストバウト)
プロレス 7月13日	【兵庫・八鹿町民体育館】〈IWA 世界ヘビー〉ラッシャー木村がランディ・タイラーを破り、防衛。(国際プロ)
プロレス 7月15日	【静岡・富士市民体育館】〈IWA 世界タッグ〉マイティ井上&アニマル浜口がストロング小林&永源遙に反則勝ち、獲得。(国際プロ)
プロレス 7月17日	【東京・蔵前国技館】〈UWA 世界ヘビー〉アントニオ猪木がタイガー・ジェット・シンを破り、防衛(新日本)
プロレス 7月18日	【シカゴ IL】〈AWA 世界ヘビー〉バーン・ガニアがニック・ボックウィンクルを破り、獲得。これは、翌年のガニア引退に向け、最後の箔付けだった。

その他 **7月19日**	【モスクワ（ソ連）】夏季オリンピックが開幕。〈ボクシング〉ウェルター銀：ジョン・ムガビ、ライトヘビー金：スロボタン・カッチャー（8月3日まで）
相撲 **7月20日**	【名古屋・愛知県体育館】優勝：北の湖（東横綱）15勝、技能賞：千代の富士（西前2）、殊勲賞：朝汐（西関脇）、敢闘賞：栃赤城（西張前2）、隆ノ里（東前12）
プロレス **7月20日**	【デンバーCO】〈AWA世界タッグ〉アドリアン・アドニス＆ジェシー・ベンチュラが、バーン・ガニア＆マッドドッグ・バションに不戦勝、獲得。
プロレス **7月23日**	【北九州市・西日本総合展示場】〈NWA世界ジュニアヘビーインターナショナル王座決定戦〉木村健吾がブレット・ハートを破り、獲得。（新日本）
プロレス **7月26日**	【北海道・深川市】マイティ井上＆寺西勇が鶴見五郎＆大位山勝三を破る。俗に言う、「第2次ビッグサマーシリーズ」の開幕戦がこの日。国際プロレスは試合結果を公表せず、さらに、同行するマスコミがいなかったため、試合記録が残っていないシリーズである。外人レスラーは27日までが5人。スパイク・ヒューバー、ランディ・タイラーが先に帰国。
ボクシング **7月28日**	【東京・蔵前国技館】〈WBC世界フライ〉大熊正二が金性俊を破り、防衛。
ボクシング **8月2日**	【デトロイトMI】〈WBA世界ウェルター〉トーマス・ハーンズがホセ・クエバスを破り、獲得。〈WBA世界スーパーフェザー〉上原康恒がサムエル・セラノを破り、獲得。

【トーマス・ハーンズ】（生）1958（出生地）米（主要王座）WBA世界ウェルター、WBC世界スーパーウェルター、WBC世界ライトヘビー、WBC世界ミドル、WBO世界スーパーミドル、WBA世界ライトヘビー（初）1977（人物評）マービン・ハグラー、シュガー・レイ・レナード、ロベルト・デュランらと共に「中量級黄金の80年代」を創った。身長185cm、リーチ198cmという中量級選手としては恵まれた体格からのフリッカージャブとマシンガンのようなラッシュ攻撃で一斉を風靡し、史上初めて5階級を制覇した。しかしながら、グラスジョーといわれる脆さもあった。

【上原康恒】（生）1949（出生地）沖縄（主要王座）WBA世界スーパーフェザー（初）1972（人物評）日本大学在学時にライト級、ライトウェルター級の2階級を制覇した。アマチュア通算117勝8敗の抜群な成績で、協栄ボクシングジムと契約、契約金は当時日本プロボクシング史上最高の1,000万円だった。1980年8月、30歳にして敵地デトロイトでサムエル・セラノから王座を奪取した試合は、5Rまで劣勢を強いられたが、

1971
|
1980

プロ格闘技年表事典　383

金平会長の「好きなようにやってみろ」のアドバイスで 6R に右フック一発で逆転の KO 勝ちだった。

ボクシング 8月2日	【シンシナティ OH】〈WBA 世界スーパーライト〉アーロン・プライヤーがアントニオ・セルバンテスを破り、獲得。
プロレス 8月2日	【ニューオリンズ LA・スーパードーム】〈金網・ドッグ・カラー・マッチ〉ジャンクヤード・ドッグはマイケル・ヘイズを破る。アンドレ・ザ・ジャイアントはハルク・ホーガンを破る。（観衆26,000 人）
プロレス 8月3日	【タンパ FL】（デスマッチ）ダスティ・ローデスがハーリー・レイスを破る。〈WWF ヘビー〉ボブ・バックランドがドン・ムラコを破り、防衛。アンドレ・ザ・ジャイアントがスーパー・デストロイヤーを破る。（観衆 18,000 人）
プロレス 8月8日	【セントルイス MO】〈NWA 世界ヘビー〉ハーリー・レイスがケン・パテラを破り、防衛。レフェリー、ルー・テーズ。
プロレス 8月8日	【ヒューストン TX】チャボ・ゲレロがツイン・デビル 2 号を破り、エル・アルコンとのコンビでツイン・デビルスを破る。ケリー・フォン・エリックがティム・ブルックスと引き分け。チャボ・ゲレロのヒューストン登場。これは、チャボのロサンゼルス地区への決別を意味し、新日本から全日本へのジャンプの準備である。またこの日をもって、エリック家がヒューストンのリングに上がることはなくなり、それはヒューストンがダラス地区とは別のテリトリーとなったことを意味する。
ボクシング 8月9日	【スポーケン WA】〈WBA 世界スーパーバンタム〉セルヒオ・パルマがレオ・ランドルフを破り、獲得。
プロレス 8月9日	【ニューヨーク NY・シェイスタジアム】ブルーノ・サンマルチノがラリー・ズビスコを破る。この抗争は受けに受けた。〈WWFタッグ〉ボブ・バックランド＆ペドロ・モラレスがザ・サモアンズ（アファ・サモアン＆シカ・サモアン）を破り、獲得。すぐに返上。〈NWF ヘビー〉アントニオ猪木がラリー・シャープを破り、防衛。〈WWF ジュニアヘビー〉藤波辰巳がチャボ・ゲレロを破る。アンドレ・ザ・ジャイアントがハルク・ホーガンを破る。
プロレス 8月22日	【東京・品川プリンスホテルゴールドホール】〈WWF ヘビー〉ボブ・バックランドがアントニオ猪木にリングアウト負け、防衛。（新日本）
ボクシング 8月29日	【マイアミビーチ FL】〈WBA 世界バンタム〉フリアン・ソリスがホルヘ・ルハンを破り、獲得。
プロレス 9月1日	【鹿児島・鹿屋市体育館】〈NWA 世界ヘビー〉ハーリー・レイスがジャンボ鶴田と両者リングアウト引き分け、防衛。（全日本）
プロレス 9月4日	【佐賀・スポーツセンター】〈NWA 世界ヘビー〉ジャイアント馬場がハーリー・レイスを破り、獲得。（全日本）

384　プロ格闘技年表事典

プロレス 9月8日	【ルイビル KY】〈CWA 世界ヘビー〉ビル・ロビンソンがルー・テーズを破り、防衛。
プロレス 9月10日	【滋賀・大津市皇子ケ丘公園体育館】〈NWA 世界ヘビー〉ハーリー・レイスがジャイアント馬場を破り、獲得。（全日本）
プロレス 9月11日	【大阪府立体育館】〈NWF ヘビー〉アントニオ猪木がスタン・ハンセンにリングアウト勝ち、防衛。（新日本）
プロレス 9月12日	【愛知・一宮市産業体育館】〈NWA 世界ヘビー〉ハーリー・レイスがミル・マスカラスと両者リングアウト引き分け、防衛。（全日本）
プロレス 9月13日	【メキシコ州・パラシオ】〈異種格闘技戦〉レイ・メンドーサがジ・エイプマン（米国フルコンタクト）との3分5ラウンド制3本勝負で、4R、5R 共にコブラツイストのストレート勝ち。この試合は「この年最も劇的な試合」と評された。
ボクシング 9月17日	【岐阜市民センター】〈WBC 世界ライトフライ〉イラリオ・サパタが中島成雄を破り、防衛。
相撲 9月20日	【東京・蔵前国技館】秋場所7日目、貴ノ花対高見山戦、高見山の左小手投げと貴ノ花の右掬い投げの打ち合いで軍配は貴ノ花に。しかし、物言いがつき、貴ノ花の髷の先端がわずかに早く土俵に付いたとして、高見山の勝ちとなった。投げの打ち合いの際、貴ノ花は手を付かず顔から落ち鼻を土俵に強打して出血した。いや、その前に髷から落ちたのであった。これも貴ノ花の強靭な足腰ゆえである。貴ノ花は翌々場所に引退し、牛若丸と弁慶との対決にもたとえられたこの対戦は、これが最後となった。
プロレス 9月20日	【静岡・焼津市スポーツセンター】〈インターナショナル〉大木金太郎がブル・ドロモを破り、防衛。（国際プロ）
プロレス 9月22日	【ニューヨーク NY・MSG】〈NWA 世界ヘビー* vs WWF ヘビー〉ハーリー・レイス* がボブ・バックランドに反則負け、共に防衛。
プロレス 9月25日	【広島県立体育館】〈NWF ヘビー〉アントニオ猪木がスタン・ハンセンを破り、防衛。（新日本）
プロレス 9月26日	【メキシコシティ・アレナメヒコ】「アニベルサリオ」〈NWA 世界ミドル〉サングレ・チカナがエル・ファンタスマを破り、防衛。
ボクシング 9月27日	【ロンドン（英）】〈世界ミドル〉マービン・ハグラーがアラン・ミンターを破り、獲得。
相撲 9月28日	【東京・蔵前国技館】優勝：若乃花（西横綱）14勝1敗、技能賞：千代の富士（東小結）、殊勲賞：隆ノ里（西前1）、敢闘賞：青葉山（東前10）、隆ノ里（西前1）
プロレス 9月30日	【東京・日本武道館】〈NWF ヘビー〉アントニオ猪木がケン・パテラを破り、防衛。〈WWF ヘビー〉ボブ・バックランドがスタン・ハンセンに反則勝ち、防衛。（新日本）
ボクシング 10月2日	【ラスベガス NV】〈WBA 世界ヘビー〉ラリー・ホームズがモハメド・アリを破り、獲得。

1971 | 1980

プロレス 10月4日	【滋賀・近江八幡市立運動公園体育館】〈IWA世界ヘビー〉ラッシャー木村がジョン・クインにリングアウト勝ち、防衛。〈インターナショナルヘビー〉大木金太郎が上田馬之助と両者リングアウト、防衛。〈IWA世界タッグ〉マイティ井上＆アニマル浜口がアレックス・スミルノフ＆ザ・USSR（チャーリー・フルトン）と両者リングアウト、防衛。（国際プロ）
プロレス 10月5日	【金沢・卯辰山相撲場】〈インターナショナル、金網〉大木金太郎がアレックス・スミルノフを破り、防衛。〈IWA世界タッグ〉マイティ井上＆アニマル浜口がロン・バス＆ドン・バスを破り、防衛。マスコミからの金網デスマッチ、タイトルマッチの乱発批判を避けるため、新聞発表ではすべてノンタイトル。しかも、スミルノフの格の維持のため、新聞発表では大木戦は反則負け。末期の国際プロレスでしばしば起きていた現象である。（国際プロ）
プロレス 10月11日	【埼玉・越谷市体育館】〈IWA世界ヘビー〉ラッシャー木村がロン・バスを破り、防衛。（国際プロ）
ボクシング 10月12日	【石川・金沢実践倫理会館】〈WBA世界ライトフライ〉具志堅用高がペドロ・フローレスを破り、防衛。（防衛13）
プロレス 10月13日	【名古屋・愛知県体育館】〈PWFヘビー〉ジャイアント馬場がビル・ロビンソンと両者リングアウト引き分け、防衛。（全日本）
ボクシング 10月18日	【仙台・宮城県スポーツセンター】〈WBC世界フライ〉大熊正二が朴賛希を破り、防衛。
プロレス 10月18日	【マンチェスター（英）・ベルビュー】サミー・リー（佐山）がマーク・ロコを破る。
プロレス 10月24日	【沖縄・那覇市奥武山体育館】〈UWA世界ヘビー〉タイガー・ジェット・シンがアントニオ猪木に反則勝ち、獲得。（新日本）
プロレス 10月26日	【ハノーファー（独）】トーナメント優勝：アクセル・デイター。
プロレス 11月3日	【東京・蔵前国技館】〈NWFヘビー〉アントニオ猪木がハルク・ホーガンを破り、防衛。〈NWA世界ジュニアヘビーインターナショナル〉チャボ・ゲレロが木村健吾を破り、獲得。（新日本）
プロレス 11月7日	【セントルイスMO】〈NWA世界ヘビー* vs WWFヘビー〉ハリー・レイス*がボブ・バックランドに反則勝ち、共に防衛。
ボクシング 11月14日	【マイアミFL】〈WBA世界バンタム〉ジェフ・チャンドラーがフリアン・ソリスを破り、獲得。
ボクシング 11月20日	【東京・蔵前国技館】〈WBA世界スーパーフェザー〉上原康恒がライオネル・ヘルナンデスを破り、防衛。
プロレス 11月21日	【セントルイスMO】〈ミズーリ州ヘビー〉テッド・デビアスがケン・パテラを破り、獲得。
プロレス 11月22日	【和歌山・新宮市総合体育館】〈IWA世界ヘビー〉ラッシャー木村がアレックス・スミルノフを破り、防衛。（国際プロ）

| 相撲 11月23日 | 【福岡・九電記念体育館】優勝：輪島（東張横）14勝1敗、技能賞：千代の富士（東関脇）、殊勲賞：舛田山（東前3）、隆ノ里（西関脇）、敢闘賞：佐田の海（西前12） |

| ボクシング 11月25日 | 【ニューオリンズLA・スーパードーム】〈WBC世界ウェルター〉シュガー・レイ・レナードがロベルト・デュランを8R棄権で破り、獲得。〈WBC世界クルーザー〉カルロス・デ・レオンがマービン・カメルを破り、獲得。 |

| プロレス 12月8日 | 【ニューヨークNY・MSG】〈WWFインターコンチネンタル〉ペドロ・モラレスがケン・パテラを破り、獲得。 |

| プロレス 12月10日 | 【大阪府立体育館】「MSGタッグリーグ」〈決勝〉アントニオ猪木＆ボブ・バックランドがスタン・ハンセン＆ハルク・ホーガンを破り、優勝。（新日本） |

| ボクシング 12月11日 | 【ロサンゼルスCA】〈WBC世界スーパーフェザー王座決定戦〉ラファエル・リモンがイデルフォンソ・ベセルミーを破り、獲得。〈WBA世界フライ〉ピーター・マセブラが金泰式を破り、獲得。 |

| プロレス 12月11日 | 【東京・蔵前国技館】「世界最強タッグリーグ」〈公式戦〉ジャイアント馬場＆ジャンボ鶴田はドリー・ファンク・ジュニア＆テリー・ファンクにリングアウト勝ち、ポイントで優勝（年間ベストバウト）。アブドラ・ザ・ブッチャー＆トーア・カマタは、ザ・シーク＆グレート・メフィストと両者リングアウト。ニック・ボックウィンクルがビル・ロビンソンを相手に30分時間切れ引き分け。（全日本） |

| プロレス 12月13日 | 【東京都体育館】アントニオ猪木＆ダスティ・ローデスがスタン・ハンセン＆タイガー・ジェット・シンと両者リングアウトで引き分け。〈IWA世界ヘビー〉ラッシャー木村がストロング小林を破り、防衛。（新日本） |

| プロレス 12月16日 | 【東京・大田区体育館】〈WWWA世界シングル（女子）〉〈WWWA世界シングル〉ジャッキー佐藤がナンシー久美を破り、獲得。 |

| プロレス 12月17日 | 【ロンドン（英）・ロイヤルアルバートホール】サミー・リー（佐山）＆ダイナマイト・キッドがタッグを結成。マーク・ロコ＆トーリー・ホー・ケイを破る。 |

| プロレス 12月29日 | 【ニューヨークNY・MSG】〈NWFヘビー〉アントニオ猪木がボビー・ダンカンを破り、防衛。 |

| その他 | 【MVP】〈相撲・報知新聞年間最優秀力士〉北の湖敏満〈相撲・年間最多勝〉北の湖敏満、77勝13負0休〈ボクシング・日本・コミッション〉具志堅用高〈ボクシング・アメリカ・リング誌〉トーマス・ハーンズ〈プロレス・日本・東京スポーツ〉アントニオ猪木〈プロレス・メキシコ・ルチャリブレ誌＆エルアルコン誌〉フィッシュマン |

1971 ｜ 1980

1981−1990年

格闘思想家、佐山聡が覆面レスラー、タイガーマスク（初代）として数々の伝説を作ったのは、2年と5ヶ月であった。

◆相撲

　1981年1月場所、優勝は東関脇の千代の富士。それは千代の富士時代の幕開けであった。千代の富士は同年7月場所後、横綱に昇進した。

　蔵前国技館は84年9月場所をもって役割を終え、85年1月場所から国技館の場所は再び両国となった。この年30の大台に乗る千代の富士、しかし依然彼の時代は続いた。そして88年5月場所から11月場所にかけ、横綱の大乃国に敗れるまで53連勝を遂げた。

　この53連勝に疑惑があるのは事実である。しかし「ガチンコでもどうせ負けるのだから金をもらっておこう」の証言は、寺尾戦での送り吊り倒しに例えられる千代の富士の強さを逆に証明することになる。

　千代の富士に覇権を許した存在として北尾（横綱昇進後は双羽黒）を挙げておく。86年5月場所、あの小錦を鯖折りで破るなど、素質では歴代ピカイチであった。が、そのナマクラぶり、そして素行の悪さから87年暮に実質追放は、罪が重い。

◆ボクシング

　80年代はスーパーフライ級、クルーザー級、スーパーミドル級、ミニマム級と階級が増えた。さらに83年にIBF、88年にWBOと、王座認定団体も増えた。しかし、日本プロボクシングコミッションは権威の維持のためIBF、WBOには加盟しなかった。

　81年の具志堅引退の翌82年、WBA世界スーパーフライ級王座を奪取した渡辺二郎は84年には一瞬ではあるが、WBA、WBCの統一王者となった。86年渡辺が王座から陥落すると、日本人が世界戦に負け続ける「冬の時代」が到来する。冬が終わるのは大橋秀行がWBC世界ミニマム級王座を奪取する90年2月、すでに時代は平成であった。

海外では、70年代末からのシュガー・レイ・レナード、マービン・ハグラー、トーマス・ハーンズ、ロベルト・デュランの4強による「中量級黄金時代」がビッグビジネスとなっていた。それに対し、マイク・タイソンは世間の耳目をヘビー級に戻す存在となった。

◆プロレス

　1981年に国際プロレスが崩壊し、日本の男子団体は新日本プロレス、全日本プロレスだけとなる。この年出現したタイガーマスク(初代)は力道山時代以来のブームを巻き起こし、翌年の長州力の大化けはブームを持続させた。しかし84年、新日本は分裂し、UWF、ジャパンプロレスの独立を許す。その84年にブレイクしたクラッシュギャルズ(長与千種&ライオネス飛鳥)は、70年代のビューティー・ペアに続く女子プロレスブームを起こした。

　84年、WWF（79年にWWWFから改称）は、東部から他の地区に進出、全米、世界規模の団体へと脱皮する。テリトリー制は崩壊し、NWA、AWAを弱体化させた。

　86年、新日本のリングに帰参し激闘を重ねた前田日明は88年にUWFを再旗揚げしブレイク、全国区的な存在となった。また、87年全日本の
リングを「天龍革命」で活性化させた天龍源一郎は、日本の業界を支える柱となっていく。

◆その他

　1980年代、衰え始めたアントニオ猪木は「プロレス最強」に応えられなくなってきていた。忘れたころになって行われる異種格闘技戦も見るに値する

プロ格闘技年表事典　391

内容ではなかった。猪木に代わって応えたのがかつての猪木の弟子、前田日明だった。

　84年、新日本プロレス内のひょんな事情から誕生したUWFは、前田をエースとし「道場でやっていることをそのまま見せる」ことで幻想が広がっていった。新日本プロレスの道場で一番シビアな稽古に明け暮れていた藤原喜明を中心とするグループ、さらには猪木の師匠で旗揚げ以来新日本のコーチでもあったカール・ゴッチも追随した。

　86年から88年初頭にかけ、UWFのレスラー達は一時新日本プロレスに戻る。アンドレ・ザ・ジャイアント、藤波辰巳との激しい闘い、そしてドン・中矢・ニールセンとの異種格闘技戦で前田の株は急上昇した。前田らは88年5月にUWFを再興、そしてブレイクし、「総合格闘技」出現への道をつける。

1981年

プロレス 1月2日	【東京・後楽園ホール】〈バトルロイヤル〉優勝：プリンス・トンガ（全日本）
プロレス 1月2日	【セントルイス MO】〈NWA 世界ヘビー〉ハーリー・レイスがケン・パテラを破り、防衛。
プロレス 1月2日	【ロサンゼルス CA】〈バトルロイヤル〉優勝：ツイン・デビル 1号
プロレス 1月11日	【ダラス TX】カンザス地区から転戦してきた高千穂明久が、ザ・グレート・カブキに変身して再デビュー。ドン・ダイアモンドを降す。
プロレス 1月15日	【オークランド CA】AWA が西海岸に進出。〈ノンタイトル〉レイ・スティーブンス＆パット・パターソンがアドリアン・アドニス＆ジェシー・ベンチュラ（AWA 世界タッグ王者）を破る。アンドレ・ザ・ジャイアントがジェリー・ブラックウェルを破る。
プロレス 1月18日	【東京・後楽園ホール】「ジャイアント馬場 3000 試合連続出場記念試合」〈AWA 世界ヘビー* vs PWF ヘビー〉ジャイアント馬場がバーン・ガニア*と両者リングアウト引き分け、共に防衛（年間ベストバウト）。（全日本）
ボクシング 1月24日	【サン・クリストバル（委）】〈WBC 世界スーパーフライ〉金詰鎬がラファエル・オロノを破り、獲得。
プロレス 1月24日	【サンフランシスコ CA・カウパレス】〈バトルロイヤル〉優勝：パット・パターソン
相撲 1月25日	【東京・蔵前国技館】優勝：千代の富士（東関脇）14 勝 1 敗、技能賞：千代の富士（東関脇）、殊勲賞：千代の富士（東関脇）、敢闘賞：若島津（東前 12）、富士櫻（西前 6）。「千代の富士初優勝なるか」は国民的関心を呼び、視聴率 52.2％を叩き出した。 【千代の富士貢】（生）1955（没）2016（出生地）北海道（初）1970（人物評）第 58 代横綱。脱臼グセがあり、それを克服するために筋肉質の体を作り上げた、また、精悍な顔つきで眼光も鋭かったため「ウルフ」の異名を取った。脱臼を克服したあたりから番付を上げ、1981 年 1 月場所、決定戦では北の湖を右からの上手出し投げで下し初優勝した。その瞬間の視聴率は 65.3％で、これは大相撲中継の最高記録である。その後も寺尾を「送り吊り倒し」で土俵に叩きつけるなど強いところを見せ、優勝回数は 31 を数えた。
プロレス 1月30日	【茨城・常陸太田市体育館】〈IWA 世界ヘビー〉ラッシャー木村がマイク・ジョージを破り、防衛。（国際プロ）
ボクシング 2月3日	【東京・後楽園ホール】〈WBC 世界フライ〉大熊正二が朴賛希を破り、防衛。

プロ格闘技年表事典　393

プロレス 2月4日	【大阪府立体育館】〈NWF ヘビー〉アントニオ猪木がケン・パテラを破り、防衛。(新日本)
プロレス 2月6日	【札幌・中島スポーツセンター】〈UWA 世界ヘビー〉タイガー・ジェット・シンがアントニオ猪木に反則勝ち、防衛。(新日本)
プロレス 2月7日	【グリーンズボロ NC】(ミッドアトランティックタッグ)天龍源一郎&ミスター・フジがデューイ・ロバートソン&ジョージ・ウェルズを破り、獲得。
プロレス 2月10日	【タンパ FL】「ガスパリーラ・スペクタキュラー」アンドレ・ザ・ジャイアント&スウィート・ブラウン・シュガーがスーパーフライ#1(レイ・キャンディ)&レロイ・ブラウンを破る。アンドレ以外は全員アフリカ系である。
プロレス 2月15日	【東京・後楽園ホール】〈NWA 世界ヘビー〉ハーリー・レイスがジャイアント馬場に反則負け、防衛。(全日本)
プロレス 2月25日	【横浜文化体育館】〈WWWA 世界シングル(女子)〉横田利美がジャッキー佐藤を破り、獲得。

【ジャガー横田】(生)1961(出生地)東京(主要王座)WWWA 世界シングル(初)1977(人物評)横田利美を名乗っていた十代末期に池下ユミと時間切れ引き分け、驚かせる。これが出世試合である。グランドテクニックと体の柔らかさで台頭し、ジャッキー佐藤を破り、赤いベルトを奪取した。そして経験を積むに連れ、「眼」と「存在感」を増す。全日本女子に燦然と輝く「真打」となった。1986 年、引退するが、後にカムバックした。

プロレス 2月27日	【ヒューストン TX】〈NWA 世界ジュニアヘビーインターナショナル〉ジノ・ヘルナンデスがチャボ・ゲレロを破り、獲得。
プロレス 3月3日	【千葉公園体育館】〈PWF ヘビー〉ジャイアント馬場がキラー・カール・コックスを破り、防衛。(全日本)
ボクシング 3月8日	【沖縄県具志川市・市立総合体育館】〈WBA 世界ライトフライ〉ペドロ・フローレスが具志堅用高を破り、獲得。
ボクシング 3月9日	【ストックトン CA】〈WBC 世界スーパーフェザー〉コーネリアス・ボサ・エドワーズがラファエル・リモンを破り、獲得。
相撲 3月22日	【大阪府立体育館】優勝:北の湖(東横綱)13 勝 2 敗、技能賞:巨砲(東小結)、殊勲賞:栃赤城(東前 2)、敢闘賞:高見山(東前 7)
プロレス 3月24日	【宮城・泉市民体育館】〈IWA 世界ヘビー〉ラッシャー木村がレイ・キャンディを破り、防衛。(国際プロ)
プロレス 3月26日	【静岡・清水市鈴与記念体育館】「WWF ライトヘビー王座決定リーグ戦」〈決勝〉ペロ・アグアヨがグラン浜田を破り、獲得。
ボクシング 3月28日	【ヨハネスブルグ(南ア)】〈WBA 世界フライ〉サントス・ラシアルがピーター・マセブラを破り、獲得。

ボクシング 4月5日	【東京・蔵前国技館】〈WBA 世界バンタム〉ジェフ・チャンドラーが村田英次郎と引き分け、防衛。
ボクシング 4月9日	【和歌山県立体育館】〈WBA 世界スーパーフェザー〉サムエル・セラノが上原康恒を破り、獲得。
ボクシング 4月12日	【アトランティックシティ NJ】〈WBA 世界ライト〉ショーン・オグラディがヒルマー・ケンティを破り、獲得。
プロレス 4月17日	【ヒューストン TX】「世界王座決定トーナメント」〈決勝〉ワフー・マクダニエルがテリー・ファンクを破り、獲得。これは NWA 王者ハーリー・レイスがドタキャンしたため即興で組まれたトーナメント。以後、ヒューストン TX にレイスは呼ばれず、世界王者はワフーということになった。
プロレス 4月17日	【鹿児島県立体育館】〈NWF ヘビー〉アントニオ猪木がスタン・ハンセンと没収試合。王座預かり。(新日本)
ボクシング 4月22日	【ソウル(韓)】〈WBC 世界スーパーフライ〉金喆鎬が渡辺二郎を破り、防衛。
プロレス 4月23日	【東京・蔵前国技館】〈NWF ヘビー王座決定戦〉アントニオ猪木がスタン・ハンセンを破り、17 日に空位となった王座を獲得。同日、「世界統一」の IWGP 構想に向け同王座を封印。猪木の最後の NWF 戦。タイガーマスク(佐山聡)がダイナマイト・キッドを破り、覆面デビュー。(新日本)
プロレス 4月23日	【大阪府立体育館】「チャンピオンカーニバル」〈公式戦〉ジャイアント馬場がブルーザー・ブロディを破り、優勝。(全日本)
プロレス 4月27日	【オーガスタ GA】〈NWA 世界ヘビー〉トミー・リッチがハーリー・レイスを破り、獲得。4 日後ゲインズビルで取り返される。
プロレス 4月30日	【千葉・松戸市運動公園体育館】〈インターナショナルヘビー〉ドリー・ファンク・ジュニアがテリー・ファンクを破り、初防衛。本来は大木金太郎返上に伴う王座決定トーナメント決勝ドリー対ブルーザー・ブロディだったが、ブロディの欠場により、ドリーに王座が贈呈された。(全日本)
プロレス 5月1日	【メキシコ州・エルトレオ】〈WWF ヘビー〉ボブ・バックランドがアントニオ猪木と両者リングアウト引き分け、防衛。
プロレス 5月2日	【ロチェスター NY】アンドレ・ザ・ジャイアントがキラー・カーン戦で足を骨折。アンドレの来日は中止になり、タイガー・ジェット・シンが MSG シリーズに参加した。
プロレス 5月4日	【札幌・中島スポーツセンター】〈IWA 世界タッグ〉ポール・エラリング&テリー・ラザンがラッシャー木村&マイティ井上&阿修羅・原破り、獲得。(国際プロ)
プロレス 5月8日	【川崎市体育館】全日本から引き抜いたアブドラ・ザ・ブッチャーが現れ、アントニオ猪木への挑戦を表明。(新日本)

1981
|
1990

プロ格闘技年表事典　395

ボクシング 5月12日	【水戸市民体育館】〈WBC世界フライ〉アントニオ・アベラルが大熊正二を破り、獲得。この時点で日本人世界チャンピオンがいなくなる。
プロレス 5月16日	【東京・後楽園ホール】〈IWA世界ヘビー〉ラッシャー木村がスティーブ・オルソノスキーを破り、防衛。〈IWA世界タッグ、金網〉マイティ井上&阿修羅・原がポール・エラリング&テリー・ラザンを破り、獲得。(国際プロ)
プロレス 5月18日	【プエブラ(墨)】タイガーマスク(佐山聡)とビル・ロビンソンが唯一のタッグチーム結成。エル・ソリタリオを加えたトリオでカネック&ビジャノIII&スコルピオを破る。
プロレス 5月19日	【ミネアポリスMN】ニック・ボックウィンクルがバーン・ガニア引退により、AWA選手権を授与される。
プロレス 5月22日	【ヒューストンTX】〈NWA世界ジュニアヘビーインターナショナル〉チャボ・ゲレロがジノ・ヘルナンデスを破り、獲得。
ボクシング 5月23日	【ラスベガスNV】〈WBC世界スーパーウェルター〉ウィルフレド・ベニテスがモーリス・ホープを破り、獲得。
プロレス 5月23日	【東京・後楽園ホール】〈アジアタッグ〉ケビン・フォン・エリック&デビッド・フォン・エリックがグレート小鹿&大熊元司を破り、獲得。(全日本)
相撲 5月24日	【東京・蔵前国技館】優勝:北の湖(東横綱)14勝1敗、技能賞:蔵間(西前1)、殊勲賞:朝汐(西小結)、敢闘賞:北天佑(東前2)
プロレス 5月31日	【メキシコ州・エルトレオ】〈UWA世界ヘビー〉カネックがビル・ロビンソンを2-1で破り、防衛。豪雨のトレオでの決着戦だった。
プロレス 6月3日	【名古屋・愛知県体育館】〈WWFヘビー〉ボブ・バックランドがハルク・ホーガンに反則勝ち、防衛。
プロレス 6月4日	【東京・蔵前国技館】「MSGリーグ」〈決勝〉アントニオ猪木がスタン・ハンセンを破る。猪木はこの日準決勝でタイガー・ジェット・シンを破っていた。(新日本)
ボクシング 6月6日	【ブエノスアイレス(爾)】〈WBA世界フライ〉ルイス・イバラがサントス・ラシアルを破り、獲得。
プロレス 6月11日	【東京・後楽園ホール】〈アジアタッグ〉佐藤昭雄&石川隆士がケビン・フォン・エリック&デビッド・フォン・エリックを破り、獲得。(全日本)
プロレス 6月14日	【グリーンベイWI】〈AWA世界タッグ〉ジム・ブランゼル&グレッグ・ガニアがアドリアン・アドニス&ジェシー・ベンチュラを破り、獲得。
プロレス 6月18日	【ロンドン(英)】〈ジョイントプロモーション版世界ヘビー級王座決定戦〉ウエイン・ブリッジがジム・ハリス(キマラ)を破り、獲得。
ボクシング 6月20日	【ロンドン(英)】〈WBC世界ライト〉アレクシス・アルゲリョがジム・ワットを破り、獲得。

プロレス 6月20日	【アトランタGA】〈NWA世界ヘビー〉ダスティ・ローデスがハーリー・レイスを破り、獲得。
プロレス 6月22日	【福島・郡山セントラルホール】〈IWA世界ヘビー〉ラッシャー木村がジプシー・ジョーを破り、防衛。（国際プロ）
プロレス 6月24日	【東京・蔵前国技館】スタン・ハンセン＆アブドラ・ザ・ブッチャーがアントニオ猪木＆谷津嘉章に反則勝ち。谷津が日本デビュー戦でメタメタにやられまくったブックを書いたのは猪木であった。全日本から引き抜いたタイガー戸口がキラー・カーンに反則勝ち。（新日本）
ボクシング 6月25日	【ヒューストンTX・アストロドーム】〈WBA世界スーパーウェルター〉シュガー・レイ・レナードがアユブ・カルレを破り、獲得。
プロレス 7月3日	【埼玉・熊谷市体育館】新日本から引き抜いたタイガー・ジェット・シンが乱入。（全日本）
プロレス 7月3日	【カルガリー（加）】「スタンピード・ウィーク」〈AWA世界ヘビー〉ニック・ボックウィンクルがブレット・ハートを破って、防衛。プロモーターのスチュ・ハートが、NWA内でジム・クロケットの権力が向上したことに腹を立て、夏のスタンピード祭りの方針を変更し、AWA王者を呼んだ。
プロレス 7月4日	【東京・後楽園ホール】〈PWFヘビー〉ジャイアント馬場がキラー・トーア・カマタに反則勝ち、防衛。（全日本）
プロレス 7月4日	【ニューオリンズLA・スーパードーム】〈ライトアウト・マッチ〉ジャンクヤード・ドッグはポール・オーンドーフを破る。ザ・グレート・カブキはドン・ダイアモンドを、キム・ドクはトニー・チャールズを破る。
ボクシング 7月18日	【ラスベガスNV】〈WBA世界ライトヘビー〉マイケル・スピンクスがエディ・ムスタファ・ムハマド（エディ・グレゴリー）を破り、獲得。
	【マイケル・スピンクス】（生）1956（出生地）米（主要王座）WBA・WBC・IBF統一世界ライトヘビー、IBF世界ヘビー（初）1977（人物評）セントルイスのゲットー、プルーイット・アイゴー育ち。モントリオールオリンピック金メダリスト（ミドル）。史上初めて世界ライトヘビー級チャンピオンの後に世界ヘビー級チャンピオンとなり「ヒストリー・メイカー」と呼ばれる。兄レオン（1953 － ）もモントリオールオリンピック金メダリスト（ライトヘビー）でWBA・WBC統一世界ヘビー級王者である。
ボクシング 7月18日	【大邱（韓）】〈WBA世界ライトフライ〉金煥珍がペドロ・フローレスを破り、獲得。
相撲 7月19日	【名古屋・愛知県体育館】優勝：千代の富士（東大関）14勝1敗、技能賞：該当者なし、殊勲賞：朝汐（東張関）、敢闘賞：高見山（西前7）。場所後、千代の富士に横綱免許が授与される。

1981
–
1990

プロ格闘技年表事典　397

プロレス 7月30日	【東京・後楽園ホール】〈インターナショナルタッグ〉ジャイアント馬場＆ジャンボ鶴田がビル・ロビンソン＆天龍源一郎を破って、防衛。天龍源一郎が大善戦。(全日本)
プロレス 7月31日	【大阪・高石市臨海スポーツセンター】ローランド・ボックが衝撃の日本デビュー、1分35秒体固めで木村健吾を破る。〈WWFジュニアヘビー〉藤波辰巳がレス・ソントンを破り、防衛。(新日本)
プロレス 8月6日	【北海道・室蘭市体育館】〈IWA世界ヘビー〉ラッシャー木村がジ・エンフォーサーを破り、防衛。(国際プロ)
プロレス 8月9日	【北海道・羅臼町民グランド】〈金網〉鶴見五郎とテリー・ギブスはダブルKO。この日の興行をもって、国際プロレスが崩壊。
プロレス 8月14日	【ヒューストンTX】〈AWA* ＆ヒューストン版世界ヘビー〉ニック・ボックウィンクルがワフー・マクダニエルを破り、統一。
ボクシング 8月29日	【ビアレンジュ(伊)】〈WBC世界スーパーフェザー〉ローランド・ナバレッテがコーネリアス・ボサ・エドワーズを破り、獲得。
プロレス 9月4日	【大阪府立体育館】〈UNヘビー〉ジャンボ鶴田がジプシー・ジョーを破り、防衛。〈NWA世界ヘビー〉ミル・マスカラスがチャボ・ゲレロを破り、防衛。(全日本)
プロレス 9月7日	【広島・福山市体育館】〈NWA世界ジュニアヘビーインターナショナル〉チャボ・ゲレロがドス・カラスと引き分け、防衛。(全日本)
ボクシング 9月12日	【アトランティックシティNJ】〈WBA世界ライト王座決定戦〉クロード・ノエルがラファエロ・ゴンザレスを破り、獲得。
ボクシング 9月16日	【ラスベガスNV】〈WBA vs WBC* 世界ウェルター〉シュガー・レイ・レナード* がトーマス・ハーンズを14RTKOで破り、WBA王座を獲得。(年間ベストバウト)。
プロレス 9月17日	【カンザスシティKS】〈NWA世界ヘビー〉リック・フレアーがダスティ・ローデスを破って、獲得。
プロレス 9月18日	【メキシコシティ・アレナメヒコ】「アニベルサリオ」〈トリアングラール・デ・マスカラス〉エル・スプレモ対エスペクトロ・ジュニア対エル・ベングドール。〈ナショナルヘビー〉アルフォンソ・ダンテスがエンリケ・ベラを破り、獲得。
ボクシング 9月22日	【名古屋・愛知県体育館】〈WBC世界バンタム〉ルペ・ピントールがハリケーン照を破り、防衛。
プロレス 9月23日	【東京・田園コロシアム】スタン・ハンセンがアンドレ・ザ・ジャイアントに反則勝ち。ド迫力の名勝負は伝説の一戦となる。同日、ラッシャー木村の「こんばんは」事件。〈WWFジュニアヘビー〉藤波辰巳がエル・ソリタリオを破り、防衛。ピート・ロバーツが渋い攻防の末、藤原喜明を破る。(新日本)
ボクシング 9月25日	【ブエノスアイレス(爾)】〈WBA世界スーパーフライ王座決定戦〉グスタボ・バリャスがペ・ソクチュルを破り、獲得。

ボクシング 9月26日	【メリダ（墨）】〈WBA 世界フライ〉ファン・エレラがルイス・イバラを破り、獲得。
相撲 9月27日	【東京・蔵前国技館】優勝：琴風（東関脇）12勝3敗、技能賞：琴風（東関脇）、殊勲賞：巨砲（西前2）、敢闘賞：大寿山（西前1）
プロレス 10月2日	【セントルイス MO】〈NWA 世界ヘビー〉リック・フレアーがハーリー・レイスと引き分け、防衛。〈ミズーリ州ヘビー〉ジャック・ブリスコがテッド・デビアスを破り、獲得。
プロレス 10月3日	【富山市体育館】〈PWF ヘビー〉ジャイアント馬場がブルーザー・ブロディと両者リングアウト引き分け、防衛。（全日本）
プロレス 10月3日	【ケープタウン（南ア）】〈EWU スーパーヘビー〉ブラックジャック・マリガンがジャン・ウィルキンスを破り、獲得。しかし、すぐに奪還される。ウイリアム・ホールがマリオ・ミラノを破る。
プロレス 10月6日	【仙台・宮城県スポーツセンター】〈NWA 世界ヘビー〉リック・フレアーが天龍源一郎を破り、防衛。（全日本）
プロレス 10月7日	【横浜文化体育館】〈NWA 世界ヘビー〉リック・フレアーがテリー・ファンクと両者リングアウト引き分け、防衛。（全日本）
プロレス 10月8日	【東京・蔵前国技館】ラッシャー木村がアントニオ猪木に反則勝ち。〈マスカラコントラマスカラ〉タイガーマスク（佐山）はマスクト・ハリケーンを破る。正体はボビー・リー。（新日本、13,000）
プロレス 10月9日	【東京・蔵前国技館】ジャイアント馬場＆ブルーノ・サンマルチノがタイガー・ジェット・シン＆上田馬之助に反則勝ち。〈NWA 世界ヘビー〉リック・フレアーがジャンボ鶴田を2－1で破り、防衛。〈インターナショナルヘビー〉ブルーザー・ブロディがドリー・ファンク・ジュニアに反則勝ち、奪取。〈米墨版 IWA 世界ヘビー〉ミル・マスカラスがマイティ井上を破り、防衛。この王座を認定していたエディ・アインホーンの米墨版 IWA はすでに崩壊。この段階ではマスカラスのプライベートタイトル。観客動員数は主催者発表。両日観戦した者の証言として、全日本はかなりの水増しをしている。（全日本、13,000）
プロレス 10月23日	【セントルイス MO】〈ミズーリ州ヘビー〉ケン・パテラがジャック・ブリスコを破り、獲得。
プロレス 10月25日	【ハノーファー（独）】トーナメント優勝：クラウス・カウロフ。
プロレス 10月30日	【ラゴス（ナイジェリア）】ミル・マスカラスがジョージ・バレンティアを破る。（パワー・マイク・インターナショナル・プロモーション）
プロレス 11月1日	【東京・後楽園ホール】〈インターナショナルヘビー〉ドリー・ファンク・ジュニアがブルーザー・ブロディに反則勝ち、獲得。（全日本）

1981
|
1990

ボクシング **11月7日**	【ロチェスター NY】〈WBA 世界スーパーウェルター王座決定戦〉三原正がロッキー・フラットを破り、獲得。
	【三原正】（生）1955（出生地）群馬（主要王座）WBA 世界スーパーウェルター（初）1978（人物評）日本大学 4 年の時、全日本ライトミドル級チャンピオンに輝いた。攻防一体の安定感のある試合をするボクサーであった。シュガー・レイ・レナードが王座を返上したため王座決定戦のチャンスが舞い込み、1981 年ニューヨーク州ロチェスターでロッキー・フラットを破って戴冠した。初防衛戦でデビー・ムーアに敗れ、その後トーマス・ハーンズへの挑戦話もあったが、立ち消えとなった。
ボクシング **11月18日**	【釜山（韓）】〈WBC 世界スーパーフライ〉金喆鎬がジャカル丸山を破り、防衛。
相撲 **11月22日**	【福岡国際センター】優勝：千代の富士（東張横）12 勝 3 敗、技能賞：佐田の海（東前 4）、殊勲賞：朝汐（西張小）、敢闘賞：隆ノ里（東関脇）、栃赤城（西前 5）
プロレス **11月23日**	【ニューオリンズ LA】〈MSWA 版北米ヘビー〉テッド・デビアスがボブ・ループを破り、防衛。
プロレス **11月25日**	【シカゴ IL】バーン・ガニアはアドリアン・アドニスを降して引退試合を飾った。〈AWA 世界ヘビー〉ニック・ボックウィンクルはビル・ロビンソンに反則負け、防衛。ハルク・ホーガンはジェリー・ブラックウェルを破る。
ボクシング **12月5日**	【パナマシティ】〈WBA 世界スーパーフライ〉ラファエル・ペドロサがグスタボ・バリャスを破り、獲得。
ボクシング **12月5日**	【ラスベガス NV】〈WBA 世界ライト〉アルツロ・フリアスがクロード・ノエルを破り、獲得。
プロレス **12月8日**	【東京・蔵前国技館】スタン・ハンセン＆ローランド・ボックがアントニオ猪木＆藤波辰巳を、アンドレ・ザ・ジャイアントがキラー・カーンを破る。ディック・マードック＆ダスティ・ローデスはラッシャー木村＆タイガー戸口に反則勝ち。タイガーマスク（佐山聡）はカネックと両者リングアウト、引き分け。（新日本）
ボクシング **12月10日**	【サンファン（PR）】〈WBA 世界スーパーフェザー〉サムエル・セラノが友成光を破り、防衛。
ボクシング **12月10日**	【アトランティックシティ NJ】〈WBA 世界バンタム〉ジェフ・チャンドラーが村田英次郎を破り、防衛。
プロレス **12月10日**	【大阪府立体育館】「MSG タッグリーグ」〈決勝〉アンドレ・ザ・ジャイアント＆レネ・グレーがアントニオ猪木＆藤波辰巳を破り、優勝。〈MSG タッグ決定リーグ決勝進出王座決定戦〉アントニオ猪木＆藤波辰巳がスタン・ハンセン＆ディック・マードックを破り、進出。（新日本）

ボクシング **12月11日**	【ナッソー（バハマ）】トレバー・バービックがモハメド・アリを破る。アリは引退。
プロレス **12月13日**	【東京・蔵前国技館】「世界最強タッグリーグ」〈公式戦〉ブルーザー・ブロディ＆ジミー・スヌーカがドリー・ファンク・ジュニア＆テリー・ファンクを破って、優勝。新日本から引き抜いたスタン・ハンセンが乱入しインターフェア。（全日本）
ボクシング **12月16日**	【仙台・宮城県スポーツセンター】〈WBA 世界ライトフライ〉渡嘉敷勝男が金煥珍を破り、獲得。

【渡嘉敷勝男】（生）1960（出生地）沖縄（主要王座）WBA世界ライトフライ（初）1978（人物評）試合数 25 に対し KO勝ちは 4 と、一撃のパンチではなく、スピードとスタミナで相手を追い詰め、ボクシングをさせず、ポイントを奪うボクサーだった。1981 年 12 月、金煥珍を降し、9 か月前に先輩具志堅が失った WBA 世界ライトフライ級王座を奪還した。83年 7 月 6 度目の防衛戦でルペ・マデラの額が 4R にざっくりと割れ、3R までのポイントで、ルールにより王座から陥落、以後、王座復帰はならなかった。

ボクシング **12月19日**	【アトランティックシティ NJ】〈WBC 世界ライトヘビー〉ドワイト・ムハマド・カウィ（ドワイト・ブラックストン）がマシュー・サード・ムハマド（マシュー・フランクリン）を破り、獲得。
プロレス **12月19日**	【ブレーメン（独）】〈AWA 世界ヘビー * vs CWA ヘビー〉ニック・ボックウィンクル * がオットー・ワンツと引き分けて、共に防衛。11
相撲	【東京】千代の富士貢に第 58 代横綱免許が授与される。
その他	【MVP】〈相撲・報知新聞年間最優秀力士〉千代の富士貢〈相撲・年間最多勝〉北の湖敏満、69 勝 15 負 6 休〈ボクシング・日本・コミッション〉三原正〈ボクシング・アメリカ・リング誌〉シュガー・レイ・レナード＆サルバドル・サンチェス（2 人受賞）〈プロレス・日本・東京スポーツ〉アントニオ猪木〈プロレス・メキシコ・ルチャリブレ誌＆エルアルコン誌〉ペロ・アグアヨ

1981
︱
1990

プロ格闘技年表事典　401

1982年

プロレス 1月1日	【東京・後楽園ホール】アントニオ猪木がローランド・ボックに反則勝ち。〈WWFヘビー〉ボブ・バックランドが藤波辰巳を破り、防衛。〈WWFジュニアヘビー王座決定戦〉タイガーマスク（佐山聡）がダイナマイト・キッドを破り、獲得。カール・ゴッチが藤原喜明を破る。（新日本）
プロレス 1月1日	【セントルイスMO・チェッカードーム】「サム・マソニック引退興行」〈NWA世界ヘビー〉リック・フレアーがダスティ・ローデスを破り、防衛。〈ミズーリ州ヘビー〉ディック・ザ・ブルーザーがケン・パテラを破り、獲得。
プロレス 1月2日	【東京・後楽園ホール】〈バトルロイヤル〉優勝：天龍源一郎（全日本）
相撲 1月24日	【東京・蔵前国技館】優勝：北の湖（西横綱）13勝2敗、技能賞：若島津（西前2）、殊勲賞：佐田の海（東小結）、敢闘賞：隆ノ里（東関脇）
プロレス 1月28日	【東京都体育館】〈WWFジュニアヘビー〉タイガーマスク（佐山聡）がダイナマイト・キッドを破り、防衛。（新日本）
ボクシング 2月2日	【東京都体育館】〈WBA世界スーパーウェルター〉デビー・ムーアが三原正を破り、獲得。
プロレス 2月4日	【東京都体育館】〈PWFヘビー〉ジャイアント馬場がスタン・ハンセンと両者反則で、防衛（年間ベストバウト）。〈AWA世界ヘビー〉ニック・ボックウィンクルがジャンボ鶴田と両者リングアウト、防衛。〈米墨版IWA世界ヘビー〉ミル・マスカラスが天龍源一郎を破り、防衛。マイティ井上*＆佐藤昭雄＆ドス・カラスが上田馬之助＆鶴見五郎＆アルフォンソ・ダンテス*を破る。（全日本）
プロレス 2月5日	【札幌・中島スポーツセンター】〈WWFジュニアヘビー〉タイガーマスク（佐山聡）がブレット・ハートを破り、防衛。（新日本）
プロレス 2月9日	【大阪府立体育館】〈WWFジュニアヘビー〉タイガーマスク（佐山聡）がベビー・フェイスを破り、防衛。（新日本）
プロレス 2月9日	【タンパFL】「ガスパリーラ・スペクタキュラー」〈NWA世界ヘビー〉リック・フレアーがマイク・グラハムと引き分け、防衛。
ボクシング 2月10日	【大邱（韓）】〈WBC世界スーパーフライ〉金詰鎬が石井幸喜を破り、防衛。
ボクシング 2月13日	【ヨハネスブルグ（南ア）】〈WBA世界クルーザー王座決定戦〉オジー・オカシオがロビー・ウイリアムスを破り、獲得。
プロレス 2月28日	【アトランタGA】〈PWFヘビー〉ジャイアント馬場がテリー・ゴディを破り、防衛。
プロレス 3月4日	【東京・後楽園ホール】〈WWFジュニアヘビー〉タイガーマスク（佐山聡）がスティーブ・ライトを破り、防衛。（新日本）

プロレス 3月7日	【シャーロット NC】〈UN ヘビー〉ジャンボ鶴田がトミー・リッチと両者リングアウト、防衛。〈NWA 世界ジュニアヘビーインターナショナル〉大仁田厚がチャボ・ゲレロを破り、獲得。

【大仁田厚】（生）1957（出生地）長崎（主要王座）インターナショナルジュニアヘビー（初）1974（人物評）1980 年代後半、プロレスがソフィストケイトされる中で、縁日的なアセチレンガスの匂いを復活させた。84 年の全日本プロレス時代、膝を痛めて一度引退。89 年、FMW を設立。「反則」がルール内にあるプロレスにおいてさえも「邪道」な存在。しかし、90 年代多くの一般人が会場に足を運び、共感と怒号の嵐を作り出したのは事実である。

ボクシング 3月20日	【タンピコ（墨）】〈WBC 世界フライ〉プルデンシオ・カルドナがアントニオ・アベラルを破り、獲得。
ボクシング 3月26日	【パナマシティ】〈WBC 世界ライトフライ〉アマド・ウルスアがイラリオ・サパタを破り、獲得。
相撲 3月28日	【大阪府立体育館】優勝：千代の富士（西横綱）13 勝 2 敗、技能賞：出羽の花（東関脇）、殊勲賞：出羽の花（東関脇）、敢闘賞：麒麟児（東前 5）
プロレス 4月1日	【東京・蔵前国技館】「MSG リーグ」〈決勝〉アンドレ・ザ・ジャイアントがキラー・カーンを破り、優勝。アントニオ猪木は前日名古屋でのディック・マードック＆ダスティ・ローデス戦（パートナーは藤波辰巳）負傷で決勝を棄権しカーンが決勝に進出した。〈WWF ジュニアヘビー〉タイガーマスク（佐山聡）がスティーブ・ライトを破り、防衛。（新日本）
ボクシング 4月4日	【仙台・宮城県スポーツセンター】〈WBA 世界ライトフライ〉渡嘉敷勝男がルペ・マデラを破り、防衛。
ボクシング 4月8日	【大阪府立体育館】〈WBA 世界スーパーフライ〉渡辺二郎がラファエル・ペドロサを破り、獲得。

【渡辺二郎】（生）1955（出生地）大阪（主要王座）WBA 世界スーパーフライ、WBC 世界スーパーフライ（初）1979（人物評）右利きのサウスポーで、右のリードブローから左のストレート、明晰な頭脳で攻守ともにパーフェクトなボクサーだった。84 年 7 月、WBC 同階級王者のパヤオ・プーンタラットとの統一戦に臨む予定であったが、WBA は統一戦の開催を認めず渡辺の王座を剥奪した。渡辺はプーンタラットに勝利し、WBC 世界スーパーフライ級王座を獲得、以後、WBC 王者として活動することになる。

1981
｜
1990

プロレス 4月11日	【グアダラハラ（墨）】〈NWA 世界ジュニアヘビーインターナショナル〉サングレ・チカナが大仁田厚を破り、獲得。

プロ格闘技年表事典　403

ボクシング 4月13日	【東京・後楽園ホール】〈WBC世界ライトフライ〉友利正がアマド・ウルスアを破り、獲得。

【友利正】（生）1959（出生地）沖縄（主要王座）WBC世界ライトフライ（初）1978（人物評）俳優顔負けのルックスを持つ美男子ボクサー。「具志堅二世」と呼ばれたが負けが混み、三迫仁志会長は精神面を鍛え直すため、知り合いの僧侶のいる寺院に預ける。82年4月、WBC世界ライトフライ級王者アマド・ウルスアの初防衛に挑戦、2-0の判定で王座を奪取した。しかし、7月、イラリオ・サパタに1-2の判定負けで陥落し、11月のリマッチではTKO負け、引退した。まだ22歳であった。

プロレス 4月16日	【福岡・国際センター】「チャンピオンカーニバル」〈公式戦〉ジャイアント馬場がブルーザー・ブロディに反則勝ち、優勝。レフェリー、ルー・テーズ。（全日本）
プロレス 4月17日	【大分・荷揚町体育館】〈インターナショナルヘビー〉ドリー・ファンク・ジュニアがテッド・デビアスを破り、防衛。（全日本）
プロレス 4月21日	【大阪府立体育館】〈インターナショナルヘビー〉ブルーザー・ブロディがドリー・ファンク・ジュニアを破り、獲得。（全日本）
プロレス 4月21日	【東京・蔵前国技館】〈WWFジュニアヘビー〉タイガーマスク（佐山聡）がブラック・タイガー（マーク・ロコ）と両者リングアウト引き分け、防衛。試合中の負傷により王座は返上。（新日本）
プロレス 4月22日	【東京都体育館】〈PWFヘビー〉ジャイアント馬場はスタン・ハンセンと両者リングアウト、防衛。〈UNヘビー〉ジャンボ鶴田はハーリー・レイスとノーコンテスト、防衛。ドリー・ファンク・ジュニア＆テリー・ファンクはブルーザー・ブロディ＆ジミー・スヌーカに反則勝ち。（全日本）
プロレス 4月24日	【シカゴIL】〈AWA世界ヘビー〉ニック・ボックウィンクルがハルク・ホーガンに反則勝ち、防衛。
プロレス 4月26日	【ニューヨークNY・MSG】〈WWFヘビー〉ボブ・バックランドはジミー・スヌーカに反則負け、防衛。試合後、ボブはスヌーカにスーパーフライをかまされ、担架で退場。
プロレス 4月30日	【メキシコシティ・アレナメヒコ】〈NWA世界ジュニアヘビーインターナショナル〉大仁田厚がサングレ・チカナを破り、獲得。
ボクシング 5月1日	【メリダ（墨）】〈WBA世界フライ〉サントス・ラシアルがファン・エレラを破り、獲得。
プロレス 5月6日	【福岡スポーツセンター】〈WWFジュニアヘビー王座決定戦〉ブラック・タイガー（マーク・ロコ）がグラン浜田を破り、獲得。（新日本）
ボクシング 5月8日	【ラスベガスNV】〈WBA世界ライト〉レイ・マンシーニがアルツロ・フリアスを破り、獲得。

プロレス 5月8日	【ロンドン（英）】〈世界ヘビー〉トニー・セント・クレアが、ジョン・クインを破り、獲得。（オールスタープロモーション）
プロレス 5月12日	【沖縄・那覇市奥武山体育館】〈NWA世界ジュニアヘビー〉レス・ソントンが星野勘太郎を破り、防衛。
プロレス 5月18日	【ロンドン（英）】〈世界ヘビー〉クイック・キック・リー（前田日明）がウエイン・ブリッジを破り、獲得。（ジョイントプロモーション）

【前田日明】（生）1959（出生地）大阪（主要王座）IWGPタッグ（初）1978（人物評）不器用な正義漢前田の存在意義は、猪木をも体制派にしてしまったことである。新日本でデビューし、1984年にUWFへ、そして85年暮、新日本に戻る。86年は対アンドレ・ザ・ジャイアント、対藤波辰巳、対ドン・中矢・ニールセン戦で話題の中心だった。そして99年、アレクサンドル・カレリン戦で散華した。ところでイギリス時代のリングネームKwick Kik Leeを訳すと、速い蹴りすなわち『日本書紀』の當麻蹴速。偶然か？

相撲 5月23日	【東京・蔵前国技館】優勝：千代の富士（東横綱）13勝2敗、技能賞：出羽の花（東関脇）、殊勲賞：朝汐（西小結）、敢闘賞：朝汐（西小結）
プロレス 5月25日	【静岡産業館】〈NWA世界ジュニアヘビー〉タイガーマスク（佐山聡）がレス・ソントンを破り、獲得。（新日本）
プロレス 5月26日	【大阪府立体育館】〈WWFジュニアヘビー〉タイガーマスク（佐山聡）が、ブラック・タイガー（マーク・ロコ）を破り、獲得。（新日本）
プロレス 5月28日	【アメリカ】ハルク・ホーガンが主人公ロッキー・バルボアの異種格闘技戦の相手役で出演した「ロッキーⅢ」がロードショー公開。これでホーガンはリング上で負けることのない地位を確立する。
ボクシング 5月29日	【ラスベガスNV】〈WBC世界スーパーフェザー〉ラファエル・リモンがローランド・ナバレッテを破り、獲得。
プロレス 6月6日	【アービングTX（ダラス近郊）・テキサススタジアム】〈引退試合〉フリッツ・フォン・エリックがキングコング・バンディを破る。〈NWA世界ヘビー挑戦者決定戦〉ケリー・フォン・エリックはハーリー・レイスを破る。〈テキサス版アジアタッグ〉ケビン・フォン・エリック＆デビッド・フォン・エリックは、ザ・グレート・カブキ＆マジック・ドラゴンを破り、獲得。〈テキサス版NWA世界ライトヘビー〉エル・ソリタリオがレネ・グアハルドを破り、獲得。
プロレス 6月8日	【東京・蔵前国技館】〈PWFヘビー〉ジャイアント馬場がタイガー・ジェット・シンに反則勝ち、防衛。〈NWA世界ヘビー〉リック・フレアーがジャンボ鶴田とダブルフォール引き分けで、防衛。〈AWA世界タッグ〉グレッグ・ガニア＆ジム・ブランゼルがリッキー・スティムボート＆大仁田厚を破り、防衛。スタン・ハンセン＆上田馬之助がディック・スレーター＆天龍源一郎を破る。（全日本）

1981
ー
1990

プロ格闘技年表事典　405

ボクシング 6月12日	【マイアミビーチ FL】〈WBA 世界スーパーバンタム〉レオ・クルスがサージオ・ビクトルパルマを破り、獲得。
プロレス 6月17日	【アマリロ TX】〈インターナショナルヘビー〉ブルーザー・ブロディがジャンボ鶴田と両者リングアウト引き分け、防衛。（全日本）
プロレス 6月18日	【東京・蔵前国技館】ハルク・ホーガンはアンドレ・ザ・ジャイアントと両者リングアウト。アントニオ猪木はスコット・マギーを降し、藤波辰巳はカネックと両者リングアウト。〈WWF ジュニアヘビー〉タイガーマスク（佐山聡）が、ウルトラマンを破り、防衛。（新日本）
プロレス 6月19日	【サンフランシスコ CA・カウパレス】前年オークランドで西海岸進出を果たした AWA がサンフランシスコ CA 進出。〈ハンデ〉ハルク・ホーガンはニック・ボックウィンクル＆ボビー・ヒーナンを破る。レイ・スティーブンスはケン・パテラに反則負け。パット・パターソンはアレックス・スミルノフを破る。
ボクシング 6月26日	【ハイランドハイツ OH】〈WBC 世界スーパーライト〉レロイ・ヘイリーがソウル・マンビーを破り、獲得。
ボクシング 6月27日	【ラスベガス NV】〈WBC 世界クルーザー〉ST・ゴードンがカルロス・デ・レオンを破り、獲得。
プロレス 6月29日	【マイアミ FL】〈バンクハウスマッチ〉ドリー・ファンク・ジュニア＆テリー・ファンク＆スタン・ハンセンがダスティ・ローデス＆ハーリー・レイス＆デビッド・フォン・エリックを破る。デビッドがホームリングではないフロリダでこのメンバーに入っていたということは、近い将来の NWA 王者だったということである。
ボクシング 7月4日	【シンシナティ OH】〈WBA 世界スーパーライト〉アーロン・プライヤーが亀田昭雄を破り、防衛。
プロレス 7月4日	【アトランタ GA】〈NWA 世界ヘビー* vs WWF ヘビー〉リック・フレアー*がボブ・バックランドと引き分け、共に防衛。イワン・プトスキー＆トム・プリシャードがスタン・ハンセン＆オレー・アンダーソンに反則勝ち。
プロレス 7月6日	【大阪府立体育館】〈WWF ジュニアヘビー〉タイガーマスク（佐山聡）がウルトラマンを破り、防衛。（新日本）
ボクシング 7月7日	【東京・蔵前国技館】〈WBA 世界ライトフライ〉渡嘉敷勝男が伊波政春を破り、防衛。
プロレス 7月7日	【ニューオリンズ LA・スーパードーム】ミスター・オリンピア＆ジャンクヤード・ドッグがジョン・スタッド＆スーパー・デストロイヤーを、アンドレ・ザ・ジャイアントがキラー・カーンを、スティーブ・ウイリアムスがボブ・ループを破る。
プロレス 7月9日	【カルガリー（加）】「スタンピード・ウィーク」〈AWA 世界ヘビー〉ニック・ボックウィンクルがブレット・ハートを破り、防衛。〈世界ミッドヘビー〉ダービーボーイ・スミスがダイナマイト・キッドを破り、獲得。

406　プロ格闘技年表事典

相撲 7月18日	【名古屋・愛知県体育館】優勝：千代の富士（東横綱）12勝3敗、技能賞：高望山（東前11）、殊勲賞：朝汐（西関脇）、敢闘賞：闘竜（西前2）
ボクシング 7月20日	【金沢・石川県産業展示館】〈WBC 世界ライトフライ〉イラリオ・サパタが友利正を破り、獲得。
プロレス 7月23日	【ネサワルコヨ（墨）】〈UWA 世界ヘビー〉長州力がカネックを破り、獲得。カネックの防衛記録は26回でストップ。
ボクシング 7月24日	【メリダ（墨）】〈WBC 世界フライ〉フレディー・カスティージョがプルデンシオ・カルドナを破り、獲得。
ボクシング 7月29日	【大阪府立体育館】WBA 世界スーパーフライ〉渡辺二郎がグスタボ・バリャス（アルゼンチン）を破り、防衛。（年間ベストバウト）
プロレス 7月30日	【川崎市体育館】〈PWF ヘビー〉ジャイアント馬場がタイガー・ジェット・シンと両者リングアウト引き分け、防衛。（全日本）
プロレス 7月30日	【名古屋・愛知県体育館】〈WWF ジュニアヘビー〉タイガーマスク（佐山聡）がブレット・ハートを破り、防衛。（新日本）
プロレス 8月1日	【東京・後楽園ホール】〈UN ヘビー〉ハーリー・レイスがジャンボ鶴田を破り、獲得。（全日本）
プロレス 8月5日	【東京・蔵前国技館】〈WWF ヘビー〉ボブ・バックランドが藤波辰巳を破り、防衛。〈WWF ジュニアヘビー〉タイガーマスク（佐山聡）がダイナマイト・キッドを破り、防衛。（新日本）
プロレス 8月29日	【セントポール MN】〈AWA 世界ヘビー〉オットー・ワンツがニック・ボックウィンクルを破り、獲得。
プロレス 8月29日	【東京・田園コロシアム】〈WWF ジュニアヘビー〉タイガーマスク（佐山聡）がブラック・タイガー（マーク・ロコ）にリングアウト勝ち、防衛。（新日本）
プロレス 8月30日	【ニューヨーク NY・MSG】〈WWF インターヘビー〉藤波辰巳がジノ・ブリットを破り、獲得。〈WWF ジュニアヘビー〉タイガーマスク（佐山聡）がダイナマイト・キッドを破り、防衛。スタンディングオベーションが起こる。この頃、プロモーターがビンス・マクマホン・シニアからジュニアに代替わり。
プロレス 9月3日	【福岡スポーツセンター】〈WWF ジュニアヘビー〉タイガーマスク（佐山聡）がビジャノ III を破り、防衛。（新日本）
プロレス 9月12日	【メキシコ州・エルトレオ】〈引退試合〉エル・サント*＆ゴリー・ゲレロ＆エル・ソリタリオ＆ウラカン・ラミレスがペロ・アグアヨ＆エル・シグノ＆エル・テハノ＆ネグロ・ナバーロを破る。
プロレス 9月14日	【愛知県・刈谷市体育館】〈PWF ヘビー〉ジャイアント馬場がスタン・ハンセンに反則勝ち、防衛。（全日本）
ボクシング 9月15日	【ニューヨーク NY・MSG】〈WBC 世界フェザー王座決定戦〉ファン・ラポルテがマリオ・ミランダを破り、獲得。

1981 – 1990

プロ格闘技年表事典　407

プロレス 9月17日	【セントルイス MO】〈ミズーリ州ヘビー〉ハーリー・レイスが ディック・ザ・ブルーザーを破り、獲得。
プロレス 9月17日	【メキシコシティ・アレナメヒコ】「アニベルサリオ」〈カベジェ ラコントラカベジェラ〉ペロ・アグアヨがトニー・サラサーを 破る。〈ナショナルヘビー〉アルコン・オルティスがドクトル・ ワグナーを破る。リック・フレアー対アルコン・オルティスは フレアーの欠場で行われず。
プロレス 9月21日	【大阪府立体育館】〈WWF ジュニアヘビー〉タイガーマスク（佐山聡） がブラック・タイガー（マーク・ロコ）を破り、防衛。（新日本）
相撲 9月26日	【東京・蔵前国技館】優勝：隆ノ里（西大関）15勝、技能賞： 若島津（東関脇）、殊勲賞：大寿山（東前1）、敢闘賞：若島津（東 関脇）、北天佑（東前5）
プロレス 9月26日	【メキシコ州・エルトレオ】〈UWA 世界ヘビー〉カネックが長 州力を破り、獲得。長州力は4度の防衛に成功していた。
プロレス 10月3日	【アトランタ GA】〈NWA 世界ヘビー〉リック・フレアーがスタ ン・ハンセンと引き分け、防衛。
プロレス 10月7日	【大阪府立体育館】〈インターナショナルヘビー〉ブルーザー・ブロ ディがジャンボ鶴田と両者リングアウト引き分け、防衛。（全日本）
プロレス 10月8日	【東京・後楽園ホール】アントニオ猪木＆藤波辰巳＆長州力対ア ブドラ・ザ・ブッチャー＆バッドニュース・アレン＆スペシャル・ デリバリー・ジョーンズの試合中、藤波辰巳、長州力が仲間割れ。 「カマセ犬」発言と共に、維新革命が勃発。（新日本）
プロレス 10月9日	【シカゴ IL】〈AWA 世界ヘビー〉ニック・ボックウィンクルがオッ トー・ワンツを破り、獲得。
ボクシング 10月10日	【東京・後楽園ホール】〈WBA 世界ライトフライ〉渡嘉敷勝男 が金成南を破り、防衛。
プロレス 10月20日	【青森県営体育館】〈インターナショナルヘビー〉ブルーザー・ ブロディが天龍源一郎を破り、防衛。（全日本）
プロレス 10月24日	【北海道・北見体育センター】〈UN ヘビー〉ジャンボ鶴田がハー リー・レイスを破り、獲得。（全日本）
プロレス 10月24日	【ハノーファー（独）】トーナメント優勝：ジョン・クイン
プロレス 10月26日	【北海道・帯広市総合体育館】〈PWF ヘビー〉ハーリー・レイス がジャイアント馬場を破り、獲得。〈インターナショナルヘビー〉 ブルーザー・ブロディがドリー・ファンク・ジュニアと両者リ ングアウト引き分け、防衛。（全日本）
プロレス 10月26日	【大阪府立体育館】〈WWF ジュニアヘビー〉タイガーマスク（佐 山聡）が小林邦昭に反則勝ち、防衛。（新日本）
プロレス 11月2日	【名古屋・愛知県体育館】〈PWF ヘビー〉ハーリー・レイスがジャ イアント馬場と両者反則引き分け、防衛。ブルーザー・ブロディ はジミー・スヌーカと無効試合。（全日本）

プロレス 11月4日	【東京・蔵前国技館】〈ハンデ〉ラッシャー木村＆アニマル浜口＆寺西はアントニオ猪木にリングアウト勝ち。〈WWFインターナショナル〉藤波辰巳は長州力に反則勝ち、防衛。〈NWA世界＆WWFジュニアヘビー〉タイガーマスク（佐山）が小林邦昭に反則勝ち、防衛。小林がマスクを破る。（新日本）
プロレス 11月4日	【東京・後楽園ホール】〈インターナショナルジュニアヘビー王座決定戦〉大仁田厚がチャボ・ゲレロを破り、獲得。（全日本）
ボクシング 11月6日	【ロサンゼルスCA】〈WBC世界フライ〉エレオンシオ・メルセデスがフレディー・カスティージョを破り、獲得。
ボクシング 11月11日	【浜松市体育館】〈WBA世界スーパーフライ〉渡辺二郎が大熊正二を破り、防衛。
ボクシング 11月12日	【マイアミFL・オレンジボウル】〈WBA世界スーパーライト〉アーロン・プライヤーがアレクシス・アルゲリョを破り、防衛。「ブラックボトル事件」。

【ブラックボトル事件】1982年11月12日、米フロリダ州マイアミで行われたWBA世界スーパーライト級選手権、アーロン・プライヤー対アレクシス・アルゲリョの試合中の疑惑。試合中にプライヤーのトレーナーのパナマ・ルイスが精神刺激薬を混入させた水をプライヤーに与えていたのではないかということ。このとき疑惑は否定された。しかし、別の試合でルイスが薬物を混入した水を使ったり、ボクシンググローブの中綿を抜くなどの不正を働いていたことが、後に発覚している。

ボクシング 11月13日	【ラスベガスNV】〈WBA世界ライト〉レイ・マンシーニが金得九を14RKOで破り、防衛。金は4日後に死去。この試合をきっかけにWBCは安全のため、世界戦のラウンド数を15から12に削減することを決め、WBA、IBFも追随。1988年をもって15ラウンドマッチは消える。
プロレス 11月13日	【サンシティ（南ア）】テリー・ファンク対ハルク・ホーガンという夢の顔合わせが実現。この日のカードには後にUWFで活躍するキース・ハワードもいた。
プロレス 11月22日	【ニューヨークNY・MSG】〈WWFジュニアヘビー〉タイガーマスク（佐山聡）がカルロス・ホセ・エストラーダを破り、防衛。
プロレス 11月25日	【フィラデルフィアPA・スペクトラム】〈WWFジュニアヘビー〉タイガーマスク（佐山聡）はエディ・ギルバートを破る。ジミー・スヌーカ＆バディ・ロジャースはレイ・スティーブンス＆ルー・アルバーノを、小林邦昭はジョニー・ロッズを、ペドロ・モラレス＆サルバトーレ・ベロモはマサ斎藤＆長州力を破る。この月からベビーフェイスに転向したジミー・スヌーカのブレイクがWWFで始まっていた。

1981｜1990

プロレス 11月26日	【東京・後楽園ホール】「世界最強タッグ決定リーグ」〈公式戦〉ブルーザー・ブロディ＆スタン・ハンセンがリッキー・スティムボート＆ジェイ・ヤングブラッドを破る。名勝負。（全日本）
相撲 11月28日	【福岡国際センター】優勝：千代の富士（東横綱）14勝1敗、技能賞：若島津（東関脇）、殊勲賞：北天佑（西小結）、敢闘賞：大潮（西前8）
ボクシング 11月28日	【ソウル（韓）】〈WBC世界スーパーフライ〉ラファエル・オロノが金喆鎬を破り、獲得。
プロレス 11月28日	【メキシコ州・エルトレオ】〈WWFジュニアヘビー〉タイガーマスク（佐山聡）がビジャノ III を破り、防衛。
ボクシング 11月30日	【東京・蔵前国技館】〈WBC世界ライトフライ〉イラリオ・サパタが友利正を破り、防衛。
ボクシング 12月3日	【ニューオリンズ LA・スーパードーム】〈WBC世界スーパーウェルター〉トーマス・ハーンズがウィルフレッド・ベニテス（プエルト・リコ）を破り、獲得。
ボクシング 12月10日	【ラスベガス NV】〈WBA世界ヘビー〉マイケル・ドークスがマイク・ウィーバーを破り、獲得。
プロレス 12月10日	【東京・蔵前国技館】「MSGタッグリーグ」〈決勝〉アントニオ猪木＆ハルク・ホーガンがキラー・カーン＆タイガー戸口を破り、優勝。（新日本）
ボクシング 12月11日	【サクラメント CA】〈WBC世界スーパーフェザー〉ボビー・チャコンがラファエル・リモンを破り、獲得。（年間ベストバウト）
プロレス 12月12日	【メキシコ州・エルトレオ】〈WWFジュニアヘビー〉タイガーマスク（佐山聡）がペロ・アグアヨを破り、防衛。
プロレス 12月13日	【東京・蔵前国技館】「世界最強タッグ決定リーグ」〈公式戦〉ドリー・ファンク・ジュニア＆テリーファンクがスタン・ハンセン＆ブルーザー・ブロディに反則勝ち、優勝。〈公式戦〉ジャイアント馬場＆ジャンボ鶴田がハーリー・レイス＆ディック・スレーターを破る。名勝負。（全日本）
プロレス 12月18日	【ブレーメン（独）】「トーナメント」優勝：ジャイアント・ヘイスタックス
プロレス 12月27日	【メンフィス TN・ミッドサウスコロシアム】〈AWA世界ヘビー〉ジェリー・ローラーがニック・ボックウィンクルを破り、AWAベルトを奪取。しかし、後になって判定が覆る。（観衆 10,086 人）
プロレス	【ベイルート（礼）】〈ミドルイーストヘビー〉ダニー・リンチが獲得。対戦相手不明。
その他	【MVP】〈相撲・報知新聞年間最優秀力士〉千代の富士貢〈相撲・年間最多勝〉千代の富士貢、74勝16負0休〈ボクシング・日本・コミッション〉渡辺二郎〈ボクシング・アメリカ・リング誌〉ラリー・ホームズ〈プロレス・日本・東京スポーツ〉タイガーマスク（佐山聡）〈プロレス・メキシコ・エルアルコン誌〉ビジャノ III

1983年

プロレス 1月1日	【セントルイス MO】〈NWA 世界ヘビー〉リック・フレアーがブルース・リードを破り、防衛。
プロレス 1月2日	【東京・後楽園ホール】〈バトルロイヤル〉優勝：ミル・マスカラス（全日本）
プロレス 1月6日	【東京・後楽園ホール】〈NWA 世界ジュニアヘビー〉タイガーマスク（佐山聡）が小林邦昭にリングアウト勝ち、防衛。ブラックジャック・マリガンが藤原喜明を破る。マリガンの馬鹿にした態度に藤原が切れ、技を受けず投げ飛ばす場面もあった。（新日本）
プロレス 1月6日	【サンフアン（プエルト・リコ）】〈NWA 世界ヘビー〉カルロス・コロンがリック・フレアーを破る。しかし、フレアーは依然王座につき続ける。いわば非公認の王座移動。こうしたフレアーの非公認の王座移動はいくつかあった。
ボクシング 1月9日	【京都府立体育館】〈WBA 世界ライトフライ〉渡嘉敷勝男が金煥珍を破り、防衛。
ボクシング 1月19日	【サンフアン（PR）】〈WBA 世界スーパーフェザー〉ロジャー・メイウェザーがサムエル・セラノを破り、獲得。
プロレス 1月21日	【セントルイス MO】〈ミズーリ州ヘビー〉ケリー・フォン・エリックがハーリー・レイスを反則勝ちで破り、獲得。
相撲 1月23日	【東京・蔵前国技館】優勝：琴風（西大関）14 勝 1 敗、技能賞：朝潮（西関脇）、殊勲賞：朝潮（西関脇）、敢闘賞：北天佑（東関脇）
プロレス 2月3日	【札幌・中島スポーツセンター】〈NWA 世界ジュニアヘビー〉タイガーマスク（佐山聡）がグラン浜田を破り、防衛。（新日本）
プロレス 2月7日	【東京・蔵前国技館】〈ハンデ〉ラッシャー木村＆アニマル浜口＆寺西はアントニオ猪木に反則勝ち。〈WWF ジュニアヘビー〉タイガーマスク（佐山聡）がブラック・タイガー（マーク・ロコ）を破り、防衛。（新日本）
プロレス 2月8日	【大阪府立体育館】〈WWF ジュニアヘビー〉タイガーマスク（佐山聡）が小林邦昭を破り、防衛。負傷のため王座返上。（新日本）
プロレス 2月11日	【東京・後楽園ホール】ザ・グレート・カブキ*がジム・ディロンを破り、変身後日本デビュー戦を飾る。（全日本）
プロレス 2月11日	【セントルイス MO・チェッカードーム】〈NWA 世界ヘビー〉リック・フレアーがブルーザー・ブロディと時間切れ引き分け、防衛。プロモーターのボブ・ガイゲルがファイトマネーをけちったことが、ブロディの離脱、6 月 18 日に対抗勢力のマティシック派のリングに上がることにつながる。〈PWF ヘビー〉ジャイアント馬場がハーリー・レイスを破り、獲得。
ボクシング 2月13日	【フォートワース TX】〈WBA 世界ウェルター王座決定戦〉ドナルド・カリーがハン・ジュンシクを破り、獲得。

1981 ― 1990

プロ格闘技年表事典　411

プロレス 2月23日	【大阪府立臨海スポーツセンター】〈アジアタッグ王座決定戦〉マイティ井上＆阿修羅・原がグレート小鹿＆大熊元司を破り、獲得。（全日本）
ボクシング 2月24日	【三重・津市民体育館】〈WBA世界スーパーフライ〉渡辺二郎がルイス・イバネスを破り、防衛。（年間ベストバウト）
プロレス 3月3日	【東京・後楽園ホール】ジャイアント馬場が上田をレフェリーストップで破る。アームブリーカー13連発という激しい闘いを見せた。馬場最後の名勝負の声も多い。（全日本）
プロレス 3月4日	【神奈川・相模原市体育館】アドリアン・アドニス＆ボブ・オートン・ジュニアはアントニオ猪木＆木村健吾を、えげつない合体攻撃の末、破る。（新日本）
プロレス 3月6日	【ロサンゼルスCA】〈WWFヘビー〉ボブ・バックランドがバディ・ローズを破り、防衛。WWFのビンス・マクマホンがマイク・ラーベルを表面上のプロモーターとしてロサンゼルスCAに進出。
プロレス 3月10日	【宇都宮・栃木県体育館】〈NWA世界ジュニアヘビー〉タイガーマスク（佐山聡）がミレ・ツルノを破り、防衛。負傷のため王座返上。（新日本）
ボクシング 3月15日	【ロンドン（英）】〈WBC世界フライ〉チャーリー・マグリがエレオンシオ・メルセデスを破り、獲得。
ボクシング 3月18日	【アトランティックシティNJ】〈WBC世界ライトヘビー〉マイケル・スピンクスがドワイト・ムハマド・カウィ（ドワイト・ブラックストン）を破り、獲得。
ボクシング 3月26日	【大田（韓）】〈WBC世界ライトフライ〉張正九がイラリオ・サパタを破り、獲得。
相撲 3月27日	【大阪府立体育館】優勝：千代の富士（東横綱）15勝、技能賞：出羽の花（東前1）、殊勲賞：朝潮（東関脇）、敢闘賞：北天佑（西関脇）
プロレス 4月3日	【東京・蔵前国技館】〈WWFインターナショナル〉長州力が藤波辰巳を破り、獲得（年間ベストバウト）。〈NWA世界ジュニアヘビー王座決定戦〉ダイナマイト・キッドが小林邦昭と両者リングアウト。王座は空位のまま。（新日本）
プロレス 4月4日	【新潟市体育館】〈WWFジュニアヘビー王座決定戦〉ダイナマイト・キッドが小林邦昭と両者フェンスアウト。王座は空位のまま。
プロレス 4月7日	【仙台・宮城県スポーツセンター】〈インターナショナルタッグ〉ジャイアント馬場＆ジャンボ鶴田がテリー・ファンク＆テッド・デビアスを破り、防衛。〈ミズーリ州ヘビー〉ケリー・フォン・エリックが天龍源一郎と両者リングアウト、防衛。（全日本）
ボクシング 4月10日	【東京・後楽園ホール】〈WBA世界ライトフライ〉渡嘉敷勝男がルペ・マデラと引き分け、防衛。

412　プロ格闘技年表事典

プロレス 4月12日	【松山・愛媛県民館】〈インターナショナルタッグ〉スタン・ハンセン&ロン・バスがジャイアント馬場&ジャンボ鶴田を破り、獲得。(全日本)
プロレス 4月15日	【セントルイス MO】〈ミズーリ州ヘビー〉ジェリー・ブラックウェルがケリー・フォン・エリックを破り、獲得。
プロレス 4月16日	【名古屋・愛知県体育館】〈インターナショナルヘビー〉ブルーザー・ブロディが天龍源一郎を破り、防衛。(全日本)
プロレス 4月17日	【長崎国際体育館】〈インターナショナルタッグ〉ジャイアント馬場&ジャンボ鶴田がスタン・ハンセン&ロン・バスを破り、獲得。(全日本)
プロレス 4月20日	【東京都体育館】〈PWF ヘビー〉ジャイアント馬場がハーリー・レイスと両者リングアウト引き分け、防衛。(全日本)
プロレス 4月21日	【東京・蔵前国技館】前田日明が欧州から凱旋帰国。ポール・オーンドーフを秒殺する。〈NWA 世界ジュニアヘビー王座決定戦〉タイガーマスク(佐山聡)がダイナマイト・キッドと両者リングアウト。王座は空位のまま。(新日本)
プロレス 4月23日	【神奈川・横須賀市総合体育館】〈インターナショナルヘビー〉ブルーザー・ブロディがテリー・ファンクと両者リングアウト引き分け、防衛。(全日本)
プロレス 4月25日	【長野・諏訪湖スポーツセンター】〈インターナショナルヘビー〉ブルーザー・ブロディがドリー・ファンク・ジュニアと両者リングアウト引き分け、防衛。(全日本)
プロレス 4月27日	【兵庫・西脇市総合市民センター】〈インターナショナルヘビー〉ブルーザー・ブロディがジャンボ鶴田に反則勝ち、防衛。(全日本)
プロレス 4月30日	【サンファン(PR)】〈WWC タッグ〉ペドロ・モラレス&カルロス・コロンがメディックス(ホセ・エストラーダ&ジョニー・ロッズ)を破り、獲得。
ボクシング 5月1日	【サンファン(PR)】〈WBC 世界ライト王座決定戦〉エドウィン・ロサリオがホセ・ルイス・ラミレスを破り、獲得。
ボクシング 5月5日	【静岡県産業展示場】〈WBA 世界フライ〉サントス・ラシアルが穂積秀一を破り、防衛。
プロレス 5月7日	【川崎市体育館】〈WWWA 世界シングル(女子)〉ラ・ギャラクティカが横田利美を破り、獲得。
プロレス 5月13日	【セントルイス MO】〈ミズーリ州ヘビー〉ハーリー・レイスがジェリー・ブラックウェルを破り、獲得。
ボクシング 5月15日	【ラスベガス NV】〈WBC 世界スーパーフェザー〉ボビー・チャコンがコーネリアス・ボサ・エドワーズを破り、防衛。(年間ベストバウト)
ボクシング 5月18日	【ラスベガス NV】〈WBC 世界スーパーライト〉ブルース・カリーがレロイ・ヘイリーを破り、獲得。

1981
|
1990

プロレス 5月20日	【ヒューストン TX】「興行戦争」〈AWA 世界ヘビー〉ニック・ボックウィンクルがダスティ・ローデスを破り、防衛。〈WWF ヘビー〉ボブ・バックランドがアファ・サモアンを破り、防衛。(ポール・ボウシュ)
相撲 5月22日	【東京・蔵前国技館】優勝：北天佑（東関脇）14 勝 1 敗、技能賞：北天佑（東関脇）、殊勲賞：北天佑（東関脇）、敢闘賞：出羽の花（西関脇）
プロレス 5月26日	【静岡・天竜総合体育館】〈インターナショナルヘビー〉ブルーザー・ブロディがジャンボ鶴田に反則勝ち、防衛。〈インターナショナルジュニアヘビー王座決定戦〉チャボ・ゲレロがウルトラセブン（高杉正彦）を破り、獲得。(全日本)
プロレス 5月26日	【ヒューストン TX】「興行戦争」〈世界王座決定トーナメント〈決勝〉アドリアン・アドニスがボブ・オートン・ジュニアを破り、優勝、獲得。〈ノンタイトル〉ジノ・ヘルナンデスがタリー・ブランチャードを破る。(ジョー・ブランチャード)
ボクシング 5月27日	【プロビデンス RI】〈WBA & WBC & IBF 世界ミドル〉マービン・ハグラーがウィルフォード・サイピオンを 4RKO で破り、WBA & WBC を防衛するとともに、王座決定戦だった IBF を獲得。
ボクシング 6月1日	【IBF】〈IBF 世界ヘビー〉ラリー・ホームズを王者に認定した。
ボクシング 6月1日	【トロント（加）】〈IBF 世界スーパーライト王座決定戦〉アーロン・プライヤーがニック・ファーラノを破り、獲得。
ボクシング 6月1日	【アトランティックシティ NJ】〈IBF 世界ライトヘビー王座決定戦〉マイケル・スピンクスがエディ・デービスを破り、獲得。
プロレス 6月1日	【埼玉・大宮スケートセンター】〈WWWA 世界シングル（女子）〉ジャガー横田がラ・ギャラクティカを破り、獲得。
プロレス 6月2日	【東京・蔵前国技館】「IWGP リーグ戦」〈決勝〉ハルク・ホーガンがアントニオ猪木を破り、優勝。猪木は失神。即入院。即退院。〈NWA 世界ジュニアヘビー王座決定戦〉タイガーマスク（佐山聡）が小林邦昭を破り、獲得。(新日本)
プロレス 6月3日	【メキシコシティ・アレナメヒコ】〈NWA 世界ミドル〉リスマルク（ナショナルミドル王者）がエル・サタニコを破り、獲得。ウェルターとミドルのメジャータイトルを 4 つ制したのはゴリー・ゲレロ、エル・サントに次ぐ 3 人目の快挙。
プロレス 6月12日	【東京・蔵前国技館】〈PWF ヘビー〉ジャイアント馬場がブルーザー・ブロディと両者反則引き分け、防衛。〈NWA 世界ヘビー〉リック・フレアーがジャンボ鶴田 0 - 1 のまま時間切れ、防衛。(全日本)
ボクシング 6月11日	【大邱（韓）】〈WBC 世界ライトフライ〉張正九が伊波政春を破り、防衛。

プロレス 6月12日	【メキシコ州・エルトレオ】〈UWA世界ヘビー〉カネックが藤波辰巳を破り、獲得。〈WWFジュニアヘビー王座決定戦〉タイガーマスク（佐山聡）はフィッシュマンを破り、返上していたが王座に帰り咲く。
プロレス 6月13日	【サバンナGA】〈インターナショナルヘビー〉ブルーザー・ブロディがジャンボ鶴田と両者リングアウト引き分け、防衛。（全日本）
ボクシング 6月15日	【ロサンゼルスCA】〈WBC世界スーパーバンタム王座決定戦〉ハイメ・ガルサがボビー・バーナを破り、獲得。
ボクシング 6月16日	【ニューヨークNY・MSG】〈WBA世界スーパーウェルター〉ロベルト・デュランがデビー・ムーアを破り、獲得。
プロレス 6月17日	【ダラスTX】〈PWFヘビー〉ジャイアント馬場がキングコング・バンディを破り、防衛。〈アメリカンタッグ〉ブルーザー・ブロディ＆ケリー・フォン・エリックがテリー・ゴディ＆マイケル・ヘイズを破り、獲得。
プロレス 6月18日	【セントルイスMO】ラリー・マティシックが旗揚げ。〈ハンデ〉ブルーザー・ブロディがトニー・ヘルナンデス＆マット・バーンズを破る。当初の相手、ブラックジャック・マリガンはボブ・ガイゲルの説得に応じドタキャン。ランディ・サベージがダグ・バインズを、アドリアン・アドニスがスコット・ケーシーを破る。
ボクシング 6月23日	【仙台・宮城県スポーツセンター】〈WBA世界スーパーフライ〉渡辺二郎がロベルト・ラミレスを破り、防衛。
プロレス 6月26日	【ミネアポリスMN】〈AWA世界タッグ〉ケン・パテラ＆ジェリー・ブラックウェルがジム・ブランゼル＆グレッグ・ガニアを破り、獲得。
ボクシング 7月7日	【東大阪・近大記念体育館】〈WBC世界スーパーライト〉ブルース・カリーが赤井英和を破り、防衛。
プロレス 7月7日	【大阪府立体育館】〈NWA世界ジュニアヘビー〉タイガーマスク（佐山聡）が寺西勇を破り、防衛。（新日本）
プロレス 7月8日	【カルガリー(加)】「スタンピード・ウィーク」〈金網〉バッドニューズ・アレンがダイナマイト・キッドを破る。ザ・コブラ（ジョージ高野）は高野俊二を破る。
ボクシング 7月10日	【東京・後楽園ホール】〈WBA世界ライトフライ〉ルペ・マデラが渡嘉敷勝男を破り、獲得。
プロレス 7月12日	【札幌・中島スポーツセンター】〈PWFヘビー〉ジャイアント馬場がタイガー・ジェット・シンと無効試合。防衛回数にカウントせず。（全日本）
プロレス 7月13日	【北海道・千歳市スポーツセンター】〈AWA世界ヘビー〉ニック・ボックウィンクルがジャンボ鶴田に反則負け、防衛。（全日本）
プロレス 7月14日	【札幌・中島スポーツセンター】〈WWFジュニアヘビー〉タイガーマスク（佐山聡）が小林邦昭に反則勝ち、防衛。8月、タイガーマスク（佐山聡）は新日本を離脱。王座は返上。（新日本）

1981 l 1990

プロレス 7月15日	【セントルイス MO】〈ミズーリ州ヘビー王座決定トーナメント決勝〉リック・フレアーがデビッド・フォン・エリックを破り、獲得。
プロレス 7月16日	【ニューオリンズ LA・スーパードーム】ブッチ・リードがジャンクヤード・ドッグを、ミル・マスカラス＆ティム・ホーナーがミスター・オリンピア＆ボリス・ズーコフを破る。マグナム TA はバズ・ソイヤーに反則勝ち。〈テイプト・フィスト・マッチ〉キングコング・バンディがダスティ・ローデスを破る。
相撲 7月17日	【名古屋・愛知県体育館】優勝：隆ノ里（東大関）14勝1敗、技能賞：該当者なし、殊勲賞：舛田山（西小結）、敢闘賞：飛騨ノ花（西前11）。場所後、隆の里俊英に横綱免許が授与される。 【隆の里俊英】(生) 1952 (没) 2011 (出生地) 青森 (初) 1968 (人物評) 第59代横綱。二子山親方が青森で下山勝則 (2代若乃花) をスカウトした後タクシーでその存在を知り、同じ夜行列車で上京させて。取的時代から酒好きであり、また遺伝的な体質もあって糖尿病に苦しんだ。稽古には熱心で「稽古場横綱」といわれたが、出世は遅れた。当時、異端視された筋力トレーニングでポパイのような体に作り変え、1983年7月場所後に横綱に昇進した。その辛抱ぶりは当時ヒットしていたテレビドラマから「おしん横綱」と言われた。
ボクシング 7月17日	【ラスベガス NV】〈WBC 世界クルーザー〉カルロス・デ・レオンが ST・ゴードンを破り、獲得。
プロレス 7月26日	【福岡スポーツセンター】〈インターナショナルタッグ〉タイガー・ジェット・シン＆上田馬之助がジャイアント馬場＆ジャンボ鶴田をリングアウトで破り、獲得。（全日本）
プロレス 8月1日	【福岡スポーツセンター】〈インターナショナルタッグ〉ジャイアント馬場＆ジャンボ鶴田がタイガー・ジェット・シン＆上田馬之助をリングアウトで破り、獲得。（全日本）
プロレス 8月4日	【東京・蔵前国技館】〈NWA 世界ジュニアヘビー〉タイガーマスク（佐山聡）が寺西勇を破り、防衛。直後、タイガーマスク（佐山聡）は新日本を離脱。王座は返上。（新日本）
ボクシング 8月7日	【サンファン（PR）】〈WBC 世界スーパーフェザー王座決定戦〉ヘクター・カマチョがラファエル・リモンを破り、獲得。
ボクシング 8月13日	【ラスベガス NV】〈WBC 世界ウェルター王座決定戦〉ミルトン・マクローリーがコーリン・ジョーンズを破り、獲得。
プロレス 8月26日	【東京・後楽園ホール】初来日のテリー・ゴディが天龍源一郎に決めたパワーボムと、ブラッド・レイガンズが阿修羅・原に決めたサイドスープレックスで後楽園ホールは戦慄に包まれた。（全日本）

プロレス 8月28日	【東京・田園コロシアム】アントニオ猪木がラッシャー木村を破る。6月2日以来の猪木の復帰戦である。試合後「俺の首を掻っ切ってみろ！」客は背後でクーデターが起こっていたことなどかわからない。（新日本） 【新日本プロレスのクーデター】8月24日、赤坂プリンスホテルで山本小鉄、藤波辰巳、大塚直樹営業部長ら選手、レフェリー、社員計18名が団結誓約書に署名。翌25日の役員会で山本が団結誓約書を示し、猪木に退陣を要求。社長の猪木、副社長の坂口は退陣し、新間寿営業本部長は謹慎処分。29日に山本、テレビ朝日からの出向社員だった大塚博美、望月常治によるトロイカ政権が誕生した。
プロレス 8月31日	【東京・蔵前国技館】〈引退試合〉テリー・ファンク・ジュニア＆テリー・ファンク*がスタン・ハンセン＆テリー・ゴディを破る。〈インターナショナルヘビー〉ジャンボ鶴田がブルーザー・ブロディをリングアウトで破り、獲得。（全日本）
ボクシング 9月1日	【ロサンゼルス CA】〈WBC 世界バンタム暫定王座決定戦〉アルベルト・ダビラがキコ・ベヒネスを破り、獲得。これが WBC 発の暫定王座である。
プロレス 9月8日	【千葉公園体育館】〈PWF ヘビー〉スタン・ハンセンがジャイアント馬場を破り、獲得。（全日本）
ボクシング 9月10日	【大田（韓）】〈WBC 世界ライトフライ〉張正九が伊波政春を破り、防衛。
ボクシング 9月11日	【東京・後楽園ホール】〈WBA 世界バンタム〉ジェフ・チャンドラーが村田英次郎を破り、防衛。
プロレス 9月16日	【セントルイス MO】〈ミズーリ州ヘビー〉デビッド・フォン・エリックがリック・フレアーを破り、獲得。
プロレス 9月21日	【大阪府立体育館】アントニオ猪木がラッシャー木村をコテンパンにやっつけ、KO 勝ち。（新日本）
ボクシング 9月23日	【リッチフィールド OH】〈WBA 世界ヘビー〉ゲリー・コーツィーがマイケル・ドークスを破り、獲得。
プロレス 9月23日	【メキシコシティ・アレナメヒコ】「アニベルサリオ」EMLL50 周年に貢献大のディアブロ・ベラスコへの表彰セレモニーも行われた。〈カベジェラコントラマスカラ〉サングレ・チカナが MS1 を破る。ケビン・フォン・エリック＆マスカラ・アニョ・ドス・ミル＆アルコン・オルティスがエロデス＆コロソ・コロセッティ＆ピラタ・モルガンを破る。
プロレス 9月24日	【アレナプエブロ】〈NWA 世界ライトヘビー〉エル・サタニコがサングレ・チカナとダブルフォール、引き分け。
相撲 9月25日	【東京・蔵前国技館】優勝：隆ノ里（西横綱）15 勝、技能賞：栃剣（西前 12）、殊勲賞：巨砲（東前 4）、敢闘賞：富士櫻（東前 10）

1981
｜
1990

プロ格闘技年表事典　417

プロレス 9月25日	【メキシコ州・エルトレオ】〈WWF ライトヘビー〉ペロ・アグアヨがサングレ・チカナと流血の痛み分け、引き分け。
	【サングレ・チカナ】（生）1951（出生地）墨（主要王座）NWA 世界ミドル（初）1973（人物評）まずは 1983 年 9 月 23 日～25 日の獅子奮迅の 3 日間にご注目いただきたい。これだけで MVP に匹敵する。メキシコを舞台に佐山聡や大仁田厚と抗争を繰り広げた。70 年代後半、スターレスラーが次々に UWA にジャンプする中で EMLL に残り支えた。80 年代初頭には来日も噂されたが、実現しなかった。これは、チカナ自身の本拠地が北部で、ビッグマッチを除いてメキシコシティ周辺にいることが少なく、声がかかるタイミングを逸したということである。
ボクシング 9月27日	【ロンドン（英）】〈WBC 世界フライ〉フランク・セデニョがチャーリー・マグリを破り、獲得。
ボクシング 10月6日	【大阪府立体育館】〈WBA 世界スーパーフライ〉渡辺二郎が権順天を破り、防衛。
プロレス 10月7日	【セントルイス MO】タリー・ブランチャードがスパイク・ヒューバーを、テリー・ゴディがドン・デヌッツィを破る。（マティシック派）
プロレス 10月8日	【セントルイス MO】〈NWA 世界ヘビー〉ハーリー・レイスがハルク・ホーガンに反則負け、防衛。（ガイゲル派）
プロレス 10月9日	【メキシコシティ】〈UWA 世界ライトヘビー〉サングレ・チカナがフィッシュマンを破り、獲得。（場所不明）
プロレス 10月14日	【長崎・佐世保市体育館】〈インターナショナルヘビー〉ジャンボ鶴田がブルーザー・ブロディと両者反則、防衛。（全日本）
ボクシング 10月23日	【札幌・中島スポーツセンター】〈WBA 世界ライトフライ〉ルペ・マデラが渡嘉敷勝男を破り、防衛。
プロレス 10月23日	【ハノーファー（独）】トーナメント優勝：アクセル・デイターとクラウス・ワラスが分け合う。
プロレス 10月26日	【盛岡・岩手県営体育館】〈NWA 世界ヘビー〉ハーリー・レイスがジャンボ鶴田と両者反則引き分け、防衛。（全日本）
プロレス 10月31日	【福島・会津若松市会津体育館】〈PWF ヘビー〉スタン・ハンセンがジャイアント馬場と無効試合、防衛。〈NWA 世界ヘビー〉ハーリー・レイスがテッド・デビアスを破り、防衛。（全日本）
プロレス 11月3日	【東京・蔵前国技館】〈NWA 世界ジュニアヘビー王座決定戦〉ザ・コブラがデービーボーイ・スミスを破り、獲得。（新日本）
ボクシング 11月10日	【ラスベガス NV】〈WBA & WBC & IBF 世界ミドル〉マービン・ハグラーがロベルト・デュランと 15R 判定引き分け、防衛。

相撲 11月20日	【福岡国際センター】優勝：千代の富士（西横綱）14勝1敗、技能賞：高望山（西前7）、殊勲賞：大乃国（東前3）、敢闘賞：保志（東前7）
プロレス 11月24日	【グリーンズボロ NC】「スターケード」（NWA世界ヘビー、金網）リック・フレアーがハーリー・レイスを破り、獲得。レフェリー、ジン・キニスキー。80年代のアメリカでのベストバウトに推す者もいる。（観衆 16,000人）
ボクシング 11月27日	【パタヤ（タイ）】WBC世界スーパーフライ〉パヤオ・プーンタラットがラファエル・オロノを破り、獲得。
プロレス 11月28日	【東京・大田区体育館】「フジテレビ杯争奪タッグトーナメント」〈準決勝〉デビル雅美＆山崎五紀はジャンボ堀＆大森ゆかりを、長与千種＆ライオネス飛鳥はタランチュラ＆マスクト・ユウを破り、決勝に進出。ジャガー横田のしなやかさ、全日本女子新人王王座決定戦に勝利した中野恵子（ブル中野）の涙、リトル・フランキーを中心としたミゼットプロレスのテンポと、良い興行であった。
	【長与千種】（生）1964（出生地）長崎（主要王座）WWWA世界シングル（初）1980（人物評）ライオネス飛鳥との「クラッシュ・ギャルズ」で1984年に全女の人気を盛り返した功労者である。空手を全面に押し出し、更にUWFのスタイルを意図的に表現することで、今まで女子に見向きしなかった男子のファンの注目も浴びた。一度引退するが、93年4月の横浜アリーナでのオールスター戦出場をきっかけに、本格的にカムバックすることになる。
プロレス 12月8日	【東京・蔵前国技館】「MSGタッグリーグ」〈決勝〉アントニオ猪木＆ハルク・ホーガンがディック・マードック＆アドリアン・アドニスを破り、優勝。（新日本）
ボクシング 12月10日	【大阪城ホール】〈IBF世界ライトフライ王座決定戦〉ドディ・ボーイ・ペニャロサが新垣諭を破り、獲得。〈IBF世界スーパーフライ王座決定戦〉全周都が春日井健を破り、獲得。
プロレス 12月12日	【東京・蔵前国技館】「世界最強タッグリーグ」〈公式戦〉ブルーザー・ブロディ＆スタン・ハンセンがジャンボ鶴田＆天龍源一郎を破り、優勝。〈公式戦〉ドリー・ファンク・ジュニア＆ジャイアント馬場がタイガー・ジェット・シン＆上田と両者リングアウト引き分け。〈NWA世界ヘビー〉リック・フレアーがザ・グレート・カブキに反則負け、防衛。（全日本）
ボクシング 12月13日	【ハリファックス（加）】〈IBF世界クルーザー王座決定戦〉マービン・カメルがロディ・マクドナルドを破り、獲得。
ボクシング 12月14日	【ソウル（韓）】〈IBF世界スーパーバンタム王座決定戦〉ボビー・ベルナが徐聖仁を破り、獲得。

1981
｜
1990

プロレス **12月15日**	【日本テレビ】力道山死去20年にあわせてつくった特別番組が放映される。番組中、フレッド・ブラッシーは自宅で力道山をののしり続け、ルー・テーズが全日本の道場で三沢光晴をバックドロップで投げるシーンが放送された。
プロレス **12月17日**	【ロックフォードIL】日本から帰国のハルク・ホーガンがマサ斎藤と対戦、の予定であったが現れず。クラッシャー・リソワスキーが代役を務める。ホーガンはWWFのビンス・マクマホンに引き抜かれた。(AWA)
プロレス **12月20日**	【ブレーメン(独)】「トーナメント」優勝:クラウス・ヴァラス。〈CWA世界ヘビー〉オットー・ワンツがジョン・スタッドを破り、防衛。
ボクシング **12月24日**	【ソウル(韓)】〈IBF世界フライ王座決定戦〉権順天がレネ・ブサヤンを破り、獲得。
プロレス **12月26日**	【ニューヨークNY・MSG】〈WWFヘビー〉アイアン・シークがボブ・バックランドを破り、獲得。
ボクシング	【IBF】米でIBFが結成される。母体は79年に設立されたUSBA(全米ボクシング協会)の国際部。中南米主導に主導となったWBA世界を米国主導に戻そうとしたロバート・リーが会長選に敗れ、USBA(全米ボクシング協会)国際部はWBA世界から独立した。ドン・キングなど大物プロモーターの後押しがあった。
プロレス	【不明(米)】「NWA総会」ニューヨークWWAのビンス・マクマホン、ジョージア州のジム・バーネットが脱退。(19日〜25日あたり)
その他	【MVP】〈相撲・報知新聞年間最優秀力士〉隆の里俊英〈相撲・年間最多勝〉隆の里俊英、78勝12負0休〈ボクシング・日本・コミッション〉渡辺二郎〈ボクシング・アメリカ・リング誌〉マービン・ハグラー〈プロレス・日本・東京スポーツ〉ジャンボ鶴田〈プロレス・メキシコ・ルチャリブレ誌&エルアルコン誌〉ペロ・アグアヨ

1984年

プロレス 1月3日	【東京・後楽園ホール】〈バトルロイヤル〉優勝：リスマルク（全日本）
プロレス 1月6日	【セントルイス MO】〈NWA 世界ヘビー〉リック・フレアーがブルーザー・ブロディに反則勝ち、防衛。〈ミズーリ州ヘビー〉ハーリー・レイスがデビッド・フォン・エリックを破り、獲得。
プロレス 1月10日	【北海道・室蘭市体育館】〈インターナショナルヘビー〉ジャンボ鶴田がスティーブ・オルソノスキーを破り、防衛。（全日本）
ボクシング 1月18日	【東京・後楽園ホール】〈WBC 世界フライ〉小林光二がフランク・セデニョを破り、獲得。

> 【小林光二】（生）1957（出生地）東京（主要王座）WBC 世界フライ（初）1978（人物評）デビュー以来、173cm というフライ級では破格の長身から打ち下ろす左ストレートで相手を撃破し続けるが、1980 年 2 月 21 日、全日本フライ級新人王決定戦で渡辺二郎に初回 KO 負けし、プロ初黒星を喫する。しかし、84 年 1 月、プロ 25 戦目で世界初挑戦し、フランク・セデニョを 2R に 4 度のダウンを奪い KO 勝ち、王座奪取に成功した。が、当時の WBC 世界フライ級王座のジンクス「初防衛戦で王座陥落」を破れなかった。

相撲 1月22日	【東京・蔵前国技館】優勝：隆ノ里（西横綱）13 勝 2 敗、技能賞：出羽の花（西前 6）、殊勲賞：大乃国（東関脇）、敢闘賞：保志（東小結）
ボクシング 1月22日	【アトランティックシティ NJ】〈WBA 世界スーパーライト王座決定戦〉ジョニー・バンフスがロレンゾ・ルイス・ガルシアを破り、獲得。
プロレス 1月23日	【ニューヨーク NY・MSG】〈WWF 世界ヘビー〉ハルク・ホーガンがアイアン・シークを破り、獲得。WWF 世界ヘビーから WWF 世界ヘビーに改称。
ボクシング 1月29日	【ビューモント TX】〈WBC 世界スーパーライト〉ビル・コステロがブルース・カリーを破り、獲得。
ボクシング 1月30日	【アトランティックシティ NJ】〈IBF 世界ライト王座決定戦〉チャーリー・ブラウンがマルビン・ポールを破り、獲得。
プロレス 2月3日	【札幌・中島スポーツセンター】長州力の入場時、藤原喜明が襲撃。対藤波辰巳の試合を中止に追い込む。この試合は大塚直樹の「新日本プロレス興行」への売り興行。大塚のことを面白くないと感じていたアントニオ猪木が組んだアングルであった。（新日本）
プロレス 2月3日	【ダラス TX】〈UN ヘビー〉デビッド・フォン・エリックがマイケル・ヘイズを破り、獲得。
ボクシング 2月4日	【アトランティックシティ NJ】〈IBF 世界ウェルター王座決定戦〉ドナルド・カリーがマーロン・スターリングを破り、獲得。

1981 | 1990

プロ格闘技年表事典　421

プロレス 2月7日	【東京・蔵前国技館】〈WWF世界ジュニアヘビー王座決定巴戦〉デービーボーイ・スミスとザ・コブラは両者リングアウト引き分け。ダイナマイト・キッドがデービーボーイ・スミス、ザ・コブラに連勝し、獲得。（新日本）
プロレス 2月9日	【大阪府立体育館】〈NWA世界ジュニアヘビー〉ザ・コブラが小林邦昭と両者フェンスアウト引き分け、防衛。（新日本）
プロレス 2月10日	【東京・高輪東武ホテル】全日本プロレスでの試合をひかえたデビッド・フォン・エリックが東武ホテルで急死。25歳だった。時差の差はあるが同じ日に、WWFは全米侵攻を始め、NWAは次期（4月といわれていた）世界王者予定者デビッド・フォン・エリックを亡くした。今から思えばレスリング・ウォーの行く末を暗示していたようにも見える。
プロレス 2月10日	【セントルイスMO】WWFによる全米侵攻が始まる。〈WWF世界ヘビー〉ハルク・ホーガンがマスクト・スーパースターに反則勝ち、防衛。
プロレス 2月12日	【メキシコ州・エルトレオ】カネックがアンドレ・ザ・ジャイアントに2－0で勝つ。カネックはアンドレをボディスラムで、2度も投げてみせた。
プロレス 2月13日	【ケープタウン（南ア）】〈EWUスーパーヘビー〉ジョン・スタッドがジャン・ウィルキンスを破り、獲得。
プロレス 2月13日	【スロー（英）】〈世界ヘビー〉ジョン・クインが、トニー・セント・クレアを破り、獲得。（オールスタープロモーション）
プロレス 2月16日	【長崎国際体育館】〈アジアタッグ王座決定戦〉阿修羅・原＆石川隆士がジェリー・モロー＆トーマス・アイビーを破り、獲得。（全日本）
プロレス 2月17日	【セントルイスMO】〈ミズーリ州ヘビー〉ハーリー・レイスがワフー・マクダニエルを破り、防衛。
プロレス 2月18日	【ケープタウン（南ア）】〈EWUスーパーヘビー〉ジャン・ウィルキンスがジョン・スタッドを破り、獲得。
ボクシング 2月22日	【ミラノ（伊）】〈WBA世界スーパーバンタム〉ロリス・ステッカがレオ・クルスを破り、獲得。
プロレス 2月23日	【東京・蔵前国技館】〈AWA世界ヘビー vs インターナショナル*〉ジャンボ鶴田*がニック・ボックウィンクルをバックドロップホールドで破り、AWA王座を獲得。レフェリー、テリー・ファンク。（全日本）
ボクシング 2月26日	【ビューモントTX】〈WBA世界スーパーフェザー〉ロッキー・ロックリッジがロジャー・メイウェザーを破り、獲得。
プロレス 2月26日	【大阪府立体育館】〈AWA世界ヘビー＆インターナショナル〉ジャンボ鶴田がニック・ボックウィンクルと両者リングアウト引き分け、防衛。〈インターナショナルジュニアヘビー〉マイティ井上がチャボ・ゲレロを破り、獲得。（全日本）

プロレス 2月26日	【メキシコシティ】〈UWA 世界ヘビー〉ドス・カラスがエンリケ・ベラを破り、獲得。タイトルに恵まれなかったドスが、デビュー13年目で世界王者となった。
ボクシング 3月4日	【ソウル（韓）】〈IBF 世界フェザー王座決定戦〉呉民根がジョコ・アーターを破り、獲得。
プロレス 3月4日	【シカゴ IL・ローズモントホライズン】〈AWA 世界ヘビー〉ジャンボ鶴田がブラックジャック・ランザを破り、防衛。
ボクシング 3月8日	【ラスベガス NV】〈WBC 世界ヘビー王座決定戦〉ティム・ウィザスプーンがグレッグ・ペイジを破り、獲得。
ボクシング 3月11日	【アトランティックシティ NJ】〈IBF 世界スーパーウェルター〉マーク・メダルがアール・ハーグロブを破り、獲得。
プロレス 3月11日	【グリーンベイ WI】〈AWA 世界ヘビー〉ジャンボ鶴田がビル・ロビンソンを破り、防衛。
ボクシング 3月15日	【大阪城ホール】〈WBA* vs WBC 世界スーパーフライ〉渡辺二郎* がセルソ・チャベスを破り、統合。しかし、世界戦を 15R とする WBA は、12R ルールの試合に出た渡辺の王座をはく奪。
プロレス 3月15日	【ソルトレークシティー UT】〈AWA 世界ヘビー〉ジャンボ鶴田がジム・ブランゼルを破り、防衛。
プロレス 3月20日	【ウェリントン(NZ)】〈NWA 世界ヘビー〉ハーリー・レイスがリック・フレアーを破り、獲得。しかし 23 日シンガポール、カランで取り返される。
プロレス 3月23日	【メキシコシティ】EMLL と UWA 対抗戦で、サムライ・シロー（越中詩郎）＆カミカゼ・ミサワ（三沢光晴）がペロ・アグアヨ＆フィッシュマンにボコボコにされた上で反則勝ち。

【三沢光晴】（生）1962（没）2009（出生地）埼玉（主要王座）三冠ヘビー（初）1981（人物評）1984 年、メキシコ武者修行中に呼び戻されタイガーマスク（2 代）に変身する。90年 5 月試合中にマスクを取り再び本名で闘った。そして天龍離脱後の、鶴田病気リタイア後の全日本を支えた。2000 年、NOAH を設立し、多くの選手を抱え込む。21 世紀に入ってからは三銃士や小川直也とスリリングな試合を見せた。そして試合中の事故で 09 年、死去した。

1981
－
1990

プロレス 3月24日	【東京・蔵前国技館】〈PWF ヘビー〉スタン・ハンセンがジャイアント馬場に反則勝ち、防衛。〈AWA 世界ヘビー〉ジャンボ鶴田がニック・ボックウィンクルに反則負け、防衛。（全日本）
相撲 3月25日	【大阪府立体育館】優勝：若島津（東大関）14 勝 1 敗、技能賞：逆鉾（西前 10）、殊勲賞：大乃国（東関脇）、敢闘賞：大乃国（東関脇）。この場所、大潮が最多記録である 12 度目の返り入幕を果たした。

プロ格闘技年表事典　423

【大潮憲司】（生）1948（出生地）福岡（最高位）小結（初）1962（人物評）1971年9月場所に新入幕、一場所で十両に陥落。72年1月場所に帰り入幕、以後これを含め84年3場所まで12度の帰り入幕を果たした。その間、2度の幕下陥落も、不屈の闘志で盛り返した。88年1月場所後、40歳で引退した。左を差して一気に寄るのを型としたが、腰高で逆転を許すのが難だった。

プロレス 3月25日
【ニューヨーク NY・MSG】〈UWF版WWFインターナショナル〉前田日明がピエール・ラファイエルを破り、獲得。前田日明のWWF登場は、新日本プロレス脱退後の新聞寿が暗躍。（WWF）

ボクシング 3月28日
【アトランティックシティ NJ】〈IBF世界スーパーミドル王座決定戦〉マレイ・サザーランドがアーニー・シングラトリーを破り、獲得。

プロレス 3月30日
【茨城・古河市体育館】〈PWFヘビー〉スタン・ハンセンがバグジー・マグローを破り、防衛。

ボクシング 3月31日
【サンファン（PR）】〈WBC世界フェザー〉ウイルフレド・ゴメスがファン・ラポルテを破り、獲得。

ボクシング 4月7日
【アトランティックシティ NJ】〈WBA世界バンタム〉リチャード・サンドバルがジェフ・チャンドラーを破り、獲得。

プロレス 4月8日
【メキシコシティ・アレナメヒコ】〈NWA世界ミドル〉エル・サタニコがカミカゼ・ミサワ（三沢光晴）を破り、防衛。

ボクシング 4月9日
【東京・後楽園ホール】〈WBC世界フライ〉ガブリエル・ベルナルが小林光二を破り、獲得。

プロレス 4月14日
【名古屋・愛知県体育館】〈インターナショナルヘビー〉ジャンボ鶴田がブルーザー・ブロディと無効試合、防衛。（全日本）

ボクシング 4月15日
【奈良・県立橿原体育館】〈IBF世界バンタム王座決定戦〉新垣諭がエルマー・マガラノを破り、獲得。

【新垣諭】（生）1964（出生地）沖縄（主要王座）IBF世界バンタム（初）1982（人物評）1982年、契約金1000万円でプロに転向する。83年、WBA世界ライトフライ級王座への挑戦が得られず、所属する奈良池田ジムが日本IBFに参加したため、12月10日IBF世界ライトフライ級王座決定戦に出場するも、ドディ・ボーイ・ペニャロサに病院送りされた。翌年4月、IBF世界バンタム級王座を獲得した。当時、日本プロボクシングコミッションはIBFを公認していなかったため、歴代の世界王者からオミットされることがある。

ボクシング 4月15日
【ソウル（韓）】〈IBF世界スーパーバンタム〉徐聖仁がボビー・ベルナを破り、獲得。

ボクシング 4月15日
【アトランティックシティ NJ】〈IBF世界ライト〉ハリー・アローヨがチャーリー・ブラウンを破り、獲得。

プロレス 4月17日	【東京・蔵前国技館】「旧UWF」旗揚げシリーズ最終戦。前田日明と藤原喜明が死闘。両者フェンスアウトの後延長。そして両者カウントアウト。〈WWFライトヘビー〉グラン浜田がペロ・アグアヨを破り、獲得。
プロレス 4月19日	【福島・郡山市総合体育館】〈AWA世界ヘビー〉ジャンボ鶴田がグレッグ・ガニアを破り、防衛。（全日本）
プロレス 4月19日	【東京・蔵前国技館】「新日本対維新軍5対5勝ち抜き戦」大将戦は猪木が長州力に勝利。新日本軍の高田伸彦の活躍が目立った。（新日本）
ボクシング 4月22日	【ソウル（韓）】〈IBF世界スーパーフェザー王座決定戦〉柳煥吉がロッド・スィークナンを破り、獲得。
プロレス 4月25日	【横浜文化体育館】〈PWF世界タッグ王座決定戦〉スタン・ハンセン&ブルーザー・ブロディがジャイアント馬場&ドリー・ファンク・ジュニアを破り、獲得。（全日本）
プロレス 4月26日	【埼玉・大宮スケートセンター】〈AWA世界ヘビー〉ジャンボ鶴田がジム・ブランゼルを破り、防衛。（全日本）
プロレス 4月28日	【サンフランシスコCA・カウパレス】〈AWA世界ヘビー〉ジャンボ鶴田がニック・ボックウィンクルと両者リングアウト引き分け、防衛。
プロレス 4月29日	【シカゴIL・ローズモントホライズン】〈AWA世界ヘビー〉ジャンボ鶴田がニック・ボックウィンクルに反則負け、防衛。
プロレス 5月2日	【ロチェスターMN】〈AWA世界ヘビー〉ジャンボ鶴田がバロン・フォン・ラシクに反則負け、防衛。
プロレス 5月4日	【デンバーCO】〈AWA世界ヘビー〉ジャンボ鶴田がニック・ボックウィンクルに反則負け、防衛。
プロレス 5月5日	【ロックフォードIL】〈AWA世界ヘビー〉ジャンボ鶴田がビル・ロビンソンを破り、防衛。
プロレス 5月6日	【アービングTX・テキサススタジアム】「デビッド・フォン・エリック追悼試合」〈NWA世界ヘビー〉ケリー・フォン・エリックがリック・フレアーを破り、獲得。
プロレス 5月6日	【グリーンベイWI】〈AWA世界ヘビー〉ジャンボ鶴田がニック・ボックウィンクルに反則負け、防衛。
プロレス 5月7日	【モントリオール（加）】〈AWA世界ヘビー〉ジャンボ鶴田がニック・ボックウィンクルに反則勝ち、防衛。〈AWA世界タッグ〉バロン・フォン・ラシク&クラッシャー・リソワスキーがケン・パテラ&ジェリー・ブラックウェルを破り、獲得。
プロレス 5月9日	【金堤（韓）】大木金太郎のラストマッチ。金光植&李王杓と組んで、マイティ井上&阿修羅・原&石川隆士を破る。
プロレス 5月10日	【ソルトレークシティーUT】〈AWA世界ヘビー〉ジャンボ鶴田がグレッグ・ガニアに反則負け、防衛。

1981 | 1990

プロ格闘技年表事典　425

プロレス 5月11日	【ミルウォーキー WI】〈AWA 世界ヘビー〉ジャンボ鶴田がブラックジャック・マリガンにリングアウト勝ち、防衛。
プロレス 5月13日	【セントポール MN】〈AWA 世界ヘビー〉リック・マーテルがジャンボ鶴田を破り、獲得。レフェリー、レオ・ノメリーニ。
ボクシング 5月19日	【マラカイ（委）】〈WBA 世界ライトフライ〉フランシスコ・キロスがルペ・マデラを破り、獲得。
相撲 5月20日	【東京・蔵前国技館】優勝：北の湖（西横綱）15勝、技能賞：該当者なし、殊勲賞：逆鉾（東前3）、敢闘賞：栃司（東前9）
プロレス 5月20日	【メキシコ州・エルトレオ】〈WWF 世界ライトヘビー〉ビジャノ III がグラン浜田を破り、獲得。
プロレス 5月22日	【東京・田園コロシアム】〈NWA 世界ヘビー〉ケリー・フォン・エリックがジャンボ鶴田と引き分け、防衛。ハーリー・レイスはリック・フレアーを破る。（全日本）
プロレス 5月24日	【神奈川・横須賀市総合体育館】〈NWA 世界ヘビー〉リック・フレアーがケリー・フォン・エリックを破り、獲得。（全日本）
プロレス 5月25日	【千葉・船橋市民体育館】〈NWA 世界ヘビー〉リック・フレアーがハーリー・レイスと両者反則引き分け、防衛。（全日本）
ボクシング 5月26日	【グライナボ（PR）】〈WBA 世界スーパーバンタム〉ビクトル・カジェハスがロリス・ステッカを破り、獲得。
ボクシング 6月1日	【バファロー NY】〈WBA 世界ライト〉リビングストン・ブランブル（セントクリストファー・ネイビス）がレイ・マンシーニを破り、獲得。
ボクシング 6月1日	【アトランティックシティ NJ】〈WBA 世界スーパーライト〉ジーン・ハッチャーがジョニー・バンフスを破り、獲得。
プロレス 6月7日	【千葉・成田市体育館】〈インターナショナルヘビー〉ジャンボ鶴田がビル・ロビンソンと両者リングアウト引き分け、防衛。（全日本）
プロレス 6月13日	【大阪府立体育館】〈インターナショナルヘビー〉ジャンボ鶴田がビル・ロビンソンを破り、防衛。（全日本）
プロレス 6月14日	【東京・蔵前国技館】「IWGP リーグ戦」〈決勝〉アントニオ猪木がハルク・ホーガンに長州力のインターフェアでリングアウト勝ち。結末に不満を抱いた観客が夜半すぎまで騒ぎ、枡席を壊し、新聞紙に火をつけた。（新日本）
ボクシング 6月15日	【ニューヨーク NY・MSG】〈WBA 世界スーパーウェルター〉トーマス・ハーンズがロベルト・デュランを 2RTKO で破り、獲得。
プロレス 6月16日	【ニューオリンズ LA・スーパードーム】ジャンクヤード・ドッグがブッチ・リードを、マグナム TA がテッド・デビアスを、ミッドナイト・エキスプレス（デニス・コンドリー＆ボビー・イートン）がロックンロール・エキスプレス（リッキー・モートン＆ロバート・ギブソン）を破る。

426　プロ格闘技年表事典

プロレス 6月17日	【ミネアポリス MN】〈WWF 世界ヘビー〉ハルク・ホーガンがデビッド・シュルツを破り、防衛。ミル・マスカラスがタイガー・チン・リー（戸口）を破る。AWA 時代に地元でお馴染みのアンドレ・ザ・ジャイアント、マッドドッグ・バション、アドリアン・アドニス、ジェシー・ベンチュラもこの興行に参加。（WWF進出第 1 回興行）
ボクシング 7月5日	【大阪城ホール】〈WBC 世界スーパーフライ〉渡辺二郎がパヤオ・プーンタラットを破り、防衛。（年間ベストバウト）
プロレス 7月5日	【大阪府立体育館】〈NWA 世界ジュニアヘビー〉ザ・コブラがダイナマイト・キッドと両者リングアウト引き分け、防衛。
プロレス 7月11日	【カルガリー（加）】「スタンピード・ウィーク」〈カルガリー版UWA 世界ヘビー〉マスクト・スーパースターがサニー・トゥ・リバー（平田淳二）を破り、防衛。
プロレス 7月14日	【アトランタ GA】地元のレスラーによる試合が流れると思ってテレビをつけたら、いきなり内容が WWF（ジョン・スタッド対ボボ・ブラジル）に変わっていた『Black Saturday』事件が勃発。
相撲 7月15日	【名古屋・愛知県体育館】優勝：若島津（東張大）15 勝、技能賞：逆鉾（西関脇）、殊勲賞：大乃国（東前 1）、敢闘賞：霧島（西前 12）
プロレス 7月20日	【札幌・中島スポーツセンター】〈WWF 世界ジュニアヘビー〉ダイナマイト・キッドがデービーボーイ・スミスを破り、防衛。キッドが新日本離脱のため、王座を返上。
ボクシング 7月22日	【ソウル（韓）】〈IBF 世界スーパーミドル〉朴鐘八がマレイ・サザーランドを破り、獲得。
プロレス 7月25日	【福岡スポーツセンター】〈インターナショナルヘビー〉ジャンボ鶴田がリック・マーテルにリングアウト勝ち、防衛。（全日本）
その他 7月28日	【ロサンゼルス CA】夏季オリンピックが開幕。〈ボクシング〉ライト金：パーネル・ウィテカー、ミドル銀：ヴァージル・ヒル、ライトミドル金：フランク・テート、ライトヘビー銅：イベンダー・ホリフィールド、スーパーヘビー銀：フランチェスコ・ダミアニ（8月 12 日まで）
プロレス 7月31日	【東京・蔵前国技館】〈PWF ヘビー〉ジャイアント馬場がスタン・ハンセンを破り、獲得。〈AWA 世界ヘビー〉リック・マーテルがジャンボ鶴田と両者リングアウト引き分け、防衛。（全日本）
プロレス 8月2日	【東京・蔵前国技館】アントニオ猪木が長州力を破る（年間ベストバウト）。〈NWA 世界ジュニアヘビー〉ザ・コブラが小林邦昭と両者フェンスアウト引き分け、防衛。（新日本）
ボクシング 8月4日	【沖縄・那覇市奥武山体育館】〈IBF 世界バンタム〉新垣諭がホーベス・デラブースを破り、防衛。

1981
|
1990

ボクシング **8月18日**	【浦項（韓）】〈WBC世界ライトフライ〉張正九が渡嘉敷勝男を破り、防衛。
プロレス **8月19日**	【ラスベガスNV】「NWA総会」。馬場が第一副会長に就任。
プロレス **8月25日**	【ラスベガス】〈AWA世界タッグ〉ロード・ウォリアーズ（ホーク・ウォリアー＆アニマル・ウォリアー）がバロン・フォン・ラシク＆クラッシャー・リソワスキーを破り、獲得。

【ロード・ウォリアーズ】(生)1960(没)(出生地)米(主要王座)(初)1983（人物評）1983年6月、ジョージアで彗星の如くデビューし、初来日した85年にはすでに押しも押されぬ大スターだった。存在そのものが暴力で、「受け」の美学を持たないことが方法論だった。ポール・エラリングをマネージャーにメンバーはホーク（1957 - 2003）とアニマル（1960 - ）である。二人はWWF、NWA、AWA、全日本のタッグ王座を奪取した。さらにホークは90年代前半のアニマルの休業期間にパワー・ウォリアー（佐々木健介）とのコンビで、新日本のタッグ王座を奪取した。アニマルはジョニー・エース、ザ・ターミネーターの兄にあたる。ホークに比べて顔が怖く、体もごついが、性格的にはまともである。

プロレス **8月26日**	【東京・田園コロシアム】〈PWFタッグ〉ハンセン＆ブロディがジャイアント馬場＆ドリー・ファンク・ジュニアに反則勝ち、防衛。前年8月31日に引退したテリーがこれをカムバックのきっかけとする。〈覆面デビュー〉タイガーマスク(三沢)が、ラ・フィエラを破る。（全日本、プロモートは新日本プロレス興行）
ボクシング **8月31日**	【ラスベガスNV】〈WBC世界ヘビー〉ピンクロン・トーマスがティム・ウィザスプーンを破り、獲得。
プロレス **9月2日**	【メキシコ州・エルトレオ】〈WWF世界ヘビー* vs UWA世界ヘビー〉ハルク・ホーガン*がカネックと3本目両者リングアウト引き分け、共に防衛。
プロレス **9月3日**	【広島県立体育館】〈インターナショナルタッグ王座決定戦〉ジャンボ鶴田＆天龍源一郎がブルーザー・ブロディ＆クラッシャー・ブラックウェルを破り、獲得。（全日本）
プロレス **9月6日**	【大阪府立体育館】〈インターナショナルヘビー〉ジャンボ鶴田がブルーザー・ブロディと両者リングアウト引き分け、防衛。（全日本）
ボクシング **9月7日**	【忠州（韓）】〈IBF世界フライ〉権順天がホアキン・フローレス・カラバジョをやぶり、防衛。本来の挑戦者はアルベルト・カストロ。しかし、カストロがファイトマネーに不服を示し、カラバジョを替え玉としてアルベルト・カストロの名前で挑戦させた。これが試合後に発覚、社会問題化し、韓国のボクシング人気を凋落させた。

428　プロ格闘技年表事典

プロレス 9月11日	【東京・後楽園ホール】〈UWF 実力 No. ワン王座決定戦〉スーパー・タイガー（佐山）が前田日明を破る。（UWF）
プロレス 9月12日	【茨城・水戸市民体育館】〈NWA 世界ヘビー〉リック・フレアーが天龍源一郎に反則負け、防衛。（全日本）
ボクシング 9月13日	【ロサンゼルス CA】〈WBC 世界スーパーフェザー王座決定戦〉フリオ・セサール・チャベスがマリオ・マルティネスを破り、獲得。

【フリオ・セサール・チャベス】（生）1962（出生地）墨（主要王座）WBC 世界スーパーフェザー、WBA 世界ライト、WBC 世界ライト、WBC 世界スーパーライト、IBF 世界スーパーライト、WBC 世界スーパーライト（初）1980（人物評）デビューから 88 連続 KO、90 試合無敗の、パウンド・フォー・パウンド最強の声も高い「ボクシング界のシーザー」。84 年から 89 年にかけて 3 階級を制覇した。1993 年 9 月、WBC ウェルター級王者パーネル・ウィテカーに挑戦するも引き分けで 4 階級制覇はならず。

プロレス 9月18日	【メンフィス TN】NWA と AWA が提携した、「プロレスリング・USA」最初の収録が行われる。
その他 9月20日	【大阪府立体育館】〈格闘技世界一決定戦〉アントニオ猪木がアノアロ・アティサノエを破る。アティサノエは大相撲小錦八十吉（6 代）の兄である。（新日本）
プロレス 9月21日	【メキシコシティ・アレナメヒコ】「アニベルサリオ」〈マスカラコントラマスカラ〉アトランティスがタリスマンを破る。〈カベジェラコントラカベジェラ〉サングレ・チカナが MS1 を破る。〈UWA 世界ヘビー〉カネックがシェン・カラスを破り、防衛。
プロレス 9月21日	【東京】長州力らが新日本プロレスを離脱して「ジャパン・プロレス」を設立。年末より全日本に上がる。
相撲 9月23日	【東京・蔵前国技館】優勝：多賀竜（西前 12）13 勝 2 敗、技能賞：多賀竜（西前 12）、殊勲賞：小錦（西前 6）、敢闘賞：多賀竜（西前 12）、小錦（西前 6）
プロレス 9月30日	【メキシコ州・エルトレオ】〈UWA 世界ヘビー〉カネックがスタン・ハンセンを破り、防衛。
ボクシング 10月6日	【ビリングス MT】〈IBF 世界クルーザー〉リー・ロイー・マーフィーがマービン・カメルを破り、獲得。
プロレス 10月6日	【ヨハネスブルグ（南ア）】〈EWU スーパーヘビー〉ヘラクレス・アヤラがジャン・ウィルキンスを破り、獲得。
プロレス 10月11日	【大阪府立体育館】〈AWA 世界ヘビー〉リック・マーテルがジャンボ鶴田にリングアウト負け、防衛。（全日本）
ボクシング 10月19日	【ニューヨーク NY・MSG】〈WBA 世界スーパーウェルター王座決定戦〉マイク・マッカラムがショーン・マニオンを破り、獲得。

**1981
I
1990**

プロ格闘技年表事典　429

プロレス 10月19日	【新潟・上越市リージョンプラザ】〈NWA世界ジュニアヘビー〉ザ・コブラがブラック・タイガー（マーク・ロコ）を破り、防衛。
プロレス 10月28日	【ハノーファー（独）】トーナメント優勝：クラウス・ワラス
プロレス 10月29日	【東京・大田区体育館】〈インターナショナルヘビー〉ジャンボ鶴田がテリー・ゴディに反則勝ち、防衛。（全日本）
プロレス 11月1日	【東京都体育館】〈NWA世界ジュニアヘビー〉ザ・コブラがブラック・タイガー（マーク・ロコ）を破り、防衛。
ボクシング 11月2日	【ニューヨークNY・フェルトフォーラム】〈IBF世界スーパーウェルター〉カルロス・サントスがマーク・メダルを破り、獲得。
ボクシング 11月3日	【サンファン（PR）】〈WBC世界ライト〉ホセ・ルイス・ラミレスがエドウィン・ロサリオを破り、獲得。（年間ベストバウト）
ボクシング 11月3日	【キングストン】〈WBC世界スーパーバンタム〉ファン・メサがハイメ・ガルサを破り、獲得。
プロレス 11月3日	【ヨハネスブルグ（南ア）】〈EWUスーパーヘビー〉ジャン・ウィルキンスがヘラクレス・アヤラを破り、獲得。
プロレス 11月15日	【東京・後楽園ホール】藤原喜明＆木戸修が前田日明＆スーパー・タイガー（佐山聡）を、高田伸彦が山崎一夫を、ピート・ロバーツがキース・ハワードを破る。（UWF）

【高田延彦】（生）1962（出生地）神奈川（主要王座）世界ヘビー（初）1981（人物評）デビューから2年経った1983年あたりから急速に伸びテレビにも登場するようになった。84年に前田、藤原の後を追って新日本を離脱しUWFへジャンプした。そして90年代以降は常に日の当たる道を歩んできた。95年、UWFインターのエースとして新日本との対抗戦で敗れ、翌年12月にUWFインターナショナルは解散。そしてPRIDE設立に関わった。ある意味、時代に翻弄されたレスラーであった。

プロレス 11月16日	【セントルイスMO】〈NWA世界ヘビー〉リック・フレアーがブルーザー・ブロディとノーコンテスト、防衛。〈ミズーリ州ヘビー〉ジェリー・ブラックウェルがハーリー・レイスを破り、獲得。
ボクシング 11月21日	【バンコク（タイ）】〈WBA世界スーパーフライ王座決定戦〉カオサイ・ギャラクシーがユーセビオ・エスピナルを破り、獲得。

【カオサイ・ギャラクシー】（生）1959（出生地）タイ（主要王座）WBA世界スーパーフライ（初）1980（人物評）元々はムエタイの選手であった。サウスポーの強打者でWBA世界スーパーフライ級王座を19度防衛した。双子の兄カオコーも同時期にWBA世界バンタム級王座を2度獲得している。2007年3月、タイのスポーツ紙「Siam Sport Daily」の読者投票でタイスポーツ選手オールタイムベスト1位を獲得するほどの国民的英雄である。

相撲 11月25日	【福岡国際センター】優勝：千代の富士（西横綱）14勝1敗、技能賞：保志（東前1）、殊勲賞：北尾（西前3）、敢闘賞：旭富士（東前5）
ボクシング 11月29日	【熊本県体育館】〈WBC世界スーパーフライ〉渡辺二郎がパヤオ・プーンタラットを破り、防衛。（年間ベストバウト）
プロレス 11月29日	【グリーンズボロNC】「スターケード」〈NWA世界ヘビー〉リック・フレアーがダスティ・ローデスに流血ストップ勝ち、防衛。
ボクシング 12月1日	【サンシティ（南ア）】〈WBA世界ヘビー〉グレグ・ペイジがゲリー・コーツィーを破り、獲得。〈WBA世界クルーザー〉ピエット・クロースがオジー・オカシオを破り、獲得。
プロレス 12月2日	【東京・後楽園ホール】〈インターナショナルジュニアヘビー〉マイティ井上が大仁田厚を破り、防衛。大仁田は引退を表明。（全日本）
プロレス 12月5日	【大阪府立体育館】「MSGタッグリーグ」〈決勝〉アントニオ猪木＆藤波辰巳がディック・マードック＆アドリアン・アドニスを破り、優勝。（新日本）
ボクシング 12月8日	【サンファン（PR）】〈WBC世界フェザー〉アズマー・ネルソンがウイルフレド・ゴメスを破り、獲得。
プロレス 12月12日	【横浜文化体育館】「世界最強タッグ決定リーグ」〈公式戦〉ジャンボ鶴田＆天龍源一郎がスタン・ハンセン＆ブルーザー・ブロディに反則勝ち、優勝。長州力＆アニマル浜口＆谷津嘉章が石川隆士＆大熊元司＆グレート小鹿を破る。（全日本）
ボクシング 12月15日	【釜山（韓）】〈WBC世界ライトフライ〉張正九が倉持正を破り、防衛。
プロレス 12月22日	【ブレーメン（独）】「トーナメント」優勝：クラウス・ワラス。
プロレス 12月28日	【ニューヨークNY・MSG】〈WWF世界ヘビー〉ハルク・ホーガンがアイアン・シークを破り、防衛。〈WWF世界タッグ〉アドリアン・アドニス＆ディック・マードックがジェリー・ブリスコ＆ジャック・ブリスコと60分時間切れ引き分け、防衛。アントニオ猪木がデビッド・シュルツを破る。〈WWF世界ジュニアヘビー級王座決定戦〉ザ・コブラがブラック・タイガー（マーク・ロコ）を破り、獲得。
その他	【MVP】〈相撲・報知新聞年間最優秀力士〉若嶋津六夫〈相撲・年間最多勝〉若嶋津六夫、71勝19負0休〈ボクシング・日本・コミッション〉渡辺二郎〈ボクシング・アメリカ・リング誌〉トーマス・ハーンズ〈プロレス・日本・東京スポーツ〉ジャンボ鶴田〈プロレス・メキシコ・ルチャリブレ誌＆エルアルコン誌〉ビジャノⅢ

1981 ｜ 1990

1985年

ボクシング 1月3日	【ソウル（韓）】〈IBF 世界スーパーバンタム〉金知元が徐聖仁を破り、獲得。
プロレス 1月3日	【東京・後楽園ホール】長州力＆谷津嘉章対天龍源一郎＆大熊は長州力の楽勝か、と思われたが、大熊のがんばりで異様なまでに盛り上がる。（全日本）
プロレス 1月4日	【セントルイス MO】〈NWA 世界ヘビー〉リック・フレアーがブルーザー・ブロディとノーコンテスト、防衛。ハーリー・レイスがボブ・バックランドと引き分ける。
プロレス 1月6日	【グリーンズボロ NC】〈ノンタイトル〉ダスティ・ローデス＆マニー・フェルナンデス（NWA 世界タッグ王者）がロード・ウォリアーズ（ホーク・ウォリアー＆アニマル・ウォリアー）（AWA 世界タッグ王者）にリングアウト勝ち。
プロレス 1月13日	【セントポール MN】〈AWA 世界ヘビー〉リック・マーテルがジム・ガービンに反則負け、防衛。スタンレー・レーン＆スティーブ・カーン＆クラッシャー・リソワスキーはロード・ウォリアーズ（ホーク・ウォリアー＆アニマル・ウォリアー）＆ポール・エラリングを破り、ジェリー・ブラックウェルはブルーザー・ブロディにリングアウト勝ち。ビル・ロビンソンはバロン・フォン・ラシクと引き分ける。観衆 11,000 人。
プロレス 1月17日	【アルトーナ PA】クロケット・プロが東部に進出。〈NWA 世界ヘビー〉リック・フレアーがトミー・リッチを破り、防衛。
相撲 1月27日	【東京・両国国技館】優勝：千代の富士（東横綱）15 勝、技能賞：北尾（西小結）、殊勲賞：保志（西関脇）、敢闘賞：出羽の花（西前 9）、水戸泉（東前 10）
プロレス 2月5日	【東京都体育館】〈PWF ヘビー〉ジャイアント馬場がタイガー・ジェット・シンを破り、防衛。ジャンボ鶴田＆天龍源一郎はマサ斎藤＆長州力と両者リングアウトに終わるが熱戦。（全日本）
プロレス 2月6日	【大阪府立体育館】〈WWF 世界ジュニアヘビー〉ザ・コブラがヒロ斎藤に反則勝ち、防衛。
プロレス 2月14日	【ホノルル HI】〈NWA 世界ジュニアヘビー〉ザ・コブラがリッチー・マグネットを破り、防衛。
ボクシング 2月15日	【メルボルン（豪）】〈IBF 世界スーパーフェザー〉レスター・エリスが柳煥吉を破り、獲得。
プロレス 2月21日	【大阪城ホール】長州力が天龍源一郎にリングアウト勝ち。（ジャパン）
プロレス 2月24日	【イーストラザーフォード NJ】AWA が東部に進出。〈NWA 世界ヘビー〉リック・フレアーがハーリー・レイスを破り、防衛。〈AWA 世界タッグ〉ロード・ウォリアーズ（ホーク・ウォリアー＆アニマル・ウォリアー）がジェリー・ローラー＆バロン・フォ

432　プロ格闘技年表事典

ン・ラシクを破り、防衛。ボブ・バックランドがビル・ロビンソンを破る。

プロレス 2月25日	【東京】〈WWWAタッグ〉ダンプ松本&クレーン・ユウがクラッシュギャルズ（長与千種&ライオネス飛鳥）を破り、獲得。
プロレス 3月9日	【東京・両国国技館】〈インターナショナルタッグ〉ジャンボ鶴田&天龍源一郎がロード・ウォリアーズ（ホーク・ウォリアー&アニマル・ウォリアー）に試合放棄勝ち、防衛。ブルーザー・ブロディ&ティム・ブルックスは長州力&谷津嘉章に敗れるも、ブロディは新日本から来たばかりの長州力をボコボコにする。（全日本）
プロレス 3月14日	【名古屋・愛知県体育館】〈AWA世界タッグ〉ロード・ウォリアーズ（ホーク・ウォリアー&アニマル・ウォリアー）が長州力&キラー・カーンと両者リングアウト、防衛。
プロレス 3月14日	【クウェート】メインのスタン・ハンセン対エリック・エンブリーの試合で興奮した観客がリングに乱入。ハンセンは体を張って対処した。（カルロス・コロン）
相撲 3月24日	【大阪府立体育館】優勝：朝潮（東張大）13勝2敗、技能賞：旭富士（東前1）、殊勲賞：北尾（東小結）、敢闘賞：佐田の海（東前13）
ボクシング 3月30日	【マイアミビーチFL】〈WBA世界ライトフライ〉ジョーイ・オリボがフランシスコ・キロスを破り、獲得。
プロレス 3月31日	【ニューヨークNY・MSG】「第1回レッスルマニア」ハルク・ホーガン&ミスターT（俳優）がポール・オーンドーフ&ロディ・パイパーを破る。〈WWF世界女子〉ウェンディ・リヒターがレイラニ・カイを破り、獲得。
プロレス 4月5日	【川崎市体育館】アントニオ猪木がディック・マードックを破る。ゴング直前、マードックが右手でピストルマークを示す。そして、13分30秒の試合の内10分はヘッドロック攻め。引き抜きにより新日本に移って来るブロディへの意地だったのだろう。（新日本）
ボクシング 4月6日	【アトランティックシティNJ】〈IBF世界ライト〉ジミー・ポールがハリー・アローヨを破り、獲得。
ボクシング 4月15日	【ラスベガスNV】〈WBA & WBC & IBF世界ミドル〉マービン・ハグラーがトーマス・ハーンズを3RTKOで破り、防衛。（年間ベストバウト）
プロレス 4月15日	【長崎国際体育館】〈PWFヘビー〉ジャイアント馬場がスタン・ハンセンに反則勝ち、防衛。〈アジアタッグ王座決定戦〉佐藤昭雄&石川隆士がアニマル浜口&栗栖正伸を破り、獲得。（全日本）
プロレス 4月17日	【滋賀・長浜市民体育館】〈インターナショナルヘビー〉ジャンボ鶴田がディック・スレーターを破り、防衛。（全日本）

1981
|
1990

プロレス 4月18日	【東京・両国国技館】アントニオ猪木はブルーザー・ブロディと両者リングアウト引き分け。流血に物議をかもしたが、名勝負だったことには変わりはない。(新日本)
プロレス 4月23日	【神奈川・相模原市立総合体育館】〈NWA 世界ヘビー〉リック・フレアーが長州力と両者リングアウト引き分け、防衛。(全日本)
プロレス 4月24日	【横浜文化体育館】〈NWA 世界ヘビー〉リック・フレアーがジャンボ鶴田と両者リングアウト引き分け、防衛。(全日本)
ボクシング 4月26日	【シドニー(豪)】〈IBF 世界バンタム〉ジェフ・フェネックが新垣諭を破り、獲得。
プロレス 4月26日	【東京・後楽園ホール】「格闘技ロードリーグ戦」木戸修が山崎一夫を破り、優勝。(UWF)
ボクシング 4月27日	【蔚山(韓)】〈WBC 世界ライトフライ〉張正九が大関トーレスを破り、防衛。
プロレス 4月27日	【マディソン WI】〈AWA 世界タッグ〉ロード・ウォリアーズ(ホーク・ウォリアー&アニマル・ウォリアー)がジェリー・ブラックウェル&ラリー・ヘニングとノーコンテスト。我侭なウォリアーズに対し、ベテランの２人が切れ、試合作りに協力しなかった。
ボクシング 4月29日	【バファロー NY】〈WBA 世界ヘビー〉トニー・タッブスがグレグ・ペイジを破り、獲得。
プロレス 4月30日	【メキシコシティ】〈UWA 世界ヘビー〉スコルピオがカネックを破り、獲得。スコルピオはデビュー 19 年目で世界王者となった。
ボクシング 5月3日	【オラニエスタッド(オランダ領アルバ島)】〈WBC 世界バンタム王座決定戦〉ダニエル・サラゴサがフレッド・ジャクソンを破り、獲得。
ボクシング 5月4日	【ジャカルタ(稲)】〈IBF 世界スーパーフライ〉エリー・ピカルが全周都を破り、獲得。
ボクシング 5月9日	【東京・後楽園ホール】〈WBC 世界スーパーフライ〉渡辺二郎がフリオ・ソト・ソラノを破り、防衛。
プロレス 5月18日	【東京・後楽園ホール】〈WWF 世界ジュニアヘビー〉ザ・コブラがヒロ斎藤を破り、防衛。
ボクシング 5月19日	【サンファン(PR)】〈WBA 世界スーパーフェザー〉ウイルフレド・ゴメスがロッキー・ロックリッジを破り、獲得。
プロレス 5月20日	【スロー(英)】〈世界ヘビー〉ジョイントプロモーションから来たウエイン・ブリッジが、ジョン・クインを破り、獲得。実質的な統合戦。しかし、86年空位に。(オールスタープロモーション)
プロレス 5月20日	【広島県立体育館】〈WWF 世界ジュニアヘビー〉ヒロ斎藤がザ・コブラに反則勝ち、獲得。
相撲 5月26日	【東京・両国国技館】優勝:千代の富士(東横綱)14 勝 1 敗、技能賞:花乃湖(西前 6)、殊勲賞:大乃国(東関脇)、敢闘賞:小錦(西小結)

434　プロ格闘技年表事典

プロレス 6月4日	【大阪城ホール】〈インターナショナルヘビー〉ジャンボ鶴田がテリー・ゴディにリングアウト勝ち、防衛。ロード・ウォリアーズ（ホーク・ウォリアー＆アニマル・ウォリアー）がキラー・カーン＆谷津嘉章にリングアウト勝ち。（全日本）
ボクシング 6月6日	【ラスベガス NV】〈WBC 世界クルーザー〉アルフォンソ・ラトリフがカルロス・デ・レオンを破り、獲得。
ボクシング 6月8日	【ロンドン（英）】〈WBA 世界フェザー〉バリー・マクギガンがエウセビオ・ペドロサを破り、獲得。ペドロサは 19 度目の防衛に失敗した。
プロレス 6月8日	【香川・高松市民文化センター】〈インターナショナルジュニアヘビー〉ダイナマイト・キッドがマイティ井上を破り、獲得。（全日本）
プロレス 6月9日	【セントポール MN】〈AWA 世界ヘビー〉リック・マーテルがジム・ガービンに反則負け、防衛。観衆は 1,500 人と激減。ロード・ウォリアーズ（ホーク・ウォリアー＆アニマル・ウォリアー）、ブルーザー・ブロディがいないかったことにも不入りの原因がある。→ 1 月 13 日、→ 6 月 4 日、→ 6 月 10 のウォリアーズ、ブロディのスケジュールに注目。
プロレス 6月10日	【メンフィス TN】ブルーザー・ブロディがジェリー・ローラーに反則勝ち。
プロレス 6月11日	【東京都体育館】「IWGP トーナメント」〈決勝〉アントニオ猪木がアンドレ・ザ・ジャイアントをリングアウトで破り、優勝。〈WWF 世界ヘビー〉ハルク・ホーガンが藤波辰巳を破り、防衛。レフェリー、ダニー・ホッジ。（新日本）
プロレス 6月13日	【名古屋・愛知県体育館】〈'85IWGP ヘビー〉アントニオ猪木がハルク・ホーガンにリングアウト勝ち、防衛。（新日本）
プロレス 6月13日	【茨城・古河市立体育館】〈インターナショナルジュニアヘビー〉小林邦昭がダイナマイト・キッドに反則勝ち、獲得。（全日本）
プロレス 6月21日	【東京・日本武道館】〈PWF ヘビー〉ジャイアント馬場がラッシャー木村を破り、防衛。（全日本）
ボクシング 7月12日	【メルボルン（豪）】〈IBF 世界スーパーフェザー〉バリー・マイケルがレスター・エリスを破り、獲得。
プロレス 7月18日	【東京・後楽園ホール】〈アジアタッグ〉アニマル浜口＆寺西勇が石川敬士＆佐藤昭雄を破り、獲得。（全日本）
相撲 7月21日	【名古屋・愛知県体育館】優勝：北天佑（東張大）13 勝 2 敗、技能賞：保志（西小結）、北尾（東前 1）、殊勲賞：北尾（東前 1）、敢闘賞：大乃国（東関脇）
ボクシング 7月21日	【フォートワース TX】〈WBA 世界スーパーライト〉ウバルド・サッコがジーン・ハッチャーを破り、獲得。
ボクシング 7月27日	【サンシティ（南ア）】〈WBA 世界クルーザー〉ドワイト・ムハマド・カウィ（ドワイト・ブラックストン）がピエット・クロースを破り、獲得。

1981 ｜ 1990

プロレス 7月28日	【大阪城ホール】〈NWA vs WWF* 世界ジュニアヘビー〉ザ・コブラがヒロ斎藤* を破り、獲得、防衛。
プロレス 7月30日	【福岡スポーツセンター】〈PWF ヘビー〉スタン・ハンセンがジャイアント馬場を破り、獲得。(全日本)
プロレス 8月1日	【東京・両国国技館】〈NWA 世界ジュニアヘビー〉ザ・コブラがドン荒川を破り、防衛。試合後、王座を返上。(新日本)
プロレス 8月2日	【セントルイス MO】〈ミズーリ州ヘビー〉ハーリー・レイスがジェリー・ブラックウェルを破り、獲得。
プロレス 8月3日	【ホノルル HI】ピーター・メイビア追悼の「ポリネシアン・ホット・サマー・ナイト」。セレモニーには孫のデュウェイン・ジョンソン（後のザ・ロック）の姿も。〈NWA 世界ヘビー〉リック・フレアーはシバ・アフィを相手に防衛。アントニオ猪木がブルーザー・ブロディと引き分け。〈WWF 世界ジュニアヘビー〉ザ・コブラがスーパーフライ・チュイを破り、防衛。
ボクシング 8月4日	【ソウル（韓）】〈WBC 世界ライトフライ〉張正九がセンダイ・モンティエルを破り、防衛。
ボクシング 8月9日	【マイアミ FL】〈WBC 世界バンタム〉ミゲール・ロラがダニエル・サラゴサを破り、獲得。
ボクシング 8月10日	【ラスベガス NV】〈WBC 世界ライト〉ヘクター・カマチョがホセ・ルイス・ラミレスを破り、獲得。
ボクシング 8月18日	【メキシコ州・パラシオ】〈WBC 世界スーパーバンタム〉ルペ・ピントールがファン・メサを破り、獲得。
ボクシング 8月21日	【ニューヨーク NY・MSG】〈WBC 世界スーパーライト〉ロニー・スミスがビル・コステロを破り、獲得。
プロレス 8月31日	【東京・両国国技館】〈PWF 世界タッグ〉スタン・ハンセン＆テッド・デビアスがジャンボ鶴田＆天龍源一郎をレフェリーストップで破り、防衛。ブルーザー・ブロディが新日本にジャンプしたため、ハンセンはデビアスを新パートナーに指名した。(全日本)
プロレス 8月31日	【東京・両国国技館】〈インターナショナルジュニアヘビー〉タイガーマスク（三沢）が小林邦昭を破り、獲得。(全日本)
プロレス 9月2日	【大阪・高石市臨海スポーツセンター】日本で実現したサミー・リー対クイック・キック・リーはスーパー・タイガー（佐山）と前田日明の確執がリング上に持ち込まれ、後味の悪さ残す。11 日をもって UWF は崩壊。
ボクシング 9月17日	【大阪城ホール】〈WBC 世界スーパーフライ〉渡辺二郎が勝間和雄を破り、防衛。
プロレス 9月19日	【東京都体育館】アントニオ猪木が藤波辰巳をレフェリーストップで破る。足4の字をかけた藤波辰巳に、「俺の脚を折ってみろ。」とアントニオ猪木が名言。(新日本)
プロレス 9月19日	【東京・後楽園ホール】〈インターナショナルヘビー〉ジャンボ鶴田がハーリー・レイスと両者リングアウト引き分け、防衛。(全日本)

プロレス 9月20日	【メキシコシティ】「アニベルサリオ」が前日のメキシコ大地震のため、興行が中止。
ボクシング 9月21日	【ラスベガス NV】〈WBC 世界クルーザー〉バーナード・ベントンがアルフォンソ・ラトリフを破り、獲得。
相撲 9月22日	【東京・両国国技館】優勝：千代の富士（東横綱）15 勝、技能賞：旭富士（東前 2）、殊勲賞：北尾（西関脇）、敢闘賞：琴ケ梅（西前 7）
ボクシング 9月22日	【ラスベガス NV】〈IBF 世界ヘビー〉マイケル・スピンクスがラリー・ホームズを破り、獲得。
プロレス 9月28日	【シカゴ IL・コミスキーパーク】NWA は WWF への対抗上、AWA と提携したため、23 年ぶりにシカゴで NWA 戦が行なわれる。〈NWA 世界ヘビー〉リック・フレアーがマグナム TA を破り、防衛。〈AWA 世界ヘビー〉リック・マーテルがスタン・ハンセンを破り、防衛。〈AWA 世界タッグ〉ロード・ウォリアーズ（ホーク・ウォリアー＆アニマル・ウォリアー）がテリー・ゴディ＆マイケル・ヘイズを破り、防衛。この興行には馬場、鶴田、天龍、マスカラスも参戦。
プロレス 9月29日	【セントポール MN】〈AWA 世界ヘビー〉リック・マーテルがジャンボ鶴田を破り、防衛。〈AWA 世界タッグ〉ジム・ガービン＆スティーブ・リーガルがロード・ウォリアーズ（ホーク・ウォリアー＆アニマル・ウォリアー）を破り、獲得。
ボクシング 10月5日	【パナマシティ】〈WBA 世界フライ王座決定戦〉イラリオ・サパタがアロンソ・ゴンザレスを破り、獲得。
ボクシング 10月8日	【バンコク（タイ）】〈WBC 世界フライ〉ソット・チタラダがガブリエル・ベルナルを破り、獲得。
プロレス 10月21日	【東京・両国国技館】〈NWA 世界ヘビー* vs AWA 世界ヘビー〉リック・フレアー*がリック・マーテルと両者リングアウト、共に防衛。ジャンボ鶴田＆天龍源一郎がロード・ウォリアーズ（ホーク・ウォリアー＆アニマル・ウォリアー）に反則勝ち。長州力＆谷津嘉章がミル・マスカラス＆アート・クルーズを破る。タイガーマスク（三沢）＆ドリー・ファンク・ジュニア＆テリー・ファンクがチャボ・ゲレロ＆テリー・ゴディ＆ビル・ロビンソンにリングアウト勝ち。キラー・カーンがザ・グレート・カブキに反則勝ち。超豪華メンバーは TV 中継のゴールデンタイム復活に合わせたもの。しかし、この日の両国は満員に至らず。（全日本）
プロレス 10月27日	【ハノーファー（独）】トーナメント優勝：オットー・ワンツ
プロレス 10月31日	【東京都体育館】〈WWF 世界ジュニアヘビー〉ザ・コブラがドン荒川を破り、防衛。試合後、王座を返上。WWF との提携契約を更新せず、新日本にあった WWF 王座をすべて返上。（新日本）

1981
|
1990

プロ格闘技年表事典　437

プロレス 10月31日	【山形・鶴岡市体育館】〈アジアタッグ〉マイティ井上＆石川隆士が寺西勇＆保永昇男を破り、獲得。浜口の負傷により、寺西のパートナーは保永に変更され、そのまま王者ティームとなっていた。（全日本）
プロレス 11月4日	【大阪城ホール】ジャンボ鶴田が長州力と60分時間切れ引き分け（年間ベストバウト）。しかし、内容的には鶴田が圧倒。（ジャパン）
プロレス 11月23日	【東京・後楽園ホール】「世界最強タッグリーグ」〈公式戦〉スタン・ハンセン＆テッド・デビアスがダイナマイト・キッド＆デービーボーイ・スミスを破る。名勝負。（全日本）
相撲 11月24日	【福岡国際センター】優勝：千代の富士（東横綱）14勝1敗、技能賞：保志（西関脇）、殊勲賞：北尾（東関脇）、敢闘賞：小錦（西前9）
プロレス 11月28日	【アトランタGA】「スターケード」ダスティ・ローデスがリック・フレアーを破る。（クロケットプロ）
プロレス 11月28日	【グリーンズボロNC】「スターケード」〈USヘビー〉マグナムTAがタリー・ブランチャードを破り、獲得。
ボクシング 11月29日	【清州（韓）】〈IBF世界フェザー〉丁起栄が呉民根を破り、獲得。
ボクシング 12月6日	【ラスベガスNV】〈WBC世界ウェルター〉ドナルド・カリーがミルトン・マクローリーを破り、獲得。
ボクシング 12月8日	【大邱（韓）】〈WBA世界ライトフライ〉柳明佑がジョーイ・オリボを破り、獲得。
ボクシング 12月10日	【ロサンゼルスCA】〈WBC世界ライトヘビー王座決定戦〉J・B・ウィリアムソンがプリンス・ママ・モハメドを破り、獲得。
プロレス 12月12日	【仙台・宮城県スポーツセンター】「IWGPタッグリーグ」〈決勝〉藤波辰巳＆木村健吾がアントニオ猪木＆坂口征二を破り、優勝。初代IWGPタッグ王者となった。決勝進出予定のブルーザー・ブロディ＆ジミー・スヌーカがマッチメークへの不満などのボイコットでカード変更された。（新日本）
プロレス 12月12日	【東京・日本武道館】「世界最強タッグ決定リーグ」〈公式戦〉スタン・ハンセン＆テッド・デビアスが長州力＆谷津嘉章と時間切れ引き分け、ポイント差で、優勝。〈公式戦〉ジャイアント馬場＆ドリー・ファンク・ジュニアがジャンボ鶴田＆天龍源一郎と引き分け。（全日本）
プロレス 12月12日	【東京・大田区体育館】〈WWWA世界シングル（女子）〉デビル雅美がジャガー横田を破り、獲得。
ボクシング 12月13日	【大邱（韓）】〈WBC世界スーパーフライ〉渡辺二郎が尹石煥をTKOで破り、防衛。日本人世界王者として初の日本国外での世界王座防衛。（年間ベストバウト）
ボクシング 12月20日	【釜山（韓）】〈IBF世界フライ〉鄭鐘寛が権順天を破り、獲得。

ボクシング 12月21日	【ペサロ（伊)】〈IBF世界ライトヘビー王座決定戦〉スロボタン・カッチャーがエディ・ムスタファ・ムハマド（エディ・グレゴリー）を破り、獲得。
プロレス 12月21日	【ブレーメン（独)】「トーナメント」優勝：ビリー・サムソン。
プロレス 12月25日	【ダラスTX】アントニオ猪木がスティーブ・ウイリアムスを破る。〈チェーンマッチ〉ブルーザー・ブロディがワンマン・ギャングを破る。
プロレス 12月29日	【イーストラザーフォードNJ】〈AWA世界ヘビー〉スタン・ハンセンがリック・マーテルを破り、獲得。
その他	【MVP】〈相撲・報知新聞年間最優秀力士〉千代の富士貢〈相撲・年間最多勝〉千代の富士貢、80勝10負0休〈ボクシング・日本・コミッション〉渡辺二郎〈ボクシング・アメリカ・リング誌〉マービン・ハグラー＆ドナルド・カリー（2人受賞)〈プロレス・日本・東京スポーツ〉藤波辰巳〈プロレス・メキシコ・ルチャリブレ誌＆エルアルコン誌〉カネック。翌年以降、の発表なし。

1981
|
1990

プロ格闘技年表事典　439

1986年

プロレス 1月1日	【東京・後楽園ホール】〈異種格闘技戦〉長州力がトム・マギー（重量挙げ）を破る。（全日本）
プロレス 1月1日	【セントルイス MO】〈WWF ヘビー〉ハルク・ホーガンがテリー・ファンクを破り、防衛。
プロレス 1月16日	【ウィニペグ（加）】〈NWA 世界ヘビー〉リック・フレアーがニック・ボックウィンクルとノーコンテスト、防衛。
ボクシング 1月17日	【アトランタ GA】〈WBA 世界ヘビー〉ティム・ウィザスプーンがトニー・タップスを破り、獲得。
ボクシング 1月18日	【バンコク（タイ）】〈WBC 世界スーパーバンタム〉サーマート・パヤクァルンがルペ・ピントールを破り、獲得。
相撲 1月26日	【東京・両国国技館】優勝：千代の富士（東横綱）13勝2敗、技能賞：保志（東関脇）、殊勲賞：旭富士（西関脇）、敢闘賞：琴ケ梅（東前1）
プロレス 2月5日	【札幌・中島スポーツセンター】〈インターナショナルタッグ〉長州力＆谷津嘉章がジャンボ鶴田＆天龍源一郎を破り、獲得。（全日本）
プロレス 2月6日	【東京・両国国技館】アントニオ猪木がスリーパーホールドで藤原喜明を降す。前年崩壊した UWF が1月より新日本のマットに上がり、猪木への挑戦権をかけてリーグ戦を行う。そして勝ち上がった藤原が挑戦した。〈IWGP ジュニアヘビー王座決定戦〉越中詩郎がザ・コブラを破り、獲得。（新日本）
プロレス 2月8日	【セントルイス MO】〈金網〉ハーリー・レイスがフレアーを破る。この興行をもってセントルイス、カンザス地区は崩壊し、以後クロケットプロにより仕切られることになった。またこの頃から NWA 王座もテリトリーを跨ぐグランドチャンピオン的役割を終え、実質的にクロケット・プロのフラッグタイトルとなった。
ボクシング 2月9日	【インディアナポリス IN】〈WBA 世界ライトヘビー王座決定戦〉マービン・ジョンソンがレスリー・スチュワートを破り、獲得。
ボクシング 2月15日	【ジャカルタ（稲）】〈IBF 世界スーパーフライ〉セサール・ポロンコがエリー・ピカルを破り、獲得。
ボクシング 3月10日	【ラスベガス NV】〈WBA 世界バンタム〉ガビー・カニザレスがリチャード・サンドバルを破り、獲得。
プロレス 3月10日	【仙台・宮城県スポーツセンター】〈インターナショナルヘビー〉ジャンボ鶴田がテリー・ゴディを破り、防衛。（全日本）
プロレス 3月13日	【東京・日本武道館】「全日本対ジャパン」天龍源一郎は谷津嘉章と30分時間切れ引き分け。長州力がタイガーマスク（三沢）を、ジャンボ鶴田がアニマル浜口を、キラー・カーンはマイティ井上を破る。石川隆士と小林邦昭は両者リングアウトだが好勝負。サムソン冬木は栗栖正伸を破る。（2勝2敗2分）ハーリー・レイス＆ジェリー・ブラックウェルがタイガー・ジェット・シン＆ワンマン・ギャングと両者リングアウト引き分け。（全日本）

440　プロ格闘技年表事典

ボクシング 3月15日	【フォントビール（モナコ）】〈WBA 世界スーパーライト〉パトリツィオ・オリバーがウバルド・サッコを破り、獲得。
ボクシング 3月22日	【ラスベガス NV】〈WBC 世界クルーザー〉カルロス・デ・レオンがバーナード・ベントンを破り、獲得。〈WBC 世界ヘビー〉トレバー・バービックがピンクロン・トーマスを破り、獲得。
相撲 3月23日	【大阪市中央体育館】優勝：保志（西関脇）13勝2敗、技能賞：保志（西関脇）、小錦（東小結）、殊勲賞：保志（西関脇）、敢闘賞：小錦（東小結）、水戸泉（西前12）
プロレス 3月29日	【東京・後楽園ホール】〈AWA 世界 & PWF vs インターナショナル*〉ジャンボ鶴田*がスタン・ハンセンと両者リングアウト、共に防衛。（全日本）
ボクシング 3月30日	【兵庫・伊丹】〈WBC 世界スーパーフライ〉ヒルベルト・ローマンが渡辺二郎を破り、獲得。
プロレス 4月1日	【ダーバン（南ア）】ダニー・ボークスはフレッド・バーシュを、ジャン・ウィルキンズ&トランドはハンス・ロックス&ジョン・パワーズを破る。（インターナショナル・オールスターズ・レスリング by P・L・マハラジ&サミー・コーエン・プロモーション）→ 1932年7月26日（観衆 4,000 人）
プロレス 4月5日	【横浜文化体育館】〈AWA 世界 & PWF ヘビー〉スタン・ハンセンが長州力に反則負け。ルールにより AWA 王座は防衛、PWF 王座は移動。（全日本）
ボクシング 4月7日	【山梨・韮崎市体育館】〈WBA 世界フライ〉イラリオ・サパタが穂積秀一を破り、防衛。
プロレス 4月7日	【ユニオンデール NY・ナッソーコロシアム】「レッスルマニア II」〈ボクシングマッチ〉ミスター T がロディ・パイパーに反則勝ち。ランディ・サベージがジョージ・スティールを破る。
プロレス 4月7日	【シカゴ IL・ローズモントホライズン】「レッスルマニア II」〈WWF タッグ〉ダイナマイト・キッド&デービーボーイ・スミスがグレッグ・バレンタイン&ブルータス・ビーフケーキを破り、獲得。〈バトルロイヤル決勝〉アンドレ・ザ・ジャイアントがブレット・ハートを破り、優勝。
プロレス 4月7日	【ロサンゼルス CA・スポーツアリーナ】「レッスルマニア II」〈WWF 世界ヘビー〉ハルク・ホーガンがキングコング・バンディを破り、防衛。ドリー・ファンク・ジュニア&テリー・ファンクが JYD &ティト・サンタナを破る。
プロレス 4月12日	【ハンリー（英）】〈世界ヘビー王座決定戦〉ジョン・クインが、トニー・セント・クレアを破り、獲得。（オールスタープロモーション）
ボクシング 4月13日	【光州（韓）】〈WBC 世界ライトフライ〉張正九が大関トーレスを破り、防衛。

1981 | 1990

プロ格闘技年表事典　441

プロレス 4月19日	【ニューオリンズ LA・スーパードーム】「ジムクロケット杯争奪タッグトーナメント」優勝：ロード・ウォリアーズ（ホーク・ウォリアー＆アニマル・ウォリアー）、準優勝：マグナム TA ＆ロニー・ガービン。馬場＆タイガーマスク（三沢）も参戦。
プロレス 4月19日	【神戸・兵庫県立文化体育館】〈AWA 世界 vs インターナショナル＊〉ジャンボ鶴田＊がスタン・ハンセンと両者リングアウト、共に防衛。（全日本）
プロレス 4月26日	【埼玉・大宮スケートセンター】〈AWA＊世界 vs PWF ヘビー〉スタン・ハンセン＊が長州力と両者リングアウト引き分け、共に防衛。（全日本）
ボクシング 4月27日	【釜山（韓）】〈IBF 世界フライ〉鄭飛源が鄭鐘寛を破り、獲得。
ボクシング 4月29日	【ルカ（伊）】〈IBF 世界スーパーライト王座決定戦〉ゲーリー・ヒントンがレイエス・アントニオ・クルースを破り、獲得。
プロレス 4月29日	【三重・津市体育館】アンドレ・ザ・ジャイアントが前田日明にシュートマッチを仕掛ける。新日本 がアンドレに、言うことをきかない前田日明の首に鈴を付けに行かせた、というのが真相であろう。（新日本） 【シュートマッチ】プロレスで「真剣勝負」を意味する隠語。ガチンコ、ガチ、シュート、セメント、ピストルと同義。こういった隠語は AT ショー（→ 「前史」、近代 (1851 – 1900)、プロレス）時代から継承されていることが多い。
ボクシング 4月30日	【ロンドン（英）】〈WBC 世界ライトヘビー〉デニス・アンドリュースが J・B・ウィリアムソンを破り、獲得。
ボクシング 5月5日	【ロサンゼルス CA】〈WBC 世界スーパーライト〉レネ・アルレドンドがロニー・スミスを破り、獲得。
プロレス 5月17日	【神奈川・横須賀市総合体育館】〈PWF ヘビー〉長州力がテリー・ゴディに反則勝ち、防衛。（全日本）
相撲 5月18日	【東京・両国国技館】夏場所 8 日目、北尾の鯖折りが小錦に決まり、小錦の膝が破壊される。この一番から北尾の潜在能力の伝説が始まるが、伝説の再現は起こらなかった。
プロレス 5月19日	【東京・後楽園ホール】〈IWGP ジュニアヘビー〉高田伸彦が越中詩郎を破り、獲得。名勝負数え唄がスタート。前田日明はケリー・フォン・エリックと両者リングアウト。（新日本）
ボクシング 5月24日	【サンファン（PR）】〈WBA 世界スーパーフェザー〉アルフレッド・ライネがウイルフレド・ゴメスを破り、獲得。
プロレス 5月24日	【静岡・沼津市体育館】〈インターナショナルヘビー〉ジャンボ鶴田がハーリー・レイスと両者リングアウト引き分け、防衛。（全日本）
相撲 5月25日	【東京・両国国技館】優勝：千代の富士（東横綱）13 勝 2 敗、技能賞：該当者なし、殊勲賞：旭富士（西小結）、敢闘賞：保志（東関脇）

ボクシング 6月4日	【イーストラザーフォード NJ】〈IBF 世界スーパーウェルター〉バスター・ドレイトンがカルロス・サントスを破り、獲得。〈WBA 世界バンタム〉ベルナルド・ビニャゴがガビー・カニザレスを破り、獲得。
プロレス 6月12日	【大阪城ホール】「IWGP リーグ戦」〈公式戦〉前田日明は藤波辰巳とダブル・ノック・アウト引き分け（年間ベストバウト）。観客は 2 人を賛えスタンディング・オベーション。（新日本）
ボクシング 6月14日	【仁川（韓）】〈WBA 世界ライトフライ〉柳明佑が喜友名（きゅうな）朝博を破り、防衛。
プロレス 6月17日	【名古屋・愛知県体育館】「IWGP リーグ戦」〈公式戦〉アントニオ猪木がアンドレ・ザ・ジャイアントを破る。アンドレは改名後初のギブアップ負け。（新日本）
プロレス 6月19日	【東京・両国国技館】「IWGP リーグ戦」〈決勝〉アントニオ猪木がディック・マードックを破り、優勝。（新日本）
ボクシング 6月23日	【ラスベガス NV】〈WBA 世界フェザー〉スティーブ・クルスがバリー・マクギガンを破り、獲得（年間ベストバウト）。
プロレス 6月29日	【デンバー CO】ハンセンが試合出場拒否（敗戦ブックを飲まず）のため AWA 王座を剥奪される。AWA はニック・ボックウィンクルを王者に認定。しかし、ハンセンはベルトを持ったまま来日。7 月いっぱいまで日本で防衛戦を行った。
プロレス 7月4日	【カルガリー（加）】「スタンピード・ウィーク」〈WWF 世界ヘビー〉ホーガンがバンディを相手に防衛。ダイナマイト・キッド＆デービーボーイ・スミスはグレッグ・バレンタイン＆ブルータス・ビーフケーキを破る。スチュ・ハートと WWF との共催。（観衆 15,000 人）
ボクシング 7月5日	【ジャカルタ（稲）】〈IBF 世界スーパーフライ〉エリー・ピカルがセサール・ポロンコを破り、獲得。
ボクシング 7月12日	【アトランティックシティ NJ】〈WBA 世界クルーザー〉イベンダー・ホリフィールドがドワイト・ムハマド・カウィ（ドワイト・ブラックストン）を破り、獲得。

【イベンダー・ホリフィールド】（生）1962（出生地）米（主要王座）WBA・WBC・IBF 統一世界ヘビー級王者。元 WBA・WBC・IBF 統一世界クルーザー（初）1984（人物評）84 年のロサンゼルスオリンピック銅メダリスト。マイク・タイソンには 2 戦 2 勝で同時代のライバルである。愛称は「リアル・ディール＝真実の男」。1991 年には約 6000 万ドル（約 82 億 8000 万円）の収入で世界スポーツ界所得番付のトップだった。

1981
|
1990

相撲 **7月20日**	【名古屋・愛知県体育館】優勝：千代の富士（東横綱）14勝1敗、技能賞：琴ケ梅（東小結）、殊勲賞：保志（東関脇）、敢闘賞：水戸泉（東前6）。場所後、名古屋場所で活躍した北尾光司が横綱免許に推挙される。北尾は双羽黒光司に改名した。 【双羽黒光司】（生）1963（出生地）三重（初）1986（人物評）第60代横綱。根っからのナマクラで、素質だけで横綱になった。87年暮、女将さんに手を上げるという前代未聞の事件を起こし、実質的なクビ。しばらくは「スポーツ冒険家」というよくわからない職に付くが、結局はプロレス入りし、本名の北尾光司に戻る。しかし民族差別発言、「八百長野郎」事件など、物議を醸す事件の山を築いた。相撲時代の小錦戦で見せた鯖折りから始まる「北尾幻想」の再現はならず。結局プロレスでもモノにならなかった。
ボクシング **7月24日**	【東京・日本武道館】〈WBC世界スーパーライト〉浜田剛史がレネ・アルレドンドを破り、獲得。（年間ベストバウト） 【浜田剛史】（生）1960（出生地）沖縄（主要王座）WBC世界スーパーライト（初）1979（人物評）1986年7月、22戦目にして世界初挑戦でWBC世界スーパーライト級王者レネ・アルレドンドを、最大の武器左ストレートからのハードパンチで3分9秒KO勝ち、戴冠した。「ボクサーは目が命」とボクシングの試合のVTR以外はテレビを見ず、酒も煙草もやらない。ボクシングに打ち込む姿勢はまさしく求道者であり、世界初挑戦の前にはオーバーワークで視力の急落もあった。
プロレス **7月26日**	【グリーンズボロNC】〈NWA世界ヘビー〉ダスティ・ローデスがリック・フレアーを破り、獲得。
プロレス **7月26日**	【金沢・石川県産業展示館】〈AWA世界ヘビー〉スタン・ハンセンが天龍源一郎と両者リングアウト引き分け、防衛。（全日本）
プロレス **7月27日**	【ダラスTX】「興行戦争」クロケットプロがNWAを脱退したWCCWに攻め込む。WCCWはそれに対抗し、ダラス東隣の街メスキートで対抗した。〈NWA世界ヘビー〉ダスティ・ローデスがリック・フレアーを破り、防衛。（クロケットプロ）ブルーザー・ブロディはアブドラ・ザ・ブッチャーと両者反則。バズ・ソイヤー＆マット・ボーン＆ディンゴ・ウォリアーはケビン・フォン・エリック＆クリス・アダムス＆スティーブ・シンプソンを破る。（WCCW）
プロレス **7月31日**	【東京・両国国技館】〈AWA vs インターナショナル*〉スタン・ハンセンが、ジャンボ鶴田*を破り、インター王座を獲得。ハンセンはAWA王座を返上。「世界ジュニアヘビー王座決定トーナメント」〈決勝戦〉ヒロ斎藤がブラッド・アームストロングを破り、獲得。斎藤は準決勝でピート・ロバーツを破っていた。（全日本）

444　プロ格闘技年表事典

相撲 **7月**	【東京】序ノ口以来21戦全勝の幕下琴天山（ジョン・テンタ）が相撲部屋の雰囲気に馴染めず廃業。テンタはプロレスに転向した。
ボクシング **8月2日**	【ソウル（韓）】〈IBF世界フライ〉申喜燮が鄭飛源を破り、獲得。
プロレス **8月5日**	【東京・両国国技館】〈IWGPタッグ〉前田日明＆木戸修が藤波辰巳＆木村健吾を破り、獲得。（新日本）
プロレス **8月7日**	【カンザスシティ KS】〈NWA世界ヘビー〉ダスティ・ローデスがリック・フレアーを破り、防衛。ジャイアント馬場＆輪島大士*がアースクエイク・フェリス＆スコット・ホッグを破り、デビュー。
プロレス **8月9日**	【セントルイス MO】〈NWA世界ヘビー〉リック・フレアーがダスティ・ローデスを破り、獲得。7月26日の王座移動以来この日まで、ローデスの対戦相手はすべてフレアーだった。
プロレス **8月17日**	【東京・後楽園ホール】「ジャパン女子プロレス」旗揚げ。ジャッキー佐藤が神取しのぶを破る。
プロレス **8月23日**	【川崎市体育館】〈WWWA世界シングル（女子）〉大森ゆかりがデビル雅美を破り、獲得。
ボクシング **8月30日**	【栃木・烏山】〈IBF世界フェザー〉アントニオ・リベラが丁起栄を破り、獲得。
プロレス **9月1日**	【デイトナビーチ FL】〈NWA世界ヘビー〉リック・フレアーがレックス・ルガーと時間切れ引き分け、防衛。〈AWA世界ヘビー〉ニック・ボックウィンクルがケンドー・ナガサキ（桜田）に反則勝ち、防衛。〈USジュニアヘビー〉ホワイト・ニンジャ（武藤敬司）がティム・ホーナーを破り、獲得。この日をもってNWAとAWAとの提携が終わる。（観衆8,000人） 【武藤敬司】（生）1962（出生地）山梨（主要王座）NWA世界ヘビー（初）1984（人物評）デビュー当時から、将来を感じさせたオーラと、前田とフルチンで殴りあえる、トンパチ精神の持ち主でもある。1989年10月14日の初対決以来、アメリカでザ・グレート・ムタとしてリック・フレアーと毎日のように闘うことで、動きのメリハリを盗み取った。レフェリーの頭越しの「シャイニング・ウイザード」は、センスの集大成である。
プロレス **9月3日**	【大阪城ホール】〈インターナショナルヘビー〉スタン・ハンセンがジャンボ鶴田と両者リングアウト引き分け、防衛。（全日本）
ボクシング **9月6日**	【ラスベガス NV】〈IBF世界ライトヘビー〉ボビー・チェズがスロボタン・カッチャーを破り、獲得。
プロレス **9月6日**	【名古屋・愛知県体育館】〈PWF vs インターナショナル*〉長州力がスタン・ハンセン*と両者リングアウト、共に防衛。

1981
｜
1990

プロ格闘技年表事典　445

ボクシング 9月13日	【大田（韓）】〈WBC世界ライトフライ〉張正九がセンダイ・モンティエルを破り、防衛。
プロレス 9月16日	【大阪城ホール】アントニオ猪木がブルーザー・ブロディと60分時間切れ引き分け。ブロディは前年末のトラブルから和解し再登場だった。が、11月に再び新日本とトラブル。以後絶縁。（新日本）
プロレス 9月19日	【福岡スポーツセンター】〈IWGPジュニアヘビー〉越中詩郎が高田伸彦を破り、獲得。（新日本）
プロレス 9月19日	【メキシコシティ・アレナメヒコ】「アニベルサリオ」〈3カベジェラスコントラ3カベジェラス〉リンゴ・メンドーサ&トニー・サラサール&アメリコ・ロッカがエル・シグノ&エル・テハノ&ネグロ・ナバーロを破る。〈NWA世界ライトヘビー〉ラヨ・デ・ハリスコ・ジュニアがフィッシュマンを破り、防衛。
プロレス 9月23日	【東京・後楽園ホール】〈IWGPタッグ〉藤波辰巳&木村健吾が前田日明&木戸修を破り、獲得。（新日本）
ボクシング 9月26日	【マイアミビーチFL】〈WBA世界ライト〉エドウィン・ロサリオがリビングストン・ブランブルを破り、獲得。
ボクシング 9月27日	【サンファン（PR）】〈WBA世界スーパーフェザー〉ブライアン・ミッチェルがアルフレッド・ライネを破り、獲得。
ボクシング 9月27日	【アトランティックシティNJ】〈WBA & WBC & IBF世界ウェルター〉ロイド・ハニガンがロナルド・カリーを破り、獲得。
相撲 9月28日	【東京・両国国技館】優勝：千代の富士（東横綱）14勝1敗、技能賞：逆鉾（西小結）、殊勲賞：小錦（東前4）、敢闘賞：寺尾（東前8）
その他 10月9日	【東京・両国国技館】〈異種格闘技戦〉アントニオ猪木がレオン・スピンクス（ボクシング）を破る。〈異種格闘技戦〉前田日明がドン・ナカヤ・ニールセン（空手）を破る。前田の勝ちっぷりが素晴らしく、猪木対スピンクスがしょっぱかったこともあって、「格闘王」の称号は前田日明のものに。（新日本）
プロレス 10月9日	【岡山武道館】〈PWFヘビー〉長州力がニキタ・コロフに反則勝ち、防衛。
プロレス 10月21日	【東京・両国国技館】〈PWFヘビー〉長州力がテリー・ファンクを破り、防衛。この試合結果の背後には長州力とレフェリー服部の裏切りがあった。〈インターナショナルヘビー〉ジャンボ鶴田がスタン・ハンセンを破り、獲得。（全日本）
ボクシング 10月25日	【マルサラ（伊シチリア島）】〈IBF世界クルーザー〉リッキー・パーキーがリー・ロイ・マーフィーを破り、獲得。
ボクシング 10月30日	【ハートフォードCT】〈IBF世界スーパーライト〉ジョー・マンリーがゲーリー・ヒントンを破り、獲得。
プロレス 10月30日	【青森県営体育館】〈アジアタッグ〉阿修羅・原&スーパー・ストロング・マシーンがマイティ井上&石川隆士を破り、獲得。（全日本）

プロレス **11月1日**	【石川・七尾総合市民体育館】〈日本デビュー〉輪島*がシンを相手に両者反則。（全日本）
プロレス **11月3日**	【東京・後楽園ホール】木村健吾＆武藤敬司がアントニオ猪木＆ケビン・フォン・エリックを破る。試合後、猪木が武藤敬司を鉄拳制裁。（新日本）
ボクシング **11月22日**	【ラスベガス NV】〈WBC 世界ヘビー〉マイク・タイソンがトレバー・バービックを破り、獲得。 【マイク・タイソン】（生）1966（出生地）米（主要王座）WBA ＆ WBC ＆ IBF 世界ヘビー（初）1985（人物評）ヘビー級としては 180cm と小柄である。しかし、パンチ力とスピードで、ヘビー級でありながらパウンド・フォー・パウンドの議論の対象となってきた。12 歳までに 51 回逮捕され、プロ入り後もレイプ事件や耳噛みなど、人格面でのスキャンダルを提供した。初の敗戦は東京ドーム（90 年 2 月 11 日）である。
相撲 **11月23日**	【福岡国際センター】優勝：千代の富士（東横綱）13 勝 2 敗、技能賞：霧島（東前 7）、殊勲賞：小錦（西関脇）、敢闘賞：益荒雄（西前 13）
プロレス **11月23日**	【東京・後楽園ホール】〈世界ジュニアヘビー〉小林邦昭がヒロ斎藤を破り、獲得。（全日本）
プロレス **11月27日**	【グリーンズボロ NC】「スターケード」〈金網〉ロックンロール・エクスプレス（リッキー・モートン＆ロバート・ギブソン）がオレー＆アーン・アンダーソンを破る。
プロレス **11月27日**	【アトランタ GA】「スターケード」〈NWA 世界ヘビー〉リック・フレアーがニキタ・コロフとノーコンテスト、防衛。
ボクシング **12月2日**	【東京・両国国技館】〈WBC 世界スーパーライト〉浜田剛史がロニー・シールズ破り、防衛。
ボクシング **12月5日**	【ラスベガス NV】〈WBC 世界スーパーウェルター王座決定戦〉デュアン・トーマスがジョン・ムガビを破り、獲得。〈IBF 世界ライト〉グレグ・ホーゲンがジミー・ポールを破り、獲得。
ボクシング **12月7日**	【釜山（韓）】〈IBF 世界ライトフライ〉崔漸煥がチョウォン・パークを破り、獲得。
ボクシング **12月12日**	【ニューヨーク NY・MSG】〈WBA 世界ヘビー〉ジェームス・スミスがティム・ウィザスプーンを破り、獲得。
プロレス **12月12日**	【東京・両国国技館】「ジャパンカップタッグリーグ」〈決勝〉アントニオ猪木＆藤原喜明が前田日明＆木戸修を破り、優勝。（新日本）
プロレス **12月12日**	【東京・日本武道館】「世界最強タッグ決定リーグ」〈決勝〉ジャンボ鶴田＆天龍源一郎がスタン・ハンセン＆テッド・デビアスにリングアウト勝ち、優勝。（全日本）

1981 - 1990

プロ格闘技年表事典 447

| ボクシング 12月14日 | 【仁川（韓）】〈WBC世界ライトフライ〉張正九が大橋秀行を破り、防衛。（日本ジム所属世界挑戦連続失敗1） |

【日本ジム所属世界挑戦連続失敗】この日から1990年2月7日まで、日本ジム所属ボクサーの世界王座挑戦は1引き分けを挟んで21連敗であった。この時代、日本国内での世界戦の試合数が極端に少なかった（85年は2試合）こともあり、「冬の時代」を象徴する出来事である。

| プロレス 12月20日 | 【ブレーメン（独）】「トーナメント」優勝：ビリー・サムソン |

| その他 | 【MVP】〈相撲・報知新聞年間最優秀力士〉千代の富士貢〈相撲・年間最多勝〉千代の富士貢、68勝10負12休〈ボクシング・日本・コミッション〉浜田剛史〈ボクシング・アメリカ・リング誌〉マイク・タイソン〈プロレス・日本・東京スポーツ〉天龍源一郎 |

1987年

プロレス 1月2日	【東京・後楽園ホール】〈バトルロイヤル〉優勝：タイガーマスク（三沢）（全日本）
プロレス 1月3日	【東京・後楽園ホール】〈世界ジュニアヘビー〉渕正信が小林邦昭を破り、獲得。（全日本）
ボクシング 1月16日	【フェニックス AZ】〈WBA 世界スーパーバンタム王座決定戦〉ルイ・エスピノサがトミー・バロイを破り、獲得。
プロレス 1月17日	【山口・徳山市民体育館】〈PWF ヘビー〉長州力がカート・ヘニングを破り、防衛。試合後リング上でのインタビューで「ジャパンを大きくしていく上では、ジャンボ、天龍源一郎、藤波辰巳を倒していかなければならない」と、藤波辰巳の名を出し物議を醸す。 セミ前の試合、鶴田が投げに来た仲野を突き倒し、ジャンピングニーパットからバックドロップを決める。仲野が投げに来る前のドロップキックの切れ味が良すぎたようで、珍しい、鶴田が切れた瞬間だった。6 月に天龍が「天龍革命」を宣言した際「ジャンボの背中は見飽きた。ジャンボを本気にさせる。もっとも、そうなったら一番困るのは俺だけどな」と言ったが、天龍は、1 月の徳山で、一瞬本気になった鶴田の背中を見ていたことになる。（全日本）
ボクシング 1月18日	【浦項（韓）】〈IBF 世界スーパーバンタム王座決定戦〉李承勲がプラユラサク・ムアンスリンを破り、獲得。
ボクシング 1月23日	【ガマシュ（仏）】〈IBF 世界フェザー〉カルビン・グローブがアントニオ・リベラを破り、獲得。
プロレス 1月23日	【熊本・人吉】「熊本温泉事件」。新日本プロレス巡業中、人吉の温泉旅館「松の家旅館」を乱痴気騒ぎで壊し、2800 万円を賠償。
相撲 1月25日	【東京・両国国技館】優勝：千代の富士（東横綱）12 勝 3 敗、技能賞：益荒雄（東前 4）、殊勲賞：小錦（東関脇）、敢闘賞：該当者なし
プロレス 1月	【フォートローダーデール FL】ブルーザー・ブロディがレックス・ルガーの攻撃に対して全く痛がるそぶりを見せず、コケにする。
ボクシング 2月1日	【東京・後楽園ホール】〈日本バンタム〉高橋直人が今里光男を破り、獲得。6 月 6 日同所での再戦も高橋の勝ち。（年間ベストバウト）
プロレス 2月5日	【札幌・中島スポーツセンター】〈インターナショナルタッグ〉ジャンボ鶴田＆天龍源一郎が長州力＆谷津嘉章を破り、獲得。（全日本）
ボクシング 2月6日	【アトランティックシティ NJ】〈WBA 世界ウェルター王座決定戦〉マーク・ブリーランドがハロルド・フォルブレヒトを破り、獲得。

1981 | 1990

プロ格闘技年表事典　449

プロレス 2月7日	【札幌中島体育センター】「トップ・オブ・ザ・スーパー・ジュニア」〈決勝〉越中詩郎が馳浩を破り、優勝。(新日本)
プロレス 2月10日	【タンパFL】「ガスパリーラ・スペクタキュラー」ザ・ニンジャ(武藤敬司)とジェリー・グレイとの試合にガスパー(正体は猪木)が乱入。試合は目茶苦茶となり、結果は不明。
ボクシング 2月13日	【バランキージャ(哥)】〈WBA世界フライ〉フィデル・バッサがイラリオ・サパタを破り、獲得。
ボクシング 2月23日	【仁川(韓)】〈IBF世界フライ〉ドディ・ボーイ・ペニャロサが申喜燮を破り、獲得。
ボクシング 3月4日	【バジルドン(英)】〈IBF世界スーパーライト〉テリー・マーシュがジョー・マンリーを破り、獲得。
ボクシング 3月6日	【フォートワースTX】〈WBA世界フェザー〉アントニオ・エスパラゴサがスティーブ・クルスを破り、獲得。
ボクシング 3月7日	【ラスベガスNV】〈WBA vs WBC*世界ヘビー〉マイク・タイソン*がジェームス・スミスを破り、WBA王座を獲得。
ボクシング 3月7日	【デトロイトMI】〈WBC世界ライトヘビー王座決定戦〉トーマス・ハーンズがデニス・アンドリュースを破り、獲得。
プロレス 3月7日	【秋田県立体育館】〈NWA世界ヘビー〉リック・フレアーが谷津嘉章と両者リングアウト引き分け、防衛。(全日本)
プロレス 3月10日	【福島・郡山市総合体育館】〈NWA世界ヘビー〉リック・フレアーがジャンボ鶴田に反則勝ち、防衛。(全日本)
プロレス 3月12日	【東京・日本武道館】〈NWA世界ヘビー〉リック・フレアーが輪島大士を破り、防衛。フレアーにとって最後の全日本での防衛戦。〈インターナショナルタッグ〉ロード・ウォリアーズ(ホーク・ウォリアー&アニマル・ウォリアー)がジャンボ鶴田&天龍源一郎にリングアウト勝ち、獲得。〈世界ジュニアヘビー〉渕正信がヒロ斎藤を破り、防衛。(全日本)
プロレス 3月20日	【東京・後楽園ホール】〈IWGPタッグ王座決定戦〉越中詩郎&武藤敬司が前田日明&高田延彦を破り、獲得。(新日本)
相撲 3月22日	【大阪府立体育会館】優勝:北勝海(西大関)12勝3敗、技能賞:花乃湖(西前1)、殊勲賞:益荒雄(東小結)、敢闘賞:栃乃和歌(東前13)
プロレス 3月22日	【デンバーCO】〈CWA世界ヘビー〉レオン・ホワイト(ブル・パワー=ベイダー)が、オットー・ワンツを破り、獲得。
プロレス 3月26日	【大阪城ホール】アントニオ猪木対マサ斎藤戦で、海賊男の乱入により試合がめちゃくちゃになり、観客が暴動を起こす。〈IWGPタッグ〉前田日明&高田延彦が越中詩郎&武藤敬司を破り、獲得。(新日本)
プロレス 3月28日	【ジャパンプロレス】分裂。長州力、スーパー・ストロング・マシン(平田)、小林邦昭、ヒロ斎藤らは新日本プロレスに復帰。長州の持つPWF王座は剥奪。残留組のトップは谷津嘉章。

450　プロ格闘技年表事典

ボクシング 3月29日	【大阪・守口市民体育館】〈WBA 世界バンタム王座決定戦〉六車卓也がアザエル・モーガンを破り、獲得。
	【六車卓也】（生）1961（出生地）大阪（主要王座）WBA 世界バンタム（初）1981（人物評）大阪ローカルテレビ局の「エンドレスナイト」に出演したり、同番組の応援を受けたり、また、スタミナがあって後退知らず、いつ果てるともしれぬ連打の嵐をフューチャーした戦いぶりだったため「エンドレスファイター」の異名を取った。7 連続 KO 勝ちを 2 度しているのもその現れである。王座陥落後の再挑戦、引き分けという不運で再戴冠ならなかった。
プロレス 3月29日	【ポンティアック MI・シルバードーム】「レッスルマニア」〈WWF 世界ヘビー〉ハルク・ホーガンがアンドレ・ザ・ジャイアントを破り、防衛。（観衆 93,173 人 = 動員記録）
プロレス 4月2日	【大阪府立体育会館】〈インターナショナルヘビー〉ジャンボ鶴田がトミー・リッチを破り、防衛。（全日本）
ボクシング 4月6日	【ラスベガス NV】〈WBC 世界ミドル〉シュガー・レイ・レナードがマービン・ハグラーを 12R 判定で破り、獲得。この試合をもってハグラーは引退。（年間ベストバウト）
プロレス 4月10日	【ボルティモア MD】「ジムクロケット杯争奪タッグトーナメント」優勝：ダスティ・ローデス＆ニキタ・コロフ、準優勝：レックス・ルガー＆タリー・ブランチャード。馬場＆高木功も参戦。この日から翌日にかけて開催。
プロレス 4月17日	【鹿児島県立体育館】〈PWF ヘビー王座決定戦〉スタン・ハンセンがドリー・ファンク・ジュニアと両者リングアウト引き分け、王座は空位のまま。
ボクシング 4月19日	【仁川（韓）】〈WBC 世界ライトフライ〉張正九が伊達ピントを破り、防衛。（日本ジム所属世界挑戦連続失敗 2）
プロレス 4月23日	【新潟市体育館】〈PWF ヘビー王座決定戦〉スタン・ハンセンが輪島大士と両者リングアウト引き分け、王座は空位のまま。
プロレス 4月24日	【横浜文化体育館】〈インターナショナルヘビー〉ジャンボ鶴田が谷津嘉章と無効試合、防衛。〈PWF ヘビー王座決定戦〉スタン・ハンセンが輪島大士を破り、獲得。（全日本）
プロレス 5月2日	【サンフランシスコ CA・カウパレス】〈AWA 世界ヘビー〉カート・ヘニングがニック・ボックウィンクルを破り、獲得。
ボクシング 5月8日	【シドニー（豪）】〈WBC 世界スーパーバンタム〉ジェフ・フェネックがサーマート・パヤクァルンを破り、獲得。
ボクシング 5月15日	【カタジェナ（哥）】〈IBF 世界バンタム王座決定戦〉ケルビン・シーブルックスがミゲル・マチュラナを破り、獲得。
ボクシング 5月15日	【ラスベガス NV】〈IBF 世界クルーザー〉イベンダー・ホリフィールドがリッキー・パーキーを破り、獲得。

1981 ｜ 1990

プロ格闘技年表事典　451

ボクシング 5月16日	【ランス（仏）】〈WBC世界スーパーフライ〉サントス・ラシアルがヒルベルト・ローマンを破り、獲得。
ボクシング 5月17日	【釜山（韓）】〈IBF世界スーパーフライ〉張太日がクウォン・ソンチュンを破り、獲得。
ボクシング 5月23日	【ポート・オブ・スペイン（トリニダード・トバゴ）】〈WBA世界ライトヘビー〉レスリー・スチュワートがマービン・ジョンソンを破り、獲得。
相撲 5月24日	【東京・両国国技館】優勝：大乃国（西大関）15勝、技能賞：旭富士（西関脇）、殊勲賞：益荒雄（東小結）、敢闘賞：小錦（東関脇）。場所後、北勝海信芳に横綱免許が授与される。

【北勝海信芳】（生）1963（出生地）北海道（初）1979（人物評）第61代横綱。素質ではなく努力で上がっていった力士である。それほどまじめで非常に稽古熱心であった。先輩横綱千代の富士が同部屋だったため、凄まじい稽古で伸びた。1986年7月場所後、大関の北尾が横綱に上がるのと同時に大関に昇進した。そして87年5月場所後、横綱に昇進した。引退後は親方に、そして現在は理事長を務める。まじめだがイエスマン的に育ってきた人生ゆえ、理事長として諸問題に対応できているか、疑問である。

ボクシング 5月24日	【大阪・守口市民体育館】〈WBA世界バンタム〉朴讃栄が六車卓也を破り、獲得。
ボクシング 5月30日	【ラスベガスNV】〈IBF世界ヘビー王座決定戦〉トニー・タッカーがジェームス・ダグラスを破り、獲得。
プロレス 6月3日	【北九州市・西日本総合展示場】「橋本真也リンチ事件」。ヒロ斎藤が橋本真也を破る。しかし、荒川に吹き込まれた橋本真也は試合中ヒロを蹴りまくり、左手甲を骨折させる。試合後、控室でマサ斎藤らが橋本真也をリンチした。（新日本）

【橋本真也】（生）1965（没）2005（出生地）岐阜（主要王座）NWA世界ヘビー（初）1984（人物評）キックの破壊力と天真爛漫なキャラクターで「闘魂三銃士」の中では最もファンに愛され、1990年代の新日本プロレスを引っ張った。チンタラした練習ぶりから付いたあだ名が「チンタ」だった。99年1月の東京ドームで小川直也からの容赦のない攻撃に対応できず味噌をつけた。21世紀に入ってからZERO1を設立するがコンディションは不良で、90年代並みの活躍はできなかった。そして不摂生が命をも縮めてしまった。

プロレス 6月6日	【山口・長門市スポーツセンター】天龍源一郎＆阿修羅・原が輪島大士＆大熊元司を破る。全日本プロレス活性化のための天龍源一郎革命を宣言。（全日本）

ボクシング 6月7日	【プロビデンス RI】〈IBF 世界ライト〉ビニー・パジェンサがグレグ・ホーゲンを破り、獲得。
プロレス 6月9日	【東京・日本武道館】〈異種格闘技戦〉ジャイアント馬場がラジャ・ライオン(空手)を、腕ひしぎ逆十字固めで破る。〈インターナショナルタッグ〉ロード・ウォリアーズ(ホーク・ウォリアー&アニマル・ウォリアー)がジャンボ鶴田&輪島大士を破り、防衛。(全日本)
プロレス 6月12日	【東京・両国国技館】「IWGP リーグ戦」〈決勝〉アントニオ猪木がマサ斎藤を破り、優勝。タイトル化された IWGP ヘビー級選手権を獲得。(新日本)
ボクシング 6月14日	【釜谷(韓)】〈IBF 世界ミニマム王座決定戦〉李敬渕が川上正治を破り、獲得。
プロレス 6月14日	【ニューヨーク NY・MSG】〈WWF 世界ヘビー〉ハルク・ホーガンがハーリー・レイスを破り、防衛。
ボクシング 6月27日	【モントリオール(加)】〈IBF 世界スーパーウェルター〉マシュー・ヒルトンがバスター・ドレイトンを破り、獲得。
プロレス 7月3日	【東京・後楽園ホール】〈PWF 世界タッグ〉ジャンボ鶴田&タイガーマスク(三沢)がスタン・ハンセン&テッド・デビアスを破り、獲得。(全日本)
ボクシング 7月4日	【リベラ(シシリア島)】〈WBA 世界スーパーライト〉ファン・マルチン・コッジがパトリツィオ・オリバーを破り、獲得。
プロレス 7月8日	【セントポール MN】〈WWF 世界ヘビー〉ハルク・ホーガンがキラー・カーンを破る。8月1日イーストラザーフォード・メドーランドまでの約1ケ月に亘る抗争のスタート。
プロレス 7月11日	【鳥取・米子産業体育館】〈PWF 世界タッグ〉スタン・ハンセン&テッド・デビアスがジャンボ鶴田&タイガーマスク(三沢)を破り、獲得。(全日本)
プロレス 7月11日	【グラーツ(墺)】〈CWA 世界ヘビー〉オットー・ワンツが、ブル・パワー(ベイダー)を破り、獲得。トーナメント「キャッチカップ 87」の特別試合として行われた。トーナメントの参加者は蝶野正洋、レネ・ラサルテス、バロン・フォン・ラシク、トニー・セントクレアら。
ボクシング 7月12日	【メリニャック(仏)】〈WBC 世界スーパーウェルター〉ルペ・アキノがデュアン・トーマスを破り、獲得。
ボクシング 7月17日	【ヴァー(仏)】〈WBC 世界ライト王座決定戦〉ホセ・ルイス・ラミレスがテレンス・アリを破り、獲得。
プロレス 7月18日	【神奈川・大和車体興行体育館】神取しのぶ対ジャッキー佐藤戦がシュート。「ジャッキーの心を折った」の名言を残す。
相撲 7月19日	【名古屋・愛知県体育館】優勝:千代の富士(東横綱)14 勝 1 敗、技能賞:旭富士(東関脇)、殊勲賞:栃乃和歌(東小結)、敢闘賞:出羽の花(東前 10)

1981 | 1990

プロ格闘技年表事典　453

プロレス 7月19日	【東京・後楽園ホール】〈PWFヘビー〉スタン・ハンセンが谷津嘉章と両者リングアウト引き分け、防衛。
ボクシング 7月22日	【東京・日本武道館】〈WBC世界スーパーライト〉レネ・アルレドンドが浜田剛史を破り、獲得。
プロレス 7月22日	【札幌・中島体育センター】〈インターナショナルヘビー〉ジャンボ鶴田がスタン・ハンセンに反則勝ち、防衛。（全日本）
プロレス 7月30日	【東京・東村山市民スポーツセンター】〈アジアタッグ王座決定戦〉マイティ井上＆石川隆士が寺西勇＆栗栖正伸を破り、獲得。（全日本）
ボクシング 8月1日	【ラスベガスNV】〈WBA* & WBC* vs IBF世界ヘビー〉マイク・タイソン*がトニー・タッカーを破り、IBF王座を獲得。
プロレス 8月2日	【東京・両国国技館】〈IWGPヘビー〉アントニオ猪木がバンバン・ビガロを破り、防衛。（新日本）
ボクシング 8月8日	【マイアミFL】〈WBC世界スーパーフライ〉シュガー・ベビー・ロハスがサントス・ラシアルを破り、獲得。
ボクシング 8月9日	【ウィンザー（英）】〈IBF世界スーパーフェザー〉ロッキー・ロックリッジがバリー・マイケルを破り、獲得。
プロレス 8月19日	【東京・両国国技館】〈5対5イリミネーション〉新世代軍（藤波辰巳＆長州力＆前田日明＆木村健吾＆スーパー・ストロング・マシン）が旧世代軍（アントニオ猪木＆坂口征二＆藤原喜明＆星野勘太郎＆武藤敬司）を2人残りで破る。（新日本）
プロレス 8月20日	【東京・両国国技館】〈IWGPジュニアヘビー王座決定戦〉小林邦昭が高田延彦を破り、獲得。（新日本）
ボクシング 8月22日	【コロンビアSC】〈WBA世界ウェルター〉マーロン・スターリングがマーク・ブリーランドを破り、獲得。
プロレス 8月28日	【ヒューストンTX】「ポール・ボウシュ引退興行」〈WWF世界ヘビー〉ハルク・ホーガンはワンマン・ギャングを破り、防衛。
プロレス 8月31日	【東京・日本武道館】〈ノンタイトル〉天龍源一郎がジャンボ鶴田を破る（年間ベストバウト）。〈PWFヘビー〉スタン・ハンセンが谷津嘉章に反則勝ち、防衛。（全日本）
プロレス 9月1日	【福岡国際センター】〈IWGPヘビー〉アントニオ猪木がディック・マードックを破り、防衛。〈IWGPタッグ〉藤原喜明＆山崎一夫が前田日明＆高田延彦を破り、獲得。（新日本）
プロレス 9月3日	【名古屋・愛知県体育館】〈PWF世界タッグ〉天龍源一郎＆阿修羅・原がスタン・ハンセン＆オースティン・アイドルを破り、獲得。テッド・デビアスがWWFにジャンプしたため、ハンセンはアイドルを新パートナーに指名していた。（全日本）
ボクシング 9月5日	【アトランティックシティNJ】〈WBA世界ライトヘビー〉ヴァージル・ヒルがレスリー・スチュワートを破り、獲得。
ボクシング 9月6日	【ケソンシティ（比）】〈IBF世界フライ〉崔昌鎬がドディ・ボーイ・ペニャロサを破り、獲得。

プロレス 9月11日	【広島県立体育館】〈UN vs PWF ヘビー*〉スタン・ハンセン*が天龍源一郎と両者リングアウト引き分け、共に防衛。(全日本)
プロレス 9月12日	【岡山・倉敷市体育館】〈インターナショナルヘビー〉ジャンボ鶴田がニック・ボックウィンクルを破り、防衛。(全日本)
プロレス 9月12日	【セントマーティン島(蘭領)】「NWA 総会」ジム・クロケット・ジュニア(NWA ワールド・チャンピオンシップ・レスリング)を会長に選任。出席者は、クロケット・ジュニア、馬場、カルロス・コロンのみ。
プロレス 9月15日	【東京・後楽園ホール】〈PWF ヘビー〉スタン・ハンセンが輪島大士にリングアウト勝ち、防衛。
プロレス 9月17日	【ブラッドフォード(英)】〈世界ヘビー〉ケンドー・ナガサキ(ピーター・ソーンリー)がウエイン・ブリッジを破り、獲得。(オールスタープロモーション)
プロレス 9月18日	【メキシコシティ・アレナメヒコ】「アニベルサリオ」ゴリー・ゲレロの引退セレモニーが行われる。〈マスカラコントラマスカラ〉モグールがアス・チャロを破る。〈カベジェラコントラカベジェラ〉ピラタ・モルガンがトニー・サラサーを破る。ヘクター・ゲレロ&マンド・ゲレロ&チャボ・ゲレロがサングレ・チカナ&グラン・マルコス&グラン・マルコス・ジュニアを、エディ・ゲレロ&エル・イボ・デル・サントがグラディアドール・ジュニア&エル・ダンディを破る。
プロレス 9月22日	【栃木・鬼怒川温泉】2泊3日で行われた、全日本プロレス天龍同盟の合宿で、天龍源一郎が、何人の芸者、コンパニオンがいたのかわからないというほどの大散財し、帰りの電車賃も使い果たした。川田利明は「コンディション調整のための合宿でかえって体調を悪くした」とむくれた。
プロレス 9月25日	【デトロイト MI】〈NWA 世界ヘビー、金網〉ロニー・ガービンがリック・フレアーを破り、獲得。
相撲 9月27日	【東京・両国国技館】優勝：北勝海(西横綱)14勝1敗、技能賞：旭富士(東関脇)、殊勲賞：逆鉾(西前4)、敢闘賞：旭富士(東関脇)。場所後、大乃国康に横綱免許が授与される。

1981 – 1990

【大乃国康】(生)1962(出生地)北海道(初)1978(人物評)第62代横綱。スケールの大きい右四つで、寄り、上手投げを得意とした。ガチンコ一本の真面目力士である。全盛期、210kgという体重で元栃錦の春日野親方からは「パンダ」というあだ名が付けられた。1987年9月場所後、横綱に昇進。しかし、怪我や病気には勝てず、横綱として場所皆勤で7勝8敗という不名誉な記録も作っている。現在は年寄り芝田山として部屋を運営している。「協会を辞めたらスイーツ評論家になりたい」(日刊スポーツ)そうである。

ボクシング 10月2日	【ウムブリア（伊）】〈WBC世界スーパーウェルター〉ジャンフランコ・ロッシがルペ・アキノを破り、獲得。
ボクシング 10月4日	【ソウル（韓）】〈WBA世界バンタム〉ウィルフレド・バスケスが朴讃栄を破り、獲得。
プロレス 10月4日	【山口・巌流島】かがり火がたかれる中行われた2時間あまりに亘るノーピープル・マッチ、アントニオ猪木対マサ斎藤はアントニオ猪木の勝利。直後、猪木は倍賞美津子と離婚。（新日本）
ボクシング 10月10日	【ラスベガスNV】〈IBF世界ミドル王座決定戦〉フランク・テートがマイケル・オラッジを破り、獲得。
ボクシング 10月17日	【ジャカルタ（稲）】〈IBF世界スーパーフライ〉エリー・ピカルが張太日を破り、獲得。
ボクシング 10月18日	【東大阪・近大記念体育館】〈WBC世界ミニマム王座決定戦〉井岡弘樹がマイ・トンブリファームを破り、獲得。18歳9ケ月10日での世界王座獲得は日本国内最年少新記録である。 【井岡弘樹】（生）1969（出生地）大阪（主要王座）WBA世界ライトフライ、WBC世界ミニマム（初）1986（人物評）エディ・タウンゼントが指導した最後の世界王者である。1987年10月、WBC世界ミニマム級王座決定戦でマイ・トンブリフラムを降し国内最年少の18歳9ケ月10日で世界を奪取した。91年12月にはWBA世界ライトフライ級王座も獲得しファイティング原田、柴田国明に続き史上3人目となる世界王座2階級制覇を達成する。ライバルは大橋秀行と目されたが、リング上での対戦は実現しなかった。井岡一翔は兄一法の子である。
プロレス 10月20日	【東京・大田区体育館】〈WWWA世界シングル（女子）〉長与千種が大森ゆかりを破り、獲得。
ボクシング 10月23日	【リボルノ（伊）】〈WBA世界ミドル王座決定戦〉スンブ・カランベイがアイラン・バークレーを破り、獲得。
プロレス 10月25日	【東京・両国国技館】〈IWGPヘビー〉アントニオ猪木がスティーブ・ウイリアムスを破り、防衛。（新日本）
ボクシング 10月28日	【ロンドン（英）・ウェンブリーアリーナ】〈WBC世界ウェルター〉ホルヘ・バカがロイド・ハニガンを破り、獲得。 【ホルヘ・バカ】（生）1959（出生地）墨（主要王座）WBC世界ウェルター（初）1978（人物評）84年3月31日メキシコウェルター級王座を獲得した後、12度の防衛に成功。ロイド・ハニガンへの勝利は8回負傷判定勝ちというラッキーな面があり、翌88年3月30日、ハニガンとの再戦では王座を明け渡している。世界王者としては平凡なキャリアしか持たないホルヘの戴冠が我が国でわざわざ報道されたのは、我が国では珍名になってしまうゆえであろう。

ボクシング 10月29日	【ラスベガス NV】〈WBC 世界ミドル〉トーマス・ハーンズがファン・ドミンゴ・ロルダンを破り、獲得。〈IBF 世界ライトヘビー〉チャールズ・ウィリアムズがボビー・チェズを破り、獲得。
プロレス 11月7日	【東京・後楽園ホール】天龍源一郎対輪島大士のシングルが行なわれ、天龍源一郎は輪島を半端無くボコンボコンにする。背景には天龍の輪島に対する嫉妬があった。しかし、解説のジャイアント馬場は久々に輪島のガンバリを褒める。この試合をテレビで見た前田日明は大きな刺激を受け、11 月 19 日の長州力へのハードアタックにつながる。(全日本)
ボクシング 11月12日	【ロサンゼルス CA】〈WBC 世界スーパーライト〉ロジャー・メイウェザーがレネ・アルレドンドを破り、獲得。
プロレス 11月19日	【東京・後楽園ホール】長州力＆マサ斎藤＆ヒロ斎藤対前田日明＆木戸修＆高田延彦戦で前田日明が長州力にオキテ破りの顔面蹴り。背後には荒川の「焚き付け」があった。この試合をきっかけに前田日明は新日本プロレスを解雇された。(新日本)
ボクシング 11月21日	【ラスベガス NV】〈WBA 世界スーパーウェルター王座決定戦〉ジュリアン・ジャクソンが白仁鉄を破り、獲得。〈WBA 世界ライト〉フリオ・セサール・チャベスがエドウィン・ロサリオを破り、獲得。
相撲 11月22日	【福岡国際センター】優勝：千代の富士（東張横）15 勝、技能賞：栃司（東前 6）、殊勲賞：逆鉾（西関脇）、敢闘賞：該当者なし。
プロレス 11月22日	【東京・後楽園ホール】「世界最強タッグリーグ」〈公式戦〉スタン・ハンセン＆テリー・ゴディはブルーザー・ブロディ＆ジミー・スヌーカと両者リングアウト引き分け。名勝負。(全日本)
プロレス 11月26日	【シカゴ IL】「スターケード」〈NWA 世界ヘビー〉リック・フレアーがロニー・ガービンを破り、獲得。
ボクシング 11月27日	【ポート・オブ・スペイン（トリニダード・トバゴ）】〈WBC 世界ライトヘビー〉ドニー・ラロンドがエディ・デービスを破り、獲得。
ボクシング 11月28日	【サンファン（PR）】〈WBA 世界スーパーバンタム〉フリオ・ヘルバシオがルイ・エスピノサを破り、獲得。
ボクシング 12月6日	【釜山（韓）】〈WBA 世界スーパーミドル王座決定戦〉朴鐘八がジーザス・ゲラードを破り、獲得。
プロレス 12月7日	【大阪府立体育会館】「ジャパンカップタッグリーグ」〈決勝〉藤波辰巳＆木村健吾がアントニオ猪木＆ディック・マードックを破り、優勝。(新日本)
プロレス 12月11日	【東京・日本武道館】「世界最強タッグ決定リーグ」〈公式戦〉ジャンボ鶴田＆谷津嘉章がブルーザー・ブロディ＆ジミー・スヌーカを破り、優勝。(全日本)
プロレス 12月27日	【東京・両国国技館】暴動発生。ビッグ・バン・ベイダーがアントニオ猪木を破る。相次ぐカード変更に不満をもった多数の観客が騒ぐ。(新日本)

1981｜1990

プロレス **12月27日**	【東京・両国国技館】〈IWGP ジュニアヘビー〉馳浩が小林邦昭を破り、獲得。（新日本）
相撲 **12月31日**	【日本相撲協会】緊急理事会が開かれ、横綱双羽黒（北尾光司）の廃業届を受理することを決定。所属する立浪部屋内でのトラブルが原因だった。
プロレス	【ハノーファー（独）】トーナメント優勝：オットー・ワンツ
その他	【MVP】〈相撲・報知新聞年間最優秀力士〉千代の富士貢〈相撲・年間最多勝〉北勝海信芳、74 勝 16 負 0 休〈ボクシング・日本・コミッション〉井岡弘樹〈ボクシング・アメリカ・リング誌〉イベンダー・ホリフィールド〈プロレス・日本・東京スポーツ〉天龍源一郎

1988年

プロレス 1月2日	【東京・後楽園ホール】〈AWA 世界ヘビー〉カート・ヘニングがタイガーマスク（三沢）にリングアウト負け、防衛。〈バトルロイヤル〉優勝：ジョン・テンタ（全日本）
ボクシング 1月10日	【釜山（韓）】〈WBA 世界ミニマム王座決定戦〉レオ・ガメスが金奉準を破り、獲得。
プロレス 1月13日	【鹿児島県立体育館】〈インターナショナルヘビー〉ジャンボ鶴田がアブドラ・ザ・ブッチャーを破り、防衛。（全日本）
ボクシング 1月16日	【マニラ（比）】〈IBF 世界フライ〉ローランド・ボホールが崔昌鎬を破り、獲得。
ボクシング 1月17日	【大阪府立体育会館】〈WBA 世界バンタム〉ウィルフレッド・バルケスが六車卓也と引き分け、防衛。（日本ジム所属世界挑戦連続失敗 3）
プロレス 1月18日	【山口・徳山市体育館】〈IWGP タッグ〉藤波辰巳＆木村健吾が藤原喜明＆山崎一夫を破り、獲得。（新日本）
相撲 1月24日	【東京・両国国技館】優勝：旭富士（東大関）14 勝 1 敗、技能賞：該当者なし、殊勲賞：逆鉾（東関脇）、敢闘賞：琴ケ梅（東前 7）
プロレス 1月24日	【ハミルトン（加）】〈WWF 世界女子タッグ〉立野記代＆山崎五紀がレイラニ・カイ＆ジュディ・マーティンを破り、獲得。
ボクシング 1月31日	【大阪城ホール】〈WBC 世界ミニマム〉井岡弘樹が李敬淵を破り、防衛。この日直腸癌で病床のエディ・タウンゼントは井岡の試合を見守りたいと切望し、入院中の田中外科から担架で試合会場入りしたが、試合開始直前に意識不明の危篤状態に陥り田中外科へ引き返した。井岡が挑戦者の李を 12 回 TKO で退けた知らせを病院で聞くと、右手で V サインを掲げた後に静かに息を引き取った。〈WBC 世界フライ〉ソット・チタラダが神代英明を破り、防衛。（日本ジム所属世界挑戦連続失敗 4）
プロレス 2月4日	【大阪府立体育会館】〈IWGP ヘビー〉アントニオ猪木が長州力をレフェリーストップで破り、防衛。猪木は負傷により王座を返上。（新日本）
ボクシング 2月5日	【アトランティックシティ NJ】〈WBA 世界ウェルター〉マーロン・スターリングが尾崎富士雄を破り、防衛。（日本ジム所属世界挑戦連続失敗 5）
プロレス 2月5日	【インディアナポリス IN】〈WWF 世界ヘビー〉アンドレ・ザ・ジャイアントがハルク・ホーガンを破り、獲得。しかし、3 カウント目、ホーガンの肩が明らかに上がっており、また、アンドレにベルトが渡されたその場でテッド・デビアスにベルトを売り渡したため、WWF 会長ジャック・タニーは王座を空位とした。
ボクシング 2月6日	【アトランティックシティ NJ・コンベンションセンター】〈IBF 世界ライト〉グレグ・ホーゲンがビニー・パジェンサを破り、獲得。

1981
|
1990

プロ格闘技年表事典　459

ボクシング 2月24日	【コーパスクリスティ TX】〈IBF 世界スーパーライト王座決定戦〉バディ・マクガートがフランキー・ウォレンを破り、獲得。
ボクシング 2月28日	【サンファン（PR）】〈WBA 世界スーパーバンタム〉ベルナルド・ビニャゴがフリオ・ヘルバシオを破り、獲得。
ボクシング 2月29日	【ロサンゼルス CA】〈WBC 世界スーパーフェザー王座決定戦〉アズマー・ネルソンがマリオ・マルティネスを破り、獲得。〈WBC 世界スーパーバンタム王座決定戦〉ダニエル・サラゴサがカルロス・サラテを破り、獲得。
プロレス 3月5日	【秋田市立体育館】天龍源一郎&阿修羅・原がスタン・ハンセン&ゴディと両者反則。試合中、龍原砲のサンドイッチラリアットでスタン・ハンセンが数十秒間失神。その後、大暴走。（全日本）
ボクシング 3月7日	【シドニー（豪）】〈WBC 世界フェザー王座決定戦〉ジェフ・フェネックがビクトル・カジェハスを破り、獲得。
プロレス 3月9日	【横浜文化体育館】〈UN vs PWF* ヘビー〉天龍源一郎がスタン・ハンセン* を破り、獲得、防衛。〈アジアタッグ〉サムソン冬木&川田利明がマイティ井上&石川隆士を破り、獲得。（全日本）
ボクシング 3月11日	【デュッセルドルフ（独）】〈IBF 世界スーパーミドル王座決定戦〉グラシアノ・ロッシジャーニがビンセント・ボールウェアを破り、獲得。
プロレス 3月20日	【メキシコシティ】〈NWA 世界ライトヘビー〉リスマルクがシエン・カラスを破り、獲得。
ボクシング 3月21日	【東京ドーム】〈WBA & WBC & IBF 世界ヘビー〉マイク・タイソンがトニー・タップスを破り、防衛。
ボクシング 3月24日	【バンコク（タイ）】〈IBF 世界ミニマム王座決定戦〉サムット・シスナルポンがプリティボーイ・ルーカスを破り、獲得。
相撲 3月27日	【大阪府立体育会館】優勝：大乃国（東張横）13 勝 2 敗、技能賞：該当者なし、殊勲賞：該当者なし、敢闘賞：麒麟児（西前 7）
プロレス 3月27日	【東京・日本武道館】〈インターナショナルヘビー〉ブルーザー・ブロディがジャンボ鶴田を破り、獲得。〈UN & PWF ヘビー〉天龍源一郎がスタン・ハンセンに反則勝ち、防衛。（全日本）
プロレス 3月27日	【アトランティックシティ NJ】「レッスルマニア」〈WWF 世界ヘビー王座戦決定トーナメント決勝〉ランディ・サベージがテッド・デビアスを破り、獲得。
ボクシング 3月29日	【ロンドン（英）・ウェンブリーアリーナ】〈WBC 世界ウェルター〉ロイド・ハニガンがホルヘ・バカを破り、獲得。
その他 4月2日	【東京・両国国技館】「格闘技の祭典・梶原一騎一周忌追悼興行」ジャイアント馬場&タイガーマスク（三沢）がアブドラ・ザ・ブッチャー&ジョージ・スコーランを破る。〈異種格闘技〉藤原がイルマ・チャンガニーと引き分け。他にもムエタイの選手権、空手トーナメント（佐竹雅昭、青柳誠司など）、佐山聡のデモンストレーション、ジャパン女子の試合など。客席にはカール・ゴッ

チ、シーザー武志、小畑千代、佐倉照美の姿もあった。

【佐竹雅昭】（生）1965（出生地）大阪（主要王座）UKF 世界ヘビー（初）1988（人物評）格闘技イベント「K-1」の創成期を盛り上げた立役者。プロレスのリングにも登場した。99年、判定を巡って石井和義館長と口論し仲違い。その後は芸能人として活躍したり、選挙に出て落選したかと思えば、忘れた頃にリングに戻ってきては無様な姿を晒した。あと一歩、人格の向上があれば、引退後も格闘興行界を仕切れるだけの「華」はあったのに、残念である。

プロレス 4月4日	【名古屋・愛知県体育館】〈インターナショナルヘビー〉ブルーザー・ブロディが谷津嘉章を破り、防衛。（全日本）
ボクシング 4月8日	【マイアミビーチ FL】〈WBC 世界スーパーフライ〉ヒルベルト・ローマンがシュガー・ベビー・ロハスを破り、獲得。
ボクシング 4月9日	【ラスベガス NV】〈WBC 世界クルーザー〉イベンダー・ホリフィールドがカルロス・デ・レオンを破り、獲得。
プロレス 4月15日	【大阪府立体育会館】〈インターナショナル* vs UN & PWF ヘビー〉ブルーザー・ブロディ*が天龍源一郎と 30 分ジャストの両者リングアウト引き分け、共に防衛。（全日本）
プロレス 4月19日	【仙台・宮城県スポーツセンター】〈インターナショナルヘビー〉ジャンボ鶴田がブルーザー・ブロディを破り、獲得。（全日本）
ボクシング 4月23日	【アトランティックシティ NJ】〈IBF 世界ウェルター王座決定戦〉サイモン・ブラウンがタイロン・トリーを破り、獲得。
プロレス 4月23日	【グリーンズボロ NC】「ジムクロケット杯争奪タッグトーナメント」優勝：スティング＆レックス・ルガー、準優勝：タリー・ブランチャード＆アーン・アンダーソン。初日は前日にサウスカロライナ州グリーンビルで行われた。
ボクシング 4月24日	【東京・後楽園ホール】〈WBA 世界ミニマム〉レオ・ガメスが横沢健二を破り、防衛。（日本ジム所属世界挑戦連続失敗 6）
プロレス 5月8日	【東京・有明コロシアム】〈IWGP ヘビー王座決定戦〉藤波辰巳がビッグバン・ベイダーに反則勝ち、獲得。（新日本）
ボクシング 5月9日	【バンコク（タイ）】〈WBA 世界バンタム〉カオコー・ギャラクシーがウィルフレド・バスケスを破り、獲得。
プロレス 5月9日	【メンフィス TN】〈AWA 世界ヘビー〉ジェリー・ローラーがカート・ヘニングを破り、獲得。
プロレス 5月12日	【東京・後楽園ホール】「新生 UWF」旗揚げ。前田日明が山崎一夫を破った試合の熱戦もあって、UWF は大きな支持を得る。
ボクシング 5月21日	【ラマンガ（哥）】〈IBF 世界スーパーバンタム王座決定戦〉ホセ・サナブリアがモイセス・フエンテス・ロチャブカを破り、獲得。

1981
-
1990

相撲 5月22日	【東京・両国国技館】優勝：千代の富士（東張横）14勝1敗、技能賞：該当者なし、殊勲賞：琴ケ梅（西関脇）、敢闘賞：太寿山（西小結）、水戸泉（東前8）
ボクシング 5月23日	【水安堡（韓）】〈WBA世界スーパーミドル〉フルヘンシオ・オベルメヒアスが朴鐘八を破り、獲得。
プロレス 5月27日	【仙台・宮城県スポーツセンター】〈IWGPヘビー〉藤波辰巳が長州力と没収試合、王座は預かり。〈IWGPジュニアヘビー〉オーエン・ハートが馳浩を破り、獲得。（新日本）
ボクシング 5月28日	【ティファナ（墨）】〈WBA世界スーパーバンタム〉ファン・ホセ・エストラーダがベルナルド・ビニャゴを破り、獲得。
プロレス 6月4日	【札幌・中島スポーツセンター】〈PWF世界タッグ〉ジャンボ鶴田＆谷津嘉章が天龍源一郎＆阿修羅・原を破り、獲得。（全日本）
ボクシング 6月5日	【東大阪・近大記念体育館】〈WBC世界ミニマム〉井岡弘樹がナパ・キャットワンチャイと引き分け、防衛。最終ラウンド（12）、残り時間が30秒以上あるのにゴングが鳴ってしまい「疑惑の判定試合」といわれる。
ボクシング 6月6日	【ラスベガスNV】〈WBC世界ミドル〉アイラン・バークレーがトーマス・ハーンズを破り、獲得。
プロレス 6月8日	【埼玉・大宮スケートセンター】〈WWF世界女子タッグ〉レイラニ・カイ＆ジュディ・マーティンが立野記代＆山崎五紀を破り、獲得。
プロレス 6月10日	【東京・日本武道館】〈PWF世界＊＆インターナショナルタッグ〉ジャンボ鶴田＆谷津嘉章＊がロード・ウォリアーズ（ホーク・ウォリアー＆アニマル・ウォリアー）を破り、統一。新たに「世界タッグ」王者に認定される。（全日本）
プロレス 6月10日	【広島県立体育館】〈IWGPタッグ〉長州力＆マサ斎藤が藤波辰巳＆木村健吾を破り、獲得。（新日本）
プロレス 6月24日	【大阪府立体育会館】〈IWGPヘビー王座決定戦〉藤波辰巳が長州力を破り、獲得。〈IWGPジュニアヘビー〉越中詩郎がオーエン・ハートを破り、獲得。（新日本）
プロレス 6月26日	【名古屋レインボーホール】〈IWGPヘビー〉藤波辰巳がビッグバン・ベイダーを破り、防衛。（新日本）
ボクシング 6月27日	【東京・後楽園ホール】〈WBC世界ライトフライ〉張正九が大橋秀行を破り、防衛。（日本ジム所属世界挑戦連続失敗7）（年間ベストバウト）
プロレス 7月2日	【プエルトリコ】猪木が武藤敬司、橋本真也、蝶野正洋をここに集結させ「闘魂3銃士」結成を宣言。
ボクシング 7月8日	【リグリア（伊）】〈WBC世界スーパーウェルター〉ドナルド・カリーがジャンフランコ・ロッシを破り、獲得。
ボクシング 7月9日	【埼玉・川越市民体育館】〈WBC世界スーパーフライ〉ヒルベルト・ローマンが内田好之を破り、防衛。（日本ジム所属世界挑戦連続失敗8）

ボクシング 7月9日	【アトランティックシティ NJ】〈IBF 世界バンタム〉オルランド・カニザレスがケルビン・シーブルックスを破り、獲得。
プロレス 7月16日	【プエルトリコ】ブルーザー・ブロディが控え室でホセ・ゴンザレスに刺殺される。ブロディの死は「昭和のプロレス」の終焉であった。
相撲 7月17日	【名古屋・愛知県体育館】優勝：千代の富士（東横綱）15 勝、技能賞：該当者なし、殊勲賞：逆鉾（東関脇）、敢闘賞：安芸ノ島（西前10） 【安芸乃島勝巳】（生）1967（出生地）広島（最高位）関脇（初）1981（人物評）金星 16 個（大乃国 2 個、千代の富士 4 個、北勝海 4 個、旭富士 4 個、曙 1 個、武蔵丸 1 個）、三賞 19 回は史上 1 位、上位キラーであった。取的時代、度を越したカワイガリで親方に破門されそうになった。その被害者の一人が現在の貴乃花親方であり、二人はいまだ仲が悪い。91 年、友人の元相撲取りとプロレス観戦の際、控室でじゃれあっているのを喧嘩と勘違いされ、カール・ゴッチからおしかりを受けたこともあった。
ボクシング 7月24日	【浦項（韓）】〈WBC 世界フライ〉金容江がソット・チタラダを破り、獲得。
ボクシング 7月27日	【サクラメント CA】〈IBF 世界スーパーフェザー〉トニー・ロペスがロッキー・ロックリッジを破り、獲得。（年間ベストバウト）
プロレス 7月27日	【長野市民体育館】〈PWF* vs UN ヘビー〉スタン・ハンセン*が天龍源一郎を破り、統一（年間ベストバウト）。（全日本）
ボクシング 7月28日	【ラスベガス NV】〈IBF 世界ミドル〉マイケル・ナンがフランク・テートを破り、獲得。
ボクシング 7月29日	【アトランティックシティ NJ】〈WBA 世界ウェルター〉トーマス・モリナレスがマーロン・スターリングを破り、獲得。
プロレス 7月29日	【東京・有明コロシアム】アントニオ猪木がベイダーを破る。〈異種格闘技戦〉ドン・ナカヤ・ニールセンが藤原喜明を破る。藤波辰巳＆木村健吾＆越中詩郎が武藤敬司＆橋本真也＆蝶野正洋に反則勝ち。（新日本）
プロレス 7月29日	【群馬・高崎市中央体育館】〈世界タッグ〉スタン・ハンセン＆テリー・ゴディがジャンボ鶴田＆谷津嘉章を破り、獲得。（全日本）
プロレス 7月29日	【メキシコ州・エルトレオ】〈UWA 世界ウエルター〉浅井嘉浩がライ・リチャードを破り、獲得。日本史上最年少（22 歳 7 ケ月）の世界王者となる。
プロレス 7月31日	【北海道・函館市千代ケ台陸上競技場】〈世界タッグ〉ジャンボ鶴田＆谷津嘉章がスタン・ハンセン＆テリー・ゴディを破り、獲得。（全日本）

1981
|
1990

プロ格闘技年表事典　463

ボクシング 8月4日	【メキシカリ（墨)】〈IBF 世界フェザー〉ホルヘ・パエスがカルビン・グローブを破り、獲得。
プロレス 8月8日	【横浜文化体育館】〈IWGP ヘビー王座決定戦〉藤波辰巳がアントニオ猪木と 60 分時間切れ引き分け、防衛。(新日本)
ボクシング 8月14日	【ソウル（韓)】〈WBA 世界バンタム〉文成吉がカオコー・ギャラクシーを破り、獲得。
プロレス 8月25日	【川崎市体育館】〈WWWA 世界シングル（女子)〉ライオネス飛鳥が長与千種を破り、獲得。即返上
プロレス 8月29日	【東京・日本武道館】「ブロディ・メモリアルナイト」スタン・ハンセンがアブドラ・ザ・ブッチャーに反則勝ち。〈世界タッグ〉天龍源一郎＆阿修羅・原がジャンボ鶴田＆谷津嘉章を破り、獲得。(全日本)
プロレス 8月30日	【大阪府立体育館】〈世界タッグ〉ジャンボ鶴田＆谷津嘉章が天龍源一郎＆阿修羅・原を破り、獲得。(全日本)
ボクシング 9月3日	【アトランティックシティ NJ】〈IBF 世界スーパーライト〉メルドリック・テーラーがバディ・マクガートを破り、獲得。
ボクシング 9月4日	【名古屋市総合体育館】〈WBC 世界スーパーフライ〉ヒルベルト・ローマンが畑中清詞を破り、防衛。(日本ジム所属世界挑戦連続失敗 9)
プロレス 9月9日	【千葉公園体育館】〈インターナショナルヘビー〉ジャンボ鶴田がアブドラ・ザ・ブッチャーに反則勝ち、防衛。〈アジアタッグ〉仲野信市＆高野俊二がサムソン冬木＆川田利明を破り、獲得。(全日本)
プロレス 9月15日	【東京・後楽園ホール】〈アジアタッグ〉サムソン冬木＆川田利明が仲野信市＆高野俊二を破り、獲得。(全日本)
その他 9月17日	【ソウル(韓)】夏季オリンピックが開幕。〈ボクシング〉フライ銀：マイケル・カルバハル、バンタム金：ケネディ・マッキニー、銅：ホルヘ・エリセール・フリオ、フェザー金：ジョバンニ・パリージ、ウェルター銀：ローラン・ブードゥアニ、ライトミドル銀：ロイ・ジョーンズ・ジュニア、銅：リッチー・ウッドホール、ミドル金：ヘンリー・マスケ、ヘビー金：レイ・マーサー、スーパーヘビー金：レノックス・ルイス、銀：リディック・ボウ〈グレコ〉130kg 金：アレクサンドル・カレリン〈柔道〉(10 月 2 日まで)
相撲 9月25日	【東京・両国国技館】優勝：千代の富士（東横綱）15 勝、技能賞：該当者なし、殊勲賞：水戸泉（西小結）、安芸ノ島（東前 2)、敢闘賞：琴富士（東前 12)、花ノ国（西前 9)。場所後、サモア出身の幕内南海龍が廃業した。原因は相撲よりも酒を取ったため。南海龍は後にプロレス入りするが、同じしくじりでデビューを待たずに業界を去った。

464　プロ格闘技年表事典

プロレス 9月30日	【メキシコシティ・アレナメヒコ】「アニベルサリオ」〈NWA 世界ライトヘビー〉ファブルーソ・ブロンディがリスマルクを破り、防衛。〈マスカラコントラマスカラ〉マスカラアニョ 2000 がモグールを破る。
ボクシング 10月5日	【ロンドン（英）】〈IBF 世界フライ〉デューク・マッケンジーがローランド・ボホールを破り、獲得。
プロレス 10月15日	【ダラス TX・コットンボウル】〈AWA* vs WCCW 世界ヘビー〉ケリー・フォン・エリックがジェリー・ローラー* をリングアウトで破る。しかし、カウントが速すぎたので王座は移動せず。〈ハンデ〉スーパー・ブラック・ニンジャ（武藤敬司）がボブ・ブラッドレー＆トニー・トーレス＆ヴィンス・アポロを破る。長与千種がキャンディ・ディバインを破る。
ボクシング 10月16日	【大阪・守口市民体育館】〈WBA 世界スーパーバンタム〉ファン・ホセ・エストラーダが六車卓也を破り、防衛。（日本ジム所属世界挑戦連続失敗 10）
プロレス 10月17日	【広島県立体育館】〈インターナショナル* vs PWF & UN〉ジャンボ鶴田*がスタン・ハンセンと両者リングアウト、共に防衛。（全日本）
プロレス 10月17日	【メンフィス TN・ミッドサウスコロシアム】〈AWA 世界ヘビー〉ジェリー・ローラーが藤波辰巳に反則勝ち、防衛。
プロレス 10月19日	【静岡産業館】アントニオ猪木が長州力に反則負け。両者大流血。（新日本）
ボクシング 10月29日	【ラスベガス NV】〈WBC 世界ライト〉フリオ・セサール・チャベスがホセ・ルイス・ラミレスを破り、獲得。〈WBC 世界バンタム〉ラウル・ペレスがミゲール・ロラを破り、獲得。
ボクシング 11月4日	【ケソンシティ（比）】〈IBF 世界ライトフライ〉タシー・マカロスが崔漸煥を破り、獲得。
ボクシング 11月4日	【ラスベガス NV】〈WBO 世界スーパーミドル王座決定戦〉トーマス・ハーンズがジェームス・キンチェンを破り、獲得。〈IBF 世界スーパーウェルター〉ロバート・ハインズがマシュー・ヒルトンを破り、獲得。
ボクシング 11月7日	【ラスベガス NV】〈WBC 世界ライトヘビー＆世界スーパーミドル〉シュガー・レイ・レナードがドニー・ラロンドを破り、獲得。スーパーミドルは王座決定戦。
ボクシング 11月12日	【清州（韓）】〈WBC 世界フライ〉金容江がエミール松島を破り、防衛。（日本ジム所属世界挑戦連続失敗 11）
ボクシング 11月13日	【大阪府立体育会館】〈WBC 世界ミニマム〉ナパ・キャットワンチャイが井岡弘樹を破り、獲得。これで日本のジム出身者の世界王者が皆無となった。

1981
|
1990

プロ格闘技年表事典　465

プロレス 11月15日	【ホノルル HI】スタン・ハンセン&テリー・ゴディがマイケル・ヘイズ&トミー・リッチを破る。13日ハワイ島ヒロ、14日マウイ島カフルイを回るツアーの最終日。(プロモートはクルト・フォン・スタイガー、全日本が協力)
プロレス用語 11月15日	【テリトリー制の終焉】ハワイの位置づけ変化が見てとれる。
相撲 11月27日	【福岡国際センター】優勝：千代の富士(東横綱)14勝1敗、技能賞：霧島(西前6)、殊勲賞：該当者なし、敢闘賞：該当者なし。千代の富士の1敗は千秋楽に横綱大乃国に破れてのもので、これにより連勝は53でストップした。
プロレス 11月	【不明(米)】テッド・ターナーのターナー・ブロードキャスティング・システム(WTBS)はジム・クロケット・ジュニアからNWAワールド・チャンピオンシップ・レスリングを買収。
ボクシング 12月3日	【ブルックパーク OH】〈WBO世界ライトヘビー王座決定戦〉マイケル・モーラーがラムズィ・ハッサンを破り、獲得。
プロレス 12月3日	【東京・後楽園ホール】コーチを務めていた大仁田厚が同じくコーチのグラン浜田と遺恨が発生し、現役復帰して対戦した。(ジャパン女子)
プロレス 12月7日	【大阪府立体育会館】「ジャパンカップイリミネーションタッグリーグ」〈決勝〉アントニオ猪木&長州力&星野勘太郎が藤波辰巳&橋本真也&蝶野正洋を破り、優勝。(新日本)
ボクシング 12月8日	【デトロイト MI】〈WBO世界スーパーウェルター王座決定戦〉ジョン・デビッド・ジャクソンがルペ・アキノを破り、獲得。
プロレス 12月9日	【東京・後楽園ホール】〈IWGPヘビー* vs WCWA世界ヘビー〉藤波辰巳*がケリー・フォン・エリックを破り、獲得防衛。しかし直後にWCWAを返上。〈IWGPジュニアヘビー〉越中詩郎が山田恵一を破り、防衛。(新日本)
ボクシング 12月11日	【金海(韓)】〈WBC世界ライトフライ王座決定戦〉ヘルマン・トーレスがカン・ソンジュンを破り、獲得。
プロレス 12月11日	【メンフィス TN】〈IWGPヘビー〉藤波辰巳がトミー・レーンを破り、防衛。
プロレス 12月13日	【シカゴ IL】〈AWA* vs WCWA世界〉ジェリー・ローラー*がケリー・フォン・エリックを破り、統一。
プロレス 12月16日	【東京・日本武道館】「世界最強タッグ決定リーグ」〈公式戦〉スタン・ハンセン&テリー・ゴディが天龍源一郎&川田利明を破り、優勝。世界タッグ王座も獲得。シリーズ直前、解雇された阿修羅・原の代役を川田利明は立派に務めた。(全日本)
プロレス 12月22日	【大阪府立体育会館】高田延彦がボブ・バックランドを破る。大仁田厚が顔パスで入場しアピールしようとしたが「チケットを持っていますか?」と一般ファン扱いし門前払いした。(UWF)

466　プロ格闘技年表事典

プロレス **12月26日**	【ノーフォーク VA】「スターケード」〈NWA 世界ヘビー〉リック・フレアーがレックス・ルガーを破り、防衛。
ボクシング	【サンファン（PR）】WBO 世界（World Boxing Organization、世界ボクシング機構）が設立される。この年の WBA 世界会長選挙の結果を受け、カリブ地域の反主流派と米国有力プロモーターが脱退、結成した。
プロレス	【ハノーファー（独）】トーナメント優勝：オットー・ワンツ
その他	【MVP】〈相撲・報知新聞年間最優秀力士〉千代の富士貢〈相撲・年間最多勝〉旭富士正也、73 勝 17 負 0 休〈ボクシング・日本・コミッション〉（該当者なし）〈ボクシング・アメリカ・リング誌〉マイク・タイソン〈プロレス・日本・東京スポーツ〉天龍源一郎

1981
|
1990

プロ格闘技年表事典　467

1989年

プロレス 1月2日	【東京・後楽園ホール】〈バトルロイヤル〉優勝：デービーボーイ・スミス（全日本）
プロレス 1月10日	【東京・日本武道館】前田日明が高田延彦を破る。昭和天皇崩御の3日後、対戦。「平成プロレスの始まりはUWF」の印象を与えた。（UWF）
プロレス 1月16日	【東京・両国国技館】〈IWGPヘビー〉藤波辰巳がバンバン・ビガロを破り、防衛。（新日本）
プロレス 1月20日	【福岡国際センター】〈世界ジュニアヘビー〉ジョー・マレンコが渕正信を破り、獲得。（全日本）
ボクシング 1月22日	【東京・後楽園ホール】〈日本スーパーバンタム〉高橋ナオトがマーク堀越を破り、獲得。（年間ベストバウト）
相撲 1月23日	【東京・両国国技館】優勝：北勝海（東張横）14勝1敗、技能賞：逆鉾（東関脇）、殊勲賞：寺尾（西前1）、敢闘賞：旭道山（東前12）。1月7日、昭和天皇崩御のため、1月8日の初日を一日順延した。
プロレス 1月25日	【大阪府立体育会館】〈世界ジュニアヘビー〉マイティ井上がジョー・マレンコを破り、獲得。（全日本）
ボクシング 1月28日	【ロンバルディア（伊）】〈WBO世界フェザー王座決定戦〉マウリシオ・ステッカがペドロ・ノラスコを破り、獲得。
プロレス 1月28日	【東京・後楽園ホール】ダイナマイト・キッド＆デービーボーイ・スミスがジョー＆ディーン・マレンコを破った試合で会場がヒート。（全日本）
プロレス 1月29日	【東京・後楽園ホール】〈WWWA世界シングル（女子）〉ライオネス飛鳥が長与千種を破り、獲得。1989年5月6日、メデューサを破り統一グローバル王者に認定される。引退のため1989年7月19日返上
プロレス 2月2日	【カンザスシティKS】〈WWA世界ヘビー〉マイク・ジョージがスティーブ・レイをKO、防衛。〈世界タッグ〉ジャンボ鶴田＆谷津嘉章がスタン・ハンセン＆テリー・ゴディを破り、獲得。ダイナマイト・キッド＆デービーボーイ・スミスとロックンロール・エキスプレス（リッキー・モートン＆ロバート・ギブソン）は時間切れ引き分け。すでにカンザスシティ（プロモーター、ボブ・ガイゲル）は前年夏より無期休業（実質崩壊）に入っていた。そこに全日本の全面協力でガイゲルと合同興行を打った。が、雪の影響もあって不入り。これで馬場はアメリカ進出をあきらめた。
ボクシング 2月3日	【カラカス（委）】〈WBO世界バンタム王座決定戦〉イスラエル・コントレラスがモーリツィオ・ルピーノを破り、獲得。

468　プロ格闘技年表事典

ボクシング 2月4日	【ラスベガス NV】〈WBC 世界ウェルター〉マーロン・スターリングがロイド・ハニガンを破り、獲得。〈WBA 世界ウェルター王座決定戦〉マーク・ブリーランドがリー・センソンを破り、獲得。
ボクシング 2月5日	【アトランティックシティ NJ】〈IBF 世界スーパーウェルター〉ダーリン・バン・ホーンがロバート・ハインズを破り、獲得。
プロレス 2月7日	【セントポール MN】〈AWA 世界ヘビー王座戦決定バトルロイヤル決勝〉ラリー・ズビスコがトム・ジンクを破り、獲得。(750 人)
ボクシング 2月11日	【グルノーブル (仏)】〈WBC 世界スーパーウェルター〉ルネ・ジャコーがドナルド・カリーを破り、獲得。
ボクシング 2月12日	【清州 (韓)】〈WBA 世界ライトフライ〉柳明佑が小見山勝巳を破り、防衛。(日本ジム所属世界挑戦連続失敗 12)
プロレス 2月15日	【クリーブランド OH】〈NWA6 人世界タッグ〉天龍源一郎&ロード・ウォリアーズ(ホーク・ウォリアー&アニマル・ウォリアー)がスティング&ジャンクヤード・ドッグ&マイケル・ヘイズを破り、防衛。2 月 3 日以降の米国ツアーをキャンセルした天龍がこの日、米国に復帰。キャンセル理由は東京の自宅に泥棒が入ったため。(WCW) 【WCW】プロレス団体名。名称の由来は、NWA 加盟のジョージア・チャンピオンシップ・レスリングのＴＢＳ(テッド・ターナーのターナー・ブロードキャスティング・システムズ)テレビ番組のタイトル名であった。NWA 加盟団体内最大の興行会社でノースカロライナ州シャーロットにあったクロケット・プロを引き継ぎ、90 年代半ばには WWF(現 WWE)と拮抗した時期もあった。しかし、2001 年 3 月に崩壊し、その王座は WWF に引き継がれた。
ボクシング 2月18日	【ハンプトン VA】〈IBF 世界ライト〉パーネル・ウィテカーがグレグ・ホーゲンを破り、獲得。
ボクシング 2月19日	【大田 (韓)】〈WBA 世界バンタム〉文成吉が小林智昭を破り、防衛。(日本ジム所属世界挑戦連続失敗 13)
プロレス 2月20日	【シカゴ IL】〈NWA 世界ヘビー〉リッキー・スティムボートがリック・フレアーを破り、獲得。
ボクシング 2月21日	【ツーソン AZ】〈WBC 世界ライトヘビー王座決定戦〉デニス・アンドリュースがトニー・ウィルスを破り、獲得。
プロレス 2月22日	【東京・両国国技館】〈IWGP ヘビー〉藤波辰巳がヴィシャス・ウォリアーを破り、防衛。長州力がアントニオ猪木を破る。猪木は「前座に戻る」として翌日より第 1 試合に出場。(新日本)
ボクシング 2月24日	【アトランティックシティ NJ】〈WBC 世界ミドル〉ロベルト・デュランがアイラン・バークレーを判定で破り、獲得。(年間ベストバウト)

1981
|
1990

ボクシング 3月3日	【メデジン（哥）】〈WBO 世界フライ王座決定戦〉エルビス・アルバレスがミゲル・メルセデスを破り、獲得。
ボクシング 3月5日	【青森市・青森県総合運動公園体育館】〈WBC 世界フライ〉金容江がレパード玉熊を破り、防衛。（日本ジム所属世界挑戦連続失敗 14）
ボクシング 3月6日	【リノ NV】〈WBO 世界スーパーライト王座決定戦〉ヘクター・カマチョがレイ・マンニーニを破り、獲得。
プロレス 3月8日	【東京・日本武道館】天龍源一郎＆ロード・ウォリアーズ（ホーク・ウォリアー＆アニマル・ウォリアー）がジャンボ鶴田＆谷津嘉章＆高野俊二を破る。〈NWA 世界ヘビー〉リッキー・スティムボートがタイガー・マスク（三沢光晴）を破り、防衛。〈世界ジュニアヘビー〉渕正信がマイティ井上を破り、獲得。（全日本）
ボクシング 3月10日	【リモージュ（仏）】〈IBF 世界スーパーバンタム〉ファブリス・ベニシュがホセ・サナブリアを破り、獲得。
プロレス 3月15日	【名古屋・愛知県体育館】（第1試合）アントニオ猪木が鈴木実を破る。（新日本）
プロレス 3月16日	【横浜文化体育館】〈IWGP ヘビー〉藤波辰巳がジェリー・ローラーを破り、防衛。〈IWGP タッグ〉スーパー・ストロング・マシン＆ジョージ高野が長州力＆マサ斎藤をリングアウトで破り、獲得。〈IWGP ジュニアヘビー〉馳浩が越中詩郎を破り、獲得。（新日本）
ボクシング 3月19日	【大田（韓）】〈WBC 世界ライトフライ〉李烈雨がヘルマン・トーレスを破り、獲得。
ボクシング 3月25日	【カサブランカ（モロッコ）】〈WBA 世界クルーザー王座決定戦〉タオヒク・バルボーリがミハエル・グリアーを破り、獲得。
相撲 3月26日	【大阪府立体育会館】優勝：千代の富士（西横綱）14勝1敗、技能賞：板井（東前7）、殊勲賞：板井（東前7）、敢闘賞：益荒雄（東前14）、安芸ノ島（西前1）
ボクシング 3月26日	【川崎市体育館】〈WBA 世界フェザー〉アントニオ・エスパラゴサが杉谷満を破り、防衛。
プロレス 3月29日	【東京・後楽園ホール】〈UN ＆ PWF ヘビー〉スタン・ハンセンが天龍源一郎を破り、防衛。（全日本）
プロレス 4月2日	【アトランティックシティ NJ】「レッスルマニア」〈WWF 世界ヘビー〉ハルク・ホーガンがランディ・サベージを破り、獲得。
ボクシング 4月8日	【横浜文化体育館】〈WBA 世界スーパーフライ〉カオサイ・ギャラクシーが松村謙二を破り、防衛。（日本ジム所属世界挑戦連続失敗 15）
ボクシング 4月16日	【浦項（韓）】〈WBA 世界ミニマム王座決定戦〉金奉準がオーガスタ・ガルシアを破り、獲得。

プロレス 4月16日	【東京・後楽園ホール】〈インターナショナル vs PWF & UN〉ジャンボ鶴田がスタン・ハンセン*と無効試合、共に防衛。内容の無い凡戦、鶴田の手抜きが見え、鶴田は場内から野次られまくった。〈世界ジュニアヘビー〉仲野信市が渕正信を破り、獲得。(全日本)
ボクシング 4月18日	【アトランティックシティ NJ】〈WBO 世界ミドル王座決定戦〉ダグ・デビットがロビー・シムズを破り、獲得。
プロレス 4月18日	【東京・大田区体育館】〈インターナショナル* vs PWF & UN〉ジャンボ鶴田*がスタン・ハンセンを破り、統合。三冠ヘビー級王座の誕生である。(全日本)
プロレス 4月20日	【大阪府立体育会館】〈三冠ヘビー〉ジャンボ鶴田が天龍源一郎を破り、防衛。(全日本)
プロレス 4月20日	【大阪府立体育会館】〈世界ジュニアヘビー〉百田光雄が仲野信市を破り、獲得。(全日本)
プロレス 4月24日	【東京ドーム】〈異種格闘技戦〉ショータ・チョチョシビリ(ソ連)がアントニオ猪木にKO勝ち。サルマン・ハシミコフ(ソ連)がバンバン・ビガロを破る。山田恵一が獣神ライガーに変身第1戦で小林邦昭を破る。〈IWGP ヘビー王座決定トーナメント決勝〉ベイダーが橋本真也を破り、獲得。ゴルバチョフ大統領のペレストロイカ(解放政策)により、ソ連(現ロシア)のアマレスラーが参戦、話題を呼んだ。るもの。これを契機にボクシング界、相撲界でも旧社会主義圏のアスリートのプロスポーツ進出が始まる。(新日本)
ボクシング 4月29日	【サンファン (PR)】〈WBO 世界スーパーバンタム王座決定戦〉ケニー・ミッチェルがフリオ・ジェルバシオを破り、獲得。〈WBO 世界スーパーフライ王座決定戦〉ホセ・ルイスがシュガー・ベビー・ロハスを破り、獲得。〈WBO 世界スーパーフェザー王座決定戦〉ジョン・ジョン・モリナがファン・ラポルテを破り、獲得。
ボクシング 4月29日	【バスト (伊)】〈WBA 世界スーパーライト〉ファン・マルチン・コッジが平仲明信を破り、防衛。(日本ジム所属世界挑戦連続失敗 16)
プロレス 4月30日	【東京・後楽園ホール】「パイオニア戦志」旗揚げ。剛竜馬が大仁田厚をレフェリーストップで破る。インディー団体増殖の端緒である。
ボクシング 5月2日	【バンコク (タイ)】〈IBF 世界ライトフライ〉ムアンチャイ・キティカセムがタシー・マカロスを破り、獲得。
ボクシング 5月6日	【モンテリア (哥)】〈WBO 世界ライト王座決定戦〉マウリシオ・アセベスがアマンチョ・カストロを破り、獲得。
ボクシング 5月6日	【サンタアナ CA】〈WBO 世界ウェルター王座決定戦〉ヘナロ・レオンがダニー・ガルシアを破り、獲得。

1981 – 1990

プロ格闘技年表事典　471

ボクシング 5月6日	【シュラキュース（伊シチリー島）】〈WBO 世界ヘビー王座決定戦〉フランチェスコ・ダミアニがジョニー・ドゥ・ブローイを破り、獲得。
プロレス 5月7日	【ナッシュビル TN】〈NWA 世界ヘビー〉リック・フレアーがリッキー・スティムボートを破り、獲得。
ボクシング 5月10日	【ロンドン（英）・ロイヤルアルバートホール】〈WBA 世界ミドル〉マイク・マッカラムがヘロル・グレアムを破り、獲得。
ボクシング 5月13日	【ロサンゼルス CA】〈WBC 世界スーパーライト〉フリオ・セサール・チャベスがロジャー・メイウェザーを破り、獲得。
ボクシング 5月17日	【ロンドン（英）】〈WBC 世界クルーザー王座決定戦〉カルロス・デ・レオンがサミー・リースンを破り、獲得。
ボクシング 5月19日	【サンファン（PR）】〈WBO 世界ライトフライ王座決定戦〉ホセ・デ・ヘススがフェルナンド・マルティネスを破り、獲得。
相撲 5月21日	【東京・両国国技館】優勝：北勝海（東張横）13 勝 2 敗、技能賞：該当者なし、殊勲賞：霧島（西前 1）、敢闘賞：恵那櫻（西前 12）
プロレス 5月25日	【大阪城ホール】〈異種格闘技戦〉アントニオ猪木がショータ・チョチョシビリ（柔道）を破る。〈IWGP ヘビー〉サルマン・ハシミコフがビッグバン・ベイダーを破り、獲得。〈IWGP ジュニアヘビー〉獣神サンダー・ライガーが馳浩を破り、獲得。（新日本）
ボクシング 5月28日	【麗水（韓）】〈WBA 世界スーパーミドル〉白仁鉄がフルヘンシオ・オベルメヒアスを破り、獲得。
ボクシング 6月3日	【トラング（タイ）】〈WBC 世界フライ〉ソット・チタラダが金容江を破り、獲得。
ボクシング 6月3日	【ダーラム郡スタンリー（英）】〈IBF 世界クルーザー王座決定戦〉グレン・マクローリーがパトリック・ラムンバを破り、獲得。
プロレス 6月5日	【東京・日本武道館】〈三冠ヘビー〉天龍源一郎がジャンボ鶴田を破り、獲得（年間ベストバウト）。妻である向井亜紀によると、この試合をテレビで見ていた高田延彦は、重厚味のある試合にあせりを感じ、「これはイカン」といきなり腕立て伏せを始めたとか。スタン・ハンセン＆テリー・ゴディがダイナマイト・キッド＆デービーボーイ・スミスを、ダニー・スパイビーがスティングを破る。〈アジアタッグ〉ダニー・クロファット＆ダグ・ファーナスが川田利明＆サムソン冬木を破り、獲得。（全日本）
ボクシング 6月8日	【ロンドン（英）】〈IBF 世界フライ〉デーブ・マコーリーがデューク・マッケンジーを破り、獲得。
ボクシング 6月10日	【大阪府立体育会館】〈WBA 世界ミニマム〉ナパ・キャットワンチャイが井岡弘樹を破り、防衛。（日本ジム所属世界挑戦連続失敗 17）
ボクシング 6月12日	【ラスベガス NV】〈WBC 世界* vs WBO 世界スーパーミドル〉シュガー・レイ・レナード*がトーマス・ハーンズと 12R 判定で引き分け、ともに防衛。

ボクシング 6月17日	【ジャカルタ（稲）】〈IBF世界ミニマム〉ニコ・トーマスがサムス・シスナルーポルを破り、獲得。
ボクシング 6月24日	【アトランティックシティNJ】〈WBC世界ライトヘビー〉ジェフ・ハーディングがデニス・アンドリュースを破り、獲得。
ボクシング 6月25日	【定州（韓）】〈WBC世界ライトフライ〉ウンベルト・ゴンザレスが李烈雨を破り、獲得。
プロレス 7月1日	【埼玉・大宮市民体育館】〈世界ジュニアヘビー〉ジョー・マレンコが百田光雄を破り、獲得。（全日本）
ボクシング 7月8日	【シャーギー・ポントワーズ（仏）】〈WBC世界スーパーウェルター〉ジョン・ムガビがルネ・ジャコーを破り、獲得。
ボクシング 7月9日	【バンコク（タイ）】〈WBA世界バンタム〉カオコー・ギャラクシーが文成吉を破り、獲得。
ボクシング 7月9日	【アトランティックシティNJ】〈WBA世界ライト王座決定戦〉エドウィン・ロサリオがアンソニー・ジョーンズを破り、獲得。
プロレス 7月11日	【札幌・中島スポーツセンター】〈世界タッグ〉スタン・ハンセン＆天龍源一郎がジャンボ鶴田＆谷津嘉章を破り、獲得。（全日本）
プロレス 7月12日	【大阪府立体育会館】〈IWGPヘビー〉長州力がサルマン・ハシミコフを破り、獲得。（新日本）
プロレス 7月13日	【東京・両国国技館】〈IWGPタッグ〉長州力＆飯塚孝之がスーパー・ストロング・マシン＆ジョージ高野を破り、獲得。（新日本）
ボクシング 7月15日	【アトランティックシティNJ】〈IBF世界スーパーウェルター〉ジャンフランコ・ロッシがダーリン・バン・ホーンを破り、獲得。
相撲 7月16日	【名古屋・愛知県体育館】優勝：千代の富士（東張横）12勝3敗、技能賞：寺尾（西前3）、殊勲賞：該当者なし、敢闘賞：琴ケ梅（東関脇）、太寿山（西前8）
プロレス 7月18日	【大津・滋賀県立体育館】〈三冠ヘビー〉天龍源一郎が谷津嘉章を破り、防衛。（全日本）
プロレス 7月22日	【金沢・石川県産業館】〈世界タッグ〉ジャンボ鶴田＆谷津嘉章がスタン・ハンセン＆天龍源一郎が破り、獲得。（全日本）
社会 7月23日	【参議院議員選挙】アントニオ猪木が当選。
プロレス 8月10日	【東京・両国国技館】〈IWGPヘビー〉ビッグバン・ベイダーが長州力を破り、獲得。〈IWGPジュニアヘビー〉佐野直喜が獣神サンダー・ライガーを破り、獲得。（新日本）
プロレス 8月13日	【横浜アリーナ】前田日明が藤原喜明をロストポイント制度を利用して破り、高田延彦がレフェリーのロングカウントの助けもあって船木誠勝に勝つ。UWFにも「ブック」が存在するのか、と囁かれ始める。8・13横浜アリーナ興行は翌年も行われており、「第2次UWF横浜はお盆の恒例行事」になるかと思われたが・・・。

1981
|
1990

プロ格闘技年表事典　473

ボクシング 8月20日	【ノーフォークVA】〈WBC世界ライト王座決定戦〉パーネル・ウィテカーがホセ・ルイス・ラミレスを破り、獲得。
ボクシング 8月30日	【サントドミンゴ（ドミニカ）】〈WBO世界ミニマム王座決定戦〉ラファエル・トーレスがヤミル・カラバージョを破り、獲得。
プロレス 8月	【ウィーン（墺）】〈CWA世界ヘビー〉ブル・パワー（ベイダー）がオットー・ワンツを破り、獲得。
プロレス 9月2日	【東京・日本武道館】〈三冠ヘビー〉天龍源一郎がテリー・ゴディを破り、防衛。（全日本）
プロレス 9月15日	【メキシコシティ・アレナメヒコ】「アニベルサリオ」〈マスカラコントラマスカラ〉アトランティス＆エル・サタニコがティエラ・ビエント・イ・フェゴ＆MS1を破る。
プロレス 9月20日	【大阪城ホール】〈IWGPヘビー〉ビッグバン・ベイダーがバンバン・ビガロを破り、防衛。〈IWGPタッグ〉橋本真也＆マサ斎藤が長州力＆飯塚孝之を破り、獲得。（新日本）
ボクシング 9月21日	【ジャカルタ（稲）】〈IBF世界ミニマム〉エリック・チャベスがニコ・トーマスを破り、獲得。
プロレス 9月21日	【横浜文化体育館】〈IWGPヘビー〉ビッグバン・ベイダーが橋本真也を破り、防衛。（新日本）
相撲 9月24日	【東京・両国国技館】優勝：千代の富士（西横綱）15勝、技能賞：琴ケ梅（東関脇）、殊勲賞：該当者なし、敢闘賞：寺尾（西関脇）。場所後の9月29日、時の海部内閣により、千代の富士に国民栄誉賞が授与された。
ボクシング 9月24日	【水安堡（韓）】〈WBA世界ライトフライ〉柳明佑が大鵬健文を破り、防衛。（日本ジム所属世界挑戦連続失敗18）
ボクシング 9月30日	【バランキージャ（哥）】〈WBA世界フライ〉ヘス・ロハスがフィデル・バッサを破り、獲得。
プロレス 10月6日	【名古屋・露橋スポーツセンター】「FMW」旗揚げ。大仁田厚が青柳誠司を破る。 【FMW】旗揚時社長は大仁田厚。フロンティア・マーシャルアーツ・レスリングの略。旗揚当初は大仁田厚の「何が飛び出すかわからない」ハチャメチャな路線が受けた。しかし、1995年5月に引退した大仁田が96年12月にカムバックすると団体内に不協和音が鳴り始める。そして99年11月23日横浜アリーナでの「旗揚げ10周年記念大会」の興行的な失敗で経営状態が悪化し、倒産の道を辿り始めた。倒産は2002年2月15日。
ボクシング 10月7日	【サクラメントCA】〈IBF世界スーパーフェザー〉ジョン・ジョン・モリナがトニー・ロペスを破り、獲得。
プロレス 10月11日	【横浜文化体育館】〈三冠ヘビー〉ジャンボ鶴田が天龍源一郎を破り、防衛。（全日本）

ボクシング 10月14日	【ロウノウク VA】〈IBF 世界スーパーフライ〉ファン・ポロ・ペレスがエリー・ピカルを破り、獲得。
プロレス 10月14日	【ボルティモア MD】〈NWA 世界ヘビー〉リック・フレアーがグレート・ムタとの初対決に反則勝ち、防衛。以後、2ケ月間に 13 度のシングル戦。
プロレス 10月15日	【メキシコ州・エルトレオ】〈WWF 世界ライトヘビー〉ペロ・アグアヨがサングレ・チカナを破り、獲得。
ボクシング 10月18日	【バンコク（タイ）】〈WBA 世界バンタム〉ルイシト・エスピノサがカオコー・ギャラクシーを破り、獲得。
プロレス 10月20日	【名古屋・愛知県体育館】〈世界タッグ〉スタン・ハンセン＆天龍源一郎がジャンボ鶴田＆谷津嘉章を破り、獲得。〈世界ジュニアヘビー〉渕正信がジョー・マレンコを破り、獲得。〈アジアタッグ〉サムソン冬木＆川田利明がダグ・ファーナス＆ダニー・クロファットを破り、獲得。（全日本）
ボクシング 10月31日	【神戸ワールド記念ホール】〈WBA 世界スーパーフライ〉カオサイ・ギャラクシーが松村謙二を破り、防衛。（日本ジム所属世界挑戦連続失敗 19）
ボクシング 11月7日	【メキシコシティ・アレナメヒコ】〈WBC 世界スーパーフライ〉ナナ・コナドゥがヒルベルト・ローマンを破り、獲得。
ボクシング 11月11日	【エミリア・ロマグナ（伊）】〈WBO 世界フェザー〉ルイ・エスピノサがマウリシオ・ステッカを破り、獲得。
ボクシング 11月12日	【ソウル（韓）】〈WBC 世界ミニマム〉崔漸煥がナパ・キャットワンチャイを破り、獲得。
相撲 11月15日	【福岡国際センター】九州場所 5 日目、横綱千代の富士が関脇寺尾との対戦で、必要以上の力を込めて吊り落とす。これは自分の「グループ」から離脱しようとするものに対する制裁だったと言われる。
プロレス 11月22日	【メキシコ州・エルトレオ】〈UWA 世界ヘビー〉ビッグバン・ベイダーがカネックを破り、獲得。ベイダーは IWGP、CWA、UWA の三冠王となった。
相撲 11月26日	【福岡国際センター】優勝：小錦（西張大）14 勝 1 敗、技能賞：霧島（西小結）、殊勲賞：両国（東前 3）、敢闘賞：水戸泉（東小結）
ボクシング 11月27日	【ボルドマーン（仏）】〈WBA 世界クルーザー王座決定戦〉ロバート・ダニエルズがドワイト・ムハマド・カウィ（ドワイト・ブラックストン）を破り、獲得。
プロレス 11月29日	【札幌・中島スポーツセンター】「世界最強タッグ決定リーグ」〈公式戦〉天龍源一郎＆スタン・ハンセンがジャイアント馬場＆ラッシャー木村を破る。天龍源一郎が馬場から初のフォールを奪った。天龍「札幌はドームより重い」（全日本）

**1981
|
1990**

その他 11月29日	【東京ドーム】UWFが早くもドームに進出。メガネスーパーがスポンサーとなった。全7試合中、異種格闘技戦が6試合。前田日明がウィリー・ウィリヘルム（柔道）を、高田延彦がデュアン・カズラスキー（レスリング）を、クリス・ドールマン（サンボ）が山崎一夫を、藤原喜明がディック・レオン・フライ（キックボクシング）を、モーリス・スミス（マーシャルアーツ）が鈴木みのるを破る。安生洋二とチャンプア・ゲッソンリット（ムエタイ）は引き分け。（UWF） 【鈴木みのる】(生) 1968 (出生地) 神奈川 (主要王座) 三冠ヘビー(初) 1988 (人物評) デビュー前から練習の真剣さでは群を抜く存在で、新日本プロレスでデビューした翌1989年UWFに移籍した。移籍直前にはアントニオ猪木とのシングルマッチも実現した。93年のパンクラス創設メンバーである。皆が柔術に走る中レスリングに固執。2002年ライガーに勝利。これが契機となりプロレスに復帰する。フレッド・ブラッシーの言葉と、カール・ゴッチの技を継承した。
ボクシング 12月3日	【コペンハーゲン（丁）】〈WBO世界クルーザー王座決定戦〉ブーン・パルツがマグネ・ハブナを破り、獲得。
プロレス 12月6日	【東京・日本武道館】「世界最強タッグ決定リーグ」〈公式戦〉天龍源一郎＆スタン・ハンセンがジャンボ鶴田＆谷津嘉章を破り、優勝。世界タッグ王座も獲得。（全日本）
ボクシング 12月7日	【ラスベガスNV】〈WBC世界スーパーミドル〉シュガー・レイ・レナードがロベルト・デュランを12R判定で破り、防衛。
プロレス 12月7日	【東京・両国国技館】「ワールドカップ」〈決勝〉長州力が橋本真也を破り、優勝。（新日本）
ボクシング 12月9日	【アブルッツォ（伊）】〈WBO世界スーパーフェザー王座決定戦〉カメル・ブ・アリがアントニオ・リベラを破り、獲得。〈WBO世界スーパーバンタム〉バレリオ・ナチがケニー・ミッチェルを破り、獲得。
ボクシング 12月10日	【東京・後楽園ホール】〈WBA世界ウェルター〉マーク・ブリーランドが尾崎富士雄を破り、防衛。（日本ジム所属世界挑戦連続失敗20）
ボクシング 12月11日	【ロサンゼルスCA】〈WBA世界スーパーバンタム〉ヘスス・サルードがファン・ホセ・エストラーダを破り、獲得。
プロレス 12月13日	【アトランタGA】「スターケード」シングルおよびタッグの「アイアンマン・トーナメント＝ワンナイトリーグ戦」が行われた。〈シングル部門〉優勝：スティング、失格：リック・フレアー、レックス・ルガー、グレート・ムタ〈タッグ部門〉優勝：ロード・ウォリアーズ（ホーク・ウォリアー＆アニマル・ウォリアー）、失格：リック・スタイナー＆スコット・スタイナー、ロン・シモンズ＆ブッチ・リード、サモアン・サベージ＆ファトゥ。

ボクシング **12月15日**	【ヤブコア（PR）】〈WBO 世界ウェルター王座決定戦〉マニング・ギャロウェイがベアブロ・ボイキンを破り、獲得。
プロレス **12月31日**	【モスクワ（ソ連）】アントニオ猪木＆ショータ・チョチョシビリがマサ斎藤＆ブラッド・レイガンズを破る。モスクワ興行は猪木の「世界戦略」の一環。（新日本）
プロレス	【アメリカ】ビンス・マクマホンがニュージャージー州のスポーツ・コミッションの公聴会で、「プロレスは『スポーツ』ではなく『エンターテインメント』である。」とカミングアウト。これには、WWF がナスダックに株式上場するために、全ての事業内容を公表する必要があったことと、各州のスポーツ・コミッションの管理下から抜けるために『スポーツ』であることが邪魔になったため。
プロレス	【ハノーファー（独)】トーナメント優勝：オットー・ワンツ
その他	【MVP】〈相撲・報知新聞年間最優秀力士〉千代の富士貢〈相撲・年間最多勝〉北勝海信芳、72 勝 18 負 0 休〈ボクシング・日本・コミッション〉（該当者なし）〈ボクシング・アメリカ・リング誌〉パーネル・ウィテカー〈プロレス・日本・東京スポーツ〉前田日明

1981
|
1990

プロ格闘技年表事典　477

1990年

プロレス 1月2日	【東京・後楽園ホール】〈バトルロイヤル〉優勝：谷津嘉章（全日本）
プロレス 1月3日	【東京・後楽園ホール】〈バトルロイヤル〉優勝：トミー・ロジャース（全日本）
プロレス 1月4日	【東京・後楽園ホール】〈WWWA 世界シングル（女子）王座決定戦〉ブル中野が西脇充子を破り、獲得。
ボクシング 1月13日	【蔚山（韓）】〈WBA 世界スーパーミドル〉白仁鉄が田島吉秋を破り、防衛。（日本ジム所属世界挑戦連続失敗 21）
ボクシング 1月14日	【仁川（韓）】〈WBA 世界ライトフライ〉柳明佑が徳島尚を破り、防衛。（日本ジム所属世界挑戦連続失敗 22）
ボクシング 1月20日	【ソウル（韓）】〈WBC 世界スーパーフライ〉文成吉がナナ・コナドゥを破り、獲得。
相撲 1月21日	【東京・両国国技館】優勝：千代の富士（東横綱）14 勝 1 敗、技能賞：該当者なし、殊勲賞：霧島（東小結）、敢闘賞：栃乃和歌（東前 4）
ボクシング 1月27日	【ニューオリンズ LA】〈IBF 世界スーパーミドル王座決定戦〉リンデル・ホームズがフランク・テイトを破り、獲得。
プロレス 1月31日	【大阪府立体育会館】〈IWGP ジュニアヘビー〉獣神サンダー・ライガーが佐野直喜を破り、獲得。（新日本）
ボクシング 2月7日	【東京・後楽園ホール】〈WBC 世界ミニマム〉大橋秀行が崔漸煥を破り、獲得。日本ジム所属ボクサーの世界王座挑戦連敗を 21 で止め、場内は歓びの声に満ち溢れた。（年間ベストバウト）
	【大橋秀行】（生）1965（出生地）神奈川（主要王座）WBC、WBA 世界ミニマム（初）1985（人物評）大学を中退し「150 年に一人の天才」のキャッチフレーズで鳴り物入りでプロ入りした。軽量級でありながら両足を地につけ相手との間合いを計算の上、絶妙のタイミングで繰り出すブローで KO の山を築く。90 年 2 月崔漸煥を破り、WBC 世界ミニマム級王座を獲得した試合は、獲得世界戦挑戦 21 連敗という冬の時代を終わらせた。大橋勝利の瞬間の後楽園ホールの熱狂は 52 年、白井義男が我が国で初めて世界王座を取った時に匹敵との声も。
プロレス 2月10日	【東京ドーム】新日本が 4 月 13 日に WWF & 全日本に協力することに腹を立て、WCW はフレアーとムタ派遣をキャンセル。困った坂口征二が馬場に相談を持ちかけたことで新日本対全日本の対抗戦が実現。「マット界のベルリンの壁が崩壊した」。アントニオ猪木 & 坂口征二が橋本真也 & 蝶野正洋を破る。〈IWGP ヘビー〉ビッグバン・ベイダーがスタン・ハンセンと両者リングアウト引き分け、防衛。ジャンボ鶴田 & 谷津嘉章が木戸修 & 木村健吾を破る。タイガーマスク（三沢）& 天龍源一郎が長州力 & ジョー

478　プロ格闘技年表事典

ジ高野をリングアウトで破る。〈日本デビュー〉北尾光司*がバンバン・ビガロを破る。〈AWA世界ヘビー〉マサ斎藤がラリー・ズビスコを破り、獲得。が、このカードは全11試合中6試合目に置かれ注目度も少なかった。(新日本)

ボクシング 2月11日	【東京ドーム】〈WBA & WBC & IBF世界ヘビー〉ジェームス・ダグラスがマイク・タイソンを破り、獲得、「歴史的番狂わせ」。レフェリーのロングカウントという不手際もあった。プロ2戦目の辰吉丈一郎がチューチャード・エアウサイパンを、ノーリー・ジョッキージムが高橋ナオトを破る。
ボクシング 2月22日	【バンコク(タイ)】〈IBF世界ミニマム〉ファーラン・サックリンがエリック・チャベスを破り、獲得。
プロレス 3月1日	【東京・後楽園ホール】「ユニバーサル・プロレスリング」旗揚げ。浅井嘉浩&スペル・アストロ&ケンドーがネグロ・カサス&シュー・エル・ゲレーロ&エスパント・ジュニアを破る。浅井がケブラーダを日本初公開、見事に日本デビュー戦を飾った。グレート・サスケが本名でモンキー・マジック・ワキタを相手にデビュー。
プロレス 3月2日	【名古屋・後橋スポーツセンター】〈アジアタッグ〉ダグ・ファーナス&ダニー・クロファットがサムソン冬木&川田利明を破り、獲得。(全日本)
プロレス 3月6日	【東京・日本武道館】〈世界タッグ〉テリー・ゴディ&スティーブ・ウイリアムスがスタン・ハンセン&天龍源一郎を破り、獲得。〈三冠ヘビー〉ジャンボ鶴田がバリー・ウィンダムを破り、防衛。(全日本)
ボクシング 3月10日	【大田(韓)】〈WBA世界フライ〉李烈雨がヘスス・ロハスを破り、獲得。
ボクシング 3月10日	【テルアビブ(イスラエル)】〈IBF世界スーパーバンタム〉ウェルカム・ニシタがファブリス・ベニシュを破り、獲得。
ボクシング 3月17日	【ラスベガスNV】〈WBC* vs IBF世界スーパーライト〉フリオ・セサール・チャベス*がメルドリック・テーラーを最終ラウンド2分58秒TKOで破り、統一。ポイントではテーラーが大幅にリードしており、あと2秒経てばチャベスの連勝がストップするところであった。(年間ベストバウト)
ボクシング 3月22日	【ゲーツヘッド(英)】〈IBF世界クルーザー〉ジェフ・ランプキンがグレン・マクローリーを破り、獲得。
プロレス 3月22日	【名古屋・愛知県体育館】〈AWA世界ヘビー〉マサ斎藤がバンバン・ビガロを破り、防衛。
相撲 3月25日	【大阪府立体育会館】優勝:北勝海(西横綱)13勝2敗、技能賞:霧島(東関脇)、殊勲賞:安芸ノ島(西前2)、霧島(東関脇)、敢闘賞:久島海(東前14)、両国(西前6)

1981
｜
1990

ボクシング 3月30日	【リオン（仏）】〈WBA 世界スーパーミドル〉クリストフ・ティオゾが白仁鉄を破り、獲得。
ボクシング 3月31日	【タンパ FL】〈WBC 世界スーパーウェルター〉テリー・ノリスがジョン・ムガビを破り、獲得。
プロレス 4月2日	【トロント（加）】「レッスルマニア」〈WWF 世界ヘビー〉アルティメット・ウォリアーがハルク・ホーガンを破り、獲得。
ボクシング 4月4日	【ニューヨーク NY・MSG】〈WBA 世界ライト〉ファン・ナサリオがエドウィン・ロサリオを破り、獲得。
ボクシング 4月7日	【ラスベガス NV】〈WBO 世界フェザー〉ホルヘ・パエスがルイ・エスピノサを破り、獲得。
プロレス 4月8日	【セントポール MN】〈AWA 世界ヘビー〉ラリー・ズビスコがマサ斎藤を破り、獲得。
プロレス 4月9日	【岡山武道館】〈アジアタッグ〉タイガーマスク（三沢光晴）＆小橋健太がダグ・ファーナス＆ダニー・クロファットを破り、獲得。（全日本）
プロレス 4月13日	【東京ドーム】「日米レスリングサミット」ハルク・ホーガンはスタン・ハンセンに勝ち、翌日の主演映画舞台挨拶に花を添える。初タッグのアンドレ・ザ・ジャイアント＆馬場はアックス・デモリッション＆スマッシュ・デモリッションを破る。〈WWF 世界ヘビー〉アルティメット・ウォリアーがテッド・デビアスを破り、防衛。天龍源一郎はランディ・サベージを破る。〈IWGP タッグ〉マサ斎藤＆橋本真也は長州力＆蝶野正洋を破り、防衛。タイガーマスク（三沢）とブレット・ハートは 20 分時間切れ引き分け。WWF の日本進出に全日本プロレスが手を貸し、それに新日本プロレスが協力した。
プロレス 4月19日	【横浜文化体育館】〈三冠ヘビー〉ジャンボ鶴田が天龍源一郎を破り、防衛。この試合をもって天龍源一郎は全日本プロレスを離脱し SWS 設立に走る。（全日本）
ボクシング 4月21日	【サンダーランド（コロンビア）（英）】〈IBF 世界スーパーフライ〉ロバート・キロガがファン・ポロ・ペレスを破り、獲得。
ボクシング 4月23日	【ロサンゼルス CA】〈WBC 世界スーパーバンタム〉ポール・バンキがダニエル・サラゴサを破り、獲得。
プロレス 4月27日	【千葉浦安・東京ベイ NK ホール】〈IWGP タッグ〉武藤敬司＆蝶野正洋が橋本真也＆マサ斎藤を破り、獲得。（新日本）
ボクシング 4月29日	【アトランティックシティ NJ】〈WBO 世界ミドル〉ナイジェル・ベンがダグ・デビットを破り、獲得。
プロレス 5月6日	【モンテレイ（墨）】〈UWA 世界ウェルター〉イホ・デル・サントがチャルレス・ルセロを破り、獲得。史上初の UWA 世界ライト＆世界ウェルター同時制覇を達成。
ボクシング 5月12日	【サッサリ（伊サルディーナ島）】〈WBO 世界スーパーバンタム〉オーランド・フェルナンデスがバレリオ・ナチを破り、獲得。

プロレス 5月14日	【東京体育館】川田利明と組んで谷津嘉章＆サムソン冬木組と対戦中の２代目タイガーマスク（三沢）が試合中突然覆面を取る。新装なった東京体育館のプロレスコケラ落としとして、華々しい興行となるはずだった。しかし外は冷たい雨。天龍源一郎離脱直後ということもあいまって悲しい雰囲気を醸し出す。前座試合が淡々と続く。と、オーロラビジョンに２階で観戦中の藤波辰巳が映る。館内から「この雰囲気を何とかしてくれ！」の悲痛な叫び声が飛んだ。馬場が久々にメインに登場。鶴田と組んでスティーブ・ウィリアムス＆テリー・ゴーディ組と対戦。コーナーポストに振られるも、途中でこけてしまい、前途多難を思わせた。救いだったのが２代目タイガーマスクが自らの存在を三沢光晴に戻したことだった。ここから「四天王時代」という新しい物語がスタートする。（全日本）
ボクシング 5月17日	【アーズ（丁）】〈WBO世界クルーザー〉マグネ・ハブナ（ノルウェー）がブーン・パルツを破り、獲得。
ボクシング 5月20日	【リノNV】〈IBF世界スーパーフェザー〉トニー・ロペスがジョン・ジョン・モリナを破り、獲得。
相撲 5月27日	【東京・両国国技館】優勝：旭富士（西張大）14勝１敗、技能賞：安芸ノ島（東前1）、殊勲賞：安芸ノ島（東前1）、敢闘賞：孝乃富士（東前9）、琴錦（西前6）
ボクシング 6月2日	【マンチェスター（英）】〈WBC世界フェザー王座決定戦〉マルコス・ビジャサナがポール・ポドキンソンを破り、獲得。
プロレス 6月5日	【千葉公園体育館】〈三冠ヘビー〉テリー・ゴディがジャンボ鶴田を破り、獲得。〈アジアタッグ王座決定戦〉仲野信市＆田上明がデービーボーイ・スミス＆ジョニー・スミスを破り、獲得。（全日本）
ボクシング 6月8日	【東京・後楽園ホール】〈WBC世界ミニマム〉大橋秀行がナパ・キャットワンチャイを破り、防衛。
プロレス 6月8日	【東京・日本武道館】〈三冠ヘビー〉スタン・ハンセンがテリー・ゴディを破り、獲得。三沢光晴が初めてジャンボ鶴田を破る。（全日本）
プロレス 6月12日	【福岡国際センター】〈IWGPヘビー〉ビッグバン・ベイダーがスタン・ハンセンと両者反則引き分け、防衛。（新日本）
ボクシング 6月30日	【横浜文化体育館】〈WBA世界スーパーフライ〉カオサイ・ギャラクシーが中島俊一を破り、防衛。
プロレス 6月30日	【グラーツ（墺）】〈CWA世界ヘビー〉オットー・ワンツがブル・パワー（ベイダー）を破り、獲得。オットー・ワンツは引退を宣言。
その他 6月30日	【東京・日本武道館】「INSPIRING WARS HEAT630」佐竹雅昭がドン・中矢・ニールセンにKO勝ち。佐竹は反則攻撃（バッティング）を繰り返し、批判を受ける。
プロレス 7月7日	【ボルティモアMD】〈NWA世界ヘビー〉スティングがリック・フレアーを破り、獲得。とともにWCW王者となる。法律上存在し続ける「NWA理事会」がWCWによる「NWA」の名称

1981
-
1990

プロ格闘技年表事典　481

の使用にクレームをつけたため翌日からWCWは全ての王座を
WCWに改名し、当時のNWA王者フレアーが初代WCW王者
に認定される。NWAも引き続きフレアーを王者に認定。

ボクシング
7月8日
【リノNV】〈WBA世界ウェルター〉アーロン・デイヴィスがマー
ク・ブリーランドを破り、獲得。

プロレス
7月17日
【金沢・石川県産業展示館】〈三冠ヘビー〉テリー・ゴディがスタン・
ハンセンを破り、獲得。直後ゴディは心臓発作で入院し、返上。
（全日本）

プロレス
7月18日
【福井・武生市体育館】〈世界タッグ〉ジャンボ鶴田＆ザ・グレー
ト・カブキがテリー・ゴディ＆スティーブ・ウイリアムスを破り、
獲得。（全日本）

プロレス
7月20日
【埼玉・大宮スケートセンター】ロード・ウォリアーズ（ホーク
＆アニマル）、新日本デビュー。これはWCWが提携先を全日本
から新日本に変えたため。ロード・ウォリアーズ（ホーク・ウォ
リアー＆アニマル・ウォリアー）が長州力＆佐々木健介を101
秒で破る。あっけに取られるとともに呆然と満足感に浸ってい
た観客はファイナルマッチ終了にもかかわらずその後5分間誰
1人として席を立たなかった。（新日本）

相撲
7月22日
【名古屋・愛知県体育館】優勝：旭富士（東大関）14勝1敗、技能賞：
該当者なし、殊勲賞：琴錦（東前1）、敢闘賞：安芸ノ島（東関脇）、
春日富士（西前12）。場所後、旭富士に横綱免許が授与される。

【旭富士正也】（生）1960（出生地）青森（初）1981（人物評）
第63代横綱。近畿大学を中退し「幕下付け出し」の条件を満
たさず前相撲から取る。前捌き、差し身が巧く、相撲センス
が大変抜群で柔軟性が有り、「津軽なまこ」と呼ばれた。1989
年1月場所から5月場所の連続3場所で40勝5敗だったもの
の、「大関で2場所連続優勝、又はそれに準ずる成績」に満た
ず横綱昇進は見送られた。これは双羽黒（北尾）が不祥事を
起こし、基準が厳しくなったためだった。しかし翌年基準を
満たし、綱を張った。

ボクシング
7月27日
【カポドーランド（伊シチリア島）】〈WBC世界クルーザー〉マッ
シミリアーノ・デュランがカルロス・デ・レオンを破り、獲得。

プロレス
7月27日
【千葉・松戸市運動公園体育館】〈三冠ヘビー級王座決定戦〉ス
タン・ハンセンが三沢光晴を破り、獲得。（全日本）

ボクシング
7月28日
【メルボルン（豪）】〈WBC世界ライトヘビー〉デニス・アンド
リュースがジェフ・ハーディングを破り、獲得。

ボクシング
7月29日
【水戸市民体育館】〈WBA世界フライ〉レパード玉熊が李烈雨
を破り、獲得。

【レパード玉熊】（生）1964（出生地）青森（主要王座）WBA

世界フライ（初）1983（人物評）顔を打たれないよう顔面の
みの防御に集中し、ボディを打たれても効かないくらいまで
徹底的に鍛え上げるという屈指の防御水準と、長い手足にも
かかわらす接近戦を得意にしボディブローやカウンターのコ
ンビネーション攻撃で世界に駆け上った。翌1991年3月、エ
ルビス・アルバレスとの2度目の防衛戦に判定負けで王座か
ら陥落した後、左眼網膜剥離が判明し引退した。

ボクシング 7月29日	【フェニックス AZ】〈IBF 世界ライトフライ〉マイケル・カルバハルがムアンチャイ・キティカセムを破り、獲得。
プロレス 8月4日	【東京・汐留】〈ノーロープ有刺鉄線電流爆破マッチ〉大仁田がターザン後藤を破る（年間ベストバウト）。（FMW）
ボクシング 8月11日	【ニューヨーク NY・MSG】〈WBA 世界ライト〉パーネル・ウィテカーがファン・ナサリオを破り、獲得。
ボクシング 8月17日	【ニース（仏）】〈WBA 世界スーパーライト〉ロレト・ガルサがファン・マルチン・コッジを破り、獲得。
ボクシング 8月18日	【ポンセ（PR）】〈WBO 世界フライ王座決定戦〉イシドロ・ペレスがアンヘル・ロザリオを破り、獲得。
プロレス 8月18日	【ウォール NJ】〈AWA 世界ヘビー〉ラリー・ズビスコはブライアン・ブレアーに反則負け、防衛。平成の世にこんなロートルがメインでは AWA は終わっていたことになるが、事実、AWA の記録に残る最後の興行がコレ。12 月 12 日にラリー・ズビスコは WCW と契約し離脱、王座剥奪。翌年 AWA は一度だけ興行を打った後崩壊した。
ボクシング 8月19日	【リノ NV】〈WBC 世界ウェルター〉モーリス・ブロッカーがマーロン・スターリングを破り、獲得。
プロレス 8月19日	【東京・両国国技館】〈IWGP ヘビー〉長州力がベイダーを破り、獲得。〈IWGP ジュニアヘビー〉ペガサス・キッドが獣神サンダー・ライガーを破り、獲得。（新日本）
プロレス 8月	【不明（南ア）】〈南アフリカヘビー〉ダニー・ボーグスがダニー・ブリッツを破り、獲得。
プロレス 9月1日	【東京・日本武道館】〈三冠ヘビー〉スタン・ハンセンがスティーブ・ウイリアムスを破り、防衛。
プロレス 9月7日	【福井市体育館】〈アジアタッグ王座決定戦〉小橋健太＆ジョニー・エースがボビー・フルトン＆トミー・ロジャースを破り、獲得。（全日本）
ボクシング 9月11日	【マイアミ FL】〈WBA 世界スーパーバンタム王座決定戦〉ルイス・メンドーサがルーベン・バリオ・パラシオスを破り、獲得。
プロレス 9月21日	【メキシコシティ・アレナメヒコ】「アニベルサリオ」〈マスカラコントラマスカラ〉ラヨ・デ・ハリスコ・ジュニアがシエン・カラスを破る。入りきれなかった観客が無理やり入場し、設備の一部が壊れ、損傷を修復するためにアレナメヒコは数ケ月閉鎖された。

1981
–
1990

プロ格闘技年表事典　483

ボクシング 9月22日	【ブラウンズビル TX】〈WBO 世界ライト〉ディンガン・トベラがマウリシオ・アセベスを破り、獲得。
相撲 9月23日	【東京・両国国技館】優勝：北勝海（東張横）14 勝 1 敗、技能賞：該当者なし、殊勲賞：琴錦（東小結）、敢闘賞：貴闘力（東前 13）
プロレス 9月29日	【福井市体育館】メガネスーパーによる「SWS」のプレ旗揚げ戦が行なわれる。
プロレス 9月30日	【横浜アリーナ】「アントニオ猪木のデビュー 30 周年記念試合」（昼下がり）。猪木＆タイガー・ジェット・シンはベイダー＆アニマル浜口を破る。記念セレモニー出席者はルー・テーズ、アンドレ・ザ・ジャイアント、スタン・ハンセン、ジョニー・バレンタイン、ジョニー・パワーズ、ニック・ボックウィンクル、ビル・ロビンソン、ヒロ・マツダ、ウイレム・ルスカ。（新日本）
プロレス 9月30日	【東京・後楽園ホール】「ジャイアント馬場のデビュー 30 周年記念試合」（夜）。アンドレ・ザ・ジャイアント＆スタン・ハンセンが馬場＆アブドラ・ザ・ブッチャーを破る。セミファイナルではジャンボ鶴田＆田上明組が三沢光晴＆川田利明組と 45 分時間切れ引き分け。コレは横浜からのハシゴ客にメインを見せるための粋な計らいだったと言われている。（全日本）
ボクシング 10月20日	【ソウル（韓）】〈WBC 世界スーパーフライ〉文成吉が松村謙二を破り、防衛。
ボクシング 10月25日	【東京・後楽園ホール】〈WBC 世界ミニマム〉リカルド・ロペスが大橋秀行を破り、獲得。
ボクシング 10月25日	【ラスベガス NV】〈WBA 世界＆ WBC 世界＆ IBF 世界ヘビー〉イベンダー・ホリフィールドがジェームス・ダグラスを破り、獲得。
プロレス 10月26日	【メキシコシティ】〈マスカラコントラマスカラ〉アトランティスがクン・フーを破る。
プロレス 10月26日	【岐阜・美濃市体育館】〈男女混合タッグ〉ターザン＆デスピナ後藤がリッキー・フジ＆工藤めぐみを破る。後藤がフジをフォールした。当時まではアメリカでも男子同士、女子同士しか闘ってはならないというルールが適用されていた。日本初の試み。（FMW）
プロレス 11月1日	【東京・日本武道館】〈IWGP ヘビー〉長州力が橋本真也を破り、防衛。〈IWGP タッグ〉佐々木健介＆馳浩が武藤敬司＆蝶野正洋を破り、獲得。（新日本）
プロレス 11月1日	【日本武道館】〈IWGP ジュニアヘビー〉獣神サンダー・ライガーがペガサス・キッドを破り、獲得。（新日本）
ボクシング 11月5日	【ロサンゼルス CA】〈WBC 世界スーパーバンタム〉ペドロ・デシマがポール・バンキを破り、獲得。
プロレス 11月14日	【横浜文化体育館】〈金網〉ブル中野がアジャ・コングに、金網の頂上から飛び降りて放ったギロチン・ドロップをかまし、この行為により女子プロレスの枠を超えて一気にブレイク。

ボクシング 11月18日	【バーミンガム（英）】〈WBO世界ミドル〉クリス・ユーバンクがナイジェル・ベンを破り、獲得。
ボクシング 11月24日	【ベナルマデナ（西)】〈WBC世界ミドル王座決定戦〉ジュリアン・ジャクソンがヘロル・グレアムを破り、獲得。
相撲 11月25日	【福岡国際センター】優勝：千代の富士（東張横）13勝2敗、技能賞：琴錦（西関脇）、殊勲賞：安芸ノ島（東前1)、琴錦（西関脇)、敢闘賞：曙（西前7)
プロレス 11月25日	【横浜文化体育館】「世界最強タッグリーグ」この4人のうち一番小さかったのが馬場だった。〈公式戦〉アンドレ・ザ・ジャイアント＆ジャイアント馬場がスカイウォーカー・ナイトロン＆ブレード・ブッチ・マスターを破る。（全日本）
プロレス 12月1日	【松本】この日の興行（メインは前田日明対船木誠勝）を最後に第2次UWFが翌月空中分解。UWFは3派に分かれることになる。
ボクシング 12月6日	【青森県体育館】〈WBA世界フライ〉レパード玉熊がヘスス・ロハスと引き分け、防衛。
プロレス 12月7日	【東京・日本武道館】「世界最強タッグリーグ」〈優勝戦〉テリー・ゴディ＆スティーブ・ウイリアムスがスタン・ハンセン＆ダニー・スパイビーを残り1秒で破り、優勝。世界タッグ王座も獲得。（全日本）
プロレス 12月9日	【メキシコシティ】〈UWA世界ヘビー〉カネックがベイダーを破り、獲得。
プロレス 12月12日	【ブレーメン（独)】〈引退試合〉オットー・ワンツがテリー・ファンクを破る。〈CWA世界ヘビー〉ブル・パワー（ベイダー）がムッシュ・ランボーを破り、防衛。
ボクシング 12月15日	【モンテカルロ（モナコ)】〈WBC世界スーパーミドル王座決定戦〉マウロ・ガルバノがダリオ・ウォルター・マッテオニを破り、獲得。
プロレス 12月16日	【セントルイスMO】「スターケード」〈金網〉スティングがリック・フレアーを破る。〈US〉レックス・ルガーがスタン・ハンセンを破る。マサ斎藤＆グレート・ムタがサルマン・ハシミコフ＆ビクトル・ザンギエフを破る。（WCW)
ボクシング 12月19日	【ロサンゼルスCA】〈WBC世界ライトフライ〉ローランド・パスクワがウンベルト・ゴンザレスを破り、獲得。
プロレス 12月26日	【浜松アリーナ】〈IWGPヘビー〉長期欠場から復帰したばかりの藤波辰爾が長州力を破り、獲得。〈IWGPタッグ〉スーパー・ストロング・マシン＆ヒロ斎藤が佐々木健介＆馳浩を破り、獲得。蝶野正洋がルー・テーズ（74歳）を破る。この試合がテーズにとってのラストマッチ。奇しくも力道山の現役最後の試合の地も浜松。（新日本）
その他	【MVP】〈相撲・報知新聞年間最優秀力士〉旭富士正也〈相撲・年間最多勝〉旭富士正也、70勝20負0休〈ボクシング・日本・コミッション〉レパード玉熊〈ボクシング・アメリカ・リング誌〉フリオ・セサール・チャベス〈プロレス・日本・東京スポーツ〉大仁田厚

1981 | 1990

1991－2000年

21歳で王者になった頃、辰吉丈一郎は我々の心を揺さぶった。
今、47歳になった辰吉は依然リング復帰を目指している。

◆相撲

　1991年5月場所、千代の富士は引退した。時代は一気に貴ノ花（初代）の2人の息子、若貴兄弟と、小錦、曙、さらには武蔵丸のハワイ勢で彩られた。90年代に「曙貴時代」の異名があるのは曙、貴乃花の活躍による。さらに若貴兄弟の人気で、館内は連日の満員御礼であった。

　93年1月場所後に横綱に昇進した曙は2000年11月場所まで11回優勝、優勝の翌場所、膝の怪我で休場後に引退した。

　95年1月場所後に横綱に昇進した貴乃花は2001年5月場所まで24回優勝した。膝の怪我を押しての最後の優勝は鬼神迫るものがあり、表彰式での時の総理大臣、小泉純一郎の「感動した」は流行語となった。

　貴乃花の兄、若乃花（3代）は連続優勝の規定を満たして横綱に昇進したものの、それが精一杯で昇進後優勝できず、2000年3月に引退した。

　曙、若貴兄弟と入門同期で不運にも綱を張れなかった魁皇も時代を支えた。

◆ボクシング

　ペイ・パー・ビューの発達で、その視聴料は必ずしも大都市の大会場で大観衆を動員することが興行収入の前提条件ではなくなった。そのため、カジノ客で賑わうラスベガスや、経済特区地方都市のデラックスホテルでの世界戦開催が増え、ウェート階級、王座認定団体に加え「暫定王座」の日常化で世界戦がさらに増した10年であった。

　91年9月、WBC世界バンタム級王者となった辰吉丈一郎の存在とボクシングだけではなく人生そのものに対するひたむきさ、そしてハングリー精神は、我々の無意識を刺激した。同様に野性味たっぷりだったヘビー級のマイク・

タイソンは素行が足を引っ張り、90年代を棒に振った。

東西冷戦の終結は、旧共産圏のボクサーの流入を招くという現象が世界的に生じた。日本では、92年6月、両国国技館でWBC世界フライ級王座を奪取した輸入ボクサー勇利アルバチャコフは90年代の日本ボクシングを支える一人となった。

◆プロレス

1980年代末に始まる団体の増殖は止まらず、テレビ放映時間帯は深夜に追いやられていくものの、新日本プロレスは武藤敬司ら「闘魂三銃士」、全日本プロレスは三沢光晴ら「四天王」で人気を維持し続けた。打撃系、総合系の新格闘技団体もまだ脅威ではなかった。

80年代、加盟団体の脱退、崩壊が相次いだ米NWAは85年あたりから実質上クロケット・プロ、そしてそれを引き継いだWCWそのものとなる。WCWは90年代新日本と提携するが、すでに日本のリングの主流は日本人対決であり、力道山以来の「日本側対外人側」は隅に追いやられた。

全日本女子プロレスは他女子団体とのオールスター戦や東京ドーム進出と気を吐くが、放漫経営で97年に倒産、それでも興行を打ち続けた。

WCWと並ぶ米メジャーのWWFは94年の単独日本進出は観客動員できなかったものの、97年下半期辺りからブームを起こし世界のメジャー団体の地位を確立する。

◆その他

1991年暮、UWFは前田日明のリングス、高田延彦のUWFインターナショナル、藤原喜明の藤原組に三分裂した。93年、藤原組から船木誠勝、鈴木みのるらが独立、パンクラスを設立する。パンクラスはガチンコ団体であった。その93年は日本でK-1やアメリカで総合格闘技団体UFCがスタートした年でもあった。

そんな中で、世間に現れ出たのがヒクソン・グレイシーである。ヒクソンは94年初来日し「VALE TUDO JAPAN OPEN 1994」に優勝、暮にはロサ

ンゼルスのヒクソンの道場へ道場破りに来た安生洋二を返り打ちし、97年以降は高田延彦や船木誠勝を破った。UWF系団体の勝負の構造も暴露された上での一連の敗戦は、その出身母体であるプロレスの権威を失墜させた。

　90年代が進むに連れK-1人気も上昇する。「キックボクシング」を名乗らずに新しいものとして見せたのも成功の大きな要因だったと思われる。

1991年

プロレス 1月2日	【東京・後楽園ホール】〈ヘビー級バトルロイヤル〉優勝：ジョニー・エース（全日本）
プロレス 1月3日	【東京・後楽園ホール】〈ジュニアヘビー級バトルロイヤル〉優勝：小川良成（全日本）
ボクシング 1月11日	【アトランティックシティ NJ】〈WBO 世界ヘビー〉レイ・マーサーがフランチェスコ・ダミアニを破り、獲得。
プロレス 1月11日	【イーストラザーフォード NJ】〈NWA 世界ヘビー〉リック・フレアーがスティングを破り、獲得。
プロレス 1月17日	【横浜文化体育館】〈IWGP ヘビー〉ベイダーが藤波辰爾を破り、獲得。（新日本）
ボクシング 1月19日	【アトランティックシティ NJ】〈WBA 世界ウェルター〉メルドリック・テーラーがアーロン・デイヴィスを破り、獲得。
プロレス 1月19日	【長野・松本市総合体育館】〈三冠ヘビー〉ジャンボ鶴田がスタン・ハンセンを破り、獲得。（全日本）
ボクシング 1月26日	【サッサーリ（伊）】〈WBO 世界フェザー王座決定戦〉マウリシオ・ステッカがアーマンド・ファン・レイエスを破り、獲得。
相撲 1月27日	【東京・両国国技館】優勝：霧島（東大関）14 勝 1 敗、技能賞：琴錦（東関脇）、殊勲賞：曙（西前 1）、敢闘賞：巴富士（西前 15）
プロレス 1月28日	【パチューカ（墨）】〈UWA 世界ミドル〉ネグロ・カサスがスペル・アストロを破り、獲得。カサスは 2 階級制覇に成功。
プロレス 1月	【アメリカ】WCW は選手権名とテレビの番組名から NWA を外し、代わりに WCW を被せる。ただし NWA 世界ヘビー級選手権は存続する（当時の NWA 王者リック・フレアーが同時に WCW 認定世界ヘビー級王者に認められたとの説もある）。
ボクシング 2月2日	【釜山（韓）】〈WBA 世界ミニマム〉崔煕庸が金奉準を破り、獲得。
ボクシング 2月3日	【名古屋レインボーホール】〈WBC 世界スーパーバンタム〉畑中清詞がペドロ・デシマを破り、獲得。

【畑中清詞】（生）1967（出生地）愛知（主要王座）WBC 世界スーパーバンタム（初）1984（人物評）パンチ力、反射神経、スピードに長けた高校ボクシング界のスターは「オリンピックより、プロでお金を稼ぎたい」とプロ入りした。名古屋地区のボクシングジムの選手として初の世界王者であり、「尾張のロッキー」「東海のカマチョ」の異名を取る。デビュー以来無敗のまま世界戦への初挑戦には失敗した。が、2 度目の挑戦で世界王座を獲得する。しかし、初防衛に失敗した後、眼筋麻痺を発症し、現役を引退することになった。

1991
|
2000

ボクシング 2月15日	【アユタヤ（タイ）】〈WBC世界フライ〉ムアンチャイ・キティカセムがソット・チタラダを破り、獲得。
ボクシング 2月23日	【グランドテール島（仏領グアドループ諸島）】〈WBA世界スーパーウェルター王座決定戦〉ジルベール・デュレがカーロス・エリオット（八戸帝拳）を破り、防衛。
ボクシング 2月23日	【ラスベガスNV】〈WBO世界スーパーライト〉グレグ・ホーゲンがヘクター・カマチョを破り、獲得。
ボクシング 2月25日	【ロサンゼルスCA】〈WBC世界バンタム〉グレグ・リチャードソンがラウル・ペレスを破り、獲得。
プロレス 3月3日	【メキシコシティ】〈WWF世界ライトヘビー〉ペガサス・キッドがビジャノIIIを破り、獲得。
プロレス 3月4日	【広島サンプラザ】〈IWGPヘビー〉藤波辰爾がベイダーを破り、獲得。（新日本）
プロレス 3月4日	【東京・後楽園ホール】「藤原組」旗揚げ。藤原喜明がジョニー・バレットを、船木誠勝がバート・ベイルを破り、鈴木みのるとウエイン・シャムロックは引き分け。練習生高橋和生が紹介される。
プロレス 3月6日	【長崎・国際体育館】〈IWGPタッグ〉佐々木健介＆馳浩が武藤敬司＆蝶野正洋を破り、獲得。（新日本）
ボクシング 3月8日	【アトランティックシティNJ】〈WBA世界クルーザー〉ボビー・チェズがロバート・ダニエルズを破り、獲得。
ボクシング 3月12日	【オーバンヒルズMI】〈WBO世界バンタム王座決定戦〉ガビー・カニザレスがミゲル・ローラを破り、獲得。
ボクシング 3月14日	【東京・東京武道館】〈WBA世界フライ〉エルビス・アルバレスがレパード玉熊を破り、獲得。
ボクシング 3月18日	【ラスベガスNV】〈WBC世界ウェルター〉サイモン・ブラウンがモーリス・ブロッカーを破り、獲得。
プロレス 3月21日	【東京ドーム】〈IWGP* & NWA世界ヘビー〉藤波辰爾*がリック・フレアーを破り、王座を統一したかに見えた。が、当時NWAを仕切っていたWCWはフォール前、フレアーの反則があったとしてNWA世界ヘビー級の移動を認めず。例によっての茶番劇が繰り広げられる。〈IWGPタッグ〉リック・スタイナー＆スコット・スタイナーが佐々木健介＆馳浩を破り、獲得。（新日本）
プロレス 3月22日	【メキシコシティ】〈マスカラコントラカベジェラ〉ペロ・アグアヨがコナンを破る。
相撲 3月24日	【大阪府立体育会館】優勝：北勝海（東横綱）13勝2敗、技能賞：貴花田（東前13）、殊勲賞：曙（東小結）、貴闘力（西前1）、敢闘賞：貴花田（東前13）
プロレス 3月24日	【ロサンゼルスCA】「レッスルマニア」〈WWF世界ヘビー〉ハルク・ホーガンがサージェント・スローターを破り、獲得。

ボクシング 3月25日	【ロサンゼルス CA】〈WBC 世界ライトフライ〉メルチョ・コブ・カストロがローランド・パスクワを破り、獲得。
ボクシング 3月30日	【光州（韓）】〈WBA 世界フェザー〉朴永均がアントニオ・エスパラゴサを破り、獲得。
プロレス 3月30日	【東京ドーム】リージョン・オブ・ドゥーム（ロード・ウォリアーズ（ホーク・ウォリアー＆アニマル・ウォリアー））が天龍源一郎とハルク・ホーガンにリングアウト勝ち。ど迫力の攻防。〈WWF インターコンチネンタル〉ケリー・フォン・エリックはカート・ヘニングに反則勝ち、防衛。ランディ・サベージがジョージ・高野を破る。(SWS)
プロレス 4月1日	【神戸ワールド記念ホール】自分の思い通りにコトを運べないイライラからか？北尾光司が対戦相手のジョン・テンタに本部席のマイクで「八百長野郎」とののしる。結局北尾は解雇。鈴木実がアポロ菅原を破った試合も変な試合だった。
ボクシング 4月5日	【マルセイユ（仏）】〈WBA 世界スーパーミドル〉ビクトル・コルドバがクリストフ・ティオゾを破り、獲得。
プロレス 4月6日	【大阪府立体育会館】〈アジアタッグ王座決定戦〉ダイナマイト・キッド＆ジョニー・スミスが小橋健太＆菊地毅を破り、獲得。(全日本)
プロレス 4月16日	【名古屋・愛知県体育館】「チャンピオンカーニバル」〈決勝〉ジャンボ鶴田がスタン・ハンセンを破り、優勝。(全日本)
プロレス 4月18日	【東京・日本武道館】〈三冠ヘビー〉ジャンボ鶴田が三沢光晴を破り、防衛。〈世界タッグ〉スタン・ハンセン＆ダニー・スパイビーがテリー・ゴディ＆スティーブ・ウイリアムスを破り、獲得。(全日本)
プロレス 4月20日	【東京・後楽園ホール】〈アジアタッグ〉ダグ・ファーナス＆ダニー・クロファットがダイナマイト・キッド＆ジョニー・スミスを破り、獲得。(全日本)
プロレス 4月30日	【東京・両国国技館】「トップ・オブ・ザ・スーパー・ジュニア II」〈決勝〉保永昇男が獣神サンダー・ライガーを破り、優勝するとともに、トーナメントに先立ちライガーが返上していた IWGP ジュニアヘビー王座も獲得。(新日本)
ボクシング 5月9日	【リーズ（英）】〈WBO 世界ライトヘビー王座決定戦〉リーオンザー・バーバーがトム・コリンズを破り、獲得。
ボクシング 5月10日	【ダベンポート IA】〈IBF 世界ミドル〉ジェームズ・トニーがマイケル・ナンを破り、獲得。
プロレス 5月10日	【東京・後楽園ホール】「UWF インター」旗揚げ。高田延彦がトム・バートンを破る。
プロレス 5月11日	【横浜アリーナ】「リングス」旗揚げ。前田日明がディック・フライを破る。

**1991
|
2000**

プロ格闘技年表事典　493

相撲 5月14日	【東京・両国国技館】夏場所3日目、横綱千代の富士は貴闘力に敗れ、引退を表明。初日には18歳の新鋭・貴花田（後の貴乃花）に敗れていた。
ボクシング 5月18日	【バーベイニア（伊）】〈IBF世界スーパーミドル〉ダーリン・バン・ホーンがリンデル・ホームズを破り、獲得。
ボクシング 5月18日	【リノNV】〈WBO世界スーパーライト王座決定戦〉ヘクター・カマチョがグレグ・ホーゲンを破り、獲得。
ボクシング 5月19日	【静岡・草薙総合運動場体育館】〈WBC世界ミニマム〉リカルド・ロペスが平野公夫を破り、防衛。
プロレス 5月19日	【セントピーターズバーグFL】〈NWA世界ヘビー〉リック・フレアーが藤波辰爾を破り、3月21日以来のいざこざに決着。
ボクシング 5月24日	【コーパスクリスティTX】〈WBO世界スーパーバンタム〉ジェシー・ベナビデスがオーランド・フェルナンデスを破り、獲得。
相撲 5月26日	【東京・両国国技館】優勝：旭富士（東張横）14勝1敗、技能賞：該当者なし、殊勲賞：貴花田（西前1）、敢闘賞：貴闘力（西小結）、安芸ノ島（東前1）
プロレス 5月29日	【メキシコシティ】〈マスカラコントラマスカラ〉カネックがブルー・ブレイザーを破り、正体オーエン・ハートを明かす。
プロレス 5月31日	【大阪城ホール】「藤波辰爾デビュー20周年記念興行」〈IWGPヘビー〉藤波辰爾が蝶野正洋を破り、防衛。（新日本）
ボクシング 6月1日	【ソウル（韓）】〈WBA世界フライ〉金容江がエルビス・アルバレスを破り、獲得。
ボクシング 6月1日	【ラスベガスNV】〈WBA世界ライトヘビー〉トーマス・ハーンズがヴァージル・ヒルを破り、獲得。
ボクシング 6月3日	【ラスベガスNV】〈IBF世界フェザー王座決定戦〉トロイ・ドーシーがアルフレッド・ランジェルを破り、獲得。〈WBC世界ライトフライ〉ウンベルト・ゴンザレスがメルチョ・コブ・カストロを破り、獲得。
プロレス 6月12日	【日本武道館】〈IWGPジュニアヘビー〉獣神サンダー・ライガーが保永昇男を破り、獲得。（新日本）
ボクシング 6月14日	【名古屋レインボーホール】〈WBC世界スーパーバンタム〉ダニエル・サラゴサが畑中清詞を破り、獲得。
ボクシング 6月14日	【サクラメントCA】〈WBA世界スーパーライト〉エドウィン・ロサリオがロレト・ガルサを破り、獲得。
ボクシング 6月15日	【大邱（韓）】〈WBA世界フェザー〉朴永均が竹田益朗を破り、防衛。
ボクシング 6月15日	【サンアントニオTX】〈IBF世界スーパーフライ〉ロバート・キロガがキッド・アキームを判定で破り、防衛。（年間ベストバウト）
ボクシング 6月28日	【ルイストンME】〈WBA世界スーパーフェザー王座決定戦〉ジョーイ・ガマチェがジェリー・ンゴベニを破り、獲得。

ボクシング 6月30日	【ロンドン（英）】〈WBO世界バンタム〉デューク・マッケンジーがガビー・カニザレスを破り、獲得。
プロレス 7月2日	【アメリカ】フレアーがWWFへ移籍。フレアーはWCW副社長より解雇通告を受け、NWA王座は1941年の結成以来初めて空位となる。→1941年2月9日
プロレス 7月4日	【福岡】〈マスカラコントラマスカラ〉ライガーがペガサス・キッドを破り、正体クリス・ベノワを明かす。
プロレス 7月6日	【神奈川・横須賀市総合体育館】〈世界タッグ〉テリー・ゴディ＆スティーブ・ウイリアムスがスタン・ハンセン＆ダニー・スパイビーを破り、獲得。（全日本）
プロレス 7月6日	【グラーツ（墺）】〈CWA世界ヘビー〉マーク・ランボーがブル・パワー（ベイダー）を破り、獲得。
プロレス 7月8日	【大阪府立体育会館第2競技場】〈アジアタッグ〉小橋健太＆ジョニー・エースがダグ・ファーナス＆ダニー・クロファットを破り、獲得。（全日本）
プロレス 7月18日	【東京・後楽園ホール】〈アジアタッグ〉ジョー・ディートン＆ビリー・ブラックが小橋健太＆ジョニー・エースを破り、獲得。（全日本）
ボクシング 7月20日	【パルレモ（伊シチリア島）】〈WBC世界クルーザー〉アナクレト・ワンバがマッシミリアーノ・デュランを破り、獲得。
プロレス 7月20日	【横浜文化体育館】〈三冠ヘビー〉ジャンボ鶴田がスティーブ・ウイリアムスを破り、防衛。（全日本）
相撲 7月21日	【名古屋・愛知県体育館】優勝：琴富士（東前13）14勝1敗、技能賞：貴花田（西小結）、殊勲賞：貴花田（西小結）、敢闘賞：貴闘力（西関脇）、琴富士（東前13）
プロレス 7月24日	【金沢・石川県産業展示館】〈世界タッグ〉三沢光晴＆川田利明がテリー・ゴディ＆スティーブ・ウイリアムスを破り、獲得。（全日本）
プロレス 7月26日	【千葉・松戸市運動公園体育館】〈アジアタッグ〉ダグ・ファーナス＆ダニー・クロファットがジョー・ディートン＆ビリー・ブラックを破り、獲得。（全日本）
プロレス 8月7日	【東京・後楽園ホール】「世界格闘技連合W★ING」旗揚げ。当初はビクター・キニョネス、ミスター・ポーゴ、外国人選手などによるデスマッチ路線と徳田光輝（柔道）、齋藤彰俊（空手）、木村浩一郎（総合格闘技）の「格闘三兄弟」路線の2本立て。
プロレス 8月9日	【東京・両国国技館】〈IWGPジュニアヘビー〉野上彰が獣神サンダー・ライガーを破り、獲得。（新日本）
プロレス 8月11日	【東京・両国国技館】「G1クライマックス」〈決勝〉蝶野正洋が武藤敬司を破り、第1回大会に優勝。（新日本）
ボクシング 8月12日	【ロサンゼルスCA】〈IBF世界フェザー〉マヌエル・メディナがトロイ・ドーシーを破り、獲得。

1991
I
2000

プロ格闘技年表事典　495

ボクシング 9月6日	【サレミ（伊シチリア島）】〈IBF世界クルーザー王座決定戦〉ジェームズ・ワーリングがジェームス・プリチャードを破り、獲得。
プロレス 9月8日	【オタワ（加）】WCWを解雇されたフレアーが「フレアーベルト」を持ってWWFに登場、第1戦を行う。
プロレス 9月8日	【メキシコシティ・アレナメヒコ】「アニベルサリオ」〈3人カベジェラコントラカベジェラ〉コナンがシェン・カラス＆ペロ・アグアヨを破る。
ボクシング 9月11日	【ロンドン（英）】〈WBC世界ライトヘビー〉ジェフ・ハーディングがデニス・アンドリュースを破り、獲得。
ボクシング 9月13日	【サクラメントCA】〈IBF世界スーパーフェザー〉ブライアン・ミッチェルがトニー・ロペスを破り、獲得。
ボクシング 9月19日	【大阪・守口市民体育館】〈WBC世界バンタム〉辰吉丈一郎がグレグ・リチャードソンを破り、獲得。（年間ベストバウト）

【辰吉丈一郎】（生）1970（出生地）岡山（主要王座）WBC世界バンタム（初）1989（人物評）ボクシングファンであった父に幼少時よりボクシングを仕込まれ、そのDNAにはボクシング、イコール喧嘩が刷り込まれている。相手の意図を読み取り対応できるだけではなく、見る者を自己投入させる、ある種の才能の塊である。しかし、網膜剥離という不運とも付き合わなければならなかった。それでも今現在でもリングへの復帰を試みる、宿命のボクサーである。

ボクシング 9月21日	【トッテンハム（英）】〈WBO世界スーパーミドル王座決定戦〉クリス・ユーバンクがマイケル・ワトソンを破り、獲得。
相撲 9月22日	【東京・両国国技館】優勝：琴錦（東前5）13勝2敗、技能賞：舞の海（西前12）、若花田（西前3）、殊勲賞：若花田（西前3）、敢闘賞：栃乃和歌（東前1）、琴錦（東前5）

【琴錦功宗】（生）1968（出生地）群馬（最高位）関脇（初）1984（人物評）大関昇格のチャンスの中にいた91年春、入籍済みで身重の婚約者がいるにもかかわらず別の女性の方へ走るという女性問題が発覚し「どっちも好きだし」と思わず本音をもらす脇の甘さを土俵外で見せた。マスコミからのバッシングと場内からのやじが消えつつあった9月、また、98年11月に2度の平幕優勝を遂げる。が、何度かあった大関盗りも、ムラっ気でチャンスを失い「大関級の実力者」で終わってしまった。

ボクシング 10月1日	【プロビデンスRI】〈WBA世界スーパーウェルター〉ビニー・バジェンサがジルベール・デュレを破り、獲得。
ボクシング 10月5日	【アトランティックシティNJ】〈IBF世界ウェルター王座決定戦〉モーリス・ブロッカーがグレンウッド・ブラウンを破り、獲得。

ボクシング 10月7日	【ロサンゼルス CA】〈WBA 世界スーパーバンタム〉ラウル・ペレスがルイス・メンドーサを破り、獲得。
ボクシング 10月16日	【ケソンシティ（比）】〈WBA 世界バンタム〉イスラエル・コントレラスがルイシト・エスピノサを破り、獲得。
プロレス 10月24日	【横浜文化体育館】〈三冠ヘビー〉ジャンボ鶴田が川田利明を破り、防衛。（全日本）
プロレス 11月3日	【メキシコシティ】〈マスカラコントラマスカラ〉ビジャノ III がペガサス・キッドを破り、正体クリス・ベノワを明かす。
プロレス 11月5日	【東京・日本武道館】〈IWGP ヘビー〉藤波辰爾が蝶野正洋を破り、防衛。〈IWGP タッグ〉武藤敬司＆馳浩がリック・スタイナー＆スコット・スタイナーを破り、獲得。〈IWGP ジュニアヘビー〉保永昇男が野上彰を破り、獲得。（新日本）
ボクシング 11月14日	【ベルファスト（英）】〈WBC 世界フェザー〉ポール・ホドキンソンがマルコス・ビジャサナを破り、獲得。
ボクシング 11月20日	【ロンドン（英）】〈WBO 世界ミドル王座決定戦〉ジェラルド・マクラレンがジョン・ムガビを破り、獲得。
ボクシング 11月22日	【エペルネー（仏）】〈WBA 世界スーパーフェザー王座決定戦〉ヘナロ・エルナンデスがダニエル・ロンダスを破り、獲得。
相撲 11月24日	【福岡国際センター】優勝：小錦（西大関）13勝2敗、技能賞：舞の海（東前9）、殊勲賞：琴錦（西小結）、敢闘賞：武蔵丸（東前12）
ボクシング 11月30日	【ラスベガス NV】〈WBC 世界ウェルター〉バディ・マクガートがサイモン・ブラウンを破り、獲得。
プロレス 12月6日	【東京・日本武道館】「世界最強タッグ」〈公式戦〉テリー・ゴディ＆スティーブ・ウィリアムスが三沢光晴＆川田利明を破り史上初の2連覇を達成。世界タッグ王座も獲得。ダイナマイト・キッドがこの日の試合で引退。（全日本）
ボクシング 12月7日	【リノ NV】〈IBF 世界スーパーライト王座決定戦〉ラファエル・ピネダがロジャー・メイウェザーを破り、獲得。
プロレス 12月10日	【東京・後楽園ホール】「W ★ ING プロモーション」旗揚げ。世界格闘技連合 W ★ ING の分裂後の実質的な後継団体。
プロレス 12月12日	【東京ドーム】ハルク・ホーガンが天龍源一郎を破る（年間ベストバウト）。ウルティモ・ドラゴン（浅井嘉浩）がジェリー・エストラーダを破り、ウルティモ・ドラゴンとしての日本第一戦を飾る。（SWS）
プロレス 12月13日	【メキシコシティ】〈マスカラコントラマスカラ〉マスカラ・アニョ・ドスミルがアニバルを破る。
ボクシング 12月17日	【大阪府立体育会館】〈WBA 世界ライトフライ〉井岡弘樹が柳明佑を破り、獲得。
プロレス 12月19日	【ブレーメン（独）】〈CWA 世界ヘビー〉ホーク・ウォリアーがマーク・ランボーを破り、獲得。

1991 – 2000

プロ格闘技年表事典　497

プロレス 12月21日	【ブレーメン（独）】〈CWA インターコンチネンタルヘビー〉ブル・パワー（ベイダー）が藤波辰爾を破り、獲得。後に返上。
その他 12月22日	【東京・両国国技館】〈異種格闘技〉高田延彦がトレバー・バービックに試合放棄勝ち。背景にはルール認識の不一致があったか？
プロレス 12月29日	【ノーフォーク VA】「スターケード」〈バトルロイヤル決勝〉スティングがレックス・ルガーを破り、優勝。
その他	【MVP】〈相撲・報知新聞年間最優秀力士〉小錦八十吉〈相撲・年間最多勝〉霧島一博、62 勝 28 負 0 休〈ボクシング・日本・コミッション〉辰吉丈一郎〈ボクシング・アメリカ・リング誌〉ジェームズ・トニー〈プロレス・日本・東京スポーツ〉ジャンボ鶴田

1992年

プロレス 1月2日	【東京・後楽園ホール】〈ヘビー級バトルロイヤル〉優勝：田上明（全日本）
プロレス 1月4日	【東京ドーム】〈IWGPヘビー〉長州力が藤波辰爾を破り、獲得。（新日本）
ボクシング 1月10日	【ニューヨークNY・MSG】〈IBF世界スーパーミドル〉アイラン・バークレーがダーリン・バン・ホーンを破り、獲得。
ボクシング 1月25日	【仁川（韓）】〈WBA世界フェザー〉朴永均が浅川誠二を破り、防衛。
相撲 1月26日	【東京・両国国技館】優勝：貴花田（東前2）14勝1敗、技能賞：貴花田（東前2）、若花田（西前1）、殊勲賞：貴花田（東前2）、曙（西小結）、敢闘賞：貴花田（東前2）、曙（西小結）
プロレス 1月28日	【千葉公園体育館】〈三冠ヘビー〉スタン・ハンセンがジャンボ鶴田を破り、獲得。（全日本）
プロレス 1月30日	【東京・大田区体育館】〈異種格闘技戦、ランバージャックマッチ〉斎藤彰俊（誠心会館）が小林邦昭にレフェリーストップ勝ち。（新日本）
プロレス 2月8日	【札幌中島体育センター】〈IWGPジュニアヘビー〉獣神サンダー・ライガーが保永昇男を破り、獲得。（新日本）
ボクシング 2月22日	【ソウル（韓）】〈WBA世界ミニマム〉崔熙庸が細野雄一を破り、防衛。
ボクシング 2月22日	【サンシティ（南ア）】〈IBF世界スーパーフェザー王座決定戦〉ジョン・ジョン・モリナがジャッキー・ガングルーサを破り、獲得。
ボクシング 2月22日	【ラスベガスNV】〈WBO世界スーパーフライ〉ホセ・キリノがホセ・ルイスを破り、獲得。
プロレス 3月1日	【横浜アリーナ】〈IWGPタッグ〉ビッグバン・ベイダー＆バンバン・ビガロが武藤敬司＆馳浩を破り、獲得。（新日本）
プロレス 3月4日	【東京・日本武道館】〈三冠ヘビー〉スタン・ハンセンが三沢光晴を破り、防衛。〈世界タッグ〉ジャンボ鶴田＆田上明がテリー・ゴディ＆スティーブ・ウィリアムスを破り、獲得。（全日本）
ボクシング 3月15日	【ラスベガスNV】〈WBA世界バンタム〉エディ・クックがイスラエル・コントレラスを破り、獲得。
ボクシング 3月18日	【グラスゴー（英）】〈WBO世界フライ〉パット・クリントンがイシドロ・ペレスを破り、獲得。
ボクシング 3月20日	【ラスベガスNV】〈WBA世界ライトヘビー〉アイラン・バークレーがトーマス・ハーンズを破り、獲得。
ボクシング 3月20日	【ロサンゼルスCA】〈WBC世界バンタム暫定王座決定戦〉ビクトル・ラバナレスが李ヨンホンを破り、獲得。

1991｜2000

プロ格闘技年表事典　499

ボクシング 3月20日	【カレー（仏）】〈WBC 世界スーパーバンタム〉ティリー・ヤコブがダニエル・サラゴサを破り、獲得。
相撲 3月22日	【大阪府立体育会館】優勝：小錦（東大関）13 勝 2 敗、技能賞：栃乃和歌（東小結）、殊勲賞：栃乃和歌（東小結）、安芸ノ島（西前 2）、敢闘賞：安芸ノ島（西前 2）

【小錦八十吉（6 代）】(生) 1963（出生地）米（最高位）大関（初）1982（人物評）92 年春場所後「横綱になれないのは人種差別のため」発言で物議を醸す。確かにこの場所を含む直前三場所で 38 勝 7 敗と、横綱にしてもおかしくなかった。かつても「相撲は喧嘩だ」で誤解を受けたことがあり、小錦を横綱にしたくない雰囲気があったのは事実であろう。ただ、こういった舌禍事件が起こると当事者の調子が落ちるのはいずこも同じで、翌場所は 9 勝 6 敗と平凡な成績に終わり、横綱の座は永遠に遠のいた。

ボクシング 3月22日	【サンルーフォ（仏）】〈WBO 世界スーパーフェザー〉ダニエル・ロンダがカメル・ブ・アリを破り、獲得。
ボクシング 3月27日	【メキシコ州・パラシオ】〈WBA 世界スーパーバンタム〉ウィルフレド・バスケスがラウル・ペレスを破り、獲得。
ボクシング 3月31日	【北九州市総合体育館】〈WBA 世界ライトフライ〉井岡弘樹がノエル・ツナカオを破り、防衛。
プロレス 4月3日	【メキシコシティ】〈マスカラコントラマスカラ〉ブルー・パンテルがラブ・マシーンを破り、正体アート・バー（サンディ・バーの息子）を明かす。
プロレス 4月5日	【インディアナポリス IN】「レッスルマニア」〈WWF 世界ヘビー〉ランディ・サベージがリック・フレアーを破り、獲得。
ボクシング 4月10日	【東京体育館】〈WBA 世界スーパーフライ王座決定戦〉鬼塚勝也がタノムサク・シスボベーを破り、獲得。

【鬼塚勝也】(生) 1970（出生地）福岡（主要王座）WBA 世界スーパーフライ（初）1988（人物評）92 年 4 月の王座決定戦、この試合は明らかに劣勢で、試合後も鬼塚に笑顔がなく、しかし判定で WBA 世界スーパーフライ級王者となる。タノムサク・シスボベーは泣き崩れた。12 月のアルマンド・カストロとの 2 度目の防衛戦では、明らかに判定で上回っているにも関わらず激しく打ち合う姿が賞賛された。精神力と鋭いワンツーパンチが武器で、シューズやトランクス、ガウン、セコンド着などは全て本人がデザインした。

ボクシング 4月10日	【メキシコ州・エルトレオ】〈WBA 世界スーパーライト〉平仲明信がエドウィン・ロサリオを破り、獲得。

【平仲明信】(生) 1963 (出生地) 沖縄 (主要王座) WBA 世界スーパーライト (初) 1985 (人物評) 沖縄出身ボクサーとしては初めて、沖縄のジムからの世界王者である。1989 年 4 月イタリアで WBA 世界ジュニアウェルター級王者ファン・マルチン・コッジに挑むもレフェリーの露骨な地元贔屓にも見舞われ判定負けした。その後は地方ジムの不利も手伝い、ノンタイトル戦すらまともに行えない状況に陥る。そして個人の力で世界戦の交渉を行い 92 年 4 月世界挑戦にこぎつけ、ドウィン・ロサリオを 92 秒 TKO で王座奪取した。

プロレス 4月17日	【名古屋・愛知県体育館】「チャンピオン・カーニバル」〈決勝〉スタン・ハンセンが三沢光晴を破り、優勝。(全日本)
プロレス 4月18日	【東京体育館】天龍源一郎がリック・フレアーを破る。(SWS)
その他 4月19日	【東京体育館】〈異種格闘技〉船木誠勝がロベルト・デュランを破る。デュランは贅肉がたっぷりとついており、試合後船木は「次来る時、体重落としてこい」とマイクで叫んだ。(藤原組)
ボクシング 4月22日	【イーストラザーフォード NJ】〈WBA 世界ミドル〉レジー・ジョンソンがスティーブ・コリンズを破り、獲得。
ボクシング 4月25日	【仁川(韓)】〈WBA 世界フェザー〉朴永均が松本好二を破り、防衛。
プロレス 4月30日	【東京・両国国技館】「トップ・オブ・ザ・スーパー・ジュニア III」〈決勝〉ライガーがエル・サムライを破り、優勝。(新日本)
プロレス 5月1日	【千葉ポートアリーナ】〈IWGP ヘビー〉長州力がスコット・ノートンを破り、防衛。(新日本)
ボクシング 5月13日	【ロンドン(英)】〈WBO 世界バンタム〉ラファエル・デル・バーレがデューク・マッケンジーを破り、獲得。
ボクシング 5月15日	【アトランティックシティ NJ】〈WBO 世界ヘビー王座決定戦〉マイケル・モーラーがバート・クーパーを破り、獲得。
プロレス 5月15日	【ベラクルス(墨)】「AAA」旗揚げ。シエン・カラス&マスカラ・アニョ・ドス・ミル&ウニベルソ・ドス・ミルがペロ・アグアヨ&マスカラ・サグラーダ&エル・ファンタスマに反則勝ち。
ボクシング 5月16日	【ロンドン(英)】〈WBO 世界フェザー〉コリン・マクミランがマウリシオ・ステッカを破り、獲得。
プロレス 5月17日	【大阪城ホール】〈IWGP ヘビー〉長州力が武藤敬司を破り、防衛。(新日本)
相撲 5月24日	【東京・両国国技館】優勝:曙(西関脇)13 勝 2 敗、技能賞:若花田(西前 7)、殊勲賞:曙(西関脇)、敢闘賞:三杉里(東前 1)
プロレス 5月25日	【宮城県スポーツセンター】〈アジアタッグ〉小橋健太&菊地毅がダグ・ファーナス&ダニー・クロファットを破り、獲得。(全日本)

プロ格闘技年表事典　501

プロレス 6月5日	【東京・日本武道館】〈三冠ヘビー〉スタン・ハンセンが川田利明を破り、防衛（年間ベストバウト）。
ボクシング 6月11日	【ビルバオ（西）】〈IBF世界フライ〉ロドルフォ・ブランコがデーブ・マッコーリーを破り、獲得。
ボクシング 6月12日	【ポートランドME】〈WBA世界ライト王座決定戦〉ジョーイ・ガマチェがジュン・チルサンを破り、獲得。
ボクシング 6月15日	【大阪府立体育会館】〈WBA世界ライトフライ〉井岡弘樹が金奉準を破り、防衛。
プロレス 6月19日	【長崎国際体育館】この日の興行をもって、SWSが分裂。天龍派がWARを、反天龍派がNOWを設立することになる。
プロレス 6月21日	【メキシコシティ】〈UWA世界ジュニアヘビー〉ビジャノIIIがザ・キラーを破り、獲得。ビジャノIIIはUWA3階級を制覇。
ボクシング 6月23日	【東京・両国国技館】〈WBC世界フライ〉勇利アルバチャコフがムアンチャイ・キティカセムを破り、獲得。（年間ベストバウト）

【勇利アルバチャコフ】（生）1966（出生地）ロシア（主要王座）WBC世界フライ（初）1990（人物評）1989年、ソ連の「ペレストロイカ」とともに来日した。来日を橋渡ししたのはアントニオ猪木で、猪木と金平正紀とのラインで協栄ボクシングジム入りした。92年6月、俳優ミッキー・ロークのプロデビュー戦の前座でムアンチャイ・キティカセムを8回、当たった瞬間これで終わりっと思わせるブローでKOし、WBC世界フライ級王座を奪取した。日本のジムに所属する世界同フライ級王者として9度の防衛は、現時点での最多記録である。

ボクシング 6月23日	【オルバニーNY】〈WBC世界スーパーバンタム〉トレイシー・ハリス・パターソンがティリー・ヤコブを破り、獲得。
プロレス 6月25日	【仙台・宮城県スポーツセンター】佐竹雅昭がウィリー・ピータースと3分5R、1R延長も時間切れ引き分け。（リングス）
プロレス 6月26日	【東京・日本武道館】〈IWGPヘビー〉長州力が蝶野正洋を破り、防衛。〈IWGPタッグ〉リック・スタイナー＆スコット・スタイナーがビッグバン・ベイダー＆バンバン・ビガロを破り、獲得。〈IWGPジュニアヘビー〉エル・サムライが獣神サンダー・ライガーを破り、獲得。（新日本）
ボクシング 6月29日	【ロサンゼルスCA】〈WBO世界スーパーライト王座決定戦〉カルロス・ゴンザレスがジミー・ポールを破り、獲得。
プロレス 6月30日	【岐阜・関ヶ原古戦場】大仁田厚がタイガー・ジェット・シンを破る。観客は入れず。（FMW）
プロレス 7月3日	【グラーツ（墺）】〈CWA世界ヘビー〉マーク・ランボーがホーク・ウォリアーを破り、獲得。
プロレス 7月11日	【グラーツ（墺）】〈CWAインターコンチネンタル〉藤波辰爾がボブ・オートン・ジュニアを破り、獲得。後に返上。

502　プロ格闘技年表事典

プロレス 7月12日	【オルバニーGA】〈NWA世界タッグ王座決定トーナメント〉優勝：テリー・ゴーディ＆スティーブ・ウイリアムス（WCW認定世界タッグ王者ティーム）。NWAの文字が復活。
プロレス 7月14日	【東京・後楽園ホール】「WAR」旗揚げ。中心は天龍源一郎。
ボクシング 7月15日	【福岡国際センター】〈WBA世界スーパーフェザー〉ヘナロ・エルナンデスが竹田益朗を破り、防衛。
ボクシング 7月18日	【アトランティックシティNJ】〈IBF世界スーパーライト〉パーネル・ウィテカーがラファエル・ピネダを破り、獲得。
相撲 7月19日	【名古屋・愛知県体育館】優勝：水戸泉（西前1）13勝2敗、技能賞：武蔵丸（東小結）、殊勲賞：旭道山（東前2）、敢闘賞：水戸泉（西前1）
ボクシング 7月25日	【マンチェスター（英）】〈WBO世界クルーザー王座決定戦〉タイロン・ブーズがデレク・アンゴルを破り、獲得。
その他 7月25日	【バルセロナ（西）】夏季オリンピックが開幕。〈ボクシング〉バンタム金：ホエール・カサマヨール、銀：ウェイン・マッカラー、ライト金：オスカー・デ・ラ・ホーヤ、ミドル銀：クリス・バード〈グレコ〉130kg金：アレクサンドル・カレリン〈柔道〉無差別級銀：小川直也（8月19日まで）
プロレス 7月26日	【香川・琴平町営西駐車場】「オリエンタルプロレス」旗揚げ。剛竜馬が設立。
ボクシング 7月30日	【スタンホープNJ】〈IBF世界クルーザー〉アルフレッド・コールがジェームズ・ワーリングを破り、獲得。
ボクシング 7月31日	【サンファン（PR）】〈WBO世界ライトフライ王座決定戦〉ホセ・カマチョがエディ・バジェホを破り、獲得。
プロレス 7月31日	【札幌・中島体育センター】〈IWGPヘビー〉長州力がスーパー・ストロング・マシンを破り、防衛。（新日本）
プロレス 7月31日	【千葉・松戸市運動公園体育館】〈三冠ヘビー〉スタン・ハンセンが田上明を破り、防衛。
プロレス 8月9日	【東京・後楽園ホール】「NOW」旗揚げ。中心はケンドー・ナガサキ（桜田）、ジョージ高野、高野俊二など。
プロレス 8月12日	【東京・両国国技館】「G1クライマックス＆NWA世界ヘビー級王座決定トーナメント」〈決勝〉。蝶野正洋がリック・ルードを破り、優勝、獲得。（新日本）
プロレス 8月16日	【福岡国際センター】〈IWGPヘビー〉グレート・ムタ（武藤敬司）が長州力を破り、獲得。（新日本）
プロレス 8月22日	【東京・日本武道館】〈三冠ヘビー〉三沢光晴がスタン・ハンセンを破り、獲得。（全日本）
ボクシング 8月24日	【メキシコシティ・フロントンメヒコ】〈WBC世界ライト王座決定戦〉ミゲル・アンヘル・ゴンサレスがウィルフリド・ロチャを破り、獲得。

1991
｜
2000

プロレス 8月29日	【ロンドン（英）・ウェンブリーアリーナ】「サマースラム」〈WWFインターコンチネンタル〉デービーボーイ・スミスがブレット・ハートを破り、獲得。
ボクシング 9月4日	【コペンハーゲン（丁）】〈WBO世界スーパーフライ〉ジョニー・ブレダルがホセ・キリノを破り、獲得。〈WBO世界スーパーフェザー〉ジミー・ブレダルがダニエル・ロンダを破り、獲得。
ボクシング 9月6日	【サムト・プラカン（タイ）】〈IBF世界ミニマム〉マニー・メルチョルがファーラン・サックリンを破り、獲得。
ボクシング 9月9日	【東京・日本武道館】〈WBA世界スーパーライト〉モーリス・イーストが平仲明信を破り、獲得。
ボクシング 9月11日	【東京・日本武道館】〈WBA世界スーパーフライ〉鬼塚勝也が松村謙二を破り、防衛。
ボクシング 9月12日	【ラスベガスNV】〈WBA世界スーパーミドル〉マイケル・ナンがビクトル・コルドバを破り、獲得。
ボクシング 9月17日	【大阪城ホール】〈WBC世界バンタム〉ビクトル・ラバナレスが辰吉丈一郎を破り、獲得。
プロレス 9月18日	【アカプルコ（墨）】〈ナショナルライトヘビー〉リスマルクがウニベルソ・ドスミルを破り、獲得。リスマルクは史上初のNWA3階級＆ナショナル3階級制覇を達成。
プロレス 9月18日	【メキシコシティ・アレナメヒコ】「アニベルサリオ」ザ・グレート・カブキ＆ラ・フィエラ＆ピエロー・ジュニアがラヨ・デ・ハリスコ・ジュニア＆アトランティス＆キング・ハクを破る。アジャ・コング＆井上京子がソチ浜田＆前田薫を破る。
プロレス 9月21日	【大阪】〈プロレスリング世界ヘビー級王座決定戦〉高田延彦がゲーリー・オブライトを破り、獲得。新王者高田をルー・テーズ、ダニー・ホッジ、ビル・ロビンソンが祝福した。
プロレス 9月23日	【横浜アリーナ】〈NWA世界ヘビー〉蝶野正洋がスティーブ・オースティンを破り、防衛。〈IWGPヘビー〉グレート・ムタが橋本真也を破り、防衛。（新日本）
ボクシング 9月25日	【ボゲーラ（伊）】〈WBO世界ライト王座決定戦〉ジョバンニ・パリージがフランシスコ・ハビエルを破り、獲得。
ボクシング 9月26日	【浦項（韓）】〈WBA世界フライ〉アキレス・グスマンが金容江を破り、獲得。
ボクシング 9月26日	【ロンドン（英）】〈WBO世界フェザー〉ルーベン・パラシオスがコリン・マクミランを破り、獲得。
相撲 9月27日	【東京・両国国技館】優勝：貴花田（西小結）14勝1敗、技能賞：該当者なし、殊勲賞：貴花田（西小結）、敢闘賞：旭道山（東張小）、大翔鳳（西前8）
ボクシング 9月29日	【ビスマークND】〈WBA世界ライトヘビー王座決定戦〉ヴァージル・ヒルがフランク・テイトを破り、獲得。

ボクシング 10月3日	【ミラノ（伊）】〈WBC世界スーパーミドル〉ナイジェル・ベンがマウロ・ガルバノを破り、獲得。
ボクシング 10月9日	【カルタゲナ（哥）】〈WBA世界バンタム〉ホルヘ・エリセール・フリオがエディ・クックを破り、獲得。
ボクシング 10月11日	【東京・後楽園ホール】〈WBC世界ミニマム〉リカルド・ロペスがロッキー・リンを破り、防衛。
プロレス 10月12日	【サスカトーン（加）】〈WWF世界ヘビー〉ブレット・ハートがリック・フレアーを破り、獲得。
ボクシング 10月14日	【東京・両国国技館】〈WBA世界ミニマム〉大橋秀行が崔熙庸を破り、獲得。
ボクシング 10月15日	【ロンドン（英）】〈WBO世界スーパーバンタム〉デューク・マッケンジーがジェシー・ベナビデスを破り、獲得。
プロレス 10月18日	【千葉・幕張メッセ】〈IWGPヘビー〉グレート・ムタが橋本真也を破り、防衛。（新日本）
ボクシング 10月20日	【東京・後楽園ホール】〈WBC世界フライ〉勇利アルバチャコフが陳潤彦を破り、防衛。
プロレス 10月21日	【東京・日本武道館】〈三冠ヘビー〉三沢光晴が川田利明を破り、防衛。鶴田＆アンドレ・ザ・ジャイアント＆テリー・ゴディがジャイアント馬場＆スタン・ハンセン＆ドリー・ファンク・ジュニアを破る。ドリー組のマネージャーはテリー・ファンク。この試合を最後に鶴田は慢性肝炎のため戦線を離脱。実質的な引退である。（全日本）
プロレス 10月23日	【東京・日本武道館】高田延彦が北尾光司を「3分5ラウンドを戦ったすえの引き分け」をダブルクロスし、ハイキックでKO。（UWFインター）
ボクシング 10月24日	【ポートランドME】〈WBA世界ライト〉トニー・ロペスがジョーイ・ガマチェを破り、獲得。
プロレス 10月25日	【フィラデルフィアPA】〈NWA世界ヘビー〉蝶野正洋がリック・ルードに反則負け、防衛。
ボクシング 10月31日	【ロンドン（英）】〈WBA世界ウェルター〉クリサント・エスパーニャがメルドリック・テーラーを破り、獲得。
ボクシング 11月13日	【ラスベガスNV】〈WBA＆WBC＆IBF世界ヘビー〉リディック・ボウがイベンダー・ホリフィールドを破り、獲得。（年間ベストバウト）
ボクシング 11月18日	【大阪府立体育会館】〈WBA世界ライトフライ〉柳明佑が井岡弘樹を破り、獲得。
ボクシング 11月20日	【東京体育館】〈WBA世界スーパーフェザー〉ヘナロ・エルナンデスが渡辺雄二を破り、防衛。
相撲 11月22日	【福岡国際センター】優勝：曙（西大関）14勝1敗、技能賞：琴錦（東小結）、殊勲賞：該当者なし、敢闘賞：琴別府（西前14）

1991 I 2000

プロ格闘技年表事典　505

プロレス 11月22日	【東京・両国国技館】長州力＆藤波辰爾＆馳浩＆野上彰が木村健悟＆越中詩郎＆青柳政司＆斎藤彰俊を破る。〈IWGP ヘビー〉グレート・ムタがスティングを破り、防衛。〈IWGP タッグ〉スコット・ノートン＆トニー・ホームがリック・スタイナー＆スコット・スタイナーを破り、獲得。〈IWGP ジュニアヘビー〉ウルティモ・ドラゴンがエル・サムライを破り、を獲得。新日本入団テスト不合格だった浅井が、新日本デビュー戦で王者となった。（新日本）
プロレス 11月23日	【東京・両国国技館】天龍源一郎＆石川敬士＆北原光騎が木村健悟＆越中詩郎＆青柳政司を破る。〈NWA 世界ヘビー〉蝶野正洋がスコット・スタイナーを破り、防衛。（新日本）
プロレス 11月26日	【川崎市体育館】〈WWWA 世界シングル（女子）〉アジャ・コングがブル中野を破り、獲得。
ボクシング 11月29日	【サムト・プラカン（タイ）】〈IBF 世界フライ〉ピチット・シスバンプラチャンがロドルフォ・ブランコを破り、獲得。
ボクシング 12月2日	【トルトリ（伊）】〈IBF 世界スーパーバンタム〉ケネディ・マッキニーがウェルカム・ニシタを破り、獲得。
プロレス 12月4日	【東京・日本武道館】「世界最強タッグ」〈優勝戦〉三沢光晴＆川田利明が田上明＆秋山準を破って初優勝。世界タッグ王座も獲得。三沢光晴は5冠王に輝いた。〈公式戦〉スタン・ハンセン＆ジョニー・エースがテリー・ゴディ＆スティーブ・ウイリアムスと引き分ける。アンドレ・ザ・ジャイアント＆ジャイアント馬場＆ラッシャー木村が大熊元司＆永源遙＆渕正信を破る。アンドレの生涯最後の試合。（全日本）
ボクシング 12月10日	【バンコク（タイ）】〈IBF 世界ミニマム〉ラタナポン・ソーウォラピンがマニー・メルチョルを破り、獲得。
ボクシング 12月11日	【東京・有明コロシアム】〈WBA 世界スーパーフライ〉鬼塚勝也がアルマンド・カストロを破り、防衛。
プロレス 12月14日	【東京・両国国技館】〈IWGP タッグ〉ホーク・ウォリアー＆パワー・ウォリアー（佐々木健介）がスコット・ノートン＆トニー・ホームを破り、獲得。（新日本）
ボクシング 12月15日	【カラカス（委）】〈WBA 世界フライ〉デビッド・グリマンがアキレス・グスマンを破り、獲得。
プロレス 12月18日	【メキシコシティ】〈マスカラコントラマスカラ〉ピエロー・ジュニアがエル・スプレモを破る。
プロレス 12月19日	【ブレーメン（独）】〈CWA インターコンチネンタル〉バファロー・パターソン（マックス・ペイン）がウォーロードを破り、獲得。後に返上。
ボクシング 12月21日	【ブエノスアイレス（爾）】〈WBA 世界スーパーウェルター王座決定戦〉フリオ・セサール・バスケスが上山仁を破り、獲得。

プロレス 12月28日	【アトランタGA】「スターケード」「キングオブゲイブル・トーナメント」〈決勝〉スティングがビッグ・バン・ベイダーを破り、優勝。〈NWA世界ヘビー〉蝶野正洋がグレート・ムタを破り、防衛。
その他	【MVP】〈相撲・報知新聞年間最優秀力士〉貴花田光司〈相撲・年間最多勝〉貴花田光司、60勝30負0休〈ボクシング・日本・コミッション〉鬼塚勝也〈ボクシング・アメリカ・リング誌〉リディック・ボウ〈プロレス・日本・東京スポーツ〉高田延彦

1991
|
2000

1993年

プロレス 1月2日	【東京・後楽園ホール】〈ヘビー級バトルロイヤル〉優勝：小橋建太（全日本）
プロレス 1月3日	【東京・後楽園ホール】〈ジュニアヘビー級バトルロイヤル〉優勝：菊地毅（全日本）
プロレス 1月4日	【東京ドーム】〈NWA 世界* & IWGP ヘビー〉グレート・ムタ（武藤敬司）が蝶野正洋*を破り、獲得、防衛。天龍源一郎が長州力を破る（年間ベストバウト）。（新日本）
プロレス 1月4日	【東京ドーム】〈IWGP ジュニアヘビー〉獣神サンダー・ライガーがウルティモ・ドラゴンを破り、獲得。（新日本）
ボクシング 1月10日	【リノ NV】〈IBF 世界ライト王座決定戦〉フレディ・ペンデルトンがトレーシー・スパンを破り、獲得。
ボクシング 1月12日	【ブエノスアイレス（爾）】〈WBA 世界スーパーライト〉ファン・マルチン・コッジがモーリス・イーストを破り、獲得。
ボクシング 1月16日	【サンアントニオ TX】〈IBF 世界スーパーフライ〉フリオ・セサール・バルボアがロバート・キロガを破り、獲得。
プロレス 1月23日	【東京】「第1回メガバトル・トーナメント」〈決勝〉クリス・ドールマンがディック・フライを破って優勝。（リングス）
相撲 1月24日	【東京・両国国技館】優勝：曙（東大関）13勝2敗、技能賞：若花田（東前3）、殊勲賞：該当者なし、敢闘賞：若翔洋（西前3）、大翔山（西前14）。場所後、曙太郎に横綱免許が授与される。

【曙太郎】（生）1969（出生地）米（初）1988（人物評）第64代横綱。2メートルを超える身長、200キロを超える体重で怪物的な強さを発揮した。1993年3月に綱を張り、98年2月の長野冬季オリンピックでは開会式で横綱土俵入り。2000年11月、11回目の優勝を遂げた翌場所、両膝のケガの悪化で全休し、場所後、回復がこれ以上見込めないなどの理由で引退した。しかし、2003年11月、日本相撲協会に退職願を提出し、大晦日のK-1でボブ・サップと対戦、KO負けした。そして05年にはプロレスにも進出した。

プロレス 1月30日	【千葉県体育館】〈世界タッグ〉テリー・ゴディ＆スティーブ・ウイリアムスが三沢光晴＆川田利明を破り、獲得。（全日本）
プロレス 1月31日	【メキシコシティ】〈UWA 世界ヘビー〉バンピーロ・カナディエンセがカネックを破り獲得。
ボクシング 2月10日	【東京体育館】〈WBA 世界ミニマム〉チャナ・ポーパオインが大橋秀行を破り、獲得。
ボクシング 2月12日	【ランダニズ（丁）】〈WBO 世界ウェルター〉ゲルト・ボー・ヤコブセンがマニング・ギャロウェイを破り、獲得。

508　プロ格闘技年表事典

ボクシング 2月13日	【ハンブルグ（独）】〈WBO 世界クルーザー〉マルクス・ボットがタイロン・ブーズを破り、獲得。
ボクシング 2月13日	【ラスベガス NV】〈IBF 世界スーパーミドル〉ジェームズ・トニーがアイラン・バークレーを破り、獲得。
プロレス 2月13日	【愛知・東海市民体育館】「PWC」旗揚げ。中心は高野兄弟。
プロレス 2月21日	【アシュビル NC】〈NWA 世界ヘビー〉バリー・ウインダムがグレート・ムタを破り、獲得。
ボクシング 2月27日	【ムーラン（仏）】〈IBF 世界フェザー〉トム・ジョンソンがマヌエル・メディナを破り、獲得。
プロレス 2月28日	【東京・日本武道館】〈三冠ヘビー〉三沢光晴が田上明を破り、防衛。（全日本）
ボクシング 3月6日	【ニューヨーク NY・MSG】〈WBC 世界ウェルター〉パーネル・ウィテカーがバディ・マクガートを破り、獲得。
ボクシング 3月13日	【ラスベガス NV】〈WBC 世界 & IBF* 世界ライトフライ〉マイケル・カルバハルがウンベルト・ゴンザレスを KO で破り、統一。（年間ベストバウト）
ボクシング 3月13日	【ラスベガス NV】〈WBC 世界ライトフライ〉マイケル・カルバハルがウンベルト・ゴンザレスを破り、獲得。
プロレス 3月16日	【岩手・矢巾町民総合体育館】「みちのくプロレス」旗揚げ。中心はグレート・サスケ。
プロレス 3月17日	【ダブリン（愛）】〈WCW 世界ヘビー〉ベイダーがスティングを破り、獲得。スティングは 6 日天下。
ボクシング 3月20日	【ロッブリー（タイ国）】〈WBC 世界フライ〉ユーリ海老原アルバチャコフがムアンチャイ・キティカセムを破り、防衛。（年間ベストバウト）
ボクシング 3月20日	【デュッセルドルフ（独）】〈IBF 世界ライトヘビー〉ヘンリー・マスケがチャールズ・ウィリアムズを破り、獲得。
ボクシング 3月20日	【ロッブリー（タイ）】〈WBC 世界フライ〉ユーリ海老原アルバチャコフがムアンチャイ・キティカセムを破り、防衛。（年間ベストバウト）
相撲 3月28日	【大阪府立体育会館】優勝：若花田（東小結）14 勝 1 敗、技能賞：若花田（東小結）、殊勲賞：若花田（東小結）、旭道山（東前 2）、敢闘賞：若翔洋（西小結）
ボクシング 3月28日	【慶州（韓）】〈WBC 世界バンタム〉辺丁一がビクトル・ラバナレスを破り、獲得。
プロレス 4月2日	【横浜アリーナ】全日本女子プロレスを中心に女子オールスター戦が行われる。試合終了は翌日の午前 0 時 18 分。多くのファンが終電を逃した。実質的なメインは後ろから 2 番めに行われた、北斗晶が神取忍を破った試合だった。

1991
|
2000

プロ格闘技年表事典　509

プロレス 4月4日	【ラスベガス NV】「レッスルマニア」WWF 世界ヘビー級王座がブレット・ハートからヨコヅナへ、そしてハルク・ホーガンへと移動。
ボクシング 4月17日	【ワシントン（英）】〈WBO 世界フェザー王座決定戦〉スティーブ・ロビンソンがジョン・ダヴィソンを破り、獲得。
プロレス 4月21日	【横浜文化体育館】「チャンピオンカーニバル」〈決勝〉スタン・ハンセンが三沢光晴を破り、優勝。（全日本）
ボクシング 4月28日	【ダブリン（愛）】〈WBC 世界フェザー〉グレゴリオ・バルガスがポール・ホドキンソンを破り、獲得。
プロレス 4月30日	【メキシコシティ】「トリプレマニア」〈マスカラコントラカベジェラ〉ペロ・アグアヨがマスカラ・アニョ・ドスミルを破る。ドスミルは素顔となる。
その他 4月30日	【東京・代々木体育館】「K-1 GRAND PRIX '93 〜 10 万ドル争奪格闘技世界最強トーナメント」ブランコ・シカティック（クロアチア）がアーネスト・ホーストを破り優勝。佐竹雅昭は準決勝でシカティックに敗退。
ボクシング 5月8日	【ラスベガス NV】〈WBC 世界ヘビー〉レノックス・ルイスがトニー・タッカーを破り、防衛。ルイスは前年暮、リディック・ボウの WBC 王座剥奪により、王座についていた。〈WBC 世界ミドル〉ジェラルド・マクラレンがジュリアン・ジャクソンを破り、獲得。
ボクシング 5月15日	【アトランティックシティ NJ】〈IBF 世界スーパーライト王座決定戦〉チャールズ・マーレーがロドニー・モアを破り、獲得。
ボクシング 5月15日	【グラスゴー（英）】〈WBO 世界フライ〉ジェイコブ・マトララがパット・クリントンを破り、獲得。〈WBO 世界ミニマム王座決定戦〉ポール・ウェアーがフェルナンド・マルティネスを破り、獲得。
ボクシング 5月19日	【レイスター（英）】〈WBO 世界ミドル王座決定戦〉クリス・ピアットがスンブ・カランベイを破り、獲得。
プロレス 5月20日	【札幌・中島体育センター】〈世界タッグ〉川田利明＆田上明がテリー・ゴディ＆スティーブ・ウイリアムスを破り、獲得。（全日本）
ボクシング 5月21日	【東京・日本武道館】〈WBA 世界スーパーフライ〉鬼塚勝也が林在新を破り、防衛。
プロレス 5月21日	【札幌・中島体育センター】〈三冠ヘビー〉三沢光晴がスタン・ハンセンを破り、防衛。〈世界ジュニアヘビー〉ダニー・クロファットが渕正信を破り、獲得。渕は同王座を 3 年 7 ケ月保持、14 回の防衛に成功していた。（全日本）
ボクシング 5月22日	【ワシントン DC】〈IBF 世界ミドル王座決定戦〉ロイ・ジョーンズ・ジュニアがバーナード・ホプキンスを破り、獲得。

【ロイ・ジョーンズ・ジュニア】（生）1969（出生地）米（主

要王座）IBF 世界ミドル、IBF 世界スーパーミドル、WBC 世界ライトヘビー、WBA 世界ライトヘビー、IBF 世界ライトヘビー、WBA 世界ライトヘビー級スーパー、WBA 世界ヘビー、WBC 世界ライトヘビー、WBA 世界ライトヘビー級スーパー（初）1989（人物評）1988 年 10 月 2 日、ソウルオリンピックライトミドル級銀メダリスト。ミドル級出身でヘビー級の王座を獲得した（史上 2 人目）。ボクシング史上屈指の身体能力の持ち主で、相手に合わせてスタイルを変える。また、昼にプロでバスケットの試合をした夜にリングに上がることもあった。重量級としては圧倒的にスピードがあり、防御も巧い。2018 年 2 月 8 日の試合を最後に引退した。

【バーナード・ホプキンス】（生）1965（出生地）米（主要王座）WBA・WBC・IBF・WBO 世界ミドル級スーパー、WBC 世界ライトヘビー、WBA・IBF 世界ライトヘビー（初）1988（人物評）史上初めて主要 4 団体（WBA・WBC・IBF・WBO）の王座を統一した。2004 年、オスカー・デラ・ホーヤをワンサイドで圧倒。14 年 4 月には 49 歳 3 ヵ月で WBA 世界ライトヘビー級スーパー王座獲得に成功、自身の持つ最年長王座獲得記録を更に更新すると共に最年長防衛記録も更新した。当初はダーティテクニックとマスコミとの折り合いの悪さから不人気で、現在は改善されたもののファンの真の尊敬を勝ち得るところまでは至っていない。

相撲 5月23日	【東京・両国国技館】優勝：貴ノ花（東大関）14 勝 1 敗、技能賞：貴闘力（西前 6）、殊勲賞：若花田（西関脇）、敢闘賞：貴ノ浪（東小結）
プロレス 5月23日	【グアダラハラ（墨）】〈NWA 世界ミドル〉オロがマノ・ネグラを破り、獲得。
プロレス 6月2日	【栃木・小山ゆうえんちスケートセンター】〈アジアタッグ〉パトリオット＆ジ・イーグルが小橋健太＆菊地毅を破り、獲得。（全日本）
ボクシング 6月7日	【ラスベガス NV】〈WBO 世界ヘビー王座決定戦〉トミー・モリソンがジョージ・フォアマンを破り、獲得。〈WBO 世界スーパーライト〉ザック・パディラがカルロス・ゴンザレスを破り、獲得。
ボクシング 6月9日	【ロンドン（英）】〈WBO 世界スーパーバンタム〉ダニエル・ヒメネスがデューク・マッケンジーを破り、獲得。
プロレス 6月14日	【大阪府立体育会館】「トップ・オブ・ザ・スーパー・ジュニア IV」〈決勝〉ペガサス・キッドがエル・サムライを破り、優勝。（新日本）
プロレス 6月15日	【東京・日本武道館】〈IWGP ヘビー〉グレート・ムタがザ・グレート・カブキに反則勝ち、防衛。（新日本）

1991
|
2000

プロ格闘技年表事典　511

ボクシング 6月19日	【サンディエゴCA】〈IBF世界ウェルター〉フェリックス・トリニダードがモーリス・ブロッカーを破り、獲得。
ボクシング 6月21日	【大阪府立体育会館】〈WBA世界フライ〉デビッド・グリマンが井岡弘樹を破り、獲得。
ボクシング 6月23日	【東京・後楽園ホール】〈WBA世界スーパーライト〉ファン・マルチン・コッジが吉野弘幸を破り、防衛。
ボクシング 6月26日	【サンシティ（南ア）】〈WBA世界ライト〉ディンガン・トベラがトニー・ロペスを破り、獲得。
ボクシング 6月26日	【ハンブルグ（独）】〈WBO世界クルーザー〉ネストル・ジョバンニーニがマルクス・ボットを破り、獲得。
プロレス 7月3日	【グラーツ（墺）】〈CWAインターコンチネンタル〉デビッド・ファインレーがロバート・フラッシャーを破り、獲得。後に返上。〈CWA世界ジュニアヘビー王座決定戦〉山本広吉（天山）がランス・ストームを破り、獲得。
ボクシング 7月16日	【神戸ワールド記念ホール】〈WBC世界フライ〉勇利アルバチャコフがイサイアス・サムディオを破り、防衛。
相撲 7月18日	【名古屋・愛知県体育館】優勝：曙（東横綱）13勝2敗、技能賞：若ノ花（東関脇）、殊勲賞：安芸ノ島（東前10）、敢闘賞：琴錦（西前1）
プロレス 7月18日	【ビロクスィMS】〈NWA世界ヘビー〉リック・フレアーがバリー・ウインダムを破り、獲得。フレアーはWWFからWCWに復帰していた。
ボクシング 7月22日	【大阪府立体育会館】〈WBC世界バンタム暫定王座決定戦〉辰吉丈一郎がビクトル・ラバナレスを破り、獲得。
ボクシング 7月25日	【慶州（韓）】〈WBA世界ライトフライ〉柳明佑が細野雄一を破り、防衛。
プロレス 7月29日	【東京・日本武道館】〈三冠ヘビー〉三沢光晴が川田利明を破って防衛。スタン・ハンセンが小橋健太を破る。ザ・デストロイヤーの引退セレモニーも行われた。（全日本） 【小橋健太】(生) 1967 (出生地) 京都 (主要王座) 三冠ヘビー (初) 1988 (人物評) デビュー後の出世が速く、1989年3月にはデビュー1年でジャイアント馬場と組んで、川田利明&サムソン冬木のアジアタッグ王座に挑戦した。チョップの連発、青春握り拳、ラウンディング・ボディ・プレス。1990年代「ブドカン」つまり、日本武道館を世界共通語にした功績は、若い頃から自分の試合をビデオで見続けた努力の開花。職業はプロレス、趣味は稽古。2004年東京ドームでの対秋山戦が私的ベストバウトである。
プロレス 8月1日	【メキシコシティ】〈マスカラコントラマスカラ〉ドス・カラスがヤマトを破る。ヤマトの正体はキム・ドク。

プロレス 8月5日	【東京・両国国技館】〈IWGPタッグ〉スコット・ノートン&ヘラクレス・ヘルナンデスがホーク・ウォリアー&パワー・ウォリアー（佐々木健介）を破り、獲得。（新日本）
プロレス 8月8日	【東京・両国国技館】「G1クライマックス」〈決勝〉藤波辰爾が馳浩をサソリ固めで破り、優勝。
プロレス 8月21日	【群馬・桐生市民体育館】「SPWF」旗揚げ。中心は元SWS谷津嘉章。
プロレス 8月23日	【静岡産業館】〈世界ジュニアヘビー〉渕正信がダニー・クロファットを破り、獲得。（全日本）
プロレス 9月3日	【東京・日本武道館】〈三冠ヘビー〉三沢光晴がスティーブ・ウイリアムスを破り、防衛。〈世界タッグ〉スタン・ハンセン&テッド・デビアスが川田利明&田上明を破り、獲得。（全日本）
プロレス 9月3日	【ラスベガスNV】「NWA総会」。WCWはNWAから脱退。テッド・ターナーのターナー・ブロードキャスティング・システム（WTBS）は選手権名からNWAを外す。すなわちリック・フレアーの保持するNWA認定世界ヘビー級選手権は単に「世界ヘビー級選手権」と呼ばれ、フレアーが持ち続けたベルトはWCWインターナショナルヘビー級のものとなる。アーン・アンダーソン&ポール・ローマの保持するWCW
プロレス 9月9日	【埼玉・大宮市民体育館】〈アジアタッグ〉ダグ・ファーナス&ダニー・クロファットがパトリオット&ジ・イーグルを破り、獲得。（全日本）
ボクシング 9月10日	【サンアントニオTX】〈WBC世界ウェルター〉パーネル・ウィテカーがフリオ・セサール・チャベスと引き分け、防衛。
プロレス 9月20日	【名古屋・愛知県体育館】〈IWGPヘビー〉橋本真也がグレート・ムタ（武藤敬司）を破り、獲得。（新日本）
プロレス 9月21日	【千葉浦安・東京ベイNKホール】「パンクラス」旗揚げ。鈴木みのるが稲垣克臣を、ウェイン・シャムロックが船木誠勝を破る。「秒殺」がキャッチフレーズとなる。
相撲 9月26日	【東京・両国国技館】優勝：曙（東横綱）14勝1敗、技能賞：智ノ花（東前10）、舞の海（東前14）、殊勲賞：該当者なし、敢闘賞：久島海（東前13）
プロレス 9月30日	【ウィーン（墺）】〈WWSヘビー〉ジム・ドゥガンがドインクII（スティーブ・カーン）を破り、獲得。
ボクシング 10月1日	【ブエノスアイレス（爾）】〈WBA世界ミドル〉ジョン・デビッド・ジャクソンがレジー・ジョンソンを破り、獲得。
プロレス 10月1日	【メキシコシティ・アレナメヒコ】EMLL創立60年記念試合「アニベルサリオ」〈マスカラコントラマスカラ〉アトランティスがマノ・ネグラを破る。
ボクシング 10月16日	【ベルファスト（英）】〈WBO世界ウェルター王座決定戦〉イーモン・ローランがロレンゾ・スミスを破り、獲得。

1991
｜
2000

ボクシング 10月21日	【東京・後楽園ホール】〈WBA世界ライトフライ王座決定戦〉レオ・ガメスが八尋史朗を破り、獲得。
ボクシング 10月23日	【アトランティックシティNJ】〈WBA世界バンタム〉ジュニア・ジョーンズがホルヘ・エリセール・フリオを破り、獲得。
プロレス 10月23日	【東京・日本武道館】〈三冠ヘビー〉三沢光晴がスタン・ハンセンを破り、防衛。(全日本)
プロレス 10月26日	【メキシコシティ】アレナ・コリセオでの試合中にオロ(22歳)が急死。
ボクシング 10月29日	【タルサOK】〈WBO世界ヘビー〉マイケル・ベントがトミー・モリソンを破り、獲得。
ボクシング 10月30日	【ヨハネスブルグ(南ア)】〈WBA世界ライト〉オルズベック・ナザロフがディンガン・トベラを破り、獲得。

【オルズベック・ナザロフ】(生)1966(出生地)キルギスタン(主要王座)WBA世界ライト(初)1990(人物評)1989年秋、勇利アルバチャコフ等と共にアントニオ猪木の橋渡しでソ連から来日した。93年10月南アフリカでディンガン・トベラを破り、WBA世界ライト級王座を獲得した。95年5月の3度目の防衛戦からは日本国内で試合を行うが知名度が低いため、観客動員、テレビ局の注目度合いも低く、大したファイトマネーも得られない。そのため協栄ジムを離れフランスに拠点を移し、世界王座の防衛を続けた。

ボクシング 10月30日	【フェニックスAZ】〈WBO世界スーパーウェルター王座決定戦〉バーノ・フィリップスがルペ・アキノを破り、獲得。
ボクシング 11月5日	【パリ(仏)】〈WBA世界クルーザー王座決定戦〉オーリン・ノリスがマルセロ・ビクトル・フィゲロアを破り、獲得。
ボクシング 11月6日	【東京・有明コロシアム】〈WBAスーパーフライ〉鬼塚勝也がタノムサク・シスボーベーを破り、防衛。
ボクシング 11月6日	【ラスベガスNV】〈WBA & IBF世界ヘビー〉イベンダー・ホリフィールドがリディック・ボウを破り、獲得。7R、ジェームス・ジャレット・ミラーなる人物がパラシュートでリングに落下。試合は一時中断し、ボウの妻は驚いて失神した。試合集中できなくなったボウは、唯一のプロキャリア唯一の敗戦となった。
その他 11月12日	【デンバーCO】「UFC 1」開催される。(WOWプロモーションズとSEG)
ボクシング 11月13日	【浦項(韓)】〈WBC世界スーパーフライ〉ホセ・ルイス・ブエノが文成吉を破り、獲得。
ボクシング 11月18日	【東京・後楽園ホール】〈WBA世界スーパーバンタム〉ウィルフレド・バスケスが横田広明を破り、防衛。

相撲 11月21日	【福岡国際センター】優勝：曙（東横綱）13勝2敗、技能賞：智ノ花（西前2）、殊勲賞：武蔵丸（西張関）、敢闘賞：小城錦（東前16）
その他 11月27日	【千葉浦安・東京ベイNKホール】ビタリ・クリチコ対柳澤龍志（パンクラス）、船木誠勝（パンクラス）対モーリス・スミス、〈全日本フェザー〉立嶋篤史（前王者）対前田憲作（現王者）が行われる。（全日本キック）
	【ビタリ・クリチコ】（生）1971（出生地）キルギス・ソビエト社会主義共和国（主要王座）WBO世界ヘビー（初）1996（人物評）現在の国籍はウクライナであり、首都キエフ市の市長でもある。ペレストロイカ路線の中、1989年にキックボクシングのリングでデビューした。93年には来日して、当時パンクラスの柳澤龍志と対戦、勝利した。その後アマチュアボクシングを経て、96年プロボクシングデビュー。弟のウラジミール・クリチコもヘビー級プロボクサーで、世界王座についた。
プロレス 12月3日	【東京・日本武道館】「世界最強タッグ」〈公式戦〉三沢光晴＆小橋健太が川田利明＆田上明を破り、優勝。世界タッグ王座も獲得。三沢光晴は再び5冠王になった。〈公式戦〉ジャイアント馬場＆スタン・ハンセンがスティーブ・ウイリアムス＆ビッグ・ブーバーを破る。（全日本）
ボクシング 12月4日	【リノNV】〈WBC世界フェザー〉ケビン・ケリーがグレゴリオ・バルガスを破り、獲得。
ボクシング 12月4日	【光明（韓）】〈WBA世界フェザー〉エロイ・ロハスが朴永均を破り、獲得。
プロレス 12月5日	【東京・神宮球場】〈世界ヘビー〉高田延彦がベイダーを破り、防衛。（UWFインター）
プロレス 12月10日	【盛岡】〈マスカラコントラマスカラ〉スペル・デルフィンがSATOを破る。（みちのく）
プロレス 12月10日	【名古屋・愛知県体育館】〈IWGPヘビー〉橋本真也が武藤敬司を破り、防衛。（新日本）
ボクシング 12月13日	【京都市民体育館】〈WBC世界フライ〉勇利アルバチャコフがチャ・ナムフンを破り、防衛。
プロレス 12月13日	【大阪府立体育会館】〈IWGPヘビー〉橋本真也がパワー・ウォリアー（佐々木健介）を破り、防衛。（新日本）
ボクシング 12月18日	【プエブラ（墨）】〈WBC世界スーパーウェルター〉サイモン・ブラウンがテリー・ノリスを破り、獲得。
ボクシング 12月22日	【コンダード（PR）】〈WBO世界ミニマム〉アレックス・サンチェスがオーランド・マローンを破り、獲得。

1991
|
2000

プロ格闘技年表事典　515

| ボクシング 12月23日 | 【名古屋・愛知県体育館】〈WBC 世界バンタム〉薬師寺保栄が辺丁一を破り、獲得。 |

【薬師寺保栄】（生）1968（出生地）大分（主要王座）WBC 世界バンタム（初）1987（人物評）元暴走族。1989 年 1 月 15 日の成人式道交法違反（共同危険行為＝暴走）。日本ボクシングコミッションから 6 か月間の対外試合禁止処分を受ける。が、その間の東南アジアが飛躍のきっかけとなり、長身を生かしたアウトボクシングと右ストレートで頭角を顕す。その存在感を増し、評価が上がったのは、不利の予想を覆した 94 年 12 月辰吉をフルラウンドの激闘の末、2 － 0 の判定で降した一戦である。

| プロレス 12月27日 | 【シャーロット NC】「スターケード」〈WCW 世界ヘビー〉リック・フレアーがベイダーを破り、獲得。 |

| プロレス | 【不明（神奈川県）】元 NOW の鶴見五郎、元オリエンタルプロレスの高杉正彦が「レスリング・ユニオン」を設立。鶴見、高杉はそれぞれその傘下団体として「IWA 格闘志塾」、「IWA 湘南」を旗揚げした。 |

| その他 | 【MVP】〈相撲・報知新聞年間最優秀力士〉曙太郎〈相撲・年間最多勝〉曙太郎、76 勝 14 負 0 休〈ボクシング・日本・コミッション〉勇利アルバチャコフ〈ボクシング・アメリカ・リング誌〉マイケル・カルバハル〈プロレス・日本・東京スポーツ〉天龍源一郎 |

1994年

プロレス 1月2日	【東京・後楽園ホール】〈ヘビー級バトルロイヤル〉優勝：スタン・ハンセン（全日本）
プロレス 1月3日	【東京・後楽園ホール】〈ジュニアヘビー級バトルロイヤル〉優勝：浅子覚（全日本）
プロレス 1月4日	【東京ドーム】天龍源一郎が猪木を破る。〈IWGPヘビー〉橋本真也は蝶野正洋を破り、防衛。〈IWGPタッグ〉ホーク・ウォリアー＆パワー・ウォリアー（佐々木健介）はヘラクレス・ヘルナンデス＆スコット・ノートンを破り、獲得。長州力が藤原喜明を破る。ハルク・ホーガンが藤波辰爾を破る。（新日本）
プロレス 1月21日	【東京】「バトル・ディメンション・トーナメント」〈決勝〉前田日明がビタージ・タリエルを破り、優勝。（リングス）
プロレス 1月21日	【東京・後楽園ホール】「格闘技塾武輝道場」旗揚げ。北尾光司主宰が士道館などのバックアップを得た。
相撲 1月23日	【東京・両国国技館】優勝：貴ノ花（大関）14勝1敗、技能賞：武蔵丸（東関脇）、殊勲賞：武双山（西前3）、敢闘賞：貴ノ浪（西関脇）
ボクシング 1月29日	【ラスベガスNV】〈WBC世界スーパーライト〉フランキー・ランドールがフリオ・セサール・チャベスを破り、獲得。
ボクシング 2月13日	【チャチェンサオ（タイ）】〈WBA世界フライ〉セーン・ソー・プロエンチットがデビッド・グリマンを破り、獲得。
ボクシング 2月13日	【アトランティックシティNJ】〈IBF世界スーパーライト〉ジェイク・ロドリゲスがチャールズ・マーレーを破り、獲得。
プロレス 2月15日	【横浜・新横浜グレイスホテル】正午から行われた記者会見でUWFインターナショナル幹部が賞金である1億円の札束を前に、各団体エース宛ての招待状を発送することを約束。週刊プロレスは招待状を手にした鈴木健取締役を表紙に、「夢と1億円」「Uインターがまたやってくれた！」
ボクシング 2月19日	【ロサンゼルスCA】〈WBC＆IBF世界ライトフライ〉ウンベルト・ゴンザレスがマイケル・カルバハルを破り、獲得。〈IBF世界ライト〉ラファエル・ルエラスがフレディ・ペンデルトンを破り、獲得。
ボクシング 2月26日	【ロンドン（英）】〈WBA世界スーパーミドル〉スティーブ・リトルがマイケル・ナンを破り、獲得。
ボクシング 3月2日	【東京体育館】〈WBA世界スーパーバンタム〉ウィルフレド・バスケスが葛西裕一を破り、防衛。
プロレス 3月2日	【東京・両国国技館】大仁田厚＆ターザン後藤が天龍源一郎＆阿修羅・原を破る（年間ベストバウト）。（WAR）
ボクシング 3月4日	【ラスベガスNV】〈WBC世界ライトヘビー暫定王座決定戦〉マイク・マッカラムがランドール・ヨンカーを破り、獲得。

1991
|
2000

プロ格闘技年表事典　517

ボクシング 3月5日	【ロサンゼルス CA】〈WBO 世界スーパーフェザー〉オスカー・デ・ラ・ホーヤがジミー・ブレダルを破り、獲得。

【オスカー・デ・ラ・ホーヤ】（生）1973（出生地）米（主要王座）WBO 世界スーパーフェザー、WBO 世界ライト、IBF 世界ライト、WBC 世界スーパーライト、WBC 世界ウェルター、WBC 世界スーパーウェルター、WBA・WBC スーパーウェルター級スーパー、WBO 世界ミドル、WBC 世界スーパーウェルター（初）1992（人物評）92 年バルセロナ五輪ライト級金から鳴り物入りでプロ入りし、史上初の 6 階級制覇を成し遂げた。基本に忠実なオーソドックス・スタイルで、インファイトからアウトボクシングまで完璧にこなす。強打も併せ持ち KO 率は 75% を上回る。現役中に歌手デビューも果たしグラミー賞にもノミネートされた。08 年 12 月 6 日、マニー・パッキャオに敗れて引退した。

プロレス 3月5日	【東京・日本武道館】三沢光晴＆小橋健太がジャイアント馬場＆スタン・ハンセンを破る。馬場は 56 歳とは思えない粘りを見せた。この日は全試合ノンタイトル。しかし、観衆 16,300 人の超満員札止めだった。（全日本）
プロレス 3月11日	【東京・後楽園ホール】「新格闘プロレス」旗揚げ。元平成維震軍の青柳政司主宰。
プロレス 3月17日	【ミュンヘン（独）】ミック・フォーリー（カクタス・ジャック）がベイダー戦、耳がロープにはさまり切断される。（WCW）
ボクシング 3月19日	【神戸ワールド記念ホール】〈WBA 世界フェザー〉エロイ・ロハスが浅川誠二を破り防衛。
ボクシング 3月19日	【ロンドン（英）】〈WBO 世界ヘビー〉ハービー・ハイドがマイケル・ベントを破り、獲得。
ボクシング 3月19日	【ハマンスクラール（南ア）】〈WBA 世界ライト〉オルズベック・ナザロフがディンガン・トベラを破り、防衛。
プロレス 3月20日	【ニューヨーク NY・MSG】「レッスルマニア」〈WWF 世界ヘビー〉ブレット・ハートがヨコヅナを破り、獲得。
プロレス 3月21日	【名古屋・愛知県体育館】〈IWGP ヘビー〉橋本真也がスコット・ノートンを破り、防衛。（新日本）
相撲 3月27日	【大阪府立体育会館】優勝：曙（東横綱）12 勝 3 敗、技能賞：小城錦（東前 6）、琴錦（東関脇）、殊勲賞：魁皇（西前 1）、敢闘賞：寺尾（西前 2）、貴闘力（東前 12）
ボクシング 4月3日	【東京・両国国技館】〈WBA 世界スーパーフライ〉鬼塚勝也が李承九を破り、防衛。
プロレス 4月4日	【広島グリーンアリーナ】〈IWGP ヘビー〉藤波辰爾が橋本真也を破り、獲得。（新日本）

518　プロ格闘技年表事典

ボクシング 4月16日	【名古屋・稲永スポーツセンター】〈WBC 世界バンタム〉薬師寺保栄がホセフィノ・スアレスを破り、防衛。
プロレス 4月16日	【東京・両国国技館】「スーパー J カップ 1st ステージ」〈決勝〉ワイルド・ペガサスがグレート・サスケを破り、優勝。藤波辰爾から WWWF ジュニアのベルトを贈られた。このイベントはライガーのプロデュースした日本の5団体と外人選手＆計14人のトーナメント。ハヤブサらがブレイク。（新日本）
プロレス 4月16日	【東京・日本武道館】「チャンピオンカーニバル」〈決勝〉川田利明がスティーブ・ウイリアムスを破り、優勝。（全日本）
ボクシング 4月22日	【ラスベガス NV】〈WBA & IBF 世界ヘビー〉マイケル・モーラーがイベンダー・ホリフィールドを破り、獲得。〈WBA 世界バンタム〉ジョン・マイケル・ジョンソンがジュニア・ジョーンズを破り、獲得。
プロレス 5月1日	【福岡ドーム】〈IWGP ヘビー〉橋本真也が藤波辰爾を破り、獲得。猪木はムタを破るも内容的にはおいしいところを取られる。（新日本）
ボクシング 5月4日	【横浜文化体育館】〈WBC 世界スーパーフライ〉川島郭志がホセ・ルイス・ブエノを破り、獲得。 【川島郭志】（生）1970（出生地）徳島（主要王座）WBC 世界スーパーフライ（初）1988（人物評）「アンタッチャブル」と称された防御技術に加え、サウスポーからのカウンターに光るものがあった。デビュー当時、鬼塚勝也、ピューマ渡久地（1987年インターハイでこの2人を破る）とともに平成三羽烏と呼ばれたが、東日本新人王決勝戦で渡久地に KO 負け、91年1月の試合では左拳を骨折ともたつく。しかし、ボクサーの鑑とも言うべき練習態度で、94年5月、WBC 世界スーパーフライ級王者ホセ・ルイス・ブエノを破り世界に届いた。
プロレス 5月5日	【川崎球場】天龍源一郎が大仁田厚を破る。大仁田は1年後の引退を宣言。（FMW）
ボクシング 5月7日	【ラスベガス NV】〈WBC 世界スーパーウェルター〉テリー・ノリスがサイモン・ブラウンを破り、獲得。〈WBC 世界スーパーライト〉フリオ・セサール・チャベスがフランキー・ランドールを破り、獲得。〈WBC 世界スーパーフェザー〉ジェシー・ジェイムス・レイハがアズマー・ネルソンを破り、獲得。
プロレス 5月7日	【横浜アリーナ】「WWF マニアツアー」メインはブレット・ハート対ランディ・サベージ。天龍源一郎、新崎人生、ブル中野、青柳政志らも参戦しボブ・バックランドやリック・マーテルも同行したが動員に失敗。
ボクシング 5月11日	【シェフィールド（英）】〈WBO 世界ミドル〉スティーブ・コリンズがクリス・ピアットを破り、獲得。

1991
|
2000

プロ格闘技年表事典　519

プロレス 5月21日	【東京・後楽園ホール】「IWA・JAPAN」旗揚げ。ビクター・キニョネスがW★INGプロモーション崩壊後、金村ゆきひろ、荒谷信孝を中心に設立した。
相撲 5月22日	【東京・両国国技館】優勝：貴ノ花（西大関）14勝1敗、技能賞：舞の海（西前12）、殊勲賞：寺尾（西小結）、敢闘賞：貴闘力（西前1）
プロレス 5月27日	【ティファナ（墨）】「トリプレマニアII」〈カベジェラコントラカベジェラ〉コナンがジェイク・ロバーツを破る。
プロレス 6月1日	【仙台市体育館】〈IWGPヘビー〉橋本真也が藤原喜明を破り、防衛。（新日本）
プロレス 6月3日	【東京・日本武道館】〈三冠ヘビー〉三沢光晴が川田利明を破り、防衛。（全日本）
ボクシング 6月4日	【ルバロアベル（仏）】〈WBA世界ウェルター〉アイク・クォーティがクリサント・エスパーニャを破り、獲得。
プロレス 6月13日	【大阪府立体育会館】「ベスト・オブ・ザ・スーパー・ジュニア」〈決勝〉ライガーがスペル・デルフィンを破り、優勝。（新日本）
プロレス 6月15日	【東京・日本武道館】〈IWGPヘビー〉橋本真也が長州力を破り、防衛。（新日本）
プロレス 7月12日	【鹿児島アリーナ】〈世界ジュニアヘビー〉ダニー・クロファットが渕正信を破り、獲得。（全日本）
ボクシング 7月15日	【フェニックスAZ】〈WBO世界ライトフライ〉マイケル・カルバハルがホセ・カマチョを破り、獲得。
ボクシング 7月16日	【ユタラリッド（タイ）】〈WBA世界バンタム〉ダオルン・チュワタナがジョン・マイケル・ジョンソンを破り、獲得。
相撲 7月17日	【名古屋・愛知県体育館】優勝：武蔵丸（西大関）15勝、技能賞：舞の海（東前4）、殊勲賞：濱ノ嶋（東前2）、敢闘賞：貴闘力（西張小）
プロレス 7月17日	【オーランドFL】〈WCW世界ヘビー〉ハルク・ホーガンがリック・フレアーを破り、獲得。
ボクシング 7月23日	【ビスマークND】〈WBC世界ライトヘビー〉マイク・マッカラムがジェフ・ハーディングを破り、獲得。正規王座
プロレス 7月28日	【東京・日本武道館】〈三冠ヘビー〉スティーブ・ウイリアムスが三沢光晴を破り、獲得。（全日本）
ボクシング 7月29日	【ラスベガスNV】〈WBO世界ライト王座決定戦〉オスカー・デ・ラ・ホーヤがホルヘ・バレスを破り、獲得。
ボクシング 7月30日	【ロンドン（英）】〈WBO世界バンタム〉アルフレッド・コティがラファエル・デル・バーレを破り、獲得。
ボクシング 7月31日	【名古屋・愛知県体育館】〈WBC世界バンタム〉薬師寺保栄が辺丁一を破り、防衛。
ボクシング 8月1日	【東京・有明コロシアム】〈WBC世界フライ〉勇利アルバチャコフがウーゴ・ソトを破り、防衛。

ボクシング 8月7日	【東京・有明コロシアム】〈WBC世界スーパーフライ〉川島郭志がカルロス・ガブリエル・サラサールを破り、防衛。
プロレス 8月7日	【東京・両国国技館】「G1クライマックス」〈決勝〉蝶野正洋がパワー・ウォリアー（佐々木健介）を破り、優勝。蝶野はスーパーヒールに転向した。（新日本）
ボクシング 8月12日	【サンミゲル・ドゥ・トゥクマン（爾）】〈WBA世界スーパーミドル〉フランク・ライルズがスティーブ・リトルを破り、獲得。〈WBA世界ミドル〉ホルヘ・カストロがレジー・ジョンソンを破り、獲得。
ボクシング 8月13日	【バヤモン（PR）】〈WBO世界ウェルター暫定王座決定戦〉マニング・ギャロウェイがアンソニー・ジョーンズを破り、獲得。
プロレス 8月18日	【東京】「ワールド・トーナメント」〈決勝〉ベイダーが高田を破り、優勝。ベイダーが第2代UWFインター版世界王者となった。（UWFインター）
ボクシング 8月20日	【ハマンスクラール（南ア）】〈IBF世界スーパーバンタム〉ブヤニ・ブングがケネディ・マッキニーを破り、獲得。
ボクシング 8月26日	【アトランティックシティNJ】〈WBC世界スーパーバンタム〉エクトール・サンチェスがトレイシー・ハリス・パターソンを破り、獲得。
プロレス 8月27日	【フィラデルフィアPA】〈NWA世界ヘビー王座決定戦〉シェーン・ダグラスがトゥー・コールド・スコーピオを破る。勝ったダグラスは「こんな過去の遺物はいらない。」とベルト受け取り拒否。ECWも即日NWAから脱退。（ECW）
ボクシング 8月29日	【ロサンゼルスCA】〈IBF世界スーパーフライ〉ハロルド・グレイがフリオ・セサール・バルボアを破り、獲得。
プロレス 9月3日	【東京・日本武道館】〈三冠ヘビー〉スティーブ・ウイリアムスが小橋健太（三冠王座初挑戦）を破り、防衛。名勝負。
ボクシング 9月10日	【ハンブルグ（独）】〈WBO世界ライトヘビー〉ダリユシュ・ミハルチェフスキがリーオンザー・バーバーを破り、獲得。
ボクシング 9月17日	【ラスベガスNV】〈IBF世界スーパーウェルター〉ビンセント・ペットウェイがジャンフランコ・ロッシを破り、獲得。〈WBA世界スーパーライト〉フランキー・ランドールがファン・マルチン・コッジを破り、獲得。〈WBC世界スーパーフェザー〉ガブリエル・ルエラスがジェシー・ジェイムス・レイハを破り、獲得。
ボクシング 9月18日	【東京・代々木体育館】〈WBA世界スーパーフライ〉李炯哲が鬼塚勝也を破り、獲得。
プロレス 9月23日	【ラスベガスNV】大富豪のハーブ・エイブラムズ氏が主宰したUWFがスティーブ・ウィリアムス、ダニー・スパイビー、ジョニー・エースといった全日系外国人、超ベテランのジミー・スヌーカ＆ボブ・オートン・ジュニア、さらにはカクタス・ジャックをもリングに上げて第3勢力を試みるが、2万人のキャパに600人しか動員できず、PPVで収益をあげようとする試みも挫折。

1991
|
2000

プロ格闘技年表事典　521

プロレス 9月23日	【横浜アリーナ】〈IWGP ヘビー〉橋本真也がパワー・ウォリアー（佐々木健介）を破り、防衛。（新日本）
ボクシング 9月24日	【ラスベガス NV】〈WBC 世界ヘビー〉オリバー・マッコールがレノックス・ルイスを破り、獲得。
ボクシング 9月24日	【ロッテルダム（蘭）】〈WBO 世界スーパーフェザー王座決定戦〉レジリオ・ツールがユージン・スピードを破り、獲得。
相撲 9月25日	【東京・両国国技館】優勝：貴ノ花（西張大）15 勝、技能賞：該当者なし、殊勲賞：武双山（東関脇）、琴稲妻（東前 5）、敢闘賞：武双山（東関脇）
プロレス 9月27日	【大阪城ホール】〈IWGP ヘビー〉橋本真也が蝶野正洋を破り、防衛。〈IWGP ジュニアヘビー〉保永昇男が獣神サンダー・ライガーを破り、獲得。（新日本）
プロレス 9月30日	【メキシコシティ・アレナメヒコ】「アニベルサリオ」〈カベジェラコントラカベジェラ〉リッキー・サンタナがエル・テハノを破る。
プロレス 10月8日	【名古屋・ダイヤモンドホール】「SGP」旗揚げ。ウルトラマンロビン（尾内準）主宰。
ボクシング 10月12日	【アルバカーキ NM】〈WBO 世界スーパーフライ〉ジョニー・タピアがジョニー・ブレダルを破り、獲得。
プロレス 10月22日	【東京・日本武道館】〈三冠ヘビー〉川田利明がスティーブ・ウイリアムスを破り、獲得。
プロレス 10月30日	【東京・両国国技館】「SG タッグリーグ」〈決勝〉馳浩＆武藤敬司が蝶野＆スーパー・ストロング・マシンを破り、優勝。蝶野と仲間割れしたマシンが試合中にマスクを脱いだ。（新日本）
ボクシング 11月5日	【ラスベガス NV】〈WBA 世界＆IBF 世界ヘビー〉ジョージ・フォアマンがマイケル・モーラーを破り、獲得。
プロレス 11月8日	【東京・後楽園ホール】〈NWA & UWA* 世界ミドル〉ウルティモ・ドラゴン*がライオン・ハートを破り、史上初の UWA & NWA 統一王者となる。ウルティモは UWA のみ返上。
ボクシング 11月12日	【メキシコシティ・プラサデトロス】〈WBC 世界スーパーウェルター〉ルイス・サンタナがテリー・ノリスを破り、獲得。
ボクシング 11月18日	【ラスベガス NV】〈IBF 世界スーパーミドル〉ロイ・ジョーンズ・ジュニアがジェームズ・トニーを破り、獲得。
プロレス 11月18日	【広島グリーンアリーナ】〈UWA 世界ウェルター〉保永昇男（IWGP ジュニアヘビー級王者）がイホ・デル・サントを破り、獲得。（新日本）
プロレス 11月19日	【チェリーヒル NJ】〈NWA 世界ヘビー王座決定トーナメント〉優勝：クリス・キャンディード。西村修は 1 回戦でルー・ペレスと引き分けて失格。以後、NWA はマイナー団体の王座となる。

相撲 11月20日	【福岡国際センター】優勝：貴ノ花（東大関）15勝、技能賞：該当者なし、殊勲賞：該当者なし、敢闘賞：浪乃花（東前15）。場所後、貴乃花光司に横綱免許が授与される。
	【貴乃花光司】（生）1972（出生地）東京（初）1988（人物評）第65代横綱。幕内最高優勝22回の平成の大横綱はその功績により一代年寄貴乃花の座を授与された。相撲道に精進し「ただでさえ強い横綱がいちばん良く稽古するのだから強くてあたりまえ」といわれた。1991年5月千代の富士を破り、引退に追い込む。92年1月平幕で初優勝、19歳だった。94年11月場所、双葉山以来の「大関で2場所連続全勝優勝」を果たし横綱に昇進した。時の小泉総理が「感動した」と叫んだ2001年5月場所はまさしく神がかりだった。
ボクシング 11月23日	【アーヴァイン（英）】〈WBO世界ライトフライ王座決定戦〉ポール・ウェアーがポール・オウルデンを破り、獲得。
プロレス 11月23日	【サンアントニオTX】〈WWF世界ヘビー〉ボブ・バックランドがブレット・ハートを破り約11年ぶりに獲得。ボブは26日にディーゼルに秒殺され3日天下だった。
プロレス 11月25日	【盛岡・岩手県体育館】〈IWGPタッグ〉武藤敬司＆馳浩がホーク・ウォリアー＆パワー・ウォリアー（佐々木健介）を破り、獲得。（新日本）
ボクシング 12月4日	【名古屋レインボーホール】〈WBC世界バンタム級王座統一戦〉薬師寺保栄が辰吉丈一郎（暫定王者）を破り、防衛。（年間ベストバウト）
プロレス 12月4日	【メキシコシティ】〈NWA世界ライトヘビー〉エル・ダンディがハケマテを破り、獲得。ダンディは史上3人目のNWA3階級制覇を達成。
プロレス 12月7日	【金沢・石川県産業展示館】「東京プロレス」旗揚げ。主宰は元WARの石川敬士。96年12月13日に新東京プロレスに改称。
ボクシング 12月10日	【モントレー（墨）】〈WBA世界ミドル〉ホルヘ・カストロがジョン・デビッド・ジャクソンを破り、防衛。（年間ベストバウト）
ボクシング 12月10日	【ポートランドME】〈WBA世界ライト〉オルズベック・ナザロフがディンガン・トベラを破り、防衛。
プロレス 12月10日	【東京・日本武道館】「世界最強タッグ」〈公式戦〉三沢光晴＆小橋健太がスティーブ・ウイリアムス＆ジョニー・エースを破る。メインで川田利明＆田上明がジャイアント馬場＆スタン・ハンセンに敗れたため、三沢光晴＆小橋健太が優勝。（全日本）
プロレス 12月13日	【大阪府立体育会館】〈IWGPヘビー〉橋本真也が馳浩を破り、防衛。（新日本）
ボクシング 12月17日	【ハンブルグ（独）】〈WBO世界クルーザー〉ダリユシュ・ミハルチェフスキがネストル・ジョバンニーニを破り、獲得。

1991 - 2000

プロ格闘技年表事典　523

プロレス **12月22日**	【熊本市総合体育館】「西日本プロレス」旗揚げ。当初のエースは高野拳磁（俊二）。
プロレス **12月27日**	【ナッシュビルTN】「スターケード」〈WCW世界ヘビー〉ハルク・ホーガンがブッチャー（ブルータス・ビーフケーキ）を破り、防衛。
プロレス	【アメリカ】連邦政府がビンス・マクマホンを「不法にステロイドを入手しレスラーに譲渡や転売をした」として連邦裁判所に告訴。一般のマスコミが連日に亘って報道したため、WWFは企業イメージを落とし、スポンサー離れ等により資金難に陥る。
その他	【MVP】〈相撲・報知新聞年間最優秀力士〉貴乃花光司〈相撲・年間最多勝〉貴乃花光司、80勝10負0休〈ボクシング・日本・コミッション〉薬師寺保栄〈ボクシング・アメリカ・リング誌〉ロイ・ジョーンズ・ジュニア〈プロレス・日本・東京スポーツ〉橋本真也

1995年

プロレス 1月2日	【東京・後楽園ホール】〈ヘビー級バトルロイヤル〉優勝：スティーブ・ウイリアムス（全日本）
プロレス 1月3日	【東京・後楽園ホール】〈ジュニアヘビー級バトルロイヤル〉優勝：小川良成（全日本）
プロレス 1月4日	【東京ドーム】〈IWGPヘビー〉橋本真也が佐々木健介を破り、防衛。（新日本）
ボクシング 1月7日	【サンアントニオTX】〈WBC世界フェザー〉アレハンドロ・ゴンザレスがケビン・ケリーを破り、獲得。
ボクシング 1月18日	【横浜文化体育館】〈WBC世界スーパーフライ〉川島郭志がホセ・ルイス・ブエノを破り、防衛。
プロレス 1月19日	【大阪府立体育会館】〈三冠ヘビー〉川田利明が小橋健太と60分時間切れ引き分け、防衛。阪神大震災の2日後で開催が危ぶまれたが熱戦が大地震直後の大阪府民を元気づける。（全日本）
ボクシング 1月21日	【カタジェナ（哥）】〈IBF世界バンタム王座決定戦〉ハロルド・メストレがフベナル・ベリオを破り、獲得。
相撲 1月22日	【東京・両国国技館】優勝：貴乃花（東横綱）13勝2敗、技能賞：該当者なし、殊勲賞：魁皇（東関脇）、敢闘賞：大翔鳳（西前11）、安芸乃島（東小結）
プロレス 1月25日	【東京】「メガバトルトーナメント」〈決勝〉ヴォルク・ハンが前田日明を破り、優勝。（リングス）
	【ヴォルク・ハン】（生）1961（出生地）ソ連・ダゲスタン共和国（主要王座）（日本デビュー）1991（人物評）崩壊前のソビエト連邦陸軍に入隊後特殊部隊のコマンドサンボ教官を務め、それを日本で公開した。「ロシアの狼」「千のサブミッションを持つ男」「魔術師」などの異名を持つ、1990年代リングスの外国人スター選手である。技の多彩さは手先の器用さから来ていて、テレビ番組「笑っていいとも」でタモリの前で手品を披露したこともある。
ボクシング 1月28日	【ラスベガスNV】〈IBF世界スーパーライト〉コンスタンチン・チューがジェイク・ロドリゲスを破り、獲得。
プロレス 1月29日	【東京・後楽園ホール】〈アジアタッグ王座決定戦〉秋山準＆大森隆男がボビー・フルトン＆トミー・ロジャースを破り、獲得。（全日本）
ボクシング 1月30日	【札幌グリーンドーム】〈WBC世界フライ〉勇利アルバチャコフがオスカル・アルシニエガを破り、防衛。
ボクシング 2月4日	【蔚山（韓）】〈WBA世界ライトフライ〉崔熙庸がレオ・ガメスを破り、獲得。

1991
｜
2000

プロ格闘技年表事典　525

プロレス 2月4日	【札幌・中島体育センター別館】〈IWGP ヘビー〉橋本真也が天山広吉を破り、防衛。(新日本)
ボクシング 2月11日	【ハマンストラータ（南ア）】〈WBO 世界フライ〉アルベルト・ヒメネスがジェイコブ・マトラータを破り、獲得。
ボクシング 2月18日	【カルタジェナ（哥）】〈IBF 世界フライ王座決定戦〉フランシスコ・テヘドールがホセ・ルイス・セペダを破り、獲得。
プロレス 2月19日	【東京・両国国技館】〈IWGP ヘビー〉橋本真也がスコット・ノートンを破り、防衛。〈IWGP ジュニアヘビー〉金本浩二が保永昇男を破り、獲得。(新日本)
ボクシング 2月20日	【メイシャンタケット CT】〈WBO 世界スーパーライト王座決定戦〉サミー・フエンテスがフェデル・アベンダノを破り、獲得。
プロレス 2月24日	【アーランガー KY】〈NWA 世界ヘビー〉ダン・スバーンがクリス・キャンディードを破り、獲得。
ボクシング 2月25日	【釜山（韓）】〈WBA 世界スーパーフライ〉李炯哲が田村知範を破り、防衛。
ボクシング 3月4日	【アトランティックシティ NJ】〈WBA 世界スーパーウェルター〉パーネル・ウィテカーがフリオ・セサール・バスケスを破り、獲得。
プロレス 3月4日	【東京・日本武道館】〈三冠ヘビー〉スタン・ハンセンが川田利明を破り、獲得。
ボクシング 3月11日	【ラスベガス NV】〈WBO 世界ヘビー〉リディック・ボウがハービー・ハイドを破り、獲得。
プロレス 3月16日	【横浜文化体育館】「大日本プロレス」旗揚げ。中心はグレート小鹿、ケンドー・ナガサキ（桜田）。
ボクシング 3月17日	【ウスター MA】〈WBC 世界ミドル王座決定戦〉ジュリアン・ジャクソンがアゴスティーノ・カルダモンを破り、獲得。
ボクシング 3月18日	【ミルストリート（愛）】〈WBO 世界スーパーミドル〉スティーブ・コリンズがクリス・ユーバンクを破り、獲得。
相撲 3月26日	【大阪府立体育会館】優勝：曙（西横綱）14 勝 1 敗、技能賞：該当者なし、殊勲賞：寺尾（東前 6）、敢闘賞：安芸ノ島（西関脇）
プロレス 3月26日	【横浜アリーナ】〈WWWA 世界シングル（女子）〉豊田真奈美がアジャ・コングを破り、獲得。

【豊田真奈美】（生）1971（出生地）島根（主要王座）WWWA 世界シングル（初）1987（人物評）1990 年代後半、三保の松原ならぬ全日本女子のリングに降臨した「天女」。マイクを使わず、黙々と闘うことが、女子にしかできない技と試合展開を一層際立てさせた。ジャーマン・スープレックス・ホールドの美しさは天下一品である。2017 年 11 月 3 日、横浜大さん橋ホール大会の 30 周年興行をもって引退した。

ボクシング 3月31日	【アナハイム CA】〈WBO 世界スーパーバンタム〉マルコ・アントニオ・バレラがダニエル・ヒメネスを破り、獲得。
プロレス 3月31日	【埼玉・熊谷市民体育館】「レッスル夢ファクトリー」旗揚げ。中心は元 SPWF の茂木正淑。
ボクシング 4月2日	【名古屋レインボーホール】〈WBC 世界バンタム級〉薬師寺保栄がクワテモク・ゴメスを破り、防衛。
プロレス 4月2日	【東京ドーム】13 団体が試合を提供したベースボールマガジン社主催の「夢の架け橋」が行われる。隣の後楽園ホールでは WAR が単独開催。業界を二分した週刊プロレス対週刊ゴングの様相を呈す。この興行中、大木金太郎の引退セレモニーが行われ、ルー・テーズ、李王杓、グレート小鹿が立ち会う。橋本真也が蝶野正洋を破る。三沢光晴＆小橋健太＆スタン・ハンセンが川田利明＆田上明＆ジョニー・エースと引き分ける。〈引退試合〉前田日明がクリス・ドールマン*を破る。（ベースボールマガジン社）
プロレス 4月2日	【東京・後楽園ホール】天龍源一郎＆長州力＆アニマル浜口が越中詩郎＆小原道由＆後藤達俊を破る。（WAR）
プロレス 4月2日	【ハートフォード CT】「レッスルマニア」〈WWF 世界ヘビー〉ディーゼルがショーン・マイケルズを破り、防衛。
ボクシング 4月8日	【ラスベガス NV】〈WBA 世界ヘビー王座決定戦〉ブルース・セルドンがトニー・タッカーを破り、獲得。
プロレス 4月15日	【東京・日本武道館】「チャンピオンカーニバル」〈決勝〉三沢光晴が田上明を破り、優勝。（全日本）
プロレス 4月16日	【広島サンプラザ】〈IWGP ヘビー〉橋本真也がロード・スティーブン・リーガルを破り、防衛。〈IWGP ジュニアヘビー*＆ UWA 世界ウェルター〉金本浩二*が大谷晋二郎を破り、2 冠王。（新日本）
ボクシング 4月22日	【アトランティックシティ NJ】〈IBF 世界スーパーフェザー王座決定戦〉エディ・ホプソンがモイゼス・ペドロサを破り、獲得。
ボクシング 4月22日	【ラスベガス NV】〈WBU 世界ヘビー王座決定戦＆ IBF 世界ヘビー*〉ジョージ・フォアマン*がアクセル・シュルツを破り、獲得、防衛。〈IBF 世界フライ〉ダニー・ロメロがフランシスコ・テヘドールを破り、獲得。
ボクシング 4月29日	【ヨハネスブルグ（南ア）】〈IBF 世界バンタム〉ムブレロ・ボティーレがハロルド・メストレを破り、獲得。
ボクシング 4月29日	【ランドーバー MD】〈IBF 世界ミドル王座決定戦〉バーナード・ホプキンスがセングンド・マーセドを破り、獲得。
プロレス 4月29日	【平壌（朝）】「平和のための平壌国際体育・文化祝典」アントニオ猪木対リック・フレアーが実現。モハメド・アリも立ち会う。動員 19 万人。（新日本）

1991
Ｉ
2000

プロ格闘技年表事典　527

プロレス 4月	【アメリカ】WCW が「Monday NITRO」の放映を開始。これは WWF の「Monday Night RAW」と同時間帯にぶつけたもの。いわゆる「Monday Night War」のスタートである。両団体は視聴率だけではなく、人気レスラーをも奪い合う。
プロレス 5月3日	【福岡ドーム】〈IWGP ヘビー〉武藤敬司が橋本真也を破り、獲得。〈IWGP ジュニアヘビー〉サブゥーが金本浩二を破り、獲得。(新日本)
プロレス 5月5日	【川崎球場】〈引退試合 * ノーロープ有刺鉄線金網電流爆破時限爆弾デスマッチ〉大仁田厚 * がハヤブサを破る。(FMW)
ボクシング 5月6日	【ラスベガス NV】〈WBO 世界 * & IBF 世界ライト〉オスカー・デ・ラ・ホーヤ * がラファエル・ルアラスを破り、統一。
ボクシング 5月15日	【東京・後楽園ホール】〈WBA 世界ライト〉オルズベック・ナザロフがパク・ウォンを破り、防衛。
ボクシング 5月19日	【プリム NV】〈WBO 世界ミドル王座決定戦〉ロニー・ブラッドリーがデビッド・メンデスを破り、獲得。
ボクシング 5月24日	【横浜文化体育館】〈WBC 世界スーパーフライ〉川島郭志が李承久を破り、防衛。
プロレス 5月26日	【札幌・中島体育センター別館】〈三冠ヘビー〉三沢光晴がスタン・ハンセンを破り、獲得。(全日本)
相撲 5月28日	【東京・両国国技館】優勝:貴乃花(西横綱)14 勝 1 敗、技能賞:該当者なし、殊勲賞:武双山(西前 4)、敢闘賞:武双山(西前 4)
ボクシング 5月31日	【バヤモン(PR)】〈WBA 世界スーパーバンタム〉アントニオ・セルメニョがウィルフレド・バスケスを破り、獲得。
プロレス 6月9日	【東京・日本武道館】〈世界タッグ〉川田利明&田上明が三沢光晴&小橋健太を破り、獲得(年間ベストバウト)。(全日本)
ボクシング 6月10日	【マンチェスター(英)】〈WBO 世界クルーザー王座決定戦〉ラルフ・ロッシジャーニがカール・トンプソンを破り、獲得。
プロレス 6月11日	【北海道・釧路市厚生年金体育館】「FSR」旗揚げ。ジョージ高野が弟の高野俊二と別れて設立した。
プロレス 6月12日	【大阪府立体育会館】〈IWGP タッグ〉蝶野正洋&天山広吉が武藤敬司&馳浩を破り、獲得。(新日本)
プロレス 6月14日	【東京・両国国技館】〈IWGP ヘビー〉武藤敬司が天山広吉を破り、防衛。〈IWGP ジュニアヘビー & UWA 世界ウェルター *〉金本浩二(UWA)がサブゥーを破り、2 冠王。(新日本)
ボクシング 6月16日	【ローン(仏)】〈WBA 世界スーパーウェルター王座決定戦〉カール・ダニエルズがフリオ・セサール・グリーンを破り、獲得。
ボクシング 6月16日	【リオン(仏)】〈WBC 世界ライトヘビー〉ファブリス・ティオゾがマイク・マッカラムを破り、獲得。
プロレス 6月27日	【札幌・中島体育センター】〈WWWA 世界シングル(女子)〉アジャ・コングが豊田真奈美を破り、獲得。

プロレス 7月4日	【青森市民体育館】「ベスト・オブ・ザ・スーパー・ジュニアIIリーグ」〈公式戦〉ブラック・タイガー（エディ・ゲレロ）がワイルド・ペガサスを破る。日本ジュニアヘビー史上最高ともいわれる名勝負になった。(新日本)
プロレス 7月7日	【東京・両国国技館】「WAR3周年記念試合」天龍源一郎は北尾光司を破る。ボブ・バックランド＆ミル・マスカラス＆ジミー・スヌーカのトリオも実現。客席にはミック・フォーリーの顔も。
ボクシング 7月9日	【リノNV】〈IBF世界スーパーフェザー〉トレイシー・ハリス・パターソンがエディ・ホプソンを破り、獲得。
プロレス 7月13日	【札幌・中島体育センター】「ベスト・オブ・ザ・スーパー・ジュニアII」〈決勝〉ワイルド・ペガサスが大谷晋二郎を破り、優勝。〈IWGPヘビー〉武藤敬司がホーク・ウォリアーを破り、防衛。〈IWGPタッグ〉橋本真也＆平田淳嗣が蝶野正洋＆天山広吉を破り、獲得。(平成維震軍)
プロレス 7月14日	【ティファナ（墨）】〈マスカラコントラマスカラ〉ミステリオッソが親友エル・ボラドールを破る。乱入者がミステリオッソをKO、怒ったボラドールが自分の体の上にミステリオッソを乗せてわざとフォール負け。
その他 7月14日	【キャスパーWY】「UFC」ウェイン・シャムロックがダン・スバーンを破り、獲得。
ボクシング 7月15日	【ロサンゼルスCA】〈WBC世界＆IBF世界ライトフライ〉サマン・ソー・チャトロンがウンベルト・ゴンザレスをTKOで破り、獲得。(年間ベストバウト)
相撲 7月16日	【名古屋・愛知県体育館】優勝:貴乃花（東横綱）13勝2敗、技能賞:武双山（西関脇）、殊勲賞:琴錦（東前1）、剣晃（東前4）、敢闘賞:琴の若（西小結）
プロレス 7月19日	【東京・大田区体育館】「UNW」旗揚げ。主宰は元PWCの渡辺幸正（セッド・ジニアス）。
ボクシング 7月22日	【ソウル（韓）】〈WBA世界スーパーフライ〉アリミ・ゴイチアが李炯哲を破り、獲得。
ボクシング 7月22日	【ロンドン（英）】〈WBA世界クルーザー〉ネート・ミラーがオーリン・ノリスを破り、獲得。
プロレス 7月24日	【東京・日本武道館】〈三冠ヘビー〉三沢光晴が川田利明を破り、防衛。(全日本)
ボクシング 7月25日	【サンジャンドリュス（仏）】〈WBC世界クルーザー暫定王座決定戦〉マルセロ・ファビアン・ドミンゲスがアキム・タファーを破り、獲得。10月25日、正式王者に認定される。
ボクシング 7月30日	【名古屋・愛知県体育館】〈WBC世界バンタム〉ウェイン・マッカラーが薬師寺保栄を破り、獲得。

1991 - 2000

プロ格闘技年表事典　529

プロレス 8月1日	【クロイドン（英）】〈オールスタープロモーション版インターコンチネンタル〉デイブ・テイラーがマーティー・ジョーンズを破り、初代王者となる。
ボクシング 8月6日	【バンコク（タイ）】〈WBA 世界ミニマム〉チャナ・ポーパオインがルビリアル茨木を破り、防衛。
ボクシング 8月12日	【ラスベガス NV】〈IBF 世界スーパーウェルター〉ポール・パディンがビンセント・ペットウェイを破り、獲得。
ボクシング 8月13日	【福岡・田川市総合体育館】〈WBA 世界フェザー〉エロイ・ロハスが平仲明信を破り防衛。
プロレス 8月15日	【東京・両国国技館】「G1 クライマックス」武藤敬司が橋本真也を破り、優勝。リック・フレアーも参加。（新日本）
ボクシング 8月19日	【ラスベガス NV】〈WBC 世界ミドル〉クインシー・テイラーがジュリアン・ジャクソンを破り、獲得。〈WBC 世界スーパーウェルター〉テリー・ノリスがルイス・サンタナを破り、獲得。
ボクシング 8月19日	【サンシティ（南ア）】〈IBF 世界ライト王座決定戦〉フィリップ・ホリデーがミゲル・フリオを破り、獲得。
プロレス 8月20日	【川崎球場】「ワンナイトデスマッチトーナメント」優勝：カクタス・ジャック（ミック・フォーリー）、参加：タイガー・ジェット・シン、ミスター雁之助、テリー・ファンク、レーザー・フェイス、テリー・ゴディ、中牧昭二、小野清志。〈NWA 世界ヘビー〉ダン・スバーンがターザン後藤を破り、防衛。〈IWA 世界タッグ〉ヘッドハンターズがエル・テハノ＆シルバー・キングを破り、防衛。ジプシー・ジョーの引退セレモニーも行われた。（IWA・JAPAN）
プロレス 8月25日	【青森市・県営体育館】「第 1 回覆面ワールド・リーグ戦」ドス・カラスがグレート・サスケを破り、優勝。（みちのく）
プロレス 8月30日	【大阪府立体育会館】〈WWWA 世界シングル（女子）〉ダイナマイト関西（JWP）がアジャ・コングを破り、獲得。
ボクシング 9月2日	【ロンドン（英）】〈WBC 世界ヘビー〉フランク・ブルーノがオリバー・マッコールを破り、獲得。
ボクシング 9月5日	【大阪府立体育会館】〈WBA 世界ライトフライ〉崔煕庸が山口圭司を破り、防衛。
プロレス 9月10日	【東京・日本武道館】〈三冠ヘビー〉三沢光晴が田上明を破り、防衛。〈世界ジュニアヘビー〉小川良成がダニー・クロファットを破り、獲得。（全日本）
ボクシング 9月17日	【ノンサブリ（タイ）】〈WBA 世界バンタム〉ウィラポン・ナコンルアンプロモーションがダオルン・チュワタナを破り、獲得。
プロレス 9月22日	【メキシコシティ・アレナメヒコ】「アニベルサリオ」〈カベジェラコントラカベジェラ〉ミゲル・ペレス・ジュニアがシルバー・キングを破る。

ボクシング 9月23日	【サクラメント CA】〈WBC 世界フェザー〉マヌエル・メディナがアレハンドロ・ゴンザレスを破り、獲得。
相撲 9月24日	【東京・両国国技館】優勝：貴乃花（東横綱）15 勝、技能賞：琴錦（西張小）、殊勲賞：魁皇（西関脇）、敢闘賞：土佐ノ海（東前 8）、琴稲妻（西前 1）
ボクシング 9月25日	【東京・日本武道館】〈WBC 世界フライ〉勇利アルバチャコフがチャチャイ・ダッチボーイジムを破り、防衛。
プロレス 9月25日	【大阪府立体育会館】〈IWGP ヘビー〉武藤敬司が平田淳嗣を破り、防衛。（新日本）
ボクシング 9月30日	【カーディフ（英）】〈WBO 世界フェザー〉ナジーム・ハメドがスティーブ・ロビンソンを破り、獲得。
ボクシング 10月7日	【ブエノスアイレス（爾）】〈IBF 世界スーパーフライ〉カルロス・ガブリエル・サラサールがハロルド・グレイを破り、獲得。
プロレス 10月9日	【東京ドーム】「新日本 vs UWF インター対抗戦」〈IWGP ヘビー〉武藤敬司が高田延彦を破り、防衛。対戦成績は五分五分だったが試合内容的には新日本の圧勝。観衆 67,000 人を動員。この興行を成功させたことで 4 月の平壌の赤字を穴埋め。現場監督長州力の団体内地位がグッと上がる。（新日本）
ボクシング 10月17日	【大阪府立体育会館】〈WBA 世界フライ〉セーン・ソー・プルンチットが井岡弘樹を破り、獲得。
ボクシング 10月21日	【サルタ（爾）】〈WBA 世界スーパーフェザー王座決定戦〉崔龍洙がビクトル・ウーゴ・パスを破り、獲得。
ボクシング 10月21日	【ロンドン（英）】〈WBO 世界バンタム〉ダニエル・ヒメネスがアルフレッド・コティを破り、獲得。
プロレス 10月25日	【東京・日本武道館】〈三冠ヘビー〉三沢光晴が小橋建太を破り、防衛。（全日本）
プロレス 10月29日	【大阪】藤波辰爾による新日本プロレス内グループ「無我」旗揚げ。藤波がターリー・ブランチャードを飛龍裸絞めで破る。
ボクシング 11月6日	【ロサンゼルス CA】〈WBC 世界スーパーバンタム〉ダニエル・サラゴサがエクトール・サンチェスを破り、獲得。
ボクシング 11月8日	【東京・両国国技館】WBC 世界スーパーフライ〉川島郭志がボーイ・アルアンを破り、防衛。
ボクシング 11月12日	【ラチャブリ（タイ）】〈WBC & IBF 世界ライトフライ〉サマン・ソー・チャトロンが細野雄一を破り、防衛。
ボクシング 11月14日	【福島・いわき市体育館】〈WBA 世界ライト〉オルズベック・ナザロフがディンド・カノイを破り、防衛。
ボクシング 11月18日	【グラスゴー（英）】〈WBO 世界ライトフライ〉ジェイコブ・マトラーラがポール・ウェアーを破り、獲得。
プロレス 11月19日	【ランドーバー MD】〈WWF 世界ヘビー〉ブレット・ハートがディーゼルを破り、獲得。

1991
Ⅰ
2000

ボクシング 11月22日	【シェフィールド（英）】〈WBO 世界スーパーウェルター〉ポール・ジョーンズがバーノ・フィリップスを破り、獲得。
相撲 11月26日	【福岡国際センター】優勝：若乃花（西大関）12勝3敗、技能賞：土佐ノ海（西前1）、殊勲賞：土佐ノ海（西前1）、敢闘賞：湊富士（西前5）、魁皇（東関脇）
ボクシング 12月1日	【インディオ CA】〈WBC 世界スーパーフェザー〉アズマー・ネルソンがガブリエル・ルエラスを破り、獲得。
ボクシング 12月2日	【サ・カエオ（タイ）】〈WBA 世界ミニマム〉ロセンド・アルバレスがチャナ・ポーパオインを破り、獲得。
プロレス 12月6日	【東京・両国国技館】〈WWWA 世界シングル（女子）〉豊田真奈美がダイナマイト関西（JWP）を破り、獲得。
プロレス 12月9日	【東京・日本武道館】「世界最強タッグ」〈優勝戦〉三沢光晴＆小橋健太が川田利明＆田上明を破り、優勝。（全日本）
ボクシング 12月11日	【東京・後楽園ホール】〈WBC 世界フェザー〉ルイシト小泉（エスピノサ）がマヌエル・メディナを破り、獲得。
プロレス 12月11日	【大阪府立体育会館】〈IWGP ヘビー〉武藤敬司が越中詩郎を破り、防衛。（新日本）
プロレス 12月13日	【東京】「スーパー・J・カップ 2nd ステージ」ライガーが外道を破り、優勝。（新日本）
ボクシング 12月15日	【ニューヨーク NY・MSG】〈IBF 世界スーパーフェザー〉アルツロ・ガッティがトレイシー・ハリス・パターソンを破り、獲得。
プロレス 12月15日	【カルガリー（加）】〈WWF 世界ヘビー〉ブレット・ハートがデービーボーイ・スミスを破り、防衛。
ボクシング 12月16日	【フィラデルフィア PA】〈WBA 世界スーパーウェルター〉フリオ・セサール・バスケスがカール・ダニエルズを破り、獲得。
ボクシング 12月16日	【カーディフ（英）】〈IBF 世界フライ暫定王座決定戦〉ロビー・リーガンがフェリド・ベン・ジェロウを破り、獲得。
ボクシング 12月16日	【フィラデルフィア PA】〈IBF 世界スーパーウェルター〉テリー・ノリスがポール・パディンを破り、獲得。
プロレス 12月16日	【ブレーメン（独）】〈CWA 世界ヘビー〉ルードリッヒ・ボルガ（トニー・ホーム）がマーク・ランボーを破り、獲得。
その他 12月16日	【デンバー CO】「UFC」ダン・スバーンがオレッグ・タクタロフを破り、優勝。
ボクシング 12月19日	【東京・後楽園ホール】〈WBA 世界ミドル〉竹原慎二がホルヘ・カストロを破り、獲得。（年間ベストバウト）

【竹原慎二】（生）1972（出生地）広島（主要王座）WBA 世界ミドル（初）1989（人物評）日本人初の世界ミドル級王者は、体重からは考えられないスピードの持ち主だった。王座奪取のその記念すべき試合は後楽園ホールという小会場で行われ、

テレビ中継も直前になって録画が決まったという「期待されていない」状況の中で行われた。そこから歴史は始まるはずだった。しかし、初防衛に失敗の後、網膜剥離で泣く泣くリングを去った。

プロレス 12月27日
【ナッシュビルTN】「スターケード」〈3スレッドマッチ〉リック・フレアーがレックス・ルガー＆スティングを破る。〈WCW世界ヘビー〉リック・フレアーがランディ・サベージを破り、防衛。〈WCWUSヘビー〉ワンマン・ギャングが佐々木健介を破り、防衛。

その他
【MVP】〈相撲・報知新聞年間最優秀力士〉貴乃花光司〈相撲・年間最多勝〉貴乃花光司、80勝10負0休〈ボクシング・日本・コミッション〉竹原慎二〈ボクシング・アメリカ・リング誌〉オスカー・デ・ラ・ホーヤ〈プロレス・日本・東京スポーツ〉武藤敬司

1991
|
2000

プロ格闘技年表事典　533

1996年

プロレス 1月2日	【東京・後楽園ホール】〈ヘビー級バトルロイヤル〉優勝：ザ・パトリオット（全日本）
プロレス 1月3日	【東京・後楽園ホール】〈ジュニアヘビー級バトルロイヤル〉優勝：志賀賢太郎（全日本）
プロレス 1月4日	【東京ドーム】〈IWGPヘビー〉高田延彦が武藤敬司を破り、獲得。〈IWGPジュニアヘビー〉獣神サンダー・ライガーが金本浩二を破り、獲得。（新日本）
ボクシング 1月13日	【マイアミFL】〈WBA世界スーパーライト〉ファン・マルチン・コッジがフランキー・ランドールを破り、獲得。
ボクシング 1月13日	【マイアミFL】〈WBA世界ライトフライ〉カルロス・ムリーリョが崔煕庸を破り、獲得。
相撲 1月21日	【東京・両国国技館】優勝：貴ノ浪（東張大）14勝1敗、技能賞：該当者なし、殊勲賞：魁皇（東関脇）、敢闘賞：玉春日（東前16）、貴闘力（東前1）、剣晃（東前5）
プロレス 1月24日	【東京】「メガバトルトーナメント」〈決勝〉前田日明が山本宣久を破り、優勝。（リングス）
プロレス 1月24日	【長野・松本市総合体育館】〈世界タッグ〉スタン・ハンセン＆ゲーリー・オブライトが川田利明＆田上明を破り、獲得。（全日本）
ボクシング 1月27日	【東京・早稲田大学記念会堂】〈WBA世界スーパーフェザー〉崔龍洙が三谷大和を破り、防衛。
ボクシング 1月28日	【カンチャナブリ（タイ）】〈WBA世界バンタム〉ナナ・コナドゥがウィラポン・ナコンルアンプロモーションを破り、獲得。
ボクシング 2月5日	【大阪城ホール】〈WBC世界フライ〉勇利アルバチャコフがラウル・フアレスを破り、防衛。
プロレス 2月20日	【盛岡・岩手県営体育館】〈世界タッグ〉川田利明＆田上明がスタン・ハンセン＆ゲーリー・オブライトを破り、獲得。（全日本）
ボクシング 3月1日	【インディオCA】〈WBO世界スーパーウェルター王座決定戦〉ブロンコ・マッカートがサントス・カルドナを破り、獲得。
ボクシング 3月1日	【グアダラハラ（墨）】〈WBC世界フェザー〉ルイシト小泉（エスピノサ）がアレハンドロ・ゴンザレスを破り、防衛。
プロレス 3月1日	【東京・日本武道館】〈IWGPヘビー〉高田延彦が越中詩郎を破り、防衛。（UWFインター）
ボクシング 3月2日	【ニューキャッスル（英）】〈WBC世界スーパーミドル〉スラニー・マリンガがナイジェル・ベンを破り、獲得。
プロレス 3月2日	【東京・日本武道館】〈三冠ヘビー〉三沢光晴がゲーリー・オブライトを破り、防衛。（全日本）
ボクシング 3月3日	【横浜アリーナ】〈WBC世界スーパーバンタム〉ダニエル・サラゴサが辰吉丈一郎を破り、防衛。

ボクシング 3月9日	【ミラノ（伊）】〈WBO 世界スーパーライト〉ジョバンニ・パリージがサミー・フエンテスを破り、獲得。
ボクシング 3月16日	【ラスベガス NV】〈WBC 世界ヘビー〉マイク・タイソンがフランク・ブルーノを破り、獲得。〈WBC 世界ミドル〉キース・ホームズがクインシー・テイラーを破り、獲得。〈IBF 世界ライトフライ王座決定戦〉マイケル・カルバハルがメルチョア・コブ・カストロを破り、獲得。
プロレス 3月20日	【名古屋・愛知県体育館】〈初代 WCW 世界クルーザー級王座決定戦〉大谷晋二郎がワイルド・ペガサスを破り、獲得。（新日本）
相撲 3月24日	【大阪府立体育会館】優勝：貴乃花（東横綱）14 勝 1 敗、技能賞：武双山（東張関）、殊勲賞：旭豊（東前 6）、敢闘賞：琴の若（西前 4）
プロレス 3月31日	【アナハイム CA】「レッスルマニア」〈WWF 世界ヘビー〉ショーン・マイケルズがブレット・ハートを破り、獲得。
ボクシング 4月13日	【ハンブルグ（独）】〈WBO 世界ライト王座決定戦〉アルツール・グレゴリアン（ウズベキスタン）がアントニオ・リベラを破り、獲得。
ボクシング 4月13日	【リバプール（英）】〈WBO 世界ウェルター〉ホセ・ルイス・ロペスがイーモン・ローランを破り、獲得。
プロレス 4月13日	【神奈川・小田原市川東タウンセンターマロニエホール】「格闘探偵団バトラーツ」旗揚げ。主宰は元藤原組の石川雄規。
ボクシング 4月15日	【東京・後楽園ホール】〈WBA 世界ライト〉オルズベック・ナザロフがアドリアヌス・タロケを破り、防衛。
ボクシング 4月20日	【ルバロア・ペレ（仏）】〈WBC 世界ライト王座決定戦〉ジャン・バチスト・メンディがラマー・マーフィを破り、獲得。
プロレス 4月20日	【東京・日本武道館】「チャンピオンカーニバル」田上明がスティーブ・ウイリアムスを破り、優勝。（全日本）
ボクシング 4月26日	【カーディフ（英）】〈WBO 世界バンタム〉ロビー・リーガンがダニエル・ヒメネスを破り、獲得。
ボクシング 4月27日	【東京・両国国技館】〈WBC 世界スーパーフライ〉川島郭志がセシリオ・エスピノを破り、防衛。
ボクシング 4月27日	【カタジェナ（哥）】〈IBF 世界スーパーフライ〉ハロルド・グレイがカルロス・ガブリエル・サラサールを破り、獲得。
ボクシング 4月29日	【名古屋レインボーホール】〈WBA 世界スーパーフライ〉アリミ・ゴイチアが飯田覚士を破り、獲得。
プロレス 4月29日	【東京ドーム】〈IWGP ヘビー〉橋本真也が高田延彦を破り、獲得。〈IWGP ジュニアヘビー〉ザ・グレート・サスケが獣神サンダー・ライガーを破り、獲得。（新日本）
ボクシング 5月4日	【アナハイム CA】〈IBF 世界フライ王座決定戦〉マーク・ジョンソンがフランシスコ・テヘドールを破り、獲得。

1991 ― 2000

プロレス 5月5日	【川崎球場】〈爆破マッチ〉テリー・ファンク＆ミスター・ポーゴがハヤブサ＆田中将人を破る。（FMW）
ボクシング 5月17日	【モンロー MI】〈WBO 世界スーパーウェルター〉ロナルド・ライトがブロンコ・マッカートを破り、獲得。
ボクシング 5月18日	【ラスベガス NV】〈WBA 世界フェザー〉ウィルフレド・バスケスがエロイ・ロハスを破り、獲得。
ボクシング 5月18日	【ヤラ（タイ）】〈IBF 世界ミニマム王座決定戦〉ラタナポン・ソーウォラピンがジュン・アーロスを破り、獲得。ラタナポンは3月に剥奪された王座に返り咲いた。
ボクシング 5月21日	【大阪府立体育会館】〈WBA 世界ライトフライ〉山口圭司がカルロス・ムリーリョを破り、獲得。

【山口圭司】（生）1974（出生地）北海道（主要王座）WBA 世界ライトフライ（初）1992（人物評）高校時代から素質を開花させ、三冠王となり、大学やジムからの争奪戦が行われる。結局契約金 1,000 万円でグリーンツダボクシングクラブ所属となった。卓越したスピードを持つ優秀なアウトボクサーだったが、長身ゆえの減量苦がつきまとった。独創的天才のナジーム・ハメドに憧れる。96 年 5 月、世界王者となり、12 月の 2 度目の防衛戦で陥落した。しかし、99 年まで世界に挑み続けた。

プロレス 5月23日	【東京・後楽園ホール】藤原喜明がディック・マードックを破る。マードックは3週間後、心臓麻痺で死去した。（藤原組）
プロレス 5月23日	【札幌・中島体育センター別館】〈世界タッグ〉三沢光晴＆秋山準が川田利明＆田上明を破り、獲得。（全日本）
プロレス 5月24日	【札幌・中島体育センター別館】〈三冠ヘビー〉田上明が三沢光晴を破り、獲得。（全日本）
相撲 5月26日	【東京・両国国技館】優勝：貴乃花（東横綱）13 勝 2 敗、技能賞：玉春日（東前 6）、殊勲賞：魁皇（西関脇）、敢闘賞：該当者なし
ボクシング 6月7日	【ラスベガス NV】〈WBC 世界スーパーライト〉オスカー・デ・ラ・ホーヤがフリオ・セサール・チャベスを TKO で破り、獲得。
プロレス 6月7日	【東京・日本武道館】〈三冠ヘビー〉川田利明が田上明を破り、防衛。
プロレス 6月11日	【広島サンプラザ】〈IWGP ヘビー〉橋本真也が小島聡を破り、防衛。（新日本）
プロレス 6月12日	【大阪府立体育会館】「ベスト・オブ・ザ・スーパー・ジュニア III」〈決勝〉ブラック・タイガー（エディ・ゲレロ）がライガーを破り、優勝。タイトルに恵まれなかったブラックが歓びをかみしめる姿が印象的。〈IWGP タッグ〉飯塚高史＆山崎一夫が橋本真也＆平田淳嗣を破り、獲得。（新日本）
ボクシング 6月15日	【仙台市体育館】〈WBA 世界ミニマム〉ロセンド・アルバレスが佐藤建太を破り、防衛。

プロレス 6月17日	【東京・日本武道館】ライガーが全日を除く日本中のジュニア・ヘビー級王者を集め、一気に防衛戦を行わせる。夏、それら王座は統合されジュニア8冠王者が誕生する。(新日本)
ボクシング 6月22日	【ドルトムント(独)】〈IBF世界ヘビー王座決定戦〉マイケル・モーラーがアクセル・シュルツを破り、獲得。
ボクシング 6月24日	【横浜アリーナ】〈WBA世界ミドル〉ウィリアム・ジョッピーが竹原慎二を破り、獲得。
ボクシング 6月29日	【インディオCA】〈WBO世界ヘビー王座決定戦〉ヘンリー・アキンワンデがジェレミー・ウイリアムスを破り、獲得。
プロレス 6月30日	【横浜アリーナ】諸団体参加の「力道山メモリアル」が行われる。メジャーとインディーとの技術力の差が露見。天龍源一郎＆藤波辰爾が長州力＆北原光騎を破る。(力道山OB会＆プロレス)
プロレス 6月30日	【東京・後楽園ホール】〈世界ジュニアヘビー〉渕正信が小川良成を破り、獲得。(全日本)
プロレス 7月5日	【メキシコシティ・アレナ・メヒコ】「トーナメントGrand Prix」〈決勝〉イホ・デル・サントがグレート・サスケを破り、優勝。タイガーマスク(4代)ら16人が参加。
ボクシング 7月6日	【マニラ(比)】〈WBC世界フェザー〉ルイシト小泉(エスピノサ)がセサール・ソトを破り、防衛。
ボクシング 7月6日	【マンチェスター(英)】〈WBC世界スーパーミドル〉ビンチェンツオ・ナルディエッロがスラニー・マリンガを破り、獲得。
プロレス 7月7日	【デイトナビーチFL】「WCWメイン・イベント」＆「WCWバッシュ・アット・ザ・ビーチ」と銘打った生中継PPV大会での2対3変則ハンデ戦、ケビン・ナッシュ＆スコット・ホールのアウトサイダーズがスティング＆レックス・ルガー＆ランディ・サベージ組に反則負け。これはハルク・ホーガンが乱入したことによるため。これがプロレス史最大のヒット企画といわれるヒール軍団「nWo」誕生の瞬間である。「nWo」はエリック・ビショフ副社長が新日本プロレスとUWFインターナショナルの抗争をパクったものである。
プロレス 7月16日	【大阪府立体育会館】〈IWGPタッグ〉蝶野正洋＆天山広吉が飯塚高史＆山崎一夫を破り、獲得。(新日本)
プロレス 7月17日	【札幌・中島体育センター】〈IWGPヘビー〉橋本真也がリック・フレアーを破り、防衛。(新日本)
その他 7月19日	【アトランタGA】夏季オリンピックが開幕。〈ボクシング〉バンタム金：イシュトヴァン・コバチ、ライトヘビー銅：アントニオ・ターバー、ライトヘビー金：ワシリー・ジロフ、スーパーヘビー金：ウラジミール・クリチコ、フェザー級銅：フロイド・メイウェザー・ジュニア〈グレコ〉130kg金：アレクサンドル・カレリン〈フリー〉100kg金：カート・アングル。最終聖火ランナーはモハメド・アリ。(8月4日まで)

ボクシング 7月20日	【大阪府立体育会館】〈WBC 世界スーパーバンタム〉ダニエル・サラゴサが原田剛志を破り、防衛。
相撲 7月21日	【名古屋・愛知県体育館】優勝：貴乃花（東横綱）13 勝 2 敗、技能賞：該当者なし、殊勲賞：琴の若（東前 2）、魁皇（東関脇）、敢闘賞：貴闘力（西小結）
プロレス 7月24日	【東京・日本武道館】〈三冠ヘビー〉小橋健太が田上明を破り、獲得。〈世界ジュニアヘビー〉菊地毅が渕正信を破り、獲得。（全日本）
プロレス 8月5日	【東京・両国国技館】〈ジュニア 8 冠〉グレート・サスケがウルティモ・ドラゴンを破り、獲得。（新日本）
プロレス 8月5日	【ジュニア 8 冠】IWGP、NWA 世界ウェルター、UWA 世界ジュニアライトヘビー、WWF 世界ライトヘビー、WWA 世界ジュニアライトヘビー、WAR インターナショナルジュニアヘビー、英連邦ジュニアヘビー、NWA 世界ジュニアヘビーで 8 冠である。
プロレス 8月6日	【東京・両国国技館】「G1 クライマックス」長州力が蝶野正洋を破り、優勝。（新日本）
ボクシング 8月10日	【ピサヌローク（タイ）】〈WBC 世界ライトフライ〉サマン・ソー・チャトロンが八尋史朗を破り、防衛。〈WBC 世界バンタム暫定王座決定戦〉シリモンコン・シンワンチャーがホセ・ルイスブエノを破り、獲得。
ボクシング 8月13日	【大阪市中央体育館】〈WBA 世界ライトフライ〉山口圭司がカルロス・ムリーリョを破り、防衛。
ボクシング 8月16日	【ブエノスアイレス（爾）】〈WBA 世界スーパーライト〉フランキー・ランドールがファン・マルチン・コッジを破り、獲得。
ボクシング 8月21日	【ル・カネ（仏）】〈WBA 世界スーパーウェルター〉ローランド・ブーデュアニがフリオ・セサール・バスケスを破り、獲得。
ボクシング 8月24日	【カムペーンペット（タイ）】〈WBA 世界スーパーフライ〉ヨックタイ・シスオーがアリミ・ゴイチアを破り、獲得。
ボクシング 8月24日	【アルバカーキ NM】〈IBF 世界スーパーフライ〉ダニー・ロメロがハロルド・グレイを破り、獲得。
ボクシング 8月26日	【東京・両国国技館】〈WBC 世界フライ〉勇利アルバチャコフが渡久地隆人を破り、防衛。（年間ベストバウト）
ボクシング 8月31日	【イスラスバリリス（西）】〈IBF 世界クルーザー王座決定戦〉アドルフォ・ワシントンがトーステン・メイを破り、獲得。
プロレス 9月5日	【東京・日本武道館】〈三冠ヘビー〉小橋健太がスタン・ハンセンを破り、防衛。〈世界タッグ〉スティーブ・ウイリアムス＆ジョニー・エースが三沢光晴＆秋山準を破り、獲得。（全日本）
ボクシング 9月7日	【ラスベガス NV】〈WBA 世界ヘビー〉マイク・タイソンがブルース・セルドンを破り、獲得。〈WBC 世界スーパーライト〉オスカー・デ・ラ・ホーヤがフリオ・セサール・チャベスを破り、獲得。

538　プロ格闘技年表事典

プロレス 9月11日	【東京・神宮球場】高田延彦が天龍源一郎を破る（年間ベストバウト）。川田利明（全日本）が高山善廣を破る。（UWFインター）
プロレス 9月20日	【メキシコシティ・アレナメヒコ】「アニベルサリオ」〈CMLL世界ヘビー〉ラヨ・デ・ハリスコ・ジュニアがグラン・マーコス・ジュニアを破り、防衛。〈TWF女子〉ライオネス飛鳥がローラ・ゴンザレスを破り、獲得。
プロレス 9月21日	【ハノーファー（独）】〈CWA世界ジュニアヘビー〉ケンドー・カ・シンがマイケル・コバチを破り、獲得。
相撲 9月22日	【東京・両国国技館】優勝：貴乃花（東横綱）15勝、技能賞：琴錦（西張小）、殊勲賞：該当者なし、敢闘賞：貴闘力（西関脇）、旭豊（東前1）
ボクシング 10月1日	【北九州市総合体育館】〈WBA世界ミニマム〉ロセンド・アルバレスが塩濱崇を破り、防衛。
プロレス 10月10日	【東京・両国国技館】ダイナマイト・キッドが一夜限りの復活。ドス・カラス＆小林と組んで初代タイガーマスク（佐山聡）＆ミル・マスカラス＆グレート・サスケを破る。英国ライト級の伝説ジョニー・セイントが星川を破る。新崎がハヤブサを破る。（みちのく）
プロレス 10月11日	【大阪府立体育会館】〈ジュニア7冠 vs IWGPジュニアヘビー〉ウルティモ・ドラゴンがグレート・サスケを破り、8冠王となる。（新日本）
ボクシング 10月12日	【東京・両国国技館】WBC世界スーパーフライ〉川島郭志がドミンゴ・ソーサを破り、防衛。
ボクシング 10月12日	【ミラノ（伊）】〈WBC世界スーパーミドル〉ロビン・リードがビンチェンツオ・ナルディエッロを破り、獲得。
ボクシング 10月13日	【東京体育館】〈WBA世界スーパーフェザー〉崔龍洙が三谷大和を破り、防衛。
プロレス 10月18日	【東京・日本武道館】〈三冠ヘビー〉小橋建太が川田利明と60分フルタイム時間切れ引き分け、防衛。
社会 10月20日	【衆議院議員選挙】旭道山が当選。 【旭道山和泰】（生）1964（出生地）鹿児島県（最高位）小結（初）1980（人物評）立合いの張り手が得意で「南海の黒ハブ」と言われた。現在のところ、相撲取り出身唯一の国会議員経験者である。1996年10月、第41回衆議院議員総選挙に新進党から比例区で立候補、当選。同年11月場所の番付に四股名を残したまま、国会議員としての活動を開始し、断髪式までは丁髷姿のまま登院した。
ボクシング 10月27日	【ユタラリッド（タイ）】〈WBA世界バンタム〉ダオルン・チョーシリワット（ダオルン・チュワタナ）がナナ・コナドゥを破り、獲得。

1991
―
2000

プロ格闘技年表事典　539

ボクシング **11月2日**	【マリンメッセ福岡】〈WBC 世界フェザー〉ルイシト小泉（エスピノサ）が平仲明信を破り、防衛。
ボクシング **11月9日**	【ラスベガス NV】〈WBA 世界ヘビー〉イベンダー・ホリフィールドがマイク・タイソンを TKO で破り、獲得。（年間ベストバウト）
ボクシング **11月22日**	【タンパ FL】〈WBC 世界ライトヘビー〉ロイ・ジョーンズ・ジュニアがマイク・マッカラムを破り、獲得。〈WBO 世界スーパーバンタム〉ジュニア・ジョーンズがマルコ・アントニオ・バレラを破り、獲得。
ボクシング **11月23日**	【ミュンヘン（独）】〈IBF 世界ライトヘビー〉ヴァージル・ヒルがヘンリー・マスケを破り、獲得。
相撲 **11月24日**	【福岡国際センター】優勝：武蔵丸（西大関）11 勝 4 敗、技能賞：該当者なし、殊勲賞：土佐ノ海（西前 1）、敢闘賞：栃東（西前 15）、魁皇（西関脇）。5 人による優勝王座決定戦。残り 4 人は曙、若乃花、貴ノ浪、魁皇。
ボクシング **11月24日**	【ウボン・ラチャサニ（タイ）】〈WBA 世界フライ〉ホセ・ボニージャがセーン・ソー・プロエンチットを破り、獲得。
ボクシング **12月3日**	【大阪府立体育会館】〈WBA 世界ライトフライ〉ピチット・チョーシリワットが山口圭司を破り、獲得。
プロレス **12月6日**	【東京・日本武道館】「世界最強タッグ」〈優勝戦〉川田利明＆田上明が三沢光晴＆秋山準を破り、優勝。この年のみ、2 回戦総当たりだった。（全日本）
プロレス **12月8日**	【東京・両国国技館】〈WWWA 世界シングル（女子）〉井上京子が豊田真奈美を破り、獲得。伊藤薫戦が 60 分時間切れ引き分けのため 1997 年 5 月 11 日返上
ボクシング **12月13日**	【ブエノスアイレス（爾）】〈WBO 世界フライ〉カルロス・ガブリエル・サラサールがアルベルト・ヒメネスを破り、獲得。
ボクシング **12月21日**	【ラスベガス NV】〈WBA 世界スーパーバンタム〉アントニオ・セルメニョが葛西裕一を破り、防衛。
プロレス **12月21日**	【ブレーメン（独）】〈CWA 世界ヘビー〉マーク・ランボーがルードリッヒ・ボルガ（トニー・ホーム）を破り、獲得。
プロレス **12月29日**	【ナッシュビル TN】「スターケード」ロディ・パイパーがハルク・ホーガンを破る。〈WCW 世界クルーザー〉ウルティモ・ドラゴンがディーン・マレンコを破り、獲得。ドラゴンはジュニア 9 冠王となった。
その他	【MVP】〈相撲・報知新聞年間最優秀力士〉貴乃花光司〈相撲・年間最多勝〉貴乃花光司、70 勝 5 負 15 休〈ボクシング・日本・コミッション〉川島郭志〈ボクシング・アメリカ・リング誌〉イベンダー・ホリフィールド〈プロレス・日本・東京スポーツ〉小橋健太

1997年

プロレス 1月2日	【東京・後楽園ホール】〈ヘビー級バトルロイヤル〉優勝：大森隆男（全日本）
プロレス 1月3日	【東京・後楽園ホール】〈ジュニアヘビー級バトルロイヤル〉優勝：マナウケア・モスマン（全日本）
プロレス 1月4日	【東京ドーム】〈IWGP ヘビー〉橋本真也が長州力を破り、防衛。〈IWGP タッグ〉藤波辰爾＆木村健吾が蝶野正洋＆天山広吉を破り、獲得。〈IWGP ジュニアヘビー〉獣神サンダー・ライガーがウルティモ・ドラゴンを破り、獲得。〈新日本 vs 大日本〉大谷晋二郎が田尻義博（TAJIRI）を破る。（新日本）
ボクシング 1月11日	【ナッシュビル TN】〈WBA 世界スーパーライト〉カル・ライリーがフランキー・ランドールを破り、獲得。
プロレス 1月15日	【東京・後楽園ホール】〈世界ジュニアヘビー〉小川良成が菊地毅を破り、獲得。（全日本）
プロレス 1月17日	【長野・松本市総合体育館】〈世界タッグ〉川田利明＆田上明がスティーブ・ウイリアムス＆ジョニー・エースを破り、獲得。（全日本）
ボクシング 1月18日	【ラスベガス NV】〈IBF 世界ライトフライ〉マウリシオ・パストラナがマイケル・カルバハルを破り、獲得。
プロレス 1月20日	【大阪府立体育会館】〈三冠ヘビー〉三沢光晴が小橋健太を破り、獲得。（全日本）
プロレス 1月22日	【東京】「メガバトルトーナメント」〈決勝〉ヴォルク・ハンが田村潔司を破り、優勝。（リングス）
相撲 1月26日	【東京・両国国技館】優勝：若乃花（東大関）14 勝 1 敗、技能賞：旭鷲山（西前 3）、殊勲賞：土佐ノ海（東前 1）、敢闘賞：琴龍（西前 11）
ボクシング 1月	【WBC】〈WBC 世界バンタム〉シリモンコン・シンワンチャーが王者に認定される。
ボクシング 2月7日	【ラスベガス NV】〈WBC 世界ヘビー王座決定戦〉レノックス・ルイスがオリバー・マッコールを破り、獲得。
ボクシング 2月8日	【ロンドン（英）】〈IBF 世界フェザー〉ナジーム・ハメドがトム・ジョンソンを破り、獲得。
プロレス 2月16日	【東京・両国国技館】〈IWGP ヘビー〉橋本真也が山崎一夫を破り、防衛。（新日本）
ボクシング 2月20日	【東京・両国国技館】〈WBC 世界スーパーフライ〉ジェリー・ペニャロサが川島郭志を破り、獲得。
プロレス 2月21日	【タマウリパス（墨）】「第 1 回レイ・デ・レイジェス・トーナメント」優勝：ラテン・ラバー。参加：ヘビーメタル、エクトール・ガルサ、オクタゴンら 16 人。

**1991
ー
2000**

ボクシング 2月22日	【ハンブルグ（独）】〈WBO 世界ウェルター王座決定戦〉ミハエル・ロエ（ルーマニア）がサンチャゴ・サマニーゴを破り、獲得。
ボクシング 2月25日	【大阪市中央体育館】WBA 世界フライ〉ホセ・ボニージャが井岡弘樹を破り、獲得。
ボクシング 3月1日	【パリ（仏）】〈WBC 世界ライト〉スティーブ・ジョンストンがジャン・バチスト・メンディを破り、獲得。
プロレス 3月1日	【東京・日本武道館】〈三冠ヘビー〉三沢光晴がスティーブ・ウイリアムスを破り、防衛。（全日本）
ボクシング 3月21日	【アトランティックシティ NJ】〈WBC 世界ライトヘビー〉モンテル・グリフィンがロイ・ジョーンズ・ジュニアを破り、獲得。
ボクシング 3月22日	【コーパスクリスティ TX】〈WBC 世界スーパーフェザー〉ヘナロ・エルナンデスがアズマー・ネルソンを破り、獲得。
相撲 3月23日	【大阪府立体育会館】優勝：貴乃花（東横綱）12 勝 3 敗、技能賞：出島（東前 13）、殊勲賞：魁皇（東前 1）、敢闘賞：出島（東前 13）、玉春日（東前 6）
プロレス 3月23日	【シカゴ IL】「レッスルマニア」〈WWF 世界ヘビー〉アンダーテイカーがサイコ・セッドを破り、獲得。
ボクシング 3月30日	【東京・両国国技館】〈WBA 世界フェザー〉ウィルフレド・バスケスが渡辺雄二を破り、防衛。
プロレス 4月4日	【メキシコシティ】「トーナメント Grand Prix」〈決勝〉スティールがラヨ・デ・ハリスコ・ジュニアを破り、優勝。参加：ウルティモ・ドラゴン＆ワグナー・ジュニアら。
ボクシング 4月12日	【ラスベガス NV】〈WBC 世界ウェルター〉オスカー・デ・ラ・ホーヤがパーネル・ウィテカーを判定で破り、獲得。WBC 世界スーパーライト級王座は返上。〈IBF 世界スーパーウェルター王座決定戦〉ラウル・マルケスがアンソニー・ステファンスを破り、獲得。
プロレス 4月12日	【東京ドーム】〈IWGP タッグ〉長州力＆佐々木健介が藤波辰爾＆木村健吾を破り、獲得。（新日本）
ボクシング 4月14日	【大阪府立体育会館】〈WBC 世界スーパーバンタム〉ダニエル・サラゴサが辰吉丈一郎を破り、防衛。
プロレス 4月19日	【東京・日本武道館】「チャンピオンカーニバル」〈決勝巴戦〉川田利明が三沢光晴と小橋健太を破り、優勝。（全日本）
プロレス 4月26日	【東京・後楽園ホール】渡辺智子に 17 秒で負けた元川恵美が、その場で 1 本勝負のこの試合を 3 本勝負に変えてもらうことを要求。受け入れられるがストレート負け。元川のこのセンスは爆笑と感心を呼んだ。（IWA・JAPAN）
プロレス 4月27日	【千葉浦安・東京ベイ NK ホール】パンクラスにタカ・ミチノク（TAKA）が登場。山宮恵一郎に敗れる。
ボクシング 4月29日	【名古屋・愛知県体育館】〈WBA 世界スーパーフライ〉ヨックタイ・シスオーが飯田覚士と引き分け、防衛。

プロレス 5月3日	【大阪ドーム】〈IWGP ヘビー、異種格闘技戦〉橋本真也が小川直也を TKO で破り、防衛。〈IWGP タッグ〉中西学&小島聡が長州力&佐々木健介を破り、獲得。(新日本)
	【小川直也】(生)1968(出生地) 東京 (主要王座) N W A 世界ヘビー (初) 1997 (人物評) 1992 年バルセロナオリンピック柔道銀メダリスト。97 年、猪木、佐山が設立したＵＦＯに入団。4 月 12 日にプロ格闘家として新日本マットに立ち、デビュー戦で橋本真也に勝利した。99 年 1 月 4 日、東京ドームで橋本真也を相手にガチンコを仕掛け、ボコボコにする。以後、本格的にプロレスのリングに上がるようになる。総合格闘技のやハッスルなど硬軟様々なリングに上がるが、橋本ガチンコ事件以上のインパクトを残せず。
プロレス 5月4日	【東京・代々木競技場第二体育館】「キングダム」旗揚げ。UWF インターナショナル後継団体である。
ボクシング 5月9日	【バンコク（タイ)】〈WBC 世界フライ暫定王座決定戦〉チャチャイ・ダッチボーイジムがイサイアス・ザムディオを破り、獲得。
ボクシング 5月10日	【コーラルゲイブルズ FL】〈WBA 世界ライト〉オルズベック・ナザロフがリーバンダー・ジョンソンを破り、防衛。
プロレス 5月14日	【東京・北沢タウンホール】「DDT」旗揚げ。中心は高木三四郎。
プロレス 5月17日	【ニューヨーク NY・MSG】アンダーテイカー対マンカインドをメインに持ってきたこの日以来、WWF の MSG の 1 万動員が続く。
ボクシング 5月24日	【水原（韓)】〈WBA 世界スーパーフェザー〉崔龍洙が松本好二を破り、防衛。
相撲 5月25日	【東京・両国国技館】優勝：曙（西横綱）13 勝 2 敗、技能賞：小城錦（西前 5)、殊勲賞：玉春日（東前 1)、敢闘賞：土佐ノ海（西関脇）、栃東（東前 6)
プロレス 5月27日	【札幌・中島スポーツセンター】〈世界タッグ〉小橋建太&ジョニー・エースが川田利明&田上明を破り、獲得。(全日本)
ボクシング 5月31日	【アトランティックシティ NJ】〈IBF 世界スーパーライト〉ヴィンス・フィリップスがコンスタンチン・チューを破り、獲得。
ボクシング 5月31日	【ラスベガス NV】〈WBO 世界ライトフライ王座決定戦〉ヘスス・チョンがエリック・グリフィンを破り、獲得。
プロレス 6月5日	【東京・日本武道館】〈IWGP ヘビー〉橋本真也が武藤敬司を破り、防衛。「ベスト・オブ・ザ・スーパー・ジュニア IV」〈決勝〉エル・サムライが金本浩二を破り、優勝。(新日本)
プロレス 6月6日	【東京・日本武道館】〈三冠ヘビー〉三沢光晴が川田利明を破り、防衛。(全日本)

1991 - 2000

プロ格闘技年表事典　543

プロレス 6月6日	【東京・両国国技館】〈WAR インターナショナルジュニアヘビー〉安良岡裕二が獣神サンダー・ライガーを破り、獲得。ジュニア8冠王座はジュニア7冠王座となる。（WAR）
プロレス 6月8日	【福岡・山川町労働者体育センター】「プロレスリング華☆激」旗揚げ。中心はアステカ。当初はレッスル夢ファクトリーの子会社的存在だった。
ボクシング 6月13日	【オーバーハウゼン（独）】〈WBO* vs WBA & IBF 世界ライトヘビー〉ダリユシュ・ミハルチェフスキ*がヴァージル・ヒルを破り、統一。
プロレス 6月18日	【札幌中島体育センター】〈WWWA 世界シングル（女子）〉井上京子が伊藤薫を破り、獲得。
ボクシング 6月21日	【タンパ FL】〈IBF 世界クルーザー王座決定戦〉ユーライア・グラントがアドルフォ・ワシントンを破り、獲得。〈IBF 世界スーパーミドル〉チャールズ・ブルワーがゲーリー・バラードを破り、獲得。〈WBA 世界バンタム〉ナナ・コナドゥがダオルン・チョーシリワット（ダオルン・チュワタナ）を破り、獲得。
ボクシング 6月28日	【ノーフォーク VA】〈WBO 世界ヘビー王座決定戦〉ハービー・ハイドがトニー・タッカーを破り、獲得。
ボクシング 6月28日	【ラスベガス NV】〈WBA 世界ヘビー〉イベンダー・ホリフィールドがマイク・タイソンに反則勝ち、防衛。タイソンがホリフィールドの耳を噛み切った。
プロレス 7月6日	【札幌・真駒内アイスアリーナ】〈ジュニア7冠〉エル・サムライが獣神サンダー・ライガーを破り、獲得。（新日本）
プロレス 7月17日	【メキシコシティ】〈マスカラコントラマスカラ〉ミル・マスカラスがグラン・マルコス・ジュニアを破り、正体はトニー・ベネットを明かす。
ボクシング 7月18日	【ラスベガス NV】〈IBF 世界スーパーフライ〉ジョニー・タピアがダニー・ロメロを破り、獲得。
ボクシング 7月19日	【ナッシュビル TN】〈IBF 世界バンタム〉ティム・オースティンがムブレロ・ボティーレを破り、獲得。
ボクシング 7月19日	【インディオ CA】〈IBF 世界ライトヘビー王座決定戦〉ウィリアム・ガスリーがダーリン・アレンを破り、獲得。
相撲 7月20日	【名古屋・愛知県体育館】優勝：貴乃花（東横綱）13勝2敗、技能賞：栃東（西張小）、殊勲賞：貴闘力（西前1）、敢闘賞：栃乃洋（東前11）
プロレス 7月25日	【東京・日本武道館】〈三冠ヘビー〉三沢光晴が田上明を破り、防衛。〈世界タッグ〉スティーブ・ウイリアムス＆ゲーリー・オブライトが小橋建太＆ジョニー・エースを破り、獲得。（全日本）
ボクシング 7月26日	【横浜アリーナ】〈WBC 世界ライト〉スティーブ・ジョンストンが坂本博之を破り、防衛。〈WBA 世界スーパーバンタム〉アントニオ・セルメニョが葛西裕一を破り、防衛。

ボクシング 7月28日	【ロサンゼルス CA】〈WBO 世界バンタム暫定〉ホルヘ・エリセール・フリオがオスカー・マルドナドを破り、獲得。
ボクシング 8月2日	【アンキャスビル CT】〈IBF 世界ライト〉シェーン・モズリーがフィリップ・ホリデーを破り、獲得。
プロレス 8月3日	【東京・両国国技館】「G1 クライマックス」〈決勝〉佐々木健介が天山広吉を破り、優勝。(新日本)
プロレス 8月3日	【メドーランズ NJ】〈WWF 世界ヘビー〉ブレット・ハートがアンダーテイカーを破り、獲得。
ボクシング 8月7日	【マシャンタケット CT】〈WBC 世界ライトヘビー〉ロイ・ジョーンズ・ジュニアがモンテル・グリフィンを破り、獲得。
プロレス 8月10日	【名古屋ドーム】〈IWGP ヘビー〉橋本真也が天山広吉を破り、防衛。〈IWGP タッグ〉佐々木健介＆山崎一夫が中西学＆小島聡を破り、獲得。〈IWGP ジュニアヘビー〉大谷晋二郎がエル・サムライを破り、獲得。(新日本)
プロレス 8月16日	【ウィーン (墺)】〈CWA 世界ヘビー〉デューク・ドゥローズがウルフ・ハーマンを破り、獲得。
プロレス 8月20日	【東京・日本武道館】〈WWWA 世界シングル (女子)〉堀田祐美子が井上京子を破り、獲得。
プロレス 8月22日	【東京・後楽園ホール】〈世界ジュニアヘビー〉マウナケア・モスマンが小川良成を破り、獲得。(全日本)
ボクシング 8月23日	【ニューヨーク NY・MSG】〈WBA 世界ミドル〉フリオ・セサール・グリーンがウィリアム・ジョッピーを破り、獲得。〈WBO 世界ミニマム〉リカルド・ロペスがアレックス・サンチェスを破り、獲得。
ボクシング 8月25日	【ロサンゼルス CA】〈WBO 世界ライトフライ〉メルチョ・コブ・カストロがヘスス・チョンを破り、獲得。
プロレス 8月31日	【横浜アリーナ】〈IWGP ヘビー〉佐々木健介が橋本真也を破り、獲得。(新日本)
ボクシング 9月6日	【エルパソ TX】〈WBC 世界スーパーバンタム〉エリック・モラレスがダニエル・サラゴサを破り、獲得。
プロレス 9月6日	【東京・日本武道館】〈三冠ヘビー〉三沢光晴が秋山準を破り、防衛。(全日本)
プロレス 9月11日	【アマリロ TX】「ファンク一家 50 周年記念興行」ブレット・ハートがテリー・ファンクを、ハヤブサ＆白使＆田中正人がジェイク・ロバーツ＆ヘッドハンターズを、ドリー・ファンク・ジュニアがロブ・ヴァン・ダムを、ウイング金村がロードキルを破る。マンカインドはサブゥーに反則勝ち。
プロレス 9月19日	【メキシコシティ・アレナメヒコ】「アニベルサリオ」〈マスカラ*コントラカベジェラ〉イホ・デル・サントがネグロ・カサスを破る。
ボクシング 9月20日	【アーチェン (独)】〈WBA 世界ライトヘビー王座決定戦〉ルー・デル・パーレがエディ・スマルダーズを破り、獲得。

**1991
｜
2000**

相撲 9月28日	【東京・両国国技館】優勝：貴乃花（東横綱）13勝2敗、技能賞：栃東（西関脇）、出島（東前1）、殊勲賞：出島（東前1）、敢闘賞：栃乃洋（東前2）
ボクシング 10月4日	【アトランティックシティNJ】〈IBF世界スーパーフェザー〉アルツロ・ガッティがガブリエル・ルエラスを破り、防衛。（年間ベストバウト）
ボクシング 10月4日	【ハノーファー（独）】〈WBO世界クルーザー〉カール・トンプソンがラルフ・ロッシジャーニを破り、獲得。
プロレス 10月4日	【名古屋・愛知県体育館】〈世界タッグ〉スティーブ・ウイリアムス＆ゲーリー・オブライトが小橋建太＆ジョニー・エースを破り、獲得。（全日本）
ボクシング 10月5日	【東京・両国国技館】〈WBA世界スーパーフェザー〉崔龍洙が畑山隆則と引き分け、防衛。
	【畑山隆則】（生）1975（出生地）青森（主要王座）WBA世界ライト、スーパーフェザー（初）1993（人物評）マイクパフォーマンスに現れるタレント性もあって、ファンから愛されたボクサーである。1997年10月の崔龍洙のもつWBA世界スーパーフェザー級への挑戦失敗（引き分け）からの再起戦は、98年3月の対コウジ有沢との日本スーパーフェザー級戦であったが、お互いに無敗同士だったため「史上最大の日本タイトルマッチ」と称され、年間最高試合にもなった。
ボクシング 10月11日	【グラスゴー（英）】〈WBO世界スーパーミドル〉ジョー・カルザゲがスティーブ・コリンズを破り、獲得。
プロレス 10月11日	【福岡国際センター】〈三冠ヘビー〉三沢光晴がスティーブ・ウイリアムスを破り、防衛。（全日本）
その他 10月11日	【東京ドーム】高田延彦がヒクソン・グレイシーに敗れる。（PRIDE）
	【ヒクソン・グレイシー】（生）1961（出生地）伯（主要王座）（初）1993（人物評）柔術家であり総合格闘家である。1993年、UFCが開催された時、優勝したホイスが「兄ヒクソンは私の十倍強い」と語り、物語が始まった。94年初来日し7月29日の「VALE TUDO JAPAN OPEN 1994」に優勝した。12月7日、ロサンゼルスのヒクソンの道場へ道場破りに来た安生洋二を返り討ちし、97年以降は高田延彦や船木誠勝を破った。アスリートとしてのヒクソンの能力はいくら語っても尽きない。
プロレス 10月19日	【神戸ワールド記念ホール】〈IWGPタッグ〉武藤敬司＆蝶野正洋＆が佐々木健介＆山崎一夫を破り、獲得。（新日本）
プロレス 10月20日	【全日本女子】2度目の不渡りを出し倒産。しかしその後も再建を目指しつつ2006年まで興行を打った。

546　プロ格闘技年表事典

プロレス 10月21日	【東京・日本武道館】〈三冠ヘビー〉三沢光晴が小橋建太を破り、防衛（年間ベストバウト）。（全日本）
プロレス 10月31日	【広島サンプラザ】〈IWGP ヘビー〉佐々木健介が蝶野正洋を破り、防衛。（新日本）
プロレス 11月2日	【福岡ドーム】〈ジュニア7冠〉大谷晋二郎がワイルド・ペガサスを破り、防衛。このあと大谷は IWGP 以外のタイトルを返上し、ジュニア統一王座はなくなった。（新日本）
ボクシング 11月8日	【ラスベガス NV】〈IBF 世界ヘビー〉イベンダー・ホリフィールドがマイケル・モーラーを破り、獲得。〈IBF 世界クルーザー〉イマム・メイフィールドがユーライア・グラントを破り、獲得。〈WBA 世界クルーザー〉ファブリス・ティオゾがネート・ミラーを破り、獲得。
プロレス 11月9日	【モントリオール（加）】〈WWF 世界ヘビー〉ショーン・マイケルズがブレット・ハートを破り、獲得。

【モントリオール事件】ショーン・マイケルズと試合したブレット・ハートが王座をもぎ取られる一連のできごとを言う。WWF と WCW との視聴率戦争の中＆劣勢に立たされていた WWF はそれまでのファミリー路線から下品で過激な路線へ転換した。この転換に反対したブレットは、96 年に締結した 20 年契約を破棄して解雇され、WCW へ移籍することにした。ここでブレットは WWF ベルトを置いていくことになる。モントリオールでブレット対マイケルズの WWF ヘビー級戦が行われることになるが、地元カナダでの敗戦をブレットが拒否し、結局、無効試合で王座移動はせず、翌日返上ということになった。しかし当日、マイケルズがブレットの必殺技シャープ・シューターを出した瞬間、リングサイドにいたビンス・マクマホンがレフェリーにゴングを要請させマイケルズの勝利となった。怒ったブレットは、リングサイドにいたビンスに唾を吐き掛け、放送用機材を壊し、控え室に戻ったショーンを問い詰め、そしてビンスがいる控え室に殴り込んだ。

ボクシング 11月12日	【札幌・月寒グリーンドーム】〈WBC 世界フライ〉チャチャイ・ダッチボーイジム（暫定王者）が勇利アルバチャコフを破り、獲得。
その他 11月19日	【東京ドーム】「K-1 Grand Prix '97 Final」アーネスト・ホーストがアンディ・フグを破り、優勝。
ボクシング 11月22日	【大阪城ホール】〈WBC 世界バンタム〉辰吉丈一郎がシリモンコン・シンワンチャーを破り、獲得（年間ベストバウト）。〈WBA 世界フライ〉ホセ・ボニージャが山口圭司を破り、防衛。
相撲 11月23日	【福岡国際センター】優勝：貴ノ浪（西大関）14 勝 1 敗、技能賞：該当者なし、殊勲賞：該当者なし、敢闘賞：武双山（東前 6）
プロレス 12月5日	【東京・日本武道館】「世界最強タッグ」〈優勝戦〉川田利明＆田上明が三沢光晴＆秋山準を破り、優勝。（全日本）

**1991
―
2000**

プロ格闘技年表事典　547

ボクシング 12月6日	【アトランティックシティ NJ】〈WBC 世界スーパーウェルター〉キース・ムリングスがテリー・ノリスを破り、獲得。〈IBF 世界スーパーウェルター〉ルイス・ラモン・カンパスがラウル・マルケスを破り、獲得。
プロレス 12月10日	【南アフリカ】〈南アフリカ版 IWF ヘビー〉タタンカがダニー・ブリッツを破り、獲得。
ボクシング 12月13日	【ポンパノビーチ FL】〈IBF 世界フェザー王座決定戦〉ヘクター・リサラガがウェルカム・ニシタを破り、獲得。
ボクシング 12月13日	【シェフィールド（英）】〈WBO 世界ミドル王座決定戦〉オーティス・グラントがライアン・ローズを破り、獲得。
ボクシング 12月19日	【ニューヨーク NY・MSG】〈WBO 世界スーパーバンタム〉ケネディ・マッキニーがジュニア・ジョーンズを破り、獲得。
ボクシング 12月19日	【ロンドン（英）】〈WBC 世界スーパーミドル〉スラニー・マリンガがロビン・リードを破り、獲得。〈WBO 世界スーパーフェザー王座決定戦〉バリー・ジョーンズがウィルソン・パラシオを破り、獲得。〈WBO 世界ミニマム王座決定戦〉エリック・ハミリがミッキー・キャントウェルを破り、獲得。
プロレス 12月19日	【ティファナ（墨）】〈マスカラコントラマスカラ〉レイ・ミステリオ・ジュニアがミステリオッソを破る。
その他 12月21日	【横浜】「UFC トーナメント」優勝：桜庭和志
ボクシング 12月23日	【名古屋・愛知県体育館】〈WBA 世界スーパーフライ〉飯田覚士がヨックタイ・シスオーを破り、獲得。

【飯田覚士】（生）1969（出生地）愛知（主要王座）WBA 世界スーパーフライ（初）1991（人物評）1990 年、「天才・たけしの元気が出るテレビ‼」の企画「ボクシング予備校」に参加し、同年 9 月にプロテストに合格した。デビュー前から「おなじみ」の存在であり、知名度と人気が先行した。他を凌駕するセンスやパンチ力が有ったわけではない。地道な努力と練習でスキルアップし、97 年 12 月、3 度目の世界戦で、ヨックタイ・シスオーを破って WBA 世界スーパーフライ級王者となった。

ボクシング 12月28日	【ソンクーラ（タイ）】〈IBF 世界ミニマム〉ゾラニ・ペテロがラタナポン・ソーウォラピンを破り、獲得。
プロレス 12月28日	【ワシントン DC】「スターケード」〈WCW 世界ヘビー〉スティングがハリウッド・ホーガン（ハルク・ホーガン）を破り、防衛。
その他	【MVP】〈ボクシング・日本・コミッション〉辰吉丈一郎〈ボクシング・アメリカ・リング誌〉イベンダー・ホリフィールド〈相撲・報知新聞年間最優秀力士〉貴乃花光司〈相撲・年間最多勝〉貴乃花光司、78 勝 12 負 0 休〈プロレス・日本・東京スポーツ〉蝶野正洋

1998年

プロレス 1月2日	【東京・後楽園ホール】〈ヘビー級バトルロイヤル〉優勝：泉田純（全日本）
プロレス 1月3日	【東京・後楽園ホール】〈ジュニアヘビー級バトルロイヤル〉優勝：マナウケア・モスマン（全日本）
プロレス 1月4日	【東京ドーム】〈IWGPヘビー〉佐々木健介が武藤敬司を破り、防衛。〈引退試合〉長州力の5人掛け。（新日本）
プロレス 1月9日	【鹿児島県立体育館】〈アジアタッグ〉ウルフ・ホークフィールド＆ジョニー・スミスが秋山準＆大森隆男を破り、獲得。（全日本）
ボクシング 1月17日	【サンチャゴ・デル・エステロ（爾）】〈WBO世界ライトフライ〉ファン・ドミンゴ・コルドバがメルチョ・コブ・カストロを破り、獲得。
プロレス 1月21日	【東京】「メガバトルトーナメント」田村潔司がイリューヒン・ミーシャを破り、優勝。（リングス）
相撲 1月25日	【東京・両国国技館】優勝：武蔵丸（西大関）12勝3敗、技能賞：琴錦（西小結）、殊勲賞：栃東（西関脇）、敢闘賞：武双山（東関脇）
プロレス 1月25日	【横浜文化体育館】〈世界タッグ〉川田利明＆田上明が小橋建太＆ジョニー・エースを破り、獲得。（全日本）
プロレス 1月26日	【大阪府立体育会館】〈三冠ヘビー〉三沢光晴が秋山準を破り、防衛。（全日本）
ボクシング 1月31日	【タンパFL】〈WBA世界ミドル〉ウィリアム・ジョッピーがフリオ・セサール・グリーンを破り、獲得。
ボクシング 2月6日	【アンキャスビルCT】〈IBF世界ライトヘビー〉レジー・ジョンソンがウィリアム・ガスリーを破り、獲得。
プロレス 2月7日	【札幌・中島体育センター】〈IWGPヘビー〉佐々木健介が西村修を破り、防衛。〈IWGPジュニアヘビー〉獣神サンダー・ライガーが大谷晋二郎を破り、獲得。（新日本）
ボクシング 2月9日	【レイクチャールズLA】〈WBA世界スーパーバンタム王座決定戦〉エンリケ・サンチェスがアントニオ・セルメニョを破り、獲得。
ボクシング 2月14日	【バーデンビュルテンブルグ】〈WBO世界ウェルター王座決定戦〉アーメド・カタイエフがレオナード・タウンゼンドを破り、獲得。
ボクシング 2月21日	【ブエノスアイレス（爾）】〈WBC世界クルーザー〉ファン・カルロス・ゴメスがマルセロ・ファビアン・ドミンゲスを破り、獲得。
プロレス 2月28日	【東京・日本武道館】〈三冠ヘビー〉三沢光晴がジョニー・エースを破り、防衛。（全日本）
プロレス 3月1日	【メキシコシティ】「第2回レイ・デ・レイジェス・トーナメント」優勝：オクタゴン。参加：ペロ・アグアヨ＆ペロ・アグアヨ・ジュニア、マスカラ・サグラーダ＆マスカラ・サグラーダ・ジュニアら16人が参加。

1991 | 2000

プロ格闘技年表事典　549

ボクシング 3月8日	【横浜アリーナ】〈WBC世界バンタム〉辰吉丈一郎がホセ・ラファエル・ソーサを破り、防衛。〈WBC世界ライトフライ〉サマン・ソー・チャトロンが八尋史朗を破り、防衛。
ボクシング 3月13日	【マイアミFL】〈IBF世界スーパーフェザー王座決定戦〉ロベルト・ガルシアがハロルド・ウォーレンを破り、獲得。
ボクシング 3月21日	【ベルリン（独）】〈WBC世界ライトヘビー暫定王座決定戦〉グラシアノ・ロッシジャーニがマイケル・ナンを破り、獲得。
プロレス 3月21日	【東京・後楽園ホール】〈WWWA世界シングル（女子）〉神取忍（LLPW）が堀田祐美子を破り、獲得。
相撲 3月22日	【大阪府立体育会館】優勝：若乃花（東張大）14勝1敗、技能賞：千代大海（東前1）、殊勲賞：魁皇（西小結）、敢闘賞：蒼樹山（西前7）、土佐ノ海（東前6）
ボクシング 3月27日	【テルフォード（英）】〈WBC世界スーパーミドル〉リッチー・ウッドホールがスラニー・マリンガを破り、獲得。
ボクシング 3月29日	【東京・両国国技館】〈日本スーパーフェザー〉畑山隆則（TBS系）がコウジ有沢（フジTV系）を破り、獲得。テレビ局の壁をこえた実現不可能といわれた無敗同士対戦だった。（年間最高試合）
プロレス 3月29日	【ボストンMA】「レッスルマニア」〈WWF世界ヘビー〉スティーブ・オースチンがショーン・マイケルズを破り、獲得。
ボクシング 4月3日	【バヤモン（PR）】〈WBA世界フェザー王座決定戦〉フレディ・ノーウッドがアントニオ・セルメニョを破り、獲得。
プロレス 4月4日	【東京ドーム】〈引退試合〉アントニオ猪木がドン・フライを破る。〈IWGPヘビー〉藤波辰爾が佐々木健介を破り、獲得。（新日本）（7万人）
プロレス 4月6日	【アメリカ】「月曜視聴率戦争」でWWFが83週間ぶりに視聴率でWCWを上回る。スティーブ・オースチンを主役にし「レッスルマニア」にボクシングの元統一ヘビー級王者のマイク・タイソンを呼んだことで勢いづいた結果である。一方のWCWは以後ジリ貧の一途を辿る。
プロレス 4月18日	【東京・日本武道館】「チャンピオンカーニバル」〈決勝戦〉三沢光晴が秋山準を破り、優勝。（全日本）
ボクシング 4月24日	【サンノゼCA】〈IBF世界フェザー〉マヌエル・メディナがヘクター・リサラガを破り、獲得。
ボクシング 4月29日	【名古屋・愛知県体育館】〈WBA世界スーパーフライ〉飯田覚士が井岡弘樹を破り、防衛。
プロレス 5月1日	【東京ドーム】〈三冠ヘビー〉川田利明が三沢光晴を破り、獲得。（全日本）
ボクシング 5月2日	【ビルールバンヌ（仏）】〈WBC世界ミドル〉アッシン・シェリフィーがキース・ホームズを破り、獲得。

ボクシング **5月16日**	【パリ（仏）】〈WBO世界スーパーフェザー王座決定戦〉アナトリー・アレクサンドルフがジュリアン・ロルシーを破り、獲得。〈WBA世界ライト〉ジャン＝バチスト・メンディがオルズベック・ナザロフを破り、獲得。
相撲 **5月24日**	【東京・両国国技館】優勝：若乃花（東大関）12勝3敗、技能賞：安芸乃島（西小結）、殊勲賞：小城錦（西前3）、琴錦（東前2）、敢闘賞：出島（西前11）、若の里（西前15）。場所後、若乃花勝に横綱免許が授与される。 【若乃花勝】（生）1971（出生地）東京（初）1988（人物評）第66代横綱。小兵ながら、天性の勝負勘と強靭な足腰を持ち、決して勝負を諦めない粘り強さにおっつけが加わり、番付を上げていった。1993年3月に小結で初優勝、7月場所後に大関に昇進した。95年11月の2度目の優勝は、弟の貴乃花との決定戦を制してのもので、98年3月、5月、共に12勝という低レベルで論議もあったが横綱に昇進した。しかし99年9月には皆勤負け越しという不名誉な記録も作り、翌年3月場所力尽きて引退した。
ボクシング **5月29日**	【ラスベガスNV】〈WBA世界フライ〉ウーゴ・ソトがホセ・ボニージャを破り、獲得。
ボクシング **5月29日**	【ペサロ（伊）】〈WBO世界スーパーライト〉カルロス・ゴンザレスがジョバンニ・パリージを破り、獲得。
ボクシング **5月30日**	【ラスベガスNV】〈WBO世界ミニマム〉ケルミン・グアルディアがエリック・ハミリを破り、獲得。
プロレス **6月3日**	【大阪市中央体育館】「ベスト・オブ・ザ・スーパー・ジュニアV」〈決勝〉金本浩二がワグナー・ジュニアを破り、優勝。（新日本）
プロレス **6月5日**	【東京・日本武道館】〈IWGPヘビー〉藤波辰爾が橋本真也を破り、防衛。〈IWGPタッグ王座決定戦〉蝶野正洋＆天山広吉が天龍源一郎＆越中詩郎を破り、獲得。（新日本）
プロレス **6月12日**	【東京・日本武道館】〈三冠ヘビー〉小橋健太が川田利明を破り、獲得。（全日本）
ボクシング **6月13日**	【エルパソTX】〈WBC世界ライト〉セサール・バサンがスティーブ・ジョンストンを破り、獲得。
プロレス **6月19日**	【ティファナ（墨）】〈マスカラコントラマスカラ〉ピエロー・ジュニアがキッスを破る。
プロレス **7月6日**	【アトランタGA】〈WCW世界ヘビー〉ビル・ゴールドバーグがハルク・ホーガンを破り、獲得。
プロレス **7月14日**	【札幌・中島体育センター別館】〈IWGPヘビー〉藤波辰爾が天山広吉を破り、防衛。（新日本）
プロレス **7月15日**	【札幌・中島体育センター別館】〈IWGPタッグ王座決定戦〉天龍源一郎＆越中詩郎が蝶野正洋＆天山広吉を破り、獲得。（新日本）

1991
―
2000

プロ格闘技年表事典　551

ボクシング 7月18日	【ニューヨーク NY・MSG シアター】〈WBA vs WBC* 世界ライトヘビー〉ロイ・ジョーンズ・ジュニア* がルー・デル・ヴェイルを破り、統一。
相撲 7月19日	【名古屋・愛知県体育館】優勝：貴乃花（西横綱）14 勝 1 敗、技能賞：千代大海（西関脇）、殊勲賞：出島（西前 4）、敢闘賞：琴の若（西前 9）
プロレス 7月19日	【新潟市体育館】〈世界ジュニアヘビー〉小川良成がマウナケア・モスマンを破り、獲得。（全日本）
プロレス 7月20日	【タマウリパス（墨）】〈マスカラコントラマスカラ〉ラ・パルカがピエロー・ジュニアを破る。
プロレス 7月24日	【東京・日本武道館】〈三冠ヘビー〉小橋建太が秋山準を破り、防衛。
ボクシング 7月26日	【名古屋レインボーホール】〈WBA 世界スーパーフライ〉飯田覚士がフリオ・ガンボアを破り、防衛。
プロレス 7月31日	【メキシコ】（第 1 回レジェンダ・デ・プラタ〈決勝〉スコルピオ・ジュニアがイホ・デル・サントを破り、優勝。参加：エル・サタニコ＆ラ・フィエラ＆アトランティスら。
プロレス 8月2日	【東京】「G1 クライマックス」橋本真也が山崎一夫を破り、優勝。
プロレス 8月8日	【大阪ドーム】〈IWGP ヘビー〉蝶野正洋が藤波辰爾を破り、獲得。〈IWGP ジュニアタッグ王座決定戦〉大谷晋二郎＆高岩竜一が金本浩二＆ドクトル・ワグナー・ジュニアを破り、獲得。（新日本）
ボクシング 8月14日	【メキシカリ（墨）】〈WBO 世界フライ〉ルーベン・サンチェス・レオンがカルロス・ガブリエル・サラサールを破り、獲得。
プロレス 8月14日	【メキシコシティ】「トーナメント Grand Prix」〈決勝〉アポロ・ダンテスがラヨ・デ・ハリスコ・ジュニアを破り、優勝。参加：シエン・カラス 3 兄弟ら 16 人。
ボクシング 8月22日	【アトランティックシティ NJ】イヴァン・ロビンソンがアルツロ・ガッティを破る。（年間ベストバウト）
ボクシング 8月22日	【プレトリア（南ア）】〈WBO 世界スーパーウェルター〉ハリー・サイモン（ナミビア）がロナルド・ライトを破り、獲得。
ボクシング 8月23日	【横浜アリーナ】〈WBC 世界バンタム〉辰吉丈一郎がポーリー・アヤラを負傷判定で破り、防衛。〈WBC 世界ミニマム暫定王座決定戦〉ワンディー・シンワンチャーがロッキー・リンを破り、獲得。シンワンチャーは翌 99 年 9 月 29 日、正式王者に認定された。〈WBC 世界ライト〉セサール・バサンが坂本博之を破り、防衛。
プロレス 8月23日	【川崎市体育館】〈WWWA 世界シングル（女子）〉神取忍が豊田真奈美を破り、防衛。名勝負。
ボクシング 8月29日	【ソウル（韓）】〈WBC 世界スーパーフライ〉曹仁柱がジェリー・ペニャロサを破り、獲得。

ボクシング 9月5日	【東京・両国国技館】〈WBA 世界スーパーフェザー〉畑山隆則が崔龍洙を破り、獲得。
プロレス 9月11日	【東京・日本武道館】〈三冠ヘビー〉小橋建太が田上明を破り、防衛。
プロレス 9月18日	【メキシコシティ・アレナメヒコ】「アニベルサリオ」〈カベジェラコントラカベジェラ〉リッキー・サンタナがアポロ・ダンテスを破る。
ボクシング 9月19日	【アトランタ GA】〈IBF 世界ミドル暫定王座決定戦〉ロバート・アレンがアブドラ・ラマダンを破り、獲得。99 年 2 月 6 日暫定王座は消滅。
ボクシング 9月22日	【東京・代々木競技場第二体育館】〈WBA 世界フェザー〉フレディ・ノーウッドが松本好二を破り、防衛。
プロレス 9月23日	【横浜アリーナ】〈IWGP ヘビー級王座決定戦〉スコット・ノートンが永田裕志を破り、獲得。(新日本)
相撲 9月27日	【東京・両国国技館】優勝:貴乃花 (東横綱) 13 勝 2 敗、技能賞:千代大海 (東関脇)、殊勲賞:琴の若 (東前 2)、敢闘賞:該当者なし
ボクシング 10月3日	【カラカス (委)】〈WBA 世界フェザー暫定王座決定戦〉アントニオ・セルメニョがゲナロ・リオスを破り、獲得。〈WBA 世界スーパーバンタム暫定王座決定戦〉カルロス・バレットがエンリケ・サンチェスを破り、獲得。〈WBA 世界フライ暫定王座決定戦〉マウリシオ・パストラナがホセ・ボニージャを破り、獲得。
ボクシング 10月3日	【ラスベガス NV】〈WBC 世界スーパーフェザー〉フロイド・メイウェザー・ジュニアがヘナロ・エルナンデスを破り、獲得。 【フロイド・メイウェザー・ジュニア】(生) 1977 (出生地) 米 (主要王座) WBC 世界スーパーフェザー、WBC 世界ライト、WBC 世界スーパーライト、IBF 世界ウェルター、WBC 世界ウェルター、WBC 世界スーパーウェルター、WBA 世界ウェルター級スーパー王者。WBA 世界スーパーウェルター級スーパー、WBO 世界ウェルター、(初) 1996 (人物評) 1996 年アトランタ五輪 57kg 準決勝で不可解な判定で敗れて銅。圧倒的なスピードと超人的な反応速度、卓越したディフェンステクニック、そして絶妙のタイミングでカウンターを打ち込む。プロでの戦績は 50 戦 50 勝無敗。史上初めて無敗のまま 5 階級制覇を達成。パウンド・フォー・パウンド最強のボクサーとして評価される。スポーツ選手長者番付 1 位をとなるが一方で「金の亡者」とも呼ばれている。
プロレス 10月6日	【新潟市体育館】〈アジアタッグ〉本田多聞&泉田純がウルフ・ホークフィールド&ジョニー・スミスを破り、獲得。(全日本)

1991
｜
2000

ボクシング 10月10日	【パリ（仏）】〈WBA 世界ウェルター王座決定戦〉ジェームス・ペイジがアンドレー・ペストリアエフを破り、獲得。〈WBA 世界スーパーライト〉シャンバ・ミッチェルがカル・ライリーを破り、獲得。
プロレス 10月10日	【ハノーファー（独）】〈CWA インターコンチネンタル〉ロビー・ブルックサイドがキャノンボール・グリズリーを破り、獲得。
その他 10月11日	【東京ドーム】高田延彦が再びヒクソン・グレイシーの腕ひしぎ逆十字固めで敗れた。東京ドームは落胆の空気に包まれ、客席にいた前田日明に視線が集まる。（PRIDE）
プロレス 10月30日	【広島サンプラザ】〈IWGP ヘビー〉スコット・ノートンが橋本真也をリングアウトで破り、防衛。（新日本）
ボクシング 10月24日	【デュッセルドルフ(独)】〈IBF 世界スーパーミドル〉スベン・オットケがチャールズ・ブルワーを破り、獲得。
プロレス 10月24日	【東京・両国国技館】「UFO」旗揚げ。主宰はアントニオ猪木。
プロレス 10月24日	【チェリーヒル NJ】NWA50 周年記念試合が行われる。が、すでにマイナー団体の小さな催しに過ぎず。
ボクシング 10月30日	【ビロクスィ MS】〈IBF 世界クルーザー〉アーサー・ウィリアムスがイマム・メイフィールドを破り、獲得。
ボクシング 10月31日	【アトランティックシティ NJ】〈WBO 世界スーパーバンタム王座決定戦〉マルコ・アントニオ・バレラがリッチー・ウェントンを破り、獲得。
プロレス 10月31日	【東京・日本武道館】〈三冠ヘビー〉三沢光晴が小橋健太を破り、獲得（年間ベストバウト）。（全日本）
プロレス 11月2日	【フォートローダーデール FL】〈IWGP ヘビー〉スコット・ノートンが V・ハマーを破り、防衛。
ボクシング 11月7日	【コモドーロリバタビア（爾）】〈WBO 世界スーパーフライ暫定王座決定戦〉ペドロ・ゴドイーがジョニー・タピアを破り、獲得。
プロレス 11月9日	【ユニオンデール NY】〈IWGP ヘビー〉スコット・ノートンがローディを破り、防衛。
ボクシング 11月13日	【ラスベガス NV】〈WBA 世界ミニマム王座決定戦〉リカルド・ロペスがロセンド・アルバレスを破り、獲得。
ボクシング 11月13日	【ハル（爾）】〈IBF 世界フェザー〉ポール・イングルがマヌエル・メディナを破り、獲得。
相撲 11月22日	【福岡国際センター】優勝：琴錦（西前 12）14 勝 1 敗、技能賞：栃東（東前 1）、琴錦（西前 12）、殊勲賞：琴錦（西前 12）、敢闘賞：土佐ノ海（東前 9）
プロレス 11月23日	【東京】「B カップ・トーナメント」〈決勝〉石川雄規がボブ・バックランドを破り、優勝。（バトラーツ）

554　プロ格闘技年表事典

ボクシング 11月28日	【インディオ CA】〈WBC 世界スーパーライト暫定王座決定戦〉コンスタンチン・チューがディオスベス・ハータドを破り、獲得。
ボクシング 12月4日	【プッタモンソン（タイ）】〈WBC 世界フライ〉マニー・パッキャオがチャチャイ・ダッチボーイジムを破り、獲得。
プロレス 12月4日	【大阪府立体育会館】〈IWGP ヘビー〉スコット・ノートンが中西学を破り、防衛。(新日本)
ボクシング 12月5日	【WBO】〈WBO 世界スーパーフライ〉ペドロ・ゴドイーが認定される。
ボクシング 12月5日	【アトランティックシティ NJ】〈WBA 世界ライトヘビー暫定王座決定戦〉リチャード・ハルがアンソニー・ビジェニを破り、獲得。〈WBA 世界バンタム〉ジョニー・タピアがナナ・コナドゥを破り、獲得。
プロレス 12月5日	【東京・日本武道館】「世界最強タッグ」〈優勝戦〉小橋健太＆秋山準がスタン・ハンセン＆ベイダーを破り、優勝。ジャイアント馬場＆ラッシャー木村＆百田光雄が渕正信＆菊地毅＆永源遙を破る。馬場のラストマッチになった。(全日本)
ボクシング 12月12日	【インディオ CA】〈WBA 世界スーパーバンタム〉ネストール・ガルサがカルロス・バレットを破り、獲得。
ボクシング 12月12日	【アトランティックシティ NJ】〈IBF 世界スーパーウェルター〉フェルナンド・バルガスがルイス・ラモン・カンパスを破り、獲得。
ボクシング 12月15日	【ティファナ（墨）】〈WBO 世界ライトフライ〉ホルヘ・アルセがファン・ドミンゴ・コルドバを破り、獲得。
ボクシング 12月18日	【フォートローダーデイル FL】〈IBF 世界ライトフライ王座決定戦〉ウィル・グリッグスピーがアヌチャ・フォソングを破り、獲得。
プロレス 12月19日	【ブレーメン（独）】〈CWA インターコンチネンタル〉トニー・セントクレアがロビー・ブルックサイドを破り、獲得。
ボクシング 12月23日	【名古屋・愛知県体育館】〈WBA 世界スーパーフライ〉ヘスス・ロハスが飯田覚士を破り、獲得。
プロレス 12月27日	【ワシントン DC】「スターケード」〈WCW 世界ヘビー〉ケビン・ナッシュがビル・ゴールドバーグを破り、防衛。
ボクシング 12月29日	【大阪市中央体育館】〈WBC 世界バンタム〉ウィラポン・ナコンルアンプロモーションが辰吉丈一郎を破り、獲得。
ボクシング	【WBO】〈WBO 世界バンタム〉ホルヘ・エリセール・フリオが認定される。
その他	【MVP】〈ボクシング・日本・コミッション〉畑山隆則〈ボクシング・アメリカ・リング誌〉フロイド・メイウェザー・ジュニア〈相撲・報知新聞年間最優秀力士〉若乃花勝〈相撲・年間最多勝〉若乃花勝、67 勝 23 負 0 休〈プロレス・日本・東京スポーツ〉小橋健太

1991
|
2000

プロ格闘技年表事典　555

1999年

プロレス 1月2日	【東京・後楽園ホール】〈ヘビー級バトルロイヤル〉優勝：ジャイアント・キマラ（全日本）
プロレス 1月3日	【東京・後楽園ホール】〈ジュニアヘビー級バトルロイヤル〉優勝：金丸義信（全日本）
プロレス 1月4日	【東京ドーム】「小川・橋本ガチンコ事件」。猪木に焚き付けられた小川直也が橋本真也に対し容赦のない攻撃をしかけボコボコにし、セコンド入り乱れ場内は騒然とした。レフェリー服部がKOされた状態を収集するため田中リングアナがゴングを鳴らした。〈IWGPヘビー〉武藤敬司がスコット・ノートンを破り、獲得。〈IWGPタッグ〉天山広吉＆小島聡が天龍源一郎＆越中詩郎を破り、獲得。〈IWGPジュニアタッグ〉ケンドー・カシン＆ドクトル・ワグナーJrが大谷晋二郎＆高岩竜一を破り、獲得。〈IWGPジュニアヘビー獣神サンダー・ライガーが金本浩二を破り、防衛。〈特別試合〉佐々木健介が大仁田厚に反則勝ち。（新日本）
プロレス 1月7日	【高知県民体育館】〈世界タッグ〉小橋建太＆秋山準が川田利明＆田上明を破り、獲得。（全日本）
ボクシング 1月9日	【ペンサコーラFL】〈WBA世界ライトヘビー〉ロイ・ジョーンズ・ジュニアがリチャード・フレイザーを破り、獲得。正規王座
ボクシング 1月16日	【ラスベガスNV】〈IBF世界スーパーライト暫定王座決定戦〉ザブ・ジュダーがウィルフレッド・ネグロンを破り、獲得。
プロレス 1月22日	【大阪府立体育会館】〈三冠ヘビー〉川田利明が三沢光晴を破り、獲得。しかし川田利明は試合中骨折。29日返上。（全日本）
相撲 1月24日	【東京・両国国技館】優勝：千代大海（東関脇）13勝2敗、技能賞：安芸乃島（東前3）、殊勲賞：千代大海（東関脇）、武双山（西関脇）、敢闘賞：千代大海（東関脇）、千代天山（東前14）
ボクシング 1月29日	【マドリッド（西）】〈WBC世界スーパーウェルター〉ハビエル・カスティリェホがキース・ムリングスを破り、獲得。
ボクシング 1月30日	【パタヤ（タイ）】〈WBA世界ミニマム暫定王座決定戦〉ソンクラーム・ポーパオインがロニー・マグラモを破り、獲得。
ボクシング 1月30日	【ブランデンブルグ（独）】〈WBO世界ミドル王座決定戦〉バート・シェンクがフリーマン・バーを破り、獲得。
プロレス 1月31日	【全日本】ジャイアント馬場、東京にて逝去。
プロレス 1月31日	【東京・後楽園ホール】「闘龍門」旗揚げ。主宰はウルティモ・ドラゴン。いきなりマグナムTOKYOがブレイクした。
ボクシング 2月6日	【ワシントンDC】〈IBF世界ミドル〉バーナード・ホプキンスがロバート・アレンを破り、獲得。

556　プロ格闘技年表事典

ボクシング 2月13日	【東京・有明コロシアム】〈WBA 世界スーパーフェザー〉畑山隆則がサウル・デュランと引き分け、防衛。
ボクシング 2月13日	【ラスベガス NV】〈WBC 世界ウェルター〉オスカー・デ・ラ・ホーヤがアイク・クォーティを破り、防衛。クォーティは試合直前まで WBA 世界同級王者で、剥奪されていた。
プロレス 2月13日	【東京・後楽園ホール】〈アジアタッグ〉ハヤブサ&新崎人生が本田多聞&泉田純を破り、獲得。（全日本）
プロレス 2月14日	【東京・日本武道館】〈IWGP ヘビー〉武藤敬司が佐々木健介を破り、防衛。（新日本）
ボクシング 2月20日	【フォートワース TX】〈WBA 世界スーパーフェザー暫定王座決定戦〉アントニオ・エルナンデスがジャスティン・ジェーコを破り、獲得。
ボクシング 2月20日	【ニューヨーク NY・MSG】〈WBA 世界ミドル暫定王座決定戦〉フリオ・セサール・グリーンがダレン・オウバーを破り、獲得。〈IBF 世界スーパーライト王座決定戦〉テレン・ミレットがヴィンス・フィリップスを破り、獲得。
プロレス 2月21日	【オークランド CA】コナン&レイ・ミステリオ・ジュニアがケビン・ナッシュ&スコット・ホールに敗れる。ミステリオは素顔になった。
プロレス 2月21日	【横浜アリーナ】〈引退試合〉アレクサンドル・カレリンが前田日明*を破る。まさしく「散華」というべき前田の終わり方であった。グレコ・ローマンの王者カレリンは翌年夏のシドニー（豪）五輪決勝に敗れるまで十年以上負けなしだった。 【アレクサンドル・カレリン】（生）1967（出生地）ロシア（主要王座）五輪グレコローマン 130kg 級 3 大会連続金（人物評）オリンピックのレスリングで 1988 年、1992 年、1996 年と三大会連続で金メダルを獲得。圧倒的な強さから「霊長類最強の男」と言われている。冷蔵庫を担いで 11 階まで階段で上った。1999 年、前田の引退試合の相手を勤めた。
ボクシング 2月27日	【マイアミ FL】〈WBC 世界ライト〉スティーブ・ジョンストンがセサール・バサンを破り、獲得。
ボクシング 3月6日	【アトランティックシティ NJ】〈WBA 世界スーパーウェルター〉デビッド・リードがローランド・ブーデュアニを破り、獲得。
プロレス 3月6日	【東京・日本武道館】〈三冠ヘビー王座決定戦〉ベイダーがで田上明を破り、獲得。ジャンボ鶴田が引退セレモニーを行う。（全日本）
プロレス 3月7日	【メキシコシティ】「第 3 回レイ・デ・レイジェス」優勝：シベルネティコ、参加：カネック、ドス・カラスら 16 人。
ボクシング 3月13日	【ニューヨーク NY・MSG】〈WBA & IBF vs WBC* 世界ヘビー〉イベンダー・ホリフィールドがレノックス・ルイス*と引き分け、共に防衛。判定に買収疑惑が持ち上がった。〈WBA 世界フライ〉レオ・ガメスがウーゴ・ソトを破り、獲得。

1991 | 2000

プロ格闘技年表事典　557

プロレス 3月14日	【横浜アリーナ】〈NWA世界ヘビー〉小川直也がダン・スバーンを破り、獲得。フロリダで新日本のグッズを販売していたハワード・ブロディが法的には存在していたNWAを引き継ぎ、マイナーな独立系団体を糾合して再結成しており、UFO（アントニオ猪木主宰）と提携した。レフェリーはドリー・ファンク・ジュニア。
プロレス 3月17日	【広島サンプラザ】〈IWGPジュニアヘビー〉金本浩二が獣神サンダー・ライガーを破り、獲得。（新日本）
プロレス 3月19日	【メキシコシティ】〈マスカラコントラカベジェラ〉イホ・デル・サント＆ネグロ・カサスがベスティア・サルバヘ＆スコルピオ・ジュニアと対戦。敗れたベスティアが坊主にスコルピオ・ジュニアが素顔になった。
プロレス 3月21日	【東京・代々木競技場第二体育館】〈WWWA世界シングル（女子）〉堀田祐美子が神取忍（LLPW）を破り、獲得。
プロレス 3月22日	【兵庫・尼崎市記念公園総合体育館】〈IWGPタッグ〉佐々木健介＆越中詩郎が天山広吉＆小島聡を破り、獲得。（新日本）
ボクシング 3月27日	【ダービー（英）】〈WBO世界クルーザー〉ジョニー・ネルソンがカール・トンプソンを破り、獲得。
相撲 3月28日	【大阪府立体育会館】優勝：武蔵丸（東大関）13勝2敗、技能賞：該当者なし、殊勲賞：安芸ノ島（東小結）、敢闘賞：千代天山（東前9）、雅山（東前7）
ボクシング 3月28日	【宮崎県体育館】〈WBA世界スーパーフライ〉ヘスス・ロハスが戸高秀樹と引き分け、防衛。
プロレス 3月28日	【フィラデルフィアPA】「レッスルマニア」〈WWF世界ヘビー〉スティーブ・オースチンがザ・ロックを破り、獲得。
ボクシング 4月10日	【パリ（仏）】〈WBA世界ライト〉ジュリアン・ロルシーがジャン＝バチスト・メンディを破り、獲得。
ボクシング 4月10日	【バランキージャ（哥）】〈IBF世界フライ王座決定戦〉イレーネ・パチェコがルイス・コックス・コロナドを破り、獲得。
プロレス 4月10日	【東京ドーム】〈IWGPヘビー〉武藤敬司がドン・フライを破り、防衛。〈IWGPジュニアタッグ〉獣神サンダー・ライガー＆ザ・グレート・サスケがケンドー・カシン＆ドクトル・ワグナーJrを破り、獲得。（新日本）
プロレス 4月16日	【東京・日本武道館】「チャンピオンカーニバル」〈決勝〉ベイダーが小橋健太を破り、優勝。（全日本）
ボクシング 4月23日	【サラゴサ（西）】〈WBO世界フライ〉ホセ・アントニオ・ロペス・ブエノがルーベン・サンチェス・レオンを破り、獲得。
ボクシング 4月24日	【ワシントンDC】〈WBC世界ミドル〉キース・ホームズがヘイシーン・チェリフィを破り、獲得。〈IBF世界スーパーフライ王座決定戦〉マーク・ジョンソンがチャイア・ポサンを破り、獲得。

ボクシング 4月	【日本女子ボクシング協会】設立される。日本の女子プロボクシングは、マーシャルアーツ日本キックボクシング連盟理事長、山木敏弘（ウルフ隼人）の発案で、同連盟の興行内で行われていた。1997年7月26日、後楽園ホールでシュガーみゆき（能島美由紀）がスティシー・プールを破り、IWBF世界ストロー級王座を奪取、日本人初の女子プロボクシング世界王者となる。これをきっかけにボクシング部門独立の動きが高まり、設立につながった。2008年1月17日、日本ボクシングコミッション（JBC）が女子の参加を認めたため、解散。
プロレス 5月2日	【東京ドーム】「ジャイアント馬場引退記念試合」〈三冠ヘビー〉三沢光晴がベイダーを破り、獲得。この日一番の好勝負は小川良成&垣原賢人&マナウケア・モスマンとハヤブサ&グレート・サスケ&タイガーマスク（4代）が30時間切れ引き分けた試合。サスケはIWGPジュニアタッグ、NWA世界ミドルのベルトを持参してリングに上った。（全日本）
プロレス 5月3日	【福岡国際センター】〈IWGPヘビー〉武藤敬司が天龍源一郎を破り、防衛（年間ベストバウト）。（新日本）
ボクシング 5月4日	【岡山・水島緑地福田公園体育館】〈WBC世界ミニマム暫定〉ワンディー・シンワンチャーがウルフ時光を破り、防衛。
ボクシング 5月15日	【エルパソTX】〈WBC世界フェザー〉セサール・ソトがルイシト小泉（エスピノサ）を破り、獲得。
ボクシング 5月15日	【マイアミFL】〈WBO世界スーパーライト〉ランドール・ベイリーがカルロス・ゴンザレスを破り、獲得。
相撲 5月23日	【東京・両国国技館】優勝：武蔵丸（東大関）13勝2敗、技能賞：若の里（西前10）、殊勲賞：土佐ノ海（東前1）、千代天山（東前3）、敢闘賞：魁皇（西関脇）。場所後、武蔵丸光洋に横綱免許が授与される。
	【武蔵丸光洋】（生）1971（出生地）米（初）1989（人物評）第67代横綱。ハワイでの高校時代はアメリカンフットボールで体を鍛えた。「角界の西郷隆盛」と言われるほど西郷隆盛に似ており、鹿児島県人のファンが多かった。55場所の通算連続勝ち越し記録をもち、これは歴代1位である。大関時代に5度、1999年7月に横綱になってから7度の優勝は立派である。が、横綱になってからは怪我にも泣かされ、それが6場所連続の休場、そして引退につながった。
プロレス 5月23日	【カンザスシティ（米）】オーエン・ハート（ブルー・ブレイザー）が天井からの入場時に事故死。
ボクシング 5月29日	【サンファン（PR）】〈WBA世界スーパーフライ暫定王座決定戦〉レオ・ガメスがホシュエ・カマチョを破り、獲得。

プロ格闘技年表事典　559

ボクシング 5月29日	【ハマンスクラール（南ア）】〈IBF 世界スーパーバンタム王座決定戦〉レーロホノロ・レドワバがジョン・マイケル・ジョンソンを破り、獲得。
ボクシング 5月30日	【サンファン（PR）】〈WBA 世界フェザー王座決定戦〉フレディ・ノーウッドがアントニオ・セルメニョを破り、防衛。
プロレス 6月4日	【札幌・中島体育センター】〈アジアタッグ〉大森隆男＆高山善廣がハヤブサ＆新崎人生を破り、獲得。（全日本）
ボクシング 6月5日	【ビロクスィ MS】〈IBF 世界ライトヘビー〉ロイ・ジョーンズ・ジュニアがレジー・ジョンソンを破り、獲得。〈IBF 世界クルーザー〉ワシリー・ジロフ（カザフスタン）がアーサー・ウィリアムスを破り、獲得。
プロレス 6月5日	【福岡・中間市】九州を拠点とするインディプロレス団体「世界のプロレス」がこの日、興行を打つ。これが旗揚げ戦だったかどうかは不明。
ボクシング 6月7日	【ティファナ（墨）】〈WBO 世界スーパーフライ〉ディエゴ・モラレスがペドロ・ゴドイーを破り、獲得。
プロレス 6月8日	【東京・日本武道館】「ベスト・オブ・ザ・スーパー・ジュニア」〈決勝〉ケンドー・カシンが金本浩二を破り、優勝。（新日本）
プロレス 6月9日	【仙台・宮城県スポーツセンター】〈世界タッグ〉ジョニー・エース＆ビリー・ガンが小橋建太＆秋山準を破り、獲得。（全日本）
プロレス 6月11日	【東京・日本武道館】〈三冠ヘビー〉三沢光晴が小橋建太を破り、防衛。（全日本）
ボクシング 6月12日	【ウィルミントン MA】〈WBA 世界スーパーミドル〉バイロン・ミッチェルがフランク・ライルズを破り、獲得。
ボクシング 6月19日	【マイアミ FL】〈WBA 世界スーパーフェザー暫定王座決定戦〉ホエール・カサマヨールがアントニオ・ヘルナンデスを破り、獲得。2000 年 5 月 21 日、正式王者に昇格。
ボクシング 6月26日	【ラスベガス NV】〈WBA 世界バンタム〉ポーリー・アヤラがジョニー・タピアを判定で破り、獲得。（年間ベストバウト）
ボクシング 6月26日	【ロンドン（英）】〈WBO 世界ヘビー〉ビタリ・クリチコがハービー・ハイドを破り、獲得。
ボクシング 6月27日	【東京・有明コロシアム】〈WBA 世界スーパーフェザー〉ラクバ・シン（モンゴル）が畑山隆則を破り、獲得。
プロレス 6月27日	【静岡グランシップ】〈IWGP タッグ〉後藤達俊＆小原道由が佐々木健介＆越中詩郎を破り、獲得。（新日本）
プロレス 7月11日	【東京・フジテレビ屋上庭園】〈WWWA 世界シングル（女子）〉井上京子（ネオ・レディース）が堀田祐美子を破り、獲得。
プロレス 7月13日	【盛岡・岩手県営体育館】〈IWGP ジュニアタッグ〉大谷晋二郎＆高岩竜一が獣神サンダー・ライガー＆ザ・グレート・サスケを破り、獲得。（新日本）

ボクシング 7月17日	【ドンカスター（英）】〈WBO 世界ミドル暫定王座決定戦〉ジェイソン・マシューズがライアン・ローズを破り、獲得。11 月 10 日正式王者に認定される。
プロレス 7月17日	【メキシコシティ】〈マスカラコントラマスカラ〉ショッカーがレイ・ブカネロを破る。
相撲 7月18日	【名古屋・愛知県体育館】優勝：出島（西関脇）13 勝 2 敗、技能賞：出島（西関脇）、殊勲賞：出島（西関脇）、敢闘賞：出島（西関脇）、土佐ノ海（東小結）
プロレス 7月20日	【不明（日本）】「九州求道軍」がプレ旗揚げ戦を開催。主宰は幸村剣士郎。旗揚げ戦は行われたが、日時、場所は不明。
プロレス 7月20日	【札幌・中島体育センター別館】〈IWGP ヘビー〉武藤敬司が小島聡を破り、防衛。（新日本）
プロレス 7月23日	【東京・日本武道館】〈三冠ヘビー〉三沢光晴が川田利明を破り、防衛。〈世界タッグ〉高山善廣＆大森隆男がジョニー・エース＆ビリー・ガンを破り、獲得。高山＆大森はアジアタッグもあわせ、2 冠王。（全日本）
ボクシング 7月31日	【名古屋レインボーホール】〈WBA 世界スーパーフライ〉戸高秀樹がヘス・ロハスを破り、獲得。
ボクシング 7月31日	【ティファナ（墨）】〈WBO 世界ライトフライ〉マイケル・カルバハルがホルヘ・アルセを破り、獲得。

【戸高秀樹】(生) 1973（出生地）宮崎（主要王座）WBA 世界スーパーフライ、WBA 世界バンタム暫定（初）1994（人物評）その遅しさ、勇敢さ、野太さの通り、「侍」「雑草王者」がニックネーム。宮崎のジムからデビューし、敵地を廻りながら日本王者になる。98 年、名古屋の緑ジムに移籍し、99 年 7 月、WBA 世界スーパーフライ級王者ヘス・ロハスを破って戴冠。2000 年 10 月レオ・ガメスに敗れて王座を失うが、03 年 10 月ガメスを破り、WBA 世界バンタム級暫定王者となった。

ボクシング 8月7日	【ル・カネ（仏）】〈WBA 世界ライト〉ステファン・ゾフがジュリアン・ロルシーを破り、獲得。〈WBO 世界スーパーフェザー〉アセリノ・フレイタスがアナトリー・アレクサンドルフを破り、獲得。
プロレス 8月15日	【東京・両国国技館】「G1 クライマックス」中西学が武藤敬司を破り、優勝。
ボクシング 8月20日	【チェスター WV】〈IBF 世界ライト王座決定戦〉ポール・スパダフォーラがイスラエル・カルドナを破り、獲得。
ボクシング 8月21日	【マイアミ FL】〈WBC 世界スーパーライト〉コンスタンチン・チューがミゲル・アンヘル・ゴンザレスを破り、獲得。
プロレス 8月22日	【仙台】「第 2 回覆面ワールド・リーグ戦」タイガーマスク（4 代）がドス・カラスを破り、優勝。（みちのく）

1991
｜
2000

プロ格闘技年表事典　561

プロレス 8月25日	【広島市東区スポーツセンター】〈世界＆アジアタッグ〉三沢光晴＆小川良成*が高山善廣＆大森隆男を破り、獲得。三沢＆小川はアジアタッグのみ返上。（全日本）
プロレス 8月28日	【東京・神宮球場】〈IWGPタッグ〉中西学＆永田裕志が後藤達俊＆小原道由を破り、獲得。〈IWGPジュニアヘビー〉ケンドー・カシンが金本浩二を破り、獲得。（新日本）
ボクシング 8月29日	【大阪城ホール】〈WBC世界バンタム〉ウィラポン・ナコンルアンプロモーションが辰吉丈一郎を破り、防衛。
ボクシング 9月3日	【ムクダハン（タイ）】〈WBA世界フライ〉ソーンピチャイ・クラティンデーンジムがレオ・ガメスを破り、獲得。
ボクシング 9月5日	【東京・両国国技館】〈WBC世界スーパーフライ〉曹仁柱（曺仁柱）が山口圭司を破り、防衛。
ボクシング 9月17日	【ナクホン・シ・サムマラート（タイ）】〈WBC世界フライ〉メッグン・3Kバッテリー（トヨタタイランド）がマニー・パッキャオを破り、獲得。
ボクシング 9月18日	【ラスベガスNV】〈IBF世界* vs WBC世界ウェルター〉フェリックス・トリニダード*がオスカー・デ・ラ・ホーヤを判定で破り、統一。
ボクシング 9月24日	【ワシントンDC】〈WBA世界ミドル暫定王座決定戦〉ウイリアム・ジョッピーがフリオ・セサール・グリーンを破り、獲得。
プロレス 9月24日	【メキシコシティ・アレナメヒコ】「アニベルサリオ」ショッカー＆ミステル・ニエブラがアトランティス＆ビジャノ IIIに敗れる。メインはショッカー対ニエブラのマスカラ戦となり、敗れたショッカーが素顔になった。
相撲 9月26日	【東京・両国国技館】優勝：武蔵丸（西横綱）12勝3敗、技能賞：安芸乃島（西前3）、殊勲賞：栃東（東前1）、敢闘賞：安芸ノ島（西前3）
プロレス 9月26日	【川崎クラブチッタ】「喧嘩プロレス二瓶組」旗揚げ。主宰は二瓶一将。
ボクシング 10月2日	【ラスベガスNV】〈IBF世界ライトフライ〉リカルド・ロペスがウィル・グリッグスピーを破り、獲得。
その他 10月3日	【大阪ドーム】「K-1 GRAND PRIX '99 開幕戦」ミルコ・クロコップがマイク・ベルナルドを破る。武蔵が佐竹雅昭に判定勝ち。試合後判定に不満の佐竹はリングサイドにいた石井和義正道会館館長と激しい口論となり、K-1および正道会館から離脱した。 【ミルコ・クロコップ】（生）1974（出生地）クロアチア（初）1996（主要王座）IGF王座（2014）（人物評）K-1で名を挙げ、2000年代からはPRIDEで打撃系総合格闘家として大活躍、エメリヤーエンコ・ヒョードル、アントニオ・ホドリゴ・ノゲイラと並んでPRIDEヘビー級三強といわれた。総合格闘技

ルールで藤田和之、高田延彦（引き分けだが内容的にはミルコの完勝）、永田裕志、桜庭和志をリングに沈め、「プロレスハンター」の異名も取った。PRIDE の人気を引っ張った。

ボクシング 10月9日	【カラカス（委）】〈WBA 世界ミニマム王座決定戦〉ノエル・アランブレットがホマ・ガンボアを破り、獲得。
ボクシング 10月10日	【カラカス（委）】〈WBA 世界スーパーバンタム暫定王座決定戦〉アントニオ・セルメニョがヨベル・オルテガを破り、獲得。
プロレス 10月11日	【東京ドーム】〈IWGP ヘビー〉武藤敬司が中西学を破り、防衛。〈IWGP ジュニアヘビー〉獣神サンダー・ライガーがケンドー・カシンを破り、獲得。（新日本）
ボクシング 10月17日	【ソウル（韓）】〈WBC 世界ライトフライ〉崔堯三がサマン・ソー・チャトロンを破り、獲得。
プロレス 10月20日	【福岡・博多スターレーン】〈WWWA 世界シングル（女子）〉堀田祐美子が井上京子（ネオ・レディース）を破り、獲得。
ボクシング 10月22日	【デトロイト MI】〈WBC 世界フェザー〉ナジーム・ハメドがセサール・ソトを破り、獲得。
ボクシング 10月23日	【テルフォード（英）】〈WBC 世界スーパーミドル〉マルクス・バイエルがリッチー・ウッドホールを破り、獲得。
ボクシング 10月23日	【ラスベガス NV】〈IBF 世界スーパーフェザー〉ディエゴ・コラレスがロベルト・ガルシアを破り、獲得。
プロレス 10月23日	【名古屋・愛知県体育館】〈世界タッグ〉小橋建太＆秋山準が三沢光晴＆小川良成を破り、獲得。（全日本）
プロレス 10月25日	【新潟・長岡市厚生会館】〈アジアタッグ〉本田多聞＆井上雅央がマウナケア・モスマン＆ジョニー・スミスを破り、獲得。（全日本）
プロレス 10月30日	【東京・日本武道館】〈三冠ヘビー〉ベイダーが三沢光晴を破り、獲得。（全日本）
ボクシング 10月31日	【釜山（韓）】〈WBA 世界スーパーフェザー〉白鐘権がラクバ・シンを破り、獲得。
ボクシング 11月7日	【東京・両国国技館】〈WBA 世界スーパーフライ〉戸高秀樹が名護明彦を破り、防衛。
ボクシング 11月13日	【ラスベガス NV】〈WBA & IBF vs WBC* 世界ヘビー〉レノックス・ルイス*がイベンダー・ホリフィールドを破り、獲得。〈WBA 世界ライト〉ヒルベルト・セラノがステファン・ゾフを破り、獲得。
ボクシング 11月20日	【ラスベガス NV】〈WBO 世界スーパーフライ〉アドニス・リバスがディエゴ・モラレスを破り、獲得。
相撲 11月21日	【福岡国際センター】優勝：武蔵丸（東横綱）12 勝 3 敗、技能賞：栃東（西関脇）、殊勲賞：土佐ノ海（西張小）、敢闘賞：魁皇（東関脇）
ボクシング 11月21日	【名古屋レインボーホール】〈WBA 世界スーパーバンタム〉ネストール・ガルサが石井広三を破り、防衛。（年間ベストバウト）

プロレス 11月21日	【トロント（加）】〈WCW 世界ヘビー王座決定戦〉ブレット・ハートがクリス・ベノワを破り、獲得。
ボクシング 11月27日	【リューベック（独）】〈WBO 世界ミドル〉アルマンド・クラインクがジェイソン・マシューズを破り、獲得。
プロレス 11月28日	【デンハーグ（蘭）】〈NWA 世界ヘビー〉小川直也が R・ペータースを破り、防衛。
プロレス 11月29日	【デンバー CO】〈IWGP ジュニアヘビー〉フベントゥ・ゲレーラが獣神サンダー・ライガーを破り、獲得。ゲレーラは初防衛を前に返上。
プロレス 12月2日	【メキシコ】「レジェンダ・デ・プラタ」〈決勝〉イホ・デル・サントがスコルピオ・ジュニアを破り、優勝。
プロレス 12月3日	【東京・日本武道館】「世界最強タッグ」小橋健太＆秋山準がスタン・ハンセン＆田上明を破り、優勝。
ボクシング 12月4日	【名古屋・稲永スポーツセンター】〈WBA 世界ミニマム暫定王座決定戦〉ジョマ・ガンボア（ガンボア小泉）が安部悟を破り、獲得。ガンボアは 2000 年 8 月 20 日、正式王者に認定される。
プロレス 12月4日	【ブレーメン（独）】「ブレーメン・チャンピオンカーニバル」CWA のタイトルマッチが 6 試合組まれた。〈CWA スーパーヘビー〉ランボーがクルガンを破り、獲得。他にブレーメントーナメント決勝タイガー・スティール対ウルフ・ヘアマンが行われた。
プロレス 12月6日	【ミルウォーキー WI】〈IWGP ジュニアヘビー〉獣神サンダー・ライガーがシコシスを破り、獲得。
プロレス 12月10日	【大阪府立体育会館】〈IWGP ヘビー〉天龍源一郎が武藤敬司を破り、獲得。（新日本）
ボクシング 12月19日	【インディオ CA】〈WBO 世界フライ〉イシドロ・ガルシアがホセ・ロペスを破り、獲得。
プロレス 12月19日	【ワシントン DC】「スターケード」〈WCW 世界ヘビー〉ブレット・ハートがビル・ゴールドバーグを破り、防衛。
プロレス 12月20日	【ボルティモア MD】〈WCW 世界ヘビー王座決定戦〉ブレット・ハートがビル・ゴールドバーグを破り、獲得。ブレットは頭部のダメージで王座返上、このあと引退を発表した。
プロレス 12月25日	【ティファナ（墨）】〈マスカラコントラマスカラ〉ビジャノ III がスペル・アストロを破る。
その他	【MVP】〈ボクシング・日本・コミッション〉戸高秀樹〈ボクシング・アメリカ・リング誌〉ポーリー・アヤラ〈相撲・報知新聞年間最優秀力士〉武蔵丸光洋〈相撲・年間最多勝〉武蔵丸光洋、70 勝 20 負 0 休〈プロレス・日本・東京スポーツ〉武藤敬司

2000年

プロレス 1月2日	【東京・後楽園ホール】〈ヘビー級バトルロイヤル〉優勝：スティーブ・ウイリアムス（全日本）
プロレス 1月3日	【東京・後楽園ホール】〈ジュニアヘビー級バトルロイヤル〉優勝：志賀賢太郎（全日本）
プロレス 1月4日	【東京ドーム】〈IWGPヘビー〉佐々木健介が天龍源一郎を破り、獲得。（新日本）
プロレス 1月4日	【東京・後楽園ホール】〈WWWA世界シングル（女子）〉豊田真奈美が堀田祐美子を破り、獲得。
ボクシング 1月8日	【アルバカーキNM】〈WBO世界バンタム〉ジョニー・タピアがホルヘ・エリセール・フリオを破り、獲得。
相撲 1月23日	【東京・両国国技館】優勝：武双山（東張関）13勝2敗、技能賞：武双山（東張関）、殊勲賞：武双山（東張関）、雅山（西小結）、敢闘賞：隆乃若（東前12）、旭天鵬（東前13）
プロレス 1月23日	【横浜文化体育館】〈三冠ヘビー〉ベイダーが秋山準を破り、防衛。
ボクシング 1月30日	【福岡国際センター】〈WBA世界フェザー〉フレディ・ノーウッドが越本隆志を破り、防衛。
その他 1月30日	【東京ドーム】〈PRIDEグランプリ2000開幕戦〉〈1回戦〉ホイス・グレイシーが高田延彦に判定勝ち
	【ホイス・グレイシー】（生）1966（出生地）伯（主要王座）（初）1993（人物評）柔術家であり総合格闘家である。エリオは父、ヒクソンは兄である。レフェリーやジャッジの判定で勝負が決まることを嫌っている。1993年から開催された総合格闘技大会「UFC」で3度優勝した。95年4月7日「UFC5」のスーパーファイト王座決定戦でケン・シャムロックと時間切れで引き分け、王座獲得に失敗。2000年の「PRIDE GRANDPRIX」では1回戦で高田延彦に判定勝ちしたものの2回戦は桜庭和志にTKO負けした。
プロレス 2月5日	【札幌・月寒グリーンドーム】〈IWGPヘビー〉佐々木健介がドン・フライを破り、防衛。（新日本）
ボクシング 2月11日	【サムト・サコーン（タイ）】〈WBC世界ミニマム〉ホセ・アントニオ・アギーレがワンディー・シンワンチャーを破り、獲得。
ボクシング 2月12日	【アンカスビルCT】〈IBF世界スーパーライト王座決定戦〉ザブ・ジュダーがジャン・ピエット・ハーグマンを破り、獲得。
ボクシング 2月19日	【ラスベガスNV】〈WBC* & WBO世界スーパーバンタム〉エリック・モラレス*がマルコ・アントニオ・バレラを判定で破る。WBOはこの判定を認めず、依然バレラを王者としたため、モラレスはWBC王座のみを防衛。（年間ベストバウト）

1991
|
2000

プロ格闘技年表事典　565

ボクシング 2月19日	【ブラックパン（南ア）】〈WBO 世界ライトフライ王座決定戦〉マシブレレ・マケプラがジェイコブ・マトララを破り、獲得。
プロレス 2月20日	【神戸ワールド記念ホール】〈世界タッグ〉ベイダー＆スティーブ・ウイリアムスが小橋建太＆秋山準を破り、獲得。（全日本）
ボクシング 2月25日	【アルバカーキ NM】〈WBO 世界バンタム〉ジョニー・タピアがホルヘ・エリセール・フリオを破り、獲得。
ボクシング 2月25日	【サムト・プラカン（タイ）】〈WBC 世界フライ〉メッグン・3K バッテリー（トヨタタイランド）が川端賢樹を破り、防衛。
ボクシング 2月26日	【ニューヨーク NY・MSG】〈WBC 世界ウェルター挑戦者＆ IBA 世界ウェルター王座決定戦〉オスカー・デ・ラ・ホーヤがダレル・コーリーを KO で破り、獲得。この試合の翌々日の 28 日、フェリックス・トリニダードが WBC 世界王座を返上したため、WBC 王座もデ・ラ・ホーヤに授与された。
その他 2月26日	【東京】「KOK トーナメント」優勝：ダン・ヘンダーソン。準決勝でアントニオ・ホドリゴ・ノゲイラを、決勝でレナート・ババルを破る。田村潔司がヘンゾ・グレイシーに判定勝ち。（リングス） 【アントニオ・ホドリゴ・ノゲイラ】（生）1976（出生地）ブラジル（主要王座）PRIDE ヘビー、UFC 世界ヘビー暫定（初）1999（人物評）柔術の技術力が高く「柔術マジシャン」の異名を取った。21 世紀に入り PRIDE で活躍した。PRIDE のリング上でのヒョードルとの闘いは名勝負であった。
プロレス 2月27日	【東京・日本武道館】〈三冠ヘビー〉小橋健太がベイダーを破り、獲得。
ボクシング 3月4日	【ラスベガス NV】〈WBA 世界スーパーバンタム〉クラレンス・アダムズがネストール・ガルサを破り、獲得。
ボクシング 3月4日	【コロ（委）】〈WBA 世界ミニマム〉ノエル・アラムブレットがホセ・ガルシアを破り、獲得。
プロレス 3月5日	【メキシコシティ】「第 3 回レイ・デ・レイジェス」優勝：アビスモ・ネグロ、参加：ドス・カラス、メヒカーノら 16 人。
プロレス 3月11日	【東京・後楽園ホール】秋山準が志賀賢太郎をヘッドロックという超基本技でギブアップをとり、物議をかもす。（全日本）
プロレス 3月11日	【横浜アリーナ】「第二回メモリアル力道山」ビッグバン・ジョーンズ＆天龍源一郎が小川直也＆橋本真也を破る。〈エキシビション〉滝沢秀明（ジャニーズ・ジュニア）がアントニオ猪木を破る。レフェリー、藤原喜明。（力道山 OB 会＆プロレス）
ボクシング 3月12日	【東京・両国国技館】〈WBA 世界ライト〉ヒルベルト・セラノが坂本博之を破り、防衛。
プロレス 3月17日	【メキシコシティ】〈マスカラコントラマスカラ〉アトランティスがビジャノ III を破る。

プロレス 3月19日	【名古屋・愛知県体育館】〈IWGPヘビー〉佐々木健介が小島聡を破り、防衛。(新日本)
プロレス 3月25日	【ソウル(韓)】〈WWA世界ヘビー王座決定戦〉李王杓がジャイアント・クルガンを破り、獲得。韓国で正式な引退セレモニーを行っていなかったキム・イル(大木金太郎)引退セレモニーも行われ、弟子の李、ルー・テーズらが立ち会った。
相撲 3月26日	【大阪府立体育会館】優勝:貴闘力(東前14)13勝2敗、技能賞:武双山(東関脇)、殊勲賞:貴闘力(東前14)、敢闘賞:雅山(西関脇)、貴闘力(東前14)
ボクシング 4月1日	【ベルリン(独)】〈WBO世界ヘビー〉クリス・バードがビタリ・クリチコを破り、獲得。
プロレス 4月2日	【アナハイムCA】「レッスルマニア」〈WWF世界ヘビー4ウェイマッチ〉トリプルHがザ・ロック&ミック・フォーリー&ビッグ・ショーを破り、防衛。
プロレス 4月7日	【長野・松本市総合体育館】「チャンピオンカーニバル」〈トーナメント2回戦〉三沢光晴がベイダーを裏十字固めで破る。負傷したベイダーは帰国。(全日本)
プロレス 4月7日	【東京ドーム】小川直也が橋本真也をKOで破る。橋本真也は引退を発表した(後にカムバック)。東京ドーム興行唯一の全試合ノンタイトル。(新日本)
ボクシング 4月8日	【パリ(仏)】〈WBA世界スーパーミドル〉ブルーノ・ジラールがバイロン・ミッチェルを破り、獲得。
ボクシング 4月9日	【青森県・八戸市民体育館】〈WBA世界ミニマム暫定〉ジョマ・ガンボア(ガンボア小泉)が佐井敦史を破り、防衛。
プロレス 4月9日	【東京・両国国技館】「第3回スーパージェイカップ」〈決勝〉獣神サンダー・ライガーがCIMAを破り、優勝。アンダーカードで光ったのがリッキー・マルビンとアビスモ・ネグロ。(主催:みちのく)
ボクシング 4月14日	【メリダ(墨)】〈WBC世界フェザー〉グティ・エスパダス・ジュニアがナジーム・ハメドを破り、獲得。史上初の親子世界王者。→76年10月2日
プロレス 4月15日	【東京・日本武道館】「チャンピオンカーニバル」〈決勝〉小橋健太が大森隆男を破り、優勝。(全日本)
ボクシング 4月23日	【名古屋レインボーホール】〈WBA世界スーパーフライ〉戸高秀樹がヨックタイ・シスオーを破り、防衛。
5月1日	【東京ドーム】〈PRIDEグランプリ〉〈決勝〉マーク・コールマンがイゴール・ボブチャンチンを破る。〈PRIDEグランプリ準々決勝〉桜庭和志がホイス・グレイシーにTKO勝ち。
プロレス 5月5日	【福岡ドーム】〈IWGPヘビー〉パワー・ウォリアー(佐々木健介)がグレート・ムタを破り、防衛。(新日本)

1991 | 2000

プロ格闘技年表事典　567

ボクシング 5月6日	【フランクフルト（独）】〈WBC 世界スーパーミドル〉グレン・キャトリーがマルクス・バイエルを破り、獲得。
ボクシング 5月6日	【ノードルハインヴェストファーレン（独）】〈WBO 世界ウェルター〉ダニエル・サントスがアーメド・カタイエフを破り、獲得。
プロレス 5月13日	【マニラ（比）】ジャンボ鶴田死す。
ボクシング 5月19日	【ウドン・サニ（タイ）】〈WBC 世界フライ〉マルコム・ツニャカオがメッグン・3K バッテリー（トヨタタイランド）を破り、獲得。
相撲 5月21日	【東京・両国国技館】優勝：魁皇（西小結）14 勝 1 敗、技能賞：栃乃花（東前 12）、殊勲賞：魁皇（西小結）、敢闘賞：魁皇（西小結）、雅山（東関脇）、栃乃花（東前 12）

【魁皇博之】（生）1972（出生地）福岡（主要王座）大関（初）1988（人物評）曙、貴乃花、若花田、和歌乃山、力櫻らと並び、「花の六三組」の一員である。初優勝は 2000 年 5 月である。そして 9 月に大関に昇進した。横綱は張れなかったものの 5 回も優勝した。腰の痛みに耐え続けながらも現役を続け、2011 年 7 月場所中に引退。11 年版ギネス・ワールド・レコーズには「幕内通算 846 勝」、「幕内在位 103 場所」が掲載された。夫人の充子さんは元女子プロレスラーである→ 1990 年 1 月 4 日

ボクシング 5月21日	【カンザスシティ MO】〈WBA 世界スーパーフェザー〉ホエール・カサマヨールが白鐘権を破り、獲得。
プロレス 5月26日	【新潟市体育館】〈三冠ヘビー〉小橋健太が高山善廣を破り、防衛。
その他 5月26日	【東京ドーム】ヒクソン・グレイシーが船木誠勝を破る。船木は引退を表明。
プロレス 5月29日	【群馬・伊勢崎市民体育館】「WWS」旗揚げ。主宰はミスター・ポーゴ。
プロレス 6月2日	【東京・日本武道館】〈IWGP ヘビー〉佐々木健介が中西学を破り、防衛。（新日本）
プロレス 6月9日	【東京・日本武道館】〈世界タッグ王座決定トーナメント決勝〉川田利明＆田上明が高山善廣＆大森隆男を破り、獲得。〈準決勝〉大森隆男＆高山善廣が三沢光晴＆小川良成を、川田利明＆田上明がジョニー・エース＆マイク・バートンを破る。この日のメンバーのほとんどはシリーズ後全日本を脱退、NOAH を設立。小橋は三冠王座を、川田＆田上は世界タッグ王座を返上。（全日本）
プロレス 6月9日	【大阪市中央体育館】「ベスト・オブ・ザ・スーパー・ジュニア」〈決勝〉高岩竜一が大谷晋二郎を破り、優勝。（新日本）
ボクシング 6月11日	【東京・有明コロシアム】〈WBA 世界ライト〉畑山隆則がヒルベルト・セラノを破り、獲得。

ボクシング 6月17日	【ベルガーデンズ CA】〈WBC 世界ライト〉ホセ・ルイス・カスティージョがスティーブ・ジョンストンを破り、獲得。
ボクシング 6月17日	【ロサンゼルス CA】〈WBC 世界ウェルター〉シェーン・モズリーがオスカー・デ・ラ・ホーヤを破り、獲得。
ボクシング 6月25日	【兵庫・高砂市体育館】〈WBC 世界バンタム〉ウィラポン・ナコンルアンプロモーションが西岡利晃を破り、防衛。
プロレス 6月25日	【東京・後楽園ホール】〈IWGP ジュニアタッグ〉金本浩二＆田中稔が大谷晋二郎＆高岩竜一を破り、獲得。（新日本）
プロレス 7月2日	【NWA】〈NWA 世界ヘビー〉小川直也が返上。
プロレス 7月20日	【札幌・北海道道立総合体育センター】〈IWGP ヘビー〉佐々木健介が飯塚高史を破り、防衛。〈IWGP タッグ〉天山広吉＆小島聡が中西学＆永田裕志を破り、獲得。（新日本）
プロレス 7月20日	【北海道立総合体育センター】〈IWGP ジュニアヘビー〉高岩竜一が獣神サンダー・ライガーを破り、獲得。（新日本）
ボクシング 7月22日	【マイアミ FL】〈IBF 世界スーパーフライ王座決定戦〉フェリックス・マチャドがフリオ・ガンボアを破り、獲得。〈WBO 世界スーパーライト〉エネル・フリオがランドール・ベイリーを破り、獲得。
相撲 7月23日	【名古屋・愛知県体育館】優勝：曙（東横綱）13 勝 2 敗、技能賞：栃東（西関脇）、殊勲賞：魁皇（東関脇）、敢闘賞：安美錦（西前 13）、高見盛（東前 11）
プロレス 7月30日	【横浜アリーナ】引退していた長州力が一夜限りの復活。大仁田厚に勝利。18000 人を動員。長州はこれを機にカムバック。（新日本）
ボクシング 8月5日	【マディソン WI】〈WBA 世界フライ〉エリック・モレルがソーンピチャイ・クラティンデーンジムを破り、獲得。
プロレス 8月5日	【東京・ディファ有明】「NOAH」旗揚げ。秋山準＆小橋健太対三沢光晴＆田上明の 60 分 3 本は、秋山準が三沢光晴＆田上明から 2 本連取のストレート勝ち。

【プロレスリング NOAH】旗揚時社長は三沢光晴。全日本プロレス社長だった三沢光晴が馬場元子未亡人との確執を経て旗揚げした団体。設立当初からテレビ局もつき、順風満帆のスタートだった。2004 年、2005 年には東京ドーム興行も成功させ、同時期もたついた新日本プロレスを抜き去る勢いだった。しかし、2006 年にスター選手小橋建太が癌に冒され長期欠場に入ると人気の低落が始まり、2009 年 3 月には日本テレビから地上波放映を打ち切られた。その年の 6 月、三沢が試合中に事故死すると、さらに団体人気は落ち、現在では存続が心配されている。

ボクシング 8月12日	【パリ（仏）】〈WBA 世界ヘビー王座決定戦〉イベンダー・ホリフィールドがジョン・ルイーズを破り、獲得。

**1991
I
2000**

プロ格闘技年表事典　569

ボクシング 8月12日	【ラスベガス NV】〈WBA 世界ライトフライ王座決定戦〉ベビス・メンドサがローゼンド・アルバレスを破り、獲得。
プロレス 8月13日	【東京・両国国技館】「G1 クライマックス」〈決勝〉佐々木健介が中西学を破り、優勝。(新日本)
ボクシング 8月20日	【東京・両国国技館】〈WBC 世界フライ〉マルコム・ツニャカオがセレス小林と引き分け、獲得。〈WBA 世界ミニマム統一戦〉ジョマ・ガンボア(ガンボア小泉)がノエル・アランブレットを破り、防衛。アランブレットは前日計量に失敗、王座を剥奪されていた。
ボクシング 8月27日	【大阪府立体育会館】〈WBC 世界スーパーフライ〉徳山昌守が曺仁柱を破り、獲得。

【徳山昌守】(生) 1974 (出生地) 東京 (主要王座) WBA 世界スーパーフライ (初) 1994 (人物評) 本名は洪昌守(ホン・チャンス)。国籍は朝鮮民主主義人民共和国だったが現在は大韓民国に変更した。1998 年 12 月、井岡弘樹を 5 回 TKO に降して世界ランク入りする。井岡はこの試合を最後に現役を引退した。2000 年 8 月 27 日、世界初挑戦で WBC 世界スーパーフライ級王者の曺仁柱を破り、王座を奪取した。以後、計 9 回防衛した。リング上で統一旗を振ったり、トランクスに「ONE KOREA」と刺繍するなど、政治的なパフォーマンスも行った。

プロレス 8月27日	【メキシコシティ】〈マスカラコントラマスカラ〉マスカラ・サグラーダがフィッシュマンを破る。
ボクシング 9月1日	【ブラックパン(南ア)】〈WBC 世界スーパーミドル〉ディンガン・トベラがグレン・キャトリーを破り、獲得。
ボクシング 9月2日	【エルパソ TX】〈WBC 世界フェザー暫定王座決定戦〉エリック・モラレスがケビン・ケリーを破り、獲得。
ボクシング 9月4日	【マンチェスター(英)】〈WBO 世界バンタム王座決定戦〉マウリシオ・マルチネスがレスター・フェンテスを破り、獲得。
ボクシング 9月9日	【ニューオリンズ LA】〈WBA 世界フェザー〉デリック・ゲイナーがフレディ・ノーウッドを破り、獲得。
ボクシング 9月9日	【マンチェスター(英)】〈WBC 世界スーパーバンタム王座決定戦〉ウィリー・ホーリンがミハエル・ブロディを破り、獲得。
その他 9月15日	【シドニー(豪)】夏季オリンピックが開幕。〈ボクシング〉バンタム金:ギレルモ・リゴンドウ、ライト銀:アンドレアス・コテルニク、ライトミドル銅:ジャーメイン・テイラー、ミドル銅:ゾルト・エルデイ〈グレコ〉130kg 銀:アレクサンドル・カレリン(10 月 1 日まで)
相撲 9月17日	【東京・両国国技館】優勝:武蔵丸(西横綱)14 勝 1 敗、技能賞:追風梅(西前 2)、栃乃花(東前 7)、殊勲賞:該当者なし、敢闘賞:若の里(西前 10)

プロレス 9月17日	【東京・ディファ有明】〈WWWA世界シングル（女子）〉伊藤薫が豊田真奈美を破り、獲得。
プロレス 9月29日	【メキシコシティ・アレナメヒコ】「アニベルサリオ」〈レジェンド・オブ・シルバーマスク〉ネグロ・カサスがドクトル・ワグナー・ジュニアを破り、獲得。
プロレス 10月6日	【メキシコシティ】「第3回レジェンダ・デ・プラタ・トーナメント決勝」ネグロ・カサスがイホ・デル・サントを破り、優勝。
ボクシング 10月9日	【名古屋・愛知県体育館】〈WBA世界スーパーフライ〉レオ・ガメスが戸高秀樹を破り、獲得。
プロレス 10月9日	【東京ドーム】〈ノンタイトル〉川田利明が佐々木健介を破る（年間ベストバウト）。佐々木はIWGPヘビー王座を返上。橋本真也が藤波辰爾を破る。（新日本）
ボクシング 10月11日	【横浜アリーナ】〈WBA世界ライト〉畑山隆則（横浜光）が坂本博之を破り、防衛。（年間ベストバウト）
ボクシング 10月14日	【ケルン（独）】〈WBO世界ヘビー〉ウラジミール・クリチコがクリス・バードを破り、獲得。
相撲 10月25日	【千葉・成田空港】大相撲で活躍していた同じモンゴル出身の旭鷲山を頼って6人のモンゴル人が来日した。そのうちの一人が後の横綱白鵬翔である。
プロレス 10月28日	【東京・日本武道館】「三冠ヘビー王座決定8人トーナメント」〈決勝〉天龍源一郎が川田利明を破り優勝、獲得。（全日本）
プロレス 10月29日	【神戸ワールド記念ホール】〈IWGPジュニアヘビー〉田中稔が高岩竜一を破り、獲得。（新日本）
その他 11月1日	【東京・後楽園ホール】「K-1 J・MAX」〈ISKA世界ウェルター〉魔裟斗がムラッド・サリを破り、獲得。

【魔裟斗】（生）1979（出生地）千葉（主要王座）K-1 WORLD MAX世界王者（初）1997（人物評）ボクシングから転向し、全日本キックボクシング連盟でプロデビュー。2003年7月5日「K-1 WORLD MAX 2003世界一決定トーナメント」1回戦でマイク・ザンビディスを、決勝戦で前年度王者アルバート・クラウスを2R、左フックでKOし、日本人初の優勝を果たした。「K-1 WORLD MAX 」とはミドル級（70kg契約）およびライト級（－63kg契約）のトーナメントおよびワンマッチの大会である。

| 相撲 11月19日 | 【福岡国際センター】優勝：曙（西横綱）14勝1敗、技能賞：琴光喜（西前9）、殊勲賞：若の里（西小結）、琴光喜（西前9）、敢闘賞：琴光喜（西前9）。西十両三枚目の朝青龍明徳が11勝4敗の好成績で、翌場所の入幕を確定させた。後の横綱日馬富士は翌場所の初土俵を目指し稽古の日々、中学2年の萩原寛少年、後の横綱稀勢の里が角界入りを考え鳴戸部屋を訪ねたのもこの |

1991
|
2000

年だった。

【朝青龍明徳】（生）1980（出生地）モンゴル（主要王座）第68代横綱（初）1999（人物評）1997年に元大関4代朝潮の若松親方のスカウトで角界入りし、2003年に綱を締める。2010年、不祥事により引退させられた。25という優勝回数から「平成の大横綱」と呼ぶ向きもあるが異論はあろう。しかし「これが相撲だ」という土俵上で見せた力強さは本物である。若松が躾しきれなかったことが、天才格闘家を角界から追放することになったのは、残念である。相撲は日本伝統の国技であると同時に格闘技なのだ。

ボクシング 11月23日 【名古屋レインボーホール】〈WBA世界スーパーバンタム暫定王座決定戦〉ヨベル・オルテガが石井広三を破り、獲得。

プロレス 11月30日 【広島サンプラザホール】〈G1タッグリーグ決勝〉永田裕志＆飯塚高史が天山広吉＆小島聡を破り、優勝。（新日本）

ボクシング 12月2日 【アトランティックシティNJ】〈IBF世界スーパーウェルター〉フェリックス・トリニダードがフェルナンド・バルガスを破り、獲得。

ボクシング 12月3日 【マイアミFL】〈IBF世界スーパーフェザー〉スティーブ・フォーブスがジョン・ブラウンを破り、獲得。

ボクシング 12月6日 【横浜・パシフィコ】〈WBA世界ミニマム〉星野敬太郎がジョマ・ガンボア（ガンボア小泉）を破り、獲得。

【星野敬太郎】（生）1969（出生地）神奈川（主要王座）WBA世界ミニマム（初）1988（人物評）花形ボクシングジムにて花形進に教わる。芸術の域にまで達した防御テクニックを武器に、変幻自在の試合を見せた。2000年12月の星野の戴冠は、日本初の「師弟世界チャンピオン」の誕生、デビュー戦で敗北している選手として初めての世界王者、当時としては「最年長での世界王座初獲得」（31歳3か月）でもあった。横浜市内のとんかつ店「美とん・さくらい」の「チャンピオン丼」は星野が上大岡店の料理長時代に考案したものだ。

ボクシング 12月9日 【ローン（仏）】〈WBA世界クルーザー〉ヴァージル・ヒルがファブリス・ティオゾを破り、獲得。

プロレス 12月9日 【東京・日本武道館】「世界最強タッグ」スティーブ・ウイリアムス＆マイク・ロトンドが川田利明＆渕正信を破り、優勝。（全日本）

ボクシング 12月12日 【大阪・舞洲アリーナ】〈WBC世界スーパーフライ〉徳山昌守が名護明彦を破り、防衛。

ボクシング 12月15日 【モントリオール（加）】〈WBC世界スーパーミドル〉デーブ・ヒルトン・ジュニアがディンガン・トベラを破り、獲得。

ボクシング 12月16日	【マラカイ（委）】〈WBA世界バンタム暫定王座決定戦〉エイディ・モヤがサオシン・スリサイ・コンドを破り、獲得。
ボクシング 12月16日	【シェフィールド（英）】〈IBF世界フェザー〉ムブレロ・ボティーレがポール・イングルを破り、獲得。
ボクシング 12月16日	【シーダーオブレゴン（墨）】〈WBO世界フライ〉フェルナンド・モンティエルがイシドロ・ガルシアを破り、獲得。
プロレス 12月17日	【ワシントンDC】「スターケード」〈WCW世界ヘビー〉スコット・スタイナーがシッド・ビシャスを破り、防衛。
その他 12月22日	【大阪府立体育館】「KING of KINGSトーナメント」〈Bブロック2回戦〉高阪剛がエメリーヤエンコ・ヒョードルに流血ドクターストップによるTKO勝ち。これは反則である肘が当たったためで高阪は「アクシデントだった」。（リングス） 【エメリヤーエンコ・ヒョードル】（生）1976（出生地）ウクライナ（主要王座）WAMMA世界ヘビー、PRIDEヘビー、RINGS無差別、RINGSヘビー（初）2000（人物評）「60億分の1の男」「人類最強」と称される。柔道出身。日本デビューの高阪戦敗戦は反則である肘が当たったためで高阪は「アクシデントだった」と述べている。21世紀になって行われた対永田裕志（新日本プロレス）戦は勝負にならなかった。2010年まで総合格闘技でナンバーワンの評価を得ている。
プロレス 12月31日	【大阪ドーム】〈エキシビションマッチ（3分）〉アントニオ猪木がヘンゾ・グレイシーと引き分け。高田延彦＆武藤敬司がケン・シャムロック＆ドン・フライを、橋本真也が安田忠夫を破る。
その他	【MVP】〈ボクシング・日本・コミッション〉畑山隆則〈ボクシング・アメリカ・リング誌〉フェリックス・トリニダード〈相撲・報知新聞年間最優秀力士〉曙太郎〈相撲・年間最多勝〉曙太郎、76勝14負0休〈プロレス・日本・東京スポーツ〉桜庭和志

1991
|
2000

2001年-

素行面でいろいろといわれたものの、土俵上では「いいもの」を見せてくれた朝青龍。

◆相撲

21世紀が始まり今日までモンゴル勢の時代が続いている。モンゴル出身の白鵬の40回の優勝も、朝青龍が追放となり、ライバルが居なくなったったことが大きな要因だろう。その朝青龍もモンゴル出身だ。

モンゴル勢の活躍で、国技相撲は神事なのか、スポーツなのか、格闘技なのか、芸能なのか、という議論が盛んになった。その全てが結論であれば、史上稀有な格闘家、朝青龍を居続けさせられなかった相撲協会幹部の責任は重い。

2010年に発覚した野球賭博問題、それに派生した八百長問題は相撲それ自体の危機であった。幸いなことに現在、相撲人気は復活している。今、私の心残りは2011年3月の東日本大震災時、実質的に謹慎状態であった相撲界が大きっぴらに慰問活動ができなかったことだ。大地の怒りを横綱の四股が鎮める、これができなかった後遺症が我が日本に残り、そして相撲界にも2017年暮の貴ノ岩騒動という形で出たように思う。

◆ボクシング

世界王座認定団体IBFやWBOは80年代の設立当初、急造チャンピオンが多く、日本ではほとんど見向きもされなかった。しかし、90年代、次第にWBA、WBCに追いつき、また世界の趨勢にも逆らえず、日本ボクシングコミッションも2013年に加盟することになる。

21世紀の日本のボクシングを特徴づけるものとして、亀田兄弟（TBS）や村田諒太（電通）に見られるメディアミックス、世界王座統一に向け「黄金の軽量級時代」を作る勢いにある井上尚弥、さらに女子ボクシングの存在である。

日本ボクシングコミッションが女子部門を作る2007年以前の日本女子ボクシング協会の時代から活躍していた菊地奈々子、2011年5月WBC女子世界ストロー王座を獲得して以来、2017年12月WBO女子世界ライトフライ級のベルトを奪取し、男女を通じて日本人初の5階級制覇を成し遂げた藤岡奈穂子の存在は歴史に残るものになるであろう。

◆プロレス

　2001年のWCW崩壊でWWFがメジャー1団体となった。02年3月、日本再上陸に成功したWWFは5月にWWEと改称した。最近では日本の団体からWWEへの移籍も珍しくない。

　ゼロ年代前半新日本プロレスに沈滞が続く中、NOAH（2000年、全日本プロレスの殆どのレスラーで設立）は日本の主流にならんとする勢いであった。しかし、2006年6月、小橋建太腎臓癌発覚休業で勢いを失い業界全体が沈滞する。「PRIDE、K-1に押され」は当時の合言葉のようであった。さらに09年の三沢光晴のリング上での事故死が追い打ちをかけた。

　新日本の復活は2012年、オーナーがブシロードとなってから始まる。時代の変化は考慮すべきであろう、しかし、昔日の勢いではないことは述べておきたい。

　2015年、天龍源一郎が65歳で引退した。その存在感は高齢までの現役生活を「ナンセンス」と言わせないだけのものがあった。

◆その他

　ゼロ年代の前半は日本のPRIDE、K-1の全盛時だった。

　2003年の大晦日、大相撲の元横綱がK-1のリング上でボブ・サップに敗れた試合は、瞬間最高視聴率ではNHKの紅白歌合戦を上回った。「どっちが強い？」それにきちんと答えを出してくれるものを人々は選ぶのである。

　大晦日、あちこちのチェンネルで格闘技中継を行っていた時代は意外に早く終わった。総合格闘技PRIDE運営団体DSEが2003年の大晦日興行で反社会的組織とからんでいたこと、K-1運営の正道会館館長石井和義の脱税（逮捕は2003年）、収監（2007年）もあってテレビ局が手を引いたからである。

　街中に「格闘技」を教えるジムが溢れている現在「『総合』は定着したか」の議論はナンセンスであろう。

前田日明が主宰している「アウトサイダー」は、不良同士が試合をするというコンセプトで2008年3月に始まった。
　原初の「格闘」が「格闘技」となり、さらに「プロ格闘技」として洗練されてきた歴史の中で、「アウトサイダー」には本来の「格闘」がもつギラギラしたものを感じる。まるで「プロ格闘技」興行の原初の姿を見ているようである。始まってすでに10年が経った。その蓄積が、今後、何に化けていくのか、注目される。

人 名 索 引

人名索引

人名索引

【あ】

アイアン・シーク……………………………
　'79.12.17, '83.12.26, '84.1.23, '84.12.28
アイク・アーキンス…………………… '67.5.26
アイク・ウィリアムス……… '45.4.18, '48, '51.5.25
アイク・クォーティ…………… '94.6.4, '99.2.13
アイラン・バークレー…… '87.10.23, '88.6.6,
　'89.2.24, '92.1.10, '92.3.20, '93.2.13
アウトサイダーズ…………………… '96.7.7
青木勝利…………………… '63.4.4, '64.10.29
蒼樹山………………………………… '98.3.22
青ノ里………………………………… '64.11.22
青葉城………………………………… '75.7.20
青葉山……………………… '75.11.23, '80.9.28
青柳政司……………… '89.10.6, '92.11.22,
　'92.11.23, '94.3.11, '94.5.7
赤井英和…………………………… '83.7.7
赤城マリ子… '76.3.15, '76.4.17, '76.11.30, '77.7.29
安芸乃島……… '88.7.17, '89.3.26, '90.5.27, '90.7.22,
　'91.5.26, '92.3.22, '95.1.22, '95.3.26, '98.5.24,
　'99.1.24, '99.3.28, '99.9.26
安芸ノ海……… '39.1.15, '40.5.23, '42.5.24
アキム・タファー…………………… '95.7.25
秋山準……… '92.12.4, '95.1.29, '96.5.23,
　'96.9.5, '96.12.6, '97.9.6, '97.12.5, '98.1.9,
　'98.1.26, '98.4.18, '98.7.24, '98.12.5,
　'99.1.7, '99.6.9, '99.10.23, '99.12.3,
　'2000.1.23, '2000.2.20, '2000.3.11, '2000.8.5
秋山政司…………………………… '55.8.25
アキレス・グスマン…………… '92.9.26, '92.12.15
アクセル・シュルツ………… '95.4.22, '96.6.22
アクセル・デイター………'68.4.13, '70.10.24,
　'71.11.7, '74.11.3, '75.10.26, '75.11.2
　'77.10.23, '80.10.26, '83.10.23
阿久津川高一郎…………………… '57.2
アクラム・ペールワン……… '67.6.2, '76.12.12
曙………………… '90.11.25, '91.3.24, '92.1.26,
　'92.5.24, '92.11.22, '93, '93.1.24, '93.7.18, '93.9.26,
　'93.11.21, '94.3.27, '95.3.26, '96.11.24, '97.5.25,
　'2000./2000.7.23, '2000.11
アゴスティーノ・カルダモン…………… '95.3.17
アーサー・ウィリアムス……… '98.10.30, '99.6.5
浅井嘉浩……………… '88.7.29, '90.3.1, '91.12.12
アザエル・モーガン………………… '87.3.29
浅川誠二………………… '92.1.25, '94.3
浅子覚…………………………… '94.1.3
朝潮（三代）… '53.1.24, '56.3.25, '57.3.24, '58.3.23,
　'58.11.23, '59.3.22, '61.3.26
朝潮（四代）… '79.1.21, '79.9.23, '80.3.23, '80.7.20,
　'81.5.24, '81.11.22, '82.5.23, '82.7.18, '83.1.23,

'83.3.27, '85.3.24
朝潮（男女ノ川）…………………… '32.1.6
朝青龍……………………… 2000.11.19
アサシンズA………………… '65.9.29, '65.11.3
アサシンズB………………………… '65.9.29
浅瀬川……………………………… '66.3.27
旭國………… '74.3.24, '75.5.25, '76.1.25, '76.3.21
朝日嶽…………………… '18.5, '20.5.20
旭天鵬…………………………… 2000.1.23
旭富士… '84.11.25, '86.1.26, '86.5.25, '87.7, 87.9.27,
　'88, '88.1.24, '90, '90.5.27, '90.7.22, '91.5.26
朝日松………………………………… '12.5
朝日山………………………………… '17.1
旭豊………………… '96.3.24, '96.9.22
アジャ・コング…… '90.11.14, '92.9.18, '92.11.26,
　'95.3.26, '95.6.27, '95.8.30
阿修羅・原… '79.7.20, '79.10.5, '79.11.14, '80.3.31,
　'81.5.4, '81.5.16, '83.2.23, '83.8.26, '84.2.16, '84.5.9,
　'86.10.30, '87.6.6, '87.9.3, '88.3.5, '88.6.4, '88.8.29,
　'88.8.30, '88.12.16, '94.3.2
アースクエイク・フェリス……………… '86.8.7
アステカ……………………………… '97.6.8
アズマー・ネルソン…… '84.12.8, '88.2.29, '94.5.7,
　'95.12.1, '97.3.22
アスラム・ペールワン……………… '51, '53.6.3,
　'54.6.13, '62.5.18
アスレチックコミッション………………… '38.2
アセリノ・フレイタス………………… '99.8.7
アーチ・ゴーディ → モンゴリアン・ストンパー
アーチー・ムーア… '52.12.17, '56.11.30, '62.11.15,
　'63.3.11, '63.3.15
アックス・デモリッション……………… '90.4.13
アッシン・シェリフィー……………… '98.5.2
アーテュロ・ピネダ……… '74.9.12, '75.6.5
アデリアン・バイラージョン…………… '57.2.1
アド・ウォルガスト…………… '10.2.22, '12.11.28
アート・クルーズ………………… '85.10.21
アド・サンテル…………'11.1.16, '13.1.14, '20.8.17,
　'21.3.6, '21.8.30, '28.9.29, '33.5.23
アート・デイビー………………… '93.11.12
アート・トーマス………………… '61.7.29
アート・ネルソン………………… '67.9.30
アート・バー……………………
アート・マハリック……… '62.9.14, '62.9.21, '69.8.9
アドナン・カイセイ………… '68.11, '70.7.11
アドニス・リバス…………………… '99.11.20
アトランティス……… '84.9.21, '89.9.15, '90.10.26,
　'92.9.18, '93.10.1, '98.7.31, '99.9.24, '2000.3.17
アドリアヌス・タロケ………………… '96.4.15
アドリアン・アドニス……… '80.7.20, '81.1.15,
　'81.6.14, '81.11.25, '83.3.4, '83.5.26, '83.6.18,

プロ格闘技年表事典　581

'83.12.8, '84.6.17, '84.12.5, '84.12.28
アドルフ・ブリット……………………'68.12.14
アドルフ・ホイザー……………………'33.3.10
アドルフォ・ワシントン………'96.8.31, '97.6.21
アナクレト・ワンバ……………………'91.7.20
アナセト・バルガス……………………'78.1.29
アナトリー・アレクサンドルフ…'98.5.16, '99.8.7
アーニー・ジェイビス………………'27.12
アーニー・シングラトリー…………'84.3.28
アーニー・デュセック…………………'47.10.10
アーニー・テレル………'65.3.5, '67.2.6
アーニー・ボールドウィン………'55.10.9, '59.11
アーニー・ラッド……'71.10.23, '73.7.21, '73.9.29,
'74.1.31, '74.3.21, '74.11.1, '75.8.7, '78.7.22, '79.7.21
アニバル………………'70.9, 70.12.18, '72.3.30,
'74, '75.1.29, '91.12.13
アニバルジン・ブレストン…………………'70
アニマル・ウォリアー………'84.8.25, '85.1.6,
'85.1.13, '85.2.24, '85.3.9, '85.3.14, '85.4.27, '85.6.4,
'85.6.9, '85.9.28, '85.9.29, '85.10.21, '87.6.9,
'88.6.10, '89.12.13, '90.7.20, '91.3.30
アニマル浜口…………'76.7.9, '77.3.25, '77.3.26,
'77.11.6, '78.1.5, '78.1.20, '78.2.18, '78.2.22,
'79.1.21, '79.2.23, '79.5.31, '79.10.5,
'79.11.14, '80.3.31, '80.7.15, '80.10.4,
'80.10.5, '82.11.4, '83.2.7, '84.12.12, '85.4.15,
'85.7.18, '86.3.13, '90.9.30, '95.4.2
アヌチャ・フォソング…………………'98.12.18
アーネスト・ホースト………'93.4.30, '97.11
アーネスト・ボードウィン…………'52.1
アーネスト・ローバー………'01.2.6, '01.7.5
アノアロ・アティサノエ…………'84.9.20
アーノルド・スコーラン…………………'61.9
アーノルド・テイラー……'73.11.3, '74.7.3
アビスモ・ネグロ…………2000.3.5, '2000.4.9
安美錦………………2000.7.23
アファ・アノアイ → アファ・サモアン
アファ・サモアン………………
'78.1.5, '78.1.20, '80.8.9, '83.5.20
アブドラ・アリ・ベイ………………'52.1.18
アブドラ・ザ・ブッチャー…'55.11.18, '70.7.10,
'70.8.21, '70.9.17, '71.5, 72.12.6, '73.6.14, '73.7.26,
'74.4.13, '74.5.16, '74.9.25, '74.10.5, '74.10.10,
'75.4, '75.12.11, '76.5.1, '76.5.8, '76.7.17, '76.10.22,
'76.10.24, '76.12.9, '77.3.23, '77.5.14, '77.12.15,
'78.4.7, '78.10.18, '78.11.7, '79.2.10, '79.4.6, '79.8.26,
'79.8.31, '79.10.12, '79.10.18, '79.11.8, '79.12.13,
'80.12.11, '81.5.8, '81.6.24, '82.10.8, '86.7.27,
'88.1.13, '88.8.29, '88.9.9, '90.9.30, '94.12.27
アブドラ・ラマダン……………………'98.9
安部悟………………'99.12.4
アポロ菅原………………'91.4.1
アポロ・ダンテス………'98.8.14, '98.9.18
アポロ嘉男………'73.3.6, '74.3.14, '77.4.20
アマド・ウルスア………'82.3.26, '82.4.13
アマンチョ・カストロ……………………'89.5.6

アーマンド・ファン・レイエス………'91.1.26
アーメド・カタイエフ…………'98.2.14, '2000.5.6
アーメド・マドラリ……………………'04.1.30
アメリカス（ガス・ショーンライン）………
'14.2.9, '14.5.7
アメリコ・ロッカ…………………'86.9
綾川五郎次………………'28.11.3
綾櫻………………'31.10
アユブ・カルレ………'79.10.24, '81.6.25
新井正吉………………'48.3.28
荒岩………'01.5.15, '05.5.23
新垣諭………'83.12.10, '84.4.15, '84.8.4, '85.4.26
荒川真………………'74.1.18
アラクラン・トーレス………………
'69.2.23, '69.11.28, '70.3.20
アラスカン・スカッフラーズ…………'39.1.9
荒瀬………'74.5, 74.9.22, '75.3.23
荒谷信孝………………'94.5.21
アラン・ミンター………'72.8.26, '80.3.16, '90.9.27
アラン・ラドキン………………'65.11.30
アリ・ババ……'36.4.25, '36.6.12, '36.6.29, '37.11.26
アリス・バシャラ………………'40.7.1
アリミ・ゴイチア………'95.7.22, '96.4.29, '96.8.24
アル・ウォルガスト………………'12.7.4
アル・カラシック………………'25.3.21
アール・キャドック………………
'17.4.9, '17.5.2, '18.6.21, '20.1.30
アル・ケーシー………………'59.2.13
アル・コステロ……'49, '54.1.28, '65.1.11, '68.2.14
アル・シンガー………'30.7.17, '30.11.14
アル・デルモント………………'07.4.22
アール・ハーグロブ………………'84.3.11
アル・ハフト………'62.9.28, '64.9.7
R・ペータース………………'99.11.28
アル・ペレイラ………………'36.4.6
アル・ホスタック………………
'38.7.26, '38.11.11, '39.6.27, '40.7
アル・ボッサード………………'11.3.24
アール・マクレディ………'33.6.16, '37, '44.8.11
アル・マッコイ……'14.4.7, '17.11.14, '40.12.16
アル・マドリル………………'78.5.11, '78.6.25
アルコン・オルティス………'78.4.21, '82.9.17
アルコン・ネグロ………………'55.9.16
アルツール・グレゴリアン………………'96.4.13
アルツロ・ガッティ…'95.12.15, '97.10.4, '98.8.22
アルツロ・フリアス………………'81.12.5, '82.5.8
アルティメット・ウォリアー………'90.4.2, '90.4.13
アルバート・ウォール………'66.1.20, '66.2.17,
'68.5.25, '69.4.23, '70.4.13
アルバート・トーレス………………'67.1.13
アルバート・ベレンジャー………'27.12, 28.2.6
アルバロ・ヤキ・ロペス………………'80.7.13
アルバロ・ロハス………………'75.12.4
アルビオン・ブリット………………'36.4.20
アルフ・ロビンソン………………'51.3.17
アルフォンセ・シトゥルム………'11.5.14, '12.3.1

アルフォンソ・アリミ… '57.11.6, '59.7.8, '60.10.25
アルフォンソ・サモラ…………… '75.3.14, '77.11
アルフォンソ・ダンテス…………… '72, '72.9.29,
'72.10.20, '73.6.29, '77.2.11, '77.9.23, '78.4.21,
'79.4.30, '79.6.15, '80.2.29, '80.6.27, '81.9.18, '82.2.4
アルフォンソ・フレイザー…… '72.3.10, '72.10.29
アルフォンソ・ラトリフ………… '85.6.6, '85.9.21
アルフォンソ・ロペス…………………
'76.2.27, '76.4.21, '76.10.2, '79.4.8
アルフレッド・エスカレラ…………………
'75.7.5, '76.4.1, '76.7.1, '78.1.28
アルフレッド・コティ………… '94.7.30, '95.10.21
アルフレッド・コール…………………… '92.7.30
アルフレッド・ビタリア………………… '79.4.17
アルフレッド・マルカノ……………………
'71.7.29, '71.11.6, '72.4.25, '74.9.7
アルフレッド・ライネ………… '86.5.24, '86.9.27
アルフレッド・ランジェル……………… '91.6.3
アルベルト・カストロ……………… '84.9.7
アルベルト・シトゥルム……………… '33.3.24
アルベルト・ダビラ…………………… '83.9.1
アルベルト・ヒメネス………… '95.2.11, '96.12.13
アルベルト・ムニョス……………… '71.7.11
アルマンド・カストロ……………… '92.12.11
アルマンド・クラインク……………… '99.11.27
アレキサンダー・エイバーグ……………… '15.5
アレキサンダー・グラウィエンコ…………… '34
アレクサンドル・カレリン…………………
'88.9.17, '92.7.25, '96.7, 99.2.21, '2000.9.15
アレクシス・アルゲリョ…… '74.11.23, '75.10.12,
'77.1.15, '78.1.28, '81.6.20, '82.11.12
アレックス・サンチェス……… '93.12.22, '97.8.23
アレックス・スミルノフ……… '77.4.16, '78.7.26,
'79.1.24, '79.7.21, '79.7.25, '79.11.16,
'80.10.4, '80.10.5, '80.11.22, '82.6
アレックス・ロメロ…………………… '57.9.20
アレハンドロ・ゴンザレス…………………
'95.1.7, '95.9.23, '96.3.1
アレン・コージ → バッドニューズ・アレン
アーロン・デイヴィス……………… '90.7.8, '91.1
アーロン・プライヤー…………………
'80.8.2, '82.7.4, '82.11.12, '83.6.1
アロンソ・ゴンザレス……………… '85.10.5
アーン・アンダーソン…………………
'86.11.27, '88.4.23, '93.9.3
アンジェロ・サボルディ……………… '60.7.22
アンジェロ・ポッフォ…………………
'58.12.26, '59.4.11, '59.5.2, '64.1.17
安生洋二…………………………… '89.11.29
アンソニー・ジョーンズ………… '89.7.9, '94.8.13
アンソニー・ステファンス……………… '97.4.12
アンソニー・ビジェニ……………… '98.12.5
アンダーテイカー……… '97.3.23, '97.5.17, '97.8.3
アンディ・フグ……………………… '97.11
アントニオ・アベラル………… '81.5.12, '82.3.20
アントニオ・アマヤ…………………

'69.4.6, '70.8.23, '74.6.27, '75.3.27
アントニオ・エスパラゴサ…………………
'87.3.6, '89.3.26, '91.3.30
アントニオ・エルナンデス……………… '99.2.20
アントニオ・ゴメス……………… '71.9.2, '72.8
アントニオ・セルバンテス… '72.10.29, '73.12.5,
'74.10.26, '76.3.6, '77.6.25, '80.8.02
アントニオ・セルメニョ…… '95.5.31, '96.12.21,
'97.7.26, '98.2.9, '98.4.3, '98.10.3, '99.5.30, '99.10.10
アントニオ・ターバー……………… '96.7
アントニオ・プグリシー……… '63.12.28, '74.1.11
アントニオ・ヘルナンデス……………… '99.6
アントニオ・ポサ……………… '62, '62.9.21
アントニオ・ホドリゴ・ノゲイラ…… 2000.2.26
アントニオ・リベラ…………………
'86.8.30, '87.1.23, '89.12.9, '96.4.13
アントニオ・ロッカ… '48.8.6, '49.12.12, '51.7.12,
'53.3.24, '53.4.9, '53.12.14, '54.5.12, '54.5, '54.11.10,
'54.11.15, '55.2.14, '56.2.6, '57.2.24, '57.11, '58.5.24,
'60.2.9, '60.3.8, '60.10.24, '61.3.4, '61.10.7, '61.11.13,
'62.6.8, '62.12.27, '63.5.10, '63.9.30, '75.10.9
アントニオ猪木……… '58.11.13, '60.9.30, '61.5.25,
'62.11.5, '63.7, 64.3.11, '64.4.30, '64.8.20, '64.8.26,
'64.11.24, '64.12.1, '65.8.13, '65.9.21, '65.11.29,
'66.1.10, '66.1.27, '66.3.16, '66.9.16, '66.10.12,
'66.11, 66.11.21, '66.12, 67.1.5, '67.1.6, '67.1.29,
'67.1.30, '67.5.26, '67.6.25, '67.10.31, '67.11.25,
'68.2.3, '68.2.26, '68.5.16, '68.6.17, '68.7.29, '68.8.9,
'68.8.30, '68.9.21, '68.10.24, '68.10.29, '68.11.29,
'68.11.30, '68.12.3, '69.1.3, '69.1.9, '69.2.3, '69.2.4,
'69.2.11, '69.2.26, '69.3.1, '69.5.16, '69.5.21, '69.5.31,
'69.6.25, '69.8.9, '69.8.11, '69.8.13, '69.9.28, '69.11.1,
'69.11.28, '69.12.2, '69.12.4, '70.1.5, '70.1.11,
'70.1.27, '70.3.7, '70.7.4, '70.8.1, '70.8.2, '70.8.4,
'70.8.21, '70.11.5, '70.12.1, '71.1.7, '71.3.2, '71.3.6,
'71.3.26, '71.5, '71.5.31, '71.6.17, '71.7.1, '71.8.5,
'71.9.6, '71.11.1, '71.12.4, '71.12.7, '71.12.13, '72.3.6,
'72.10.4, '72.10.10, '73.1.26, '73.4.20, '73.5.25,
'73.6.14, '73.8.24, '73.10.14, '73.11.5, '73.12.10, '74,
'74.3, 74.3.21, '74.5.8, '74.6.20, '74.6.26, '74.7.30,
'74.8.8, '74.8.18, '74.10.10, '74.11.1, '74.11.13,
'74.12.12, '74.12.15, '75.2.6, '75.3.13, '75.3.20,
'75.3.27, '75.4.4, '75.5.16, '75.5, 75.6.26, '75.10.9,
'75.12.11, '76, '76.2.6, '76.3.18, '76.6.26, '76.8.5,
'76.10.7, '76.10.9, '76.10.10, '76.12.2, '76.12.9,
'76.12.12, '77, '77.2.10, '77.3.31, '77.4.1, '77.6.1,
'78.6.7, '77.8.2, '77.9.2, '77.10.25, '77.12.1, '77.12.8,
'78, '78.2.3, '78.2.8, '78.3.30, '78.4.4, '78.5.30,
'78.6.1, '78.6.7, '78.7.24, '78.7.27, '78.9.21, '78.11.1,
'78.11.9, '78.11.24, '78.12.14, '78.12.16, '78.12.18,
'79.1.12, '79.2.6, '79.4.3, '79.4.5, '79.4.17, '79.4.22,
'79.5.10, '79.6.7, '79.6.17, '79.7.17, '79.8.2, '79.8.10,
'79.8.17, '79.8.26, '79.10.4, '79.10.5, '79.11.1,
'79.11.28, '79.12.4, '79.12.9, '79.12.13, '79.12.17,
'80, '80.2.8, '80.2.27, '80.4.3, '80.4.13, '80.4.16,
'80.5.9, '80.6.5, '80.8.9, '80.8.22, '80.9.11, '80.9.25,

'80.9.30, '80.10.24, '80.11.3, '80.12.10, '80.12.13,
'80.12.29, '81, '81.2.4, '81.2.6, '81.4.17, '81.4.23,
'81.5.1, '81.5.8, '81.6.4, '81.6.24, '81.10.8, '81.12.8,
'81.12.10, '82.1.1, '82.4.1, '82.6.18, '82.10.8, '82.11.4,
'82.12.10, '83.2.7, '83.3.4, '83.6.2, '83.8.28, '83.9.21,
'83.12.8, '84.4, 84.6.14, '84.8.2, '84.9.20, '84.12.5,
'84.12.28, '85.4.5, '85.4.18, '85.6.11, '85.6.13,
'85.8.3, '85.9, 85.12.12, '85.12.25, '86.2.6, '86.6.17,
'86.6, 86.9.16, '86.10.9, '86.11.3, '86.12.12, '87.3.26,
'87.6.12, '87.8.2, '87.8, 87.9.1, '87.10.4, '87.10.25,
'87.12.7, '87.12.27, '88.2.4, '88.7.2, '88.7.29, '88.8.8,
'88.10, 88.12.7, '89.2.22, '89.3.15, '89.4.24, '89.5.25,
'89.7.23, '89.12.31, '90.2.10, '90.9.30, '94.1.4,
'94.5.1, '95.4.29, '98.4.4, '98.10.24, '99.1.4, '99.3.14,
2000.3.11, '2000.4.7, '2000.12.31

アンドレ・アドレー‥‥‥‥‥‥‥‥‥‥ '51.9.30
アンドレ・ザ・ジャイアント… '69.5.18, '70.1.18,
'70.2.3, '70.7.11, '71.5.18, '72.3.27, '72.5.6, '74.1.18,
'74.1.26, '74.4.5, '74.7.8, '74.8.11, '74.12.15,
'75.1.17, '75.8.9, '76.6.25, '76.7.9, '76.8.27, '76.10.7,
'77.1.22, '77.6.1, '77.12.3, '78.2.14, '78.5.30,
'79.2.13, '79.7.20, '79.9.14, '79.12.16, '80.1.11,
'80.2.12, '80.2.29, '80.8.2, '80.8.3, '80.8.9, '81.1.15,
'81.2.10, '81.5.2, '81.9.23, '81.12.8, '81.12.10,
'82.4.1, '82.6.18, '82.7.7, '84.2.12, '84.6.17, '85.6.11,
'86.4.7, '86.4.29, '86.6.17, '87.3.29, '88.2.5, '90.4.13,
'90.9.30, '90.11.25, '92.10.21, '92.12.4

アンドレー・ベストリア‥‥‥‥‥‥‥ '98.10.10
アンドレ・ボレー‥‥‥‥‥‥‥‥‥‥‥‥ '69.2.8
アンドレ・ルーチス‥‥‥‥‥‥ '28.9.28, '29.9.23
アンドレ・ロシモフ→
　　　　　　　アンドレ・ザ・ジャイアント
アンドレアス・コテルニク‥‥‥‥‥ 2000.9.15
アントン・クリストホリデス… '41.1.13, '41.5.22
アントン・ヘーシンク‥‥‥‥‥'64.10.10, '73.10.9,
'73.11.24, '74.6.13, '74.11.5, '75.1.25, '78.2.5
安念山‥‥‥‥'57.6.2, '58.7.20, '58.11.23, '59.11.22
アンヘル・エクストリミナドール‥‥‥‥ '67.9.29
アンヘル・エスパダ‥‥‥‥‥‥ '75.6.28, '76.7.17
アンヘル・ブランコ‥‥‥‥‥‥‥‥‥ '67.9.29, '68,
'68.5.12, '74.9.20, '75.9
アンヘル・ロザリオ‥‥‥‥‥‥‥‥‥‥ '90.8.18
李烈雨‥‥‥‥‥‥ '89.3, 89.6.25, '90.3.10, '90.7.29
李敬淵‥‥‥‥‥‥‥‥‥‥‥‥ '87.6.14, '88.1.31
李元錫‥‥‥‥‥‥‥‥‥‥‥‥‥‥‥ '69.10.23
李承九‥‥‥‥‥‥‥‥‥‥‥‥‥‥‥‥ '94.4.3
李承勲‥‥‥‥‥‥‥‥‥‥‥ '80.2.2, '87.1.18
李炯哲‥‥‥‥‥‥‥ '94.9.18, '95.2.25, '95.7.22
イアン・キャンベル‥‥‥‥‥‥ '66.4.13, '66.5.4,
'66.6.28, '67.6, '69.12.5
飯塚高史‥‥‥‥ '89.7.13, '89.9.20, '96.6.12, '96.7.16,
'2000.7.20, '2000.11.30
飯田健一‥‥‥‥‥‥‥‥‥‥‥‥‥‥‥ '64.4.2
飯田覚士‥‥‥‥‥‥‥ '96.4.29, '97.4.29,
'97.12.23, '98.4.29, '98.7.26, '98.12.23
イヴァン・ロビンソン‥‥‥‥‥‥‥‥‥ '98.8.22

イエス・ペデルセン‥‥‥‥‥‥‥‥‥‥‥‥
'03.6.6, '07, '07.9.30, '10.1, '10.12.4
井岡弘樹…'87, '87.10.18, '88.1.31, '88.6.5, '88.11.13,
'89.6.10, '91.12.17, '92.3.31, '92.6.15, '92.11.18,
'93.6.21, '95.10.17, '97.2.25, '98.4.29
猪狩定子‥‥‥‥‥‥‥‥‥‥‥‥‥‥‥ '55.9.10
池本淳一‥‥‥‥‥‥‥‥‥‥‥‥‥‥‥ '28.11.3
イゴール・ボディック‥‥‥‥‥ '65.5.15, '65.5.22
イゴール・ボブチャンチン‥‥‥‥‥‥ 2000.5.1
イサイアス・ザムディオ‥‥‥‥ '93.7.16, '97.5.9
イザード・チャールズ… '49, '49.6.22, '50, '51.3.7,
'51.7.18, '54.9.17
イジー・シュワルツ‥‥‥‥‥‥ '27.12.16, '28.5.23
石井和義‥‥‥‥‥‥‥‥‥‥‥‥‥‥‥ '99.10.5
石井幸喜‥‥‥‥‥‥‥‥‥‥‥‥‥‥‥ '82.2.10
石井広三‥‥‥‥‥‥‥‥ '99.11.21, 2000.11.23
石川隆士‥‥‥‥‥‥ '77.7.17, '81.6.11, '84.2.16, '84.5.9,
'84.12.12, '85.4.15, '85.10.31, '86.3.13, '86.10.30,
'87.7.30, '88.3.9, '92.11.23, '94.12.07
石川雄規‥‥‥‥‥‥‥‥‥ '96.4.13, '98.11.23
イシドロ・ガルシア‥‥‥‥‥‥'99.12, 2000.12.16
イシドロ・ペレス‥‥‥‥‥‥‥ '90.8.18, '92.3.18
伊集院弘‥‥‥‥‥‥‥‥‥‥‥‥‥‥‥ '61.7.30
イシュトヴァン・コバチ‥‥‥‥‥‥‥‥‥ '96.7
イスマエル・ラグナ‥‥‥‥‥‥‥'65.4.10, '65.11.13,
'70.3.3, '70.6.6, '70.9.26
泉田純‥‥‥‥‥‥ '98.1.2, '98.10.6, '99.2.13
イスラエル・カルドナ‥‥‥‥‥‥‥‥ '99.8.20
イスラエル・コントレラス‥‥‥‥‥‥‥‥‥
'89.2.3, '91.10.16, '92.3.15
磯上秀一‥‥‥‥‥‥‥‥‥‥‥‥‥‥‥ '80.4.2
板井‥‥‥‥‥‥‥‥‥‥‥‥‥‥‥‥ '89.3.26
一の浜‥‥‥‥‥‥‥‥‥‥‥‥‥‥‥‥‥ '03.1
イデルフォンソ・ベセルミー‥‥‥‥‥ '80.12.11
伊藤薫‥‥‥‥‥‥ '96.12.8, '97.6.18, '2000.9.17
伊藤静江‥‥‥‥‥‥‥‥‥‥‥‥‥‥‥ '55.9.10
稲垣克臣‥‥‥‥‥‥‥‥‥‥‥‥‥‥‥ '93.9.21
稲妻二郎‥‥‥‥‥‥‥‥‥‥‥‥‥‥‥ '78.8.2
井上京子‥‥‥ '92.9.18, '96.12.8, '97.6.18, '97.8.20,
'99.7.11, '99.10.20
井上雅央‥‥‥‥‥‥‥‥‥‥‥‥‥‥ '99.10.25
猪木完至 → アントニオ猪木
伊波政春‥‥‥‥‥‥‥ '82.7.7, '83.6.11, '83.9.10
イバール・マーティソン‥‥ '47.2.18, '47.10.13,
'49.11.8, '50.11.1, '51.6.10, '60
イベンダー・ホリフィールド‥‥‥‥‥‥‥‥
'84.7.28, '86.7.12, '87, '87.5.15, '88.4.9, '90.10.25,
'92.11.13, '93.11.6, '94.4.22, '96,
'96.11.9, '97, '97.6.28, '97.11.8, '99.3.13,
'99.11.13, '2000.8.12
イホ・デル・サント‥‥‥ '90.5.6, '94.11.18, '96.7.5,
'97.9, 98.7.31, '99.3, 99.12.2, '2000.10.6
今里光男‥‥‥‥‥‥‥‥‥‥‥‥‥‥‥ '87.2.1
イマム・メイフィールド‥‥‥ '97.11.8, '98.10.30
イーモン・ローラン‥‥‥‥‥‥ '93.10.16, '96.4.13
イラリオ・サパタ‥‥‥‥‥‥'80.3.24, '80.9.17, '82.3.26,

'82.7.20, '82.11.30, '83.3.26, '85.10.5, '86.4.7, '87.2.13
イリューヒン・ミーシャ…………………'98.1.21
イレーネ・パチェコ………………………'99.4.10
イーロイ・サンチェス……………………'60.11.18
岩風…………………………'59.7, 60.7.10, '63.5.26
岩田健二……………………………………'71.11.6
岩釣兼生……………………………………………'76
岩友…………………………………………………'07.6
イワン・カルミコフ………………………'52.1.18
イワン・グランドビッチ…………………'43.1.13
イワン・ゴメス……………………'75.5.16, '76.8.7
イワン・コロフ…………………'63.1.24, '71.1.18,
'71.2.8, '71.6.29, '71.7.1, '73.4.18, '73.5.14, '73.5.15,
'73.6.23, '75.7.10, '76.12.2, '78.3.30
イワン・ストゴロフ……………'69.5.18, '79.12.22
イワン・ブドウブニー………'04, '05.12.12, '08.11
イワン・ブトスキー……'78.2.14, '78.5.28, '82.7.4
イワン・ブレストン……'68, '69, '71.1.10, '71.1.24
インゲマル・ヨハンソン…………'52.7, 58, '59.
'59.6.26, '60.6.20
ヴァイロ・スモール………………………'01.7.1
ヴァージル・ヒル…………'84.7.28, '87.9.5, '91.6.1,
'92.9.29, '96.11.23, '97.6.13, '2000.12.9
V・ハマー…………………………………'98.11.2
ヴィシャス・ウォリアー…………………'89.2.22
ヴィック・クリスティ…………'33.2.16, '52.5.21
ウィラポン・ナコルンアンプロモーション……
'95.9.17, '96.1.28, '98.12.29, '99.8.29, '2000.6.25
ウイリー・ウイリアムス…………………'80.2.27
ウィリー・ウィリヘルム…………………'89.11.29
ウィリー・クワルトーワ…………………'67.11.16
ウイリー・ジョイス………………………'46.4.29
ウィリー・パストラーノ………'63.6.1, '65.3.30
ウィリー・ピータース……………………'92.6.25
ウィリー・ペップ…………'42.11.20, '45, '46.6.7,
'48.10.29, '49.2.11, '50.9.8, '51.9.26, '69.7.28
ウィリー・ホーリン………………………2000.9.9
ヴィリー・ミュラー…………………………'50, '51
ウィリー・リッチー………………'12.11.28, '14.7.7
ウィリー・リーベンベルク…………'49, '54.4.3
ウィリアム・ガスリー……………'97.7, 98.2.6
ウィリアム・ジョッピー……………………
'96.6.24, '97.8.23, '98.1.31
ウイリアム・ジョッピー…………………'99.9.24
ウイリアム・ジョハンセン………………'18.10.7
ウイリアム・ディメトラル………………'13.1.14
ウイリアム・ホール……………'54.4.3, '81.10.3
ウイリアム・マルドゥーン………………'26.2.26
ウィル・グリッグスビー……'98.12.18, '99.10.2
ウィルソン・コールブレッチャー………………'56
ウィルソン・パラシオ……………………'97.12
ウイルバー・スナイダー………………………
'56.4.7, '56.8.4, '56.9.15, '57.2, 57.12.15, '58.4.11,
'58.11.15, '58.12.26, '59.4.11, '59.5.2, '59.5.23,
'59.7.17, '59.7.25, '59.10.3, '60.2.6, '60.2.20,
'61.10.14, '62.3.10, '62.6.2, '62.11.10, '63.12.28,

'64.4.25, '65.2.26, '65.4.23, '65.11.29, '66.1.8,
'66.5.13, '66.11.3, '66.12.2, '68.10.28, '69.1.3,
'69.1.9, '69.1.11, '69.2.4, '69.2.11, '69.9.6, '70.12.11,
'71.11.6, '73.1.6, '73.1.11
ウィルフォード・サイピオン……………'83.5.27
ヴィルフリート・デートリッヒ…………………
'56.11.22, '60.8.25, '64.10.10, '68.10.12,
'78.11.9, '79.9.30
ウィルフリド・ロチャ……………………'92.8.24
ウィルフレッド・ネグロン………………'99.1.16
ウィルフレッド・バルケス………………'88.1.17
ウイルフレド・ゴメス…'77.5.21, '78.1, 78.10.28,
'84.3.31, '84.12.8, '85.5, 86.5.24
ウィルフレド・バスケス…'87.10.4, '88.5.9,
'92.3.27, '93.11.18, '94.3.2, '95.5.31, '96.5.18, '97.3.30
ウィルフレド・ベニテス…'76.3.6, '79.1.14,
'79.2.5, '79.11.30, '81.5.23, '82.12.3
ウィルヘルム・バーナー…………………'15.12.9
ウィルマ・ゴードン………………………'37.2.28
ウイレム・ルスカ…'72.8.26, '76.2.6, '76.2.9,
'76.6.25, '76.8.7, '76.12.9, '79.10.5, '90.9.30
ウイング金村………………………………'97.9.11
ヴィンス・アポロ…………………………'88.10.15
ヴィンス・フィリップス…………'97.5.31, '99.2.20
ヴィンス・マルティネス…………………'58.6.6
ヴィンセント・ロペス…'35.7.24, '36.8.18, '36.9.30
ウェイノ・ケトネン………………………………'22
ウェイン・シャムロック………'93.9.21, '95.7.14
ウエイン・シャムロック…………………'91.3.4
ウエイン・ブリッジ………'79.12, 80.4.21, '81.6.18,
'82.5.18, '85.5.20, '87.9.17
ウェイン・マッカラー……………'92.7.25, '95.7.30
ウェイン・マン……………'25.1.8, 25.4.15, '25.5.30
上田馬之助…………'73.3.6, '73.4.18, '76.6.11,
'76.7.28, '77.2.2, '77.4.1, '77.7.28, '78.2.8, '78.3.30,
'79.4.20, '79.9.29, '79.10.5, '79.11.14, '79.11.16,
'80.10.4, '81.10.9, '82.2.4, '82.6.8, '83.3.3, '83.7.26,
'83.8.1, '83.12.12
上原康恒…………'74.8.24, '80.8.2, '80.11.20, '81.4.9
ウェルカム・ニシタ…'90.3.10, '92.12.2, '97.12.13
ウェンディ・リヒター……………………'85.3.31
ヴォルク・ハン……………………'95.1.25, '97.1.22
ウォルター・エイチュー…………'37.6.3, '41.6.26
ウォルター・スィロイス…………………'58.6.6
ウォルター・パーマー……………'49.4.1, '49.7.31
ウォルター・マクゴワン………'66.6.14, '66.12.30
ウォルター・ミラー………'11.1.26, '24, '25.3.21
ウォルフガン・スターク…………………'68.4.17
ウォーレス・バッド・スミス…'55.6.29, '56.8.24
ウォーレン・ボックウィンクル…………'37.6.18
ウォーロード………………………………'92.12
ウーゴ・コーロ……………'78.4.22, '79.6.30
ウーゴ・ソト……………'94.8.1, '98.5.29, '99.3.13
歌川善介……………………………………'74.7.9
内田好之……………………………………'88.7.9
ウニベルソ・ドス・ミル………'92.5.15, '92.9.18

ウバルド・サッコ……………… '85.7.21, '86.3.15
梅ケ谷…… '02.1.10, '03.5, '04.1.13, '08.1.18, '09.1.7
ウラカン・ラミレス……………… '33.9.21, '64.9.25,
　　　　　　　'65.9.24, '66, '72.10.20, '82.9.12
ウラジミール・クリチコ………… '96.7, 2000.10.14
ウラディック・コワルスキー →
　　　　　　　　　　　　キラー・コワルスキー
ウラディック・ズビスコ… '14.1.14, '15.5, 16.1.17,
　　　　'17.6.5, '17.7.4, '17.12.22,
　　　　'18.12.8, '03.21, '05.9, '34.6.24
ウルティモ・ドラゴン………………………………
　　　'33.9.21, '91.12.12, '92.11.22, '93.1.4, '94.11.8,
　　　'96.8.5, '96.10.11, '96.12.29, '97.1.4, '97.4.4, '99.1.31
ウルトラセブン（高杉正彦）…………… '83.5.26
ウルトラマン……………… '82.6.18, '82.7.6
ウルトラマンロビン……………………… '94.10.8
ウルフ時光…………………………………… '99.5.4
ウルフ・ハーマン……………………… '97.8.16
ウルフ・ヘアマン……………………… '99.12.4
ウルフ・ホークフィールド……… '98.1.9, '98.10.6
ウルフガン・アール……………… '32.7.30, '36.8.1,
　　　　　　　　'53.5.4, '53.5.5
ウンベルト・ゴンザレス…………… '89.6.25, '90.12,
　　　　　　　91.6.3, '93.3.13, '94.2, 95.7.15
永源遙……………………………… '73.3.8, '73.5.24, '80.3.31,
　　　　　　　'80.6.29, '80.7.15, '92.12.4
エイソル・オークリー………… '30.12.15, '31.5.18
エイディ・モヤ…………………… 2000.12.16
エイブ・アッテル…………… '01.10.28, '04.10.13,
　　　　　　　'06.2.22, '07.10.29, '12.2.22
エイブ・ケーシー……………… '49.2.4, '59.2.13
エイブ・ゴールドスタイン……… '24.3.21, '24.12
エイブ・サイモン……………… '41.3.21, '42.3.27
エウセビオ・ペドロサ………………… '78.4.15,
　　　　　　　'79.1.9, '80.1.22, '85.6.8
エクトル・カラヌキラ………………… '77.11.26
エクトール・ガルサ…………………… '97.2.21
エクトール・サンチェス……… '94.8.26, '95.11.6
エザード・チャールズ………………… '50.9.27
ＳＴ・ゴードン…………… '82.6.27, '83.7.17
エステバン・デ・ヘスス………………… '76.5.8
エスパント・ジュニア………………… '90.3.1
エスパント１………………… '63.9.27, '64, '65.9.24
エスパント２………………………… '63.9.6
エスピノサ…………………… '95.12.11, '96.3.1,
　　　　　　　'96.7.6, '96.11.2, '99.5.15
エスペクトロ・ジュニア………………… '81.9.18
エックハルト・ダッゲ………… '76.6.18, '77.8.6
エディ・アインホーン………… '75.7.10, '81.10.9
エディ・ウイリアムス………………… '50.6.27
エディ・ガソ…… '77.3.6, '77.6.7, '77.9.13, '78.8.9
エディ・ギルバート…………………… '82.11.25
エディ・クイン………… '57.7.17, '60.3.8, '63.1.30
エディ・クック……………… '92.3.15, '92.10.9
エディ・グラハム……… '63.2.5, '64.6.23, '65.1.28,
　　　　　　　'66.1.27, '66.6.18, '66.6.27,

　　　　　　　'66.7.1, '66.7.5, '67.1.5, '74.5.14
エディ・ゲレロ…………………… '95.7.4, '96.6.12
エディ・コットン……………………… '66.8.15
エディ・サリバン………… '76.6.7, '76.6.11
エディ・シャーバート………………… '34.4.5
エディ・スマルダーズ………………… '97.9.20
エディ・タウンゼント… '61.7.30, '64.3.21, '88.1.31
エディ・デービス……………… '83.6.1, '87.11.27
エディ・パーキンス… '62.9.14, '62.12.15, '63.6.15,
　　　　　　　'64.1.4, '65.1.18
エディ・パジェホ……………………… '92.7.31
エディ・ホブソン………………… '95.4.22, '95.7.9
エディ・マーティン……………… '24.12, 25.3.20
エディ・ムスタファ・ムハマド（エディ・グレ
　　ゴリー）………… '80.3.31, '81.7.18, '85.12.21
エディ・メイチェン……………………… '65.3.5
エディ・モレア…………………… '66.12.3
エディ・リスコ…………………… '35.9, 36.7.11
エデル・ジョフレ……… '60.11.18, '63.4.4, '65.5.18,
　　　　　　　'66.5.31, '73.5.5
エド・ヴァイラグ……… '40.4.2, '42.4.28, '43.1.13,
　　　　　　　'45.12.5, '51.6.10
エド・ストラングラー・ルイス…………………
　　　'14.2.17, '15.10.20, '15.12.20, '16.1.17, '16.7.4,
　　　'17.5.2, '17.6.5, '17.7.4, '17.12.18, '17.12.22,
　　　'17.12.25, '18.6.21, '18.12.8, '03.21, '20.6.3,
　　　'20.12.13, '21.5.6, '21.10.4, '21.11.20, '22.3.3,
　　　'22.11.10, '23.2.20, '23.5.22, '23.12.13, '25.1.8,
　　　'25.5.30, '28.2.20, '29.1.4, '31.4.13, '31.5.4, '32.6.9,
　　　'32.10.10, '33.2.20, '33.5.9, '34.4.15, '34.9.20,
　　　'34.12.3, '34.12.5, '43.2, 45.9.2, '45.12.05
エド・ダン・ジョージ…………'30.12.10, '31.4.13,
　　　　　　　'33.2.9, '33.9.11, '33.10.23, '33.12.18,
　　　　　　　'34.7.18, '35.7.30, '35.9.11, '40.6.21
エド・フランシス……………… '55.4.11, '72.11.15
エドウィン・ロサリオ… '83.5.1, '84.11.3, '86.9.26,
　　　　　　　'87.11.21, '89.7.9, '90.4.4, '91.6.14, '92.4.10
エドモント・ショーバー………………… '01.2.6, '49
エドワード・カーペンティア……………………
　　　'56.6.6, '57.3.13, '57.5.8, '57.6.12, '57.6.14, '57.7.24,
　　　'57.8.23, '57.11, 58.2.10, '58.5.3, '58.8.9, '58.12.26,
　　　'59.8.1, '60.7.22, '60.8.6, '60.8.16, '60.9.21, '61.6.12,
　　　'61.7.20, '62.7.23, '62.7.27, '63.1.30, '64.1.31,
　　　'68.1.5, '70.7.8, '70.8.3, '70.12.11, '73.4.27, '73.7.14,
　　　　　　　'74.3.11
恵那櫻………………………………… '89.5.21
エネル・フリオ…………………… 2000.7.22
海老原博幸……………… '60.12.24, '63, '63.9.18,
　　　　　　　'64.1.23, '66.7.15, '67.8.12, '69.3.30, '69.10
エフシャンバ・ミッチェル……………… '98.10.10
エベレット・マーシャル…………… '32.5.16, '35.7.3,
　　　　　　　'36.6.29, '38.9.15, '39.2.23
エミール・エルマンソー…………… '66.6, '69.12.5
エミール・グリフィス………… '61.4.1, '61.9.30,
　　　'62.3.24, '63.3.21, '63.6.8, '64,
　　　'66.4.25, '67.4.17, '67.9.29, '68.3.4

エミール・デュセック……………………'49.2.22
エミール・バドウィ…………'43.10.25, '51.11.16
エミール・プラドネル………………'26, '29.3.2,
　　　　　　　　　　　　　　　'29.4.18, '33.7.3
エミール松島……………………………'88.11.12
ＭＳ１………………………'84.9.21, '89.9.15
エメリヤーエンコ・ヒョードル……2000.12.22
エリー・ピカル…………………'85.5.4, '86.2.15,
　　　　　　　　　'86.7.5, '87.10.17, '89.10.14
エリアス・コルドバ……………………………'74
エリオ・グレイシー……………'34.6.24, '51.10.23
エリシャ・オベド………………'75.11.13, '76.6.18
エリック・エンブリー……………………'85.3.14
エリック・グリフィン……………………'97.5.31
エリック・チャベス………………'89.9.21, '90.2.22
エリック・ハミリ……………'97.12, 98.5.30
エリック・ビショフ……………………'96.7.7
エリック・モラレス……'97.9.6, '2000.2, 2000.9.2
エリック・モレル………………………2000.8.5
エル・アルコン……'73.9.21, '74.9.22, '76.9.24,
　　　　　　　　'77.7.23, '78.9.13, '80.8.8
エル・エンマスカラード・ラヨ…………'35.5.12
エル・グラディアドール……………'56.9.21, '57
エル・グレコ……………………………'74.8.8
エル・コバルデ…………'74.9.20, '77.9.23, '78.9.22
エル・ゴリアス…………'71.1.15, '71.6.17, '71.8.27
エル・サタニコ……………………'80.3.28, '83.6.3,
　　　　　　'83.9.24, '84.4.8, '89.9.15, '98.7.31
エル・サムライ………'92.4.30, '92.6.26, '92.11.22,
　　　　　　'93.6.14, '97.6.5, '97.7.6, '97.8.10
エル・サント………'33.9.21, '42.9.25, '43, '43.2.21,
　　　'43.3, 43.4.2, '43.9.24, '46, '46.3.15, '49.9.30,
　　　'52.1.18, '52.9.26, '52.11.7, '53.7.25, '53.9.25, '54,
　　　'54.1.1, '55.9.16, '55, '56.3.11, '56.4.27, '56.9.21, '57,
　　　'61, '61.9.22, '63.6.28, '65.9.30, '69.9.25, '75.9.26,
　　　'75.10.3, '78.8.27, '82.9.12, '83.6.3
エル・シェリフ…………………………'67.1.13
エル・シグノ……'77.5.29, '79.6.24, '82.9.12, '86.9
エル・スプレモ………………'81.9.18, '92.12.18
エル・ソリタリオ……'68.12.13, '68.12.25, '69,
　　　'69.9.25, '70.8.28, '71.5.7, '71.8.27,
　　　'72.9.29, '72.10.20, '75.1.29, '77,
　　　'81.5.18, '81.9.23, '82.6.6, '82.9.12
エル・ダンディ…………………………'94.12.4
エル・テハノ……………………'77.12.4, '82.9.12,
　　　　　　　　　'86.9, 94.9.30, '95.8.20
エル・ナシ………………………………'67.05
エル・ファラオン……'76.4.23, '76.9.24, '76.10.22,
　　　　　　'77.9.23, '78.4.21, '78.12.10
エル・ファンタスマ………'80.9.26, '92.5.15
エル・ベングドール……………………'81.9.18
エル・ボラドール………………………'95.7.14
エル・メディコ・アセシノ…'52, '56.4.27, '57.8.9
エル・モンゴル……………'66.8.5, '68.10.4
エルステバン・デ・ヘスス……'77.2.12, '78.1.21
エルネスト・エスパーニャ……'79.6.16, '80.3.02

エルネスト・エルレンカンプ………………'15
エルネスト・ジークフリード…'04.2.14, '05.5.30,
　　　'06.5.31, '20.8.14, '21.10.8, '24.8
エルネスト・マルセル……'71.11.11, '72.8, 73.9.8
エルビス・アルバレス……'89.3.3, '91.3.14, '91.6.1
エルビト・サラバリア……'70.12.7, '71.4.30,
　　　　　　'75.4.1, '75.10.7, '76.2.27
エルベルト・アウディッシュ………'40.5.26, '53
エルマー・マガラノ……………………'84.4.15
エレオンシオ・メルセデス……'82.11.6, '83.3.15
エロイ・ロハス…'93.12.4, '94.3, 95.8.13, '96.5.18
エンコドレル・ディクソン……………………'59
エンジェル・グレイ……………………'68.5.4
遠藤幸吉…………'51.11.14, '52.5.6, '53.7.30,
　　　'56.4.15, '56.5.4, '56.5, 76.6.26
エンリキ・トーレス………………'47.11.18,
　　　'47.12.17, '48.4.14, '50.4.14, '50.11.12, '52.9.30,
　　　'53.5.29, '53.6.16, '59.5.21, '59.7.21, '67.1.13
エンリケ・サンチェス……………'98.2.9, '98.10.3
エンリケ・ジャネス……………'51, '51.9.21
エンリケ・ヒギンズ……………………'68.3.28
エンリケ・ビンター……'72.7.29, '73.1.20
エンリケ・ベラ…'74.9.20, '81.9.18, '84.2.26
呉大均……………………………'76.3.26
呉民根……………'84.3.4, '85.11.29
追風梅…………………………2000.9.17
オーエン・ハート………………'88.5.27,
　　　'88.6.24, '91.5.29, '99.5.23
オーエン・モラン……………………'07.4.22
大碇………………………'03.1, '10.12.4
大内山……………………………'55.3.20
大木金太郎………'54.2, 60.9.30, '63.12.10, '64.9.23,
　　　'64.10.16, '65.8.11, '66.12.3, '67.4.29, '67.5, '67.6.2,
　　　'67.6.4, '67.6.16, '67.6.18, '67.6.30, '67.7.13, '67.7.14,
　　　'67.11.25, '68.1.6, '68.7.8, '68.7.30, '68.8.30, '68.11.9,
　　　'69.1.9, '69.2.3, '69.2.8, '69.3.1, '71.1.15, '71.2.2,
　　　'72.12.1, '72.12.2, '72.12.4, '73.1.12, '73.2.16,
　　　'73.2.22, '73.3.6, '73.4.13, '73.4.18, '74.10.10,
　　　'75.3.27, '75.4.4, '75.5.16, '75.5.23, '75.6.9, '75.10.30,
　　　'75.12.11, '76.3.25, '76.3.26, '76.5.1, '76.10.28,
　　　'76.12.9, '77.7.28, '77.10.5, '77.10.29, '77.11.7,
　　　'78.2.22, '78.5.11, '78.8.2, '79.10.5, '80.3.31, '80.5.15,
　　　'80.7.1, '80.9.20, '80.10.4, '80.10.5, '81.4.30, '84.5.9,
　　　'95.4.2, '2000.3.25
大木戸…　'04.5, '05.1, '06.2, '06.5, '08.6, '09.1, '09.5,
　　　'10.1.13, '10.5, '11.2, '14.12.25
大熊正二……………'74.5, 74.10.1, '75.1.8, '76.4.21,
　　　'78.1.4, '78.4.18, '79.1.29, '79.7.6, '80.5.18, '80.7.28,
　　　'80.10.18, '81.2.3, '81.5.12, '82.11.11
大熊元司……'65.11.28, '76.3.26, '76.3.28, '76.10.2,
　　　'77.6.16, '77.11.6, '78.2.18, '78.2.22, '79.5.31,
　　　'81.5.23, '83.2.23, '84.12.12, '85.1.3, '87.6.6, '92.12.4
大沢昇……………………………'71.11.5
大潮……………'77.11.27, '82.11.28, '84.3.25
大潮憲司………………………'84.3.25
巨砲………………'79.5.20, '81.3.22, '83.9.25

プロ格闘技年表事典　587

大関トーレス……………………… '85.4.27, '86.4.13
大谷晋二郎…… '95.4.16, '95.7.13, '96.3.20, '97.1.4,
　　'97.8.10, '97.11.2, '98.2.7, '98.8.8,
　　'99.1.4, '99.7.13, '2000.6.9, '2000.6.25
大坪清隆……………………………………… '60.10
鳳………………………………… '13.1.10, '15.1.15
大錦…………………………………………… '73.9.23
大錦卯一郎…… '17.1.12, '20.1.16, '20.5.14, '20.8.2,
　　'21.1.11, '22.5.12
大錦大五郎…… '11.10, '13.5, '14.5, '16.1, '18.1, '18.4
大仁田厚…………… '82.3.7, '82.4.11, '82.4.30,
　　'82.6.8, '82.11.4, '84.12.2, '88.12.3, '88.12.22,
　　'89.4.30, '89.10.6, '90, '90.8.4, '92.6.30, '94.3.2,
　　'94.5.5, '95.5.5, '99.1.4, '2000.7.30
大ノ海………………………………………… '51.11.22
大乃国……………… '83.11.20, '84.1.22, '84.3.25,
　　'85.5.26, '85.7.21, '87.5.24, '87.9.27, '88.3.27
大ノ里………………………………………… '32.1.6
大昇…………………………………………… '51.5.27
大場政夫……… '70.10.22, '71, '71.4.1, '71.10.23, '72,
　　'72.3.4, '72.6.20, '73.1.2
大橋秀行……… '86.12.14, '88.6.27, '90.2.7, '90.6.8,
　　'90.10.25, '92.10.14, '93.2.10
大森隆男… '95.1.29, '97.1.2, '98.1.9, '99.6.4, '99.7.23,
　　'99.8.25, '2000.4.15, '2000.6.9
大森ゆかり…………… '83.11.28, '86.8.23, '87.10.20
大山倍達… '52.3.16, '52.4.22, '52.5.6, '75.6.9, '75.6.26
岡尾国光…………………………………… '77.11.14
オーガスタ・ガルシア…………………… '89.4.16
尾形………………………………………… '78.3.26
岡部進……………………………………… '72.9.15
小川直也… '92.7.25, '97.5.3, '99.1.4, '99.3.14,
　　'99.11.28, '2000.3.11, '2000.4.7, '2000.7.2
小川良成……… '91.1.3, '95.1.3, '95.9.10,
　　'96.6.30, '97.1.15, '97.8.22, '98.7,
　　99.5.2, '99.8.25, '99.10.23, '2000.6.9
沖識名… '33.2.16, '33.2.22, '33.5.9, '35.1.29, '38.5.10,
　　'39.9.12, '41.12.4, '73.10.9
沖ツ海………………………………………… '32.3.27
小城錦………… '93.11.21, '94.3.27, '97.5.25, '98.5.24
オクタゴン………………………………… '97.2.21
オクタビオ・ガオナ…………………… '38.2.6, '39, '39.2
小熊正二 → 大熊正二
尾崎富士雄……………………… '88.2.5, '89.12.10
小沢正志 → キラー・カーン
オジー・オカシオ……………… '82.2.13, '84.12.1
オスカー・アルバラード… '74.6.4, '74.10.8, '75.1.21
オスカー・デ・ラ・ホーヤ…… '92.7.25, '94.3.5,
　　'94.7.29, '95, '95.5.6, '96.6.7, '96.9.7, '97.4.12,
　　'99.2.13, '99.9.18, '2000.2.26, '2000.6.17
オスカー・マルドナド…………………… '97.7.28
オスカル・アルシニエガ………………… '95.1.30
オースティン・アイドル…………… '72.12.2, '87.9.3
オーチュロ・ゴドイ……………… '40.2.9, '40.6.20
オックス・ベーカー………………'70.12.12, '74.1.31,
　　'75.10.14, '78.9.25, '78.10.13

オットー・ハターネン…………………… '34, '34.3
オットー・ワンツ…… '75, '78.7.15, '78.8.29, '81.12,
　　82.8.29, '82.10.9, '83.12.20, '85.10.27, '87, '87.3.22,
　　'87.7.11, '88, '89, '89.8, '90.6.30, '90.12.12
オーティス・グラント…………………… '97.12.13
オドーネ・ピアッツァ…………………… '32.1.25
尾内準……………………………………… '94.10.8
鬼塚勝也…………………… '92, '92.4.10, '92.9.11,
　　'92.12.11, '93.5.21, '93.11.5, '94.4.3, '94.9.18
小野清志…………………………………… '95.8.20
小畑千代…………… '55.9.10, '68.11.6, '76.4.12
小原道由……………… '95.4.2, '99.6.27, '99.8.28
小城の花…………………………………… '62.11.25
オービル・ブラウン…… '41.2.9, '42.7.22, '44.11.8,
　　'47.11.3, '48.1.5, '48.7.18, '48.11.1, '49.3.15, '49.11.25
オラシオ・アカバリョ…………………… '66.3.1,
　　'66.7.15, '67.2.20, '67.8.12
オーランド・アモレス…………………… '72.6.20
オーランド・ズルエータ………………… '49.12.6
オーランド・フェルナンデス… '90.5.12, '91.5.24
オーランド・マローン…………………… '93.12.22
オリバー・マッコール…… '94.9.24, '95.9.2, '97.2.7
オーリン・ノリス………………… '93.11.6, '95.7.22
オルズベック・ナザロフ………… '93.10.30,
　　'94.3, '94.12.10, '95.5.15, '95.11.14,
　　'96.4.15, '97.5.10, '98.5.16
オルランド・カニザレス………………… '88.7.9
オレー・アンダーソン… '70.1.11, '70.9.22, '72.2.8,
　　'82.7.4, '86.11.27
オレー・マーシュ………………………… '01.7.1
オレッグ・タクタロフ…………………… '95.12.16
オロ…………………………… '93.5.23, '93.10.26
大蛇潟……………………………………… '48.5.23
大蛇山……………………………………… '26.5.13

【か】

魁輝………………………………………… '79.5.20
魁傑……………… '72.3.26, '73.1.21, '74.11.24,
　　'76.5.23, '76.9, '76.11.21, '77.1.23
魁皇……………… '95.1.22, '95.9.24, '95.11.26,
　　'96.1.21, '96.5.26, '96.7.21, '96.11.24, '97.3.23,
　　'98.3.22, '99.5.23, '99.11.21, '2000.5.21, '2000.7.23
海乃山……………… '63.1.27, '63.3.24,
　　'66.1.30, '67.9.24, '67.11.26
開隆山……………………… '64.3.22, '64.9.20
カウボーイ・キャシディ………………… '52.5.21
カウボーイ・ルットレル………………… '40.7.1
カオコー・ギャラクシー………………
　　'88.5.9, '88.8.14, '89.7.9, '89.10.18
カオサイ・ギャラクシー…… '84.11.21, '89.4.8,
　　'89.10.31, '90.6.30
鏡岩………………………………………… '32.1.6
鏡里………………… '49.10.23, '53.1.24, '55.3,
　　'55.10.2, '56.1.22, '56.10.2
垣原賢人…………………………………… '99.5.2

カクタス・ジャック…… '94.3.17, '94.9.23, '95.8.20
葛西裕一……………… '94.3.2, '96.12.21, '97.7.26
笠原優………………… '78.2.1
カシアス・クレイ → モハメド・アリ
カシアス内藤………… '72.2.2
カシモド……………… '70.1.18
柏戸………… '59.3.22, '59.9.27, '60.1.24, '60.3.20,
　'60.7.10, '61.1.22, '61.9.24, '63.9.22, '65.5.6, '65.9,
　66, '66.1.30, '67, '67.7.16
柏葉守人……………… '73.9.1, '76.1.12
梶原一騎……………… '80.2.27, '88.4.02
ガス・カリオ……… '28.8.7, '29.3.8, '32.7.26, '32.9.21,
　'33.9.20, '34.9.17, '35.9.16, '38.9.15, '39.2
ガス・ソネンバーグ……… '29.1.4, '30.12.10, '34,
　'34.4.27, '35.1.15, '35.1.29
ガス・ドザリオ……………… '41.2.17
ガス・レスネヴィッチ……'41.5.22, '47, '48.7.26
春日井健……………… '83.12.10
春日富士……………… '90.7.22
加瀬清………………… '37.9.29
嘉地久晴……………… '64.9.23
カーチス・イヤウケア……'68.7.4, '68.9.14, '69.12,
　72.1.27, '72.2.1
カーチス・コークス…………… '66.8.24, '69.4.18
ガッツ石松………………… '70.6.6, '73.9.8,
　'74.4.11, '74.4.12, '74.9.12, '74.11.28, '75, '75.2.27,
　'75.6.5, '75.12.4, '76.5.8, '77.4.02
勝間和雄……………… '85.9.17
桂川…………………… '21.1.20
カート・アングル……… '96.7
ガード・シュミット……… '14, '26.9.2
カート・ヘニング………… '87.1.17, '87.5.2,
　'88.1.2, '88.5.9, '91.3.30
加藤増吉……………… '33.7.3
門田恭明……………… '74.10.26
金沢和良……………… '71.10.25, '73.3.1
金丸義信……………… '99.1.3
金子繁治……… '51.11.18, '53.12.6, '54.6.29,
　'55.7.8, '55, '56, '56.12.10
金城…………………… '77.3.25, '79.1.21
金田森男……………… '63.8.12
カネック………… '75.1.29, '78, '78.8.27, '78.9.24,
　'79, '79.4.22, '80.1.17, '81.5.18, '81.5.31, '81.12.8,
　'82.6.18, '82.7.23, '82.9.26, '83.6.12, '84.2.12,
　'84.9.2, '84.9.21, '84.9.30, '85, '85.4.30, '89.11.22,
　'90.12.9, '91.5.29, '93.1.31, '99.3.07
金平正紀……………… '71.10.25
金村ゆきひろ………… '94.5.21
金本浩二……'95.2, '95.4.16, '95.5.3, '95.6.14, '96.1.4,
　'97.6.5, '98.6.3, '98.8.8, '99.3.17, '99.6.8, '99.8.28,
　'2000.6.25
嘉納健治……………… '21.2.7, '28.11.3
ガビー・カニザレス………… '86.3.10, '86.6.4,
　'91.3.12, '91.6.30
ガブリエル・ベルナル………… '84.4.9, '85.10.8
ガブリエル・ルエラス………… '94.9.17,

'95.12.1, '97.10.4
カベルナリオ・ガレント………… '49, '54.9.24,
　'55.9.16, '59.9.25
カミカゼ・ミサワ → 三沢光晴
神代英明……………… '88.1.31
上山仁………………… '92.12.21
亀井孝夫……………… '64.9.23
亀田昭雄……………… '82.7.4
カメル・ブ・アリ……… '89.12.9, '92.3.22
カーメン・バシリオ… '55.6.10, '55.11.30, '56.3.14,
　'56.9.12, '57, '57.9.23, '58.3.25, '59.8.28
カリプス・ハリケーン… '64.4.3, '64.5.10, '64.5.14,
　'64.5.29, '65.7.15, '67.1.21, '68.6.17, '73.11.24,
　'75.1.22, '75.1.25, '75.1.29
カール・イスタス……………… '51.3.17
カール・カールソン………… '59.7.17, '68.9.21
カール・クライザー → カール・ゴッチ
カール・コックス →
　　　　　　　　キラー・カール・コックス
カール・ゴッチ… '51.3.17, '53.4.24, '53.5.4, '59.8.1,
　'60.9, 61.4.21, '61.5.1, '61.5.26, '62.8.31, '62.9.11,
　'62.9.28, '62.10.27, '62.11.10, '63.6.15, '63.10.12,
　'63.12.27, '64.1.17, '64.5.2, '64.9.7, '66.6.9,
　'66.8.5, '67.6.2, '69.5.21, '71.4.2, '71.5.18, '71.12.6,
　'72.2.1, '72.3.6, '72.10.4, '72.10.10, '73.10.14,
　'74.8.8, '82.1.1
カール・ダニエルズ………… '95.6.16, '95.12.16
カール・トンプソン………… '95.6.10, '97.10.4, '99.3.27
カール・ハイジンガー…………… '70.8.21
カール・パジェロ……………… '33.9.25
カール・フォン・ショッツ………… '74.8.18
カール・フォン・スタイガー………… '71.2.23
カール・フォン・ヘス…………… '61.2.27
カール・ボボ・オルソン…'53, '53.10.21, '55.12.09
カール・ミルデンバーガー………… '78.11.9
カル・ライリー………… '97.1.11, '98.10.10
カールトン・スミス…………… '99.1.3
カルビン・グローブ………… '87.1.23, '88.8.04
カルメロ・ボッシ……… '60.8.25, '70.7.9, '71.10.31
カルロ・ミラノ………………… '61.9
カルロス（ターザン）・ロペス ………… '40.9.10
カルロス・エストラーダ…………… '78.1.23
カルロス・エルナンデス……… '65.1.18, '66.4.29
カルロス・オルチス…… '59.6.12, '60.9.1, '62.4.21,
　'62.12.3, '65.4.10, '65.11.13, '68.6.29
カルロス・ガブリエル・サラサール… '94.8.7,
　'95.10.7, '96.4.27, '96.12.13, '98.8.14
カルロス・コロン………… '83.1.6, '83.4.30, '87.9.12
カルロス・ゴンザレス………… '92.6.29, '93.6.7,
　'98.5.29, '99.5.15
カルロス・サラテ………… '76.5.8, '76.11.13, '77,
　'78.10.28, '79.6.3, '88.2.29
カルロス・サントス………… '84.11.2, '86.6.4
カルロス・デ・レオン……… '80.11.25, '82.6.27,
　'83.7.17, '85.6.6, '86.3.22, '88.4.9, '89.5.17, '90.7.27
カルロス・テオ・クルス……… '68.6.29, '69.2.18

カルロス・バレット……………'98.10.3, '98.12.12
カルロス・パロミノ……'76.6.22, '78.2.11, '79.1.14
カルロス・ホセ・エストラーダ………………
　　　　　'36.4.20, '63.1.24, '82.11.22, '83.4.30
カルロス・マリア・ゴンザレス…………'77.6.25
カルロス・ムリーリョ…'96.1.13, '96.5.21, '96.8.13
カルロス・モンソン………………………
　　　　　'70.11.7, '72, '74.2.9, '76.6.26, '77.7.30
カルロス・ルーベン・カナテ…………'69.11.9
カルロフ・ラガルデ……'58, '59, '62.9.21, '63.6.28,
　　　　'64, '64.9.25, '65.7.16, '65.9.24,
　　　'66.9.2, '68.9.20, '71.7.11, '72.10.20, '75.9.26
カレル・イスタス → カール・ゴッチ
カーロス・エリオット……………………'91.2.23
カロル・クラウザー → カール・ゴッチ
カロル・ノウィナ……………………………'34.6.20
カロル＆イワン・カルミコフ…'62.1.15, '63.8.20
川上正治………………………………………'87.6.14
川島邦志…………………'94.5.4, '94.8.7, '95.1.18,
　　'95.5.24, '95.11.8, '96, '96.4.27, '96.10.12, '97.2.20
川田利明………………………'87.9.22, '88.3.9,
　　'88.9.9, '88.9.15, '88.12.16, '89.6.5, '89.10.20,
　　'90.3.2, '90.5.14, '90.9.30, '91.7.24, '91.10.24,
　　'91.12.6, '92.6.5, '92.10.21, '92.12.4, '93.1.30,
　　'93.5.20, '93.7.29, '93.9.3, '93.12.3, '94.1.16, '94.6.3,
　　'94.10.22, '94.12.10, '95.1, 95.3.4, '95.4.2, '95.6.9,
　　'95.7.24, '95.12.9, '96.1.24, '96.2.20, '96.5.23,
　　'96.6.7, '96.9.11, '96.10.18, '96.12.6, '97.1.17, '97.4,
　　97.5.27, '97.6.6, '97.12.5, '98.1.25, '98.5.1, '98.6.12,
　　'99.1.7, '99.1.22, '99.7.23, '2000.6.9, '2000.10.9,
　　　　　'2000.10.28, '2000.12.09
カン・ソンジュン……………………………'88.12.11
カン・フー・リー → グレート小鹿
神取忍………………………'86.8.17, '87.7.18,
　　'93.4.2, '98.3.21, '98.8.23, '99.3.21
ギウリオ・トラバグリーニ………………'48.10.13
菊地毅………………'91.4.6, '92.5.25, '93.1.3,
　　'93.6.2, '96.7.24, '97.1.15, '98.12.5
菊地万蔵…………………………………………'63.8
キコ・ベヒネス…………………………………'83.9.1
キース・ハート…………………………………'75.7.4
キース・ハワード……………'82.11.13, '84.11.15
キース・ホームズ………'96.3.16, '98.5.2, '99.4.24
キース・ムリングス……………'97.12.6, '99.1.29
稀勢の里………………………………1905/6/22
北尾光司……'84.11.25, '85.3.24, '85.7.21, '85.9.22,
　　'85.11.24, '86.5.18, '86.7.20, '87.12.31, '90.2.10,
　　'91.4.1, '92.10.23, '94.1.21, '95.7.07
北の湖………………'73.3.25, '73.11.25, '74,
　　'74.1, 74.5, 74.7.21, '75, '75.1.26, '75.5.25, '76.1.25,
　　'76.5.23, '76.11.21, '77, '77.3.25, '77.9.25, '78,
　　'78.1.22, '78.3.26, '78.5.21, '78.7.16, '78.9.24, '79,
　　'79.1.21, '79.3.25, '79.9.23, '80, '80.3.23, '80.5.25,
　　'80.7.20, '81, '81.3.22, '81.5.24, '82.1.24, '84.5.20
北の洋………………'54.5.22, '57.9.29,
　　　　　'58.9.14, '58.11.23, '59.3.22

北の富士………'64.1.26, '64.5.24, '64.11.22, '65.5.6,
　　'66.1.30, '66.3.27, '66.5.29, '67.3.26, '69, '69.11.29,
　　'70, '70.1.25, '70.5.24, '70.7, 71, '71.5.23, '71.9.26,
　　'71.10.2, '71.11.28, '72.1.16, '72.3.15, '72.9.24,
　　　　　'73.3.25
北葉山…………'60.3.20, '60.9.25, '61.5.21, '63.7.07
北原光騎……………………'92.11.23, '96.6.30
キッス………………………………………'98.6
キッド・アキーム………………………'91.6.15
キッド・ウィリアムス……………'14.6.9, '17.1.9
キッド・ギャビラン……………'51.5.18, '54.10.20
キッド・ソックス…………………………'26
キッド・チョコレート……………'30.8.7, '31.7.15,
　　　　　'32.10.13, '33.12.25
キッド・マッコイ…………………………'03.4.22
ギディオン・ギダ………'49, '55, '56, '57,
　　　　'57.2.28, '58, '60, '61, '62, '63
木戸修……………………'84.11.15, '85.4.26, '86.8.5,
　　'86.9.23, '86.12.12, '87.11, 90.2.10
キム・イル → 大木金太郎
金光植…………………………………………'84.5.9
金基洙……………………'66.6.25, '68.5.26
金龍鉉………………………………………'80.1.27
キム・クロケード……………………'79.12.13
金相賢………'78.12.30, '79.10.4, '80.2.23
金知元………………………………………'85.1.3
キム・スンホー……………'73.6.29, '73.12.20
金性俊…………'78.9.30, '80.1.3, '80.7.28
金成南………………………………'82.10.10
金詰鎬……'81.1.24, '81.11.18, '82.2.10, '82.11.28
金泰式…………'80.2.17, '80.12.11
金得九…………………………………'82.11.13
キム・ドク…'76.10.28, '76.12.9, '77.11.7, '78.2.22,
　　'78.5.11, '78.9.13, '78.11.25, '81.7.4, '93.8.01
金煥珍………'81.7.18, '81.12.16, '83.1.9
金奉準……'88.1.10, '89.4.16, '91.2.2, '92.6.15
金容江………'88.7.24, '88.11.12, '89.3.5,
　　　　'89.6.3, '91.6.1, '92.9.26
木村健悟………'33.9.21, '78.12.10, '79.4.2, '79.4.30,
　　'80.3.31, '80.7.23, '80.11.3, '81.7.31, '83.3.4,
　　'85.12.12, '86.8.5, '86.9.23, '86.11.3, '87.8, 87.12.7,
　　'88.1.18, '88.6.10, '88.7.29, '90.2.10, '92.11.22,
　　'92.11.23, '97.1.4, '97.4.12
木村浩一郎………………………………'91.8.7
木村聖………………………………'74.1.18
木村政彦……………'50.4.16, '51.4.22, '51.10.23,
　　'52.5.27, '53.7.25, '54.2, 54.4.14,
　　'54.11.3, '54.12.22, '56.4.28, '58.5.31, '76'
キャノンボール・グリズリー…………'98.10.10
キャンディ・ディバイン………………'88.10.15
九州山……………………………………'58.5.31
喜友名朝博………………………………'86.6.14
キューバン・アサシン…………………'79.11.16
京愛子……………'70.10.15, '72.3.9,
　　'72.3.15, '72.4.26, '72.5.24, '72.7.1
旭鷲山………………………'97.1.26, '2000.10.25

旭道山⋯⋯⋯⋯ '89.1.23, '92.7, 92.9.27, '96.10.20
清國⋯⋯⋯⋯⋯⋯ '65.3.21, '65.7.11, '68.1.28, '69.1.26, '69.5.25, '69.7.20
清美川⋯⋯⋯⋯ '42.5.21, '53.7.18, '66.11.12, '67.7.17, '69.10.6, '73.10.21, '74.3
キラー・カール・クラップ⋯⋯ '73.2.16, '73.2.22, '73.3.3, '73.3.6, '73.4.18, '74.5.8, '75.5.16, '80.1.7, '80.1.28
キラー・カール・コックス⋯⋯ '66.5.23, '66.5.26, '66.6.27, '66.7.1, '66.7.5, '67.1.13, '67.6.16, '67.7.8, '68.9.21, '68.9.28, '68.10.24, '68.10.29, '68.11.2, '70.7.2, '70.7.4, '76.7.17, '76.12.7, '76.12.9, '78.2.14, '81.3.3
キラー・カーン⋯⋯⋯ '74.1.18, '76.10.27, '81.5.2, '81.6.24, '81.12.8, '82.4.1, '82.7.7, '82.12.10, '85.3.14, '85.6.4, '85.10.21, '86.3.13, '87.7.8
キラー・コワルスキー⋯⋯ '49.12.30, '50.4.14, '52.10.15, '52.12.2, '53.2.25, '53.5.6, '53.5.8, '53.11.24, '53.12.2, '54.5.12, '54.5, 54.7.21, '54.11.10, '55.3.9, '55.12.14, '56.5.30, '56.10, '56.10.3, '57.3.13, '57.5.8, '57.7.17, '57.9.16, '57.12.2, '58.5.3, '59.9.16, '59.11.25, '59.12.2, '60.1, '60.3.8, '60.3.22, '60.6.8, '60.7.22, '60.8.6, '60.9.21, '61.4.4, '61.10.14, '62.7.23, '62.12.14, '63.1.30, '63.3.24, '63.5.17, '64.7.10, '64.10.23, '68.5.17, '68.7.3, '68.11, '71.11.1
キラー・トーア・カマタ⋯⋯ '55.5.26, '75.6.6, '76.3.7, '76.3.11, '77.6.27, '77.7.30, '78.6.12, '78.10.9, '80.2.14, '81.7.04
キラー・バディ・オースティン⋯⋯⋯⋯ '68.11.9
霧島⋯⋯⋯⋯⋯ '84.7.15, '86.11.23, '88.11.27, '89.5.21, '90.1.21, '90.3.25, '91.1.27, '91
麒麟児⋯⋯⋯⋯ '75.5.18, '75.5.25, '75.9.28, '76.7.18, '76.9, 78.9.24, '78.11.26, '82.3.28, '88.3.27
ギル・ヘイズ⋯⋯⋯⋯⋯ '76.11.11
ギレルモ・リゴンドウ⋯⋯⋯⋯ 2000.9.15
キング・イヤウケア⋯⋯ '72.1.17, '72.12.2, '79.1.5
キング・コング → キング・コング・シザヤ
キング・コング・シザヤ⋯⋯ '45, '55.11.9, '55.11.15, '55.11.22, '56.1.28, '57.9.28, '62.5.18, '79.7.13
キング・コング・バンディ⋯⋯ '82.6.6, '83.6.17, '83.7.16, '86.4.7, '86.7.4
キング・サッファー⋯⋯⋯⋯ '53.7.25
キング・ハク⋯⋯⋯ '76.10.14, '92.9.18
キング・ロー⋯⋯⋯⋯ '04.9.5
キングフィッシュ・レヴィンスキー⋯⋯ '35.8.7, '35.11
キンジ渋谷⋯⋯⋯ '52.5.27, '60.12.9, '62.11.10, '65.10.16, '65.11.13, '66.2, 71.8.27
クイック・キック・リー → 前田日明
クインシー・テイラー⋯⋯⋯ '95.8, '96.3.16
グウィン・デービス⋯⋯⋯ '66.2.17, '66.3.17
クウォン・ソンチュン⋯⋯⋯ '87.5.17
権順天⋯⋯ '83.10.6, '83.12.24, '84.9.7, '85.12.20
具志堅用高⋯⋯ '76, '76.10.10, '77, '77.1.30,

'77.5.22, '77.10.9, '78, '78.1.29, '78.5.7, '78.10.15, '79, '79.1.7, '79.4.8, '79.7.29, '79.10.28, '80, '80.1.27, '80.6.1, '80.10.12, '81.3.8
久島海⋯⋯⋯⋯⋯ '93.9.26
グスタフ・フリステンスキー⋯ '06.11.23, '26.12
グスタボ・バリャス⋯ '81.9.25, '81.12.5, '82.7.29
グストル・カイザー⋯ '36.6.14, '50, '67, '76.10.27
グティ・エスパダス⋯⋯⋯⋯ '76.10.2, '77.1.1, '78.1.2, '78.8.12
グティ・エスパダス・ジュニア⋯⋯ 2000.4.14
工藤政志⋯⋯⋯⋯ '78.8.9, '78.12.13, '79.3.14, '79.6.20, '79.10.24
工藤めぐみ⋯⋯⋯⋯ '90.10.26
工藤雷介⋯⋯⋯⋯ '54.12.22
國登⋯⋯⋯ '49.1.24, '53.10.3, '54.3.20
國見山⋯⋯⋯ '05.1.21, '07.1.18
クライド・グレイ⋯⋯⋯ '75.6.28
クライド・スティーフ⋯⋯⋯ '59.8.7
クラウス・ヴァラス⋯⋯⋯ '83.12.20
クラウス・カウロフ⋯⋯⋯ '70.10.12, '81.10.25
クラウス・ワラス⋯ '83.10.23, '84.10.28, '84.12.22
グラシアノ・ロッシジャーニ⋯ '88.3.11, '98.3.21
クラッシャー・ブラックウェル →
　　　　　　　　ジェリー・ブラックウェル
クラッシャー・ブル・ベドウ⋯⋯⋯ '70.6.15
クラッシャー・リソワスキー⋯⋯⋯ '55.11.18, '60.8.6, '61.9.8, '63.2.15, '63.3.8, '63.7.9, '63.7.20, '63.8.20, '63.11.28, '63.12.14, '64.2.9, '64.2.23, '65.1.31, '65.2.12, '65.7.24, '65.8.7, '65.11.12, '66.5.28, '66.10.13, '67.1.6, '67.12.6, '68.1.3, '68.1.8, '68.2.3, '68.4.6, '68.12.28, '69.6.20, '69.8.9, '69.8.11, '69.8.13, '69.8.30, '70.8.14, '70.12.11, '71.5.15, '72.1.20, '72.11.27, '72.11.28, '72.11.29, '72.12.2, '73.3.9, '73.6.23, '74.5.17, '74.6.13, '74.7.21, '74.10.24, '75.8.16, '76.1.26, '76.7.23, '76.8.27, '83.12.17, '84.5.7, '84.8.25, '85.1.13
クラッシュギャルズ →
　　　　長与千種 → ライオネス飛鳥
蔵間⋯⋯⋯⋯ '78.1.22, '78.3.26, '81.5.24
倉持正⋯⋯⋯⋯⋯ '84.12.15
クラレンス・アダムズ⋯⋯⋯⋯ 2000.3.4
クラレンス・イークランド⋯ '07.4, '20.4, 21.7.25, '28.9.29, '28.10.6
クラレンス・ウエバー⋯⋯⋯⋯ '15, '23.9.1
グラン浜田⋯ '33.9.21, '76, '76.2.1, '79.4.5, '79.11.4, '81.3.26, '83.2.3, '82.5.6, '84.4.17, '84.5.20, '88.12.3
グラン・マルコス⋯⋯⋯⋯ '76.9.24
グラン・マルコス・ジュニア⋯ '96.9.20, '97.7.17
クリサント・エスパーニャ⋯⋯ '92.10.31, '94.6.4
クリス・アダムス⋯⋯⋯⋯ '86.7.27
クリス・ガスタフソン⋯⋯⋯ '48.11.30
クリス・キャンディード⋯⋯ '94.11, '95.2.24
クリス・テーラー⋯ '72.8.26, '76, '76.10.27, '76.12.2
クリス・ドールマン⋯ '89.11.29, '93.1.23, '95.4.2
クリス・バード⋯ '92.7.25, '2000.4.1, '2000.10.14
クリス・ピアット⋯⋯⋯⋯ '93.5, 94.5.11

クリス・フィネガン……………………………… '72.9.26
クリス・ベノワ………… '91.7.4, '91.11.3, '94.4.16,
　'95.7.4, '95.7.13, '96.3.20, '97.11.2, '99.11.21
クリス・マルコフ………………… '66.1.8, '66.11.3,
　'69.5.16, '71.8.1, '74.12.12, '78.11.1
クリス・ユーバンク… '90.11.18, '91.9.21, '95.3.18
クリストフ・ティオゾ…………… '90.3.30, '91.4.5
クリフ・ガスタフソン………… '45.12.5, '47.4.22,
　'47.6.17, '48.6.22, '49.5.21
クリフ・ジョンソン………………………… '36.2.13
クリフ・ベルショー………………………… '60.1.4
クルガン…………………………………… '99.12.4
栗栖正伸……… '74.1.18, '79.11.4, '80.2.29, '85.4.15,
　'86.3.13, '87.7.30
クルト・ツェーエ…………………………… '51.2.12
クルト・フォン・スタイガー…… '71.2.23, '73.3.3
クルト・フォン・ヘス… '74.8.18, '77.3.25, '77.3.26
クルト・ホーンフィッシャー………………… '50.7.2
クルト＆カール・フォン・スタイガー… '71.3.18
グレグ・ペイジ…………………… '84.12.1, '85.4.29
グレグ・ホーゲン…………………… '86.12.5, '87.6.7,
　'88.2.6, '89.2.18, '91.2.23, '91.5.18
グレグ・リチャードソン…………… '91.2.25, '91.9
グレゴリオ・ヴィダル……………………… '29.6.18
グレゴリオ・バルガス…………… '93.4.28, '93.12.4
グレッグ・ガニア……………… '77.7.7, '81.6.14,
　'82.6.8, '83.6.26, '84.4, 84.5.10
グレッグ・バレンタイン…………… '86.4.7, '86.7.4
グレッグ・ピーターソン………………… '66.1.10
グレッグ・ペイジ…………………………… '84.3.8
グレート・アントニオ…………… '59.10.22, '61.6.2,
　'61.6.9, '77.12.08
グレート・ガマ……………… '07.4.22, '10.9.10,
　'10.12, '28.1.29, '29
グレート草津……………… '67.1.5, '67.2.7, '68.1.3,
　'68.5.25, '69.1.1, '69.2.8, '69.12.5, '70.1.18, '70.2.3,
　'70.2.9, '70.5.18, '70.11, 70.12.12, '71.3.2, '72.7.7,
　'72.11.7, '72.11.27, '72.11.29, '73.4.18, '73.5.14,
　'73.6.30, '74.5.26, '74.11.21, '75.6.8, '75.11.3,
　'75.12.2, '76.3.28, '76.6.7, '76.6.11, '77.3.26, '78.1.5,
　'78.1.20, '78.2.22, '79.1.21
グレート小鹿…………………… '69.12, 73.1.26,
　'73.3.3, '74.4.5, '76.3.25, '76.3.26, '76.3.28, '76.10.2,
　'77.1.2, '77.1.3, '77.6.16, '77.11.6, '78.2.18, '78.2.22,
　'79.5.31, '81.5.23, '83.2.23, '84.12.12, '95.3.16,
　'95.4.2
グレート・サスケ…… '90.3.1, '93.3.16, '94.4.16,
　'95.8.25, '96.7.5, '96.8.5, '96.10.10, '96.10.11, '99.5.2
グレート東郷……………… '39.4.3, '40.1.16, '41.6.26,
　'49.8.10, '49.10.17, '51.6.13, '51.11.16, '52.4.22,
　'52.5.6, '53.2.9, '62.4.27, '68.1.18, '68.2
グレート東條 → グレート東郷
グレート・ムタ…… '89.10.14, '89.12.13, '90.12.16,
　'92.8.16, '92.9.23, '92.10.18, '92.11.22, '92.12.28,
　'93.1.4, '93.2.21, '93.6.15, '93.9.20, '2000.5.5
グレート・メフィスト………… '73.1.27, '80.12.11

クレム・ジョンソン………………………… '23.7.27
クレメンテ・サンチェス……… '72.5, 72.12.16
グレン・キャトリー………… 2000.5.6, '2000.9.1
グレン・マクローリー……………… '89.6.3, '90.3.22
クレーン・ユウ………………… '83.11.28, '85.2.25
グレン・リー……………………………… '38.4.1
グレンウッド・ブラウン………………… '91.10.5
黒崎健時…………………………………… '80.2.27
クロード・ノエル……… '79.6.16, '81.9.12, '81.12.5
黒羽花………………………………………… '60.11.27
黒姫山………………………………'70.1.25, '73.11.25,
　'77.5.22, '78.11.26, '79.1.21
クロンダイク・ビル………… '68.7.8, '68.7.30
クワテモク・ゴメス………………………… '95.4.2
クン・フー………………………………… '90.10.26
グンガ・ブラーム………………………… '03.5.2
ケイ・ノーブル……………………………… '58.10.16
ゲオルグ・シトレンゲ……………………… '08.5.30
ゲオルグ・ブレーメンシュッツ……… '55, '57.3.13
ゲオルグ・ルーリッチ………… '06.11.23, '13.4.09
ケサール・シン……………………………… '68
ケーシー・バーガー……………………… '31.5.18
外道……………………………………… '95.12.13
ゲナロ・リオス…………………………… '98.10.3
ケニー・ミッチェル………… '89.4.29, '89.12.9
ケニー・レーン…………………………… '59.6.12
ケネディ・マッキニー……………… '88.9.17,
　'92.12.2, '94.8.20, '97.12
ケビン・ケリー…… '93.12.4, '95.1.7, '2000.9.2
ケビン・ナッシュ…… '96.7.7, '98.12.27, '99.2.21
ケビン・フォン・エリック… '78.10.15, '79.11.23,
　'80.4.25, '81.5.23, '81.6.11, '82.6.6, '86.7.27, '86.11.3
ゲーリー・オブライト……… '92.9.21, '96.1.24,
　'96.2.20, '96.3.2, '97.7.25, '97.10.04
ゲーリー・コーツィー… '79.10.20, '83.9.23, '84.12.1
ゲーリー・ハート………………………… '74.6.25
ゲーリー・バラード……………………… '97.6.21
ゲーリー・ヒントン………… '86.4.29, '86.10.30
ケリー・フォン・エリック……… '82.6.6, '82.6.6,
　'83.1.21, '83.4.7, '83.4.15, '83.6.17, '84.5.6, '84.5.22,
　'84.5.24, '86.5, 88.10.15, '88.12.9, '88.12.13, '91.3.30
ゲルト・ボー・ヤコブセン………………… '93.2.12
ケルビン・シーブルックス……… '87.5.15, '88.7.9
ケルミン・グアルディア…………………… '98.5.30
ケン・オーヴァーリン………… '40.5.23, '41.5.09
ケン・シャムロック………………… 2000.12.31
ケン・ノートン……………… '78.3.29, '78.6.9
ケン・パテラ……………… '77.10.24, '79.3.25,
　'80.4.21, '80.4.25, '80.8.8, '80.9.30,
　'80.11.21, '80.12.8, '81.1.2, '81.2.4,
　'81.10.23, '82.1.1, '82.6, 83.6.26, '84.5.7
ケン・ブキャナン………………… '70.9.26, '71.2.12,
　'72.6.26, '75.2.27
ケン・マンテル……………………………… '74.12.5
玄海男…………………………………… '39.5.29
剣晃………………………………… '95.7.16, '96.1.21

ケンドー……………………………………… '90.3.1
ケンドー・カシン…………………'96.9.21, '99.1.4,
　'99.4.10, '99.6.8, '99.8.28, '99.10.11
ケンドー・ナガサキ（桜田）…… '86.9.1, '92.8.9,
　'95.3.16
ケンドー・ナガサキ（ピーター・ソーンリー）…
　'87.9.17
小池宏勝……………………………… '34.12.26
洪武雄……………………………………… '76.3.26
剛竜馬………… '78.7.27, '80.3.31, '89.4.30, '92.7.26
高阪剛…………………………………… 2000.12.22
コウジ有沢……………………………… '98.3.29
高鐵山…………………………………… '66.3.27
高望山………………………… '82.7.18, '83.11.20
九重………………………………………… '67.1.29
小坂照男………………… '62.12.3, '64.7.27, '65.6.5
越中詩郎…………… '84.3.23, '86.2.6, '86.5, 86.9,
　87.2.7, '87.3.20, '87.3.26, '88.6.24, '88.7.29, '88.12.9,
　'89.3.16, '92.11.22, '92.11.23, '95.4.2, '95.12.11,
　'96.3.1, '98.6.5, '98.7.15, '99.1.4, '99.3.22, '99.6.27
小島聡… '96.6.11, '97.5.3, '97.8.10, '99.1.4, '99.3.22,
　'99.7.20, '2000.3, 2000.7.20, '2000.11.30
越本隆志……………………………… 2000.1.30
ゴージャス・ジョージ… '41.6.26, '44.2.4, '44.11.7,
　'46.2.21, '46.7.21, '48.4.14, '49.2.22, '50.5.26,
　'50.7.27, '50.8.31, '51.11.16, '59.3.12, '59.10.23,
　'62.11.7
小染川……………………………………… '15.1
琴稲妻…………………………………… '95.9.24
後藤達俊…………………… '95.4.2, '99.6.27, '99.8.28
後藤秀夫…………………………………… '50.5.1
琴ケ梅………………………… '85.9.22, '86.1.26,
　'86.7.20, '88.1.24, '88.5.22, '89.7.16
琴風…………………………… '77.11.27, '78.5.21,
　'80.1.20, '80.3.23, '80.5.25, '81.9.27, '83.1.23
琴ケ濱…………………………… '55.3.20, '57.3.24,
　'57.6.2, '57.9.29, '58.1.26, '58.3.23
琴櫻……'63.9.22, '63.11.24, '65.9, 66.11.27, '67.7.16,
　'68.7.21, '69.3.23, '72.3, '72.11.26, '73.1.21, '73.7.15
琴天山 → ジョン・テンタ
琴錦… '53.10.3, '90.5.27, '90.9.23, '90.11.25, '91.9.22,
　'91.11.24, '92.11.22, '93.7.18, '94.3.27, '95.7.16,
　'95.9.24, '96.9.22, '98.1.25, '98.5.24, '98.11.22
琴登成一郎………………………………… '64.9.23
琴の若………… '95.7.16, '96.3.24, '96.7.21, '98.7, 98.9.27
琴富士………………………… '88.9.25, '91.7.21
ゴドフリー・スティーブンス…………… '70.2.8
琴別府…………………………………… '92.11.22
琴光喜………………………………… 1905/6/22
琴龍……………………………………… '97.1.26
ゴードン・ネルソン…………… '58.4.15, '64.6.17
コナン…………… '91.3.22, '91.9.8, '94.5.27, '99.2.21
コニー・ルーフ…………………………… '53.5.4
小錦（初代）…………………………… '05.1.15
小錦………………… '84.9.20, '84.9.23,
　'85.11.24, '86.5.18, '86.11.23, '87.1.25,

'87.5.24, '89.11.26, '91.11.24, '91, '92.3.22
コーネリアス・ボサ・エドワーズ………………
　'81.3.9, '81.8.29, '83.5.15
小橋健太 → 小橋建太
小橋建太………………… '90.4.9, '90.9.7, '91.4.6,
　'91.7.8, '91.7.18, '92.5.25, '93.1.2, '93.6.2, '93.7.29,
　'93.12.3, '94.3.5, '94.9.3, '94.12.10, '95.1, 95.4.2,
　'95.6.9, '95.10.25, '95.12.9, '96, '96.7.24, '96.9.5,
　'96.10.18, '97.1.20, '97.4, 97.5.27, '97.7.25, '97.10.4,
　'97.10.21, '98, '98.1.25, '98.6.12, '98.7.24, '98.9.11,
　'98.10.31, '98.12.5, '99.1.7, '99.4.16, '99.6.9,
　'99.6.11, '99.10.23, '99.12.3, '2000.2.20, '2000.2.27,
　'2000.4.15, '2000.5.26, '2000.8.5
小林邦昭………………… '82.10.26, '82.11.4,
　'82.11.25, '83.1.6, '83.2.8, '83.4.3, '83.4.4, '83.6.2,
　'83.7.14, '84.2.9, '84.8.2, '85.6.13, '85.8.31, '86.3.13,
　'86.11.23, '87.1.3, '87.3.28, '87.8.20, '87.12.27,
　'89.4.24, '92.1.30, '96.10.10
小林光二…………………………… '84.1.18, '84.4.9
小林智昭……………………………………… '89.2
小林弘………………… '63.8, 67.12.14, '68.3.30,
　'68.10.5, '69, '69.4.6, '69.11.9, '70, '70.8.23, '70.12.3,
　'71.3.4, '71.7.29, '71.10.18
コバルデ…………………………………… '77.9.30
ゴバン・グハ……………………………… '21.8.30
駒厚秀…………………………………… '33.9.21
駒秀雄…………………………… '70.9, 70.12.18
小見山勝巳……………………………… '89.2.12
小山五郎………………………………… '50.4.22
コラ・クワリアニ……………………… '33.10.22
ゴリー・ゲレロ………………… '33.9.21, '45,
　'45.9.21, '46, '47.9.24, '49.9.30, '54.5.21, '54.9.24,
　'60, '60.7.30, '61.9.22, '82.9.12, '83.6.3, '87.9.18
コリアン・アサシン → ストロング小林
ゴリラ・ジョーンズ………… '32.1.25, '32.6.11
ゴリラ・ポギ…………………………… '34.9.21
ゴリラ・マコーニ……………………… '62.9.14
ゴリラ・モンスーン… '63.10.4, '64.1.16, '66.10.20,
　'66.10.26, '72.5.12, '74.6.13
ゴリラ・ラモス………………… '38.2.17, '38.9.15,
　'43.4.26, '44.9.22
コーリン・ジョーンズ…………………… '83.8.13
コリン・マクミラン…………… '92.5.16, '92.9.26
コロソ・コロセッティ…………………… '80.2.29
金剛……………… '74.9.22, '75.5.25, '75.7.20
コンスタン・レマリン……… '17.12.25, '03.30, '21
コンスタンチン・チュー……… '95.1.28, '97.5.31,
　'98.11.28, '99.8.21
コンデ・コマ（前田光世）…………… '08.1.28
コンラッド・フェイグストル・カイザー……'51

【さ】

ザ・カサバブ……………………………… '78.7
ザ・キラー……………………………… '92.6.21
ザ・グレート・カブキ………………… '68.8.30,

'72.10.31, '73.1.26, '74.1.11, '76.10.21, '77.6.16,
'78.6.6, '79.8.26, '81.1.11, '81.7.4, '82.6.6, '83.2.11,
'83.12.12, '85.10.21, '90.7.18, '92.9.18, '93.6.15
ザ・グレート・サスケ………………………… '33.9.21,
'96.4.29, '99.4.10, '99.7.13
ザ・ケンタッキアン…………………………… '71.1.7
ザ・コブラ………………'83.7.8, '83.11.3, '84.2.7,
'84.2.9, '84.7.5, '84.8.2, '84.10, 84.11.1, '84.12.28,
'85.2.6, '85.2.14, '85.5.18, '85.5.20, '85.7.28,
'85.8.1, '85.8.3, '85.10.31, '86.2.06
ザ・サモアン………………………………… '74.6.25
ザ・サモアンズ →
アファ・サモアン → シカ・サモアン
ザ・シーク…………………… '54.10.22, '55.11.18,
'63.6.15, '64.12.12, '65.2.6, '66.6, '69.2.9, '69.9.12,
'69.12.5, '71.5.29, '72.2, '72.9.6, '72.9.7, '72.9.20,
'73.4.24, '73.4.25, '73.7.21, '74.3.11, '74.8.11,
'74.9.28, '74.11.13, '77.2.6, '77.5.2, '77.12.15,
'79.12.13, '80.12.11
ザ・シーク・ベン・アリ・マー・アラー… '35.7.15
ザ・ストンパー → モンゴリアン・ストンパー
ザ・スピリット → カール・コックス
ザ・スポイラー………………………………… '72.12.18
ザ・デストロイヤー… '54.10.21, '62.7.27, '62.9.12,
'62.11.7, '63.2.4, '63.2.22, '63.5.10, '63.5.17, '63.5.24,
'63.12.2, '63.12.4, '64.7.22, '64.8.5, '64.8.26, '64.9.10,
'64.11.13, '64.12.4, '65.2.26, '65.3.12, '65.4.17,
'65.5.25, '65.6.3, '65.6.4, '65.7.16, '67.4.16, '67.5.17,
'68.8.17, '68.8.31, '69.2.26, '69.3.5, '69.8.15,
'69.9.28, '69.10.27, '69.11.1, '70.12.16, '71, '71.5,
71.8.25, '72.12, 73.10.9, '74.1.28, '74.4.13, '74.7.25,
'74.8.9, '74.10.5, '74.10.10, '75.1.3, '75.1.4, '75.1.22,
'75.1.29, '75.3.12, '75.5.1, '75.5.27, '75.7.9, '75.7.25,
'75.8, 75.12.11, '76.2.21, '76.3.26, '76.8.28, '77.3.11,
'79.1.2, '79.1.5, '79.6.12, '93.7.29
ザ・トルネード → ディック・マードック
ザ・ニンジャ → 武藤敬司
ザ・バスク………………………………………… '57.4.16
ザ・パトリオット……………………………… '96.1.2
ザ・バーバリアン……………………………… '76.10.14
ザ・バラクーダ → マリオ・ミラノ
ザ・ブッチャー………………………………… '69.8.10
ザ・ブラックデビル → マヌエル・ソト
ザ・ブラックデビル（ブラックジャック・モー
ス）…………………………………………… '75.8
ザ・プロフェッショナル……… '71.1.15, '73.1.16
ザ・モンスターマン・エベレット・エディ……
'77.8.2, '78.6.7
ザ・ＵＳＳＲ（チャーリー・フルトン）……
'80.10.4
ザ・ランバージャック・ジョニー・リー……
'78.4.4
ザ・ロック……………… '85.8.3, '99.3.28, '2000.4.2
佐井敦史……………………………………… 2000.4.9
サイクロン・アナヤ…………… '49.7.31, '49.11.8
サイクロン・ジョニー・トンプソン…… '13.2.17

サイクロン・ニグロ → カリプス・ハリケーン
サイコ・セッド………………………………… '97.3.23
西城正三………………… '68, '68.9.27, '68.11.18,
'69.2.9, '69.9.7, '70.2.8, '70.7.5,
'70.12.3, '71.2.28, '71.9.2, '73.3.29, '74.3
サイド・サイフシャー………………………… '67.6
斎藤彰俊………………………… '92.1.30, '92.11.22
齋藤彰俊………………………………………… '91.8.7
斎藤清作………………………… '62.12.28, '64.4.2
斎藤登…………………………… '62.12.2, '63.2.17
サイモン・ブラウン… '88.4.23, '91.3.18, '91.11.30,
'93.12.18, '94.5.7
サウル・デュラン……………………………… '99.2.13
サオシン・スリサイ・コンド……… 2000.12.16
酒井忠正…………… '50.4, '53.7.30, '54.12.22
坂口征二……… '71.11.1, '71.12.9, '71.12.12, '72.3.6,
'72.5, 72.9.6, '72.9.7, '72.10.31, '72.12.2, '73.2.16,
'73.2.22, '73.4.20, '73.8.24, '73.10.14, '74.8.18,
'75.5.16, '76.2.5, '76.5.11, '76.10.30, '76.11.13,
'77.2.2, '77.3.31, '77.4.1, '77.7.28, '78.2.8, '79.4.5,
'79.6.15, '85.12.12, '87.8, 90.2.10
佐賀ノ花………………………………………… '44.1.23
逆鉾……… '63.5.26, '86.9.28, '87.11.22, '88.7.17, '89.1.23
坂本博之… '97.7.26, '98.8.23, '2000.3.12, '2000.10.11
佐倉輝美……………………………………… '76.4.12
桜井孝雄……………… '64.10.10, '68.7.2, '69.10.23
桜庭和志…………………… '97.12.21, '2000./2000.5.1
佐々木健介…… '90.7.20, '90.11.1, '90.12.26, '91.3.6,
'91.3.21, '92.12.14, '93.8.5, '93.12.13, '94.1.4, '94.8.7,
'94.9.23, '94.11.25, '95.1.4, '95.12.27, '97.4.12,
'97.5.3, '97.8.3, '97.8.10, '97.8.31, '97.10, 97.10.31,
'98.1.4, '98.2.7, '98.4.4, '99.1.4, '99.2.14, '99.3.22,
'99.6.27, '2000.1.4, '2000.2.5, '2000.3, 2000.5.5,
'2000.6.2, '2000.7.20, '2000.8.13, '2000.10.9
笹崎横………………………………………… '41.5.28
ササド・スカー………………………………… '67.6
サージオ・ビクトルパルマ………………… '82.6.12
サージェント・スローター……… '80.6.22, '91.3.24
佐竹雅昭………………… '88.4.2, '90.6.30, '92.6.25,
'93.4.30, '99.10.3
佐田の海… '80.11.23, '81.11.22, '82.1.24, '85.3.24
佐田の山… '61.5.21, '62.3.25, '65, '65.1.24, '65.5.23,
'67.11.26, '68.1.28
サーダラ・シン………………………………… '67.7.23
ザック・パディラ……………………………… '93.6.7
ＳＡＴＯ………………………………………… '93.12.10
サト・ケオムカ → キンジ渋谷
佐藤昭雄………………… '81.6.11, '82.2.4, '85.4.15
佐藤建太……………………………………… '96.6.15
サトル佐山 → 佐山聡
サニー・トゥ・リバー →
スーパー・ストロング・マシン
サニー・マイヤース… '47.11.3, '48.1.5, '49.12.16,
'50.11.13, '60.4.15, '60.5.16, '60.7.9
佐野直喜…………………… '89.8.10, '90.1.31
ザブ・ジュダー………………… '99.1.16, '2000.2.12

サブゥー……………… '95.5.3, '95.6.14, '97.9.11
サーマート・パヤクァルン……… '86.1.18, '87.5.8
サマン・ソー・チャトロン… '95.7.15, '95.11.12, '96.8.10, '98.3.8, '99.10.17
サマンディー・アディソン…………… '66.6.21
サミー・アンゴット……… '41.12, 43.10.27, '44.3.8
サミー・コーエン………………… '32.7.26
サミー・ステイン………………… '38.11.24
サミー・フエンテス……………… '95.2.20, '96.3.9
サミー・マンデル……………… '26.7.3, '30.7.17
サミー・リー → 佐山聡
サミー・リースン……………… '89.5.17
サム・クラッファン……………………… '26
サム・スティムボート………… '64.6.23, '65.1.28, '66.1.27, '66.6.18, '66.7.5, '67.8.14
サム・マクヴェイ………………… '11.12.26
サム・マソニック………………'45.12.5, '50.9.8, '67.8.14, '75.2.5, '75.8.1
サム・ラングフォード……… '06.4.26, '07.4.22, '07.11.12, '10.9.6, '11.12.26, '12.4.8, '15.4.13, '16.1.3, '16.2.11, '16.5.12, '17.1.25, '17.5.1, '18.4.14, '23.3.31, '23.7.27
サムエル・セラノ…………… '76.10.16, '77.8.27, '78.11.29, '80.4.3, '80.8.2, '81.4.9, '81.12.10, '83.1
サムス・シスナルーポル……………… '89.6.17
サムソン・クツワダ…………'74.1.11, '76.10.21, '77.6.16, '77.12.15
サムソン冬木…… '86.3.13, '88.3.9, '88.9.9, '88.9.15, '89.6.5, '89.10.20, '90.3.2, '90.5.14
サムット・シスナルポン……………… '88.3.24
サムライ・シロー → 越中詩郎
サモアン・サベージ………………… '89.12.13
佐山聡…………'33.9.21, '77.11.14, '78.9.22, '79.4.2, '79.6.15, '79.9.9, '79.9.21, '80.2.29, '80.3.28, '84.9.11, '84.11.15, '85.9.2
サラ・リー………………… '72.7.1, '72.7.26
サル・バートロ……………… '44.3.10, '46.6.7
サルバドル・サンチェス……………… '80.2.2, '81
サルバトーレ・ブルニ……… '65.4.23, '66.6.14
サルバトーレ・ベロモ……………… '82.11.25
サルバトーレ・ルッターロス………… '33.9.21
サルマン・ハシミコフ………… '89.4.24, '89.5.25, '89.7.12, '90.12.16
沢光…………………………'63.11.24, '64.5.24
沢田二郎………………………… '55.8.25
沢村忠…………'66.4.11, '66.6.21, '68.9.30
サングレ・チカナ…… '77.9.23, '78.4.21, '78.9.22, '80.2.29, '80.9.26, '82.4.11, '82.4.30, '83.9.24, '83.9.25, '83.10.9, '84.9.21, '89.10.15
サンダー・ザボー………………… '33.9.11, '41.6.5, '42.2, 45.4.25, '45.5.2, '46.12.10, '46.12.17, '47.4.22, '47.6.17, '48.3.24, '48.6.1, '48.6.2, '52.5.21, '63.4.2
サンダー杉山………… '67.1.5, '68.2.14, '68.5.25, '69.4.20, '69.8.24, '69.12.5, '70.1.18, '70.2.3, '70.5, 70.7.18, '70.8.3, '70.8.25, '70.9.15, '70.10.12, '70.11, 70.12.10, '70.12.12, '71.1.10, '71.1.24, '71.2.27,

'71.3.2, '71.3.4, '71.9.7, '71.9.23, '72.10.21
サンチャゴ・サマニーゴ………………… '97.2.22
サンデー・スター………………… '72.4.26, '72.5.24
サンディ・サドラー…… '48.10.29, '49.2.11, '49.12.6, '50.9.8, '51.9.26, '55.7.8, '56.1.18, '61.7.30
サンディ・スコット………………… '59.1.30
サンディ・パーカー………… '73.5.15, '73.7.10
サンドーカン………………………… '76
サントス・カルドナ………………… '96.3.1
サントス・ラシアル…… '81.3.28, '81.6.6, '82.5.1, '83.5.5, '87.5.16, '87.8.8
サンドロ・マジンギ……………… '63.9.7, '65.6.18, '68.5.26, '68.10.25
サンドロ・ロポポロ…… '60.8.25, '66.4.29, '67.4.30
ジ・アサシン………………………… '79.7.21
ジ・アベンジャー………………… '74.10.5
ジ・アンダーテイカー → ハンス・シュローダー
ジ・イーグル………………… '93.6.2, '93.9.9
ジ・エイプマン………………… '80.9.13
ジ・エンジェル………………… '79.7.21
ジ・エンフォーサー………………… '81.8.6
紫雲竜………………………… '08.5.20
ジェイ・クレイトン……………… '75.7.9
J・B・ウィリアムソン……… '85.12.10, '86.4.30
ジェイ・ヤングブラッド……… '80.6.29, '82.11.26
ジェイク・ラモッタ…… '49.6.16, '50.9.13, '51.2.14
ジェイク・ロドリゲス……… '94.2.13, '95.1.28
ジェイク・ロバーツ…… '79.7.13, '94.5.27, '97.9.11
ジェイコブ・マトラーラ…… '93.5.15, '95.2.11, '95.11.18, '2000.2
ジェイソン・マシューズ……… '99.7.17, '99.11.27
ジェイム・バジャダレス……………… '68.10.5
JYD………………………… '86.4.7
ジェシー・クワウルア……………… '64.2
ジェシー・ジェイムス・レイハ… '94.5.7, '94.9.17
ジェシー・ベナビデス…… '91.5.24, '92.10.15
ジェシー・ベンチュラ…… '80.7.20, '81.1.15, '81.6.14, '84.6.17
ジェシー・ボウドライ………………… '62.2.7
ジェス・ウィラード……………… '15.4.5, '19.7.4
ジェス・オルテガ…… '55.9.7, '59.6.15, '63.2.9, '68.4.13
ジェフ・チャンドラー…… '80.11.14, '81.4.5, '81.12.10, '83.9.11, '84.4.7
ジェフ・ハーディング………… '89.6.24, '90.7.28, '91.9.11, '94.7.23
ジェフ・フェネック…… '85.4.26, '87.5.8, '88.3.07
ジェフ・ポーツ……………… '64.3.9, '64.9.26
ジェフ・ランプキン………………… '90.3.22
ジェームス・キンチェン……………… '88.11.4
ジェームス・J・コーベット………… '03.11.25
ジェームス・J・ジェフリーズ………… '05.7.3
ジェームズ・J・ジェフリーズ………… '03.11.25, '10.7.4
ジェームス・J・ブラドック………………… '35.6.13, '35.7.30, '37.6.22

ジェームス・ジャレット・ミラー……… '93.11.6
ジェームス・スミス……………'86.12.12, '87.3.07
ジェームズ・スミス…………………………'07.4.22
ジェームス・ダグラス…………………………
　　　　　　　　　　'87.5.30, '90.2.11, '90.10.25
ジェームズ・トニー……………'91.5.10, '91,
　　　　　　　　　　 '93.2.13, '94.11.18
ジェームス・ハイラム・マグローリン…'01.7.1
ジェームス・プリチャード………………'91.9.6
ジェームス・ペイジ…………………………'98.10.10
ジェームズ・ワーリング………'91.9.6, '92.7.30
ジェラルド・マクラレン………'91.11.20, '93.5.8
ジェリー・エストラーダ……………………'91.12.12
ジェリー・オーツ…………'76.10.2, '76.10.21
ジェリー・クォーリー………'68.4.27, '69.6.23
ジェリー・グラハム………………'57.11, 67.6.2
ジェリー・グレイ……………………………'87.2.10
ジェリー・ブラウン………'71.12.2, '73.7.14
ジェリー・ブラックウェル……'81.1.15, '81.11.25,
　'83.4.15, '83.5.13, '83.6.26, '84.5.7, '84.9.3,
　'84.11.16, '85.1.13, '85.4.27, '85.8.2, '86.3.13
ジェリー・ブリスコ…'71.3.30, '74.6.25, '84.12.28
ジェリー・ペニャロサ………'97.2.20, '98.8.29
ジェリー・ミーカー………………………'52.5.6
ジェリー・モロー………………………'84.2.16
ジェリー・ローラー……'75.8.7, '77.7.4, '78.8.21,
　'82.12.27, '85.2.24, '85.6.10, '88.5.9, '88.10.15,
　'88.10.17, '88.12.13, '89.3.16
ジェリー・ロンドン…………………………'66.9.30
ジェリー・ンゴベニ…………………………'91.6.28
シェリフ・アミア……………………………'57.6.24
ジェレミー・ウイリアムス………………'96.6.29
ジェーン・オブライエン……………………'74.3.6
シェン・カラス……'84.9.21, '88.3.20,
　'90.9.21, '91.9.8, '92.5.15, '98.8.14
シェーン・ダグラス…………………………'94.8.27
シェーン・モズリー………'97.8.2, '2000.6.17
潮錦………………………………………'59.5.17
塩濱崇……………………………………'96.10.1
シカ・アノアイ…………'78.1.5, '78.1.20, '80.8.9
志賀賢太郎………'96.1.3, '2000.1.3, '2000.3.11
シカ・サモアン　→　シカ・アノアイ
シカティック………………………………'93.4.30
シクスト・エスコバル………'35.6.1, '35.8.26,
　'35.11.15, '37.9.23, '38.2.20
志熊俊一…………………………………'35.1.15
シクロン・ベロス………'39.9.14, '43.2.21
シクロン・ベロス・ジュニア………'71.9.17
シクロン・マッケイ………………………'34.9.21
シゲ福山…………………………………'76.7.16
シコシス…………………………………'99.12.6
ジーザス・ゲラード………………………'87.12.6
シッド・ビシャス………………………2000.12.17
シド・スミス………………'13.4.11, '13.6.2
ジノ・ガリバルディ…………'40.2.24, '52.9.30
ジノ・バグノン……………'45.8.10, '51.9.30

ジノ・ブリット……………………………'82.8.30
ジノ・ヘルナンデス……'81.2.27, '81.5.22, '83.5.26
信夫山………………………'55.1.23, '55.5.29,
　'57.1.27, '58.5.18, '58.7.20, '58.9.28
シバ・アフィ………………………………'85.8.3
柴田勝久…………………………'33.9.21, '70.9
柴田国明………………………………'70.12.11,
　'71.6.3, '71.11.11, '72.5, 73.3.12, '73.6, 73.10.17,
　'74, '74.2.28, '74.6.27, '74.10.3, '75.3.27, '75.11
柴田賢治…………………………………'77.9.13
ジプシー・ジョー（初代）………………'53.8.10
ジプシー・ジョー……'63.9.30, '74.10.30, '75.9.7,
　'75.10.6, '75.10.8, '76.10.26, '76.11.1, '76.12.3,
　'77.3.26, '77.8.7, '79.5.7, '79.11.16, '80.7.1, '81.6.22,
　'81.9.4, '95.8.20
シープレイー・ガイソンポップ…………………
　　　　　　　　　　　'78.6.7, '79.10.30
シベルネティコ……………………………'99.3.7
ＣＩＭＡ…………………………………2000.4.9
島三雄………………………………………'73.3.1
島袋武信…………………………………'75.12.17
ジミー・ウォルシュ…………'05.10.21, '06.2.22
ジミー・エッソン…………………………'08.1.28
ジミー・エリス…………'68.4.27, '70.2.16
ジミー・カーター…'51.5.25, '52.5.14, '52.10.15,
　'54.3.5, '54.11.17, '55.6.29
ジミー・カラザース…………………………'52.11.15
ジミー・グッドリッチ………'25.7.13, '25.12.7
ジミー・ゴールデン………………………'72.12.2
ジミー・スヌーカ……'79.3.25, '80.6.29, '81.12.13,
　'82.4.22, '82.4.26, '82.11.2, '82.11.25, '85.12.12,
　'87.11.22, '87.12.11, '94.9.23, '95.7.7
ジミー・スラットリー………'30.2.10, '30.6.25
ジミー・ダラ…………'53.5.5, '65.11.20
ジミー・デュプリ…………………………'71.2.27
ジミー・ハッセイ…………………………'68.4.17
ジミー・バリアント……'73.9.29, '75.8.9, '77.8.12
ジミー・ブリッド………'04.12.20, '05.9.9
ジミー・ブレダル………'92.9.4, '94.3.5
ジミー・ポール………'85.4.6, '86.12.5, '92.6.29
ジミー・マクラーニン………'33.5.29, '34.5.28,
　'34.9.17, '35.5.28
ジミー・ヤング……………………………'77.3.17
ジミー・ワイルド………'16.12.18, '23.6.18
清水川………………………'32.2.29, '32.10.23,
　'34.5.21, '52.5.25, '53.3.22, '56.1.22
清水精………………………………………'69.7.23
ジム・オリベラ……………………………'56
ジム・ガービン…'77.7.4, '85.1.13, '85.6.9, '85.9.29
ジム・キマラ……………………………'81.6.18
ジム・クロケット…………………………'81.7.3
ジム・クロケット・ジュニア……'87.9.12, '88.11
ジム・ケンリック…………………………'10.3.6
ジム・サリバン…………………………'11.6.8
ジム・ディロン…………………………'83.2.11
ジム・デリンジャー………………………'69.11.27

ジム・ドゥガン……………………………… '93.9.30
ジム・バーネット…………… '30.12.10, '58.12.26,
　　　'59.4.11, '61.10.7, '64.10.23, '83
ジム・ハリス → ジム・キマラ
ジム・ブランゼル………………'77.7.7, '78.9.23,
　　　'81.6.14, '82.6.8, '83.6.26, '84.3.15, '84.4.26
ジム・ブレイクス…………………………… '78.1.15
ジム・ブローニン………… '29, '33.2.20, '33.5.23,
　　　'33.6.12, '33.6.16, '33.8.1, '33.10.23,
　　　'33.12.18, '34.4.15, '34.6.25, '35.9.23
ジム・ヘイディ……………………………… '64.1.18
ジム・マクミレン…………………………… '32.2.15
ジム・ライト……………………… '60.1.15, '60.1.30
ジム・ロンドス……………………………………
　　　'20.8.17, '26.6.10, '29.8.23, '30.6.6, '30.10, '31.10.1,
　　　'32.2.15, '32.6.9, '32.9.21, '33.2.16, '33.2.22, '33.4.7,
　　　'33.9.20, '33.10.22, '33.12.13, '34.4.11, '34.4.27,
　　　'34.6.25, '34.7.18, '34.9.17, '34.9.20, '34.10.10,
　　　'35.5.12, '35.6.27, '37.11.26, '37.12.15, '38.11.17,
　　　'39.9.12, '40.6.21, '41.6.26, '42.8, 46.2, 46.11.25,
　　　'50.2.3, '50.6.27, '54.10.28, '59.1.17
ジム・ワット……………………… '79.4.17, '81.6.20
ジャイアント・キマラ……………………… '99.1.2
ジャイアント馬場………… '30.10, '54.2, 60.9.30,
　　　'61.5.25, '61.8.18, '61.9.8, '61.10.6, '61.11.13,
　　　'62.3.7, '62.3.9, '62.3.12, '62.6.8, '62.6.16, '62.6.23,
　　　'62.6.27, '62.7.7, '62.11, 62.12.27, '63.2.4, '63.2.22,
　　　'63.3.11, '63.3.24, '63.7, 63.12.28, '64.1.15, '64.1.16,
　　　'64.1.17, '64.1.18, '64.2.14, '64.2.15, '64.2.17,
　　　'64.2.28, '64.4.3, '64.5.29, '65.6.3, '65.6.4, '65.7.15,
　　　'65.7.16, '65.9.29, '65.11.3, '65.11.24, '65.11.27,
　　　'66.2.28, '66.3.16, '66.5.13, '66.5.23, '66.7.1, '66.7.5,
　　　'66.8.5, '66.10.20, '66.10.26, '66.11.5, '66.11.28,
　　　'66.12.3, '67.2.7, '67.3.2, '67.3.7, '67.4.16, '67.5.17,
　　　'67.5.27, '67.7.23, '67.8.10, '67.8.14, '67.9.30,
　　　'67.10.6, '67.10.31, '67.11.1, '67.11.17, '67.12.6,
　　　'68.1.3, '68.1.7, '68.1.8, '68.2.3, '68.2.26, '68.2.28,
　　　'68.4.13, '68.5.16, '68.5.17, '68.6.14, '68.6.25,
　　　'68.6.27, '68.7.29, '68.8.7, '68.8.9, '68.8.30, '68.9.21,
　　　'68.9.28, '68.10.24, '68.10.29, '68.11.2, '68.11.30,
　　　'68.12.1, '68.12.3, '68.12.6, '69.1.3, '69.1.9, '69.1.11,
　　　'69.2.4, '69.2.11, '69.2.26, '69.3.5, '69.5.16, '69.5.21,
　　　'69.5.31, '69.6.25, '69.7.3, '69.8.10, '69.8.11, '69.8.12,
　　　'69.8.13, '69.9.12, '69.9.28, '69.10.27, '69.11.1,
　　　'69.11.28, '69.12.3, '69.12.4, '69.12, 70.1.5, '70.1.27,
　　　'70.2.2, '70.3.3, '70.3.7, '70.5.29, '70.7.2, '70.7.4,
　　　'70.7.30, '70.8.1, '70.8.4, '70.12.9, '70.12.10, '70.12.1,
　　　'70.12.3, '70.12, 71.1.7, '71.2.2, '71.3.2, '71.3.4,
　　　'71.5, 71.6.29, '71.7.1, '71.8.1, '71.9.4, '71.11.25,
　　　'71.12.7, '71.12.12, '72.1.6, '72.2.8, '72.2.29, '72.5.12,
　　　'72.5, '72.6.1, '72.8.18, '72.9.20, '72.10.21, '72.10.22,
　　　'72.10.31, '72.11.15, '72.11.29, '72.12, 72.12.12,
　　　73.1.6, '73.1.11, '73.1.24, '73.2.15, '73.2.20, '73.2.27,
　　　'73.4.21, '73.4.24, '73.4.25, '73.6.14, '73.7.26,
　　　'73.8.21, '73.9.8, '73.9.13, '73.10.9, '73.11.24,
　　　'73.12.13, '73.12.14, '74.1.23, '74.1.27, '74.1.29,

'74.1.30, '74.3.15, '74.5.11, '74.5.16, '74.6.13,
'74.6.14, '74.6.25, '74.8.9, '74.9.25, '74.10.5, '74.11.5,
'74.11.7, '74.12.2, '74.12.5, '74.12.9, '74.12.12, '75,
'75.1.29, '75.2.5, '75.2.6, '75.3.9, '75.3.11, '75.4.10,
'75.5.3, '75.5.9, '75.8.8, '75.9.21, '75.10.14, '75.10.30,
'75.11.27, '75.12.11, '75.12.18, '76.1.26, '76.3.8,
'76.5.8, '76.7.24, '76.10.24, '76.10.28, '76.12.7,
'76.12.9, '77.3.20, '77.5.14, '77.6.14, '77.9.7, '77.10.5,
'77.10.24, '77.10.29, '77.11.7, '78.1.8, '78.1.18, '78.2.18,
'78.4.7, '78.5.11, '78.6.1, '78.11.7, '78.12.15, '79,
'79.1.5, '79.2.10, '79.5.9, '79.6.12, '79.8.26, '79.8.31,
'79.10.12, '79.10.18, '79.10.31, '79.11.5, '79.11.7,
'80.1.22, '80.2.14, '80.6.22, '80.6.28, '80.6.29,
'80.9.4, '80.9.10, '80.10.13, '80.12.11, '81.1.18,
'81.2.15, '81.3.3, '81.4.23, '81.7.4, '81.7.30, '81.10.3,
'81.10.9, '82.2.4, '82.2.28, '82.4.16, '82.4.22, '82.6.8,
'82.7.30, '82.9.14, '82.10.26, '82.11.2, '82.12.13,
'83.2.11, '83.3.3, '83.4.7, '83.4.12, '83.4.17, '83.4.20,
'83.6.8, '83.6.17, '83.7.12, '83.7.26, '83.8.1, '83.9.8,
'83.10.31, '83.12.12, '84.3.24, '84.4.25, '84.7.31,
'84.8, 84.8.26, '85.2.5, '85.4.15, '85.6.21, '85.7.30,
'85.9.28, '85.12.12, '86.4, 86.8.7, '87.6.9, '87.9.12,
'89.11.29, '90.2.10, '90.4.13, '90.9.30, '90.11.25,
'92.10.21, '92.12.4, '93.12.3, '94.3.5, '94.12.10,
'98.12.5, '99.1.31, '99.5.2
ジャイアント・ヘイスタックス……… '82.12.18
ジャガー横田… '81.2.25, '83.6.1, '83.11.28, '85.12.12
ジャーシー・ジョー・ウォルコット………………
　　　'04.4.29, '06.10.16, '47.12.5, '48.6.25, '49.6.22,
　　　'51.3.7, '51.7.18, '52.9.23, '60.7.18, '61.7.21, '66.9.29
ジャスティン・ジェーコ…………………… '99.2.20
シャチ・ミッキー井上 → マイティ井上
シャチ横内………………………… '67.7.17, '69.12.5
ジャッカル丸山……………………………… '81.11.18
ジャッキー・ウィルソン……… '41.11.18, '43.1.18
ジャッキー・ウエスト………… '74.4.1, '74.4.24
ジャッキー・カルーラ………… '43.1.18, '43.8.16
ジャッキー・ガングルーサ………………… '92.2.22
ジャッキー佐藤……………… '77.11.1, '79.7.31,
　　　'79.9.13, '80.3.15, '80.12.16,
　　　'81.2.25, '86.8.17, '87.7.18
ジャッキー・ジューリッチ………………… '38.9.22
ジャッキー・ニコルズ……………………… '41.3.11
ジャッキー・パターソン………… '43.6, 48.3.23
ジャッキー・ファーゴ……………………… '77.5.2
ジャッキー・フィールズ………… '24.5.4, '29.7.25,
　　　'30.5.9, '32.1.28, '33.2.22
ジャッキー・ブラウン………… '32.10.31, '35.9.9
ジャック・アドキッソン…………………… '75.8.1
ジャック・ウェルチ………………………… '12.7.4
ジャック・オブライエン……… '05.12.20, '34.6.28,
　　　'37.9.23, '39.8.16
ジャック・カーリー………… '16.1.27, '17.5.2,
　　　'21.11.20, '38.9.15
ジャック・ガンソン………………………… '33.2.16
ジャック・キッド・バーグ…………………………

　　　　　　　　　'30.2.18, '30.8.7, '31.4.24
ジャック・サベージ……………………'23.3.31
ジャック・シェリー…'29.1.9, '30.12.15, '32.10.10
ジャック・シャーキー…'28.9.26, '30.6.12, '32,
　　　　　　　'32.6.14, '33.6.29, '36.8.18
ジャック・ジョンソン…………'05.3.28, '06.4.26,
　　'07.4.22, '08.12.26, '09.10.16, '10.7.4, '12.11, '13.12,
　　　　　　　　　15.4.5, '20.7.20
ジャック・タニー……………………'88.2.5
ジャック・ツイン・サリバン……………'08.5.9
ジャック・ディロン…………'14.4.14, '16.10.24
ジャック・デラニー……………………'26.7.16
ジャック・テリー……………………'52.5.27
ジャック・デリンジャー………'69.6.20, '69.11.27
ジャック・デール……………………'46
ジャック・デールタレス……………'48.8.28
ジャック・デンプシー（初代）……'03.11.25
ジャック・デンプシー（2代）…'20.9.6, '21.7.2,
　　　　'23.9.14, '26.9.23, '27.9.27,
　　　'40.7.1, '53.1.16, '53.6.16, '56.8.4
ジャック・デンプシー（レスラー）……………
　　　　　　　　'58.4.23, '60.1.4
ジャック・バーンスタイン……'23.5.30, '23.12.17
ジャック・ブリスコ…………'67.7.8, '67.11.25,
　'69.12.5, '71.1.1, '71.2.9, '71.3.30, '71.8.5, '72.2.8,
　'73.2.13, '73.6.15, '73.7.20, '74.1.4, '74.1.23, '74.1.24,
　'74.1.27, '74.1.28, '74.1.30, '74.2.12, '74.6.14,
　'74.7.10, '74.12.2, '74.12.5, '74.12.9, '74.12.12,
　'75.1.3, '75.2.11, '75.3.9, '75.3.11, '75.3.12, '75.3.13,
　'75.7.4, '75.8.8, '75.12.10, '76.6.25, '76.8.28,
　'76.11.26, '77.2.8, '77.8.12, '79.5.10, '81.10.2,
　　　　　　　　'81.10.23, '84.12.28
ジャック・ブリットン…………'15.6.22, '15.8.31,
　　'16.4.24, '17.6.25, '03.17, '22.11.1
ジャック・ラサルテス…………'70.7.8, '70.8.25
ジャック・ルージョー…………………'73.11.5
ジャック・ルート………'03.4.22, '03.7.4, '05.7.3
ジャック・レイノルズ……………………
　'19.12.30, '25.3.18, '25.4.29, '27.7.13, '31.10.1,
　'32.6.20, '32.7.12, '32.9.21, '33.9.20, '33.9.21,
　　　　'34.9.17, '35.7.15, '35.9.16, '38.9.15
ジャック・ローパー……………………'39.4.17
ジャック・ロブ → ターザン・ゾロ
ジャバ・ルーク → ジョニー・ロッズ
シャープ兄弟 →
　　　　ベン・シャープ →マイク・シャープ
ジャーメイン・テイラー………………2000.9.15
シャーリー・クラブトリー → ビッグ・ダディ
シャルル・ルドウ……………………'12.2.26
ジャン・ウィルキンス………………'73.4.20, '75,
　'76.10.30, '76.11.13, '81.10.3,
　'84.2.13, '84.2.18, '84.10.6, '84.11.3, '86.4.1
ジャーン・ジャーゴ………………'01.2.6, '15,
　　'24.6.3, '24.8.15, '25.6.30, '30
ジャン・バチスト・メンディ…'96.4.20, '97.3.1
ジャン・ピエット・ハーグマン………2000.2.12

ジャン＝バチスト・メンディ…'98.5.16, '99.4.10
ジャンクヤード・ドッグ…'80.8.2, '81.7.4, '82.7.7,
　　　　'83.7.16, '84.6.16, '89.2.15
ジャンフランコ・ロッシ…………'87.10.2, '88.7.8,
　　　　'89.7.15, '94.9.17
ジャンボ鶴田…………'30.12.10, '73.5.20, '73.8.9,
　'73.10.9, '74.1.30, '74.4.1, '74.4.5, '74.7.5, '74.12.5,
　'74.12.12, '75.2.5, '75.3.11, '75.11.27, '75.12.11,
　'75.12.18, '76.1.26, '76.3.10, '76.3.28, '76.6.11,
　'76.7.17, '76.8.28, '76.9.9, '76.10.22, '76.10.28,
　'76.12.2, '76.12.9, '77.3.5, '77.3.11, '77.3.23,
　'77.5.14, '77.6.11, '77.7.28, '77.8.25, '77.11.7,
　'78.1.20, '78.2.5, '78.2.18, '78.2.21, '78.2.22,
　'78.5.11, '78.9.13, '78.11.25, '78.11.30, '78.12.15,
　'79.1.5, '79.4.6, '79.5.7, '79.6.12, '79.8.26, '79.10.12,
　'79.10.18, '79.10.26, '80.5.1, '80.5.28, '80.6.22,
　'80.6.28, '80.6.29, '80.9.1, '80.12.11, '81.7.30, '81.9.4,
　'81.10.9, '82.2.4, '82.3.7, '82.4.22, '82.6.8, '82.6.17,
　'82.8.1, '82.10.7, '82.10.24, '82.12.13, '83, '83.4.7,
　'83.4.12, '83.4.17, '83.4.27, '83.5.26, '83.6.8, '83.6.13,
　'83.7.13, '83.7.26, '83.8.1, '83.8.31, '83.10.14,
　'83.10.26, '83.12.12, '84, '84.1.10, '84.2.23, '84.2.26,
　'84.3.4, '84.3.11, '84.3.15, '84.3.24, '84.4.14, '84.4,
　'84.4.26, '84.4.28, '84.4.29, '84.5.2, '84.5.4, '84.5.5,
　'84.5.6, '84.5.7, '84.5.10, '84.5.11, '84.5.13, '84.5.22,
　'84.6.7, '84.6.13, '84.7.25, '84.7.31, '84.9.3, '84.9.6,
　'84.10.11, '84.10.29, '84.12.12, '85.2.5, '85.3.9,
　'85.4.17, '85.4.24, '85.6.4, '85.8.31, '85.9, '85.9.28,
　'85.9.29, '85.10.14, '85.11.4, '85.12.12, '86.2.5,
　'86.3.10, '86.3.13, '86.3.29, '86.4, '86.5.24, '86.7.31,
　'86.9.3, '86.10.21, '86.12.12, '87.1.17, '87.2.5,
　'87.3.10, '87.3.12, '87.4.2, '87.4.24, '87.6.9, '87.7.3,
　'87.7.11, '87.7.22, '87.8.31, '87.9.12, '87.12.11,
　'88.1.13, '88.3.27, '88.4, '88.6.4, '88.6.10, '88.7.29,
　'88.7.31, '88.8.29, '88.8.30, '88.9.9, '88.10.17,
　'89.2.2, '89.3.8, '89.4.16, '89.4.18, '89.4.20, '89.6.5,
　'89.7.11, '89.7.22, '89.10.11, '89.10.20, '89.12.6,
　'90.2.10, '90.3.6, '90.4, '90.6.5, '90.6.8, '90.7.18,
　'90.9.30, '91.1, 91.4.16, '91.4.18, '91.7.20, '91.10.24,
　'91, '92.1.28, '92.3.4, '92.10.21, '99.3.6, '2000.5.13
ジャンボ堀……………………………'83.11.28
ジャンボ宮本…'73.11.11, '74.3.2, '74.3.6, '74.4.1,
　'74.4.24, '75.3, '76.3.2, '76.3.15, '76.4.17, '76.6.8
シュー・エル・ゲレーロ………………'90.3.1
獣神サンダー・ライガー…'89.4.24, '89.5.25,
　'89.8.10, '90.1.31, '90.8, 90.11.1, '91.4.30, '91.6.12,
　'91.7.4, '91.8.9, '92.2.8, '92.4.30, '92.6.26, '93.1.4,
　'94.4.16, '94.6.13, '94.9.27, '95.12.13, '96.1.4,
　'96.4.29, '96.6.12, '96.6.17, '97.1.4, '97.6.6, '97.7.6,
　'98.2.7, '99.3.17, '99.4.10, '99.7.13, '99.10.11,
　'99.11.29, '99.12.6, '2000.4.9, '2000.7.20
ジュエル・ハミルトン………………'72.10.31
シュガー・ベビー・ロハス……………………
　　　　'87.8.8, '88.4.8, '89.4.29
シュガー・ラモス………'63.3.21, '64.3.1, '64.9.26
シュガー・レイ・レナード…………'76.7.17, '79,

'79.11.30, '80.6.20, '80.11.25, '81, '81.6.25, '81.9.16,
'87.4.6, '88.11.7, '89.6.12, '89.12.07
シュガー・レイ・ロビンソン…'42, '46.12.20, '51,
'51.2.14, '51.7.10, '51.9.12, '55.12.9, '57.1.2, '57.5.1,
'57.9.23, '58.3.25, '60.1.22
シュガーみゆき………………………… '99.4
朱虎……………………………………… '78.12.13
ジュディ・グレイブル………………… '56.9.18
ジュディ・マーティン……………'88.1.24, '88.6.8
ジュニア・ジョーンズ………'93.10.23, '94.4.22,
'96.11.22, '97.12
ジュニア・マイク・ロンドン…………… '40.9.10
ジュベール・ペールワン………………… '79.6.17
ジュリアス・ストロンボー……………… '46.8.22
ジュリアン・ジャクソン…'87.11.21, '90.11.24,
'93.5.8, '95.3.17, '95.8
ジュリアン・ロルシー … '98.5.16, '99.4.10, '99.8.7
ジュン・アーロス………………………… '96.5.18
ジュン・チルサン………………………… '92.6.12
ジュン・バイヤーズ…'54.8.20, '55.7.29, '56.9.18
ジョー・イーグル………………………… '37.1.27
ジョー・ウォルコット…………………… '04.4.30
ジョー・カルザゲ………………………… '97.10.11
ジョー・カロロ………………'66.5.23, '66.5.26
ジョー・ガンス………'02.5.12, '06.9.3, '08.7.4
ジョー・キャロル………………………… '22.5.16
ジョー・クリスティ……………………… '56.6.14
ジョー・コックス……………'40.2.24, '42.1.23
ジョー・コネリウス……………………… '61
ジョー・サボルディ……'33.4.7, '33.6.12, '36.4.6,
'38.2.21, '45.7.4, '45.9.12
ジョー・シモンズ………………………… '14.5.15
ジョー・ジャネット……'10.9.6, '12.4.8, '15.4.13,
'16.5.12
ジョー・スカルパ……………'67.7.8, '68.2.13
ジョー・ステッカー…………'14.3.25, '15.7.5,
'15.10.20, '16.1.27, '16.7.4, '16.12.11, '17.4.9,
'17.5.2, '18.12.8, '05.9, '20.1.30, '20.12.13, '21.10.4,
'23.12.13, '25.5.30, '25.8.10, '26.3.11, '26.6.10,
'26.10.26, '28.2.20, '32.1.1
ジョー・ダンディー……………'27.6.3, '29.7.25
ジョー・ディートン…………'91.7.18, '91.7.26
ジョー・デュセック……………………… '47.10.10
ジョー・ナイト…………………………… '33.3.1
ジョー・ナウロスキー…………………… '38.2.21
ジョー・パザンダック………'50.6.27, '59.10.17
ジョー樋口……………………………… '74.6.14
ジョー・ブラウン…'56.8.24, '61, '61.4.18, '62.4.21
ジョー・ブランチャード………'65.2.26, '67.7.8,
'70.12.11, '76.1.2
ジョー・フレージャー……'64.10.10, '67, '68.3.4,
'69.6.23, '70, '70.2.16,
'71, '71.3.8, '73.1.22, '75.10.1
ジョー・ポーカー………………………… '04.10.17
ジョー・マルセウィッツ…………'26.3.11, '62.2.6
ジョー・マレンコ……'89.1.20, '89.1.25, '89.1.28,

'89.7.1, '89.10.20
ジョー・マンリー……………'86.10.30, '87.3.4
ジョー・メインズ………………………… '37.9.23
ジョー・メデル…………………………… '67.1.3
ジョー・モーラ…………………………… '15
ジョー・リバース………………………… '12.7.4
ジョー・リンチ…………………'20.12.22, '21.7.25,
'22.7.10, '24.3.21
ジョー・ルイス………'35.6.25, '35.8.7, '35.9.24,
'35.12.13, '36, '36.1.17, '36.6, '36.8.18, '36.9,
37.6.22, '37.8.30, '38, '38.2.23, '38.4.1, '38.6.22,
'39, '39.1.25, '39.4.17, '39.6.28, '39.9.20, '40.2.9,
'40.3.29, '40.6.20, '40.12.16, '41, '41.1.31, '41.2.17,
'41.3.21, '41.4.8, '41.5.23, '41.6.18, '41.9.29, '42.1.9,
'42.3.27, '44.11.14, '46.6, 46.9.18, '47.12.5, '48.6.25,
'50.9.27, '51.9.30, '51.10.26, '51.11.18
ジョー・ルダック………… '79.2.13, '79.10.3,
'80.4.30, '80.5.15
ジョー・ローマン……………………… '73.9.1
ジョーイ・アーチボルト………'39.4.18, '40.5.20,
'41.5.12, '41.9.11
ジョーイ・オリボ……………'85.3.30, '85.12.8
ジョーイ・ガマチェ…'91.6.28, '92.6.12, '92.10.24
ジョーイ・ギンブラ……………………… '62.10.20
ジョーイ・ジャーデロ………………………
'62.1.30, '63.12.7, '65.10.21
ジョーイ・マキシム…………'50.1.24, '52.12.17
庄司彦雄………………………………… '21.3.6
上州山…………………………………… '22.5.22
ジョエル・ハミルトン…………'58.5.24, '72.10.31
ジョコ・アーター………………………… '84.3.4
ジョージ・ウェルズ……………………… '81.2.7
ジョージ・ガーディナー………………… '38
ジョージ・ガードナー………'03.7.4, '03.11.25
ジョージ・KO・チャニー………………… '21.11.18
ジョージ・ゴーディ……………………… '59
ジョージ・ゴーディエンコ…'46.12.17, '48.1.21,
'53.5.26, '57.2.28, '67.6.2, '68.11.4, '70.4.22, '79.2.16
ジョージ・コトソラノス…………………… '33.2.16
ジョージ・スコット……………………… '59.1.30
ジョージ・スティール……'75.8.9, '78.7.24, '86.4.7
ジョージ高野……………'89.3.16, '89.7.13,
'90.2.10, '91.3.30, '92.8.9, '95.6.11
ジョージ・チップ…………'13.10.11, '14.4.7
ジョージ・チュバロ……………………… '65.2.1
ジョージ・デ・レリスコウ……………… '46
ジョージ・ディクソン…………………… '01.10.28
ジョージ・トラゴス……………………… '33.10.22
ジョージ・ニコルス……………………… '32.3.18
ジョージ・ハッケンシュミット…'01.12, 02.9.4,
'04.1, '04.1.30, '04.7.2, '05.5.4, '08.4.3, '10.11.28,
'11.1.16, '11.2.9, '11.9.04
ジョージ・バレンティア………………… '81.10.30
ジョージ・フォアマン…………'68.10.12, '73,
'73.1.22, '73.9.1, '74.10.30, '76, '76.1.24, '77.3.17,
'93.6.7, '94.11.5, '95.4.22

プロ格闘技年表事典　599

ジョージ・ペース……………'39.10.29, '40.9.24
ジョージ・ベッカー…………………'69.5.1
ジョージ・ペンシェフ………'38.4.9, '39.12.9,
　　　　　　　　　　　'40, '42, '44.3.18
ジョージ・ボスナー…………'03.4.2, '34.6.25
ジョージ・ボラス………………………'61.11.7
ジョセフ・コバチ………………………'49
ジョセフ・ザリノフ……………………'63
ショータ・チョチョシビリ……………………
　　　　　'89.4.24, '89.5.25, '89.12.31
ショッカー………………'99.7.17, '99.9.24
ジョニー・イーグルス………………'74.10.10
ジョニー・ウィーバー…………………'69.5.1
ジョニー・ウィルソン………'20.5.6, '23.8.31
ジョニー・エース………'90.9.7, '91.1.2,
　'91.7.8, '91.7.18, '92.12.4, '94.9.23, '94.12.10,
　'95.4.2, '96.9.5, '97.1.17, '97.5.27, '97.7.25, '97.10.4,
　'98.1.25, '98.2.28, '99.6.9, '99.7.23, '2000.6.9
ジョニー・キルベーン…………'12.2.22, '23.6.2
ジョニー・クイン………………'70.11.5
ジョニー・クーロン…'10.3.6, '12.2.26, '14.6.9
ジョニー・サクストン…………'54.10.20, '55.4.1,
　　　　　'56.3.14, '56.9.12
ジョニー・ジャディック………'32.1.18, '33.2.20
ジョニー・スミス………'90.6.5, '91.4.6,
　'91.4.20, '98.1.9, '98.10.6, '99.10.25
ジョニー・セイント………………'96.10.10
ジョニー・タピア……'94.10.12, '97.7.18, '98.11.7,
　'98.12.5, '99.6.26, '2000.1.8, '2000.2.25
ジョニー・ダンディー………'21.11.18, '22.8.15,
　　　'23.5.30, '23.12.17, '24.6.20
ジョニー・デービス………………'44.11.14
ジョニー・デムチャック……………'46.2.21
ジョニー・ドイル………'30.12.10, '58.12.26,
　　　　　'59.4.11, '64.10.23
ジョニー・ドゥ・ブローイ………………'89.5.6
ジョニー・トンプソン………………'11.2.11
ジョニー・ネルソン………………'99.3.27
ジョニー・バフ………'21.9.23, '22.7.10
ジョニー・バリアントガニア……………'75.8.9
ジョニー・バレット………………'91.3.4
ジョニー・バレンタイン……'53.3.24, '54.10.22,
　'61.7.28, '62.6.8, '63.5.10, '64.6.13, '65.2.6, '65.4.23,
　'66.1.8, '66.9.16, '66.10.12, '66.11, 67.1.29, '67.1.30,
　'67.5.17, '68.2.13, '70.12.1, '72.6.1, '72.6.2, '72.8.12,
　'73.1, 73.2.10, '73.2.11, '73.2.16, '73.2.22, '73.3.6,
　'73.7.21, '75.10.4, '90.9.30
ジョニー・バレンド………'51.11.16, '58.9.5,
　　　　　'58.9.6, '66.3.16
ジョニー・パワーズ……'66.9.16, '68.4.6, '72.8.12,
　'73.8.24, '73.12.10, '74.1.31, '74.3.21, '74.7.30,
　'76.3.18, '77.3.31, '80.3.31, '90.9.30
ジョニー・バンフス………'84.1.22, '84.6.1
ジョニー・ファメション………'69.1.21, '69.7.28,
　　　　　'70.1.6, '70.5.9
ジョニー・ブラットン…………'51.3.14, '51.5.18

ジョニー・ブレダル…………'92.9.4, '94.10.12
ジョニー・ペイチェック………………'40.3.29
ジョニー・ペナ………………………'32.5.26
ジョニー・リスコ………………………'29.2.1
ジョニー・ルージョー………'61.11.7, '62.3.07
ジョニー・ロッズ………'74.4.1, '76.1.16,
　　　　　'82.11.25, '83.4.30
ジョバンニ・パリージ………'88.9.17, '92.9.25,
　　　　　'96.3.9, '98.5.29
ジョバンニ・ライセビッチ………'07.12.16, '08.11
ジョマ・ガンボア………'99.12.4, '2000.4.9,
　　　'2000.8.20, '2000.12.06
ジョルジュ・カルバンティエ……………………
　'13.2.12, '20.10.12, '21.7.2, '22.9.24, '24.7.24
ジョン・H・ストレーシー……'75.12.6, '76.6.22
ジョン・L・サリバン…………'05.3.28
ジョン・オウリン………'16.12.11, '17.5.2
ショーン・オグラディ………………'81.4.12
ジョン・カラス………………………'25
ジョン・クイン………………………
　'77.3.25, '77.3.26, '77.7.8, '80.4.21, '80.10.4, '82.5.8,
　'82.10.24, '84.2.13, '85.5.20, '86.4.12
ジョン・コンテ………'74.10.1, '77.5.21
ジョン・ジョン・モリナ……………………
　'89.4.29, '89.10.7, '90.5.20, '92.2.22
ジョン・スタッド……'79.3.25, '82.7.7, '83.12.20,
　　'84.2.13, '84.2.18, '84.7.14
ジョン・ダ・シルバ………'63, '79.7.13
ジョン・ダヴィソン………………'93.4.17
ジョン・テート………'76.7.17, '79.10.20, '80.3.31
ジョン・デビッド・ジャクソン………………
　　　'88.12.8, '93.10.1, '94.12.10
ジョン・デール………………………'46
ジョン・テンタ………'86.7, '88.1.2, '91.4.1
ジョン・トロス…'71.3.26, '71.5.7, '71.8.27, '79.3.26
ジョン・ネメニック………………'40.9.12
ジョン・パワーズ………………'86.4.1
ジョン・ブラウン………………2000.12.3
ジョン・ベゼック………'22.5.16, '26.10.26, '29,
　'29.1.9, '31.3.26, '32.1.1, '32.5.16, '37.9.16, '38.9.15
ジョン・ヘンリー・ルイス……'35.10.31, '39.1.25
ジョン・ボネロ………………'80.6.28
ジョン・ポール………………'06.10.31
ジョン・ポール・ヘニング……'56.7.10, '63.5.10
ジョン・マイケル・ジョンソン………………
　　　'94.4.22, '94.7.16, '99.5.29
ショーン・マイケルズ…………'95.4.2, '96.3.31,
　　　　　'97.11.9, '98.3.29
ショーン・マニオン………………'84.10
ジョン・ミーラス………………'40.2.24
ジョン・ムガビ………'80.7, 86.12.5,
　　　'89.7.8, '90.3.31, '91.11.20
ジョン・モロー………………'54.10.28
ジョン・ルイーズ………………2000.8.12
白井義男………'49, '49.12.15, '50, '51, '51.5.21,
　'52, '52.5, 52.11.15, '53, '53.5.18, '53.9, 53.10.27,

'54.5.24, '54.7.24, '54.11.26, '55.5.30
シリモンコン・シンワンチャー…………………
'96.8.10, '97.1, '97.11.22
シルバー・キング……………… '95.8.20, '95.9.22
シルバーノ・ベルチニ…………………… '73.8.14
ジルベール・デュレ…………… '91.2.23, '91.10.1
ジルベール・ボワニー………………… '49, '72.2.1
ジン・アンダーソン…………… '70.1.11, '70.9.22
ジーン・アントン……………… '72.3.9, '72.3.15
ジン・キニスキー……………… '55.6.12, '56.4.15,
'57.2.1, '57.6.12, '57.7.17, '58.1.17, '59.8.1, '60.7.12,
'61.7.10, '61.7.11, '61.8.8, '62.7.6, '62.7.30, '63.3.8,
'64.5.10, '64.5.12, '64.5.14, '64.5.29, '64.11.16,
'65.1.11, '65.2.26, '65.4.23, '65.7.15, '65.9.21,
'66.1.7, '66.1.8, '66.2.8, '66.6.9, '66.7.17, '66.9.16,
'67.1.6, '67.2.7, '67.7.8, '67.7.11, '67.7.23, '67.8.10,
'67.8.14, '67.10.20, '68.1.5, '68.2.13, '68.4.6, '68.7.5,
'68.7.15, '68.11.29, '68.11.30, '68.12.1, '68.12.3,
'68.12.6, '68.12.18, '69.1.10, '69.2.11, '70.12.1,
'70.12.3, '70.12, 72.12.2, '73.3.16, '73.6.15, '73.6.23,
'73.10.13, '74.3.15, '75.5.3, '83.11.24
ジン・スタンレー………………………… '49.12.12
ジーン・タニー……………………… '22.5.23, '24.7.24,
'26.9.23, '27.9.27, '28
ジーン・ドゥブーク……………………… '56.6.14
ジーン・ハッチャー…………… '84.6.1, '85.7.21
申喜燮………………………… '86.8.2, '87.2.23
ジーン・フルマー……………… '57.1.2, '57.5.1,
'59.8.28, '62.10.23
ジン・ブレストン → イワン・ブレストン
ジン・ラーベル……………………………… '76.6.26
ジーン・ルイス・ブレストン………………… '49
新崎人生………… '94.5.7, '97.9.11, '99.2.13, '99.6.04
陣幕………………………………………… '08.1
真竜………………………………………… '24.5.20
スウィート・ブラウン・シュガー……… '81.2.10
スウェーディッシュ・エンジェル………………
'40.2.24, '42.8, 43.10.25, '43.11.12
スウェード・ハンソン…………… '67.6.25, '69.5.1
スカイ・ハイ・リー…………… '57.8.29, '58.9.5
スカイ・ローロー………………… '52.5.21, '62.5.12
スカイ・ローロー＆ファジー・キュービット…
'60.8
スカイウォーカー・ナイトロン……… '90.11.25
スカル・マーフィー…………… '62.9.14, '62.9.21,
'64.1.22, '64.2.4, '68.7.8, '68.7.29,
'68.7.30, '69.5.31, '69.6.25, '69.12
菅原高長…………………………………… '03.1
スギ・シト……………'50, '50.9.21, '51.9.21, '54.1.1
スキップ・ヤング………………………… '80.1.26
杉谷満……………………………………… '89.3.26
スコット・アーウィン…………………… '80.6.29
スコット・ケーシー……………………… '83.6.18
スコット・スタイナー………… '89.12.13, '91.3.21,
'91.11.5, '92.6.26, '92.11.22, '92.11.23, '2000.12.17
スコット・ノートン… '92.5.1, '92.11.22, '92.12.14,

'93.8.5, '94.1.4, '94.3.21, '95.2, 98.9.23, '98.10.30,
'98.11.2, '98.11.9, '98.12.4, '99.1.4
スコット・ホッグ………………………… '86.8.7
スコット・ホール……………… '96.7.7, '99.2.21
スコット・マギー………………………… '82.6.18
スコルピオ……………………… '81.5.18, '85.4.30
スコルピオ・ジュニア…… '98.7.31, '99.3, 99.12.2
鈴木石松 → ガッツ石松
鈴木健…………………………………… '94.2.15
鈴木みのる…………………… '62.6.8, '89.3.15,
'89.11.29, '91.3.4, '91.4.1, '93.9.21
鈴木実 → 鈴木みのる
鈴木幸雄………………………… '61.9.8, '61.10.6
スタニスラウス・ズビスコ…… '03.6.6, '06.11.23,
'07.4.22, '09.10.22, '10.6.1, '10.9.10, '11.2.9, '14.5.7,
'15, '21.5.6, '22.1.26, '22.3.3, '23.5.22, '25.4.15,
'25.5.30, '26, '28.1.29, '32.5.16, '32.6.20, '34.6.20
スタニスラウス・ロイザ………………… '25.7.13
スターリング・ゴールデン →
ハルク・ホーガン
スタン・コワルスキー…………………… '60.8.16
スタン・ザ・ムース……………………… '69.8.24
スタン・スタージャック………… '63.1.24, '66.12,
67.7.11, '69.4.20, '69.4.22, '73.12.1, '73.12.10
スタン・ハンセン………………………………
'73.8.9, '74.5.22, '74.9.28, '74.10.10, '75.7.9,
'76.2.20, '76.4.26, '76.6.25, '77.9.2, '78.7.29, '79.6.7,
'79.8.15, '79.8.17, '79.10.26, '80.2.8, '80.4.3,
'80.5.9, '80.6.4, '80.6.5, '80.9.11, '80.9.25, '80.9.30,
'80.12.10, '80.12.13, '81.4.17, '81.4.23, '81.6.4,
'81.6.24, '81.9.23, '81.12.8, '81.12.10, '81.12.13,
'82.2.4, '82.4.22, '82.6.8, '82.6.29, '82.7.4, '82.9.14,
'82.10.3, '82.11.26, '82.12.13, '83.4.12, '83.4.17,
'83.8.31, '83.9.8, '83.10.31, '83.12.12, '84.3.24,
'84.3.30, '84.4.25, '84.7.31, '84.8.26, '84.9.30,
'84.12.12, '85.3.14, '85.4.15, '85.7.30, '85.8.31,
'85.9.28, '85.11.23, '85.12.12, '85.12.29, '86.3.29,
'86.4.5, '86.4, '86.4.26, '86.6.29, '86.7.26, '86.7.31,
'86.9.3, '86.9.6, '86.10.21, '86.12.12, '87.4.17,
'87.4.23, '87.4.24, '87.7.3, '87.7.11, '87.7, '87.7.22,
'87.8.31, '87.9.3, '87.9.11, '87.9.15, '87.11.22,
'88.3.5, '88.3.9, '88.3.27, '88.7.27, '88.7.29, '88.7.31,
'88.8.29, '88.10.17, '88.11.15, '88.12.16, '89.2.2,
'89.3.29, '89.4.16, '89.4.18, '89.6.5, '89.7.11,
'89.7.22, '89.10.20, '89.11.29, '89.12.6, '90.2.10,
'90.3.6, '90.4.13, '90.6.8, '90.6.12, '90.7.17, '90.7.27,
'90.9.1, '90.9.30, '90.12.7, '90.12.16, '91.1, '91.4.16,
'91.4.18, '91.7.6, '91.12.28, '92.4.2, '92.4.17, '92.6.5,
'92.7.31, '92.8.22, '92.10.21, '92.12.4, '93.4.21,
'93.5.21, '93.7.29, '93.9.3, '93.10.23, '93.12.3,
'94.1.2, '94.3.5, '94.12.10, '95.3.4, '95.4.2, '95.5.26,
'96.1.26, '96.9.2, '96.9.5, '98.12.5, '99.12.3
スタンリー・ケッチェル…………………………
'08.5.9, '08.9.7, '08.11.26, '09.10.16
スタンリー・ヘイウォード……………… '69.3.17
スタンレー・レーン……………………… '85.1.13

スチーブ・キッド・サリバン…… '24.6.20, '25.4.1
スチュ・ハート………………… '81.7.3, '86.7.4
スティ・ローデス………………………… '74.2.12
スティシー・ブール………………………… '99.4
スティーブ・ウィリアムス…… '82.7.7, '85.12.25,
　'87.10.25, '90.3.6, '90.7.18, '90.9.1, '90.12.7, '91.4.18,
　'91.7.6, '91.7.20, '91.7.24, '91.12.6, '92.3.4, '92.7.12,
　'92.12.4, '93.1.30, '93.5.20, '93.9.3, '93.12.3, '94.4.16,
　'94.7.28, '94.9.3, '94.9.23, '94.10.22, '94.12.10,
　'95.1.2, '96.4.20, '96.9.5, '97.1.17, '97.3.1, '97.7.25,
　'97.10.4, '97.10.11, '2000.1.2, '2000.2.20, '2000.12.9
スティーブ・オースチン……………………………
　'92.9.23, '98.3.29, '98.4.6, '99.3.28
スティーブ・オルソノスキー… '81.5.16, '84.1.10
スティーブ・カーン…… '80.2.1, '80.2.12, '85.1.13,
　'93.9.30
スティーブ・クルス………… '86.6.23, '87.3.06
スティーブ・ケーシー………… '38.2.11, '38.3.30,
　'38.9.15, '39.3.9, '40.5.13, '44.8.1, '44.8.15, '45.4.25,
　'45.6.6, '45.6.27, '48.2.20, '60.3.11
スティーブ・コリンズ…………………………
　'92.4.22, '94.5.11, '95.3.18, '97.10.11
スティーブ・ジョンストン…… '97.3.1, '97.7.26,
　'98.6.13, '99.2.27, '2000.6.17
スティーブ・シンプソン……………… '86.7.27
スティーブ・スタンレー………………… '51.11.22
スティーブ・フォーブス………………… 2000.12.3
スティーブ・ベイダー…… '64.6.17, '65, '66.4.13,
　'70.4.13, '71.4.28, '72.4.26
スティーブ・モルガン…………………… '46.9.8
スティーブ・ライト…………… '82.3.4, '82.4.1
スティーブ・リーガル…………………… '85.9.29
スティーブ・リッカード…… '72.12.2, '73.5.4
スティーブ・リトル………… '94.2.26, '94.8.12
スティーブ・レイ………………………… '89.2.2
スティーブ・ロビンソン…… '93.4.17, '95.9.30
スティール…………………………… '97.4.4
スティング…… '88.4.23, '89.2.15, '89.6.5, '89.12.13,
　'90.7.7, '90.12.16, '91.1.11, '91.12.29, '92.11.22,
　'92.12.28, '93.3.17, '95.12.27, '96.7.7, '97.12.28
ステファン・ゾフ………………… '99.8.7, '99.11.13
ストロング小林…………………… '67.1.5, '69.5.18,
　'69.8.6, '69.12.5, '70.1.18, '70.2.5, '70.2.6, '70.5.14,
　'70.10.24, '70.12.11, '71.4.10, '71.6, '71.7.6, '71.8.2,
　'71.9.13, '71.9.20, '71.11.12, '71.12.2, '71.12.12,
　'72.1.6, '72.1.17, '72.1.27, '72.2.1, '72.5.6, '72.5.7,
　'72.7.7, '72.7, 72.9.28, '72.11.7, '72.11.27, '72.11.28,
　'72.11.29, '73.1.16, '73.1.26, '73.3.7, '73.3.16,
　'73.4.18, '73.4.27, '73.5.15, '73.6, '73.6.29, '73.7.9,
　'73.9.24, '73.9.27, '73.11.2, '73.11.9, '73.11.14,
　'73.11.30, '74.1.14, '74.1, 74.3, 74.6.25, '74.12.12,
　'75.5.16, '75.5.23, '76.2.5, '77.2.2, '77.7.28, '78.11.25,
　'79.4.5, '79.8.26, '80.6.29, '80.7.15, '80.12.13
スニー・ワー・クラウド…………………… '75.1.29
スノウィ・ドウトン………………… '54.10.28
スーパー・アサシン（ロジャー・スミス）……

'76.7.31
スーパー・スウェーディッシュ・エンジェル…
　'40.2.24
スーパー・ストロング・マシン……………………
　'84.7.11, '86.10.30, '87.3.28, '87.8, 89.3.16,
　'89.7.13, '90.12.26, '92.7.31, '94.10.30
スーパー・タイガー → 佐山聡
スーパー・デストロイヤー →
　　　　　　　　　　　ドン・ジャーディン
スーパー・デストロイヤー（ネイル・グアイ）…
　'75.5.23
スーパー・デストロイヤー・マークⅡ →
　　　　　　　　　　　サージャント・スローター
スーパー・ブラック・ニンジャ → 武藤敬司
スパイク・ヒューバー………… '80.7.26, '83.10.7
スパイダー根本………………………… '80.1.22
スパイロス・アリオン………………………
　'69.12, 71.3.2, '71.3.4, '79.12
スーパースター・ビリー・グラハム… '77.4.30
スーパーフライ＃1 → レイ・キャンディ
スーパーフライ・チュイ………………… '85.8.3
スプートニク・モンロー……… '64.8.5, '67.11.25
スペシャル・デリバリー・ジョーンズ… '82.10.8
スペル・アストロ…… '90.3.1, '91.1.28, '99.12.25
スペル・スタールアニバル…………… '74.9.20
スペル・デルフィン… '90.3.1, '93.12.10, '94.6.13
スベン・オットケ…………………… '98.10.24
スポイラー2号 → ロン・スター
スマッシュ・デモリッション……………… '90.4.13
スラッガー・ワイト………………… '43.10.27
スラニー・マリンガ………………………
　'96.3.2, '96.7.6, '97.12, 98.3.27
駿河海………………… '42.5.24, '56.10.23
スロボタン・カッチャー… '80.7, 85.12.21, '86.9.6
スンブ・カランベイ…………… '87.10.23, '93.5
セオドア・ズテッカー…………… '32.6.16
瀬川幸雄……………………… '79.9.6
関光徳… '61.6.27, '64.3.1, '66.8.7, '67.1.29, '68.1.23
セサール・ソト………… '96.7.6, '99.5.15, '99.10.22
セサール・バサン……… '98.6.13, '98.8.23, '99.2.27
セサール・ポロンコ………… '86.2.15, '86.7.5
セシリオ・エスピノ………………… '96.4.27
セシリオ・ラストラ………… '77.12.7, '78.4.15
瀬戸山………………… '19'01, '19.5
セフェリノ・ガルシア… '39.10.2, '40.3.1, '40.5.23
ゼブラ・キッド……………… '51.11.22, '61.11.7
セーラー・ホワイト………………… '78.1
セルソ・チャベス………………… '84.3.15
セルヒオ・バルマ………………… '80.8.9
セレス小林…………………… 2000.8.20
セーン・ソー・プロエンチット……………………
　'94.2.13, '95.10.17, '96.11.24
扇海……………………… '03.5
セングンド・マーセド………………… '95.4.29
センサク・ムアンスリン… '75.7.15, '76.1.25,
　'76.6.30, '76.10.29, '77.4.2, '78.12.30

センダイ・モンティエル………… '85.8.4, '86.9.13
千年川…………………………… '25.1.11
徐聖仁…………………… '83.12.14, '84.4.15, '85.1.3
ソウル・マンビー…………… '80.2.23, '82.6.26
ソクラテス・バトト……………………… '72.6.3
ソチ浜田…………………………… '92.9.18
ソット・チタラダ…… '85.10.8, '88.1.31, '88.7.24,
　　　　　　　　　　　　　　　　'89.6.3, '91.2.15
ソニー・リストン……………… '62.9.25, '64.2.25
ソネンバーグ………………… '29.8.23, '30.12.10
ソムデス・ヨントラキット……… '57.11.20
ゾラ・フォーリー…………………… '67.3.22
ゾラニ・ペテロ…………………… '97.12.28
ソラール………………………… '77.5.29
ソリー・クレガー…………… '38.11.11, '39.6.27
ソリタリオ……………………… '70.11.27
ゾルト・エルデイ…………… 2000.9.15
ソンクラーム・ポーパオイン…………… '99.1.30
ソーンピチャイ・クラティンデーンジム………
　　　　　　　　　　　　　　　'99.9.3, '2000.8.5

【た】

ダイアモンド・リル……………… '68.7.15
タイガー・ジェット・シン…………………
　'55.11.18, '67.7.23, '67.9.24, '72.12.2, '73.5.4,
　'73.5.25, '73.6.14, '73.11.5, '74.6.20, '74.6.26,
　'75.3.13, '75.3.20, '75.5, 75.6.26, '76.2.5, '76.8.5,
　'77.2.2, '77.2.10, '77.4.1, '77.7.28, '78.2.3, '78.9.21,
　'79.2.4, '79.4.5, '79.7.17, '79.8.2, '79.8.10, '79.8.26,
　'79.10.4, '79.12.6, '80.1.17, '80.4.13, '80.10.24,
　'80.12.13, '81.2.6, '81.5.2, '81.6.4, '81.7.3, '81.10.9,
　'82.6.8, '82.7.30, '83.7.12, '83.7.26, '83.8.1, '83.12.12,
　'85.2.5, '86.3.13, '86.11.1, '90.9.30, '92.6.30, '95.8.20
タイガー・ジャック・フォックス……… '39.2.3
タイガー・ジョキンダー（・シン）… '55.11.15
タイガー・スティール………………… '99.12.4
タイガー・チン・リー（戸口）→ タイガー戸口
タイガー・ツァコフ……………………… '39.1.9
タイガー・ドウラ……………………… '36.10.2
タイガー・フラワーズ…… '26.2.26, '26.8, 26.12.3
タイガー・マスク（佐山聡）… '33.9.21, '72.3.6,
　'77.11.14, '81.4.23, '81.5.18, '81.10.8, '81.12.8, '82,
　'82.1.1, '82.1.28, '82.2.5, '82.2.9, '82.3.4, '82.4.1,
　'82.4.21, '82.5.25, '82.5.26, '82.6.18, '82.7.6,
　'82.7.30, '82.8.5, '82.8.29, '82.8.30, '82.9.3, '82.9.21,
　'82.10.26, '82.11.4, '82.11.22, '82.11.25, '82.11.28,
　'82.12.12, '83.1.6, '83.2.3, '83.2.7, '83.2.8, '83.3.10,
　'83.4.21, '83.6.2, '83.6.12, '83.7.7, '83.7.14, '83.8.4,
　　　　　　　　　　　　　　　　　　　'96.10.10
タイガー・マスク（三沢）…… '84.8.26, '85.8.31,
　'85.10.21, '86.3.13, '86.4, 87.1.2, '87.7.3, '87.7.11,
　'88.1.2, '89.3.8, '90.2.10, '90.4.9, '90.4.13, '90.5.14
タイガー・マスク（4代）…………………
　　　　　　　　　　　　'96.7.5, '99.5.2, '99.8.22
タイガー戸口……………… '79.8.26, '80.5.27,

　　　　　　　　　　　'81.6.24, '81.12.8, '82.12.10
大麒麟………………'66.9.25, '67.1.29, '67.5.28,
　'68.3.24, '69.11.29, '75.1.26, '70.7, 70.9.27
大位山勝三……………………… '80.7.26
大晃……………………………… '56.6.3
大豪……… '64.1.26, '65.3.21, '65.11.21
大受………'70.5.24, '71.1.24, '71.3.28,
　'73.3.25, '73.5.27, '73.7.15
太寿山…………………………… '89.7.16
大寿山…………………………… '81.9.27
大翔山…………………………… '93.1.24
大翔鳳…………………………… '92.9.27
大天龍…………………………… '54.3.20
ダイナマイト関西…………… '95.8.30, '95.12.6
ダイナマイト・キッド………… '77.5.9, '78.1.15,
　'78.7.7, '79.7.6, '79.7.13, '79.7.20, '79.8.17, '80.1.26,
　'80.12.17, '81.4.23, '82.1.1, '82.1.28, '82.7.9, '82.8.5,
　'82.8.30, '83.4.3, '83.4.4, '83.4.21, '83.7.8, '84.2.7,
　'84.7.5, '84.7.20, '85.6.8, '85.6.13, '85.11.23, '86.4.7,
　'86.7.4, '89.1.28, '89.2.2, '89.6.5, '91.4.6, '91.4.20,
　　　　　　　　　　　　　　　　'91.12.6, '96.10.10
タイニー・ミルズ……………… '60.8.16, '65.2.12
大砲…………………… '01.1.10, '02.5.21
大鵬……… '60, '60.1.24, '60.5.22,
　'60.9.25, '60.11.27, '61.7.9, '61.9.24, '61.11.26, '62,
　'62.1.28, '62.7.8, '62.9.23, '62.11.25, '63, '63.1.27,
　'63.3.24, '63.5.26, '64, '64.1.26, '64.3.22, '64.9.20,
　'64.11.22, '65.3.21, '65.5.6, '65.7.11, '65.11.21,
　'66, '66.3.27, '66.5.29, '66.7.17, '66.9.25, '66.11.27,
　'67, '67.1.29, '67.5.28, '67.9.24, '68.9.29, '68.11.24,
　'69, '69.1.26, '69.3.10, '69.5.25, '70.3.22, '71.1.24,
　'71.5.14, '71.5.23, '71.10.2
大鵬健文………………………… '88.9.24
大文字………………………… '66.11.27
大竜川………………… '68.11.24, '69.9.28
タイロン・トリー……………… '88.4.23, '93.6
タイロン・ブーズ……………… '92.7.25, '93.2.13
田岡登…………………………… '32.3.27
タオヒク・バルボーリ………… '89.3.25
ダオルン・チュワタナ……………………
　　　　　'94.7.16, '95.9.17, '96.10.27, '97.6.21
ダオルン・チョーシリワット… '96.10.27, '97.6.21
タカ・ミチノク…………………… '94.7.27
高岩竜一……… '98.8.8, '99.1.4, '99.7.13, '2000.6.9,
　　　　　'2000.6.25, '2000.7.20, '2000.10.29
高木三四郎……………………… '97.5.14
高砂（明治）…………………… '05.1.15
高砂（昭和）…………………… '64.2
隆の里……… '77.11.27, '80.7.20, '80.9.28,
　'80.11.23, '81.11.22, '82.1.24, '82.9.26, '83, '83.7.17,
　'83.9.25, '84.1.22
高杉正彦………………………… '93
高田延彦……'75.8.23, '77.1.1, '84.4, 84.11.15, '86.5,
　86.9, 87.3.20, '87.3.26, '87.8.20, '87.9.1, '87.11,
　88.12.22, '89.1.10, '89.6.5, '89.8.13, '89.11.29,
　'91.5.10, '91.12.22, '92, '92.9.21, '92.10.23, '93.12.5,

'94.8.18, '95.10.9, '96.1.4, '96.3.1, '96.4.29, '96.9.11,
'97.10.11, '98.10.11, '2000.1.30, '2000.12.31
高田伸彦 → 高田延彦
高千穂明久 → ザ・グレート・カブキ
貴闘力‥‥‥‥‥‥'90.9.23, '91.5.14, '91.5.26,
'91.7.21, '94.3.27, '94.5.22, '94.7.17, '96.1.21,
'96.7.21, '96.9.22, '97.7.20, '2000.3.26
高野拳磁‥‥ '83.7.8, '88.9.9, '88.9.15, '89.3.8, '92.8.9,
'94.12.22, '95.6.11
高野俊二 → 高野拳磁
貴ノ浪‥‥‥‥‥‥‥ '93.5.23, '94.1.23,
'96.1.21, '96.11.24, '97.11.23
貴ノ花‥‥‥‥‥‥ '71.3.28, '71.5.14, '71.7.18,
'72, '72.1.16, '72.3.15, '72.7.16, '72.9.24, '75.3.23,
'75.9.28, '80.9.20, '93.5.23, '94.1.23, '94.5.22,
'94.9.25, '94.11.20
貴乃花‥‥‥‥‥‥‥‥ '94, '94.11.20, '95,
'95.1.22, '95.5.28, '95.7.16, '95.9.24, '96, '96.3.24,
'96.5.26, '96.7.21, '96.9.22, '97, '97.3.23, '97.7.20,
'97.9.28, '98.7, 98.9.27
孝乃富士 → 安田忠夫
隆乃若‥‥‥‥‥‥‥‥‥‥‥‥‥ 2000.1.23
高橋和生‥‥‥‥‥‥‥‥‥‥‥‥‥ '91.3.4
高橋輝男 → ミスター高橋
高橋ナオト‥‥‥‥‥‥‥‥ '89.1.22, '90.2.11
高橋直人‥‥‥‥‥‥‥‥‥‥‥‥‥ '87.2.1
高橋美徳‥‥‥‥‥‥‥‥‥‥‥‥‥ '64.1.4
貴花田‥‥‥‥‥‥‥'91.3.24, '91.5.14, '91.5.26,
'91.7.21, '92, '92.1.26, '92.9.27
田上明‥‥‥‥‥‥‥‥ '90.6.5, '90.9.30,
'92.1.2, '92.3.4, '92.7.31, '92.12.4, '93.2.28, '93.5.20,
'93.9.3, '93.12.3, '94.12.10, '95.4.2, '95.4.15, '95.6.9,
'95.9.10, '95.12.9, '96.1.24, '96.2.20, '96.4.20,
'96.5.23, '96.5.24, '96.6.7, '96.7.24, '96.12.6, '97.1.17,
'97.5.27, '97.7.25, '97.12.5, '98.1.25, '98.9.11,
'99.1.7, '99.3.6, '99.12.3, '2000.6.9, '2000.8.5
高見盛‥‥‥‥‥‥‥‥‥‥‥‥‥ 2000.7.23
高見山（明治）‥‥‥‥‥‥‥‥‥ '09.6.14
高見山（昭和）‥‥‥‥‥ '64.2, '67.3.26, '68.1.28,
'68.9.29, '72.7.16, '72.11.26, '74.3.24,
'74.7.21, '76.1.25, '80.9.20, '81.3.22, '81.7
高山一夫‥‥‥‥‥‥ '60, '60.8.29, '61.11.13
高山勝義‥‥‥‥‥‥‥‥‥‥‥‥‥ '66.3.1
高山将孝‥‥‥‥‥‥‥‥‥‥‥‥ '74.12.21
高山善廣‥‥‥‥ '96.9.11, '99.6.4, '99.7.23, '99.8.25,
'2000.5.26, '2000.6.9
寶川‥‥‥‥‥‥‥‥‥‥‥‥‥‥ '32.3.27
多賀竜‥‥‥‥‥‥‥‥‥‥‥‥‥ '84.9.23
タキ山口 → グレート草津
滝沢秀明‥‥‥‥‥‥‥‥‥‥‥ 2000.3.11
ダグ・ギルバート‥‥‥‥‥ '71.1.15, '73.1.16
ダグ・ジョーンズ‥‥‥‥‥‥‥‥ '63.3.13
ダグ・ダガーティ‥‥‥‥‥‥‥‥ '01.11.11
ダグ・デビット‥‥‥‥‥‥ '89.4.18, '90.4.29
ダグ・バインズ‥‥‥‥‥‥‥‥‥ '83.6.18
ダグ・ファーナス‥‥‥‥‥ '89.6.5, '89.10.20,

'90.3.2, '90.4.9, '91.4.20,
'91.7.8, '91.7.26, '92.5.25, '93.9.9
竹田益朗‥‥‥‥‥‥‥‥‥ '91.6.15, '92.7.15
竹原慎二‥‥‥‥‥‥‥‥ '95, '95.12, 96.6.24
たこ八郎‥‥‥‥‥‥‥ '62.12.28, '64.4.2
ターザン‥‥‥‥‥‥‥‥‥‥‥‥ '90.10.26
ターザン後藤‥‥‥‥‥‥ '90.8.4, '94.3.2, '95.8.20
ターザン・ゾロ‥‥‥‥‥‥‥ '66.6, '66.12.3
ターザン・タイラー‥‥‥ '63.6.7, '65.1.28, '67.10.6,
'67.10.31, '67.11.1, '68.5.16, '71.12.06
タシー・マカロス‥‥‥‥‥‥ '88.11.4, '89.5.2
田島吉秋‥‥‥‥‥‥‥‥‥‥‥‥ '90.1.13
田尻義博‥‥‥‥‥‥‥‥‥‥‥‥ '97.1.4
ダスティ・ローデス‥‥‥‥‥‥‥ '69.2.24,
'71.1.21, '71.2.27, '71.12.12, '73.3.9, '73.6, '73.6.30,
'74.5.14, '74.6.25, '75.11.27, '75.12.11, '76.2.10,
'78.7.22, '79.8.21, '79.8.26, '79.11.1, '79.12.17,
'80.2.12, '80.5.27, '80.8.3, '80.12.13, '81.6.20,
'81.9.17, '81.12.8, '82.1.1, '82.4.1, '82.6.29, '83.5.20,
'83.7.16, '84.11.29, '85.1.1, '85.11.28, '86.7.26,
'86.7.27, '86.8.7, '86.8.9, '87.4.10
タタンカ‥‥‥‥‥‥‥‥‥‥‥‥ '97.12.10
太刀山‥‥‥‥‥‥ '04.5.23, '07.5.10, '10.6.3,
'10.13, '11.2.4, '11.6.10, '12.1.10, '12.5.17, '13.5.16,
'14.1.10, '15.6.4, '16.5.18
ダッチ・サベージ‥‥‥‥‥‥‥‥ '71.7.1
ダッチ・マンテル‥‥‥‥‥‥‥‥ '31.3.13
辰野金吾‥‥‥‥‥‥‥‥‥‥‥‥ '09.6.2
辰巳八郎‥‥‥‥‥‥‥ '52.7.29, '52.9.9, '62.6.3
辰吉丈一郎‥‥‥‥‥‥ '90.2.11, '91.9, 91, '92.9.17,
'93.7.22, '94.12.4, '96.3.3, '97, '97.4.14,
'97.11.22, '98.3.8, '98.8.23, '98.12.29, '99.8.29
伊達ビント‥‥‥‥‥‥‥‥‥‥‥ '87.4
立嶋篤史‥‥‥‥‥‥‥‥‥‥‥ '93.11.27
立野記代‥‥‥‥‥‥‥‥ '88.1.24, '88.6.8
ダド・マリノ‥‥‥‥ '50.8.1, '51.5.21, '52.5, 52.11.15
田中将人‥‥‥‥‥‥‥‥‥ '96.5.5, '97.9.11
田中稔‥‥‥‥‥‥‥ 2000.6.25, '2000.10.29
田中米太郎‥‥‥‥‥‥‥‥‥‥‥ '89.5.6
田辺清‥‥‥‥‥‥‥‥‥ '60.8.25, '67.2.20
ダニー・ガルシア‥‥‥‥‥‥‥‥ '89.5.6
タニー・カンポ‥‥‥‥‥‥‥‥‥ '53.5.18
ダニー・クラマー‥‥‥‥‥‥‥‥ '25.1.2
ダニー・クロファット‥‥ '89.6.5, '89.10.20, '90.3.2,
'90.4.9, '91.4.20, '91.7.8, '91.7.26, '92.5.25, '93.5.21,
'93.8.23, '93.9.9, '94.7.12, '95.9.10
ダニー・スパイビー‥‥‥ '89.6.5, '90.12.7, '91.4.18,
'91.7.6, '94.9.23
ダニー・トラッシュ‥‥‥‥‥‥‥ '22.8.15
タニー・ハンスカー‥‥‥‥‥‥ '60.10.29
ダニー・ブリッツ‥‥‥‥‥ '90.8, '97.12.10
ダニー・ボーグス‥‥‥‥‥‥ '86.4.1, '90.8
ダニー・ホッジ‥‥ '47, '56.11.22, '60.7.22, '64.7.11,
'65.5.31, '67.1.5, '67.1.29, '67.1.30, '67.5.17, '67.6.10,
'67.7.17, '68.1.24, '68.2.15, '69.1.3, '69.1.9, '69.2.4,
'69.2.11, '69.2.24, '69.9.12, '69.11.28, '72.10.31,

'74.7.5, '75.7.9, '76.9.28, '85.6.11, '92.9.21
ダニー・マクシェーン… '40.1.16, '44.2.4, '48.8.6,
'49.8.10, '49.10.17, '51.10.28, '52.5.21, '53.3.6,
'53.8.17
谷幸雄…………………………………… '05.12.1
ダニー・リトル・ベア………………… '74.7.10
ダニー・リンチ……………………'75.2.2, '82
ダニー・ロペス………… '76.11.13, '79.6.17, '80.2.2
ダニー・ロメロ………… '95.4.22, '96.8.24, '97.7.18
ダニエル・サラゴサ………'85.5.3, '85.8.9, '88.2.29,
'90.4.23, '91.6.14, '92.3.20, '95.11.6,
'96.3.3, '96.7.20, '97.4.14, '97.9.6
ダニエル・サントス………………… 2000.5.6
ダニエル・ヒメネス… '93.6.9, '95.3.31, '95.10.21,
'96.4.26
ダニエル・ブーン・サベージ………… '36.10.2
ダニエル・ロンダ……… '91.11.22, '92.3.22, '92.9.4
ダノ・オマホニー…… '34.12.5, '35.1.18, '35.6.27,
'35.7.30, '35.9.11, '35.9.16, '35.9.17, '35.9.23,
'36.2.8, '36.3.2, '36.7.16, '38.3.30
タノムサク・シスボベー………… '92.4.10
Ｗ・Ｌ・マッキンタイアー ………… '36.2.29
玉春日……… '96.1.21, '96.5.26, '97.3.23, '97.5.25
玉城良光…………………………… '71.11.5
玉錦… '29.1.20, '30.10.20, '31.1.20, '31.3.23, '32.3.27,
'32.5.23, '32.10.23, '33.5.22, '35.1.21, '35.5.20,
'36.1.20, '38.12.4
玉乃海…………………'53.1.24, '56.10.2, '57.1.27,
'57.3.24, '57.11.24, '70.9.27,
'70.11.29, '71.3.28, '71.7.18, '71.10.11
玉の海…………………… '70, '70.1.25, '71, '71.10.2
玉乃島………………'65.5.23, '66.1.30, '66.5.29,
'66.7.17, '66.9.25, '68.5.26, '68, '69.9.28
玉ノ富士………………… '78.1.22, '79.11.25
タミ・モーリエロ…………………… '46.9.18
タム・ライス…………………………'75.6.9
田村潔司……………'97.1.22, '98.1.21, '2000.2.26
田村研二………………………… '66.11.27
田村知範………………………… '95.2.25
田山勝美………………………… '55.9.10
ダラ・シン（2代）…………………… '67.7.23
タランチュラ………………………… '83.11.28
ターリー・ブランチャード………… '95.10.29
タリー・ブランチャード……… '83.5.26, '83.10.7,
'85.11.28, '87.4.10, '88.4.23
ダリオ・ウォルター・マッテオニ…… '90.12.15
タリスマン……………………………… '84.9.21
ダリユシュ・ミハルチェフスキ………
'94.9.10, '94.12.17, '97.6.13
ダーリン・アレン……………………… '97.7
ダーリン・ダグマー………………… '68.7.15
ダーリン・バン・ホーン………………
'89.2.5, '89.7.15, '91.5.18, '92.1.10
タルサン・ロペス…………'38.9.16, '40.9.12, '40,
'42.9.25, '43.4.2, '44, '46.9.8, '48,
'48.9.22, '48.9.24, '49.9.30, '50.9.21

ダレル・コーリー…………………… 2000.2.26
ダレン・オウバーテレン・ミレット…… '99.2.20
タロー伊藤 → グレート東郷
ターロック・シン………………………… '56
ダン・コロフ……… '33.9.25, '35.8.25, '36.4.6
ダン・スバーン……… '95.2.24, '95.7.14, '95.8.20,
'95.12.16, '99.3.14
ダン・ヘンダーソン………………… 2000.2.26
ダン・マックレオド…… '01.11.7, '02.11.26, '03.4.3
ダン・ミラー……… '60.6.2, '60.6.7, '72.1.6, '76.2.21
タンク・モーガン……………………… '69.4.20
ダンプ松本…………………………… '85.2.25
崔漸煥……… '86.12.7, '88.11.4, '89.11.12, '90.2.7
崔昌鎬………………… '87.9.6, '88.1.16
崔熙庸……………'91.2.2, '92.2.22, '92.10.14,
'95.2.4, '95.9.5, '96.1.13
崔堯三…………………………… '99.10.17
崔龍洙……… '95.10.21, '96.1.27, '96.10.13, '97.5.24,
'97.10.5, '98.9.5
チェック・デヴリン…………………… '32.11.11
チト・アベラ………………………… '79.10.28
チーフ・アール・ライトフット……… '64.11.24
チーフ・ホワイト・ウルフ………… '69.1.28
チーフ・リトル・ウルフ……… '37, '52.2.17
チャ・ナムフン……………………… '93.12.13
チャイア・ポサン…………………… '99.4.24
チャーキー・ライト……… '41.9.11, '42.11.20
チャチャイ・ダッチボーイジム………
'95.9.25, '97.5.9, '97.11.12, '98.12.4
チャチャイ・チオノイ……… '66.12.30, '68.11.10,
'69.2.23, '70.3.20, '70.12.7, '73.1.2,
'73.5.17, '73.10.27, '74.10.18
チャック・ウェップナー……… '76.6.25, '77.10.25
チャック・カルボ……………………… '71.7.6
チャナ・ポーパオイン… '93.2.10, '95.8.6, '95.12.2
チャボ・ゲレロ………………………… '75.7.30,
'77.2.11, '78.1.28, '78.2.10, '78.10.20, '80.4.18,
'80.8.8, '80.8.9, '80.11.3, '81.2.27, '81.5.22, '81.9.4,
'81.9.7, '82.3.7, '82.11.4, '83.5.26, '84.2.26, '85.10.21
チャムロン・ソングクトラット…… '54.9, 55.3.9
チャーリー・カー……………………… '39.4.3
チャーリー・カトラー……… '09.10.22, '14.7, '15.7.5
チャーリー・ハーベン……………… '46.12.17
チャーリー・フィッシャー…………… '28.8.7
チャーリー・フサリ………………… '51.3.14
チャーリー・ブラウン……… '84.1.30, '84.4.15
チャーリー・マグリ……… '83.3.15, '83.9.27
チャーリー・レツァラフ…………… '36.1.12
チャーリー・ローゼンバーグ………… '25.3.20
チャールズ・ウィリアムズ… '87.10.29, '93.3.20
チャールズ・ブルワー……… '97.6.21, '98.10.24
チャールズ・マーレー……… '93.5.15, '94.2.13
チャルレス・ルセロ………………… '90.5.6
チャロ・アグアヨ……'34.6.21, '35, '42.9.25
張正九…………………'83.3.26, '83.6.11, '83.9.10,
'84.8.18, '84.12.15, '85.4.27, '85.8.4,

'86.4.13, '86.9.13, '86.12.14, '87.4, 88.6.27
張太日……………………… '87.5.17, '87.10.17
張永哲……………………………………… '64.9.23
チャンゴ・カルモナ………… '72.9.15, '72.11.10
チャンプア・ゲッソンリット…………… '89.11.29
チューチャード・エアウサイバン……… '90.2.11
チューチョ・カスティーヨ…… '70.10.16, '71.4.2
曹仁柱………………… '98.8.29, '99.9.5, '2000.8.27
チョウォン・パーク………………………… '86.12.7
長州力………… '74.8.8, '79.6.15, '82.7.23, '82.9.26,
'82.10.8, '82.11.4, '82.11.25, '83.4.3, '84.2.3, '84.4,
84.6.14, '84.8.2, '84.9.21, '84.12.12, '85.1.3, '85.2.5,
'85.2.21, '85.3.9, '85.3.14, '85.4.23, '85.10.21,
'85.11.4, '85.12.12, '86.1.1, '86.2.5, '86.3.13, '86.4.5,
'86.4.26, '86.5.17, '86.9.6, '86.10.9, '86.10.21,
'87.1.17, '87.2.5, '87.3.28, '87.8, 87.11, 88.2.4,
'88.5.27, '88.6.10, '88.6.24, '88.10, 88.12.7, '89.2.22,
'89.3.16, '89.7.12, '89.7.13, '89.8.10, '89.9.20,
'89.12.7, '90.2.10, '90.4.13, '90.7.20, '90.8, 90.11.1,
'90.12.26, '92.1.4, '92.5.1, '92.5.17, '92.6.26, '92.7.31,
'92.8.16, '92.11.22, '93.1.4, '94.1.4, '94.6.15, '95.4.2,
'95.10.9, '96.6.30, '96.8.6, '97.1.4, '97.4.12, '97.5.3,
'98.1.4, '2000.7.30
蝶野正洋……… '87.7.11, '88.7.2, '88.7.29, '88.12.7,
'90.2.10, '90.4.13, '90.4.27, '90.11.1, '90.12.26,
'91.3.6, '91.5.31, '91.8.11, '91.11.5, '92.6.26,
'92.8.12, '92.9.23, '92.10.25, '92.11.23, '92.12.28,
'93.1.4, '94.1.4, '94.8.7, '94.9.27, '94.10.30, '95.4.2,
'95.6.12, '95.7.13, '96.7.16, '96.8.6, '97, 97.1.4,
'97.10, 97.10.31, '98.6.5, '98.7.15, '98.8.08
チョタ・ダラ・シン……………'55.11.9, '57.12.11,
'68.5.29, '79.7.13
千代大海………… '98.3.22, '98.7, 98.9.27, '99.1.24
千代天山………… '99.1.24, '99.3.28, '99.5.23
千代の富士………………… '78.5.21, '80.3.23,
'80.9.28, '80.11.23, '81, '81.1.25, '81.7, 81.11.22,
'82, '82.3.28, '82.5.23, '82.7.18, '82.11.28, '83.3.27,
'83.11.20, '84.11.25, '85, '85.1.27, '85.5.26, '85.9.22,
'85.11.24, '86, '86.1.26, '86.5.25, '86.7.20, '86.9.28,
'86.11.23, '87, '87.1.25, '87.7, 87.11.22, '88, '88.5.22,
'88.7.17, '88.9.25, '88.11.27, '89, '89.3.26, '89.7.16,
'89.9.24, '89.11.15, '90.1.21, '90.11.25, '91.5.14
千代の山………………………………………
'48.10.25, '49.5.29, '49.10.23, '50.1.28, '51.5.27,
'52.10.5, '55.1.23, '55.3.20, '57.1.27, '67.1.29
千圭徳……………………………………… '64.9.23
丁起栄………………………… '85.11.29, '86.8.30
鄭相一……………………………………… '78.10.15
全相都………………………… '83.12.10, '85.5.4
鄭鐘寛………………………… '85.12.20, '86.4.27
鄭飛源………………………… '86.4.27, '86.8.2
チョング・イップ………………………… '36.9.27
陳潤彦……………………………………… '92.10.20
ツイン・デビル1号……………………… '81.1.9
ツイン・デビル2号…………… '79.1.12, '80.8.8
辻本章次…………………………………… '76.10.27

常ノ花………………………'21.5.13, '23.5.26, '24.1.20,
'26.1.23, '26.10.8, '26.11.2, '27.3.24,
'27.5.22, '27.10.11, '28.5.20, '29.5.26,
'29.9.30, '30.3.24, '57.2
常ノ山……………………………………… '50.6.28
鶴ケ濱……………………………………… '22.1.13
鶴ケ嶺………………………… '56.1.22, '56.3.25, '62.7.8,
'63.3.24, '65.11.21, '66.7.17, '66.11.27
鶴見五郎…… '79.11.16, '80.7.26, '81.8.9, '82.2.4, '93
ディアブロ・ベラスコ…………………… '79.9.9, '83.9.23
ディエゴ・コラレス……………………… '99.10.23
ディエゴ・モラレス…………… '99.6.7, '99.11.20
ティエラ・ビエント・イ・フェゴ……… '89.9.15
ディエンテ・エルナンデス……………… '34.6.28
ディオスベス・ハータド……………… '98.11.28
ディオン・ギダ………………………………… '54
ディガー・スタンレー……………………… '05.10.21
ディーゼル……………………… '95.4.2, '95.11
ディッガー・スタンリー…………………… '12.2.26
ディック・アフィリス →
ディック・ザ・ブルーザー
ディック・カーディナル…………………… '53
ディック・ザ・ブルーザー '55.11.18, '57.1.30,
'57.3.13, '57.11, 57.12.15, '58.2.10, '59.5.23,
'59.7.17, '59.7.25, '60.2.6, '60.2.9, '60.2.20, '60.3.11,
'60.6.2, '60.6.11, '61.1.28, '61.2.3, '61.2.27, '61.7.21,
'61.9.23, '61.10.7, '61.10.14, '61.12.3, '62.6.2,
'62.6.29, '62.8.4, '62.10.27, '63.5.10, '63.8.20,
'64.2.9, '64.2.23, '64.4.22, '64.4.25, '64.7.22, '64.8.5,
'64.8.20, '64.8.26, '64.9.12, '65.1.31, '65.2.26,
'65.4.23, '65.7.17, '65.11.24, '65.11.27, '66.1.8,
'66.2.26, '66.3.26, '66.5.28, '66.7.17, '66.10.13,
'66.11.12, '66.11, 67.1.6, '68.2.26, '68.2.28,
'68.12.28, '69.6.20, '69.8.11, '69.8.12, '69.8.13,
'69.8.30, '69.9.6, '69.11.27, '70.1.9, '70.8.14,
'71.10.23, '72.11.27, '72.11.29, '72.12.2, '73.3.9,
'73.7.21, '73.9.29, '74.9.28, '75.1.3, '75.2.6, '75.4.10,
'75.8.16, '76.1.26, '76.4.23, '76.7.17, '76.7.23,
'76.8.27, '77.1.1, '78.1.6, '78.7.14, '79.1.5, '79.2.10,
'79.3.17, '79.5.18, '79.7.13, '82.1.1, '82.9.17
ディック・シカット……… '29.8.23, '30.6.6, '30.10,
'32.6.9, '34.4.11, '36.3.2, '36.4.25, '38.2.21
ディック・スタインボーン…… '63.3.8, '75.10.26
ディック・スレーター… '77.8.12, '78.2.12, '80.5.1,
'82.6.8, '82.12.13, '85.4.17
ディック・タイガー… '62, '62.10.23, '63.12.7, '65,
'65.10.21, '66.4.25, '66.12.16, '68.5.24, '68.10.25
ディック・ハットン……………'54.10.21, '57.3.13,
'57.11.14, '58.5.17, '58.5.30,
'58.7.7, '58.12.26, '59.1.9, '62.5.11
ディック・フライ……………… '91.5.11, '93.1.23
ディック・ベイヤー → ザ・デストロイヤー
ディック・マードック………………………………
'69.2.24, '71.1.21, '71.2.27, '71.12.4, '71.12.12,
'73.3.9, '73.6.23, '73.6.29, '73.6.30, '74.6.14, '74.8.9,
'74.11.5, '75.2.11, '75.11.27, '75.12.11, '76.7.17,

'76.12.9, '78.2.26, '78.7.14, '79.3.17, '79.5.8,
'79.5.18, '79.7.13, '79.11.23, '81.12.8, '81.12.10,
'82.4.1, '83.12.8, '84.12.5, '84.12.28, '85.4.5, '86.6,
87.9.1, '87.12.7, '96.5.23
ディック・リーン…………… '24, '30, '46.11.25
ディック・レインズ……………………… '52.3.16
ディック・レオン・フライ…………… '89.11.29
ティッピー・ラーキン………………… '42.12.18
ディッピー・ラーキン………………… '46.4.29
ティト・サンタナ……………………… '86.4.7
ティニエブラス………………………… '71
デイブ・クロウリー…………………… '36.9.3
デイブ・スミス………………………… '15
デイブ・テイラー……………………… '95.8.1
デイブ・モーガン……………………… '49
デイブ・レヴィン…… '36.6.12, '36.6.29, '36.8.18,
'36.9.28, '36.9.30, '44.5.10, '44.6.30, '44.11.8, '45.9.2
ティボー・ザカッシュ… '49, '58, '59.5.29, '60.5.18,
'62, '66.6, '67, '69.4.2, '72.4.26
ティム・ウィザスプーン………………………
'84.3.8, '84.8.31, '86.1.17, '86.12.12
ティム・ウッド………… '74.5.11, '75.5.1, '75.10.4
ティム・オースティン………………………… '97.7
ティム・ブルックス… '77.11.24, '78.3.24, '79.5.9,
'80.8.8, '85.3.09
ティム・ホーナー……………… '83.7.16, '86.9.1
ティリー・ヤコブ…………… '92.3.20, '92.6.23
ディーン・デットン…………… '36.9.28, '37.6.16
ディーン・ホー………………… '78.9.16, '78.11.30
ディーン・ホー（樋口）→ ディーン・ホー
ディーン・マレンコ…………… '89.1.28, '96.12.29
ディンガン・トベラ… '90.9.22, '93.6.26, '93.10.30,
'94.3, 94.12.10, '2000.9.1, '2000.12.15
ディンゴ・ウォリアー………………………… '86.7.27
ディンド・カノイ……………………… '95.11.14
テキサス・レッド → レッド・バスチェン
デキシー・キッド……………………… '04.4.30
出島……… '97.3.23, '97.9.28, '98.5.24, '98.7, 99.7.18
デスピナ後藤……………………… '90.10.26
テックス・リカード………… '06.9.3, '21, '22.2.15
テッド・オーツ…………………… '76.10.2, '76.10.21
テッド・キッド・ルイス……………………………
'15.8.31, '16.4.24, '17.6.25, '03.17
テッド・クリスティー……………………… '36.4.20
テッド・サイ……… '24, '28.10.6, '33.8.1, '54.10.28
テッド・ターナー……………………… '88.11, '93.9.3
テッド・デビアス…………………'76.11.13, '78.2.12,
'78.2.26, '79.12.17, '80.11.21, '81.10.2, '81.11.23,
'82.4.17, '83.4.7, '83.10.31, '84.6.16, '85.8.31,
'85.11.23, '85.12.12, '86.12.12, '87.7.3, '87.7.11,
'87.9.3, '88.2.5, '88.3.27, '90.4.13, '93.9.3
テディ・ヤローズ………………… '34.9.11, '35.9
デニー・モイヤー…………… '62.10.20, '63.4.29
デニス・アンドリュース……… '86.4.30, '89.2.21,
'89.6.24, '90.7.28, '91.9.11
デニス・クレーリー……………………… '52.9.30

デニス・コンドリー →
ミッドナイト・エキスプレス
デニス・スタンプ……………………… '74.1.11
デニス・マッコード……………………… '72.12.2
デニス・ミッチェル…'55.5.4, '56, '57.3.13, '60.7.15
デビー・ムーア……… '59.3.18, '60.8.29, '61.11.13,
'63.3.21, '82.2.2, '83.6.16
デビッド・グリマン… '92.12.15, '93.6.21, '94.2.13
デビッド・コティ…………………'75.9.20, '76.3.6,
'76.7.16, '76.11.13
デビッド・シュルツ…………… '84.6.17, '84.12.28
デビッド・ファインレー……………… '93.7.3
デビッド・フォン・エリック………… '78.10.15,
'80.1.4, '81.5.23, '81.6.11, '82.6.6, '82.6.29, '83.7.15,
'83.9.16, '84.1.6, '84.2.3, '84.2.10, '84.5.6
デビッド・メンデス……………………… '95.5
デビッド・リード……………………… '99.3.6
デービーボーイ・スミス…………'82.7.9, '83.11.3,
'84.2.7, '84.7.20, '85.11.23, '86.4.7, '86.7.4, '89.1.2,
'89.1.28, '89.2.2, '89.6.5, '90.6.5, '92.8.29, '95.12.15
デビル雅美…………… '83.11.28, '85.12.12, '86.8.23
デーブ・アームストロング……………… '52.1
デーブ・チャーンレイ………………… '61.4.18
デーブ・ヒルトン・ジュニア……… 2000.12.15
デーブ・マイアー……………………… '32.3.18
デーブ・マコーリー………… '89.6.8, '92.6.11
デュアン・カズラスキー……………… '89.11.29
デュアン・トーマス……… '86.12.5, '87.7.12
デューイ・ロバートソン……………… '81.2.7
デュウェイン・ジョンソン……………… '85.8.3
デューク・ケオムカ……… '52.1.18, '64.2.4, '66.7.5
デューク・サベージ…………………… '75.6.8
デューク・ドゥローズ………………… '97.8.16
デューク・ホフマン…………………… '62.1.15
デューク・マッケンジー…………'88.10.5, '89.6.8,
'91.6.30, '92.5.13, '92.10.15, '93.6.9
デュセック兄弟………………………… '47.10.10
デュリオ・ロイ………… '62.9.14, '62.12.15
寺尾… '86.9.28, '89.7.16, '89.9.24, '89.11.15, '94.3.27,
'94.5.22, '95.3.26
寺西勇………… '73.2.10, '73.3.16, '77.3.25, '80.6.29,
'80.7.26, '82.11.4, '83.2.7, '83.7.7,
'83.8.4, '85.7.18, '85.10.31, '87.3.7
テリー・アレン………… '50.4.5, '50.8.1, '53.10.27
テリー・ギブス………………………… '81.8.9
テリー・ゴーディ……………… '53.12.6, '82.2.28,
'83.6.17, '83.8.26, '83.8.31, '83.10.7, '84.10.29,
'85.6.4, '85.9.28, '85.12.6, '86.3.10, '86.5.17,
'87.11.22, '88.3.5, '88.7.29, '88.7.31, '88.11.15,
'88.12.16, '89.2.2, '89.6.5, '89.9.2, '90.3.6, '90.6.5,
'90.6.8, '90.7.17, '90.7.18, '90.12.7, '91.4.18, '91.7.6,
'91.7.24, '91.12.6, '92.3.4, '92.7.12, '92.10.21,
'92.12.4, '93.1.30, '93.5.20, '95.8.20
テリー・ダウンズ…………… '61.7.11, '62.4.7
テリー・ノリス……… '90.3.31, '93.12.18, '94.5.7,
'94.11.12, '95.8, 95.12.16, '97.12.6

プロ格闘技年表事典　607

テリー・ファンク………'70.8.4, '71.3.30, '71.12.7,
　'71.12.12, '72.5, 72.10.21, '72.10.31, '73.2.10,
　'73.3.16, '73.8.9, '73.10.9, '74.8.9, '75.2.5, '75.12.10,
　'76.1.2, '76.2.13, '76.3.3, '76.4.23, '76.6.11, '76.6.25,
　'76.7.9, '76.7.17, '76.10.8, '76.11.26, '77.1.1, '77.2.6,
　'77.5.29, '78.10.15, '79.8.24, '79.12.13, '80.12.11,
　'81.4.17, '81.4.30, '81.10.7, '81.12.13, '82.4.22,
　'82.6.29, '82.11.13, '83.4.7, '83.4.23, '83.8.31,
　'84.2.23, '84.8.26, '85.10.21, '86.1.1, '86.4.7,
　'86.10.21, '90.12.12, '92.10.21, '95.8.20, '96.5.5,
　'97.9.11
テリー・マクガバン…………………………'01.11.28
テリー・マーシュ…………………………'87.3.4
テリー・ラザン…………………'81.5.4, '81.5.16
テリー・レイザム…………………………'74.10.10
デリック・ゲイナー…………………………2000.9.9
テリーファンク……'77.12.15, '78.12.15, '82.12.13
デリンジャー兄弟（ジャック＆ジム）→
　ジャック・デリンジャー → ジム・デリンジャー
デリンジャー兄弟（ジャック＆フランク）→
　ジャック・デリンジャー→フランク・デリンジャー
デール・ルイス…………………………'70.1.27
照國……………………'42.5.24, '50.10.1, '51.1.28
輝昇……………………'47.11.13, '52.1.26
デレク・アンゴル…………………………'92.7.25
テレンス・アリ…………………………'87.7.17
出羽ケ嶽……………………'26.5.13, '32.5.3
出羽錦……………'47.11.13, '55.10.2, '62.7.8
出羽ノ海…………………………'56.9, '57.2
出羽の花……'78.7.16, '79.7.15, '82.3.28, '82.5.23,
　'83.5.22, '84.1.22, '87.7
出羽湊…………………………'39.1.24
天山広吉…………………'93.7.3, '95.2.4,
　'95.6.12, '95.6.14, '95.7.13, '96.7.16, '97.1.4, '97.8.3,
　'97.8.10, '98.6.5, '98.7.14, '98.7.15, '99.1.4, '99.3.22,
　'2000.7.20, '2000.11.30
天龍源一郎…………'76.9.19, 76.11.13, '76.12.9,
　'81.2.7, '81.7.30, '81.10.6, '82.1.2, '82.2.4, '82.6.8,
　'82.10.20, '83.4.7, '83.4.16, '83.8.26, '83.12.12,
　'84.9.3, '84.9.12, '84.12.12, '85.1.3, '85.2.5, '85.2.21,
　'85.3.9, '85.8.31, '85.9.28, '85.10.21, '85.12.12,
　'86, '86.2.5, '86.3.13, '86.7.26, '86.12.12, '87,
　'87.1.17, '87.2.5, '87.3.12, '87.6.6, '87.8.31, '87.9.3,
　'87.9.11, '87.9.22, '87.11.7, '88, '88.3.5, '88.3.9,
　'88.3.27, '88.4.15, '88.6.4, '88.7.27, '88.8.29,
　'88.8.30, '88.12.16, '89.2.15, '89.3.8, '89.3.29,
　'89.4.20, '89.6.5, '89.7.11, '89.7.18, '89.7.22, '89.9.2,
　'89.10.11, '89.10.20, '89.11.29, '90.2.10, '90.2.10,
　'90.3.6, '90.4.13, '90.4, 91.3.30, '91.12.12, '92.4.18,
　'92.7.14, '92.11.23, '93, '93.1.4, '94.1.4, '94.3.2,
　'94.5.5, '94.5.7, '95.4.2, '95.7.7, '96.6.30, '96.9.11,
　'98.6.5, '98.7.15, '99.1.4, '99.5.3, '99.12.10, '2000.1.4,
　'2000.3.11, '2000.10.28
天竜三郎…………………'32.1.6, '32.5.3, '32.10.23,
　'33.2.11, '36.8, '57.2
天龍数典…………………………'76.1.3

トーア・カマタ……'66.10.13, '66.12.2, '68.10.28,
　'68.12.28, '75.6.8, '78.6.1, '80.12.11
トア・カマタ…………………………'66.10.13,
　'66.12.2, '68.10.28, '68.12.28
トーア・ジョンソン…………………………'40.2.24
ドインクＩＩ…………………………'93.9.30
トゥー・コールド・スコーピオ…………'94.8.27
ドゥイリオ・ロイ…………………………'60.9.1
東條山本…………………………'58.5.31
トゥーツ・モント…………'21.11.20, '22.11.10
闘竜…………………………'82.7.18
巴富士…………………………'91.1.27
遠山甲…………………………'76.6.26
渡嘉敷勝男……'81.12.16, '82.4.4, '82.7.7, '82.10.10,
　'83.1.9, '83.4.10, '83.7.10, '83.10.23, '84.8.18
時津風…………………………'47.1
時津山……'50.10.1, '51.9.30, '53.5.30, '55.1.23, '59.1.25
関の川…………………………'28.11.3
トーキョー・トム…………………………'64.4.30
トーキョウ・ジョー…………'73.3.8, '73.5.24
徳島尚…………………………'90.1.14
徳田光輝…………………………'91.8.7
ドクター・デス……'70.7.18, '70.10.08
ドクター・ベンジャミン…………………'10.11.28
ドクター・ベンジャミン・フランクリン・ロー
　ラー…………………………'17.12.18
ドクター・モト → トア・カマタ
ドクター・レン・ホール…………………'45.1
ドクターＸ → ビル・ミラー
渡久地隆人…………………………'96.8.26
ドクトル・ワグナー………'74, '74.9.20, '74.9.22,
　'75.9, 82.9.17
ドクトル・ワグナー・ジュニア…………………
　'98.8.8, '99.1.4, '99.4.10, '2000.9.29
徳山昌守…………………2000.8.27, '2000.12.12
トーゴー・ザ・グレート → 永源遙
トーゴー・シクマ…………………………'67.7.17
土佐ノ海……'95.9.24, '95.11.26, '96.11.24, '97.1.26,
　'97.5.25, '98.11.22, '99.5.23, '99.7.18, '99.11.21
ドス・カラス…………………'81.9.7, '82.2.4,
　'82.3.7, '84.2.26, '93.8.1, '95.8.25, '96.10.10, '99.3.7,
　'99.8.22, '2000.3.5
トーステン・メイ…………………………'96.8.31
戸田…………………'69.1.26, '69.3.10
戸高秀樹…………………'99.3.28, '99.7.31, '99.11.7,
　'99, '2000.4.23, '2000.10.9
栃赤城…………………'77.5.22, '79.3.25,
　'79.7.15, '80.1.20, '81.11.22
栃東（初代）…'68.5.26, '68.9.29, '69.9.28, '70.1.25,
　'72.1.23
栃東（二代）…………'96.11.24, '97.5.25, '97.7.20,
　'97.9.28, '98.1.25, '98.11.22,
　'99.9.26, '99.11.21, '2000.7.23
栃王山…………………………'65.7.11
栃木山……'17.5.11, '18.1.11, '18.5.12, '01.12, '05.10,
　'20.8.2, '23.1.13, '24.1.20, '24.5.16, '25.1

栃司……………………………………… '84.5.20
栃錦… '50.10.1, '51.1.28, '51.9.30, '52.1.26, '52.5.25,
　'52.10.5, '53.3.22, '54.5.22, '54.10.3, '55.5.29, '57,
　'57.9.29, '58.5.18, '58.9.14, '59, '59.3.22, '59.7,
　60.1.24
栃ノ海……… '61.11.26, '62.1.28, '62.5.20, '63.11.24,
　'64.1.26, '64.5.24
栃乃洋…………………………… '97.7.20, '97.9.28
栃乃花…………………………… 2000.5.21, '2000.9.17
栃乃和歌……………… '87.3.22, '90.1.21, '91.9.22
栃光（初代）…… '59.5.17, '61.7.9, '62.3.25, '62.5.20
栃光（二代）……………………………… '80.5.25
トッド・モーガン………………… '25.12.2, '29.12
ドディ・ボーイ・ペニャロサ………………………
　'83.12.10, '87.2.23, '87.9.6
ドナルド・カリー… '83.2.13, '84.2.4, '85, '85.12.6,
　'88.7.8, '89.2.11
トニー・ウィルス………………………… '89.2.21
トニー・オックスフォード……………… '68.9.20
トニー・カナレス……………………… '34.6.17
トニー・ガレア……………………… '78.12.18
トニー・ガレント…………………… '39.6.28, '60.7.18
トニー・カンゾネリ… '28.2.10, '28.9.28, '30.11.14,
　'31.4.24, '32.1.18, '32.11.4, '33.5.21, '33.6.23, '34,
　'35.5.10, '36.9.3
トニー・コンゼノリ……………………… '27.2.24
トニー・サラサー………………………… '82.9.17
トニー・サラサル……………… '78.9.22, '86.9
トニー・ステッカー………… '23.12.13, '50.6.27
トニー・ゼール…………… '40.7, 46, '46.9.27,
　'47.7.16, '48.6.10, '48.9.21
トニー・セント・クレア………… '82.5.8, '84.2.13,
　'86.4.12, '87.7.11, '98.12
トニー・タッカー………………… '87.5.30, '87.8.1,
　'93.5.8, '95.4.8, '97.6.28
トニー・タップス……… '85.4.29, '86.1.17, '88.3.21
トニー・チャールズ……………………… '81.7.4
トニー・デマルコ……… '55.4.1, '55.6.10, '55.11.30
トニー・トーレス………………………… '88.10.15
トニー・パリシー………………………… '74.1.11
トニー・ベネット………………………… '97.7.17
トニー・ベル………………………… '46.12.20
トニー・ヘルナンデス…………………… '83.6.18
トニー・ホーム…………… '92.11.22, '92.12.14,
　'95.12.16, '96.12.21
トニー・マスト…………………………… '41.4.8
ドニー・ラロンド………………… '87.11.27, '88.11.7
トニー・ロペス………………… '88.7.27, '89.10.7,
　'90.5.20, '91.9.13, '92.10.24, '93.6.26
トーマス・アイビー……………………… '84.2.16
トーマス・ハーンズ………… '80, '80.8.2, '81.9.16,
　'82.12.3, '84, '84.6.15, '85.4.15, '87.10.29,
　'88.6.6, '88.11.4, '89.6.12, '91.6.1, '92.3.20
トーマス・モリナレス…………………… '88.7.29
トミー・バロイ………………………… '87.1.16
トミー・バーンズ…………… '06.2.23, '08.12.26

トミー・ファー……………………… '37.8.30
トミー・フリーマン……………… '30.9.5, '31.4.14
トミー・ポール…………… '32.5.26, '33.1.13
トミー・モリソン………………… '93.6.7, '93.10.29
トミー・リッチ………………… '81.4.27, '82.3.7,
　'85.1.17, '87.4.2, '88.11.15
トミー・レコード……………………… '25.3.18
トミー・レーン……………………… '88.12.11
トミー・ロジャース……… '90.1.3, '90.9.7, '95.1.29
トミー・ローラン……… '23.6.25, '23.8.2,
　'27.10.7, '28.1.6, '28.9.26, '29, '31
ドミニコ・ティベリア………………… '72.5.7
ドミンゴ・ソーサ……………………… '96.10.12
トム・アンドリュース………………… '80.1.4
トム・オウルーク……………………… '04.4.29
トム・キャノン………………………… '02.9.4
トム・コリンズ………………………… '91.5.9
トム・ジェンキンス… '01.7.5, '01.11.7, '02.11.26,
　'03.4.3, '04.1.27, '04.7.2, '05.3.15, '05.5.4, '06.5.23
トム・ジョーンズ……………………… '69.2.3
トム・ジョンソン……………… '93.2.27, '97.2.08
トム・ジンク…………………………… '89.2.7
トム・バートン………………………… '91.5.10
トム・プリシャード…………………… '82.7.4
トム・マギー…………………………… '86.1.1
トム・マコーミック……………… '14.1.24, '14.3.21
トム・ルーリッチ…………… '34, '39.12.9, '42
巴幸子…………………… '68.3.10, '68.4.2
友成光二………………………………… '81.12.10
智ノ花…………………… '93.9.26, '93.11.21
友利正………………… '82.4.13, '82.7.20, '82.11.30
豊國…………………… '29.3.24, '30.1, 62.3.25
豊田真奈美……… '95.3.26, '95.6.27, '95.12.6, '96.12.8,
　'98.8.23, '2000.1.4, '2000.9.17
豊登………………… '54.2, 54.10.3, '60.6.7, '62.2.3,
　'62.2.16, '62.4.27, '62.6.4, '62.7.1, '62.9.14, '62.9.21,
　'64.2.20, '64.5.12, '64.5.14, '64.5.29, '64.12.4,
　'65.2.26, '65.5.21, '65.5.25, '65.6.3, '65.7.15, '65.9.8,
　'65.9.20, '65.9.29, '65.12.24, '66.3.16, '66.5.24,
　'67.1.6, '68.2.14, '68.4.30, '68.12, 69.5.18, '69.12.5,
　'74.10.10
ドラゴン・ロホ………………………… '78.9.22
トランド……………………………… '86.4.1
ドリー・ディクソン………… '33.9.21, '59.2.13,
　'59.9.11, '75.1.29, '76.2.1
ドリー・ファンク・シニア………………………
　'46.2, 58.10.16, '65.7.29
ドリー・ファンク・ジュニア……… '63.8.29,
　'66.9.16, '67.7.8, '69.2.11, '69.7.7, '69.9.5, '69.11.21,
　'69.11.28, '69.12.2, '69.12.3, '69.12.4, '70.1.9,
　'70.2.10, '70.4.10, '70.7.10, '70.7.30, '70.8.2, '70.8.4,
　'71.1.1, '71.2.9, '71.3.30, '71.7.9, '71.9.20, '71.10.23,
　'71.12.7, '71.12.9, '71.12.12, '72.1.1, '72.2.8, '72.5,
　'72.6.2, '72.6.24, '73.1.5, '73.2.11, '73.2.13, '73.5.20,
　'73.5.24, '73.8.9, '73.9.8, '73.10.9, '74.1.27, '74.1.30,
　'74.4.5, '74.5.24, '74.6.14, '75.2.5, '75.2.21, '75.7.30,

プロ格闘技年表事典　609

'75.12.11, '75.12.18, '76.6.25, '77.8.12, '77.12.15,
'78.1.27, '78.7.7, '78.10.15, '78.12.15, '79.7.13,
'79.8.24, '79.12.13, '80.12.11, '81.4.30, '81.10.9,
'81.11.1, '81.12.13, '82.4.17, '82.4.21, '82.4.22,
'82.6.29, '82.10.26, '82.12.13, '83.8.31, '83.8.31,
'83.12.12, '84.4.25, '84.8.26, '85.10.21, '85.12.12,
'86.4.7, '87.4.17, '92.10.21, '97.9.11, '99.3.14

トーリー・ホー・ケイ…………………… '80.12.17
トリプルH……………………………… 2000.4.2
トルベジーノ・ブランコ………………… '59.9.25
トレイシー・ハリス・パターソン…… '92.6.23,
'94.8.26, '95.7.9, '95.12.15
トレーシー・スパン……………………… '93.1.10
トレバー・バービック……………… '81.12.11,
'86.3.22, '86.11.22, '91.12.22
ドレル・ディクソン……………………… '67.8.4
トロイ・ドーシー………………… '91.6.3, '91.8.12
ドワイト・ムハマド・カウィ…… '81.12, 83.3.18,
'85.7.27, '86.7.12, '89.11.27
ドン荒川………………………… '85.8.1, '85.10.31
ドン・イーグル………… '49.2.4, '49.11.8, '50.5.23,
'50.5.26, '50.8.31, '51.7.12, '52.12.2, '60.3.22
ドン・カーソン…………………………… '70.7.4
ドン・カーティス………………………… '64.1.22
ドン・キング……………………………… '83
ドン・クロファット……………………… '75.7.4
ドン・ケント……………………………… '68.2.14
ドン・ジャーディン………………'69.8.10, '72.12.18,
'76.8.28, '80.8.3, '82.7.7
ドン・ジョーダン……………… '58.12.5, '60.5.27
ドン菅井…………………………………… '35
ドン・ダイアモンド……………… '81.1.11, '81.7.4
ドン・デヌッツィ………………… '64.10.23, '66.7.1,
'68.7.3, '83.10.7
ドン・ナカヤ・ニールセン……… '86.10.9, '88.7.29
ドン・中矢・ニールセン………………… '90.6.30
ドン・バスマスコミ……………………… '80.10.5
ドン・ファーゴ…………………………… '76.6.25
ドン・フライ……………………… '98.4.4, '99.4.10,
'2000.2.5, '2000.12.31
ドン・マヌキャン………………………… '64.2.20
ドン・ムラコ…………… '74.6.25, '78.1.28, '80.8.3
ドン・リー………………………………… '58.10.17
ドン・レオ・ジョナサン…… '53.11.24, '53.12.2,
'54.11.15, '55.6.8, '55.8.17, '55.8.24, '56.6.6, '57.4,
58.9.5, '58.9.6, '58.10.2, '58.10.31, '61.1.7, '61.2.4,
'61.3.4, '61.4.3, '61.9.16, '62.9.11, '62.9.28, '65.1.11,
'70.5.29, '72.3.27, '73.1.24, '74.7.8, '74.11.5, '75,
'78.7.15
ナイジェル・ベン……………… '90.4.29, '90.11.18,
'92.10.3, '96.3.2

【な】

長沢………………………………………… '58.5.31
中島健次郎……………………………… '69.7.23

中島成雄………………… '80.1.3, '80.3.24, '80.9.17
中島俊一………………………………… '90.6.30
永田貞雄………………………………… '54.12.22
永田裕志… '98.9.23, '99.8.28, '2000.7.20, '2000.11.30
中西清明………………………………… '56.12.10
中西学… '97.5.3, '97.8.10, '98.12.4, '99.8.15, '99.8.28,
'99.10.11, '2000.6.2, '2000.7.20, '2000.8.13
中野恵子 → ブル中野
仲野信市………………… '88.9.9, '88.9.15,
'89.4.16, '89.4.20, '90.6.5
中牧昭二………………………………… '95.8.20
長与千種…… '83.11.28, '85.2.25, '87.10.20, '88.8.25,
'88.10.15, '89.1.29
名護明彦……………… '99.11.7, '2000.12.12
ナジーム・ハメド………………… '95.9.30, '97.2.8,
'99.10.22, '2000.4.14
ナット・フライシャー…………………… '22.2.15
夏目漱石……………………………………… '02
ナナ・コナドゥ……… '89.11.7, '90.1.20, '96.1.28,
'96.10.27, '97.6.21, '98.12.5
浪速海…………………………………… '67.1.29
ナパ・キャットワンチャイ…… '88.6.5, '88.11.13,
'89.6.10, '89.11.12, '90.6.8
浪乃花…………………………………… '94.11.20
名寄岩………………………… '50.6.28, '52.10.5
成山…………… '53.10.3, '56.1.22, '58.7.20
南海龍…………………………………… '88.9.25
ナンシー久美…………………………… '80.12.16
ナンジー・シン………………………… '51.11.16
ニキタ・コロフ………… '86.10.9, '86.11.27, '87.4.10
ニキタ・マルコビッチ…………………… '69.8.24
ニコ・トーマス………………… '89.6.17, '89.9.21
ニコライ・ボルコフ…………………… '61.10.7
ニコリ・ボルコフ……………………… '79.4.17
ニコリノ・ローチェ…………… '68.12.12, '72.3.10
西岡利晃……………………………… 2000.6.25
錦洋（戦後）…………………………… '70.3.22
錦洋（戦前）…………………………… '33.2.11
西ノ海（初代）………………………… '16.1.14
西ノ海（二代）………………………… '16.1.14
西ノ海（三代）………………… '23.1.13, '25.5.24
西村修……………………………… '94.11, 98.2.7
西脇充子………………………………… '90.1.4
ニック・エリッチ……………………… '48.8.6
ニック・コザック……………………… '67.11.25
ニック・ビリン………………………… '41.3.11
ニック・ファーラノ…………………… '83.6.1
ニック・ボックウィンクル…… '62.11.10, '67.6.4,
'69.5.7, '70.4.10, '70.11.5, '70.12.11, '72.1.20,
'72.9.20, '72.11.15, '72.12.30, '73.1.6, '73.6.23,
'74.5.17, '74.6.13, '74.7.21, '74.10.24, '74.11.21,
'75.8.16, '75.11.8, '76.1.2, '76.6.25, '76.8.27, '77.5.29,
'78.5.28, '78.8.21, '79.2.4, '79.2.10, '79.3.25,
'79.10.5, '80.3.31, '80.6.22, '80.7.18, '80.12.11, '81.5,
81.7.3, '81.8.14, '81.11.25, '81.12, 82.2.4, '82.4.24,
'82.6, 82.7.9, '82.8.29, '82.10.9, '82.12.27, '83.5.20,

'83.7.13, '84.2.23, '84.2.26, '84.3.24, '84.4.28,
'84.4.29, '84.5.4, '84.5.6, '84.5.7, '86.1.16, '86.6.29,
'86.9.1, '87.5.2, '87.9.12, '90.9.30
新田新作…………………………………… '54.2
ニノ・ベンベヌチ…… '60.8.25, '65.6.18, '66.6.25,
'67.4.17, '67.9.29, '68, '68.3.4, '70.11.7
二瓶一将……………………………… '99.9.26
ニュースボーイ・ブラウン…………… '27.12.16
ニール・ウッズ………………………… 2000.11.1
沼田久美………………………………… '75.10.8
沼田義明……… '55.6.10, '66.6.9, '67.6.15, '67.12.14,
'69.10.4, '70.4.5, '70.9.27, '71.1.3, '71.5.30, '71.10.10
ネイザン・マン………………………… '38.2.23
ネグロ・カサス…… '90.3.1, '91.1.28, '97.9, 99.3,
2000.9.29, 2000.10.6
ネグロ・ナバーロ…………… '82.9.12, '86.9
ネストール・ガルサ……………………………
'98.12.12, '99.11.21, '2000.3.4
ネストル・ジョバンニーニ…… '93.6.26, '94.12.17
ネッド・マグワイア…………………… '26.3.11
ネート・ミラー…………… '95.7.22, '97.11.8
ネトルノイ・ソー・ボラシン…… '78.5.6, '78.9.30
根本重光……………………………… '73.9.8
ネルソン・ロイヤル…… '69.3.1, '70.9.22, '76.9.28,
'76.12.6, '78.5.11, '78.6.25, '78.7.7, '79.7.6, '79.10.5
ノエル・アランブレット…………………………
'99.10.9, '2000.3.4, '2000.8.20
ノエル・ツナカオ……………………… '92.3.31
野上彰………………… '91.8.9, '91.11.5, '92.11.22
野口恭………………… '62.5.30, '62.12.28
能代潟…………………………………… '28.3.24
ノーマン・モレル……………………………… '46
野見宿禰………………………………… '03.1
ノーリー・ジョッキージム…………… '90.2.11

【は】

ハイメ・ガルサ…………… '83.6.15, '84.11.3
ハイメ・リオス………………'75.8.23, '76.1.3,
'76.7.1, '77.1.30, '78.5.7
バイロン・ミッチェル………… '99.6.12, '2000.4.8
ハインリッヒ・ヴェーバー…'01, '11.1.28, '12.2.29
ハインリッヒ・エベルデ…………………………
'04.10.31, '05, '10.2.28, '12.3
萩谷義則（タニマチ）……………………… '02
萩原寛 → 稀勢の里
パク・ウォン……………………… '95.5.15
朴松男……………… '64.9.23, '72.9.16,
'74.5.14, '74.6.25, '76.10.9, '76.10.10
朴賛希………………… '79.3.18, '79.5.20,
'80.5.18, '80.10.18, '81.2.3
朴讃栄………………… '87.5.24, '87.10.4
パク・チュー → 木村健悟
朴鐘八……………… '84.7.22, '87.12.6, '88.5.23
朴永均………………… '91.3.30, '91.6.15,
'92.1.25, '92.4.25, '93.12.4

白使 → 新崎人生
バグジー・マグロー………… '80.2.12, '84.3.30
バクソンナン…………………………… '75.9.21
白鵬……………………………………… 2000.10.25
羽黒山………………………'41.5.23, '44.5.7,
'45.11.17, '46.11.28, '47.6.10, '47.11.13, '52.1.26
ハケマテ………………………………… '94.12.4
パーシー・ジョーン……………… '14.1.26
パーシー・ジョーンズ……………… '14.5.15
パーシー・バセット………………… '53.2.9
パーシー・ホール → ウイリアム・ホール
羽嶋山………………………………… '49.5.29
橋本真也………… '87.6.3, '88.7.2, '88.7.29, '88.12.7,
'89.4.24, '89.9.20, '89.9.21, '89.12.7, '90.2.10,
'90.4.13, '90.4.27, '90.11.1, '92.9.23, '92.10.18,
'93.9.20, '93.12.10, '93.12.13, '94, '94.1.4, '94.3.21,
'94.4.4, '94.5.1, '94.6.1, '94.6.15, '94.9.23, '94.9.27,
'94.12.13, '95.1.4, '95.2.4, '95.2, 95.4.2, '95.4.16,
'95.5.3, '95.7.13, '95.8.15, '96.4.29, '96.6.11,
'96.6.12, '96.7.17, '97.1.4, '97.2.16, '97.5.3, '97.6.5,
'97.8.10, '97.8.31, '98.6.5, '98.8.2, '98.10.30, '99.1.4,
'2000.3.11, '2000.4.7, '2000.10.9, '2000.12.31
バージル・エーキンス………… '58.6.6, '58.12.5
バズ・ソイヤー………………… '83.7.16, '86.7.27
パスカル・ペレス…… '48.7.29, '54.7.24, '54.11.26,
'55.5.30, '59.8.10, '59.11.5, '60.4.16
バズ―ソー山辺……………… '76.4.1, '76.7.1, '77.2.12
バスター・ドレイトン………… '86.6.4, '87.6.27
バスター・マシス………………………… '68.3.4
バスター・ロイド → ルーファス・ジョーンズ
ハスティアノ・モンタノ・ジュニア…… '68.8.28
馳浩………………… '87.2.7, '87.12.27,
'88.5.27, '89.3.16, '89.5.25, '90.1.1, '90.12.26,
'91.3.6, '91.3.21, '91.11.5, '92.3.1, '92.11.22, '93.8.8,
'94.10.30, '94.11.25, '94.12.13, '95.6.12
長谷川… '65.9, 67.5.28, '67.7.16, '70.11.29, '71.9.26,
'72.3.26, '74.3.24, '74.7.21
長谷川淳三………………… '68.8, '69.8.22
畑山隆則…… '97.10.5, '98, '98.3.29, '98.9.5, '99.2.13,
'99.6.27, '2000./2000.6.11, '2000.10.11
二十山……………………………… '05.1.15
畑中清詞………… '88.9.4, '91.2.3, '91.6.14
バタリング・バタリノ………………… '29.9.23
バック・ロブレイ……………………… '79.7.21
ハッサン・アラブ → アイアン・シーク
バッシー・グラハム…………………… '28.5.23
八田一朗……………………………… '68.2
パット・オコーナー…………………………
'52.6.27, '54.7.21, '54.8.4, '54.11.10, '54.11.15,
'55.3.9, '55.6.8, '57.3.13, '57.8.23, '59.1.9, '59.7.1,
'59.10.17, '60.3.11, '60.7.29, '61.2.27, '61.4.21,
'61.6.30, '61.7.10, '61.8.24, '61.9.1, '62.7.5, '62.8.16,
'63.4.24, '64.9.12, '65.2.26, '65.4.23, '65.5.31,
'66.11.3, '66.12.2, '67.10.20, '68.10.28, '73.2.20,
'73.8.21, '75.12.11, '76.1.2
パット・クリントン………… '92.3.18, '93.5.15

プロ格闘技年表事典　611

パット・パターソン………'64.12.1, '65.4.17, '66.2,
　67.1.21, '69.8.9, '70.7.11, '73.8.24, '74.1.18, '74.1.26,
　'75.2.15, '76.2.7, '76.6.25, '77.4.16, '77.12.1,
　'78.9.23, '79.2.10, '79.6.6, '79.8.24, '79.12.6,
　'80.4.21, '81.1.15, '81.1.24, '82.6
パット・バレット………'76.9.28, '76.12.2, '76.12.6
パット・マキュー………………………………'30
パット・ライレー…………………………'41.3.11
パット・ローチェ………………'76.10.24, '79.10.21
バッドニューズ・アレン……………………………
　　　　　　　　　　　'76.7.17, '82.10.8, '83.7.8
ハッピー・ハンフリー………………………'59.10.29
八方山…………………………………………'51.11.22
バディ・ウォルフ………………………'70.9.15
バディ・オースティン…………'62.6.4, '62.7.1,
　'63.11.5, '66.8.5, '66.10.14, '67.2.7,
　'67.7.8, '67.8.25, '67.11.17, '68.1.12, '68.6.7,
　'69.9.5, '69.11.1, '69.12.4, '71.11.1, '72.9.9, '72.11.7
ハーディ・クルスカンプ…………………'33.9.25
バディ・デマルコ…………'54.3.5, '54.11.17
バディ・ベアー………………'41.5.23, '42.1.9
バディ・マクガート………'88.2.24, '88.9.3,
　'91.11.30, '93.3.6
バディ・ロジャーズ………'43, '46.4.21, '46.5.3,
　'46.5.10, '46.7.21, '48.11.1, '49.2.4, '50.6.21, '52.12.2,
　'53.3.24, '53.4.9, '57.1.30, '57.2.4, '57.9.16, '57.12.2,
　'59.8.1, '59.9.16, '59.12.2, '60.1, '60.6.8, '60.7.18,
　'60.7.22, '60.7.29, '60.9, 61.2.27, '61.6.30, '61.7.28,
　'61.7.29, '61.9.1, '61.9.8, '61.9, 61.10.6, '61.11.13,
　'62.3.9, '62.3.12, '62.6.8, '62.6.16, '62.6.23, '62.6.27,
　'62.7.7, '62.7.27, '62.7.30, '62.8.31, '62.11, 62.12.14,
　'63.1.24, '63.5.17, '68.1.5, '82.11.25
バディ・ローズ………………'78.9.16, '83.3.6
バディ・ロバーツ………'73.7.14, '75.7.30
バート・アシラティ………'30.12.15, '32.7.12,
　'34.12.5, '47.2.18, '47.10.13, '48.11.5, '50.2.11, '52.2,
　'53.6.3, '54.6.13, '55.10.9, '57.12.11
バート・クーパー………………………'92.5.15
バート・シェンク…………………'99.1.30
バド・テイラー……………………'27.2.24
バート・ベイル……………………'91.3.4
ハードボイルド・ハガティ……………………………
　　　　'50.5.9, '56.10, '56.10.3, '67.1.13
パトリオット…………………'93.6.2, '93.9.9
パトリツィオ・オリバー………'86.3.15, '87.7.4
パトリック・ラムンバ……………………'89.6.3
バトリング・シキ………'22.9.24, '23.3.17
バトリング・ジム・ジョンソン…………'13.12
バトリング・ショウ………'33.2.20, '33.5.21
バトリング・トーレス……………'63.3.31
バトリング・ネルソン………'04.12.20, '05.9.9,
　'06.9.3, '08.7.4, '10.2.22
バトリング・レビンスキー………'14.4.14,
　'16.10.24, '04.28, '20.10.16
バトルホーク風間……………………'80.4.3
花形進………'69.11.28, '71.4.30, '72.3.4, '73.10.27,

　　　'74.10.18, '75.4.1, '75.10.7, '76.5.15
バーナード・ベントン…………'85.9.21, '86.3.22
バーナード・ホプキンス……………………………
　　　　　　　　　'93.5.22, '95.4.29, '99.2.6
花乃湖………………………………………'85.5.26
花ノ国………………………………………'88.9.25
バーナベ・ビラカンポ……'68.11.10, '69.10, 70.4.6
パナマ・アル・ブラウン………'29.6.18, '31.8.25
放駒…………………………………'07.1, '10.1
ハニー・メロディ………'06.10.16, '07.11.1
バーニー・ロス……'31.7.15, '33.6.23, '34, '34.5.28,
　'34.9.17, '35, '35.5.28, '38.5.31
パーネル・ウィテカー………'84.7.28, '89, '89.2.18,
　'89.8.20, '90.8.11, '92.7.18,
　'93.3.6, '93.9.10, '95.3.4, '97.4.12
バーノ・フィリップス………'93.10.30, '95.11.22
馬場正平 → ジャイアント馬場
馬場元子………………………………2000.8.5
ハーバート・アウデルシュ……………………'38
ハービー・ハイド……………………………
　　　　　'94.3, 95.3.11, '97.6.28, '99.6.26
ハビエル・カスティリェホ…………'99.1.29
ハーブ・エイブラムズ……………'94.9.23
ハーブ・マキュー………………………'30
バファロー・パターソン → マックス・ベイン
浜田剛史…………'86, '86.7.24, '86.12.2, '87.7.22
濱ノ嶋………………………………………'94.7.17
ハーマン・ダッチ・ロード →
　　　　　　　　　　　バディ・ロジャーズ
ハミダ・ペールワン……………………'45
ハム・リー………………'33.9.21, '76.2.1
パヤオ・プーンタラット……………………………
　　　　'76.7.17, '83.11.27, '84.7.5, '84.11.29
ハヤブサ………'94.4.16, '95.5.5, '96.5.5,
　'96.10.10, '97.9.11, '99.2.13, '99.5.2, '99.6.4
原田剛志………………………………'96.7.20
原田政彦………………………………'60.12.24
ハリー・アローヨ………'84.4.15, '85.4.6
ハリー・ウィルス………'16.1.3, '16.2.11, '18.4.14
バリー・ウィンダム……'90.3.6, '93.2.21, '93.7.18
ハリー・グレブ…………'19.4.28, '22.5.23,
　'23.8.31, '25.7.2, '26.2.26, '26.8
ハリー・サイモン……………………'98.8.22
ハリー・ジェフラ………'37.9.23, '38.2.20,
　'40.5.20, '41.5.12
バリー・ジョーンズ…………………'97.12
ハリー・トーマス……………………'38.4.1
ハリー・ハリス……………………'01.3.18
ハリー・ピネツキ……………………'52.5.18
ハリー・フィールズ………………'48.9.24
ハリー・フォーブス………'01.11.11, '03.8.13
バリー・マイケル………'85.7.12, '87.8.9
バリー・マクギガン………'85.6.8, '86.6.23
ハリー・ルイス……………………'08.1.23
ハーリー・レイス………'64.4.30, '65.1.31,
　'65.2.12, '65.2.26, '65.7.24, '65.8.7, '66.5.28, '66.7.1,

'66.11.3, '67.1.6, '68.2.26, '69.1.10, '72.9.16, '73.1.5,
'73.1, '73.5.24, '73.6.15, '73.7.20, '73.9.13, '73.10.13,
'74.1.4, '74.1.24, '74.1.27, '74.2.15, '74.5.24, '75.1.29,
'75.2.21, '75.7.30, '76.4.23, '76.5.1, '76.11.26, '77.2.6,
'77.2.8, '77.5.29, '77.6.11, '77.6.14, '77.7.8, '77.8.12,
'78.1.6, '78.1.18, '78.1.20, '78.1.25, '78.1.28, '78.4.21,
'78.5.28, '78.7.7, '78.12.18, '79.1.5, '79.1.27, '79.4.8,
'79.5.7, '79.5.8, '79.5.9, '79.7.13, '79.8.21, '79.8.26,
'79.10.5, '79.10.26, '79.10.31, '79.11.5, '79.11.7,
'79.11.8, '79.12.17, '80.1.4, '80.2.12, '80.4.25,
'80.5.27, '80.5.28, '80.7.4, '80.8.3, '80.8.8, '80.9.1,
'80.9.4, '80.9.10, '80.9.12, '80.9.22, '80.11.7, '81.1.2,
'81.2.15, '81.4.17, '81.4.27, '81.6.20, '81.10.2,
'82.4.22, '82.6.6, '82.6.29, '82.8.1, '82.9.17, '82.10.24,
'82.10.26, '82.11.2, '82.12.13, '83.1.21, '83.2.11,
'83.4.20, '83.5.13, '83.10.8, '83.10.26, '83.10.31,
'83.11.24, '84.1.6, '84.2.17, '84.3.20, '84.5.22,
'84.5.25, '84.11.16, '85.1.4, '85.2.24, '85.8.2, '85.9,
'86.2.8, '86.3.13, '86.5.24, '87.6.14
ハリウッド・ホーガン……………… '97.12.28
ハリケーン照………………………… '81.9.22
ハルク・ホーガン………………… '79.10.26,
'79.12.17, '80.8.2, '80.8.9, '80.11.3, '80.12.10,
'81.6.3, '81.11.25, '82.4.24, '82.5.28, '82.6.18, '82.6,
82.11.13, '82.12.10, '83.6.2, '83.10.8, '83.12.8,
'83.12.17, '84.1.23, '84.2.10, '84.6.14, '84.6.17,
'84.9.2, '84.12.28, '85.3.31, '85.6.11, '85.6.13, '86.1.1,
'86.4.7, '86.7.4, '87.3.29, '87.6.14, '87.7.8, '87.8.28,
'88.2.5, '89.4.2, '90.4.2, '90.4.13, '91.3.24, '91.3.30,
'91.12.12, '93.4.4, '94.1.4, '94.7.17, '94.12.27,
'96.7.7, '96.12.29, '97.12.28, '98.7.6
バルバドス・ジョー・ウォルコット……………
'01.12.18, '04.4.30
日馬富士………………………………… 2000.11.19
バレリオ・ナチ…………………… '89.12.9, '90.5.12
バレンティン・マルティネス…………… '75.4.4
ハロル・プラテス……………………… '50.4.5
ハロルド・ウォーレン………………… '98.3.13
ハロルド・グレイ…………… '94.8.29, '95.10.7,
'96.4.27, '96.8.24
ハロルド・ゴメス…………………… '59.7.20, '60.3.16
ハロルド坂田………………………… '55.11.15
ハロルド・ジョンソン…………… '61.2.7, '63.6.1
ハロルド・デード……………… '47.1.6, '47.3.11
ハロルド・フォルブレヒト……………… '87.2.6
ハロルド・メストレ………… '95.1.21, '95.4.29
バロン・シクルナ……………… '72.2.1, '72.7.7
バロン・フォン・ラシク……… '70.8.14, '71.9.20,
'71.10.23, '71.11.12, '72.5.7, '73.7.21, '77.3.20,
'77.3.28, '84.5.2, '84.5.7, '84.8.25, '85.1.13, '85.2.24,
'87.7.11
バロン・ミシェル・レオーネ……………………
'50.11.12, '52.5.21, '53.8.17, '54.2.8, '55.4.11
バロン・レオーネ →
　　　　　　バロン・ミシェル・レオーネ
パワー・ウォリアー… '92.12.14, '93.8.5, '93.12.13,

'94.1.4, '94.8.7, '94.9.23, '94.11.25, '2000.5.5
ハワード・ウィンストン……… '68.1.23, '68.7.24
ハワード・スミス……………………… '76.3.3
ハワード・ブロディ………………………… '99.3.14
バーン・ガニア……………… '30.12.10, '49.12.16,
'50.6.27, '50.7.2, '50.10.27, '50.11.13, '51.10.28,
'51.12.4, '52.1.18, '52.1.25, '52.4.22, '53.2.25, '53.5.6,
'53.9.12, '53.12.14, '54.8.6, '54.11.10, '54.11.15,
'55.11.18, '56.4.7, '56.8.4, '57.3.13, '58.4.11, '58.8.9,
'58.11.15, '59.7.17, '59.10.22, '60.8.16, '61.3.4,
'61.7.11, '61.7.21, '61.8.8, '61.9.16, '61.9.23,
'61.10.14, '62.1.9, '62.7.31, '62.8.21, '62.8.25,
'63.2.15, '63.7.9, '63.7.20, '63.7.27, '63.8.8, '63.8.29,
'63.9.7, '63.11.28, '63.12.14, '64.2.9, '64.2.23, '64.5.2,
'64.5.16, '64.10.20, '65.2.12, '65.2.26, '65.7.24,
'65.8.7, '66.1.8, '67.2.26, '67.6.10, '68.8.17, '68.8.31,
'69.9.6, '69.11.25, '70.2.5, '70.2.6, '70.2.9, '70.8.14,
'70.12.11, '71.4.10, '72.12.30, '73.1.6, '73.6.23,
'73.9.24, '73.9.27, '74.9.7, '74.11.20, '74.11.21,
'75.8.9, '75.11.8, '76.3.10, '76.6.25, '77.7.8, '79.2.10,
'79.6.6, '79.8.15, '79.11.13, '79.11.14, '79.11.16,
'80.7.18, '80.7.20, '81.1.18, '81.5, '81.11.25, '90.8.18
ハン・ジュンシク…………………… '83.2.13
ハンク・ジェームス…………………… '70.1.5
パンサー＆ロペス……………………… '60.8
ハンス・ヴァルトヘル…………………………… '52
ハンス・シヴァルツ・シニア… '01.2.6, '19.3.31,
'20.9.30, '24.2.29, '26.4.30, '27.6.8, '30.10
ハンス・シヴァルツ・ジュニア…… '01.2.6,
'32.6.30, '37.10, '51.2.12, '53
ハンス・シュタインク……………… '20, '22.5.16
ハンス・シュナーベル………………… '49.4.1
ハンス・シュミット………… '53.1.16, '53.5.8,
'55.11.18, '56.2.6, '56.9.15, '57.2, '61.11.7,
'62.7.5, '62.8.16, '68.4.6
ハンス・シュローダー………… '76.4.13, '76.4.22
ハンス・シュワルツ →
　　　　　　ハンス・シヴァルツ・シニア
ハンス・モーティア………………… '67.10.23
ハンス・リチャード・ベーレンズ…………………
'64.11.14, '68.11.16, '72.11.5
ハンス・ロックス……………………… '86.4.1
ハンズマン・デリック・ライス…… '13.2.12
パンチョ・アギーレ………………… '36.9.27
パンチョ・ビラ……………………… '23.6.18
バンバン・ビガロ……… '87.8.2, '89.1.16, '89.4.24,
'89.9.20, '90.2.10, '90.3.22, '92.3.1, '92.6.26
バンビ・ボール……………………… '74.3.2
バンピーロ・カナディエンセ……… '93.1.31
パンペロ・フィルポ………… '67.6.18, '68.8.30
播竜山………………………………… '78.9.24
ピエット・クロース………… '84.12.1, '85.7.27
ピエール・マーチン…… '75.11.3, '75.12.2, '75.12.4
ピエール・ラファイエル……………… '84.3.25
ピエロー・ジュニア………… '92.9.18, '92.12.18,
'98.6, '98.7.20

東勝熊･････････････････････････････ '05.12.1
東冨士･･････････････ '48.10.25, '49.1.24, '50.6.28,
'51.9.30, '52.5.25, '53.10.3, '56.10.23, '56.11.30
ヒクソン・グレイシー･･･････････････････････
'97.10.11, '98.10.11, '2000.5.26
ビクター・キニョネス･･･････････ '91.8.7, '94.5.21
ビクター・フェデリコ･････････････････････ '73.6
ビクター・リベラ･････ '67.11.25, '73.1.12, '74.1.18
ビクトル・ウーゴーパス･･･････････････ '95.10.21
ビクトル・カジェハス･･･････････ '84.5.26, '88.3.7
ビクトル・ガリンデス･･･････････････････････
'74.12.7, '78.9.15, '79.4.14, '79.11.30
ビクトル・コルドバ････････････ '91.4.5, '92.9.12
ビクトル・ザンギエフ･････････････････ '90.12.16
ビクトル・ヤング・ペレス･･･ '31.10.27, '32.10.31
ビクトル・ラバナレス･･･････････････････････
'92.3.20, '92.9.17, '93.3.28, '93.7.22
ビジャノⅠⅠⅠ･････････････ '77.5.29, '81.5.18,
'82, '82.9.3, '82.11.28, '84, '84.5.20, '91.3.3, '91.11.3,
'92.6.21, '99.9.24, '99.12.25, '2000.3.17
肥州山･･･････････････････････････････ '33.2.11
備州山･･･････････････････････････････ '45.6.13
ピストン堀口･･･ '33.7.3, '34.12.26, '36.5.8, '37.1.27,
'39.5.29, '41.5.28, '48.3.28, '48.5.22, '50.4.22
ビセンテ・サルディバル･･･････････'64.9.26, '66.8.7,
'67.1.29, '70.5.9, '70.12.11
ビセンテ・ロンドン････････････ '71.2.27, '72.4.7
ピーター・ケーン･･････････････ '38.9.22, '43.6
ピーター・ジャクソン･････････････････ '05.3.28
ピーター・マセブラ･･････････ '80.12.11, '81.3.28
ピーター・メイビア･･･ '64.9.22, '74.1.26, '76.2.20,
'78.12.18, '85.8.3
ピーター・リミュートキン･･････････････････ '26
ビターゼ・タリエル･･･････････････････ '94.1.21
常陸山･･･ '01.1.10, '03.1.11, '03.5, '03.5.10, '06.1.13,
'06.5, 09, '10.1.7, '28.1.22
飛騨ノ花･･････････････････････････････ '83.7.17
ビタリ・クリチコ･････ '93.11.27, '99.6.26, '2000.4.1
ピチット・シスバンプラチャン･･････････ '92.11.29
ピチット・チョーシリワット･････････････ '96.12.3
ビッグ・ショー･･････････････････････ 2000.4.2
ビッグ・ジョン・クイン･･･････････････ '75.7.28
ビック・タウィール･･････････ '50.5.31, '52.11.15
ビッグ・ダディ･････････････････････････ '60
ビッグ・バン・ベイダー → ベイダー
ビッグ・ブーバー･････････････････････ '93.12.3
ビッグバン・ジョーンズ･･････････････ 2000.3.11
ビッグバン・ベイダー･･･ '88.5.8, '88.6.26, '89.5.25,
'89.8.10, '89.9.20, '89.9.21, '89.11.22, '90.2.10,
'90.6.12, '92.3.1, '92.6.26
ビッグボーイ・ピーターソン･･･････････ '30.1.24
秀の山･･･････････････････････････････ '51.8
ビト・アンツォフェルモ･････････ '79.6.30, '80.3.16
ピート・サンストル･･････････ '31.8.25, '35.6.1
ピート・ソイヤ → レイ・スティール
ヒト東條･････････････････････････････ '74.1.11

ピート・バーチュー････････････････････ '46.2
ピート・ハーマン･･････････････ '17.1.9, '20.12.22,
'21.7.25, '21.9.23
ピート・パンコフ･････････････････････ '46.3.15
ピート・ラッツォ･･･････････････ '26.5.20, '27.6.3
ピート・ロバーツ･････ '81.9.23, '84.11.15, '86.7.31
ビニー・バジェンサ･･････ '87.6.7, '88.2.6, '91.10.1
ヒャルマル・ルンディン･････････････････ '10
ヒュー・ニコルズ･･･････ '25.4.29, '29.3.8, '31.10.1,
'32.9.21, '33.9.20
ヒュー山城･･････････････････････････ '66.9.16
辺丁一･････････････ '93.3.28, '93.12.23, '94.7.31
平田淳嗣･･･････････ '95.7.13, '95.9.25, '96.6.12
平仲明信･････････････ '89.4.29, '92.4.10,
'92.9.9, '95.8.13, '96.11.2
平野公夫･････････････････････････････ '91.5
ビリー・ウィックス･･････････････････ '66.1.10
ビリー・ウォルフ･････････････････････ '54.8.20
ビリー・ガン････････････････ '99.6.9, '99.7.23
ビリー・グラハム･･････････ '63.1.24, '73.6.23,
'74.10.1, '74.10.7, '77.8.12, '78.1.23, '78.1.25,
'78.2.8, '78.2.10, '78.2.20, '78.5.28, '78.7.22, '79.4.21
ビリー・ゴェールズ･･･････････････････ '49.11.28
ビリー・コン･････････ '39.7.13, '40, '41.6.18, '46.6
ビリー・サムソン････ '72, '73, '85.12.21, '86.12.20
ビリー・サンドウ･･････････ '21.11.20, '23.12.13,
'30.10, '41.2.9
ビリー・ジョイス･･････････ '53.4.24, '57, '58.4.17,
'59.11, '60.7.15, '64.3.9, '64.9.26, '65.12.6, '66.1.20,
'66.3.17, '66.4.23, '66.6.28, '67.1.18, '68.5.25
ビリー・スーズ･･････････････････････ '41.5.9
ビリー・ズビスコ････････････････････ '61.9
ビリー・ソム････ '34.9.17, '35.9.16, '38.9.15, '40.9.10
ビリー・ダーネル････････････････････ '53.10.17
ビリー・チーフ･･･････････････････････ '68.11
ビリー・バッカス･･･････････ '70.12.3, '71.6.4
ビリー・パプケ･･･ '08.9.7, '08.11.26, '10.3, '11.2.11,
'11.6.8, '12.2.22, '13.3.5
ビリー・バルガ･･････････････････････ '43.4.26
ビリー・ブラック･･････････ '91.7.18, '91.7.26
ビリー・ペトロール･･････････････････ '32.11.4
ビリー・ミスキー･･････････････････ '20.9.6
ビリー・ミースク････････････････････ '23.9.1
ビリー・ライレー･････ '22, '30.12.15, '47
ビリー・ラドバリー････････ '13.6.2, '14.1.26
ビリー・レッド・ライオン･････ '60.12.9, '65.4.17,
'65.6.3, '73.1.12, '79.6.12
ビリー・ワトソン･･･････ '47.2.21, '47.4.25,
'51.11.22, '56.3.15, '56.7.10,
'56.11.9, '57.2.1, '57.7.9, '59.3.12, '60.7.12
ビル・コステロ･･･････････ '84.1.29, '85.8.21
ビル・ゴールドバーグ･･････ '98.7.6, '98.12.27,
'99.1.2, '99.12.20
ビル・ダンディ････････････････････ '77.7.4
ビル・テイト･･････････････ '17.1.25, '17.5.1
ビル・ドロモ･･･････ '61.9, 67.8.14, '71.1.15, '71.2.2

ビル・ハワード………… '71.5.15, '71.9.7, '71.9.23
ビル・ベーナ…………………………………… '58
ビル・ホワイト………………………………… '73.11.5
ビル・ミラー……… '54.10.21, '58.7.7, '59.10.3, '61.1.7,
'61.2.4, '61.4.3, '61.5.23, '61.6.9, '61.6.29, '61.7.21,
'62.1.9, '62.8.21, '62.8.31, '65.8.23, '68.1.6, '68.1.8,
'68.2.3, '68.7.3, '71.3.2, '71.3.4, '71.7.6, '72.7.7, '72.7,
74.4.5
ビル・メルビー………………………………… '53.10.17
ビル・モドリッチ……………………………… '30.12.15
ビル・ロビンソン…………… '20.8.17, '49, '60.1.4,
'61, '64, '65.12.6, '66.4.23, '66.5.4, '67.1.5, '67.1.18,
'68.2, 68.4.3, '68.4.30, '68.11.4, '68.12, 69.1.1,
'69.1.28, '69.4.22, '69.4.23, '69.5.5, '69.5.7, '69.7.7,
'69.12.5, '69.12, 70.5.14, '70.5.18, '70.5, 70.12.16,
'71.4.2, '71.5.18, '71.6, 72.8.14, '72.9.28, '72.11.15,
'72.12.30, '73.1.6, '73.6.23, '74.2.15, '74.6.3,
'74.7.21, '74.9.7, '74.10.24, '74.11.20, '74.11.21,
'75.12.11, '76.7.17, '76.7.24, '76.12.9, '77.3.5,
'77.3.11, '77.3.23, '77.9.7, '78.6.1, '78.6.12, '78.10.9,
'78.10.18, '79.7.13, '80.1.2, '80.9.8, '80.10.13,
'80.12.11, '81.5.18, '81.5.31, '81.7.30, '81.11.25,
'84.3.11, '84.5.5, '84.6.7, '84.6.13, '85.1.13, '85.2.24,
'85.10.21, '90.9.30, '92.9.21
ビル・ロンソン… '36.11.9, '42.2, 42.7.22, '42.10.7,
'43.1.13, '43.2, 43.4.30, '43.11.12, '44.5.10, '44.6.30,
'44.8.11, '45.1, 45.8.10, '46.1.10, '46.4.21, '47.2.21,
'47.11.21, '48.7.20, 50.4.14
ビル・ワット……'66.2, 67.1.21, '67.10.6, '67.10.31,
'69.9.6, '74.1.14, '74.1, 76.7.17, '79.7.21
ヒルベルト・セラノ…………………………………
'99.11.13, '2000.3.12, '2000.6.11
ヒルベルト・ローマン… '86.3.30, '87.5.16, '88.4.8,
'88.7.9, '88.9.4, '89.11.7
ヒルマー・ケンティ……………… '80.3.2, '81.4.12
ヒロ斎藤………………… '85.2.6, '85.5.18, '85.5.20,
'85.7.28, '86.7.31, '86.11.23,
'87.3.12, '87.3.28, '87.6.3, '87.11, 90.12.26
ヒロ東條………………………………………… '74.1.11
ヒロ・マツダ…………………………………………
'63.2.5, '63.6.25, '64.2.4, '64.7.11, '66.1.10, '66.1.27,
'66.5.26, '66.6.18, '66.6.27, '66.7.5, '67.1.5, '67.1.29,
'67.1.30, '67.8.14, '72.2.8, '75.7.4, '75.12.11, '79.4.5,
'79.6.15, '90.9.30
廣川……………………………………………… '62.7.8
ＰＹ・チャン………………………………… '58.5.31
ピンキー・ガードナー………………………………… '22
ピンキー・ジョージ…………… '43.1.13, '48.7.18
ピンキー・シルバーバーグ………………… '27.10.22
ピンキー・ミッチェル…………… '22, 26.9.21
ピンクロン・トーマス………… '84.8.31, '86.3.22
ビンス・ダンディー…………… '33.10.30, '34.9.11
ビンス・マクマホン… '79.3.29, '82.8.30, '83,
'83.3.6, '83.12.17, '89, '94, '97.11.09
ビンス・マクマホン・シニア…………… '60.7.18,
'62.12.27, '63.1.24, '71.8.6

ビンセント・ペットウェイ…… '94.9.17, '95.8.12
ビンセント・ボールウェア……………… '88.3.11
ビンチェンツオ・ナルディエッロ…………………
'96.7.6, '96.10.12
ファイティング原田…… '60.12.24, '62, '62.10.10,
'63.1.12, '64, '64.10.29, '65, '65.5.18, '65.11.30, '66,
'66.5.31, '67.1.3, '67.7.4, '68.2.27, '69.7.28, '70.1.06
ファイヤーマン・ジム・フリン…………… '10.3
ファズル・モハメド……………………… '36.10.2
ファトウ……………………………………… '89.12.13
ファビュラス・カンガルーズ →
ロイ・ヘフナン →アル・コステロ
ファビュラス・カンガルーズ（2代目）→
アル・コステロ
ファビュラス・ムーラ………… '56.9.18, '64.10.16,
'68.3.10, '68.4.2, '68.11.6, '71.8.27, '72.7.1
ファブリス・ティオゾ…… '95.6.16, '97.11.8,
'2000.12.09
ファブリス・ベニシュ…… '89.3.10, '90.3.10
ファブルーソ・ブロンディ……………… '88.9.30
ファーラン・サックリン………… '90.2.22, '92.9.6
ファン・エレラ…………… '81.9.26, '82.5.1
ファン・カルロス・ゴメス……………… '85.2.24
ファン・スリタ…………… '44.3.8, '45.4.18
ファン・ドミンゴ・コルドバ…… '98.1.17, '98.12.15
ファン・ドミンゴ・ロルダン………… '87.10.29
ファン・ナサリオ………… '90.4.4, '90.8.11
ファン・ホセ・エストラーダ………………
'88.5.28, '88.10.16, '89.12.11
ファン・ホセ・グスマン……… '76.7.1, '76.10.10
ファン・ポロ・ペレス……… '89.10.14, '90.4.21
ファン・マルチン・コッジ…… '87.7.4, '89.4.29,
'90.8.17, '93.1.12, '93.6.23,
'94.9.17, '96.1.13, '96.8.16
ファン・メサ………………… '84.11.3, '85.8.18
ファン・ラポルテ……… '82.9.15, '84.3.31, '89.4.29
ファンジー・キューピット…………… '62.5.12
フィッシュマン……'76.4.23, '77.9.23, '77.9.30, '80,
'83.6.12, '83.10.9, '84.3.23, '86.9, 2000.8.27
フィデル・バッサ…………… '87.2.13, '89.9.30
フィデル・ラバルバ……………… '24.5.4, '25.8.22
フィリップ・ハン…………………… '66.9.2
フィリップ・ホリデー…… '95.8, 97.8.02
フィル・グルーバー……………………… '35.9
フィル・テラノバ…………… '43.8.16, '44.3.10
フィル・ヒッカーソン……………… '77.7.4
フィル・リゾ…………… '52.7.29, '52.9.9
フィルポ・セグラ………………………… '41.9
フェデル・アベンダノ………………… '95.2.20
ブエナ・デ・グスマン………………… '36.5.8
フェリックス・ケルズィック（フェリックス・
ケルシッツ）………… '01.2.6, '51.11.7, '53.10.17
フェリックス・トリニダード…… '93.6, 99.9.18,
'2000, 2000.2.26, '2000.12.2
フェリックス・マチャド…………… 2000.7.22
フェリックス・ミケ…………………… '49.11.8

プロ格闘技年表事典　615

フェリド・ベン・ジェロウ……………… '95.12.16
フェルナンド・カバネラ……………… '71.10.23
フェルナンド・バルガス… '98.12.12, '2000.12.02
フェルナンド・マルティネス………'89.5, 93.5.15
フェルナンド・モンティエル……… 2000.12.16
福地健治……………………………… '57.11.20
福の花……… '67.11.26, '70.5.24, '70.11.29, '71.3.28,
　　　　　'72.1.23, '72.11.26, '74.11.24
房錦……'57.6.2, '59.5.17, '60.11.27, '61.1.22, '61.3.26
藤猛……'61.7.30, '67, '67.4.30, '67.11.16, '68.12.12
富士櫻………………………'71.11.28, '75.5.18,
　　　　　'79.1.21, '81.1.25, '83.9.25
藤田山………………………………… '51.11.22
藤波辰爾……………………'36.4.20, '63.1.24,
　　　'74.1.18, '78.1.23, '78.3.30, '78.7.27, '78.10.20,
　　　'79.4.5, '79.8.17, '79.8.26, '79.10.5, '80.2.1, '80.2.12,
　　　'80.2.15, '80.4.4, '80.8.9, '81.7.31, '81.9.23, '81.12.8,
　　　'82.10.8, '81.12.10, '82.1.1, '82.4.1, '82.6.18, '82.8.5, '82.8.30,
　　　'81.10.3, '83.6.12, '84.2.3, '84.12.5,
　　　'85, '85.6.11, '85.9, 85.12.12, '86.6.12, '86.8.5,
　　　'86.9.23, '87.1.17, '87.8, 87.12.7, '88.1.18, '88.5.8,
　　　'88.5.27, '88.6.10, '88.6.24, '88.6.26, '88.7.29, '88.8.8,
　　　'88.10.17, '88.12.7, '88.12.9, '88.12.11, '89.1.16,
　　　'89.2.22, '89.3.16, '90.12.26, '91.1.17, '91.3.4,
　　　'91.3.21, '91.5, 91.5.31, '91.11.5, '91.12.21, '92.1.4,
　　　'92.7.11, '92.11.22, '93.8.8, '94.1.4, '94.4.4, '94.4.16,
　　　'94.5.1, '95.10.29, '96.6.30, '97.1.4, '97.4.12, '98.4.4,
　　　'98.6.5, '98.7.14, '98.8.8, '2000.10.9
藤波辰巳 → 藤波辰爾
冨士錦…… '59.7, 59.11.22, '61.1.22, '63.3.24, '64.7.5
藤ノ川………………'67.3.26, '68.5.26, '69.7.20
藤原敏男………………………'71.11.5, '73.3.29, '74.3,
　　　'77.11.14, '78.3.8, '78.6.7, '79.10.30
藤原喜明………………'75.5.16, '76.10.27, '81.9.23,
　　　'82.1.1, '83.1.6, '84.2.3, '84.4.17, '84.11.15, '86.2.6,
　　　'86.12.12, '87.8, 87.9.1, '88.1.18, '88.7.29, '89.8.13,
　　　'89.11.29, '91.3.4, '94.1.4, '94.6.1, '96.5.23,
　　　'2000.3.11
武双山…………… '94.9.25, '95.5.28, '95.7.16, '96.3.24,
　　　'97.11.23, '98.1.25, '99.1.24, '2000.1.23, '2000.3.26
二タ瀬川………………………………'13.1, '17.6
双葉山………………'32.1.6, '36.5.24, '37.1.25,
　　　'37.5, 37.5.26, '38.1.25, '38.5.23, '39.1.15, '39.5.25,
　　　'40.1.25, '41.1.24, '42.1.25, '42.5.21, '42.5.24,
　　　'43.1.24, '43.5.9, '47.1
渕正信……………… '76, '87.1.3, '87.3.12, '89.1.20,
　　　'89.3.8, '89.4.16, '89.10.20, '92.12.4, '93.5.21,
　　　93.8.23, '94.7.12, '96.6.30, '96.7.24, '2000.12.9
ブッタン・シン……………………'03.5.2, '04.1
ブッチ・リード……… '83.7.16, '84.6.16, '89.12.13
ブッチャー・バション………………… '59.1.30,
　　　'64.9.22, '67.1.13, '70.8.14, '70.12.11, '71.2.23,
　　　'71.3.2, '71.3.18, '71.5.15
船木誠勝…………'89.8.13, '90.12.1, '91.3.4,
　　　'92.4, 93.9.21, '93.11.27, '2000.5.26
フベナル・ベリオ………………………… '95.1.21
フベントゥ・ゲレーラ………………… '99.11.29
文元春樹………………………………… '48.5.22
ブヤニ・ブング……………………… '94.8.20
ブライアン・ブレアー………………… '90.8.18
ブライアン・ミッチェル……… '86.9.27, '91.9.13
ブラザー・ジョナサン……… '36.6.30, '38
ブラソ・デ・オロ………………………… '77.12.4
ブラック・グスマン → ミゲエル・グスマン
ブラック・ゴールドマン……………… '69.9.28, '71.1.15,
　　　'71.6.17, '71.8.27, '74.1.18
ブラック・シャドウ……… '52.11.7, '55.9.16, '55,
　　　'57.9.20, '58.9.26, '65.7.16, '65.9.30
ブラック・タイガー（エディ・ゲレロ）→
　　　　　　　　　　　　　　　エディ・ゲレロ
ブラック・タイガー（マーク・ロコ）→
　　　　　　　　　　　　　　　マーク・ロコ
ブラックジャック・マリガン…………… '70.11,
　　　70.12.2, '71.11.6, '72.12.2, '73.10.10, '74.11.7,
　　　'81.10.3, '83.6.18, '84.5.11
ブラックジャック・ランザ…… '71.8.2, '71.11.6,
　　　'72.12.2, '76.7.23, '76.8.27, '77.7.7, '84.3.4
フラッシュ・エロルデ……… '54.6.29, '56.1.18,
　　　'60.3.16, '64.7.27, '65.6.5, '66.6.9, '67.6.15
フラッシュ・ベサンテ……………… '68.11.18
ブラッド・アームストロング…………… '86.7.31
ブラッド・レイガンズ………… '83.8.26, '89.12.31
プラユラサク・ムアンスリン………… '87.1.18
フランキー・ウォレン……………… '88.2.24
フランキー・クリック……………… '33.12.25
フランキー・クロフォード……… '70.7.5, '71.2.28
フランキー・コベリ………………… '40.5.1
フランキー・コンリー……… '10.2.22, '12.2.26
フランキー・ジェナロ… '20.4.20, '25.8.22, '28.2.6,
　　　'29.3.2, '29.4.18, '30.12.26, '31.10.27
フランキー・タラバー………………… '49.2.4
フランキー・ニール…… '03.8.13, '04.10.17, '09.6
フランキー・ランドール………………………
　　　'94.1.29, '94.5.7, '94.9.17, '96.1.13, '96.8.16, '97.1.11
フランク・アーン……………………… '02.5.12
フランク・グーディッシュ →
　　　　　　　　　　　　ブルーザ・ブロディ
フランク・クラウス…………… '13.3.5, '13.10.11
フランク・グレン……………… '54.4.14
フランク・ケネディ…………… '01.7.1
フランク・ゴウク……………… '34.9.21
フランク・ゴッチ……………… '01.7.1, '04.1.27,
　　　'04.9.5, '05.3.15, '06.5.23, '06.12.1, '06.12.17,
　　　'08.4.3, '10.6.1, '10.11.28, '11.1.16, '11.9.4, '13.4.9,
　　　14.7, '15.7.5, '16.1.27, '17.5.2, '17.12.16
フランク・ストージャック……………… '53.8.10
フランク・セクストン…………… '44.5.10, '44.7,
　　　44.8.23, '45.5.2, '45.6.6, '45.6.27, '46.1.10, '46.1.29,
　　　'47.12.17, '48.2.20, '48.10.10, '48.11.30, '49.3.15,
　　　'50.2.11, '50.5.23
フランク・セデニョ…………… '83.9.27, '84.1.18
フランク・テイト……………… '90.1.27, '92.9.29

フランク・テート…… '84.7.28, '87.10.10, '88.7.28
フランク・デボラ………………………… '68.10.25
フランク・デリンジャー…………………… '69.6.20
フランク・バロア………………… '60.6.2, '60.6.07
フランク・ブルーノ…………… '95.9.2, '96.3.16
フランク・マンテル…………… '07.11.1, '08.1.23
フランク・ライルズ………… '94.8.12, '99.6.12
フランクリン・ローラー………………… '10.11.28
フランコ・ウデラ………………………… '75.4.4
ブランコ・シカティック………………… '93.4.30
フランシスコ・キロス…………… '84.5, 85.3.30
フランシスコ・テヘドール…………………
　　　　　　　　　　'95.2.18, '95.4.22, '96.5.4
フランシスコ・ハビエル…………… '92.9.25
フランチェスコ・ダミアニ…………………
　　　　　　　　　　'84.7.28, '89.5.6, '91.1.11
フランツ・ゲシトウインスキー………… '40.5.26
フランティズィーク・ギダ……………… '49
フリアン・ソリス………… '80.8.29, '80.11.14
フリオ・ガンボア………… '98.7.26, '2000.7.22
フリオ・ジェルバシオ…………………… '89.4.29
フリオ・セサール・グリーン… '95.6.16, '97.8.23,
　　　　　　　　　　'98.1.31, '99.2.20, '99.9.24
フリオ・セサール・チャベス……… '84.9.13,
'87.11.21, '88.10.29, '89.5.13, '90, '90.3.17, '93.9.10,
　　　　　　'94.1.29, '94.5.7, '96.6.7, '96.9.07
フリオ・セサール・バスケス… '92.12.21, '95.3.4,
　　　　　　　　　　'95.12.16, '96.8.21
フリオ・セサール・バルボア… '93.1.16, '94.8.29
フリオ・ソト・ソラノ………………… '85.5.9
フリオ・ヘルバシオ………… '87.11.28, '88.2.28
フリジー・ジビック………… '40.10.4, '41.7.29
フリッツ・チェバート………………… '73.5.17
フリッツ・フォン・エリック…………………
'57.8.23, '58.4.21, '61.12.3, '62.3.10, '62.7.31,
'62.8.25, '62.11.10, '63.5.10, '63.6.8, '63.7.20,
'63.7.27, '63.8.8, '63.9.7, '63.10, '64.1.18, '64.6.13,
'64.12.12, '65.4.23, '65.8.13, '66.11.28, '66.12.3,
'67.1.21, '67.5.27, '67.7.8, '67.10.20, '69.12, 70.3.3,
'70.3.7, '71.9.4, '71.9.6, '72.6.24, '73.4.13, '73.4.18,
'73.12.13, '73.12.14, '75.8.1, '77.5.29, '79.1.5, '82.6.6
フリッツ・フォン・ゲーリング…………………
　　　　　　　　　　'64.1.15, '66.11.5
フリッツ・ミューラー…… '01.2.6, '51.11.7, '53.8
フリッパー上原………………… '76.3.6, '77.5.29
プリティボーイ・ルーカス…………… '88.3.24
フリーマン・バー………………………… '99.1.30
プリモ・カルネラ………………… '16.1.27, '30.1.24,
'33.6.29, '34.6.14, '35.6.25, '46.5.12, '46.8.22,
'50.2.3, '50.6.27, '55.4.27, '55.7.17, '61.2.27
プリンス・イヤウケア………… '60.11.16, '64.2.20,
　　　　　　　　　　'64.3.11, '68.1.7, '70.3.7
プリンス・トンガ………………………… '81.1.2
プリンス・ママ・モハメド…………… '85.12.10
ブル・カリー…………… '40.7.1, '53.3.6, '60.1.2
ブルー・シャーク → ダン・ミラー

ブルー・ディモン………… '53, '53.7.25, '53.9.25,
　　　　　'56.4.27, '68.9.20, '70.9.15, '75.9.26
ブル・ドロモ……………………………… '80.9.20
ブル中野……………………… '83.11.28, '90.1.4,
　　　　　'90.11.14, '92.11.26, '94.5.7
ブル・バリンスキー……………………… '70.12.11
ブル・パワー → ベイダー
ブルー・パンテル………………………… '92.4.3
ブルー・ブレイザー → オーエン・ハート
ブル・ラモス……………………… '68.2, 69.2.26
ブルーザー・ブロディ………… '74.9.28, '74.10.10,
'75.7.9, '76.9.4, '77.5.29, '77.12.3, '78.7.22, '79.1.3,
'79.1.5, '79.9.14, '79.10.5, '80.1.22, '80.6.29, '81.4.23,
'81.4.30, '81.10.3, '81.10.9, '81.11.1, '81.12.13,
'82.4.16, '82.4.21, '82.4.22, '82.6.17, '82.10.7,
'82.10.20, '82.10.26, '82.11.2, '82.11.26, '82.12.13,
'83.2.11, '83.4.16, '83.4.23, '83.4.25, '83.4.27,
'83.5.26, '83.6.8, '83.6.13, '83.6.17, '83.6.18, '83.8.31,
'83.10.14, '83.12.12, '84.1.6, '84.4.14, '84.4.25,
'84.8.26, '84.9.3, '84.9.6, '84.11.16, '84.12.12,
'85.1.4, '85.1.13, '85.3.9, '85.4.18, '85.6.9, '85.6.10,
'85.8.3, '85.8.31, '85.12.12, '85.12.25, '86.7.27,
'86.9.16, '87.1, '87.11.22, '87.12.11, '88.3.27, '88.4.2,
'88.4.15, '88.4.8, '88.7.16, '88.8.29
ブルース・カリー……… '83.5.18, '83.7.7, '84.1.29
ブルース・セルドン……………… '95.4.8, '96.9.7
ブルース・リード………………………… '83.1.1
ブルータス・ビーフケーキ…………………
　　　　　　　　'86.4.7, '86.7.4, '94.12.27
ブルータス・ムルンバ………………… '76.2.5
古舘伊知郎……………………………… '72.3.6
ブルックリン・トミー・サリバン…… '04.10.13
プルデンシオ・カルドナ……… '82.3.20, '82.7.24
ブルート・ジム・バーナード…………………
'64.1.22, '64.2.4, '67.7.8, '68.12.3, '69.5.31, '69.6.25,
　　　　　　'69.12, 70.8.1, '72.12.2
ブルート・バーナード →
　　　　　　ブルート・ジム・バーナード
ブルドッグ・ビリー・ガノン…………… '30.12.15
ブルドッグ・ブッチャー………………… '54.4.14
ブルドッグ・ブラワー………………… '72.2.29
ブルドッグ・ブッチャー………………… '54.2.6
ブルーノ・アーリントン…… '62, '65, '67, '69.4.2,
　　　　　　　　　　'69.12.5, '70.4.22
ブルーノ・アルカリ……………………… '70.1.31
ブルーノ・サンマルチノ…………… '60.1.2,
'60.10.24, '61.2.27, '61.3.4, '61.11.13, '63.1.24,
'63.3.8, '63.3.14, '63.5.17, '63.10.4, '64.2.17,
'64.10.26, '64.11.16, '65.7.5, '65.8.23, '67.3.2,
'67.3.7, '67.7.15, '67.9.24, '67.10.23, '68.2, 68.8.7,
'68.8.9, '70.6.15, '71.1.18, '71.11.25, '72.1.14, '72.2,
'72.9.30, '72.10.21, '72.10.22, '73.2.15, '73.6.15,
'73.7.14, '73.7.21, '73.9.29, '73.11.24, '73.12.10,
'75.5.9, '75.8.9, '76.4.26, '76.6.25, '76.9.4, '77.3.28,
'77.4.30, '77.5.29, '80.8.9, '81.10.9
ブルーノ・ジラール……………………… 2000.4.8

ブルーノ・モゥズィーク‥‥‥‥‥‥‥‥‥‥
　　　　　　　'39.7.1, '50.11.1, '51.6.10
フルヘンシオ・オベルメヒアス‥‥‥‥‥‥
　　　　　　　　　　　'88.5.23, '89.5.28
フレイモン‥‥‥‥‥‥‥‥‥‥‥‥‥‥'48.8.28
觸沢公男‥‥‥‥‥‥‥‥‥‥'77.6.15, '78.1.2
フレッド・アトキンス‥‥‥‥'40, '42, '44.3.18,
　　　'46.11.25, '53.2.3, '63.4.2, '63.5.24, '64.1.17
フレッド・アポストリ‥‥‥‥'38.4.1, '39.10.2, '43
フレッド・アーラー‥‥‥‥‥‥‥‥‥‥'11.1.16
フレッド・カリー‥‥‥‥‥‥‥‥‥‥‥'68.2.15
フレッド・コーラー‥‥‥‥‥‥'48.9.25, '60.7.29,
　　　　　　　　　　　'61.8.24, '61.10.7
フレッド・ジャクソン‥‥‥‥‥‥‥‥‥'85.5.3
フレッド・バーシュ‥‥‥‥‥‥‥‥‥‥'86.4.1
ブレット・ハート‥‥‥‥'79.7.13, '80.7.23, '81.7.3,
　　'82.2.5, '82.7.9, '82.7.30, '86.4.7, '90.4.13, '92.8.29,
　　'92.10.12, '93.4.4, '94.3.20, '94.5.7, '94.11.23,
　　'95.11, '95.12.15, '96.3.31, '97.8.3, '97.9.11, '97.11.9,
　　　　　　　'99.11.21, '99.12, 99.12.20
フレッド・ビール‥‥‥‥'06.12.1, '06.12.17, '14.2.9
フレッド・ブラッシー‥‥‥‥‥'48.1.21, '61.6.12,
　　'61.7.21, '61.8.18, '61.10.6, '62.2.6, '62.3.28, '62.4.23,
　　'62.4.27, '62.6.29, '62.7.25, '62.7.27, '63.5.10,
　　'63.8.23, '63.12.13, '64.1.31, '64.2.28, '64.4.22,
　　'64.10.26, '65.1.28, '65.5.21, '67.11.17, '68.5.16,
　　'69.7.3, '71.5.7, '71.5.31, '71.8.27, '83.12.15
フレッド・ライト‥‥‥‥‥‥‥‥‥‥‥'59.1.17
フレディ・ウィークス‥‥‥‥‥‥‥‥‥'07.10.29
フレディ・ウェルシュ‥‥‥‥‥‥'14.7.7, '17.5.18
フレディー・カスティージョ‥‥‥‥'78.2, 78.5.6,
　　　　　　　　　'82.7.24, '82.11.6
フレディ・コクラン‥‥‥‥'41.7.29, '45.6.29, '46.2.1
フレディー・ジルロイ‥‥‥‥‥‥‥‥'60.10.25
フレディ・スティール‥‥‥‥‥'36.7.11, '38.7.26
フレディ・ノーウッド‥‥'98.4.3, '98.9.22, '99.5.30,
　　　　　　　　'2000.1.30, '2000.9.9
フレディ・ペンデルトン‥‥‥‥‥'93.1.10, '94.2
フレディ・ミラー‥‥‥‥‥‥‥'33.1.13, '36.5.11
フレディ・ミルズ‥‥‥‥‥‥‥'48.7.26, '50.1.24
フレディ・リトル‥‥‥‥'68.5.26, '68.10.25, '69.3.17,
　　　　　　　　'69.9.9, '70.7.9
フレデリック・フォン・シャハト‥‥‥‥'40.6.1
ブレード・ブッチ・マスター‥‥‥‥‥'90.11.25
フレンチ・エンジェル‥‥‥‥'40.2.24, '40.5.13,
　　'40.6.21, '40.8.14, '42.1.23, '44.8.1,
　　'44.8.15, '48.11.5, '50.6.27, '51.11.16, '51.12.04
フロイド・パターソン‥‥‥‥'56, '56.11.30,
　　'59.6.26, '60, '60.6.20, '62.9.25, '65.2.1
フロイド・メイウェザー・ジュニア‥‥‥‥
　　　　　　'96.7, 98, '98.10.3
プロフェッサー田中‥‥'74.1.29, '77.1.14, '78.11.30
ブロンコ・ナグルスキー‥‥‥‥‥‥'37.6.16,
　　'38.5.10, '38.11.17, '39.6.23, '40.3.7, '41.3.11,
　　　　　'41.6.5, '48.3.24, '48.6.1
ブロンコ・マッカート‥‥‥‥‥'96.3.1, '96.5.17

ブーン・バルツ‥‥‥‥‥‥‥‥'89.12.3, '90.5.17
ペ・ソクチュル‥‥‥‥‥‥‥‥‥‥‥'81.9.25
ベアキャット・ライト‥'60.7.18, '60.7.29, '61.4.4,
　　'63.8.23, '63.12.10, '63.12.13, '66.2, 68.7.4
ベアブロ・ボイキン‥‥‥‥‥‥‥‥'89.12.15
ヘイシーン・チェリフィ‥‥‥‥‥‥‥'99.4.24
ヘイスタック・カルホーン‥'59.10.29, '61.2.27,
　　　　'63.4.17, '68.7.15, '68.8.30
ベイダー‥‥‥‥‥‥‥‥‥'87.3.22, '87.7.11,
　　'87.12.27, '88.7.29, '89.4.24, '89, '90.6.30, '90.8,
　　90.9.30, '90.12.9, '90.12.12, '91.1.17, '91.3.4, '91.7.6,
　　'91.12.21, '92.12.28, '93.3.17, '93.12.5, '93.12.27,
　　'94.3.17, '94.8.18, '98.12.5, '99.3.6, '99.4.16, '99.5.2,
　　'99.10.30, '2000.1.23, '2000.2.20, '2000.2.27,
　　　　　　　　　　'2000.4.7
ベイブ・カサボウスキー →
　　　　　　　　　ラリー・カサボスキー
ベイブ・シャーキー‥‥‥‥‥‥'45.9.2, '46.1.29
ペガサス・キッド‥‥'90.8, 90.11.1, '91.3.3, '91.7.4,
　　　　　　'91.11.3, '93.6.14
白仁鉄‥‥‥‥‥'87.11.21, '89.5.28, '90.1.13, '90.3.30
白鐘権‥‥‥‥‥‥‥‥‥'99.10.31, '2000.5.21
ヘクター・カマチョ‥‥‥‥'83.8.7, '85.8.10, '89.3.6,
　　　　　　'91.2.23, '91.5.18
ヘクター・ゲレロ‥‥‥‥‥‥‥‥‥‥'78.1.13
ヘクター・リサラガ‥‥‥‥‥‥'97.12.13, '98.4.24
ヘス・アナヤ‥‥‥‥‥‥‥‥‥‥‥'42.9.23
ヘスス・サルード‥‥‥‥‥‥‥‥‥‥'99.3
ヘスス・チョン‥‥‥‥‥‥‥‥'97.5.31, '97.8.25
ヘスス・ロハス‥‥‥‥'89.9.30, '90.3.10, '90.12.6,
　　　　'98.12.23, '99.3.28, '99.7.31
ベスティア・サルバヘ‥‥‥‥‥‥‥‥'99.3
ヘッジモン・ルイス‥‥‥‥‥‥‥‥‥'74.8.3
ヘッドハンターズ‥‥‥‥‥'95.8.20, '97.9.11
ペッパー・ゴメス‥‥‥‥‥‥'57.4, 79.2.10
ベツリオ・ゴンザレス‥‥‥‥'71.4.1, '72.6.3,
　　'72.9.29, '73.8.4, '74.5, 74.10.1, '78.8.12, '79.1.29,
　　　　　　　'79.7.6, '79.11.17
ペテ・バンコフ‥‥‥‥‥‥‥‥‥‥'38.9.16
ペティ・サロン‥‥‥‥‥‥‥‥'36.5.11, '37.10.29
ペティ・スカルツォ‥‥‥‥‥‥'40.5.1, '41.7.1
ペティ・ニコライ‥‥‥‥‥‥‥‥‥‥'71.8.27
ペティ・ブッチャー‥‥‥‥‥‥‥‥'64.10.16
ペテル・フェレスタノフ‥‥‥‥‥‥‥'38.7.2
ペドラン・パルマー‥‥‥‥‥‥‥‥‥'01.3.18
ペドロ・アディグ‥‥‥‥‥‥'68.12.14, '70.1.31
ペドロ・カラスコ‥‥‥‥‥‥‥'71.11.5, '72.2.18
ペドロ・ゴドイー‥‥‥‥'98.11.7, '98.12.5, '99.6.7
ペドロ・ゴメス‥‥‥‥‥‥‥‥‥‥‥'69.2.9
ペドロ・デシマ‥‥‥‥‥‥‥‥'90.11.5, '91.2.03
ペドロ・ノラスコ‥‥‥‥‥‥‥‥‥‥'89.1.28
ペドロ・フローレス‥‥'80.10.12, '81.3.8, '81.7.4
ペドロ・マルティネス‥‥‥‥‥‥‥‥'72.8.12
ペドロ・モラレス‥‥‥‥'63.1.24, '65.3.12, '65.7.23,
　　'65.10.13, '66.8.5, '69.8.9, '71.2.8, '72.9.20, '72.9.30,
　　'72.12.18, '73.5.25, '73.12.1, '74.6.13, '76.5.11,

'78.7.24, '79.12.4, '80.8.9, '80.12.8, '82.11.25,
'83.4.30
ヘナロ・エルナンデス…………'91.11.22, '92.7.15,
'92.11.20, '97.3.22, '98.10.3
ヘナロ・レオン……………………………'89.5.6
ベニー・ギャラン………………………………'63
ベニー・グラント…………………………'64.9.25
ベニー・バス……………'27.9.12, '28.2.10, '29.12
ベニー・バナー……………………………'58.10.16
ベニー・バレット…………………………………
'60.5.27, '61.4.1, '61.9.30, '62.3.24
ベニー・ブリスコ………………'74.5.25, '77.11.5
ベニー・ユキーデ…………………………'77.11.14
ベニー・リンチ………………………………'35.9.9
ベニー・レナード…………………………'17.5.18
ベニス・ボーコーソー……………………'72.9.29
ベビー・アリスメンディ…………………'34.8.30
ベビー・ゴステロ……………………………'50.5.1
ベビー・フェイス……………'79.4.5, '82.2.9
ベビス・メンドサ………………………2000.8.12
ヘビーメタル………………………………'97.2.21
ベベ・フィゲロア → ジプシー・ジョー
ヘラクレス・アヤラ………'80.7.4, '84.10.6, '84.11.3
ヘラクレス・コーテッツ………'64, '71.5.15
ヘラクレス・ヘルナンデス………'93.8.5, '94.1.4
ペリコ・フェルナンデス………'74.9.21, '75.7.15
ベルクレック・チャルバンチャイ………………
'70.4.6, '70.10.22
ベルナルド・カラバージョ………………'67.7.4
ベルナルド・ビニャゴ…'86.6.4, '88.2.28, '88.5.28
ヘルマン・イフラント…………'57, '58, '59, '61,
'61.11.5, '67.10.10, '69
ヘルマン・トーレス……………'88.12.11, '89.03
ペロ・アグアヨ………'75.9.26, '75.10.3, '76.9.24,
'76.10.22, '79.4.5, '81, '81.3.26, '82.9.12, '82.9.17,
'82.12.12, '83, '83.9.25, '84.3.23, '84.4.17, '89.10.15,
'91.3.22, '91.9.8, '92.5.15, '93.4.30, '98.3.1
ペロ・アグアヨ・ジュニア………………'98.3.1
ヘロル・グレアム…………'89.5.10, '90.11.24
ベン・アリ・アル・アラー……………'34, '36
ベン・アリ・マー・アラー………………'36.9.27
ベン・ジェビー………………'32.11.11, '33.8.9
ベン・シャープ………………'47.10.10, '54.2
ベン・シャーマン…………'30.12.15, '33.9.25,
'51.4.22, '52.5.27
ベン・ビラフロア……'72.4.25, '73.3.12, '73.10.17,
'74.3.14, '74.8.24, '76.1.12, '76.10.16
ヘンゾ・グレイシー………2000.2.26, '2000.12.31
ヘンリー・アキンワンデ…………………'96.6.29
ヘンリー・アースリンガー………………………
'08.1.28, '20.4, 30.12.15
ヘンリー・アームストロング……'37, '37.10.29,
'38.5.31, '38.8.17, '38.8.22, '39.8.22, '40.3.1, '40.10.4
ヘンリー・ウェーバー……………………'21.3.6
ヘンリー・オーデマン……………………'14.7
ヘンリー・デグレーン…'24.5.4, '25.6.30, '31.5.4,

'33.2.9, '33.9.25, '34.12.3, '36.4.6, '38.2.21, '39.2.27
ヘンリー・ハンク…………………………'62.1.30
ヘンリー・マスケ……'88.9.17, '93.3.20, '96.11.23
ボー・ジャック……'42.12.18, '43.5.21, '43.11, 44,
'44.3.3, '44.8.4
ホアキン・フローレス・カラバジョ……'84.9.7
ホアキン・ムリエタ………………………'38.9.16
ボーイ・アルアン…………………………'95.11.8
ホイス・グレイシー………2000.1.30, '2000.5.1
ホイッパー・ビリー・ワトソン →
ビリー・ワトソン
ホエール・カサマヨール…………………………
'92.7.25, '99.6, 2000.5.21
ホーガン・バッセイ………'57.6.24, '59.3.18
ホーク・ウォリアー → ロード・ウォリアーズ
北天佑……………………'81.5.24, '82.9.26,
'83.1.23, '83.3.27, '83.5.22, '85.7.21
北斗晶……………………………………'93.4.2
北勝海……'83.11.20, '84.11.25, '85.11.24, '86.1.26,
'86.3.23, '86.5.25, '87, '87.3.22, '87.5.24, '87.9.27,
'89, '89.1.23, '89.5.21, '90.3.25, '90.9.23, '91.3.24
保志 → 北勝海
星川新崎…………………………………'96.10.10
星野勘太郎………………'33.9.21, '67.1.13, '68.8.30,
'70.11.5, '71.2, 73.6.29, '79.1.21,
'79.2.23, '79.10.5, '82.5.12, '87.8, 88.12.7
星野敬太郎………………………………2000.12.6
星野美代子…'72.7.26, '73.5.15, '73.7.10, '73.11.11
ホシュエ・カマチョ………………………'99.5.29
ホースト・ホフマン…………………………………
'49, '58.11.9, '60, '61.11.5, '62, '63, '64, '65, '66, '67,
'70, '71, '71.8.25, '72, '72.8.14, '73, '73.3.7, '74, '75,
'75.12.11, '75.12.18, '76, '76.10.27, '77.12.15
穂積秀一……………………'83.5.5, '86.4.7
ホセ・アサリ………………'76.2.1, '78.6.6
ホセ・アントニオ・アギーレ…………2000.2.11
ホセ・アントニオ・ロペス・ブエノ……'99.4.23
ホセ・カマチョ……………………'92.7.31, '94.7.15
ホセ・ガルシア……………………………'2000.3.4
ホセ・キリノ………………'92.2.22, '92.9.4
ホセ・クエバス………'76.7.17, '76.10.27, '80.8.2
ホセ・ゴンザレス…………………………'88.7.16
ホセ・サナブリア………'88.5.21, '89.3.10
ホセ・サバリノ…………………………'69.3.30
ホセ・タレス………………………………'48.8.28
ホセ・デ・ヘスス…………………………'89.5
ホセ・デュラン…'75.5.10, '76.5.18, '76.10.18
ホセ・トーレス……'56.11.22, '65.3.30,
'66.8.15, '66.12.16
ホセ・ナポレス……'64.3.1, '69, '69.4.18, '70.12.3,
'71.6.4, '74.2.9, '74.8.3, '75.12.6
ホセ・ベセラ………………………'59.7.8, '60.5.23
ホセ・ボニージャ……'96.11.24, '97.2.25, '97.11.22,
'98.5.29, '98.10.3
ホセ・ラファエル・ソーサ………………'98.3.8
ホセ・ルイス…………………'89.4.29, '92.2.22

ホセ・ルイス・カスティージョ ……… 2000.6.17
ホセ・ルイス・セペダ ………………… '95.2.18
ホセ・ルイス・ピメンテル ……………… '69.9.7
ホセ・ルイス・ブエノ … '93.11.13, '94.5.4, '95.1.18
ホセ・ルイス・ラミレス ……… '83.5.1, '84.11.3,
　　　　　　'85.8.10, '87.7.17, '88.10.29, '89.8.20
ホセ・ルイス・ロペス …………………… '96.4.13
ホセ・ルイスブエノ ……………………… '96.8.10
ホセ・レグラ … '68.7.24, '69.1.21, '72.12.16, '73.5.5
ホセ・ロザリオ ………………… '77.5.29, '78.5.28
ホセ・ロペス …………………… '63.9.30, '99.12
ホセ・ロマノ ……………………………… '63.9.30
ホセフィノ・スアレス …………………… '94.4.16
細川綱利 …………………………………… '03.1
細野雄一 ……… '92.2.22, '93.7.25, '95.11.12
堀田祐美子 …… '97.8.20, '98.3.21, '99.3.21, '99.7.11,
　　　　　　　　　　　　'99.10.20, '2000.1.4
保永昇男 …… '85.7.18, '85.10.31, '91.4.30, '91.6.12,
　　　　'91.11.5, '92.2.8, '94.9.27, '94.11.18, '95.2
ポパイ → スウェーディッシュ・エンジェル
ボビー・アレオラ ………………………… '39.9.14
ボビー・サンプソン ……………………… '33.9.21
ボビー・ジョーンズ ……………………… '70.12.11
ボビー・ダンカン …………………… '69.5.21,
　　'72.2.8, '76.7.23, '76.8.27, '77.7.7, '78.2.14, '79.8.15,
　　　　　　　　　　　'79.12.17, '80.12.29
ボビー・チェズ ………… '86.9.6, '87.10.29, '91.3.8
ボビー・チャコン …… '74.9.7, '75.6.20, '82.12.11,
　　　　　　　　　　　　　　'83.5.15
ボビー・ハート ……………………………… '72.12.2
ボビー・バーナ …………………………… '83.6.15
ボビー・ヒーナン ………………………… '82.6
ボビー・ブランズ …… '50.4.14, '51.9.30, '51.10.28,
　　　　　　'51.11.14, '53.6.16, '54.2
ボビー・フルトン ………………… '90.9.7, '95.1.29
ボビー・ベルナ ………………… '83.12.14, '84.4.15
ボビー・ボナレス … '36.9.27, '43.9.24, '44, '45.9.21,
　　　　　　　　　　'49.9.30, '52.9.26
ボビー・マナゴフ ………………… '42.11.27, '43.2,
　　45.9.12, '46.9.11, '47.2.20, '47.4.16, '48.6.24
ボビー・リー ………… '78.8.27, '79.6.24, '81.10.08
ボブ・アームストロング ……… '68.8.30, '72.11.22
ボブ・ウインダム ………………… '70.11, 70.12.12
ボブ・エリス ………………… '60.6.2, '60.6.11,
　'61.3.4, '61.10.6, '61.10.7, '64.8.5, '64.8.26, '64.9.10,
　　　　　'64.11.13, '66.9.16, '77.7.4, '77.9.29
ボブ・オートン …………………………… '70.2.10
ボブ・オートン・ジュニア ……… '83.3.4, '83.5.26,
　　　　　　　　　　　'92.7.11, '94.9.23
ボブ・オーリン ………………… '34.11.16, '35.10.31
ボブ・ガイゲル …'73.3.8, '73.5.24, '83.2.11, '83.6.18
ボブ・グッドウィン ……………………… '33.3.1
ボブ・ケネイストン ……………………… '38.9.15
ボブ・サマーヴィル ……………………… '08.8.8
ボブ・ニルソン …………………………… '52
ボブ・バスター …………………………… '39.9.20

ボブ・バックランド …………… '63.1.24, '74.5.22,
　'76.4.23, '76.10.8, '76.11.26, '78.1.23, '78.2.20,
　'78.6.1, '78.7.24, '78.7.27, '78.7.28, '78.12.14,
　'78.12.18, '79.1.12, '79.3.25, '79.11.28, '79.12.6,
　'79.12.17, '80.1.4, '80.4.16, '80.5.27, '80.6.4, '80.8.3,
　'80.8.9, '80.8.22, '80.9.22, '80.9.30, '80.11.7,
　'80.12.10, '81.5.1, '81.6.3, '82.1.1, '82.4.26, '82.7.4,
　'82.8.5, '83.3.6, '83.5.20, '83.12.26, '85.1.4, '85.2.24,
　　'88.12.22, '94.5.7, '94.11.23, '95.7.7, '98.11.23
ボブ・フィッシモンズ ……… '03.11.25, '05.12.20
ボブ・フォスター ……… '68.5.24, '72.4.7, '72.9.26
ボブ・ブラウン …………………………… '72.11.15
ボブ・ブラッドレー ……………………… '88.10.15
ボブ・マナゴフ …………………………… '33.4.7
ボブ・モーハ ……………………………… '13.2.17
ボブ・モンゴメリー … '43.5.21, '43.11, 44.3.3, '44.8.4
ボブ・ループ ………… '79.1.12, '81.11.23, '82.7.7
ホーベス・デラブース …………………… '84.8.4
ボボ・ブラジル ………… '51.11.22, '57.8.14,
　'61.1.28, '61.2.27, '62.6.8, '65.10.16, '65.11.13,
　'66.2, 67.11.17, '68.1.12, '68.6.25, '68.6.27, '68.9.6,
　'68.10.4, '68.12.18, '69.2.24, '69.5.16, '70.1.5,
　'70.1.27, '70.2.2, '71.5.29, '72.1.6, '72.12.1, '72.12.2,
　'72.12.4, '73.2.27, '73.5.24, '74.4.5, '75.3.11,
　'75.3.13, '75.4, 75.9.21, '76.9.9, '77.2.6, '84.7.14
ホマ・ガンボア ………………………… '99.10.9
ポーリー・アヤラ ……… '98.8.23, '99.6.26, '99
堀口宏 ……………………………………… '49.12.15
ボリス・ズーコフ ………………………… '83.7.16
ポーリノ・ウズキュダン ………………… '35.12.13
ポール・アンダーソン …………………… '58.10.17
ポール・イングル ………… '98.11.13, '2000.12.16
ポール・ウェアー … '93.5.15, '94.11.23, '95.11.18
ポール・ウェスター ……………… '14, '26.9.2
ポール・エラリング ……………… '78.6.6, '81.5.4,
　　　　　　　　　　　'81.5.16, '85.1.13
ポール・オウルデン ……………………… '94.11.23
ポール・オース …………………………… '39.1.9
ポール・オーンドーフ …… '78.7.22, '78.7.29,
　　　'79.3.25, '81.7.4, '83.4.21, '85.3.31
ポール・クリスティ ……………………… '71.11.6
ポール・ジョハンセン …………………… '59.7.20
ポール・ジョーンズ ……… '69.3.1, '70.9.22,
　　　　　　　'73.5.25, '95.11.22
ポール・スパダフォーラ ………………… '99.8.20
ポール・デマルコ ………………… '68.11.30, '71.6.5
ポール・バーガー → '49
ポール・バション → ブッチャー・バション
ポール・パディン ………… '95.8.12, '95.12.16
ポール・バーレンバッハ ………… '25.5.30, '26.7.16
ポール・バンキ ………………… '90.4.23, '90.11.5
ポール・ペンダー ……… '60.1.22, '61.7.11, '62.4.7
ポール・ボウザー ……………… '31.5.4, '50.8.31
ポール・ホドキンソン … '90.6.2, '91.11.14, '93.4.28
ポール・ポン ………'01.2.6, '04, '07.12.9, '10.12.4
ポール・マーティソン …………………… '22.1.26

ポール・ローマ……………………… '93.9.3
ホルヘ・アルセ……………… '98.12.15, '99.7.31
ホルヘ・エリセール・フリオ… '88.9.17, '92.10.9,
　　　'93.10.23, '97.7.28, '98./2000.1.8, '2000.2.25
ホルヘ・カストロ……… '94.8.12, '94.12.10, '95.12
ホルヘ・パエス…………………… '88.8.4, '90.4.7
ホルヘ・バカ………………… '87.10.28, '88.3.29
ホルヘ・バレス…………………………… '94.7.29
ホルヘ・ビクトル・アーマダ……… '74.10.1
ホルヘ・ルハン……… '77.11, 80.4.2, '80.8.29
ボロ・ペールワン…………………… '49.4.17
ホワイト・ウルフ……………………… '68.11
ホワイト・ニンジャ → 武藤敬司
ホワン・ウンベルト……………………… '36.2.8
ボーン・キングピッチ……… '60.4.16, '61.6.27,
　　　'62.5.30, '62.10.10, '63.1.12,
　　　'63.9.18, '64.1.23, '65.4.23
洪秀煥……'74.7.3, '75.3.14, '77.11.26, '78.2.1, '78.5.7
本田多聞……………… '98.10.6, '99.2.13, '99.10.25

【ま】

マイク・アヤラ…………………………… '79.6.17
マイク・ウィーバー………… '80.3.31, '82.12.10
マイク・オドウド……………… '17.11.14, '20.5.6
マイク・キロニス…………………………… '41.3.11
マイク・グラハム………………………… '74.5.14,
　　　'80.2.15, '80.4.4, '82.2.9
マイク・グローバー……………… '15.6.1, '15.6.22
マイク・ケリー……………………… '48, '48.9.22
マイク・コルバート………………… '77.11.26
マイク・シャープ……………… '47.10.10, '54.2,
　　　62.4.27, '62.6.4, '62.7.1
マイク・ジョージ……… '80.5.10, '81.1.30, '89.2.2
マイク・タイソン…………………………
　　'86, '86.11.22, '87.3.7, '87.8.1, '88, '88.3.21, '90.2.11,
　　'96.3.16, '96.9.7, '96.11.9, '97.6.28, '98.4.6
マイク・デビアス……… '58.10.16, '63.3.15, '65.7.29,
　　　'67.6.2, '67.6.30, '67.7.14, '67.8.25
マイク・パドーシス……………………… '66.11.5
マイク・バートン……………………… 2000.6.9
マイク・バレリノ…………… '25.4.1, '25.12.2
マイク・ベルナルド……………………… '99.10.3
マイク・ベロイズ…………… '34.8.30, '36.9.3
マイク・マクタイグ…… '23.3.17, '23.6.25, '23.8.2,
　　　'25.5.30, '27.10.07
マイク・マズルキ……………… '55.3.22, '57.4.16
マイク・マッカラム……'84.10, 89.5.10, '94.3.4,
　　　'94.7.23, '95.6.16, '96.11.22
マイク・マーテル………………… '75.11.3, '75.12.2
マイク・マリノ…………………………… '60.1.4
マイク・ヨーク…………………………… '77.5.29
マイク・ヨーケル…………… '21.7.25, '26
マイク・ラーベル… '68.8, '68.9.6, '68.10.1, '83.3.6
マイク・ロスマン………… '78.9.15, '79.4.14
マイク・ロトンド……………………… 2000.12.9

マイケル・オラッジ…………………… '87.10.10
マイケル・カルバハル…… '88.9.17, '90.7.29, '93,
　　　'93.3.13, '94.2, 94.7.15, '96.3.16, '97.1.18, '99.7.31
マイケル・コバチ………………………… '96.9.21
マイケル・スピンクス……… '76.7.17, '81.7.18,
　　　'83.3.18, '83.6.1, '85.9.22
マイケル・ドークス…………… '82.12.10, '83.9.23
マイケル・ナン…………… '88.7.28, '91.5.10,
　　　'92.9.12, '94.2.26, '98.3.21
マイケル・ネイダー… '68, '70.1.18, '70.2.3, '74
マイケル・ヘイズ……………'80.8.2, '83.6.17,
　　　'84.2.3, '85.9.28, '88.11.15, '89.2.15
マイケル・ベント……………… '93.10.29, '94.3
マイケル・モーラー… '88.12.3, '92.5.15, '94.4.22,
　　　'94.11.5, '96.6.22, '97.11.8
マイケル・ワトソン……………………… '91.9.21
マイティ井上…………………………………
　　'69.12.5, '70.10.24, '71.3.2, '72.11.29, '73.2.10,
　　'73.3.16, '74.10.1, '74.10.7, '74.11.4, '74.11.21,
　　'75.2.2, '75.4.10, '75.6.8, '75.6.29, '75.9.7, '75.11.3,
　　'75.12.2, '75.12.11, '76.3.28, '76.6.7, '76.6.11,
　　'77.3.26, '77.7.8, '77.9.7, '77.11.6, '78.2.18, '78.2.22,
　　'78.5.1, '78.11.25, '79.2.23, '79.5.31, '79.10.5,
　　'79.11.14, '80.3.31, '80.6.29, '80.7.15, '80.7.26,
　　'80.10.4, '80.10.5, '81.5.4, '81.5.16, '81.10.9, '82.2.4,
　　'83.2.23, '84.2.26, '84.5.9, '84.12.2, '85.6.8, '85.10.31,
　　'86.3.13, '86.10.30, '87.7.30, '88.3.9, '89.1.25, '89.3.8
マイト・パーロフ…………………………… '80.3.31
マウナケア・モスマン……'97.8.22, '98.7, 99.10.25
マウリシオ・アセベス……… '89.5.6, '90.9.22
マウリシオ・ステッカ……'89.1.28, '89.11.11,
　　　'91.1.26, '92.5.16
マウリシオ・パストラナ……… '97.1.18, '98.10.3
マウリシオ・マルチネス……………… 2000.9.4
マウロ・ガルバノ……… '90.12.15, '92.10.3
前田日明……… '82.5.18, '83.4.21, '84.3.25, '84.4.17,
　　'84.9.11, '84.11.15, '85.9.2, '86.4.29, '86.5, 86.6.12,
　　'86.8.5, '86.9.23, '86.10.9, '86.12.9, '87.3.20,
　　'87.3.26, '87.8, 87.9.1, '87.11, 88.5.12, '89, '89.1.10,
　　'89.8.13, '89.11.29, '90.12.1, '91.5.11, '94.1.21,
　　'95.1.25, '95.4.2, '96.1.24, '98.10.11, '99.2.21
前田薫…………………………………… '92.9.18
前田憲作………………………………… '93.11.27
前田光世…………………………………… '10
前田川…'61.3.26, '61.9.24, '64.9.20, '65.5.23, '67.3.26
前田山………… '43.11, '44.11.10, '47.6.10, '51.11.22
前乃光…… '69.5.25, '69.7.20, '70.3.22, '70.5.24, '70.7
前の山………………………………… '72.3
前溝隆男………………………'53.1.24, '62.6.3,
　　'62.12.2, '63.2.17, '63.8.12, '70.3.16
マキ上田…'76.6.8, '76.11.30, '77.7.29, '77.11.01
マキシー・ローゼンブルーム……………
　　'30.6.25, '33.3.10, '34.11.16
マーク・コステロ……………………… '77.11.14
マーク・コールマン……………………… 2000.5.1
マーク・ジョンソン…………… '96.5.4, '99.4.24

マーク・ブリーランド……………'87.2.6, '87.8.22,
　'89.2.4, '89.12.10, '90.7.8
マーク堀越………'89.1.22
マーク・メダル……………'84.3.11, '84.11.2
マーク・ランボー……………'91.7.6, '91.12,
　92.7.3, '95.12.16, '96.12.21
マーク・ルーイン……………'64.1.22, '66.7.1,
　'66.10.28, '67.1.13, '67.4.29, '67.5, 67.7.13, '71.1.21,
　'71.2.27, '72.12.2, '73.4.21
マーク・ロコ…………'77.5.9, '80.10.18, '80.12.17,
　'82.4.21, '82.5.6, '82.5.26, '82.8.29, '82.9.21, '83.2.7,
　'84.10, 84.11.1, '84.12.28
マクガイア兄弟(ビリー&ベニー)……………
　'74.1.18, '75.2.6
マグナムTA……………'83.7.16, '84.6.16,
　'85.9.28, '85.11.28, '86.4
マグナムTOKYO…………'99.1.31
マグネ・ハブナ……………'89.12.3, '90.5.17
マサ斎藤……………'30.12.10, '71.8.27, '78.6.6,
　'79.4.5, '79.6.15, '79.8.26, '82.11.25, '83.12.17,
　'85.2.5, '87.3.26, '87.6.12, '87.10.4, '87.11, 88.6.10,
　'89.3.16, '89.9.20, '89.12.31, '90.2.10, '90.3.22,
　'90.4.8, '90.4.13, '90.4.27, '90.12.16
魔裟斗……………'2000.11.1
マシオ……………'70.8.28
マジック・ドラゴン……………'82.6.6
マシブレレ・マケプラ………1905/6/22
マシュー・サード・ムハマド……………
　'79.8.18, '80.7.13, '81.12
マシュー・ヒルトン……………'87.6.27, '88.11.4
増位山(初代)………'47.11.13, '48.10.25, '49.5.29
増位山(二代)…………'74.5, 79.9.23, '79.11.25
マスカラ・アニョ・ドスミル……………
　'91.12.13, '92.5.15, '93.4.30
マスカラ・サグラーダ……………
　'92.5.15, '98.3.1, '2000.8.27
マスカラ・サグラーダ・ジュニア………'98.3.1
マスカラアニョ2000……………'88.9.30
マスクト・スーパースター………'77.4.1, '78.3.30,
　'84.2.10, '84.7.11
マスクト・ハリケーン……………'81.10.8
マスクト・マーベル…'15.12.9, '15.12.20, '16.1.27
マスクト・マーベル(2代目)→レイ・スティール
マスクト・ユウ → クレーン・ユウ
舛田山……………'80.5.25
増錦……………'57.3.24
益荒雄……………'86.11.23, '87.1.25, '87.3.22, '89.3.26
松岡巌鉄……'68.1.18, '68.8.30, '72.10.31, '73.3.3
マック・フォスター……………'72.4.1
マックス・ヴィロシケ………'49, '49.5.13, '50.7.2
マックス・シュメリング……'29.2.1, '30, '30.6.12,
　'31.7.3, '32.6.14, '33.6.8, '36.6, 36.9, 38.6.22
マックス・ベア……………'33.6.8, '34.6.14,
　'35.6.13, '35.9.24, '50.2.3
マックス・ペイン……………'92.12
マッシー・キャラハン………'26.9.21, '30.2.18

マッシミリアーノ・デュラン…'90.7.27, '91.7.20
マツダ……………'78.12.16
マツダ・マツラ……………'35
マット・ウェルズ……………'14.3.21, '15.6.01
マット・ドノバン……………'72.10.3
マット・バーンズ……………'83.6.18
マット・ボーン……………'86.7.27
マッドドッグ・バション………'59.1.30, '64.5.2,
　'64.5.16, '64.10.20, '65.2.12, '65.5.15, '65.5.22,
　'65.11.12, '66.2.26, '66.3.26, '66.11.12, '66.11,
　67.1.13, '67.2.26, '68.9.6, '68.10.24, '68.10.29,
　'69.8.30, '69.9.6, '70.8.14, '70.12.11, '71.2.23,
　'71.2.27, '71.3.2, '71.3.18, '71.5.15, '73.3.16,
　'73.4.18, '73.5.14, '74.10.30, '75.4.10, '75.4, 77.3.26,
　'79.6.6, '79.8.15, '80.7.20, '84.6.17
松ノ音……………'14.01
松登……………'54.1.24, '54.5.22, '55.10.02
マッハ文朱……………'75.3, 75.4.2
松村謙二………'89.4.8, '89.10.31, '90.10.20, '92.9.11
松本好二………'92.4.25, '97.5.24, '98.9.22
マーティ・サーボ……………'46.2.1
マーティー・ジョーンズ……………'95.8.1
マティ・マシューズ……………'01.5.24
マティ・マツダ……………'11.1.26, '18.10.7,
　'12.30, '25.4.29, '29.3.8, '33.9.21
マナウケア・モスマン……'97.1.3, '98.1.3, '99.5.2
マニー・パッキャオ……………'98.12.4, '99.9.17
マニー・フェルナンデス……………'85.1.6
マニー・メルチョル………'92.9.6, '92.12.10
マニング・ギャロウェイ……………
　'89.12.15, '93.2.12, '94.8.13
マヌエル・オルティス……………'42.8.7, '47.1.6,
　'47.3.11, '50.5.31
マヌエル・ゴンザレス…'66.8.24, '79.3.14, '79.6.20
マヌエル・ソト………'73.4.20, '75.5.27
マヌエル・トロ・エルナンデス………'34.6.21
マヌエル・メディナ…'91.8.12, '93.2.27, '95.9.23,
　'95.12.11, '98.4.24, '98.11.13
マノ・ネグラ………'73, '93.5.23, '93.10.1
マービン・カメル……………'80.3.31, '80.11.25,
　'83.12.13, '84.10.6
マービン・ジョンソン………'78.12.2, '79.8.18,
　'79.11.30, '80.3.31, '86.2.9, '87.5.23
マービン・ハグラー………'77.11.26, '80.9.27, '83,
　'83.5.27, '83.11.10, '85, '85.4.15, '87.4.6
マービン・ハート………'05.3.28, '05.7.3, '06.2.23
マリー・バグノンバ……………'70.10.15
マリオ・スニェス……………'34.6.17
マリオ・ダガタ……………'56.6.29
マリオ・マルティネス…………'84.9.13, '88.2.29
マリオ・ミラノ…'68.6.17, '68.7.3, '69.12, 71.1.21,
　'71.2.27, '72.11.29, '75.1.4, '81.10.3
マリオ・ミランダ……………'82.9.15
マリン・プレスティーナ……………
　'14.2.17, '14.3.25, '22.5.16, '31.3.26
マル・カーク……………'71.4.28

丸木孝雄 '78.11.29
マルクス・バイエル '99.10.23, '2000.5.6
マルクス・ボット '93.2.13, '93.6.26
マルコ・アントニオ・バレラ '95.3.31, '96.11.22, '98.10.31, '2000.2
マルコス・ビジャサナ '90.6.2, '91.11.14
マルコム・ツニャカオ 2000.5, 2000.8.20
マルセル・セルダン '48.9.21, '49.6.16
マルセル・チル '32.6.11
マルセロ・ビクトル・フィゲロア '93.11.6
マルセロ・ファビアン・ドミンゲス '95.7.25, '95.10.25, '98.2.21
マルチン・バルガス '80.6.1
マルビン・ポール '84.1.30
マレイ・サザーランド '84.3.28, '84.7.22
マーロン・スターリング '84.2.4, '87.8.22, '88.2.5, '88.7.29 '89.2.4, '90.8
マンカインド '97.5.17, '97.9.11
マンド・ラモス '69.2.18, '69.10.4, '70.3.3, '71.11.5, '72.2.18, '72.9.15
マンマウンティン・ディーン '34.10.10, '35.7.24
マンマウンテン・カノン '68.8.30
マンモス鈴木 '62.9.21
三重ノ海 '71.9.26, '71.11.28, '73.1.21, '73.3.25, '75, '75.11.23, '79.7.15, '79.11.25, '80.1.20
ミカ・ナドール '61.11.5, '78.8.8
ミガス・カリオ '31.10.1
ミグエル・アンヘル・ゴンザレス '99.8.21
ミグエル・グスマン '48.6.24, '52.1.18
ミグエル・ブラック・グスマン '41, '42
ミグエル・ペレス '57.2.24, '58.5.24
ミグエル・ペレス・ジュニア '95.9.22
ミゲエル・グスマン '38.2.6, '41.9, 42.9.23, '43.3, 44.9.22
ミゲル・アンヘル・カステリーニ '76.10.18, '77.3.6
ミゲル・アンヘル・クエリョ '77.5.21, '78.1.7
ミゲル・アンヘル・ゴンザレス '92.8.24
ミゲル・カント '73.8.4, '75.1.8, '75.8.23, '76.5.15, '77.6.15, '78.1.4, '78.4.18, '79.3.18
ミゲル・デ・オリベイラ '73.1.9, '74.2.5, '75.5.10, '75.11.13
ミゲル・フリオ '95.8
ミゲール・ベラスケス '76.6.30, '76.10.29
ミゲル・マチュラナ '87.5.15
ミゲル・メルセデス '89.3.3
ミゲール・ロラ '85.8.9, '88.10.29
ミゲル・ローラ '91.3.12
三迫将弘 '95.11.11
三沢光晴 '83.12.15, '84.3.23, '84.4.8, '90.5.14, '90.6.8, '90.7.27, '90.9.30, '91.4.18, '91.7.24, '91.12.6, '92.3.4, '92.4.17, '92.8.22, '92.10.21, '92.12.4, '93.1.30, '93.2.28, '93.4.21, '93.5.21, '93.7.29, '93.9.3, '93.10.23, '93.12.3, '94.3.5, '94.6.3, '94.7.28, '94.12.10, '95.4.2, '95.4.15, '95.5.26, '95.6.9, '95.7.24, '95.9.10, '95.10.25, '95.12.9, '96.3.2, '96.5.23, '96.5.24, '96.9.5, '96.12.6, '97.1.20, '97.3.1, '97.4, 97.6.6, '97.7.25, '97.9.6, '97.10.11, '97.10.21, '97.12.5, '98.1.26, '98.2.28, '98.4.18, '98.5.1, '98.10.31, '99.1.22, '99.5.2, '99.6.11, '99.7.23, '99.8.25, '99.10.23, '2000.4.7, '2000.6.9, '2000.8.5
ミジェット・ウォルガスト '30.12.26
ミシェル・ナドール '49
ミス・マスカラス '71.1.15
三杉磯 '28.1.22
三杉里 '92.5.24
ミスター・アトミック '59.6.15, '59.8.7
ミスター・オリンピア '82.7.7, '83.7.16
ミスター・カジモト → アントニオ猪木
ミスター・雁之助 '95.8.20
ミスター斎藤 → マサ斎藤
ミスター・サト '78.6.6
ミスター高橋 '64.9.23, '76.8.7
ミスター・T '85.3.31, '86.4.7
ミスター・ヒト '67.1.29, '73.3.8, '73.5.24, '76.7.9, '78.11.25
ミスター・フジ '76.1.24, '76.2.7, '76.6.25, '81.2.7
ミスター・ポーゴ '91.8.7, '96.5.5, '2000.5.29
ミスター松岡 → 松岡巌鉄
ミスター・モト '63.12.10
ミスター・レスリング → ティム・ウッド
ミスター・レスリングII '79.7.21
ミスターX（空手） '79.2.6
ミスターM → ビル・ミラー
ミステリオッソ '95.7.14, '97.12
ミステル駒 → マシオ
ミステル・ニエブラ '99.9.24
禊鳳 '66.9.25
溝口宗男 '61.7.30
美空ひばり '33.7.3
三谷大和 '96.1.27, '96.10.13
ミツ荒川 '62.11.10, '66.10.13, '66.12.2, '68.10.28, '68.12.28
ミツ・ヒライ '65.5.31, '67.11.25, '68.8.30
ミッキー・ウォーカー '22.11.1, '25.7.2, '26.5.20, '26.12.3
ミッキー・キャントウェル '97.12
ミッキー・ドイル '75.7.30
ミック・フォーリー '94.3.17, '95.7.7, '95.8.20, '2000.4.2
ミック・マクマナス '58.4.23
ミッドナイト・エキスプレス '77.7.4
ミッドナイト・エキスプレス（デニス・コンドリー＆ボビー・イートン） '84.6.16
三根山 '49.1.24, '51.1.28, '51.9.30, '52.5.25, '53.3.22, '53.5.30, '54.3.20, '56.10.2
水戸泉 '85.1.27, '86.7.20, '88.5.22, '89.11.26, '92.7
ミドル '08.1.28
湊富士 '95.11.26
男女ノ川 '33.1.23, '34.1.22, '36.1.20
南久雄 '69.9.9

ミハイル・ヒツラー……………'01.2.6, '01.5.14
ミハエル・グリアー………………'89.3.25
ミハエル・ブロディ………………2000.9.9
ミハエル・ロエ…………………'97.2.22
三原正…………'81, '81.11.7, '82.2.2
宮城山…………'20.1, '21.6.13, '22.1.20, '26.1.13, '27.1.24, '28.10.14
三宅多留次…………'20.6.3, '28.11.3
宮錦………………'54.10.3
雅山…………'99.3.28, '2000.3.26, '2000.5.21
明武谷…………'61.9.24, '64.7.5, '64.9.20, '64.11.22, '65.1.24, '65.9, 65.11.21, '67.1.29
ミル・マスカラス…………'65.7.16, '65.9.24, '65.9.30, '66.2.22, '67, '67.5, '68.6.7, '68.11, '69.8.15, '69.11.21, '69.12, 70.12.11, '71.2, 71.3.2, '71.3.6, '71.5.7, '72.12.18, '73.10.9, '74.7.25, '74.10.25, '75.1.29, '75.7.10, '75.7.26, '75.8.7, '76, '76.2.1, '77.3.11, '77.7.23, '77.8.25, '78.1.23, '78.9.13, '78.9.24, '79.8.26, '80.2.29, '80.9.12, '81.9.4, '81.10.9, '81.10.30, '82.2.4, '83.1.2, '83.7.16, '84.6.17, '85.9.28, '85.10.21, '95.7.7, '96.10.10, '97.7.17
ミルコ・クロコップ………………'99.10.3
ミルドレッド・バーク……'36.2.13, '37.2.28, '41.6, 54.8.20, '54.11, 70.10.15
ミルトン・マクローリー……'83.8.13, '85.12.6
ミレ・ツルノ………………'83.3.10
ミロ・スタインボーン……………'36.10.2
ムアンチャイ・キティカセム…'89.5.2, '90.7.29, '91.2.15, '92.6.23, '93.3.20
六車卓也……'87.3.29, '87.5.24, '88.1.17, '88.10.16
武蔵……………'99.10.3
武蔵川……………'51.8, '57.2
武蔵丸…………'91.11.24, '93.11.21, '94.7.17, '96.11.24, '98.1.25, '99.3.28, '99.5.23, '99.5.23, '99.9.26, '99.11.21, '99, 2000.9.17
武蔵山…………'31.5.24, '35.5.20
ムース・エバンス……………'64.2.9, '64.2.23
ムース・ショーラック……'62.9.14, '62.9.21, '62.11.9, '63.3.11, '66.9.16, '69.11.27, '70.8.1
ムース・モロウスキー………'70.7.18, '70.10.8, '74.10.5, '78.10.22
陸奥嵐…………'67.3.26, '68.7.21, '70.3.22, '71.1.24
ムッシュ・ランボー………………'90.12.12
武藤敬司………'86.9.1, '86.11.3, '87.2.10, '87.3.20, '87.3.26, '87.8, 88.7.2, '88.7.29, '88.10.15, '90.4.27, '90.11.1, '91.3.6, '91.8.11, '91.11.5, '92.3.1, '92.5.17, '92.8.16, '93.9.20, '93.12.10, '94.10.30, '94.11.25, '95, '95.5.3, '95.6.12, '95.6.14, '95.7.13, '95.8.15, '95.9.25, '95.10.9, '95.12.11, '96.1.4, '97.6.5, '97.10, 98.1.4, '99.1.4, '99.2.14, '99.4.10, '99.5.3, '99.7.20, '99.8.15, '99.10.11, '99.12.10, '99, 2000.12.31
ムブレロ・ボティーレ…'95.4.29, '97.7, 2000.12.16
村田英次郎……'80.6.11, '81.4.5, '81.12.10, '83.9.11
ムラッド・サリ………………2000.11.1
ムルシエラゴ・ベラスケス………………'38

文成吉…………'88.8.14, '89.2, 89.7.9, '90.1.20, '90.10.20, '93.11.13
メイ・ウェットソン………………'55.7.29
メイ・ヤング………………'41.6, 54.11
メイズ・マクレイン………………'51.11.22
メッグン・3Kバッテリー……'99.9.17, 2000.5
メッサーシュミット………………'70.10.12
メディックス（ホセ・エストラーダ＆ジョニー・ロッズ）→
　カルロス・ホセ・エストラーダ →
　　　　　　　　　　ジョニー・ロッズ
メート・バルロフ…………'78.1.7, '78.12.2
メヒカーノ………………2000.3.5
メリオ・ベッチーナ……'39.2.3, '39.7.13, '41.1.13
メルセド・ゴメス………………'38
メルチョ・コブ・カストロ……'91.3.25, '91.6.3, '96.3.16, '97.8.25, '98.1.17
メルドリック・テーラー……'88.9.3, '90.3.17, '91.1, 92.10.31
モイセス・フエンテス・ロチャブカ……'88.5.21
モイゼス・ペドロサ………………'95.4.22
モグール………………'88.9.30
茂木正淑………………'95.3.31
モート・ヘンダーソン………………'16.1.27
元川恵美………………'97.4.26
モハメド・アリ…………'60.8.25, '60.10.29, '62.11.15, '63, '63.3.13, '64.2.25, '64.6, 67.2.6, '67.3.22, '69.3.11, '71.3.8, '72, '72.4.1, '74, '74.10.30, '75, '75.10.1, '76.6.26, '78, '78.2.15, '78.9.15, '80.10.2, '81.12.11, '95.4.29, '96.07
百田光雄…………'89.4.20, '89.7.1, '98.12.5
モーリス・P・シゲール……'36.10.2, '62.12.14
モーリス・イースト……'92.9.9, '93.1.12
モーリス・スミス……'89.11.29, '93.11.27
モーリス・ティレ → フレンチ・エンジェル
モーリス・ブロッカー……'90.8, 91.3.18, '91.10.5
モーリス・ホープ……'79.3.4, '81.5.23
モーリツィオ・ルビーノ………………'89.2.3
盛山………………'24.1.20
モンキー・マジック・ワキタ →
　　　　　　　スペル・デルフィン
モンゴリアン・ストンパー……'67.1.21, '68.7.5, '71.1.7, 71.2.2, '76.7.9, '79.11.16, '79.12.4, '80.3.8
モンサワン・ルークチェンマイ………………'78.3.8
モンシャム・マハチャイ………………'77.10.9
モンスター・リッパー…'79.7.31, '79.9.13, '80.3.15
モンスター・ロシモフ…'69.5.18, '70.1.18, '70.2.3, '71.5.18, '72.3.27, '72.5.6
モンテ・アッテル…………'09.6, 10.2.22, '12.2.26
モンテル・グリフィン……………'97.3.21, '97.8.7

【や】

矢尾板貞雄………………'58, '58.11.11, '59.11.5
ヤキ・ジョー……'27.7.13, '29.3.8, '31.3.13, '33, '33.9.21

薬師寺保栄·················· '93.12.23, '94, '94.4.16,
　　　　'94.7.31, '94.12.4, '95.4.2, '95.7.30
ヤコブ・コッホ··············· '05.10.31
ヤス藤井····················· '79.11.14
安田忠夫··············· '90.5.27, '2000.12.31
安良岡裕二··················· '97.6.6
谷津嘉章················· '81.6.24, '84.12.12,
　　'85.1.3, '85.3.9, '85.6.4, '85.10.21, '85.12.12, '86.2.5,
　　'86.3.13, '87.2.5, '87.3.7, '87.3.28, '87.4.24, '87.7,
　　87.8.31, '87.12.11, '88.4.4, '88.6.4, '88.6.10, '88.7.29,
　　'88.7.31, '88.8.29, '88.8.30, '89.2.2, '89.3.8, '89.7.11,
　　'89.7.18, '89.7.22, '89.10.20, '89.12.6, '90.1.2,
　　　　'90.2.10, '90.5.14, '93.8.21
八代山····················· '25.6.16
柳澤龍志··················· '93.11.27
ヤノタケオ··················· '48.8.6
八尋史朗··········· '93.10.21, '96.8.10, '98.3.8
山木敏弘····················· '99.4
山口圭司········· '95.9.5, '96.5.21, '96.8.13, '96.12.3,
　　　　'97.11.22, '99.9.5
山口利夫··············· '50.4.16, '53.7.18, '54.2.6,
　　'54.4.14, '55.1.28, '56.10.23, '56.11.30, '58.5.31
山崎五紀············· '83.11.28, '88.1.24, '88.6.8
山崎一夫········· '84.11.15, '85.4.26, '87.9.1, '88.1.18,
　　'88.5.12, '89.11.29, '96.6.12, '96.7.16, '97.2.16,
　　　　'97.8.10, '97.10, 98.8.2
山田恵一··············· '88.12.9, '89.4.24
大和錦幸男··················· '33.2.11
ヤマトヤマト··················· '93.8.1
山錦························· '30.5.25
山宮恵一郎··················· '97.4.27
山本小鉄··············· '67.1.13, '68.8.30,
　　'73.5.4, '74.1.18, '79.1.21, '79.2.23
山本宣久··················· '96.1.24
山本広吉··················· '93.7.3
ヤミル・カラバージョ············· '89.8.30
梁承輝············· '78.2.18, '78.2.22, '78.8.2
ヤング・コーベット２世··········· '01.11.28
ヤング・コーベット３世········ '33.2.22, '33.5.29
ヤング・ジャック・トンプソン··· '30.5.9, '30.9.5,
　　　　'31.4.14, '31.10.23
ヤング・ストリブリング··········· '31.7.3
ヤング・ズールー・キッド········· '16.12.18
ヤング・ピータージャクソン········· '07.11.12
柳済斗············· '75.6.7, '75.11.11, '76.2.17
柳明佑············· '85.12.8, '86.6.14, '89.2.12,
　　'89.9.24, '90.1.14, '91.12.17, '92.11.18, '93.7.25
勇利アルバチャコフ············· '92.6.23,
　　'92.10.20, '93, '93.7.16, '93.12.13, '94.8.1, '95.1.30,
　　'95.9.25, '96.2.5, '96.8.26, '97.11.12
幸村剣士郎··················· '99.7.20
ユーコン・エリック············· '50.9.20, '52.10.15,
　　'57.2.1, '60.7.29, '61.2.3
ユージン・クリキ··········· '13.4.11, '23.6.02
ユージン・スピード··············· '94.9.24
ユーセビオ・エスピナル··········· '84.11.21
ユセフ・トルコ············· '58.5.31, '68.1.18
豊山··············· '62.1.28, '62.9.23, '62.11.25,
　　'63.1.27, '74.5, 77.9.25
ユーナス・グランワリア··········· '49.4.17, '51
ユーボン・ロバート········ '36.7.16, '37.12.29,
　　'38.2, '39.2.27, '40.10.23, '41.7.16, '41.9.17, '42.10.7,
　　'42.11.27, '44.7, 44.8.23, '45.7.4, '47.11.26, '55.8.17,
　　　　'55.8.24, '55.12.14, '56.5.30
ユーライア・グラント··········· '97.6.21, '97.11.8
ユーリ海老原アルバチャコフ············· '93.3.20
尹石煥····················· '85.12.13
呂建夫 → 星野勘太郎
用皆政弘··················· '79.10.4
横沢健二··················· '88.4.24
横田利美··············· '81.2.25, '83.5.7
横田広明··················· '93.11.18
ヨコヅナ··············· '93.4.4, '94.3.20
吉田追風····················· '03.1
吉田光雄 → 長州力
吉野弘幸··················· '93.6.23
芳の里 → 芳ノ里
義ノ花··················· '71.7.18
吉葉山············· '50.6.28, '50.10.1, '52.12, '54.1.24
吉原功··············· '60.10, 67.1.5, '68.2, 79.10.5
吉村道明··············· '58.5.31, '60.6.2,
　　'60.8, 61.5.1, '61.12.5, '64.2.20, '64.5.14, '66.5.26,
　　'66.6.18, '66.6.27, '66.7.1, '66.8.5, '66.11.5, '66.12.3,
　　'67.5.26, '67.6.25, '67.7.23, '67.10.6, '67.11.25,
　　'68.1.6, '68.1.8, '68.7.8, '68.7.30, '68.9.8, '69.8.9,
　　　　'70.1.11, '71.6.17, '71.12.12, '73.3.3
吉本武輝··················· '64.3.1
ヨセフ・コバチ·········· '65, '66, '66.6, '67
ヨックタイ・シスオー····· '96.8.24, '97.4.29,
　　'97.12.23, '2000.4.23
米倉健司··········· '58.11.11, '59.8.10, '60.5.23
ヨハネス・バン・デル・ベルト···················
　　　　'37.12.15, '38.4.9
ヨベル・オルテガ·········· '99.10.10, '2000.11.23
廉東均··············· '76.11.24, '77.5.21

【ら】

ラ・ギャラクティカ··············· '83.5.7, '83.6.1
ラ・パルカ····················· '98.7.20
ラ・フィエラ·········· '84.8.26, '92.9.18, '98.7.31
ラ・マラビージャ・エンマスカラーダ··· '34.9.21
ライ・リチャード··············· '88.7.29
ライアン・ローズ··········· '97.12.13, '99.7.17
ライオネス飛鳥········ '83.11.28, '85.2.25, '88.8.25,
　　　　'89.1.29, '96.9.20
ライオネル・ヘルナンデス············· '80.11.20
ライオネル・ローズ··············· '68.2.27, '68.7.2,
　　'69.8.22, '71.5.30
ライオン・ハート··············· '94.11.8
ライオン古山········ '73.12.5, '74.9.21, '76.1.25
ラウル・クルス··················· '71.6.3

プロ格闘技年表事典　625

ラウル・フアレス……………………………… '96.2.5
ラウル・ペレス………………………'88.10.29, '91.2.25,
　　　　　　　　　　　　　　　　'91.10.7, '92.3.27
ラウル・マシアス………………………… '55.3.9, '57.11.6
ラウル・マタ……………………………………'70.9, 71.8.27
ラウル・マルケス…………………………'97.4.12, '97.12.6
ラウル・レ・ブシェ………………………………… '03.6.6
ラウル・ロハス…………… '68.3.28, '68.9.27, '70.9.27
ラウル・ロメロ……………………… '34.9.21, '56.4.28
ラウロ・サラス………………… '52.5.14, '52.10.15
ラクバ・シン……………………… '99.6.27, '99.10.31
ラジャ・ライオン……………………………… '87.6.9
ラタナポン・ソーウォラピン………………………………
　　　　　　　　　　'92.12.10, '96.5.18, '97.12.28
ラッキー・シモノビッチ………………………… '49.2.4
ラッシャー木村………………………… '67.1.5, '68.4.3,
　'69.2.8, '69.4.20, '69.5.5, '69.8.24, '70.4.10, '70.10.8,
　'70.12.12, '71.9.7, '71.9.23, '72.9.9, '73.5.14,
　'73.6.26, '73.6.30, '73.7.9, '73.10.10, '74.5.26,
　'74.6.3, '74.11.21, '75.4, '75.5.26, '75.6.6, '75.6.29,
　'75.7.28, '75.10.6, '75.10.8, '75.12.4, '76.3.7, '76.3.11,
　'76.3.28, '76.4.13, '76.4.22, '76.6.11, '76.7.28,
　'76.7.31, '76.10.2, '76.10.26, '76.11.1, '76.11.11,
　'76.12.3, '77.1, 77.3.26, '77.5.13, '77.6.27, '77.7.30,
　'77.8.7, '77.9.7, '77.9.29, '77.11.24, '78.1, 78.2.18,
　'78.2.21, '78.2.22, '78.3.24, '78.5.1, '78.7, 78.7.26,
　'78.8.2, '78.9.25, '78.10.13, '78.11.25, '78.11.30,
　'79.1.24, '79.3.26, '79.4.20, '79.4.21, '79.5.7, '79.5.9,
　'79.7.20, '79.7.21, '79.7.25, '79.8.26, '79.9.29,
　'79.10.3, '79.10.5, '79.11.13, '79.11.16, '79.12.4,
　'80.1.7, '80.1.28, '80.3.8, '80.3.31, '80.4.30, '80.5.10,
　'80.7.13, '80.10.4, '80.10.11, '80.11.22, '80.12.13,
　'81.1.30, '81.3.24, '81.5.4, '81.5.16, '81.6.22,
　'81.8.6, '81.9.23, '81.10.8, '81.12.8, '82.11.4, '83.2.7,
　'83.8.28, '83.9.21, '85.6.21, '89.11.29, '92.12.4
ラヒム・サルタニ・ワラ………………………… '10.12
ラブ・マシーン………………………………… '92.4.3
ラファエル・エレラ………………… '72.3, 72.7.29,
　　　　　　　　　　　　　　　　'73.4.14, '74.12.7
ラファエル・オルテガ………………………………………
　　　　　　　　　　　'77.1.15, '77.5.29, '77.12.7
ラファエル・オロノ…………………'80.2.2, '81.1.24,
　　　　　　　　　　　'82.11.28, '83.11.27
ラファエル・デル・バーレ…… '92.5.13, '94.7.30
ラファエル・トーレス………………………… '89.8.30
ラファエル・ピネダ………………… '91.12.7, '92.7.18
ラファエル・ペドロサ… '79.7.29, '81.12.5, '82.4.8
ラファエル・ラブラ…………………………… '75.9.13
ラファエル・リモン… '80.12.11, '81.3.9, '82.5.29,
　　　　　　　　　　　'82.12.11, '83.8.7
ラファエル・ルエラス………………… '94.2, 95.5.6
ラファエロ・ゴンザレス……………………… '81.9.12
ラマー・マーフィ………………………… '96.4.20
ラーマ6世………………………………………… '21
ラミロ・ボラニョス………………………… '74.10.3
ラムズィ・ハッサン……………………… '88.12.3

ラヨ・デ・ハリスコ………………… '63, '64.9.24,
　　　　　　　　　　　'64.9.25, '65, '65.9.30
ラヨ・デ・ハリスコ・ジュニア… '86.9, 90.9.21,
　　　　　　'92.9.18, '96.9.20, '97.4.4, '98.8.14
ラリー・オーディ………………………… '72.12.2
ラリー・カサボウスキー…………… '37, '37.9.23
ラリー・カサボスキー………………'38.2.17, '49.2.4
ラリー・シャープ……………………… '80.8.9
ラリー・ズビスコ…………………… '76.2.1, '80.8.9,
　　　　　'89.2.7, '90.2.10, '90.4.8, '90.8.18
ラリー・バターン……………………… '53.12.6
ラリー・ハミルトン…… '58.5.24, '66.2.8, '72.10.31
ラリー・ヘニング……………… '62.1.15, '65.1.31,
　'65.2.12, '65.2.26, '65.7.24, '65.8.7, '66.5.28, '66.7.1,
　'67.1.6, '70.11, 70.12.10, '70.12.12, '85.4.27
ラリー・ベビー・カサボウスキー →
　　　　　　　　　ラリー・カサボウスキー
ラリー・ホームズ…………… '78.6.9, '80.10.2, '82,
　　　　　　　　　'83.6.1, '85.9.22
ラリー・マティシック……………………… '83.6.18
ラルフ（レッド）・ベリー → レッド・ベリー
ラルフ・デュパス………………… '63.4.29, '63.9.7
ラルフ・ロッシジャーニ………… '95.6.10, '97.10.4
ランク・マンテル…………………………… '12.2.22
ランス・ストーム……………………… '93.7.3
ランディ・サベージ…………… '83.6.18, '86.4.7,
　　　　　'88.3.27, '89.4.2, '90.4.13, '91.3.30,
　　　　　'92.4.5, '94.5.7, '95.12.27, '96.7.7
ランディ・スコット………………………… '80.6.28
ランディ・タイラー…………… '80.7.13, '80.7.26
ランディ・タービン… '51.7.10, '51.9.12, '53.10.21
ランドール・ベイリー……… '99.5.15, '2000.7.22
ランドール・ヨンカー………………… '94.3.4
ランボー……………………………… '99.12.4
リー・センソン………………………… '89.2.4
李ヨンホン…………………………… '92.3.20
リー・ロイー・マーフィー…'84.10.6, '86.10.25
リー・ワイッコフ……… '32.5.16, '39.5.1, '45.12.5
李王杓……………………………… '84.5.9, '95.4.2
リーオンザー・バーバー…… '91.5.9, '94.9.10
リカルド・アルレドンド……… '71.3.4, '71.10.10,
　　　　　'72.9.15, '73.3.6, '73.9.1, '74.2.28
リカルド・カルドナ……… '78.5.7, '79.9.6, '80.5.4
リカルド・ロペス……… '90.10.25, '91.5, 92.10.11,
　　　　　'97.8.23, '98.11.13, '99.10.2
リキ五十嵐……………………………… '79.5.20
力道山………… '40.5.23, '42.5.24, '47.6.10, '48.5.23,
　'51.10.28, '51.11.18, '52.1.26, '52.2.17, '52.3.16,
　'52.9.30, '53.2.3, '53.7.30, '53.12.6, '54.1.28, '54.2,
　54.12.22, '55.1.28, '55.6.12, '55.7.17, '55.9.7,
　'55.11.15, '55.11.22, '56.1.28, '56.4.15, '56.5.4,
　'56.5, 56.11.30, '57.2.1, '57.4.16, '57.8.14, '57.10.7,
　'57.10.13, '57.10.25, '58.8.27, '58.9.5, '58.10.2,
　'58.10.31, '58.11.13, '59.6.15, '59.7.21, '59.8.7,
　'60.1.15, '60.1.30, '60.5.13, '60.5.16, '60.6.2, '60.6.7,
　'60.7.9, '60.8.25, '60.9.30, '60.11.16, '61.5.23,

'61.5.26, '61.6.2, '61.6.29, '61.7.21, '61.7.30, '61.9,
61.11.7, '62.2.3, '62.2.16, '62.3.28, '62.4.23, '62.4.27,
'62.5.11, '62.5.25, '62.6.4, '62.7.1, '62.7.25, '62.9.14,
'62.9.21, '62.11.5, '62.11.9, '63.2.9, '63.4.17,
'63.4.24, '63.5.17, '63.5.24, '63.11.5, '63.12.2,
'63.12.4, '63.12.15, '75.6.9, '83.12.15

リゴベルト・マルカノ… '75.8.23, '77.5.22, '79.1.7
リゴベルト・リアスコ……………'76.4.3, '76.10.9
リージェリー・ロンドン……………… '66.9.2
リージョン・オブ・ドゥーム →
　　　　　　　　　　　　　ロード・ウォリアーズ
リスマルク………………………'83.6.3, '84.1.3,
'88.3.20, '88.9.30, '92.9.18
リタ・マルチネス………………………'58.10.16
リチャード・サンドバル…………'84.4.7, '86.3.10
リチャード・ハル………………………'98.12.5
リチャード・フレイザー…………………'99.1.9
リッキー・サンタナ……………'94.9.30, '98.9.18
リッキー・スター……'59.10.23, '61.10.6, '74.11.3
リッキー・スティムボート……'79.3.25, '79.4.8,
'80.6.29, '82.6.8, '82.11.26, '89.2.20, '89.3.8, '89.5.07
リッキー・バーキー……………'86.10.25, '87.5.15
リッキー・ハンター………………………'68.1.6
リッキー・フジ…………………………'90.10.26
リッキー・マルビン……………………'2000.4.9
リッキー・モートン＆ロバート・ギブソン……
'86.11.27
リッキー・ワルドー………………'57.8.29, '60.9.30,
'62.2.3, '62.2.16
リック・スタイナー…'89.12.13, '91.3.21, '91.11.5,
'92.6.26, '92.11.22
リック・フレアー……'73.6.26, '75.10.4, '76.5.24,
'78.1.27, '79.3.25, '80.4.25, '81.9.17, '81.10.2,
'81.10.6, '81.10.7, '81.10.9, '82.1.1, '82.2.9, '82.6.8,
'82.7.4, '82.9.17, '82.10.3, '83.1.1, '83.1.6, '83.2.11,
'83.6.8, '83.7.15, '83.9.16, '83.11.24, '83.12.12,
'84.1.6, '84.3.20, '84.5.6, '84.5.22, '84.5.24, '84.5.25,
'84.9.12, '84.11.16, '84.11.29, '85.1.4, '85.1.17,
'85.2.24, '85.4.23, '85.4.24, '85.8.3, '85.9.28,
'85.10.21, '85.11.28, '86.1.16, '86.2.8, '86.7.26,
'86.7.27, '86.8.7, '86.8.9, '86.9.1, '86.11.27, '87.3.7,
'87.3.10, '87.3.12, '87.9.25, '87.11.26, '88.12.26,
'89.2.20, '89.5.7, '89.10.14, '89.12.13, '90.7.7,
'90.12.16, '91.1.11, '91.3.21, '91.5, '91.7.2, '92.4.5,
'92.4.18, '92.10.12, '93.7.18, '93.9.3, '93.12.27,
'94.7.17, '95.4.29, '95.8.15, '95.12.27, '96.7.17
リック・マーテル……'84.5.13, '84.7.25, '84.7.31,
'84.10.11, '85.1.13, '85.6.9, '85.9.28, '85.9.29,
'85.10.21, '85.12.29, '94.5.7
リック・ルード………………'92.8.12, '92.10.25
リッチー・ウェントン………………'98.10.31
リッチー・ウッドホール
'88.9.17, '98.3.27, '99.10.23
リッチー・マグネット……………………'85.2.14
リッチー・レモス……………'41.7.1, '41.11.18
リップ・タイラー…………'76.6.7, '76.6.11, '77.1

リップ・ホーク………………'67.6.25, '69.5.1
リディック・ボウ…………'88.9.17, '92, '92.11.13,
'93.5.8, '93.11.6, '95.3.11
リト・ロメロ…………'47, '47.9.24, '50.10.27,
'50.11.10, '52.5.21
リトル・トーキョー → アントニオ猪木
リトル・ビーバー………………………'62.5.12
リトル・フランキー……………………'83.11.28
リトル・ブルーク………………………'62.5.12
リーバンダー・ジョンソン………………'97.5.10
リビングストン・ブランブル……'84.6.1, '86.9.26
林在新……………………………………'93.5.21
柳煥吉……………………'84.4.22, '85.2.15
竜反町…………………………'73.4, 74.10.8, '78.2.11
龍虎………'68.3.24, '69.3.23, '69.11.29, '70.9.27
両国…………………………………'90.3.25
両國………………………'14.5.30, '20.8.2
リロイ・マクガーク………'34, '34.9.17,
'38.9.15, '40.9.10, '43.4.30, '49.11.28, '55.4.11
リンゴ・メンドーサ………'78.4.21, '79.9.9,
'79.9.21, '86.9
リンティ・モナハン………………………'48.3.23
リンデル・ホームズ…………'90.1.27, '91.5.18
ルー・アルバーノ………………………'82.11.25
ルー・アンバース………'35.5.10, '36.9.3, '38.8.17,
'38.8.22, '39.8.22, '40.5.10
ルー・サリカ…'35.8.26, '35.11.15, '40.9.24, '42.8.7
ルー・ジェンキンス………………'40.5.10, '41.12
ルー・ジョバーグ………………………'51.11.22
ルー・スコウザ…………………………'30.2.10
ルー・ダーロウ……………'33.2.16, '36.5.24
ルー・テーズ………'34.4.5, '36.6.30, '36.11.9,
'37.6.18, '37.12.29, '38.2.11, '39.2.23, '39.3.9,
'39.3.27, '39.5.1, '39.6.23, '40.4.2, '40.6.12, '40.8.14,
'40.10.23, '41.7.16, '41.9.17, '43.2, 46.5.3, '46.5.10,
'46.9.11, '47.2.20, '47.4.16, '47.4.25, '47.11.18,
'47.11.21, '47.11.26, '48.6.24, '48.7.20, '48.10.10,
'49.11.25, '49.12.30, '50.6.11, '50.7.2, '50.7.27,
'50.9.20, '50.11.10, '51.5.30, '51.6.13, '52.1.25,
'52.5.21, '52.6.27, '53.1.16, '53.2.9, '53.2.24, '53.3.24,
'53.5.26, '53.6.16, '53.8.16, '53.10.23, '53.12.6,
'54.2.8, '54.5.21, '54.8.4, '54.10.21, '55.2.14, '55.3.22,
'55.7.5, '55.11.18, '56.3.15, '56.11.9, '57.2.1, '57.2.4,
'57.6.14, '57.7.9, '57.7.24, '57.8.9, '57.8.23, '57.8.29,
'57.9.28, '57.10.7, '57.10.13, '57.10.25, '57.11.14,
'57.12.11, '58.4.21, '58.5.30, '58.8.27, '59.7.11,
'59.8.1, '59.11.25, '60.7.22, '60.8.6, '60.8.16, '61.7.21,
'62.2.6, '62.4.27, '62.5.25, '62.9.12, '62.12.14,
'63.1.24, '63.3.14, '63.5.10, '63.6.7, '63.6.25,
'63.12.27, '63.12.28, '64.1.18, '64.2.14, '64.2.15,
'64.5.2, '64.9.7, '64.10.16, '65.5.31, '65.7.17, '66.1.7,
'66.2.28, '66.6.29, '66.10.14, '66.10.28, '67.1.7,
'67.2.7, '67.6.2, '67.7.17, '68.1.3, '68.1.24, '68.5.29,
'72.10.4, '73.10.14, '75.7.26, '75.8.7, '75.10.9,
'77.4.1, '77.8.15, '78.7.7, '78.8.27, '80.3.31, '80.8.8,
'80.9.8, '82.4.16, '83.12.15, '90.9.30, '90.12.26,

プロ格闘技年表事典　　627

'92.9.21, '95.4.2
ルー・デル・ヴェイル……………………'98.7.18
ルー・デル・パーレ……………………'97.9.20
ルー・ノヴァ………………………………'41.9.29
ルー・パーマー……………………………'69.2.9
ルー・フェルドマン……………………'32.10.13
ルー・ブロイラード………'31.10.23, '32.1.28,
'33.8.9, '33.10.30
ルー・ペレス……………………………………'94.11
ルイ・エスピノサ……………'87.1.16, '87.11.28,
'89.11.11, '90.4.7
ルイジ・ムジナ……………………………'46.5.12
ルイシト・エスピノサ………'89.10.18, '91.10.16,
'95.12.11, '96.3.1, '96.7.6, '96.11.2, '99.5.15
ルイシト小泉 → ルイシト・エスピノサ
ルイス・イバネス………………………'83.2.24
ルイス・イバラ…………'79.11.17, '80.2.17,
'81.6.6, '81.9.26
ルイス・エインスワース………………'01.7.1
ルイス・エスタバ………'75.9.13, '75.12.17, '78.2
ルイス・エンジェル・フィルポ……'23.9.14
ルイス・キッド・カプラン……………'25.1.2
ルイス・コックス・コロナド…………'99.4.10
ルイス・サンタナ…………'94.11.12, '95.8
ルイス・ヘルナンデス…………………'69.5.21
ルイス・マヌエル・ロドリゲス…'63.3.21, '63.6.8
ルイス・マヨ……………………………………'35.9
ルイス・メンドーサ………'90.9.11, '91.10.7
ルイス・ラモン・カンパス……'97.12.6, '98.12.12
ルイス・ロブレス………………………'38.4.28
ルーク・グラハム………'65.7.23, '65.9.8, '65.9.20,
'65.10.13, '68.8.30, '69.11.25, '71.12.6
ルター・レンジ… '61.12.5, '62.2.3, '62.2.16, '69.8.6
ルディ・ケイ………………………………'46.2
ルディ・デュセック………'32.7.12, '35.1.18
ルードウィッヒ・ドウズ………………'36.6.14
ルードリッヒ・ボルガ → トニー・ホーム
ルネ・ジャコー…………'89.2.11, '89.7.8
ルビ・ブバルカバ………………………'78.9.22
ルビー・ブラッドレー……………………'27.10.22
ルビリアル茨木………………………'95.8.6
ルーブ・ライト……………………………'42.8
ルーファス・ジョーンズ………'69.1.9, '69.2.3,
'69.2.8, '72.1.1, '73.3.8
ルペ・アキノ…'87.7.12, '87.10.2, '88.12.8, '93.10.30
ルペ・ピントール………'79.6.3, '80.6.11, '81.9.22,
'85.8.18, '86.1.18
ルーペ・ファーンズ………'01.5.24, '01.12.18
ルペ・マデラ………'82.4.4, '83.4.10, '83.7.10,
'83.10.23, '84.05
ルーベン・オリバレス………'69.8.22, '70.10.16,
'71.4.2, '71.10.25, '72.3, 74.7.9,
'74.11.23, '75.6.20, '75.9.20
ルーベン・サンチェス・レオン
'98.8.14, '99.4.23
ルーベン・ナバロ………'69.2.15, '71.2.12

ルーベン・パラシオス……………'92.9.26
ルーベン・バリオ・パラシオス………'90.9.11
ルーベン・ファレス………'60.9.23, '63.9.6,
'63.9.27, '73.3.3
レイ・アポロン……………………'79.7.13
レイ・エッカート………'50.5.9, '53.8.16, '53.10.23
レイ・ガンケル………………………'51.5.30
レイ・キャンディ…'78.7.22, '79.10.12, '79.10.18,
'81.2.10, '81.3.24
レイ・スターン……………………'61.4.21
レイ・スティーブンス………'61.3.4,
'61.4.21, '63.10.12, '65.4.17, '66.2, 67.1.21, '67.7.15,
'68.7.29, '68.8.9, '68.9.14, '70.7.11, '71.6.5, '72.1.20,
'72.1.22, '72.9.20, '72.11.15, '72.12.18, '72.12.30,
'73.1.6, '74.5.17, '74.6.13, '74.7.21, '74.10.24,
'74.11.4, '74.11.21, '75.8.16, '78.9.23, '79.2.10,
'79.6.6, '79.8.24, '80.1.26, '80.6.29, '81.1.15, '82.6,
82.11.25
レイ・スティール……………………'19.7.4,
'32.7.12, '33.12.13, '35.9.17, '35.11, 40.3.7, '40.9.10,
'41.2.9, '41.3.11, '43.1.13, '44.5.10
レイ・ハンター………'52.11.10, '60.5.18
レイ・ファビアニ……………………'50.2.3
レイ・ファメンション……………………'53.2.9
レイ・ブカネロ……………………'99.7.17
レイ・ブロンソン……………………'14.1.1
レイ・マーサー………'88.9.17, '91.1.11
レイ・マンシーニ……………………
'82.5.8, '82.11.13, '84.6.1, '89.3.6
レイ・ミステリオ・ジュニア……'97.12, 99.2.21
レイ・メンドーサ………'59.9.11,
'60.7.30, '60.9.23, '61.9.22, '66, '66.2.22, '67, '67.8.4,
'68, '68.5.12, '68.12.13, '70.11.27, '71.1.15, '72.9.29,
'73, '73.12.20, '75.1.29, '80.9.13
レイエス・アントニオ・クルース…'86.4.29
レイラニ・カイ………'85.3.31, '88.1.24, '88.6.8
レオ・エスピノサ………………………'53.9, 54.5.24
レオ・ガメス…'88.1.10, '88.4.24, '93.10.21, '95.2.4,
'99.3.13, '99.5.29, '99.9.3, '2000.10.9
レオ・クルス………'82.6.12, '84.2.22
レオ・ヌーマ……………………'40.6.12
レオ・ノメリーニ………'50.6.27,
'53.2.24, '53.5.29, '53.6.16, '55.3.22, '55.4.27,
'55.7.5, '60.4.15, '60.5.13, '84.5.13
レオ・ランドルフ………'76.7.17, '80.5.4, '80.8.9
レオ・ロダック………'38.12.29, '39.4.18
レオ・ロムスキー……………………'28.1.6
レオナード・タウンゼンド……………'98.2.14
レオーネ・エフラティ………………'38.12.29
レオン・キリレンコ……………………'49.2.4
レオン・スピンクス………'76.7.17, '78.2.15,
'78.9.15, '86.10.9
レオン・ホワイト → ベイダー
レーザー・フェイス……………………'95.8.20
レジー・ジョンソン…'92.4.22, '93.10.1, '94.8.12,
'98.2.6, '99.6.5

レジー・リソワスキー →
　　　　　クラッシャー・リソワスキー
レジナルド・シキ……………………………'35.8.25
レジリオ・ツール………………………………'94.9.24
レス・ウェルチ……………………………………'67.2.7
レス・ウォルフ…………………………………'70.4.10
レス・ソントン……………………'71.7.9, '80.2.11,
　　'80.6.27, '81.7.31, '82.5.12, '82.5.25
レス・マーチン………………………………………'46
レスター・エリス……………'85.2.15, '85.7.12
レスター・フェンテス…………………… 2000.9.4
レスリー・スチュワート……………………………
　　　　　　'86.2.9, '87.5.23, '87.9.5
レックス・ルガー…………………………………
　　'86.9.1, '87.1, '87.4.10, '88.4.23, '88.12.26, '89.12.13,
　　'90.12.16, '91.12.29, '95.12.27, '95.7.7
レッド・チャップマン…………………………'27.9.12
レッド・バスチェン… '63.12.10, '68.9.28, '71.5.15,
　　'71.9.7, '71.9.13, '71.9.20, '71.9.23, '72.1.20, '72.11.7,
　　'72.11.29, '73.11.2, '74.5.17, '74.6.13, '78.12.18
レッド・バーマン………………………………'41.1.31
レッド・ベリー……………'40.9.10, '44.11.7
レッドシューズ・ドゥーガン…'57.4.16, '62.7.25,
　　'75.12.11, '78.6.1
レナート・ガーディニ…………………………'25.8.10
レナード・シュワルツ……………………'55.7.29
レナート・トーレス……………………………'71.9.17
レナート・ババル……………………… 2000.2.26
レナート・ベニテス…………………………'79.11.30
レネ・アルレドンド……………'86.5.5, '86.7.24,
　　'87.7.22, '87.11.12
レネ・グアハルド……'60, '60.10.13, '61, '61.9.22,
　　'62, '64.9.24, '65.7.16, '66, '66.9.2, '66.9.30, '68.9.20,
　　'68.12.25, '72.3.30, '72.9.29, '73.6.29, '73.9.21, '75,
　　'75.1.29, '82.6.6
レネ・グレー……………'71.12.6, '72.2.1, '81.12.10
レネ・バリエントス……………'68.3.30, '69.2.15,
　　'70.4.5, '71.1.3
レネ・ブサヤン………………………………'83.12.24
レネ・ホリエロ…………………………………… '26
レネ・ラサルテス… '54, '61.11.5, '69.10.6, '70.7.8,
　　'70.10.24, '87.7.11
レノックス・ルイス……'88.9.17, '93.5.8, '94.9.24,
　　'97.2.7, '99.3.13, '99.11.13
レパード玉熊……………………………'89.3.5, '90,
　　'90.7.29, '90.12.6, '91.3.14
レフトフック・デイトン………………………'79.4.3
レロイ・ブラウン……………'79.1.12, '81.2.10
レロイ・ヘイリー…………'82.6.26, '83.5.18
レーロホノロ・レドワバ……………………'99.5.29
レン・ハッチンズ………………………………'74.12.7
レン・ホール…………………………'33.9.25, '46.12.10,
　　'46.12.17, '51.9.30
ロイ・シャイアー…………………'61.3.4, '68.8
ロイ・ジョーンズ・ジュニア……………………
　　'88.9.17, '93.5.22, '94, '94.11.18, '96.11.22, '97.3.21,

'97.8.7, '98.7.18, '99.1.9, '99.6.5
ロイ・セントクレア……………………'75.10.26
ロイ・ダン………'39.3.27, '41.2.9, '42.4.28, '45.12.5
ロイ・ヘフナン……………………………'65.1.11
ロイ・マクガーク………………………'35.9.16
ロイ・マクラーティ……………………'54.8.6
ロイド・ハニガン……………'86.9.27, '87.10.28,
　　'88.3.29, '89.2.4
ロイヤル小林………'75.10.12, '76.10.9, '76.10.12,
　　'76.11.24, '78.1, '79.1.9
ロジャー・カービー…………………………'67.8.14
ロジャー・メイウェザー…………'83.1, 84.2.26,
　　'87.11.12, '89.5.13, '91.12.7
ロス兄弟……………………………………'57.2.24
ロセンド・アルバレス………………………………
　　'95.12.2, '96.6.15, '96.10.1, '98.11.13
ローゼンド・アルバレス……………… 2000.8.12
ロッキー・カンザス……………'25.12.7, '26.7.3
ロッキー・グラジアノ…………………………
　　'45.6.29, '46.9.27, '47.7.16, '48.6.10
ロッキー・ジョンソン…………'70.1.16, '76.6.25
ロッキー羽田……………………………'78.1.2
ロッキー・ハミルトン → ラリー・ハミルトン
ロッキー・ブラウン…………………………'55.6.12
ロッキー・フラット……………………'81.11.7
ロッキー・マッチョーリ…………'77.8.6, '79.3.4
ロッキー・マルシアノ……'51.10.26, '52, '52.9.23,
　　'53.9.24, '54, '54.9.17, '55
ロッキー・モンテロ……………………………'69.9.12
ロッキー・リン………'92.10.11, '98.8.23
ロッキー・ロックリッジ…'84.2.26, '85.5, 87.8.9,
　　'88.7.27
ロック・ハンター……………………'72.11.22
ロックンロール・エクスプレス…………………
　　'89.11.27, '91.3.8
ロックンロール・エクスプレス（リッキー・モー
　　トン＆ロバート・ギブソン）……………………
　　'84.6.16, '86.11.27, '89.2.2
ロッド・スィークナン……………………'84.4.22
ロッド・フェントン………………………'41.12.4
ローディ………………………………'98.11.9
ロディ・パイパー…………'78.7.28, '85.3.31,
　　'86.4.7, '96.12.29
ロディ・マクドナルド……………………'83.12.13
ロード・ウォリアーズ（ホーク＆アニマ
　　ル）… '84.8.25, '85.1.6, '85.1.13, '85.2.24, '85.3.9,
　　'85.3.14, '85.4.27, '85.6.4, '85.6.9, '85.9.28, '85.9.29,
　　'85.10.21, '86.4, 87.3.12, '87.6.9, '88.6.10, '89.2.15,
　　'89.3.8, '89.12.13, '90.7.20, '91.3.30
ロード・スティーブン・リーガル……'95.4.16
ロード・ブレアース…'55.6.12, '56.4.15, '57.8.29,
　　'59.5.21, '73.2.27
ロード・レイトン……………'62.8.4, '63.6.8,
　　'63.7.20, '63.10, 64.1.18
ロードキル………………………………'97.9.11
ロドニー・モア………………………'93.5.15

プロ格闘技年表事典　629

ロドリゴ・バルデス…………… '74.5.25, '76.6.26,
　　　　　　　　　'77.7.30, '77.11.5, '78.4.22
ロドルフォ・グスマン → エル・サント
ロドルフォ・ゴンザレス……………………………
　　　　　　　　'72.11.10, '74.4.11, '74.11.28
ロドルフォ・ブランコ…… '92.6.11, '92.11.29
ロドルフォ・マルチネス……………………………
　　　　　　'73.4.14, '74.12.7, '75.10.8, '76.5.8
ロナルド・カリー………………………… '86.9.27
ロナルド・ライト……… '96.5.17, '98.8.22
ロニー・エチソン………………………… '62.7.6
ロニー・ガービン………… '86.4, 87.9.25, '87.11.26
ロニー・シールズ………………………… '86.12.2
ロニー・スミス……………… '85.8.21, '86.5.5
ロニー・ブラッドリー………………………… '95.5
ロニー・マグラモ……………………… '99.1.30
ロバート・アレン………………… '98.9, 99.2.6
ロバート・キロガ…… '90.4.21, '91.6.15, '93.1.16
ロバート・ダニエルズ →
　　　　　　　ロックンロール・エクスプレス
ロバート・ハインズ……………… '88.11.4, '89.2.5
ロバート・フラッシャー…………………… '93.7.3
ロバート・リー………………………………… '83
ロビー・ウイリアムス………………… '82.2.13
ロビー・シムズ…………………………… '89.4.18
ロビー・ブルックサイド…… '98.10.10, '98.12
ロビー・リーガン……… '95.12.16, '96.4.26
ロビン・リード………………… '96.10.12, '97.12
ロブ・ヴァン・ダム………………………… '97.9.11
ロフティ・ブルームフィールド………… '37, '38
ロベルト・ガステル………………………… '69.2.8
ロベルト・ガルシア…………… '98.3.13, '99.10.23
ロベルト・クルス…………… '63.3.31, '63.6.15
ロベルト・コーエン…………… '54.9, 56.6.29
ロベルト・デュラン… '71.10.31, '72.6.26, '73.9.8,
　'74.12.21, '78.1.21, '80.6.20, '80.11.25, '83.6.16,
　　'83.11.10, '84.6.15, '89.2.24, '89.12.7, '92.4
ロベルト・ラミレス………………………… '83.6.23
ロベルト・ルーマン………………………… '34.6.20
ロボ・ネグロ…………………………… '37, '42.9.25
ロボ・ルビオ……………………………… '77.5.29
ロボーデ・アラゴン……………………… '58.11.13
ローム・マスク……………………………… '72.2.1
ロメオ・アナヤ……………… '73.1.20, '73.11.3
ローラ・ゴンザレス……………………… '96.9.20
ローラン・ブードゥアニ………………… '88.9.17
ローランド・ナバレッテ……… '81.8.29, '82.5.29
ローランド・パスクワ………… '90.12, 91.3.25
ローランド・ブーデュアニ…… '96.8.21, '99.3.6
ローランド・ベラ…………… '56, '56.3.11, '56.4.27,
　　　　　　　　　　'58.9.26, '60.10.13
ローランド・ボック…… '74, '74.10.25, '78.11.24,
　'79.9.30, '79.12.16, '81.7.31, '81.12.8, '82.1.1
ローランド・ボホール………… '88.1.16, '88.10.5
ローランド・ラスタルサ……………… '53.9.24
ロリス・ステッカ…………… '84.2.22, '84.5.26

ロレイン・ジョンソン……………………… '58.10.16
ロレト・ガルサ………………… '90.8.17, '91.6.14
ロレンゾ・スミス……………………… '93.10.16
ロレンゾ・ルイス・ガルシア…………… '84.1.22
ロレンド・ドートヒル……………………… '50.9.13
ロン・シモンズ………………………… '89.12.13
ロン・スター……… '76.12.2, '76.12.6, '79.1.27,
　　　　　　　　'80.2.11, '80.4.18
ロン・バス…… '80.10.5, '80.10.11, '83.4.12, '83.4.17
ロン・ミラー………………………………… '72.12.2
ロン・ライル……………………………… '76.1.24
ロン・ロマノ………………………………… '67.6.2
ロング・スワード………………………… '64.9.23
ロンドス………………………… '23.2.20, '32.9.30

【わ】

ワイルド・アンガス → '76.10.2, '77.5.13
ワイルド・ブル・カリー → ブル・カリー
ワイルド・ペガサス → クリス・ベノワ
若獅子………………………………………… '76.7.18
若嶋………………… '01.5, '02.6, '03.1, '05.5, '05.6
若島津……………………… '82.1.24, '82.9.26,
　　　　'82.11.28, '84.3.25, '84.7.15, '84
若翔洋……………………… '93.1.24, '93.3.28
若杉山……………………………………… '65.1.24
若瀬川……………………………………… '57.9.29
若秩父…………………… '58.9.28, '59.1.25
若浪……………… '63.7.7, '64.5.24, '67.7.16, '68.3.24
若ノ海……………………… '55.3.20, '55.5.29
若の里……… '98.5.24, '99.5.23, 2000.9.17, '2000.11
若ノ戸……………………………………… '23.1.21
若乃花（初代） ………… '50.1.28, '51.1.28, '54.1.24,
　'54.10.3, '55.10.2, '56.6.3, '58, '58.1.26, '58.7.20,
　'58.9.28, '59.1.25, '59.5.17, '59.9.27, '60, '60.3.20,
　　　　　　　　　'60.7.10, '60.9.25
若乃花（二代） …………… '74.9.22, '74.11.24,
　'75.1.26, '76.11.21, '77.1.23, '77.5.22,
　　'78.5.21, '78.11.26, '79.5.20, '80.9.28
若乃花（三代） ……………………… '91.9.22,
　'92.1.26, '93.3.28, '93.5.23, '93.7.18, '95.11.26,
　　'96.11.24, '97.1.26, '98, '98.3.22, '98.5.24
若羽黒…………………… '56.3.25, '56.10.2,
　　　　　　　'59.9.27, '59.11.22, '65.5.6
若花田 → 若乃花（三代）
若二瀬……………………………………… '68.7.21
若前田………… '58.1.26, '58.3.23, '58.5.18, '59.1.25
若三杉（初代） ……………… '60.5.22, '61.11.26
若見山……………………………………… '64.3.22
ワグナー・ジュニア……………… '97.4.4, '98.6.3
輪島功一…………… '71.10.31, '72.2.2, '72.5.7,
　　'72.10.3, '73.1.9, '73.4, '73.8.14, '74.2.5,
　　'74.6.4, '75.1.21, '75.6.7, '76.2.17, '76.5.18, '77.6.7
輪島公一 → 輪島功一
輪島大士………………………………………………
　'70.1.25, '71.5.23, '71.11.28, '72, '72.1.23, '72.5.28,

'72.9.24, '73, '73.5.27, '73.5.27, '73.9.23, '73.11.25,
'74.3.24, '74.7.21, '74.9.22, '76, '76.3.21, '76.7.18,
'77, '77.1.23, '77.7.17, '77.11.27, '79.7.15, '80.11.23,
'86.8.7, '86.11.1, '87.3.12, '87.4.23, '87.4.24, '87.6.6,
'87.6.9, '87.9.15, '87.11.7

鷲羽山……………………… '73.5.27, '75.9.28,
'76.1.25, '76.3.21, '76.5.23, '76.11.21

ワシリー・ジロフ……………… '96.7, 99.6.5

渡辺二郎… '81.4.22, '82, '82.4.8, '82.7.29, '82.11.11,
'83, '83.2.24, '83.6.23, '83.10.6, '84, '84.3.15, '84.7.5,
'84.11.29, '85, '85.5.9, '85.9.17, '85.12.13, '86.3.30

渡辺智子…………………………… '97.4.26

渡辺雄二…………………… '92.11.20, '97.3.30

渡辺勇次郎…………………………… '21.3.6

渡辺幸正………………………………… '95.7

ワディ・アヨウブ………………………… '56

ワフー・マクダニエル……………… '68.2.13,
'72.9.20, '73.6.23, '73.11.9, '73.11.14, '73.11.30,
'76.3.8, '76.5.24, '78.5.28, '81.4.17, '81.8.14, '84.2.17

ワルインゲ中山………………… '68.10.12,
'72.8.26, '76.4.3, '76.11.13

ワルデマール・ホルベルグ……… '14.1.1, '14.1.24

ワルドー・フォン・エリック… '64.7.10, '65.7.5,
'67.5.26, '67.7.8

ワンディー・シンワンチャー………………
'98.8.23, '99.5.4, '2000.2.11

ワンナロン・ピラミッド……………… '77.11.14

ワンマン・ギャング……………'85.12.25, '86.3.13,
'87.8.28, '95.12.27

編者略歴

小泉 悦次（こいずみ・えつじ）

サラリーマンの傍ら、1996年よりメールマガジンにてプロレス史の記事を配信。プロレス史研究を深化させるにつれて、ボクシング史、相撲史、サーカス史など隣接領域の研究も進める。プロレス文壇デビューは2002年春の「現代思想・総特集プロレス」（青土社）。2009年よりプロレス雑誌「Ｇスピリッツ」にプロレス史記事をレギュラーで寄稿、現在に至る。

プロ格闘技年表事典
―プロレス・ボクシング・大相撲・総合格闘技

2018年6月25日　第1刷発行

編　　　集／小泉悦次
発　行　者／大高利夫
発　　　行／日外アソシエーツ株式会社
　　　　　　〒140-0013 東京都品川区南大井6-16-16 鈴中ビル大森アネックス
　　　　　　電話(03)3763-5241（代表）FAX(03)3764-0845
　　　　　　URL http://www.nichigai.co.jp/
発　売　元／株式会社紀伊國屋書店
　　　　　　〒163-8636 東京都新宿区新宿3-17-7
　　　　　　電話(03)3354-0131（代表）
　　　　　　ホールセール部（営業）電話(03)6910-0519

　　　　　　印刷・製本／光写真印刷株式会社

©Etsuji KOIZUMI 2018
不許複製・禁無断転載　　　　　　　《中性紙三菱クリームエレガ使用》
〈落丁・乱丁本はお取り替えいたします〉
ISBN978-4-8169-2722-5　　　　*Printed in Japan, 2018*

スポーツ史事典―トピックス2006-2016 日本/世界

A5・570頁　定価（本体13,500円＋税）　2017.1刊

2006年〜2016年秋に開催された国内外の主要大会の記録、トピックス、事件など4,000件を年月日順に一覧できる年表事典。大会記録は幅広い競技の主要大会の結果を収録。事件・出来事はFIFA汚職事件、ドーピング問題などのトピックスを掲載。「競技別索引」「人名・団体名索引」「東京五輪年表」付き。

日本スポーツ事典―トピックス1964-2005

A5・730頁　定価（本体12,000円＋税）　2006.8刊

東京オリンピックの1964年からセ・パ交流元年の2005年まで、日本スポーツ界の出来事を年月日順に一覧できる年表事典。プロ・アマ問わず、大会記録、通算記録、引退や新団体設立などの主要なトピックを幅広く収録し、記憶に残るシーン、気になることば・テーマをコラム記事で解説。

大学駅伝記録事典―箱根・出雲・伊勢路

三浦健 編　B5・350頁　定価（本体6,000円＋税）　2015.6刊

大学三大駅伝の全記録を一冊に収録した事典。箱根駅伝・出雲駅伝・全日本大学駅伝（伊勢路）の全出場校・順位・タイム、出場選手・成績がわかる「大会別記録」と、各年度の三大会の成績を一覧することができる「年度別大会記録」を掲載。出場全選手を収録、選手名索引付き。オリンピックや国際大会に出場した選手の学生当時の活躍もわかる。

最新 世界スポーツ人名事典

A5・640頁　定価（本体9,500円＋税）　2014.1刊

2005年以降に世界のトップレベルで活躍する選手・指導者など2,700人を収録。大リーグ、サッカーなど欧米のプロスポーツから、馬術やリュージュなどの五輪種目まで、様々な競技を掲載。トップアスリート達のプロフィール、記録や戦績がわかる。

企業不祥事事典Ⅱ―ケーススタディ2007-2017

結城智里 監修　A5・400頁　定価（本体5,550円＋税）　2018.5刊

2007〜2017年に発生した、社会的影響の大きかった企業不祥事についての事典。「ガバナンス―経営者関与」「ガバナンス―従業員関与」「製造物責任・事故・商品サービス瑕疵」「日本型企業風土」「マスコミ・その他」の構成の下、事件の背景、発端、経過、その後などを時系列に記述。

データベースカンパニー
日外アソシエーツ

〒140-0013　東京都品川区南大井6-16-16
TEL.(03)3763-5241　FAX.(03)3764-0845　http://www.nichigai.co.jp/